索·恩·人物档案馆

009

他在逆境中奋斗，
没有多少成功的希望

EMPIRE AND REVOLUTION
The Political Life of Edmund Burke

上

帝国与革命
埃德蒙·伯克的政治生涯

Richard Bourke

〔英〕理查德·伯克 著　　梁雪 贾丁 译

社会科学文献出版社
SOCIAL SCIENCES ACADEMIC PRESS (CHINA)

奖 项

《卫报》2015 年最佳图书

《印度快报》2015 年年度杰出图书

《旁观者周刊》2015 年年度图书之一

《爱尔兰时报》2015 年年度读者图书

《国民在线评论》2015 年最佳图书名录

2018 年劳拉·香农当代欧洲研究奖荣誉提名

入选《克莱蒙特书评》2015 年圣诞阅读清单

2015 年伊斯凡·洪特（István Hont）图书奖的共同获奖者

2018 年专业和学术卓越奖（PROSE）传记与自传类荣誉提名

赞 誉

无法超越的杰作。

——科林·基德（Colin Kidd），《伦敦书评》

理查德·伯克的这本书无疑是一部雄心勃勃的著述，他不仅通过追溯埃德蒙·伯克的政治和议会生涯的每一阶段来勾勒其经历，并借由从亚里士多德、西塞罗及至约翰·洛克等诸多哲学家、历史学家和法学家追溯其思想源头。

——阿兰·雷恩（Alan Ryan），《纽约书评》

这是一本极有价值的读物。

——杰西·诺曼议员（Jesse Norman MP），《泰晤士报》

理查德·伯克的《帝国与革命》是最好的智识人物画像……是对埃德蒙·伯克思想和政治生涯的权威解读。

——加文·雅各布森（Gavin Jacobson），
《金融时报》

用"权威"这个词来形容《帝国和革命：埃德蒙·伯克的政治生涯》是合适的。伯克是一位迷人的思想家，兼顾保守和进步的立场，在未来很长一段时间内，这部精彩的学术作品将是对于伯克其人的最佳结论。

——约翰·班维尔（John Banville），《爱尔兰时报》

这本杰出的思想传记表明，18 世纪的爱尔兰裔的英国议员埃德蒙·伯克既不能完全被称之为右派，也不能被完全称之为左派。在承认时代局限的背景下，这本细致而广泛的学术著作，证明了伯克那些看似不一致的言辞均是伯克细致入微的人道主义的一部分，如谴责沃伦·黑斯廷斯在印度的不公正行为却支持帝国的概念，支持美国革命却痛斥法国革命。

——简·奥格雷迪（Jane O'Grady），《泰晤士高等教育》

作者对伯克思想的基本一致性以及他的职业生涯所遭受的反复误读进行了细致入微的解剖，读来令人愉悦。作者一次又一次地以敏锐的判断力指出了人们对于伯克的普遍误解……他的研究广度和深度，以及他对主要和次要档案素材的掌握，令人印象深刻。所有打算研究伯克的未来思想史学家都需要对本书的论证做出回应。

——大卫·沃默斯利（David Womersley），《立场》（Standpoint）杂志

一部真正的杰作……《帝国与革命》是所有关于埃德蒙·伯克的书中最好的一本。

——西默斯·迪恩（Seamus Deane），《文学评论》

一部里程碑式的著作，准确的论证和细致的思考是这本书的基础，在很大程度上，这是关于埃德蒙·伯克——这位深刻的、被误解的政治家和哲学家——最好的书。

——乔纳森·萨姆普特（Jonathan Sumption），
《旁观者周刊》

理查德·伯克的巨著《帝国与革命：埃德蒙·伯克的政治生涯》……权威性地恢复了伯克——这一关键人物——所处的真正背景。

——罗伊·福斯特（Roy Foster），《爱尔兰时报》

不仅在有关伯克的学术研究方面，而且在我们对18世纪末政治思想的理解方面，《帝国与革命》都树立了新的标准。

——克利福德·坎宁安（Clifford Cunningham），
《迈阿密太阳报》

这本一千多页的著作，有大量的脚注，内容试图涵盖埃德蒙·伯克的思想和职业生涯的各个方面……这本经过仔细论证的学术著作值得任何对伯克有兴趣的人阅读。

——《选择》（Choice）杂志

缩小政治实践与政治思想之间的差距已经成为思想史学家的一个主要难题，特别是对埃德蒙·伯克的研究者来说。理查德·伯克细致追踪埃德蒙·伯克整个政治生涯中的处世准则，以渊博的学识和精妙的方法，圆满地解决了这个问题。《帝国与革命》是目前研究埃德蒙·伯克的最佳作品，也是研究埃德蒙·伯克的入门和必读之作。

——大卫·阿米蒂奇（David Armitage），

哈佛大学

《帝国与革命》是一部里程碑式的作品。理查德·伯克为我们敏锐解读了埃德蒙·伯克的政治承诺，并为我们描绘了大英帝国 18 世纪晚期的宏大景象。这部巧妙而震撼的书不仅促使我们重新思考埃德蒙·伯克的政治观点，还让我们重新思考他那个时代以及我们与那个时代的关系。

——史蒂文·平卡斯（Steven Pincus），耶鲁大学

理查德·伯克的《帝国与革命：埃德蒙·伯克的政治生涯》……是学术界的一个里程碑……无论在个人思想、哲学重构和历史修正方面，都是一项宏伟的成就。

——保罗·萨格尔（Paul Sagar），《政治学理论双月刊》

（Political Theory）

理查德·伯克的这部精彩之作体现了他对希腊、罗马、中世纪、文艺复兴和启蒙时代的道德哲学，政治思想和理论的历史，历史决定论和演说素材的深刻了解。在正文和丰富的脚注中（幸好放在了相关的正文下面），作者伯克和传主伯克与亚里士多德、奥古斯丁、格劳秀斯、普芬道夫、洛克、孟德斯鸠、休谟和卢梭进行了思想交流。用作者的话说，通过理解这些过去的哲学家和他们所处时代的背景，埃德蒙·伯克的轮廓逐渐清晰，他既不是像康德那样勤奋的学者，也不是像休谟那样早熟的天才，而是一个"在议会政治的唇枪舌战中，实现自

我价值的才华横溢之人"。

——詹姆斯·J·萨克（James J. Sack），《现代史期刊》
（Journal of Modern History）

［一部］重构思想和政治意涵的杰作……这项伟大的研究首次持续而成功地将伯克的政治生涯（副标题）与他和他同时代人所面临的政治问题联系起来，并以此来证明伯克政治生涯的一致性……这项研究使用了目前可以获得的全部伯克资料——有些甚至是理查德·伯克自己发掘的，而且作者对这些材料的国际、国内和政党政治背景以及现代学术界对它们的认知有着深入理解，并对此展现出令人惊叹的细致解读……［一部］不朽的学术著作。

——伊恩·汉普谢-蒙克（Iain Hampsher-Monk），
《现代思想史期刊》（Modern Intellectual History）

［伯克］议会生涯所展现出的所有复杂性与［他的］政治原则在这本书中得到了首次且全面的展现和结合……书中材料来源的丰富性超过此前所有的伯克研究。作者不仅对伯克发表的著作、演讲、信件和其所受到的众多思想来源驾轻就熟，还呈现了一系列令人目眩的档案材料，其中很多是此前的伯克研究从未展现的。

——罗斯·卡罗尔（Ross Carroll），《政治思想史期刊》
（History of Political Thought）

理查德·伯克的《帝国与革命》是英语世界关于埃德蒙·伯克学术研究的巅峰之作，在短时间内，不太可能有人超越他的惊人成就。

——罗伊·青（Roy Tsing），《思想史期刊》
（Intellectual History）

《帝国与革命》是一部了不起的作品。理查德·伯克对细节难以置信的掌握，辅以可靠的判断和清晰的论证，公正客观地呈现了埃德蒙·伯克思想和政治生活的方方面面，及其关切和行动所产生的全球影响。这是一部值得细细品味的作品。

——詹妮弗·皮茨（Jennifer Pitts），芝加哥大学

作为政治家和哲学家，伯克的思想深刻介入到其所处的变革时代的诸多问题中，从这本书开始，我们对伯克的理解将超越以往的任何维度，变得更加深入和宽广。

——约翰·波科克（J.G.A. Pocock）约翰·霍普金斯大学

《帝国与革命》是目前研究埃德蒙·伯克的最佳著作。研究埃德蒙·伯克这样的人物，需要非凡的学识，理查德·伯克恰恰是这样的人，他逻辑清晰，学术水平无可挑剔，对 18 世纪的历史更是驾轻就熟。这是一部精彩绝伦的书，也是思想史学界的典范。

——理查德·沃特莫尔（Richard Whatmore），圣安德鲁斯大学

一部令人印象极为深刻的作品。

——马克·菲尔普（Mark Philp），
《英国的改革思想：法国革命阴影下的政治和语言（1789—1815）》的作者

目　录

上

下

插图列表

图 1　卡尔·安东·希克尔的画作《下议院》（英国国家肖像艺术馆），第 0014 页。

图 2　布特勋爵滥用特权，破坏了宪法平衡。佚名，《宪法》（1770 年），大英图书馆（BM 4430），引自尼古拉斯·K·罗宾逊《埃德蒙·伯克：漫画中的生活》（耶鲁大学：1996 年），第 22 页。第 0319 页。

图 3　美国战争之初，伯克以尤利西斯的名义，告诫其同伴（艺术家詹姆斯·巴里）谨慎，以确保安全。詹姆斯·巴里，《尤利西斯和同伴逃离波吕斐摩斯的洞》（1776 年），克劳福德美术馆，科克。第 0507 页。

图 4　布里斯托尔选举结果，1774 年。拜内克图书馆，耶鲁大学。第 0513 页。

图 5　在黑斯廷斯弹劾案早期，伯克被塑造为控诉弗里斯的西塞罗。该图左后方的地上，坐着的是拟人化的英国和印度，前者正为后者提供支持。背景中的福克斯在观望，而诺斯勋爵背对正在进行中的弹劾。约翰·波恩，《西塞罗控诉弗里斯》（1787 年），私人收藏。BM7138（引自罗宾逊，第 92 页）。第 0859 页。

图 6　《埃德蒙·伯克》（1790 年），乔治·罗姆尼之后的约翰·琼斯（John Jones after George Romney），国家美术馆，华盛顿特区。第 0927 页。

图 7　伯克对泪流满面的福克斯进行了猛烈的指责。皮特斜倚着，对身后的混乱不为所动。佚名，《混乱中朋友或反

对派的争吵图》（1791年），下议院收藏（引自罗宾逊，第151页）。第1016页。

图8 伯克因黑斯廷斯被判无罪而受挫，黑斯廷斯却获得了贺拉斯的背书：不懂拒绝肮脏的美德，闪耀着纯洁的荣光。詹姆斯·塞耶斯，《弹劾委员们闹剧的最后一幕》（1795年）。BM8647，私人收藏（引自罗宾逊，第172页）。第1129页。

图9 退休后的伯克（otium cum dignitate: 有尊严的闲适），正在忧虑弑君法国未来和平的可怕后果。詹姆斯·塞耶斯，《弑君以求和平的思考》（1796年）。BM8826，私人收藏（引自罗宾逊，第182页）。第1172页。

致　谢

这本书花了很长时间才写完。在写作和研究过程中，我得到了许多帮助。很高兴最后能把这些记录下来。我要特别感谢政治思想史和政治理论界的同事，尤其是大卫·阿米蒂奇（David Armitage）、已故的约翰·伯罗（John Burrow）、艾伦·克罗马蒂（Alan Cromartie）、汉娜·道森（Hannah Dawson）、约翰·邓恩（John Dunn）、雷蒙德·格乌斯（Raymond Geuss）、安格斯·高兰德（Angus Gowland）、克努德·哈肯森（Knud Haakonssen）、罗斯·哈里森（Ross Harrison）、杰里米·詹宁斯（Jeremy Jennings）、加雷斯·斯特德曼·琼斯（Gareth Stedman Jones）、阿维·利夫希茨（Avi Lifschitz）、卡鲁纳·曼特纳（Karuna Mantena）、桑卡尔·穆图（Sankar Muthu）、尼尔·奥弗莱厄蒂（Niall O'Flaherty）、菲利普·佩蒂特（Philip Pettit）、尼古拉斯·菲利普森（Nicholas Phillipson）、詹妮弗·皮茨（Jennifer Pitts）、约翰·格雷维尔·阿加德·波考克（J.G.A. Pocock）、约翰·罗伯逊（John Robertson）、弗雷德·罗森（Fred Rosen）、西尔维娅·塞巴斯蒂亚尼（Silvia Sebastiani）、昆廷·斯金纳（Quentin Skinner）、迈克尔·索南舍（Michael Sonenscher）、蒂姆·斯坦顿（Tim Stanton）、西尔瓦娜·托马塞利（Sylvana Tomaselli）、理查德·塔克（Richard Tuck）、乔治斯·瓦鲁萨基斯（Georgios Varouxakis）、理查德·沃特摩尔（Richard Whatmore）、唐纳德·温奇（Donald Winch）和大卫·伍顿（David Wootton）。伊斯特万·洪特（Istvan Hont）关于18世纪政治思想的非凡知识使我受益匪浅，但他在我研究的最后阶段去世，我无法亲自感谢他。

多年来，我也从同多位伯克学者的交谈中受益，特别是大卫·布罗姆维奇（David Bromwich）、西莫·迪恩（Seamus Deane）、大卫·德万（David Dwan）、伊恩·汉普舍·蒙克（Iain Hampsher-Monk）、伊恩·哈里斯（Ian Harris）、保罗·兰福德（Paul Langford）、弗雷德里克·彼得·洛克（F. P. Lock）、埃蒙·奥弗莱厄蒂（Eamon O'Flaherty）和克里斯·里德（Chris Reid）。彼得·詹姆斯·马歇尔（P. J. Marshall）在伯克研究方面有50多年经验，在阅读和评论本书草稿的大部分内容方面给予了我特别的帮助。我也很感谢他提供的其所编的《埃德蒙·伯克的著作和演讲》（*Writings and Speeches of Edmund Burke*）第四卷的资料。

我要感谢数位同事给予我专业知识的指导。在法国方面，感谢亚历克斯·费尔法克斯－乔梅利（Alex Fairfax-Cholmeley）、马尔科姆·克鲁克（Malcolm Crook）、乌尔坦·吉伦（Ultan Gillen）、科林·琼斯（Colin Jones）、门罗·普莱斯（Munro Price）和迈克尔·索南舍的帮助。在爱尔兰方面，感谢约翰·伯金（John Bergin），保罗·比尤（Paul Bew）、玛丽路易丝·库拉汉（Marielouise Coolahan）、乌尔坦·吉伦和伊恩·麦克布莱德（Ian McBride）的帮助。在习惯法方面，感谢迈克尔·洛班（Michael Lobban）、威尔弗雷德·普雷斯特（Wilfred Prest）。在18世纪神学方面，感谢安东尼·米尔顿（Anthony Milton）、尼尔·奥弗莱厄蒂和伊莎贝尔·瑞弗斯（Isabel Rivers）。在印度方面，感谢彼得·詹姆斯·马歇尔。在英国方面，感谢乔安娜·英尼斯（Joanna Innes）和史蒂夫·平卡斯（Steve Pincus）。在美国方面，感谢斯蒂芬·康威（Stephen Conway）帮助阅读本书关于殖民地的章节。关于洛克，感谢汉娜·道森（Hannah Dawson）。关于休谟，感谢詹姆斯·哈里斯（James Harris）和保罗·萨加尔（Paul Sagar）。关于托克维尔，感谢休·布罗根（Hugh Brogan）。在语言理论方面，感谢阿维·利夫希茨。关于蒙田，感谢费利西蒂·格林（Felicity Green）。在荷兰绘画方面，感谢大卫·索尔金（David Solkin）和乔安娜·伍德尔（Joanna Woodall）。感谢匿名读者为普林斯顿大学出版社审阅了本书的打印版，并提供了详细的建议。也非常感谢约翰·巴雷尔（John Barrell）、科妮亚·库克（Cornelia Cook）、保罗·汉密尔顿（Paul Hamilton）、埃克哈特·赫尔穆斯（Eckhart Hellmuth）、克里斯蒂安·迈耶（Christian Meier）、埃默·诺兰（Christian Meier）、丹尼尔·皮克（Daniel Pick）、大卫·辛普森（David Simpson）和莫里斯·沃尔什（Maurice Walsh）的支持。

在布朗大学约翰·卡特·布朗图书馆（2004 年）、加州大学洛杉矶分校克拉克纪念图书馆（2009 年）、耶鲁大学拜内克图书馆（2010 年）和圣马力诺的汉庭顿图书馆（2011 年）的慷慨支持下，本书的研究变得更加容易。谢菲尔德档案馆、爱尔兰国家图书馆，尤其是北安普敦郡档案馆的档案管理员的帮助也是不可或缺的。感谢英国艺术与人文研究委员会（AHRC）2004 年为我提供了一个有资助的研究假期，感谢亚历山大·冯·洪堡基金会 2006 年至 2007 年在慕尼黑大学历史系为我提供的研究职位。 还要感谢伦敦玛丽女王大学历史学院在研究假期方面的建设性合作和前瞻性政策。

普林斯顿大学出版社在各个阶段都给予了我特别支持。感谢当时在普林斯顿大学任职的伊恩·马尔科姆（Ian Malcolm）委托我写作本书。出版总监阿尔·伯特兰（Al Bertrand）一直相伴左右。我的编辑本·泰特（Ben Tate）是耐心和鼓励的典范。怀利经纪公司（the Wylie Agency）的詹姆斯·普伦（James Pullen）及其前任西奥·科利尔（Theo Collier）提供了不可或缺的建议。我的文字编辑弗朗西丝·布朗（Frances

Brown）、索引员汤姆·布劳顿－威利特（Tom Broughton-Willet）、出版编辑黛比·泰加登（Debbie Tegarden）自始至终都一丝不苟。书稿的最后准备工作是在柏林高等研究所（Wissenschaftskolleg zu Berlin）的有利环境中进行的。感谢图书馆工作人员让我能够做最终的核查。

万分感谢阿特丽斯·科利尔（Beatrice Collier），没有她，本书不可能写成。

缩略词

AAC 亚洲和非洲藏书（原东方和印度办公室藏书），英国国家图书馆，伦敦。

Add. Mss. 附加手稿，英国国家图书馆，伦敦。

Archives parlementaires 《1787 年至 1860 年议会档案第一册》（1787—1799 年），M·J·马维达尔编（巴黎：1875 年至今）。

Bodl. Mss. 博德利图书馆手稿，牛津大学。

Cavendish Debates of the House of Commons 《亨利·卡文迪什爵士在英国第十三届议会期间的下议院辩论》，约翰·赖特编（伦敦：1841—1843 年），共 2 卷。

Cavendish Diary 亨利·卡文迪什爵士的议会日记，1768 年至 1774 年，埃格顿手稿，英国国家图书馆，伦敦。

Cavendish Debates 1774 《1774 年下议院关于为魁北克省政府制定更为有效规定的法案的辩论》，约翰·赖特编（伦敦：1839 年）。

Chatham Correspondence 《查塔姆伯爵威廉·皮特的书信》，W·S·泰勒和 J·H·普林格编（伦敦：1838—1840 年），共 4 卷。

CJ 下议院日志。

Corr. 《埃德蒙·伯克的书信》，托马斯·W·科普兰等人编（伊利诺伊州芝加哥：芝加哥大学出版社，1958—1978 年），共 10 卷。

Correspondence(1844) 《埃德蒙·伯克阁下 1744—1797 年其去世前的书信》，菲茨威廉伯爵查尔斯·威廉、中将理查德·伯克编（伦敦：1844 年），共 4 卷。

EB 埃德蒙·伯克。

Eg. MSS. 埃格顿手稿，英国国家图书馆。

Grafton, Autobiography 《第三代格拉夫顿公爵奥古斯塔斯·亨利的自传和政治书信》，威廉·R·安森编（伦敦：1898 年）。

Grenville Papers 《格伦维尔文件：第二代坦普尔伯爵理查德·格伦维尔、乔治·格伦维尔阁下以及其朋友、同时代人间的通信》，W·J·史密斯编（伦敦：1852—1853 年），共 4 卷。

Hoffman, Burke 罗斯·J·S·霍夫曼，《纽约代理人埃德蒙·伯克的书信及其与查尔斯·奥哈拉的亲密通信》（宾夕法尼亚州费城：美国哲学会，1956 年）。

IOR 印度办公室档案，亚洲和非洲藏书，英国国家图书馆，伦敦。

LJ 上议院日志。

NLI MSS. 爱尔兰国家图书馆手稿。

Northamptonshire MSS. 菲茨威廉手稿，北安普敦郡档案室。

OSB 奥斯本档案，拜内克图书馆，耶鲁大学。

Parliamentary History 《1066 年诺曼征服至 1803 年间英国议会史》，威廉·科贝特编（伦敦：1806—1820 年），共 36 卷。

Parliamentary Register (Almon) 《议会年鉴或下议院程序和辩论史》，约翰·阿尔蒙编（伦敦：1775—1780 年），共 17 卷。

Parliamentary Register (Debrett) 《议会年鉴或下议院程序和辩论史》，J·德布雷特编（伦敦：1780—1796 年），共 45 卷。

PDNA 《1754 年至 1783 年英国议会关于北美洲的程序和辩

论》，R·C·西蒙斯、P·D·G·托马斯编（纽约州米尔伍德：克劳斯国际出版社，1982年至今），共6卷。

Reflections, ed. Clark 埃德蒙·伯克，《法国革命反思录》，J·C·D·克拉克编（加州斯坦福：斯坦福大学出版社，2001年）。

Rockingham Memoirs 《罗金汉侯爵与其同时代人的回忆录，附带由奥本马尔伯爵乔治·托马斯首次公布的原始信件和文件》，共2卷。

Ryder Diary 《纳撒尼尔·莱德的议会日记》（1764年至1767年），P·D·G·托马斯编，引自《卡姆登杂记二十三》（第四辑，第七卷，皇家历史学会，1969年）。

TNA 英国国家档案馆，伦敦邱区。

Unpublished Letters, I, II and III F·P·洛克，《伯克未出版的书信（一）》（1783—1796年），《英国历史评论》，112:445（1997年2月），第119页至141页；同一作者，《伯克未出版的书信（二）》（1765—1797年），《英国历史评论》，114:457（1999年6月），第636页至657页；同一作者，《伯克未出版的书信（三）》（1763—1796年），《英国历史评论》，118:478（2003年9月），第940页至982页。

W & S 《埃德蒙·伯克的著作和演讲》，保罗·兰福德等编（牛津：牛津大学出版社，1970年至今），至今共8卷。

Walpole, *Last Journals* 《霍勒斯·沃波尔在乔治三世统治时期最后的日志》（1771—1783年），A·弗朗西斯·斯图亚特编（伦敦：J.Lane，1910年）共2卷。

Walpole, *Memoirs* 霍勒斯·沃波尔，《乔治三世统治回忆录》，德里克·加勒特编（康涅狄格州纽黑文：耶鲁大学出版社，2000年），共3卷。

***Works* (1808–13)** 《埃德蒙·伯克阁下的著作》（伦敦：

1808—1813 年），共 12 卷。

WWM BkP　温特沃斯·伍德豪斯档案，谢菲尔德档案馆，埃德蒙·伯克文集。

年　谱

1730 年	1 月 12 日，埃德蒙·伯克出生于都柏林，其父为理查德·伯克，其母为玛丽·伯克（出嫁前名为玛丽·纳格）。
1732 年	乔治·贝克莱出版《阿尔西夫龙》。 伏尔泰出版《英国书信集》（*Letters Concerning the English Nation*），其法语版于次年出版。
1736 年	约瑟夫·巴特勒出版《自然宗教与启示宗教之类比》。
1737—1741 年	伯克同其母纳格家族的亲人生活在科克郡的布莱克沃特河谷。
1741 年	5 月 26 日，伯克被录取为基尔代尔郡巴利托尔学校的一名寄宿生，该校校长为贵格会教徒亚伯拉罕·沙克尔顿。
1741—1742 年	大卫·休谟出版《道德与政治论文集》。
1742 年	2 月 11 日，罗伯特·沃波尔辞职。
1744 年	4 月 14 日，伯克被都柏林圣三一学院录取，接下来四年都在该校学习。
1748 年	1 月 28 日至 4 月 21 日，伯克参与了《改革者》（*The Reformer*）期刊的编辑和撰稿。 夏尔-路易·德·瑟贡达，孟德斯鸠男爵匿名出版《论法的精神》。
1750 年	伯克抵达伦敦，在中殿律师学院攻读律师资格。
1752 年	休谟出版《政治论》。 伯克经介绍认识了未来的出版商罗伯特·多兹利。

1752—1757 年	伯克就政治和宗教主题撰写了各种专题简述和短文。
1754 年	大卫·马利特死后，其著作《已故的博林布鲁克子爵亨利·圣约翰阁下的作品》出版，全书共五卷。
	约翰·利兰出版第一版《主要自然神论作家的观点》（*View of the Principal Deistical Writers*），后有扩写。
1754—1762 年	休谟出版《英格兰史》，共 6 卷。
1755 年	5 月，让－雅克·卢梭出版《论人类不平等的起源和基础》。
1756 年	5 月 18 日，伯克匿名出版《为自然社会辩护》。
1756—1763 年	七年战争将英国卷入了欧洲、北美、中美洲、非洲、印度和菲律宾的战役中。
1757 年	3 月 12 日，伯克与简·纽金特（Jane Nugent）结婚。
	4 月 1 日，威廉·伯克编写的《欧洲对美洲殖民地的概述》匿名出版，埃德蒙·伯克对此做了贡献。
	4 月 21 日，伯克匿名出版《论崇高与美概念起源的哲学探究》。
	6 月，皮特－纽卡斯尔联合政府上台。
	伯克开始写作《英国史略》。
	6 月 23 日，在普拉西战役中，罗伯特·克莱武为英国东印度公司战胜了孟加拉的纳瓦布。
	天主教协会在都柏林成立，以争取摆脱反天主教法（Popery Laws）。
1757 年前后	伯克写作《英国法律史论》。

1758 年	2 月 9 日，伯克的儿子理查德出生。
	威廉·布莱克斯通出版《法律研究论述》。
	艾默瑞奇·德·瓦特尔（Emer de Vattel）出版《万国公法》（*The Law of Nations*）。
1758—1765 年	伯克负责《年鉴》的编辑和组稿。
1759 年	伯克接受威廉·杰拉德·汉密尔顿秘书一职。
	亚当·斯密出版《道德情操论》。
1760 年	10 月 25 日，乔治三世就任大不列颠和爱尔兰国王。
	托马斯·怀斯、约翰·库里和查尔斯·奥康纳成立天主教委员会，以继续天主教协会的工作。
1761 年	8 月下旬，伯克以威廉·杰拉德·汉密尔顿秘书的身份访问都柏林，汉密尔顿是爱尔兰总督哈利法克斯勋爵的部下。伯克在爱尔兰一直待到第二年春天。
	卢梭的《新爱洛绮丝》在阿姆斯特丹出版。
1761—1764 年	"白衣会"暴乱在明斯特持续进行。
1762 年	卢梭出版《社会契约论》和《爱弥儿》。
1762—1765 年	伯克起草《论反天主教法》。
1763—1764 年	伯克再次陪同汉密尔顿赴爱尔兰出差。
1764 年	伯克为天主教委员会起草《爱尔兰天主教徒的诉求和请愿书》。
1765 年	3 月 22 日，乔治·格伦维尔的《印花税法案》通过。
	7 月，伯克成为罗金汉侯爵的秘书。同月，第一届罗金汉政府组建。
	根据 8 月 16 日的《阿拉哈巴德条约》，东印度公

司获得孟加拉的税收权（Diwani，迪万尼权力）。

1765—1769 年　布莱克斯通出版《英国法释义》（*Commentaries on the Laws of England*），全书共四卷。

1766 年　1 月，伯克以温多佛议员的身份进入议会。

3 月 18 日，《宣示法案》通过，《印花税法案》废止。

春季，"白衣会"的重要成员被处决。

7 月 23 日，罗金汉政府下台。老威廉·皮特（现任查塔姆勋爵）组建了新政府。

8 月 4 日，伯克发表《对上届短期政府的简述》，为罗金汉政府辩护。

12 月 9 日，威廉·贝克福德要求议会对东印度公司进行调查。

1767 年　6 月 29 日，向殖民地征收新税的《汤森税收法案》通过并成为法律。

亚当·弗格森出版《文明社会史论》。

1768 年　约翰·威尔克斯结束流亡回国，并于 2 月以米德尔塞克斯议员的身份赢得议会席位。

2 月 17 日，乔治·萨维尔爵士请求提出《无时效法案》。

威尔克斯被监禁引发了 5 月 10 日的圣乔治广场大屠杀。

春季，伯克贷款购置了白金汉郡比肯斯菲尔德的房产。

10 月，查塔姆辞去政府职务。

托马斯·波纳尔的《殖民地管理》第四版出版。

1768—1770 年　10 月 14 日起，政府由格拉夫顿公爵（Duke of

Grafton）领导。

1769 年   2 月 8 日，伯克出版《对晚近国情的观察》。

2 月，威尔克斯被驱逐出议会。

1770 年   3 月 5 日，波士顿大屠杀发生。

4 月 23 日，伯克发表《对当下不满根源的若干思考》。

1770—1782 年   1 月 28 日，诺斯勋爵政府成立，该政府持续了12 年。

1772 年   2 月 6 日，议会收到一份请愿书，反对神职人员遵循英国国教条款的义务。

亨利·韦尔斯特出版《论英国治理在孟加拉的崛起、发展与现状》。

4 月，一项《宽容法案》被提交给下议院。

亚历山大·道出版《印度斯坦史》第三卷（前两卷于 1768 年出版），道在该卷名前加上了"论印度斯坦专制的起源和性质"。

1773 年   5 月 10 日，《茶税法案》成为法律。

6 月 21 日，旨在更好管理东印度公司事务的《东印度公司管理法案》成为法律。

12 月 16 日，波士顿倾茶事件发生。

1774 年   3 月 31 日，《波士顿港口法案》获得御准，成为第一个《不容忍法案》。

4 月 19 日，伯克发表《关于对美洲征税的演说》。

6 月 22 日，《魁北克法案》成为法律。

11 月 3 日，伯克当选布里斯托尔议员。

1775 年   2 月 9 日，马萨诸塞殖民地被宣布为进入叛乱状态。

3月30日，限制殖民地贸易和渔业的《新英格兰限制法案》通过。

4月，殖民地贸易受到了更广泛的限制。

4月19日，北美洲莱克星顿和康科德的冲突引发了英国和各殖民地间的战争。

3月22日，伯克发表《关于与美洲和解的演说》。

在《致埃德蒙·伯克的一封信》中，约西亚·塔克回应了伯克的演讲。

12月22日，英国议会通过限制美洲港口的《禁止法》。

1776年　　1月9日，托马斯·潘恩的《常识》在费城匿名出版。

7月4日，大陆会议通过《独立宣言》。

斯密出版《国富论》。

理查德·普莱斯在《对公民自由性质的观察》中攻击《宣示法案》。

1777年　　4月3日，伯克写作《致布里斯托尔治安官书》，5月5日该作品出版。

10月17日，伯戈因将军被迫在萨拉托加投降。

威廉·罗伯逊出版《美国史》，共三卷。

1778年　　爱尔兰志愿军成立。

5月12日，伯克出版《关于爱尔兰贸易的两封信》。

8月6日，爱尔兰议会通过了一项给予罗马天主教徒民事救济的措施。

在《论公民自由两篇》(*Two Tracts on Civil Liberty*) 导言中，普莱斯质疑伯克关于美洲的原则。

1779 年	夏初，威廉·伯克和埃德蒙·伯克出版《征服伊斯兰教徒的政策》。 克里斯托弗·威维尔被任命为约克郡协会秘书，以推动英国的政治改革事业。
1780 年	2 月 11 日，伯克发表《经济改革演讲》。4 月 9 日后，伯克起草了《黑人法典简述》（Sketch for a Negro Code）。 5 月 8 日，伯克反对缩短议会的任期。 6 月 2 日至 7 日，伦敦发生戈登骚乱。 9 月 9 日，伯克失去了布里斯托尔的议席。但为了罗金汉的利益，他仍回到了马尔顿。
1781 年	5 月 3 日、5 月 14 日、11 月 30 日和 12 月 4 日，伯克就圣尤斯塔提乌斯岛事务在下议院发言。 10 月 19 日，康沃利斯勋爵领导的英国军队在约克镇向美国军队投降。
1782 年	2 月 5 日，孟加拉事务特别委员会《第一份报告》发布。 3 月 5 日，英国政府批准同美国进行和平谈判。 5 月 17 日，爱尔兰获得立法独立。 第二届罗金汉政府从 3 月持续到 7 月罗金汉去世。期间，伯克被任命为军队主计官。 7 月 27 日，爱尔兰天主教徒从反天主教法中获得了进一步豁免。卢梭的《忏悔录》在其死后出版。
1782—1783 年	谢尔本政府于 1782 年 7 月成立，并持续到次年 4 月。
1783 年	4 月 2 日，在波特兰公爵领导下，福克斯 – 诺

斯联合政府上台。伯克再次被任命为军队主计官。

6月25日，印度事务特别委员会《第九份报告》发布。

9月3日，《巴黎条约》签署，结束了英国与美国的敌对关系。

11月18日，印度事务特别委员会《第十一份报告》发布。

12月1日，伯克发表《关于福克斯印度法案的演讲》。

12月17日，乔治三世解散了福克斯－诺斯联合政府。小威廉·皮特受邀组建新政府。

1784年　皮特在3月30日至5月10日的选举中获胜，牺牲了"福克斯的殉道者们"。

6月14日，伯克发表《致国王陛下的陈情书》，抗议乔治三世对皮特的支持。

6月16日，伯克参与了关于议会改革的讨论。

1785年　2月21日、2月22日和5月19日，伯克讨论皮特关于爱尔兰商业的主张。

2月28日，伯克发表了重要的《关于阿尔乔特纳瓦布债务的演讲》。

4月18日，伯克再次参与了关于议会改革的讨论。

6月20日，伯克宣布将提出反对沃伦·黑斯廷斯的动议。

1786年　4月4日至5月5日期间，伯克发表了指控黑斯廷斯的条款。

1787年　1月29日、2月2日、2月5日、2月21日、

伯克参与了关于法国商业条约的辩论。

2 月 22 日，第一次显贵会议在凡尔赛举行，并
于 5 月 25 日解散。

下议院投票决定黑斯廷斯 5 月 10 日接受审判。

5 月 14 日至 28 日，伯克提交了对黑斯廷斯的
弹劾条款。

1788 年 　2 月 15 日至 19 日，伯克四天的演讲开启了对
黑斯廷斯的弹劾审判。

5 月 9 日和 6 月 2 日，伯克就废除奴隶贸易进
行了辩论。

伯克最早介入摄政危机争论的时间是 12 月 8
日、10 日、18 日、19 日和 22 日。

10 月 5 日至 12 月 12 日，第二次显贵会议召开。

1789 年 　1 月，伊曼纽尔·约瑟夫·西耶斯发表《什么
是第三等级？》

1 月 6 日、13 日、19 日、26 日和 27 日，2 月
2 日、5 日、6 日、7 日、9 日、10 日和 11 日，
伯克参与了关于摄政危机的辩论。

4 月 21 日和 5 月 7 日，伯克就黑斯廷斯审判中
的"礼物指控"发表演讲。

5 月 5 日，三级会议在凡尔赛举行会议，这是
1614 年来的首次会议。

5 月 12 日、21 日，伯克在下议院发言反对奴
隶贸易。

7 月 14 日，巴黎巴士底狱被攻破。

8 月 26 日，国民议会投票通过《人权与公民权
宣言》。

10 月 5 日至 6 日，法国国王和王后在凡尔赛游

行时遭一群暴徒骚扰。

11月2日，法国教会的财产被国有化。

11月4日，在伦敦老犹太街区（the Old Jewry）的礼拜堂，普莱斯发表了《爱国论》。

12月，国民议会发行"指券"（assignats）作为一种纸币。

1790年　1月25日，伯克在下议院发表演讲，反对奴隶贸易。

2月9日，在《关于军队预算的演说》中，伯克首次公开表明其关于法国革命的立场。

7月12日，《教士公民组织法》（The Civil Constitution of the Clergy）规定法国教会正式从属于政府。

11月1日，伯克出版《法国革命反思录》。

12月23日，伯克发表演讲，建议新一届议会继续弹劾黑斯廷斯。

1791年　伯克于1月19日完成了《致国民议会议员的信》，并于28日寄出。4月26日，该作品出版。

2月14日，伯克在演讲中同意将对黑斯廷斯的审判限制在审查特定指控上。

3月16日，潘恩出版《人的权利》。

5月6日，在一场关于《魁北克法案》的激烈辩论中，伯克与查尔斯·詹姆斯·福克斯分道扬镳。

6月25日，路易十六和玛丽·安托瓦内特在试图逃往瓦雷纳失败后被送回巴黎。

8月3日，伯克出版《新辉格党人对老辉格党人的呼吁》。

在 8 月 27 日的《皮尔尼茨宣言》中，普鲁士的腓特烈·威廉三世和奥地利的利奥波德二世宣布支持路易十六。

9 月 30 日，法兰西共和国宪法通过，国民制宪会议解散。

10 月 1 日，法国立法议会举行会议。

10 月 14 日，爱尔兰人联合会成立。

12 月，伯克撰写并分发《对法国事务的思考》。

12 月 28 日，在下议院关于《外国人登记法案》的辩论中，伯克扔出了一把匕首。

1792 年　　2 月 18 日，伯克在都柏林发表《致赫拉克勒斯·朗格里希爵士的信》。

2 月，潘恩出版《人的权利》的第二部分。

2 月末，在《写给理查德·伯克的信》中，伯克主张赋予天主教徒选举权。

4 月 20 日，法国向奥地利宣战。

7 月 25 日的《布伦瑞克宣言》威胁称，如果法国王室受到伤害，法国平民将遭到报复。

8 月 10 日，杜伊勒里宫被攻占，法国君主制度被推翻。

9 月 2 日至 6 日发生了 9 月大屠杀。

9 月 21 日，国民公会开幕。次日，法兰西共和国宣布成立。

1793 年　　1 月 21 日，路易十六被送上断头台。

2 月 1 日，法国向英国宣战。

春季，伯克写作《对少数派行为的观察》，敦促波特兰公爵与福克斯保持距离。

4 月 6 日，公共安全委员会成立。

4月9日，赋予爱尔兰天主教徒选举权的《救济法案》成为法律。

9月5日，国民公会宣布实行恐怖统治。

9月29日，国民公会大会通过《全面最高限价法令》（The General Maximum）。

10月，伯克开始写作《对反法联盟政策的评述》（*Remarks on the Policy of the Allies*）。

1794年　1月17日，波特兰决定公开支持对法国的战争，反对派辉格党分裂了。

4月20日，伯克关于黑斯廷斯审判中证据使用和程序的《报告》发表。

5月28日，针对黑斯廷斯在弹劾审判中的辩护，伯克开始了为期9天的演讲。

6月21日，伯克从议会退休。

8月2日，伯克的儿子去世。

1795年　1月4日，菲茨威廉伯爵抵达爱尔兰担任总督。

1月29日，在《致威廉·史密斯的信》中，伯克主张天主教解放。

5月26日，伯克写作第二封《致赫拉克勒斯·朗格里希爵士的信》。

10月，伯克开始撰写《论弑君以求和平的第四封信》。

11月2日，法国督政府成立。

11月，伯克完成了《关于匮乏的思考和细节》（以下简称《匮乏》）的部分写作。

1796年　2月24日，《埃德蒙·伯克阁下致一位勋爵的信》（以下简称《致一位勋爵的信》）发表。

10月20日，伯克发表《论弑君以求和平的第

一封信》《论弑君以求和平的第二封信》，讨论
与法国和平共处的前景。

随着爱尔兰教派局势的紧张，天主教捍卫者的
成员也在增加。

12 月，一支法国舰队试图在爱尔兰西南海岸的
班特里湾登陆。

1797 年　　伯克继续写《论弑君以求和平的第三封信》，
但在其去世前仍未完成。

7 月 9 日，伯克在比肯斯菲尔德去世。

图 1　卡尔·安东·希克尔的画作《下议院》（英国国家肖像艺术馆）

引　言

一　帝国与革命

本书讲述了18世纪一位杰出政治家遭遇的帝国兴衰与革命变迁。从不同方面来说，这都是非常复杂的。首先，"革命"一词就有诸多含义。其最简单的含义是指政府体制的某种变化，也可以指反对既有政治秩序以建立新政权，还可以表示颠覆政府及其应保护的各种自由权利。在埃德蒙·伯克的一生中，他捍卫前两种含义的革命，但强烈反对第三种含义的革命。虽然他支持正当反抗的权利，但他也一直维护帝国的权威。这是极其复杂的。伯克珍视英帝国作为主权国家的各种权利，但强烈反对帝国的现行政策。这明显的矛盾背后是对"征服权利"的拥护和对"征服精神"的批判。"征服精神"是指篡夺的态度，伯克认为这是野蛮时期欧洲各国政府的特征。这些政府虽然起源于巧取豪夺，但也逐渐接受了"自由精神"。尽管如此，伯克却认为现代自由是一项危险的成就，认为其可能会故态复萌为征服精神，尤其是在与欧洲以外的世界交往时。伯克的成就是在实践与宪法的细节中分析了自由的条件。他的分析依托于现代政治特有的历史视角。本书通过联系这一历史时期的重大发展情况重构伯克的政治思想，试图捕捉伯克在议会生涯中对历史视角的微妙表达。这不仅需要全面考察时事，还要特别关注思想背景。

二　演说、哲学与历史

在18世纪，伯克被公认为是杰出的政治演说家之一。他在下议院的职业生涯中，主要致力于批评时政。批评意味着应采取某种更好的行动。因此，伯克本质上是一个政治倡导者，其最终目标是说服。他意识到自己的这一角色有许多杰出的前辈：萨默斯勋爵（Lord Somers）、哈利法克斯勋爵（Lord Halifax）和罗伯特·沃波尔（Robert Walpole）都曾以不同的方式在议会中各展风采。[1]在不同阶段，伯克也面临非常厉害的对手，在此仅举四名：查塔姆伯爵（the Earl of Chatham，即老威廉·皮特）、查尔斯·汤森（Charles Townshend）、亨利·邓达斯（Henry Dundas）和小威廉·皮特（William Pitt the Younger）。那些成为其对手的旧时盟友，如查尔斯·詹姆斯·福克斯（Charles James Fox）和理查德·谢里丹（Richard Sheridan），也是同样杰出的公众演说家。历史学家今天仍在研究这些人物，但只有伯克的作品广为传阅。他的演讲始终具有天然的话题性，作品也侧重于时事。伯克作品的吸引力源于雄辩，而雄辩之基则在于他所推崇的立场令人信服。[2]时人显然沉迷于他的修辞手法，后世也被其作品所打动。这意味着什么呢？理解这一点很重要。这不仅表明伯克的"语言"引人入胜，更显示出他的论辩尤其有力。

18 世纪 90 年代初，威廉·华兹华斯（William Wordsworth）曾在下议院听过伯克演讲，他在《序曲》中用"神魂颠倒"描述伯克的听众。[3]伯克演讲的生动场面已遗失在历史之中，留

1　然而，休谟对现代修辞的负面批评，参见 David Hume, "Of Eloquence" (1742) in idem, *Essays Moral, Political, and Literary*, ed. Eugene F. Miller (Indianapolis, IN: Liberty Fund, 1985, 1987)。

2　Paddy Bullard, *Edmund Burke and the Art of Rhetoric* (Cambridge: Cambridge University Press, 2011).

3　William Wordsworth, *The Fourteen-Book Prelude*, ed. J. B. Owen (Ithaca, NY: Cornell University Press, 1985), bk. VII, line 517. 此文于 19 世纪 20 年代被大幅修改。

下的是他精妙的散文。威廉·哈兹利特（William Hazlitt）认为伯克的文学技巧是"他的主要成就"。[4] 这当然是刻意贬低了伯克的政治造诣。尽管如此，哈兹利特还是认为伯克的写作充满了急切的感觉。他指出了伯克想要影响他人的决心，想让他人认识到他思想的重要性和活力。哈兹利特认为，这使伯克成为"最具诗意"的散文作家，尽管伯克最终追求的是说服他人而不是取悦他人。[5] 我们或许可以列举出伯克用以说服他人的修辞手法，但他的散文本身仍不可替代。修辞只有在特定场合对特定的听众才能起作用。切实的批评是伯克散文的特点，却不是其取胜的关键。正如亚当·斯密所说，写作的技术规则绝不能说明语言的力量。[6] 修辞以论据的力量触发激情，在政治上，则诉诸道德主张的力量。[7] 伯克的部分吸引力在于其有效的推理。他实现推理有效性的方式是，将对细节的掌握和对政治关系的哲学分析结合起来。此外，他还运用非凡的想象力博得听众和读者的同情。历史学家可以还原这种想象力依据的实例与原则。如果没有这些，再生动的道德话语也是苍白无力的，公共演说家与巫师的区别正在于此。

　　自古代城邦时期，人们就对修辞要素进行了系统研究，而理想演说家的特性一直是探讨的主题。18 世纪的政治家们深谙其道：亚里士多德和昆体良的作品是他们的必读课本，德摩斯

3

4　William Hazlitt, "Character of Mr. Burke" (5 October 1817), in *The Complete Works of William Hazlitt* (London: J. M. Dent and Sons, 1930–34), 21 vols., VII, p. 229.

5　Ibid. 哈兹利特对伯克的评价，参见 David Bromwich, *Hazlitt: The Mind of a Critic* (Oxford: Oxford University Press, 1983), pp.288–300。

6　Adam Smith, *Lectures on Rhetoric and Belles Lettres*, ed. J. C. Bryce (Indianapolis, IN: Liberty Fund, 1985), p. 40.

7　参见 Quentin Skinner, "Retrospect: Studying Rhetoric and Conceptual Change" in idem, *Visions of Politics I: Regarding Method* (Cambridge: Cambridge University Press, 2002)。

梯尼（Demosthenes）和西塞罗的演说则是他们永恒的范例。[8]
在《雄辩术原理》（*Institutiooratoria*）一书中，除了雄辩术
和修辞，昆体良还强调，哲学智慧是演讲的本质特征。[9]哲学
在此指道德哲学，因为在参与决策或诉讼时，政治家或公诉人
需要对正义、公平或自由等普遍准则有适当的理解。伯克极擅
长表达，而且他在道德论证方面的巧辩最为突出。尽管如此，
他并不致力于讨论个人美德的基础，相反，他更关注公共事务
的"德性"（morality）。这首先是一个关乎实际判断或审时
度势的问题。伯克写道："历史是审时度势之师。"[10]而政治家是
"行动的哲学家"。[11]这意味着他谈论的是经过历史检验的原则。
对某个行为的辩护隐含着对未来的判断，也反映了过去对当下
的制约。[12]政治学本质上是一种历史的研究方式，通过解释过
去来预测未来结果。[13]

4　　　"伯克确实是位伟人，"柯勒律治（Coleridge）认为，"似
乎没有谁像他那样哲学地研究过历史。"[14]伯克感兴趣的是"哲

8　Christopher Reid, *Imprison'd Wranglers: The Rhetorical Tradition of the House of Commons, 1760–1800* (Oxford: Oxford University Press, 2012).

9　Quintilian, *Institutio oratoria*, I, Proemium, drawing on Cicero, *De inventione*, I, iii, 4 and *De oratore*, III, 56–81.

10　EB to Dr. William Markham, post 9 November 1771, *Corr.*, II, p. 282.

11　EB, *Thoughts on the Cause of the Present Discontents* (1770), *W & S*, II, p. 317.

12　关于伯克的历史意识，参见 Friedrich Meinecke, *Die Entstehung des Historismus* (Munich: Oldenbourg, 1936), 2 vols., II, pp. 288–304; John C. Weston, Jr., "Edmund Burke's View of History," *The Review of Politics*, 23: 2 (April 1961), pp. 203–29, 以及近期的 Sora Sato, "Edmund Burke's Ideas on Historical Change," *History of European Ideas*, 40: 5 (September 2014), pp.675–92。

13　关于伯克之后英国历史政治学的发展，参见 John Burrow, Stefan Collini and Donald Winch, *That Noble Science of Politics: A Study in Nineteenth-Century Intellectual History* (Cambridge: Cambridge University Press, 1983)。

14　Samuel Taylor Coleridge, *Table Talk*, ed. Carl Woodring (Princeton, NJ: Princeton University Press, 1990), 2 vols., II, p. 213 (8 April 1833).

学的"历史，这一概念起初由孟德斯鸠、伏尔泰和休谟普及。
历史在两种意义上是哲学的：一、它超出了宗教和政治党派的
范畴；二、它概括了人类事务。概括人类事务需要探索社会和
政府体制的变化如何塑造价值观。启蒙时期的各种哲学思想为
这种探索提供了各式工具。18世纪50年代中期，伯克为了成
为爱尔兰律师，前往伦敦受训。他开始将注意力投向政治科学
的各个方面，包括欧洲启蒙运动中颇受争议的话题：激情理
论、政府的历史以及天意在社会中的作用。同时，他开始投身
时事，既当编辑又做商人。1765年，伯克结识了辉格党要人
罗金汉侯爵（Marquess of Rockingham），并在六个月内就
获得了下议院议席。他很快便成了一位令人敬畏的辩论家和时
事评论家。他作为公职人员的生涯就此拉开序幕。虽然对实务
的参与的确影响了他的学术和文学追求，但这并不意味着他放
弃了文学雄心。作为议员，伯克接触的是主导时代的议题。他
的议程不由学术热情决定，而取决于时势变化。尽管如此，他
的应对能力仍得益于政治科学的教育和在哲学史上的洞察力。

　　在担任议员期间，伯克关注下议院通过的大部分议题。然
而，在这30多年间，需要政府和反对派关注的议题过多，他
主要关注的问题有五个：英国宪法和议会改革；1766—1783
年的美洲殖民地危机；东印度公司对孟加拉和马德拉斯的管
理——从查塔姆内阁谋求改革到弹劾沃伦·黑斯廷斯（Warren
Hastings）；同时期爱尔兰贸易和管辖的诸多方面的问题；法
国革命对欧洲事务的影响。这些都是当时决定性的政治议题：
西方帝国的衰落，东方帝国的腐败以及对民众政治权利理解的
转变。伯克运用非凡的分析能力说明了这些问题的重要性，提
供了一个理解现代历史进程的视角。这一有利的历史视角虽然
不能还原历史真相，但能帮助我们理解历史事件的利害关系。
它还可以激发历史研究的新假设，甚至可能产生历史哲学的要

5　素——这是任何可靠政治理论的必要前提。本书讨论的是伯克关于历史和政治的思考，这些想法都是为了回应当时的主要问题。引言部分首先简述伯克的这些思考，并指出其长远影响。在下一节中，我将介绍伯克职业生涯的主要阶段和关注点，并在最后一节中总结他的基本原则，这些原则的形成基于其对欧洲历史的看法。

三　英国、美洲、印度、爱尔兰、法国

在伯克职业生涯的不同阶段，英国事务是他关注的各类议题的核心。当时英国已经声称以"光荣革命的原则"治国，其中包括《权利法案》（Bill of Rights）、《王位继承法》（Act of Settlement）以及其他由光荣革命确立的规则。宽容异教的规定也包括在内。《王位继承法》解决了英国17世纪的冲突，对教会和国家的关系做出了宪法规定。[15]1760年，乔治三世继位后，他很快就想起了这部宪法所规定的教会与国家之间的关系。11月18日，他在施政演说中宣布决心"在教会和国家中坚持并巩固这部杰出的宪法"，包括"不可侵犯"的宗教宽容。[16]人们期望这种"教会－国家"关系能保护政治和宗教自由。这是通过固定国王与议会之间的关系实现的，同时也为非国教徒留有自由的空间。但是，17世纪晚期的这些措施是在政体不断发展变化的背景下采取的，无法确保各方关系不会再度恶化。为了避免二者关系的倒退，该宪法与教会地位的平衡可能需要调整。在伯克活跃于公共舞台的时期，这两个议题在社会中被广泛讨论，并在其同时代人之间引发争论。更重要的

15　J.C.D. Clark, *English Society, 1688–1832: Ideology, Social Structure and Political Practice during the Ancien Regime* (Cambridge: Cambridge University Press, 1985, 2000).

16　*Parliamentary History*, XV, col. 982.

是，自 18 世纪 70 年代末起，在美洲引发的政治争论的影响下，人们对下议院议员的任期和组成的质疑开始受到议会和新闻界的关注。同一时期，宗教异见者的权利也受到各方质疑。

自 1661 年以来，"骑士"议会在数十年间颁布了一系列法案，对非国教徒进行定义和施加各类限制。非国教徒的教育、礼拜及政治权利被剥夺。1689 年的《宽容法案》(Toleration Act) 一定程度上缓解了这种情况。该法案赋予了不信奉英国国教 39 条信纲的基督教徒在特定条件下的礼拜自由。至 18 世纪 60 年代末，英国圣公会神职人员中所谓的自由主义分子本身也在寻求免除特定的国教信纲，特别是与三位一体教义相关的部分。伯克 1772 年曾明确表示，他反对国教内部戒律松弛，但支持推动废除那些迫害非国教徒的限制措施。[17] 行政官员应永不干涉神和良心的事务。[18] 但是，当约瑟夫·普里斯特利 (Joseph Priestley) 这样的理性主义非国教徒对国教的攻击似乎得势时，伯克转而认为非国教徒应该被加以监督，以免非国教倡导者危及国教安全。[19] 而且，如果异教徒利用宗教手段诱发暴动，他们就必须受到限制，伯克认为 17 世纪 40 年代就发生了这样的情况。如果 17 世纪中叶的情况再次发生，非国教徒就不能被视作有良心的信徒，而应被视为一个派系，也就是一种潜在的颠覆工具。[20] 从 18 世纪 80 年代末起，伯克开始怀疑非国教徒代表们的图谋。1790 年前后，英国认可了法

6

17　EB, Speech on Clerical Subscription, 6 February 1772, *W & S*, II, pp. 361–62.

18　Northamptonshire MS. A. XXVII. 103a (i).

19　关于这一时期的理性非国教徒，参见 Knud Haakonssen ed., *Enlightenment and Religion: Rational Dissent in Eighteenth-Century Britain* (Cambridge: Cambridge University Press, 1996)。

20　Northamptonshire MS. A. XXVII. 100 (ii). Cf. Northamptonshire MS. A. XXVII. 99 (ii): "N.B. Factions [&] Clubbs the instruments of ... Revolution."

国革命，他的疑虑也越来越重。伯克担心，宗教已沦为权力的工具。在这种情况下，宗教权利成了世俗野心的遮羞布。最重要的是，声称对权力有天赋的权利是有问题的概念。虽然跟财产权一样，宗教权对人类来说也是"天赋的"，但政治权利却是规定的，而非普遍的权利。

在任何复杂的社会结构中，伯克都坚持政治分工的必要性。政府职能的成功划分能保护自由、增进公民福祉。但是，平等的政治参与直接违背了这一原则。与政府管辖下平等的自由相反，平等使用政府手段与公民组织的实际情况是不相容的。伯克认为，维护这样的平等政治权利，也就是所谓的"人的权利"，将颠覆所有形式的可以想象的政治从属，进而消除社会与政府之间的区别。[21]18 世纪 70 年代至 80 年代，伯克虽然与宪法批评家们一道推行"平等权利"的理念，但 1779 年以后，各类政治改革只是打着人权的旗号，被概念化为一些术语：缩短议会会期、废除腐败选区并增加郡议席，等等。对于这些笼统的改革计划，伯克均表示反对，他认为其只是强调了宪法所赋予的民众自由的可欲性。

7　　伯克认为，保障民众自由的最佳途径是建立一个维护民众权益的政府体制。就英国而言，则仅需修改既有的政治安排，而不是从头重构政体。在任何一个社会，都自然会有一套适合自己的公共权力组织方式，但不存在构建政治正义的普世模型。政府的目标是促进公众福祉并保障私有权利。这就需要促进社会和经济发展，并提供司法保障。在欧洲社会中，这些目标大多是通过分权并确保有效的代议体制来尽可能实现的。然而，正如孟德斯鸠在《论法的精神》中强调的那样，政府权力

21　EB, Speech on the State of the Representation of the Commons (16 May 1784), *Works* (1808–13), X, *passim*.

可以在不同机构间进行不同分配。同样，代议制也可以通过冒充、授权或选举来实现。法国、西班牙、神圣罗马帝国、荷兰共和国和波兰共和国（Polish commonwealth）都曾以不同的方式试图将这些因素结合起来。不过，伯克认为，只有英国最为有效地规范了政府的权力，并在宪法上保障了选举代议制。由此，英国已经实现了政治稳定与民众代议制的结合。这种结合又为严格的司法管辖提供了最佳保障。

英国的这种政体取决于维护宪法的完整性。为实现这一目标，政体的组成部分必须按其应有的关系予以保留。自18世纪60年代中期起，伯克就认为英国政治体系的正常运行受到了攻击。海外统治权落入行政当局手中，加剧了这一趋势。国王影响力的增长意味着政府的民主部分受到腐蚀。议会已沦为赞扬王权的舞台。1770年，伯克在议会中代表罗金汉派（Rockinghamite）倡导"政党"的作用，认为政党是遏制日益盛行之腐败的最佳手段。[22]18世纪80年代初，伯克追求"经济改革"，他试图通过减少君主的权力来矫正宪法的失衡。[23]但是，到了80年代末，伯克的注意力已然转移。彼时他忧心的是足以推翻整个行政体系的伪平民主义。各类倡导议会改革的运动让伯克有了这种担忧，摄政危机和随后的法国革命加重了他的忧虑。尽管他的同僚认为法国革命不会波及英国，但伯克坚信这场革命对各国产生了普遍威胁。[24]为了坚持这一信念，他放弃了与异议人士的联盟，并从自己所在政党的领导层中抽身。数年之后，他才与波特兰辉格党人

8

---

22 参见伯克的经典之作 *Thoughts on the Cause of the Present Discontents* (1770), *W & S*, II, *passim*。

23 详见 EB, *Speech on Economical Reform*, 11 February 1780, *W & S*, III, *passim*。

24 关于这一说法，参见 EB, Debate on the Re-Commitment of the Quebec Government Bill, 6 May 1791, *Parliamentary History*, XXIX, col. 372。

（Portland Whigs）和解，而他与查尔斯·詹姆斯·福克斯的友谊则就此终结。

18 世纪末英国政治的一个显著特征是国内宪法必须承载帝国的重负。伯克在七年战争的余波中开启了公共事业。战后十余年，回顾这场史诗般的争夺，他似乎觉得那是一个充满希望的时刻。"我们已经战胜了我们畏惧的任何力量"，伯克回忆道。这为建立一个"史无前例的新帝国"奠定了基础。[25] 在自由而开明的权力监督下，殖民地会获得自由，南亚会拥有正义。拥有不同信仰的各族民众将以不同方式审慎地行使权力。英国宪法是这一成就之基，形成了"带领我们走向这一伟大的精神和力量"。[26] 但是，这一光明前景很快就变得黯淡无光了。1766 年 1 月，伯克获得下议院议席时，英国与美洲殖民地各省的冲突已愈演愈烈。英国政府因战争而深陷债务泥潭，不得不跨越大西洋以获取新的财政收入。这引发了殖民地各省的抗议，抗议随即演变成反抗，对帝国权威发起挑战。在强国争霸中，国内财政、海外殖民地与权力的平衡是相互牵连的。伯克指出，各届内阁为了在与欧洲各国的竞争中占上风，均修改了帝国宪法。这种革新动摇了治理体制。英国在美洲新大陆将"君临议会"置于殖民地地方议会之上，这使得英帝国面临内战的威胁。

1775 年 12 月 22 日，诺斯勋爵内阁通过《禁止法》，封锁美洲贸易。[27] 伯克认为这是直接针对殖民地的战争行为，赋予了殖民地以自卫为名发起叛乱的权利。[28] 在伯克看来，这就

25　EB, Notes for Second Conciliation Speech, ante 16 November 1775, WWM BkP 6: 202.

26　Ibid.

27　16 Geo. III, c. 5.

28　EB, Notes on American Prohibitory Bill, WWM BkP 6: 119.

是革命的正当理由。但是，他所倡导的是将革命作为恢复秩序的手段，而不是以革新之名叛乱。他认为，改进与肆意破坏截然不同，革新也不等于改革。直到1776年，没有任何迹象向伯克表明这是一个"革命时代"。[29]18世纪70年代的美洲事态发展与18世纪90年代的法国革命并无关联。在这两个时期，伯克都捍卫了民众以武力反对暴政的权利。1788年，伯克对于七年前发生在印度北部贝拿勒斯（Benares）的起义事件采取了这一立场；1798年爱尔兰起义前，针对爱尔兰的抵抗行动，他也一再重申这一立场。[30]尽管伯克从未质疑过以起义反对专制的正当性，但他仍清楚地知道革命者有义务重建政府以保护所有权。

即便在美国革命期间，伯克也竭力捍卫英帝国主权。随着战事日久，他开始主张在宗主国与殖民地间建立联邦契约，以在一个帝国体系内容纳两套立法体系。[31]1778年4月10日，他已同意废除《宣示法案》，并接受了美洲殖民地独立的现实。但他仍为英帝国设想了最后的出路：《航海法案》（Navigation Act）可能会以某种形式被再次推行；乔治三世可以在美洲新的政治体系中保有一席之地。[32]伯克终其一生都在为文明帝国的权威辩护：英国对美洲殖民地的控制对两党双方都是有利的；在任何可预见的未来，爱尔兰的独立都是不乐观的；征服孟加拉是正当的战争行为。与同时代的大多数人一样，伯克无

29　这种现在流行的历史学分类的早期运用，参见，例如 R. R. Palmer, *The Age of Democratic Revolution: A Political History of Europe and America, 1760–1800* (Princeton, NJ:Princeton University Press, 1959–1964), 2 vols。

30　贝拿勒斯事件，参见 Northamptonshire MS. A, XXIX, 36。关于爱尔兰天主教徒叛乱的权利，详见 EB to Unknown, February 1797, *Corr.*, IX, p. 259。

31　EB, *Letter to the Sheriffs of Bristol* (3 April 1777), *W & S*, III, p. 321.

32　EB, Hints of a Treaty with America, March 1782, WWM BkP 27: 219.

法想象一个没有帝国的世界。实际上，世界由相互竞争的帝国所占据，法国、英国、西班牙、奥斯曼帝国、印度莫卧儿帝国以及马拉塔帝国仅是这些帝国中的一部分。以武力来反抗帝国，就需要通过旨在终结篡夺精神的战争来瓦解所有的帝国结构。伯克认为尽管1792年法国人推行这一计划时宣扬人道主义理想，他们仍开启了自罗马共和国初期以来世界上最富侵略性的帝国工程。直到第一次反法联盟成立，伯克的目标一直是通过有效的均势来规范欧洲各国的竞争。他认为，这将使英国在海外发挥其影响力，以支持公民自由和贸易。尽管在伯克看来英国能很好地实现这一目标，但这一目标仍可能受到英国国内反对力量的掣肘。美洲殖民地的命运表明，文明帝国易受死灰复燃的胁迫和统治态度的影响。

1766年夏，第一届罗金汉政府倒台不久，查塔姆勋爵领导的新政府就将其注意力转向印度，视其为处于困境的英国国库的潜在财政来源。《印花税法案》的废除标志着格伦维尔（George Grenville）对殖民地征税计划的破产。征服孟加拉可能带来的新收入令刚掌权的新内阁眼馋，这激发了东印度公司和英国政府间的矛盾。1773年，诺斯政府的《东印度公司管理法案》暂时解决了这一矛盾。东印度公司章程被重新订立，其部分财富被议会征收。伯克认为，这种干涉是一种无端的权力行为，损害了公司机构的自由。改革只是侵夺特许权利的借口，东印度公司在南亚并未有任何明确的失职。伯克一直怀疑诺斯政府的意图，直至其于1782年倒台。然而，在此期间，伯克也愈发怀疑东印度公司确有不法行为。1778年，坦焦尔拉贾（Raja of Tanjore*）的遭遇让伯克再次投身于印度事务。这位拉贾沦为卡纳提克（Carnatic）地区阿尔乔特的纳

---

* 拉贾（Raja）是印度等地对土邦君主或酋长的称呼。——译者注

瓦布（Nawab of Arcot*）野心的牺牲品。阿尔乔特的纳瓦布的侵略得到了英国军队的支持，同时马德拉斯的东印度公司官员暗中为其提供贷款。英国位于科罗曼德尔海岸的据点正是通过一个小小的行政长官之手得以扩张的。事实上，英国人以免除债务的手段鼓励阿尔乔特的纳瓦布发动侵略。[33]

1781年，伯克加入为调查印度次大陆事务而成立的特别委员会，此时他已十分重视印度。委员会的工作让伯克开始关注孟加拉，引导他开始检视东印度公司的章程、对外关系及税收责任。他对英国通过东印度公司行使的权力进行了透彻分析。东印度公司对印度南部的管理不善是间接安排的，但是在印度北部，滥用权力的手段既广泛又直接。伯克认为，东印度公司已经成为致力于剥削的吃人机器。[34]其目标既非善治，也不是商业利益，而是二者的畸形结合：一种致力于自身政治利益的商业垄断。其追求掠夺和压迫，将商业动机和公共责任弃之不顾。委员会编写完11份报告时，伯克对印度事务的了解已经非常透彻，下议院无人能及。其改革的信念也无人能敌。然而，1783年福克斯提出的《印度法案》以失败告终，伯克只能通过弹劾沃伦·黑斯廷斯寻求补救。当弹劾这位总督成为可能时，伯克认为公共事务中的其他问题都不值一提。[35]伯克在其议会任期余下的大部分时间里，一直致力于在帝国的"上议院"（即英国的下议院）面前代表印度的利益。"我以让印度

---

*　纳瓦布是莫卧儿帝国皇帝赐予南亚土邦的半自治穆斯林世袭统治者的尊称。——译者注

33　EB, *Speech on the Nabob of Arcot's Debts* (28 February 1785), *W & S*, V, *passim*.

34　EB, *Ninth Report of the Select Committee* (25 June 1783), ibid., p. 201; EB, Speech in Reply, 28 May 1794, *W & S*, VII, p. 277.

35　EB, Debate in the Commons on the Address of Thanks, 25 January 1785, *Parliamentary History,* XXIV, col. 1400.

事务回归正途为我这一生中最伟大、最久远的目标"，1792年
他对邓达斯如是说。[36] 但他的努力却以1794年黑斯廷斯的无罪
释放告终。至此，伯克对印度的了解确已非比寻常，他归纳出
两条基本准则。[37] 首先，尽管该地区经历了连续的伊斯兰征服浪
潮，并且最终于16世纪建立起了莫卧儿帝国，但直至1757—
1765年被英国纳入帝国版图，印度从未臣服于真正的专制权
力。其次，他坚持认为，无论亚洲统治的历史是怎样的，对任
何民众行使权力都应受到最低限度的行为标准的约束，而这些
标准应是普世的。

因此，伯克对黑斯廷斯及其所领导的东印度公司的控告是
以他对自然法和万国公法的理解作为指导的。他反对格劳秀斯
（Grotius）和普芬多夫（Pufendorf），支持洛克的主张：世
界上没有任何国家可以拥有奴役人的权利。事实上，任何受奴
役的民众不仅有权利而且有义务抵制压迫者。伯克后来还审视
了在爱尔兰问题上的反抗义务。虽然伯克以自然法和文明国家
惯例为标准判断在印度的暴政，但他认为对爱尔兰的殖民管辖
要根据英国宪法所确立的标准进行评估。光荣革命的结果影响
了三个王国。因此，原则上英格兰和苏格兰所确立的行政及宪
法规范应能适用于爱尔兰。但是1688—1691年的一系列事件
对这个邻近岛屿的影响截然不同于对英国本土的影响。1707
年以后，英国的党派已经变得克制而平和。[38] 但在爱尔兰，17
世纪的党派仇恨在更加残忍和剥夺人权的宪法中表现得淋漓尽
致，可以说宪法是在设法延续而不是平息蔓延的敌意。总的说

---

36 EB to Henry Dundas, 8 October 1792, *Corr.*, VII, p. 247.

37 伯克自评其对印度事务的了解，参见 EB, Speech in Reply, 5 June 1794, *W & S*, VII, p.401。

38 J. H Plumb, *The Growth of Political Stability in England, 1675–1725* (London: Macmillan, 1967); Steve Pincus, *1688: The First Modern Revolution* (New Haven, CT: Yale University Press, 2009).

来，爱尔兰局势同时激发了三方面争议。一是爱尔兰政体之于英国的地位问题，自 1720 年《宣示法案》颁布以来就一直存在争议。[39] 二是对爱尔兰贸易的不合理限制问题。三是有关容忍罗马天主教徒的激烈争论。前两个问题涉及两岛间的法律和政治关系，而第三个问题则关乎爱尔兰政府的国内组织问题。

伯克在其职业生涯的三个主要节点处理了这些相关但有区别的议题：一是在 18 世纪 50 年代末至 60 年代中期；二是在美国革命波及爱尔兰时期；三是在法国革命波及欧洲时期。最初，在开始议会职业生涯之前，伯克主要从两方面思考爱尔兰的困境：一方面，他结合对英国历史的研究，考察了爱尔兰依附于英国的起源；另一方面，他探讨了爱尔兰在威廉姆派（Williamite）获胜后，限制天主教徒公民权利和宪法权利的反天主教法的性质和影响。在 18 世纪 70 年代和 80 年代，随着对爱尔兰贸易受限的抱怨再次出现，这两个问题也随之出现。英国与美洲殖民地发生战争期间，爱尔兰寻求取消对其进出口贸易的限制。在航海法及其他相关法案的影响下，人们对爱尔兰贸易的抱怨与日俱增，英国对爱尔兰的立法权不可避免地遭到质疑。此外，为赢得爱尔兰民众对当时战争的支持，威斯敏斯特议会决心放宽对爱尔兰非国教徒的民事及宗教限制，无论是天主教还是长老会。伯克主张扩大贸易自由，积极支持宗教宽容事业。他对于 1782 年赋予爱尔兰立法自由表示质疑。伯克在美洲殖民地危机时期的主张奠定了其在法国革命后推进爱尔兰事业的基础。

18 世纪 90 年代以来，除了天主教徒业已获得的公民权利外，伯克一直倡导赋予其政治权利。在他看来，维护英帝国的权力中心是天主教徒获得政治权利的唯一希望。因此，无论是

12

39　6 Geo. I, c. 5.

给予爱尔兰更多的自主空间还是让爱尔兰完全独立，都无法满足爱尔兰任何一方的利益。伯克认为一个联合议会或许可行，但这种激烈手段可能会引发更多的冲突，而不是解决冲突。最好的办法是削弱都柏林城堡里"政治小团体"（Junto）的力量。伯克认为，这些行政官员将自身刻画为维系英国和爱尔兰不可或缺的纽带，以保持腐败的权力。[40] 伯克逐渐认识到，爱尔兰当局未能减少"新教优势"（Ascendancy）的影响，而是无意间促使不满情绪演变成了暴动。"新教优势"原则最初是为了保障新教徒的安全，而实际上它却是在维持一个堕落的排外制度。因此，在法国革命观念的影响下，天主教徒易于接受人权学说，视其为表达不满的正当手段。实际上，在伯克看来，他们会通过一场政治运动来宣泄愤怒，而这可能会瓦解公民社会的壁垒。在生命的最后几个月里，伯克认为，由于不满的天主教徒在爱尔兰人联合会的鼓动下日益雅各宾化，任何真正改革的希望都被这股毁灭性的力量摧毁了。

13　　18世纪90年代，对这种毁灭的预测盛行。福克斯辉格派倾向于将法国革命视作民众对专制权力的反抗。伯克则确信，1787年2月法国显贵会议之后事态的发展与反抗暴政并没有必然联系。1789年秋，一系列事件的性质已愈发清晰。法国君主制并没有因为民众的不满而受到挑战。法国三个等级的公民向路易十六提交的《陈情书》中无疑记录着种种不满，但并没有表明需要解散政权。相反，君主制正受到一种偶然势力的攻击。伯克并不认为这些破坏者是蓄意联盟的。[41] 不同因素不经意间合力推翻了既有政权。这一过程中的关键因素是不满的

40　EB to William Windham, 30 March 1797, *Corr.*, IX, p. 301.

41　尽管如此，伯克认为，对宗教的颠覆涉及蓄意谋划，这在1773年已有迹象。参见 EB to the Abbé Augustin Barruel, 1 May 1797, *Corr.*, X, p. 38: "我本人就认识你们的五个主要同谋。"

贵族，他们不惜牺牲路易十六以维护自身利益。革命起初是一部分机会主义贵族的叛乱，而不是自发的民众反抗。伯克推测，1789 年夏，随着三级会议的崩溃和国民议会的成立，所有宪法制约已被有效清除，只剩下一个人民议院和不值一提的国王。他认为，一种轻率的实验精神开始主导公众意见：财产、智慧和经验在立法中几乎毫无作用。人们厌恶的税收被视作封建主义的烙印。米拉波伯爵（Comte de Mirabeau）对最为富裕的地主阶级的财产进行了攻击。[42] 塔列朗（Talleyrand）质疑教会财产的正当性。[43] 托雷（Thouret）则质疑法人所有权。[44] 这些对公民社会根基的攻击令伯克惊惧。[45] 他认为财产之神圣需要社会各方面的保障。为了支持一种歧视贵族阶层的体制，剥夺特定机构或个人的所有权违背了最基本的正义原则。

直至 1791 年，伯克都在书写他对将个人与其财产相捆绑的"愤怒"。[46] 若个人财产被权力之手剥夺，那么就是触犯了人的基本需求和不可侵犯的权利。因此，人们自然而然地有了因袭权利的想法。产权起源于自我防卫，并经由使用得以巩固。所有者的权利和对所有权的认同皆是"自然法所赋予的权利，也是自然法的第一条法则"。[47] 伯克强烈反对法国革命有两个缘由：一是法国革命侵犯了财产权，违反了自然法；二是

14

42　*Archives parlementaires*, IX, p. 195 (26 September 1789): "打击，无情地杀死这些苦难的受害者，把他们扔进深渊。"

43　Ibid., pp. 398ff. (10 October 1789).

44　Ibid., pp. 398ff. (10 October 1789).

45　EB to Earl Fitzwilliam, 12 November 1789, Corr., VI, pp. 36–37.

46　EB to Claude-François de Rivarol, 1 June 1791, ibid., p. 266.

47　Ibid. 伯克暗中引用了洛克，参见 John Locke, *Two Treatises of Government*, ed. Peter Laslett (Cambridge: Cambridge University Press, 1960, 1990), bk. II, ch. 2, § § 7, 13。自然的"第一法则"规定了"和平与人类的存续"。

法国革命对宗教制度怀有敌意，而宗教制度教授了人们基本的义务观念。他认为，从巴黎的武装叛变到 1789 年 7 月成立国民警卫队，法国内部安全的崩坏助长了对产权和宗教的攻击。法国革命通过舆论宣传鼓动其他国家的暴动，当时这是对英国的主要威胁。然而，在接下来的两年里，国民立法议会通过军事手段向外输送革命，对英国的威胁骤然加剧。18 世纪 90 年代中期，伯克回顾法国革命时称，两个主要因素导致了事态升级：一是无宗教信仰的文人致力于鼓吹革命纲领；二是政治家决心以民主"共和国"作为挽救法兰西帝国尊严的手段。[48] 伯克现在声称，雅各宾主义已成为一个可怕的对手，决心对公认的公民社会准则进行无休止的战争。尽管皮特内阁在 1796 年力求与督政府达成妥协，伯克却主张对无情的敌人予以无情的打击。他认为那是一场必须胜利的歼灭战，否则一切都将荡然无存。

伯克同时处理着其职业生涯中诸多重要的议题。18 世纪 60 年代中期，伯克首次直面美洲殖民地危机时，也不得不在东印度公司问题上表明立场。同时，他揭示了宪法所面临的威胁，并确立了罗金汉派的政党观。后来，当他甘心忍受印度局势的严重性时，他仍深陷于错综复杂的美洲殖民地争端之中。与此同时，他不断完善自己对殖民地和英国双方关系的看法。18 世纪 90 年代，伯克在抵制议会改革提案之际，也呼吁废除爱尔兰的反天主教法。他一面固执地推进对黑斯廷斯的弹劾，一面又质疑政府对法国的政策。若按严格的时间顺序依次呈现这些问题，可能就会忽略掉伯克对每个问题论述的主线。因此，在本书的主体部分，我对伯克主要关切的问题进行了划分，将美洲事务和印度问题分列为独立章节。同样的，英国和法国问题也做了区分处

48　EB, *Second Letter on a Regicide Peace* (1796), *W & S*, IX, pp. 278–79.

理。爱尔兰问题是伯克文集中十分关键但展开较少的部分，所以我依据英国事务或法国事务对爱尔兰的影响力大小，将其穿插于英国或法国章节中讨论。如此划分伯克主要关切的问题，就有可能以连续且完整的方式探讨伯克最重要的主张。

与此同时，我也尽可能合理地呈现了伯克职业生涯的全景。随着各种事态不断发展，伯克的应对方式不可能一成不变。因此有必要分析他如何适应这些发展变化。这一变化的过程贯穿于本书的五个主要部分：第一部分讲述了18世纪30年代至40年代伯克在爱尔兰的生活，介绍了他的家庭背景及教育经历；第二部分呈现了他自1750年搬往伦敦至1765年的经历，侧重于其法律培训及思想发展；第三部分介绍了他在议会的前九年中对爱尔兰、孟加拉和殖民地的看法，以及对日益增长的王权的分析，这期间英国与美洲殖民地的关系不断恶化；第四部分讨论了伯克议会生涯随后的11年，期间他重新评估了印度问题的严重程度，评价了殖民地战争对英国国内政治的影响，通过挑战反天主教法为天主教徒争取权利，并考察了议员与选民之间的关系；最后，本书的第五部分包括伯克对法国革命的回应、对黑斯廷斯的弹劾、对英国政治的看法以及对爱尔兰冲突不断升级的应对。对一个问题持久性的关注是伯克政治生涯的特点，但它也呈现出复杂的发展模式，这很大程度上取决于事态发展对既有原则的影响。

本书除按时间顺序叙述外，还确定了两个可以了解伯克思想发展的首要主题：一是征服精神，二是自由精神。二者共同塑造了伯克对帝国和革命的态度。伯克关于征服精神的看法建立在欧洲诸国皆已摆脱封建暴政的基础上。他认为，这意味着欧洲在向公正的司法制度迈进，并摆脱了极端的贵族统治。这些曾经的历史问题已被自由精神所取代，其主要指法律的公平应用和各类确保政治问责的机制。伯克指出，就连18世纪的

15

法国国王都支持独立的司法制度，腓特烈大帝也承受着公众意见的压力。从这个角度看，英国的情况要好得多：平民的权利掌握在陪审团手中，意见可以通过选举产生的议员来体现。伯克试图在世界历史的背景下理解自由精神，这使他更加推崇自由：美洲被欧洲人占领后出现了自由精神；许多亚洲政府都是温和而非纯粹的专制制度。例如，莫卧儿帝国时期的印度政府尊重法律、保护产权并讲究礼仪。在推行欧洲海外殖民统治的过程中，无论是在旧世界与新世界的政府之间的关系中，还是在印度追求商业垄断方面，征服精神都复苏得最明显。在伯克政治生涯晚期，他试图遏制东印度公司这种无节制的专制主义的影响，但是一种史无前例的压迫势力高举着人权的旗帜在欧洲中心崛起。在伯克看来，征服精神在自由的伪装下死灰复燃。

四　征服精神和自由精神

16

　　伯克对历史的贡献是复杂的。19世纪不同时期，伯克在辉格党、自由党和托利党等英国主要政党中都享有标志性的地位。他在欧洲和美洲也有不同程度的声望。[49] 主要有两方面

49　伯克受欢迎的程度远不止于此。弗里德里希·根茨（Friedrich Gentz）、托马斯·巴宾顿·麦考利（Thomas Babington Macaulay）、亚历西斯·德·托克维尔（Alexis de Tocqueville）、约翰·莫利（John Morley）、威廉·尤尔特·格莱斯顿（William Ewart Gladstone）、马修·阿诺德（Matthew Arnold）、威廉·爱德华·哈特波尔·莱基（William Edward Hartpole Lecky）、卡尔·门格尔（Carl Menger）、安德鲁·博纳·劳（Andrew Bonar Law）、约翰·马肯（John MacCunn）、威廉·格雷厄姆（William Graham）、伍德罗·威尔逊（Woodrow Wilson）、罗素·柯克（Russell Kirk）、彼得·斯坦利斯（Peter J. Stanlis）、弗里德里希·哈耶克（Friedrich Hayek）等人从不同方面不同程度地拥护了伯克的学说。艾米莉·琼斯（Emily Jones）梳理了伯克学说在英国的传播情况，乔纳森·格雷（Jonathan Green）则介绍了其在德国的相关情况。伯克思想在美国的传播情况，详见 Seamus Deane, "Burke in the USA" in David Dwan and Christopher J. Insole eds., *The Cambridge Companion to Edmund Burke* (Cambridge: Cambridge University Press, 2012), 和 Drew Maciag, *Edmund Burke in America: The Contested Career of the Father of Modern Conservatism* (Ithaca, NY: Cornell University Press, 2013)。

原因可以解释他为何如此受欢迎。一方面，伯克表现出了一种"自由主义"论调，主要体现在其与爱尔兰、印度和美洲殖民地相关的著述中，他对乔治三世治下王权的反抗也表现出了这一点。[50]另一方面，伯克思想也展现出了"保守主义"色彩，这从他对中世纪自然法的继承中可窥一二，但主要还是体现在他谴责法国革命的各种论调之中。[51]这种分歧似乎难以调和，容易让人误以为有两个伯克：早期倡导公民权利的伯克和后来背离进步原则的伯克。最初，这是福克斯在激烈的政治争论中对伯克的指控，但它后来作为一种学术假说取得了相当大的成功。这种指控通常质疑伯克的"一致性"，并借此怀疑他思想的"统一性"。在这里，我并不打算深究这些指控是否有内在联系。[52]不过，至少可以说，实践判断与形式推理的演绎不同，前者在逻辑上的矛盾并不像后者那样明显。

时人控诉伯克这种明显的矛盾，实际上是在控告他的背叛：他既然已与昔日好友分道扬镳，他肯定背叛了曾经坚持的立场。然而，伯克从未明确放弃之前所坚持的原则。相反，他仅是对这些原则的应用持有异议。这种异议体现在他对美国革命和法国革命的回应中。对于伯克的一些批评家而言，例如理

17

---

50 对此较为经典的研究，参见 John Morley, *Edmund Burke: A Historical Study* (London: 1867)，更为晚近的研究参见 Conor Cruise O'Brien, *The Great Melody: A Thematic Biography of Edmund Burke* (London: Sinclair-Stevenson, 1992)，其参考了 Isaac Kramnick, *The Rage of Edmund Burke: Portrait of an Ambivalent Conservative* (New York: Basic Books, 1977)。

51 Russell Kirk, *The Conservative Mind: Form Burke to Santayana* (Chicago,IL: Henry Regnery Co., 1953); Corey Robin, *The Reactionary Mind: Conservatism from Edmund Burke to Sarah Palin* (Oxford: Oxford University Press, 2011); Jesse Norman, *Edmund Burke: Philosopher, Politician, Prophet* (London: Harper Collins, 2013)。

52 关于历史上思想家的一致性问题，可比较 Peter Laslett, "Introduction" to John Locke, *Two Treatises of Government* (Cambridge: Cambridge University Press, 1960, 1990), pp. 82–83 与 Quentin Skinner, "Meaning and Understanding in the History of Ideas," *History and Theory*, 8 (1969), pp. 3–53。

查德·普莱斯（Richard Price）和约瑟夫·普利斯特利，这两场革命都象征着救赎的希望：二者皆期待着即将来临的精神解放，从某种意义上说二者致力于共同的事业。但是，对伯克来说，这两场革命是截然不同的。在被迫采取军事自卫手段之前，美洲人首先诉诸帝国旧时的安排。相反，法国革命则旨在推翻旧制度。为达到这一目的，他们践踏了产权和因袭权利。人们固然可以质疑伯克的这一结论，但这并不意味着伯克的思想是矛盾的。[53] 控诉伯克的背叛本质上不是针对伯克本人，而是人们对法国革命的历史意义存在分歧。很多史学传统认为1789 年的法国革命是通往现代进步的大门。因此，作为这场革命的批判者，伯克就与某种反动的意识形态联系了起来，或者被指控为了晚年的保守主义原则，而背叛了年轻时的自由主义价值观。

在这种表述中，自由主义被理解为信奉自然权利，而保守主义则被理解为维护国家权威。很明显，伯克同时捍卫这两个原则，反对将二者分开。因此，通过当时并没有影响力的政党政治理论无法有效解读伯克的作品："自由主义"或"保守主义"都不足以把握伯克的思想。在他生命的尾声，面对爱尔兰一触即发的起义，伯克将保护国家的义务视为基本责任，他认为"一个国家的第一要务就是保存自己"。不过，一旦安全无虞，保障公民权利就成了公权力的首要任务。[54] 在早期对压迫

53　在这一点上我与戴维·布拉米奇（David Bromwich）意见相同，详见 David Bromwich, *The Intellectual Biography of Edmund Burke: From the Sublime and Beautiful to American Independence* (Cambridge, MA: Harvard University Press, 2014), p. 26："曾有一段时间，原则（*principle*）这个词似乎等同于伪善之词，但当人们想起伯克，脑海中浮现的就是原则一词。"另一方面，原则当然视情况而变。关于这一问题，详见 Ian Crowe, "Introduction: Principles and Circumstances" in idem ed., *Edmund Burke: His Life and Legacy* (Dublin: Four Courts Press, 1997)。

54　EB to the Rev. Thomas Hussey, post 9 December 1796, *Corr.*, IX, pp. 168–69.

的批判中，伯克就阐述了以上两种看法。"任何人都会同意，"他认为，"保护与安全享有我们的自然权利是公民社会的终极目的。"[55]18 世纪 90 年代，伯克指出这一"终极目的"面临三大直接威胁："新教优势""印度主义"和"雅各宾主义"。[56]每个词都象征着一种基于征服精神的弊政。对于伯克而言，这些是危及现代自由精神存续的反动力量。1758 年，大卫·休谟指出，英国可以媲美"历史上最自由、最辉煌的国家"。[57]伯克对英国的自由理想甚至更加坚定。对伯克的政治思想进行细致的考察，我们需要还原他所谓的自由精神，以及他如何理解征服精神对自由精神的侵蚀。但是，这种还原受限于一种教条主义猜想：18 世纪英国的自由仅是旧政权的残余，而法国革命则为美好未来开辟了道路。至少可以说，这种结论建立在对历史极度简化的基础之上。

为了理解伯克的言辞，我们需要理解他的思想。言辞的力量直接取决于思想的内涵。此外，为了把握伯克思想的实质，需要在两种截然不同却又相关的语境中还原他的论辩：一是日常政治的微观语境，二是 18 世纪的政治思想语境。伯克的政治语境尤为丰富和复杂。在 1765—1766 年，即首届罗金汉内阁时期，伯克是支持政府的。之后，在 1782 年 3 月至 7 月，即第二届罗金汉内阁时期，他担任军队主计官一职。1783 年，在短暂的福克斯－诺斯联合政府时期，他再次担任此职。在担任议员的其他时期里，伯克都是反对派。因此，大多数情况下，重建伯克的政治思想必须联系他所反对的政策。这就需

18

55　EB, *Tracts relating to Popery Laws* (1761–65), *W & S*, IX, p. 463.

56　EB to Sir Hercules Langrishe, 26 May 1795, *Corr.*, X, p. 32.

57　David Hume, "Of the Coalition of Parties" (1758) in idem, *Essays Moral, Political, and Literary*, ed. Eugene F. Miller (Indianapolis, IN: Liberty Fund, 1985, 1987), p. 495.

要完整描述 18 世纪乔治三世治下的政府变迁，还要注意在现存的回忆录、新闻报道和信件基础上把握历史事件的进度和内容。马基雅维利、格劳秀斯、霍布斯和洛克显然都沉浸于审视公共生活。西塞罗甚至开展了自己的政治生涯。然而，伯克不得不迫于时事压力做出直接反应，因此他的政治语境更为错综复杂。

正因为伯克恪守政治家的职责，他的思想背景也更加难以琢磨。伯克不是一个系统的哲学家，而是一个忙碌的辩论家。因此，他没有机会去思考自己思想的"基础"。然而，相较于其他雄辩家和议员，伯克对历史上的思想传统如数家珍。他与亚里士多德、西塞罗、苏亚雷斯（Suárez）、格劳秀斯、柯克、霍布斯、普芬道夫、洛克、哈奇森（Hutcheson）、贝克莱（Berkeley）、孟德斯鸠和博林布鲁克（Bolingbroke）等人的思想遗产进行了角力。他还评价了瓦特尔、卢梭、休谟和斯密的重要性。人们通常认为，这些人物"影响"了伯克。但更确切地说，这些人物皆是为伯克所用的思想家。当然，伯克利用这些人物思想的方式也不尽相同。他通常借用法学经典以树立那个时代公认的智慧。对伯克而言，菲洛（Philo）、查士丁尼、瓦特尔的价值就在于此。他还批判那些与他观点相反的卫道士，曼德维尔（Mandeville）、博林布鲁克和卢梭就遭到了他的批判。除此以外，伯克总的哲学观依然是难以捉摸的。他推崇习惯法（Common law），尊重万国公法，但认为二者皆受自然法的约束。他对思想家的评价往往是复杂的。他骇然于霍布斯的法学理论，却采纳了他的公司概念。他接受了洛克的政治前提，却否认他的结论。他被休谟的思想吸引，却反对他的宗教怀疑论。他在道德问题上误读了斯密，却在政治经济学上遵从他，并且斯密还帮助伯克认识了东印度公司权力的特点。

由于他与特定法学家、哲学家和政论家有分歧，伯克往往

被归于特定的"思想流派"。归属于特定流派意味着公开支持
这一流派观点，但很难从这一点上捕捉到伯克的思想渊源。当
然，伯克也谈及了特定传统，但他却不是始终效忠于特定流
派。他无意表明自己是某个流派的继承人，毕竟他的目标是在
特定时间倡导特定的行动。但这并不意味着伯克没有哲学追
求，他无疑也致力于某种思想目标。关于他的哲学追求，有不
同的解读，这导致伯克被描述为自然法学家、原生功利主义者
或历史主义的支持者。[58] 虽然这些是不同类别的观点，但事实
上它们未必不可调和。自格劳秀斯以来，自然法都试图调和权
利与效用；孟德斯鸠则旨在通过道德、法律和政府的历史来研
究二者。因此，孟德斯鸠在 18 世纪的政治思想中举足轻重。[59]
他也对伯克的思想产生了长期影响。孟德斯鸠拥有如此地位的
原因有很多。首先，孟德斯鸠坚持认为历史规律最终应归于道
德规范，这一点吸引了伯克。孟德斯鸠坚持将人与自然法同道
德观念、风俗和习俗联系起来，这也令伯克印象深刻。其次，
伯克欣赏孟德斯鸠以比较研究来阐释历史规律的倾向。他还被
孟德斯鸠的雄心壮志打动，即从世界历史角度对古代和现代欧
洲文化及亚洲文化进行比较研究。此外，《论法的精神》通过
分析征服与和解的过程清晰地阐述了欧洲历史，这一点也吸引
了伯克。最后，孟德斯鸠声称自由是英国政府之基本原则，伯
克对此深为信服。

58　分别参见 Peter J. Stanlis, *Edmund Burke and the Natural Law* (1958) (New Brunswick,
　　NJ: Transactions Press, 2003, 2009); Leslie Stephen, *English Thought in the
　　Eighteenth Century* (London: 1876, 1881), 2 vols., II, pp. 225–26; Friedrich Meinecke,
　　Cosmopolitanism and the Nation State (1907), trans; Robert B. Kimber (Princeton, NJ:
　　Princeton University Press, 1970), p. 101。

59　Sylvana Tomaselli, "The Spirit of Nations" in Mark Goldie and Robert Wokler eds., *The
　　Cambridge History of Eighteenth-Century Political Thought* (Cambridge: Cambridge
　　University Press, 2006).

20　　当然，这并不意味着伯克的政治努力就是为了践行孟德斯鸠的思想。但是，《论法的精神》是一个很好的起点，有利于理解伯克所谓的自由精神和征服精神，他希望自由精神终能战胜征服精神。对于孟德斯鸠而言，这种胜利在光荣革命后的英国最为纯粹。但正是这种成功使英国面临不可预见的腐败。在《论法的精神》中，孟德斯鸠详细思考了 1729—1731 年访问英国的经历之后，花了两章的篇幅探讨"英国宪法"。首先，他在第十一卷第六章讨论了英国政府的形式；其次，他在第十九卷第二十七章中探讨了英国的道德观念与礼仪。[60] 孟德斯鸠的观察引起了休谟、洛尔默（De Lolme）和麦迪逊（Madison）等人的广泛讨论。[61] 基于相同的精神，伯克一生都视其为法国贵族中的伟大天才。[62] 就像休谟一样，钦佩并未使伯克成为顺从的门徒，他对孟德斯鸠既赞赏又批判。在《英国史略》（*Abridgement of English History*）初步零碎的研究中，伯克对《论法的精神》中关于"英国"自由起源的解释的合理性进行了评估；大约 30 年后，在《法国革命反思录》（以下简称《反思录》）中，伯克重新评估了孟德斯鸠对英国稳定

60　关于这些章节的最初成文，参见 Paul A. Rahe, *Montesquieu and the Logic of Liberty: War, Religion... and the Foundations of the Modern Republic* (New Haven, CT: Yale University Press, 2009), pp. 40–42。

61　F. T. H. Fletcher, *Montesquieu and English Politics* (London: Edward Arnold, 1939); David Lieberman, "The Mixed Constitution and the Common Law" in Goldie and Wokler eds., *Cambridge History of Eighteenth-Century Political Thought*; Ursula Haskins Gonthier, *Montesquieu and England*(London: Pickering: 2010); James Madison, "Federalist No. 47" in *The Federalist*, ed. George W. Carey and James McClellan (Indianapolis, IN: Liberty Fund, 2001), pp. 250–52.

62　C. P. Courtney, *Montesquieu and Burke* (Oxford: Basil Blackwell, 1963); Seamus Deane, "Montesquieu and Burke" in idem, *Foreign Affections: Essays on Edmund Burke* (Cork: Field Day, 2005).

前景的看法。[63] 在此期间以及随后的多年中,《论法的精神》中的英国章节显然激发了伯克关于国家政治的思考。[64] 同时,这部著作作为一个整体,也启发了伯克综合考量宪法的灵感。

伯克认为,欧洲现代史上最重要的成就是将司法权(jurisprudence)从权力手中解放出来。[65] 孟德斯鸠已指出,随着独立司法制度的建立,公正法治也得以发展。司法透明是摆脱专横任性的统治者的最明显象征。这标志着欧洲从封建野蛮走向文明的政治文化。伯克写道,公平终将"战胜暴政"。[66]《论法的精神》鼓励读者结合东方的政府以及古代的共和国来思考这一成就。伯克十分反对孟德斯鸠的亚洲政治主张,但跟孟德斯鸠一样称赞后封建时代的欧洲,认为其取得的宪法胜利可媲美希腊与罗马。正如他在《反思录》中所言,现代欧洲大陆的各国成员可以自信地区别于"那些古代最辉煌时期的繁盛国家"。[67]

伯克对欧洲政治的理解是基于对一种宪政安排的推崇,这种宪政安排有助于推动现代自由的确立。对于孟德斯鸠而言,英国、法国这样的同时代君主国家的自由,不同于古代地中海城邦的自由,它不直接行使民众权力(Popular Power)。相

21

63 EB, *An Essay towards an Abridgement of English History* (1757– c. 1763), *W & S*, I, p. 430. EB, *Reflections on the Revolution in France*, ed. Clark, p. 359 [275].

64 参见 *Parliamentary History*, XXIX, col. 391,福克斯 1971 年 5 月 6 日在议会中的讲话,"福克斯提到了伯克从孟德斯鸠那里引用的话,并宣布他同意孟德斯鸠对英国宪法的看法"。

65 EB, *An Essay towards an History of the Laws of England* (c. 1757), *W & S*, I, p. 322. 参阅 1783 年 6 月 3 日,里士满公爵(Duke of Richmond)提出了关于司法独立的动议,引用了孟德斯鸠《论法的精神》中关于自由本质在于司法从立法和行政权中分离的一段话,参见 *ParliamentaryHistory*, XXIII, col. 963。

66 Ibid.

67 EB, *Reflections*, ed. Clark, p. 239 [113].

反，它是没有恐惧的安全感的产物。[68] 相比之下，古时的自由更岌岌可危、更受限。首先，它限制个人利益，以培育公德。通过限制私人或"特定"的欲望，公民的激情仅聚焦于公共福祉。[69] 因此，希腊 - 罗马式共和国（Greco-Roman republics）"本质上并不自由"，孟德斯鸠认为，他们的自由是通过自我抑制的假象来维护的。[70] 因此，民主共和国在两个方面尤其存在腐败的危险。它们或因社会不断奢靡，或因政治体系内普通成员对平等的过分要求而受损。在前一种情境中，若公民追求享乐的满足，他们就会放弃共和国信念；而在后一种情境中，若人们自视可以胜任国家中的任一职务，他们对行政长官的敬重就会减少。鉴于这些缺陷，孟德斯鸠认为，相较于古代共和国通过激发爱国热情来保障自由，现代君主制国家通过宪法规范更好地维护了自由。若权力受到制衡，滥用权力将被遏制，公众信任则会取代对专横权威的恐惧。[71]

22　　伯克认为，征服精神存在程度之别：一个极端表现为纯粹的战争；另一个极端是没有战争暴虐的绝对权力。在国际层面，贸易与征服相对立；而在国内，征服精神的对立面则是宪政。对于伯克而言，孟德斯鸠是规范宪政机制的宗师。他们均认为，规范是分权的一项功能。分权不仅意味着对政府各部门进行分隔，更意味着保留各部门独立行动的能力。所以，在英国，上议院享有司法权，并参与立法。然而，问题的关键是，

68　Charles-Louis de Secondat, Baron de Montesquieu, *De l'esprit des lois* (1748) in *Oeuvres complètes*, ed. Roger Caillois (Paris: Galimard, 1951), 2 vols., II, Pt. II, bk. XI, ch. 6. Cf. ibid., Pt. II, bk. XI, ch. 2: "民众的权力已经与民众的自由混淆了。" Cf. EB, 1773 年 2 月 23 日，下议院就《新教异教徒救济法案》(A Bill for the Relief of Protestant Dissenters) 进行辩论，参见 *Parliamentary History*, XVII, cols. 778–79: "孟德斯鸠认为自由在于免除恐惧。"

69　Montesquieu, *Delesprit des leis, ed. Caillois*, pt. I, bk. V, ch. 2: "特别的激情。"

70　Ibid., pt. II, bk. 11, ch. 4, and Pt. I, bk. 4, ch. 5: "政治的美德是自我克制。"

71　Ibid., pt. II, bk. XI, ch. 4.

在这种情况下，影响个人权利的司法裁决绝不能被国王的行政权所控制。伯克认为，这种安排促进了法律面前人人平等。这是现代政治正义的先决条件。正如孟德斯鸠所言，三权分权往往通过两种方式来实现。第一种方式是采取"适度"自由的制度，同时期的法国就是如此。在这种情况下，司法权从立法权和行政权中分离出来，以限制权力。孟德斯鸠认为英国完善了第二种方式的自由。他们的制度是一种"极致"自由的制度，英国政权受到三个独立的权力组成部分的限制。[72] 司法权交予陪审团和各级法庭，立法权与行政权则由议会和王室分担。各权力间相互制衡却不影响整体运作。这种政府体系协调了各独立部门相互对立的决策。

伯克终生都是这种"极致政治自由"的拥护者。[73] 其极致性是其明显的脆弱性所导致的结果：只要行政权与立法权相互抗衡，宪法崩溃的可能性就一直存在。选举代议制为这种力量的结合既带来了稳定性又带来了脆弱性。一方面，这种制度成功地调节了公众意见，使民众认识到：立法机关比普通民众更明智。因此，不同于古代的公民大会，代议机关促进了公共审议。[74] 但是另一方面，代议制加剧了两股主要政治权力的竞争，进而将国家卷入宪法困境：托利党一贯维护国王的权力，而辉格党则支持议会的特权。不同于休谟，伯克和孟德斯鸠认为这两大政党整体上发挥了积极影响：如果政府突然企图行使立法机构的权利，民众会团结议会予以反击；而在国家面临外国威胁之际，民众又会团结起来支持国王。正如伯克在逝世前数月

23

72　Ibid., pt. II, bk. XI, ch. 6: "在欧洲大多数王国中，政府是温和的，因为君主拥有了前两项权力，就让臣民们行使第三项权力。"

73　Ibid., pt. II, bk. XI, ch. 6. Cf. Ibid., pt. III, bk. XIX,. 27, 孟德斯鸠指的是"极致自由的国家"。

74　Ibid., pt. III, bk. XIX, ch. 27. Cf. Ibid., pt. II, bk. XI, ch. 6.

所言，英国政党的"冲突和相互对抗"已"保存了宪法统一性之下的多样性"。[75] 如伯克和孟德斯鸠所指出的那样，相较于党派斗争，长期的腐败使国家面临更多危险：王权最终压倒下议院之时，就是国家灭亡之际。到那时，如孟德斯鸠所言，立法机构将比"行政机关更腐败"。[76] 与 17 世纪 40 年代的动荡相比，英国面临的更大威胁不是党派之争可能会诱发内战，而是清除议会反对派导致专制主义复苏。伯克对政党的辩护，以及罗金汉派最初的政纲都需要在这一宪法框架下加以理解。

伯克认为，腐败之风在乔治三世贪赃枉法的政府治下大肆盛行。虽然这危及国内宪法的正当性，但其对整个帝国的影响更为明显。孟德斯鸠曾认为，英国作为傲慢的商业国家不屑于征占他国领土。[77] 英国人善妒又喜欢搞垄断，容易嫉妒殖民地的繁荣。尽管如此，英国仍免于征服精神的荼毒。[78] 但是，在伯克看来，七年战争之后局势已大为不同。首先，政府对美洲殖民地的态度更加蛮横。其次，东印度公司成为残酷压迫的权力机器。此外，爱尔兰政府坚持排他性的统治态度。最后，18世纪 90 年代又出现另一种危机，在法国革命的影响下，谄媚的民粹主义危及社会阶层的差异，以及宪政的存续。平等主义

75　EB, *Third Letter on a Regicide Peace* (1797), *W & S*, IX, p. 326. Cf. EB, 1793 年 3 月 22 日，进行了关于《防止叛国通信法案》的辩论，3 月 23 日《先驱晨报》报道："辉格党和托利党间一直存在巨大的愤恨和党派仇恨；然而，他认为二者都不反对宪法。辉格党赞成宪法的一般形式，但特别倾向于宪法的民主部分。另一方面，托利党支持宪法，而在一些可疑的情况下，倾向于支持王权。"

76　Montesquieu, *De l'esprit des lois*, pt. II, bk. XI, ch. 6.

77　Ibid., pt. III, bk. XIX, ch. 27.

78　Ibid. Cf. Emer de Vattel, *The Law of Nations, or the Principles of the Law of Nature, Applied to the Conduct and Affairs of Nations and Sovereigns*, ed. Béla Kapossy and Richard Whatmore(Indianapolis, IN: Liberty Fund, 2008), p. 497: "英国的富裕和强大的舰队有很大的影响力，但它的自由没有引发任何国家的警惕，因为这个国家似乎已经摆脱了征服的愤怒。"

（egalitarian）在欧洲大陆肆虐时，雅各宾主义则誓言要毁灭伯克所珍视的一切。伯克因此丧失了对进步的所有希望。宗教战争已经阻碍了启蒙运动的发展，而现在，自由时代的成就似乎将要被黑暗时代吞噬。

1792 年，也就是伯克从议会退休的前两年，他回忆起 17 世纪宗教战争中野蛮的征服精神。爱尔兰就是这可怕情形的例证。伯克对"征用"的暴行和"反征用"的狠毒感到不寒而栗。[79] 政治迫害与政治动荡动摇了政府根基，破坏了产权的稳定。因袭权利是实现持久和平的唯一机会，良心是施加强制义务的唯一途径。令伯克震惊的是，法国革命却将这些不可或缺的手段弃之不顾。如此一来，产权虽尚未被破坏，但对产权的信念已支离破碎。"我的所有物"和"你的所有物"的合理性很难再复原如初。在法国，对特权的仇视破坏了所有的社会差异。繁荣、道德进步以及互信是这场混乱的直接牺牲品。正是在这样的背景下，在《反思录》的最后，伯克指出，孟德斯鸠所谓的法国的"适度"自由比英国的极致自由更脆弱，更容易被革命所倡导的原始平等所影响。[80]

在伯克看来，消除所有社会等级这一观念首先以煽动性的宣传方式对英国构成了威胁。[81] 然而，18 世纪 90 年代，法国的意识形态逐渐证明了其作为军事力量的价值。在失败的阴影下，革命将如何发展仍有待观察。1797 年夏天伯克去世时，人们仍无法判断未来将何去何从。事实表明，人们的政治态度在 19 世纪发生了转变。基于等级的政府观念受到攻击。但是，

24

79　EB, *Letter to Richard Burke* (post 19 February 1792), *W & S*, IX, p. 657.

80　EB, *Reflections*, ed. Clark, p. 359 [275].

81　EB, *Substance of the Speech of the Right Honourable Edmund Burke in the Debate on the Army Estimates* (London: 1790), *passim*.

我们很难说人们的政治价值观已完全改变，也很难说旧制度已完全被取代。革命的平等并没有彻底废除欧洲的传统规范。事实上，有多少历史悠久的传统仍继续界定着当代社会和政治实践？这仍是一个重要议题。法国革命是一个历史分水岭，但并未创立一个新时代。伯克晚年自视为那个正在消失的世界的辩护者，但他的贡献却在于让后世认识到，事实上真正的变革并未发生。

第一部分
理智与偏见：早期成长时期（1730—1750）

综　述

本书并非心理学传记，中心主旨不是揭示主人公的潜藏动机。[1] 当然，它也不是个人传记，不聚焦于私人生活或是主人公的娱乐消遣。[2] 相反，本书的目的是记述伯克思想与政治生活的历程。话虽如此，他的社会行为和想法却无法脱离个人语境。伯克一生致力于宗教宽容事业。伯克的家庭转换过宗教信仰，他在一定程度上受过罗马天主教的影响。他曾就读于贵格教派学校和爱尔兰教会大学。但这些经历并不是他献身宗教宽容事业的根本原因。他的理论原则甚至还与其早年经历相悖。伯克相信，英国镇压 1641 年爱尔兰叛乱时征收了他的家族财产。这使他能敏锐地洞察征收财产对爱尔兰天主教士绅和贵族的影响。光荣革命后，克伦威尔的政策和随后对天主教财产的没收可以视为大规模的征服运动。激烈的财产革命上演着，只有时间的流逝才能通过因袭权利保证新的所有权。伯克或许曾以多种方式回应这一系列灾难性事件。但最终，他拒绝了詹姆斯党人革命和天主教的报复，而主张改革既

1　这一流派的主要作品，参见 Isaac Kramnick, *The Rage of Edmund Burke: Portrait of an Ambivalent Conservative* (New York: Basic Books, 1977); Conor Cruise O'Brien, *The Great Melody: A Thematic Biography of Edmund Burke* (London: Sinclair-Stevenson, 1992)。

2　个人传记的优秀作品，参见 F. P. Lock, *Edmund Burke: 1730–1797* (Oxford: Clarendon Press, 1998–2006), 2 vols。

有的汉诺威王朝。因此，虽然伯克的背景和经历并不能预测
他后来的信仰，但仍有必要重新梳理这些信仰形成时的个人
历史。

第一章
布莱克沃特河谷、巴利托尔、圣三一学院与《改革者》

1.1 导 语

伯克 20 岁以前生活在爱尔兰，依次在科克郡（Cork）、基尔代尔（Kildare）和都柏林度过时光。不同的生活地点对应不同的文化环境：天主教影响、贵格教派学校和爱尔兰教会大学。在之后的人生中，伯克强调偏见对于个人思想的影响。就他个人而言，他曾遭遇一系列难以调和的偏见。确切地说，天主教、非国教与国教的世界显然是彼此对立的。伯克究竟是如何弥合了三者之间的分歧，这是一个值得关注的问题。年轻时，他相信理性能够塑造习惯，并能使个人超越文化背景的局限。然而，18 世纪 50 年代，他开始相信理性思维能力在很大程度上会受到习惯的束缚。本章讲述了伯克早期偏见的形成，并记录了伯克对如下观点的认同：人的本能行为可以通过理性探究加以改善。18 世纪 40 年代末，伯克从都柏林大学圣三一学院毕业，并开始担任《改革者》（*Reformer*）的编辑，此时，他试图通过提高国民品位来努力践行这一认同。伯克致力于成为一位作家，尽管迫于父母的压力他不得不去伦敦学习法律。伯克渴望在文学上有所建树，15 年后才决心参与公共生活。

1.2 历史语境下的家庭与童年

威廉·莱基（W. E. H. Lecky）将 18 世纪中期的都柏林描述成"帝国第二城，"[1] 主要的公共建筑和雅致的私人住宅在这一时

---

1 William Edward Hartpole Lecky, *A History of Ireland in the Eighteenth Century* (1892) (London: Longman, Green and Co., 1913), 5 vols., I, p. 319.

28　期稳步建成。1661 年，罩衫巷剧场落成；1758 年，乌鸦街剧院（Crow Street Theatre）建成；1741 年，菲山伯大街上也新建了音乐厅。[2] 都柏林是王国的总督府和行政中心，拥有繁荣的纺织业，也是重要的贸易口岸。1776 年 6 月，亚瑟·杨（Arthur Young）首次来到都柏林，他认为这里的情况远超他的预期："公共建筑美轮美奂，街道纵横有序……我所见到的每一处都富有生机，这是一个繁荣社会应有的风貌。"[3] 杨所见的大部分景观在 50 年前就已经建成。1711—1728 年，4000 多座住宅拔地而起。莫尔斯沃思广场（Molesworth Fields）在 1705 年后开始飞速发展，亨丽埃塔大街（Henrietta Street）则在 18 世纪 20 年代建成。萨克维尔大街（Sackville Street）和加德纳广场（Gardiner's Mall）的规划始于18 世纪 40 年代。早在爱尔兰的威廉姆战争之前，圣三一学院就从原有的伊丽莎白时期建成的四方院子开始向格林学院（College Green）所在的方向扩建，托马斯·伯格（Thomas Burgh）为学院设计的图书馆也于 1712 年开始建设。早在 1729 年，议会大厦就开始动工，并在十年内完工。[4] 议会大厦的爱奥尼亚柱正对着威廉三世的策马雕像，该雕像在 1701 年博茵河战役（Battle of the Boyne）11 周年纪念日上初次揭幕。比较托马斯·飞利浦（Thomas Phillips）1685 年绘制的《都柏林海湾和海港地图》与查尔斯·布鲁金斯（Charles Brooking）1728 年绘制的《都柏林城市与郊区

2　John Finegan, "Dublin's Lost Theatres," *Historical Record*, 47: 1 (Spring 1994), pp. 95–99.

3　Arthur Young, *A Tour in Ireland: With General Observation on the Present State of that Kingdom Made in the Years 1776, 1777 and 1778, and Brought down to the End of 1779* (Dublin: 1780), 2 vols.,I, pp.1–2.

4　S. J. Connolly, *Divided Kingdom: Ireland, 1630–1800* (Oxford: Oxford University Press, 2008), p.364.

地图》，可以看出都柏林城郊日渐扩大。[5] 在 18 世纪的前 30 余年里，都柏林城市人口约有 75 000 人，其中大部分人都是新教徒。18 世纪中叶，都柏林人口增长到 15 万。[6] 到 18 世纪 60 年代，信徒比例发生了变化，罗马天主教徒占据人口的大多数。[7]1750 年伯克离开都柏林去往伦敦时，80% 的新教徒信仰国教，但城市居民中仍有不少长老派、贵格派、浸礼会、胡格诺派、路德宗、摩拉维亚派和卫理公会的信徒。

　　伯克于 1730 年 1 月 12 日在都柏林出生。[8] 他可能是在圣

29

5　Samuel A. Ossory Fitzpatrick, *Dublin: A Historical and Topographical Account of the City* (London: Methuen and Co., 1907), ch. 5; Maurice Craig, *Dublin 1660–1868* (Dublin: Hodges, Figgis and Co., 1952), chs. 8–14; J. G. Simms, "Dublin in 1685," *Irish Historical Studies*, 14:55 (1965), pp. 212–26; Thomas Phillips, *Map of the Bay and Harbour of Dublin* (London: 1685); Charles Brooking, *Map of the City and Suburbs of Dublin* (London: 1728); Colm Lennon, *Dublin, 1610–1756: The Making of the Early Modern City* (Dublin: Royal Irish Academy, 2009).

6　David Dickson, "The Demographic Implications of Dublin's Growth, 1650–1850" in Richard Lawton and Robert Lee eds., *Urban Population Development in Western Europe from the Late-Eighteenth Century to the Early-Twentieth Century* (Liverpool: Liverpool University Press, 1989). For comparisons with Edinburgh and Manchester, see R. B. McDowell, *Ireland in the Age of Imperialism and Revolution, 1760–1801* (Oxford: Oxford University Press, 1979, 1991), p. 20.

7　Patrick Fagan, "The Population of Dublin in the Eighteenth Century with Particular Reference to the Proportions of Protestants and Catholics," *Eighteenth-Century Ireland*, 6 (1991), pp. 121–156, p. 143.

8　儒略历 1 月 1 日对应公历 1 月 12 日。这可作为判断伯克出生于 1729 年的一个依据。伯克的出生日期一直存在争议：一些传记作者认为他出生于 1728 年，但多数人认为他出生于 1729 至 1730 年间。许多人以都柏林圣三一学院的注册信息为依据，其显示 1744 年 4 月伯克为 15 岁。比斯菲尔德教堂（Beaconsfield Church）内伯克的墓碑显示 1797 年其为 68 岁，可推测他出生于 1729 年。但是，伯克的妹妹于 1729 年 1 月受洗，假设她在出生那一年受洗，伯克的出生时间就应往前推一年，不少人都是这样认为的。参见 National Archives of Ireland, "Register of the Parish of Castle Town Roche (1728)," M 5048.，或见 Lock, *Burke*, I, pp. 16–17，其认为伯克出生于 1730 年 1 月 12 日。但是，在拜内克图书馆仍有一些依据可推测伯克出生时间早于 1730 年，详见 "Collection of Letters and Notes Formed by Sir Richard Bourke in order to Establish Edmund Burke's Date of Birth" (1842–43), Osborn Manuscript File (OSB MS. File) 1578，所以，伯克确切的出生日期仍无法确定。

米尚教区（Parish of St. Michan）接受洗礼加入爱尔兰既定
新教的。1733 年前后，他住在利菲河北岸的阿伦码头，房子面
向南边，对着中世纪遗留下的城墙。他的父亲理查德·伯克的
祖籍可能是利默里克，但他在科克郡长大成人，后成为都柏林
财政法庭（The Court of Excheque）的一名律师。[9] 爱尔兰历
史学家威廉·蒙克·梅森（William Monk Mason）是伯克的
朋友兼信友约翰·蒙克·梅森（John Monk Mason）的侄子。
他曾打算为伯克作传，从他留下的手稿中，我们可以得知，伯
克家族 17 世纪在利默里克有着"非常可观的财产"，但"这
些财产在 1641 年的叛乱中被全部没收了"。[10] 梅森继续写道，
伯克的曾祖父"在科克郡退休时也拥有一笔财产，之后他定居
于卡斯尔敦罗克村庄附近"。[11] 伯克的母亲玛丽·纳格（Mary
Nagle）来自卡斯尔敦罗克近旁的巴利达夫。虽然她是詹姆士
二世时检察总长理查德·纳格（Richard Nagle）的后裔，但
根据 1689—1691 年威廉姆战争之后的条约，纳格家族设法避

---

9 理查德·伯克和他妻子的结婚证将他描述为科克郡尚巴利达夫（Shanballyduff）的理
查德·伯克，是一位绅士。该结婚证在 1922 年同四法院（the Four Courts）的记录一
起被销毁，但被转写在了阿瑟·塞缪尔斯的书中，参见 Arthur P. I. Samuels, *The Life,
Correspondence and Writings of the Rt. Hon. Edmund Burke LL.D., with the Minute Book
of the Debating "Club" Founded by him in Trinity College Dublin* (Cambridge: Cambridge
University Press,1923), p. 2.

10 William Monck Mason (1775—1859), "Manuscript Notes and Printed Excerpts Concerning
the Lives and Works of Eminent Irish Men and Women," TCD MSS. 10531–2, fol. 32. 梅森的
主要目的是纠正詹姆斯·普赖尔（James Prior）1724 年伯克传记中的错误。他的叔叔约
翰·蒙克·梅森（1726—1809）比伯克早三年到圣三一学院。二人 18 世纪 60 至 80 年
代的通信可以在谢菲尔德和北安普敦档案中找到。关于伯克祖籍利默里克这一点，参
见 Basil O'Connell, "Edmund Burke: Gaps in the Family Record," *Studies in Burke and His
Time*, 10:3 (1968), pp. 946–48, p. 946。

11 Mason, "Manuscript Notes," TCD MSS. 10531–2, fol. 32: "1765 年 4 月 27 日，埃德蒙的哥
哥加勒特去世后，该财产继续归家族所有，随后在 1792 年或 1793 年，以不到 4000 英
镑的价格售出。"

免了被没收财产，并将土地保留到了 18 世纪。[12] 巴利达夫坐落
于布莱克沃特河谷，位于科克郡东北部，马拉（Mallow）和
弗莫伊（Fermoy）之间。这片区域曾因纳格家族的势力而被
称作"纳格地区"，在威廉征服爱尔兰后，他们几乎没有受到
没收财产的影响。[13] 在实施《利默里克条约》和《戈尔韦条约》
的过程中，有关土地问题的裁决似乎让伯克的外祖父格雷特·
纳格（Garret Nagle）受益良多。[14] 尽管如此，从较长远的角
度看，值得注意的是，17 世纪 90 年代，科克郡天主教徒的土
地占有率已经减少到 8%，而 1641 年天主教徒的土地占有率
约为三分之二，三国战争（wars of the three kingdoms）后
又减少了一半。该郡的天主教徒主要集中在布莱克沃特河谷周
围，被定居在马拉和达纳雷尔（Doneraile）的新教徒包围。[15]
来自卡里格图厄尔的詹姆斯党激进分子詹姆斯·科特（James
Cotter）因"诱拐"贵格派年轻女性伊丽莎白·斯奎布被处决
后，该地区的宗派紧张局势加剧，18 世纪 20 年代、30 年代、

12　Joseph Napier, "Edmund Burke: A Lecture Delivered before the Church of Ireland Young
　　Men's Christian Association, May 28th, 1862" in *Lectures, Essays and Letters* (Dublin: 1888),
　　p. 111.

13　Louis M. Cullen, "The Blackwater Catholics and County Cork Society and Politics in the
　　Eighteenth Century" in Patrick O'Flanagan and Cornelius Buttimer eds., *Cork: History and
　　Society* (Dublin: 1993), pp. 552–53.

14　J. G. Simms, *The Williamite Confiscation in Ireland, 1690–1703* (London: Faber and Faber,
　　1956), p. 46.

15　T. C. Barnard, "The Political, Material and Mental Culture of the Cork Settlers, c. 1650–1700"
　　in Flanagan and Buttimer eds., *Cork*, p. 315, relying on research that now appears in David
　　Dickson, *Old World Colony: Cork and South Munster, 1630–1830* (Cork: Cork University
　　Press, 2005).

60 年代及以后皆是如此。[16]

在《科克郡的前世今生》(*Ancient and Present State of the County and City of Cork*) 中，查尔斯·史密斯 (Charles Smith) 转载了 1713 年科克郡居民给安妮女王的致辞，祝贺她成功签署《乌德勒支和约》(Peace of Utrecht)，但又感叹"数年前的不幸和致命的分歧延续至今"。[17] 史密斯回顾了爱尔兰围绕天主教和托利党对詹姆斯党王位继承权的希望而发生的党派纷争。由于博林布鲁克和奥蒙德公爵 (Duke of Ormonde) 安插的王位觊觎者没能成功继任，随后，爱尔兰就致力于确保托利党赢得 1713 年大选。选举日当天，科特在都柏林组织暴乱，成为光荣革命和解方案的反对者。1720 年 5 月 7 日，他因强奸罪被处以绞刑，成为天主教徒哀悼和赞颂的对象，他被视作效忠詹姆斯党人的代表，同时也是科克郡反贵格派的典型。一个在都柏林工作的名叫理查德·伯克（人们认为他就是伯克的父亲）的人担任了科特的律师。[18] 但是，无论伯克的父亲是否在诉讼中发挥了作用，都没有理由认为他认同科特的政治立场。事实上，我们有充分的理由相信他持有不同的立场。毕竟，埃德蒙学生时代的密友理查德·沙克尔顿 (Richard Shackleton) 后来回忆说，"伯克的父亲"是"谨慎而诚实"的人，不愿陷入纷争。[19]

---

16 Cullen, "The Blackwater Catholics," pp. 538–39. Squibb's Quaker allegiance is disputed in Neal Garnham, "The Trials of James Cotter and Henry, Baron Barry of Santry: Two Case Studies in the Administration of Criminal Justice in Early Eighteenth-Century Ireland," *Irish Historical Studies*, 31:123 (1999), pp. 238–42, p. 337.

17 Charles Smith, *The Ancient and Present State of the County and City of Cork* (Dublin: 1750), 2 vols., II, p. 227.

18 William Hogan and Líam Ó Buachalla eds., "The Letters and Papers of James Cotter Junior, 1689–1720," *Journal of the Cork Historical and Archaeological Society*, 68 (1963), pp. 66–95, p. 75n.

19 [Richard Shackleton], "Biographical Sketch of Edmund Burke" [1766], OSB MS. File 2225.

　　1724 年 11 月 21 日，理查德·伯克和玛丽·纳格在克洛因教区（Diocese of Cloyne）举行婚礼。人们通常认为，此前两年，伯克的父亲为职务之便皈依了爱尔兰国教（Church of Ireland），如此便可以在刑罪法规时代从事法律事务。[20] 但这也仍存在争议。[21] 尽管如此，理查德·沙克尔顿的证词仍有一定分量。1766 年，沙克尔顿在回应伯克的性格特点和教育经历时说，理查德·伯克在国教环境中将孩子们抚养长大，为的是培养"孩子们对世界的兴趣"，使其免于"教派纷争"。[22] 正如伯克所说，接受爱尔兰新教通常是为了家族发展和物质财富。[23] 沙克尔顿的表述意味着，伯克家族的信仰更多是出于实用主义的考虑，而非长久的信仰。似乎很明显，18 世纪初至 18 世纪中叶，伯克家族往来于改宗家庭的关系网中，在新教统治阶层和幸存的天主教贵族及其商业利益之间寻求平衡。[24] 无论 1722 年伯克的父亲皈依新教是否是权宜之计，他们的先辈似乎极有可能是天主

20　Basil O'Connell, "The Rt. Hon. Edmund Burke (1729–97): A Basis for a Pedigree," *Journal of the Cork Historical and Archaeological Society*, 60 (1955), pp. 69–74, p. 72; Conor Cruise O'Brien, *The Great Melody: A Thematic Biography of Edmund Burke* (London: Sinclair-Stevenson, 1992), pp. 3–4. 二人的发现均可参考 *The Convert Rolls*, ed. Eileen O'Byrne (Dublin: Irish Manuscripts Commission 1981), p.31. 伯克的妹妹也被确认出现在《皈依者名册》（Convert Rolls）（第 28 页）上，但名字是"朱利安·伯克"。很难看出此人与伯克的妹妹有何关系。

21　例如，参见 Lock, *Burke*, I, p. 5。

22　[Richard Shackleton], "Biographical Sketch of Edmund Burke" [1766], OSB MS. File 2225.

23　EB to Richard Burke Jr., 20 March 1792, *Corr.*, VII, p. 101.

24　Eamon O'Flaherty, "Burke and the Catholic Question," *Eighteenth-Century Ireland*, 12 (1997), pp. 7–27; idem, "Edmund Burke" in James McGuire and James Quinn eds., *Dictionary of Irish Biography* (Cambridge: Cambridge University Press, 2009), 9 vols.; Ian McBride, *Eighteenth-Century Ireland:The Isle of Slaves* (Dublin: Gill and Macmillan, 2009), pp. 325–26; idem, "Burke and Ireland" in David Dwan and Christopher J. Insole eds., *The Cambridge Companion to Edmund Burke* (Cambridge: Cambridge University Press, 2012).

教徒。

也许是出于这个原因，伯克对转变信仰的合理性很感兴趣。在他的议会生涯将要结束之际，法国爆发了革命，爱尔兰宗派形势紧张，伯克说道："人们受某种宗教的习惯左右，却发展出截然不同的习惯，最终信仰了另一种宗教，尽管这很奇怪，但事实的确如此。"[25] 逃离宗教不可避免地造成一种"可怕的空虚"，只有另一种信仰才能抚慰内心。[26] 尽管偏见会促使人们不得不接受现实，但是转向新信仰仍可能使人迷失方向。这说明人们倾向于形成习惯，但这并不意味着改变信仰是不合理的。人们诱导或"唆使"他们的"理性"去接受利益所驱使的一切，尽管这个决定可能是完全合理的。就伯克而言，支持新教的决定就是如此。然而，在社会和心理层面上，这是一个非常复杂的过程。"人与自己的良知不能一直处于对立状态。如果先辈没能在良知与便利间找到平衡，他们的后代则会服从法律强权，以免受心智之苦。"[27] 改变信仰者不仅仅是背弃了旧信仰，更准确地说，他们是皈依了一种被认同的信仰。

20 世纪初，威廉·奥布莱恩（William O'Brien）推测伯克的祖辈们从其祖父便开始皈依爱尔兰国教。[28] 即便如此，证据也表明，在过去的某个时间点，伯克家族转变了信仰。这一定程度上可从跨宗派婚姻中看出来，伯克家族两代人都是如此，

25　EB, *Letter to Richard Burke* (post 19 February 1792), *W & S*, IX, p. 646.

26　Ibid., p.645.

27　Ibid., p.646.

28　William O'Brien, *Edmund Burke as an Irishman* (Dublin: M. H. Gill and Son, 1924, 1926), p. 4.

这在转变信仰的家族中十分典型。[29] 婚姻，作为从属关系的一般表现，可能也会为政治从属提供线索。然而，通常情况下却并非如此。在 18 世纪的爱尔兰，皈依者的行为模式和相互支持有迹可循，但这并不意味着有明确的"皈依者利益集团"。此外，不论人们认为理查德·伯克在威廉派战争后的爱尔兰的政治立场如何，埃德蒙的态度都不能从他父亲那里推断出来。证据表明，伯克家族有着在爱尔兰新教政权下追求成功的雄心。"他父亲理查德是新教徒"，蒙克·梅森断言，埃德蒙无论如何也是如此。[30] 最终，这种关联使他反对转变信仰能解决爱尔兰宗派斗争这一观点。教派分歧是不可避免的，"两百多年的历史说明了这一事实"。[31] 政治决策需要确立国教并调和各教派纷争。

伯克的哥哥加勒特和弟弟理查德一直未结婚，他的姐姐朱莉安娜（Juliana）嫁给了帕特里克·威廉·弗伦奇（Patrick William French），他来自戈尔韦（Galway）一个有声望的天主教家庭。[32] 伯克本人与简·纽金特结婚，简是巴斯天主教医生克里斯托弗·纽金特（Christopher Nugent）的女儿，而纽金特医生的儿子据说也娶了巴利达夫纳格家的一位小姐。[33] 值得注意的是，在这种情况下，伯克一生都与白兰地酒商理查德·轩尼诗（Richard Hennessy）保持着亲密关系，亨尼斯是

33

29　David Fleming, "Conversion, Mentality and Family" in Michael Brown, Charles Ivar McGrath and Thomas Power eds., *Converts and Conversion in Ireland, 1650–1850* (Dublin: Four Courts Press, 2004).

30　Mason, "Manuscript Notes," TCD MSS. 10531–32, fol. 32.

31　EB, *Letter to Richard Burke* (post 19 February 1792), *W & S*, IX, p. 651.

32　Basil O'Connell, "The Rt. Hon. Edmund Burke (1729–97): A Basis for a Pedigree, Part II," *Journal of the Cork Historical and Archaeological Society*, 61 (1956), pp. 115–22, p. 119. 伯克的妈妈玛丽·伯克描述了她去戈尔韦郡洛赫雷拜访弗伦奇一家的经历，参见 *Correspondence* (1844), I, pp.111–14。

33　Basil O'Connell, "The Nagles of Ballygriffin," *Irish Genealogist*, 3:2 (1957), pp. 67–73.

爱尔兰天主教徒，他的家族与纳格家世代联姻。[34] 在他的信件中也能发现，伯克对科克郡一些家族也有着"深情和亲切的回忆"，如巴雷特（the Barretts）和罗氏家族（the Roches）。[35] 乔治·克尔布鲁克爵士（Sir George Colebrooke）是一位退休的银行家和政治家。1794 年 12 月 14 日，伯克在写给他的信中介绍自己的一位亲人，说到自己"并不缺少对家族的感情，"[36] 尽管他与天主教徒和皈依教徒间的联系远远超出亲属关系。爱尔兰议会议员查尔斯·奥哈拉（Charles O'Hara）与伯克有密切的书信往来，一直持续到 1776 年，奥哈拉的父亲曾转变过信仰，后来娶了位天主教太太；帕特里克·达西（Patrick Darcy）是爱尔兰詹姆斯党人，加入了法国国籍，伯克称其为"忠实的"老朋友。[37] 但是，这并不意味着伯克是一位秘密的天主教徒。沙克尔顿清楚地指出，伯克家的年轻人愉快地与学校里的男孩一起礼拜，没有显示出丝毫"罗马教会的错误倾向"。作为成年人，沙克尔顿继续说道，伯克乐于揭露天主教的"错误"，虽然他也认为任何教派的原则都是有漏洞的。尽管如此，正如沙克尔顿所指出的那样，伯克认为英国国教比其他基督教分支的谬误更少。[38]

沙克尔顿的描述简单概括了伯克发展出的复杂观点，但其重点在于重申了伯克的新教信仰。沙克尔顿推测，他的朋

34　Cullen, "The Blackwater Catholics", pp. 537–38.

35　例如，参见 EB to Patrick Nagle, 21 October 1767, *Corr.*, I, pp. 328–29。

36　EB to Sir George Colebrooke, 14 December 1794, *Corr.*, VIII, p. 99.

37　Thomas Bartlett, "The O'Haras of Annaghmore c. 1600–c. 1800: Survival and Revival," *Irish Economic and Social History*, 9 (1982), pp. 34–52; S. J. Connolly, *Religion, Law, and Power: The Making of Protestant Ireland, 1660–1760* (Oxford: Oxford University Press, 1992), p. 141; EB to Count Patrick Darcy, 5 October 1775, *Corr.*, III, p. 228.

38　[Richard Shackleton], "Biographical Sketch of Edmund Burke" [1766], OSB MS. File 2225.

友伯克之所以被怀疑是秘密的天主教徒，是因为他娶了一位
"天主教"太太，这位女士与他的父母一样来自明斯特。[39] 这
种怀疑扩散到了伯克广泛的交际圈。据查尔蒙特爵士（Lord
Charlemont）记录，在伯克政治生涯之初，纽卡斯尔公爵就
试图在伯克的赞助人罗金汉侯爵面前诬蔑伯克，声称伯克信奉
"危险的原则"，被培养成了"天主教徒和詹姆斯党人"。[40] 如
我们所知的一样，罗金汉侯爵很快就驳回了这一指控，坚称他
"完全信任"自己的秘书。查尔蒙特明确表示，这项指控是基
于"伯克的爱尔兰联系"，通常就是他与一些天主教徒的联系，
以及他所参与的"由这些联系所引发的愚蠢行为"。[41] 显然，
伯克的成长背景长期以来容易让人过度强调其少年时代关系的
重要性。查尔蒙特本人也不例外，他给伯克扣上天主教徒和詹
姆斯派的帽子，这无异于"诽谤"，他甚至还声称他的朋友深
受"近乎本质性的天主教倾向"的折磨。[42] 然而，这显然是政
治性的指控，源于其与伯克在将天主教徒从反天主教法中解脱
出来的问题上的争论经历。

　　毫无疑问，伯克与爱尔兰天主教和皈依教徒有着广泛而
紧密的联系，但从这些联系中能得出何种结论却无法确定。一
些评论家走向了难以理解的极端，试图以伯克的明斯特背景来
"解释"他的文学作品，或者在其公开言论中发掘出"一丝"

34

39　Ibid.

40　Historical Manuscripts Commission (HMC), *The Manuscripts and Correspondence of James, First Earl of Charlemont* (London: HMSO, 1891–94), 2 vols., I, p.148.

41　Ibid.

42　Ibid., I, p. 149. Cf. Ibid., II, p. 378.

对"爱尔兰"的忠诚。[43] 这类心理学传记的叙述很容易出现基本的历史错误。他们首先假定仅通过确定社会背景就能明确信仰的特征。接下来，他们假设通过表面言论可以推测出一系列明显且根本性的态度。在此基础上，康纳·克鲁斯·奥布莱恩将他所谓的伯克"偶尔出现的英国辉格党人格"描述为"从痛苦而麻烦的现实逃亡到精致的幻想"。[44] 当然，这种假设是将自己的想法偷梁换柱成研究对象的想法。[45] 最后，基于心理学的研究方法认为相关的社会背景比实际上更透明，这在对伯克

43　L. M. Cullen, "Burke, Ireland, and Revolution", *Eighteenth-Century Life*, 16 (1992), pp. 21–42, p. 24; Conor Cruise O'Brien, "Introduction" to Edmund Burke, *Reflections on the Revolution in France* (Harmondsworth: Pelican, 1968, 1986), pp. 30–38. 奥布莱恩为后来讨论伯克写作的爱尔兰背景设定了辩论条件，即假定在公开表达的教义之下，有一种天生的忠诚。奥布莱恩对伯克本土主义的理解源于 Ali Al Amin Mazrui, "Edmund Burke and Reflections on the Revolution in the Congo," *Comparative Studies in Society and History*, 5:2 (1963), pp. 121–33。这方面可参见 Conor Cruise O'Brien, "Burke," New York University Archives (NYUA), Papers of the Albert Schweitzer Chair in the Humanities, Conor Cruise O'Brien Files, Box 5, Folder 8, pp. 7, 15–16. 有关伯克公开宣称的立场背后有一个"基础"的观点，还可参见 Katherine O'Donnell, "'To Love the Little Platoon': Edmund Burke's Jacobite Heritage" in Seán Patrick Donlan ed., *Edmund Burke's Irish Identities* (Dublin: Irish Academic Press, 2006), p. 25. 有关伯克作品可作为寓言解读的观点，参见 Luke Gibbons, *Burke and Ireland: Aesthetics, Politics and the Colonial Sublime*(Cambridge: Cambridge University Press, 2003), passim. 关于他的双重遗产使他成为"文化混血儿"的论点，参见 Michel Fuchs, *Edmund Burke, Ireland and the Fashioning of the Self* (Oxford: Voltaire Foundation, 1996), p. 311。

44　O'Brien, *The Great Melody*, p. 13. 奥布莱恩对伯克公开表达信仰的诚意表示怀疑，这源于卡尔·科恩的建议，参见 Carl B. Cone, *Burke Newsletter*, 3 (1962)，他在自己的书中也有提及，参见 Conor Cruise O'Brien, "Burke," NYUA, Papers of the Albert Schweitzer Chair in the Humanities, Conor Cruise O'Brien Files, Box 5, Folder 8, p. 9. 奥布莱恩 20 世纪 60 年代的一篇论文中包含了《伟大旋律》的萌芽，其依据是叶芝关于伯克思想症结的假说，参见 Conor Cruise O'Brien, "'Art is Man's Nature': Burke, Yeats and the Conservative Imagination," NYUA, Papers of the Albert Schweitzer Chair in the Humanities, Conor Cruise O'Brien Files, Box 7, Folder 8。

45　有关心理传记的风险，参见 Quentin Skinner, "Interpretation, Rationality and Truth" in idem, *Visions of Politics I: Regarding Method* (Cambridge: Cambridge University Press, 2002)。

的研究中最为明显。皈依者关系网通常与特定的"皈依"利益集团混为一谈，将战略性皈依国教者同其天主教兄弟的目标联系起来。[46]但是，我们没有充分的理由将皈依国教的士绅、商人和工匠阶层划分为一个明确的、具有特定政治色彩的利益集团。

虽然像理查德·伯克这样转换信仰的律师展现出了国教教徒的凝聚力，但是他们也表明，信仰一致并不能预测政治立场。到 1689 年，即詹姆斯二世即位四年后，大多数爱尔兰法官都是新上任的天主教徒，尽管他们在 1690 年詹姆斯党人大败后丢掉了饭碗。1691 年公布的《利默里克条约》中的民事条款赋予了天主教律师与查理二世时期同等的自由。然而，迫于移居伦敦的爱尔兰新教徒的压力，政府于 1692 年提出了一则法规，要求天主教律师向新政权的宗教宣誓，以表示他们对政府的忠诚。[47]通过威斯敏斯特议会强加给爱尔兰立法机构的这一规定，一个刑罪法规时代由此开启。1698 年、1704 年和 1709 年爱尔兰议会通过的法案对天主教出庭律师与事务律师施加了更多的限制，许多人因此选择皈依新教。休·伯尔特（Hugh Boulter）自 1724 年起就开始担任爱尔兰国教阿尔马大主教兼全爱尔兰总主教。在 1726 年给卡特雷伯爵（Lord Carteret）的一封信中，他拐弯抹角地提到了"新皈依者"数

46　例如，参见 T. P. Power, "Conversions among the Legal Profession in Ireland in the Eighteenth Century" in Daire Hogan and W. N. Osborough eds., *Brehons, Serjeants and Attorneys:Studies in the Irish Legal Profession* (Dublin: Irish Academic Press, 1991), p. 153: "在本世纪事态发展中，出现了一个由秘密天主教徒组成的混合阶级，他们为了保持或改善自己的土地地位、职业前景或政治机会而顺从。"

47　Colum Kenny, "The Exclusion of Catholics from the Legal Profession in Ireland, 1537–1829," *Irish Historical Studies*, 25:100 (1987), pp. 337–57, pp. 350–52.

量的增加可能会导致"危险的后果"。[48] 六个月后，即 1727
年 2 月 13 日，在给坎特伯雷大主教的信中，伯尔特阐述了引
发他担忧的大背景："在这个国家中，天主教徒与新教徒的比
例至少约是五比一。"[49] 不到一个月，伯尔特又向纽卡斯尔公爵
呼吁，不要向日益增加的天主教威胁妥协，应在适当的时候敦
促伦敦主教支持推出一项新法案，规定天主教律师在皈依国
教两年后才能从业。伯尔特抱怨道："根据目前的法律，个人
在真正或假装皈依国教的第二天就能成为出庭律师或代理人
等。"[50] 1733 年，一项基于威斯敏斯特法案的爱尔兰法规出台，
对监管代理人和事务律师进行了规范，规定此后与天主教徒结
婚的新教律师将被取消职业资格。伯克的母亲可能已经皈依了
国教，但不论如何他的父亲都不会受这一法规限制，因为法不
溯及既往。[51]

有大量证据表明，18 世纪爱尔兰皈依国教者在反天主教
法的压力下帮助维持了天主教徒的财产利益，而且皈依教徒没
有被吸收到新教辉格党组织中。[52] 尽管如此，结论不是绝对的，
存在多种可能性。例如，安东尼·马龙（Anthony Malone）
是一位天主教皈依者的儿子，也是伯克的朋友、莎士比亚作

48　Hugh Boulter, *Letters Written by His Excellency Hugh Boulter, D.D., Lord Primate of All Ireland,&c. to Several Ministers of State in England* (Oxford: 1769–70), 2 vols., I, p. 188.

49　Ibid., I, p. 210.

50　Ibid., I, pp. 226, 229.

51　关于伯克母亲的信仰，参见 [Richard Shackleton], "Biographical Sketch of Edmund Burke" [1766], OSB MS. File 2225："她来自一个天主教家庭。我不能说她在法律上是否遵循了英格兰国教，但她在享有体面隐私的情况下，履行了罗马天主教的义务。"

52　Thomas P. Power, "Converts" in T. P. Power and Kevin Whelan eds., *Endurance and Emergence:Catholics in Ireland in the Eighteenth Century* (Dublin: Irish Academic Press, 1990), refuting T. W. Moody and W. E. Vaughan, *A New History of Ireland IV: The Eighteenth Century, 1691–1800* (Oxford: Oxford University Press, 1986), p. 20.

品的编辑埃德蒙·马龙（dmond Malone）的叔叔，1752年，阿尔马大主教乔治·斯通（George Stone）称安东尼"非常不受爱尔兰新教徒和辉格派欢迎"；而皈依者约翰·菲茨吉本（John Fitzgibbon）的儿子则担任检察长和大法官，并极力支持新教徒的优势地位。[53]18世纪90年代初，伯克对这两个人皆有所评论。菲茨吉本的父亲是伯克的亲戚，是一个"坚定而充满男子气概"的人，尽管伯克声称，如果他活得更久，他会因为后代的热情而感到"惊讶"。[54]亨利·格拉坦（Henry Grattan）注意到了儿子对父亲原始信仰的"憎恶"。[55]伯克称，他并"不适合"大法官一职，尽管他的父亲很可能胜任这一职位。[56]安东尼·马龙是昔日天主教徒理查德·马龙（Richard Malone）的儿子。[57]伯克认为，与年轻的菲茨吉本不同，虽然安东尼·马龙被动地倾向于接受既有政权的正当性，但他仍认为这一切都是建立在剥夺人权和歧视的基础上的。[58]在18世纪的爱尔兰，皈依国教的经验有一定模式，但没有明确的皈依

37

53　Power, "Conversions among the Legal Profession," pp. 171–73. Cf. David A. Fleming, "Conversion, Family and Mentality" in Michael Brown et al. eds., *Converts and Conversion*. 关于对菲茨吉本父子的描述，父（1708—1780），子（1749—1802），参见 Ann C. Kavanaugh, "John Fitzgibbon, Earl of Clare" in David Dickson, Dáire Keogh and Kevin Whelan eds., *The United Irishmen: Republicanism, Radicalism and Rebellion* (Dublin: Lilliput, 1993)。

54　EB to Richard Burke Jr., 20 March 1792, *Corr.*, Ⅶ, p. 101. 老菲茨吉本在18世纪60年代"白衣会"骚乱（Whiteboy disturbances）中充当伯克的亲戚詹姆斯·纳格的顾问，参见 EB to Patrick Nagle, 6 November 1766, *Corr.*, I, p. 276。对老菲茨吉本不那么讨喜的描述，参见 Kavanaugh, "John Fitzgibbon," pp. 116–18。

55　Henry Grattan to EB, 25 March 1793, *Corr.*, Ⅶ, p. 364.

56　EB to the Rev. Thomas Hussey, 17 March 1795, *Corr.*, Ⅷ, p. 202. 伯克是在菲茨威廉伯爵失败后写的这封信。

57　关于安东尼·马龙（1700–1776），参见 Mc Guire and Quinn eds., *Dictionary of Irish Biography*。

58　EB to Richard Bourke Jr., 20 March 1792, *Corr.*, Ⅶ, p. 101.

利益。伯克的经历使他深刻体会到反天主教法下天主教徒的困境，使他敏感地意识到他所谓的新教偏执将带来何种后果。尽管如此，他同样反对天主教徒的奴性，并认为两种教派实际上都因既定角色受到谴责，结果并不讨喜，双方都变得斤斤计较：“爱尔兰新教徒与天主教徒一样——像是窗内外相互对视的猫。”[59] 尽管伯克有着谨慎的态度，但他在一个功能失调社会中的遭遇激发了他对改革的重视与激情。即便如此，教派矛盾的经历并不能预测他的反应，也不能决定他最终的政策偏好。

尽管如此，激昂的信念是伯克职业生涯的一个显著特征，通常源于潜在的“愤怒”。[60] 这种愤怒对应的是颠覆正当社会秩序所带来的不公正经历。但是，早期的激情总是很难解释一个复杂的政治立场，特别是基于“正当”秩序这样一个充满争议的立场。在伯克看来，非正当颠覆通常是征服精神的产物，但这种观点的发展引发了错综复杂的政治论证，这些论证无法还原初始的心理状态。它们当然可以与个人经历相关，但这种关联不足以解释整个世界观。通过政治原则的动机归因可以为理解思想承诺提供一个背景。我们可以援引激发这一承诺的可能诱因，但这些诱因本身无法解释与之相关的思想体系。[61]

38   伯克对 17 世纪 40 和 50 年代爱尔兰动乱的判断提供了一个对该冲突结果进行个人干预的例子，但也表明了将个人经历作为解释政治学说的关键所涉及的局限性。1797 年，在伯

59　Ibid.

60　首先参见 Isaac Kramnick, The *Rage of Edmund Burke: Portrait of an Ambivdent Conservatiove* (New York: Basic Book, 1977), *passim*, 关于这种 “愤怒” 是潜在侵略的产物，引发了 “矛盾激进主义 ”。

61　论政治原则与采纳这些原则之动机间的关系，参见 Quentin Skinner, "Moral Principles and Social Change" in *Visions of Politics I*。Cf. Martin Hollis, *Models of Man: Philosophical Thoughts on Social Action* (Cambridge: Cambridge University Press, 1977), p. 132ff.

克去世后出版的一本关于法国事务的著作前言中，伯克的遗嘱执行人弗伦奇·劳伦斯（French Laurence）认为应该告诉公众，他的老朋友和知己伯克"能证明他来自一个古老的家族，家族里的几个支系都曾是贵族，并且他的祖父曾享有一大笔遗产"。[62] 无论我们能从伯克的祖先是贵族这一观点中得出何种结论，较为可信的是：他的家族是17世纪爱尔兰土地征收运动的受害者。爱尔兰土地征收运动贯穿于爱尔兰内战及战后时期。我们无法确认这是否真的是伯克祖辈所遭受的命运，但是在提供伯克的事实和信念方面，劳伦斯是可靠的。伯克认为他的亲属在克伦威尔殖民期间被剥夺了财产，这一点很值得注意。在当时的统治下，由于爱尔兰保皇党的土地被转让给新模范军老兵或苏格兰雇佣兵，或者被定居在爱尔兰的新教议员尽数买下，爱尔兰天主教徒的土地所有权被削弱。[63] 伯克认为他的家人在这个过程中被洗劫了，这一点很重要。但我们仍难以全面推测他对17世纪的历史有何评价，以及他认为17世纪对他所处的时代有何影响。

1641年爱尔兰天主教起义，随后在阿尔斯特省发生了对新教定居者的大屠杀，克伦威尔以此为理由远征爱尔兰。[64] 这理由无疑饱受争议，尤其是因为针对阿尔斯特新教徒的暴力行为本就没有定论。虽然假设新教徒对1641年事件进行报复是

62　French Laurence, "Preface" to *Two Letters on the Conduct of Our Domestick Parties with regard to French Politicks by the Late Right Hon. Edmund Burke* (London: 1797), p. xxiii.

63　See John P. Prendergast, *The Cromwellian Settlement of Ireland* (1865) (London: Constable, 1996); Karl S. Bottigheimer, *English Money and Irish Land: The "Adventurers" in the Cromwellian Settlement of Ireland* (Oxford: Clarendon Press, 1971); Kevin McKenny, "The Seventeenth-Century Land Settlement in Ireland: Towards a Statistical Interpretation" in Jane Ohlmeyer ed., *Ireland from Independence to Occupation, 1641–1660* (Cambridge: Cambridge University Press, 1995).

64　见下文本章第3节和第4章第7节。

不公正的，但这并不意味着人们对 1688—1691 年光荣革命协议有任何质疑，也不意味着人们对 18 世纪的英国国教缄口不言。但是这一假设的确隐含着一种谴责，谴责新教徒和共和派激进分子的狂热在 17 世纪 40 和 50 年代威胁了人们的财产安全。罗伯特·比塞特（Robert Bisset）是最早为伯克作传的作家之一，他进一步说明了劳伦斯的观点，即在克伦威尔入侵爱尔兰之前，伯克的祖父"实际享有"一笔遗产，比塞特指出，这笔遗产可能是 1649—1652 年在克伦威尔成功入侵之后的没收财产运动中被"充公"的。[65]19 世纪，詹姆斯·普赖尔（James Prior）修正了劳伦斯和比塞特的观点，根据理查德·沙克尔顿和他的女儿玛丽·利德贝特（Mary Leadbeater）以及伯克的后裔哈维兰·伯克（Haviland-Burkes）所言，是伯克的曾祖父而不是祖父在利默里克拥有一笔遗产，但它"在这个国家的一场内乱中被征收了，内乱常常使财产易主"。[66]据称，伯克家族从利默里克来到了他们在布莱克沃特河谷的住所，这是他们剩余的财产，埃德蒙的父亲很有可能就是在这里遇见了他的妻子玛丽·纳格。

我们无从知晓伯克家族的全部真相，但伯克向弗伦奇·劳伦斯这样的密友祖露自己是被剥夺了财产的爱尔兰贵族的后代，使得伯克生前最后一年发出的声明具有信服力。他宣称迄

65　Robert Bisset, *The Life of Edmund Burke* (London: 1798). Cf. Peter Burke, *The Public and Domestic Life of the Right Hon. Edmund Burke* (London: 2nd ed., 1754), p. 2; Robert Murray, *Edmund Burke: A Biography* (Oxford: Oxford University Press, 1931), p. 3.

66　James Prior, *Life of the Right Honourable Edmund Burke* (1824) (London: 5th ed., 1854). 普赖尔曾感谢托马斯·哈维兰·伯克为该书第二版（1826 年）的出版提供了关于伯克的信息，并感谢了沙克尔顿夫妇和伯克的侄女玛丽·塞西莉亚·哈维兰为该书第五版的出版提供了信息。在第二版中，普赖尔增加了伯克的亲戚（约翰·布尔克）、利默里克前市长的故事，他在 1646 年因支持保王主义而被天主教联盟监禁。该故事的完整叙述可参见 Thomas Macknight, *History of the Life and Times of Edmund Burke* (London: 1858–1860), 3 vols., I, pp. 4–6。

今为止他的政治目标包括保护产权，使其免受"没收"暴君的法令所煽动的嫉妒和贪婪的掠夺。[67] 尽管伯克认为他受到祖辈征服经历以及世袭财产被没收的影响，但这也不能说明伯克对征服精神会做出何种性质的反应，也不能预测他会运用何种学说来克服征服精神的狂暴。1641 年 10 月，爱尔兰爆发战争，一直到 1653 年才结束。早在王政复辟时期，爱尔兰就开始纪念在战争中爆发的阿尔斯特新教徒大屠杀（The massacre of Ulster Protestants），这种纪念一直延续到光荣革命之后，并一直持续到 18 世纪。为了纪念这一事件，每年 10 月 23 日都会举行布道会，借机煽动人们的怒火，让人们不要忘记爱尔兰天主教徒的背信弃义，一直到 18 世纪 60 年代后期都是如此。[68] 新教徒方面估计有数 10 万人被屠杀，约翰·坦普尔（John Temple）臭名昭著的《爱尔兰叛乱》（*The Irish Rebellion*）一书中就如此记载，此书详述了那些有预谋的暴乱事件。[69] 在适当的时候，坦普尔的反对者认为死亡人数为几千人，并将叛乱的原因归结为天主教徒的沮丧和恐慌。[70]

在 1778 年版的《英格兰史》（*History of England*）第五卷中，大卫·休谟添加了一则注释，试图否认 1641 年大屠杀的严重性，称之为党派评论家的教条主义。[71] 詹姆斯·麦金托

40

67　EB, *Letter to a Noble Lord* (1796) in *W & S*, IX, p. 167.

68　T. C. Barnard, "The Uses of 23 October 1641 and Irish Protestant Celebrations," *English Historical Review*, 106:421 (1991), pp. 889–920.

69　John Temple, *The Irish Rebellion, or an History of the Attempts of the Irish Papists to Extirpate the Protestants in the Kingdom of Ireland, together with the Barbarous Cruelties and Bloody Massacres which Ensued Thereupon* (London: 1646).

70　例如，参见 R. S., *A Collection of Some of the Murthers and Massacres Committed on the Irish in Ireland since the 23d of October 1641, with Some Observations and Falsifications on a Late Printed Abstract of Murthers Said to be Committed by the Irish* (London: 1662)。

71　David Hume, *The History of England, from the Invasion of Julius Caesar to the Revolution in 1688* (1754–1762) (London: 1778), 8 vols., V, p. 505.

什（James Mackintosh）向罗伯特·比塞特转述了 1796 年他与伯克的一次谈话，伯克明确表示休谟所言冒犯了他。在大卫·加里克（David Garrick）家的一次会面中，可能是 18 世纪 60 年代早期，伯克与休谟谈到了这一问题，休谟使伯克认识到这些指控源于反天主教的偏执，但是休谟仍执着于将其视为野蛮的暴行，而迷信似乎很轻易地为这种暴行提供了借口。[72] 在伯克看来，17 世纪 40 年代的暴乱为 17 世纪的爱尔兰历史蒙上了一层阴影，一直到 18 世纪末，爱尔兰都尚未完全恢复过来。在他的作品中，与爱尔兰历史有关的"八卷手稿"显然有很多与 17 世纪 40 年代事件相关的内容。[73] 手稿的主题是爱尔兰同盟战争，描述了爱尔兰四省的天主教徒与新教徒移民的对抗。只有在 17 世纪中后期英国宪政危机的大背景下才能较好的理解同盟战争，而英国宪政危机则应置于同一时期欧洲宗教改革的背景下来考量。[74] 尽管如此，事实仍然是，这些战争中的迫害点燃了宗教对抗，这种对抗在宗教改革运动或光荣革命后仍未消退。事实上，在 1701 年《王位继承法》生效后，新教徒对天主教叛乱的恐惧仍然存在，这种恐惧贯穿了整个汉诺威王朝。在伯克看来，17 世纪 40 年代是这一切的源头：最初，对于被迫害的恐惧激起了仇恨，暴乱使得这种仇恨根深蒂固，进

72　Robert Bisset, *The Life of Edmund Burke* (London: 2nd ed., 1800), 2 vols., II, p. 426.

73　WWM, BkP 27: 37. 有以下手稿：*Heads of the Causes which Moved the Northern Irish to take Arms. 1641; Remonstrance of the Northern Catholicks Now in Arms*; Richard Bellings, *Fragmentum Historicum, or, the Second and Third Books of the War of Ireland, containing the The Transactions in the Kingdom from 1642 to 1647; Apology of the Knights, Lords &c. of the English Pale for Taking Arms*。

74　M. Perceval-Maxwell, The *Outbreak of the Irish Rebellion of 1641* (Dublin: Gill and Macmillan, 1994); Conrad Russell, *The Fall of the British Monarchies, 1637–1642* (Oxford: Clarendon Press, 1991); Jonathan Scott, *England's Troubles: Seventeenth-Century English Instability in European Context* (Cambridge: Cambridge University Press, 2000).

41

而诱发了"统治精神"。伯克目睹了18世纪爱尔兰宗派间政治的裂痕，这使他免于宗派教条主义，但并不能确定他将如何建议解决这一持续的对抗。

1771年，伯克儿子的教父威廉·马卡姆（William Markham）意外地指控了伯克、伯克的弟弟理查德以及伯克的密友威廉·伯克，指控他们在私下谈话中不知不觉地背叛了詹姆斯党人。伯克迅速回应，以捍卫自己行为和原则的正当性。"当被对手过分的想法所激怒时，人们在争论中会说很多话，"伯克辩解道，但他很乐于将信仰建立在"光荣革命原则"的正义之上，只要这些原则能被践行。[75] 他接着说，他的想法不是从各种家族信仰中拼凑而来的——"不是由有色的党派破布拼织而成，不是从老妇人迷信的臭粪堆里挑拣出来的，也没有孩子们的盲从"——而是建立在对已有经验的系统反思之上。[76] 广义上讲，这类似于马卡姆特色的"辉格主义"，尽管由于马卡姆主教所受的偏见，以及他误解了伯克对这一问题的看法，他现在不能看到这一点，他们二人就此已"辩论过不下二十次"。辩论的主题正是"1641年大叛乱"。马卡姆认为如何看待这一事件是爱国忠诚的指标。[77] 伯克坚持自己的观点，认为这场暴乱的发生并不是毫无缘由的，这也不是一场普通的大屠杀。但是，事实发生后，它确实传达了一个令人不快的事实：虽然逆来顺受是一种荒谬的教义，但这并不意味着反叛有先验的正当性。这实际上是光荣革命的教训，应该被视为辉格党的基石。[78] 它节制了追求过度自由的狂妄，约束了推崇绝对权威的傲慢。

75　EB to Dr. William Markham, post 9 November 1771, *Corr.*, II, p. 281.

76　Ibid., p.284.

77　Ibid., p.285.

78　Ibid., p.283.

1687 年后，科克郡新教徒理查德·考克斯（Richard Cox）流亡布里斯托尔，在此期间他开始发表他对爱尔兰"革命"的简要描述。[79]1690 年，他的《爱尔兰国教》（*Hibernia Anglicana*）一书的第二卷出版，开篇便对爱尔兰历史上的各种"争议点"进行了深刻反思，主要讨论了 1641 年叛乱的影响，以及 10 月大屠杀对爱尔兰教派间关系的影响。[80]考克斯主要讨论的问题是如何遏制爱尔兰周期性的混乱和叛乱，这种模式在征服之后不断破坏当地的和平。他讨论的方式是分析反复困扰爱尔兰的各种派系之争。考克斯认为，因不同习俗或利益冲突而产生的厌恶最终能被克服，而宗教派别之间的分歧似乎无法弥合。他的结论是："上帝与贪欲无法和解"，贪欲是指天主教信仰所特有的腐败。[81]对伯克来说，爱尔兰天主教徒是不愿和解的叛乱代理人的想法是难以成立的，纳格家族的亲人长期在他的情感世界中占据一席之地，正如 1759 年 4 月 17 日他写给叔叔帕特里克的信中所言，"世上鲜有让我如此尊敬之人"。[82]因此，不出所料，伯克从 17 世纪 40 年代得到的教训与考克斯的截然相反。伯克认为，宗教狂热很容易被用作政治迫害的幌子。对于考克斯之后一代代新教极端分子而言，爱尔兰天主教徒似乎永远处在对现状的反抗状态，虽然他们最终可能被启蒙，但在短期内不能纵容他们。然而，在伯克看来，天主教似乎能引导务实性忠诚，因此天主教徒也应该能学会宽容。从这个角度看，像考克斯那样通过消灭天主教以恢复爱尔

79　在《爱尔兰国教》一书的《致读者》一文中，"曲折与革命"（Windings and Revolutions）被用来描述爱尔兰民众动乱的进程，参见 *Hibernia Anglicana, or the History of Ireland from the Conquest thereof by the English to this Present Time* (London: 1689–90), Part II, n.p.。

80　Richard Cox, "An Apparatus, or Introductory Discourse" in ibid., n.p.

81　Richard Cox, "To the Reader" in ibid, Part I, n.p.

82　EB to Patrick Nagle, 17 April 1759, *Corr.*, I, p. 125.

兰礼制（civility）的计划似乎反而延续了爱尔兰"革命"，或者说延续了暴乱和镇压的恶性循环。

大概从 1737 年开始，伯克在布莱克沃特河谷度过了五年左右的时间，他与纳格家亲人的亲密关系始于这一时期。在接受了母亲和几位教员的早期教育后，为了远离都柏林的潮湿环境，伯克被送往乡下的纳格家，帮助他恢复健康。[83] 在巴利达夫，伯克与叔叔帕特里克住在一起。他在附近的莫纳伊米城堡（Monanimy Castle）上学，一位名叫奥哈洛兰（Mr. O'Halloran）的乡村教师教授了他拉丁文。[84] 埃德蒙·斯宾塞（Edmund Spenser）自 16 世纪 80 年代担任格雷勋爵（Lord Grey）秘书起就住在基尔科尔曼城堡（Kilcolman Castle），这座城堡与巴利达夫隔河相望。斯宾塞是伯克母亲家的亲戚，伯克少时对这位诗人很仰慕，之后又因斯宾塞支持伊丽莎白治下英国政府对爱尔兰采取的"影响与政策"（genius and policy）而对其进行了批判。[85] 斯宾塞因在平定第二次德斯蒙德叛乱（Desmond Rebellion）中有功，被赐予了科克郡这座被征收的城堡，斯宾塞在《克劳茨回家记》（*Colin Clouts Come Home Againe*）一诗中赞美了这座城堡的静谧。在巴利霍拉山脉西侧的斯宾塞城堡里："有一天（他说）我心

43

83　关于伯克的早期教育情况，参见 Mary Leadbeater, *The Annals of Ballitore* in *The Leadbeater Papers* (London: 1862), 2 vols., I, p. 46; Michael Kearney to Edmond Malone, 12 January 1799, Bodl. MS Malone 39, f. 23. 关于利菲河边的情况，参见伯克在 1744 年 6 月 9 日寄给理查德·沙克尔顿的一首名为《肮脏的河边》的早期诗歌，*Corr.*, I, p. 13。

84　Prior, *Life of Burke*, pp. 5–7.

85　斯宾塞的儿子西尔瓦努斯（Sylvanus）与伯克母亲的姑姑艾伦·纳格（Ellen Nagle）结婚：参见 EB to Richard Shackleton, c. 3 February 1746/1747, *Corr.*, I, p. 80n.伯克很早就熟悉斯宾塞诗作《仙后》（*Faerie Queene*），参见 EB to Richard Shackleton, ante 24 May 1744, ibid., p. 7; 有关伯克对斯宾塞《论爱尔兰之现状》（*View of the Present State of Ireland*）一文的批评，参见 EB, *Letter to Sir Hercules Langrishe*(1792) in *W & S*, IX, p.615。

满意足（我的生意也是如此）/ 在莫尔山脚下 / 把我的羊赶到凉爽的树荫下 / 就在穆拉河岸边的绿桤木下。"然而，田园般的平静轻易就被政治危机打破了。在蒂龙伯爵（The earl of Tyrone）领导的反抗高潮中，斯宾塞的城堡被烧毁，他只能逃回英国，并写了《论爱尔兰之现状》（*View of the Present State of Ireland*）一文，主张对爱尔兰实施强硬的征服和镇压政策。[86] 之后，18 世纪 40 年代，威廉·切特伍德（William Chetwood）游访至明斯特，想要瞻仰诗人斯宾塞的诗歌魅力，却在纳格村的旅途中发现，斯宾塞的《论爱尔兰之现状》遭到普遍的反对。[87]

斯宾塞将"穆拉"（Mulla）作为阿贝格河（Awbeg）的诗意比喻，这是一条布莱克沃特河的支流，在伯克写给沙克尔顿的一首诗的开篇祷词中出现过这个名字，这首诗讲的是流过巴利达夫旁边山谷的"清澈洪流"："噢，请帮助传达我的声音，让我再次唤起 / 那穆拉河岸沉睡的回声。"[88] 明斯特乡村的迷人景致陪伴伯克长大成人，但更重要的是，他对这里的亲人们一直心存感激。1759 年 10 月，伯克从伦敦写信给帕特里克·纳格，说虽然他离开科克郡已经 11 年了，"但对那里朋友的记忆恍如昨日"。[89] 伯克的一些亲人在大英帝国各地迁移，有的去了陆军部或加入

86　参见 Nicholas P. Canny, "Edmund Spenser and the Development of Anglo-Irish Identity," *Yearbook of English Studies*, 13 (1983), pp. 1–19; Ciaran Brady, "Spenser's Irish Crisis: Humanism and Experience in the 1590s," *Past and Present*, 111 (1986), pp. 17–49; Nicholas P. Canny, "Debate: Spenser's Irish Crisis: Humanism and Experience in the 1590s," *Past and Present*, 120 (1988), pp. 201–15; Brendan Bradshaw, "Sword, Word, and Strategy in the Reformation in Ireland," *Historical Journal*, 21 (1978), pp. 475–502。

87　W. R. Chetwood, *A Tour through Ireland in Several Entertaining Letters* (Dublin: 1746), pp. 113–14.

88　EB to Richard Shackleton, c. 3 February 1746/47, *Corr.*, I, pp. 79–80.

89　EB to Patrick Nagle, 11 October 1759, ibid., p. 135.

了民兵组织，有的去了西印度群岛并进入了东印度公司，徒留伯克担忧仅存的"家族资产"的损耗和枯竭。[90]1792 年 3 月 22 日，在给儿子理查德的信中，伯克向儿子袒露了家族义务如何让他感到"不安"，提到了他欠叔叔和直系堂兄弟的债务，"他们现在年纪大了，却过着穷困的生活"。[91]伯克急切地向儿子介绍伯克家族宗派关系的历史。伯克认为，从"1641 年所谓的大屠杀"开始，几代人所积累的宗教偏见将"奋斗精神"消耗殆尽，大多数爱尔兰天主教徒都已经沉溺于奴性了。[92]在这一背景下，伯克通常鼓励天主教徒培养勇气和毅力。1777 年 9 月，在写给堂兄弟加雷的信中，伯克回顾了纳格家族衰败的境况和低落的士气，鼓励亲人们保持"以前的团结和交往"，"一家人"行动一致。伯克补充道："这就是我的家族责任。"[93]在伯克起起伏伏的成年生活中，这种情感演变成了一种行为准则。伯克自青年时期就开始遵循这一准则。

1.3　巴利托尔与大学时期

　　1741 年 5 月 26 日，伯克与兄弟们一起成为基尔代尔郡巴利托尔村的一所贵格会学校的学生，学校的经营者是亚伯拉罕·沙克尔顿（Abraham Shackleton）。亚伯拉罕的孙女玛丽·利德贝特（Mary Leadbeater）在她的遗作《巴利托尔年鉴》（*Annals of Ballitore*）中写道，村庄"坐落于一个山

44

90　EB to Garrett Nagle, 27 December 1768, *Corr.*, II, p. 19n4; EB to Garrett Nagle, post 24 June 1779, *Corr.*, IV, p. 94; EB to Garrett Nagle, 2 August 1776, *Corr.*, Ⅲ, pp. 284–85; EB to Colonel Isaac Barré ,16 July 1782, *Corr.*, V, p. 19n1. Reference to the "old stock" appears in EB to Garrett Nagle, 3 September 1777, *Corr.*, Ⅲ, p. 371.

91　EB to Richard Burke Jr., 20 March 1792, *Corr.*, Ⅶ, p. 106.

92　Ibid., pp. 101–4.

93　EB to Garrett Nagle, 3 September 1777, *Corr.*, Ⅲ, pp. 371–2.

谷中，周围环绕着连绵起伏的丘陵，格里斯河（Griese）自塔伯（Tubber）蜿蜒而下约14英里"。[94] 学校位于都柏林至科克郡的途中，处在一个小型"贵格派殖民地"的中心，周围是整齐的果园和花园。[95] 亚伯拉罕于1726年成立了这所学校，吸引了附近和海外许多的贵格派学生，但在这一过程中也接收了一大批爱尔兰国教徒，用利德贝特的话说，"接收过许多名人"。[96] 1749年加入该校的詹姆斯·纳珀·坦迪（James Napper Tandy），后来成为了爱尔兰人联合会秘书长；当时最杰出的爱尔兰议员亨利·格拉坦（Henry Grattan）也是该校学生。[97] 信仰国教的学生在附近的提莫林镇（Timolin）做礼拜，学校里还有一位圣公会教士来听取国教的教义问答。[98] 尽管如此，校长仍鼓励大家细致地阅读《圣经》。1771年校长去世后，伯克评价他是"一个虔诚、正直和高尚的人"。[99] 在一篇关于巴利托尔的合著诗中，伯克向他的老师致敬，称赞他是"未来时代的播种者"。[100] 在圣三一学院读本科期间，伯克经常这样赞美他，向"恩师"致敬，感谢他所给予的"恩惠"

45

94　Leadbeater, *Papers*, I, p. 15.

95　W. R. Chetwood, *A Tour through Ireland*, p. 232.

96　Mary Leadbeater ed., *Memoirs and Letters of Richard and Elizabeth Shackleton* (London: 1822), p.3.

97　E. J. McAuliffe, *An Irish Genealogical Source: The Roll of the Quaker School at Ballitore, Co.Kildare* (Dublin: Irish Academic Press, 1984).

98　Michael Quane, "Ballitore School," *Journal of the Kildare Archaeological Society*, 14 (1966), pp. 174–209.

99　EB to Richard Shackleton, ante 31 July 1771, *Corr.*, II, p. 226.

100　EB and Richard Shackleton, "Panegyrick on Ballitore, MS in Verse" (1746), OSB MS. File 2234.

和"便利"。[101]1759 年在伦敦，伯克致力于成为一名作家和记者，他称巴利托尔的教育成就了他。[102] 这种感情持续了很久。在等待死亡的最后一个月里，伯克给基尔代尔的玛丽·利德贝特写了一封信，这是他最后写的信之一，信中回忆了少时的上学时代，称那段时光仍能在他心中激起"柔情"。[103]

在亚伯拉罕·沙克尔顿创立巴利托尔时，全爱尔兰已有一些贵格派学校。乔治·福克斯（George Fox）是英国贵格派创始人，17 世纪 60 年代，他建议创立学校并将其作为宣传信仰的手段。于是，17 世纪 70 年代末至 80 年代初，不少学校在爱尔兰建立起来，首先是在芒特梅利克（Mountmellick），后来扩展到都柏林。[104]18 世纪 20 年代，当沙克尔顿一家来到爱尔兰时，贵格派一直在游说以解除他们与其他新教异教徒自17 世纪末开始受到的民事和宗教限制。[105] 尽管如此，威廉·佩恩（William Penn）最初设想实现的完全的宗教自由，包括在不扰乱公民政府的要求下，遵从良心的信仰自由，仍然受到了教会机构的严重阻碍，教会机构设法维护的是英国国教主持婚礼和管理学校的专属权力。[106] 基督教公谊会（即贵格会）成

101 EB to Richard Shackleton, post 14 April 1744, *Corr.*, I, p. 2; EB to Richard Shackleton, 29 June 1799, ibid., p. 24; EB to Richard Shackleton, 28 September 1752, ibid., p. 114.

102 EB to Richard Shackleton, 10 August 1757, ibid., I, 124.

103 EB to Mrs William Leadbeater, 23 May 1797, *Corr.*, IX, p. 359.

104 Michael Quane, "The Friends' Provincial School, Mountmellick," *Journal of the Royal Society of Antiquaries of Ireland*, 89:1 (1959), pp. 59–89; Michael Quane, "Quaker Schools in Dublin," *Journal of the Royal Society of Antiquaries of Ireland*, 94:1 (1964), pp. 47–68.

105 John Bergin, "The Quaker Lobby and Its Influence on Irish Legislation, 1692–1705," *Eighteenth-Century Ireland*, 19 (2004), pp. 9–36.

106 William Penn, *The Great Case of Liberty of Conscience* (1670) in *The Political Writings of William Penn*, ed. Andrew R. Murphy (Indianapolis, IN: Liberty Fund, 2002), p. 85: "通过良心的自由，我们不仅理解到纯粹的思想自由，相信这个或那个教义原则，而且在我们深信其不可或缺的情况下，践行一种有形的崇拜方式。"

员拒绝接受宿命论，并致力于追求内在的"光明"以获得最好的救赎，尽管其越来越相信诚实和简单的生活方式才是直接抵达基督的途径。[107] 玛丽·利德贝特记录了她父亲被"神圣之爱"触动的早期经历，之后他便开始全心全意地祷告。[108] 他认为宗教是"在精神上与神相知"。[109] 同伯克一样，他拥有坚定信仰；他们也都致力于践行基督教谦卑的美德；但是，与伯克不同，沙克尔顿避开了国教和辉格派的政治阴谋。[110] 正如沙克尔顿妻子后来评论的那样，伯克家族"与我们完全不同"。[111] 尽管如此，正是通过学校里的朋友，伯克第一次遇到不同信仰的虔诚教徒。在英格兰，非国教人数仅占总人口的 10%，而爱尔兰的长老会（Presbyterians），尤其是阿尔斯特的长老会，则与国教分庭抗礼，因此异教者的敌意更加明显。[112]

18 世纪早期，有 5000~9000 名公谊会成员居住在爱尔兰，他们是忠诚的新教徒，以平等主义、反对主教制度、正直的声誉、朴素的着装和客观公正的态度为特点，当然他们也反对宣誓和缴纳什一税。[113] 他们的坚定信仰使他们遭受了诸多民事处

---

107 Richard S. Harrison, "'As a Garden Enclosed': The Emergence of Irish Quakers, 1692–1716" in Kevin Herlihy ed., *The Irish Dissenting Tradition, 1650–1750* (Dublin: Four Courts Press, 1995), p. 95.

108 Leadbeater ed., *Memoirs Richard and Elizabeth Shackleton*, pp. 5–6.

109 University of California Santa Barbara Special Collections (UCSBSC), Ballitore Collection: Box 1, 1/3, Richard Shackleton to his Son, Dublin, 1 May 1776.

110 Ibid., Ballitore Collection: Box 1, 1/3, Richard Shackleton to his Daughter, 30 July 1776.

111 Elizabeth Shackleton to Richard Shackleton, 14 June 1776, OSB MS. 50, Box 4.

112 S. J. Connolly, *Divided Kingdom: Ireland 1630–1800* (Oxford: Oxford University Press, 2008), p.215.

113 Phil Kilroy, *Protestant Dissent and Controversy in Ireland, 1660–1714* (Cork: Cork University Press, 1994), p. 84.

罚，因此他们对所背负的过往"苦难"十分敏感。[114]伏尔泰在《哲学通信》（*Lettres philosophiques*）中赞扬了他们的节俭和真诚，同时讽刺他们的热情是"一种流行病"。[115]尽管如此，在伏尔泰看来，贵格派的信仰——认为可以从神灵中吸取真理——与荒谬的马勒伯朗士哲学一样具有破坏性。[116]公谊会有决心，但不激进；他们支持异见，也希望减少宗派仇恨。在伏尔泰看来，英国的异教者有助于遏制现有权威的狂妄，并且异教者内部的分歧又缓和了自由与权力的冲突。[117]尽管18世纪爱尔兰人对伏尔泰的《哲学通信》很感兴趣，但同样的宗教势力平衡并不适用于这个国家，在这里对国教的不满情绪更加广泛。[118]无论不满程度如何，贵格派异教徒有决心且具有建设性，尤其关注严苛的什一税。用一位评论员的话来说，这一税款被视为"反基督教者的压迫枷锁"。[119]

47

1778年5月31日，理查德·沙克尔顿写信给爱德华·纽恩汉姆（Edward Newenham），反对为了增加爱尔兰国教的收入，强制非国教徒支付什一税。在强制履行这项义务时，

114　Richard L. Greaves, *God's Other Children: Protestant Nonconformists and the Emergence of Denominational Churches in Ireland, 1660–1700* (Stanford, CA.: Stanford University Press, 1997), p.359.

115　Voltaire, *Letters Concerning the English Nation* (Dublin: 1733), p. 16; cf. Voltaire, *Lettres philosophiques* (1734) in *Mélanges*, ed. Jacques Van Den Heuvel (Pairs: Gallimard, 1961), p. 8:"L'enthousiasme est une maladie."

116　Voltaire, *Letters Concerning the English Nation*, p. 13.

117　Ibid., p.39.

118　Josiah Martin, *A Letter from one of the People Called Quakers to Francis de Voltaire, Occasioned by his Remarks on that People, in his Letters Concerning the English Nation* (Dublin: 1749). 参见 Graham Gargett, "'Lettres Philosophiques' in Eighteenth-Century Ireland", *Eighteenth-Century Ireland*, 14 (1999), pp. 77–98。

119　Thomas Wight, *A History of the Rise and Progress of the People Called Quakers in Ireland from the year 1653 to 1700* (Dublin: 1751).

"执行官"抢占了"上帝的位置"——自以为有权利"指导人们的宗教信仰，如果某人不以特定形式和方式向他礼拜，就会受到惩罚并被剥夺公民权利，仿佛每个人都可以根据自己的喜好任意改变对于信仰的看法；仿佛神会接受任何奉献物，即使这一切并不是来自一颗真诚和正直的心"。[120] 的确，沙克尔顿得出这个观点仅仅是猜测，但很显然，18 世纪 40 年代他就他的信仰与伯克进行了辩论。1744 年 10 月 15 日，伯克在从阿伦码头寄出的一封信中告诉沙克尔顿，他可以"自由"地和沙克尔顿讨论宗教信仰。11 月，伯克恳求沙克尔顿也自由地批评自己的观点并陈述自己的原则："你看，我告诉你，我与你的想法不同。"[121] 伯克在巴利托尔遇到了许多胡格诺派（Huguenot）的学生，他们的家人定居在利士郡（Laois）的波塔灵顿（Portarlington）。大学期间，伯克嘲笑他们多次迁移的经历："他们觉得法国太热，就到了荷兰，之后又到伦敦、都柏林、伊登德里、巴利托尔、波塔灵顿——之后不知道还会去哪里。"[122] 但是，不论表象如何，他对待迫害十分严肃，并且认真地寻求弥合与沙克尔顿在宗教信仰方面的分歧。十几岁时，伯克接受了宗教宽容的基本原则，根据这一原则，信徒不应该因为与主流宗教的分歧而被排除在救赎之外，尽管他仍然对国教面临的分裂威胁感到不安，并试图寻找调和教义分歧的方法。[123]

伯克一生保持联系的朋友中，许多都有贵格派背景，最初都是在巴利托尔遇见的，包括他的医生理查德·布罗克斯

120 Quoted in Quane, "Ballitore School," p. 192.

121 EB to Richard Shackleton, 14 October 1744, *Corr*., I, p. 33; EB to Richard Shackleton, 1 November 1744, ibid., p.36.

122 EB to Richard Shackleton, 11 June 1744, ibid., p. 17.

123 EB to Richard Shackleton, 15 October 1744, ibid., p. 33.

比（Richard Brocklesby），同时也是他儿子葬礼上的护柩者；迈克尔·科尔尼（Michael Kearney），直到 18 世纪 90 年代早期都与他保持着联系；通过沙克尔顿认识的纽克曼·赫伯特（Newcomen Herbert），后成为圣三一学院辩论俱乐部成员；克莱门特·祖奇（Clement Zouch），伯克从政后的办事员；约瑟夫·芬恩·斯莱（Joseph Fenn Sleigh），他在伯克毕业后才入学，但伯克也与其建立了长期友谊。伯克的同伴们聪明上进，但伯克仍脱颖而出，成为大学的候选人，为此他接受了必要的培训。他的努力显然得到了回报：1746 年夏天，在一场关于希腊和罗马作家的口试中，伯克表现出色，他在圣三一学院的导师之一、牧师约翰·福斯特（John Forster）博士"问我来自哪所学校……我告诉了他"。[124] 巴利托尔的课程大多是古典文学，最重要的是希腊语和拉丁语的诗文，但也包括历史和数学。亚伯拉罕·沙克尔顿遗留下的一本笔记本上记着"英国史略，供巴利托尔学校使用"，使我们了解到学校的历史课程涵盖了从罗马征服英国到英国的前两个乔治时期，包括了对 1641 年事件的评论："爱尔兰天主教徒认为这是一个好机会，通过大规模屠杀新教徒来摆脱英格兰的枷锁；人的年龄、性别或其他情况都被抹杀……朋友谋杀了朋友，亲人谋杀了亲人，仆人杀了主人。"[125] 总的来说，教学似乎是严格的，甚至是苛刻的。一位学生曾把这里的男孩们描述为像"囚犯……被囚禁在书本之中"。[126] 尽管如此，学校仍设法向其较有学识的学生灌输更多礼教。伯克和他的朋友沙克尔顿首先被学习和通信的自由乐趣所吸引："二人的思想都强烈地倾向于获得文

48

124　EB to Richard Shackleton, 1 June 1746, ibid., p. 66.

125　TCD MS. 3522.

126　EB to Richard Shackleton, 1 June 1746, *Corr.*, I, p. 66.

学知识；他们都有较高的古典品位、坚定的判断力和敏锐的洞察力。"[127] 利德贝特强调了亚伯拉罕·沙克尔顿对此的热情与专注，强调了"他们如何登上知识的高地并一起摘下诗歌的花朵"。[128] 相比之下，大学则更加艰苦和乏味。

1744年4月14日，伯克被都柏林圣三一学院录取。[129] 那一年，像往常一样，圣三一学院安排六天时间在大会堂举行纪念性的"公开演讲"：1月20日，纪念校长，即时任威尔士亲王弗雷德里克的生日；1月30日，纪念查理一世殉难；5月29日，纪念查理二世复位；10月23日，纪念1641年大屠杀；10月30日，纪念乔治二世的生日；11月5日，纪念火药阴谋事件。[130] 伯克享受奖学金，表明他只用支付标准费用。[131] 相比之下，"自费学生"需要支付两倍的费用，而"公费生"，如奥利弗·戈德史密斯（Oliver Goldsmith）可以通过提供服务来替代学费，他与伯克同年入校。[132] 圣三一学院的大部分学生能够领取奖学金。1744年共有70名学生入学，其中有11名自费生和4名公费生。[133] 他们的年龄在14~19岁之间。安东尼·马龙（Anthony Malone）的儿子理查德·马龙于1742年注册入学；伯克的朋友威廉·丹尼斯于1743年注册入学。1742—1747年，除伯克之外，没有其他巴利托尔学校的学生进入圣三一学院。[134]

---

127 Leadbeater ed., *Memoirs of Richard and Elizabeth Shackleton*, p. 4.

128 Leadbeater, *Leadbeater Papers*，I，p. 169.

129 1802年4月27日，托马斯·休谟写给弗伦奇·劳伦斯的一封信中包含对伯克学术生涯的简单描述，参见 OSB MS. File 7762。

130 TCD MSS. Mun/V/27/1/fol. 91r.

131 "Catalogus omnium studentium in Collegium," TCD MSS. Mun/V/23/3.

132 James Prior, *The Life of Goldsmith, M. B.: From a Variety of Original Sources* (London: 1837), 2 vols., I, p. 59.

133 这些信息整理自 "Catalogus omnium studentium in Collegium," TCD MSS Mun/V/23/3。

134 Ibid.

学生名录中记载，伯克的父亲是一位"绅士"（generosus）——他的儿子对此并非无动于衷。[135] 理查德·沙克尔顿后来形容伯克父亲只是"中等水平的律师"，伯克显然非常失望。[136] 他坚持认为，他的父亲"不仅多年来都是一流律师，同时也是律师中最先关注实践和讲求信用的人"。[137] 出身是衡量自立的一个指标，而伯克异常渴望自立。1770 年，沙克尔顿的文章出现在《伦敦晚邮报》（*London Evening Post*）上，伯克再次被激怒，他重申了他的尊严感。[138] 他不接受任何在世者的"庇护"，只从和自己"同等水平"的人那里获得不附加条件的支持。[139] 伯克认为自己是在一个世袭权利世界中崛起的人才。对"大人物"的依赖会损害他的自主性，他将以努力和实力保障自主性。

大学并没有为伯克的才能提供理想的平台。理查德·沙克尔顿后来去学习希伯来语课程，但他仍与大学好友伯克保持联系，从他留下的信件中，我们可以追寻他们的发展轨迹。1766年，回顾 18 世纪 40 年代时，沙克尔顿形容年轻的伯克"具有好奇心又爱思索"。他继续说道："他阅读量很大……并且积累了各个领域的诸多知识。他记忆力很好，也很早就形成了个人判断力。"[140] 然而，圣三一学院无法适应他的才智，学校课程似乎太过学究，缺乏创新和灵感。正如沙克尔顿所说的那样，"学习课程并不合他的口味"。[141] 他以中上游的成绩体面毕业，

135　Ibid.

136　[Richard Shackleton], "Biographical Sketch of Edmund Burke" [1766], OSB MS. File 2225.

137　EB to Richard Shackleton, 28 October 1766, *Corr.*, I, p. 274.

138　《伦敦晚邮报》，1770 年 4 月 14 日至 17 日。

139　EB to Richard Shackleton, 19 April 1770, *Corr.*, II, p. 131.

140　[Richard Shackleton], "Biographical Sketch of Edmund Burke" [1766], OSB MS. File 2225.

141　Ibid.

50 而他的校友迈克尔·科尔尼因其成就获得了奖学金。[142]1799
年，科尔尼写信给埃德蒙·马龙，回忆了伯克如何随意地学
习，伯克通常在考试之后才疯狂地学习课程内容。[143] 理查德·
沙克尔顿草拟的《论教育》阐述了他所认为的圣三一学院教学
大纲的缺点，指出伯克可能也发现了这些不足。在沙克尔顿看
来，与格拉斯哥或莱顿相比，爱尔兰的教育过于受限和迂腐，
将文学研究局限于辞藻、评论和语法，扼杀了原始探究精神。[144]
人文研究的对象相应减少，贺拉斯（Horace）沦为了"乡村教
师"，而维吉尔（Virgil）则变成了"农民"。[145] 在沙克尔顿看
来，蒙田提出了一种更有希望的方法：在《对孩子的教育》一
文中，他指出，学生不应死记硬背作者的箴言，"而应努力理
解作者的言外之意"。[146] 沙克尔顿总结道，教育不应该是"狭
隘"和机械的，而应通过模仿和引导的方式来培养自然的天
才。沙克尔顿指出，"模仿"对人来说是自然的，效仿卓越能

---

142 Lock, *Burke*, I, p. 41; EB to Richard Shackleton, 10 August 1757, *Corr.*, I, p. 124: "我很开心
地得知……科尔尼被选为我们学院的研究员。"

143 Letters to Edmund Malone from Michael Kearney, 1797–1811, Letter of 12 January 1799,
Bodl. MS. Malone 39, fol. 23.

144 莱顿大学当时是爱尔兰和英格兰（尤其是苏格兰）学生的热门选择，其因宗教宽容
而闻名。参见 R. W. I. Smith ed., *Roll of the English-Speaking Studentsof Medicine at the
University of Leyden* (London: 1932). 有关莱顿大学爱尔兰学生的名单，参见 Esther
Mijers, "Irish Students in the Netherlands, 1650–1750," *Archivium Hibernicum*, 59 (2005), pp.
66–78. 有关该学校的学术氛围，参见 Esther Mijers, *"News from the Republic of Letters":
Scottish Students Charles Mackie and the United Provinces, 1650–1750* (Leiden: Brill, 2012),
Part II.

145 Richard Shackleton, "Essay on Education: Autograph MSS Draft" [n.d.], OSB MS. File 13408.

146 Michel de Montaigne, *The Essayes or Morall, Politike and Millitarie Discourses of Lo:
Michaell de Montaigne... The First Booke. First written by him in French. And now done into
English by... Iohn Florio* (London: 1603), p. 71.

够推动知识的进步。[147]

1746 年 7 月，在写给沙克尔顿的一封信中，伯克谈到了"男孩教育"问题，他详述了学习"人文学科"的好处，认为人文学科是"所有科学中最重要的……"。阅读古典作家的作品应侧重于提炼他们运用语言的实质性教益，而不是简单地学习他们的遣词造句。[148]当时的教育偏重技术知识，这使更高水平的学科发展受限，难以取得智力成果。沙克尔顿认为，鼓励死记硬背而牺牲判断力难以培养天才，这使得爱尔兰培养出的作家比瑞士或苏格兰都少。沙克尔顿抱怨说："学术界中，我们的人太少了"，这导致了普遍腐败和"缺乏品位"。正如拉莫斯（Ramus）、笛卡尔和洛克都能证明的那样，大学课程不能保证教育质量：适当的教导方法是成功的先决条件。先辈们已向我们展示了学习如何能够使人"融入社会"——使他成为"对共同体有用的人"——而不是培养迂腐的隐士。爱尔兰大学教育面临着重蹈欧洲修道院命运的风险，曾经"培育美德和知识的学校成了无知之所"。随着知识僵化，国内偏见会滋长，反过来又会助长智力偏见和宗教偏见。学问造就品位，促成启蒙和宽容；迂腐则腐蚀礼教，违背人文精神。[149]

圣三一学院的本科学制是四年。科学课程主要是逻辑学、形而上学、物理学和天文学：数学教学则相当初级，几何学 1758 年才被引入，代数 1808 年后才开始被教授。第一学年会考察低年级新生对琉善（Lucian）、塞勒斯特（Sallus）、荷马、维吉尔、忒俄克里托斯（Theocritus）、奥维德（Ovid）

51

---

147 Shackleton, "Essay on Education," OSB MS. File 13408. 正如伯克所知，这种教育理论的基础可在亚里士多德的《诗学》中找到，参见 EB, *A Philosophical Enquiry into the Origin of our Ideas of the Sublime and Beautiful* (1757, rev. ed. 1759), *W & S*, I, p. 225。

148 EB to Richard Shackleton, 12 July 1746, *Corr.*, I, p. 69.

149 Shackleton, "Essay on Education," OSB MS. File 13408.

和特伦斯（Terence）的学习情况。维吉尔和荷马是之后几年课程的主要内容。此外，朱文诺（Juvenal）、埃皮克提图（Epictetus）、查士丁尼和霍勒斯（Horace）是高年级新生的核心课程。在第三学年，学生们学习朱文诺、乌斯（Velleius）、西塞罗的《论义务》（*De officiis*）、色诺芬的《经济论》（*Cyropaedia*）和李维。高年级学生在最后一学年学习德摩斯梯尼（Demosthenes）、埃斯基涅斯（Aeschines）、索福克勒斯（Sophocles）、苏维托尼乌斯（Suetonius）、塔西佗（Tacitus）和朗基努斯（Longinus）。[150] 此外，还有作文比赛，其中 1743 年和 1746 年分别以"欧洲自由"和"论和平与战争"为主题。[151]1745 年 7 月 4 日，伯克因圣神降临周的考试而获得奖金。[152] 第一学年的逻辑课教材是由荷兰逻辑学家弗朗西斯·伯格斯迪克（Francis Burgersdijk）编写的，他的《逻辑阵列书两册》（*Institutionumlogicarum libri duo*）写于 17 世纪 20 年代。[153]1744 年 5 月 10 日，伯克说，他将开始研读这本书的前九章，抱怨"可怕的……伯格斯迪克"在他的书桌上躺了两周。[154]

52　　　伯克大学期间，坚定的辉格党人理查德·鲍德温（Richard

150　TCD MSS. Mun/27/1/fols. 90, 99, 101. 因为理查德·沙克尔顿是校长，为了帮助他的一名学生，他的校友威廉·丹尼斯寄给了他一些关于准备在圣三一学院学习的简短建议，参见 an ALS to Richard Shackleton, April 1758, OSB MS. File 4326: "如果他要进入现在的班级并参加 6 月的考试，他必须阅读爱比克泰德（Epictetus）、维吉尔（Virgil）的后六卷、伯格斯迪克（Burgerdicius）的第一卷［原文如此］。"

151　"Subjects for the Bachelor Prize Exercises at Shrovetide," TCD MSS. Mun V/27/1/fol. 91r.

152　TCD MSS. Mun/v/27/1/109v.

153　Francis Burgersdijk, *Institutionum logicarum libri duo* (Leiden: 1626). 直到 18 世纪末，伯格斯迪克的作品一直在牛津、剑桥、哈佛和耶鲁的教学大纲上。

154　EB to Richard Shackleton, 10 May 1744, *Corr.*, I, p. 4; EB to Richard Shackleton, 24 May 1744, ibid., p. 7.

Baldwin）担任圣三一学院教务长。1689 年，詹姆斯党人接管学院时，鲍德温逃至英格兰。博茵河战役结束后，鲍德温回到了圣三一学院，想要在学院贯彻坚定的新教原则。然而，在学术上，学院几乎没有任何创新。[155]1717—1758 年，即鲍德温担任教务长期间，学术刊物并未发表一篇学院人员的文章。17世纪的教学大纲几乎没有任何更新。[156]除了伯格斯迪克，马提努斯·西米格利西斯（Martinus Smiglecius）1618 年出版的《逻辑学》也是第一学年的课程之一。然而，后亚里士多德的哲学也涵盖在课程中，包括让·勒克莱尔（Jean le Clerc）的《逻辑学或理性的艺术》（*Logica, sive ars rationcinandi*），伯格斯迪克和西米格利西斯的作品也一起被学习。让·勒克莱尔的《物理学》是第二学年的课程，属于自然哲学门类。三年级的学生学习伯恩哈德·瓦伦（Bernhard Varen）的《地理学概论》（*Geographia generalis*），该书涵盖了地球和天堂的分界，地球的形状、尺寸、大小，它在"世界体系"中的运动和位置，其构成要素——海洋、河流、森林、沙漠，以及气候决定因素等。[157]瓦伦（Varen）以笛卡尔方法取代了经院正统，引起了剑

---

155 与威廉·卡斯塔雷（William Carstares）改革下的爱丁堡大学形成的对比很说明问题：首先是在卡斯塔雷的领导下，然后是在威廉·维沙特的领导下，由伊莱伯爵（Earl of Ilay, 后来的阿盖尔公爵）支持，爱丁堡大学的课程和教学实践在 1703 年至 1726 年间得到了彻底重塑。莱顿作为模仿的典范脱颖而出。参见 Nicholas Phillipson, "The Making of an Enlightened University" in Michael Lynch et al eds., *The University of Edinburgh: An Illustrated History* (Edinburgh: Edinburgh University Press, 2003), pp. 60–63。

156 John William Stubbs, *The History of the University of Dublin from its Foundation to the End of the Eighteenth Century* (Dublin: 1889), pp. 198–200; R. B. McDowell and D. A. Wells, *Trinity College Dublin, 1592–1952: An Academic History* (Cambridge: Cambridge University Press, 1982), pp. 37–46. 对三一学院的部分哲学教学大纲进行的倾向性还原，参见 Francis P. Canavan, *The Political Reason of Edmund Burke* (Durham, NC: Duke University Press, 1960), Appendix A. 这些材料在以下文章中得到了解释，Burleigh T. Wilkins, *The Problem of Burke's Political Philosophy* (Oxford: Oxford University Press, 1967), pp. 33–34, 70。

157 Bernhard Varen, *Geographia generalis* (Cambridge: 1681).

桥柏拉图主义者（Cambridge Platonists）的注意。艾萨克·牛顿曾对这本书进行了两次编辑和修正。他代表了圣三一学院科学课程中的创新元素。

瓦伦的作品也涵盖了更广阔的宇宙，爱德华·威尔斯（Edward Wells）的《年轻绅士的天文学》（*Young Gentleman's Astronomy*）也是如此，该书还提出了假说，试图解释"天体之光"的运动、分布和位置。[158] 比起弗朗西斯·伯格斯迪克的三段论推理，宇宙研究中的精巧计算明显更好地激发了伯克的想象力。沙克尔顿对天文学的兴趣在 1744 年春天寄出的一封信中有所体现，伯克 6 月的回信中也指出了这一点。[159]6 月晚些时候，伯克作了一首名为《天堂之美》（*Beauty of the Heavens*）的狂想曲，他承认，这篇狂想曲在技巧方面有缺陷，但却对宏大的愿景富有热情。伯克强调，应当赞赏宇宙之美，因为它同时呈现出"多样性和统一性"，这符合弗朗西斯·哈奇森的审美标准。[160] 在这个阶段，伯克讨论这一主题时运用了维吉尔的思想，而非瓦伦或威尔斯的思想，引用了《农事诗》（*Georgics*）第二部的颂词——"通往星空和天堂的路，太阳的循环和月亮的起落"。[161] 但是，伯克对于这一主题的兴趣和认知得益于基督教徒的惊叹感："人类能想出比这更宏伟的画面吗？一个巨大的、耀眼的地球置于无穷无尽的空间之中，周围是地球难以比拟的天体……在造物者伟大的力量之下……紧紧地固定在各自的轨道

---

158 Edward Wells, *Young Gentleman's Astronomy, Chronology and Dialling* (London: 1712).

159 EB to Richard Shackleton, 11 June 1744, *Corr.*, I, p. 15n.

160 EB to Richard Shackleton, c. 14 June 1744, ibid., p. 18. See below, Chapt. 3, *passim*.

161 Virgil, *Georgics*, II, lines 477–78: "道路和星星 / 太阳照耀着劳动者。"

上。"[162] 在首次发表于期刊《旁观者》(*The Spectator*)的诗篇《高处辽阔的穹苍》(*The Spacious Firmament on High*)中，作者艾迪生(Addison)也表达了这种惊叹感，讴歌了天体设计的"崇高"。[163] 后来他指出，"天文学特别适用于拯救渺小狭隘的灵魂"。[164] 天文学研究的物体和距离超越了想象，令人谦卑又振奋。

18世纪50年代，伯克开始构思《论崇高与美之起源的哲学研究》(*Philosophical Enquiry into the Origin of our Ideas of the Sublime and Beautiful*)，他将艾迪生的见解发展为有关美学和宏伟的观念，但作为一个本科生，他的兴趣易变又分散。1744年10月15日，在写给沙克尔顿的一封信中，他担心自己在纪律方面表现"太轻浮"，致使他知识面广，但在任何特定的知识领域都缺乏深度。[165] 两年后，他再次表明他的兴趣分布在众多领域："我沉迷形而上学和诗歌，我也读过一些历史。我正在努力为我们这个可怜的国家做点儿什么。"[166] 第二年春天，他依然感到后悔。他的研究通常有"热情"的开始，但是又会随着注意力转向新的热情而消散。他的研究毫无章法，从自然哲学的喜悦冲向"数学狂热"，之后是"逻辑狂热""历史狂热"，最后沉醉于"诗歌狂热"。[167] 尽管这明显偏离学习的目的，但是伯克从本科课程中仍有所收获，并通过

162 EB to Richard Shackleton, c. 14 June 1744, *Corr.*, I, p. 18.

163 Joseph Addison, *Spectator*, no. 465, 23 August 1712, reprinted in idem, *The Evidences of the Christian Religion* (London: 1730), pp. 238–39. 伯克后来指出，此文是有价值的智力资源，参见 EB, "Christian Religion," WWM BkP 26: 40–41。

164 Addison, *Evidences*, p. 253.

165 EB to Richard Shackleton, 25 October 1744, *Corr.*, p. 32.

166 EB to Richard Shackleton, 21 July 1746, ibid., p. 68.

167 EB to Richard Shackleton, 21 March 1746/1747, ibid., p. 89.

54　　自主阅读进行了补充。大三学生在科学课程中开始学习形而上学，教材是罗伯特·巴伦（Robert Baron）的《形而上学大纲》（*Metaphysica generalis*），在讨论恶的起源、理性来源和判断自由（arbitrium）之前，该书详细阐述了亚里士多德哲学的分类。[168] 最后一年，学生会接触伦理学和法理学。伯克大三的阅读没有留下记录，但截至 1747 年的信件都表明，他倾向于反思本科课程内容，积极评价他遇到的各种观点。

　　最后一年的道德哲学课程首先是基于尤斯塔斯圣保罗（Eustachius a Sancto Paulo）的《伦理学或道德规范的总结》（*Ethica, sive summa moralisdis ciplinae*），它始于伦理学的最重要目标，以"幸福"为原则，通过分析人类行为动因，讨论灵魂的激情。[169] 罗伯特·桑德森（Robert Sanderson）《讲课》（*Praelectiones*）中的几篇，特别是《誓言的义务》（*De juramenti promissory obligatione*）和《良心的义务》（*De obligatione conscientiae*），是法理学主要的教科书之一，讨论了从被动服从到良心的权利等话题的案例推理。[170] 除了研究桑德森之外，学生们还通过塞缪尔·普芬多夫的《根据自然法论人类和公民的义务》（*De officio hominis et civis juxta legem naturalem libri duo*）一书学习现代自然法理论。[171] 伯克没有留下他年轻时对于这部现代哲学早期关键著作的看法，但从早期写给沙克尔顿的一封讨论人们轻信的天性的信中，可以看出他对"亚里士多德的谬论"的不耐烦。[172] 伯克总是热衷

168　Robert Baron, *Metaphysica generalis* (Leiden: 1657).

169　Eustachius a Sancto Paulo, *Ethica, sive summa moralis disciplinae* (London: 1677).

170　Robert Sanderson, *De juramenti promissory obligatione* (London: 1710); Robert Sanderson, *De obligatione conscientiae* (London: 1710).

171　Samuel Pufendorf, *De officio hominis et civis juxta legem naturalem libri duo* (Lund: 1673).

172　EB to Richard Shackleton, c. 5 March 1744/1745, *Corr.*, I, p. 45.

于讨论他遇到的话题，并试图通过公开讨论的热情使知识活跃
起来。在无法面对面交谈的情况下，他则采用书信交流，向朋
友们透露他对经典和现代作品的看法——赞扬西塞罗"无可非
议"的《论义务》（*De officiis*），但比起西塞罗的作品，他
更喜欢塞勒斯特的历史；他将自己的色诺芬《经济论》印本送
给沙克尔顿，同时表达他有意购买贝勒（Bayle）的《辞典》
（*Dictionary*）；表明他对艾迪生和蒲伯（Pope）的兴趣，对
文森特·瓦蒂尔（Vincent Voiture）作品的喜爱。[173]

　　伯克早年热衷于交流知识，一直反对禁欲主义。在大
学入学后的几个月内，他讽刺了"无欲无求"的禁欲信条，
埃皮克提图（Epictetus）就是一个典型。[174]在《谈话录》
（*Discourses*）和《纲要》（*Enchiridion*）中，埃皮克提图宣
称接受自然天定秩序，不为自身或亲友之痛苦而忧心。正如他
在《谈话录》中所指出的那样，人们不应该怜悯普里阿摩斯
（Priam）或俄狄浦斯（Oedipus）的悲叹，仅仅因为"外在事
物"（*taektos*）的负担而闷闷不乐；相反，人们应该像苏格拉
底一样自豪地承受自己的命运。[175]但是，在伯克看来，这种以
德行为名的自制并不等同于对命运的崇高屈服，而是否定了神
所赋予人类的自然情感。在第一次提到禁欲主义六个月后，利
菲河水漫过河岸并淹没了伯克在阿伦码头的房子。他写信给沙
克尔顿，反思自然的崇高力量，不知如何应对它的可怕——是

55

173　EB to Richard Shackleton, 5 December 1746, ibid., p. 74; EB to Richard Shackleton, 21 March
　　1746/1747, ibid., p. 89; EB to Richard Shackleton and Richard Burke Sr., 29 November 1746,
　　ibid., p. 72; EB to Richard Shackleton, 5 July 1744, ibid., p. 25; EB to Richard Shackleton,
　　10 July 1744, ibid., p. 29; EB to Richard Shackleton, 7 December 1745, ibid., p. 58; EB
　　to Richard Shackleton, 16 January 1745/1746, ibid., p. 60; EB to Richard Shackleton, 19
　　December 1746, ibid., p. 75.

174　EB to Richard Shackleton, 24 May 1744, ibid., p. 8.

175　Epictetus, *Discourses*, I, iv, 24–27.

应该对自然本身不公正的秩序感到愤怒, 还是以宽宏大量的态度对待世界的毁灭?[176]1745 年 12 月 28 日, 伯克在信中再次提及这个主题, 对塞内卡哲学做出了明确评价。他评论说, 禁欲主义哲学家只不过是"遗憾的安慰者", 他们的思想性禁令未能扎根于经验——正如抽象的戒律, "这般薄弱的堤坝无法阻止情感的浪潮"。[177]面对沮丧, 伯克建议转移注意, 而非苦思, 他曾建议沙克尔顿采用帕斯卡尔 (Pascal) 的排解方法, 用不断的工作来转移忧郁情绪。[178]

1.4 俱乐部和《改革者》

帕斯卡尔《思想录》(*Penseés*) 第八篇讨论了 "消遣" 这一主题, 他指出, "没有消遣, 就没有快乐; 有了消遣, 就没有悲伤"。[179]因此, 帕斯卡尔总结道, 孤独带来不快乐, 热闹则能纾解情绪。为逃避独自反思人类的世俗处境, 人们试图使自己忙碌起来, 在享受他人陪伴时, 摆脱忧郁。[180]本着这种精神, 伯克一直试图在与他人的对话中发展自己的想法, 比起独自沉思, 他更喜欢思维的碰撞。与朋友一起, 可以 "相互沟通", 从而纾解困难, 分享学术劳动的乐趣——"如此, 崎岖的知识道路变得平坦, 路途中的沉闷也被友好的交谈驱散"。[181]伯克在这里所构想的自我形象都受到艾迪生所创办的《旁观

176 EB to Richard Shackleton, 25 January 1744/1745, *Corr.*, I, p. 39.

177 EB to Richard Shackleton, 28 December 1745, ibid., p. 59. 关于一个人可以用戒律来平复激情的观点, 参见 Seneca, *De ira*, III, lxi, 1。

178 EB to Richard Shackleton, 16 January 1745/1746, *Corr.*, I, p. 61.

179 Blaise Pascal, *Penseés*, ed. Michel Le Guern (Paris: Gallimard, 1977), p. 122.

180 EB to Christopher Nugent, September 1752, Corr., p. 118.

181 EB to Richard Shackleton, 24 November 1744, ibid., p. 37.

者》期刊的影响，在早期的信件中，他曾两次提及艾迪生。[182]
就像艾迪生试图将哲学从"壁橱和图书馆，学校和学院"迁移
到"俱乐部和集会……茶台和……咖啡屋"，伯克也努力将学
习转化为社交活动。[183] 伯克认为，人改变信仰是很自然的：我
们偶然有了一个新发现，然后就能感到"将我们的劳动成果
告知他人十分困难"。[184] 在《旁观者》中，艾迪生再次将这种
社交本能归因为个人之间形成"俱乐部"的渴望。[185] 鉴于此，
1744 年 11 月 24 日，我们发现了伯克建立的一个"社团"，它
最终发展成了一个文学"俱乐部"，宣称威廉·丹尼斯是其成
员之一。[186]

　　该俱乐部名为"纯文学学会"（Academy of Belles
Lettres），成立于 1747 年 4 月 21 日，也就是伯克开始大学
生活一年并成功获得奖学金之后。俱乐部每周在乔治巷举行两
次集会，通常是周二和周五，从下午五点到晚上九点。[187] 这
些集会旨在通过向俱乐部成员展示兼具美与实用性的艺术作
品、举办谈话和辩论活动来"提升"他们的素养。正如俱乐
部规章的序言所言："每个人都可以在他的小房间里成为艺术
理论和科学大师，但只有在社团中才能知道其实践、益处和

182　EB to Richard Shackleton, 5 July 1744, ibid., p. 25; EB to Richard Shackleton, 16 January
　　1745/1746, ibid., p. 60.

183　Joseph Addison, *Spectator*, no. 10, 12 March 1711.

184　EB to Richard Shackleton, c. 5 March 1744/1745, *Corr.*, I, pp. 44–45.

185　Addison, *Spectator*, no. 9, 10 March 1711.

186　EB to Richard Shackleton, 24 November 1744, *Corr.*, I, pp. 37–38; EB to Richard Shackleton,
　　4 July 1745, ibid., p. 50; EB and William Dennis to Richard Shackleton, 28 May 1747, ibid.,
　　pp. 90–91.

187　这条街在 18 世纪中叶成为南大乔治街（South Great George's Street）。参见 John Thomas
　　Gilbert, *A History of the City of Dublin* (Dublin: 1861), 3 vols., III, ch. 3。

使用方法。"[188]俱乐部最初的成员包括第一任会长马修·莫洪（Matthew Mohun），以及安德鲁·巴克（Andrew Buck）、约瑟夫·汉密尔顿（Joseph Hamilton）、亚伯拉罕·阿德索夫（Abraham Ardesoif）、理查德·沙克尔顿和威廉·丹尼斯（William Dennis）。除了沙克尔顿和丹尼斯之外，这些成员几乎没有任何活动记录。丹尼斯是伯克的室友，并在俱乐部中扮演了重要角色，虽然两人在大学后就失去了联系。18世纪50年代，二人恢复联系时，伯克住在伦敦，丹尼斯则任圣职。在俱乐部中，丹尼斯是一位积极的成员，经常为俱乐部活动和讨论做出贡献，包括"在道德、历史、批评、政治以及所有哲学分支方面进行演讲、阅读、写作和辩论"。[189]话题从"奢侈""无神论"等一般主题延伸到反思历史人物和当代政治意义问题。

该俱乐部的目标之一是通过提炼语言实现品位的变革，同时教导礼仪，确保宗教在社会中的作用。自上大学以来，伯克一直致力于此，并急切地与沙克尔顿探讨知识的进步如何改善宗教的命运。他明白，通往基督教真理有很多"不同的路"，他和他的朋友就选择了不同的路，他也意识到了"令人忧伤"的事实，"我们之间存在不同的教派和意见"。[190]他比沙克尔顿更加感叹教会不团结的现实，并对许多异教者背后的动机持怀疑态度。爱尔兰似乎有太多宗派，在无关紧要的琐事上宣扬分裂主义，这些琐事对救赎毫无意义。只有在本质上有分歧，才应该有异议。[191]面对狂热，启蒙的唯一希望是谦逊和理性。伯

---

188 "The Proceedings of the Club," TCD MSS. Mun/Soc/Hist/81, reprinted in Samuels, *Early Life*, pp. 226–95, p. 227.

189 Ibid., p. 228.

190 EB to Richard Shackleton, 15 October 1744, *Corr.*, I, pp.32–33.

191 EB to Richard Shackleton, 1 November 1744, ibid., p. 35.

克从根本上相信他生活在"启蒙时代"（enlightened times），但他仍想知道应如何维持知识进步和宗教和谐。[192]1744年至1748年，在大学期间，他主张启蒙运动要以理性取代偏见，尽管18世纪50年代他的立场开始转变。为了让沙克尔顿认同自己的观点，他恳求沙克尔顿抛弃"偏见"，偏见是"我们在寻求真相方面遇到的最大障碍"。[193]18世纪40年代，伯克一直重申这一观点，但他搬到伦敦接触习惯法和自然神论后，他对偏见在社会生活中的作用有了不同的判断。

　　贝克莱的观点对伯克的影响显而易见。伯克还是阿伦码头的孩童时，克洛因的主教贝克莱就撰写了《讲给地方法官和当权者的话》（*A Discourse Addressed to Magistrates and Men in Authority*），阐述了无条件相信教义的智慧，苛责都柏林的自由善辩家们受到了第三代沙夫茨伯里伯爵（Third Earl of Shaftesbury）和伯纳德·曼德维尔的鼓动。[194]思想自由对于促进知识进步当然是必不可少的，但这种自由必须被限制在支持教会和国家的前提下。"不可能大多数人都是哲学家，"贝克莱写道。手工业者和工匠阶层需要遵守规则并接受结果，而不是刨根问底或者求助"科学推论"。[195]因此，整个社会依赖于戒律的指导，之后再被"习惯固定"。这就意味着以偏见来约束公众："偏见是人们在不知道其理由或原因的情况下就接受的概念或意见，并且这些概念或意见在未经检验的情况下便获

58

192　EB to Richard Shackleton, 21 March 1746/1747, ibid., p. 89.

193　EB to Richard Shackleton, c. 5 March 1744/45, ibid., p. 45.

194　George Berkeley, *A Discourse Addressed to Magistrates and Men in Authority* (1736) in *The Works of George Berkeley*, ed. Alexander Campbell Fraser (Oxford: Oxford University press, 1901), 4 vols., IV, p. 409. 贝克莱立即对最近成立的"渎神兄弟会"(Fraternity of Blasphemers) 作出回应，这是一个信奉神灵的自由思想者团体，也称作爆破者俱乐部 (Blasters Club)。

195　Ibid., pp.487–88.

得同意。"[196]个人被鼓励去追求利益和赢得尊重，但这些雄心又受到"意见"的支配。因此，意见的形成和教义的传播是地方法官的核心关切，而地方法官依靠神职人员提供必要的教育。正确的原则须由权威建立，并由习惯维持。因此，"那些最先占领人们心智的社会、道德、公民义务之概念可能正是典型的偏见"。[197]18世纪50年代中期，伯克搬到伦敦后，开始认为有必要挑战自由思想者的推论，与此同时，他也开始对这种说法着迷。在此期间，他致力于将理性探究的过程作为推进客观真理事业的手段。

18世纪40年代，本着这种精神，伯克在与沙克尔顿的通信中坚持认为，面对合理的反对意见时，盲目跟随"大众意见"没有任何价值。只有推翻人们长期珍视的假设，野蛮、无知和迷信才能被消除。对真理的渴望应当战胜对启蒙的顽固反对，但为了达到这个目的，理性必须与公认的智慧做斗争。[198]一个孩子"从喝奶开始就吸入了偏见"，他独立推理的能力一开始就被掩盖了。[199]然而，如果说18世纪40年代伯克完全支持理性探究，那么他也致力于通过运用宗教和良好品位来提炼激情。理性可以纠正错误，但启迪灵魂需要激情。因此，情感教育对于改良社会和培养道德是不可或缺的。宗教和艺术是这种教育的主要推动者，基督教是最有效的宗教。正如伯克1749年5月29日参加俱乐部集会时对登山宝训（The Sermon on the Mount）所做的即兴解释那样，基督教通过教

---

196 Ibid., p.486.

197 Ibid.

198 EB to Richard Shackleton, c. 5 March 1744/45, *Corr.*, I, p. 45; EB to Richard Shackleton, 15 [March] 1744/5, ibid., p. 48; EB to Richard Shackleton, 5 December 1746, ibid., p. 74.

199 EB to Richard Shackleton, 19 March 1744/1745, ibid., p. 50.

化内心的感受，促进了异教徒道德的进步。[200]

　　自 1748 年 2 月从圣三一学院毕业到 1750 年离开伦敦这段时间，伯克都将宗教、道德和品位之间的关系作为核心关注。这主要体现在《改革者》中，这是伯克参与的一份周报，在 1748 年 1 月 28 日至 4 月 21 日期间，该报刊发了 13 期。《改革者》是由散文、诗歌和各种公告组成的杂刊，伯克、博蒙特·布伦南（Beaumont Brennan）和理查德·沙克尔顿都为其做出了诸多贡献。布伦南是新兴喜剧作家，1746 年 11 月左右，伯克第一次遇见他，与伯克同时代的人后来证实了布伦南在《改革者》创作中的作用。[201]1748 年 1 月，丹尼斯写信给沙克尔顿，征求他对第一期的看法，他问道："你认为谁是作者？"[202] 几个星期后，伯克联系沙克尔顿，抱怨他因为《改革者》和其他相关事情变得十分忙碌。[203] 虽然伯克对该出版物的具体贡献无法确定，但很显然他认为这是一项共同事业。[204] 虽然每期的重点文章都有不同的署名，但是显然大家为了消除爱尔兰文学中的无知和愚钝付出了共同的努力。鉴于这一目的，周报第一期就宣布，其使命是反对"精神"堕落：堕落的品位降低了爱尔兰的礼仪道德，使其成为近代的维奥蒂亚（Boeotia）。

　　这巧妙地回应了蒲伯的《愚人记》（*Dunciad*），也指出了

59

---

200 "The Proceedings of the Club," TCD MSS. Mun/Soc/Hist/81, reprinted in Samuels, *Early Life*, p. 252.

201 Lock, *Burke*, I, p. 56.

202 Prior, *Life of Burke*, p. 21

203 EB to Richard Shackleton, 2 February 1747/1748, *Corr.*, I, p.101.

204 EB to Richard Shackleton, May 1748, ibid., p. 102. 然而，奇怪的是，《改革者》通常或多或少地被视为伯克自己的作品，参见 Samuels, *Early Life*, p. 160; T.O. McLoughlin, "The Context of Burke's 'The Reformer,'" *Eighteenth-Century Ireland*, 2 (1987), pp. 37–55; idem, "Did Burke Write the *Reformer*?" *Notes and Queries*, 39:4 (December 1992), pp. 474–77。

伯克两年多来的担忧。[205]1746 年 12 月 5 日，他向沙克尔顿宣布，爱尔兰文学"站在黑暗的边缘"，《愚人记》结尾的预言将变为现实——将回归到无知和野蛮为特征的时代。[206] 同样的判断重复出现在《改革者》的文章中，周报反复指责本土文学创作产生了无知的"愚昧天才"。[207] 伯克和同事的目的是揭露同时代文学的愚蠢，尤其是在剧场中的表现。品位的改善反过来会促进道德的提高和公共精神的培养："一个民族的道德依赖于其品位和文学作品，对文学的修正似乎是提高品位最可靠的方法。"[208] 在关于都柏林戏剧作品现状的小册子中，威廉·丹尼斯表示，由于戏剧代表了"什么是被社会所允许的"，其应该被用于提倡对公众有益的东西。[209] 概括地说，《改革者》的参与者都同意这一观点："戏剧是时髦人士最爱的消遣，每个人都明白戏剧对其品位和举止有多大影响。"[210] 从 1744 年起，都柏林舞台作品的标准和品质都由罩衫巷剧场的演员经理托马斯·谢里丹（Thomas Sheridan）决定。到 1747 年，有人认为《改革者》是宣传谢里丹琐事的工具，为了回应这一说法，谢里丹

205　Alexander Pope, *The Dunciad*, Book I, line. 25, 把乔纳森·斯威夫特（Jonathan Swift）的爱尔兰命名为维奥蒂亚。参见 William Dunkins' *Boeotia! A Poem Humbly Addressed to His Excellency, Philip, Earl of Chesterfield*(Dublin: 1747), 尽管其出版时，伯克写信给沙克尔顿说，这是"我所见过的他最糟糕的东西"(21 March 1746/1747, *Corr.*, Ⅰ, p. 90)。将爱尔兰命名为维奥蒂亚的做法变得司空见惯，参见 Henry Grattan to Richard Burke Jr., 20 March 1793, *Corr.*, Ⅶ, p. 362: "我认为英格兰不能称爱尔兰为维奥蒂亚，也不能称它为奴隶之地。"

206　EB to Richard Shackleton, 5 December 1746, *Corr.*, Ⅰ, p. 74. Cf. Pope, *Dunciad*, Book I, line. 28.

207　*Reformer*, no. 1., *W & S*, I, p. 67.

208　Ibid., p.66.

209　William Dennis, *Brutus's Letter to the Town* (Dublin: 1747), p. 3.

210　*Reformer*, no. 1, *W & S*, I, p. 67.

公开表明自己是"舞台的改革者"。[211]

　　谢里丹的改革是在罩衫巷剧场凯利骚乱（Kelly Riots）后进行的，这场骚乱始于 1747 年 1 月 19 日。早些年，皇家剧院的灯红酒绿常常导致小规模骚乱，但"绅士""学者"和"演员"之间的僵局是由一个名为埃德蒙·凯利的观众的奇淫古怪的行为引发的。伯克向沙克尔顿描述说，凯利引发了异常"盛大的戏剧争吵……把这个城镇分成两派，两派的斗争就像辉格党和托利党一样激烈"。[212] 在随后为期六周的法律纠纷的余波中，谢里丹抓住这一机会来改善剧院礼仪，他所设立的典范后来被德鲁里巷（Drury Lane）皇家剧院效仿。[213] 然而，在伯克和其同伴看来，谢里丹的努力仅带来一些小的改善，难以提高公众品位。博蒙特·布伦南的《诉讼》没能上演，证实了谢里丹改革的肤浅本质，这刺激了伯克、布伦南和他的同事，他们讽刺并反对都柏林的剧院体系。伯克首先发表了一篇名为《庞克给谢里丹先生的请愿书》（*Punch's Petition to Mr. Sheridan*）的讽刺文章，保罗·希弗南（Paul Hiffernan）接着推出《难题》（*The Tickler*）系列，随《改革者》刊发了数期。[214] 威廉·丹尼斯告诉沙克尔顿，这些活动的目的是建立"舞台上的自由和民众的品位"。[215]

　　1747 年 2 月和 3 月，查尔斯·卢卡斯（Charles Lucas）

211　Esther K. Sheldon, *Thomas Sheridan of Smock-Alley: Recording his Life as Actor and Theater Manager in both Dublin and London* (Princeton, NJ: Princeton University Press, 1967), pp. 81–95.

212　EB to Richard Shackleton, 21 February 1747, *Corr.*, I, p. 82.

213　Sheldon, *Thomas Sheridan*, p. 103.

214　[EB], *Punch's Petition to Mr. S—n, to be admitted into the Theatre Royal* (Dublin: 1748), British Library, 1890.e.5(152).

215　Prior, *Life of Goldsmith*, II, pp. 315–18.

精心策划出版了一系列匿名小册子，为谢里丹的活动进行了激烈辩护，随后引发了反对罩衫巷剧场的活动。[216] 卢卡斯是一个克伦威尔派官员的后代，定居在克莱尔郡，在进入公共生活之前，卢卡斯曾在都柏林接受药剂师培训，1741 年，他出任都柏林共同委员会理发 – 医师协会的代表。[217] 卢卡斯对谢里丹的辩护始于对凯利可信度的攻击：凯利是来自爱尔兰西部康诺特省的天主教徒，作为带头煽动反对谢里丹暴乱的"绅士"，卢卡斯抨击他是本土叛乱的典范，因此是"我们幸福生活的敌人"。卢卡斯称，骚乱一直是"伪天主教徒"和"唯利是图的改宗者"的杰作，最终将导致外国入侵，或由起义引发大屠杀。[218] 这些未来灾难的预兆只是隐晦地提及了 1641 年的痛苦经历和 1745 年的詹姆斯党人起义。这种颠覆的前景促使卢卡斯提出这样一个问题："我们的祖辈曾征服了岛上原住民的野蛮，我们是否应忍受他们后代的故态复萌，并恢复可憎的、被废除的奴隶制和野蛮的行为？"[219] 卢卡斯在第三封《给都柏林自由公民的信》（*Letter to the Free-Citizens of Dublin*）中解释了他在第二封信中的意图：他对本地人的野蛮和罗马天主教的恶言并非是为了引发冒犯，而是为了制定一些共同的原则。他争论的不是天主教信仰的原则，而是对教宗临时管辖权

---

216 有关这一事件的背景讨论，参见 Ian Crowe, *Patriotism and Public Spirit: Edmund Burke and the Role of the Critic in Mid-Eighteenth-Century Britain* (Stanford, CA: Stanford University Press, 2012)。

217 Seán Murphy, "Charles Lucas, Catholicism and Nationalism," *Eighteenth-Century Ireland*, 8 (1993), pp. 83–102; Jim Smyth, "Republicanism before the United Irishmen: The Case of Dr. Charles Lucas" in D. George Boyce, Robert Eccleshall and Vincent Geoghegan eds., *Political Discourse in Seventeenth-and Eighteenth-Century Ireland* (Basingstoke: Palgrave, 2001).

218 [Charles Lucas], *A Letter to the Free-Citizens of Dublin* (Dublin: 1747), pp. 2, 5; [Charles Lucas], *A Second Letter to the Free-Citizens of Dublin* (Dublin: 1747), p. 10.

219 [Lucas], *A Letter to the Free-Citizens*, p. 5.

的服从。[220] 同样，他对"古爱尔兰野蛮主义"的反对不能视为对现实中任何爱尔兰群体的侮辱，而是对一种生活方式的反对。他一直希望，历经了几个世纪的征服，这种生活方式已经消失，但凯利的行为表明，在爱尔兰部分地区仍存在这种生活方式。[221]

在保罗·希弗南《难题》第二版的扉页献词中，卢卡斯的"爱国主义"受到嘲笑。[222]1747 年 3 月中旬，在《难题》的第四期和第五期中，希弗南讽刺卢卡斯的运动，将其看作一个狂热者的"杰作"，认为卢卡斯像克伦威尔一样渴望恺撒般的权威，同时在宗教偏执的潮流中崛起。[223]讽刺的是，1745 年爱尔兰雅各宾派起义之后，希弗南又对天主教徒的忠诚进行反思，指责卢卡斯是宗派机会主义者："如果不是邪恶的天主教徒、社会的蛀虫……在最后的叛乱中保持忠诚，那你怎么会有机会展示镇压暴乱的才能？"[224]希弗南在搬到蒙彼利埃（Montpellier） 学习医学前，曾接受过神职培训。[225] 在蒙彼利埃，他遇到了卢梭，获得了物理学学士学位。1747 年前后，他返回都柏林， 62

---

220 [Charles Lucas], *A Third Letter to the Free-Citizens of Dublin* (Dublin: 1747), pp. 18–19.

221 Ibid., pp.16–17.

222 [Paul Hiffernan], *The Tickler: Nos. I, II, III, IV, V, VI, and VII* (Dublin: 1748), "To Ch–rl–s L–c–s, *Freeman*." 关于更广泛的"爱国者"背景，参见 Jacqueline Hill, *From Protestants to Unionists: Dublin Civic Politics and Irish Protestant Patriotism, 1660–1840* (Oxford: Oxford University Press, 1997), pp.83–91。

223 [Hiffernan], *Tickler*, pp.22–25.

224 Ibid., p.25.

225 关于蒙彼利埃的爱尔兰天主教学生，参见 Hilde de Ridder-Symoens, *A History of the University in Europe II: Universities in Early Modern Europe, 1500–1800* (Cambridge: Cambridge University Press, 1996), p. 429。

开始从事文学工作。[226] 在约瑟夫·科特（Joseph Cotter）的
帮助下，伯克出版了他的小册子《庞克给谢里丹先生的请愿
书》，并在《难题》中与《改革者》保持对话，《改革者》在
第五期中做出了适当的回应。《改革者》前八期中的每一期几
乎都为希弗南的哲学研究作品《关于人的结构与激情的反思》
（*Reflections on the Structure, and Passions of Man*）刊登
了广告，在 3 月 10 日和 17 日还有附加通知，告知潜在读者该
作品即将出版。[227] 对希弗南作品的支持值得注意，因为该书包
含了对新教不宽容和刑罪法规的控告。

　　《关于人的结构与激情的反思》将竞争视为社会中"所有
可赞誉行为的源泉"，只有当竞争沦为"嫉妒"和愤恨时——
"人心感染的最可怕的瘟疫"——才会产生威胁，使社会凝聚
力有变成冲突的可能。[228] 希弗南继续指出，现代社会正被一
种古人所不知的"愤怒"支配，这种"愤怒"起源于宗教争
端。[229] 现代欧洲普遍的宗教迫害可以追溯至此，1745 年发生
的爱尔兰雅各布派起义也是如此。此时，希弗南明确提到了亨
利·布鲁克（Henry Brooke）的《农夫致爱尔兰新教徒的信》
（*The Farmer's Letters to the Protestants of Ireland*），这
本书在三年前就曾反对安宁时代所盛行的那种"懒惰"。面对
1745 年后爱尔兰的自满情绪，布鲁克呼吁恢复农耕时代罗马
的美德，作为维护殖民统治和改良农业最可靠的手段，并以此

---

226 *The European Magazine*, 25 (February 1794), pp. 110ff.; *The European Magazine*, 26 (March 1794), pp. 179ff.; and R. R. Madden, *The History of Irish Periodical Literature, from the End of the Seventeenth to the Middle of the Nineteenth Century* (London: 1867), 2 vols., I, pp. 320–30.

227 *Reformer*, no.7, p. 4, and *Reformer* no. 8., p. 4, Dublin City Library and Archive, Pearse Street. These advertisements are not carried in the reprint for *W & S*.

228 Paul Hiffernan, *Reflections on the Structure, and Passions of Man. The Latter Reduc'd to One Common Principle* (Dublin: 1748), p. 89.

229 Ibid., pp.146–47.

抵御可能发生的本土颠覆活动。罗马天主教的威胁长期存在，需要提高警惕："历史永远不会忘记……1641 年的大屠杀。"[230] 在希弗南看来，这相当于说明刑罪法规的延续是正当的，它鼓励年轻的兄弟姐妹密谋反对他们的兄长，儿子也同样"反抗他们的父亲"。[231] 古代关于孝道和父权冲突的恐怖故事已被密封于同族相残的悲剧神话中，即被诅咒的俄狄浦斯的儿子们继承底比斯王位的故事，但现代爱尔兰宪法因其刑罪法规在天主教徒中造成了分裂，使爱尔兰"几乎每个家庭都可以找到俄狄浦斯式的儿子"。[232]

《改革者》倡导"在这个城市中树立慈爱、善良和宗教精神"，这似乎是最接近支持撤销刑罪法规的行为，但从表面看，这一号召并不坚定。然而，18 世纪 60 至 90 年代，伯克一直在坚定地推进反对反天主教法的运动。[233] 如果说 18 世纪《改革者》围绕着使爱尔兰社会极化的教派分裂这一主题，其第十一期确实指出，"盲目的狂热"和"无信仰"是真正宗教的敌人，而只有真正的宗教才能在道德生活中注入宽容精神，并用希望的喜悦减轻不幸的负担。[234] 然而，大多数时候，《改革者》的目标都是通过提升品位培养社会公德。既然民众倾向于模仿贵族，而作家乐于迎合大众品位，因此有必要以更令人振奋的荣耀感取代对"金钱"的爱和对"非理性乐趣"的喜爱，从而提高文明社会的教化程度。[235] 为了实现这一目标，必须允

230　Henry Brooke, *The Farmer's Six Letters to the Protestants of Ireland* (Dublin: 1745, repr. 1746), pp. 6, 8, 9, 11.

231　Hiffernan, *Reflections*, p. 152.

232　Ibid., p.155.

233　*Reformer*, no. 2, 4 March 1748, *W& S*, I, p. 77.

234　*Reformer*, no. 11, 7 April 1748, ibid., p. 116.

235　*Reformer*, no. 1, 28 January 1748, ibid., p. 67; *Reformer*, no. 6, 3 March 1748, ibid., p. 93.

许有学识的人和天才们在爱尔兰发展，从而使理性态度战胜根深蒂固的偏见。[236]同时，需要鼓励有钱人推动实用艺术的发展，并为公众福利做出贡献。如果不进行这种调整，爱尔兰将继续是"唯一一个其民众完全忽视自己利益的国家"。[237]如果说这是《改革者》参与者们的共同愿望，那么这主要归功于贝克莱在《质问者》（*Querist*）中所提出的建议。

贝克莱曾在《质问者》第十五期中问道："好品位是否会对一个人的发展有很大帮助？而没有受过教育的贵族是不是国家最大的恶？"[238]这些问题都假定，社会状况的改善取决于完善现有的等级划分，而不取决于颠覆社会结构。在伯克青年时期，爱尔兰当时的社会秩序面临的主要挑战是由查尔斯·卢卡斯在竞选下议院席位的论战中发起的，1748—1749年间，两位市议员去世，空出了两个席位，卢卡斯便参与了竞选。[239]伯克在都柏林的最后几年，即他离开都柏林前往中殿律师学院前，卢卡斯的运动主导了政治辩论。[240]一系列出版物与会议记录同时出现，其中部分被认为是伯克所作。[241]正如与伯克同时

---

236 *Reformer*, no. 1, 28 January 1748, ibid., p. 68; *Reformer* no. 2, 4 February 1748, ibid., p. 73.

237 *Reformer*, no. 4, 18 February 1748, ibid., p. 83.

238 George Berkeley, *The Querist* in *The Works of George Berkeley*, ed. Alexander Campbell Fraser (Oxford: Oxford University Press, 1901), 4 vols., IV, p. 423.

239 参见 Seán Murphy, "Charles Lucas and the Dublin Election of 1748–9," *Parliamentary History*, 2 (1983), pp. 93–111; Seán Murphy, "The Corporation of Dublin, 1660–1760," *Dublin Historical Record*, 38:1 (December 1984), pp. 22–35。

240 R. B. McDowell, *Irish Public Opinion, 1750–1800* (London: Faber and Faber, 1944), pp. 11, 17.

241 早期的传记作家把伯克归入反对卢卡斯的阵营，参见 Bisset, *Burke* (1800), I, p. 28; Prior, *Life of Burke*, p. 31。现代学者在这一点上有分歧，参见 Samuels, *Early Life*, pp. 180–202; Gaetano L. Vincitorio, "Edmund Burke and Charles Lucas," *Publications of the Modern Languages Association*, 68 (1953), pp. 1047–55; Seán Murphy, "Burke and Lucas: An Authorship Problem Re-Examined," *Eighteenth-Century Ireland*, 1 (1986), pp. 143–56。

代的迈克尔·科尔尼（Michael Kearney）后来所言，伯克很可能加入了反对卢卡斯的队伍。当然，《改革者》的政治立场与卢卡斯的《审查官》（*Censor*）中的修辞大相径庭。[242] 多年后，伯克把卢卡斯定性为一个自命不凡的骗子，并将他的爱国主义姿态等同于"摒弃常识"的狂热。[243]1749 年，伯克似乎对卢卡斯蛊惑人心的观点提出了质疑。与此同时，如果假设伯克对卢卡斯的争论有更广泛的兴趣，那么，这一经历将使他接触到爱尔兰政治中的宗派分支结构。

卢卡斯在 1749 年向都柏林世袭地产保有人发表的多达二十次的演讲使爱尔兰王国的宪法组织遭受了各种尖刻的批评，批评中尤其强调爱尔兰与英格兰的关系陷入了困境。[244] 特别是在第十篇演讲中，卢卡斯重提威廉·莫利纽兹（William Molyneux）1698 年《爱尔兰受英国议会法案约束的案例》（*The Case of Ireland's Being Bound by Acts of Parliament in England, Stated*）一文中的论点，以证明爱尔兰王国作为"一个自由民主国家或共同体"的地位。[245] 为了支持该主张，同时重塑他早先对爱尔兰本土奴隶制的控告，卢卡斯将爱尔兰叛乱视作对英格兰一系列压迫的反应，并引用约翰·戴维斯（John Davies）1612 年发表的著名篇章《爱尔兰从未被征服的真实原因》（*A Discovery of the True Causes Why Ireland was never Entirely Subdued*）中的内容作为其核心观点的来源。几个月之内，理查德·考克斯抨击卢卡斯在一系列愤怒的小册子中的观点，指责他站在反对派的愚蠢立场。考

242　关于对科尔尼证据的考虑，参见 Lock, *Burke*, I, pp. 60–61.

243　EB to Charles O'Hara, 3 July 1761, *Corr.*, I, p. 139.

244　These were all reprinted in *The Political Constitutions of Great-Britain and Ireland, Asserted and Vindicated* (London: 1751), 2 vols.

245　Ibid., I, p.117.

克斯是科克郡克洛纳基尔蒂（Clonakilty）的议员，也是《爱尔兰国教》（*Hibernia Anglicana*）一书作者的孙子。回想起1641 年的旧怨——这一点伯克在适当的时候会着手指责，考克斯谴责他的对手"卖弄祖辈所经历的残忍迫害和大屠杀，为爱尔兰的敌人和凶手的恶劣行径辩护"。[246] 考克斯利用坦普尔的《爱尔兰叛乱》来应对卢卡斯的观点，重新唤起了人们对爱尔兰难以缓和的天主教叛乱的记忆，重燃了恐惧和统治的循环关系，正如伯克从 18 世纪 60 年代开始论述的那样，这在整个18 世纪都困扰着爱尔兰政治。[247] 在伯克的一生中，17 世纪的爱尔兰动荡所带来的民众不满一直存在，而在英国，到 18 世纪 60 年代，这种不满似乎已经更成功地融入了政治竞争的体系。伯克很快就会目睹这种差异所带来的对比。

---

246 [Richard Cox], *The Cork Surgeon's Antidote against the Apothecary's Poyson, for the Citizens of Dublin*, no. 6 (Dublin: 1749), p. 4.

247 Ibid., p.6. 考克斯的论点受到了质疑，参见 [Anon.], *A Letter to the Citizens of Dublin* (Dublin: 1749), 这本书常被认为是伯克所作。然而，并没有令人信服的证据来证明这一说法。

第二部分
反律法主义与启蒙运动：智识的养成（1750—1765）

综　述

在18世纪60年代中期，伯克最终选择了从政。此前，他一直在写作与从政之间犹豫不决。18世纪50年代初期，伯克接受了专业的法律教育，但他很快就转移了志向，下决心在写作领域干出一番事业。他的著述非常丰富，涵盖社会评论、哲学和历史多个领域。18世纪50年代，伯克发表了种类多样的作品：1756年发表的《为自然社会辩护：检视人类遭遇的痛苦和邪恶》（*A Vindication of Natural Society*）讽刺了博林布鲁克的政治和宗教思想；1757年的《论崇高与美之起源的哲学探究》（*A Philosophical Enquiry into the Origin of our Ideas of the Sublime and Beautiful*）讨论了美学问题，同年还联合撰写了一部关于欧洲跨大西洋殖民地的《欧洲的美洲殖民地概述》（*An Account of the European Settlements in America*），并开始写作讲述《大宪章》之前英国历史的《英国史略》（*An Essay Towards an Abridgement of English History*），但直到1762年这部作品还在修改。从1758年开始，伯克通过编纂《年鉴》（*The Annual Register*）期刊来评述一年中的政治和文艺问题。随后，在1759年，他接受了威廉·杰拉德·汉密尔顿（William Gerard Hamilton）提供的助理职位。伯克的写作事业受到了这一工作的影响，这使他决定在1765年初与他的赞助人决裂。同年，伯克接受了罗金汉侯爵提供的秘书职位，他决定将自己的才华投入到公共事务之中。总之，在抵达伦敦之后的 15 年里，伯克的关注点是分散的、模糊的。不过，正是在这个时期，他奠定了学习的基础，形成了自己特有的智识立场，并沉浸在启蒙哲学史中。

与休谟不同，伯克并不是一个早熟的哲学天才。同样，他也不是康德那样勤奋的学者，会花费毕生经历来完善自己的思想脉络。相反，他是一个才华横溢的人，他的天赋在各种具体事务中得以体现。与生俱来的文学天赋和充沛的精力使他积累起庞大的知识库。但是，正是在面对紧迫事件时对知识的应用和调整，激发了伯克作为分析家和评论家的独特天赋。他二三十岁时学习哲学和历史，后来又在国家大事的影响下磨炼了自己的学识。这也使他成为那个时代最杰出的政治思想家之一、最有力的倡导者之一。这一成就源自 18 世纪 50 年代，他在一系列形而上学和政治主题上阐明了自己的基本思想内容：天意的作用、社会的进步、激情的性质、理性的危险、偏见的运作、征服的权利和政治的同化。伯克的深刻见解是他议会职业生涯的产物，然而其思想建构所用的诸多素材都是在此前十年中积累的。也正是这个时候，他确立了自己的基本立场，随着他公共事业的发展，他会更加充分地发展这些观点。

长期以来，伯克思想的特征一直被误认为与那个时代的潮流背道而驰。三代人以前，阿尔弗雷德·科班（Alfred Cobban）将伯克的价值理念视为对 18 世纪的"反叛"，因为他将惯例置于契约之上，将共同体置于个人之上。[1] 诺瓦利斯（Novalis）一百多年前的评价中也体现了这种思想，他认为

1　Alfred Cobban, *Edmund Burke and the Revolt against the Eighteenth Century: A Study of thePolitical and Social Thinking of Burke, Wordsworth, Coleridge and Southey* (1929) (London: George Allen & Unwin, 1960).

《反思录》应该被看作一本反对法国革命原则的"革命性"书籍。[2] 这种回应把伯克描绘成一个"浪漫"的复古者，对社会上盛行的功利主义价值观以及启蒙运动影响下的知识分子生活持反感态度。[3] 讽刺的是，这种误解是伯克自己言辞的产物。从 18 世纪 90 年代起，他就强烈谴责法国革命"进步"的幻想。[4] 他的目的是讥讽自然理性的自以为是和道德哲学的矫揉造作，后者是基于对有组织的宗教的敌意。在伯克看来，这相当于捍卫了真正的启蒙，即在虔诚、繁荣和安全的前提下改善精神和道德态度。后来的史学著作把伯克对教条主义的反感曲解为对世俗进步和物质改善的反对。在此基础上，启蒙运动被认为是一项致力于改善人类生活的自然主义"事业"。[5]

尽管如此，伯克却认为自己是在英国国教传统中宣扬启蒙思想。[6] 他的价值理念是自由主义的，在寻求保存英国国教

69

2　Novalis, *Blütenstaub* in *Werke* ed. Gerhard Schulz (Munich: Beck, 1969), p. 349: "许多反革命的书都是为革命而写的，但伯克写了一本反对革命的革命书。"

3　Richard Bourke, "Burke, Enlightenment and Romanticism" in David Dwan and Christopher J. Insole eds., *The Cambridge Companion to Edmund Burke* (Cambridge: Cambridge University Press, 2012).

4　Richard Bourke, "Theory and Practice: The Revolution in Political Judgement" in Richard Bourke and Raymond Geuss eds., *Political Judgement* (Cambridge: Cambridge University Press, 2009).

5　For Jonathan Israel in *Radical Enlightenment: Philosophy and the Making of Modernity, 1650–1750* (Oxford: Oxford University Press, 2001), 这一"事业"最好被构想为一种"激进"启蒙的形式；参见 John Robertson in *The Case for the Enlightenment: Scotland and Naples, 1680–1760* (Cambridge: Cambridge University Press, 2005), 从一个适当的启蒙视角来看，人类的改善集中在改善"这个世界，而不考虑下一个世界的存在与否"（p.8）。

6　Iain Hampsher-Monk, "Burke and the Religious Sources of Sceptical Conservatism" in J. van der Zande and R. H. Popkin eds., *The Skeptical Tradition around 1800* (Dordrecht: Kluwer, 1998).

已有条款的同时又提倡宽容。[7]他并没有迷信教会教义的真理。相反，他意识到人类判断的不稳定性，以及在宗教问题上达成国家共识的必要性。伯克对狂热不忠行为的敌意促使他在神学和教会管理方面形成了自己的看法。在其方法论形成的过程中，伯克追随了前人的脚步，也试图调和信仰和理性的世界。人们普遍认为，正是信仰和理性的矛盾才导致了 17 世纪的宗教战争。[8]战争与冲突破坏了政治秩序，阻碍了学问的发展，延迟了繁荣的到来。伯克认为跌入黑暗的原因主要有两个：一是试图将所有道德推理简化为清教徒"狂热"所特有的宗教真理；二是将个人判断置于教宗权威法令之下的迷信行为。伯克跟洛克一样，将现代教条主义归因于迷信与狂热的双重不幸。这两种倾向都使人自命不凡。伯克进一步指出，18 世纪对宗教的反对也表现出了同样的倾向。自然神论者的"哲学自由"计划培养了对理性神谕不加批判的信仰。有了这种确定性，人们就开始轻视社会习惯的效用，无视人类的自然道德情感。

伯克认为，如同迷信和狂热一样，自然神论孕育了反律法主义的信念，它们各自助长了对道德责任甚至整个社会价值观念的漠视。在 17 世纪 40 年代，这种漠视腐蚀了民族情感，并激化了内战的激进主义情绪。对伯克来说，正是在此背景下，征服的精神在经历几百年的社会政治进步之后得以重生。在

70

7　J. C. D. Clark, "The Enlightenment, Religion and Edmund Burke," *Studies in Burke and His Time*, (2007), pp. 9–38. 关于"自由主义"在复辟教会中作为一个独特立场的问题，参见 John Spurr, "'Latitudinarianism' and the Restoration Church," *Historical Journal*, 31: 1 (1988), pp. 61–82; Dmitri Levitin, *Ancient Wisdom in the Age of Science: Histories of Philosophy in England, 1640–1700* (Cambridge: Cambridge University Press, forthcoming)。

8　相关讨论，参见 J. G. A. Pocock, "Clergy and Commerce: The Conservative Enlightenment in England" in *L'Età dei lumi: studi storici sul Settecento europeo in onore di Franco Venturi*, eds. Raffaele Ajello et al. (Naples: Jovene Editore, 1985), pp. 528–29, 532; 参阅 idem, *Barbarism and Religion V: Religion: The First Triumph* (Cambridge: Cambridge University Press, 2010), p. 16。

18世纪50年代，伯克从各种角度考察了征服精神，并思考了其对七年战争的影响，这场战争证实了均势对欧洲冲突的影响正在减弱，也促使伯克反思从野蛮统治到基于同意的服从的过往案例。在此启发下，伯克参与撰写的《欧洲的美洲殖民地概述》分析了西班牙当局对美洲这片新大陆的严苛管制；同时，他也在《英国史略》一书中考察了自由的进展，详细描述了伴随罗马人、撒克逊人和诺曼人征服而带来的各种同化形式。

　　本书的第二部分主要是关于伯克在18世纪50年代的各种著作。虽然这些作品并不能简单地构成一个整体，但的确关注了重合的主题。首先，伯克对习惯法程序的肯定使其对自然理性的作用更加怀疑。他指出，与纯粹理性相比，在法律判断中使用的"人为"（artificial）理性是依靠实践知识和经验逐步建立的。与人造社会的文明改良一样，它也有助于促进人类的进步。伯克的早期作品不断回归到对进步条件的研究，引导他探索激情所产生的作用。反过来，他对激情动力的认识使他对社会"意见"的形成更加清晰。最后，政府对意见的依赖性使伯克理解了征服精神的本质，从而掌握了和平与同化的关系。

71

第二章
自然社会与自然宗教，1750—1756

2.1 导 语

1759 年，蒙塔古夫人（Lady Montagu）在给她的朋友伊丽莎白·卡特的信中谈及伯克在《论崇高与美之起源的哲学探究》中有关审美经验的优点时说，"只有傻瓜才一下子冲到圣坛后面，而智者则跪在那里表达对圣坛神秘的敬畏"。[1] 这句话捕捉到了在 18 世纪 50 年代中期伯克对待神秘的态度。愚蠢的人可能认为他们可以看穿形而上学的秘密，而智者在思考宇宙的运转时常怀敬畏之心。伯克在对神学进行了广泛研究之后对此予以肯定。在此过程中，他逐渐对纯粹理性的力量产生怀疑，但这并不意味着他否定理性探究的作用，而是说明伯克接受了洛克在《人类理解论》（*An Essay concerning Human Understanding*）中强调人类认识具有局限性的观点。在思考自然理性的限度之前，伯克已经开始重视人为理性所取得的成果。早在学习法学专业课程时，伯克就开始有这方面的偏好。阐释习惯法的经典文本早就强调了实践法律推理的价值。从这一传统观点来看，律师并不是基于抽象的法律规范进行辩护，而是根据经验进行"人为的"辩护。通过经验的不断修正与完善，法律判决水平也得到提高，而律师也会试图弄清先例对判决的影响。这一过程很容易产生对"自然"理性的怀疑，而更重视积累的实践智慧。

1　*The Letters of Mrs. Elizabeth Montagu, with Some Letters of Her Correspondents* (London: 1809–1813), 4 vols., IV, p. 211.

从本章可以看出，伯克在抵达伦敦的五年内，就把他关于纯粹理性限度的思考扩展到同时代关于创世与启示奥秘的辩论。在18世纪50年代早期，他就沿着这一思路写了一系列文章，讨论知识与道德进步的关系、道德的基础和奇迹的真相，这些主题看似杂乱无章，却有着内在联系。当时的一些零散的作品，包括《关于哲学与学术的几点零散建议》与《作为国家引擎的无效力宗教》，体现出伯克早期试图解决犬儒主义与斯多葛学派遗留的愚昧问题，以牺牲既定惯例为代价评价投机的危险性，以及虔诚与道德生活的关系。在这些积累的背景下，伯克出版了《为自然社会辩护》。此书与其说是一次政治哲学的演练，不如说是一场揭露自然神论局限的文学论战。与其说它提供了有说服力的分析，不如说它为恢复伯克的思想背景提供了帮助，这一点更为有意义。连同他早期的文章，《为自然社会辩护》揭示了伯克对约翰·托兰德（John Toland）、安东尼·柯林斯（Anthony Collins）、马修·廷达尔（Matthew Tinda）和博林布鲁克本人等人所宣传的宗教怀疑论的质疑的范围与深度。这也使我们能够看到他早期受益于蒂洛森（Tillotson）、斯蒂林弗利特（Stillingfleet）和贝克莱，以及他一直以来对洛克和巴特勒认识论的支持。伯克是一个热衷于相信自然情感的人，他也相信上帝的旨意在人类生活中持续存在。不朽的灵魂和来世的承诺对于伯克的天意神义概念至关重要。为了捍卫这些概念的可信度，他放弃了以理性类比作为了解世界神秘道德秩序的一种手段。

2.2　习惯与习惯法

1750年5月，伯克为取得律师资格，来到了伦敦中殿律师学院学习法律。现在几乎找不到记录伯克当时经历的资料，不过从他爱尔兰朋友的信中可以看出他对伦敦的第一印象，

"我觉得你对伦敦的描述非常公正，自罗马以来的所有大城市都是罪恶的摇篮和天才的坟墓"。[2] 初抵伦敦时，无论是伦敦相对放纵的生活，还是其杰出的文化成就，伯克都感受到伦敦与都柏林截然不同，这让伯克深受震撼。当伯克还在圣三一学院学习时，他的父亲已经为他在爱尔兰法律界的职业生涯做好了规划：1747 年 4 月 23 日，他入读中殿律师学院，打算在完成本科学业后定居伦敦。[3] 伯克的父亲只是一名普通律师，所以对伯克来说，通过培训成为一名高级律师是一次不小的地位晋升。因为圣三一学院和都柏林国王律师学院都不提供相关指导，自 16 世纪中期以来，进入英格兰的律师学院学习完整的习惯法就成为在爱尔兰担任高级律师的必要条件。[4] 最初，人们来伦敦的律师学院学习是为了清除盖尔惯例法（Gaelic customs）的影响，这种习惯法源于旧布莱恩法（old brehon laws）。[5] 到 17 世纪初，制定法和习惯法已经成为巩固帝国和殖民地统治的主要手段。在刑罪法规时代，天主教的利益也依

73

2　Michael Smith to EB in Charles Henry Wilson, *The Beauties of the Late Right Hon. Edmund Burke... To Which is Prefixed, A Sketch of the Life* (London: 1798), 2 vols., I, p. xiii. 这封信是为回应据称是伯克所写的一封信而出版的。两封信都转载于 Robert Bisset, *The Life of Edmund Burke* (London: 2nd ed., 1800), 2 vols., I, pp. 201–18。给斯密的信的部分内容参见 James Prior, *Memoir of the Life of Edmund Burke* (London: 2nd ed., 1826), 2 vols., I, pp. 36–40, 但这些信件现在被认为是寄给了一位叫马修·斯密的人。寄给和来自这位马修·斯密的所有信件再次重印，参见 Arthur P. I. Samuels, *The Life, Correspondence and Writings of the Rt. Hon. Edmund Burke LL.D., with the Minute Book of the Debating "Club" Founded by him in Trinity College Dublin* (Cambridge: Cambridge University Press, 1923), pp.219–24。伯克给斯密的信要么是伪造的，要么是部分伪造的，要么是编辑合成的，参见 *Corr.*, I, Appendix, pp. 357–59。

3　伯克的录取细节、包括他的担保人信息都存于 OSB MS. File 2229。关于伯克父亲对儿子教育的心理投资，参见 EB to Richard Burke (father), 11 March 1755, *Corr.*, I, p. 120。

4　Column Kenny, *King's Inns and the Kingdom of Ireland* (Dublin: Irish Academic Press, 1992).

5　T. C. Barnard, "Lawyers and the Law in Later Seventeenth-Century Ireland," *Irish Historical Studies*, 28:111 (May 1993), pp. 256–82, p. 259.

靠皈依新教的律师来维护，尽管通常情况下，律师行业是作为爱尔兰新教统治阶层的堡垒而运作的。[6]获得律师资格大约要花费1500英镑，这足以让一般家庭望而却步。而成为律师的好处也是十分明显的，包括在法院执业时能够被尊称为"绅士"。[7]如果伯克取得律师资格，同在都柏林四个法院执业的200名高级律师一样，他的职业生涯也是可期的，但这样的话，他就必须放弃自己的写作抱负。

到18世纪50年代，在中殿律师学院就读的学生中有超过三分之一来自爱尔兰，其中很多人主要在爱尔兰人圈子里活动，经常聚集在佛里特街（Fleet Street）德弗罗法院（Devereux Court）旁的咖啡馆。[8]有些人，例如比伯克晚一代的爱尔兰政治家约翰·菲尔波特·柯伦（John Philpot Curran），也混迹于时尚文坛的边缘地带。[9]然而，有关伯克周围环境的细节如今已无法知晓。1730年，议会规定，学生每学期必须有两周，每周至少出席两次下议院会议，才能取得律师资格。[10]因此，在此之外的其他时间，学生可以居住在乡下以节约生活成本。伯克1751年夏天去了蒙茅斯（Monmouth），

74

6　John Bergin, "The Catholic Interest at the London Inns of Court, 1674–1800," *Eighteenth-Century Ireland,* 24 (2009), pp. 37–62. 关于伯克与爱尔兰皈依律师的联系，参见 Ian McBride, "Burke and Ireland" in David Dwan and Christopher J. Insole eds., *The Cambridge Companion to Edmund Burke* (Cambridge: Cambridge University Press, 2012), pp. 187ff。

7　Toby Barnard, *A New Anatomy of Ireland: The Irish Protestants, 1649–1770* (New Haven, CT: Yale University Press, 2003), pp. 116–22. 伯克估计他在中殿律师学院的学费约为1000英镑，参见 Burke, *Corr.*, I, p. 274。

8　Wilfrid Prest, "The Unreformed Middle Temple" in Richard Harvey ed., *History of the Middle Temple* (Oxford: Hart Publishing, 2011); Robert Murray, *Edmund Burke: A Biography* (Oxford:Oxford University Press, 1931), pp. 62–63.

9　William Henry Curran, *The Life of the Right Honourable John Philpot Curran* (London: 1819), 2 vols., I, p. 75.

10　Prest, "The Unreformed Middle Temple."

第二年去了威尔特郡（Wiltshire）。[11] 此间他还访问了萨里郡
（Surrey）和布里斯托尔。[12] 这段时间伯克大都跟威廉·伯克一
起度过，威廉是他最要好的朋友，与他同月进入中殿律师学院
学习，两人的父亲也一直保持着友好关系。[13] 威廉在 1747 年
进入牛津的基督教堂学院之前一直就读于威斯敏斯特公学，他
最终在 1755 年 11 月获得律师执业资格。在此期间，他已经成
为伯克最亲密的朋友和合作者。[14] 他机智勇敢、雄心勃勃，但
注意力分散。在早年的共同生活中，伯克将他描述为一个富有
激情但不可靠的人，他品位高雅，但不够勤奋，且缺乏判断
力。[15] 尽管如此，他仍是伯克可以吐露自己抱负与失望的人。

　　1750 年 11 月，在写给威廉的信中，伯克说他正沉迷于
诗歌文学，已经快要忘记学习法律了："我为文字征程做好了
准备，却无视法律的战利品与奖杯。"[16] 而同年，在给沙克尔顿
的信中，伯克说他的学业进展顺利，"我的身体还不错，感谢
上帝，我的学习也过得去"。[17] 不久，伯克决定要好好发挥自

11　EB to Richard Shackleton, 31 August 1751, *Corr*., I, p. 111; EB to Richard Shackleton, 28 September 1752, ibid., p. 112.

12　Ibid., pp.112–14.

13　EB to Philip Francis, 9 June 1777, *Corr*., III, p. 348, 把威廉·伯克描述为"一个朋友，我温柔地爱着他，高度重视他，并自孩童时期起，就以一种难以表达的结合方式，一直和他生活在一起"。

14　Joseph Welch ed., *Alumni Westmonasterienses* (London: 1852), p. 341; H. A. C. Sturgess ed., *Register of Admissions to the Honourable Society of the Middle Temple, from the Fifteenth Century to the Year 1944* (London: Butterworth and Co., 1949), 3 vols., I, p. 342; Dixon Wecter, *Edmund Burke and His Kinsmen* (Boulder, CO: University of Colorado press, 1939), pp. 76–78.

15　EB, "Phidippus" in *A Notebook of Edmund Burke* ed. H. V. F. Somerset (Cambridge: Cambridge University Press, 1957), pp. 57–59.

16　EB, "The Muse Divorced," *Corr*., I, p. 105.

17　EB to Richard Shackleton, 5 April 1751, ibid., p. 110.

己的天赋。在沙克尔顿第一个孩子出生一年后，伯克回顾了自己的成就，专门反思了在诗歌方面没有成果的原因："我不是，也从未想过，成为那些'比喻之子'的父亲，它们的'生命'极其短暂，在其存在之时（如你所知），我又耻于拥有它们。"他承认自己过去的失败，转而展望未来："我希望现在的学业能够给我带来成功，至少我知道一个资质平庸的诗人很难混得下去，而一个普通的律师还是能活得下去的。"[18] 然而，这个新发现并没有奏效。伯克在阅读方面一直如饥似渴，却怎么也找不到学习法律的乐趣，他跟沙克尔顿说，"我尽力去多读一些书，可后来发现还是读得很少"。[19] 事实证明，学习法律并不容易。在中殿律师学院待了一年之后，他"才开始了解自己的学业状况，而这也是最近才知道的"。[20] 问题是要知道他应该知道什么，因为教学没有结构且比较随意。

在 18 世纪，勤奋刻苦的学习模式并不适用于律师资格候选人，他们中有很多人还沉溺于放纵的娱乐活动，亨利·菲尔丁（Henry Fielding）在他的喜剧《中殿花花公子》（*The Temple Beau*）中就说明了这一点。[21] 内战之前在英格兰盛行的法律教育体系在权力过渡时期已经逐步瓦解。实际上，光荣革命之后，法学院在培养学生方面并没有发挥多大作用，正式的讲座在 1688 年以前就停止了，听觉练习也成了一种形式。初学者也出庭并且参加辩论，但他们主要靠私下自学。[22] 学生聚集的四大法学院位于内城西郊，小教堂、宿舍和专业教室也

18　EB to Richard Shackleton, 31 August, ibid., p. 111.

19　IBid.

20　IBid.

21　Henry Fielding, *The Temple Beau: A Comedy* (Dublin: 1730).

22　David Lemmings, *Gentlemen and Barristers: The Inns of Court and the English Bar, 1680–1730* (Oxford: Clarendon Press, 1990), pp. 75–92.

彼此相邻，这种协作学习的氛围使学生获益匪浅。但大部分时间他们还得翻阅那些枯燥的教科书。[23] 人们期望这些贵族和乡绅子弟不仅能在律师学院学到足够的法律知识"以服务国王和国家"，正如查尔斯·沃斯利（Charles Worsley）在 1730 年前后所言，还希望他们能够在这个过程中接受通识教育。[24] 然而，正如威廉·布莱克斯通（William Blackstone）在 1758 年的《法律研究论述》（*Discourse on the Study of the Law*）中所言，这些期望大都以失望告终。受到中殿律师学院附近娱乐活动的诱惑，又苦于英国习惯法的晦涩，律师资格申请者常常中途退学。他们不仅急需有条理地消化法律体系，还要从理论上掌握指导实践的"第一原则"。"如果实践是他所学的一切，那么实践也必须是他所知道的全部"，将刚萌芽的法律智慧限制在技术规则的琐碎迷宫中，不适合有教养的绅士。[25] 1759 年，在对布莱克斯通的《法律研究论述》的评论中，《年鉴》指出它的根本目标是鼓励"有地位的人"回归法律行业。[26]

76

在 18 世纪 60 年代中晚期，在布莱克斯通的简明《英国法

23　Wilfrid Prest, *William Blackstone: Law and Letters in the Eighteenth Century* (Oxford: Oxford University Press, 2008), pp. 63–68.

24　Arthur Robert Ingpen ed., *Master Worsley's Book on the History and Constitution of the Honourable Society of the Middle Temple* (London: Chatto and Windus, 1919), pp. 117–18.

25　William Blackstone, *An Analysis of the Laws of England, to which is Prefixed an Introductory Discourse on the Study of the Law* (Dublin: 1767), pp. 1–liv. 另见 Paul Lucas, "Blackstone and the Reform of the Legal Profession," *English Historical Review,* 77:304 (July 1962), pp. 456–89; Michael Lobban, "Blackstone and the Science of Law," *Historical Journal*, 30:2 (June 1987), pp. 311–35; David Lieberman, "Blackstone's Science of Legislation," *Journal of British Studies*, 27:2 (April 1988), pp. 117–49. 对布莱克斯通的更多评论，详见 *Discourse* in the *Monthly Review*, 19 (November 1758), p. 486ff。参阅罗杰·诺斯（Roger North）逝世后出版的 *A Discourse on the Study of the Laws* (London: 1824), p. 1, 另见 Lois Green Schwoerer, "Roger North and His Notes on Legal Education," *Huntington Library Quarterly*, 22:4 (August 1959), pp. 323–43。

26　*The Annual Register for the Year 1758* (London: 1759), p. 452.

释义》（*Commentaries on the Laws of England*）问世之前，律师学院学生的标准教材包括马修·黑尔（Matthew Hale）全面介绍法律体系的《法律分析》（*The Analysis of the Law*）和亨利·芬奇（Henry Finch）强调习惯法规范性基础的《律师事务》（*Nomotechnia*）。²⁷ 托马斯·伍德（Thomas Wood）的《英国法概要》（*An Institute of the Laws of England*）是标准的起点，它提供了一份关于自然和民事"人"、家庭和军事事务、"公司""财产"和刑法的法律摘要。²⁸ 从这些基础起步，学生们开始接触爱德华·柯克（Edward Coke）《英国法总论》（*Institutes*）的第一卷和《对利特尔顿的评论》（*A Commentary upon Littleton*），之后又学习了《英国法总论》的其他卷和《柯克报告》（*Coke's Reports*）。达德利·瑞德（Dudley Ryder）在 1716 年 2 月 18 日的日记中记录了他学习柯克著作的故事："8 点起床，一早上都在读爱德华·柯克的作品，有一个长案例我怎么都不理解，还被搞得身心俱疲。每当遇到这种情况，我都觉得法律真的太难了，我可能最后什么也学不好。"²⁹ 在学习法律的间隙，瑞德经常把阅读文学作品当作消遣，阅读"布瓦洛（Boileau）对朗基努斯作品的感想"和达西尔夫人（Madame Dacier）论品位的作品，为西塞罗的作

27　Matthew Hale, *The Analysis of the Law: Being a Scheme or Abstract, of the Several Titles and Partitions of the Law of England, Digested into Method* (London: 1713); Henry Finch, *Nomotechnia; cestascavoir, Vn description del common leys dangleterre solonque les rules del arte Paralleles ove les prerogatives le Roy* (London: 1613). The *Nomotechnia* was translated as Henry Finch, *Law, or a Discourse Thereof, in Four Books* (London: 1661, 1759), and again, more professionally, as *A Description of the Common Laws of England* (London: 1759).

28　Thomas Wood, *An Institute of the Laws of England, or the Laws of England in their Natural Order,according to Common Use* (London: 1720), 2 vols.

29　William Matthews ed., *The Diary of Dudley Ryder, 1715–1716* (London: Methuen and Co., 1939), p. 184.

品做注解，研读蒂洛森和奇林沃思（Chillingworth）的作品，讨论贝克莱主教作品的优点。³⁰ 伯克在中殿律师学院的情况似乎跟瑞德十分相似，他一边艰难地学习法律教科书，一边广泛阅读哲学、神学和文学作品。然而，最终，他的思想摆脱了法律训练的狭隘限定。正如沙克尔顿回忆的那样，伯克"尽力学习了一段时间的法律，但他发现这既不符合自己的身体和思想习惯，也不适合作为谋生手段"。³¹

尽管如此，伯克从法律学习中保留了对法律推理的敏锐判断力，并将其视作对抗纯粹自然理性的解药。在柯克的精神指引下，芬奇将习惯法视为一种"严谨的推理"，即通过不断完善而达到"智慧"的状态。在这一方面，芬奇声称是在遵循柏拉图《法律篇》的论点，即认为"城邦的习惯法"（tês poleôs koinon nomon）反映了推理能力本身。正如芬奇所说，"习惯法无外乎是理性"。³² 芬奇接下来进一步发问，这是什么样的理性呢？他明确回答，这不可能仅仅是原始理性，而应被理解为是通过培养而日臻"完美"的理性。这个描述有意识地引用了西塞罗在《论法律》中对法律之理性的讨论，这本书记录了西塞罗对正义起源的看法。拉丁语"完美"（perfecta）一词是"发展"（confecta）的一种变体，西塞罗在描述法律推理时使用了这种说法，法律推理不同于通过人脑"确定和发展"的自然推理。³³ 在《英国法总论》的第一部分，柯克对发展起来的"法律推理"做了更全面的论述，称之为"理性的人为完善"。柯克声称，没有人天生是匠人，所以人类卓越的法律才智也只

30　Ibid., pp. 31, 65, 219.

31　[Richard Shackleton], "Biographical Sketch of Edmund Burke" [1766], OSB MSS. File 2225.

32　Finch, *Description of the Common Laws of England*, p. 52, discussing Plato, *Laws*, 645a.

33　Cicero, *De legibus*, I, vi, 18–19. "Perfecta" was last authoritatively given in J. Vahlen's Berlin edition of 1870.

能通过"长期的研究、观察和经验"才能获得，而不是"通过每个人的自然理性获得"。[34] 正如伯克所理解的那样，人为理性是情境性的、渐进的、进化的和经验主义的。[35]

　　柯克的理性经历了"试验"与经验的过程，但同时又力求系统地理解。[36] 柯克《报告》第三部分的序言中提到，法官的头脑用来审视巨大的"整体"。正如自然界在众多的多样性中存在着一种一致性一样，法律的连贯性也可以在无数的组成部分中被识别出来。这种包罗万象的统一在本质上被看作是天赐的。正如柯克总结的那样，"法律从神的智慧中产生"。[37] 然而，法律的理性不能仅由单一的智慧来确定。洞察力要求以运用和学习的形式进行训练。习惯法本身就是累积的产物，因此它被认为是"完美的理性"，无数严肃而博学的人用几代人的时间"反复打磨"了它。[38] 个人的头脑难免有局限，但几代人积累起

34　Edward Coke, *The First Part of the Institutes of the Laws of England. Or, A Commentary upon Littleton* (London: 1684), Book II, Chapt. 6, Sect. 138. On artificial reason, see J. U. Lewis, "Sir Edward Coke (1552–1633): His Theory of 'Artificial Reason' as a Context for Modern Basic Legal Theory," *Law Quarterly Review*, 84 (July 1968), pp. 330–42, and Charles Gray, "Reason, Authority and Imagination: The Jurisprudence of Sir Edward Coke" in Perez Zagorin ed., *Culture and Politics from Puritanism to the Enlightenment* (Berkeley, CA: University of California Press, 1980). 更多分析，参见 J. P. Sommerville, *Politics and Ideology in England,1603–1640* (London: Longman: 1986); 关于更广泛的知识背景，参见 Glenn Burgess, *The Politics of the Ancient Constitution: An Introduction to English Political Thought, 1603–1642* (London: Macmillan, 1992), Chapt. 2; 关于政治背景，参见 Alan Cromartie, *The Constitutionalist Revolution: An Essay on the History of England, 1450–1642* (Cambridge: Cambridge University Press, 2006), Chapt. 7。

35　关于这一点，参见 J. G. A Pocock, "Burke and the Ancient Constitution: A Problem in the History of Ideas" (1960) in idem, *Politics Language and Time: Essays on Political Thought and History* (Chicago IL: University of Chicago Press, 1971, 1989)。另见本书第 13 章第 3 节。

36　Edward Coke, *The Twelfth Reports* in *The Reports of Sir Edward Coke*, eds. J. H. Thomas and J. F. Fraser (London: 1826), 7 vols., VI, p. 282.

37　Coke, *Third Reports* in ibid., II, p. iv.

38　Coke, *First Institutes*, Book II, Chapt. 6, Sect. 138.

来的深思熟虑是明智的。由于法律推理需要不断地面对这一现实，因此它在这一过程中培养了勤奋和谦逊。

在《爱尔兰案例报告》的序言中，约翰·戴维斯将习惯法所代表的累积智慧称为"习惯"（custome）。在某种程度上，民族习惯（National customs）被认为是"充满理性的"，因为其迎合了公众的需要，并且能一直为大众所接受和遵守。与希腊人和罗马人不同，英格兰人中是没有立法者的，相反，他们的法律是他们自己制定的，并在其适用性得到证明后被再次确认。这种观点说明英格兰的法律习惯构成了一种延续不断的传统，因此，诺曼征服后威廉并没有在英格兰推行外国法律，而是选择尊重习惯法的地位。戴维斯承认司法程序的形式可能有所变化，但传统法律的实质仍然存在。[39]换句话说，尽管征服者威廉为了维护自己的尊严而引入了征服的"标志"，但他实际上还是服从并遵守了古老的宪法。[40]柯克在其第三份《报告》的序言中称诺曼征服是一种恢复而不是革命。[41]柯克将习惯法的古老特征与其坚固的不变性结合了起来。虽然伯克在适当的时候会远离这种极端的立场，但他调整了这一立场的论述内容以适应自己的目的。

首先，伯克在其职业生涯后期坚持认为英格兰宪法应该被视为

39　John Davies, *Le Primer Report des Cases and Matters en ley Resolues and Adiudges en les Courts del Roy en Ireland* (Dublin: 1615), Preface, n.p.

40　这一主题在17世纪的政治思想史和史学史上都有体现，参见 J. G. A. Pocock, *The Ancient Constitution and the Feudal Law: A Study of English Historical Thought in the Seventeenth Century* (Cambridge: Cambridge University Press, 1957, 1987); and J. P. Sommerville, "History and Theory: The Norman Conquest in Early Stuart Political Thought," *Political Studies*, 34 (1986), pp. 249–61。关于其遗产的讨论，参见 Quentin Skinner, "History and Ideology in the English Revolution" in idem, *Visions of Politics III: Hobbes and Civil Science* (Cambridge: Cambridge University Press, 2002), esp. pp. 262–63; and Harold J. Berman, "The Origins of Historical Jurisprudence: Coke, Selden, Hale," *Yale Law Journal*, 103 (May 1994), pp. 1651–1738, esp. pp. 1731–38。

41　Coke, *Third Reports* in *Reports of Edward Coke*, II, pp. xxi–xxii.

继承的遗产，其古老的特征为反对肆意创新提供了证据。其次，他开始认识到，消除对征服的记忆是反映公众政治同意的一个指标。最后，他逐渐认同法律体系的合理性超越了对个人自然理性的抽象把握。虽然法律辩论的过程含蓄地承认了宪法的复杂性，但无知的理性更容易导致自我膨胀。律师的人为理性如同审慎一样，必须要被当作一门学问来加以培养，这种能力在尊重它所工作的媒介时发挥作用，因此它是"推定的"而不是武断的。这种实践的智慧在实际活动的程序中得到信赖，而不是在思想活动中。司法判决一开始就假定法律的合理性是评价特定案件的标准。律师不是根据抽象的理性规范来评价个人行为，而是通过类比和比较来确定个人行为的性质，以此将其纳入习惯法的规定之中。

在对霍布斯《一位哲学家与英格兰习惯法学者的对话》（*A Dialogue between a Philosopher and a Student of the Common Laws of England*）的"反思"中，马修·黑尔为这种"推定"辩护以支持习惯法的合理性。在司法决策过程中，这种合理性的发现与其说是依赖于天生的数学推理能力，不如说依赖于"有智慧和有知识的人"的后天才能。[42] 所谓的智慧取决于对法律所要满足的各种紧急情况有足够广泛的"设想"，并熟练掌握每种法律补救办法的附带影响。由于这种间接推理的过程是以法律的合理性为前提的，因此在黑尔看来，"任何人如果因为认为自己可以做得更好而对一项惯例进行指责，那是一件愚蠢和不合理的事情。"[43] 由此可见，推测性的理

42　Matthew Hale, "Reflections by the Lrd. Cheife Justice Hale on Mr. Hobbes His Dialogue of the Law" in William Holdsworth, *A History of English Law* (London: Methuen, 1956–1972), 17 vols., V, pp. 504–5. 有关讨论，参见 D. E. C. Yale, "Hale and Hobbes on Law, Legislation and the Sovereign," *Cambridge Law Journal*, 3 (1972), pp. 121–56; Gerald J. Postema, *Bentham and the Common Law Tradition* (Oxford: Oxford University Press, 1986), pp. 61–80; and Alan Cromartie, *Sir Matthew Hale, 1609–1676* (Cambridge: Cambridge University Press, 1995), pp. 100–104。

43　Hale, "Reflections," pp. 502–504.

性倾向于忽视惯例的作用，但经过训练的智慧倾向于优化现有安排的效用。虽然伯克当时不可能看到黑尔"反思"的手稿，但他十分了解他的《习惯法的历史与分析》(*The History and Analysis of the Common Law*)，而且认识到黑尔的思想与柯克的"人为理性"有关。当伯克进一步阐释这些观念时，他得出了这样的结论：从职业律师的实践背景中抽象出来的自然理性很容易沉迷在其自以为是的精妙之中。正如他 18 世纪 50 年代早期在《一些零散的政治观察》中所说的那样，这种精妙之处"就像从烈酒中提取的灵魂"：从清醒的媒介中解放出来，"扰乱了大脑"。[44]

2.3　哲学与学习

1756 年 5 月 18 日，伯克发表了他的第一本重要著作《为自然社会辩护》，在此之前，"从烈酒中提取灵魂"并"扰乱了大脑"的引用再次出现在了伯克的一篇文章中。[45] 如同《一些零散的政治观察》一样，这篇文章出现在埃德蒙·伯克和威廉·伯克年轻时期的笔记中，暂命名为《关于哲学与学习的一些零散建议》。[46] 现在无法知晓这篇文章发表的具体时间，很有可能写于 1755 年前后。这篇文章包含了伯克对人为理性的尊重、

44　EB, "Some Political Scattered Observations" in *A Notebook of Edmund Burke: Poems, Characters, Essays and Other Sketches in the Hands of Edmund and William Burke*, ed. H. V. F. Somerset(Cambridge: Cambridge University Press, 1957), p. 101.

45　William B. Todd, *A Bibliography of Edmund Burke* (Godalming: St. Paul's Bibliographies, 1982), p. 26.

46　EB, "Several Scattered Hints Concerning Philosophy and Learning Collected Here from My Papers" (c. 1755) in *Notebook*, p. 90. 这本印刷品是由威廉·伯克保存的诸多笔记本之一，现存于谢菲尔德档案馆（Sheffield Archives）的温特沃斯伍德豪斯纪念馆（Wentworth Woodhouse Muniments），参见 WWM BkP 40–47。关于这些笔记本的讨论，参见 Richard Bourke, "Party, Parliament and Conquest in Newly Ascribed Burke Manuscripts," *Historical Journal*, 55:3 (September 2012), pp. 619–52。

对文明的坚持和对教条主义的批判，其主要目的是为一种特殊的启蒙方式辩护，证明知识是提升美德的有效手段。他在文中写道，所有知识的"终点"都应"使我们变得更加美好"。[47]另一方面，为了博学而博学，则违背了探究知识的目的：它成为成就的徽章，或获得"荣誉"的途径，从而削弱了哲学本身的使命。为了迎合虚荣，纯粹的博学违背了进步的使命，鼓励了它真正应该纠正的错误。同时，它提高了自尊，加剧了激情，教条化了观点，强化了庸俗的偏见。因此，博学本身就是启蒙的敌人，除非它在实践中服务于社会和宗教。[48]知识涉及心灵的"文化"或修养，但这种修养如果不能促进虔诚和美德，就会导致炫耀和浮夸。在伯克看来，极端的怀疑主义和理性主义同样与启蒙不相容，前者只是乐于探究，始终没有固定的原则作为行动指南；后者轻视智力劳动，只是无知与"无法忍受的傲慢"的结合。[49]精神自负，或者称理性的骄傲，长期以来一直是自然神论的敌人攻击的目标。1731年，辩论家威廉·劳（William Law）在对马修·廷达尔的攻击中，声称理性的自负往往是虚荣的表现。[50]伯克认为，哲学中的常识就像法律中的人为理性一样，习惯性地免受理性自负的诱惑。

81　　1751年，让－雅克·卢梭因将启蒙运动与道德堕落联系起来，激怒了欧洲现代知识进步的捍卫者。[51]《关于哲学与学习的

47　EB, "Philosophy and Learning," p. 85.

48　Ibid., pp. 82–83.

49　Ibid., p. 83.

50　William Law, *The Case of Reason, or Natural Reason, Fairly and Fully Stated* (London: 1731).

51　Jean-Jacques Rousseau, *Discourse on the Arts and Sciences (First Discourse) and Polemics*, eds. Roger D. Masters and Christopher Kelly (Hanover, NE: University Press of New England, 1992).

一些零散建议》同样试图将艺术和科学同美德重新结合，但没有对文明进行彻底的批判。[52]1760 年，《年鉴》发表了一篇针对卢梭《致达朗贝先生论剧院的信》（*Letter to d'Alembert on the Theatre*）的评论，文章的作者可能是伯克，评论指出卢梭的《论科学与艺术》（*The First Discourse*）是对"学习的讽刺"，并且无端扰乱了我们所依赖的先入之见。[53] 尽管如此，伯克的分析并不完全缺乏批判性，因为他关注的是无节制的骄傲对学者和哲学家精神态度的负面影响。对伯克来说，广泛的阅读和社交似乎是对抗骄傲最有效的解药，因此，狭隘的、机械的学习被认为是加强骄傲的一种手段。据称，这种琐碎的教育阻碍了人们对科学基本原理的理解，反而让自己迷失在"微小"的细节中，限制而非解放了智力。一个开放与自由的头脑有赖于对不同观点与行为的包容和理解，而不是局限或"禁锢"于有限的"确定"原则之中。这种自由的心态是通过接触"各种各样的艺术和科学，所有时代和所有民族的故事、观点、风俗、礼仪和成就"来培养的。通过这种广泛涉猎的方式，可以培养人们的包容与友善，和普遍启蒙的态度，而又避免在价值观上

52　伯克与卢梭的复杂关系一直是人们不太可能推测的主题，参见 C. E. Vaughan, *Studies in the History of Political Philosophy before and after Rousseau*(Manchester: Manchester University Press, 1925); Annie Marion Osborn, *Rousseau and Burke: A Study of the Idea of Liberty in Eighteenth-Century Political Thought* (Oxford: Oxford University Press, 1940);Alfred Cobban, *Rousseau and the Modern State* (London:George Allen & Unwin, 1954, 1964); David Cameron, *The Social Thought of Rousseau and Burke* ((London: Weidenfeld and Nicolson, 1973); Mario Einaudi, "Burke on Rousseau," *Review of Politics*, 12:2 (April 1950), pp. 271–72.另一个重要讨论，参见 Ian Harris, "Religion and Social Order: The Case of Burke and Paine" in Michael Bentley ed., *Public and Private Doctrine: Essays in British History Presented to Maurice Cowling* (Cambridge: Cambridge University Press, 2002).

53　*The Annual Register for the Year 1759* (London: 1760), p. 479. 这篇评论针对的是卢梭作品最新的译本，参见 Jean-Jacques Rousseau, *A Letter from M. Rousseau, of Geneva, to M. D'Alembert, of Paris, Concerning the Effects of Theatrical Entertainments on the Manners of Mankind* (London:1759)。关于伯克对《年鉴》的贡献，参见本书第 4 章第 6 节。

妥协，从而消除加剧敌意并引发冲突的"小党派的小偏见"。从历史的角度来看，信仰的多样性会使自命不凡的学者更谦虚，也会缓和他们被启蒙后的不自信。这种不自信不是胆怯，而是谨慎：它既不提倡过度的怀疑，也不助长傲慢的自负。它抵御了精神上的自满。[54]

因此，狭隘的学术应用助长了植根于骄傲的教条主义。伯克所珍视的是开发人"多才多艺的天赋"，它可以涵盖各种感受和主题。最重要的是，他期望智者能全身心投入到"做事"中去，而不是迷失在超脱世俗的沉思生活中："人是为思考和行动而生的，当他追求自己的本性时，他会在这两方面都取得最大的成就。"[55] 然而，强调全身心实践作为保证艺术和科学效用的手段，并不是为了削弱品位在协助改善社会方面的重要性。观赏艺术并不像应用科学那样"实用"；它们的目的是完善我们对美的欣赏，而不是服务于更直接的功利目的。尽管如此，作为美的副产品，它们意外地保留了实用价值，在某种程度上，它们改善了我们的举止，也培养了我们的品位。审美教育在提炼情感的过程中植入了"优雅气质"：正如伯克在《论崇高与美之起源的哲学研究》中所坚持的，美虽然不是道德价值的来源，却一直是美德的支撑力量。[56] 美德要有效，就必须具有魅力。虽然在极端情况下的道德戒律会强加于激情，但它们最好凭借其魅力作为"习惯"来灌输，以此吸引人们对美德的想象力："尽管规则、恐惧、利益或其他动机会促使我们走向美德，但这是一种糟糕、严酷、令人不快的美德。"[57] 而如果通过提高品位来改善道德，这比基于恐惧的强制规范更可取，

54　EB, "Philosophy and Learning," pp. 85–86.

55　Ibid., p. 87.

56　参见本书第 3 章第 5 节。

57　EB, "Philosophy and Learning," pp. 87–88.

也比理性教化更有效。

凭借戒律灌输道德通常不能影响行动的动机，因此被视作一种禁令而不被重视。此外，在道德禁令完全基于理性戒律的情况下，行为则依赖于一种不真诚来指导。伯克认为，人为错误往往是激情导致的，而非理性的失误，而理性也经常被激情暗中左右。[58] 理性习惯性地假装拥有不属于它的权力，因此很容易沾沾自喜。从这个意义上说，它永远处于被想象力腐蚀的危险之中，而想象力滋生的"幻想"很容易被误认为是推测的真理。想象力既助长了迷信，也助长了热情，它在伊斯兰教和卫理公会信仰中的作用就说明了这一点。例如，在无法说服人的情况下，卫理公会教派虚假地依赖于内在的"光"来获取想象力。[59] 当然，想象力是精神生活的主要特征，因此最终与宗教密不可分，但为了避免不加批判地屈从于我们想象中不可解释的主张，心灵需要学会适应神秘，接受怀疑。[60] 为此，人们必须学会以坚定的信念和稳定的决心来面对不确定性。[61] "勇于认识"（Sapere aude）这一不带偏见的探究原则，要求人们大胆但不过分自信地寻求事物的原因，逐步提高对结果的理解，而不是假装掌握最终原因的逻辑。[62] 面对"黑暗而令人

83

58　Ibid., p. 88.

59　Ibid., pp. 96–97. 关于由卫理公会引发的福音复兴，参见 John Kent, *Wesley and the Wesleyans: Religion in Eighteenth-Century Britain* (Cambridge: Cambridge University Press, 2002)。

60　EB, "Philosophy and Learning," pp. 88–89, 92.

61　Ibid., p. 96.

62　Ibid., pp. 92–95. 关于这一思想在《哲学探究》中的应用，参见本书第 3 章第 3、4、5 节。关于这项承诺的牛顿来源，参见 Henry Guerlac and M. C. Jacob, "Bentley, Newton, and Providence: The Boyle Lectures Once More," *Journal of the History of Ideas*, 30: 3 (July– September 1969), pp. 307–18; P. M. Heimann, "Voluntarism and Immanence: Conceptions of nature in Eighteenth-Century Thought," *Journal of the History of Ideas*, 39: 2 (April–June 1978), pp. 271–83。

困惑的"表象，竭力追求理性可能会在不知不觉中陷入智力的傲慢，其结果是，在过度想象的影响下，傲慢诱使理解力超出了极限。在最极端的情况下，这种自大容易产生破坏性：由于过分相信自己认定的权力，理性就开始蔑视既有的安排与惯例。[63]

因此，在伯克看来，从事物现有状态中找到我们的方向似乎是明智的："我们的一般行为应以公众的普遍认知为效仿对象，这是合理的。"[64]这意味着我们的信念与态度最好以常理来衡量，而常理要求我们相信惯例的合理性。这个表述体现了伯克接受的习惯法培训，但在接下来的内容中，也体现出他独立于习惯法预设的观点。尽管哲学探究必须从惯例而非观念开始，但惯例仍应受到理性的批评："我愿做它卑贱的仆人，但不愿做它的奴隶。"[65]此外，正如伯克所设想的那样，惯例并不局限于民族传统，而是具有"万国公法"（*ius gentium*）的性质。伯克写道："习惯应被尊重，尤其当它是一个普世习惯时。"普世习惯，或者说各民族的法律，在实践应用的过程中不断适应人的需要，因此它所拥有的"合理性"是抽象理论永远无法模仿的。这并不是说人们没有资格对承袭下来的惯例进行理性批判，但确实意味着，当人们根据理性本能努力使长期安排的效用合理化时，应保持适当的审慎态度。[66]相比之下，"激进"或者颠覆性的创新暗含对积累的经验智慧的轻蔑，使合理的理性探究仅仅沦为"华而不实的"批判。[67]伯克遵循传

63　EB, "Philosophy and Learning," p. 90.

64　Ibid., p.89.

65　Ibid.

66　伯克的评论是，理性在"冷静"的时候效果最好，ibid., p. 90。

67　Ibid., pp. 90, 85.

统智慧，认为哲学犬儒主义学说以最纯粹的形式表达了易怒的哲学，导致了对既定惯例的恶性攻击。[68]

18世纪50年代，伯克尽力捍卫英国的宪政自由和国教，使其免受这种无情的攻击。通过持续的批判性警觉，必须保护宪法免受腐败的威胁；必须保持宽容的体制，以避免英国国教沦陷为教条主义。在伯克看来，这两种体系都遭受了"有害"理性带来的危险，或者说是一种对既有"形式和仪式"的蔑视。[69]犬儒主义者第欧根尼（Diogenes）是恶性批判的代表人物，他对希腊乃至全世界的习惯都充满不屑。[70]伯克抱怨说，他的哲学"华丽"但没有"实质内容"。同受他启发的斯多葛学派一样，第欧根尼把禁欲主义和世界主义结合在一起，这使他与人性的欲望相抵触。西塞罗的《图斯库兰论辩集》（*Tusculan Disputations*）中提到，第欧根尼声称对自己的葬礼毫不在意，这集中体现了他的傲慢和轻蔑："如果没有了意识，那么野兽袭击我又有什么坏处呢？"[71]伯克为埋葬的做法辩护，认为这体现了"万国公法"的智慧：上帝出于个人尊严的考虑提供了埋葬仪式，也间接地保护人类不受尸体腐烂带来的疾病侵害。同时，这种仪式通过迎合我们敏感的感情来教化"人性"，用伯克的话说，就是在我们裸露的躯体上蒙一层"体面的面纱"。伯克还反问道："我们应该如何评价那种掀起这层面纱的哲学呢？"[72]

68　这与伯克对卢梭的批判有关，参见本书第14章第3节。

69　EB, "Philosophy and Learning," p. 90.

70　关于第欧根尼在启蒙思想中的作用，参见 Michael Sonenscher, *Sans-Culottes: An Eighteenth-Century Emblem in the French Revolution* (Princeton, N J.: Princeton University Press, 2008), esp. Chapt. 3。

71　Cicero, *Tusculanae quaestiones*, I, 93.

72　EB, "Philosophy and Learning," p. 91.

在伯克看来，犬儒主义和斯多葛学派都与人性相冲突，它们为了朴素的理性而牺牲了正常的欲望。1754 年，《格雷学院杂志》（*The Gray's Inn Journal*）发表了一篇关于斯多葛学派基本理念的简要概述，这本杂志由剧作家亚瑟·墨菲（Arthur Murphy）编辑。伯克早在两年前就在律师学院同阿瑟·墨菲相识了。这篇文章列出了主要的反对意见，伯克显然会接受这些意见，因为其同他的观点一致。斯多葛哲学不仅提倡"压制"欲望，而且建议把欲望"从心底完全清除出去"。这种极端方法的后果是感情变得麻木，心态变得冷酷，颠覆了斯多葛理性本来支持的"自然法则"。[73] 这种批判从 17 世纪就开始在基督教神学中流行起来，在英国圣公会中吸引了强有力的支持者。梅利克·卡索邦（Méric Casaubon）在他所翻译的马可·奥勒留（Marcus Aurelius）的《沉思录》（*Meditations*）的前言中写道，在所有的古典学派中，斯多葛学派的观点完全"与血肉之躯相悖"。[74] 本着这种精神，剑桥柏拉图主义者亨利·莫尔（Henry More）坚持认为激情是反对禁欲主义理想的天赐之物，它对人体构造的意义同"身体的其他器官一样重要，这

73　*The Gray's Inn Journal*, 23 (2 March 1754), pp. 133–34. 这篇文章是匿名的，署名为 "N."。有关斯多葛派的麻木不仁，参见 David Hume, "The Stoic" (1742) in idem, *Essays Moral, Political, and Literary*, ed. Eugene F. Miller (Indianapolis, IN: Liberty Fund, 1985, 1987), 后来在 Elizabeth Carter, "Introduction" to *All the Works of Epictetus* (London: 1758) 有明确提及。有关 Carter, 参见 Christopher Brooke, *Philosophic Pride: Stoicism and Political Thought from Lipsius to Rousseau* (Princeton NJ: Princeton University Press, 2012)), Chapt. 7。更普遍地说，17 世纪晚期到 18 世纪早期，从布德乌斯（Buddeus）到莫斯海姆（Mosheim），作为斯宾诺莎主义的一种形式，对斯多葛主义的反驳倾向于关注自然神论或隐含在其物理理论中的无神论。关于这一点，参见 Christopher Brooke, "How the Stoics Became Atheists," *Historical Journal*, 49: 2 (2006), pp. 387–402。

74　Méric Casaubon, "A Discourse by Way of Preface" to *Marcus Aurelius Antoninus the Emperor, His Meditations* (London: 1673).

些器官构成了所有动物的躯体"。[75] 约翰·洛克在威斯敏斯特的校友、英国国教牧师罗伯特·绍斯（Robert South）也同样批判斯多葛学派，认为他们把情感与干扰混为一谈。[76] 英国国教信徒威廉·夏洛克（William Sherlock）是绍斯在教会中的同僚，后来卷入了同绍斯的争论，也支持情感对动机的激励作用。[77] 正如乔治·斯坦厄普（George Stanhope）在其翻译的《爱比克泰德语录》（Epictetus）中所写的那样，情感"确实是推动和激励我们的秘密泉源"。[78] 就伯克而言，他认为一些怀疑理性主义的现代追随者采用了古代斯多葛派哲学家的严谨姿态，以此强化对宗教制度的批评和对"人为"社会的控诉。在《为自然社会辩护》中，他讽刺地将自然神论对宗教"愚蠢"的批判应用于政治社会的体制，在政府的约束下为自然欲望"正名"。[79] 其目的是通过揭露其结论的荒谬来谴责自然理性的自负。要做到这一点，就必须表明，心怀不满的知识分子无法真正地放弃文明和宗教的益处。作为提供精神和道德改进的手段，这种对文化或"技巧"（artifice）的承诺的概述可以在《关于哲学与学习的一些零散建议》中找到。

大约在写《关于哲学与学习的一些零散建议》的同一时期，伯克在一篇文章中提出，人们的一项职责是保持积极的本

75　Henry More, "Of the Passions in General, and of the Helps they Afford" in idem, *An Account of Virtue* (London: 1690), p. 34. Cf. James Lowde, *A Discourse concerning the Nature of Man* (London:1694), p. 24.

76　Robert South, "Of the Creation of Man in the Image of God" in idem, *Sermons Preached Upon Several Occasions* (London: 1737), 6 vols., I, p. 59.

77　William Sherlock, "The Nature and Measure of Charity" in idem, *Sermons Preach'd Upon Several Occasions* (London: 3rded., 1719), 2 vols., I, p. 215.

78　George Stanhope, Preface to *Epictetus His Morals* (London: 1694).

79　EB, *A Vindication of Natural Society: or, A View of the Miseries and Evils Arising to Mankind from Every Species of Artificial Society* (1756, 2nded. 1757) in *W & S*, I, pp. 138–39.

86　质，并以仁爱为倾向。这种性格倾向的表现形式就是"同情心"，这也成为伯克《论崇高与美之起源的哲学研究》中的关键概念。[80] 同情心在本质上是反禁欲主义的。[81] 对于像约翰·蒂洛森这样的英国国教学者来说，同情心应该被理解为一种"先于一切理性"被激活的"自然感情"。基督教信仰对这种情感的产生有重要影响，这点可以从对敌人仁慈的道德规范中得到佐证。[82] 塞缪尔·帕克（Samuel Parker,）认为仁慈是人的本能，他总结说，残忍和不公正是非自然的，也是不合理的。[83] 理查德·斯蒂尔（Richard Steele）在《基督教英雄》（*The Christian Hero*）中也得出了同样的结论。[84]1750年，约翰·托蒂（John Tottie）在一次布道中指出，人类的善行其实是一种"仁慈的"情感。它指向一种由人类痛苦所激发的"同情"或"感同身受"的原则。[85] 这一原则与道德"规

80　EB, "Religion" in *Notebook*, p. 70.

81　有关讨论，参见 R. S. Crane, "Suggestions towards a Genealogy of the 'Man of Feeling'" in idem, *The Idea of the Humanities and Other Essays Critical and Historical* (Chicago, IL: Chicago University Press, 1967), 2 vols., I. 同时，参见 Norman Fiering, "Irresistible Compassion: An Aspect of Eighteenth-Century Sympathy and Humanitarianism," *Journal of the History of Ideas*, 37: 2 (April–June 1976), pp. 195–218; *Jonathan Edwards' Moral thought and Its British Context* (Chapel Hill, NC: University of North Carolina Press, 1981)。

82　John Tillotson, Sermons 33 and 20 in *The Works of the Most Reverent Dr. John Tillotson* (London: 1728), 3 vols., I, pp. 298–99, 170. Cf. Hugo Grotius, *The Truth of the Christian Religion* (1627), ed. Maria Rosa Antognazza (Indianapolis, IN: Liberty Fund, 2012), pp. 116–19.

83　Samuel Parker, *A Demonstration of the Divine Authority of the Law of Nature and of the Christian Religion* (London: 1681), p. 50.

84　Richard Steele, *The Christian Hero* (London: 1790), pp. 80–81.

85　John Tottie, *Sympathizing Affection: A Principle of Nature, Enforced by Reason and Religion* (London: 1751), pp. 2–4. Cf. David Fordyce, *The Elements of Moral Philosophy* (London: 1754), pp. 63–64.

范"（fitness）概念和"美德之美"的理念形成对比。[86] 第三代沙夫茨伯里伯爵安东尼·阿什利·库珀（Anthony Ashley Cooper）被认定为将美与道德混为一谈。托蒂认为欣赏美只能为美德提供一种"智力"动机，并不能真正地唤醒灵魂。[87] 剑桥牧师托马斯·卢瑟福斯（Thomas Rutherforth）同样反对"冷漠的斯多葛学派"，支持对幸福的追求。[88] 只有在迎合人类期望的激励下，理性才能引导行为。贝克莱主教解释了莎夫茨伯里的道德"美感"如何做到既不世俗又不宗教。斯多葛学派对激情的蔑视将美德与无私联系在一起，将道德行为与回报的承诺分开。从这个角度看，社会目的可以在没有宗教激励的情况下得以实现。在贝克莱看来，沙夫茨伯里的道德之美意味着放弃天意。如果美德必须免除希望和恐惧的刺激，那么它对未来状态的预期就毫无用处了。[89]

87

贝克莱在《阿尔西夫龙》（*Alciphron*）中进一步阐述了有关沙夫茨伯里的论述，对"自由思想"的虚伪进行了批判。在名义上，"自由思想"代表了包括沙夫茨伯里在内的自由思想家集体，将美描述为人类的"天性"。[90] 然而，在贝克莱看来，道德美是一种"斯多葛式热情"，它试图剥夺人类真正的宗教

86　Tottie, *Sympathizing Affection*, pp. 22–23.

87　Ibid.

88　Thomas Rutherforth, *An Essay on the Nature and Obligations of Virtue* (Cambridge: 1744), p. 157. 卢瑟福斯的论点全面针对沙夫茨伯里、法兰西斯·哈奇森、塞缪尔·克拉克（Samuel Clarke）、约翰·巴尔吉（John Balguy）、威廉·沃拉斯顿（William Wollaston），参见 pp. 73, 118–52, 195。

89　George Berkeley, *Alciphron, or the Minute Philosopher in Seven Dialogues* (1732) in *The Works of George Berkeley*, ed. Alexander Campbell Fraser (Oxford: Oxford University press, 1901), 4 vols., II, pp. 125–27.

90　Ibid., p. 125.

本性。[91] 因此，沙夫茨伯里的斯多葛主义似乎与怀疑主义和伊壁鸠鲁主义有着共同的思想倾向。《阿尔西夫龙》的策略是把这些不同的学派描述成贝克莱所谓的"精细"（minute）哲学的各个方面。他从西塞罗的《论老年》（*De senectute*）中推导出这个范畴。在《论老年》最后，因为相信灵魂的不朽，老年的加图（Cato）摒弃了人们普遍认为年老所带来的负担，尽管这可能会引起"精细"哲学家的争议。[92] 在贝克莱看来，精细的怀疑论者常常打着"理性"的旗号抨击信仰。[93] 他们假装推动慈善启蒙事业，实际却带来了相反的结果。正如书中人物欧弗拉诺尔（Euphranor）所说，"如果可能的话，他们会熄灭自然的光，把世界变成地牢，让人类永远处于锁链和黑暗之中"。[94] 贝克莱并不反对启蒙运动所取得的成就，而是反对以自然理性作为粉碎信仰的手段。"精细"哲学家名义上是将心灵从错误的束缚中解放出来，但实际上却乐于为了追求真理而牺牲效用。在此过程中，他们放弃了"有用的真理"，而这些"真理"实际上可能是不可或缺的。[95]

在伯克看来，自然理性声称会回归自然欲望。然而事实是，现代怀疑主义哲学家所推崇的"自然"欲望不过是哲学上的推测罢了。他们险恶地企图将人野蛮化、去人性化。托马斯·霍布斯、第三代沙夫茨伯里伯爵、安东尼·柯林斯（Anthony Collins）和伯纳德·曼德维尔均从不同方面对此做出过贡献。在他们的推动下，古老的哲学学派在对宗教的教条

91　Ibid., p. 142.

92　Cicero, *De senectute*, XXIII, 85.

93　参阅 *The Tattler*, 1709 年 2 月 18 日："我很乐意问一位精细哲学家，他发表的学说对人类有什么好处？"

94　Berkeley, *Alciphron*, pp. 35–37. 另见 ibid., p. 227。

95　Ibid., pp. 331, 335, 339.

式攻击中得到了复苏和败坏。现代怀疑主义走向了弱化知识，现代伊壁鸠鲁主义指向了摧残德性，现代斯多葛主义则走向抹除普通人的动机。伯克所说的"怀疑主义"，通常指的是一种教条理性主义，它试图通过揭露宗教的主张来动摇信仰的基础，尽管它对自己的主张几乎没什么怀疑。[96]在伯克看来，安东尼·柯林斯的观点就是典型，要求以肯定的证据作为同意的唯一标准。[97]伯克认为，这种方法也产生了一个矛盾的结果，即在绝对主张的过程中，道德的确定性被置于怀疑之中。在反宗教的过程中，这种自然理性的教条主义为伊壁鸠鲁主义服务，正如其被用来支持斯多葛主义一样。[98]18世纪70年代，伯克呼吁建立反对伊壁鸠鲁学派的共同阵线。和所有自由思想家一样，他们最终没有能力融入社会，因为他们不相信任何一种信仰。正如伯克所说，无神论者是"危险的动物"，在理论和实践上都是反律法主义者。[99]出于同样的原因，伯克在18世纪50年代强烈反对现代斯多葛学派。[100]就像伊壁鸠鲁学派一

88

96 这是詹姆斯·比蒂（James Beattie）在作品后记中反对现代怀疑理论的主要依据，参见 *An Essay on the Nature and Immutability of Truth in Opposition to Sophistry and Scepticism* (Edinburgh: 1771), pp. 543–44, 伯克赞赏了这一作品。关于17、18世纪的各种怀疑主义和自由思想，参见 Richard H. Popkin and Arjo Vanderjagt eds., *Scepticism and Irreligion in the Seventeenth and Eighteenth Centuries* (Leiden: Brill, 1993); Peter N. Miller,"'Freethinking' and 'Freedom of Thought', in Eighteenth-Century Britain," *Historical Journal*, 36:3 (1993), pp. 599–617; Richard Popkin, *The History of Scepticism from Savonarola to Bayle* (Oxford: Oxford University Press, 2003)。

97 Anthony Collins, *A Discourse of Freethinking* (London: 1730), p. 3.

98 关于"伊壁鸠鲁主义"思想的复兴，参见 John Robertson, *The Case for the Enlightenment: Scotland and Naples, 1680–1760* (Cambridge: Cambridge University Press, 2007); 另见 Neven Leddy and Avi Lifschitz eds., *Epicurus in the Enlightenment* (Oxford: Voltaire Foundation, 2009)。

99 EB, Debate on Relief for Protestant Dissenters, 23 February 1773, *Parliamentary History*, XVII, col. 775n.

100 EB to William Burgh, 9 February 1775, *Corr.*, III, p. 112.

样，斯多葛学派决心借助野蛮的本性来颠覆文明的自然进步。曼德维尔纵容低俗欲望的社会效用，沙夫茨伯里则无视文明的乐趣。[101] 对沙夫茨伯里而言，理性的声音是对激情的谴责，因此要求控制和节制。然而，正如伯克在《关于哲学与学习的一些零散建议》中所阐明的那样，这种思维方式对人类本身的状况构成了威胁。幸运的是，真正的本质比自然理性想象中的"本质"更为明智：天意将快乐附加于需求的满足之上，从而激励人类改善自身状况，并在此过程中进一步培养美德。[102]

89　　伯克在学校的朋友迈克尔·科尔尼曾经回忆，他的同学伯克"总是在洛克相关的问题上回答得非常好"。[103] 在《人类理解论》中，洛克指出，"我们的造物主"在我们的思想上附加了"喜悦的感觉"，这是无限的智慧。[104] 人类被赋予了各种能力，包括身体运动和选择的能力。然而，如果大脑想要选择一个行动而不是另一个行动，那么这个选择就必须受到激励。如果没有偏好，人类这个物种就会退化得非常懒惰，并在"慵懒而昏睡的梦中"消磨时光。[105] 因此，在快乐和痛苦的基础上追求或躲避对象的冲动是人类进步的一个天赐诱因。从这个角度来看，寻求获得一种文化是我们本性的一部分，通过掌握人为

101　伯克对曼德维尔的反对后来得到了表达，参见 EB, Speech on Sixth Article: Presents, 21 April 1789, *W & S*, VII, p. 33. 关于曼德维尔的道德和政治思想，参见 E. J. Hundert, *The Enlightenment's Fable: Bernard Mandeville and the Discovery of Society* (Cambridge: Cambridge University Press, 2005).

102　EB, "Philosophy and Learning," pp. 92, 96.

103　Michael Kearney to Edmond Malone, 12 January 1799, "Letters to Edmond Malone from Michael Kearney, 1797–1811," Bodl. MS 39, fol. 23.

104　John Locke, *An Essay concerning Human Understanding* (1689), ed. Peter H. Nidditch (Oxford: Oxford University Press, 1975, 1979), II, vii, § 3.

105　Ibid.

手段，人类实现了从原始野蛮社会发展而来的进步。在伯克看来，从这个意义上说，技巧是自然的一部分：仪式、政府、奢侈和优雅是文明进步的必要条件，而文明的发展与自然的天意安排密不可分。[106]伯克在法律学习中受益于人为理性，并接受了文化的本能，反对现代怀疑论者的主张。他在写完《关于哲学与学习的一些零散建议》之后，将他的总体结论都集中在《为自然社会辩护》一书中。他没有为自己的论点提供正面的论据，而是通过讽刺、揭露破坏文明的企图是多么荒谬来证明文明成就的正当性。然而，这种讽刺很微妙，也很容易被误解。因此，《为自然社会辩护》并未取得明确的成功。要理解这部作品的最终意义，就必须将其置于促使其产生的神学争议的语境中。

2.4　神秘、联想（association）与自由度（latitude）

1757年是伯克人生的一个节点，他将此前几年描述为"充满了各种打算"。[107]在那个时候，他已经娶了简·纽金特——"她是一位天主教医生的女儿"，并开始在伦敦文学界崭露头角。[108]然而在18世纪50年代初期，他的职业生涯并没有明确的方向。他一直在伦敦和乡村之间往返，还定期访问法国；与此同时，他一边攻读律师资格，一边试图让自己的文学事业

90

106　参见 EB, *An Appeal from the New to the Old Whigs, in Consequence of some Late Discussions in Parliament, relative to the Reflections on the Revolution in France* (London: 1791), p. 130; 参阅 EB, Speech in Reply, 12 June 1794, *W & S*, VII, p. 540。

107　EB to Richard Shackleton, 10 August 1757, *Corr.*, I, p. 123. 关于伯克这一时期的生活，参见 Dixon Wecter, "The Missing Years in Burke's Biography," *Publication of the Modern Language Association*, 53:4 (December 1938), pp. 1102–25。

108　William Dennis ALS to Richard Shackleton, July/August 1757, OSB MS. File 4324. 伯克的婚礼在1757年3月12日举行，参见 *Notes and Queries*, (8 April 1882), pp. 274–75。

再上一个台阶。此时，他正在考虑移居美洲，渴望通过冒险来发财。[109] 在过去的六年里，他一直在努力实现一个明确的目标，先是竭尽全力地学习，然后渴望在诗歌创作上获得成功；接下来，他希望丰富自己的作家才华，并最终将文学技巧运用到政治领域。威廉·丹尼斯在1757年夏天写给理查德·沙克尔顿的信中说，伯克正在沿着这条路前进："他告诉我他跟诗歌的缘分已经尽了。"丹尼斯说，他似乎是在"为大人物写小册子"，因为他经常拜访艾格蒙特勋爵（Lord Egmont），并且与格伦维尔很熟。[110] 伯克去世后，迈克尔·科尔尼证实了他与格伦维尔的这种早期联系：显然，这段关系是在伯克抵达伦敦后不久建立起来的。[111] 在这段关系建立40多年后，科尔尼写道，18世纪50年代中期，伯克正在考虑经商，以评论员和政论家的身份参与政治事务，同时也希望能够施展自己的文学才能。而在此之前伯克一直被不确定性和怀疑所困扰。在1750年末或1751年初，伯克第一次见到了他未来的岳父——克里斯托弗·纽金特。纽金特是一名爱尔兰的罗马天主教徒，定居巴斯行医，之前曾在法国受训。当伯克在身体和精神上被重压所困时，他找到纽金特接受治疗。如伯克所说，这次治疗"教会了他如何生活，让他能重归平静的状态"。[112] 在同一封诗信中，伯克借用了拉伯雷（Rabelais）的《巨人传》（*Gargantua and Pantagruel*）中，一个长期心烦意乱的哲学

109　EB to Richard Shackleton, 10 August 1757, *Corr.*, I, p. 123. 参见 "Letters to Edmond Malone from Michael Kearney, 1797–1811," Bodl. MS. Malone 39, fol. 24, 根据迈克尔·科尔尼在1799年1月12日写给埃德蒙·马龙的信，伯克从格伦维尔那里获得了"卡罗莱纳（Carolina）一块土地的报价"。

110　William Dennis ALS to Richard Shackleton, July/August 1757, OSB MS. File 4324.

111　Michael Kearney to Edmond Malone, 12 January 1799, "Letters to Edmond Malone from Michael Kearney, 1797–1811," Bodl. MS. Malone 39, fol. 24.

112　EB, "To Christopher Nugent" (Verse Epistle), September 1752, *Corr.*, I, p. 117.

家形象，来嘲笑自己过度的优柔寡断，他无论在乡村还是城市
都无法享受独处。[113]

这个摇摆不定的哲学家的寓言巧妙地捕捉到了伯克的焦躁
不安。他最开始在都柏林追求文学上的成功，后来却发现自己
在伦敦踏上了职业生涯的道路。在此期间，他仍渴望成为一名
作家，但没有找到最适合他的体裁。1759 年，丹尼斯回想起
有志成为作家的三个人：伯克、博蒙特·布伦南和理查德·沙
克尔顿，这些人和他最初都是因"年轻时写作的虚荣心"聚集
在一起的。[114] 然而，伯克发现他最初的文学追求需要一个明确
的目标。他的部分问题是为实现抱负找一个明确的载体。正如
他后来向天主教救济活动家查尔斯·巴特勒（Charles Butler）
吐露的那样，"在青春的最初几年过去之后，大脑需要更多的
实质性滋养而不仅仅是阅读；因此，为了激发在文学上的勤
奋，有必要添加热切希望达到某一特定目标的刺激"。[115]1752
年，亚瑟·墨菲将伯克介绍给了他未来的出版商罗伯特·多兹
利（Robert Dodsley）。[116] 大约在 18 世纪 50 年代中期，伯
克开始利用这层关系，试图将自己的写作天分充分发挥出来。
然而，他仍然需要协调自己的规划和父亲的期望。1755 年前
后，伯克在圣詹姆斯公园第一次与亚美尼亚移民约瑟夫·埃明
（Joseph Emïn）见面时，他公开自称是"从父亲那里逃出来

91

---

113 Ibid., pp. 115–16. 参见 François Rabelais, *The Works of Francis Rabelais* (London: 1737), 5 vols., Book III, Chapt. XIII, pp. 77–79。

114 William Dennis ALS to Richard Shackleton, 6 October 1759, OSB MS. File 4327.

115 Charles Butler, *Reminiscences* (London: 1822–1827), 2 vols., II, p. 102.

116 Ralph Straus, *Robert Dodsley: Poet, Publisher and Playwright* (London: The Bodley Head, 1910), p. 254. 关于伯克融入多兹利的圈子，参见 Ian Crowe, *Patriotism and Public Spirit: Edmund Burke and the Role of the Critic in Mid-Eighteenth-Century Britain* (Stanford, CA: Stanford University Press, 2012)。

的儿子"。[117] 在 1755 年 3 月 11 日的一封信中，伯克仍然不得不向他的父母证明他的想法是合理的——"我没有任何计划，无论我认为它有多么合理，我都不愿意因你们的沉默而牺牲自己，并听从你们的判断"。[118] 不过，当写作《为自然社会辩护》时，伯克已经开始慢慢独立，同时也逐渐倾向于政治写作。

《为自然社会辩护》综合体现了伯克的各种志向，包括他对政治、文学和神学的兴趣。1769 年初，伯克曾就巴林顿勋爵（Lord Barrington）提出的将约翰·威尔克斯（John Wilkes）逐出议会的动议发表演讲。演讲中，他回忆了自己职业生涯早期的一个阶段，他向下议院透露，"当时我的大部分时间都在研究宗教理论"。[119] 威廉·伯克笔记中的一些论文草稿保留了这方面的证据。具体地说，在《辩论计划》《作为国家引擎的无效宗教》以及第三篇关于"宗教"的文章中，伯克探讨了宗教哲学的主要问题，比如信仰争端的规则，以及证词、热情和天意的性质。他对这些话题的关注源于他参与的有关自然神论的争论，而这又引发了他撰写《为自然社会辩护》的想法。不过，作为对博林布鲁克的讽刺性模仿，这本书同时也说明了伯克对文学声誉的渴望。同样，作为对"自然社会"理念的批判性攻击，这部作品的政治取向也不容忽视。它将宗教和政治主题融合在一起，作为对自由思想的理性主义（freethinking rationalism）和反律法主义的社会批判的复杂控诉的一部分。伯克攻击的目标是一种推理风格，他认为其具有反对宗教的特点，并通过质疑瓦解了所有信仰的基础。它的

92

---

117 Joseph Emīn, *Life and Adventures of Emin Joseph Emin, 1726–1809*, ed. Amy Apcar (Calcutta: Baptist Mission Press, 1918), pp. 49–53.

118 EB to Richard Burke (father), 11 March 1755, *Corr.*, I, p. 119.

119 EB, Speech on Wilkes's Expulsion, 3 February 1769, Cavendish Diary, Eg. MS. 216, fols. 232–33.

影响将导致基督教的消亡，以及整个社会的毁灭。在其职业生涯末期，面对革命意识形态在欧洲的传播，伯克开始关注"在法国被公开宣扬的恐怖的无神论体系"。[120] 在 18 世纪 50 年代，伯克认为自然神论对天意的否定等同于根除宗教。他明白这种否认是怀疑主义的产物，它破坏了所有信任的途径。它打破了社会习俗和每一个信仰的信条，致力于消灭神秘，在这个过程中，它威胁到了社会的所有信心，以及支持良性信任和文明的一切。

《为自然社会辩护》结尾部分提到了激进的浸礼会牧师詹姆斯·福斯特（James Foster），伯克认为他是自然宗教教义的典型代表，反对基督教启示所谓的神秘事物。1731 年，福斯特在《基督教的有用性、真理性和优越性》一书中，质疑了马修·廷达尔自然社论小册子《基督教如创世一般古老》（*Christianity as Old as the Creation*）的结论，但在此过程中，他为清除宗教中的迷信教义和崇拜形式进行了辩护。[121] 四年之后，福斯特在一次名为"奥秘"的布道中总结了自己的立场，宣称"既然我们不能靠理性，我们也没有义务接受启示，把我们的信仰带到我们无法理解的地方。"言下之意，信仰问题应交由知识来裁决。因此，福斯特总结道："当神秘开始的时候，宗教也就终结了。"[122] 博林布鲁克在《写给亚历山大·蒲柏的信或随笔》（*Letters or Essays Addressed to Alexander Pope*）的前言中提醒他的收信人："你曾给我引用了一段话……出自福斯特的一

120　EB, Debate on Aliens Bill, 28 December 1792, *Diary*, 29 December 1792.

121　James Foster, *The Usefulness, Truth, and Excellency of the Christian Religion* (London: 1731). 关于福斯特在欧洲的影响，参见 Joris Van Eijnatten, *Liberty and Concord in the United Provinces: Religious Toleration and the Public in the Eighteenth-Century Netherlands* (Leiden: Brill, 2003), pp.202–3。

122　James Foster, *Sermons on the Following Subjects* (Dublin: 1735), p. 114.

篇布道，大意是说：'当神秘开始的时候，宗教也就终结了。'"
博林布鲁克认为，福斯特的建议暴露出一种令人钦佩的雄心，
即"用人造神学净化基督教，而人造神学主要是使非常普通的
事物神秘化"。[123] 伯克对基督教可以在对神秘事物的全面攻击
中生存下来的假设持怀疑态度，就像他质疑社会和政治义务可
以被全面合理化一样。在《为自然社会辩护》中，他试图通过
嘲笑在政治社会的历史和正当性问题上运用类比论证模式，来
质疑对宗教的理性批判。

《为自然社会辩护》以博林布鲁克社会批评家的口吻有意
嘲弄了这些看似严肃的主张，而后者却承诺要清除政治上的所
有神秘残余。正如《为自然社会辩护》中伪理性主义者的角色
所说："一位优秀牧师曾经说过，当神秘开始的时候，宗教也
就终结了。那我能不能说，至少就人类法律而言，当神秘开始
的时候，正义也就终结了？"[124] 当然，《为自然社会辩护》的目
的是通过讽刺其应用于实际事务的影响，来削弱这一主张。然
而，与此同时，其意图还在于挑战一种说法，即信仰问题可以
简化为理性的真理。17 世纪末，约翰·托兰德在《基督教并
不神秘》（*Christianity not Mysterious*）一书中提出了这一
主张，其在 18 世纪 50 年代初至中期一直困扰着伯克。伯克在
《关于哲学与学习的一些零散建议》中写道："也许绝大多数事
物的本质是难以理解的；而我们最可靠的理性论证，当达到某
一点时，不仅晦涩难懂，而且矛盾重重。"[125] 面对托兰德和他的
继任者持续不断地试图使宗教信仰和崇拜的每一个信条都有与

123 Henry St. John Bolingbroke, *The Works of the Late Right Honorable Henry St. John, Lord Viscount Bolingbroke* (London: 1754), 5 vols., III, p. 344.

124 EB, *Vindication*, p. 176.

125 EB, "Philosophy and Learning," p. 93.

之对等的理性解释，这等于重申了信仰优先于理性的地位。正如托兰德所说，"理性是一切确信的基础"。[126] 从这个角度来看，神学的各个方面和圣经的所有内容都应该屈服于理性解释，这样的话，在神秘无法被解释的地方，神秘就会不攻自破。

托兰德对信仰规则之争的激进干预，显然是为了质疑描述神秘与理解之间关系的两种主要方法。首先，他想表明福音书中没有什么东西是"违背"理性的；其次，他争辩说，圣经中没有任何真理是"高于"理性的。[127] 托兰德急于否定的观点是，"启示"而非"理性"对宗教教义至关重要。启示真理的概念在早期新教改革者的著作中已经得到广泛认可，但从17世纪中期到18世纪中期，它开始与狂热联系起来。[128] 为了反对狂热的信仰观念，英国内战后，很多神学家都急于将理性恢复为信仰的"工具"，即使它不能作为一个完全的信仰规则。[129] 爱德华·斯蒂林弗利特（Edward Stillingfleet）是这一观点的重要阐释者。他既反对一种受启发的教义观念，也反对信仰可以凌驾于理性之上的观点。托兰德在很大程度上借鉴了苏西尼派（Socinian）的圣经批评，把自己的作品描述为一种简单的尝试，试图将明显的神秘现象合理化，以捍卫一个基督教启示更

---

126 John Toland, *Christianity not Mysterious: Or, A Treatise Shewing, the there is Nothing in the Gospel Contrary to Reason nor above It* (London: 1696), p. 6.

127 Ibid. 伯克后来在另一个语境中提到了这次讨论，参见 EB, *Letter to Thomas Burgh* (1780), *W & S*, IX, p. 557: "正如人们所说，信仰并不与理性相悖，而是高于理性。"

128 关于马丁·路德（Martin Luther）和约翰·加尔文（John Calvin）对圣经的解释、理性与启示之间的关系，参见 Alister McGrath, *Intellectual Origins of the Reformation* (Oxford: Blackwell, 1987)。关于后来圣经批判的合理化，参见 Gerard Reedy, *The Bible and Reason: Anglicans and Scripture in Late Seventeenth-Century England* (Philadelphia, PA: University of Pennsylvania Press,1985)。

129 托兰德对该观点进行了批判，参见 Toland, *Christianity not Mysterious*, p. 5。

94　　容易理解的观点。[130] 因此, 从表面上看, 他是在攻击牧师试图通过操纵晦涩难懂的学术术语来使宗教神秘化。启示宗教的通俗解释甚至能让普通的"酿酒师"和"面包师"理解, 但是, 在这种解释背后, 托兰德的批评不时地走得更远, 挑战了信仰的基础。[131] 在这一点上, 他声称是在追随洛克认识论的步伐, 将知识的获取描述为"对我们想法相同或不同之处的感知"。[132] 然而, 事实上, 托兰德将信仰削弱为理性证据, 这表明他严重偏离了洛克《人类理解论》的主旨, 并给那些不主张知识地位的信仰带来了问题。

　　1691 年 4 月, 在伦敦圣劳伦斯教堂(St. Laurence Jewry)的一次布道中, 斯蒂林弗利特认为相信那些对我们来说不是很容易理解的神秘是合理的, 因此人类经常被要求相信他们无法理解的事情。[133] 在这里, 合理性的标准是基于信仰的实际效用, 而不是问题的形式特征。在这一点上, 斯蒂林弗利特回到了像奇林沃思和哈蒙德(Hammond)这样的"大图

130　关于这一点, 参见 Gerard Reedy, "Socinians, John Toland and the Anglican Rationalists," *Harvard Theological Review*, 70 (July–October 1977), pp. 285–304。在自由思想论战的更广泛背景下对托兰德观点的讨论, 参见 Justin Champion, *The Pillars of Priestcraft Shaken: The Church of Englandand its Enemies, 1660–1730* (Cambridge: Cambridge University Press, 1992)。关于 17 世纪英国的苏西尼主义, 参见 Sarah Mortimer, *Reason and Religion in the English Revolution: The Challenge of Socinianism* (Cambridge: Cambridge University Press, 2010)。

131　Toland, *Christianity not Mysterious*, p. xx. 关于托兰德的秘契主义, 参见 Frederick C. Beiser, *The Sovereignty of Reason: The Defence of Rationality in the Early English Enlightenment* (Princeton, NJ: Princeton University Press, 1996), Chapt. 6。

132　Toland, *Christianity not Mysterious*, p. 11.

133　Edward Stillingfleet, "The Mysteries of the Christian Faith Asserted and Vindicated" in *The Works of Edward Stillingfleet* (London: 1709–10), 6 vols., III, pp. 346–62. 有关讨论, 参见 Richard H.Popkin, "The Philosophy of Bishop Stillingfleet," *Journal of the History of Philosophy*, 9: 3 (July 1971), pp. 303–19; Sarah Hutton, "Science, Philosophy and Atheism: Edward Stillingfleet's Defence of Religion" in Popkin and Vanderjagt eds., *Scepticism and Irreligion*。

村团体"（Great Tew Circle）英国圣公会教徒的实用主义。[134]
这对伯克的重要影响早就隐含在《为自然社会辩护》中对"结
果"的虚假蔑视中：其含义是，根据我们的信仰采取行动的可
能性几乎决定了一切。[135] 根据信仰的合理性信任它们，并根据
这些信仰的实际后果来评估其合理性，这使得伯克与奇林沃思
和蒂洛森一样，对神秘或"相反"真理的存在进行了调和。[136]
就是在这个意义上，伯克在《关于哲学与学习的一些零散建
议》的结论中支持事物的不可解释性。然而，这并未被视为一
种令人沮丧的洞察；这是对普遍存在的"事物的矛盾性"的承
认，尽管存在着不可逾越的神秘性，但这种不可解释性可以
"在任何合理的怀疑之外"被相信。[137]

　　在《基督教并不神秘》中，托兰德从"信息的手段"和
"信仰的基础"来解释我们对世界的认识。前者指的是我们获
取世界的基本信息依赖于经验和权威，而后者仅凭展示就赢得
了我们的赞同。我们接受关于世界的信息，例如一个名为迦太
基的城市的存在，是基于可信的权威。但是，只有当信息获得

95

134　See Hugh Trevor-Roper, "The Great Tew Circle" in idem, *Catholics, Anglicans and Puritans* (London: Fontana, 1989), pp. 166–230.

135　EB, *Vindication*, pp. 137, 139. 伯克对英国国教理性主义传统的利用，参见 Iain Hampsher-Monk, "Burke and the Religious Sources of Sceptical Conservatism" in J. van der Zande and R. H. Popkin eds., *The Skeptical Tradition around 1800* (Dordrecht: Kluwer, 1998)。

136　关于约翰·蒂洛森与奇林沃思和更广泛的怀疑理性主义的关系，参见 Harry G. Van Leeuwen, *The Problem of Certainty in English Thought, 1630–1690* (The Hague: Martinus Nijhoff, 1963); Gerard Reedy, "Interpreting Tillotson," *Harvard Theological Review*, 86:1 (January 1993), pp. 81–103; Isabel Rivers, *Reason, Grace, and Sentiment: A Study of the Language of Religion and Ethics in England, 1660–1780* (Cambridge: Cambridge University Press, 1991), 2 vols., I,Chapt. 2; Patrick Müller, *Latitudinarianism and Didacticism in Eighteenth-Century Literature: Moral Theology in Fielding, Sterne and Goldsmith* (Frankfurt: Peter Lang, 2009), pp. 48–49。

137　EB, "Philosophy and Learning," pp. 92–93.

了某种知识地位时，头脑才能相信确切的事实。[138] 作为对托兰德作品的回应，1697年，彼得·布朗尼（Peter Browne）发表了一封公开信。布朗尼是爱尔兰科克和罗斯教堂的主教，还曾担任过都柏林圣三一学院的教务长。在这封信中，他声称心灵不仅被证据说服，也被权威赋予的信任说服。换句话说，我们不仅在权威的基础上接收信息，同样也基于"权威"认同真理。布朗尼坚持认为"权威"也是"信仰的基础"。因此，我们对无数没有确凿证据的主张表示赞同，并且去相信甚至是尊敬一些我们无法理解的想法。[139] 在贝克莱的《阿尔西夫龙》中，阿尔西夫龙将他的哲学目标描述为"探究"偏见和"根除"原则。[140] 尽管对布朗尼哲学事业的说服力表示怀疑，贝克莱还是追随布朗尼，试图恢复偏见的尊严。虽然伯克从未成为贝克莱的信徒，但他还是接受了权威和习惯在信仰中的作用。

在《关于哲学与学习的一些零散建议》中，伯克坚持认为，信任和意见代表了对世界的主张的可接受的基础，即使这些主张没有绝对的确定性。在这一点上，他乐于将自己标榜为"学术"怀疑论者，西塞罗在《学院派》（*Academica*）第二部中对此进行了辩护。西塞罗告诉我们，尽管探索本身支撑着"精神和智慧"，并使之人性化，但事物本质的真相最终仍被笼罩在黑暗之中。[141] 伯克在《关于哲学与学习的一些零散建

96

---

138 Toland, *Christianity not Mysterious*, pp. 14–22.

139 Peter Browne, *A Letter in Answer to a Book Entitled Christianity not Mysterious, as Also to all Those who Set Up for Reason and Evidence in Opposition to Revelation and Mysteries* (Dublin:1697), pp. 27–29. 关于爱尔兰背景的讨论，参见 David Berman, "Enlightenment and Counter-Enlightenment in Irish Philosophy," *Archiv für Geschichte der Philosophie*, 64: 2 (1982)pp. 148–65; idem, "Irish Philosophy and Ideology," *The Crane Bag*, 9: 2 (1985), pp. 158–59。

140 Berkeley, *Alciphron*, p. 40.

141 Cicero, *Academica*, II, 122–28.

议》和《论崇高与美之起源的哲学探究》第二版序言中都引用了这段话，伯克承认，在对世界上的行为做出判断方面，心灵依赖于貌似真实的事物（verisimilitude）而不是真理。[142] 这当然是一种怀疑主义，但它不受托兰德和柯林斯等宗教怀疑论者的教条理性主义的影响。洛克认为，自然哲学或实验哲学缺乏一种能够揭示"事物最深处的构造"的"科学"，由此他得出的结论是，自然的物理法则只能通过"类比"的方式，在概率的基础上得到确认。[143] 因此，虽然洛克的"思想之道"被托兰德这样的非正统自由思想家所借用，但他的认识论怀疑主义也被彼得·布朗等托利派神学家和约瑟夫·巴特勒（Joseph Butler）等圣公会辉格党人应用到反对自然神论的论战中。[144]

洛克的《人类理解论》给三代人的思想都蒙上了阴影，因为它清楚地表达了那个时代持久关注的问题，对理性、信仰和知识这些基本问题做出了创新的、但经常有争议的回应。《人类理解论》主张要正确地划分理性和信仰的范围，这样就能避免因不恰当的从属关系而导致的错误。相信与理性相悖的信仰鼓

---

142 EB, "Philosophy and Learning", pp. 92–93; Edmund Burke, *A Philosophical Enquiry into the Origin of our Ideas of the Sublime and Beautiful* (1757, rev. ed. 1759) in *The Writings and Speeches of Edmund Burke: The Early Years*, eds. T. O. McLoughlin and James T. Boulton (Oxford:Oxford University Press, 1997), p. 191. 这两处伯克都引用了西塞罗，参见 Cicero, *Academica*, II, 127。

143 John Locke, *Essay*, bk. IV, Chapter iii, §§ 23–27.

144 关于洛克认识论对 18 世纪早期英国和爱尔兰思想的广泛影响，参见 John W. Yolton, *Locke and the Way of Ideas* (Bristol: Thoemmes Press, 1993)。关于洛克有关信仰和知识之间关系的概念，参见 Richard Aschcraft, "Faith and Knowledge in Locke's Philosophy" in John W. Yolton ed., *John Locke: Problems and Perspectives, a Collection of New Essays* (Cambridge: Cambridge University Press, 1969); David C. Snyder, "Faith and Reason in Locke's *Essay*," *Journal of the History of Ideas*, 47:2 (April–June 1986), pp. 197–213; Nicholas Jolley, "Locke on Faith and Reason" in Lex Newman ed., *The Cambridge Companion to Locke's "Essay Concerning Human Understanding"* (Cambridge: Cambridge University Press, 2007)。

励了"自然迷信"，它将轻信置于理性探究之上。[145] 因此，洛克得出结论，特土良（Tertullian）著名的声明——"我因不可能而相信"——"对一个好人来说，可能会被认为是热忱，但这种选择观点或信仰的规则将被证明是非常糟糕的"。[146] 一种与此相关、同样有问题的愚蠢行为是，不顾理性而屈从于个人启示。洛克将这种直接的启示称为"狂热"。这包括坚信自己接收到"上帝的特殊指引"，在"头脑发热、过度膨胀"的支配下，产生了一种狂妄的自信。[147] 洛克认为极端的迷信和狂热为社会带来了明显的问题，因为它们传播了错误的准则以及反律法主义的承诺和信仰。如果行为准则受到盲目信仰的支配，它们可能会纵容最令人厌恶的行为方式。罗马天主教徒声称，耶稣使命委托给了一个不容置疑的教廷，将道德真理归于任意的权威。对这种权威的屈服滋生了迷信和对客观正义框架的漠视。同样，新教徒对宗教"启示"的支持鼓励了人们对公民-圣徒选举秩序的信念。这种狂热产生了它自己的反律法主义假设，即道德行为最终屈服于启发的宗教真理。在知识与同意之间建立适当的界限承诺了提供规范这些要求的标准。对洛克来说，这意味着区分确定性和可能性的基础，并揭示最常见的错误形式。

思想的联想是明显的错误来源。在《英国史略》中，当伯克提到这一点时，他表达了对洛克的感谢：当面对神秘时，大脑倾向于将"想象和理性结合在一起，将最不一致的想法结合在一起"。[148] 洛克认为人与人之间的偏好并不是刻意区分的结果，而是联想的产物。这意味着习惯在很大程度上决定着行为，

145 Locke, *Essay*, bk. IV, chapt. xviii, § 11.

146 Ibid.

147 Ibid., bk. IV, chapt. xix, § § 5–7.

148 EB, *An Essay towards an Abridgement of English History* (1757– c. 1763), *W & S*, I, p.353.

这可能是良性的，但同样也可能是错误的。[149]一种错误的思想结合可以作为习惯而永久存在，而理性的论证只能艰难地将其驱除。这说明了偏见对人类思想的影响。洛克的读者对此的解读却不尽相同。《人类理解论》认为偏见是在没有确凿证据的情况下产生的。洛克认识到大多数人都是这种情况，他们没有空闲和机会去积累相关证据："绝大多数人都是这样，他们需要劳动，苦于谋生。"[150]在这些情况下，教化还是需要权威的，其结果是通过传统传播的。偏见是智力分工的结果。因此，虽然信任是一种必要的社会溶剂，但它也是使错误假设永久化的一种手段。[151]后来，在一组有关不同礼仪习俗差异的笔记中，伯克将这种思想应用到崇拜形式的选择上："大多数人对宗教的看法基于信任。"[152]在生命的尽头，他进一步概括了这一观点："世界上的大多数人……是由别人引领的；习惯和习俗是'他们'的支撑"。[153]在因宗教方面的分歧而对立的会众中，分歧往往只是意见问题。伯克赞同洛克的观点，认为关于宗教教义的争论最好由人道机构来处理。在缺乏证据的情况下，态度是由基于信任行为的服从形成的，信徒之间的礼让是慈善的义务。[154]在18世纪70年代，伯克公开表示支持宽容的新教。正如他当时所看到的那样，基督教最初是在一个自由的统治下兴盛起来的。

98

149 Locke, *Essay*, bk. II, chapt. xxiii, § 7.

150 Ibid., bk. IV, xx, § 2.

151 关于这一点，参见 John Dunn, "The Concept of 'Trust' in the Politics of John Locke" in Richard Rorty, J. B. Schneewind and Quentin Skinner eds., *Philosophy in History* (Cambridge: Cambridge University Press, 1984)。关于更广泛的哲学背景，参见 J. B. Schneewind, *The Invention of Autonomy: A History of Modern Moral Philosophy* (Cambridge: Cambridge University Press, 1998)。

152 Northamptonshire MS. A. XXVII, 49.

153 "Christian Religion," WWM BkP 26: 40–41.

154 Locke, *Essay*, bk. IV, chapt. xvi, § 4.

当东方和西方的教会容纳敌对的教派时，它们繁荣起来了，而且变得崇高和"显赫"。然而，当"罗马教会"对其他信仰不再宽容时，它就会实施威胁和迫害，"暴乱也随之发生"。结果，"黑暗王国在基督教慈善的废墟上建立起来了"。[155]

伯克始终拥护自由的美德，与贝克莱主教的教会学保持着一定距离。贝克莱在《阿尔西夫龙》中指责散漫的宗教自由主义（latitudinarian）为自然神论打开了大门，这最终助长了无神论。[156]然而，对伯克来说，基督徒之间的宽容是虔诚的标志，尽管他对异教徒的态度是另一回事。[157]他对无神论的敌意在18世纪90年代达到顶峰，这与法国革命有关："他说，无神论是所有恶行的源泉。"[158]然而，即便如此，他仍然以和平的态度相信基督教的不同意见应该永远得到包容。[159]1779年，他明确表示，基督教的所有分支都为一项共同事业做出了贡献。每个教派都可能犯错误，但他们都应受到同等的尊重。多元化的分歧不应被视为相互排斥，而应被视为追求共同希望的不同方法。[160]异议不应被视为一种分裂的倾向，除非证明它具有刻意的派系倾向。伯克认为这种派系倾向是类似普莱斯和普里斯特利的一神论者的特征，但绝不是非国教新教徒的标准态度。除了那些煽动破坏既定

99

---

155 EB, Debate on Relief for Protestant Dissenters, 23 February 1773 *Parliamentary History*, XVII, cols. 781–82.

156 Berkeley, *Alciphron*, p. 45.

157 参阅 John Locke, *A Letter concerning Toleration* (1689) in *A Letter concerning Toleration and Other Writings*, ed. Mark Goldie (Indianapolis, IN: Liberty Fund, 2010), pp. 52–53: "那些否认神存在的人是绝对不能容忍的。作为人类社会纽带的承诺、契约和誓言，对无神论者是不起作用的。抛弃上帝，尽管只在思想中抛弃上帝，也会溶解一切。"

158 EB, Debate on War with France, 12 February 1793, *Moring Chronicle*, 18 February 1793.

159 这一启示源自格劳秀斯的推崇者，归根结底来自伊拉斯谟的追随者，参见 Hans Posthumus Meyjes, "Tolérance et Irénisme" in Christiane Berkvens-Stevenlinck et al. eds., *The Emergence of Tolerance in the Dutch Republic* (Leiden: Brill: 1997)。

160 EB to Dr. John Erskine, 12 June 1779, *Corr.*, IV, pp. 84–85.

国教的教派之外，异教应该被包容，而不是被禁止。[161]

伯克后来透露说，他年轻时曾努力从基督教的各个分支中寻找具有代表性的神学作品，但一无所获，最终只是感到"困惑不解"。[162] 最后，这种困惑加深了伯克对英国国教的信赖，但也进一步增强了他对宽容原则的支持。在他看来，宽容似乎是基督教教义的基本组成部分，但他也认为持怀疑态度的自然神论者的教条主义助长了宗教迫害。[163] 在争论不休的自然神论者中，一个常见的说法是，宗教是偏执的根源，不可避免地导致了宗派偏见和纷争。伯克接受了贝克莱对这个说法的倒置：基督教是一种道德上宽松的信仰体系。宗教通常是仇恨的借口，但绝不是仇恨的根本原因。正如克里托（Crito）在贝克莱的《阿尔西夫龙》中所言，怀疑论者将盲目的愤怒与宗教虔诚等同起来，这是一种有害的狂热主义产物。"精细"哲学家把"黑暗、无知和粗鲁"归因于"启蒙、教化和美化他们国家"的东西。[164] 真正的启蒙不是教条地敌视宗教的工具，而是调和理性与持久神秘性的一种手段。在合理信念缺乏论证的情况下，神秘是能够被相信的。合理信念的概念意味着可信的程度，从道德上的确定无疑到极度的不可信。在伯克看来，基督教的启示，

161　关于伯克对"宗教自由主义"的承诺，参见 Frederick Dreyer, "Burke's Religion," *Studies in Burke and His Time*, 17 (1976), pp. 199–212; Clark, "The Enlightenment, Religion and Edmund Burke"。

162　EB, Speech on Gordon Riots, 20 June 1780, *W & S*, III, p. 606. 参阅 the report in the *General Evening Post*, 21 June 1780, 转载于 the *Whitehall Evening Post*, 20–22 June 1780。

163　关于这一时期对宽容的各类态度，参见 R. L. Emerson, "Latitudinarianism and the English Deists" in J. A. Leo Lemay ed., *Deism, Masonry and the Enlightenment: Essays Honouring Alfred Owen Aldridge* (Newark, NJ: Associated University Press, 1987); Richard Ashcraft, "Latitudinarianism and Toleration: Historical Myth versus Political History" in Richard Ashcraft et al. eds., *Philosophy, Science and Religion in England, 1640–1700* (Cambridge: Cambridge University Press, 1992)。

164　Berkeley, *Alciphron*, pp. 210–15, 227.

虽然不是数学上的确定性，但却要求我们相信它。虽然圣经内容在本质上常常是神奇的，但它的可信性却不能被合理地怀疑。

2.5　热情、类比与特殊天意

伯克甚至声称，某些启示的信条比确定的推理更可信。他写道，"最高程度的证词比理性论证还要使人信服"。[165] 这个论点出现在伯克 18 世纪 50 年代中期关于"宗教"的一篇文章中。这篇文章对道德和神学问题提出了一系列看法，最后对神迹的可信性进行了概述。上帝的意志在自然法则中隐约显现。因此，人类可以从任何额外的启发中获益。我们有理由相信神会愿意分享更多关于"祂的本性或意志"的进一步知识。[166] 圣经是揭示自然法则的补充手段。它记录了上帝的意志，并通过"上帝的行为"得到验证。[167] 这些以奇迹的形式出现的行为是一种劝导的工具，立即被见证，并通过证言传给信徒们。[168] 当神迹"非常强大"的时候，人类的证词也就没有任何疑问了。[169] 正如伯克在一篇有关论证形式的文章中所说的那样，一个事件的可信性可以通过它是否符合经验、它在时间和地点上的可能性以及言说者的个人信誉等方面进行判断。[170] 在此基础

165　EB, "Religion" in *Notebook*, p. 74.

166　Ibid.

167　Ibid.

168　关于神迹可信性的辩论的一些背景，参见 R. M. Burns, *The Great Debate on Miracles: From Joseph Glanvill to David Hume* (Lewisburg, PA: Bucknell University Press, 1981)。相比之下，天主教以累积传统的形式提供了间接的启示。关于传统的易错性，参见 Locke, *Essay*, bk. IV, chapt. xvi, § 10: "在传统真理中，每一次解构都削弱了证明的力量……传统被传承的次数越多，从其中获得的力量和证据就越少。"关于新教和天主教在这些方面的区别，参见 EB on the 1779 Dissenters Bill at WWM BkP 8: 45: 对于天主教徒来说，信仰准则是"天主教会的传统，圣经只是其传统的一部分"，新教徒则将"旧约和新约作为唯一的信仰准则"。

169　EB, "Religion" in *Notebook*, p. 74.

170　EB, "Plan for Arguing" in ibid., p, 45.

上，罗马城的存在就如同"直角三角形斜边的平方等于另外两边的平方"一样不容置疑。[171] 但是如果《圣经》是上帝的道德旨意的真实记录，那么它仍然充满了无法解释的神秘性。对于斯宾诺莎（Spinoza）来说，在一份通过激发想象力来启迪人的文书中，这一点并不令人惊讶。[172] 斯宾诺莎写道，"因此，那些试图从先知书中寻找智慧以及自然和精神事物的知识的人，完全走错了路。"[173] 在一个相关的脉络中，托兰德坚持认为神秘是可以被合理化的。不过，对伯克来说，宗教需要的不仅仅是自然理性：首先，它的吸引力在于它激起了强烈的情感；其次，圣经的神秘性并不比自然的真理更令人费解。第一点使伯克完全不同于塞缪尔·克拉克这样的神学家，克拉克努力使基督教合理化以应对自然神论的挑战；第二点使伯克迷上了约瑟夫·巴特勒的《自然宗教与启示宗教之类比》（*The Analogy of Religion, Natural and Revealed*），他将该书作为一种伟大的哲学资源加以倡导。[174]

克拉克的第一篇博伊尔演讲（Boyle lecture）发表于 1704

101

---

171 EB, "Religion" in ibid, p. 74.

172 Susan James, *Spinoza on Philosophy, Religion, and Politics* (Oxford: Oxford University Press, 2012), p. 49.

173 Baruch Spinoza, *Theological-Political Treatise*, ed. Jonathan Israel (Cambridge: Cambridge University Press, 2007), p. 27.

174 在 1797 年的一次谈话中，伯克赞扬了巴特勒《自然宗教与启示宗教之类比》所取得的学术成就，参见 WWM BkP 26: 40–41, reprinted in facsimile in *Burke Newsletter*, 8 (1967), pp. 703–10, p. 704。他将巴特勒的书推荐给他当时的侍从詹姆斯·巴里（James Barry），称其为对自然神论的最令人信服的质疑，参见 James Prior, *Life of the Right Honourable Edmund Burke* (1824) (London: 5th ed., 1854), p. 128。另见 Sir Thomas Somerville, *My Own Life and Times, 1741–1814* (Edinburgh: 1861), p. 222: "伯克高度赞赏巴特勒的《自然宗教与启示宗教之类比》，认为其对哲学怀疑论者的反对意见做出了最令人满意的回答。"关于伯克受益于巴特勒的地方，参见 Victor Hamm, "Burke and Metaphysics" in A. C. Pegis ed., *Essays in Modern Scholasticism* (Westminster, MD: Newman, 1944), and Francis Canavan, *Edmund Burke: Prescription and Providence* (Durham, NC: Carolina Academic Press, 1987), p. 9。

年，主题关于上帝的存在和属性的演讲，他对自然宗教进行了完美的辩护，以至于许多同时代的人都认为他已经解决了对启示的需求。[175] 因此，他似乎牺牲了基督教护教学（Christian apologetics）武器库中的一件主要武器。伯克显然相信激情是宗教最重要的助手之一。伯克在他 18 世纪 50 年代中期发表的另一篇实验论文《作为国家引擎的无效宗教》中表示，将宗教工具化的想法最终只会削弱宗教的力量。信仰是美德的诱因，而美德是政治共同体的资产。尽管如此，试图以信仰的公共效用为基础来证明其正当性，将使其丧失基本的可信性："当我们把宗教的目的局限于这个世界时，我们自然会破坏它本身的运作，而它的运作必须完全依赖于对另一个世界的敬畏。"[176] 自然神论者竭力将宗教用于服务国家理性，他们认为宗教胜于迷信。在这一点上，伯克评论说，他们倾向于把宗教抛给"庸俗的人"，而在他们自己的生活中丢掉一切约束。[177] 然而，作为一种情感上的强迫性依恋时，宗教更容易被珍视。信仰鼓舞人心的力量在虔诚的诗歌中得到了广泛的肯定，就像尼古拉斯·博伊劳（Nicolas Boileau）和约翰·丹尼斯等评论家所证实的那样，也如爱德华·杨（Edward Young）后来所强调的那样。[178] 这种

---

175 Samuel Clarke, *A Demonstration of the Being and Attributes of God in answer to Mr Hobbes,Spinoza and their Followers, wherein the Notion of Liberty is Stated* (London: 1705).

176 EB, "Religion of No Efficacy Considered as a State Engine," *Notebook*, pp. 67–68.

177 Ibid., p.68.

178 关于博伊劳和丹尼斯，参见 Richard Bourke, "Pity and Fear: Providential Sociability in Burke's *Philosophical Enquiry*" in Michael Funk Deckard and Koen Vermeir eds., *The Science of Sensibility: Reading Edmund Burke's Philosophical Enquiry* (Heidelberg: Springer-Verlag GmbH, 2010). 另见 Edward Young, *Night Thoughts*, ed. Stephen Cornford (Cambridge: Cambridge University Press, 1989), V, line 176: "到了晚上，无神论者就半信神了。" 关于神学背景，参见 Isabel St.John Bliss, "Young's *Night Thoughts* in Relation to Contemporary Christian Apologetics," *Publication of the Modern Language Association*, 49: 1 (March 1934), pp. 37–70。

感觉只可能是"崇高"。[179] 如果激情的激励与理性的声音相混淆，那么狂热的激情就只不过是一种幻觉。伯克赞同洛克对内战中教派狂热分子的指控。事实上，他在 18 世纪 70 年代对理查德·普莱斯的批判中也采纳了洛克的观点。[180] 尽管如此，他还是认为"上帝乐于将热情赋予人类，以弥补理性的不足"。[181]

伯克在艾迪生的《旁观者》中发现了对宗教的热情，他一直保留着对这一经历的记忆，直至去世。[182]1797 年，他在向弗朗西斯·克鲁（Frances Crewe）讲述关于基督教的一些观点时，指出思想是用来"解剖和摧毁一切自然热情的"。如果只依靠思想，"我们就都是冷酷的人！"[183] 这是他在 18 世纪 50 年代就采纳的观点。[184] 热情能让我们感受到上帝的伟大。如果这种强大的情感与理性的洞察力相混淆，其效果可能极具诱惑性。然而，如果经验被理性的结论引导和约束，那么这种经验可能是有益的："的确，热情常常误导我们。理性也会如此。这就是我们的天性……当我们用灵魂的全部力量行动时；当我们用热情来提升和增强我们的理性时；并用我们的理性抑制我们激情的涌动时，我们的行动力最强。"[185] 这种对激情迸发的赞颂也是对理性宗教的认可：它绝不是反律法主义狂热的回归。[186] 但是这种观点需要说明理性在信仰领域的作用。理性虽

102

---

179 参见本书第 3 章第 4 节。

180 参见本书第 9 章第 6 节；第 13 章第 6 节。

181 EB, "Religion of No Efficacy Considered as a State Engine," *Notebook*, p. 68.

182 参见 EB, "Christian Religion," WWM BkP 26: 40–41。

183 Ibid.

184 Ross Carroll, "Revisiting Burke's Critique of Enthusiasm," *History of Political Thought*, 35: 2 (Spring 2014), pp. 317–44.

185 EB, "Religion of No Efficacy Considered as a State Engine," *Notebook*, pp. 68–69.

186 关于早期的反律法主义狂热，参见 Michael Heyd, *"Be Sober and Reasonable": The Critique of Enthusiasm in the Seventeenth and Early Eighteenth Centuries* (Leiden: Brill, 1995), chapt. 3.

然有瑕疵，但也是机智的。如果我们明智地将其应用于经验，它可以帮助我们。因此，智力训练和勤奋能够使我们获得知识。伯克和洛克都认为，经验知识是可靠的，但也承认它有很多局限性。洛克似乎认为，在自然经验知识的限制之外，存在着一个"巨大范围的"奥秘。[187] 在伯克看来，自然神论者已经愚蠢到混淆了理性的跨度和事物的实际尺度。在此基础上，他们擅自否定了启示宗教的神秘性。然而，根据自然界的经验类推，圣经的神秘性其实是意料之中的。[188] 因此，除了热情，《圣经》是支持宗教信仰的第二支柱，尽管它所描述的戏剧性事件具有奇迹的性质。伯克认为，巴特勒主教最有力地证明了"启示"是合情合理的。基督的信息可以被称为"道德确定性"，与"能力有限的生命"相称。[189] 我们无法用清晰和明确的理念形式把握自然：它的法则只能被认为是不容置疑的。[190] 根据对自然界的实验推理的类比，启示宗教的真理充满了神秘，但这些真理本身是可能存在的。

洛克的《人类理解论》对上升程度的讨论中注意到了类比的效用。根据我们对自然的实际了解，我们可以推测出上帝创造的那些无法立即获得体验的可能机体。洛克称这种谨慎而负责任的猜测为"谨慎的类比推理"，一般会使重要真理得以发现，"否则这些真理会被掩藏起来。"[191] 巴特勒认为这种诉诸类

187　Locke, *Essay*, bk. IV, chapt. iii, § 23.

188　关于 18 世纪的这个习语，参见 Earl R. Wasserman, "Nature Moralized: The Divine Analogy in the Eighteenth Century," *English Literary History*, 20: 1 (March 1953), pp. 39–76。

189　Joseph Butler, *The Analogy of Religion, Natural and Revealed, to the Constitution and Course of Nature* (London: 1736), p. iii.

190　Aaron Garrett, "Reasoning about Morals from Butler to Hume" in Ruth Savage ed., *Philosophy and Religion in Enlightenment Britain* (Oxford: Oxford University Press, 2012).

191　Locke, *Essay*, bk. IV, chapt. xvi, § 12.

比推理的方式起源于亚历山大神学家奥利金（Origen）。[192] 这种方式似乎加强了信仰的合理性，即根据已知事实建立可能的假设。这使我们能够"从我们所看到的神对人类的那部分支配"推理到"我们所看不到的神对人类的更大和更普遍的支配"。[193] 类比提供了一种合理的推断过程，这种推断在可能的情况下或多或少是令人信服的。在此基础上，巴特勒继续致力于恢复基督教世界观的合理性，包括未来状态的学说、将今世的生活视为来世的试炼，以及在道德应得（moral desert）的基础上进行奖惩分配的信念。

在伯克看来，这是一项伟大的成就，因为尽管面临着像博林布鲁克这样的自然神论者的怀疑和攻击，它依然证明了上帝对世界的道德管理是正确的。正是博林布鲁克哲学的这一点促使沃伯顿（Warburton）发起攻击，并激励他恢复亚历山大·蒲柏的观点，抛弃他曾经的合作伙伴的扭曲看法。[194] 沃伯顿写道，博林布鲁克鼓励我们相信，"智慧法则创造了世界，并用物理和一般规律来管理世界，而不是依靠道德或者其他特定的

---

192 Butler, *Analogy*, p. iv. 彼得·布朗尼、威廉·金、乔治·贝克莱曾讨论过其在思想流派中的影响和在现代哲学中的运用。参见 e.g., Berkeley, *Alciphron*, pp.184–87。先例的讨论，参见 Ernest Campbell Mossner, *Bishop Butler and the Age of Reason* (New York: Macmillan, 1936), pp. 80–82。

193 Butler, *Analogy*, p. v.

194 蒲柏的《论人类》最初是献给博林布鲁克的。关于蒲柏的正统观念，以及自让－皮埃尔·德·克鲁萨斯（Jean-Pierre de Crousaz）以来对自然神论的控诉，参见 Douglas Atkins, "Pope and Deism: A New Analysis," *Huntington Library Quarterly*, 35: 3 (May 1972) pp. 257–78。关于蒲柏和博林布鲁克的政治联系，参见 Howard Erskine-Hill, "Alexander Pope: The Political Poet and His Time," *Eighteenth-century Studies*, 15: 2 (Winter 1981–1982), pp. 123–48; Isaac Kramnick, *Bolingbroke and His Circle: The Politics of Nostalgia in the Age of Walpole* (Ithaca, NY: Cornell University Press, 1968，1982), chapt. 8。

东西"。¹⁹⁵ 显然，博林布鲁克承认神圣法律的存在，但并不承认上帝对人类行为的管理所涉及的"特殊"天意。伯克肯定密切关注了这一讨论。¹⁹⁶ 因为所提出的问题对他自己的神义论信仰至关重要，这一信仰提供了一个宇宙的道德观。在《反思录》一书中，谈到法兰西新共和国军事誓言的道德虚无时，他回顾了法国哲学家为摧毁所有支撑基督教神圣正义观的基础所做的努力。他讽刺地说："我希望伏尔泰、达朗贝尔、狄德罗（Diderot）和爱尔维修关于灵魂不朽、特殊的天意监督和未来奖惩状态的精彩布道的手抄本能和他们的公民誓言一起下发到士兵手中。"¹⁹⁷ 对基督教信仰的这些组成部分的系统性破坏损害了支撑文明的道德资源。

1799 年 5 月 3 日，在伯克去世两年后，迈克尔·科尔尼在写给埃德蒙·马龙的信中谈到了他们的朋友伯克对神学的兴趣，并特别指出他"喜爱那些从自然界的造物中推导出最

---

195 William Warburton, *A View of Lord Bolingbroke's Philosophy, in Four Letters to a Friend* (London: 1954–1955), p. 70.

196 《年鉴》提供了一些他从 18 世纪 50 年代后期到 1766 年前后所关注的事情的索引。他关注的各方面可以从以下文献中得到确认，"Character of Voltaire by King of Prussia," in The *Annual Register for the Year 1758* (London: 1759), pp. 237–39; "Translation of a Letter from the late President Montesquieu, to Another of the View of Lord Bolingbroke's Philosophy," in The *Annual Register for 1760* (London: 1761), p. 189, "Physical Evil the Cause of Moral Good," extracted from the *Idler* in ibid., pp. 187–88; "A Short View of the Character and Writings of M. de Voltaire," in The *Annual Register for 1762* (London: 1763), pp. 48–50; "Review" of Warburton on the *Doctrine of Grace* in *ibid.*, pp. 239–46; William Warburton's refutation of Voltaire in the *Divine Legation of Moses Demonstrated* (London: 1737–1741), reprinted in The *Annual Register for the Year 1765* (London: 1766), pp. 207–15; "Advantages of the Social Principle over A Great Understanding towards Promoting the Happiness of Individuals," from John Gregory's *Comparative View of the Faculties of Man* (London: 1765) in ibid., pp. 227–33。

197 EB, *Reflections*, ed. Clark, p. 383 [309].

高存在的属性的作家"。[198] 伯克的热情促使他将威廉·德汉姆（William Derham）、约翰·雷（John Ray）和伯纳德·纽温特（Bernard Nieuwentyt）的神学著作借给了科尔尼。他们每一位作者都致力于通过造物主的作品，来展现造物主的智慧。[199] 伯克后来声称，"没有一只麻雀会毫无目的地落在地上"。[200] 这种理念也在格劳秀斯的自然法则理论中发挥了重要的作用："上帝的意志，"格劳秀斯写道，"不仅通过神谕和超自然的预兆表现出来，最重要的是通过造物主的设计体现出来，因为自然法则就是从这最后一个源头中产生的。"[201] 特别是纽温特，为了能够影响被无神论劝诱改宗的全国会众，他用荷兰语出版了自己的作品。作为基督教哲学家，他的目的不仅仅是证明一般天意的真实性，而且还要论证"特殊"天意的真实性，也就是要说明"永恒存在"不仅仅是明智和有力量的，而是"仁慈的"。[202] 上帝并没有抛弃他的创造物，任其自生自灭，而是继续为人类的愿望提供安慰，并为道德提供一个合理的框架。这种恩惠依赖于两种信仰：灵魂的永生与奖惩学说。

105

198　Michael Kearney to Edmond Malone, 3 May 1799, "Letters to Edmond Malone from Michael Kearney, 1797–1811," Bodl. MS. 39, fols. 29–30.

199　William Derham, "A Demonstration of the Being and Attributes of God from the Works of Creation" in *A Defence of Natural and Revealed Religion Being and Abridgement of the Sermons Preached at the Lecture Founded by Robert Boyle* (London: 1737), 2 vols.; William Derham, *Physico-Theology: Or, A Demonstration of the Being and Attributes of God from His Works of Creation* (London: 1715); John Ray, *The Wisdom of God Manifested in the Works of the Creation* (London: 1709).

200　EB to Unknown, 1795, *Corr.*, VIII, p. 364.

201　Hugo Grotius, *Commentary on the Law of Prize and Booty* (c. 1604), ed. Martine Julia van Ittersum (Indianapolis, IN: Liberty Fund, 2006), p. 20.

202　Bernard Nieuwentyt, *The Religious Philosopher: Or, The Right Use of Contemplating the Works of the Creator* (London: 3rded., 1724), p. v. 这是约翰·钱伯莱恩（J. Chamberlayne）献给帕克勋爵（Lord Parker）的英文译本，原书为 *Regt Gebruik der Werelt Beschouwingen* (Amsterdam: 1715)。

伯克在关于"宗教"的零碎文章中写道，"希望和恐惧是我们内心一切的源泉"。[203]"因此，"他接着说，"剥夺天意，就等于剥夺了宗教。"[204] 他的意思是，宗教依赖于特殊天意，而不是一个智慧而强大的造物主的一般观念。伯克坚持说，"人类有永生的观念，并希望得到它"。[205] 他后来指出，永生的假设是"古老的、普遍的，并且在某种程度上是与生俱来的"。[206]巴特勒将这一观点解释为基于类比推理的概率确定性，在《自然宗教与启示宗教之类比》的前两章中，他基于未来生活的承诺和奖惩的前景，为天意的统治辩护。伯克在早期的作品片段中草草记下了他的结论："人清楚自己是有义务的；履行这些义务必须符合上帝的意愿；符合上帝的意愿就是获得幸福的途径。"[207]

西塞罗的《论神性》（*De natura deorum*）认为，对天意的信仰是虔诚、敬畏和宗教的前提条件。如果没有这些，人类之间的"所有信任和社会关系"都会被摧毁。[208] 从这个角度看，无神论与社会秩序是不相容的。伯克认为，对永生的信仰趋向于"完善"我们的本性，没有它的话，我们很容易堕落到"低于本性的水平"。[209]18 世纪 70 年代，他声称，即使是建立在理性或本能基础上的自然宗教，也足以维持人与人之间的信任关系，但前提是它必须建立在永生和来世的观念上。[210] 基督教

---

203 EB, "Religion" in *Notebook*, p. 70.

204 Ibid., p.71.

205 Ibid.

206 EB, *An Essay towards an Abridgement of English History* (1757– c. 1763), *W & S*, I, p. 352.

207 EB, "Religion" in *Notebook*, p. 71.

208 Cicero, *De natura deorum*, I, 2.

209 EB, "Religion" in *Notebook*, p. 72.

210 EB to Dr. John Erskine, 12 June 1779, *Corr.*, IV, p. 85

的神旨，通过揭示上帝与人之间更纯粹的关系，为这些原始的
直觉增加了意义。但为什么基督教的神旨没有在创世之初就被
揭示给全人类呢？1730 年，马修·廷达尔挑衅性地提出了这个
问题，以此来全然挑战启示的必要性。[211] 剑桥哲学家、后来的
卡莱尔主教埃德蒙·劳（Edmund Law）在 1745 年通过对上帝
的利益分配进行概率推理来解决这个问题。劳认为，"凡是相信
上帝和祂的天意的人自然会认为，如果要做出启示的话，它将
按照与治理自然道德世界一样的方法来进行。"[212] 该观点运用类
比论证的力量来解释神圣安排的本质。[213] 基督教是按照人类发
展的不同阶段，以"逐渐、进步和局部"的方式传播的。[214] 智
慧的这种分配符合天意的作风，这在生活中更为普遍。人是一
种道德上循序渐进的生物，需要与其进步阶段相适应的伦理洞
察力。正如人们所期望的那样，通过奖罚公正的上帝之手，基
督教的真理以更深入的理解被揭示出来。[215]

　　对功绩的奖赏是在一个宇宙正义体系中运作的，而不是
在每个人的生活范围内运作的。1792 年底，随着英国和大革
命时期法国的冲突开始加剧，伯克的关注点又回到了他早期智
识生活的主题上。他提醒下议院注意，一个"建立在相信上帝

211　Matthew Tindal, *Christianity as Old as the Creation; or, the Gospel a Republication of the Religion of Nature* (London: 1730).

212　Edmund Law, *Considerations on the State of the World, with regard to the Theory of Religion* (Cambridge: 1745).

213　劳通过神学上的前辈，特别是约翰·邓恩（John Denne），为自己的观点辩护。参见 John Denne, *Sermon Preached for the Propagation of the Gospel in Foreign Parts* (London: 1730); John Conybeare, *The Defence of Revealed Religion* (London: 1732); Simon Browne, *Defence of the Religion of Nature, and the Christian Revelation* (London: 1732); and Butler's *Analogy*。参见 Law, *Considerations*, p. 9n。

214　Ibid., p. 33.

215　Ibid., pp. 10–11.

的存在，以及个人离开这个世界时可以在来世享受幸福的慰藉之上"的道德安排是不可替代的。[216] 伯克的观点不仅仅是道德义务需要一个全能之神的认可，他还热切地提醒大家，对于未来的幸福期望是对世俗不公的最好补偿。任何一个发达的商业社会都应该考虑到这一点，因为在基于私有财产的物质不平等的条件下不公正的情绪很容易得到表达。[217] 面对一个饿肚子的人，你很难向他解释人们理应拥有必需品之外的"多余的东西"。[218] 伯克在《反思录》的最后强调了这一点。财产制度依赖于先前的公民服从制度，以便确保获得物品的安全。文明生活意味着尊重自己并不拥有的财富。人们愿意为自己希望得到的东西而努力，这就推动了社会进步。由于人们普遍认为，勤劳的成果没有得到合理的分配，因此，世俗财富不均衡的分配被"永恒正义的调和"这一理念所解化。特殊天意是道德义务的保证，但它也通过最后清算的安慰促进了社会秩序。伯克认为，谁剥夺了一个民族的这种报偿机制，谁就"扼杀了他们的勤奋，并破坏了一切所得和所有的根基"。通过破坏基督教希望的基础来追求这样的做法，就是扮演"残酷的压迫者、穷苦人的无情敌人"的角色。[219]

2.6 《为自然社会辩护》

这一论点隐含在《为自然社会辩护》（以下简称《辩护》）中，尽管这一信息很容易被层层的讽刺模仿所掩盖。1797年，

---

216 EB, Speech on Aliens Bill, 28 December 1792, *Parliamentary History*, XXX, col. 187.

217 关于对财产分割公正性的持续质疑，参见 Michael Sonenscher, "Property, Community, and Citizenship" in Mark Goldie and Robert Wokler eds., *The Cambridge History of Eighteenth-Century Political Thought* (Cambridge: Cambridge University Press, 2006)。

218 EB, Debate on Address of Thanks, 14 December 1792, *Parliamentary History*, XXX, col. 71.

219 EB, *Reflections*, ed. Clarke, p. 411 [351].

在《每月访客》的一篇文章中，有人断言，《辩护》"是一个高明的骗局"。[220] 然而，事实要复杂得多。在这本书出版后一个月内，就有评论指出，该书的作者是"一位聪明的年轻绅士，是律师学院的一名学生"，但同时又报道了对其意图的普遍困惑。[221] 这篇评论接着总结并驳斥了该书的结论，使其完全失去了讽刺的目的。《辩护》第二版含蓄地承认，第一版的讽刺确实难以捉摸，因此容易被误认为是真正的主张。《辩护》的形式是一封写给身份不明人士——"某勋爵"——的信，是一位"贵族作家"死后刊登的作品。一则仿造广告称，这封信是 1748 年前后写的，并推测这个"贵族作家"是博林布鲁克。接下来的文本是对博林布鲁克散文的精心模仿，模仿了他含糊其辞和浮夸的写作风格，以及他典型的肤浅主张。然而，这种模仿可能因模仿的水平太高而失去尖锐性，削弱讽刺作品的批判意义。[222]

不过，伯克的意图还是可以从其语境中体会出来。第二版 108

---

220 Anon., "Memoirs of the Right Honourable Edmund Burke," *Monthly Visitor* (October 1797), p. 317.

221 *Critical Review* (June 1756), p. 420. 一个类似的结果，参见 *Gentleman's Magazine* (May 1756)。

222 20 世纪对《辩护》的诠释总是忽视伯克的讽刺。例如，参见 Murray N. Rothbard, "A Note on Burke's *Vindication of Natural Society*," *Journal of the History of Ideas*, 19:1 (January 1958), pp. 114–18. 关于对罗斯巴德（Rothbard）的批评，参见 John C. Weston Jr., "The Ironic Purpose of Burke's *Vindication* Vindicated," *Journal of the History of Ideas*, 19:3 (June 1958), pp. 435–41. 弗兰克·诺维尔·佩加诺（Frank Nowell Pegano）注意到伯克的讽刺贯穿全文，但缺乏对伯克讽刺对象的历史意义的探究，参见 Frank Nowell Pegano, "Burke's Early Political Theory: *A Vindication of Natural Society*" (Boston College PhD Thesis: 1981). 关于该论点的总结，参见 Frank N. Pegano, "Burke's View of the Evils of Political Theory: Or, *A Vindication of Natural Society*," *Polity*, 17:3 (Spring 1985), pp. 446–62. 关于对伯克讽刺对象更为完整的历史记录，参见 J. Boyd Cressman, "Burke's Satire on Bolingbroke in *A Vindication of Natural Society*," (PhD Thesis, University of Michigan, 1956)。

的序言简要地概述了本书的总体目标：本书是为了揭示一种特殊的论证模式。伯克脑海中浮现的是博林布鲁克死后出版的作品的伪哲学风格，尤其是他后期对既定宗教和神学的攻击。伯克的方法是揭露博林布鲁克丧失理性的姿态，同时用反证法质疑他的结论。《辩护》有两个目标，为了同时追求这两个目标，模糊了伯克想要表达的确切信息。第一个目标是证明博林布鲁克立场的虚伪，第二个目标是推翻他的实质性观点。伯克试图模仿博林布鲁克对正统宗教的假意让步，以揭露他的立场完全是一种伪装。伯克确信博林布鲁克的目标是破坏宗教，而他公开表达的虔诚只不过是虚张声势罢了。例如，在《辩护》一开始，这位贵族作家就模仿博林布鲁克的语气宣称，在嘲笑各种宗教机构时，他丝毫没有"反对我们最优秀的教会的虔诚、真理和完美"。[223] 然而，很明显，他的"自由探究"正是为了实现这一目的。

与此同时，除了揭露博林布鲁克华而不实的坦率之外，伯克还试图动摇他的思想方法，以揭露他的所谓见解只是琐碎的幻想。然而，他并没有通过讽刺博林布鲁克曾引起最多丑闻的那些主题，来实现这两个目标中的任何一个。他并没有明确涉及神学或宗教的话题，而是通过将博林布鲁克的方式应用于政治理论来嘲弄他。因此，这个想法是为了表明，博林布鲁克用来破坏宗教的怀疑论手段同样可以用来"颠覆政府"。[224] 其假设是，博林布鲁克本人不会接受这种论证模式应用于政治问题时导致的实际后果，因此，尖锐推理的局限性很容易就显现出

223　EB, *Vindication*, p. 140.

224　Ibid., p. 134.

来了。[225] 在《辩护》整本书中，这位贵族作家被表现为珍视真理，而非珍视其应用的后果。那种认为破坏长期存在的大众偏见可能会带来"最危险后果"的观点，被讥讽为是一个"荒谬和亵渎神灵的观念"。[226] 伯克讽刺的目的是要颠覆这种自以为是的假设，提供一个由自由探究产生的社会愿景，但这样的后果恐怕连博林布鲁克都无法接受。

1754 年，在博林布鲁克死后，大卫·马利特编辑出版了他的两部著作，其中一本汇集了他的所有作品，另一本则专门介绍了他的"哲学作品"。[227] 正是这部哲学著作吸引了公众的注意，其内容中的不敬和挑衅触怒了正统的情感。这些"哲学作品"也被视为是极端虚伪的：自始至终，博林布鲁克都在力证自己的无害意图，同时也在不断地攻击宗教的效用。在《写给亚历山大·蒲柏的信或随笔》的引言中，他声称，自己试图以学者的私人身份寻求真理，以恢复"基督教的名誉"。[228] 然而，对很多人来说，这个宣言就像是一场骗局：他的意图并不虔诚，他的最终目标是颠覆性的。约翰·利兰（John Leland）评论道，他"指责自由思想家们采取了不恰当的自由，但他自己的写作却丝毫不顾体面的规则"。[229] 博林布鲁克假装对机智的自由和调侃的精神有所克制；但实际上，他一直试图破坏基督教信仰的信条。

109

---

225 关于这一点，参见 Iain Hampsher-Monk, "Rousseau, Burke's *Vindication of Natural Society,* and Revolutionary Ideology," *European Journal of Political Theory,* 9:3 (2010), pp. 245–66。

226 EB, *Vindication*, p. 139.

227 Bolingbroke, *Works*, 15 vols.; Henry St. John Bolingbroke, *The Philosophical Works of the Right Honorable Henry St. John, Lord Viscount Bolingbroke* (London: 1754), 5 vols. 两个版本都刊登了令人反感的哲学文章。

228 Bolingbroke, *Works*, III, p. 334.

229 John Leland, *A View of the Principal Deistical Writers that Have Appeared in England in the Last and Present Century* (London: 1755), 2 vols., II, p. 136.

根据博林布鲁克的观点，对哲学家的探究自由所规定的限制是依据个人谨慎的要求自我施加的，而那些强加给教堂牧师的限制则是制度偏见的结果。这就意味着哲学的自然理性是服务于真理的，而教会的牧师智慧则被制度性义务所扭曲。在《由蒂洛森大主教的一次布道而引发的信》（*A Letter Occasioned by One of Archbishop Tillotson's Sermons*）中，博林布鲁克坚持认为神职人员被"神学体系"的要求所束缚，试图以此诋毁他们的哲学智慧。[230] 相比之下，哲学家可以自由地回应真理的提示。例如，博林布鲁克告诉我们，虽然他一度倾向于认为原始人的信仰是一神论，但经过思考，他可以接受"原始人"很可能是多神论者。另一方面，蒂洛森是其自身预设的奴隶，而这些预设来自他的制度承诺所施加的要求。[231] 正如博林布鲁克所说，"蒂洛森被他的偏见所引导"，即被浸泡在"神学炫耀"中的傲慢所引导。[232] 伯克反驳了博林布鲁克的批评，认为偏见和傲慢是驳斥教条论断的手段。[233]

在《写给亚历山大·蒲柏的信或随笔》的引言中，博林布鲁克再次将理性探究的智慧美德与教会教条的形而上学妄想进行了对比，宣称自己是启蒙理性道路上的后来者：最初，他以天真的"傲慢"态度推迟了对神学的学习，当他开始怀疑那些仅仅建立在权威之上的未经检验的假设时，他最终只能相信自己的能力，我对任何权威的尊重都不足以让我在信仰上认同

---

230 Bolingbroke, *Works*, III, p. 257. 博林布鲁克是在讨论收集到的蒂洛森的布道，参见 John Tillotson, *Sermons sur diverses matières importantes*ed, ed. J. Barbeyrac (Amsterdam: 17I8), 2 vols. 洛克向巴贝拉克（Barbeyrac）推荐了这些布道。

231 Bolingbroke, *Works*, III, p. 259.

232 Ibid., pp.266, 268.

233 关于这一点，参见 Hampsher-Monk, "Burke and the Religious Sources of Sceptical Conservatism"。

它。[234] 面对神职人员的欺骗行为，博林布鲁克开始在实证探究的基础上构建"第一哲学"，它建立在"特定的实验和观察"之上，而不是建立在相反的"假设性推理"的猜测之上。在这一点上，他相信自己是在效仿洛克，从他与莱布尼茨、甚至培根有关的那种公理推理中解放出来。[235] 他的意思是，他把自己的探究限制在"人类知识的范围内"，把理解建立在从自然观察中间接或直接产生的思想上。[236]

观察自然世界，当然是研究自然世界中所反映的神性，而不是为了猜测其性质、属性或天意。[237] 博林布鲁克明确指出，这种推测超出了理性探究的范围，因为人类的理解能力无法理解上帝的思想。然而，博林布鲁克认为，如果理性不能穿透形而上学的奥秘，那么它可以揭露出迷信中的矛盾之处。尽管如此，揭露的过程也带来了公民义务。博林布鲁克坚持认为，将赤裸裸的理性应用于迷信的庸俗妄想中，会带来一种公共责任的负担，如果没有这种负担，对启蒙的追求就会煽动异议和派别。[238] 他承认，对真理的虔诚有可能促进异端，而异端在实践中可能破坏政治和宗教的既定秩序。鉴于异端观点有可能被政治化，并被组织成具有党派意识的小团体，言论自由应该根据具体情况而加以调整。柏拉图、西塞罗、瓦罗和伊拉斯谟都承认，有必要调整自己的信息，以适应自己的听众，因为普通人无法在不威胁社会秩序原则的情况下接受理性的真理，对博林布鲁克来说，这一点是有利的。[239] 在盲目顺从既定教条和将宗

---

234 Bolingbroke, *Works*, III, pp. 320–22.

235 Ibid, pp. 326–29.

236 Ibid., p. 327.

237 Ibid., p. 330.

238 Ibid.

239 Ibid., p. 331.

教感情暴露在嘲笑之下而打破社会和政府的基础之间，存在着一条中间道路。

111　　　这条中间道路最终取决于公众与有闲绅士之间的知识劳动分工：前者按照祖先的信仰发表意见；后者则悠闲地从事冷静调查的工作，而不会对公共的安宁造成任何干扰。沙夫茨伯里令人印象深刻地指出了本世纪初对宗教的批评所带来的颠覆性危险：他评论说，智慧的自由不应该"在公众面前被粗暴地对待"。相反，知识的自由应该被保留在"俱乐部"的范围内——也就是"绅士和朋友之间，他们彼此非常了解"。[240] 对于博林布鲁克来说，这意味着应该"安静地"和"自由地"寻找真相。[241] 然而，人们怀疑这种谨慎的声明是博林布鲁克的诡计，因为与此同时，他明确地想要把世俗调查的权威与他所认为的神职人员的教条主义对立起来。在博林布鲁克看来，教会没有能力进行启蒙教育，它一直在向公众宣扬迂腐和无知，即使在文艺复兴时期文学"复活"之后也是如此。[242] 实际上，启蒙与教会机构"结合"是不可能的。[243] 人们所能预料到的最好的结果是，随着牧师对人类心灵的霸权逐渐被开明绅士的权威所取代，他们的可信度会下降。人类事务中的争论一直是神职人员捏造出来的，因此哲学承诺结束人为的党派分歧：派别将与神学争论一起被废除。[244]

　　　伯克在《辩护》中的思想很有可能是由博林布鲁克的观点

240　Anthony Ashley Cooper, Third Earl of Shaftesbury, "Sensus Communis: An Essay on the Freedom of Wit and Humour" in idem, *Characteristicks of Men, Manners, Opinions Times* (1711) (Indianapolis, IN: Liberty Fund, 2001), p. 48.

241　Bolingbroke, *Works*, III, p. 333.

242　Ibid., pp. 341–42.

243　Ibid., p. 343.

244　Ibid., p. 335.

所激发的，即神学的诡计扰乱了心灵的自然倾向，从而使人性在公民社会中受到腐蚀。[245] 在《写给亚历山大·蒲柏的信或随笔》的引言中，博林布鲁克认为，在社会中，局部利益对人的激情的操纵产生了偏见，破坏了政府的公正性。知识蒙蔽（例如神职人员的学问）助长了偏见，这种知识蒙蔽将无知时代发展起来的"偏见"引入到一个"启蒙"时代。对博林布鲁克来说，鉴于这种体制易于堕落，真相需在自然之光的照耀下不断地被恢复。伯克解释说，这意味着主要信仰将被变本加厉的批判性调查所破坏。"大多数文明国家，"博林布鲁克说，"常常犯下不公正和残酷的罪行。"他认为，这种文明的失败是由于人类在"人为的"利益和观点的影响下脱离了自然的、"原始的"状态，从而导致了人类的腐败。伴随而来的社会衰落只能在自然理性的要求下得到遏制，正如博林布鲁克所见，自然理性应该被用来挑战传统"习惯"的假设。毕竟，习惯是"第二种虚假的自然"，最终会滋生分裂和派别。[246]

112

伯克的《辩护》为另一种派别理论的发展扫清了障碍，首先是直接抨击了对自然社会的辩护，正如博林布鲁克在《写给亚历山大·蒲柏的信或随笔》的引言中所概述的那样。对博林布鲁克来说，自然社会是建立在人类共同利益之上的，然而，在狡猾的神职人员的制度理性或"人为"理性所兜售的虚假哲学教义的影响下，这些利益被派系化了。[247] 面对这种欺骗伎俩，

---

245 关于伯克《辩护》针对的是卢梭的《论人类不平等的起源和基础》的想法，参见 Richard Sewell. "Rousseau's *Second Discourse* in England from 1755 to 1762," *Philological Quarterly*, 17 (April 1938), pp. 97–114; F. P. Lock, *Edmund Burke*, I, p. 87; Ian Harris, *Burke: Pre-Revolutionary Writings* (Cambridge: Cambridge University Press, 1993), p. 6. 有关批评，参见 Iain Hampsher-Monk, "Rousseau, Burke's *Vindication of Natural Society*, and Revolutionary Ideology".

246 Bolingbroke, *Works*, III, p. 315.

247 Ibid., p. 319.

博林布鲁克赞扬了蒙田"自然化"学院哲学的志向，"蒙田说，如果我是哲学家，我会自然化艺术，而不是将自然艺术化"。[248]《辩护》将这个"自然化"计划大规模地应用于阐释政府机构的历史，以揭露博林布鲁克的天真。伯克暗示，在一个单一的、理性的共同目标的名义下，通过肃清既得利益来终结党派分歧，最终会适得其反。由于意见的统一必须以专制的方式强加于人，因此它将唤起人们的反抗精神，以反对在公共利益上的暴政。[249]

《辩护》一开始就告诉读者，它将通过叙述政治的内外关系的历史来考虑公民社会造成的破坏。从国家的外部活动开始，这位贵族作家把文明和野蛮的历史进程都描述为一连串的战争和破坏。《辩护》模仿了博林布鲁克著作中的典型特征，旋风式地讲述了埃及、巴比伦、亚述、麦地那和波斯的君主制，接着是希腊、马其顿、罗马、哥特、汪达尔和现代欧洲事务的只言片语，以说明历史记录只不过是一连串的罪行：征服、服从、破坏和灭绝，这些对胜利者和被征服者都没有任何好处，但据称这就是不同社会之间相互关系的特点。这位贵族作家宣称："我谴责所有这些对政治社会的影响，"此处模仿了博林布鲁克不分青红皂白的谴责风格。[250] 同时，伯克的叙述中还隐藏着对反宗教的指责：这位贵族作家用无休止的流血事件

---

248 Ibid., p. 315，译自蒙田的《论维吉尔的几首诗》（Upon Some Verses of Virgil），法语原文为："Si j'estois du mestier, je naturaliserois l'art autant comme ils artialisent la nature." 参见 Michel de Montaigne, *Les essais de Michel de Montaigne* eds. Pierre Villey and V.–L. Saulnier (Paris: Presses Universitaires de France, 1965), p. 874。感谢费利西蒂·格林（Felicity Green）提供的参考。

249 关于这一点，参见 Harvey C. Mansfield, *Statesmanship and Party Government: A Study of Burke and Bolingbroke* (Chicago, IL: University of Chicago Press, 1965), pp. 238–39。

250 EB, *Vindication*, pp. 151.

证明"上帝对人类的惩罚是有多严重"。[251] 这意味着博林布鲁克用来摧毁仁慈神灵观念的方法，同样可以用来消除正义与剥削之间的区别，从而将政治的历史沦为一部压迫的历史。通过这些手段，文明变得与野蛮的过去毫无差别，而且所有的历史都被瓦解成一连串无差别的暴行。

在将社会的历史简化为一连串不间断的战争后，这位贵族作家提出了一些一般性的思考，在这些思考中，他用政治社会的出现来解释人类毁灭的规模。我们被告知，虽然人类本性中的某种"傲慢"和"凶猛"使人类倾向于相互对抗和冲突，但正是文明社会本身的虚伪导致了频繁而残酷的竞争。[252] 其原因似乎有两个。第一，政治社会的出现，在扩大组织规模的同时，也增加了破坏的手段。第二，公民社会的诞生在建立"从属"关系的过程中显然改造了人类的激情。正如这位贵族作家所描述的那样，政治在"暴政"与"奴役"之间形成了一种恶性的辩证关系，其结果是愤怒和复仇因为屈从于统治者的反复无常而被释放出来。一边是国家的神秘理性，另一边是公众的恶意，二者被用来定义政府和被统治者之间的关系。[253]

《辩护》中出现的每一个政体都被认为会引发专制，导致混乱：我们被告知，"无论你们以什么形式看待它们，它们实际上都是专制统治。"[254] 这导致贵族作家故意得出了一个离谱的结论：公民社会本身就是政治腐败的根源。为了证明这一观点的合理性，该书向读者介绍了政府的三种主要形式，并依次说明每种形式的不足之处。例如，君主政体被简单地贴上了"专

251　Ibid., p. 143.

252　Ibid., p. 152.

253　Ibid., pp. 153–54.

254　Ibid., p. 182.

制"的标签，而贵族统治则被认为"除了名字不一样，本质上没什么区别"。[255] 在这种情况下，民主被认为拥有与"绝对君主制"相同的"精神"，正如古代共和国历史所证明的那样。例如，雅典表现得像是一个迫害性政权，厌恶功绩的胜利，并喜欢破坏稳定的分歧。[256] 除此之外，人们对混合政体也提出了特别的批评，认为这种政体将各种纯粹的宪政形式结合起来，导致了持续的内部斗争："这样的政府从其宪法本身来说，一定会经常发生阴谋、动乱和革命。"[257] 这些冲突的根本原因是"政党"精神，它促使政体的对立利益陷入冲突。从这个角度来看，混合政权通过煽动愤怒的派系分裂，破坏了理性治理的可能性。[258]

伯克清楚地意识到，在 18 世纪 30 年代中期，博林布鲁克把党派的"诡计"与迷信时代的"黑暗"联系在一起。博林布鲁克认为，自 17 世纪以来，英国政治中的党派精神已经消退，至少可以考虑结束国内的纷争了。他反问道："我们要让这种光明再次变成党派的黑暗吗？"[259] 后来，在《论政党》（*A Dissertation upon Parties*）中，博林布鲁克将政党的起源追溯到政治和宗教观点的多样性，认为基于自然理性的"健全哲学"是纠正这种偏差的唯一希望。[260] 为了明晰他的观点，他建议他的读者阅读西塞罗《论神性》第二卷卢基里乌斯（Lucilius）对上帝存在的证明所做的哲学序言。卢基里乌斯

---

255 Ibid., p. 158.

256 Ibid., pp. 161–65.

257 Ibid., p. 169.

258 Ibid., p. 170.

259 Henry St. John Bolingbroke, *A Dissertation on Parties* (1735) in *Bolingbroke:Political Writings*, ed. David Armitage (Cambridge: Cambridge University Press, 1997), p. 4.

260 Ibid., p. 30.

说："时间摧毁了意见的计谋，但它证实了自然的判断。"[261] 在《论政党》中，博林布鲁克将这种对自然理性的呼吁应用于政治而非宗教主题，把查理一世统治下对君主特权的捍卫看作一个空洞的观点，清醒的判断并不能支持这种空洞的观点。"当同样的观点在复辟时期重新出现时"，博林布鲁克宣称，这些观点没能扎根，很快就"被驳倒"了。[262]

博林布鲁克认为错误的政治观点是在人类激情的影响下，将自然法则错误地应用于具体案例的结果，这一观点在他的《随笔与节选》（*Fragments or Minutes of Essays*）中得到了充分的阐释，该文出现在他 1754 年作品的最后一卷。由此可见，党派斗争是理性不足的产物。在这种观念下，公民社会在激情和偏见的影响下走向了腐败。然而，这并不是本质上的不公正。在伯克的讽刺中，处于自然状态的人尚未受到骄傲的影响。正是随着文明的诞生而出现的启蒙运动，一下子催生了腐败和奢靡。伯克的贵族作家用蒲柏《论人类》（*Essay on Man*）第三卷中的两句话概括了这一立场，这是一封关于"人的本性和状态"的道德书信，写给博林布鲁克："那时候没有骄傲，也没有助长骄傲的艺术；人类和野兽同行，共同拥有黑暗。"[263] 博林布鲁克的目的是控诉人造社会，而不是相信人类在社会建立之前的自然状态。然而，对伯克来说，这种控诉破坏了宗教虔诚的条件，也破坏了道德和文明的基础。博林布鲁克

115

261　Cicero, *De natura deorum*, II, ii, 5. In Bolingbroke, *Dissertation*, p, 30, 对话中的这段话被错误地归因于巴尔巴斯（Balbus），并被解释为："毫无根据的意见会被摧毁，但理性的判断，或自然的判断，会被时间所证实。"

262　Bolingbroke, *Dissertation*, pp. 31–32.

263　Alexander Pope, *An Essay on Man* (1733–1734) in *The Poems of Alexander Pope*, ed. John Butt (London: Routledge, 1963, 2005) 'To the Reader', p. 501, and Book III, lines 151–52. 伯克在《为自然社会辩护》第 181 页引用了这句话："那时候没有骄傲，也没有助长骄傲的艺术，/ 人与兽同行，同享黑暗。"

认为"公民社会或政治社会的基础是在自然中尊定的，尽管它们都是艺术的产物"。[264] 艺术破坏了自然的潜力。

博林布鲁克的部分意图是批判霍布斯和洛克的作品中提出的自然的自由状态，他指出，在政治社会产生之前，从未存在过一种纯粹的自然状态。在公民社会之前，共同体在家庭社会中存在，通常受到父系统治的监督。博林布鲁克认为，皮埃尔·贝勒（Pierre Bayle）把野蛮人的存在与绝对自由的条件联系起来是错误的。塞勒斯特（Sallust）对格图里亚人（Getulians）和利比亚人的描绘中，他们的繁荣独立于"风俗、法律或统治者的权威"，随后，贝勒将这些"粗鲁和未开化的部落"与前社会生活联系在一起。[265] 然而，博林布鲁克反对说，人类"从来没有脱离过社会，因为如果他们在组成国家之前就已经以家庭的形式存在，那么他们从一开始就在社会中了"。[266] 尽管如此，如果社会和权威是人类自然状态下的产物，那么在人类这样不完美的生物手中，它们很容易被滥用。由于人类长期无法在公民社会中公正而严格地应用自然法则，"文明而开明"的欧洲所表现出的不公正和不人道往往超过"易洛魁人、巴西利亚人或非洲沙漠中最野蛮的居民"。[267] 这是对启蒙运动自满情绪的一种谴责，这种自满情绪将社会进步与道德进步联系在一起。其含义是文化或人类的"虚伪"并没有为公民社会的改善做出贡献。如果人类的自然状态不像霍布斯所说的那样是一种前社会状态，那么它也不是通过精神和道德生活的改善而得到纠正的原始堕落状态。

---

264 Henry St. John Bolingbroke, *Fragments or Minutes of Essays* in *Works*, V, p.105.

265 Ibid., p. 111. 博林布鲁克这是在回应如下的论点，参见 *Pensées diverses sur la comète drawing on Sallust, Jugurtha, XVIII*。

266 Bolingbroke, *Fragments* in *Works*, V, p. 110.

267 Ibid., p. 152.

伯克认为，博林布鲁克关于人类社会进步的看法取决于一系列由虚伪滋生的腐败主张，博林布鲁克对宗教文化的历史有一种特殊的蔑视。这一点在他第二封《写给亚历山大·蒲柏的信或随笔》中表现得很明显，他称这封信是"对哲学家的愚蠢和傲慢的一些反思"。在这里，博林布鲁克认为宗教智慧的进步不是启蒙运动的一部分，只是一个人为欺骗的故事罢了。牧师的权力滥用已经成功地蒙蔽了自然的理性，因此，博林布鲁克总结道，我们最为珍视的宗教理念是教士阶层精心编造的巧妙谎言。在陈述他的观点时，博林布鲁克对他所认为的关于哲学的兴起和进步的普遍存在的基督教观念提出了挑战。在约瑟夫斯和优西比乌斯的虚假主张之后，布罗查特、休特和斯蒂林弗利特等学者接受了这样一种观点，即艺术和科学的传播，尤其是宗教真理的获取，是由东到西——由埃及人传给希腊人的。[268] 取而代之的是，博林布鲁克将人类觉醒的故事描述为错误和欺骗的胜利。他的叙述分为两个阶段，从错误开始，以欺骗结束。在早期社会，人们无法直观地知道自然现象的最终原因，他们用多种有效的原因来解释事件，这些原因本身就被当作神灵来崇拜。因此，最早的宗教在性质上是多神论的：一神论并不是给亚当后代的礼物。换句话说，一神论是后来才出现的。[269] 它的发现是哲学精英的成就。然而，这一第一哲学的真理并没有传授给大众。相反，他们被一群哲人立法者愚弄了："在这些继承了家族之父的权威的哲人立法者手中，宗教是一种恰当的权宜之计，可以强制人们服从政治制度。"[270]

由于最早的一神论者显然通过操纵特权启示的虚假主张，

---

268 Bolingbroke, *Works*, IV, pp. 12–13.

269 Ibid., pp. 16–19.

270 Ibid., p. 26.

将明知是错误的教义强加于人，因此，在博林布鲁克看来，他们一定很想将一种特殊的人为虚构强加于人：基于灵魂永生的奖惩学说。由于教会体制的出现，欺骗变得更加容易，它建立在祭司秩序之上，而这个秩序影响着权力和财富的基础。[271] 这显然是对基督教会，尤其是英国圣公会的抨击。他们被错误所迷惑，并倾向于欺骗他们的信徒。他们的方法有着古老的渊源，正如博林布鲁克在他对希腊人的异教的描述中所证明的那样。神灵的特性只能在祂的造物中被发现："在这层面纱之外，人类理性的眼睛什么也发现不了。"[272] 然而，正如荷马《伊利亚特》中的英雄所展示的那样，人类的共性倾向于将神性与众多的多神论力量混为一谈。在另一个极端中，哲学家则倾向于相信他们能洞悉上帝的本质，不仅能破译上帝的物理效应，还能解读上帝的道德本质。[273] 换句话说，上帝的特殊天意的观念是由哲学家牧师的假设所产生的一种虚假的神学补充，并由现代基督教神学家延续。因此，宗教的虚伪以迷信自然界的道德运作颠覆了自然理性。[274]

1791 年 5 月 6 日，在一场关于《魁北克法案》的辩论中，伯克用"狂喜的呼语"来表示神的力量，而神的道路是"软弱无能的凡人"无法接近的。[275] 我们所拥有的一切指导是经验的权威。尽管如此，这也指出了来世存在的可能性，以及勤

271　Ibid., p. 41.

272　Ibid., p. 47.

273　Ibid., p. 48.

274　这一论点受到查尔斯·巴尔克利（Charles Bulkley）的批评，参见 Charles Bulkley, *Notes on the Philosophical Writings of Lord Bolingbroke* (London: 1755), p. 52。同其他许多与自然神论争议有关的作品一样，该书被列在伯克图书馆的销售目录中。其中一个版本参见 *Catalogue of the Library of the Late Right Hon. Edmund Burke* (London: 1833)。

275　EB, Debate on the Quebec Bill, 6 May 1791, *Parliamentary History*, XXIX, col. 388.

奋和美德得到回报的前景。没有这个希望的基础，道德就缺乏尊严，人的动机就沦为欲望和本能。伯克在《辩护》的开篇就描述了这样一个世界。他写道："地球上最初的孩子和其他种族的兄弟们非常平等地生活在一起。"[276] 伯克认为，如果没有一个天赐的上帝，人类将会被玷污和兽性化。在《阿尔西夫龙》中，贝克莱强调，道德怀疑论者的立场是对真正哲学原则的颠覆，这些原则"努力培养和完善人类，并尽可能地将其与野蛮人区别开来"。[277] "相比之下，自由思想家则试图剥去心灵的装饰，以摆脱其积累的偏见，"将其还原为原始的自然状态"。[278] 伯克认为，正是对特殊天意的否认才获得了这一结果。伯克在《辩护》中指出，自然社会的支持者怀疑"造物主是否真的想让人类获得幸福"。[279] 所有人类的经历都是一连串的罪恶，没有任何理由或期望得到解脱。斯多葛学派的忍耐主义只能提供遗憾的安慰。所有旨在缓解这种自然状况的故作聪明注定只会在旧伤上添加新痛。根据这种对人类进步可能性的分析，习惯并没有提供培养美德的前景：它只会带来"新的危害"，或者加剧旧的弊端。[280] 教育使人堕落，而不是促进道德进步。

　　在提出这个关于宗教虚伪成就的批判性说明时，《辩护》对巴特勒的道德思想提出了一个嘲弄性的挑战。当然，这样做的真正目的是，通过揭露博林布鲁克论证的空洞来支持巴特勒的主张。在《自然宗教与启示宗教之类比》的第五章中，巴特

276　EB, *Vindication*, p. 138.

277　Berkeley, *Alciphron*, p. 56.

278　Ibid., p. 57.

279　EB, *Vindication*, p. 137.

280　Ibid.

勒着重论述了道德习惯作为道德教育载体的效力。巴特勒指
出，自然界决定了习惯是通过不断练习而形成的。[281]换句话说，
人类就是这样习得文化的，通过思想的联想来促进感知，并通
过反复使用为行动做准备。[282]这种能力使我们能够为了文明的
存在而改善我们的本性。对奢侈品的适应说明了这种能力：饰
品逐渐成为需求。通过同样的过程，情感可以得到培养，礼仪
可以得到完善。《辩护》假装对这一过程提出了批评。我们的
内心会发现"身体里有某些渴望，虽然很少，却是我们真正需
要的"。[283]后来，这一规律被概括为社会生活的一个特征：我
们不断地创造"一些新的人为规则来指导自然，这些规则如果
留给人类自己，就是最好、最可靠的指导"。[284]巴特勒和伯克
的观点是，人为的改进是我们天性的一部分，是由形成习惯的
倾向促成的。

　　在《辩护》中，我们想起了博林布鲁克对虚伪的谴责：神
学家们设计了"服从于虚构法律的虚构存在"，然后通过"虚
构的恐怖来支持对这种虚构存在的信仰"。[285]在伯克看来，利
用一个假想的存在来灌输虚构的恐怖，不过是被几代自然神论
者的推测所普及的自以为是的陈词滥调。它建基于一种人们对
自然理性的信仰，这种信仰无视作为道德进步工具的"习惯的

281　Butler, *Analogy*, pp. 84–85. 关于巴特勒对自然的讨论，参见 Allan Millar, "Butler on God and Human Nature" in Christopher Cunliffe ed., *Joseph Butler's Moral and Religious Thought: Tercentenary Essays* (Oxford: Oxford University Press, 1992)。

282　Butler, *Analogy*, p. 82.

283　EB, *Vindication*, pp. 137–38. 关于 18 世纪政治思想中对该主题的讨论，参见 Istvan Hont, "The Early Enlightenment Debate on Commerce and Luxury" in Goldie and Wokler eds., *Eighteenth-Century Political Thought*。

284　EB, *Vindication*, pp. 137–38.

285　Ibid., p. 138.

力量"。[286]伯克在《辩护》中讽刺了这一立场，但在法国革命之后，伯克的讽刺受到了正面攻击，这种攻击主导了其职业生涯的最后阶段。1794年，伯克从议会退休后，他的文学遗嘱执行人弗伦奇·劳伦斯计划为《年鉴》撰写一篇关于他的职业生涯的报道。劳伦斯称，《辩护》是为了"吓一吓"博林布鲁克的信徒，"但他在法国的后继者们已经在一个伟大的王国里进行了一场绝望的实验，并践行了这一理念的全程"。[287]有人认为，伯克在18世纪50年代挑战过的道德和宗教怀疑主义是18世纪90年代革命精神的基础。

---

286 "习惯的力量"一词来自巴特勒，参见 Butler, *Analogy*, p. 81。

287 French Laurence, "Political Life of Edmund Burke: Annotated Proofs of a Contribution to the *Annual Register*" (c. 1794), OSB MS. File 8753.

119

第三章

《哲学探究》：激情的科学

3.1 导　语

当埃德蒙·伯克撰写《为自然社会辩护》一书时，他已经大体上完成了他的那本《论崇高与美之起源的哲学探究》（简称《哲学探究》）。然而，他对《哲学探究》的文稿进行了修改，并将其出版时间推迟到了《为自然社会辩护》之后。《哲学探究》在伯克的作品集中长久以来占据着特殊地位，这主要是由于它早期在德国获得了积极的反响。然而，事实上，这部作品是个异类。它的研究方法从本质上而言显然是哲学性的，其内容包括审美愉悦的成因。伯克再也没有系统地回到这本书的主题上来。说到这里，如果不从字面上看的话，伯克的研究涉及更广泛的领域，包括了激情的社会效用。从这个角度而言，《哲学探究》是伯克思想发展过程中的重要记录。如我们看到的那样，它体现了伯克整个二十多岁时期的思考主线。这本书首先探索了混合情感的经典理论，重点关注亚里士多德对怜悯和恐惧的标志性分类。接着，这本书又进一步阐明了礼仪的情感心理学，探讨由自豪感触发的兴奋，以及基于恐惧而产生的服从本能。伯克对众多前人的自然神论假设提出了挑战，论证了道德品位对责任的依赖。在这个过程中，他阐明了道德依赖于宗教，并追溯了迷信的起源与发展。与此同时，他还探究观念间的联想、语言的力量和品位的标准。这部作品还重述了伯克对于斯多葛学派的厌恶，以及他对当时主要道德家的回应，首先是对哈奇森、曼德维尔和贝克莱作品的回应，其次是对杜博斯（Dubos）、孔狄亚克（Condillac）、休谟和斯密作品的回应。尽管《哲学探究》并不是道德哲学领域集大成的专著，但它的确为我们提供了了解伯克人性理论的机会，因为它解释了伯克一以贯之的思想特征。

3.2　惊奇、愉悦和怜悯

120

伯克的《哲学探究》于 1757 年 4 月 21 日由罗伯特·多兹利首次出版。同年 8 月，他将书赠予沙克尔顿，并为自己没能尽早联系的"疏忽"道歉。他告诉这位朋友，这本书的手稿"已经在我手中搁置了好长时间了"，后来才下定决心让这本书面世。[1] 伯克在序言中更明确地说明了它的创作情况："这项研究完成至今已经有四年时间了，"这表明该作品是 1753 年完成的。[2] 但是他对于这一问题的兴趣可以追溯到更早之前。1789 年，他告诉埃德蒙·马龙，早在大学期间讨论这类话题时，他就已经"在反复思考"了。[3] 这很容易在伯克的通信中得到印证：在一封三一学院时伯克写给沙克尔顿的信中，便可以发现他正在分析混合情感的特征，这正是《哲学探究》中他着重研究的主题。[4] 他在早先的一封信中，以更加智慧的语气提到了他在目睹自然界"伟大而可怕的景象"时感到的愉悦，这些景象使人的头脑"充满宏大的念头"，并使灵魂"自省"。在经历了利菲河决堤之后不久，伯克思考了自然灾害对人的心理影响。他发觉，这类事件使人类深刻意识到自然的力量，又同时鼓励我们相信自己的伟大："我意识到人类是多么的渺小，但在人类自己

1　EB to Richard Shackleton, 10 August 1757, *Corr.*, I, p. 123.

2　EB, *A Philosophical Enquiry into the Origin of our Ideas of the Sublime and Beautiful* (1757, rev. ed. 1759) .W&S, p. 188.

3　James Prior, *Life of Edmond Malone, Editor of Shakespeare* (London: 1860), p. 154.

4　EB to Richard Shackleton, c. 3 February 1746/7, *Corr.*, I, pp. 78–79.

看来又是多么的伟大！"[5]这些发散的思考演化为伯克在《哲学探究》中的"雄心"理论，作为他对人类动机的总体解释。

《哲学探究》是一部公然的批判之作，但它本身也包含激情理论的要素，同时探讨了情感对于社会和宗教生活的影响。因此，尽管此书并不是神学或社会理论的习作，却涵盖了与政治、道德和宗教相关的人类学元素。伯克所取的题名故意指向弗朗西斯·哈奇森1725年发表的《美与德行的观念根源的探究》（*An Inquiry into the Original of Our Ideas of Beauty and Virtue*），尽管他的目的是对哈奇森的结论提出异议。1747年2月，伯克撰写了一封名为《致哈奇森》的书信，显然他很欣赏他的收信人对"激情结构"的剖析，并进一步探究了它们的根本原因。[6]但威廉·丹尼斯在1758年3月向沙克尔顿介绍这两部《探究》时，很快就注意到伯克与前人的不同之处。丹尼斯坦言，这是他在《哲学探究》出版一周年以来，他第三次阅读这本书，并将其视作一部"精妙之作"。他接着说，它的主旨与哈奇森的结论明显不同：哈奇森的作品败坏了人们对道德的理解，伯克则显然扩大了我们对于品位的感知。[7]丹尼斯将哈奇森论著的腐蚀性影响归因于它"代表独立于宗教的美德"，而这"间接地"损害了宗教。在丹尼斯看来，伯克的《哲学探究》并没有试图把道德责任减损为变幻莫测的品位：相反，它通过追寻我们的激情和引发激情的对象之间的对应关系，确立了判定想象力的愉悦原则。因此，尽管伯克研究关于品位的科学，但他将美学判断的基础与道德的基础区分开来——正如丹尼斯所言，这可能是为了讨好现代"人群"而计划不当的结果，但它仍然会吸引有眼光的人。[8]丹尼斯欣赏《哲学探究》的一点是它并没

5　EB to Richard Shackleton, 25 January 1744/5, ibid., I, pp. 39.

6　EB, "TO DR H——N," *W & S*, I, p. 31.

7　OSB MSS File 4325: "ALS to Richard Shackleton," March 1758.

8　Ibid.

有表现出哲学的狂妄自大，在这一点上，他认同伯克自己对意图的表述。该书第一版的序言表示书中的论点是"可能的推测，而非确定无疑、无可争辩的事物"。[9] 这是洛克式经验主义的一种做法，对形而上学的确定性持怀疑态度，但仍然倾向于用天意安排的"自然法则"来解释刺激物对想象力的影响，即使无法破解这些"自然法则"的基本原理，却可以观察到它们的特征。[10] 伯克一直在寻找批判的法则，但这需要一个能够解释我们的动机和反应的人性说明。在这一过程中，他提出了一个关于社会性的说明和一个关于权威服从的理论，并对支持宗教的情感进行了分析。由于这个原因，最好把伯克的作品基础视为某种人类学研究，其中包含一个社会和宗教理论的雏形。

伯克在《哲学探究》中首先论述了追求新奇的本能是人类精神的原始特征。他说："我们在人类精神中最先发现的、最简单的情感就是好奇心。"[11] 好奇心，或对知识的欲求，是最基本的情感之一，并且从很早开始就存在于哲学中。在《论灵魂的激情》(*Les passions de l'âme*) 一书中，笛卡尔将好奇心描述为一种惊奇感或"钦佩"感，一种由于遇见稀有或非同寻常的事物，而触发灵魂的突然的惊喜感。他说道，面对新鲜事物，我们被激发出想要进一步探索的欲望，这纯粹是因为该事物是新颖的：那些异于往常的体验和超出期待的事物自然而然地会吸引我们的注意，并会使我们充满仰慕的好奇心。[12] 笛卡

122

9　EB, *Philosophical Enquiry*, p. 189.

10　Ibid., p. 188.

11　EB, *Philosophical Enquiry*, p. 210.

12　René Descartes, *Les passions de l'*âme (Paris: 1649), p. 95. 有关讨论，参见 Amélie Oksenberg Rorty, "From Passions to Emotions and Sentiments," *Philosophy*, 57:220 (April 1982), pp. 159–72; Susan James, *Passion and Action: The Emotions in Seventeenth-Century Philosophy* (Oxford: Oxford University Press, 1997), Chapt. 5; Susan James "The Passions and the Good Life" in Donald Rutherford ed., *The Cambridge Companion to Early Modern Philosophy* (Cambridge: Cambridge University Press, 2006)。

尔视这种惊奇感为所有情感"之首"，因为尽管这种情感本身能够促进人类的发展，但它却激发了无视效用的行动。[13] 好奇心的对象最终或许是有益的，但一旦确定了它的用处，人们的求知欲就会被满足。因此，惊奇感是计算利益的先决条件。[14]

夏尔·勒布伦（Charles Lebrun）在 1698 年发表的《在皇家绘画和雕塑学院会议的演讲》（*Conférence tenue en l'Academie Royale de Peinture et Sculpture*，以下简称《演讲》）中，与笛卡尔一样将钦佩感添加到学术界的由欲望引起的激情列表中。[15] 他还观察到，与其他激情不同，这种感觉不会引发心脏或血压上的生理变化，因为它与钦佩对象的优劣品质无关，这些对象同样可能是宏伟的或卑微的。面对宏伟的对象，钦佩感将趋近于尊重，从而产生崇敬感；面对卑微的对象，钦佩感将趋近于蔑视，从而引发轻蔑感。[16] 勒布伦的总体目的是要阐明激情是如何通过低劣艺术表现出来的。由于他视钦佩感为最平静的情感，在其影响下的躯体应该静止不动，就连面部肌肉都没有什么变化。因此，惊奇感最好的诠释是雕塑

13　关于对科学和哲学"惊奇感"历史的描述，参见 Lorraine Daston and Katherine Park, *Wonders and the Order of Nature, 1150–1750* (New York: Zone Books, 1998)。另见 Caroline Walker Bynum, "Wonder," *American Historical Review*, 102:1 (February 1997), pp. 1–26; Michael Funk Deckard and Péter Losonczi eds., *Philosophy Begins in Wonder: An Introduction to Early Modern Philosophy, Theology, and Science* (Eugene, OR: Pickwick Publications 2010) 关于笛卡尔思想中激情的目的论，参见 Alison Simmons, "Sensible Ends: Latent Teleology in Descartes' Account of Sensation," *Journal of the History of Philosophy*, 39 (2001), pp. 49–75。

14　Descartes, *Les passions de l'âme*, pp. 82–83.

15　Charles Lebrun, *Conférence tenue en l'Academie Royale de Peinture et Sculpture* (Amsterdam: 1698), pp. 8–9. 关于以新笛卡尔的方式讨论"惊奇感"，参见 Nicolas Malebranche, *The Search after Truth* (1674–75), ed., Thomas M. Lennon (Cambridge: Cambridge University Press, 1997), p. 385。

16　Lebrun, *Conférence*, p. 11.

般茫然的神情。[17]

　　从伯克自己对情感的生理效应的解释来看，他对勒布伦的《演讲》十分熟悉。例如，他对爱的表征的描述几乎与勒布伦相同。[18]《哲学探究》通篇体现出伯克吸收了"新"后笛卡尔哲学所提出的对人性秘密机制的放弃。这涉及扩展由牛顿和洛克开创的实验法的范围，但同时又要践行笛卡尔遗留下来的严格分析。因此，伯克在《哲学探究》中明显借鉴了艾迪生和哈奇森研发的道德科学与批判科学。然而，同样清楚的是，他渴望推进自己独特的论点。詹姆斯·普赖尔在他的作品《伯克的一生》中说到，这位追求文学名声的年轻人在 18 世纪 50 年代初便致力于"驳斥"贝克莱和休谟的作品了。[19] 无论我们如何看待这个说法，《哲学探究》必然是既借鉴了前人的成果，同时也在自己的领域开疆拓土了。与勒布伦一样，伯克的《哲学探究》也始于对知识与生俱来的渴求。然而与勒布伦不同的是，对于伯克而言，好奇心是一种躁动不安的激情；并且，严格来说，它并非是永不满足的。我们对周围环境的兴趣会被熟悉感耗尽：日常事务会使得心智变得缓慢迟钝，并且如果没有进一步的激励，心智会变得疲惫不堪。这些激励机制呈现出多种形式，正如有许多不同种类的愉悦与痛苦。伯克从两个特定来源

123

17　Ibid., pp. 10–11.

18　EB, *Philosophical Enquiry*, p. 299. Cf. Lebrun, *Conférence*, pp. 19–20. 勒布朗的作品借由约翰·威廉姆斯（John Williams）的英译本广为人知，参见 Charles Lebrun, *A Method to Learn to Design the Passions* (London: 1734). 其被引用的例子，参见 William Hogarth, *The Analysis of Beauty* (1753), ed. Joseph Burke (Oxford: Oxford University Press, 1955) p. 138, 尽管伯克在准备《哲学探究》的第二版前似乎对威廉·荷加斯（William Hogarth）的作品不了解。关于伯克对勒布伦的借鉴，参见 Barbara C. Oliver, "Edmund Burke's 'Enquiry' and the Baroque Theory of the Passions'," *Studies in Burke and His Time*, 12:1 (Fall 1970), pp. 1661–1676。

19　James Prior, *Life of the Right Honourable Edmund Burke* (London: 5th ed., 1854), p. 38.

推导这些激励机制: 一是来自自然界各种"力量"的刺激; 二是来自"激情"的支配。[20]

在《哲学探究》中激起伯克好奇心的是自然界的特定力量在人类身上激发出的一致倾向。这部作品的目的是确定这些统一反应的终极因和动力因, 从而为"人类学"(或称人的科学)的一个重要分支做出贡献。伯克所针对的人类学的具体分支是"审美"心理学, 或称批判科学, 致力于剖析想象力是如何被激发的, 而不是研究理解力和感官如何动作。[21] 根据《哲学探究》, 审美心理学以一般心理学为基础, 因此在分析审美反应的过程中, 伯克向我们介绍了支持社会、宗教和政治的一般心理反应。与此同时, 他还概述了他对心理学在伦理学中的作用, 以及激情与天意安排之间关系的看法。因此, 从这本关于崇高和美概念的小册子中, 我们大致了解了伯克关于心理学

124

20　EB, *Philosophical Enquiry*, p. 210.

21　参见 Joseph Addison, *The Spectator*, No. 411, 21 June 1712: "想象的乐趣, 如果充分利用的话, 不像感官的乐趣那样粗俗, 也不像理解的乐趣那样高雅。"参阅 Francis Hutcheson, *An Essay on the Nature and Conduct of the Passions and Affections, with Illustrations on the Moral Sense* (1728), ed. Aaron Garrett (Indianapolis, IN: Liberty Fund,2002), p. 17:' 从规则的、和谐的、统一的物体中产生的愉快感觉; 以及从壮观和新奇中产生的愉快感觉。在艾迪生先生之后, 我们可以把这些称作想象的愉悦。"关于哈奇森对艾迪生的借鉴, 参见 Clarence DeWitt Thorpe, "Addison and Hutcheson on the Imagination," *English Literary History*, 2:3 (November 1935), pp. 215–34。关于艾迪生的长期影响, 参见 Mark Akenside, *The Pleasures of the Imagination* (London: 1744), "Design," p. 3: "在人类的天性中, 似乎存在着某种介于身体感觉器官和道德感知能力之间的力量, 它们被统称为"想象的力量"。像外部感官一样, 它们与物质和运动有关; 与此同时, 给头脑一些类似于道德认同和厌恶的想法。"参阅 Dugald Stewart, *Philosophical Essays* (Edinburgh: 1810), 209n: "艾迪生先生所称的想象的愉悦, 也许可以更准确地称为我们从品位的对象中获得的快乐; 这是一种心灵的力量, 可以从可感知的事务中产生快乐, 也可以从精神创造中产生愉悦。""美学"一词是亚历山大·鲍姆加登(Alexander Baumgarten)后来创造的, 尽管他对该词的理解已经被艾迪生"想象的愉悦"这一非技术术语所涵盖。参见 Paul Guyer, "The Origins of Modern Aesthetics, 1711–1735," in idem, *Values of Beauty: Historical Essays in Aesthetics* (Cambridge: Cambridge University Press, 2005).

原理如何与道德和神义论相联系的看法。因为这本书的内容复杂，因此评论家们很难用一个明确主题定义这部作品。[22]

在发展他对想象力心理学的新研究时，伯克首先修改了洛克在《人类理解论》中提出的快乐与痛苦相互依存的理论。在《人类理解论》第二卷第七章中，洛克阐明了快乐与痛苦在激励人类行动和理解方面的作用。依据洛克的说法，各种满意和喜悦，各种形式的不安和折磨，都附在我们每一个想法上，并因此支配着我们的想法和感受。如果没有明智地将这些积极和消极的情感加入到我们的观念中，人类的生活就会沦落为一个"懒惰的昏昏欲睡的梦"，哪怕是一个具体的行动或思考，人们都无法做出抉择，因此也无法按照"创物主"的意图发挥我们的才能。[23]但是洛克进一步推测，"至高主宰者"在通过适当行使主体及其各部分的功能，来有效维护人类存在的同时，将每一个个体生命置于对满足感的无尽追求之中，以便我们向造物主寻求最大的享受，"直到永远"。[24]伯克总体上认可这些观点，但对洛克关于快乐和痛苦之间关系的分析提出了挑战。

洛克宣称对自己关于支撑快乐和痛苦反应的神圣理由的解

---

22 因此，伯克的政治学常常会陷入他的批评之中，或他的批评也同样直接陷入神学之中。关于对后者的解读，参见 F. P. Lock, *Edmund Burke* (Oxford: Oxford University Press, 1998), 2 vols., I, p. 98。对伯克的美学与政治关系的以往评论，参见 Neal Wood, "The Aesthetic Dimension of Burke's Political Thought," *Journal of British Studies,* 4 (1964), pp. 41–64; Christopher Reid, *Edmund Burke and the Practice of Political Writing* (Dublin: Gill and Macmillan, 1985), Chapt. 3; Frans De Bruyn,"Edmund Burke's Natural Aristocrat: The 'Man of Taste' as a Political Ideal," *Eighteenth-Century Life,* 11 (1987), pp. 41–60; David Bromwich, "The Sublime before Aesthetics and Politics," *Raritan,*16 (1997), pp. 30–51。关于最近对《哲学探究》的评价，参见 Michael Funk Deckard and Koen Vermeir eds., *The Science of Sensibility: Reading Edmund Burke's Philosophical Enquiry* (Heidelberg: Springer-Verlag GmbH, 2010)。

23 John Locke, *An Essay concerning Human Understanding* (1689), ed. Peter H. Nidditch (Oxford: Oxford University Press, 1975, 1979), II, vii, § 3.

24 Ibid., II, vii, § § 5, 6.

125 　释表示满意，但他怀疑自己并未阐明刺激本身的性质。[25] 伯克赞同洛克在《人类理解论》中取得的成就，但他同样想指出其中存在的缺点。凯姆斯勋爵（Lord Kames）在其作品《论道德和自然宗教原则》（*Essays on the Principles of Morality and Naturotl Religion*）中就曾试图达成这一目标。在洛克的观念中，人类行为完全由寻求快乐和避免痛苦驱动，凯姆斯在对让－巴蒂斯特·杜博斯（Jean-Baptiste Dubos）的美学理论的批评文章《我们对痛苦之物的依恋》（Our Attachment to Objects of Distress）中挑战了这一观点。凯姆斯认为，人类的社交属性被设计得如此之好，以至于我们对引起不愉快情绪（如悲痛）的对象感到触动，由此可见，自爱会被同情本能抵消。[26] 伯克同样警惕一些情绪，这些情绪似乎破坏了将动机降为自私原则的尝试，但是他对洛克的观点进行了自己独有的批评。在第一版《哲学探究》的一个脚注里，他写道："洛克先生认为，痛苦的消除或减轻被认为是一种愉悦，而愉悦的丧失或减少则被认为是一种痛苦。""这个观点正是我们所认为的，"他补充道。[27] 伯克接受洛克的观点，即痛苦和快乐是不可逆的，正如他所说的那样，"无法定义"。[28] 然而，他不能认同痛苦来自快乐的耗尽或快乐源自痛苦的减轻。正是基于这一反对，伯

25　Ibid., II, vii, § 6.

26　Henry Home, Lord Kames, *Essays on the Principles of Morality and Natural Religion* (1751), ed. Catherine Moran (Indianapolis, IN: Liberty Fund, 2005), pp. 14–16. 凯姆斯对杜博斯的批评大概是针对此时翻译的作品，参见 Jean-Baptiste Dubos, *Réflexions critique sur la poesie et sur la peinture* (1719) as *Critical Reflections on Poetry, Painting and Music, with an Inquiry into the Rise of the Theatrical Entertainments of the Ancients*, trans. Thomas Nugent (London: 1748), 3 Vols。

27　EB, *Philosophical Enquiry*, p. 212n. 这几句实际引用了洛克的观点，参见 Locke, *Essay*, II, xx, § 16。

28　EB, *Philosophical Enquiry*, p. 211. 参阅 Locke, *Essay*, II, xx, § 1。

克发展出了自己的理论，并坚持他在这一领域的独创性。

"我永远不能说服我自己，认为快乐与痛苦的关系是彼此对立的，"伯克在开头如此评述道。[29]伯克挑战的是这样一种观念，即舒适和不适、满足和痛苦完全是相对的，它们存在于一个此消彼长的光谱中。与此相反，伯克认为所有这些状态都代表着自成一体的观念，相互独立而非相互依存。在痛苦与快乐这两个极端之间，存在着"平静"的中性状态，快乐的枯竭或不满的消除都涉及向这种"冷漠"的中性状态靠拢，而不是从一个极端走向另一个极端。正是通过以这种方式恢复快乐和痛苦的完整性，伯克才能够对这两种情感的多样性进行更细致入微的解释。更具体地说，在从明确的快乐或痛苦状态向中性的冷漠状态转变的过程中，这使他能够在微妙的不同条件中发现这两种情感的多样性。

在这方面，比起洛克不加区分的理论，伯克明显更加偏爱对愉悦的古典分析。对于愉悦这一经典主题，自然而然地存在着许多相互竞争的经典观点。[30]伯克特别提到了由柏拉图在《斐莱布篇》（*Philebus*）中创立，随后又在亚里士多德的《修辞学》中发展起来的论证传统。在撰写《哲学探究》的过程中，伯克很可能读过阿奇博尔德·坎贝尔（Archibald Campbell）的《道德本原探究》（*An Enquiry into the Original of Moral Virtue*），坎贝尔在这本书中着重强调了"快乐并不是去除痛苦"，并在脚注中

126

29　EB, *Philosophical Enquiry*, p. 212.

30　关于这个广泛的主题，参见 J.C.B.Gosling and C.C.W.Taylor, *The Greeks on Pleasure* (Oxford: Oxford University Press, 1982); C.C.W.Taylor, *Pleasure, Mind and Soul: Selected Papers in Ancient Philosophy* (Oxford: Oxford University Press, 2008)。

标注这一观点的出处为《斐莱布篇》。[31] 在《斐莱布篇》中，苏格拉底反对这样一种观点，即感觉必须始终体现为快乐的增加或减少。在愉快与不愉快之间存在第三种中性的情况，因此：免于痛苦并不等同于感受到快乐。解脱可能只是让我们恢复到最初的冷漠状态。[32] 此外，生理上的享受不可避免地会受到记忆和欲望等精神状态的影响，例如，伴随着食欲的满足而产生的愉悦感会因对满足的预期而增加。这适用于一般的情感体验，苏格拉底总结道：因喜剧中的嘲弄而引起的笑声中掺杂着痛苦，正如悲剧的场面会诱发混杂着喜悦的悲伤一样。[33]

这一道理同样适用于愤怒、恐惧、渴望、悲恸、爱和嫉妒：这些混合情绪都具有苦乐参半的效果。苏格拉底引用了《伊利亚特》第十八卷中的例子，即阿喀琉斯在得知普特洛克勒斯的死讯后，将自己饱受折磨的愤怒描述为比流淌的蜂蜜"更甜蜜"。[34] 愤怒的痛苦激发着对报复的期待。在《哲学探究》中，伯克谈到险中逃生所体验到的解脱感其实是以同样混杂的方式融合了多种情感，从而产生"某种恐惧和惊喜的混合情绪"。伯克还提到了《伊利亚特》中的另一个例子："如同一个清楚自己罪行的可怜人，因谋杀他人而逃离故土，刚到达边境，气喘吁吁，面色苍白，满目惊奇，凝视一切，充满讶异。"[35] 在《哲学探究》

127

31　Archibald Campbell, *An Enquiry into the Original of Moral Virtue* (1727) (London: 1733), p. 266. 关于坎贝尔的观点和职业生涯，参见 Anne Skoczylas, "Archibald Campbell's *Enquiry into the Original of Moral Virtue*, Presbyterian Orthodoxy, and the Scottish Enlightenment," *Scottish Historical Review*, 87: 293 (April 2008), pp. 68–100。

32　Plato, *Philebus*, 43c1–d9.

33　Ibid., 48a1–9, 50b1–5. 有关讨论，参见 Dorothea Frede, "Disintegration and Restoration: Pleasure and Pain in Plato's *Philebus*," in Richard Kraut ed., *The Cambridge Companion to Plato* (Cambridge: Cambridge University Press, 1992)。

34　*Philebus*, 47e8–9, citing Homer, *Iliad*, XVIII, ll. 108–9.

35　EB, *Philosophical Enquiry*, p. 213, citing Pope's translation of Homer, *Iliad*, XIV, lines 590–3.

中，正是这种混合的情绪吸引了伯克的大部分注意力，尤其是那些体现崇高感的混合情绪。这类矛盾情绪是由建立在即刻知觉之上的记忆和欲望引起的：险中逃生之后会期待完全的安全感，愉悦消失后可以从回忆愉悦中得到慰藉。即使是恢复了平静状态，也会受到之前状态的影响。[36]

伯克在《哲学探究》第一部分第五章致力于探讨随着愉悦感的终结而产生的感受，以更清楚地阐明他的观点。他认为，愉悦的中止会通过三种方式影响人的精神。第一种情况是愉悦会适可而止地结束，让我们恢复宁静；第二种情况是愉悦被突然打断，从而引发失望；第三种情况是以前的愉快彻底丧失，导致悲伤。但即使是三种情况中最极端的悲伤情绪，也不同于积极的痛苦。我们之所以沉溺于这种体验，甚至充分体味它，是因为消极的感觉中充斥着满足的记忆。如果痛苦没能缓解，就会令人不快，而忧郁的思考则会引发"令人愉快的悲伤"。[37]亚里士多德在他的《修辞学》中对这类矛盾的情绪进行了细致的审视，正如柏拉图将阿喀琉斯的悲愤等同于一种苦涩的情绪，其可以通过对复仇的甜蜜期待来减轻。[38]但是，伯克最为关注的两种情感是怜悯和恐惧，亚里士多德也对这两种情感投注了大量关注。[39]

对伯克而言，怜悯和恐惧代表了快乐和痛苦在人类心灵中

---

36 EB, *Philosophical Enquiry*, pp. 212–13.

37 Ibid., pp. 215–16. 伯克引用了蒲柏对荷马的翻译，参见 *Odyssey*, IV, line 127，墨涅拉俄斯（Menelaus）正在为特洛伊战争中死去的同伴而悲伤。

38 Aristotle, *Rhetoric*, 1370b9–10.

39 参阅 EB, *Hints for an Essay on the Drama* (c. 1761), *W & S*, I, p. 558："悲剧转向……忧郁和有感染力的主体……因此，其激情［是］钦佩、怜悯和恐惧"。*In the Annual Register for the Year 1758* (London: 1759), p. 278，伯克在为约翰·泽弗奈亚·霍威尔（J. Z. Holwell）的《加尔各答黑洞》（Black Hole of Calcutta）一书所写的序言中，提及这些亚里士多德式的激情："对人类的心灵来说，也许没有什么比异乎寻常的苦难和奇妙的解脱更能使它愉悦的了。前者培养了我们的人性，而后者则是对上帝充满希望与信任的精神。它们具有亚里士多德所认为的'好悲剧'的效果，纠正了恐怖和怜悯的情感。"

运作的两种具体但也非常重要的方式。它们之所以重要，是因为它们源自驱动情感的两种本能，即"自我保护"和"社交"的本能。[40] 格劳秀斯在《战争与和平法》(*The Rights of War and Peace*)第一版的绪论中对这两种共同促进的激情进行了著名的剖析：一方面是对自我利益的驱动，另一方面是对社交的渴求。[41]《哲学探究》中伯克关于人性的观点显然与格劳秀斯的基本思路一致。在这个思路内，他认为恐惧从根本上来说是出于自我保护的考虑，而怜悯则使我们倾向于与他人共处。在伯克着手开始撰写《哲学探究》时，这两种激情已经引起了包括从霍布斯、曼德维尔到卢梭在内的无数现代自然法学家和伦理学家的关注。这些情感的积极内涵以及它们的社会影响一直是一个反复争议的话题。对这些影响的评估当然取决于对其内容的解释。但是，这些情感的内容反过来又依赖于表达的情境：情境影响了这些情感被感受到的强度等级，以及它们与相近感情之间的关系。但是在这些多种可能的关系中，最重要的是它们之间错综复杂的联系。

伯克在《哲学探究》中取得的成就之一就是重新定义了怜悯与恐惧之间关系的本质。霍布斯在《利维坦》中曾说道："为另一个人的不幸而感到悲伤，就是怜悯"，但是，他后续

40　EB, *Philosophical Enquiry*, p. 216. 伯克后来写道，"个人的自我保护是自然界的第一条法则"。参见 EB, Speech on the Unitarian Petition, 11 May 1792, Northampton MS. A. XXVI. 96。

41　Hugo Grotius, "Prolegomena" (1625), *The Rights of War and Peace*, ed. Richard Tuck (Indianapolis, IN: Liberty Fund, 2005), III, p. 1747. 对格劳秀斯的分析的解释大相径庭。关于他作品中社会本能的意义，参见 Richard Tuck, "Grotius and Selden" in J. H. Burns and Mark Goldie eds., *The Cambridge History of Political Th ought 1450–1700* (Cambridge: Cambridge University Press, 1991), pp. 499–529; Annabel Brett, "Natural Right and Civil Community: The Civil Philosophy of Hugo Grotius," *Historical Journal*, 45.1 (2002), pp. 31–51. Christopher Brooke, *Philosophic Pride: Stoicism and Political Thought from Lipsius to Rousseau* (Princeton, NJ: Princeton University Press, 2012), ch. 2.

对怜悯形式的探究却是基于对自身福祉的利己式恐惧。换句话说，看似具有社交属性的怜悯冲动，其实是基于担忧"类似的灾难"可能会降临在自己身上。[42] 因此，正如巴特勒主教总结霍布斯的观点时所说："恐惧和怜悯其实是同一种想法。"[43] 这个观点的其中一个含义是，社会性表象的基础是自爱。这个等式是通过重塑亚里士多德在其《修辞学》中发展出来的怜悯和恐惧之间的关系而建立起来的。在《修辞学》中，恐惧被明确定义为一种忧虑，即如果预期的不幸真的会降临在另一个人身上，就会引起其他人的怜悯。[44] 后来在《修辞学》中，亚里士多德进一步强调，人们会从"自身感到恐惧"的情况，推己及人，怜悯他人。[45] 换句话说，怜悯就是对我们同伴福祉的恐惧。然而，正如霍布斯在其对亚里士多德文本的生动演绎中所说的那样，由于在这种情况下，怜悯实际上是"一种心灵不安，源于对他人的伤害或麻烦的理解"，因此，问题仍然是，在这种不愉快的情况下，什么能使我们产生怜悯之心。[46] 鉴于那种对另一个人的担忧会引发的不适感，我们有必要问，这类想象性的共鸣是如何引起同情而非厌恶的。

129

　　休谟在他职业生涯的多个阶段都谈过这个问题，其首次讨论出现在《人性论》(*A Treatise of Human Nature*) 中。在

42　Thomas Hobbes, *Leviathan*, ed. Noel Malcolm (Oxford: Oxford University Press, 2012), 3 vols., II, pt. I, chapt. 6, p. 90.

43　Joseph Butler, *Fifteen Sermons Preached at the Rolls Chapel* (London: 1726), p. 81n. 巴特勒是在评价霍布斯的作品，参见 Thomas Hobbes, *Elements of Law, Natural and Politic,* ed. Ferdinand Tönnies (London: Frank Cass & Co., 1969), pt. I, chapt. ix, § 10, p. 40。

44　Aristotle, *Ars rhetorica*, 1382b12.

45　Ibid., 1386a14.

46　Aristotle, *A Briefe of the Art of Rhetorique, Containing in Substance all that Aristotle hath written in his Three Bookes of that Subject, Except Onely What is not Applicable to the English Tongue,* trans. Thomas Hobbes (London:1637), p. 93.

《人性论》解释混合情绪的部分，休谟承认，由于怜悯是一种因"他人的痛苦"而产生的"不安"，所以可能会使人产生反感而非唤起同情。然而，怜悯是由同情激发的，就这一点而言，休谟认为怜悯是一种善意的情感，会引起愉悦的感觉。在善意的影响下，怜悯可以在充分有力的刺激下，将特别令人不适的因素置于次要地位，而更注重整体的积极体验。[47] 这样一来，霍布斯主义者和曼德维尔主义者都试图将明显的利他情绪降为利己情绪，而这样的尝试被人类共有的人性和善意推翻了。[48] 正如休谟随后在《道德原则研究》（*An Enquiry Concerning the Principles of Morals*）中所说的那样，"自然善意"在人类心中与偏见、嫉妒和恶意一起运作，并且它会增加人类的幸福。[49] 但是，尽管伯克同样认同人性中善意原则的存在，但他反对认同他人的动机完全基于积极的愉悦。

伯克在《哲学探究》第一部分第十四章讨论了这个问题。在前一章中他指出，令人感到痛苦的同情之谜等同于一个熟悉的难题，即为什么"那些实际上令人震惊的对象，在悲剧性的以及类似的表现中，会成为非常高等级的愉悦来源"。[50] 我们要想对这个悬而未决的难题做出一番恰当的研究，就需要解释"在真正的痛苦中我们如何被同胞的感情所影响"。[51] 如果要对这一过程做出可信的解释，就涉及剖析怜悯和恐惧的精确

47　David Hume, *Treatise of Human Nature* (1739–40), eds. David Fate Norton and Mary J. Norton (Oxford: Oxford University Press, 2000), pp. 245–50.

48　Ibid., p. 239. 关于休谟对同情和人际比较的动态探究，参见 Annette Baier, *A Progress of Sentiments: Reflections on Hume's Treatise* (Cambridge, MA: Harvard University Press, 1991), pp. 147–51。

49　David Hume, *An Enquiry Concerning the Principles of Morals* (1751), ed. Tom L. Beauchamp (Oxford: Oxford University Press, 1998), p. 114.

50　EB, *Philosophical Enquiry*, p. 221.

51　Ibid., p. 221.

体验，从而阐明这两种情绪分别来自社交本能和自我保护本能。如果对他人痛苦的怜悯涉及一个替代的过程，即我们想象性地将自己置于他人所处的位置，那么认同他人的行为就会引发伴随着惊慌而产生的不愉快。尽管这增加了不必要的烦恼，但我们并不"回避"这类令人不安的感受。相反，人们通常会被令人心痛的苦难景象吸引，尤其是知道这些景象确实发生过。我们欣赏大西庇阿（Scipio Africanus）的连连胜利，但我们同样敬畏斯多葛主义的小加图（Cato the Younger）之死。[52]

伯克明确地指出，是怜悯和恐惧的混合体在吸引着我们。随后，他将这种恐惧注解为，一种在目睹了另一个人悲惨命运之后所引发的"恐惧"感。此外，伯克观点中的那种恐惧所产生的是"愉悦"而非间接的痛苦。[53]这是《哲学探究》中最独到的见解，正因为如此，这本书的讨论也是围绕它展开的。[54]伯克对这一见解最吸引人的想法包含在他的陈述中，即"适度的恐惧是一种能够产生喜悦的激情，而怜悯是一种伴随着愉悦的激情，因为它源于爱和社会情感"。[55]伯克在《哲学探究》中隐晦地提出了一种恐惧的类型，指出恐惧是如何根据环境的变化，以及如何产生害怕、担心、惊讶和敬畏的。然而，他同样认为，即使是恐惧、害怕和担心这类更令人不安的激情，也能在适当的条件下引起旁观者的愉悦感。与此同时，他将同情置于包含依恋、喜爱、友谊和性爱在内的社交本能中。对于伯

130

52　Ibid., p. 222. 关于西塞罗笔下"亲切的"恺撒和"可怕的"加图各自的魅力，参见 Hume, *Treatise*, p. 387 and Hume, p. 179。

53　EB, *Philosophical Enquiry*, p. 222.

54　Herbert A. Wichelns, "Burke's 'Essay on the Sublime and Beautiful'" (PhD Thesis, Cornell University, 1922), pp. lxviii–lxix, 其中指出伯克的论证以欣喜为中心，但他的处理方法却来自杜博斯和休谟。

55　EB, *Philosophical Enquiry*, p. 222.

克来说，被这些关系吸引并没有什么神秘的，因为它们自身就包含了积极的愉悦。然而，身处伤害和破坏的威胁中所产生的愉悦感并不容易解释。但是，对它的解释却能使人深入了解想象力的世界，并因此了解支持宗教、社会和政治的激情。

伯克在《哲学探究》的前面部分致力于解释愉悦与喜悦之间的差异。尽管痛苦的减轻不一定等同于积极的愉悦，但它具有"远离痛苦"的特点，甚至可能是积极的"惬意"。伯克选择用"喜悦"一词来称呼这种从痛苦或危险中解脱出来的愉悦，以使其区别于简单的快乐和纯粹的痛苦。[56] 在这一机制下，人类身躯的构成是为了体验某种形式的匮乏感，这种感觉令人愉快，甚至令人兴奋。这其中通常包括忧惧的感觉，它是一种威胁感，但又不至于让人惊恐万分。恐惧的激情最终由自我保护的本能所触发，因此会释放出最强有力的情感。我们被痛苦和死亡的前景吓坏了——事实上，这些潜在的煎熬之所以令人痛苦，是因为它们是至高无上的"恐怖之王"的使者。当不幸和危险逼近时，我们会感到痛苦和恐慌，显然无法享乐，"但如果它们同我们有一定的距离，经过一定的调整，它们可能如我们每天的日常体验一样，是令人愉悦的"。[57]

在伯克看来，这个原则同时解释了某些想象的愉悦以及社会行为的特定形式。它解释了体会到崇高的兴奋感，并一定程度上解释了悲剧的积极影响。在不对旁观者构成威胁的情况下，那些充满伤害或危险的场面，会引发不安情绪中的喜悦——总是唤起关心，有时唤起惊奇。我们已经确定，分析这类"混合"情感的尝试可以回溯到柏拉图和亚里士多德对激情的处理，但随着将新的激情科学应用于美学感受或"想象的愉悦"，探索

56　Ibid., pp. 213–14.

57　Ibid., p. 217.

这些矛盾状态的冲动在 18 世纪初期获得了新的活力。例如，艾迪生在《旁观者》中提到，当自然界中的畸形以一种巨大的崇高出现时，"在它给我们带来的厌恶中，会混杂着一种喜悦"。[58]伯克撰写《哲学探究》的目的不仅是为了在喜悦这一概念下找出一种新的感觉类型，并阐明它令人愉快的效果如何与负面情绪相结合，而且还要表明由此产生的复杂情感如何有助于欣赏多样的审美对象，以及支持社会态度和品位。

伯克认为，这一结果是对曼德维尔给社会思想留下的令人厌恶的遗产的修正。在《论慈善和慈善学校》（*An Essay on Charity and Charity-Schools*）中，曼德维尔承认，那些引起同情的东西，就像那些引发恐惧的东西一样，能够完全扰乱想象力，引起"巨大的痛苦和焦虑"。[59]除了这些令人不安的效应之外，曼德维尔还将怜悯视作一种假冒的美德，它假装是受到无私善意的激励，而实际上却是原始激情的产物。怜悯是一种面对不幸的原始且本能的反应，由近在咫尺的苦难场景自动触发。它是一种即刻的、感官的、回应性的冲动："当怜悯的对象不发作时，身体是不会感知到的。"[60]在这一分析的基础上，曼德维尔希望可以表明，我们出于怜悯做出的行为其实是在暗中服务自己。这一说法是对皮尔·尼科尔（Pierre Nicole）在《道德论》（*Essais de morale*）中所提出的论点

132

58　Addison, *Spectator*, No. 412, 23 June 1712.

59　Bernard Mandeville, *An Essay on Charity and Charity-Schools* (1723) in *The Fable of the Bees: Or, Private Vices, Public Benefits*, ed. F. B. Kaye (Indianapolis, IN: Liberty Fund, 1988), p. 255. 关于同情与恐惧的对比，参见 ibid., pp. 257, 258。

60　Ibid., p. 257. 关于曼德维尔这方面的思想以及他对荷兰共和主义、法国詹森主义（Jansenism）等的借鉴和批评，参见 E. J. Hundert, *The Enlightenment's Fable: Bernard Mandeville and the Discovery of Society* (Cambridge: Cambridge University Press, 1994), Chapt. 1. 另见 E. J. Hundert, "Bernard Mandeville and the Enlightenment's Maxims of Modernity," *Journal of the History of Ideas*, 56:4 (October 1995), pp. 577–93。

的改进，即慈善是一种"自爱"。[61] 曼德维尔的观点与托马斯·布朗（Thomas Browne）更为接近："同情使得别人的痛苦成为我们自己的痛苦，因而通过减轻他人的痛苦，我们也减轻了自己的痛苦。"[62] 伯克的目标是解释这个过程，同时与曼德维尔的怀疑主义保持批判的距离。

曼德维尔认为，按照布朗的观点，出于怜悯的行为过程本身就自然"使我们安心"。[63] 那些诸如援助弱势群体和参与救济的怜悯行为，抵消了我们由于认同苦难而引发的不适感。然而，至于人们为什么会首先陷入代价如此昂贵的感同身受之中，答案仍不清楚。曼德维尔曾经提出过一个理论，说明虚伪的慈善行为如何能消除怜悯造成的痛苦，但并不能解释为什么旁观者的怜悯之心会被激发出来。伯克相信他的分析为这个难题提供了一个答案。同时，伯克认为这也有助于解释社会凝聚力的基础之一。由于一个苦难场景可以既可怕而又不引起旁观者的恐惧，因此它就能触发喜悦而非痛苦，从而使我们能够同情受苦的人。头脑能够将同情心延伸到怜悯的对象以及对幸福的表达上，它可以在破坏性的场景中获得喜悦，也可以因快乐的场景感到愉悦。[64] 特别是在认同逆境的过程中，喜悦的感觉明确地激发出人们对不幸的怜悯。正如伯克所见，同情心通过

61　Pierre Nicole, *Essais de morale* (Paris: 1672), 4 vols., II, p. 220. 关于尼科尔及其所处的环境，参见 Lionel Rothkrug, *Opposition to Louis XIV: The Political and Social Origins of the French Enlightenment* (Princeton, N.J: Princeton University Press, 1965); Nannerl Keohane, *Philosophy and the State in France: The Renaissance to the Enlightenment* (Princeton, N.J: Princeton University Press, 1980), pp. 283–311; Dale Van Kley, "Pierre Nicole, Jansenism and the Morality of Enlightened Self-Interest" in Alan C. Kors and Paul Korshin eds., *Anticipations of the Enlightenment* (Philadelphia, PA: University of Pennsylvania Press, 1987)。

62　Thomas Browne, *Religio Medici* (London: 4thed., 1656), pp. 129–30. Cf. Francois de la Rochefoucauld, "La pitié" in *Maximes*, ed. Jean Lafond (Paris: Gallimard, 1976), maxime 264.

63　Mandeville, *Essay on Charity*, p. 258.

64　EB, *Philosophical Enquiry*, p. 221.

"与相称的喜悦结合而得到加强；而且正是面对他人的苦难，我们的同情心才最被需要"。[65]

因此，喜悦提供了一种动力，使人们对痛苦产生强烈的认同感，从而在整体上促进了社会团结。伯克对这种机制背后的工具性或"最终原因"进行了思索。既然"我们的造物主"注定了"我们应该通过同情的纽带团结起来"，那么在最需要团结的地方，即在我们遇到其他处于苦难的人的情况下，这种纽带得到了有意的加强。[66]就这一点而言，伯克的创新之处在于，他认为一种源于自我保护本能的精神状态强化了对社交的冲动。他的目标是将自爱的欲望与明显的社交性特征相调和。但是，除了对怜悯做出一种新的解释之外，伯克所界定的"喜悦"旨在理解更广泛的心理反应。它有助于理解《哲学探究》中伯克对崇高的解释，并且正如莱辛（Lessing）、尼科莱和门德尔松在适当时候指出的那样，它为悲剧如何带来享受提供了一个原创解释。[67]但它也同样旨在阐明政治顺从的性质以及宗教体验的重要方面。本章第三节将探讨由恐惧激发的喜悦的社

133

65　Ibid., p. 222.

66　Ibid., p. 222.

67　参见 Jochen Schulte-Sasse, *Lessing, Mendelssohn, Nicolai: Briefwechsel über das Trauerspiel* (Munich: Winkler, 1972）。另见 Moses Mendelssohn, *Rezensionsartikel in Bibliothek der schönen Wissenschaften und der freyen Künste* (1756–59) in *Gesammelte Schriften: Jubiläumsausgabe IV*, ed. Eva J. Engel (Stuttgart: Friedrich Frommann Verlag, 1977), pp. 216–36, p. 235. 参阅 Mendelssohn to Lessing, 2 April 1758, in Moses Mendelssohn, *Briefwechsel I* in *Gesammelte Schriften: Jubiläumsausgabe XI*, ed. Bruno Straus (Stuttgart: Friedrich Frommann Verlag,1974), p. 185. 另 见 Gotthold Ephraim Lessing, *Bemerkungen über Burkes Philosophische Untersuchungen über den Ursprung unserer Begriffe vom Erhabenen und Schönen* (1758–1759) in idem, *Gesammelte Werke*, ed. Paul Rilla (Berlin and Weimar: Aufbau-Verlag, 1968), 10 vols., VII, pp. 273–74. 关于伯克对莱辛的影响，参见 William Guild Howard, 'Burke among the Forerunners of Lessing', *Publication of the Modern Language Association*, 22:4 (1907), pp. 608–32. 关于中欧人对《哲学探究》的反响，参见 Tomas Hlobil, "The Reception of Burke's *Enquiry* in the German-language Area in the Second Half of the Eighteenth Century (A Regional Aspect)," *Estetika*, 44: 1–4 (2007), pp. 125–50.

会和宗教含义。但首先我们需要剖析伯克对美的理解，以及欣赏美所基于的同情感。

3.3 美感、同情和效用

《哲学探究》第一部分的目的是探究那些引发崇高感和美感的激情，而这些激情源自人类的两种基本本能，即如前所诉的自我保护和社交性。因此，伯克提出了他的社交性基础理论，并且在这个过程中，为解释情感在政治和宗教中的作用奠定了基础。在《哲学探究》的第二部分和第三部分，伯克把注意力转向辨别那些引起美感和崇高感的各种感觉。在第三部分中，他首先否定了那些被误以为会引发美感的物质，然后才确定了那些真正唤起美感的感受。第二部分的结构更清晰明了，系统地阐述了那些引起崇高感的观念，包括朦胧、力量、匮乏、浩瀚、无限、壮丽等。在这两种情况下，在唤起美感或崇高感的物质目录之前，都有一个简短的叙述以说明激情本身的性质，描述其强度范围和界定其精确内涵。伯克以第一部中的分析为基础，借鉴了他在其中发展的情感解剖学。相应地，崇高感的对象被确定为那些会诱发与痛苦和危险相关感觉的事物，对这些感觉的敏感度来源于一种不可磨灭的生存本能；而美感的对象被认为是那些能引起与友好和爱相关感觉的事物，由于我们的社会本性，我们很容易产生这种感觉。[68]

伯克的观点是，人类的社会本性植根于"同情"之中。[69]我们已经研究了怜悯的对象如何唤起同情，但对伯克而言，同情同样可以被愉悦的期望唤起。因此，同情涵盖了广泛的情

---

68 休·布莱尔（Hugh Blair）很快就对伯克的分类提出异议，参见 Hugh Blair, *Lectures on Rhetoric and Belles Lettres* (Dublin: 1783), 3 vols., I, p. 66: "当他把崇高描绘成完全由危险或痛苦组成时，他似乎把他的理论延伸得太远了。"

69 EB, *Philosophical Enquiry*, pp. 220–21.

感，就像各种不同的互动形式一样。除了对痛苦的同情之外，在这多种多样的情绪中，显然是"爱"的激情引发了同情，伯克将爱分为两类：一方面涉及性的欲望，另一方面涉及社会情感。然而，这些类别是相互重叠的：对于人类而言，性欲望明显涉及社会维度。尽管如此，伯克清楚地表明，"色欲"（lust）或对"生殖"的激情必须与"一般社会"本能区别开来。纯粹的色欲既是自发的也是不加区别的，而人类的性欲会受到某些特质的影响，这些特质促使我们在可能的选择中做出决定。这些特质涉及外貌特征到性格品质，其完全由社会欲求驱动。社会欲求本身是大多数自然栖息地的物种都具有的"普遍"情感。这种普遍的欲望包含了所有可贵的社会性特征，但它也涉及与动物和无生命世界的情谊。[70] 同情在道德世界中的效用是显而易见的：同情促使良知的产生。然而，我们为什么会被自然的对象吸引，这其中的原因不得而知。伯克推测，这种安排可能是为了服务于某种"伟大目的"，尽管这一目的无法被参透。虽然在这种情况下，可以假设天意在发挥作用，但依旧不能做出明确的解释："天意的智慧不是我们的智慧，我们的道路也不是天意的道路。"[71]

沙夫茨伯里在他的狂想对话录《道德主义者们》（*The Moralists*）中，通过西奥科斯（Theocles）这一人物对大自然发出了狂热的讴歌，进而阐释了他对于美感的哲学热情。美是在宇宙尺度上形成的"丰饶的大自然"的田园馈赠中被发现的：草原、海洋、沙漠、山脉、石窟和洞穴，与星辰和行星一起引发了人们的赞叹，以此向宇宙和谐致敬。但赞叹的对象其实是将自然元素组合为复杂秩序的神圣智慧：对自然世界的共

70　Ibid., pp. 217–19.

71　Ibid., p. 220, echoing Isaiah, 55:8.

135 鸣源于设计的效用。[72] 因此，在"至高的美"（*to kalon*）的段落中，沙夫茨伯里将"对人工和自然之美的热爱"描述为对"对称和有序"的渴望，"这源于人们对内心和谐的需要"。[73] 宇宙中恰到好处的秩序满足了人们对和谐的内在渴望。因此，沙夫茨伯里式的对美的热爱是斯多葛式的同情和柏拉图式的效用相结合的产物，这样一来，其与理性生物的关系就在对宇宙设计的赞美中达到了顶峰。

弗朗西斯·哈奇森同样将对美的欣赏与对神性智慧的感知联系起来。正如他在《论激情的本质和行为》（*An Essay on the Nature and Conduct of the Passions*）中所说的那样，"壮观、美丽、有序与和谐，无论在哪里出现，都会引起人们对其意志、设计和智慧的思考"。[74] 然而，伯克对美的共鸣是一种直接的柔情，它并不考虑其对象的功能性。它与沙夫茨伯里式和哈奇森式的社会本能一样，都无视个人利益：它不追求对其所爱对象的"拥有"，从而与性欲不同。[75] 然而，与沙夫茨伯里的审美品位不同，伯克并不是通过对恰当设计的欣赏而感受美的。柏拉图《大希庇亚篇》（*Hippias Major*）对沙夫茨伯里的影响显而易见。正如苏格拉底在对话中向希庇亚指出的那样，至高的美一定是"有

72　Anthony Ashley Cooper, Third Earl of Shaftesbury, "The Moralists, A Philosophical Rhapsody" in idem, *Characteristicks of Men, Manners, Opinions Times* (1711) (Indianapolis, IN: Liberty Fund, 2001), 3 vols., II, pp. 193–225.

73　Anthony Ashley Cooper, Third Earl of Shaftesbury, "The Beautiful" in *The Life, Unpublished Letters, and Philosophical Regiment of Anthony, Earl of Shaftesbury* (1900), ed. Benjamin Rand(Bristol: Thoemmes Press, 1995), p. 247.

74　Hutcheson, *Essay on the Nature and Conduct of the Passions*, p. 116.

75　EB, *Philosophical Enquiry*, p. 255. 哈奇森将美感与感觉优势分离开来，同样地，他将想象中的愉悦与占有的情感或"财产观念"区分开来。参见 Hutcheson, *Essay on the Nature and Conduct of the Passions*, pp. 114–15。

用的东西"。[76] 然而，伯克却坚持认为美与"便利"无关。功能
性需要通过理性辨别，并诉诸理解，而美则直接被爱的激情唤
起，正如平滑、精美和优雅等特质会不自觉地引发喜爱之情。[77]

　　伯克认为，美感源于效用的错误观念导致了匀称的外形令
人愉悦这一假设。[78] 他认识到，正如《大希庇亚篇》所阐明的那
样，这两种观点均"源自柏拉图主义的适合和能力理论"。[79] 在
18 世纪的前 25 年中，该理论的优点引起了广泛争论，这一点
从让 - 皮埃尔·德克劳萨兹（Jean-Pierre de Crousaz）《论美》
的第二版中附有《大希庇亚篇》的法文译本，以及弗朗索瓦·
德·马克鲁瓦（François de Maucroix）对其的评论中可以看
出。[80] 伯克声称，如果的确是比例原则满足我们的审美，那么
它的吸引力只可能来自以下三个方面：要么是基于确定数学比
例的机械吸引力；要么可能是因为肉眼看上去大致合适的习惯
比例；又或者，是因为它的特定尺寸适合某个确定的目的。[81]
但实证研究表明，这些假设都是错误的，尤其是认为美是便利
性的产物这一对其他假设负有责任的基本假设。伯克承认效用

136

76　Plato, *Hippias Major*, 295c3. Cf. Xenophon, *Memorabilia*, III, viii. 关于柏拉图美学理论
　　与效用的联系的一些讨论，参见 Monroe C. Beardsley, *Aesthetics from Classical Greece
　　to the Present* (Tuscaloosa, AL: The University of Alabama Press, 1966), pp. 42–43; R.
　　G.Collingwood, "Plato's Philosophy of Art," *Mind*, 34:134 (1925), pp. 154–72.

77　EB, *Philosophical Enquiry*, pp. 255–56., 273–78.

78　Ibid., p. 266. 在古典和文艺复兴时期的艺术和建筑理论中，美与比例的联系是标准
　　的。例如，参见 Vitruvius, *Ten Books on Architecture*, ed. Ingrid D. Rowland (Cambridge:
　　Cambridge University Press, 1999)。这一论点在 18 世纪广为流传，例如，参见 George
　　Berkeley, *Alciphron; Or, the Minute Philosopher* (1732) in *The Works of George Berkeley*, ed.
　　Alexander Campbell Fraser (Oxford: Oxford University Press, 1901) 4 vols., II, p. 138.

79　Ibid., p. 263.

80　Jean-Pierre de Crousaz, *Traité du beau* (1715, 2nd ed. 1724), (Paris: Fayard, 1985), pp.
　　441–89.

81　EB, *Philosophical Enquiry*, pp. 255–68.

可以满足理智的需要，但它并不会影响心灵对"美感"的判断。[82] 我们倾向于欣赏错综复杂的设计，无论是对人工制品还是自然产物皆是如此；但是这些事物都是通过引起"理解上的默认"而非唤起想象力的激情来取悦我们的。[83] 伯克主张，凡是天意指引人类行为的地方，我们都是在没有意志干预的情况下做出反应的。[84] 对美的反应亦是如此：美通过诱导我们自发的想象力，来俘获灵魂，而不需要推理能力的干预。[85]

因此，美的感受是一种直接的"爱"的感觉，或是与自然和道德世界中事物的关系。艾迪生认为，美直接影响心灵，随后将满足感传遍整个灵魂，还随之散发出一种"快活"和"喜悦"的感觉。对人体美的欣赏起到了诱惑人们"繁衍"的作用，而自然的视觉吸引力则确保我们喜爱上帝的创造："我们不可能冷眼旁观上帝的创造，也不可能面对如此之多的美，内心深处没有一丝满足和自得。"[86] 艾迪生接受洛克《人类理解论》第二卷第八章中提出的关于次要特质（secondary qualities）的观点，他从而得出结论，自然的装点主要与感知有关。[87] 因此，艾迪生总结道："目前我们的灵魂已经愉悦地迷失在一个讨人喜欢的错觉中。"[88] 但是，这个错觉不过是美的

137

---

82 Ibid., p. 261.

83 Ibid., p. 269.

84 Ibid., p. 268.

85 Ibid., p. 269.

86 Addison, *Spectator*, No. 413, 24 June 1712. Cf. James Arbuckle, "Hibernicus's Letter, No. 5, Saturday 1 May 1725" in *A Collection of Letters and Essays on Several Subjects Lately Publish'd in the Dublin Journal* (London: 1729), 2vols, I, p. 40. 关于詹姆斯·阿布克勒（James Arbuckle）同哈奇森和莫尔斯沃思辉格党圈子（Molesworth Circle）的关系，参见 W. R. Scott, "James Arbuckle and his Relation to the Molesworth-Shaftesbury School," *Mind*, 8:30 (April 1899), pp. 194–215。

87 Locke, *Essay*, II, viii, §§ 13–14.

88 Addison, *Spectator*, No. 413, 24 June 1712.

体验，它使我们对世界怀有满足感。然而，对于伯克而言，艾迪生所说的"自得"实际上是一种吸引力，它促使人们认为美是一种"社会品质"：接触到它会激发我们"温柔和爱慕的情感"。[89]同样地，这些温暖的愉悦感也是通过特定的陪伴唤起的。当我们面对由我们同胞组成的一般社会的抽象概念时，"自得"的情绪就会隐藏起来，但在面对"特定社会"，即彼此具有"良好的陪伴、活跃的对话以及友谊之爱"时，社交能力就从一种群居的本能被激发为一种积极的愉悦感。[90]

伯克关于"特定"社会愉悦感的观点与斯多葛派的慈善信条背道而驰。斯多葛派关于人的自然社交能力的思想复兴与沙夫茨伯里和哈奇森都息息相关。[91]哈奇森复兴了芝诺（Zeno）的理想，正如西塞罗在《论善恶之极》（*De finibus*）中所载，即"根据自然"生活，其目的是抨击伊壁鸠鲁学派和圣奥古斯丁学说（Augustinian）对人类道德动机的解释，他们试图将人类心理归为堕落的自我欲望。[92]在哈奇森对斯多葛主义基督教化的演

89　EB, *Philosophical Enquiry*, p. 219.

90　EB, *Philosophical Enquiry*, p. 220. 关于"自满"的概念，参见 Francis Hutcheson, "Reflections on the Common Systems of Morality" (1725), 该词最初出自以"博爱"(philanthropos) 为笔名写给《伦敦日报》（*The London Journal*）的一封信中，参见 *Two Texts on Human Nature*, ed.Thomas Mautner (Cambridge: Cambridge University Press, 1993), p. 100。

91　然而，关于二者之间的重要不同，参见 Stephen Darwall, *The British Moralists and the Internal "Ought," 1640–1740* (Cambridge: Cambridge University Press, 1995), Chapt. 8。

92　Cicero, *De finibus*, IV, vi, 14. Cf. Diogenes Laertius, *Vitae philosopphorum*, VII, iv. 哈奇森也引用该短语，参见 Hutcheson, *Essay on the Nature and Conduct of the Passions*, Preface, p. 8。关于哈奇森道德哲学对圣奥古斯丁学说"改革教条主义"的批判性回应，参见 James Moore, "The Two Systems of Francis Hutcheson: On the Origins of the Scottish Enlightenment," in M.A. Stewart ed., *Studies in the Philosophy of the Scottish Enlightenment* (Oxford: Oxford University Press, 1990). 他把"自爱"（philautia）作为伊壁鸠鲁主义行动的主要动机，参见 Francis Hutcheson, "On the Natural Sociability of Mankind: Inaugural Lecture" (1730) in idem, *Logic, Metaphysics, and the Natural Sociability of Mankind*, eds. James Moore and Michael Silverthorne (Indianapolis, IN: Liberty Fund, 2006), p. 202。

绎中，有德性的生活需要"根据我们的自然法则，按照我们的造物主的意图"来行事。[93] 这种设计体现在人类的无私行为中，表现在对德性行为的"尊重"和对仁慈动机的"爱"中。[94] 在"一般的亲属关系"和"普遍的情感"作用下，人类的自然意识被吸引到得体和光荣的事物上。[95] 与普芬多夫这样的"平民"律师所提出的原则截然相反，哈奇森坚持认为，人类的社交特性不仅出于"次要"的原因，即由于贫穷和软弱而被迫聚集在一起，更是出于"主要"原因，即主动结为伙伴，"无关乎其好处或愉悦"。[96] 同样的非功利性在我们对美的感受中也显而易见，正如哈奇森在《美与德行的观念根源的探究》中所说的那样，"必定有一种美感"先于对效用或"好处"的考量。[97] 尽管我们天生欣赏大自然的效用，但我们的欣赏不带有任何对好处的获得。

尽管如此，对美和仁慈行为的欣赏，与它们为他人提供的效用成正比。哈奇森认为，道德意识会被那些"最普遍的无限倾向于为我们影响力范围内的所有理性主体带来最大和最广

93　Hutcheson, *Essay on the Nature and Conduct of the Passions*, Preface, p. 8。

94　Frances Hutcheson, *An Inquiry into the Original of Our Ideas of Beauty and Virtue* (1725), ed. Wolfgang Leidhold (Indianapolis, IN: Liberty Fund, 2004), pp. 102–3。

95　Hutcheson, "On the Natural Sociability of Mankind," p. 206. 关于哈奇森的"道德感"，参见 D. D. Raphael, *The Moral Sense* (Oxford: Oxford University Press, 1947); William Frankena, "Hutcheson's Moral Sense Theory," *Journal of the History of Ideas*, 16:3 (June 1955), pp. 356–75; D. F. Norton, *David Hume: Common-Sense Moralist, Sceptical Metaphysician*, (Princeton, N. J: Princeton University Press, 1982), Chapt. 2。关于其同休谟的对比，参见 James Moore, "Utility and Humanity: The Quest for the *Honestum* in Cicero, Hutcheson, and Hume," *Utilitas*, 14:3 (2002), pp. 365–86。

96　Hutcheson, "On the Natural Sociability of Mankind," p. 205. 关于哈奇森同普芬多夫的关系，参见 Knud Haakonssen, *Natural Law and Moral Philosophy from Grotius to the Scottish Enlightenment* (Cambridge: Cambridge University Press, 1996), Chapt. 2。

97　Hutcheson, *Inquiry into the Original of our Ideas of Beauty and Virtue*, p. 26. 关于 18 世纪对这一主题的评论，参见 Paul Guyer, "Beauty and Utility in Eighteenth-Century Aesthetics" in idem, *Values of Beauty*。

泛的幸福"的行为所吸引。[98] 用伯克的话来说，这就意味着对
"一般社会"的奉献比我们对家庭和朋友这些"特定社会"的
承诺更加符合我们的道德品位。伯克会视这一说法为斯多葛派
对理性亲属关系理论的承诺。正如老加图在西塞罗的《论善恶
之极》第三卷中所写的"我们生性适合于结社、集会和城市"。
然而，所有特定的社会团体都必须服从于最完整的、普世性的
社会团体，即所有理性人组成的共同体，这比任何党派依附
更可取。[99] 约翰·麦克斯韦尔（John Maxwell）于 1727 年翻
译了理查德·坎伯兰（Richard Cumberland）的《论自然法》
（De legibus naturae），并为译本作了序。在序中的一篇文章
中，麦克斯韦尔试图把握斯多葛学派的基本观点，他把古代
道德主义者的观点归结为"整体比部分更重要，城市比公民更
重要"，而终究每个人都是"世界的公民"。[100] 尽管哈奇森持

139

---

98 Hutcheson, *Inquiry into the Original of Our Ideas of Beauty and Virtue*, p. 126.

99 Cicero, *De finibus*, III, xix, 63–4. Cf. Hierocles as preserved in Stobaeus, 4.671,7–673,11, reproduced in *The Hellenistic Philosophers*, eds. A. A. Long and D. N. Sedley (Cambridge: Cambridge University Press, 1997), 2 vols., 57G: "虽然血缘上的距离越远，感情就越淡，但我们必须努力去同化。"关于斯多葛伦理学中的"社会性"归属感（oikeiôsis）主题，可简要参见 Ernst Oberfohren, *Die Idee der Universalökonomie in der Französischen Wirtschaftswissenschaftlichen Literatur bis auf Turgot* (Jena: Gustave Fischer, 1905), pp. 3ff。更多可参见 Julia Annas, *The Morality of Happiness* (Oxford: Oxford University Press, 1993), pp. 262–76, 303–11; Gisela Striker, "The Role of *Oikeiôsis* in Stoic Ethics," in idem, *Essays on Hellenistic Epistemology and Ethics* (Cambridge: Cambridge University Press, 1996); Tad Brennan, *The Stoic Life: Emotions, Duties, and Fate* (Oxford: Oxford University Press, 2005), p. 211; A. A. Long, *From Epicurus to Epictetus: Studies in Hellenistic and Roman Philosophy* (Oxford: Oxford University Press,2006), Chapt. 16。

100 John Maxwell, "Concerning the Imperfectness of the Heathen Morality" in Richard Cumberland, *ATreatise of the Laws of Nature* (1672), trans. John Maxwell (1727), ed. Jon Parkin (Indianapolis, IN: Liberty Fund, 2005), p. 71. 麦克斯韦尔大部分材料借鉴于 Richard Brocklesby's *An Explication of the Gospel – Theism and the Divinity of the Christian Religion* (London: 1706). 关于这一点，参见 Jon Parkin, "Forward" to Cumberland, *Treatise of the Laws of Nature*, p. xix, n. 20。

同样的世界主义态度，认为普遍的仁慈比个人的友爱更加"亲切可爱"，但伯克很清楚，直接的关系比一般的人类友谊更有爱。[101] 换句话说，对于伯克而言，同情从本质上来说是具有偏袒性质的。

在伯克的《哲学探究》问世两年后，亚当·斯密在他的《道德情操论》(*The Theory of Moral Sentiments*) 中强调，虽然同情 (sympathy) 通常被认为与怜悯意义相同，但同情更恰当的理解应该是"我们与任何激情的同感"。[102] 这标志着对曼德维尔体系的背离，也区别于卢梭在《论人类不平等的起源》中对曼德维尔同感概念的修改。同情并不是曼德维尔主张的一种自爱的完善，亦不是像卢梭对曼德维尔观点进行的巧妙解释那样，认为同情是一种天生的恻隐之心。[103] 亚当·斯密强调了先前论述中出现的明显缺陷："尽管我们对悲伤的同感

---

101 Hutcheson, *Inquiry into the Original of Our Ideas of Beauty and Virtue,* p. 125; EB, *PhilosophicalEnquiry*, p. 220.

102 Adam Smith, *The Theory of Moral Sentiments*, eds. D. D. Raphael and A. L. Macfie (Indianapolis, IN: Liberty Fund, 1982), p. 10. 斯密将同情作为道德评价的有利条件，参见 T. D. Campbell, *Adam Smith's Science of Morals* (London: George Allen & Unwin, 1971); 关于人类同情心的前提，参见 Eugene Heath, "The Commerce of Sympathy: Adam Smith on the Emergence of Morals," *Journal of the History of Philosophy*, 3:3 (1994), pp. 447–66。斯密认为的同情 (sympathy) 与自利 (self-interest) 的关系，参见 Nicholas Phillipson, "Adam Smith as Civic Moralist" in Istvan Hont and Michael Ignatieff eds., *Wealth and Virtue: The Shaping of Political Economy in the Scottish Enlightenment* (Cambridge: Cambridge University Press, 1083), pp. 182–91; Donald Winch, *Riches and Poverty: An Intellectual History of Political Economy in Britain, 1750–1834* (Cambridge:Cambridge University Press, 1996), pp. 103–9。

103 有观点认为，曼德维尔对怜悯的描述偏离了他通常的"冰冷而微妙"(froid et subtil) 的风格，参见 Jean-Jacques Rousseau, *Discours sur l'origine et les fondements de l'inégalité parmis les hommes* (1755) in *Oeuvres completes III: Du contrat social, écrits politiques,* ed. Robert Derathé et al. p. 154。有关斯密认为卢梭将曼德维尔的思想与柏拉图的原则相融合的观点，参见他的 "Letter to the *Edinburgh Review*" (1755–1756) in Adam Smith, *Essays on Philosophical Subjects*, ed. W. L. D. Wightman (Indianapolis,IN: Liberty Fund, 1982), p. 251。

没有比对喜悦的同感更真实，但是前者却引起了人们更多的关注。"[104] 尽管并不清楚亚当·斯密最早阅读《哲学探究》的确切时间，但杜加尔德·斯图尔特（Dugald Stewart）认为斯密对伯克《哲学探究》的欣赏，发生在詹姆斯·普赖尔（James Prior）出版《伯克生平回忆录》的第一版和第二版之间的那段时间。[105] 然而，可以确定的是，在1759年亚当·斯密的《道德情操论》问世之后，伯克就发现了他们二人对于同情持相似的观点。

1759年4月，伯克从休谟那里收到了一本亚当·斯密的《道德情操论》，9月10日他写信给作者亚当·斯密，表达了自己对这本著作的赞赏。[106] 他告诉斯密，他认可其整个论点的"稳固性和可信性"，显然，他把斯密对情感的"自然"阐释理解为既有助于说明"天意"的智慧，又有助于批判斯多葛派自我克制的完美主义。伯克特别专注这本著作的三个方面。首先，他指出，斯密成功地将他的道德科学建立在"人性"的广泛基础之上。随后他继续评论，这种对观察到的行为的关注，以及对头脑实际运作的精准描述，是一个真正的"哲学家"和"一个好的基督徒"必须具备的先决条件。最后，他将这种愿意将人类全部激情纳入一个道德体系的做法与古人更"受限"

140

104 关于仁慈是建立在自我满足之上的观点，参见 Smith, *Theory of Moral Sentiments*, p. 43. Cf. John Clarke, *The Foundation of Morality in Theory and Practice* (York: 1726), esp. pp. 51–53. 有关斯密和休谟对克拉克的重要继承，参见 Luigi Turco, "Sympathy and Moral Sense, 1725–1740," *British Journal for the History of Philosophy*, 7:1 (1999), pp. 79–101。

105 Prior, *Life of Burke*, p. 38n. 记录斯密对《哲学探究》的欣赏的脚注最先出现在普莱尔出版的第二版传记中，参见 *Memoir of the Life and Character of the Right Hon. Edmund Burke, with Specimens of his Poetry and Letters, and an Estimate of his Genius and Talents, Compared with those of his Great Contemporaries* (London: 1826), 2 vols。

106 David Hume to Adam Smith, 12 April 1759, *The Letters of David Hume*, ed. J. Y. T. Greig (Oxford: Oxford University Press, 1932), 2 vols., I, p. 303.

的方法进行对比，尤其与斯多葛派道德的"宏伟妄想"进行了
比较。[107] 在伯克看来，斯密对道德动机的心理来源做了一个现
实的解释，展示了天意的智慧设计。他还认为，同情维系了这
一道德体系。伯克在《年鉴》上发表了有关《道德情操论》的
简要书评，他认为斯密的著作结合了道德义务分析与"道德情
感"的解释。[108] 换句话说，斯密似乎在追求"自然"的实验
观察方法方面获得了成功，而没有将道德情感简化为利己或自
爱。[109] 由于同情与自私的激情共存于我们关心他人命运的人性
本源中，所以在伯克看来，这能使我们的道德"情感"转变为
"责任"判断。

141   斯密对同情的论述显然受到休谟的启发。[110] 休谟在他的
《人性论》中解释了人们对于富人和权贵会自发产生尊重的原
因，在这一过程中，休谟观察到同情如何使我们参与到他人

---

107 EB, *Corr.*, I, pp. 129–30 关于一种不同的现代解读，参见 D. D. Raphael, *Adam Smith*,
(Oxford: Oxford University Press, 1985), p. 73, 斯密的"同情"范畴可以追溯到斯多葛学
派的"同情"（*Sympatheia*）概念。

108 *The Annual Register for the Year 1759* (London: 1760), p. 485. 伯克显然对他后来认为的斯
密的不忠态度冷淡。请看他对斯密关于休谟之死的叙述的回应，载于 James Boswell,
Boswell in Extremes, 1776–1778 eds. C. M. Weis and F. A. Pottle (New York: McGraw Hill,
1970), p. 270, discussed in Nicholas Phillipson, *Adam Smith: An Enlightened Life* (London:
Allen Lane, 2010), p. 247。

109 关于对影响斯密道德理论中关于自身利益的辩论的广泛背景的重建，参见 Pierre Force,
Self-Interest before Adam Smith: A Genealogy of Economic Science(Cambridge: Cambridge
University Press, 2003)。

110 在《道德情操论》出版后，二人关于该主题的交流，参见 David Raynor "Hume's
Abstract of Adam Smith's *Theory of Moral Sentiments*," *Journal of the History of Philosophy*
22:1 (1984), pp. 51–79. 关于休谟对前人、特别是哈奇森的借鉴，参见 Carolyn W.
Korsmeyer, "Hume and the Foundations of Taste," *Journal of Aesthetics and Art Criticism*,
35:2 (1976), pp. 201–15. 更广泛的历史背景，参见 Dabney Townsend, "From Shaftesbury
to Kant: The Development of the Concept of Aesthetic Experience," *Journal of the History of
Ideas*, 48:2 (1987), pp. 287–305.

事务之中，从而迫使我们"分担"他们的满足和痛苦。[111] 从广义上讲，可以观察到同情的力量通过"全体造物"发挥作用，从而自然而然地激发人类的"怜悯和恐惧"。[112] 然而，除了对他人的困境感到怜悯和恐惧之外，我们也富有想象力地参与到他们的喜悦之中。在《道德原则探究》中，休谟强调了贺拉斯对这种见解的阐释："贺拉斯说，人类面孔上的微笑和泪水是从他人脸上借来的。"[113] 这里所指的是贺拉斯的《诗艺》（*Ars poetica*），诗人在此借用亚里士多德式的同情观，从模仿的基本本能的角度来解释审美反应："人们以微笑回应笑脸，以流泪来回应哭泣。"[114] 休谟将这种同情能力形容为一种"传染"，通过具有传染性的愉悦感，使情绪从主体转移到旁观者身上。[115] 在这种诱人的互相模仿的基础上，我们不再只是自私地关注我们自己的排他性福祉，而是认识到普遍的社会效用同

111　Hume, *Treatise*, p. 231.

112　Ibid., pp. 234, 368.

113　Hume, *Enquiry*, p. 109.

114　Horace, *Ars poetica*, lines. 101–2. 休谟的引文使用了理查德·本特利（Richard Bentley）的"呼吸"（adflent）一词而不是"在场"（adsunt）。霍勒斯对亚里士多德的借鉴可参见 C. O. Brink, *Horace on Poetry I: Prolegomena to the Literary Epistles* (Cambridge: Cambridge University Press, 1963), pp. 98–99。"同情"（*sympatheia*）一词出自 Aristotle, *Problemata*, 886a25–887b6. In *Ars rhetorica*, 1408a5, 此处同情概念由"同情"一词的动词形式 "*synomoiopatheô*" 表示。

115　Hume, *Enquiry*, p. 131. 关于休谟在《人性论》和《道德原理研究》中对"同情"的不同处理，参见 Norman Kemp-Smith, *The Philosophy of David Hume: A Critical Study of its Origins and Central Doctrines* (London: Macmillan, 1941, 1966), p. 151; Nicholas Capaldi, *David Hume: The Newtonian Philosopher* (Boston, MA: Twayne, 1975), pp. 180–87; Terence Penelhum, *David Hume: An Introduction to His Philosophical System* (West Lafayette, IN: Purdue University Press, 1992), p. 155。关于该论点的连续论述，参见 John B. Stewart, *The Moral and Political Philosophy of David Hume* (New York: Columbia University Press, 1963), p. 329; Kate Abramson, "Sympathy and the Project of Hume's Second *Enquiry*," *Archiv für Geschicte der Philosophie*, 83:1 (2001), pp. 45–80; Rico Vitz, "Sympathy and Benevolence in Hume's Moral Psychology," *Journal of the History of Philosophy*, 42:3 (2004), pp. 261–75。

样重要。此外，根据休谟的说法，同情要么基于愉悦，要么基于实际效用，二者都可以用来解释审美体验。

休谟认为，效用的外观是美的重要组成部分："毋庸置疑，外表对美感来说十分重要。"[116] 美的感觉主要来源于我们对于愉悦感的共情，这种愉悦感就像资产所有者认为他的财产具有正当性一样。[117] 在《人性论》和《道德原理研究》中，休谟都参考了昆体良来说明他的观点。[118] 在《雄辩术原理》第八卷中，昆体良在思考修辞对言语的恰当美化时，观察到美的精进能够激发观众的激情。在结论部分，昆体良称他遵循了亚里士多德和西塞罗的建议，他们都认为美化行为唤起了人们的钦佩，从而唤起了人们的共情。[119] 但是，必须以对美的精进为目的，因为美主要是因恰当而令人愉悦。昆体良通过援引罗马田园风光来表达自己的观点：风景的魅力在于其服务社会生活的需要。[120] 因此，以对称的方式种植葡萄，让人赏心悦目，更重要的是，这种排列还有益于作物的生长。昆体良总结说："真正的美永远都与效用密不可分。"

虽然伯克坚持认为美与休谟和昆体良所说的目的毫无关系，但斯密在《道德情操论》中提到，几乎所有关注这个问题的评论家都注意到效用是美的一个主要来源。但他进一步指

142

116 Hume, *Treatise*, p. 368.

117 Ibid., pp. 368–69.

118 Ibid., p. 369n; Hume, *Enquiry*, p. 109n.

119 Quintilian, *Institutio oratoria*, VIII, iii, 5–7. See Aristotle, *Ars rhetorica*, 1404b11. 昆体良引用了西塞罗给布鲁图的信中仅存的一个片段，"nam eloquentiam quae admirationem non habet non iudicio."。将口才与激发钦佩的能力相提并论，参见 Cicero, *De oratore*, III, xiv, 52–53。有关讨论，参见 G. L. Hendrickson, "Cicero's Correspondence with Brutus and Calvus on Oratorical Style," *American Journal of Philology*, 47:3 (1926), pp. 234–58。

120 关于通过劳动创造丰盛以装饰大自然，参见 Virgil, *Georgics*, II, lines 1–70; 耕种被认为是以牺牲乡村风光为代价的，参见 Horace, *Odes*, II, xv, lines 1–8。

出，即便是休谟，这样一个关于美学的"天才"作家，也未能将人工制品的目的或其适用性与其所带来的愉悦区分开。在斯密看来，我们被实用性吸引，很大程度上是因为其作为工具服务于某种目的的适合性，而非人工制品本身带来的好处：我们能够欣赏某一特定创造的适当性，而不是它旨在获得的好处。[121] 这种对精妙设计之美的欣赏弥漫在生活每一个角落，吸引着我们去享受伴随着财富和奢侈而来的便利，同时也自然而然地促使我们放弃斯多葛派的冷漠，崇尚想象中复杂又精致的魅力，并在这一过程中激励我们的勤奋和雄心。[122] 但是，斯密也指出，如果美能培养人的雄心壮志，它便可以激发人们对完善公共福利的各种制度的热情，并且在同样的基础上，它还会促进符合我们品位的美德的养成。[123] 一个有德行的人由于行为得体而为人们所喜爱，正如一个政府系统因其优越性而受到赞赏。然而，话说回来我们的愉悦感不是由行为的效用，而是由采取行为的"得体性"引发的。[124]

　　伯克在《哲学探究》中的论点也得出类似的结论，即美德行为以其美感为基础来吸引旁观者，但他认为美德的美之所以动人，并不在于其得体恰当，而在于它自发产生的共情感。即便如此，这也是为了说明道德品质对品位的吸引力提升了美德。为了说明他的观点，伯克比较了塞勒斯特（Sallust）描绘下的恺撒和老加图这两个典型人物的审美特征，这也正是休谟

121　Smith, *Theory of Moral Sentiments*, pp. 179–80.

122　Ibid., pp. 181–83.

123　Ibid., p. 187.

124　Ibid., p. 189.

在《人性论》和《道德原理研究》中所做的。[125] 然而，尽管伯克承认美的属性可以适当地应用于美德，但他也强调了将两者混为一谈的危险。伯克以这种方式敦促人们谨慎行事，他不仅与伊壁鸠鲁派的自然主义保持距离，而且还表明了他与沙夫茨伯里和哈奇森存在分歧。伯克认为那种试图将道德品质简化为美的特质的做法会"引发大量的异想天开的理论"，就像试图从效用角度来解释美的体验一样，这一做法已经扭曲了审美情趣的真正特质。道德哲学最终关注的是理性如何按照可确定的规范来约束我们的情感，以此建立"我们的道德义务的科学"。[126] 最后，尽管我们的情感会自然而然地倾向于美德，但激情必须由良知法庭来判断，而道德规范会建立在超越单纯品位的更安全牢固的基础上。品位在维系宗教、政治和道德方面提供了重要支持，但它并没有提供足以捍卫虔诚或正义的判断标准。

3.4　崇高、敬畏和恐惧

伯克在《哲学探究》中小心翼翼地将美与崇高的特质区分开来。我们"爱"塞勒斯特描绘下的恺撒，像塞勒斯特所说的那样：我们对他感到"熟悉"，并乐意追随他。真正吸引我们的，是他人格中的美或"魅力"，具体表现为"仁慈"和"包容"这样的"柔和"美德。[127] 正如休谟所说的，恺撒的美德是"亲切的"，而不是"可怕的"。[128] 另外，正如伯克描述的那样，

125　EB, *Philosophical Enquiry*, p. 271. Cf. Hume, *Treatise*, p. 387; Hume, *Enquiry*, p. 179. 18 世纪早期对塞勒斯特比较的复述，参见 Richard Steele, *The Christian Hero: An Argument Proving that no Principles but those of Religion are Sufficient to Make a Great Man* (London: 1701), pp. 5–10。关于塞勒斯特的比较，参见 *Bellum catilinae*, LIV, vi。

126　EB, *Philosophical Enquiry*, p. 272.

127　Ibid., p. 271.

128　Hume, *Treatise*, p. 387; Hume, *Enquiry*, p. 179. 参见 EB, *Philosophical Enquiry*, p. 271，伯克两次用"亲切的"一词来描绘人道或同情的美德。

老加图是"强大美德"的灯塔。他的品质是崇高的，而非友善和放纵的，给我们呈现的是"许多令人钦佩和敬畏的东西，也许还有一些令人恐惧的东西；我们尊敬他，但我们对他保持距离"。[129] 在《道德原理研究》中，休谟阐述了"我们所喜爱的品质"，他将这种令人心生敬畏的宽宏大量等同于"心灵的伟大"和"人格的尊严"，朗基努斯将其比作崇高的体验。[130] 休谟沿袭了布瓦洛的想法，将这种可敬的自律与高乃依（Corneille）作品《美狄亚》中美狄亚的行为联系起来。[131] 显然，他并没有提到布瓦洛采用朗基努斯对"要有光"（*fiat lux*）的赞美来体现崇高的精髓，尽管自 17 世纪末起，关于该宣言的性质之争就已引发了知识界对崇高的争论。[132] 然而，早在 1744 年，伯克就认为创世的景象最大限度地体现了崇高性："上帝说创造太阳、地球、月亮、星星，于是它们被创造出来了！仅凭造物主的话语就足以从一无所有中创造出宇宙万物。"[133] 令人敬畏的命令是伟大的，自然而然地激发出了人们的崇敬感。

朗基努斯的观点是，如《创世记》中所记载的简单话语，"上帝说：'要有光'，于是就有了光；'要有地'，于是就有了地"，这完美地概括了全能的概念。他认为，如此巨大的力量

---

129 EB, *Philosophical Enquiry*, p. 271.

130 Hume, *Enquiry*, p. 132.

131 Hume, *Enquiry*, p. 133. 休谟追随布瓦洛，将美狄亚在 "Moy, Moy, dis-je, &c'est assez" (Pierre Corneille, *Médée*, 第五幕，第五场）这句话中对个人毅力的主张描述成风格和观念上的崇高，参见 Nicolas Boileau-Despréaux, "Réflexion x ou refutationd'une dissertation de Monsieur Leclerc contre Longin'"(1710) in *Oeuvres* (Amsterdam: 1714), 2 vols., II, Réflexion X。

132 关于这一点，参见 Richard Bourke, "Pity and Fear: Providential Sociability in Burke's *Philosophical Enquiry*" in Michael Funk Deckard and Koen Vermeir eds., *The Science of Sensibility: Reading Edmund Burke's Philosophical Enquiry* (Heidelberg: Springer-Verlag GmbH, 2010)。

133 EB Burke to Richard Shackleton, *c* 14 June 1744, *Corr*., I, p. 18.

使人的心灵得到升华。[134] 崇高的风格唤起了灵魂的尊严，这种尊严被极致壮观的景象所激发：人类生来就尊重超凡脱俗的形象，这促使他们思考自身欢欣鼓舞的本性。[135] 在《哲学探究》中，伯克用"雄心"这个词来称呼这种对荣耀的倾向，把它描述为因思想超越常人而产生的一种"满足感"。他继续说道，这种自豪感产生了"一种对人的心灵极为有益的膨胀感和胜利感"。此外，当心灵面对惊人的奇观时，这种与众不同的感觉就会以超凡的力量发挥作用，因为意识会因它所设想的对象的尊严而感到崇高。伯克总结道："因此，朗基努斯所观察到的那种荣耀和内在的伟大感，总是通过诗人和演说家的崇高作品充盈在读者心中。"[136]

145　　　伯克将雄心的激情与"模仿"做了对比，因为后者促使我们模仿同伴而非超越同伴。模仿是教育和社会化的有力工具，"它培养了我们的举止、我们的观念和我们的生活"，并且它是通过共情的愉悦感而不是理性的戒律来引导我们。[137] 伯克引用亚里士多德在《诗学》中发展起来的模仿概念来阐明他的论点。[138] 亚里士多德提出，我们喜欢精巧的仿制品，但同时我们也享受模仿这一行为本身：模仿是一种自童年起就存在的本能，而人类是动物中最善于模仿的。[139] 对于伯克来说，模仿将我们的渴望限制在社会认可的规范内，因为在模仿彼此的过程中，我们接近了另一个人的渴望。正如伯克所言，"这是一种

134　The citation appears in Longinus, *On the Sublime*, IX, 9–10.

135　Ibid., VII, 2–3; XXXV–XXXVI.

136　EB, *Philosophical Enquiry*, pp. 225–26.

137　Ibid., p. 244.

138　Ibid., p. 225.

139　Aristotle, *Poetics*, 1448b5–10. Cf. *Ars rhetorica*, 1371a21–1371b25. 关于这一点，参见 EB, *Hints for an Essay on the Drama* (c. 1761), *W & S*, I, p. 555："我们是会模仿的动物。"

令人相互顺从的形式"，从而使我们符合一种标准，却没有约束感。[140]它通过一种互惠的愉悦将我们彼此联系在一起。然而，雄心会让我们努力超越同伴，还借由想象驱使自己超越自我。对崇高的欣赏让我们超越了自己，当灵魂极尽可能地包容难以理解的事物，或做到突破人类极限实现自我控制时，会带给我们一种自豪感。恰如艾迪生所主张的那样，天意的安排使得人的心灵天生向往无限性，并在这种无限力量的暗示下培养出奉献精神。[141]本着这种精神，伯克认为驱动雄心的是超越人类的东西，提醒我们有一种超越自身的伟大。

意识到超越自身的伟大会使人的心灵变得高贵，但同时也证实了我们的相对脆弱性。由于脆弱性包括恐惧，在伟大的想法激发我们自豪感的那一刻，崇高感会唤醒自我保护的本能。但是，正如伯克在《哲学探究》中第一部分所言，当处于足够安全的范围之内，恐惧的对象也可以激发喜悦。[142]自我保护的激情会带来痛苦与危险，从而导致恐惧。然而，如果一个人预期到潜在的痛苦与危险，但是没有遇到实际的灾难性威胁，那么此时的恐怖感会带来伯克所说的"喜悦"，因为在此种安全的情况下，困难尚未到来的念头会被当作暂时逃过一劫的庆幸，因此也减少了痛苦。伯克总结道："任何能激发这种喜悦的事物，我都称之为崇高。"[143]在论证这一观点的过程中，他进一步指出，尽管痛苦减少不能等同于喜悦，但在摆脱危险的恐惧阴影下，它可以产生解脱的快感。因此，对崇高的正确理解应该包含三个组成部分。其一，由于尚未到来，威胁变得可以

140 EB, *Philosophical Enquiry*, p. 224.

141 Addison, *Spectator*, No. 413, 24 June 1712.

142 EB, *Philosophical Enquiry*, p. 226.

143 Ibid.

掌控，此时，崇高会使人感到愉悦；其二，由于伟大的沉思，崇高会给灵魂注入自豪感；其三，崇高使人们面对辉煌的形象时肃然起敬。基于这些复杂的反应组合，这种巨大的恐惧激情被改进为介乎震惊与尊敬之间的一种令人愉快的恐惧形式。

在《哲学探究》第一部分的结论中，伯克评论说，人们通常都根据自己的感受行事，却对情绪背后的需求推理不清。[144]最终，伯克还是为理性在评估道德情感的正义方面保留了一席之地。然而，在我们的日常道德行为中，我们非常乐于依赖激情，而激情会在理性发挥作用前带来冲动。惊愕与恐惧就是明显的例子：它们"以不可抗拒的力量"敦促人们的心灵做出反应，它们不是计算的结果，而来自尚未理性化的本能反应。崇高所带来的其他相对温和的影响也是如此，例如使人产生"钦佩、敬畏和尊敬"的状态。[145]虽然此类情绪对社会和宗教的存续至关重要，但它们建基于自我保护而非社交性。此外，它们都有一个共同的来源。伯克指出，"恐怖"是支配性的激情，它公开地或潜移默化地以一系列从恐怖到奉献的情感来激发人们的心灵。由于大多数语言都只用单一的术语来描述各种反应，因此伯克认为，从语言的使用中可以看出恐惧会引发不同的反应。这样一来，"惊奇"和"恐惧"可以由单一的希腊名词"*thambos*"表示；"恐怖"和"尊敬"由"*deinos*"表示；"敬畏"与"恐惧"则由动词"*aideô*"表示。拉丁语或法语中的单一术语也是如此，可以通过一个单词就传达出多重意思——例如"恐惧，惊讶，着迷和惊喜"。[146]

伯克在《哲学探究》的第二部分里阐明了这些相互区别又

---

144 Ibid., p. 228.

145 Ibid., p. 230.

146 Ibid., p. 231.

相互联系的激情是在没有理性推测的干预下自发形成的，并列举了它们的起因。诸如隐晦、力量、匮乏、浩瀚、无穷和巨大等因素都可以带来崇高感。它们之所以有此功效，是因为它们能够激发恐惧。在隐晦与权力面前，这种反应尤其明显。据伯克观察，"想要事物变得恐怖，通常都离不开隐晦"。[147] 隐晦中隐藏着神秘感，因而增强了恐惧的权威。但是，权威最终建立在对权力的理解上，人们要么基于恐怖而服从权威，要么基于尊重而服从权威。无论是在生活中，还是在文学作品里，权力和隐晦的影响都很显著。弥尔顿通过把事物笼罩在晦涩之下加强恐怖感；约伯则通过强调恐怖所引发的怯懦来唤起超凡的权力。[148] 伯克认为，在恐惧转化为可控的激情的过程中，对崇高的体验是建立宗教敬畏和社会顺从的基础。对神的虔诚和对上级的服从都源于相对的权力对比。"我不知道哪一种崇高，"伯克评论说，"不是对权力的某种改进。"[149]

在 1759 年再版的《哲学探究》中，伯克新增了有关"权力"的长篇论述章节，阐述了关于极端顺从的心理学。归根结底，恐惧是基于面对死亡时的脆弱性，而我们对权力的恐惧则在于它有着实现这一终极恐怖的能力。在权力最极端的情况下，面对无所不能的上帝，"我们沉浸于自身的渺小，并且在一定程度上，在祂面前湮灭"。[150] 在对第一版《哲学探究》的评论中，戈德史密斯（Gddsmith）反对这样一种说法，即"恐怖"远比钦佩与爱意更能激起崇高感。他论证道："可以肯定的是，我们会认为上帝是崇高的，根本无需将祂想象为恐怖

147

---

147 Ibid.

148 Ibid., pp. 231–32, 238.

149 Ibid., p. 236.

150 Ibid., p. 239.

之神。"[151] 于是在第二版《哲学探究》中，伯克对权力做了进一步的思考，并就这一问题做出了回应。[152] 伯克承认，基督教里对上帝的看法将神的概念"人性化"了。无论是哲学还是启示，二者都使我们对神形成了一个"复杂的概念"，即集权力、智慧、公正与良善为一体的存在。[153] 但是这种从神学猜测中衍生出来的精炼且抽象的概念与原始宗教和异教里的神性概念截然不同。与这种对神的理解不同，激发想象力的是具有压倒性力量的神性形象。在我们对神的概念中，我们容易将我们的想法的影响和起因混为一谈。我们能够在"智力上"对神的特性有更高的把握，但我们依然受限于自己的能力，只能通过更基本的"感性形象"对神有一个更纯粹的认识。[154] 这类形象吸引了人们的想象力，能够将复杂的属性简化为更基本的感知，其中，超凡力量的形象占据主导地位。

伯克在这里表述的观点相当于声称，对宗教的自然倾向建立在迷信之上。启示和猜测都能将这种基本倾向提升为一种更精致的虔敬与奉献形式，尽管如此，这些补充已经被嫁接到原始的恐怖中。仪式、肃穆以及盛大的庆典，无一不传达着人们想要缓解恐惧的根本冲动。无论是最基本的，还是最完善的礼拜形式，二者都不能完全免除对引发宗教情绪的潜在恐怖的承认，也不能因此而免除对敬畏的仪式性展示。对此，伯克的评

148

---

151 ［Oliver Goldsmith］, Review of the *Philosophical Enquiry, Monthly Review*, 16 (May 1757), pp. 473–80, p. 475.

152 关于这些段落的宗教意义，参见 F. P. Lock, "Burke and Religion" in Ian Crowe ed., *An Imaginative Whig: Reassessing the Life and Thought of Edmund Burke* (Columbia, MO: University of Missouri Press, 2005)。

153 EB, *Philosophical Enquiry*, p. 239.

154 Ibid.

论是，"几乎所有异教徒的庙宇都是黑暗的"。[155] 此种沉郁的气氛本身就是对崇高的奉献对象的致敬。德鲁伊教（Druidic）的做法和美洲的野蛮人都表现出对祈求的倾向，连基督教仪式也承认想象中的上帝对信徒是有要求的。因此，虽然迷信可以减少，但它永远不可能被根除。伯克认为，正是"我们对事物的无知导致了我们的钦佩，并主要引起了我们的激情"。[156] 启蒙运动可以改善这种情况，但科学永远不能渗透自然的内在秘密，因此迷信必然永存。伯克在《哲学探究》的第四部分开篇对不可确定的因果关系做了论证，并基于洛克主义的退让精神得出了结论，即"伟大的因果链将一个个因果联系起来，甚至连接到上帝的宝座上，但我们永远不可能完全揭示它们。当我们超越事物的直接可感知的特质一步，我们就超出了我们的深度"。[157]

伯克声称，宗教情感源于无知与迷信，这一点与怀疑主义的观点截然不同，后者相信恐惧是信仰的原因。他引用了古罗马文学白银时代的诗人斯塔提乌斯（Statius）广为人知的诗句，表达他的异议："恐惧最先创造了上帝。"[158] 尽管伯克认为恐惧是宗教的起源，但他否认恐惧是宗教信仰的来源。尽管无所不能的设定必然带来恐惧，但对上帝的信念先于对上帝的恐惧。"正是基于这一原因，"他评论道，"真正的宗教有且必须包含大量良性恐惧的混合物；而支持虚假宗教存续的只有恐惧。"[159] 在这样的背景下，伯克指出，在异教文学史上，神性

---

155 Ibid., p.231.

156 Ibid., p.233.

157 Ibid., p.283.

158 Ibid., p.241., citing Statius, *Thebaid*, III, l. 661.

159 EB, *Philosophical Enquiry*, p. 241.

的概念与神圣的崇拜感是不可分离的。卢克莱修（Lucretius）被称为"一位不向迷信恐怖屈服的诗人"，但即使如此，面对伊壁鸠鲁学派的自然哲学所开辟的景象，他也不得不承认感受到了一种崇高的恐怖感。[160] 柏拉图主义首先引入了爱的激情，而基督教则适当地确立了爱的激情，其界定了我们与造物主之间的关系。但这种爱同时也有一种崇敬的成分，因为压倒性的优越感使人产生尊卑感。事实上，就专注的沉思是进入崇拜状态的先决条件这一点来看，恐怖的激情要先于奉献的习惯。[161]

在《修辞学》中，亚里士多德给予了恐惧相当大的关注，随后他也清楚地认识到，使心灵恐慌的是毁灭或巨大痛苦的潜在可能。在社会生活中，有能力作恶的意图是焦虑的来源，因此，恶意的"迹象"也会引发恐惧。因此，用权力武装起来的仇恨和愤怒可以激发人们的恐惧，恰如被激怒的美德或不公正也能激发恐惧一样。其实，任何受人摆布的经历都是一种潜在的警觉，这是因为"只要有可能"，大多数人总是倾向于行不公正之事。[162] 由此可见，由于天性的胆怯，社会权力有可能诱使人们屈服。孟德斯鸠在《论法的精神》中评论，处于自然状态的人首先感受到自己的弱点。因此，正如美洲野蛮人的状况所证明的那样，自然状态下的"胆怯将变得极端"："一切都让他们颤抖，一切都让他们逃跑。"[163] 在专制政府的统治下，对这类情绪的利用，需要隐瞒统治者的错误："他被隐藏起来，"孟德斯鸠写道，"人们对他的情况仍然一无所知。"[164]

---

160 Ibid., p.240.

161 Ibid., p.241.

162 Aristotle, *Ars rhetorica*, 1382a25–1382b20.

163 Charles-Louis de Secondat, Baron de Montesquieu, *De l'esprit des lois* (1748) in *Oeuvres complètes* ed. Roger Caillois (Paris: Galimard, 1951), 2 vols., I, Pt. I, Bk. I, Chapt. 2.

164 Ibid., Part I, Chapt. 14, p. 59.

同样地，伯克在《哲学探究》中辩称，由于专制主义有赖于唤起恐惧，因此主要权力需要被尽可能地隔绝在"公众的视野之外"。[165] 然而，根据伯克的分析，随着权力的减弱，尤其是在掌权者的恶意不断减少的情况下，权力的恐怖强度也会不断减弱，因此，在一个文明的政权治理下，呈现在公众面前的权力象征之所以能够引发服从，是因为它们基于敬畏而非纯粹的恐惧。崇高的喜悦不需要引起极度的恐惧就可以使人顺从。这一观点被证明是伯克政治心理学理论的关键。这似乎表明，政治上，敬畏与崇拜可以在没有奴性的情况下维系权威。这也意味着在没有直接危险的威胁下，钦佩之情可以在权力获得尊重的背景下蓬勃发展。这一主张反对自然状态下政府的历史，即把服从的起源仅仅归结为对保护自己免受恐惧的感激之情。[166] 正如伯克所观察的那样，对权威的恐惧不仅会继续带来顺从，而且随着恐惧逐渐变为敬意，服从的感觉同样也可以变得令人愉悦。

伯克利用医学来论证心灵和身体可以互相配合以实现这一结果。他指出，当痛苦来临，身体会向大脑传递危险信号；而危险当前时，大脑则会保持活跃以刺激身体，使神经保持紧张，以此调动躯体器官。[167] 这里的分析与莱维斯克·德·普伊（Lévesque de Pouilly）提出的论点一致，他认为天意的安排是明智的，它使劳动和不适变得愉快，因为刺激不仅可以使身体从倦怠中活跃起来，还可以使大脑从沉郁中清醒过来。[168] 伯

150

---

165 EB, *Philosophical Enquiry*, p. 231.

166 例如，参见 Polybius, *Historiae*, VI, vi。

167 Ibid., pp. 284–88.

168 Louis-Jean Lévesque de Pouilly, *Theorie des sentimens agréables: où après avoir indiqué les règles, que la nature suit dans la distribution du plaisir, on établit les principes de la théologie naturelle et ceux de la philosophie morale* (Paris: 1748), p. viii. Cf. Dubos, *Critical Reflections on Poetry, Painting and Music*, I, p. 5; David Hume, "Of Tragedy" (1757) in *Essays Moral, Political, and Literary* (Indianapolis, IN: Liberty Fund, 1985, 1987), p. 217.

克的观点是，我们的审美反应是由可识别的刺激或曾经习得的特性引起的，我们会把那些特性与特定的事件和环境联系起来。因此，在社会生活中，我们会自发地对礼仪的美丽和优雅，以及权力的威严景象做出反应。如果敬畏感没有在机缘巧合下顺势转变为愉悦，服从就只能建立在赤裸裸的暴力之上，而反叛只能通过压倒性的恐怖来制服。在这种安排下，所有的政治都将建立在征服精神之上，而所有的征服则建立在永久的暴力与恐惧之上。

3.5 语言和品位

在《哲学探究》的第五部分，即最后一部分中，伯克专注于讨论"言语"这一主题。在分析这一问题时，伯克的主要目的是研究语言的特殊力量——说服。与绘画相比，诗歌和修辞作为描述的手段是有限的，然而，它们作为说服听众的工具是无可比拟的。[169] 伯克的主张针对的是杜博斯的观点，即认为绘画对心灵的影响要远甚于诗歌。[170] 继霍勒斯之后，杜博斯指出，视觉的帝国主导了人类的心灵，为想象力提供了一个重要的愉悦之源。[171] 贺拉斯在《诗艺》中指出，与听觉印象相比，

---

169 Ibid., pp. 316–17.

170 在 18 世纪，关于这个问题的辩论变得普遍起来。James Harris, *Three Treatises:The First concerning Arts; the Second concerning Music, Painting and Poetry; the Third concerning Happiness* (London: 1744), p. 94, 其将诗歌置于其他"模仿"艺术之上。伯克收藏哈里斯的作品现位于加州大学洛杉矶分校的克拉克图书馆。有关讨论，参见 Richard Bourke,"Aesthetics and Politics in Edmund Burke," *UCLA Centre for Seventeenth-and Eighteenth-Century Studies and William Andrews Clark Memorial Library: The Centre and Clark Library Newsletter*, 50, (Fall 2009), pp. 7–9.

171 Dubos, *Critical Reflections on Poetry, Painting and Music*, I, chapt. 40.

视觉图像更能够激发想象力。[172] 杜博斯用贺拉斯的《颂歌集》（Odes）中对丘比特的描写阐述了他的观点，即"他在沾满鲜血的石头上打磨火一般的飞箭。"[173] 杜博斯指出，这种形象非常有力，因为它冲击了我们的视觉感官，但它是通过"人为符号"（artificial signs）实现的。[174] 换言之，描写激发了想法，在头脑中构建出了一副图像，但它是通过语言的技巧实现的，使我们与直接印象保持距离。在《哲学探究》的最后一部分，伯克的目的是对这一结论提出异议。随后，在18世纪70年代，伯克写下"诗歌永远是人类作品中首屈一指的存在"。[175] 这在一定程度上是因为诗歌具有哲学倾向，有助于研究人性，但这也是因为它对心灵的影响十分强大。在《哲学探究》中，为了论证这最后一个论点，伯克采用了两大文学上的崇高形象作为案例，其一来自《钦定版圣经》（King James Bible），其二来自弥尔顿的《失乐园》（*Paradise Last*）。

151

伯克引用《钦定版圣经》的例子涉及一个《旧约》中反复出现的句子。他指出，画一位天使的最好方式就是"画一位挥着翅膀的漂亮青年"。但能够有效地使这类画面"栩栩如生"的方法很少。而散文和诗歌是不同的，正如对天使的一般描述：只增加一个单词就可以改变表现力，比如"主的天使"所代表的形象。[176] 这个限定瞬间使被描述的主体变得令人敬畏且

172　Horace, *Ars poetica*, lines 179–82. 事实上，贺拉斯的观点是，视觉刺激——就像看到美狄亚谋杀她的孩子一样——可能是过度的。关于对此文的评价，参见 H. C. Nutting,"Horace, *Ars Poetica* 179ff.," *Classical Philology*, 16: 4 (October 1921), pp. 384–86。

173　Horace, *Odes*, II, viii, lines 14–15: "et Cupido,/ semper ardentis acuens sagittas/ cote cruenta."

174　Dubos, *Critical Reflections on Poetry, Painting and Music*, I, p. 321. 关于 18 世纪符号的矫饰性和任意性，参见 Avi Lifschitz, "The Arbitrariness of the Linguistic Sign: Variations on an Enlightenment Theme," *Journal of the History of Ideas*, 73: 4 (2012), pp. 537–57。

175　EB to William Richardson, 18 June 1777, *Corr.*, III, p. 354.

176　EB, *Philosophical Enquiry*, p. 318.

宏大。伯克的第二个例子来自弥尔顿在《失乐园》第二卷中对堕落天使的描述：

> 他们穿过漆黑阴森的溪谷，
> 路过许多凄凉的地方，
> 他们越过许多寒冷和炎热的山峰，
> 岩石、洞穴、湖泊、沼泽、泥泞、兽穴，以及死亡的阴影，
> 一片死亡的世界。[177]

这样一幅图景通过提升对崇高的体验达到描述效果：死亡出现在不同的地方，这些地方最终连绵成"死亡的世界"。这一描绘是"伟大而惊人的"，但也是"超乎想象的"。[178] 我们不能单凭文字就描述这样一幅惊人大胆的画面，这让人怀疑它是否真的是一个"图像"。因此，对于伯克来说，诗歌并不是一种适当的模仿性艺术形式。[179] 它的功能是唤起而不是描述。它借助"象征"打动人心。比起通过操纵常见的"语言模式"以实现理解，诗歌的运作有赖于它对想象的把握。换言之，它通过使用言语符号来进行创造。语言修辞的应用尤其善于引发激情，继而激发人的持久感情。在 18 世纪初，约翰·丹尼斯曾形容这种效应为"诗意热情"。[180]

伯克延续了丹尼斯的观点，认可诗歌打动心灵的能力。对于丹尼斯而言，这种沟通方式已经被朗基努斯认定为是一种"充满欢乐与惊讶的混合体"，使得旁观者感到一种"崇高的

177　Milton, *Paradise Lost*, II, lines 18–22, misquoted at EB, *Philosophical Enquiry*, p. 318.

178　Ibid., p. 319.

179　Ibid., p. 317.

180　John Dennis, *The Advancement and Reformation of Poetry* (London: 1701), p. 29.

自豪感"。[181] 这种崇高感是由高于其他一切情感的宗教情感激发的。[182] 宗教诗歌传达的热情所带来的正面效应，反过来证明了奉献有赖于激情和理性。丹尼斯的分析最终是对启示宗教的恳求，这可以通过诉诸宗教语言来使人获得启示。根据这一说法，苏格拉底对启示的藐视破坏了情感与理性之间的联系。[183] 现代自然神论同样将宗教从启示的鼓舞性支持中分离出来。[184] 正是基于对同一观念的认可，伯克一直热衷于重新唤醒热情的美德："上帝始终乐于赐予人类热情，以弥补理性的不足。"[185]

伯克指出，"清晰的表达和强烈的表达"，二者是有区别的。[186] 自笛卡尔提出"明确"的观念以来，现代哲学越发重视表达的清晰程度。然而，表达的力度本身也有其自身的益处。就这一点，罗伯特·劳斯（Robert Lowth）已经在牛津大学开设的希伯来语诗歌讲座上充分证明了这一点，讲座内容后来于 1753 年出版。在课上，劳斯指出宗教体验构成了诗歌的起源。二者都力图通过强烈的言语形式传达更为热烈的激情。[187] 此类语言通过激发受众的同情心而非通过视觉描述发挥作用。在这一作用上，修辞性的话语是非常成功的："我们会向同情心屈服，但不会像描述低头。"[188] 这证明语言的力量可以通过激发同理心来调动人们的情感。亚当·斯密在他的《修辞学讲

---

181 Ibid., p. 47.

182 John Dennis, *The Grounds of Criticism in Poetry* (London: 1704), p. 81: "朗基努斯并不完全知道崇高是由宗教产生的，尽管他本能地知道"。

183 Dennis, *Advancement and Reformation of Poetry*, pp. 100–102.

184 Ibid., pp. 158–78.

185 EB, "Religion of no Efficacy Considered as a State Engine" in *A Notebook of Edmund Burke*, ed. H.V.F.Somerset (Cambridge: Cambridge University Press, 1957), p. 68.

186 EB, *Philosophical Enquiry*, p. 319.

187 Robert Lowth, *De sacra poesi Hebraeorum* (Oxford: 1753), p. 16.

188 EB, *Philosophical Enquiry*, p. 319.

座笔记》中提出，作者或演讲者的情感是通过"同理心"成功传达的。[189] 早在17世纪，伯纳德·拉米（Bernard Lamy）就已经在《修辞学》（*Rhetorique*）中提出了这一观点：语言是实现相互"共情"的手段。[190] 拉米以《诗艺》为例论证他的观点。正如本章前面提到的，贺拉斯在一个著名段落中指出，人类是如何因他人的微笑而微笑的，正如他们为别人的哭泣而悲伤一样。诗歌通过将形式上的美感与魅力结合起来，实现了这一结果——"诗歌单有美是不够的，它们也应该是动人的。"[191]

153 伯克在《法国革命反思录》一书中引用了这句话，借此强调一个事实，即为了激发爱意，爱的对象必须是"美好的"。[192] 在《哲学探究》中，伯克试图证明同情心是由语言的修辞特性引发的。

在《人类知识原理》一书的导言里，贝克莱指出，语言的功能不仅仅是通过言语交流思想，"还有其他目的，例如提升激情，刺激或阻止一种行动，或是使思想产生特定的倾向"。[193] 贝克莱还认为，这种效果并不是通过唤起头脑中的想法实现的：正如伯克后来所提出的，语言并不是这样运作的。[194] 如贝克莱所说，

---

189 Adam Smith, *Lectures on Rhetoric and Belles Lettres* (Indianapolis, IN: Liberty Fund, 1985), p. 25. The lecture was delivered on 29 November 1762.

190 Bernard Lamy, *La Rhetorique ou l'art de parler* (Amsterdam: 4thed., 1699), pp. 111–12.

191 Horace, *Ars poetica*, line 99. 意译为："诗唯美，不足矣；它还必须鼓舞人心。"

192 EB, *Reflections*, ed. Clark, p. 241 [115–16]. 有关讨论，参见 Bourke, "Pity and Fear," pp. 152–55。

193 George Berkeley, *A Treatise concerning the Principles of Human Knowledge* (1710) in *Works*, I, p.251.

194 关于贝克莱理论可能对伯克产生的影响，参见 Dixon Wecter, "Burke's Theory Concerning Words, Images, and Emotion," *Publication of the Modern Languages Association*, 55: 1 (March 1940), pp. 167–81。

它在"没有形成任何想法"时就唤起了激情。[195] 如《阿尔西夫龙》书中人物欧弗拉诺尔所述，符号可以引发情感，从而产生"思想上的倾向性或习惯"。[196] 孔狄亚克后来观察到，这种效果最初是通过手势、声音的调节和语调实现的——通过语言的"作用"。[197] 他引用了沃伯顿关于先知的宣讲，表明交流最初需要生动的表达符号。[198] 强调性的符号，最初是通过动作示意实现的，后来是通过形象的言语实现的。[199] 伯克在《哲学探究》一书中采纳了这一观点，他指出："目前，动人的语调、慷慨的表情和激昂的姿态，它们的影响独立于它们所针对的事物，因此，有些话语和某些话语的处理方式，由于特别适用于激情的主题……比那些更清楚、更明确地表达主题的文字更打动我们。"[200]

在接受孔狄亚克的思想时，伯克也参考了贝克莱对洛克观点的批评。洛克认为语言会在头脑中激发"观念"，而贝克莱则认为，一个词语可能会在不形成任何想法的情况下产生有力

---

195 Berkeley, *Treatise*, p. 252.

196 Berkeley, *Alciphron*, p. 344. 有关评论，参见 David Berman, "Cognitive Theology and Emotive Mysteries in Berkeley's 'Alciphron'," *Proceedings of the Royal Irish Academy*, 18C (1981), pp. 219– 29; Kenneth P. Winkler, "Berkeley and the Doctrine of Signs"; in idem ed., *The Cambridge Companion to Berkeley* (Cambridge: Cambridge University Press, 2005)。

197 Etienne Bonnot de Condillac, *Essay on the Origin of Human Knowledge* (1746), ed. Hans Aarsleff (Cambridge: Cambridge University Press, 2001), pp. 115–18. 有关讨论，参见 Avi Lifschitz, *Language and Enlightenment: The Berlin Debates of the Eighteenth Century* (Oxford: Oxford University Press, 2012), pp. 27–28。

198 William Warburton, *The Divine Legation of Moses Demonstrated* (London: 1737–38), 2 vols., II, p. 86.

199 Condillac, *Origin of Human Knowledge*, pp. 183–84.

200 EB, *Philosophical Enquiry*, p. 319.

154 的影响。[201] "好事"的承诺一定会让人们感到兴奋，而迫在眉睫的"危险"的威胁则会引发恐惧，但在每种情况下，人们的脑海中都没有形成任何具体的构想。贝克莱进而总结道："即使是专有名词本身，也未必总是用来传达思想。"[202] 在这种情况下，言语的意思只是在长久的习惯中形成的联想：因此，"亚里士多德"这个名字可以用来给一个论点留下权威的印象，而不用考虑论述的内容和关联。对那些相信亚里士多德思想的人来说，这一名字的习惯性联想应该激发人们的崇敬之情，从而使人产生认同感。[203] 和贝克莱一样，伯克《哲学探究》的最后一部分也是从洛克开始的。最明显的是，它再现了洛克对语言的划分，即把语言分为描述"简单"观念、"混合模式"和"物质"的词句。[204] 伯克将"红色""蓝色""广场"归为"简单抽象词"；将"美德""荣誉""治安官"归为"复合抽象词"；将"人"和"马"归为"聚合词"。[205] 伯克的"复合抽象词"（混合模式）对洛克来说有特殊的问题。洛克认为，像"荣誉、信仰、恩典、宗教、教会"这些代表道德品质或社会实践和关系的词汇，它们的含义往往是令人怀疑的。[206] 不确定的意义符号源于联想的过程，因此对价值的解读就可能会脱离

---

201 John Locke, *Essay Concerning Human Understanding*, ed. Peter H. Nidditch (Oxford: Oxford University Press, 1975), III, ii, § 8.

202 Berkeley, *Treatise*, p. 252.

203 Ibid., pp. 252–53.

204 Locke, *Essay*, III, iv–v.

205 EB, *Philosophical Enquiry*, p. 309.

206 Locke, *Essay*, III, ix, § 9. 有关这一点，参见 James Tully, *A Discourse on Property: John Locke and His Adversaries* (Cambridge: Cambridge University Press, 1980, 1982), pp. 8; Hannah Dawson, *Locke, Language and Early-Modern Philosophy* (Cambridge: Cambridge University Press, 2007, 2011), pp.222–29; Steven Forde, "Mixed Modes," *Review of Politics*, 73 (2011), pp. 581–608。

其在上帝规定的自然法则中的原意。[207] 伯克注意到了洛克对混合模式的解读，即儿童"在有独立想法之前"就知道了自己的名字。[208] 这对于洛克来说凸显了语言引起的道德混乱，但对伯克而言，它却显示了言语的联想能力。

伯克认为，像"荣誉"这样的词会在适当的场合通过反复使用而让人理解它的含义。洛克也看到了这是儿童学习如何使用道德词汇的方式。然而，对这个词的联想很容易脱离它最初使用的场合。因此，伯克指出，"当使用一些神圣的词语时，人们无论是否处在宏大的场合都会受到影响"。[209] 在《人类理解论》中，洛克专注于由这种意义的不确定性产生的道德行为的多样性。相较而言，伯克在《哲学研究》中则把注意力集中在这一问题所强调的语言的力量上。但这并不意味着他不理解洛克的担忧：伯克知道，洛克的不安是对道德的忧虑。如果一个人的道德观念随波逐流，那么他的行为永远不会符合适当的道德规范。[210] 伯克对此也有同感，但他指出了克服困难的方法。他认为正如此前对语言的修辞用法的阐释，习惯和联想有助于消除关于道德规范的怀疑态度。在现存的《法国革命反思录》的笔记草稿中，伯克斥责了理性主义的道德理论的归纳性，他以革命意识形态的主要派别为例，指出："它把我们所有的思想简化为几个简单的原则，不足以应对各种复杂的关系，因此破坏了人类价值的尊严。"然而，在现实中，他补充道，"我们

155

---

207 EB, *Philosophical Enquiry*, pp. 310–11; Locke, *Essay*, III, ix, § 9.

208 Ibid., III, v, § 14.

209 EB, *Philosophical Enquiry*, p. 311.

210 洛克的这个问题通常被认为是他的实际结论。关于这一点，参见 Daniel Carey, *Locke, Shaftesbury and Hutcheson: Contesting Diversity in the Enlightenment and Beyond* (Cambridge: Cambridge University Press, 2006); 关于该问题的分析，参见 Dawson, *Locke*, chapt. 9。

的道德观念都是混合模式"。[211] 它们是在社会生活的偶然事件中形成的："习惯会增加、完善和区分这些道德观念。"[212] 然而，在习惯和联想的影响下，存在一些必须遵守的判断标准。

18世纪上半叶，认同洛克道德思想的批评家同样也乐于调整他的联想理论，以适应发展强大的伦理哲学的要求。约翰·盖伊（John Gay）在为埃德蒙·劳翻译的威廉·金（William King）的《邪恶起源论》（*An Essay on the Origin of Evil*）第三版译著所作的序言《浅论美德或德行的基本原则》中提供了一个强有力的例子。盖伊发现道德价值观通常建立在"思想联想"的基础上，并以"习惯"的形式维系。[213] 然而，虽然这种基于思想联想的习惯规范使人能够不加思考地追求美德，但联想的力量也有其危险性：它可能促使我们把对德行的偏爱转移到"不适当的对象上，以及与我们的理性最初指向的对象性质完全不同的对象上"。[214] 因此，他指出有必要采用判断习惯的标准。在盖伊看来，沙夫茨伯里和哈奇森提倡的那种"道德感"无法实现这一目标。这种感觉可能只是"与生俱来"的道德行为观念。由于这种"神秘"的观念无迹可寻，我们的道德情感表现为一种自动反射，并被归结为习惯或本能。然而根据习惯行事却难以在对立的冲动间做出判断。[215] 换句话说，不存在真正的道德感或道德"品位"这回事。对美德的追求需要有判断行为的标准。贝克莱的《阿尔西夫龙》中的人物欧弗拉诺

156

---

211 Northamptonshire MS. A, XXVII, 75.

212 Ibid.

213 John Gay, "Preliminary Dissertation Concerning the Fundamental Principles of Virtue or Morality" in William King, *An Essay on the Origin of Evil,* trans. Edmund Law (Cambridge: 3rd ed., 1739), p. xxxi.

214 Ibid., p. liii.

215 Ibid., pp. xxx–xxxi.

尔同样体现了沙夫茨伯里所主张的道德品位学说："因此，对于一个人来说，遵循他的激情或内心情感，难道不是道德上的一个非常不确定的指引吗？而根据这个或那个欲望或激情的流行，这条规则岂不是必然会引导不同的人走不同的路吗？"[216]

伯克在《哲学探究》中的一个基本目标是质疑一种观点——歧视只随着"这种或那种欲望"恰好占主导地位而变化。[217] 人类不能被简化为是寻求快乐的动物，因为他们的价值观是通过联想的过程形成和变化的。[218] 尽管联想是一种强大的精神能力，但"认为一切事情只会通过联想影响我们，则是荒谬的"。[219] 伯克接受了洛克的观点，即"当我们超越事物直接可感知的特质时，我们就超出了我们的深度"。[220] 事物的最终原因是人类无法理解的。[221] 尽管如此，人类激情的有效成因可以被系统地解释，从而确立人类对刺激反应的一致性。这对伯克而言是一个令人欣喜的成果，因为它指出了人类的共同感性。他郑重指出，如果这一点不存在，"日常生活的对应关系"就难以维持。[222] 但是

---

216 Berkeley, *Alciphron*, p. 129.

217 Paddy Bullard, *Edmund Burke and the Art of Rhetoric* (Cambridge: Cambridge University Press, 2011), p. 91.

218 关于这一点，参见 French Laurence, "Political Life of Edmund Burke: Annotated Proofs of a Contribution to the *Annual Register*" (c. 1794), OSB MS. File 8753: "伯克对崇高和美的论述的原则与博林布鲁克勋爵和法国的新流派截然不同，因为他们从个人利益的单一动机中获得人类对同类的所有义务，而伯克则认为同情是一种主要的激情，是社会大链条中的主要环节。"

219 EB, *Philosophical Enquiry*, p. 284. 参阅 EB, *Letter to a Noble Lord* (1796), *W & S*, IX, p. 171: "在理性的指导下，本能永远是对的。"

220 EB, *Philosophical Enquiry*, p. 283.

221 有关这一点，参见 Steffen Ducheyne, "'Communicating a Sot of Philosophical Solidity to Taste': Newtonian Elements in Burke's Methodology in the *Philosophical Enquiry*" in Vermier and Deckard eds., *Science of Sensibility*, pp. 62–64.

222 EB, *Philosophical Enquiry*, p. 196.

人类的情感不仅仅是自动的反应。品位并不能归结为一种"物种本能"，正如哈奇森所言，其对道德价值的回应方式与对美的认同是一致的。[223]1759年，伯克在《哲学探究》第二版中补充了一篇详实的介绍性文章，他在其中表明，审美判断涉及对经验材料进行评估，而不仅仅是一种本能的感官反应。

从18世纪50年代中期开始，欧洲对品位这一议题的兴致再度高涨。1752年，德尼·狄德罗在《百科全书》（*Encyclopédie*）第二卷中发表了一篇关于"美"的文章，其中包括对哈奇森及其信徒的广泛叙述。[224]四年后，《百科全书》第五卷收录了孟德斯鸠的一篇关于"品位"的遗作，以及伏尔泰和达朗贝尔的文章。[225]三年后，孟德斯鸠论文节选的译文在《年鉴》上发表。[226]1757年，休谟将一篇关于"品位标准"的文章作为他《论文四篇》（*Four Dissertations*）的最后一部分。[227]休谟的这篇力作通过一个常识性假设——审美偏好可以通过"真实"的品位标准来区分——挑战了怀疑主义学说的品位相对性。他指出品位的标准是"一条规则，通过它可以调和人们的

157

---

223 Ibid., p.208.

224 尽管如此，狄德罗与伯克的关系通常只被视为前者对后者的借鉴，参见 Gita May, "Diderot and Burke: A Study in Aesthetic Affinity," *Publication of the Modern Language Association*, 75: 5 (December 1960), pp. 527–39。

225 关于孟德斯鸠对该问题的讨论，参见 Downing A. Thomas, "Negotiating Taste in Montesquieu," *Eighteenth-Century Studies*, 39: 1 (Autumn 2005), pp. 71–90。关于伏尔泰和达朗贝尔对该问题的讨论，参见 idem, "Taste, Commonality and Musical Imagination in the Encyclopédie" in Daniel Brewer and Julie Chandler Hayes eds., *Using the Encyclopédie: Ways of Knowing, Ways of Reading* (Oxford: Voltaire Foundation, 2002)。

226 *The Annual Register for the Year 1758* (London: 1759), pp. 311–19.

227 关于伯克和休谟观点的对比，参见 Dario Perinetti, "Between Knowledge and Sentiment: Burke and Hume on Taste" in Vermier and Deckard eds., *Science of Sensibility*。

各种情感"。²²⁸ 休谟很清楚，这不可能基于任何客观存在的标准。尽管如此，这并没有使品位成为个人特性偏好的变量。社会生活中普遍存在的假设是，这些偏好可以被评定。此外，休谟认为基于以下两个事实，在各种品位之间进行裁决事实上是合理的。首先，尽管品位具有明显的多样性，但人类的审美感知具有很大的一致性。就像次要性质一样，在没有"蓝色"和"绿色"这样的客观属性存在的情况下，人们对颜色仍有共同的感知，所以尽管这只是基于主观情感，但人们对美的反应是共同的。休谟总结道："来自内部原始结构的某些特定的形式或性质，是为了让人愉悦。"²²⁹ 然而，这并没有把美的标准降低到对愉悦对象的习惯性反应。这引出了休谟的第二个观点，审美的优劣不是由平均反应决定的。相反，可以用更好和更坏来区分偏好，其指向一个可以在各种选择之间做出判断的标准。这种辨别过程有赖于有能力建立审美规范的专业批评家。²³⁰

休谟文章的大部分内容都是在分析构成专业批评家的特征。这些特征基本上有五点。²³¹ 一是敏锐的感觉，或品位的"细腻"；二是可以欣赏作品各部分之间关联的敏锐直觉；三是免于偏见的自由，包括对作品的意图持开放态度，不受个人利益的干扰；四是在运用鉴别力方面有一定程度的实践；五是不断积累比较

158

228 David Hume, "Of the Standard of Taste" (1757) in idem, *Essays Moral, Political, and Literary*, ed. Eugene F. Miller (Indianapolis, IN: Liberty Fund, 1985, 1987), p. 229.

229 Ibid., p.233.Cf. David Hume, "The Sceptic" (1742) in idem, *Essays*, pp. 163–64.

230 Peter Kivy, "Hume's Standard: Breaking the Circle," *British Journal of Aesthetics*, 7: 1 (1967), pp. 57–66; Korsmeyer, "Hume and the Foundations of Taste"; Noël Carroll, "Hume's Standard of Taste," *Journal of Aesthetics and Art Criticism*, 43: 2 (Winter 1984), pp. 181–94; Roger A. Shiner, "Hume and the Causal Theory of Taste," *Journal of Aesthetics and Art Criticism*, 54: 3 (Summer 1996), pp. 237–49.

231 完整阐述可见 Peter Jones, *Hume's Sentiments: Their Ciceronian and French Contexts* (Edinburgh: Edinburgh University Press, 1982), pp. 93–106。

的经验。这些特征可以被概括为两点，即良好的感知力和判断能力。[232] 伯克在《哲学探究》中的《品位介绍》一文中引用了同样的标准。他认为，想象会受到不变定律的影响，从而产生明确的"品位原则"。[233] 这些原则使得批评家能够规避怀疑论的观点，即审美反应的多样性使得品位判断变得"虚妄"和"轻佻"。[234] 虽然，伯克的论断和休谟的假设均认为审美观念具有一致性，但也认为可以对审美观念进行评估。品位判断中的认同感主要基于两种能力：一是敏感性，二是判断力。这两种能力都容易受到辨别程度的影响。敏感性可能是微妙的，判断力是可以培养的。想象的乐趣很大程度上取决于"智慧"的程度。[235] 伯克对这种精神力量的认知源自洛克。尽管分析能力是因人而异的，但智慧——或"想象力"——建立了比较标准。以比喻和典故为例，相似性使人的心灵愉悦，从而引起瞬间的喜悦。[236] 伯克的《品位介绍》想探讨的问题是：如何判断这些相似之处？以及如何通过一致认可的标准对智慧的乐趣进行评估？

伯克认为这取决于品位可以在多大程度上被提高。人类享受着同样的精神乐趣，但由于在敏感性和心智方面存在差异，人们并不总以同样的方式享受精神乐趣。[237] 这些差异可以进行

---

232 对这些特征的专门讨论，参见 Blair, *Lectures on Rhetoric*, I, p. 23。另见 Henry Home, Lord Kames, *Elements of Criticism* (1762), ed. Peter Jones (Indianapolis, IN: Liberty Fund, 2005), 2 vols., II, p. 727。

233 EB, *Philosophical Enquiry*, pp. 197–98.

234 Ibid., P.198.

235 关于文学史上的"智慧"和"想象力"，参见 M. H. Abrams, *The Mirror and the Lamp: Romantic Theory and the Critical Tradition* (Oxford: Oxford University Press, 1953, 1971); James Engell, *The Creative Imagination: Enlightenment to Romanticism* (Cambridge, MA: Harvard University Press,1981)。

236 Locke, *Essay*, II, xi, § 2.

237 EB, *Philosophical Enquiry*, p. 206:"这些原则在人类不同个体中盛行的程度，与这些原则本身的相似性完全不同。"

排序，以便提供优雅的程度，从而产生一个鉴别标准。[238] 同时，通过反复进行比较练习，达到这一标准的能力可以在实践中逐步提高。通过这个过程，不同的特质、形式和礼仪被比较和评估。随着时间的推移，如果情况允许，审美判断可以变得越来越好。因此，人们的礼仪感也可以得到改进。伯克据此指出，对美的评估以及对道德的判断，原则上是可以通过教育实现的。"实际上，所谓的品位很大程度是由我们的礼貌技巧、对时间和地点的尊守以及一般意义上的体面构成的，而这实际上不过是一种更精致的判断能力。"[239] 对于休谟而言，完善品位的过程有助于区分古代道德和现代道德，现代的"体面"和"人性"挑战了古代的审美偏好。[240] 同样，在伯克看来，道德体系就像批评学一样，原则上可以逐渐得到完善。[241] 虽然行为的改进是通过人性的进步实现的，但对行为的评价必须超越道德想象，以包含我们的职责范围。[242] 人类能够通过被天意赋予同情和品位的能力来履行其义务。但最终，仁慈的品性是对上帝的责任。[243]《哲学探究》试图说明上帝在提供可靠的鉴别手段方面的智慧。但这本书并不打算将我们的责任分解成品位问题。正如沙夫茨伯里所指出的，美的哲学可能会被纳入自然神论的范围，但对伯克来说，礼仪感只是责任科学的一个分支。礼仪有助于道德，但不决定其内容。

---

238 Ibid., p.205.

239 Ibid., p.206.

240 Hume, "Standard of Taste," p. 246.

241 EB, *Philosophical Enquiry*, p. 208.

242 关于"道德想象"，参见 EB, *Reflections*, ed. Clark, p. 239 [114]。关于伯克对"道德想象"的讨论，参见 Russell Kirk "The Moral Imagination," *Literature and Belief*, 1 (1981), pp. 37–49; David Bromwich, "Moral Imagination," *Raritan*, 27: 4 (Spring 2008), pp. 4–33。

243 EB, "Religion" in *Notebook*, p. 70.

160

第四章

征服与同化：1757—1765

4.1 导　语

1757—1765 年，伯克的注意力从文学追求转移到公共事业上。1759 年，他接受了威廉·杰拉德·汉密尔顿的赞助，很快便发现自己被雇主各种各样的要求所胁迫。他的目标是培养自己在文学界的声誉，同时加深对政治的投入。起初他对实现这一目标充满希望：他在创作时事文章的同时，合作撰写了《欧洲的美洲殖民地概述》。他还承诺要写一本《英国史略》。在这本书完成时，他还同意编撰《年鉴》。然而不久之后，汉密尔顿开始占用他的时间，挤压了他的研究和写作。他在 18世纪 60 年代初因公务出访爱尔兰，正是在这段时间，他开始撰写关于爱尔兰反天主教法的著作。但他作为一名作家的信心不断遭受打击，到 1765 年他已经放弃了部分手稿。从那时起，伯克的作品就完全集中于议会或政党事务了。在他职业生涯后期出现的伟大论战作品不是直接研究和冥想的产物，而是对即时事件的回应。尽管如此，他最关注的问题与他在 18 世纪 50年代构思的智识研究相关。其中包括他早期的历史作品。

伯克早期的历史作品似乎与《为自然社会辩护》和《哲学探究》中所关注的形而上学问题相去甚远。自然理性的局限性和关于激情的科学很难成为历史叙事的合适主题。尽管如此，伯克哲学著作的核心主题在《欧洲的美洲殖民地概述》和《英国史略》中都再次出现，特别是他对人类精神习惯的持续迷恋。一般来说，宗教的作用，特别是基督教的作用，在伯克的英国历史和他对美洲新大陆的描述中都有所体现。来世观念对人类道德的惩戒作用在布立吞人（Britons）和美洲野蛮人身上均有体现。《哲学探究》中提出的伦理心理学也同样出现在对同意的分析中，这种分析决定了伯克对撒克逊政府体系和印加人服从西班牙人的态度。事实证明，这一特定话题对 1757 年前后主导伯克历史作品的主要关注点至关重要：即征服的问题，以及同化和安抚的可能性。

伯克既关心征服的正当性，又关心实现国内和平的实际行动，这源于他深知克伦威尔征服爱尔兰给他的家族带来了多么大的不幸。1649 年开始的土地掠夺，加上随后光荣革命的土地征用，是英国和爱尔兰历史上的一件大事。但伯克从未考虑过要复仇。他认为，征服是一种战争行为，之后最好是同化：针对殖民者的叛乱将导致对掠夺的反抗，这似乎既可恶又适得其反。正是在这种背景下，伯克首次形成了他关于服从和同意的思想。现代意识形态倾向于将这两种状态视为彼此对立，而对伯克而言，这两种状态是光谱的两端，是可以相互融合的。尽管如此，伯克确信只有同意才能为政府提供正当的基础。他在《欧洲的美洲殖民地概述》中对西班牙帝国在美洲获得的默许进行了讽刺，旨在赞同基于同意的服从形式。伯克认为，服从是一种复杂的情境概念：例如，士兵在其指挥官领导下的顺从与公民的默许是不同的。伯克的英国史否定了 18 世纪英国盛行的一种观点，即同意的价值可以追溯至撒克逊时期的历史。事实上，英国历史是一个偶然的进步过程，而不是目的论式的进步。在爱尔兰，偶然事件的发展是不同的，因此进步受到限制。因为在强加给罗马天主教徒的刑罪法规下，征服精神压倒了容忍和同意。

伯克从历史和哲学研究向政治研究的转变既不迫切也不坚定。当他在撰写英国和美洲的历史时，也开始了他最早的政治文章写作。伯克在 18 世纪 50 年代早期到中期的活动很难重构：他的信件非常稀少，而且进一步的证据也难以收集。尽管如此，一些存

161

留下来的有关政治关切的手稿，主题包括政党、缩短议会会期、民兵组织和爱尔兰属地，为了解伯克的早期思想提供了素材。伯克对英国政体的宪政组织似乎非常关切。与他的叙述性历史一起，这些文章表明他深受休谟和孟德斯鸠作品的影响。从某种意义上说，伯克是他们的学生，尽管肯定不是他们的信徒。与这两位先锋派哲学史学家一样，伯克对英国宪法所体现的现代自由精神非常迷恋。他也很关注那些可能打破宪法平衡的力量，认为这些力量会使宪政陷入无政府状态或征服状态。事实证明，伯克的分析与其前辈们的主张不同。事实上，他的立场在很大程度上表现出一种独立的态度，这种态度一直延续到他担任罗金汉辉格党议员期间。

4.2　征服精神：《欧洲的美洲殖民地概述》

1757 年 1 月 5 日，伯克承认收到来自出版商的 50 几尼金币，用于支付《欧洲的美洲殖民地概述》一书的版权费。[1] 然后，这部作品于 4 月初，在伦敦以两卷本的形式出版，比《哲学探究》早三周出版。伯克从未完全承认过自己是此书的作者。[2] 詹姆斯·博斯韦尔（James Boswell）在 1789 年 11 月阅读这本书时称，伯克为这本书做的贡献"无处不在"。[3] 但伯克坚持称"没有创作这本书，但不否认这本书是朋友所写，我只是对书中内容进行了修改"。[4] 伯克所指的朋友是威廉·伯克，1756 年夏天，他们曾在威尔士边境附近的蒙茅斯镇度

1　Add. MS. 20723, fol. 35.

2　William B. Todd, *A Bibliography of Edmund Burke* (Godalming: St. Paul's Bibliographies, 1982), p. 29.

3　James Boswell to William Johnson Temple, 28 November 1789, *Letters of James Boswell Addressed to the Rev. W. J. Temple* (London: 1857), p. 318.

4　Ibid.

过了几个月，而威廉·伯克似乎是在这一时间开始写作本书的。在讨论伯克于 1794 年发表在《年鉴》上的早期作品时，弗伦奇·劳伦斯虽然是当时非常亲密的合作者，但也没有提到这部作品，只提到了《为自然社会辩护》及《哲学探究》。[5]另一方面，在一份伯克权威传记的草稿中，威廉·蒙克·梅森指出："理查德·沙克尔顿认为这部作品完全是埃德蒙·伯克的。"[6]这一断言似乎不太可信。《欧洲的美洲殖民地概述》一书在 18 世纪和 19 世纪多次再版，伯克生前最后一版于 1777 年出版，但他本人从未提及过这项工作。这也许并不奇怪，因为这本书的大部分内容源自该时期的旅行文学。但是，《欧洲的美洲殖民地概述》一书中对人类行为变化状态的哲学思考反复出现，非常有说服力地表明其出自伯克之手，而且这些内容不符合威廉写作的任何特征。[7]《欧洲的美洲殖民地概述》是带有分析和思考的汇编，伯克对作品的"修订"很可能是在叙述主体中增加了哲学史的补充段落。

1762 年，当查尔斯·奥哈拉写信给伯克时，介绍了斯利戈海岸外的伊尼什穆雷岛居民，他知道伯克会被他们简单纯朴的生活吸引。[8]他了解伯克对人类习惯的迷恋，这在伯克以后的很多作品中都得到了体现。更直接地说，各民族礼仪的多样性是

163

---

5 French Laurence, "Political Life of Edmund Burke: Annotated Proofs of a Contribution to the *Annual Register*" (c. 1794), OSB MS. File 8753.

6 William Monck Mason (1775–1859), "Manuscript Notes and Printed Excerpts Concerning the Lives and Works of Eminent Irish Men and Women," TCD MSS. 10531–2, fol. 35. 梅森还称，麦卡特尼勋爵（Lord Macartney）认为这是老理查德·伯克和威廉·伯克的作品。

7 F. P. Lock, *Edmund Burke: 1730–1797* (Oxford: Clarendon Press, 1998–2006), 2 vols., I, pp. 125–27. 关于威廉·伯克的代表作，参见 William Burke, *Remarks on Letter Address'd to Two Great Men* (London: 1760)。

8 Charles O'Hara to EB, 10 August 1762, *Corr*., I, p. 146. 伯克希望奥哈拉能得到这个岛。参见 EB to Charles O'Hara, ante 23 August 1762, ibid., p. 147: "我衷心地希望你能得到它，因为我知道你不会是科尔特斯、皮萨罗、克伦威尔或博伊尔。"

《年鉴》的一个突出主题。在伯克的编辑下，《年鉴》收录了安托万－伊夫·戈盖关于斯巴达人的文章、皮埃尔·德·沙勒瓦关于美洲原住民的文章、安可蒂尔·杜佩龙关于琐罗亚斯德教的文章和圣皮埃尔神父关于文化的多样性的文章。[9] 伯克后来在他关于美洲战争的演讲中引用了沙勒瓦的《新法兰西的历史和描述》。[10] 在同一背景下，卡德瓦拉德·科尔登和约瑟夫·弗朗索瓦·拉菲托的作品也受到伯克的关注。[11] 到18世纪50年代中期，伯克被哲学史家的著作吸引。[12] 那时他第一次读到了伏尔泰和休谟的历史作品。[13] 他后来对威廉·罗伯逊的著作大加赞扬。[14]

164

9　分别参见 "Characters" in *The Annual Register for the Year 1760* (London: 1761), pp. 1–9; "Characters" in *The Annual Register for the Year 1761* (London: 1762), pp. 10–12; "Antiquities" in *The Annual Register for the Year 1762* (London: 1763), pp. 103–12; "Literary and Miscellaneous Articles" Ibid., pp. 153–60. 关于巴拉圭耶稣会的阐述，另见 "Literary and Miscellaneous Essays" in *The Annual Register for the Year 1758* (London: 1759), pp. 362–67; "Account of the Laplanders" by M. de Juterbog from the *Journal oeconomique* in "Character" in *The Annual Register for the Year 1759* (London: 1760), pp. 328–41; an"Account of *The* Origin of Chivalry" by Voltaire in "Antiquities" in The *Annual Register for the Year 1760*, pp. 176–78; Swift on Manners in "Literary and Miscellaneous Articles" in The Annual Register for the Year 1762, pp. 166–69; and the "Rise of Chivalry" extracted from Richard Hurd's *Letters on Chivalry and Romance* in "Antiquities" in ibid., pp. 134–38。

10　WWM BkP 27: 244, reproduced in W & S, III, p. 366, referring to Pierre François Xavier de Charlevoix, *Histoire et description de la Nouvelle France* (Paris: 1744), 3 vols.

11　Cadwallader Colden, *History of the Five Indian Nations of Canada* (New York: 1727); Joseph-François Lafitau, *Moeurs des sauvages américains, comparées aux moeurs des premiers temps* (Paris: 1724).

12　关于这一欧洲流派的叙述，参见 Karen O'Brien, *Narratives of Enlightenment: Cosmopolitan History from Voltaire to Gibbon* (Cambridge: Cambridge University Press, 1997, 2005)。

13　他对二者都持怀疑态度。关于他对休谟的回应参见本章第3节。关于对伏尔泰的回应，参见 EB, "Voltaire" in *A Notebook of Edmund Burke*, ed.H.V.F.Somerset (Cambridge: Cambridge University Press, 1957)。

14　伯克于1777年对其表示赞赏。同时《年鉴》二度评价了威廉·罗伯逊的作品，William Robertson, *History of Scotland during the Reigns of Queen and King James VI* (London: 1759), *The Annual Register for the Year 1759* (London: 1769), pp. 489–94; and William Robertson, *History of the Reign of the Emperor Charles V* (London: 1769), *The Annual register for the Year 1769* (London: 1770), pp.254–72。

1777 年，伯克阅读了罗伯逊的多卷本《美洲历史》（*History of America*），并称他从"关于新大陆居民的行为和性格的讨论中"获得很大的乐趣。[15] 在研究人性的各个方面时，历史研究有助于消除严重偏见。这是 18 世纪文学的特殊成就，与其他时期的历史见解不同，这一时代能够考察人类发展的每一个阶段。"在我们看来，所有野蛮的状态或等级与文明的模式都是同时存在的。"[16] 对欧洲和中国、波斯和阿比西尼亚，以及美洲和新西兰的风俗习惯的公正重建都取得了丰硕的成果。伯克显然被这些成果所吸引，他对不同状态下人性的关注似乎表明他为《欧洲的美洲殖民地概述》做出了诸多贡献。

《欧洲的美洲殖民地概述》出版时，英国已经与法国交战了将近一年。 1756 年 6 月 28 日，法国在七年战争开始时的海军对决中夺取了西班牙的米诺卡岛。1754 年，因不满对俄亥俄河三岔口的控制权，新的法国殖民者与美洲东海岸的英国殖民者发生冲突，并于 1754 年 5 月升级为暴力事件。[17] 几个月后，纽卡斯尔执政的英国政府派布拉多克（Braddock）将军，领导了一次远征，以巩固其殖民者的地位。欧洲列强之战始于大西洋彼岸，由各殖民地武装分子带头，并得到宗主国政府的支持。1756 年 5 月 18 日，欧洲正式宣战。海上力量、陆地安全和金融稳定是当时欧洲大国之间竞争的重要赌注。[18] 奥地利王位争夺战之后的外交革命标志着英国与普

---

15 EB to Dr. William Robertson, 9 June 1777, *Corr.*, III, p. 350.

16 Ibid., p.351.

17 关于这些事件，参见 Marc Egnal, *A Mighty Empire: The Origins of the American Revolution* (Ithaca, NY: Cornell University Press, 1988), chaps. 2–6。

18 Daniel A. Baugh, "Great Britain's 'Blue-Water' Policy, 1789–1815," *International History Review*, 10 (1988), pp. 35–58. 关于英国国内金融状况，参见 John Brewer, *The Sinews of Power: War Money and the English State, 1688–1783* (New York: Alfred A. Knopf, 1989)。

鲁士结盟，以对抗法国、奥地利和沙皇俄国。[19]1757年春天，当伯克参与创作的《欧洲的美洲殖民地概述》出版时，英国一直在争取战胜法国：在奥斯威戈和威廉亨利堡的失败使英国的处境更加尴尬。[20]因此，正如《欧洲的美洲殖民地概述》第一版的序言指出的，美洲事务突然引起公众的极大关注。[21]

165 　　在美洲遭受挫败后，再加上米诺卡岛的失守，英国议会中的爱国反对派感到了恐慌。1756年夏天蔓延的入侵恐慌加剧了纽卡斯尔政府的压力。由于需要援助，荷兰迅速宣布中立。黑森人（Hessian）和汉诺威人的军队被用于国防，而不是广泛地呼吁建立民兵组织。除了面临众多美洲和国内的危机，欧洲大陆的局势也开始变得严峻。英国的盟友——普鲁士的腓特烈大帝，最初是为了保卫汉诺威而于1756年8月对萨克森发动了进攻，以期奥地利发动一场收复西里西亚的战役。英国与普鲁士的联合则意味着英国将被卷入欧洲事务之中。[22]威廉·皮特被任命为南方部国务大臣，他承诺要挽救国家的荣誉。[23]这位"伟大平民"支持大陆战争的政策，以保障殖民地的安

19　Brendan Simms, *Three Victories and a Defeat: The Rise and Fall of the First British Empire* (London: Allen Lane, 2007), pp. 408–11.

20　Fred Anderson, *Crucible of War: The Seven Years' War and the Fate of Empire in British North America, 1754–1766* (New York: Vintage, 2000), pts. II and III.

21　[Edmund and William Burke], *An Account of the European Settlements in America. In Six Parts.* (1757) (London: 6th ed., 1777), 2 vols., I, Preface, n.p. 序言自第1版起一直未做修改。

22　Franz A. J. Szabo, *The Seven Years' War in Europe, 1756–1763* (Edinburgh: Longman, 2008), chapt. 1.

23　Horace Walpole, *Memoirs of the Reign of King George II, ed. John Brooke* (New Haven,CT: Yale University Press, 1985), 3 vols., III, p. 1.

全。[24] 人们认为，欧洲的困境将影响美洲新大陆殖民地的命运。"欧洲大陆的平衡"（balance of continents）现在成了一个国内问题。[25] 下议院的一位发言者宣称："当我们将目光投向世界上可以限制法国权力或惩罚她的不正义的地区时，我们发现了美洲。"[26] 因此，法国将不得不在欧洲大陆受到挑战。但可以很清楚地发现，法国的目标是向大西洋彼岸扩张，因此英国必须要抑制法国扩大殖民势力的企图。这位发言人继续说道："法国人把权力当作最后通牒。"但他们知道，权力源于国家财富，而"英国财富"源于它与新大陆的贸易。[27] 因此，欧洲的战争将围绕帝国的政治经济展开。

《欧洲的美洲殖民地概述》一书旨在补充判断美洲贸易和政治状况所需的知识。书中指出，"我们现在进行的战争主要是针对我们的殖民地"。这至少证明，英国人"终于明白了殖民地的价值"。[28] 然而，在《概述》的作者看来，掌握殖民地真正的意义并不简单，因为直到现在，关于新大陆的描述都是"为了满足各党派的低级偏见"。[29] 这基于两个原因。首先，因为英国各殖民地间处于不团结状态，敌对的殖民地间宣扬着对立的观点。其次，新大陆的政治关乎相互竞争的帝国利益，这

166

24 Brendan Simms, "Pitt and Hanover" in Brendan Simms and Torsten Riotte eds., *The Hanoverian Dimension in British History, 1714–1837* (Cambridge: Cambridge University Press 2007). 要了解更广泛的背景，请参见 Daniel A. Baugh, "Withdrawing from Europe: Anglo-French Maritime Geopolitics, 1750–1800," International History Review, 20 (1998), pp. 1–32。

25 "大陆平衡"为一书的章节标题，参见 Walter L. Dorn, *Competition for Empire, 1740–1763* (New York: Harper and Brothers, 1940)。

26 *Parliamentary History*, XV, col. 788.

27 Ibid., col. 787.

28 [Burkes], *Account,* II, p. 48.

29 Ibid., I, Preface, n.p.

些帝国都对其殖民地的代表权进行了一定的投资。因此，一部关于欧洲在美洲殖民地的哲学历史将力求超越各殖民地和帝国间的冲突。这部作品将从综合的角度来看待政治，这种超脱会拓宽研究的领域。对事件的叙述将以哲学推测作为补充，在社会和政府转变的背景下探讨人性。

《欧洲的美洲殖民地概述》的历史记叙部分旨在对商业进行分析。书中的主要事件包括发现美洲和对野蛮大陆上蓬勃发展的墨西哥及秘鲁文明的征服。此外，这本书还描述了美洲原住民的行为，以及英国殖民者的政治与习惯。每个种植园建立的时间和地点都被记录下来。然而，最终目标是明确的："我论述这些殖民地问题的主要目标是把所有东西都引向他们的贸易，这是我们最关心的问题。"[30] 在职业生涯结束之际，伯克回顾他在进入议会前的许多努力，他提到了自己早期曾沉浸于政治经济学。这是在"欧洲其他投机分子"思考这一问题之前。[31] 毕竟，《欧洲的美洲殖民地概述》一书早于弗朗斯瓦·魁奈（François Quesnay）的代表作《经济表》（*Tableau économique*）。[32] 18世纪50年代末，伯克熟知《经济学刊》（*Journal oeconomique*）。[33] 正如他于1796年在《致一位勋爵的信》中所指出的，对贸易的系统研究始于17世纪的英国，但该研究在18世纪50年代中期仍处于萌芽阶段。[34] 约西亚·塔克（Josiah Tucker）的第一本商业

30　Ibid. 从这个角度对这一作品的讨论，参见 Richard Whatmore, "Burke on Political Economy" in David Dwan and Christopher J. Insole eds., *The Cambridge Companion to Edmund Burke* (Cambridge: Cambridge University Press, 2012).

31　EB, *Letter to a Noble Lord* (1796), *W & S*, IX, p. 159.

32　François Quesnay, *Tableau économique* (Paris: 1758).

33　《年鉴》自1759年起开始收录《经济学刊》的摘录。

34　EB, *Letter to a Noble Lord* (1796), *W & S*, IX, pp. 159–60.

小册子出版于 1749 年；休谟的贸易与货币论文发表于 1752
年。[35]《欧洲的美洲殖民地概述》建立在最早的政治经济学文
献基础上，重点关注了六个欧洲帝国的贸易情况。[36] 该书依
次分析了西班牙、葡萄牙、法国、荷兰、丹麦和英国的殖民
历史。

《欧洲的美洲殖民地概述》共分为六个部分。前两个部分
分别涉及对新大陆的征服和美洲原住民的风俗习惯；后四个部
分关于欧洲各帝国的殖民地。征服部分在概述欧洲时进行了介
绍，这也是由旧世界进入新世界的背景。本书的结构基于新教
启蒙运动的进展：从 15 世纪到 17 世纪初，欧洲的君主制在
政治上得到了巩固；火药被发现，活字印刷术被发明；文艺复
兴和宗教改革接连发生。文学开始软化礼仪，国家开始完善政
策的制定。礼节和荣誉逐渐流行，野蛮的行为成为过去。经院
哲学被严谨探究所取代，实证研究超越了纯粹的"感性范畴"
（sensible horizon）。天体系统首次被绘制出来。[37] 随着政治、
社会和知识的进步，富有进取心的热那亚人哥伦布一心想要发

167

35　Josiah Tucker, *A Brief Essay on the Advantages and Disadvantages, which Respectively Attend France and Great Britain* (London: 1749); David Hume, *Political Discourses* (Edinburgh: 1752).

36　关于早期文献，参见 Istvan Hont, "Free Trade and the Economic Limits to national Politics: Neo-Machiavellian Political Economy Reconsidered" in idem, *Jealousy of Trade: International Competition and the Nation-State in Historical Perspective* (Cambridge, MA: Harvard University Press, 2005); David Armitage, *The Ideological Origins of the British Empire* (Cambridge: Cambridge University Press, 2000), chapt. 6。

37　[Burkes], *Account*, I, pp. 3–5. 关于这种"启蒙叙事"在欧洲的各种变体的历史，参见 J. G. A. Pocock, *Barbarism and Religion II: Narratives of Civil Government* (Cambridge: Cambridge University Press, 1999). 有关情况，另见 J. G. A. Pocock, *Barbarism and Religion IV: Barbarians, IV Savages and Empires* (Cambridge: Cambridge University Press, 2005)。

现一条通往东印度群岛的西部通道。[38]在战胜了反对者的偏见之后，哥伦布决心"启蒙无知"，击败"顽固的怀疑"，并在西班牙费迪南德（Ferdinand）和伊莎贝拉（Isabella）的支持下，于1492年8月3日起航。[39]33天后，他和船员们在巴哈马群岛登陆——"在这里，两个世界第一次相遇了，如果可以使用这个表达方式的话。"[40]这一事件将改变全球两个地区的命运。

在《欧洲的美洲殖民地概述》的序言中，两位伯克强调了"哈里斯航海日志"的贡献。[41]这是指詹姆斯·哈里斯的两卷本《航海旅行纪事集》，实由约翰·坎贝尔（John Campbell）编撰。[42]坎贝尔表示他编撰该书的目标是"聚焦商业的历史和优势"。[43]他的目的是论证商业是国民财富的主要来源，因为其对勤奋有刺激作用。[44]在通往致富道路的同时，商业也是获得权力的手段："与通过贸易获得的权力相比，通过政策或武器所得的权力是非常短暂的。"[45]然而，大型商业企业风险巨大，且效益有限。正如两位伯克指出的，对新大陆的征服被更直接的收益所激励："通过扩大殖民地发展商业和制造业，这

168

---

38 18世纪研究哥伦布航海的编年史学家主要参考的是安东尼奥·德·埃雷拉·托德西拉斯（Antonio de Herrera y Tordesillas）和彼得·马蒂尔（Peter Martyr）的作品。在时间上与《欧洲的美洲殖民地概述》接近的众多故事版本中，许多细节都与伯克的作品重叠，参见 [Anon.], *The History of the Voyages of Christopher Columbus, in order to Discover America and the West-Indies* (London:1747)。

39 [Burkes], *Account*, I, pp. 8–9.

40 Ibid., I, p. 10.

41 Ibid., Preface, n.p.

42 Lock, *Burke*, I, p. 128.

43 [John Campbell], *Navigantium atque Iterantium; Or, a Compleat Collection of Voyages and Travels* (London: 1744–48), 2 vols., I, Dedication, n.p.

44 Ibid.

45 Ibid., Introduction, p. vii.

一前景遥不可及，根本无法达到获得权力这个目的。"[46] 激励
冒险家的是"对黄金的渴求"。[47] 亚当·斯密的《国富论》后
来也重申了同样的观点：在哥伦布之后，来到美洲的欧洲冒
险家是以寻找贵金属为动力的。斯密指出，"正是对黄金的神
圣渴望，将奥赫达（Alonso de Ojeda）、尼可萨（Diego de
Nicuesa）和巴尔波亚（Vasco Nugnes de Balboa）带到达里
恩地峡（isthmus of Darien），将科特兹（Hernan Cortez）
带到了墨西哥，将阿尔马格罗（Diego de Almagro）和皮萨罗
（Francisco Pizarro）带到了智利和秘鲁"。[48]《欧洲的美洲殖
民地概述》中指出了殖民体系的意外好处："尽管我们是欧洲
最擅长交易和最理性的人，但我们也是很晚才意识到……我们
的殖民地是在没有意识到其巨大优势的情况下建立的。"[49]

政治经济学的缓慢发展其实是偶然现象。在文艺复兴时
期，"投机性贸易知识"还处于初级阶段。[50] 对饰品的狂热追
求驱动着各国政府和探险家的野心。因此，更实际的企图缓和
了殖民政策，推动了跨大西洋商业的逐步发展。由于美洲原住
民会逐渐了解欧洲人的行为习惯和武器的使用，这样一种缓慢
的进程很可能会带来征服者和被征服者之间更平等的竞争。然
而，这样一来，"在新大陆上几乎不可能建立这些广袤的殖民
地"。[51] 新移民不断涌入美洲是为了满足对殖民地商业的非理
性野心，而殖民地商业的合理利益只是这一野心的副产品。宗

46　[Burkes], *Account*, I, p. 48.

47　Ibid., p.47.

48　Adam Smith, *An Inquiry into the Nature and Causes of the Wealth of the Nations*, ed. R. H. Campbell and A. S. Skinner (Indianapolis, IN: Liberty Fund, 1976), 2 vols., II, p. 562.

49　[Burkes], *Account*, I, p. 48.

50　Ibid.

51　Ibid., p.49.

教迫害也刺激了移民，但这同样不能被认为是殖民政策的合理依据。这就引出了两位伯克《欧洲的美洲殖民地概述》一书中的根本问题：鉴于殖民扩张事业初期的历史，殖民统治将何去何从？而最明智的建议就是避免西班牙的做法。西班牙王室最初对哥伦布这样的哲学探险家提供了一定支持，但随后又对进取精神和"发明精神"进行了打压。[52] 相比之下，法国的科尔伯特（Colbert）鼓励实验和发明，这为商业发展和进取精神奠定了基础。[53]《欧洲的美洲殖民地概述》指出："通过这些手段，法国在路易十四和大臣科尔伯特的带领下，发展得比之前更快了。"[54]

如果说西班牙在向发现者提供支持方面存在问题，那么其对总督的政策则有更多的缺陷。这些殖民地总督充满了剥削精神，导致殖民地民众受到虐待。如拉斯·卡萨斯（Las Casas）所言，数百万人被消灭了，两位伯克认为这可能是一种夸大的说法，但征服者使用的严厉手段是不容置疑的。[55] 意思是说，西班牙帝国（*imperium*）缺乏人道主义精神。但这并不意味着对"帝国"的全面反对。征服这一主题始终贯穿伯克的职业生涯，因此对《欧洲的美洲殖民地概述》的研究有助于了解伯克的思想。他后来承认对爱尔兰和印度的征服是正当的战争权

52　Ibid., p.63.

53　科尔伯特在促进英国关于贸易平衡的讨论方面扮演的角色，参见 Laurence Bradford Packard, "International Rivalry and Free Trade Origins, 1660–1678," The *Quarterly Journal of Economics*, 37: 3 (May 1923), pp. 412–35。关于科尔伯特投资国内工业的政策的显著例子，参见 Abbott Payson Usher, "Colbert and Governmental Control of Industry in Seventeenth Century France," *Review of Economics and Statistics*, 16: 11 (November 1934), pp. 237–40。

54　[Burkes], *Account*, I, p. 65.

55　Ibid., pp.126–29.The reference is to Bartolomé de las Casas, *Brevísima Relación de la Destrucción de las Indias* (Seville: 1552). 事实上，人口结构比他们想象的更令人不安，参见 J. H. Elliott, *Spain and Its World, 1500–1700* (New Haven, CT: Yale University Press, 1989), p.10。

利。但他也清楚地知道，政府的职责胜过任何军事竞争。这种论点构成了一种世界观的一部分，即推翻民众是人类历史的不变特征。而且，这可能是一个无法消除的特征。英国在吞并爱尔兰的故事背后埋藏着一段好战、野蛮和奴役的历史。臣服是文明进程中不可缺少的一部分。同样，在欧洲征服亚洲的背后，还有着一段更漫长的侵略和接管的历史。困扰伯克的不是印度政权的更迭，而是政权更替的不足。成功的征服是伯克原则上愿意赞同的政治过程。他认为成功的征服包括安抚，以及逐步建立文明社会。《欧洲的美洲殖民地概述》一书中记录了很多这种良性从属关系的例子，在论述中发挥了重要作用。在欧洲人定居美洲之前，有两个征服案例，即墨西哥和秘鲁的建立。

两位伯克意识到这两个过程都是前欧洲征服的例子。他们明确指出蒙特祖玛帝国"是建立在征服上"的。其统治者阿兹特克的死亡是以忧郁的语调描绘出来的，然而，人们知道，他虽然是有"能力"和"勇气"的王子，但也仍然"狡猾、虚伪和残酷"。他的王位是选举产生的，尽管他的主要成就是扩大了在墨西哥的统治。[56] 和庞培一样，他的智谋更适合于获得权力，而不是在胁迫情况下保持权力。[57] 印加人的统治者曼科·卡帕尔（Manco Cápac）也是一位天才人物，他不但善于获得权力，而且也能适应逆境。通过利用民众的自然迷信，"他将大片领土置于自己的管辖之下"。[58] 印加统治是专制的，但却是"孝顺的"，而不是"奴役的"。[59] 这里的对比是为了区分亚

170

56　[Burkes], *Account*, I, p. 71.

57　Ibid., p.93.

58　Ibid., p.133.

59　Ibid., p.134.

洲和秘鲁的征服，后者的服从建立在情感而不是刀剑之上。这种文明征服的过程令两位伯克印象深刻。卡帕尔"团结和教化了分散的野蛮人；他使他们遵从法律与艺术；他通过一个仁慈的宗教制度来感化他们"。[60] 这段文字与罗马征服文学有很多相似之处，并且在欧洲历史上也出现过类似的模式。[61] 结果也是同样的——"美洲没有任何一个地方的农业和艺术发展得像欧洲殖民地一样快、一样好。"[62] 征服可以从其结果和建立因袭权利的手段上实现正当化，即使最初的征服没有正当理由。

孟德斯鸠认为，征服一个民族唯一可能的理由，必须基于他们对和平构成的威胁："由战争的权利产生征服的权利。"[63] 在《欧洲的美洲殖民地概述》开头一段富于哲理的表述中，两位伯克——应该就是埃德蒙·伯克——概述了一般情况下用来为征服辩护的借口。第一种是源于希腊人普遍接受的自然奴役思想，亚里士多德在《政治学》中接受了这一思想。[64] 该理念在合理化西班牙取得美洲殖民地方面发挥了突出作用。[65] 根据两

60　Ibid.

61　例如，参见 Tacitus, *Agricola*, 21。这一说法中伯克的来源，参见 John Davies, *Discoverie of the True Cause why Ireland was never Entirely Subdued nor Brought under Obedience of the Crowne of England, untill the Beginning of His Majesties Happie Raigne* (London, 1612)。有关讨论，参见 Richard Bourke, "Edmund Burke and the Politics of Conquest," *Modern Intellectual History*, 4: 3 (November 2007), pp. 403–32。也可参见本书第 9 章第 5 节和第 14 章第 6 节。

62　[Burkes], *Account*, I, p. 134. 关于现代欧洲早期政治思想中文明的农业与野蛮的游牧，参见 Richard Tuck, *The Rights of War and Peace: Political Thought and International Order from Grotius to Kant* (Oxford: Oxford University Press, 1999, 2002)。

63　Charles-Louis de Secondat, Baron de Montesquieu, *De l'esprit des lois* (1748) in *Oeuvres complètes* ed. Roger Caillois (Paris: Galimard, 1951), 2 vols., II, Pt. II, Bk. X, Chapt. 3.

64　[Burkes], *Account*, I, pp. 31–32.

65　Anthony Pagden, *The Fall of Natural Man: The American Indian and the Origins of Comparative Ethology* (Cambridge: Cambridge University Press, 1982), chapt. 3.

位伯克的说法，这是一种毫无根据的学说，所以很难寄希望于它能为西班牙人的行为开脱。两位伯克特别想到了对伊斯帕尼奥拉（Hispaniola）岛的征服，其以极端暴力著称。但这一点却适用于欧洲人在与新大陆进行贸易的过程中采取的另外两种假装权威的手段。这两个盛行一时的借口都被谴责为虚伪：第一是教宗以主教职位的精神权威对领土管辖权的主张；第二是英国内战期间在英国人中间站稳脚跟的恩典主权（dominion of grace）概念。[66] 这两项主张最终在性质上都是反律法主义的：精神权威被用来废除道德标准。但是，尽管欧洲人征服印第安人的行为没有正当理由，罪魁祸首们却没有意识到其中的不当之处。因此，他们必须通过思想上的正义来解释他们的行为。然而，除非得到一些合理的支持，否则这些观念终究无法使人信服。在这种情况下，思想的信念需要人性特征的加持。

　　两位伯克将这一特征描述为轻信。虽然道德层面上人人平等，但事实上每个人并不在同一水平线上。高超的技能和才干被认为是"适于"统治的。这种差别很容易转化为一种"权利"：通过人类思维的习惯性倾向，一个事实就这样转化为规范。[67] 执政能力也就成了执政权。这种表述偏差所导致的后果如同双面的雅努斯。一方面，它促成了必要的从属关系；另一方面，它促成了政治统治。在前一种情况下，它可以在暴力压迫的支持下加速征服的正当化进程。《欧洲的美洲殖民地概述》中提到，被征服者的敬畏可以"缓解征服的罪恶和恐惧"。[68] 其关键并非是要宣扬一种卑躬屈膝的态度，而是要表明，如果没有基本的妥协能力，自由和权威之间便永远无法和解。如果

66　[Burkes], *Account*, I, p. 31.

67　Ibid., p. 32.

68　Ibid.

没有这种调和的手段，奴役永远不可能发展成正当的服从。然而，同样，滥用这种惯性思维中的默许也会建立起最可怕的暴政。征服墨西哥就是这种剥削的例证。在职业生涯结束时，伯克回顾了这一征服的严酷性，将革命政权下的法国贵族与那些西班牙统治下不幸的受害者阿兹特克人相提并论："他们与墨西哥人处于同样的境地，当他们被一小撮大胡子西班牙人用狗、骑兵、铁器和火药攻击时，他们对这些人一无所知。"[69]

同样，秘鲁的印加人也深受压迫之苦。在贪婪的地方法官和专横跋扈的牧师统治下，他们受到经济剥削和社会蔑视——"抱怨只能换来新的侮辱和打击，而回击却被认为是一种犯罪。"[70] 利马（Lima）一年一度的狂欢节重现了他们以往的自由，让这个在奴役中俯首称臣的民族得以宣泄他们的沮丧心情。[71] 这一重现自由的节日激起了印第安人的极大愤怒，因为他们把记忆中的自由和眼下的堕落相比较。意思是说，服从并不是建立在被征服者的同意之上：征服从未让位于文明政府，因此也从未产生自由的服从。用孟德斯鸠的话来说，西班牙人从未考虑过保护他们的殖民地，而是把这些殖民地视为他们意志的牺牲品。"征服的目的是维护［保护］"，他在《论法的精神》中评论道，"奴役"永远不是征服的终点。[72] 在《欧洲的美洲殖民地概述》中，两位伯克认为西班牙人把统治和奴性混为一谈，他们的管理建立在特权而不是政府职

69　EB, *Letter to a Noble Lord* (1796), *W & S*, IX, pp. 174–75.

70　Ibid., p.257.

71　Ibid., pp.258–59, based on Amédée-François Frézier, *Relation du voyage de la mer du Sud, aux côtesdu Chili, du Pérou et de Brésil, fait pendant les années 1712, 1713, et 1714* (Paris: 1715), p. 249. 两位伯克在《欧洲的美洲殖民地概述》中引用了阿梅迪－弗朗索瓦·菲勒泽（Amédée-François Frézier）的作品，参见 *Account*, I, p. 251。

72　Montesquieu, *De l'esprit des lois*, Pt. II, Bk. X, Chapt. 3.

责之上。

西班牙帝国模式是《欧洲的美洲殖民地概述》一书中所要阐述的要点，因为它为如何不构建政府提供了范例。西班牙最终是被征服的精神所激励，而不是被互惠和商业的和平艺术所驱动。《欧洲的美洲殖民地概述》中称："嫉妒是西班牙宫廷的显著特征。"[73] 其扼杀了雄心与创新，影响了国内贸易的展开。西班牙获得了巨额的黄金储备，却未能增加国民财富，繁荣被过度的安全焦虑所牺牲。"没有任何一个欧洲国家能像西班牙那样得到如此巨大的财富，在欧洲也没有任何一个国家看上去如此缺钱。"[74] 它更接近孟德斯鸠笔下的波斯，而不是他所定义的法国。其主要特点可以用剥削统治的一句谚语来形容："在政府中实行暴政；在宗教中实行偏见；在贸易中实行垄断。"[75] 它的殖民地受到同样的折磨，导致了更加恐怖的结果。西班牙总督们被贪婪和嫉妒驱使，掠夺他们的民众。反过来，这些人又长期处于恐惧状态：克里奥尔人被西班牙人憎恶，而他们又反过来鄙视黑人。原住民越发感到失望——"卑微、沮丧、胆怯、温顺"，并渴望建立自己的政府。[76] 欧洲人向外输出了一种分而治之的制度。[77] 总的来说，西班牙显然是一个衰落的大国：克伦威尔在与法国人合作时，对西班牙做出了十分拙劣的判断，对于这个他曾与之战斗的国家，他评价其"之后将崛起为一个危险的大国"，但其实这个国家本身早已消耗殆尽。[78]

---

73 [Burkes], *Account*, I, p. 234.

74 Ibid., p.296.

75 Ibid., pp.296–67.

76 Ibid., pp.238–43.

77 Ibid., p.258.

78 Ibid., II, pp. 63–64.

孟德斯鸠称，如果万国公法能够在全世界得到尊重，那么探讨被征服的民众可能获得的利益就说得通了。然而，西班牙人却不惜以毁灭性的结果为代价来追求统治。孟德斯鸠问道："西班牙人对墨西哥人就没有好处吗？"然而，在他们的身后，灾难却接踵而至。[79] 对此，两位伯克也同样直言不讳：除了"赶尽杀绝"，西班牙人拒绝了一切手段以维护他们的征服。[80] 然而，这并不是对帝国计划的控诉，而是对帝国权力的系统性滥用的控诉。我们应当赞颂合乎法理的征服、殖民定居和文化进步。在《欧洲的美洲殖民地概述》第二卷的结尾，两位作者列举了一系列慷慨的征服者——克里斯托弗·哥伦布、菲利普·德·朗格里耶·德·波因西（Philippe de Longvilliers de Poincy）、佩德罗·德拉·加斯卡（Pedro de la Gasca）、巴尔的摩勋爵（Lord Baltimore）和威廉·佩恩（William Penn）——他们"将这世上形形色色的蛮荒"，带入了"文明和宗教的光明地带"。[81] 到一定时候，他们的事迹会升华成寓言，成为国家的建国神话。他们的成就将与奥西里斯（Osiris）、巴克斯（Bacchus）和奥菲斯（Orpheus）这些文明的培育者和先祖比肩。[82] 虽然最终结果仍是遭受失败，但对于这些努力本身，他们尽可以问心无愧。正如印第安人心甘情愿地默许耶稣会会士们建立定居点，在那里，服从同"心甘情愿与心满意足"结合在一起。[83]

两位伯克认为，臣服可以追溯到服从的本能，这是基于

---

79 Montesquieu, *De l'esprit des lois*, Pt. II, Bk. X, Chapt. 4.

80 [Burkes], *Account*, I, p. 296.

81 Ibid., II, pp. 221–22.

82 Ibid., p.222.

83 Ibid., pp.285–86. 可与智利人反叛的不满情绪进行对比，参见 ibid., pp.272–73。

对美洲土著原始人的分析,这在很大程度上要归功于拉菲托
(Lafitau)的观察。美洲大陆的土著人在风俗上看起来十分相
似,仍体现出所有民族远古时期的生活图景。[84] 他们仍然保留着
迷信活动,而非文明地信仰宗教,因而"寺庙十分少见"。[85] 更
加重要的是,他们相信灵魂是不朽的,这一点从他们对死者的
悉心照料中可以看出。《欧洲的美洲殖民地概述》中指出,"灵
魂节"是这种奉献精神的体现。这些信息来自拉菲托所著的
《美洲野蛮人的礼仪》(*Moeurs de sauvages américains*)第
二卷第七章。这个节日是由生活在圣劳伦斯河谷附近的易洛魁
联盟的七个民族举办的。仪式包括挖掘和哀悼死者遗体。虽然
这种仪式对肉体死亡进行最可怕的展示,但这也表现出印第安
人的"虔诚"。[86] 据拉菲托说,这种行为反驳了无神论者的论
点,即对宗教情绪的普世性的反对。对两位伯克而言,它表明
宗教是如何"将我们粗犷的天性抚平为人性"。[87] 尽管如此,
残忍的行为在这些原始土著之中仍然十分普遍,这体现了基督
教的优势,尤其是它教导人们"同情我们的敌人"。[88]

这些印第安人的身上混杂着残暴与友好,总的来说,他们看
起来"顽强、贫穷、肮脏",并且始终追求自由。[89] 他们不容易
被激怒,而一旦被激怒,他们就会大发雷霆。[90] 他们的首要任务
是战争,荣耀是他们情感的最高目标。[91] 同样,他们也强烈反

174

---

84 Ibid., p.167–68.

85 Ibid., p.173.

86 Lafitau, *Moeurs de sauvages américains*, p. 448.

87 [Burkes], *Account*, I, p. 186.

88 Ibid., pp.199–200.

89 Ibid., pp.168–69.

90 Ibid., pp.171–73.

91 Ibid., pp.188–90.

对依赖或服从命令，尽管他们很容易被他们崇拜的人说服。在这里，即使是最坚定的自由人，也有让步于权威的习惯。他们的首领受到父亲般的尊敬，他们通过劝说而不是胁迫行事。在他们的大议会中，都是"为他人着想"（consideration）的人。[92] 即便如此，尽管有基于钦佩的敬畏迹象，却并不存在刑事司法制度——"罪行不是受到报复，就是由有关各方达成和解。"[93] 他们的粗鲁和简单意味着缺乏法理，这显示出基本人文教养的缺失。这种情况使欧洲的观察家们"意识到商业的价值、文明生活的艺术和文学的光芒"。[94] 这当然比"一些"哲学家愿意承认的要多。卢梭是这种谴责最显而易见的认同者。艺术和科学，以及文化和商业意味着从最基本的平等中获得进步。文明消除了"我们天生的恶习，软化了人类的凶残。"[95]

《欧洲的美洲殖民地概述》中明显地表现出了对法国人的钦佩。葡萄牙人、荷兰人和丹麦人则被一笔带过。法国之所以占据中心地位，是因为它的贸易蓬勃发展，这得益于其明智的商业政策。这一政策始于黎塞留（Richelieu），并由科尔伯特完善。政策的核心是"最有效地支持海外商业、殖民地和当局"。[96] 西印度群岛定居点的糖、靛蓝染料和咖啡出口额表明了法国的经济实力——"在这一地区我们最有理由嫉妒法国。"[97] 的确，一般来说，尽管法国人在英国经常遭到爱国人士的嘲笑，但实际上他们在商业上的成功应该是值得效仿的。他们给予殖民地贸易的关注应该成为对英国商业的鞭策——它应该

92 Ibid., pp.176–78.

93 Ibid., pp.180–82.

94 Ibid., p.200.

95 Ibid.

96 Ibid., II, pp. 4–5.

97 Ibid., pp.22–23.

"把我们从那种衰落的倦怠中唤醒"。[98]英国目前与法国的冲突是英法长期竞争的一部分，可以追溯到一个多世纪以前。这场斗争是为了"在军事、政治、知识和商业上取得优势"。[99]在战争期间，通过打击商业是不可能取胜的。唯一的解决办法是一个政体在竞争优势上超越对手。"只要商业精神存在，商业本身就永远不会被摧毁。"[100]

书中对科尔伯特显而易见的崇拜，很可能是伯克拒绝承认自己参与这项工作的原因。"科尔伯特是一位伟大、明智和诚实的大臣，是为任何贵族成员服务过的最有能力的大臣之一。"[101]独家垄断在国家管辖范围内受到批评，但明智的监管则受到赞扬。[102]商业精神被认为是扩大社会交往的引擎，但贸易顺差的优势也同样受到称赞。[103]在西印度群岛，过高的食糖税和维持机构的财政负担与法国更有利于贸易发展的政策形成对比。[104]更普遍地说，大英帝国内部的贸易自由化受到鼓励，而"迂回"贸易，包括其对爱尔兰的影响，则受到批评。[105]与此同时，对主要竞争国的贸易顺差仍是商业政策的目标。《欧洲的美洲殖民地概述》的基本前提是，像法国那样，将行政规划对商业的监管完善到与英国殖民地的政治自由精神相融合的程度。换句话说，可以向法国人学习，而不必把他们在美洲的制

175

98　Ibid., p.48.

99　Ibid., p.49.

100　Ibid., p.17.

101　Ibid., p.4.

102　Ibid., pp. 3, 8, 47, 60; ibid., II, pp. 182–23.

103　Ibid., I, pp. 47, 112.

104　Ibid., pp.110–16.

105　Ibid., p.115. 后来，在伯克第一次进入议会期间，他一直在关注这个问题，参见 EB to Charles O'Hara, 1 March, 1766, *Corr.*, I, p. 240, 也可参见本书第 5 章第 2 节、第 6 章第 3 节、第 8 章第 3 节。

度作为英帝国政治经济的蓝图。

英国殖民地是热爱自由的产物，而不是政府规划的结果，对其的管理必须尊重其最初建立的条款。对自由的依恋既来自宗教，也来自政治。正是对国教的异议驱使着许多殖民者定居美洲，使他们对自由充满了热情。而这对于他们的宗主国来说是有利的，因为它为移民们"暴躁不安的脾气"打开了一个发泄口。[106] 矛盾的是，以难民身份逃跑的自由信徒往往反过来迫害宗教异议者。这些移民在宗主国因良心的承诺而被迫害，现在却因自身的狂热激怒了在美洲的同胞。曾遭受的迫害使他们产生了报复心理。"他们以自己的仇恨判断对方的仇恨。"[107] 殖民地的异见和迫害的恶性循环促使两位伯克崇尚宽容的美德："在所有的劝说中，偏执分子是迫害者；冷静而理智的虔诚者是宽容的拥护者。"[108] 这是伯克在其余下的职业生涯中一直坚持的观点。信仰的统一比信仰的多元化更可取，但随着多元化的到来，应该实行信仰宽容。[109]

176

在美洲新大陆的英国人对政治自由的追求并不亚于对宗教自由的追求。这在美洲殖民地尤其明显。首先，在新英格兰，虽然有一些拥有大量地产的人把土地租给农民，但大多数殖民者是独立的自耕农，他们的地产被"均分继承法"（gavelkind）分给了自家的孩子们。因而这些定居者都有一定的经济能力，并具有"非常自由、大胆和共和的精神"。[110] 考

---

106 [Burkes], *Account*, II, p. 106.

107 Ibid., pp.152–53.

108 Ibid., p.153.

109 Ibid., p.199.

110 Ibid., p.167. 伯克对新英格兰的描述主要依赖于威廉·道格拉斯，参见 William Douglass, *A Summary, Historical and Political, of the First Planting, Progressive Improvements, and Present State of the British Settlements in North America* (Boston: 1749), 2 vols。

虑到北美人的这种脾气，王室政府最适合作为一种管理手段。这是一个由民选代表和由王室任命的总督及委员会组成的议会机构。专属殖民地也是如此。然而，在一些特许殖民地政府治下，例如新英格兰、康涅狄格和罗德岛的政府，权力被"更危险地"授予民众——"这是一种纯粹的民主。"[111] 执行官员是选举产生的，而不是任命的，这使得这些新的殖民地对于宗主国来说显得不那么听话。在马萨诸塞，总督缺乏自己的行政机构，因此他只能依赖地方代表，他从而成为该殖民地民众力量的工具。[112] 殖民地的共和情感让定居者对行政特权感到紧张。他们积极捍卫同意权。帝国的强制措施很可能被解释为斯图亚特特权的回归。在这种情况下，政府有可能成为征服和迫害的工具。在 18 世纪 60 年代和 70 年代，伯克开始为英国民众重现这一局面可能带来的后果。伦敦要么征服殖民地，要么接受和解。

4.3 《英国史略》：从罗马到基督教

随着《欧洲的美洲殖民地概述》和《哲学探究》的出版，伯克希望于 1757 年 8 月出发前往美洲。[113] 然而，这个计划因为战争的爆发而被搁置。[114] 与此同时，他与多兹利签订了一份关于撰写英国历史的合同，最终在伯克去世后，该书被命名为《英国史略》出版。[115]1757 年 2 月 25 日，他同意撰写一部

---

111 [Burkes], *Account*, II, p. 300.

112 Ibid., p.302.

113 EB to Richard Shackleton, 10 August 1757, *Corr.*, I, p. 123

114 4 年后，伯克仍想移民美洲，参见 EB to Charles O'Hara, 10 July 1761, ibid., p. 141。

115 该作品在 1760 年印刷了 6 份。现存于牛津大学博德利图书馆。修订版的手稿于 1812 年出版，参见 Todd, *Bibliography*, pp. 42–43。

177 单卷本历史，"从恺撒大帝时代延续到安妮女王统治时期"。[116]
那时伯克预计将在1758年底前提交他的作品。他的想法是，
通过查阅截至当时已有的多卷历史材料，写一篇简要的概述。
然而，直到1763年，伯克仍在修改这个作品。[117]虽然在1762
年有传闻说此书即将出版，但事实上伯克从未完成该计划。[118]
因此，现存的内容只是整个计划的一部分，尽管如此，它涵盖
了从罗马入侵到签署《大宪章》期间的大量史料。[119]《英国史
略》分为三卷，分别涵盖罗马、撒克逊和诺曼帝国的英国历
史。它的首要主题是与自由进步有关的民族征服和合并。

伯克开篇概述了欧洲文明与野蛮之间旷日持久的较量，这
是启蒙运动史学中一个主要主题，也是古代历史学家着迷的主
题，早在修昔底德时代就很明显了。[120]伯克的叙述开始于欧
洲大陆北部和南部之间的斗争。长期以来，从鞑靼人的边境向
西延伸到海洋的大片土地一直是牧羊战士出没并进行掠夺的地
方，自希罗多德以来，他们被称为粗野的斯基泰人。[121]这类部
落社会统治着大陆的北部，彼此之间的战争持续不断。各民族

116 Isaac Reed, "Notes on an Abridged History of England Undertaken by Edmund Burke,"
   Boswell Papers, Yale University Library, MS. C. 2349, cited in T. O. McLoughlin, "Edmund
   Burke's 'Abridgment of English History'," *Eighteenth-Century Ireland*, 5 (1990), pp. 45–59.

117 EB to William Gerard Hamilton, March 1763, *Corr.*, I, pp. 164–65.

118 Thomas Gray to Horace Walpole, 28 February 1762, *The Yale Edition of the Correspondence
   of Horace Walpole*, ed. W. S. Lewis (New Haven, CT: Yale University Press, 1937–83), 48
   vols., XIV, p. 122.

119 关于伯克（古代和中世纪）的资料来源最完整的综述，参见 Sora Sato, "Edmund Burke's
   Ideas on History" (PhD Thesis, University of Edinburgh: 2013) pp. 24–32。

120 Pocock, *Barbarians, Savages and Empires*, pp. 2–6; Nicholas Phillipson, "Providence and
   Progress: An Introduction to the Historical Thought of William Robertson" in Stewart J. Brown
   ed., *William Robertson and the Expansion of Empire* (Cambridge: Cambridge University Press,
   1997, 2008); Thucydides, *History of the Peloponnesian War*, I, iiff.

121 Herodotus, *History*, IV, ff.

都曾经取得过胜利，但他们的生活方式却停滞不前，直到最后他们遇到了罗马军队。罗马共和国是南欧聚落的产物。希腊和意大利的半岛环境已经消灭了游牧民族，并为那些可以开始耕作定居生活的群落提供了庇护。最终，技术和知识随之而来，军事纪律与文明相伴而生。因此，正如伯克所言，南方的聚落"在各方面都大大超过北方民族"。[122] 对英国的征服是高卢人的残暴与罗马为首的南方文明之间冲突的产物。恺撒对该岛的征服是战略性的，而非"绝对"的征服。[123] 他的目标是消除对高卢人的潜在支持，而不是将罗马统治扩展到欧洲大陆之外。在两次远征英格兰南部的过程中，他实现了自己的目标。在回到罗马之前，他就已经撤退到了欧洲大陆上。[124]

英国更持久的羸弱始于元首制（the principate）时期，起初是在提贝里乌斯（Tiberius）和卡利古拉（Caligula）的统治下一点点地衰败，但从维斯帕先（Vespasian）统治开始，英国的衰败更加显著。[125] 阿格里科拉（Agricola）的远征把领土大片地向北扩张至喀里多尼亚（Caledonia），他的女婿塔西佗记录了这次远征。从公元 77 年开始，阿格里科拉的战役就表现出人道主义，他的统治是节制的："他以非常友善的方式征服这座岛屿……他同情被征服者的状况并尊重他们的偏见。"[126] 他的目标是确保"完美"的征服，使被征服者默许罗马的权威。这意味着要用公民统治（civilian rule）的才能来补充军事指挥的艺术。为了追求这一点，阿格里科拉保持着冷静

178

---

122 EB, *An Essay towards an Abridgement of English History* (1757– c. 1763), *W & S*, I, pp. 338–39.

123 Ibid., p.344.

124 Ibid., pp.342–45.

125 Ibid., pp.359–65.

126 Ibid., pp.366–67.

和克制。西塞罗在《论义务》中认为，只有为了和平才能进行
战争。[127] 在不同的化身下，这成为罗马的主要规范。对阿格里
科拉来说，和平意味着公平的管理——"他知道……征服既不
是永恒的，也不是光荣的，这只是暴政的开端。"[128]

伯克记录了罗马的帝国管理，作为维斯帕先征服英国的背
景之一。他区分了盟国、自治市镇、省和殖民地的地位，并追
溯了从罗马共和国到罗马帝国对臣民领地的管理，叙述了从早
期的治安官时期到检察官时代的历程。在整个过程中，他注意
到为帝国安全服务的严谨的团队精神（*esprit de corps*）的运
作。后来，在他有关印度的著作中，他认为这是英国政府在亚
洲的一个负面特征。[129] 他似乎认为，在有利的情况下，它可以
发挥积极的作用。否则，它就会被用作镇压的手段："在良政
善治中，它是一种稳固而有用的和谐纽带；在恶政中，它又是
一种危险而压迫的组合。"[130] 伯克指出了一系列促进罗马军队发
展的政策。在罗马共和国早期，战争是一种生存手段，因此它
的目的在于消灭敌人。然而，伟大带来了稳定，而稳定带来了
文明的政策。因此，即使在战争中，罗马帝国的罗马人也"在
寻求和解"。[131] 万国公法是根据这种倾向被制定的，即国家之
间的"共同规则"被确立，节制也被确定为正确的国家理性。
伯克将这一进步与现代政策等同起来：罗马帝国的政治"更像
目前欧洲的那些强国，在那里，王国寻求的不是扩张势力，而
是传播影响力；是敬畏和削弱，而不是毁灭。"[132]

179

---

127 Cicero, *De officiis*, I, xxiii.

128 EB, *An Essay towards an Abridgement of English History* (1757– c. 1763), *W & S*, I, p. 367.

129 EB, Speech on the Opening of Impeachment, 15 February 1788, *W & S*, VI, pp. 285–86.

130 EB, *An Essay towards an Abridgement of English History* (1757– c. 1763), *W & S*, I, p. 371.

131 Ibid., pp.368–69.

132 Ibid., p.369.

　　然而，这种比较也有其缺陷。古代政府，像罗马人一样，继续表现出"某种征服的精神"。[133]但在评论家看来，这种"精神"可以在一个范围内表现出来——从肆无忌惮的篡夺过渡到温和的强制安抚。虽然伯克可以谴责罗马人的征服政策，但人们一般认为他们的做法在性质上是比较文明的。在有关罗马共和国和罗马帝国的古代文献中，经常可以看到将公民权利赋予那些支持罗马军队的人。在《编年史》中，塔西佗颂扬了将被征服者与征服者"混合"在一起的智慧；李维曾赞扬把自由的权利扩大到被征服者身上。[134]格劳秀斯在他的《战争与和平法》中特别提到了这些做法的智慧，并倡导"古罗马人的审慎节制"。[135]最重要的是，他指的是早期罗马共和国的罗马人，他们包括了萨宾人（Sabines）、拉丁人和意大利人。伯克指出，罗马帝国各省就没那么幸运了。他承认罗马帝国是文明的，但也是严厉的。他承认罗马帝国给布立吞人带来的好处，但从更自由的政体角度来看，他仍会批评罗马诸省相对任性的管理。罗马对其盟国施加的税收非常苛刻，经常迫使他们不得不依靠极高的贷款来缴纳税赋。[136]出于这个原因，与现代殖民地的温和政府相比，古代的节制策略处于劣势：罗马的地方税收制度似乎"更像是为了使那些长期受制于人的国家彻底陷入贫困，而不是为了支持一个公正的共同体。在这些国家中，长期的服从并没有消除人们的敌意。"[137]

　　对伯克来说，敌意的存在表明双方没有和解。随着征服的

133　Ibid., p.376.

134　Tacitus, *Annals*, XI, xxiv, 7; Livy, *Ab urbe condita*, VIII, xiii, 16.

135　Hugo Grotius, *The Rights of War and Peace*, ed. Richard Tuck (Indianapolis, IN: Liberty Fund, 2005), 3 vols., III, p. 1500.

136　EB, *An Essay towards an Abridgement of English History* (1757– c. 1763), *W & S*, I, p. 375.

137　Ibid., p.376.

成功，统治的益处传播开来，敌意会逐渐消退。一场"完美"的征服需要一个全面的和平妥协，这意味着任何一方都要结束残余的好战心态。正如我们所看到的，秘鲁被征服后，敌意依然存在。如伯克从对英国和爱尔兰的比较中认识到的那样，持续的反感同样定义了这对姐妹王国之间的殖民关系。这代表了政治"凝聚"的失败。在世界历史视角下，无论罗马帝国政府的相对缺陷是什么，以和解为目标在古代评论家中被称赞为罗马和平（*pax romana*）的一个基本特征。对塞内加（Seneca）来说，罗马帝国的胜利可以用胜利者和被征服者的"混合"（*permiscere*）来解释。[138] 阿格里科拉是服从精神的典范，即在罗马征服的背景下，人们共同生存，被鼓励"聚集和定居"。一般来说，随着时间的推移，"几个部分会逐渐混合并互相融合"。[139] 这些"部分"包括殖民地定居者和地方臣民。对于像布立吞人这样的野蛮人，凝聚起来需要一个初步的完善过程。这就是阿格里科拉所做的："简而言之，他通过教化布立吞人征服了他们，让他们以野蛮的自由换取礼貌和轻松的服从。"[140]

征服是一项"不愉快"但有时又"必要"的事业。[141] 当一些国家对和平构成威胁时，征服是必要的。根据古典和现代史学的记载，蛮族和野蛮人都特别好战，因此与文明国家处于敌对状态。与高卢人一样，布立吞人也表现出了这些特点。他们是北欧移民浪潮的产物，这些移民遵循了最早的民族在地球上散布的模式。造成这种分散的原因有两个：维持生存的方式和频繁的战争。迁徙不是在人口增长的压力下发生的，而是由

---

138 Seneca, *De ira*, II, xxxiv.

139 EB, *An Essay towards an Abridgement of English History* (1757– c. 1763), *W & S*, I, p. 373.

140 Ibid., p.368.

141 Ibid.

于猎人和牧民的游荡习性。不断冲突所带来的分散效应加剧了这一点，这也使伯克认识到迁徙民族的侵略性和好战性。[142] 因此，和高卢人一样，布立吞人"和所有野蛮人一样，凶狠、奸诈、残忍"。[143] 这种对畜牧社会的解读得益于希罗多德、恺撒和塔西佗，他们对好战牧羊人的描述成为后来文献中的主题（*topos*）。它的大部分内容似乎都得到了北美洲狩猎社会的佐证，尤其是在拉菲托和沙勒瓦的著作中。这一分析得出的结论是，人们相信文明的益处。

尽管布立吞人的条件很差，但依然可以发现一些改善的空间。这一点在他们的政府和宗教机构中可以看出。前者提供了一种正义体系，而后者则是对来世的恐惧。这两种现象都是在德鲁伊的监督下培养出来的。恺撒写道，他们的"基本教义"是灵魂的不朽或轮回。[144] 伯克详细阐述道："德鲁伊教徒在古代的哲学立法者中是最杰出的，因为他们注重传播灵魂不朽的教义，其作为一种有效和主导的原则使人们铭记于心。"[145] 伯克把他们的仪式和态度与其他的异教徒相比较，并描述了他们的职责和崇拜的内容。[146] 他富有同情心的叙述与休谟的描述形成了鲜明对比，休谟认为德鲁伊教的权威建立在"他们对迷信的恐惧"之上。[147] 休谟的《英格兰史》于 1754 年面世，最后一部分出版于 1761 年。伯克写作时不得不面临其影响和挑战。托拜厄斯·斯莫列特（Tobias Smollett）撰写《英国全史》（*Complete History of England*）只用了不到 14 个月，是一

181

---

142 Ibid., pp.346–47.

143 Ibid., p.348.

144 Caesar, *De bello Gallico*, VI, 14.

145 EB, *An Essay towards an Abridgement of English History* (1757– c. 1763), *W & S*, I, p. 352.

146 Ibid., pp. 354–58.

147 David Hume, *The History of England* (Indianapolis, IN: Liberty Fund, 1983), 6 vols., I, p. 6.

部比较仓促和俗套的作品。[148] 而休谟的作品需要被认真对待，伯克通过吸收其见解，同时批评其部分结论，做到了这一点。在伯克的文学和政治生涯中，休谟一直是他的对手。他赞赏休谟在哲学上的超然和系统化的政治观，但他认为休谟的宗教怀疑主义具有腐蚀性，并倾向于偏执。休谟对迷信的蔑视就是一个例证。对伯克来说，原始信仰为后来的启蒙提供了基础。宗教是进步的萌芽，而不是精神和道德的堕落——"文明的最初开端在任何地方都是由宗教创造的。"[149]

在罗马人到来之前，英国南方在礼仪方面进步最快，那里已经建立了聚落。在北方，各种各样的部落靠战争和放牧生活。德鲁伊人在提供宗教、医药和教育的同时，也管理着司法。"他们似乎是唯一执行和解释这个民族中存在的任何法律的人。"[150] 法律当然很少，因为政府是最小的。因此，自由受到的限制也很少。社会更接近于人类最初的平等。文明意味着改善这些原始的条件，伴随着社会分层的加剧，和平与奢华也随之而来。阿格里科拉的成就就是把布立吞人引向了这条道路。正如塔西佗所述：一个"粗俗"（*rudes*）和"分散"（*dispersi*）的群体被征服者的"人性化"（*humanitas*）诱惑所征服。[151] 伯克对此表示认同，认为阿格里科拉通过教化布立吞人，削弱了他们。因此，这项政策堪称典范——提供了一个

---

148 Tobias Smollett, *A Complete History of England* (London: 1757–1758), 4 vols.《英国全史》第五卷于 1765 年出版。关于该书的完成进度，参见 Tobias Smollett to William Huggins, 13 April 1756, *The Letters of Tobias Smollett*, ed. Lewis M. Knapp (Oxford: Oxford University Press, 1970), p. 55。

149 EB, *An Essay towards an Abridgement of English History* (1757– c. 1763), *W & S*, I, p. 349.

150 Ibid.

151 Tacitus, *Agricola*, 21.

"完美的模式"来约束"粗鲁和自由的人"。[152]休谟也得出了同样的结论：阿格里科拉使布立吞人习惯于"生活的便利"，并利用一切可行的方法"使他所铸造的这些枷锁对他们来说既轻松又舒适"。[153]

　　伯克认为，罗马帝国在其历史上经历了三次巨变。第一个是在安东尼的统治下废除了自治市镇、殖民地和省之间的所有区别，促使帝国的民族融合为一个单一的公民身份类别——"每一个征服的印记最终都被抹去了。"[154]第二个是公元293年前后戴克里先统治下的东西罗马帝国的分裂。第三个是公元312年君士坦丁皈依基督教。在英国，罗马文明的影响逐渐衰弱，但在撒克逊人入侵后，基督教信仰渗透到了英国南部。这些都始于公元4世纪在沃蒂根统治下亨吉斯特的入侵。不久，一波又一波好战的撒克逊人入侵了英国，并且迅速地消灭了英国。随着布立吞人的灭亡，罗马文明的残余也随之消亡，直到公元600年前后，在肯特国王埃塞尔伯特的统治下，文字和基督教才得以重生。盎格鲁-撒克逊人以惊人的速度改变了信仰，从国王开始，接着是贵族，然后是平民。[155]修道院是撒克逊人主要的宗教机构，也是改善民众礼仪的主要手段。最初，他们是"预料之中"的那种粗鲁的人——"简单粗暴"。[156]没有艺术、贸易或制造业，战争是他们唯一的事业，狩猎是他们唯一的乐趣。[157]向基督教的转变是温和的而非突然的。大众的迷信与新

182

---

152 EB, *An Essay towards an Abridgement of English History* (1757– c. 1763), *W & S*, I, p. 368.

153 Hume, *History*, I, p. 10.

154 EB, *An Essay towards an Abridgement of English History* (1757– c. 1763), *W & S*, I, p. 380.

155 Ibid., pp.390–91.

156 Ibid., p.392.

157 Ibid., p.393.

信仰相调和。[158] 皈依也得到了各种捐赠的帮助：牧师为受洗的奴隶发放赎金；富人通过僧侣捐款。宗教生活是简朴的，其特点是虔诚，修道院既是避难所，又是埋葬地。隐居在野蛮的生存和精神生活之间设置了一道屏障。早期启蒙的光芒很快就开始显现了。[159]

伯克通过比德（Bede）的作品来调查学术状况。圣人的成就被罗马科学的衰落所限制，罗马科学在帝国繁荣时期就已经堕落了。[160] 尽管如此，对知识的探索还是带来了精神上的进步——"这些推测，无论多么错误，都是有用的；因为虽然人类在确定自然运行的原因时犯了错误，但通过这种方式，自然界的创造被纳入思考的范畴；要想做到这一点，就必须扩大思想。科学可能是错误的和轻率的，但改进是真实的。"[161] 知识的传播和礼仪的改进是相辅相成的。学习传播了思考，教导纠正了道德。基督教的神旨改善了社会交往。"在宗教信仰上撒克逊人的态度发生了显著的改变。他们的残暴程度大大降低，变得更温和，更善于交际，他们的法律也开始与他们的举止一样温和，到处推行仁慈和对基督教的感情"。[162] 顾虑盛行，残暴行为也减少了。休谟或多或少得出了相反的结论：英国的基督教从一开始就被破坏了，给其实践者带来了轻信和迷信。更具体地说，正如休谟所见，修道院的生活压抑了积极的美德；对

---

158 Ibid., p.395.

159 Ibid., pp.396–400.

160 伯克似乎想到了在他的宇宙学论文《自然宇宙论》（Dererum natura）中参考了伊壁鸠鲁物理学，该论文以圣依西多禄（Isidore of Seville）为原型。关于贝德的一些资料来源的讨论，参见 M. L. W.Laistner, "Bede as a Classical and a Patristic Scholar," *Transactions of the Royal Historical Society*, 16 (1933), pp. 69–94.

161 EB, *An Essay towards an Abridgement of English History* (1757– c. 1763), *W & S*, I, p. 402.

162 Ibid., p.404.

神迹的信仰干扰了学习的进步；对神职人员的崇敬鼓励了人们的奴性；而道德则被唾手可得的宽恕所扭曲。[163]

伯克认为虽然撒克逊人的行为准则有所改善，但政治仍然处于混乱之中。这很大程度上是由于未能解决继承问题，这意味着一连串的统治者在他们的宝座上摇摇欲坠。[164] 为了解决这些问题，阿尔弗雷德国王改革了法律和政府机构。在征服了狂暴的丹麦人之后的一段平静时期里，他解决了国家事务。首先，他有效地保卫了王国：建立了民兵组织，并改进了海军。然后，通过让撒克逊人和丹麦人这两个族群都接受统一的法律体系，他实现了撒克逊人和丹麦人的合并。在侵略者长期的蹂躏下，这个国家已沦为赤贫和不文明的状态。面对这样的情况，阿尔弗雷德国王努力通过提供有效的司法管理来安抚这个国家。为此目的，他建立了郡、百户区及十户区。伯克最初将这些机制的建立归功于阿尔弗雷德，不过后来他又补充说，它们的引入是循序渐进的，因此并不是"任何单一设计"的结果。[165] 类似地，陪审团通常被认为是阿尔弗雷德的倡议，实际上这一制度并没有在"撒克逊人之间广泛推行"，即使休谟也将其起源归于这一时期。[166] 根据伯克的说法，阿尔弗雷德负责收集一套法律，并普遍改善了教育状况。他甚至可能建立了牛津大学。[167]

184

163　Hume, *History of England*, I, p. 51.

164　EB, *An Essay towards an Abridgement of English History* (1757– c. 1763), *W & S*, I, p. 406.

165　Ibid., p. 411n. *Contra*, for example, Thomas Carte, *A General History of England* (London: 1747– 1750), 2 vols., I, p. 309.

166　EB, *An Essay towards an Abridgement of English History* (1757– c. 1763), *W & S*, I, p. 411; Hume, *History*, I, p. 77.

167　EB, *An Essay towards an Abridgement of English History* (1757– c. 1763), *W & S*, I, p. 412, based on John Spelman, *The Life of Alfred the Great* (London: 1709), p. 144.

人们已经注意到伯克在《英国史略》中有双重目的。他首先关心的是阐明征服的动力，其次是描绘自由的进程。这两个目标都是为了另一个目的：解除古代宪法的神话。首先，征服的过程呈现出一幅复杂的画面。罗马人、撒克逊人、丹麦人和诺曼人都曾试图让被征服的民族接受政府的管理，但他们的结果却不尽相同。罗马人带来了文明，但他们的帝国并没有持续下去，取而代之的是破坏和衰落：废弃的乡村，人口减少，城镇衰败，贸易枯竭。[168] 在 7 世纪经济和社会开始复苏之前，荒凉和掠夺取代了进步。[169] 与罗马人相比，丹麦人不过是掠夺者，从来没有建立自己独特的政体，尽管他们确实在"真正伟大的"王子克努特国王的统治下获得了王权。[170] 克努特代表了撒克逊政权的延续：他选择以"臣民的意愿"而不是"征服权"来统治。[171] 他恢复了撒克逊的旧法规，并以温和的方式进行管理。然而，让伯克感兴趣的是，撒克逊人很容易成为诺曼人的猎物。这触及了撒克逊政府固有的缺陷，因而伯克对撒克逊政府的基本管理原则进行了概述，并对撒克逊政府的风俗习惯和社会结构进行了分析。这使他能够强调撒克逊政府制度的发展，以反对静态的"宪法"形象。这也帮助伯克描绘了撒克逊的自由计划，与之前哥特式的自由相比，其在本质上是粗糙的。最后，这也将诺曼政体同其前身区分开来，再次强调了英国历史轨迹上的不连续性，打破了从塔西陀描述的日耳曼安排

168 关于贝德作品的回顾性概述，参见 Joel T. Rosenthal, "Bede's Ecclesiastical History and the Material Culture of Anglo-Saxon Life," *Journal of British Studies*, 19: 1 (Autumn 1979), pp. 1–17。

169 M. M. Postan, *The Medieval Economy and Society: An Economic History of Britain in the Middle Ages* (Harmondsworth: Penguin, 1975), p. 16.

170 EB, *An Essay towards an Abridgement of English History* (1757– c. 1763), *W & S*, I, p. 419. 参阅 EB, *An Essay towards an History of the Laws of England* (c. 1757), *W & S*, I, p. 328。

171 EB, *An Essay towards an Abridgement of English History* (1757– c. 1763), *W & S*, I, p. 419.

到 17 世纪议会胜利的无缝过渡的幻想。伯克从来没有完成此
书的后面部分，尽管它对民族虔诚的挑战在剩下的内容中是显
而易见的。他提出了一种在历史环境中发展的叙述，并展示了
一个原始的自由体系是如何偶然地得到改善的。

4.4 《英国史略》：盎格鲁 – 撒克逊人和诺曼征服

185

在把握撒克逊机制的原始状态及其演变的过程，以及其在
诺曼征服后的历史断裂方面，伯克的《英国史略》应感谢休谟
的《英格兰史》。在这两部作品中，英国的历史更像是一个偶
然的发展过程，而不是一个关于原始自由的坚持不懈的故事。
这不仅是对博林布鲁克派教义的挑战，也是对保罗·德·拉平·
德·索伊拉斯影响深远的《英格兰历史》主旨的挑战。拉平的
多卷本历史最早于 1724 — 1725 年出现在海牙。他是一名胡
格诺特派流亡者，在 1690 年帮助威廉斯特军队围攻利默里克
时受了伤，后来定居荷兰。[172] 他的作品随即被马修·廷达尔
的侄子尼古拉斯·廷达尔翻译，十五卷中的最后一卷于 1731
年出版。[173] 在廷达尔版本的《英格兰历史》第二卷中，出现
了拉平的长文"论盎格鲁 – 撒克逊政府"，其中包含对七王国
（Heptarchy）法律、礼仪和宪法的描述。这篇文章详细阐述
了在建立君主政体之前的原始撒克逊人的自由。[174] 博林布鲁克

---

172 拉平死于 1725 年，他的史书被其他人续写到 1745 年。

173 廷达尔将其续写至 1745 年。关于拉平，参见 Hugh Trevor-Roper, "A Huguenot Historian:
Paul Rapin", *Huguenots in Britain and their French background, 1550–1800*, ed. Irene
Scouloudi (Basingstoke: Macmillan, 1987); M G. Sullivan, "Rapin, Hume and the Identity
of the Historian in Eighteenth-Century England," *History of European Ideas*, 28 (200), pp.
145–62.

174 Paul de Rapin–Thoyras, *The History of England, as well Ecclesiastical as Civil* (London:
1725– 1731), 15 vols., II, pp. 137ff.

的《关于英格兰历史的评论》多次提到拉平的思想结晶。[175] 在博林布鲁克《论政党》的第十二封信中，拉平被进一步引为权威，在书中，博林布鲁克展示了英国自由政体的发展轨迹。博林布鲁克认为，布立吞人是"自由人"。[176] 他在书中赞同西德尼的说法，将关于原住民君主制的说法斥为"毫无意义"。[177] 布立吞人、撒克逊人和诺曼人都保留着本土自由不可磨灭的印记。"回顾历史，英国从未有过不受法律约束的政权或由意志所支配的政府。"[178] 在这种精神下，撒克逊人的贤人会议（Witenagemot）就等同于"议会的最高法院"，诺曼人恢复了被征服者的原始法律：一种不屈不挠的自由精神一直在统治着我们。[179]

186   伯克和休谟一样，开始揭露这些假设。休谟在表示钦佩拉平后，从18世纪50年代开始怀疑"古代宪法"经久不衰的特征。[180] 在写《英格兰史》的过程中，他的怀疑越来越多。[181] 休谟认同塔西佗的《日耳曼尼亚》，将北方民族（撒克逊人是其

---

175 Henry St. John Bolingbroke, *Remarks on the History of England* (1728–1730) (London: 1743), pp. 76, 99, 105, 145, 149, 162, 206.

176 Henry St. John Bolingbroke, *A Dissertation upon Parties* (1733–1734) in *Political Writings*, ed. David Armitage (Cambridge: Cambridge University Press, 1997), p. 113.

177 Algernon Sidney, *Discourses concerning Government* (1698), ed. Thomas G. West (Indianapolis, IN: Liberty Fund, 1990), p. 512.

178 Bolingbroke, *Dissertation upon Parties*, p. 114.

179 Ibid., p. 115. Cf. Bolingbroke, *Remarks*, Letter IV.

180 Duncan Forbes, *Hume's Philosophical* Politics (Cambridge: Cambridge University Press, 1975,1985), p. 261. 另见 Nicholas Phillipson, *David Hume: The Philosopher as Historian* (London:Penguin, 2011), chaps. 5–7; R. J. Smith, *The Gothic Bequest: Medieval Institutions in British Thought, 1688–1863* (Cambridge: Cambridge University Press, 1987, 2002), pp. 74–83。

181 David Hume to James Oswald, *The Letters of David Hume*, ed. J. Y. T. Greig (Oxford: Oxford University Press, 1932, 1969), 2 vols., I, p. 179.

中的一个分支）描绘成"凶猛而大胆的自由者"。根据塔西佗的说法，"日耳曼"部落一般都是根据身份地位选择国王，基于功绩选择将军。然而，政府是通过协商建立的，统治者的权力仅限于劝说。[182] 在塔西佗的基础上，休谟没有把这些安排解释为原始美德的典范。贵族，或称权贵，主宰了撒克逊贤人议会。诺曼征服者到来后，政府"已经变得非常贵族化"。[183]这本身并不是一个原创的说法。詹姆斯·蒂勒尔曾明确表示："古代英国撒克逊人的政府与其说是君主政体，不如说是贵族政体。"[184] 然而，休谟的目的是说明政府体制的缺陷。他声称这个政权既不是一个君主政体，也不是一个平民政体，他的部分目的是为了破除辉格党和托利党的偏见，因为这两个政党重拾撒克逊人的原始统治，试图从中找到宪法的雏形。但休谟也热衷于概述撒克逊政权的内在缺陷。伯克遵循这条怀疑的路线，并加深了这种怀疑，拒绝一种"空想"，即"将我们今天所享有的宪政形式完全等同于最遥远的古代宪法"。[185]

英国古代的遗迹不仅指出撒克逊英国与其后的发展之间存在着本质上的不连续性，而且还表明了这些原始条件的"粗鲁"。通过强调这一事实，伯克驳斥了博林布鲁克等人对古代宪法的"颂词"。[186] 很明显，撒克逊人的自由完全是粗暴的。这是既无知又无希望的产物，这些因素使得自由是任意和专制的：它在有权势的人中推广特权，在其他人中提倡不平等的正义。此外，权威和社会关系的形式具有军事性质。这些特点结

---

182 Tacitus, *Germania*, VII, XI.

183 Hume, *History*, I, pp. 160–65.

184 James Tyrrell, *The General History of England as well Ecclesiastical as Civil* (London: 1696–1704), 3 vols., I, p. xxxix.

185 EB, *An Essay towards an Abridgement of English History* (1757– c. 1763), *W & S*, I, p. 443.

186 Ibid., p.444.

187 合在一起不利于农业的改善，也抑制了商业和个体工业的发展。[187]公民权力很弱，而个人权力很强。统治机构几乎等同于统治者个人，政治代表权的概念也不存在。[188] 由于权力是通过个人品质来行使的，所以从属关系缺乏规范和稳定性。休谟将"古代日耳曼人"描述为"基本处于原始自然状态"。[189]他的意思是说，社会长期处于军事化的状态，成群的士兵赞扬他们领导人的军事美德。伯克紧随其后指出：在撒克逊人和日耳曼人的统治下，古时的统治是由酋长（领主）和封臣（附庸）之间的关系决定的。[190]封臣由友爱的纽带联结在一起，他们又恭敬地与贵族结盟。[191]社会和权威建立在军事基础上，士兵同盟效忠于战场上的杰出领袖。这一制度得到了"我们天性中的两项原则"的支持：一方面是野心；另一方面是钦佩。[192]这些激情中潜藏着人类从属关系的萌芽。文明只能规范和调和服从关系。忠诚与征服的区别在于是否同意。这始于"自愿的不平等和依赖"。[193]它后来发展成一种模仿和友谊的关系。在维吉尔的《埃涅伊德》第九卷中，沃伯顿对尼修斯和欧律阿鲁斯的关

---

187 Ibid., p.429.

188 威廉·兰巴德（William Lambard）认为代议制可以追溯到撒克逊时代的英格兰，参见 William Lambard, *Archeion: Or, A Commentary upon the High Court of Justice in England* (London: 1635), pp. 241–44。

189 Hume, *History*, I, p. 174.

190 EB, *An Essay towards an Abridgement of English History* (1757– c. 1763), *W & S*, I, pp. 429 and 431 follows Tacitus, *Germania*, XIII, and Caesar, *De bello Gallico*, VI, 15, in denominating German "*comites*," or martial fellows, as "*ambacti*."

191 EB, *An Essay towards an Abridgement of English History* (1757– c. 1763), *W & S*, I, p. 432. Charles–Louis de Secondat, Baron de Montesquieu, *De l'esprit des lois* (1748) in *Oeuvres complètes* ed. Roger Caillois (Paris: Galimard, 1951), 2 vols., II, Pt. VI, Bk. XXX, Chapt. 3, describes them as "*companions*."

192 EB, *An Essay towards an Abridgement of English History* (1757– c. 1763), *W & S, I*, p. 431.

193 Ibid.

系进行研究时，考察了这种个人忠诚。[194]类似的，伯克认为，在崇拜的基础上培养忠诚，是"这个国家的骑士与其仆人"之间关系的根源所在。[195]欧洲的进步是调节不平等和消除任意依赖的产物。[196]从属关系仍然是一个常态，尽管其条款和条件差异很大。

很明显，伯克欣赏的是从属关系被改善的过程，而不是从中发展出来的原始野蛮。他回忆说，孟德斯鸠赞美日耳曼人的"优良制度"。在《论法的精神》第十一卷中，孟德斯鸠在对"英国宪法"的著名分析做出结论前指出，英国人从起源于日耳曼森林的从属模式中获得了"其政治政府的理念"。[197]然而，对于伯克来说，这个原始模型"远不是一个很好的模型"，它所包含的只不过是"我们宪法的模糊和不正确的轮廓"。[198]虽然撒克逊政府建立在被统治者同意的前提下，但权力还是通过任意手段行使的。现代宪法保留了得民心的部分，但它已经逐渐消除了反复无常的因素。由此可见，不公平和任性充斥在原始权力的框架之中。这些特征必然源于等级的划分。首先，社会最初被划分为自由人和奴隶，即从事战争的人和耕种土地的人。自由人中既有封建领主，也有自由民。领主靠自己的地产维持家庭和尊严，而这些地产是由奴隶耕种的。在领主和他们的奴隶之间有一些机构，这些机构代表不同程度的依赖和自

188

---

194 William Warburton, The *Divine Legation of Moses Demonstrated* (London: 1737–1741), 2 vols., bk. II. sect. IV.

195 "Literary and Miscellaneous Essays," *The Annual Register for the Year 1763* (London: 1764), p. 178. This is the germ, celebrated in EB, *Reflections*, ed. Clark, p. 238 [113], "对等级和性别慷慨的忠诚、骄傲的顺从、有尊严的服从和内心的从属，即使是奴役本身，也保持着崇高的自由精神"。

196 关于"各种条件间必要的不平等"，参见 the extract from Voltaire's *Essai sur les moeurs* in *The Annual Register for the Year 1764* (London: 1765), pp. 167–68。

197 Montesquieu, *De l'esprit des lois*, Pt. II, Bk. XI, Chapt. 6.

198 EB, *An Essay towards an Abridgement of English History* (1757– c. 1763), *W & S*, I, p. 430.

由，对应着不同的财产模式，并提供不同程度的司法保护。[199]最高法院，即贤人会议，由贵族（great men）领导，但是大多数贵族只是出面表示赞同，而不是认真审议事务。[200]伯克的总体观点因此变得清晰起来——"到亨利二世统治时期，公民和议会代表与绝对的奴隶相差无几。"[201]最糟糕的是，征税是武断的，司法是不公平的。

撒克逊政权除了在宪法上不尽如人意外，还十分软弱和分裂。因此，它很容易成为诺曼征服者威廉的猎物。"诺曼人通过一场战役就征服了英格兰，而罗马人、撒克逊人和丹麦人曾为了征服英格兰付出大量的时间和鲜血。"[202]伯克将撒克逊人的脆弱性归结于他们政体的缺陷。首先，丹麦人还没有完全与英格兰人融合。[203]其次，国家的贵族各执一词，且心灰意冷。[204]这就指向了贵族的根本问题，也说明了整个君主制的不安全。由于均分继承法，遗产逐代减少，大多数乡绅的资源被耗尽，而更有权势的领主掌握了巨大的财富。因此，贵族们太过尊贵而"无法服从"，人数又太少而无法保护国民，使国家暴露于被颠覆的危险之中。[205]不服从的原因是由于继承的不确定性，这影响了撒克逊人，之后也影响了诺曼王室。凯尔特族酋长的继承规则控制着继位，这意味着选举和继承是一种不稳定的组合。[206]因此，政府缺乏力量，而社会缺乏凝聚力。因此，诺曼

189

---

199 Ibid., pp.432–38.

200 Ibid., pp.440–41.

201 Ibid., p.441.

202 Ibid., p.426. 参阅 Hume, *History*, I, p. 187。

203 EB, *An Essay towards an Abridgement of English History* (1757– c. 1763), *W & S*, I, p. 428.

204 Ibid., p.428.

205 Ibid., p.427.

206 Ibid., pp.433–35.

人可以支配这个国家，并随心所欲地修改宪法。

尽管如此，威廉还是温和地统治着英格兰。[207] 他在全国各地建立了驻军，甚至挫败了英格兰人利益的复兴。被没收的土地被封给他的追随者，尽管大多数人都被确认了他们的财产，以期"在共同的统治下把两个民族联合起来"。[208] 根据休谟的计算，威廉创造了 700 位封建领主，另有 6 万名有偿服役的骑士隶属于他们。[209] 从某种意义上说，诺曼人的入侵代表了一种新的秩序：用斯佩尔曼的话来说，"一个新的世纪秩序诞生了"。[210] 伯克对此表示认可："英国的法律、礼仪和处事原则突然改变了。"[211] 然而，与此同时，封建制度延续了之前的困难：民众被权贵压迫，而国王的统治仍然没有保障。一直到亨利二世，王位的继承问题仍然存在争议，而男爵们的权力却在

---

207 有关威廉"获得"而不是"征服"英格兰的概念，参见 Henry Spelman, *Glossarium archaiologicum* (London: 1687), p. 145. 另见 John Skene, *De verborum significatione* (Edinburgh: 1681), "征服"（Conquestus）一章。

208 EB, *An Essay towards an Abridgement of English History* (1757– c. 1763), *W & S*, I, pp. 459, 464. 有关这一点，参见 the review of George Lyttleton, *The History of the Life of King Henry the Second, and the Age in which he Lived* (London: 1767), 3 vols., in *The Annual Register for the Year 1767* (London:1768), p. 265: "在这一时期，我们看到一个强大的国家征服另一个强大的国家，两国的联合与合并以及它们是如何慢慢融为一体的。"

209 Hume, *History*, I, p. 204. 参见 EB, *An Essay towards an Abridgement of English History* (1757– c. 1763), *W & S*, I, pp. 464–65. 这与罗伯特·布雷迪（Robert Brady）所主张的征服者威廉彻底消灭了英国贵族的观点截然不同，参见 Robert Brady, *Complete History of England from the First Entrance of the Romans unto the end of the Reign of Henry III* (London: 1685),pp. 192–93。

210 Henry Spelman, "Of Parliaments" in idem *Reliquae Spelmannianae: The Posthumous Works of Sir Henry Spelman* (London: 1723).

211 EB, *An Essay towards an Abridgement of English History* (1757– c. 1763), *W & S*, I, p. 453. 参阅 Jean Louis De Lolme, *The Constitution of England; Or, An Account of the English Government* (1771, 1778), ed. David Lieberman (Indianapolis, IN: Liberty Fund: 2007), p. 27: "英国封建制度的建立，是威廉征服的直接而突然的结果。"

扩大。[212] 伯克的叙述涵盖了直至《大宪章》出台的时期，他认为《大宪章》是纠正封建弊端的最早尝试之一。在这一点上，他追随了先前批评封建秩序不公正的评论家的脚步。他和大多数早期的历史学家一样，一开始就注意到日耳曼民族起源于斯基泰人，其生活以放牧和狩猎为主。早期农业是在每年划分领土的基础上进行的。[213] 罗马衰落所引发的征服过程，建立了更持久的地产。征服者占有了领土，并将领土作为管理和压迫被征服者的手段。不久，这些领土的控制权变成了世袭权力。[214] 伯克将这种安排与特定的封建财产区分开来：首先，撒克逊人的地产并不是可继承的"封地"，因为它们没有完整地传到继承人手中；其次，它们没有劳役和课税的负担。[215]

与撒克逊人的领地一样，封建土地也是征服关系的产物。然而，虽然撒克逊人是由独立的士兵组成的联盟，但诺曼征服确立了更有序的公民服从。这也是建立在军事纪律上的，但它倾向于将首领与仆人更紧密地联系在一起，将领主与附庸更严格地联系在一起。休谟的《英格兰史》对其规定提出了控诉，

---

212 EB, *An Essay towards an Abridgement of English History* (1757– c. 1763), *W & S*, I, pp. 464–65, 493.

213 Ibid., p.450.

214 Ibid., p.451.

215 Ibid., p.452. 伯克知道，在 17 世纪，带有封建捐税的世袭封地何时被引入英国的问题曾被广泛讨论过，参见 John Selden, *Titles of Honour* (London: 1614), pp. 300–302; Matthew Hale, *The History of the Common Law of England* (London: 1713), pp. 107, 223–25; Henry de Bracton, *On the Laws and Customs of England* (Cambridge, MA: Harvard University Press, 1968–77), 4 vols., II, pp. 37–38. 关于从"自主地产"（allods）到"封地"（fiefs）的过渡，参见 Montesquieu, *De l'esprit des lois*, Pt. VI, Bk. XXXI, Chapt. 8.

明确地引用了孟德斯鸠和罗伯逊的观点。[216] 在日耳曼征服者的领导下，财产变得更稳定和安全，所有权变得更加持久，尽管男爵对国王的依赖和封臣对男爵的依赖仍然存在。[217] 即便如此，社会和政治关系仍然是压迫性的。君主在权贵们的同意和建议下治理这个国家，而男爵的封臣们则被置于专横的权威之下。与此同时，商业和贸易的财富仍然是适度和静态的，而农奴和小附庸则被排除在公共生活之外，并受到上级的压迫。[218] 相应地，下议院没有政治存在感，因此"平民"在公共法庭中得不到支持。[219]《大宪章》成功地纠正了权力的极端性，在既有的特权与新的特权之间取得了平衡。伯克写道，《大宪章》的目标是"纠正封建政策"。[220] 这既没有改变财产的平衡，也没有改变政府的制度，只是减少了封建劳役和课税的"过度蔓延"。[221] 通过这种方式，"封建贵族制"——这是伯克所谴责的"最糟糕的"政府形式——的改革开始了。[222] 随着男爵的特权

191

---

216 Hume, *History*, I, p. 455n. 参见 Montesquieu, *De l'esprit des lois*, Pt. VI, Bk. XXX, Chapts. 1–25, and William Robertson, *History of Scotland during the Reign of Queen Mary and of King James VI* (London: 1759), 2 vols. I,, pp. 12–19. 另见 Henry Home, Lord Kames, *Essays upon Several Subjects Concerning British Antiquities* (Edinburgh: 1747); John Dalrymple, An Essay towards a General History of Feudal Property in Britain (London: 1757)。关于对威廉·罗宾逊（William Robertson）论文的评论，参见 *The Annual Register for the Year 1759* (London 1760), p. 490: "他对古代封建制度的记述是他的杰作之一。"

217 Hume, *History*, I, pp. 457–58. 参阅 Montesquieu, *De l'esprit des lois*, Pt. VI, Bk. XXX, Chapt. 16, based on Jacques Cujas, *De feudis libri quinque* (Cologne; 1593): "起初，领主可以随意剥夺封地……后来，他们只控制封地一年，之后就将封地终身赠出。"

218 Hume, *History*, I, pp. 462–63.

219 Ibid., pp.468–71.

220 EB, *An Essay towards an Abridgement of English History* (1757– c. 1763), *W & S*, I, p. 544.

221 Ibid., p.456. 参阅 John Millar, *An Historical View of the English Government* (Indianapolis, IN: Liberty Fund, 2006), p. 237: 大宪章 "导致了国王与贵族之间权力的相互削弱。但是，虽然这些宪章中并没有规定平民的自由，但最终确保了他们的自由"。

222 EB, *An Essay towards an Abridgement of English History* (1757– c. 1763), *W & S*, I, p. 457.

得到保障，人们的基本自由也得到了确认。文明的自由基础已经奠定，即使"其本身尚未完全成形"。[223]

休谟曾明确指出，英国自由政体的实现既不是原始习俗的必然产物，也不是本土天才的成就。例如，他认为《大宪章》是借鉴法国抵抗运动的成果。[224] 伯克支持对古代宪法的怀疑态度，这在 18 世纪 50 年代晚期遗留下来的《英国法律史论》中尤为明显。这篇论文的论述并没有从撒克逊征服时期延伸到诺曼征服时期。尽管如此，它的主要目的是明确的。伯克认为，在对习惯法以及英国政府历史的叙述中，马修·黑尔的著作和博林布鲁克的论战似乎都不约而同地致力于两个相互矛盾的观点：一是相信英格兰法律条文是"永恒的"，二是相信其会持续"完善"。[225] 伯克认为，这种奇怪的、互不相容的思想的混合体是压倒性的民族虚荣心的产物，倾向于将政体的习俗和法律视为既以其智慧而著称，又因其古老而神圣。[226] 分裂的党派观点进一步加深了这一看法，他们决心将宪法的原始形式追溯到纯粹的原始君主制或原始的共和制度。[227] 这两个概念都基于对英国古代历史的错误描述，然后将制度的进步归结为其最初的简单性。因此，由礼仪、商业和宗教的变化所带来的对法律惯例的修改被掩盖了，甚至被否定了。[228]

在伯克看来，英国古代的遗迹绝大多数都表明，由撒克逊

---

223 Ibid., p.551.

224 Hume, *History*, I, pp. 470–71.

225 EB, *An Essay towards an History of the Laws of England* (c. 1757), *W & S*, I, p. 324.

226 Ibid., p.323.

227 Ibid., pp.324–25.

228 Ibid., p.325.

人最初引入的制度是"粗鲁的"。[229]那些制度最初的简单性随着时间的推移而自然地改变了：它们被偶然事件所改变，并受到各种影响，包括各种外国风俗和民法要素的影响。然而，正是诺曼征服彻底改变了英国的法律规定："当时，英国的法律体系一直是比较落后……突然间……被大量的外来知识所充实。"[230]然而，这并不能保证宪法得到改善。诺曼的法律和封建制度不是被"采用的"，而是被"强加的"。他们为英国政府引入了新的严格要求，然而它们并没有由公正的行政部门执行。一部国家宪法的出现是一个偶然的即兴事件和妥协行为。这一观点在对休谟《英格兰史》第一卷的某个评论中得到了发展，该评论发表在 1761 年的《年鉴》上，很可能是伯克写的：评论的作者提出，令人好奇的是，"在自由与暴政、无政府与秩序的奇怪混乱中，我们现在有幸拥有的宪法终于诞生了"。[231]伯克的《英国史略》得出了类似的结论。英国的制度既不是撒克逊自由的结果，也不是诺曼宪法的顶峰。相反，英国的历史是征服和安抚的产物，引发了自由与权威之间旷日持久的斗争。随着光荣革命的发生，现代自由的建立在任何时候都不是预先确定的结果。相反，英国的事态发展处于一种不断演变的动态中，在这种动态中，特权和王权受到不同程度的争夺。18 世纪的英国宪法同样是偶发事件汇合的产物，由于这个原因，它很容易被推翻。

4.5　宪法自由的科学

很明显，《英国史略》中所表达的担忧，一直延续到伯克对

229　他明确反对博林布鲁克的一个资料来源，参见 Nathaniel Bacon, *Historical and Political Discourse of the Laws and Government of England* (London: 1647–1651)。

230　EB, *An Essay towards an History of the Laws of England* (c. 1757), *W & S*, I, p. 331.

231　*The Annual Register for the Year 1761* (London: 1762), p. 301.

192

当时政治的分析中。在他首次表示要对国家历史进行单卷叙述的那一年，他仍在撰写一些政治评论，以试图研究当时支撑宪法的动力。有四篇写于 1757 年的文章留存至今：《爱尔兰启示》《关于民兵制度的思考》《论政党》及《国民性与议会》。[232] 以倒序形式去探讨这些文章是更加明智的做法，因为最后一篇文章有对上述其他文章的引用。《国民性与议会》探讨了缩短议会任期的问题，自 1716 年 5 月通过《七年法案》以来，这一直是个有争议的问题。伯克有意识地就七年战争提出这个问题，理由是那场"不成功"的战争所造成的气氛可能有利于引发对于宪政改革的思考。[233] 伯克似乎暗示，这种改革取决于一套全面的政治理论。这种理论包括对一个政体的原则与其社会结构和政治组织的分析。就英国的情况而言，这需要理解国民的"性格"及其运行的途径。这就必然要考察英国民众的"精神"与政府形式的关系，因为通过这种关系，民众的精神得以表达。英国的政治受到自由"精神"的鼓舞，但同时也受到政府复杂机制背后各种权力组合的支配。伯克把英国民众比作罗马人，而不是现代法国人、古代雅典人和底比斯人。在"绝对"政权下，如在法国盛行的政权，政府可以被简化为行政机关。[234] 然而，英国和罗马一样，民众的精神是决定性的，因为政体是建立在自由原则上的。但自由是以宪政政府为前提的，并不意味着为所欲为。

伯克的观点源于对休谟论点的阐发。休谟在 1741 年发表的论文《政治可以被简化为一门科学》中宣称："绝对政府必

---

232 这些都被转载于 Richard Bourke, "Party, Parliament and Conquest in Newly Ascribed Burke Manuscripts," *Historical Journal*, 55:3 (September 2012), pp. 619–52。

233 EB, "National Character and Parliament" in Bourke, "Party, Parliament and Conquest," p. 641.

234 Ibid., p.640.

须非常依赖行政。"[235] 而在英国这样的混合君主制国家，由于决策是由相互抗衡的力量做出的，情况就大不相同了。在这种情况下，政府是政治体制的一种职能，而不是个别领导人的激情。正如伯克所说，同样的原则也适用于罗马宪法，根据该宪法，一切都取决于一般的"原因"，而不仅仅是某个人的性情。这一提法意在批评塞勒斯特的观点，特别是赛勒斯特将罗马共和国的命运归结为美德与运气之间的斗争。这位罗马历史学家在研究朱古达战争时，提出个人的道德力量是约束偶然世界的最佳手段。[236] 这也是他在叙述卡提利亚阴谋时开篇的主题：在罗马共和国道德沦丧时期，贪婪、奢侈和野心玷污了道德品质，使运气似乎可以凌驾于一切之上。[237] 之后，马基雅维利证明，虽然这种解释框架可能有助于阐明罗马亲王国的发展态势，却不能恰当地说明宪政的命运。共和国的命运建立在有组织而又对立的势力之间的关系上，而不能简单地归于个别统治者的意志。孟德斯鸠在《罗马盛衰原因论》中重申了这一观点：罗马的崛起与伟大凭借的并不是运气，而是"一个确定的计划"。[238] 伯克在《国民性与议会》中支持这一结论：他指出，塞勒斯特不恰当地将共和国命运"归因于某些特定人的美德和能力"。[239] 作为一个纯粹的民主国家，雅典的政治和它的普通公民一样多变；而底比斯的实力则完全取决于伊巴密浓达的才能。然而，

194

---

235 David Hume, "That Politics May Be Reduced to a Science" (1741) in idem, *Essays Moral, Political, and Literary,* ed., Eugene F. Miller (Indianapolis, IN: Liberty Fund, 1985, 1987), p. 15.

236 Sallust, *Bellum Jugurthinum*, I, 2–5.

237 Sallust, *Bellum Catilinae*, I, 3–7; X, 2–5.

238 Charles-Louis de Secondat, Baron de Montesquieu, *Considérations sur les causes de la grandeur des Romains et de leur décadence*(1734) in *Oeuvres complètesed*. Roger Caillois (Paris: Galimard,1951), 2 vols., II, p. 173.

239 EB, "National Character and Parliament" in Bourke, "Party, Parliament and Conquest," p. 641.

罗马人与布立吞人一样，他们的"傲慢"使得他们有一种持久的特性。[240] 这种精神是由一个长期的"规划"或设计维系的，包含了其政治成功的秘密。这不外乎是在宪法约束体制下对自由做出的一般规划。[241]

由于宪政是一个制衡制度，随着时间的推移，容易出现混乱和腐败。议会对于维持各种势力的平衡起到至关重要的作用，因为正是在那里，共和国内相互较量的势力发生了碰撞。自由可能会受到下议院日益增长的权力或王室逐渐扩大的影响力的威胁：前者能够通过君主的庇护有效限制，后者则需通过议会的权力进行限制。人们普遍认为，较短的议会会期增加了民众在宪政体制中的分量。而伯克的《国民性与议会》却意在说明，这只能对立法独立性造成损害。用一项将议会会期延长至七年的计划取代 1694 年的《三年法案》，是为了巩固辉格党政府在内政和外交上的地位，但长期以来，这被认为是一个扩大议会内派系权力的计谋而受到质疑。[242] 在《政党论》中，博林布鲁克认为，"相比于更长任期的议会，国内的安宁可能……在三年任期，不，一年任期的议会中得到更好的保障"。[243] 1755 年，理查德·贝克福德的《监督者》重燃了对三年一度议会选举的热

240　参见 Montesquieu, *De l'esprit des lois*, Pt. III, Bk. XIX, Chapt. 27: "自由国家是伟大的。"

241　EB, "National Character and Parliament" in Bourke, "Party, Parliament and Conquest," p. 641.

242　丹尼尔·笛福（Daniel Defoe）为《七年法案》提出了一个正面案例，参见 [Daniel Defoe], *The Alteration in the Triennial Act Considered* (London: 1716)。而阿奇博尔德·哈奇森（Archibald Hutcheson）有力地提出了一个反面案例，参见 Archibald Hutcheson, *A Speech Made in the House of Commons April the 24th, 1716, against the Bill for the Repeal of the Triennial Act* (London: 1722)。一般情况下，参见 Owen C. Lease, "The Septennial Act of 1716," *Journal of Modern History*, 22: 1 (March1950), pp. 42–47。

243　Bolingbroke, *Dissertation upon Parties*, p. 106.

情。[244] 但伯克认为，更长的任期使议会具有"元老院"的性质，议员自然会联合起来挫败君主的野心。这种碰撞有助于促进英国的社会福利——"在宪政的不同部分存在竞争时，民众不会遭受很大的痛苦。"[245]

195

这场竞争的有效性取决于能否保证辉格党高层的独立权力。在失去米诺卡岛之后，辉格党旧部遭到皮特派政论家兼神学家约翰·布朗的"爱国主义"鄙视。伯克通过布朗早先对沙夫茨伯里《性格》（*Characteristicks*）中自然神论假设的抨击，了解了布朗的作品。[246] 六年后，在《对时代风气与原则的预判》（*An Estimate of the Manners and Principles of the Times*）中，布朗又通过抨击博林布鲁克的不忠行为重申了他对反宗教的担忧，同时也将矛头指向了英国的"政党"。[247]1759 年，《年鉴》中关于这本书的书评将其描述为对时代的讽刺，由于"我

244 *The Monitor*, 23 August 1755; 21 August 1756. 理查德·贝尔福德（Richard Beckford）是威廉的弟弟，一个在伦敦声名鹊起的皮特党人。关于《监督者》的出版目的，参见 Marie Peters, "The 'Monitor' on the Constitution, 1755–1765: New Light on the Ideological Origins of English Radicalism," *English Historical Review*, 86: 341 (October 1971), pp. 706–27。

245 EB, "National Character and Parliament" in Bourke, "Party, Parliament and Conquest," p. 642. 参阅 EB, Debate on Wilkes's Re-Election, 17 February 1769, *Cavendish Debates of the House of Commons*, I, p. 231: "将议会的会期从三年改到七年，我认为这是对宪法的改善。"关于缩短议会会期的后续讨论，见本书第 8 章第 5 节。

246 John Brown, *Essays on the Characteristics of the Earl of Shaftesbury* (1751), ed. D. D. Eddy (Hildesheim and New York: Georg Olms Verlag, 1969). 布朗曾受埃德蒙·劳（Edmund Law）"功利主义"的影响，他借此批判沃拉斯顿（Wollaston）和克拉克（Clarke）的道德思想，以及沙夫茨伯里和哈奇森的"道德感"概念。参见 Ibid., pp. 114–15, 132–25, 136n。

247 对博林布鲁克的评论，参见 John Brown, *An Estimate of the Manners and Principles of the Times* (London: 2nd ed., 1757), p. 56. 休谟同样因无视教宗而受到嘲笑，参见 ibid., p.83。

们在战争中的失败"，整个国家都在为此付出代价。[248]《预判》等同于是对那个时代的道德败坏进行了塞勒斯特式的控诉，最终以谴责整个国家的"虚荣、奢靡和自私懦弱"而告终。[249] 这些特点动摇了维系国家权力的联盟，而各政治派系的行为则加剧了联盟分裂的可能性。孟德斯鸠曾表示，在罗马，对立政党（"分歧"）是一个自由共同体永久和必要的组成部分。[250] 布朗回应说，这些政治派系可能是"有益的"或"危险的"，这取决于他们的"基础"。[251] 伯克在其"论政党"一文中也对同样的情况进行了考察，但得出了截然相反的结论。

布朗把他的分析置于光荣革命后议会权力与地位崛起的大背景下。他声称，不久之后，议会就会受到国王馈赠的职位和抚恤金的"影响"而腐化。[252] 与此同时，议员们被城镇和乡村的私人利益集团收买，最终形成了从自治市镇到宫廷的党派政治的"巨大利益链条"。[253] 权力被一群无法为公共福利服务的派系贵族所掌握。布朗总结说，作为回应，我们需要能够恢复公众美德的"某个杰出的大臣"。[254] 皮特显然是这项任务的候选人。自纽卡斯尔公爵于 1754 年春就任第一大臣以来，国家的顾问们就被分成了对立的两派。坎伯兰公爵的追随者亨利·

196

---

248 *The Annual Register for the Year 1758*, p. 444. 1765 年的《年鉴》摘录了布朗《关于公民自由、放荡和派系的思考》（*Thoughts on Civil Liberty, Licentiousness, and Faction*, London: 1765），参见 *The Annual Register for the Year 1765* (London: 1766), pp. 222–26。伯克后来又回到了布朗的话题上，参见 EB, *First Letter on a Regicide Peace* (1796), *W & S*, IX, p. 192。

249 Brown, *Estimate*, p. 29.

250 Montesquieu, *Considérations sur les causes de la grandeur des Romains*, p. 119.

251 Brown, *Estimate*, p. 106.

252 Ibid., p.109.

253 Ibid., p.111.

254 Ibid., p.221.

福克斯选择继续支持岌岌可危的纽卡斯尔内阁。然而，皮特却卷入了一条更不稳定的路线——与新政府对抗，赢得有潜在影响力的托利党的青睐，并宣扬爱国者的各种信条。廉洁、经济和高效成了他的口号。[255] 由于纽卡斯尔内阁在战争初期陷入困境，皮特所采取的姿态得到了回报：1756 年秋天，政府垮台，促使皮特与德文郡公爵暂时结盟。而这个新的内阁却在 1757 年 4 月便匆匆垮台，但到了 6 月，皮特便和纽卡斯尔公爵重新组阁，这表明了民众支持的力量以及辉格党旧部在下议院中持续的实力。布朗的小册子成了对这位爱国领袖的赞歌。然而，伯克的《论政党》则是在辉格党权贵阶层受到大众言论攻击之际对煽动性政治威胁的沉思。

伯克将讨论置于政党普遍衰落和取而代之的单纯派系崛起的背景下。[256]1745 年后，詹姆斯党人成了国家政治中的强弩之末，瓦解了托利党大部分的合理性。"詹姆斯党人的利益才是两党

---

255 Lucy Sutherland, "The City of London and the Devonshire-Pitt Administration, 1756–1756," *Proceedings of the British Academy,* 46 (1960), pp. 147–73; Paul Langford, "William Pitt and Public Opinion, 1757," *English Historical Review,* 88 (1973), pp. 54–79; Marie Peters, *Pitt and Popularity: The Patriot Minister and London Opinion during the Seven Years' War* (Oxford: Oxford UniversityPress, 1980); Linda Colley, *In Defiance of Oligarchy: The Tory Party, 1714–1760* (Cambridge: Cambridge University Press, 1982), pp. 276–82; J. C. D. Clark, *The Dynamics of Change: The Crisis of the 1750s and English Party Systems* (Cambridge: Cambridge University Press, 1982, 2002).

256 关于这一讨论的背景，参见 David Thomson, "The Conception of Political Party in England in the Period 1740 to 1783: An Essay in Constitutional Thought; Being an Examination of the Evolution and Acceptance of the Idea of Party, from Bolingbroke to Burke" (PhD thesis, University of Cambridge, 1938); Richard Pares, *King George III and the Politicians* (Oxford: Oxford University Press, 1953, 1988), chapt 3; Archibald S. Foord, *His Majesty's Opposition, 1714–1830* (Oxford: Oxford University Press, 1964), parts IV–VI; John Brewer, *Party Ideology and Popular Politics at the Accession of George III* (Cambridge: Cambridge University Press, 1976, 1981), pp. 39–136; J. C. D. Clark, "The Decline of Party, 1740–1760," *English Historical Review*, 93:368 (July 1978), pp. 499–527; B. W. Hill, *British Parliamentary Parties, 1742–1832: From the Fall of Walpoletoto the First Reform Act* (London: George Allen & Unwin, 1985), chapts. 4–6.

真正的生命力所在，他们为托利党的投机活动设计了一张真正的蓝图，辉格党因此有了反对他们的现实依据。"[257] 在没有任何宪政原则支撑的情况下，各政治派系取代了真正的政党，起到了瓜分政府职务和好处的作用。伯克接着表示，政党是任何混合政体或共和政体的必要组成部分，受到对立原则的激励。对博林布鲁克来说，这种分裂不过是国家中部分利益集团的人为捏造，目的是将权力控制在占优势的辉格党手中。[258] 他后来认为，只有一个有爱国心的国王才有希望将一个国家从随后的道德与政治堕落中拯救过来。[259] 在政党缺位的情况下，他将以爱国为基础执政来实现这一目标："政党是一种政治上的恶，而派系是所有政党中最坏的一种。"[260] 相反，对伯克来说，政党是一种有原则的联合手段。他将此与中世纪和古代的派别加以对比，比如罗马帝国衰亡时期的绿党和蓝军，或者是共和国衰落时期的马略派和苏拉派，或恺撒派和庞培派。[261] 同时期的荷兰共和国也出现了同样的景象，奥兰治派和共和派都在争取建立一个纯粹的政权，尽管他们的原则是相反的。[262] 这与原则性的反对完全不同。在这种情况下，政敌们为了一个共有的政权而支持敌对势力——"组成一个政党必须有一个目标，使得构成每个国家政治宪法的一些权力得到真正的扩张。"[263] 因此伯克主张在明确"原则"的基础上组建政党，以此来为混合政体中温

---

257 EB, "On Parties" in Bourke, "Party, Parliament and Conquest," p. 644.

258 Bolingbroke, *Dissertation upon Parties*, pp. 29, 37, 39–40.

259 Henry St. John Bolingbroke, *The Idea of a Patriot King* (1741–1749) in *Political Writings*, ed. Armitage, p. 249.

260 Ibid., p.257.

261 EB, "On Parties" in Bourke, "Party, Parliament and Conquest," p. 645.

262 Ibid.

263 Ibid.

和节制的目标服务。[264]

　　休谟认为"原则性政党"的存在是现代社会的一个显著特征。[265] 除了基于各自不同利益而产生的分歧之外，英国各政党还基于各自不同的原则而相互对立，并因此有让宪法遭破坏的风险。[266] 在他完成《英格兰史》斯图亚特卷后，随着纽卡斯尔和皮特联合维持有效的政府，休谟在 1758 年回到了政党主题。在英国，那些认为可以"动用武力"解决分歧的原则性党派早已销声匿迹，取而代之的是一种普遍的愿望，即废除这种致命的分歧，以支持迄今为止不同立场之间的联合。[267] 然而，伯克认为，温和的同化原则也带来了问题。有组织的反对可能危及政体，但它也维持了宪法的"活力"。[268] 如果没有它，一个适当的共和政体就会不知不觉地堕落为一个不混合的政体，这正是英国近代历史上发生的情况——"我们无论表面上如何，事实上已经成长为一个完美的民主国家。"[269] 大臣们现在在议会中的地位是以民众力量为基础的，而不仅仅是以王室支持为基础。乔治三世即位三年后，伯克开始修改 1757 年的分析。然而，在这两种情况下，他的警告都显示出对混合政权的极度敏感，因为混合政体本身就隐藏着摧毁自身的手段。他认为，原则性的反对是最好的保障，既能对抗君主的野心，也能对抗民

198

264　关于"政党一直存在，并将永远存在"的观点，参见 EB to Richard Shackleton, 25 May 1779, *Corr.*, IV, pp. 79–80。有关讨论，参见 Harvey C. Mansfield, *Statesmanship and Party Government: A Study of Burke and Bolingbroke* (Chicago, IL: University of Chicago Press,1965), pp. 15–16。

265　David Hume, "Of Parties in General" (1741) in idem, *Essays Moral, Political, and Literary*, p. 60.

266　David Hume, "Of the Parties of Great Britain" (1741) in ibid. p. 65.

267　David Hume, "Of the Coalition of Parties": (1759) in ibid. pp. 493–94.

268　EB, "On Parties" in Bourke, "Party, Parliament and Conquest," p. 646.

269　Ibid.

众领袖对人心的煽动。[270]

　　正是本着这种精神，1757 年 3 月，伯克反对发动复兴民兵的运动。威廉三世即位以来，托利党和乡村党政见领袖逐渐呼吁建立国防部队，政府调取了部分从事农业和纺织业的劳动力，组建了国防部队，并任命各郡有财产的人担任军官。[271]1755 年 12 月，汤森兄弟提出新的民兵法案后，皮特立即全力支持。[272] 最初，该法案受到上议院的阻挠，最终于1757 年通过。[273] 多年后，伯克回忆起因设立该法案而引起的抗议活动。[274] 在该法案两读和三读之间，他曾写文章反对该法案，以支持格伦维尔和哈德威克最初提出的批评立场。[275] 尽管在 18 世纪 70 年代王国派遣常备军镇压美洲殖民者之后，伯克改变了他的看法，但在 1757 年他指出："我们的军队对我们自由的所有担忧……在某种程度上都消失了。"[276]17 世纪的恐慌已经通过国防与宪法精神的调和得到了缓解：议会准许军需供

270　纽卡斯尔对坎伯兰 1764 年 11 月 25 日的观点的解释是，尽管"新辉格党"（Young Men）可以自由地反对，但"反对派"仍由老辉格党人（old corps Whigs）领导，参见 Add. MS. 32964, fol. 109. 关于哈德威克勋爵对长期反对派的缄默，另见 George Harris, *Life of Lord Chancellor Hardwicke, with Selections from his Correspondence, Diaries, Speeches and Judgements* (London: 1847), 3 vols., III, p. 351。

271　Lois C. Schwoerer, *No Standing Armies! The Antimilitary Ideology in Seventeenth-Century England* (Baltimore, MD: Johns Hopkins University Press, 1974). 更多内容，参见 Isaac Kramnick, *Bolingbroke and His Circle: The Politics of Nostalgia in the Age of Walpole* (Ithaca, NY: Cornell University Press, 1992)。

272　Paul Langford, *A Polite Commercial People: England, 1727–1783* (Oxford: Oxford University Press, 1989, 1992), p. 230.

273　J. R. Western, *The English Militia in the Eighteenth Century: The Story of a Political Issue* (Baltimore, MD: Johns Hopkins University Press, 1974).

274　EB to John Coxe Hippisley, 3 October 1793, *Corr.*, VII, p. 442.

275　参见 Bourke, "Party, Parliament and Conquest," p. 636。

276　EB, "Considerations on a Militia" in ibid., p. 648. 关于他后来的观点，参见 EB, *Letter to the Sheriffs of Bristol* (3 April 1777), *W & S*, III, p 329。

应，而王室则指挥武装部队，这反映了国家各势力之间"相互和必要的依赖"。[277] 在《英国史略》中，伯克将这一制度的起源追溯到亨利二世统治时期——"他武装了全体民众"，以对抗贵族的傲慢。[278] 然而伯克却开始认为这种武装在现代社会会适得其反。直到 1752 年，休谟还在为缺少民兵组织而哀叹，因为他认为民兵组织是遏制对自由的初步威胁的手段。[279] 然而，伯克宁愿选择纯粹的法律约束所提供的安全。40 年后，他仍然怀疑民兵的用处——"我不喜欢在战时出现任何一个常驻正规军团，其数量之多，可能相当于我们其他部队的总和。"[280]

　　休谟在其 1752 年的"一个完美共和国的构想"中称赞瑞典将民兵和正规军相结合的举措。[281] 伯克在 1757 年指出，这种评论没有考虑到该国民兵数量的比例很小，以及瑞典宪法无可比拟的特点。在英国，拟设置的民兵规模威胁到了正规军的主导地位，而在其他地方，国民卫队则处于"完全服从"的状态。[282] 伯克承认，组建民兵是由一些"善意的人"提议的，但一般来说，它是心怀不满的托利党议程的一部分，这个议程始于他们对光荣革命协议的反对，并因反对辉格党的权力平衡概念而长期存在。[283] 对托利党而言，大陆联盟需要维持，且有必

277　EB, "Considerations on a Militia" in Bourke, "Party, Parliament and Conquest," p. 648.

278　EB, *An Essay towards an Abridgement of English History* (1757– c. 1763), *W & S*, I, p. 517.

279　David Hume, "Of the Protestant Succession" (1752) in idem, *Essays*, p. 509. 有关讨论，参见 John Robertson, *The Scottish Enlightenment and the Militia Issue* (Edinburgh: John Donald, 1985), chapt. 3。

280　EB to French Laurence, 18 November 1796, Corr., IX, p. 118.

281　David Hume, "Idea of a Perfect Commonwealth" (1752) in idem, *Essays*, p. 647n. 这句话 1768 年后被从休谟文集中删除了。

282　EB, "Considerations on a Militia" in Bourke, "Party, Parliament and Conquest," p. 650.

283　Ibid., p.649.

要安排一支正规军服务于这一计划。[284] 然而，伯克的反对意见更明确地集中在民兵所构成的国内威胁上，而不是它会在多大程度上损害国防。人们普遍认为武装起来的民众为宪法自由提供了保障。然而，这种看法是基于对现代政治的基本误解。在适合畜牧业生存的原始制度下，或几乎完全与农业挂钩的封建社会，诉诸武力可能是保护特权的有效手段。然而，随着我们从粗鲁走向文明，人们开始向宪政自由过渡，在这种情况下，自由得到了一个规范的政府体系的支持。伯克写道："我们的自由是由公民机构的效力来捍卫的"，而不是诉诸军事手段。[285]

在商业时代之前，人口相对贫困，且分散在广阔的领土上。因此，他们不愿合谋反对当权者，也无法参与颠覆统治的阴谋。而在城市，情况则截然不同。因此，古代共和国除了对外集结备战，从不武装他们的民众。[286] 中世纪和文艺复兴时期，城市的混乱局面表明了武装民众的危险性。古代的君士坦丁堡和中世纪的巴黎不断发生兵变，而 13 世纪的根特则"狂暴而无法治理"。[287] 煽动者可能会伺机而动。伯克接着表示，相比于过去，在贸易把每个国家都塑造为繁华都市的现代，这一问题在政治中日益凸显。1790 年，面对法国革命的景象，他观察到了商业君主制国家与商业共和国的城市中心如何加剧了现代叛乱的威胁。随着绅士、农民和自耕农各自为政，乡村生活变得"个体化"："联合与协商"对他们来说是陌生的。[288] 现代巴黎的情况则截然不同："市民的习惯，他们的职业、消

---

284 Ibid., p.650.

285 Ibid., p.651.

286 Ibid.

287 Ibid., p.652.

288 EB, *Reflections*, ed. Clark, p. 363 [281–82].

遣、生意与闲暇，使他们不断地相互接触。"[289] 他们的通讯十分
发达，并容易对煽动和恐慌立刻做出反应。用武器赋予他们力
量，就是在制造骚乱。1789 年皇家陆军的叛变以及拉斐特指
挥下的国民警卫队的叛乱情绪使伯克确信，他的谨慎立场并非
空穴来风。[290]

1757 年，随着英国各地粮食骚乱日益加剧，伯克对民众
武装的蔑视立即受到了指责。[291] 现代城市提供了引发骚乱的手
段，而平实的言辞可以为动员民众提供必要的正当性。伯克后
来在 1795 年强调，粮食短缺可能成为煽动民众的武器。[292] 尽
管目前的粮食短缺可以用歉收来解释，但不难想象，眼下的困
境将如何被理解为政治上的困难：伯克推测，"要想让人们起
伏不定的心态发生一些危险的变化，把政治上的险恶居心与天
灾引发的匮乏混为一谈，用获利和掠夺的希望激励他们，那是
多么容易啊"[293] 粮食短缺为攻击财产的投机性提供了条件，而
武器的供应则可以使大批抗议者转变成叛乱分子。财产会被掠
夺，因袭权利也将遭到破坏。早在 18 世纪 50 年代末，伯克就

201

289　Ibid., p. 364 [283].

290　见本书第 11 章第 5 节。

291　John Stevenson, *Popular Disturbances in England, 1700–1870* (London: Longman, 1979), p. 91; Nicholas Rogers, *Crowds, Culture and Politics in Georgian Britain* (Oxford: Oxford University Press, 1998), pp. 58–75. 关于该现象更广泛的讨论，参见 R. B. Rose, "Eighteenth-Century Price Riots and Public Policy in England," *International Review of Social History*, 6:2 (1961), pp. 277–92; E. P. Thompson, *The Making of the English Working Class* (Harmondsworth: Penguin, 1963), chapt. 3; George Rudé, *The Crowd in History, 1730–1848: A Study of Popular Disturbances in France and England* (New York: John Wiley and Sons, 1964); E. P. Thompson, "The Moral Economy of the English Crowd in the Eighteenth Century," *Past and Present,* 50: 1 (February 1971), pp. 76–136; Dale Edward Williams, "Morals, Markets and the English Crowd in 1766," *Past and Present*, 104: 1 (August 1984), pp. 56–73。

292　参见本书第 16 章第 5 节。

293　EB, "Considerations on a Militia" in Bourke, "Party, Parliament and Conquest," p. 652.

在分析支撑公民社会的因素，并意识到它们的安全可能会受到
破坏。

4.6 《年鉴》

1757 年，伯克也开始关注爱尔兰。在《爱尔兰启示》中，
他通过考察爱尔兰与英国君主制的关系勾勒出该王国的宪法地
位。他在《英国史略》中更全面地探讨了这个问题。这两种
说法都体现出伯克对这一主题的早期观点，而且在职业生涯的
不同阶段，他都不得不回到这个主题上。他作为爱尔兰事务评
论员的杰出之处在于，他愿意结合罗马天主教徒的立场来研究
爱尔兰王国的宪政服从。18 世纪 60 年代早期，在都柏林度过
一段时间之后，他转而探讨爱尔兰的宗教宽容问题。但与此同
时，他也关注欧洲和殖民地战争的进展，这在很大程度上是因
为他参与了《年鉴》的编辑工作。该期刊的主要目的是以一种
易懂的综述形式概括说明当年的势态发展情况。1758 年 4 月，
伯克受多兹利委托从事这项工作。[294]1765 年以前，他一直都
在编撰《年鉴》，并直到 18 世纪 90 年代都与该刊保持着松散
的联系。[295] 伯克把更多精力放在公共生活上后，他的朋友托马
斯·英格利什开始负责该刊主要的出版工作，同时他还得到伯
克其他同事的协助。1758—1765 年，伯克每年为《年鉴》撰
写"历史文章"，概述过去 12 个月发生的主要事件。[296] 他还

294　Ralph Straus, *Robert Dodsley: Poet, Publisher and Playwright* (London: Bodley Head, 1910),
　　pp. 257–58.

295　Bertram D. Sarason, Edmund Burke and the Two *Annual Registers*," *Publication of the
　　Modern Languages Association*, 68 (1953), pp. 496–508; T. O. McLoughlin, *Edmund Burke
　　and the First Ten Years of the "Annual Register," 1758–1767* (Salisbury: University of
　　Rhodesia Press, 1975).

296　John C. Weston, Jr., "Burke's Authorship of the 'Historical Articles' in Dodsley's *Annual
　　Register*," *Papers of the Bibliographical Society of America*, 51 (1957), pp. 244–49.

筛选文章并负责安排撰写评论。其中一些大概是他自己写的，虽然没法证实作者究竟是谁。[297]

1759 年以来的这段时间对伯克来说是相当痛苦的。从积极的一面来看，他的私人生活已经稳定下来。他于 1757 年 3 月 12 日结婚，很快移居伦敦郊外的巴特锡。[298] 他的第一个儿子理查德于 1758 年 2 月 9 日出生。12 个月后，第二个儿子克里斯托弗出生，但后来夭折。伯克夫妇随后搬到了靠近伦敦市中心的马里波恩。在接下来的几年里，伯克结交了很多密友。1759 年，他和大卫·休谟已经很熟了。奥利弗·戈德史密斯和亚瑟·墨菲也是他的密友。他与约书亚·雷诺兹、大卫·加里克、伊丽莎白·蒙塔古和塞缪尔·约翰逊交情甚笃。[299] 自 1764 年以来，位于苏荷区杰拉尔德街特克海德的文学俱乐部为其社交活动提供了场所。尽管如此，伯克回顾这几年时，仍觉得自己当时失去了智识和文学的方向。他唯一的成就是编撰《年鉴》:《英国史略》尚未完成，他关于爱尔兰的工作几无成果。他的大部分精力都耗在与新赞助人威廉·杰拉德·汉密尔顿的交往上。

汉密尔顿于 1754 年作为亨利·福克斯的随从进入议会。两年内，他加入了哈利法克斯勋爵的贸易委员会，并于 1761 年作为首席秘书随同他前往爱尔兰。[300]1759 年秋天，伯克没能保住驻马德里的领事职位，于是接受了汉密尔顿秘书的职

297 Thomas W. Copeland, *Edmund Burke: Six Essays* (London: Jonathan Cape, 1950), chaps. 3 and 4; James E. Tierney, "Edmund Burke, John Hawkesbury, the *Annual Register*, and the *Gentleman's Magazine*," *Huntington Library Quarterly*, 42 (1978), pp. 7–72; Lock, *Burke,* I, pp. 165ff.

298 *Notes and Queries*, 5 (8 April 1882), pp. 274–75.

299 Donald C. Bryant, *Edmund Burke and His Literary Friends* (St. Louis, MO: Washington University Studies, 1939) .

300 Thomas W. Copeland, "Burke's First Patron," *History Today*, 2 (1952), pp. 394–99.

位。[301]此时，英国在七年战争中的运势开始转好。这场冲突的战区范围很广，几乎横跨全球，影响了欧洲、北美洲、中美洲、西非、南亚和菲律宾群岛。英国和法国在美洲的战争非常激烈，波及加拿大、宾夕法尼亚和加勒比群岛。双方也为争夺对西里西亚和南亚卡纳提克的控制权而开战。在同一时期，普鲁士和瑞典在波美拉尼亚地区发起了反击。1759年8月1日，盟军在威斯特伐利亚的明登打败了路易十五的部队。伯克注意到英国军队总司令的不良表现，但不可否认，盟军的处境得到改善。[302]1759年9月13日，沃尔夫在魁北克的胜利是另一大福音。他在地中海和基伯龙湾接连两次取得海军胜利，这同样使法国军队陷入瘫痪。另外，普鲁士人则受到极大压力：腓特烈在库纳斯多夫战役中惨败，次年夏天，奥地利人在兰茨胡特击溃了他的军队。尽管如此，英国军队在海上和陆地取得胜利后，皮特在议会开会期间对英国未来的前景充满信心。维利尔勋爵发表了一篇赞美前几个月"辉煌"战绩的演说。[303]

203　　同年，伯克撰写了关于战争进展的第一份报告：1758年的《年鉴》写于1759年，开篇回溯了当前欧洲权力斗争的起源。伯克写道，这是"一场几乎全面且非常重要的战争"，因此，应该对其起因和过程进行叙述。[304]他回忆起战争开始一年后的绝望局势。国外屡遭挫败，国内内阁更迭，"我们几乎对我们的军事实力感到绝望；公共精神丧失，派系愤怒已经升级为极端暴力"。[305]这个国家分裂成莱斯特派、纽卡斯尔派和皮

---

301 On the Madrid posting, see EB to Mrs. Elizabeth Montagu, 24 September 1759, *Corr.*, I, pp. 131–34.

302 EB to Robert Dodsley, c. 6 September 1759, ibid., pp. 127–28.

303 *Parliamentary History*, XV, col. 953.

304 "The History of the Present War" in *The Annual Register for the Year 1758*, p. 2.

305 Ibid., p.10.

特派。在最极端的情况下，这些派别在"王室影响力"和"民意"之间形成两极对立：前者的阵营支持国王对议会的控制，关注欧洲权力的平衡，宣传他们对欧洲大陆战争的承诺；后者的阵营作为他们的竞争对手则支持公共生活的独立，宣传民众支持对内阁的必要性，并主张海军和民兵的重要性。[306]

这种极端分化可能会让国家遭受毁灭。"我们的国内派系是时候达成共识了。"[307]冷静的观察员是时候注意到在海战和陆战之间采取中间道路的合理性。随着争端各方建立联盟，英国有能力运用自己的力量取得胜利，并扭转 1756—1757 年的耻辱："在（议会）两院，出现了最完美和前所未有的联合。"[308]权力和爱国主义结合起来，自由与秩序达成和解。合作成果随着在明登和魁北克的胜利而开始显现，但仍看不到敌对行动结束的迹象。在一开始的激烈对峙后，斗争中的各种力量变得更加稳重和谨慎。尽管对立双方都不准备退出，也不肯接受哪怕一点损失，但是他们逐渐处于势均力敌的状态。胜利目前取决于边缘技能和对资源的控制。[309]1759 年末，伯克认为英国似乎在竞争中占有优势。在财政管理方面，英国有明显的优势：在法国几乎破产时，英国的信贷还很活跃。英国政府成功以低息借得 600 万英镑，并可以通过麦芽税来偿还。对英国来说，只有其盟友的失败才能危及这种领先优势。[310]

伯克想到了腓特烈大帝的困境。1760 年，他的部队受到来自沙皇俄国的巨大压力，并面临着法国各盟友的挑战。英国

---

306 Ibid., pp.10–13.

307 Ibid., p.13.

308 "The History of the Present War" in *The Annual Register for the Year 1759*, p. 7.

309 Ibid., pp.1–2.

310 Ibid., p.56.

以补贴军队的形式对普鲁士提供支持，但这会受到大陆战争反对者的重新审议。即使是纽卡斯尔也承认，普鲁士的领导人已经成为累赘。[311]1760年10月25日，乔治三世即位，加剧了问题的复杂性。新国王和他的宠臣布特伯爵赞成对法国的海战，将注意力从欧洲战场转移出来。同年11月，伊斯雷尔·莫杜伊特以英国卷入德国战争为由，恢复了之前的"蓝水"战略。[312]新国王在他的御座致辞中明确表明，他对跨越英吉利海峡进一步纠缠法国的好处持怀疑态度。[313]到1761年3月，霍德尼斯北方国务大臣的职位被布特取代。政策随之得到调整，达成战争决议的希望开始增加。"股票上涨"，伯克在1761年夏天写道：战争预计很快就会停止。[314]在这些事态发展中，让伯克吃惊的是，事实证明军事竞赛是多么的摇摆不定。尽管遭遇了一连串失败，但腓特烈大帝的领土仍然稳固：他"没有丢掉那怕一个城镇"。[315]目前，大国间史诗般的斗争最显著的特点是，个人胜利无法决定战争的胜负。布伦瑞克公爵成功将敌人赶出莱茵河，维持了欧洲的平衡；布罗格里奥在卑尔根取胜后未能进入汉诺威；法国在明登溃败之后仍然可以向前推进。[316]尽管冲突陷入僵局，但是争议仍然存在。

即便如此，人们仍在继续就和平可能实现的条件进行辩论。威廉·伯克为这一波论战做出了贡献。在《关于致两位大

---

311 Philip C. Yorke, *The Life and Correspondence of Philip Yorke, Earl of Hardwicke, Lord High Chancellor of Great Britain* (Cambridge: Cambridge University Press, 1913), 3 vols., III, p. 313.

312 Israel Mauduit, *Considerations of the Present German War* (London: 1760).

313 *Parliamentary History*, XV, cols. 981ff.

314 EB to Charles O'Hara, 3 July 1761, *Corr.*, I, p. 138.

315 "The History of the Present War," in *The Annual Register for the Year 1760* , p. 1.

316 Ibid., p.2.

人物的信的评论》中，他认为英国的总体目标应该是"在欧洲
拥有公正的权重和地位；而且国家的力量应该是可敬的而不是
可怕的"。[317] 问题在于如何确保这一"权重"，尤其是在保持
各殖民帝国的平衡方面。具体而言，英国必须决定是否保留加
拿大，在这种情况下瓜德罗普的糖岛将被让给法国。[318] 威廉坚
持认为这一提议是愚蠢的："我会毫不犹豫地说，对于宗主国
而言，岛屿殖民地总是比大陆殖民地更具优势。"[319] 美洲北部
殖民地出于自身安全的考虑，热衷于保留加拿大，但在威廉看
来，英国的商业利益在南部。[320] 与加勒比地区的贸易以"自然"
互惠为基础，而新英格兰的产品与宗主国的产品重合。[321] 此外，
北部殖民地最终将受到独立的诱惑——"他们必须完全依靠自
己的劳动生活，随着时间的推移，他们对宗主国的了解、询问
和关心也会越来越少。"[322]

　　目前，和平谈判无法取得进展，接受战争和解的障碍仍然
存在。伯克认为，从这个经验中可以得出一个普遍的教训。权

---

317 [William Burke], *Remarks on the Letter Address'd to Two Great Men, in a Letter to the Author of that Piece* (London: 3rd rev. ed., 1760), p. 17.

318 该提议于 1759 年提出，参见 [Anon.], *A Letter Address's to Two Great Men, on the Prospect of Peace* (London: 1769)，威廉·伯克对此做出了回应。

319 [William Burke], *Remarks*, p. 46.

320 关于更广泛的背景，参见 W. L. Grant, "Canada versus Guadeloupe: An Episode of the Seven Years' War," *American Historical Review*, 17 (1911–12), pp. 735–43; Peter N. Miller, *Defining the Common Good: Empire, Religion and Philosophy in Eighteenth-Century Britain* (Cambridge:Cambridge University Press, 1994), pp. 172–74。

321 [William Burke], *Remarks*, p. 49. 参阅 [William Burke], *An Examination of the Commercial Principles of the Late Negotiation between Great Britain and France in 1761* (London: 2nd ed., 1761),pp. 24–25，威廉·伯克倡导同样的观点，但这次是为了反对本杰明·富兰克林（Benjamin Franklin）的观点，参见 Benjamin Franklin, *The Interest of Great Britain, with Regard to her Colonies* (London: 1760)。伯克简要地暗合了威廉的观点，参见 EB to Charles O'Hara, ante 23 August 1762, *Corr.*, I, p. 148.

322 [William Burke], *Remarks*, p. 50.

力的均衡成功维护了欧洲的自由，但它不能迫使各方达成和平的共识。战争的范围十分广阔，何时停战越发难以捉摸。战场上的一部分损失可能会被另一部分的胜利弥补。各王室宫廷有自己的阴谋诡计，随着各敌对力量争夺边际利益，这场争端将会旷日持久。各方权力的平等要求我们与敌人打交道；自豪感促使对手坚持他们的分歧。"阴谋诡计是这个时代的政治弊病，这种对未来的焦虑是目前所有王室宫廷的特点"，抑制了对温和建议的采纳。[323] 次年伯克也回到了同一主题。1759 年末和平条款被提出，但 1761 年战争依在继续。在冲突早期阶段占主导地位的崇高战斗，也就是那些"令人震惊的大事件"，已经被小规模的冲突和内阁阴谋所取代。交战双方以对等的姿态相互对峙，但他们不会在这个基础上缔结条约：相反，他们想要强迫敌人接受协议，让他们"不得不"坐到谈判桌前。这实际上是一种征服政策，而不是在平等的条件下接受和解。伯克指出，这是一种普遍的姿态，但同时又是无望的："事实上，欧洲任何一个大国都很难接受这种耻辱。"[324]

现在乔治三世主张与法国单独媾和，让普鲁士人自生自灭。不过，皮特仍然坚持维持现有的"局势"（system）。[325] 腓特烈大帝的命运随后发生了巨大变化：彼得三世接替了俄罗斯女皇伊丽莎白，并从普鲁士的中心召回了他的部队，从而使腓特烈能够集中力量对付奥地利人。普鲁士欣欣向荣时，英国遭到了新的攻击：1762 年 1 月，西班牙加入与法国的战争，葡萄牙被招募为英国盟友。皮特一直热衷于对波旁同盟进行先

206

---

323 "The History of the Present War," in *The Annual Register for 1760*, p. 3.

324 "The History of the Present War" in *The Annual Register for the Year 1761*, p. 2.

325 Richard Middleton, *The Bells of Victory: The Pitt-Newcastle Ministry and the Conduct of the Seven Years' War, 1757–1762* (Cambridge: Cambridge University Press, 1985, 2002), p. 170.

发制人的攻击，但是在布特和纽卡斯尔拒绝支持他的计划时，他辞职了。据伯克所说，内阁认为皮特是危险和极端的。"他们认为他的处事原则太暴力了，并且不喜欢他的为人。"[326]他辞职后，英国开始着手和解的议程。1762 年 7 月 28 日，贝德福德公爵被派往巴黎进行和平谈判。正如查尔斯·奥哈拉对伯克所说，他是"英格兰最能让法国人准确说话的人"。然而，伯克的同僚仍然担心会谈的结果，认为任何和解都要考虑西班牙和葡萄牙。[327]秋天晚些时候，伯克本人也表达了不满："我认为，如果这不是有史以来最可耻的和平，那么真是不知道可耻的和平是什么了。"[328]

当议会于 1762 年 11 月 25 日开幕时，伯克预计外交政策的辩论将异常"尖锐"。皮特打算抨击此次和解为"邪恶的"和"不光彩的"。[329]纽卡斯尔在 1762 年 5 月被布特取代，因此他似乎要反对新的第一大臣。事实证明，新的议会会期开幕时，国王发表的演讲平淡无奇。[330]纽卡斯尔很难适应在反对派中的新角色。这是英国公共生活一个时代的结束。佩勒姆派在议会和国民中形成了势力，纽卡斯尔的政治拉拢和出手阔绰就是例证。他建立起一个很难撼动的权力大厦。伯克观察到，乔治二世在位时，纽卡斯尔领导的政府几乎不受国王"控制"。[331]新政府建立初期，纽卡斯尔的影响力和往常一样稳固。然而，他缺乏占据优势的关键因素——"（王室的）信任"，而议会的

326　"The History of the Present War" in *The Annual Register for the Year 1762*, p. 46.

327　Charles O'Hara to EB, 10 August 1762, *Corr*., I, p. 145.

328　EB to Charles O'Hara, 30 October 1762, ibid., p. 152.

329　EB to Charles O'Hara, 23 November 1762, ibid., p. 155.

330　EB to Charles O'Hara, 25 November 1762, ibid., p. 156.

331　"The History of the Present War" in *The Annual Register for the Year 1762*, p. 46.

有效管理仍依赖于此。[332] 由于国王的宠臣成了国家的资深顾问，纽卡斯尔风光的日子变得屈指可数。一群支持者跟随他离开了政府，为"所谓的托利党或者乡绅"的加入腾出了空间。[333] 党派矛盾再次激化，分散了国民和下议院的注意力。在这种情况下，进一步控诉战争变得困难。旧内阁的成员与金钱利益集团间的联系使得和平成为首要任务，因为政府担心自己维持金融信贷的能力。伯克得出结论："这些原因使英国政府的和平意图非常诚恳。"[334] 乔治三世即位后向议会表示，他一直致力于实现有尊严的和平。现在大英帝国增加了"一片广袤的殖民地"，这"为贸易和商业增长奠定了坚实的基础"，[335] 现在是时候与法国达成和解了。

伯克对已经取得的成绩表示怀疑。他对艾格蒙特勋爵在上议院对国王的支持进行了严厉批评："他论述的主要内容是说明我们是一个堕落、潦倒、人口稀少的落后国家，尽管如此，我们还是取得了胜利和光荣……目前在我们中间，你们会发现一个精英阶层已经形成。"[336] 为讨论和平预案，旁听席被清空，这使得伯克无法在场。[337] 尽管如此，伯克仍然想尽办法了解情况。政府的立场使他感到沮丧：毕竟，这是"一场糟糕的和平"。[338] 从实力上看，我们已经让步太多了。在战争期间，英军占领了加拿大、瓜德罗普岛、马提尼克岛、多米尼加、多巴哥、圣文森特、格林纳达、本地治里、塞内加尔、马尼拉、哈

---

332 Ibid.

333 Ibid., p.47.

334 Ibid.

335 *Parliamentary History*, XV, col. 1234.

336 EB to Charles O'Hara, 25 November 1762, *Corr.*, I, p. 158.

337 EB to Charles O'Hara, 9 December 1762, ibid., p. 158.

338 EB to Charles O'Hara, 12 December 1762, ibid., p. 160.

瓦那和贝勒岛。法国人也已失去对圣劳伦斯河的控制。但现在
有人提议将马提尼克岛和瓜德罗普岛归还给法国，并恢复法国
在芬兰海岸的捕鱼权。尽管他反对这些让步，但纽卡斯尔在上
议院的表现显得"荒唐"。同样令人失望的是，皮特为自己之
前的行为道歉，而不是解决和平预案的实质问题。[339]总的来说，
反对派是"温和"但"无效"的。[340]对于政府来说，哈利法克
斯勋爵的表现"超出了预期"。只有曼斯菲尔德勋爵"凭借其
一贯的机敏"给人留下了深刻印象。[341]《巴黎条约》终于在1763
年2月10日被签署。在两个月内，乔治·格伦维尔将接替布特
勋爵成为第一财政大臣。经过多年的艰苦斗争，英国取得了胜
利，但许多人认为和平只是暂时的，并不是定局。法国外交大使
维尔仁（Vergennes）已经期待着战争的再次发生。[342]由于英国
领土广大、商业复杂，其在短期内肯定会出现新的挑战。[343]

　　渥太华酋长庞蒂亚克领导的美洲印第安部落联盟对五大湖
附近的英国殖民者发动的攻击表明，帝国的边界给宗主国带来
了问题。整个美洲地区的殖民地堡垒必须得到保卫。由于英国正
在寻求管理其巨额债务，因此这部分的军费开支有可能会引起国
内的恐慌。尽管如此，公众的注意力大部分还是聚焦于国内舞台：
国内的"纷争"为外部冲突"提供了平台"。[344]现在伯克似乎认

339　Ibid.

340　"The History of Europe" in *The Annual Register for the Year 1763*, p. 33. 参见 "The History of Europe" in *The Annual Register for the Year 1764*, p. 18: 在 "和平问题上，议会对其的反对微乎其微"。

341　EB to Charles O'Hara, 12 December 1762, *Corr.*, I, p. 160.

342　Simms, *Three Victories*, p. 502.

343　*The Annual Register for the Year 1763*, "Preface." 伯克似乎在 1764 年 2 月之前完成了该年的《年鉴》的大部分工作。参见 EB to James Dodsley, 19 February 1764, *Corr.*, I, pp. 174–75. 该书于 1764 年 5 月 17 日问世。

344　*The Annual Register for the Year 1764*, "Preface."

为，党派为宪政做了积极贡献：鉴于英国宪法的良好状况，"冲突"可能"不太会带来危害"。事实上，它们代表了一种积极的发展，确保国民性不会僵滞："有时，自由精神必须归功于派系精神。"[345] 然而，伯克的个人情况并不乐观。他在文学上缺乏成就，这使他感到恼火和压抑。1763 年，他因对爱尔兰体制的研究获得 300 英镑，但这未能给他带来心理安慰。直到此时，他一直按多兹利的要求编辑《年鉴》，除此之外，他的时间和精力已被赞助人汉密尔顿垄断。尽管他认为自己只是"协助"汉密尔顿进行议员的调查，但他已投入了全部精力。[346] 因此，他无法以作家的身份取得任何进展，自 1757 年以来也没有发表过新的作品。他开始感到恐慌，不满情绪日益增长。他开始认为汉密尔顿的要求是强加的，实际上是对他自由的妄加干涉。

伯克需要在公共事务中获得喘息的机会，以便来做他自己的事——"研究和查阅所需的书籍"。[347] 夏季似乎是一个研究高产期。但是，他一直缺乏这样的机会。到了 1764 年 7 月，他与汉密尔顿的紧张关系已接近临界点。那时，伯克的兄弟前往加勒比地区任职，而汉密尔顿也不再担任爱尔兰总督的首席秘书。[348] 伯克开始在海外寻找职位空缺。[349] 汉密尔顿回到伦敦后仍然在下议院占有席位，他似乎想让伯克承担永久的秘书工作。对伯克来说，这像是"受到奴役"，他被束缚了。[350] 随后

209

345 Ibid.

346 EB to William Gerard Hamilton, March 1763, *Corr.*, I, pp. 164–65.

347 Ibid., p.165.

348 EB to Richard Shackleton, 17 July 1764, ibid., pp. 175–76.

349 EB to William Young, 31 December 1764, ibid., pp. 176–77.

350 EB to William Gerard Hamilton, ante 12 February 1765, ibid., p. 180.

双方发生了愤怒的互责。[351] 他们的关系无可挽回地结束了。到了 1765 年 7 月，威廉·伯克和埃德蒙·伯克被推荐给罗金汉侯爵。由罗金汉领导的新内阁正在组建。7 月 11 日，伯克被任命为侯爵的私人秘书。[352] 他的职业生涯即将出现转机。他会设法在日常政治事务和文学创作之间寻求平衡。不久他还将显露出作为公共演说家的天赋：次年 1 月，他在下议院获得了席位。

4.7 爱尔兰反天主教法

1761 年 3 月 20 日，哈利法克斯伯爵被任命为爱尔兰总督。他于 10 月 6 日抵达都柏林，两星期后参加了在学院绿地广场举行的议会开幕仪式。[353] 他在爱尔兰立法机构的主要代理人是首席秘书汉密尔顿。伯克在夏季出发，为上司铺路。不久他就联系上了上司的朋友和亲信。移居伦敦的博蒙特·布伦南现在已经去世，但是伯克很快就与理查德·沙克尔顿和威廉·丹尼斯取得了联系。[354] 一年前，他就与父亲和好了，但在儿子住进都柏林城堡三个月后，老伯克就去世了。[355] 虽然这是伯克自 1750 年以来首次前往爱尔兰，但他一直在思考爱尔兰的问题。他认为，爱

351 EB to William Gerard Hamilton, ante 12 February 1765, ibid., pp. 182–87; EB to William Gerard Hamilton, 10 April 1765,ibid., pp. 188–89; Hamilton's Notes on EB's conduct,ibid., pp. 189–91; EB to Henry Flood, 18 May 1765, ibid., pp. 192–95; EB to Jon Monck Mason, post 29 May 1765,ibid., pp. 195–98; EB to John Hely Hutchinson, May 1765,ibid., p. 198–201.

352 EB to Charles O'Hara, 11 July 1765, ibid., p. 211.

353 See "Dunk, George Montagu" in the *Dictionary of Irish Biography, from the Earliest Times to the Year 2002*, eds. James Maguire and James Quinn (Cambridge: Cambridge University Press, 2009), 9vols.

354 EB to Richard Shackleton, 25 August 1761,ibid., pp. 142–43.

355 EB to Agmondesham Vesey, 10 September 1760,ibid., pp. 136–37. 1761 年的会议仍在筹备之中，参见 EB to Charles O'Hara, 3 July 1761,ibid., p. 139。

尔兰目前的困境是其过去遗留的问题。历史分析将他引向诺曼领主制的出现。要想了解诺曼征服的影响及其后果，那就要了解该国的原始状态。然而，这就进入了不确定的领域。伯克在《英国史略》中说："爱尔兰人声称自己拥有非常悠久的历史。"然而，他认为由此产生的"故事"通常是"荒谬"的。[356] 在诺曼人到达时，尽管当地人已经皈依基督教，但仍然保留了"原始的盖尔人"礼仪。[357] 这意味着，就像撒克逊人一样，他们保留了土地均分继承制和选长制的习俗。后者带来了"极大和有害的麻烦"，特别是引发了继承权的争端。[358] 另外，法官和其他职位受到特定世袭秩序的控制。"斯基泰人"的态度仍然盛行；防御由民兵负责；城镇分布很稀疏。最重要的是，人们"沉迷"于放牧，而不是从事农业。[359]

　　1169—1172 年间，随着诺曼人的入侵，"纯粹的"爱尔

---

356 EB, *An Essay towards an Abridgement of English History* (1757– c. 1763), *W & S*, I, pp. 509–10. 伯克的怀疑大概是针对罗德里克·奥弗莱厄蒂（Roderick O'Flaherty）的，参见 Roderick O'Flaherty, *Ogygia, seu, rerum Hibernicarum chronologia* (London: 1685)。他随后对爱尔兰古物的研究产生了兴趣，这一时期爱尔兰的古物研究重新复兴了。参见 Clare O'Halloran, *Golden Ages and Barbarous Nations: Antiquarian Debate and Cultural Political in Ireland, c. 1750–1800* (Cork: Field Day, 2005)。伯克的一些兴趣可以通过他与查尔斯·瓦伦西的关系追踪，参见 Walter D. Love, "Edmund Burke, Charles Vallencey and the Sebright Manuscripts," *Hermathena*, 95 (1961), pp. 21–35; Monica Nevin, "General Charles Vallancey, 1725–1812," *Journal of the Royal Society of Antiquaries*, 123 (1993), pp. 19–58. 伯克还与西尔维斯特·奥哈洛伦（Sylvester O'Halloran）通信，后者对这个课题的贡献在 18 世纪 70 年代开始出现。关于伯克与爱尔兰古物研究者的关系，参见 Walter D. Love, "Edmund Burke and an Irish Historiographical Controversy," *History and Theory*, 2: 2 (1962), pp. 180–98. 他的"支持"和"鼓励"得到了认可，参见 Charles O'Conor, *Dissertations on the History of Ireland, to which is Subjoined a Dissertation on the Irish Colonies Established in Britain* (Dublin: 2nd ed., 1766),p. xv.

357 EB, *An Essay towards an Abridgement of English History* (1757– c. 1763), *W & S*, I, p. 509.

358 Ibid., p.511.

359 Ibid., p.512.

兰历史被打断。[360]1171 年 10 月 11 日，亨利二世登陆沃特福德，接受了爱尔兰国王的效忠，并开始将爱尔兰的统治权纳入安茹帝国。在伯克看来，亨利二世给爱尔兰酋长留下了"除了独立之外的一切"。[361]封建土地制度由此引入该地，尽管被限制在效忠诺曼的领土之内。伯克指出，事态一直这样发展到 1603 年："很久之后"英国人才"征服了该岛"，但"爱尔兰人 400 多年的不懈努力被证明不足以驱逐"他们的对手。[362]最终的征服发生在詹姆斯一世统治初期，约翰·戴维斯在关于击败"爱尔兰人"的小册子中对此进行了庆祝，不过，直到 18 世纪，英国的政策都没有以全面和平的形式对爱尔兰实现"完美"的征服。[363]失败的部分原因是同化计划的流产，首先是封建定居者和土著野蛮人之间的仇恨，随后是殖民地新教徒和罗马天主教徒之间的仇恨。这也源于爱尔兰人对亨利二世效忠的条件存在争议。

伯克 1757 年的零散文章《爱尔兰启示》旨在解决两个王国之间的分歧。在伯克看来，爱尔兰被亨利二世入侵，但没有遭受暴力征服。爱德华·柯克认为，爱尔兰"最初是被英格兰国王征服的"。[364]后来的评论家决定澄清这是什么意思。威廉·

360 "mere" 一词是 "pure" 一词的正式说法，均是 "纯粹的" 之意。参见 Joep Leerssen, *Mere Irish and Fíor-Ghael: Studies in the Idea of Irish Nationality, its Development and Literary Expression prior to the Nineteenth Century* (Cork: Field Day, 1996)。

361 EB, *An Essay towards an Abridgment of English History* (1757– c. 1763), *W & S*, I, p. 513.

362 Ibid., p.514.

363 关于 John Davies, *Discoverie of the True Cause why Ireland was never Entirely Subdued nor Brought under Obedience of the Crowne of England, untill the Beginning of His Majesties Happie Raigne* (London, 1612)，参见本书第 9 章第 5 节、第 14 章第 6 节。

364 Edward Coke, "Calvin's Case, or the Case of the Postnati" in *The Seventh Part of the Reports* (London: 1608) in *The Selected Writings of Sir Edward Coke*, ed. Steve Sheppard (Indianapolis, IN: Liberty Fund), 3 vols., I, p. 218.

莫利努斯是其中的佼佼者。1698年，在对爱尔兰贸易限制引发争议的情况下，莫利努斯否定了都柏林议会受威斯敏斯特立法权支配的说法。[365] 他引用斯佩尔曼的话说，虽然亨利二世是"征服者"，但这一称号是通过和平兼并而获得的。[366] 关键一点是，爱尔兰是经过同意被管辖的，在莫利努斯看来，这必然意味着英格兰议会对其姊妹王国没有更高的司法管辖权。[367] 伯克加入了这个讨论，在《爱尔兰启示》一文中，他澄清了爱尔兰当时向亨利二世献出的"臣服礼"（Homage）的性质。首先这是领主和附庸之间的私人关系，而不会自动转移到后代身上。其次，这意味着双方的对等关系，而不是亨利二世的"绝对"权力。最后，也是最重要的是，由于不可能向法人（a corporate person）献上"臣服礼"，所以最初的协议里不可能包含对英格兰议会的效忠宣誓。简而言之，爱尔兰没有被英国人以"征服权"所拥有：相反，政府是建立在共同"契约"之上的。因此，"无论是明示还是默许"，爱尔兰人都不可能"被认为赋予了英格兰民族对其"生命、自由或财产的任何权力"。[368]

---

365 Patrick Kelly, "William Molyneux and the Spirit of Liberty in Eighteenth-Century Ireland," *Eighteenth-Century Ireland*, 3 (1988), pp. 133–48. 另见 Jacqueline Hill, "Ireland without Union: Molyneux and His Legacy" in John Robertson ed., *A Union for Empire: Political Thought and the Union of 1707* (Cambridge: Cambridge University Press, 1995)。

366 William Molyneux, *The Case of Ireland's Being Bound by Acts of Parliament in England, Stated* (Dublin: 1798), pp. 12–13. 莫利努斯对相关事件的描述基本遵循了威尔士的杰拉德（Giraldus Cambrensi）的说法，参见 Giraldus Cambrensis, *Expugnatio Hibernica* (1189), eds. A. B. Scott and F. X. Martin (Dublin: Royal Irish Academy, 1978)。

367 Molyneux, *The Case*, p. 17. 1763年的《年鉴》中的一篇评论提及了这场辩论，参见 *The Annual Register for the Year 1763* (London: 1764), pp. 257–64, 该评论很可能是伯克所作，评论的对象是费迪南多·华纳（Ferdinando Warner）的《爱尔兰历史》，参见 Ferdinando Warner, *The History of Ireland* (London: 1763)。

368 EB, "Hints of Ireland" (1757) in Bourke, "Party, Parliament and Conquest," p. 643.

这种结论通常被用于支持爱尔兰的"爱国者"政治运动。[369]然而，伯克对这一事业几乎没有热情。当他准备让家人搬到都柏林以便服务汉密尔顿时，查尔斯·卢卡斯已经回到爱尔兰，发起了一场缩短议会会期的运动。伯克在回顾卢卡斯的运动时向查尔斯·奥哈拉承认，"我对爱国主义没什么兴趣"。[370]奥哈拉是一个著名的盖尔家族的后裔，该家庭已经与新教统治阶层和解，但是并没有割断与大多数天主教徒的联系。他母亲是天主教徒，他的男性祖先是新教皈依者。[371]他与伯克的通信表现出罕见的开放和亲密。两人都致力于汉诺威统治下的天主教救济事业。他们还对政治中的辉格党原则表示忠诚，包括蔑视伯克在卢卡斯身上发现的那种"狂热精神"。[372]然而，反对爱国者的姿态并不意味着对统治者的消极服从。1762年，一项增加爱尔兰军队人数的建议得到了爱尔兰政府的默许。伯克立刻发现，这种俯首帖耳的接受既温顺又咄咄逼人：对权威卑躬屈膝，对信奉天主教的爱尔兰人专横跋扈。他指出，新教团体已做出保证，大意是这项措施得到了"爱尔兰全体民众"的认可。[373]伯克提到全体民众时语带讥讽。他敏锐地意识到，"全体民众"通常忽略了该国的天主教居民，而只包括圣公会教徒。[374]伯克对

212

---

369 关于都柏林爱国者的政治生涯，参见 Jacqueline Hill, *From Patriots to Unionists: Dublin Civil Politics and Irish Protestant Patriotism, 1660–1840* (Oxford: Oxford University Press, 1997)。

370 EB to Charles O'Hara, 3 July 1761, *Corr.*, I, p. 139.

371 见本书第 1 章第 2 节。

372 EB to Charles O'Hara, 3 July 1761, *Corr.*, I, p. 139.

373 EB to Charles O'Hara, 30 December 1762, ibid., p. 161.

374 自乔纳森·斯威夫特（Jonathan Swift）出版《致爱尔兰全体人民的信》以来，"全体人民"一词引起了共鸣，该信实际上是向公民社会全体新教成员发表的，参见 [Jonathan Swift], *A Letter to the Whole People of Ireland* (Dublin: 1724)。关于这一点，参见 S. J. Connolly, *Divided Kingdom: Ireland, 1660–1800* (Oxford: Oxford University Press, 2008), pp. 226–27。

这些新教少数群体的态度感到困惑——"对我这个爱尔兰人来说，这些新教少数群体也是爱尔兰人，但我一直搞不懂他们的观念和立场。"[375] 伯克观察到，他们憎恨民事机构，却垂涎军事机构。他暗示，他们就像是驻军：妒忌宗主国英国民众的自由，但急于维护他们对大多数人的特权。

他们的矛盾立场可以用他们的性格来解释。"真相在于他们是在这种军事奴役下长大的，因而像所有道德败坏、野蛮和腐败的人一样，他们贪恋权位而不是钱财。"[376] 这是伯克最早提到爱尔兰政府的执政性质。腐败是其驻军心态的一种表现。政府成员通过对新教事业表示忠诚，以及确保在两个王国之间的联系方面发挥不可或缺的作用，从而可以抓着权力不放。他们通过宣扬天主教徒对现有宪法安排的威胁实现这一目的。为此，1641 年的起义恐怕会重演。通过助长教派偏见，把天主教与血腥叛乱联系起来，新教当局可以在新教选民中赢得支持。结果，选区和政府部门都倾向于不宽容的政策。"我讨厌想到爱尔兰，"伯克向奥哈拉透露，"尽管我总是无意想起它，但一想到它我就悲伤、愤慨。"[377] 伯克的悲伤是由爱尔兰继续实行反天主教法引起的，愤慨是由新教少数群体的态度引起的。1761 年，在都柏林城堡逗留期间，伯克的恐慌情绪与日俱增，并一直持续到哈利法克斯的总督任期期间。主要原因是 1761 年前后在蒙斯特开始的农民起义的肇事者得到的不公待遇。[378] 在伯克看来，地主和地方治安官同样有罪。他们的迫害行为让人联想到无情的征服者的严厉态度——比如克尔特斯、皮扎罗

---

375 EB to Charles O'Hara, 30 December 1762, *Corr.*, I, p. 161.

376 Ibid.

377 Ibid., p.162.

378 见本书第 5 章第 3 节。

和克伦威尔。[379]

　　农民的暴行被蓄意歪曲为一种初具规模的叛乱。伯克在 1763 年又回到了这一话题。随着对农民暴行的警惕性的上升，伯克把这归咎于农村平等派的社会不满，伯克写信给他的律师，抱怨机会主义新教的偏执行为：“他们正在重燃叛乱的火焰。”[380]这些“叛乱”指的是爱尔兰天主教徒自 1641 年恐怖事件发生以来的屠杀行为。约翰·坦普尔的《爱尔兰叛乱》披露了关于天主教暴行骇人听闻的故事，使人们认为本土叛乱将不可避免地导致对新教财产的报复。[381]那些自 1740 年以来就支持天主教的人，试图消除坦普尔所述历史的影响。[382]约翰·库里的祖父在 1691 年的奥格瑞姆战役中作为天主教骑兵军官牺牲，在 1745 年詹姆斯党人起义后，他系统地致力于挑战关于 1641 年的宗派主义论断。这致使他在 1747 年写了《爱尔兰叛乱记》，其论点在 1758 年被重新修改。[383]18 世纪 60 年代，库里成为伯克的通信人，他希望伯克帮助修改 1641 年的“传

379　EB to Charles O'Hara, ante 23 August 1762, *Corr.*, I, p. 147.

380　EB to John Ridge, 23 April 1763,ibid., p. 169.

381　John Temple, *Irish Rebellion; or an History of the Beginning and First Progresse of the Generall Rebellion Raised within the Kingdom of Ireland upon the ... 23 Oct. 1641* (London: 1646).

382　爱尔兰天主教徒事实上的忠诚得到了强调，参见 [Anon.], *Some Considerations of the Laws which Incapacitate the Roman Catholicks of Ireland* (Dublin: 1740), p. 26。

383　[John Curry], *A Brief Account from Authentic Protestant Writers of the Causes, Motives and Mischiefs of the Irish Rebellion of ... 1641* (London: 1747). 约翰·库里（John Curry）在《爱尔兰 1641 年叛乱回忆录》中重新编写了这些材料，参见 [John Curry], *Historical Memoirs of the Irish Rebellion, in the Year 1641* (London: 1758)。随后，库里写了《爱尔兰内战历史和批判》（*Historical and Critical Review of the Civil Wars in Ireland*, London:1775），以反驳托马斯·利兰（Thomas Leland）在《自亨利二世入侵以来的爱尔兰历史》中的观点，参见 Thomas Leland, *History of Ireland, from the Invasion of Henry II* (London: 1773), 3 vols。

说"。[384] 那时，他与托马斯·怀斯和查尔斯·奥康纳一起组建了天主教委员会，为废除反天主教法而奔走游说。[385] 怀斯是一名沃特福德的天主教徒，他的儿子在 1763 年皈依了新教；奥康纳是一位学者和活动家，他的家族地产在 1691 年被没收。[386] 他们和库里组织活动的目的是，在忠于光荣革命原则的基础上同化天主教徒。在新教继承制度的背景下，他们对 1641 年虚假指控的驳斥是维护天主教忠诚计划的一部分。

在 1754 年出版的《斯图亚特》第一卷中，休谟根据坦普尔及其追随者所说的叛乱内容，再现了 1641 年事件的精神。"在没有挑衅、没有反对的情况下，"他声称，"惊愕的英国人原本生活在和平和充分的安全中，却被近邻屠杀，而他们长期以来一直与邻居保持着友好和斡旋的关系。"[387] 这些说法似乎是对伯克的严重挑衅，伯克把英国"哲学"历史学家的偏袒看作是对宗教普遍偏见的产物。伯克后来称，他"比一般人更谨慎"地研究过这些事件，从而得出结论：暴乱是被挑起的。[388]

214

---

384 John Curry to EB, 24 February 1764, WWM BkP 1: 31; John Curry to EB, 8 June 1765, WWMBkP 1: 49. 关于伯克当时与库里和查尔斯·奥康纳（Charles O'Conor）的关系，参见 John C. Weston,"Edmund Burke's Irish History: A Hypothesis," *Publication of the Modern Language Association*, 77: 4 (September 1962), pp. 397–403。

385 Thomas Wyse, *Historical Sketch of the Late Catholic Association* (London: 1829), 2 vols.

386 Francis Plowden, *An Historical Review of the State of Ireland* (London: 1803), 2 vols., I, pp. 320–22; Olga Tsapina, "'With Every Wish to Reconcile': *The Memoir of the Life and Writings of Charles O'Conor of Belanagare* (1796) and Religious Enlightenment in Ireland," *Eighteenth-Century Studies*,45: 3 (Spring 2012), pp. 409–22.

387 Hume, *History*, V, p. 342.

388 EB to Dr. William Markham, post 9 November 1771, *Corr.*, II, p. 285.

奥康纳同样也对休谟的傲慢感到失望。[389] 毕竟，《英格兰史》中关于1641年动乱的描述采取的是对"迷信"的控诉。休谟写道："在这些暴行中，宗教的神圣之名响彻四方。"[390] 伯克认为，对1641年事件的歪曲、将天主教徒持续的不满视为恶意颠覆与为迫害教皇而维持刑罪法规之间存在着一种恶性循环。任何试图减轻对天主教徒刑罚的努力都会刺激教派的敏感神经。据1762年的《年鉴》报道，曾有一项提案要在爱尔兰增加五批天主教士兵，以在七年战争的最后阶段服役，这显然是救济计划引起的过激反应。[391] 该计划被迅速取消，但还是煽动了宗教敌意。伯克在去世前两年回忆了随后发生的事件："这引起了一场谋杀性的迫害，在两三名总督任职期间，这种迫害或多或少地持续着。"[392] 伯克认为，针对可疑的农民煽动者或所谓的"白衣会会员"的恶意控诉部分是因为受到了这种背景的影响。[393] 然而，问题并非源于政府圈子内的偏见，而是源于"乡村派乡绅的邪恶精神"。[394] 伯克承认，这一点因天主教受

215

---

389 Charles O'Conor to John Curry, 12 June 1762, *The Letters of Charles O'Conor of Belanagare*, eds. Catherine Coogan Ward and Robert E. Ward (Ann Arbor, MI: Irish-American Cultural Institute, 1980), 2 vols., I, p. 134. 另见 [Charles O'Conor], "A Letter to David Hume, Esq. on Some Misrepresentations in His History of Great Britain," *Gentleman's Magazine* (April–May 1763),pp. 55– 64, 65–78。关于该信的说明，参见 Robert E. Ward, "A Letter from Ireland: A Little-Known Attack on David Hume's *History of England* ," *Eighteenth-Century Ireland*, 2 (1987), pp. 196–97。关于奥康纳卷入1641年争议的大致情况，参见 Walter D. Love, "Charles O'Conor of Belanagare and Thomas Leland's 'Philosophical' History of Ireland," *Irish Historical Studies*, 13: 49 (March 1962), pp. 1–25。另见 Joseph Liechty, "Testing the Depth of Catholic/Protestant Conflict: The Case of Thomas Leland's *History of Ireland*, 1773," *Archivium Hibernicum*, 42 (1987), pp. 13–28。

390 Hume, *History*, V, p. 343.

391 "The Chronicle" in *The Annual Register for the Year 1762* , p. 76.

392 EB to Lord Fitzwilliam, 10 February 1795, *Corr.*, VIII, p. 147.

393 关于"白衣会主义"（Whiteboyism）参见本书第5章第3节。

394 EB to Lord Fitzwilliam, 10 February 1795, *Corr.*, VIII, p. 147.

害者的卑微态度而加剧，他们因地位低下而变得被动。尽管如此，造成敌意的主要原因是乡村民众的普遍偏见，而不是政府官员残存的偏执，尽管统治阶层可以随时利用选民的狭隘。

这是伯克最初开始反对爱尔兰反天主教法的背景。在1691年签署《利默里克条约》的民事和军事条款前，1688年光荣革命的成果在爱尔兰尚未得到保障。[395] 军事条款规定解散詹姆斯党人的部队，允许其大部分军队安全地前往欧洲大陆效力。民事条款涉及战败者的宗教和财产权利，首先保证在宣誓效忠新政权的条件下，前叛乱分子可以保留财产。但后来又没收了不宣誓效忠的詹姆斯党人的财产。在克伦威尔征服爱尔兰和王政复辟后，天主教徒的土地收益减少到原来的22%。到了1703年，该收益又减少了8%。[396] 在此之前，即1692年，在新王朝时期首次召开的爱尔兰议会曾提出立法来补充和解的条款，结果是通过了一系列"刑罪法规"，这些法规旨在通过遏制天主教徒的公民权利、宗教权利和政治权利，以消除"罗马天主教"对新政权残留的威胁。[397] 虽然这些法规不等同于刑事法规，但它们是严重的民事处罚。伯克称，对于普通人来说，这些条款就像"一种行话"。[398] 它们读起来更像是一种合法的诡计，而不是一个充满敌意的压迫制度。也许正因为如此，伯

---

395 事实上，战胜国的不安全感一直持续到九年战争（Nine Years' War）结束，甚至更久。参见 Ian McBride, *Eighteenth-Century Ireland: The Isle of Slaves* (Dublin: Gill and Macmillan, 2009), pp. 180–93。

396 J. G. Simms, *The Williamite Confiscation in Ireland, 1690–1703* (London: Faber and Faber, 1956), p. 160.

397 人们普遍认为，这些不属于"刑罚"，因为它们不具有刑事惩罚性。参见 S. J. Connolly, *Religion, Law, and Power: The Making of Protestant Ireland, 1660–1760* (Oxford: Oxford University Press, 1992), p. 3。然而，对伯克来说，这些法律构成了一个"惩罚和剥夺行为能力的系统"，因此，从字面上来说，就是"刑罚"，参见 EB, *Tracts Relating to Popery Laws* (1761–65), W & S, IX, p. 453。

398 Ibid., p.481.

克观察到，许多相关的法案几乎没有遇到任何反对意见。[399]
1704 年 2 月，在爱尔兰下议院讨论一套复杂的提案时，只有
天主教的发言人给出了批判性的回应。[400] 总的来说，这些条款在
"最热烈的……掌声中"通过并成为法律。[401] 这些刑罪"法典"
是一套多元和复杂的文书，在接下来的 30 多年里出于各种目
的而被推行。[402] 然而，这些条例合在一起构成了一种禁止制度，
打着法律的幌子阻碍人们同情受害者。[403]

　　1695 年，他们首先采取措施解除了天主教徒的武装。同
年，禁止他们在欧洲的大学接受教育，以阻挠颠覆者与欧
洲大陆的交流。[404] 两年后，天主教主教们被要求离开爱尔
兰。[405]1797 年又颁布规定，与天主教徒结婚的新教女继承人
的财产将由其最近的新教亲属继承。同样，与罗马天主教徒结
婚的新教男性有产者会因有信仰违法的倾向而受到限制。1704
年颁布的一个重大法令规定天主教徒不能继承新教徒的财产，
也不能通过购买获得土地。天主教的租约从此只有 31 年。此

---

399 Ibid.

400 J. G. Simms, "The Making of a Penal Law (2 Ann., c. 6)," *Irish Historical Studies*, 12: 46
(October 1960), pp. 105–18, at p. 116.

401 EB, *Tracts Relating to Popery Laws* (1761–1765), W & S, IX, p. 481.

402 关于刑罪法规的概述，参见 Maureen Wall, *The Penal Laws, 1691–1760* (Dundalk: Dundalgan
Press, 1967); Thomas Bartlett, *The Rise and Fall of the Irish Nation: The Catholic Question. 1790–
1830* (Dublin: Macmillan, 1992), chapt. 2; Connolly, *Religion, Law, and Power*, chapt.7; McBride,
Eighteenth-Century Ireland, pp. 195–202; James Kelly, "The Historiography of the Penal Laws"
Eighteenth-Century Ireland: Special Issue on New Perspectives on the Penal Laws, 1 (2011), pp.
27–52。

403 EB, *Tracts Relating to Popery Laws* (1761–1765), W & S, IX, p. 481.

404 "Securing the Protestant Interest: The Origins and Purpose of the Penal Laws of 1695," *Irish
Historical Studies*, 30: 117 (May 1996), pp. 25–46.

405 《驱逐法案》(The Banishment Act) 是 "将所有行使教会管辖权的天主教徒以及正规宗
教神职人员驱逐出境的法案 "，参见 The Banishment Act (9 Will. III, c. 1)。

外，现有的天主教财产将被免除长子继承权，这意味着财产将有效地被"均分"，并随着财产世代相传而逐渐减少。[406] 尽管如此，皈依新教的儿子可以继承全部财产。1709 年，企图逃避这些限制的人将被处罚，财产将转移给"发现"这种不端行为的人。此外，1691 年以后，议员和官员被要求摒弃天主教教义，尤其是变体说。[407] 然后，1728 年，天主教徒被正式剥夺选举权。[408]

217

根据查尔斯·奥哈拉的说法，18 世纪中期，爱尔兰政府已经落入"冒险家的后裔"之手，因而表现出一种"支配精神"。[409] 对于伯克来说，在 18 世纪 50 年代和 60 年代，政府支持者延续着一种"卑微的奴役"制度。[410] 在《利默里克条约》和《乌得勒支条约》之间，新教移民十分警惕罗马天主教徒反叛冲动的复燃。然而，到了 18 世纪 50 年代，很多人认为，宗教战争已经彻底结束了，詹姆斯党人的威胁也终于消失了。当然，天主教在爱尔兰仍然存在，但对新教当局造成威胁的"天主教派"已经消亡。[411] 在宣传《爱尔兰罗马天主教徒情况》这本小册子时，查尔斯·奥康纳明确表示，"在这里，天主教会

---

406 《反天主教法案》（The Popery Act）是"阻止天主教进一步发展的法案"，并于 1709 年被修订，参见 The Popery Act (2 Ann., c. 6)。

407 Matthew O'Conor, *The History of the Irish Catholics from the Settlement in 1691* (Dublin: 1813) p. 115.

408 《剥夺选举权法案》（The Disenfranchising Act）是"进一步规范议会成员选举，并防止郡长和其他官员在选举和裁决这些成员时采取不正当程序的法案"，参见 The Disenfranchising Act (1 Geo. II, c. 9)。

409 NLI, O'Hara Papers, Notes on the History of Sligo, MS 20, 397.

410 EB, *Address and Petition of the Irish Catholics* (1764) in *W & S*, IX, p. 460.

411 这种区别此前已被强调，参见 Edward King, *The Case of Toleration Consider'd with Respect to Religion and Civil Government* (Dublin:1725)。有关讨论，参见 Ian McBride, "Catholic Politics in the Penal Era: Father Sylvester Lloyd and the Devlin Address of 1727" in Bergin et al eds.,*New Perspectives on the Penal Laws*, pp. 115–48。

对新教利益的威胁并没有当时想象的那么大"。[412] 正如他两年前所主张的那样，天主教信仰与自由宪法完全相容。[413] 伯克在1760 年前后也采纳了这一立场。[414] 天主教委员会于 1760 年4 月 2 日在都柏林艾塞克斯街建立后，怀斯、奥康纳和库里联系伯克起草了一份声明，宣布爱尔兰天主教徒对乔治三世的忠诚。这份声明就是 1764 年完成的《爱尔兰天主教徒的诉说和请愿书》，宣告他们的同道教徒没有任何煽动意图。[415] 为了支持这一说法，伯克指出："80 多年来，我们一直保持忠诚、顺从。"[416] 这是请求政府在"当前的时代"以"天主教徒当前的行为"来判断他们的请求，而不是受"某些有争议的作家"的影响，这些人的目的是夸大天主教徒祖先叛乱的历史来侮辱当前的天主教徒。[417] 伯克在别的地方评论道，有一部"爱尔兰的内部历史"，其基于可靠的记录和适当的证据。它的结论驳斥了坦普尔和克莱伦顿的观点。[418]

　　最重要的是，1764 年的《爱尔兰天主教徒的诉说和请愿书》旨在强调 1704 年的《反正主教法案》及 1709 年补充的

218

---

412 [Charles O'Conor], *The Case of the Roman-Catholics of Ireland* (Cork: 1755), p. iv. 有关背景，参见 Robert Coogan Ward and Catherine Coogan Ward, "The Catholic Pamphlet of Charles O'Conor (1710–1791)," *Studies: An Irish Quarterly Review*, 68: 272 (Winter 1979), pp. 259–64。

413 [Charles O'Conor], *Seasonable Thoughts Relating to our Civil and Ecclesiastical Constitution* (Dublin: 1753), p. 12.

414 伯克也确认了这一点，参见 EB, *Letter to Sir Hercules Langrishe* (1792), *W & S*, IX, p. 635。

415 EB, *Address and Petition of the Irish Catholics* (1764), ibid., p. 430. 日期，参见 John Curry to EB, 18 August 1778, *Correspondence* (1844), II, pp. 237–38。

416 EB, *Address and Petition of the Irish Catholics* (1764), *W & S*, IX, p. 432.

417 Ibid.

418 EB, *Tracts relating to Popery Laws* (1761–1765), ibid., p. 479. Burke had in mind Edward Hyde, Earl of Clarendon, *True Narrative of the Rebellion and Civil Wars of England* (Oxford: 1702–3), 3 vols.

其他规定的有害影响。[419] 伯克认为，这些措施是对社会目标的侮辱，因为它们造成财产的不安全，并对天主教残余士绅的地产进行分割，从而阻碍了社会进步。[420] 通过授权"告发者"挑战所有权，并使儿子能够剥夺父亲的财产，这些措施损害了人们对社会和家庭的信任。[421] 18世纪60年代早期，当伯克在思考爱尔兰政治社会功能失调时，他还开始了对刑罪法规的详细分析，其后来收录于一系列的《有关反天主教法的小册子》。虽然他没有审查各项立法是在什么情况下提出的，但他声称，从这些措施的明显倾向来看，"立法机构的总体意图"显而易见。[422] 尽管这些规定具有掩饰性，但伯克毫不怀疑这些条款构成了一种迫害制度。[423] 他以六个主题讨论了这些条例：关于财产权的规则；有关收购土地的限制；对教育的限制；禁止携带武器；关于婚姻的法律；以及对宗教的限制。[424] 然后，他集中讨论了三项特别可怕的结果：天主教人数的"实质"减少；财产不安全造成的对工商业的抑制；以及家庭内部关系的腐败。第一个后果基本上是由1704年的《反天主教法案》中的均分条款导致的：根据这一规定，天主教徒的土地财产在适当的时候将"完全耗尽"。[425] 第二个不公平的后果同样也是该法案导致的，因为工商业和劳动力依赖于稳定的获得。[426] 接着伯克把

---

419 关于对这些刑事法规的专门讨论，参见 W. N. Osborough, "Catholics, Land and the Popery Acts of Anne"; in T. P. Power and Kevin Whelan eds., *Endurance and Emergence: Catholics in Ireland in the Eighteenth Century* (Dublin: Irish Academic Press, 1990).

420 EB, *Address and Petition of the Irish Catholics* (1764), *W &S*, IX, p. 430.

421 Ibid., pp..430–31.

422 EB, *Tracts relating to Popery Laws* (1761–1765), ibid., p. 434.

423 Ibid., p.549.

424 Ibid., p.436.

425 Ibid., p.437.

426 Ibid., pp.476–77.

注意力转向第三个关注点，即关于遗产继承的规则"极大地影响"了"所有天主教家庭内部的自然关系"。[427]

　　刑罪法规中最可耻的结果之一是有关皈依的规定。如果一个天主教所有者的儿子皈依国教，父亲就要成为儿子的佃户。包括女孩后代在内的所有子嗣都可能获得同样的支配权。[428] 夫妻任何一方皈依爱尔兰教会都可以平等地剥夺另一方的"天然"角色。[429] 伯克把整个刑罪法规制度视为"独特的"剥夺资格的方案，因为它影响了良知、财产和家庭。[430] 与他熟悉的任何欧洲的类似计划相比，该方案当然是不同的，并且在很多方面更为糟糕。其中一个显著特点是应用范围之广。据官方称，路易十四 1685 年的《南特敕令》只影响了法国人口的一小部分。尽管有人认为这与实际不符，但从绝对数量上看，其受害者人数仅为爱尔兰受影响人数的一半。相对而言，这只占刑罪法规涉及人数的二十分之一。[431] 爱尔兰的受害者足以组成"一个庞大的民族"，这些反天主教法对公共道德造成了极大的侮辱。[432] 鉴于其目标的广泛性，可以说反天主教法实际上针对的是整个国家——"针对大多数人的法律，实质上就是针对民众本身的法律"。[433] 对伯克来说，这等于违反了自然法的原则。[434]他从两项基本原则来解释这种安排的压迫性：正义的规则，这应该是任何法律制度的目标；共同利益，这是建立任何公民社

219

427　Ibid., p.437.

428　Ibid., p.438.

429　Ibid., pp.440–41.

430　Ibid., p.452.

431　Ibid., p.460.

432　Ibid., p.453.

433　Ibid., p.454.

434　关于伯克和自然法，参见第 8 章第 6 节、第 12 章第 3 节、第 12 章第 6 节。

会的基础。

伯克是用"公平"和"效用"两个概念来表达这两个原则的。第一个原则是更为复杂的规范，因为它解释了正义的概念，尽管伯克只是以最粗略的方式处理它。正义的目标是毫无偏见地给予每个人应得的东西。[435] 因此，其主要特点是不偏不倚地、不加区别地对待同类。这是"伟大的平等法则"，其基础是我们作为神的造物的共同本性。[436] 伯克最后引用亚历山大的斐洛的话语，这种平等是"正义之母"。[437] 但这并不是为了无差别地提供平等。事物可能会根据不同的功绩被不平等地分配。然而，至关重要的是，同样的规则应该毫无例外地适用于类似的情况，[438] 反天主教法在任意的宗教基础上有差别地分配利益，这一法理学原则显然被破坏了。事实上，这不是正义，而是迫害。同样的观点适用于伯克的第二个原则，即效用原则。这里他特别指的是"公共"效用或共同利益，只有在这种情况下政治社会才是合理的。伯克以法律权威之间的共识为基础证明了这一说法，并以此为理性探究的结论。他不会因为法律权威属于某个特定的"流派"而引用它们，而是把它们当作历代不同意见的样本。西塞罗、保罗斯和苏亚雷斯虽然在方法上大相径庭，但都认为公共事业有一个普遍性原则：它应该涵盖整个社

---

435 该原则来自查士丁尼，参见 Justinian, *Institutiones*, I, i, 1–3: *iuris praecepta sunt haec: honeste vivere, alterum non laedere, suum cuique tribuere*。

436 EB, *Tracts relating to Popery Laws* (1761–1765), *W & S*, IX, p. 456.

437 Philo, *De specialibus legibus* in *The Works of Philo*, eds. F. H. Colson and G. H. Whitaker (Cambridge, MA: Harvard University Press, 1929–1953), 10 vols., VIII, Bk. IV, xlii, 231, cited in EB, *Tracts relating to Popery Laws* (1761–1765), *W & S*, IX, p. 456. 菲洛对自然法思想的折中主义传统有很大的借鉴，包括西塞罗和阿什凯隆的安条克（Antiochus of Ascalon），参见 Richard A. Horsley, "The Law of Nature in Philo and Cicero," *Harvard Theological Review*, 71: 1/2 (January–April 1978), pp. 35–59。

438 关于正义和公平参见本书第 13 章第 4 节。参阅 Philo, *De specialibus legibus*, Bk. IV, xii, 71: "优秀的法官必须对争执双方不抱偏见"。

会，而不仅是某些不当特权。[439]

除了建立权威共识之外，伯克还将他的观点建立在理性论证之上。为此，他概述了自己对于法律的正当性看法。正义的法律不能以任意意志为基础，而必须源于民众的最高权威——"在所有形式的政府中，民众是真正的立法者。"[440] 这种权威可以通过对政府的信任间接表达，也可以通过授权给全体民众来直接表达。无论哪种方式，政府都有责任为了民众的最高权利做出判断。然而，这些权利不是民众自己发明的：而是按照伯克所说，来源于"更高的法律"。[441] 他在这里的论点明确地针对霍布斯：人没有权利制定他们喜欢的法律。[442] 他引用西塞罗的观点说道，共同体的宪法无法提供客观的价值衡量标准。[443] 伯克后来谴责了相对正义的观念，认为这种观念体现了一种"地缘"道德，即根据时间和地点随意改变责任。[444] 法律的约束力不只是基于其制度机构，更基于其道德力量。基于公共利益原则，法律应该在普遍意义上团结其公民，支持他们作为一国国民所有的共同忠诚。这种相互效忠是一种超越性的义务，它限定了他们政治生活的边界。相反，反天主教法的前提是存在一个偏颇的宗教团体，其优先于对共同的公民身份的承诺。

---

439 伯克引用西塞罗阐述自己的观点，参见 Cicero, *De officiis*, III, vi; *The Digest of Justinian*, eds. Theodor Mommsen and Paul Krueger (Philadelphia, PA: University of Pennsylvania Press, 1985), Bk. I, i, 11 (from Julius Paulus); Francisco Suárez, *Tractatus de legibus, ac Deo legislatore* (Naples: 1872), I, vii。

440 EB, *Tracts relating to Popery Laws* (1761–1765), *W & S*, IX, p. 454.

441 Ibid., p.455.伯克的立场广泛地受惠于自然法则的论点，但其否认奴役自己的权利实质上是基于洛克的观点。参见本文第 12 章第 6 节。关于洛克的基本假设，参见 Timothy Stanton, "Authority and Freedom in the Interpretation of Locke's Political Theory," *Political Theory*, 39 (2011), pp. 5–30。

442 EB, *Tracts relating to Popery Laws* (1761–1765), *W & S*, IX, p. 455.

443 该论点基于西塞罗的观点，参见 Cicero, *De legibus*, I, xv。

444 EB, Speech on the Opening of Impeachment (16 February 1788), *W & S*, VI, p. 346.

221　　根据这一假设，德国新教徒与爱尔兰圣公会教徒的关系，要比本国的天主教徒与他们的关系更密切，他们通过"异质的情感"来腐蚀国内的爱国主义。[445]

　　伯克后来在法国革命的背景下，质疑了这种虚伪的世界性善意。[446]事实上，他一直对那些只会对其假定的受益人造成伤害的善意声明持怀疑态度。那些试图在爱尔兰强制普及某种信仰的人往往都是摆出这种善意的姿态。自诩为仁慈，却导致不幸，而这种不幸因为有益于遥远的后代而被合理化了。[447]《有关反天主教法的小册子》的其余部分对强制性善意原则的逻辑提出了尖锐的指控。伯克同意贝勒和洛克的观点，即强制皈依永远不会带来真正的皈依。[448]正如洛克所说，"劝说是一回事，命令是另一回事"。[449]这一承诺使伯克在各种信仰背景下思考启蒙的前景。道德改善是在繁荣与和平条件下自由发挥人类能力的一个具体成就。投机性改善是一种更值得怀疑的收获，因为声称要确立信仰的优越性的标准本身就是有争议的。无论如何，伯克似乎很清楚，道德上或投机上的启蒙都不能被强

445　Ibid., p.461. 关于伯克对这一主题的论述，参见 Seamus Deane, *Foreign Affections: Essays on Edmund Burke* (Cork: Field Day, 2005)。

446　参见本书第 14 章第 3 节。

447　EB, *Tracts relating to Popery Laws* (1761–1765), *W & S*, IX, p. 463.

448　Pierre Bayle, *A Philosophical Commentary on these Words of the Gospel, Luke 14: 23*, "*Compel them to Come in, that My House May be Full*" (Indianapolis, IN: Liberty Fund: 2005), p 54; John Locke, *A Letter Concerning Toleration* (1689) in *A Letter Concerning Toleration and Other Writings*, ed. Mark Goldie (Indianapolis, IN: Liberty Fund, 2010), pp. 31–32. 关于所涉原则的讨论，参见 John Dunn, "The Claim to Freedom of Conscience: Freedom of Speech, Freedom of Thought, Freedom of Worship?" in idem, *The History of Political Theory and Other Essays* (Cambridge: Cambridge University Press, 1996); Timothy Stanton, "Natural Law, Nonconformity, and Toleration: Two Stages on Locke's Way," *Proceedings of the British Academy,* 186 (2013), pp. 50–85。

449　Locke, *Letter Concerning Toleration*, p. 14.

制施加。信仰和态度并不是为了方便，尤其是与"最终关怀"（final things）或永恒的幸福有关的事情。[450]

要做改善，须先有共识。因此，宽容是启蒙的一个基本部分。[451]启蒙与宽容的必然联系，意味着道德和宗教上的改善要靠说服来实现。[452]人只有在同意之后，才愿意被启蒙，这种同意是理性认可和习惯性顺从的综合产物。正如伯克到1750年代中期已经意识到的，观点是在信念和崇敬综合作用下得到维持的。崇敬并不必然等同于盲从或迷信。它源自对实践证明有用的长期信念的"内在推崇"。[453]"时间的稳定偏见"使头脑倾向于赞同习惯性认知。[454]就像洛克在《人类理解论》中所说的，关于信念的运作，习惯的权威对绝大多数人起着主要作用。[455]当然，伯克总结道，公共权威不能代替自愿同意："国家的强制性权威仅限于必要范围。"[456]暴力永难服人。正因如此，改善人的观点，应主要靠影响力而非权力。但即便如此，人的认知总是"先入为主"的。[457]只有通过鼓励，辅之以奖励，并许诺一些好处，才有望能塑造人类判断和信仰的世界。

222

---

450 EB, *Tracts relating to Popery Laws* (1761–1765), *W & S*, IX p. 464.

451 Ibid., p.465.

452 Ibid., p.466.

453 Ibid.

454 Ibid., p.467.

455 John Locke, *An Essay concerning Human Understanding* (1689), ed. Peter H. Nidditch (Oxford: Oxford University Press, 1975, 1979), IV, xx, §2. 有关讨论，参见本书第2章第4节。

456 EB, *Tracts relating to Popery Laws* (1761–1765), *W & S*, IX, p. 467.

457 Ibid., p.466.

第三部分
政党、主权与帝国（1765—1774）

综 述

1774 年，奥利弗·戈德史密斯评价伯克，说他放弃了"为人类着想"而投身于党派。[1] 这是很尖锐的评价，认为伯克为了政治的蝇头小利背叛了自己的才华。但是，戈德史密斯的观点并不意味着伯克是旧有观念意义上的党派生物，为了权力的要求牺牲了自己的政治理想。相反，戈德史密斯认为他的朋友是一个有公共原则的人，因此显得有些格格不入——"作为一个爱国者，太过冷静；作为一个苦工，又太过叛逆；太热衷权利，不追求权宜之计。"[2] 尽管有这种第一手证词，18 世纪学者中仍有一派认为这种评价不可信。[3] 路易斯·纳米尔认为，议会中的原则声明只不过是将野心隐藏在道德表演之中。[4] 之后，研究乔治三世内阁行为的史学家都倾向于认为，因为伯克

1　Oliver Goldsmith, "Retaliation: A Poem" in *The Complete Poetical Works of Oliver Goldsmith* (London: Henry Frowde, 1906), p. 88, l. 32.

2　Ibid., lines. 39–40.

3　关于 18 世纪几代英国顶级政治史学家中的这种趋势，参见 Conor Cruise O'Brien, *The Great Melody: A Thematic Biography of Edmund Burke* (London: Sinclair-Stevenson, 1992), pp. xli–lix, 其将所有违规者都简单地称作"纳米尔派"（Namierite）。

4　Lewis Namier, *England in the Age of the American Revolution* (London: Macmillan, 1930, 1970), pp. 40–41.

担任辉格党要员的顾问，他就一定是这些要员的宠臣。[5] 但是，所有的证据都显示事实正好相反。虽然伯克遵从 18 世纪的礼制，但是他更珍视自己的自力更生和思想独立。然而，伯克的生活在 1765 年之后发生了彻底的变化，他以更加坚定和持久的方式开启了公共事业。他的文学抱负还在继续，只不过被投入到了下议院的工作中。此后，他为时事而写作、演讲。此外，在大多数情况下，他不得不与一群合作者一起行动。

伯克结交的罗金汉辉格党试图将自己塑造成一个基于原则的政党，有别于其他各议会团体。21 世纪的读者可以怀疑这一立场，因为政治行为似乎无法与追求"利益"分开。考虑到这一点，宣称原则可能只是惺惺作态。但是，有两点需要说明：一，即使仅是惺惺作态也能限制逐利的手段；二，罗金汉党人坚持原则就是为了追求特定的利益。[6] 伯克率先考虑要如何向民众呈现他们的规划，这实际上意味着要发展一套独特的政治理论。为此，他利用自己的历史和哲学研究经验，在国内和帝国事务中开创出一个立场。像查塔姆和福克斯这样的 18 世纪议员领袖，都是受过古典训练和人文教育的，而伯克却深受启蒙运动政治科学的影响。因此，他是带着一种深刻的历史意识和一种概括性思维能力去思考当时的重大问题。在重构伯克的独特贡献时，评论家们尽量展现出这些天赋的作用。那些不得不应对伯克干预的政治历史学家倾向于低估伯克的才能，而

5　Richard Pares, *King George III and the Politicians* (Oxford: Oxford University Press, 1953, 1988),p.13; John Brooke, *The Chatham Administration, 1766–1768* (London: Macmillan, 1956), p. 309.

6　关于第一点，参见 Quentin Skinner, "Moral Principles and Social Change" in *Visions of PoliticsI: Regarding Method* (Cambridge: Cambridge University Press, 2002)。

思想史学家和政治理论家则倾向于将伯克视作学院派哲学家。[7]
近代的历史学家更为全面地恢复了伯克的思想背景，他们更为
谨慎和准确地阐释了其思想的来源，但主要限于一些文章和书
籍。[8]总的说来，这些文章或书籍都仅强调了伯克与其他思想
家的联系，而未考虑 18 世纪政治的现实需要。因此，尚未有
人全面研究过伯克的政治活动与其原则的关系。

225

　　伯克议会生涯初期充满了戏剧性事件。起初，罗金汉侯
爵、查塔姆伯爵、格拉夫顿公爵先后领导了一系列短命的政
府，自 1770 年 1 月下旬上台的诺斯勋爵弗雷德里克任期则稍
长一些。这些政府执政时，下议院都需要深入讨论一系列纷繁
复杂的话题：1765—1774 年乔治三世治下的政党命运；18 世
纪 70 年代初期至中期宽容政策的限度；1765 年《印花税法
案》危机；1766 年爱尔兰土地耕种抗议运动；1767 年孟加拉
的财政收入问题；同年推出的汤森税法；1768 年开始实施的

7　关于前者，参见 Frank O'Gorman, *Edmund Burke: His Political Philosophy* (Bloomington,
IN: Indiana University Press, 1973); Paul Langford, "Edmund Burke" in *Oxford Dictionary of
National Biography* (Oxford: Oxford University Press, 2004), 60 vols。关于后者，参见 John
McGunn, *The Political Philosophy of Edmund Burke* (London: Edward Arnold, 1913), Peter J.
Stanlis, *Edmund Burke and the Natural Law* (1958) (New Brunswick, NJ: Transactions Press,
2003, 2009) and Charles Parkin, *The Moral Basis of Burke's Political Thought* (Cambridge;
Cambridge University Press, 1956)。

8　例如，参见 J. G. A Pocock, "Burke and the Ancient Constitution: A Problem in the History
of Ideas" (1960) in idem, *Politics Language and Time: Essays on Political Thought and
History* (Chicago, IL: University of Chicago Press, 1971, 1989); Frederick Dreyer, *Burke's
Politics: A Study in Whig Orthodoxy* (Waterloo, Ont: Wilfrid Laurier University Press, 1979);
Iain Hampsher-Monk, *A History of Political Thought: Major Thinkers from Hobbes to Marx*
(Oxford: Blackwells,1992, 2001), chapt. 6; Donald Winch, *Riches and Poverty: An Intellectual
History of Political Economy in Britain, 1750–1834* (Cambridge: Cambridge University Press,
1996), part II; David Armitage, "Edmund Burke and Reason of State," *Journal of the History
of Ideas*, 61:4 (October 2000), pp. 617–34; Jennifer Pitts, *A Turn to Empire: The Rise of
Imperial Liberalism in Britain and France* (Princeton, NJ: Princeton University Press, 2005),
chapt. 3。

与土地财产相关的新法规；1769年威尔克斯被逐出议会事件；1770年波士顿大屠杀；1772年英国圣公会颁布的教义；1773年对东印度公司的监管；以及1774年《茶税法》的影响。这些事件都需要快速连续地给予紧急关注。本书第三部分分为三章，分别论述了三个主题，而这些事件则分别包含在这三个主题的叙事之中。第一章主要讲了这四届政府治下英国事务的发展轨迹。第二章考察了英国与美洲殖民地间从《宣示法案》到关闭波士顿港的较量。第三章探讨了政府如何处理东印度公司的事务，直至诺斯勋爵的《东印度公司管理法案》的通过。爱尔兰的发展被单独研究，但也包括在英国事务的章节中，因为它们属于宗教宽容大辩论的一部分。在关于这些争议性问题的政策辩论中，伯克不得不与议会中罗金汉派共进退。尽管如此，在这些年里，伯克因把博学和抽象哲学相结合的风格获得了个人声誉。虽然伯克风格独特，但他仍与同僚们一起致力于原则政治，尽管他们的立场必须与空洞的道德主义区分开来。

对伯克及其罗金汉派同僚而言，在议会中坚持一种原则性立场，并不意味着超脱于各方利益之上，或抵制公职的诱惑。罗金汉派愿意承受权力的负担，并乐意借助国王的"势力"管理议会。他们既不是屈从于民意的极端爱国者，也不是惧怕王权的乡村反对派。同样，他们也决心避免成为乔治三世的工具。事实上，他们的"原则"意味着避免这些极端，保持自己的独立性，不做盲从的民粹主义者，也不做王室的溜须拍马者。然而，虽然罗金汉派自认为是政府党，但他们确信，在乔治三世治下，王权影响力的性质已发生变化。正如1770年伯克在他第一篇政治著作《对当下不满根源的若干思考》中所强调的那样，新国王似乎急于通过亲信和依附者，而不是通过与辉格党绅士显贵们的结盟来确立统治。针对这一情况，他调整了自己的政党观点。正如我们所看到的那样，早在1757年，

伯克就已开始为宪法规定下的反对党辩护。他认为，反对党的
作用在于恢复政府各项权力间的平衡，以维护议会或国王的利
益。在伯克看来，自从1688年削弱了一些王室特权后，人们
期望国王把影响力交由行政机构来治理国家。他认为，内阁大
臣们应选用有产且贤能之士，他们有独立地位，又受民众支
持，因此能够领导议会中的追随者。七年战争后，随着国家债
务增长以及陆军和海军的扩编，国王有机会通过将有天赋和才
干之人排挤出公职，来用其庇护权助长腐败行为。1765年后，
对于伯克及其同僚而言，18世纪70年代的政府困境都是由这
种阴险的宪政腐败造成的。

　　在伯克看来，这种腐败的后果显而易见：政府日益失信，
选民与议会渐行渐远，国王开始侵犯民众的权利。许多事态发
展中都可窥见这些趋势：动乱的强度和频率上升，反对财产因
袭权利的立法增多，以及日益漠视议会的权利。国内动乱波
及帝国的管理。处理美洲殖民地日益泛滥的抗议情绪的方式尤
其显示出政府的专横。侵犯东印度公司所享有的特许权是另一
个明目张胆滥用行政权的例子。在这一时期，有人认为党派之
争是民众动乱及政府体制变形的原因，伯克反对这一观点。相
反，伯克认为，政党是一系列国内问题及帝国内新兴危机的良
药。在伯克看来，乔治三世治下真正的政党灭亡助长了行政权
力的扩张，扭曲了最高权威的普遍概念。伯克抱怨道，"君临
议会"的至高权威被混同于政府的无限权力。实践中也体现了
这种混淆，如东印度公司的公司权利被侵蚀、美洲殖民地与宗
主国的隔阂不断加深。伯克致力于恢复宪政各机构的正常功
能，以使帝国政府免于征服精神的侵蚀。

第五章

政党、民望与异议：英国与爱尔兰，1765—1774

图2 布特勋爵滥用特权，破坏了宪法平衡。佚名，《宪法》（1770 年），
大英图书馆（BM 4430），引自尼古拉斯·K·罗宾逊《埃德蒙·伯克：漫
画中的生活》（耶鲁大学：1996 年），第 22 页。

5.1 导　语

英国和爱尔兰的关系塑造了伯克议会生涯初期的政见与思想。这一时期的显著特征是民众抗议和政府镇压。1766年，爱尔兰农民起义遭到激烈的司法应对。嫌疑人被处决激起了伯克的愤怒，他开始反思潜在的宗派矛盾及其对宪法的影响。民众偏见支持反天主教法，腐败的政府利用而不是调和了这一偏见。在伯克看来，这与英国的政治风气截然不同。在英国，有关教会和国家的异见所引发的派系冲突早已平息。国教已确立，但也包容异见，这被民众广泛接受。同时，由议会与君主共同构成的政府也受到广泛支持。然而，虽然民众和教会的关系大体上是和谐的，但一些隐秘事态的发展却告诫人们不要自满。

在伯克加入下议院的前几年里，英国国内共识的主要威胁似乎不太可能来自渐长的宗教冲突。1772年，伯克反对解除圣公会神职人员履行国教信条的义务，因为他认为宗教安全需要一个信仰共同体，而这一共同体应是建立在统一的教义和礼拜仪式之上的。尽管如此，伯克也坚持认为宗教宽容是必要的。伯克认为，只有反宗教和政治煽动性信仰的极端情况才应该对宗教差异的宽容美德施加限制。在18世纪80年代末之前，伯克对这两种极端情况都不担心，因而乐于扩大宽容的范围。然而，政治组织方面则不太令人放心。表面上，政府体制是健康的，但如何维持这一体制的共识正逐渐消失。具体而言，乔治三世治下的王权及政府部门的安排正在破坏宪法。1769年，威尔克斯（Wilkes）被免除议席，这表明政府蔑视自由，罔顾民众情绪。内阁支持一项《无效时限法案》，以反对国王对财产因袭权利的干涉，这也表明了王室权力在悄悄增强。此外，政府对暴乱的回应显示出其对公众暴动的惩罚性态度，且未能考虑暴乱的根本原因。为此，伯克为其政党提供了深刻的分析，探讨民众与政府日渐疏远的种种原因。

自罗金汉派 1765 年上台起，他们就刻意培养民众意见。皮特虽然扮演着爱国者的角色，实际上却讨好王权，而罗金汉派则坚持其大众而独立的立场。这意味着蔑视民众和王室的诱惑，与民众合作而不迎合民众，与国王共事而不依附王权。他们认为自己在延续辉格党的精神，即充当民众和国王的中间人。然而，1762 年后，乔治三世剥夺了他们的这一角色，而通过宠臣执政，即使他们并未得到议会的拥护或全国范围的普遍支持。在这种情况下，政府日益疏远民众，政治变成了政府与暴徒间的僵局。伯克的政党理论意在提供一套补救措施，以反对乔治三世的"体制"。罗金汉派有理由抵制腐败的王权，以维持宪法平衡。政府将恢复民望、审议和行政权，确保自由不至于沦为暴政的萌芽。

5.2　与罗金汉的关系

1765 年 2 月，伯克与威廉·吉罗德·汉密尔顿的关系惨淡收尾。1764 年底，他申请担任格拉纳达、格林纳丁斯、多米尼加、圣文森特和多巴哥岛等被征服岛屿的伦敦代理人。这次申请一无所获，但表明伯克渴望重新开始。在伯克谋求职位之际，乔治·格伦维尔仍领导着英国政府。1765 年议会会期前夕，伯克觉得政治舞台处于停滞状态——"虽然议会即将开会，但看不到通常出现在议会会期之前的那种热切和行动。"[1]1765 年 1 月 10 日，当议会在休会后开幕时，乔治三世期待着他最小的妹妹与丹麦王子的婚礼、与法国和西班牙继续

229

1　EB to [William] Young, 31 December 1765, *Corr.*, I, pp. 176–77.

维持和平关系、审慎管理公共财政以及减少国债。[2]然而，到1765年春天，因国王与格伦维尔的关系恶化到无法修复，政府陷入严重困境。那时，伯克仍在为其与汉密尔顿的关系伤神。5月，他称他的前任赞助人意图将他变为家奴。他的怨愤仍然很深："他以追求文学名誉或改善我的境遇为名，夺走了我生命中最美好的六年。"[3]伯克认为他远不及那些雄心勃勃的同龄人：这是想要从政的人最好的年华，但机遇似乎即将过去。就连伯克的朋友也开始替他着急，认为他应该获得一个可以施展才能和天赋的职位。[4]

230　　查理斯·汤森看起来很可能对伯克施以援手。6月8日，汤森被任命为格伦维尔内阁的主计长，在此之前几个月，他一直在与伯克发展友谊。[5]那时，政府察觉自己的地位极不稳定。它负责的《摄政法案》疏远了其与乔治三世的关系，乔治三世当时正急于摆脱他的第一财政大臣。[6]1765年7月10日，格伦维尔被正式免职。同日，首届罗金汉内阁正式成立，由第二代罗金汉侯爵查尔斯·沃森－文特沃斯担任新政府的首脑。伯克被任命为罗金汉侯爵的私人秘书，这对他的职业生涯至关重要。"我得到了一份足够谦卑的工作，"伯克告诉奥哈拉。[7]然而，他仍希望在这份工作中做出一些成绩，虽然这不是官方任命，也没有直接报酬。后来伯克被任命为第一财政大臣秘

2　Walpole, *Memoirs*, II, pp. 76–77; *Parliamentary History*, XVI, cols. 1–2.

3　EB to John Hely Hutchinson, [May 1765], *Corr.*, I, p. 200.

4　John Monck Mason, 28 June 1765, WWM BkP 1: 53.

5　EB to John Monck Mason, post 29 May 1765, *Corr.*, p. 197; Henry Flood to EB, 30 June 1765, WWM BkP 1: 47; Charles Townshend to EB, 23 June 1765, WWM BkP 1: 52.

6　Paul Langford, *The First Rockingham Administration, 1765–1766* (Oxford: Oxford University Press, 1973), pp. 7–8.

7　EB to Charles O'Hara, 11 July 1765, *Corr.*, I, p. 211.

书，威廉·伯克则担任亨利·西摩·康威的副国务秘书。他们都受益于最近同约翰·卡文迪什勋爵和威廉·菲茨伯特的关系。[8] "一点点成功的微光"，伯克在给大卫·加里克的信中提到，突然照亮了他的前程。[9] 起初，虽然伯克已效忠罗金汉，他仍希望保持与汤森的关系。"这是很不错的一招，"奥哈拉评论道。[10] 然而，不久之后，伯克就专注于与罗金汉的关系了，直到1782年他的活动都以此为主导。

罗金汉侯爵不大可能领导财政部。他当时透露过自己的健康状况不佳和经验不足，因而难以领导内阁。[11] 沃波尔对结果感到震惊："我从未听过比这更疯狂的提议，也没有比这成功性更低的提议。"[12] 直到1765年6月30日，少数派的前景仍不明朗。在纽卡斯尔位于萨里郡的克莱蒙特住宅召开的一次会议上，老辉格党人就是否组建一个没有皮特参与的政府产生了分歧。[13] 对于许多将要加入罗金汉政府的人而言，皮特的支持是成功的先决条件。[14] 然而，伟大的平民皮特不仅拒绝组建新政府，还拒绝与纽卡斯尔公爵及其党人合作。正如伯克告诉查尔斯·汤森的那样，反对派"领导人"感到被皮特侮辱，不仅是因为皮特不信任他们，还因为他并没有表现出对他们的尊

²³¹

8　EB and William Burke to Charles O'Hara, 4 July 1765, ibid., p. 207. 威廉把这一突破归因于奥哈拉的调解，参见 EB to Charles O'Hara, 9 July 1765, ibid., p. 210。

9　EB to David Garrick, 16 July 1765, ibid., p. 211.

10　Charles O'Hara to EB, 11 July 1765, in Hoffman, *Burke*, p. 231.

11　Ross J. S. Hoffman, *The Marquis: A Study of Lord Rockingham, 1730–1782* (New York: Fordham University Press, 1973), pp. 78–79. 罗金汉后来的观点是，"我极不情愿在1765年就职"，参见 EB, "Thoughts" (July 1779), *W&S*, III, p. 450。

12　Walpole, *Memoirs*, II, p. 163. Cf. *Grenville Papers*, III, p. 208.

13　*Rockingham Memoirs*, I, pp. 218–20; Walpole, *Memoirs*, II, p, 162.

14　Sir George Colebrooke to the Duke of Newcastle, 4 July 1765, Add. MS. 32967, fol. 226; Henry Flood to Edmund Burke, 27 July 1765, WWM BkP 1: 55.

重。[15]1765 年 7 月 4 日，伯克讲述了谈判的持续混乱情况，虽然皮特的立场仍很坚定，而"辉格党已决定尝试他们是否可以独自组建政府"。[16]7 月 9 日，"巨大的骚动"仍在继续。在持续的不确定性中，可以肯定的是汤森拒绝出任政府中的重要职务。尽管如此，主要职位很快就确定下来：威廉·道兹韦尔出任财政大臣，而康威和格拉夫顿公爵被任命为内阁大臣。[17]直到此时，伯克的未来仍没有定数。随着谈判的进行，伯克陷入了纽卡斯尔公爵的算计，公爵向罗金汉派暗示，他所属意的秘书人选是詹姆斯党人。[18]但是，这场风波很快就平息了，伯克一上任，就展现出了他那"臭名昭著"的热情。

新政府是在坎伯兰公爵的斡旋下组建起来的，但是却缺少有经验的成员和下议院的支持。查尔斯·汤森仍任军队主计官，查尔斯·约克任检察总长，温切尔西勋爵担任枢密院议长，纽卡斯尔公爵就任掌玺大臣。诺丁顿勋爵被任命为大法官，艾格蒙特勋爵则被任命为第一海军大臣，维持了他们在格伦维尔时期的职务。[19]同年秋天和冬天，有关美洲殖民政策的激烈反应的消息接连传来。即便如此，新内阁的注意力仍侧重于外交政策，因其寻求建立一个英国 – 普鲁士联盟，以应对奥地利与波旁王朝之间任何的联合行动。[20]此外，新政府致力于通过反对苹果酒消费税和推行任意搜查令来定义自己。在这

15　EB to Charles Townshend, 25 June 1765, *Corr.*, I, p. 205.

16　EB and William Burke, 4 July 1765, ibid., p. 206.

17　EB to Charles O'Hara, 9 July 1765, ibid, p. 210.

18　Duke of Newcastle to the Duchess of Newcastle, 31 October 1765, Add. MS. 33078, fol. 35; Francis Hardy, *Memoirs of the Political and Private Life of James Caulfield, Earl of Charlemont* (London: 1812), 2 vols., II, pp. 281–82; EB to David Garrick, 16 July 1765 Corr., I, p. 211.

19　Langford, *First Rockingham Administration,* pp. 24–39.

20　Ibid., pp.84–85.

方面，他们声称继承了皮特的遗产，希望树立爱国者政府的声望。随着新政府逐渐稳定下来，伯克沉浸于日常事务的细节之中，保持了独立性，并赢得了尊重。他的朋友阿格芒德善·维西很高兴得知伯克从与罗金汉的新关系中受益良多。[21]不久之后，对政府而言，伯克的活力与价值就变得至关重要。[22]早在1765年11月，伯克就准备进入议会，急于崭露头角，在12月写给乔治·马夏尔尼爵士的一封信中，伯克热切地期待着这"重要的一步"。[23]12月24日，他告知奥哈拉，"昨天我当选了温多佛的代表，喝得酩酊大醉，今天就患了重感冒"。[24]伯克在弗尼勋爵的庇护下获得了席位，勋爵最初提议威廉·伯克就任这一职务，而威廉又将其转让给了埃德蒙。这是伯克职业生涯的重要突破，为他提供了施展才华的舞台。他从文学学徒到公共演说家的转变基本完成。

　　1765年底，伯克仍表现出对"文学界"的兴趣，向马夏尔尼讲述了罗伯特·洛斯对威廉·沃伯顿的最新回应。[25]他对这场始于18世纪50年代中期的争论仍饶有兴志。然而，1766年1月初，托马斯·利兰指出伯克的兴趣已发生变化——"你脑子里满是问题、分歧和多数派——加拿大法案、马尼拉赎金

21　Agmondehsam Vesey to EB, 27 July 1765, WWM BkP 1: 57.

22　Joseph Yorke to Lord Hardwicke, 15 April 1766, Add. MS. 35368, fol. 40; Earl of Buckinghamshire to George Grenville, 11 June 1766, Add. MS. 22358, fol. 35.

23　Charles O'Hara to EB, 22 November 1768, *Corr.*, I, pp. 218–19; EB to Sir George Macartney, post 23 December 1765, ibid., p. 222。关于在议会"崭露头角"，参见 Christopher Reid, *Imprison'd Wranglers: The Rhetorical Culture of the House of Commons, 1760–1800* (Oxford: Oxford University Press, 2012), part III。

24　EB to Charles O'Hara, 24 September 1765,Corr.,I, p 223.

25　EB to Sir George Macartney, post 23 December 1765, ibid., pp. 222–23. Burke is referring to [Robert Lowth], A *Letter to the Right Reverend Author of the "Divine Legation of Moses Demonstrated"* (London: 1765).

和印花税。我的心思都在洛斯和沃伯顿身上。"[26] 伯克的转变并不像人们想的那样极端。他的雄辩将用于议会说服工作，才智则用于设计政治辩论。他的智慧由历史研究与哲学思考结合而成。在将近 30 年的议会生涯中，伯克持续丰富自己的知识储备，也积极运用已有的知识。尽管受到汉密尔顿的干扰，伯克仍熟知了启蒙思想中相互竞争的思想流派，特别是那些在英国的流派。伯克给这些思想带来了一套经久不衰的坚定信念。1766 年 1 月，伯克就任议员，并在当时的政治舞台上展现了这些启蒙思想的分析能力。他通过有力论证得出严谨的结论，很快在下议院辩论中崭露头角。正如一位崇拜者所说，伯克几乎提出了"一种新的政治哲学"，牢牢扎根于实际事务。[27]

伯克准备就职时，美洲危机刚刚成为议会面临的主要问题。格伦维尔的《印花税法案》于 1765 年 3 月 22 日通过，该法案是在税收短缺的驱动下，不顾后果地提出的。[28] 随着殖民地居民开始抗议，政府的基本原则成为争论焦点。宗主国的保护义务和殖民地居民的服从义务越来越不对等、越来越激起争端。"他几乎没有权衡过宗主国与这些遥远、广袤却又强大的殖民地间竞争的风险，"霍勒斯·沃波尔后来如此评论格伦维尔。[29] 美洲殖民地动乱的消息传到英国后，1765 年 12 月 17 日，国王在演讲中提到这一问题需要议会关注。格伦维尔竭尽全力阻扰政府的前程，但徒劳无功："如今，不稳定的政府已十分

26　Thomas Leland to EB, 9 January 1766, WWM BkP 1:77.

27　James Marriott to EB, 8 February 1766, WWM BkP 1: 83.

28　这是罗金汉在 1765 年 10 月的判断，参见 the Marquess of Rockingham to Viscount Irwin, 25 October 1765, Historical Manuscripts Commission, *Report of Manuscripts in Various Collections: The Manuscripts of the Hon. Frederick Lindley Wood, M. L. S. Clements, Esq., Philip Unwin, Esq.* (London: 1913), VIII, p. 183。

29　Walpole, *Memoirs*, II, p. 93.

稳定，"伯克在当选后一天写信给约翰·里奇，"……从未有过像格伦维尔一样暴怒和无能的对手。"[30] 12 月底，格伦维尔处处妨碍政府的举措。因此美洲问题的讨论一直推迟到 1 月的新议会会期。伯克等待在圣诞节休会期后进入下议院，威廉·马克姆希望他"能立刻加入一些重要问题的讨论"。[31] 他的愿望很快实现了。在议会会议期间，关于如何处理美洲危机已经过了数周的激烈辩论，而后伯克于 1 月 14 日星期二加入了关于美洲殖民地的辩论。出席会议的大卫·加里克盛赞了伯克的"辩论首秀"。[32] 大多数人认为在议会中发言非常可怕，18 世纪中期仅有不到一半的议员参与过辩论。[33] 在下议院开会的圣斯蒂芬教堂狭窄的矩形会场里，伯克投身于这一乔治三世统治早期的重大争论之中。直到 1783 年，伯克的主要精力都放在美洲殖民地危机上。[34]

为了解决美洲殖民地危机，政府开始审查《航海法案》。伯克满怀热情地投入到这项事业中，"内德（Ned）十分投入，废寝忘食，"伯克的妻子在伯克的妹妹与帕特里克·弗伦奇结婚后告诉她。[35] 3 月初，伯克告诉奥哈拉，罗金汉派的计划是"彻底修订所有与本国或其他国家种植园有关的商业法律"。[36] 新内阁建立以来，在西印度、西非和北美洲相互交织和竞争的

234

---

30 EB to John Ridge, 24 December 1765, *Corr.*, I, p. 225.

31 Dr. William Markham, 29 December 1765, ibid., p. 226.

32 David Garrick to EB, 18 January 1766, ibid., p. 233.

33 P. D. G. Thomas, *The House of Commons in the Eighteenth Century* (Oxford: Oxford University Press, 1971), p. 229.

34 参见本书第 6 章和第 9 章。

35 Jane Burke and EB to Juliana French, 6 February 1765, *Corr.*, I, p. 236.

36 EB to Charles O'Hara, 1 March 1766, ibid., p. 239.

贸易利益集团就一直积极游说政府。[37] 为了避免重蹈1762年辉格党的覆辙，纽卡斯尔辉格党人尝试培养民众基础，以对抗无情君主的肆意妄为。受到崛起一代"新辉格党人"的鼓舞，罗金汉派寻求主要商业利益集团的支持，视其为受民众欢迎的指标。[38]3月初，伯克告知奥哈拉，调和西印度和北美洲贸易商的谈判正在进行。谈判达成的协议将有助于内阁制订一个"常规和系统的计划"。[39]伯克乐于帮助制定计划的内容——"这是我喜欢的工作"——并且想知道如何通过改革贸易法使爱尔兰获益。[40]3月7日，一项废除苹果酒消费税的动议成功通过。[41]但是，1766年春天，伯克的主要精力集中于重组大英帝国。美洲殖民地动乱意味着帝国殖民地的危机。强制殖民地屈服的传统方式包括攫取殖民地收入以及商业监管。由于议会在美洲殖民地征税已引发抵制，罗金汉派打算重新恢复美洲殖民地的效忠。

为了实现这一目标，不仅需要废除《印花税法案》，还需要修改整个帝国的贸易规定。在重新定义现行体系方面，伯克发挥了重要作用。奥哈拉暗示，罗金汉派非常感谢伯克制定的政策。"干得不错，"他向他的朋友保证说，这很大程度上归功

37　Lillian M. Penson, "The London West Interest in the Eighteenth Century," *English Historical Review*, 36 (1921), pp. 373–92; George L. Beer, *British Colonial Policy, 1754–1765* (New York: Macmillan, 1907).

38　关于新（"Little" or young）辉格党人，参见 the Duke of Newcastle to the Marques of Rockingham, 19 June 1765, Add. MS. 32967, fol. 69. 有关讨论，参见 Lucy Sutherland, "Edmund Burke and the First Rockingham Administration," *English Historical Review*, 47: 185 (January 1932), pp. 46–72。

39　EB to Charles O'Hara, 1 March 1765, *Corr.*, I, p. 240.

40　Ibid.

41　伯克就这一主题讲了30分钟，参见 EB to Charles O'Hara, 11 March 1766, ibid., p.244。

于伯克的进取心和智慧。[42] 伯克计划的雄心很少被人注意到，主要原因是历史学家以极度傲慢的态度看待罗金汉政府。[43] 他的部分目标是将爱尔兰纳入帝国新的贸易体系，尽管他的同僚主要关注的是美洲岛屿和大陆。[44] "并不是贸易法整体需要修订，只有涉及美洲贸易的部分需要修订，"伯克告知奥哈拉。[45] 尽管如此，伯克仍在探索是否爱尔兰法规可以根据美洲法案进行修订。奥哈拉告知了伯克可列入贸易法的物品，在不同阶段可能包括糖、羊毛织物和棉花。"我已认真考虑了你就贸易提出的所有建议，"伯克及时报告说，但他认为"每一项建议"都不切实际。

235

事实上，伯克所寻求的任何商业自由都不可避免地遭到利益对立的政治现实的阻挠。更自由的贸易总是遭到"一些持主要偏见者"的反对。[46] 皮特后来透露了他对伯克想法的敌意。[47] 只有时间和劝说才能转变相反的观念。[48] 英国担心的是爱尔兰产品会与英国商品竞争。"你必须记住，"伯克告诉奥哈拉，"曼彻斯特制造业是英国最大规模和最热门的制造业之一，而棉花则

42　Charles O'Hara to EB, 15 April 1766, in Hoffman, *Burke*, p. 344.

43　Langford, *First Rockingham Administration, passim*：罗金汉内阁通常被描述为天真而不切实际，这在很大程度上与辉格党历史学家的判断相反。托马斯·巴宾顿·麦考利在某文第 42 页进行了批评，参见 Thomas Babington Macaulay, *Essay on the Earl of Chatham* (London: 1887)。朗格福德的作品中反辉格主义的陷阱很明显，赫伯特·巴特菲尔德也对此做了很好的讨论，参见 Herbert Butterfield, *George III and the Historians* (London: Collins, 1957)。

44　EB to Charles O'Hara, 1 March 1766, *Corr.*, I, p. 240.

45　EB to Charles O'Hara, 27 March 1766, ibid., p.246.

46　Ibid.

47　The Earl of Chatham to the Duke of Grafton, Grafton, *Autobiography*, p. 108.

48　伯克后来回想起他扩大爱尔兰贸易的惨痛尝试，参见 EB, *Letter to Thomas Burgh* (1780), *W & S*, IX p. 561："我发现下议院在宫廷恩宠的偶然引导下……已经成为激情的俘虏，既鲁莽又胆怯。"

是它的根基。"[49] 伯克开始起草计划时想要将爱尔兰纳入其中，但他最终意识到爱尔兰的商业关系自成"体系"。审议和改革不得不等待另一个时机。[50] 早在 1749 年，约西亚·塔克就抱怨竞争的敌意促使英国限制爱尔兰的商业和制造业——"如果爱尔兰变得富有，结果是什么？英国也会变得富有。"[51] 塔克的计划是一个大计划的一部分，即构建一个合作联盟。与此同时，英国的政策受竞争驱使，爱尔兰的自由成为宗主国焦虑的牺牲品。早在 1748 年，孟德斯鸠就指出英国人在商业方面极端善妒，更容易因对手的繁荣而生气，而不是为自己的好运而开心。[52]1766 年，伯克遭遇了同样的态度。

尽管如此，罗金汉派继续推动在加勒比海建设自由港口的计划。1766 年 5 月初，协议达成，根据协议，英国将在牙买加为西班牙商人开放一个港口，在多米尼加为北美洲殖民地商人开放一个港口。[53] 起初，皮特极力反对这项措施，这迫使伯克前往海斯，以将皮特争取到政府一边。[54] 然而，此时，皮特已开始密谋削弱内阁的地位——"事实上，他已决定不讲情面"，因为他希望暴露政府的所有缺点。[55]4 月初，伯克对政府在下议院的地位自信满满。他们完成了对支持多米尼加作为自由港的证人的审查，准备起草决议并以其为新贸易法案的基础，此时反

236

---

49   EB to Charles O'Hara, 27 March 1766, Corr., p. 247.

50   Ibid.

51   Josiah Tucker, *A Brief Essay on the Advantages and Disadvantages which Respectively Attend France and Great Britain with Regard to Trade* (London: 1749), p. 28.

52   Charles-Louis de Secondat, Baron de Montesquieu, *De l'esprit des lois* (1748) in *Oeuvres complètes,* ed. Roger Caillois (Paris: Galimard, 1951), 2 vols., II, Pt. III, Bk. XIX, Chapt. 27.

53   This passed as 6 Geo III, c. 49.

54   直到 1766 年 5 月 11 日，皮特才向托马斯·努萨尔（Thomas Nuthall）描述在多米尼加建立自由港是一个"不可靠的想法"，参见 *Chatham Correspondence*, II, p. 421。

55   EB to Charles O'Hara, 23 April 1766, *Corr.*, I, pp. 251–52.

对政府的声音似乎已经没有了。这让伯克感到乐观——"任何一个内阁都没有这么受欢迎。"[56] 然而，罗金汉仍面临两方面的问题：首先，他依赖与皮特的合作；若没有皮特的合作，他就不得不安抚国王朋友们的野心，这些朋友仍与布特勋爵这个阴暗之人有关系。[57] 因为纽卡斯尔和罗金汉都不想与布特勋爵的门徒合作，他们的政党至少需要皮特的默许支持。这种支持逐渐在减少，可能会干扰商业立法的通过。同样地，国王的朋友们也开始限制新法案的条款。在内阁中，他们最大程度地阻挠新措施，破坏了罗金汉设计的宏伟架构。即使这样，伯克也认为，有新措施总比没有好。[58] 然而，后来皮特转变了行动方针，不再反对新措施。因此，罗金汉的贸易政策获得了下议院和上议院的投票通过，于 1766 年 6 月 6 日获得了国王的正式御准。美洲殖民地的贸易被允许扩大，西印度的贸易也可向西班牙帝国开放。[59]

罗金汉派挑战了格伦维尔内阁立法的基础。在这一过程中，他们破坏了《航海法案》基本内容的合理性，同时确保了殖民地对宗主国的服从。奥哈拉很清楚新法案预期的范围，伯克承认新措施的目的是重新配置帝国的贸易，实际上，只要能与商业偏见相协调，就可以废除贸易限制体系。[60] 对帝国政治经济的任何实质性修正都意味与殖民地关系的重新调整。奥哈

56　EB to Charles O'Hara, 8 April 1766, ibid., p. 248.

57　具体来说，格拉夫顿和康威极力要求与皮特结盟，而诺辛顿和埃格蒙特则寻求与布特派合作。

58　EB to Charles O'Hara, 23 April 1766, ibid., p. 251.

59　F. Armytage, *The Free Ports System in the British West Indies* (London: Longmans, Green and Co., 1953).

60　Charles O'Hara to EB, 15 April 1766, in Hoffman, *Burke*, p. 344; EB to Charles O'Hara, 23 April 1766, *Corr.*, I, p. 252.

拉只能推测伯克和他的朋友打算做什么，但还是理解了拟议计划的实质。贸易自由化将与《印花税法案》的废除同时进行。这是一种宽宏大量的姿态，既为宗主国的利益服务，又通过慷慨而赢得了各殖民地的支持。因为英国立法机构是施惠者，议会的宽宏大量将确认其权威。这种支持自由的姿态同时也是"统治权"的体现。美洲殖民地贸易的复兴将"完全来自英国的立法机构"，而英国在确认从属关系的过程中培养了殖民地的忠诚。[61] 结果，虽然罗金汉派的计划并未被全部纳入法规，但其总体计划是为了推动深刻的改革。1766 年 7 月 23 日，仅持续了一年零二十天的政府垮台，伯克在一本庆祝性的小册子中捍卫了该政府的工作。他写道，贸易已"自由化"，殖民地的商业得以拓展，且并未损害宗主国的利益；西印度群岛与北美大陆的利益得到了协调；帝国的最高权威已与殖民地的从属相协调。[62]

虽然皮特最终放弃了对多米尼加自由港的反对，但是 4 月到 7 月间他仍进行了反对内阁的运动。伯克后来评论说，罗金汉政府已按"查塔姆伯爵的计划"被推翻了。[63] 在组建罗金汉政府前夕，伯克曾有过"接纳布特勋爵"的想法。[64] 新内阁至少应该避免挑起与国王朋友的争吵，并致力于建立一个有广泛基础的政府，包括一定比例的托利党和商界人士。这是恳求与乔治三世的追随者合作，虽然辉格党贵族认为这个计划既不可靠也无法忍受。内阁垮台后，伯克代表他们申明："内阁与布特伯爵没有私人关系，也没有议会往来。他们既没有奉承他，

61 Charles O'Hara to EB, 15 April 1766, in Hoffman, *Burke*, p. 345.

62 EB, Short *Account of a Late Short Administration* (1766), *W & S*, II, p. 55.

63 Ibid., p.54.

64 EB and William Burke to Charles O'Hara, 4 July 1765, *Corr.*, I, p. 208.

也没有为难他。"[65] 结果是，他们执政期间遭到了获赠官禄者和持津贴者的阴谋反对，迫使他们呼吁"国民的信任"。[66] 国民包括公众和下议院的意见。为了赢得公众的信任，罗金汉派寻求贸易利益集团的支持；为了确保下议院的认同，他们则希望能与威廉·皮特继续合作。[67] 但是，罗金汉派的问题在于，他们拒绝与国王的朋友联合，却没有通过与皮特的有效合作得到补偿。[68] 在伯克看来，他们对"伟大的平民"皮特的依赖本身就是一个明显的弱点。当 1766 年 4 月皮特开始疏远他们时，他们失去了自己所依赖的重要"支柱"。[69]4 月 14 日，皮特在民兵辩论中公开挑战他们。贝德福德和格伦维尔的追随者随后开始攻击道兹韦尔的预算计划。此时，皮特已表明有意组建政府，但条件是要将纽卡斯尔和罗金汉排除在外。计划失败后，格拉夫顿公爵准备从内阁辞职。[70] 政府的基础动摇了，垮台的日子就快到了。正如沃波尔所言："皮特越来越渴望权力。"[71]大卫·休谟概括了皮特希望实现其野心的方式：他希望建立一个"随心所欲"的政府。[72] 伯克认为这潜藏着深层危机。皮特的目的是在爱国主义的外衣下摧毁政党。在获取了民众基础后，他希望赢得国王的支持，以操纵政府。因此，1766 年 4 月 24 日，皮特发表了演讲，伯克认为这是一篇"精致的爱国主义煽动演

65　EB, *Short Account of a Late Short Administration* (1766), *W & S*, II, p. 56.

66　Ibid.

67　Ibid., p.55，关于成为第一个举行自由公众协商的政府。

68　Frank O'Gorman, *The Rise of Party in England: The Rockingham Whigs, 1760–1782* (London: George Allen and Unwin, 1975), p. 158.

69　EB to Charles O'Hara, 21 April 1766, *Corr.*, I, p. 250.

70　Grafton, *Autobiography*, p. 71.

71　Walpole, *Memoirs*, III, p. 37.

72　David Hume to Lord Hertford, 8 May 1766, *The Letters of David Hume*, ed. J. Y. T. Greig (Oxford: Oxford University Press, 1932), 2 vols., II, p. 43.

讲，主要反对任何形式的联系"。伯克十分清楚皮特的主张意
味着什么：摧毁与他的联系之外的所有联系。[73]

5.3 "白衣会"暴乱

虽然伯克很大程度上未能将爱尔兰贸易法的修订纳入美
洲商业法规的改革中，但他至少设法在下议院引入了《爱尔兰
肥皂法案》。[74] 法案的目的是允许爱尔兰生产的肥皂进口到西
印度群岛的种植园。1766 年 3 月和 4 月，伯克一直向奥哈拉
跟进该法案。[75] 然而，与此同时，他也关注爱尔兰宗派冲突的
复萌。[76] 冲突的根源是农民的不满，这是 18 世纪早期霍格斯
人（Houghers）叛乱运动之后首次出现的地区性农民起义事
件。[77] 18 世纪 60 年代，由"平权者"或"白衣会"组成的宣
誓团体精心策划的暴乱，很快就波及了罗马天主教徒与新教统
治阶层的关系。[78] 通常，伯克认为，这种抗议者所发起的暴动
是"受压迫或放纵的民众"引发的混乱。[79] 这次暴乱包括屠杀

239

73　EB to Charles O'Hara, 24 April 1766, *Corr.*, I, p. 252.

74　*CJ*, XXX, p. 825.

75　EB to Charles O'Hara, 29 March 1766, Corr., p. 247; EB to Charles O'Hara, 8 April 1766,
　　ibid., p. 249.

76　L. M. Cullen, "Burke, Ireland, and Revolution," *Eighteenth-Century Life*, 16 (1992), pp.
　　21–42.

77　W. E. H. Lecky, *History of Ireland in the Eighteenth Century* (London: Longmans, Green and
　　Co.,1913), 4 vols., I, pp. 136–37; J. S. Donnelly, "Irish Agrarian Rebellion: The Whiteboys of
　　1769–1776," *Proceedings of the Royal Irish Academy*, 83C (1983), pp. 293–331. 近几代爱尔
　　兰人的被动性得到强调，参见 Anon., *An Inquiry into the Causes of the Outrages Committed
　　by the Levellers, or White-Boys, in the Province of Munster* (N.P.: 1762), included as an
　　appendix to [John Curry], *A Candid Enquiry into the Causes and Motives of the Late Riots in
　　the Province of Munster in Ireland* (London: 1767), pp. 25ff.

78　Ian McBride, *Eighteenth-Century Ireland: Isle of Slaves* (Dublin: Gill and Macmillan, 2009),
　　pp. 312–19.

79　EB, *Letter to Sir Hercules Langrishe* (1792), *W & S*, IX, p. 602.

牲畜、铲平沟渠、推倒围墙以及火烧粮仓。但是当时的评论者认为，这种行为背叛了民众的真正权利，因为它无视法律补救措施而诉诸民众暴力。[80] 在适当的时候，对明斯特运动的司法裁决引起了宗派间的敌意。令伯克不安的是，有人故意将罗马天主教徒与更堕落的农村阶级的琐碎犯罪活动联系起来。

事实上，根据民事诉讼大法官约翰·阿斯顿与安东尼·马龙带领的调查委员会的调查结果，天主教徒和新教徒"混杂地"参与了暴力事件。[81] 尽管如此，暴乱仍复兴了明斯特的宗教偏见，在 1761—1762 年的议会会期上，人们利用这种偏见拒绝向天主教徒做出让步，当时伯克作为汉密尔顿的秘书出现在都柏林。[82] 多年后，伯克回忆说，暴乱后的一段时间里，"主要派系的下层阶级"释放了"疯狂的偏见和暴躁的脾气"。[83] 中下层的新教士绅宣称有一个反对汉诺威继承法令的普遍阴谋，这煽动了仇恨的火焰。这也暗示着，农民暴乱是在中下层天主教徒中被煽动的，意思是说真正的主动权掌握在更有地位的天主教徒手中。正如伯克后来回忆所说："在令人讨厌的描述中，如果有人不被怀疑涉嫌暴乱这种低级犯罪，就都可能会被怀疑犯下更严重、更恶劣的罪行，甚至要被惩罚。"[84] 换句话

80　Anon., *The True Friends of Liberty: To the White-Boys of the South, the Oak-Boys of the North, and the Liberty-Boys of Dublin* (Dublin: 1763), p. 15.

81　阿斯顿的报告可以在伯克的文章中找到，并被重印，参见 *Correspondence* (1844), I, pp. 38–41.

82　关于此事的讨论，参见 Louis M. Cullen, "The Blackwater Catholics and County Cork Society and Politics in the Eighteenth Century" in Patrick O'Flanagan and Cornelius Buttimer ed., *Cork: History and Society* (Dublin: 1993), pp. 565–71。

83　EB to Richard Burke Jr., 20 March 1792, *Corr.*, VII, p. 101. Cf. EB, *Letter to William Smith* (29 January 1795), *W & S*, IX, p. 664.

84　EB, *Letter to Sir Hercules Langrishe* (1792), *ibid.*, p. 602. 关于那段时期的"非人道程序"，参见 EB, *Letter to Lord Kenmare* (21 February 1782), ibid., pp. 569–70。

说，他们可能被指控叛国，意图颠覆政权。

1761年秋天，白衣会抗议始于爱尔兰南部，很快便蔓延至蒂珀雷里、利默里克、沃特福德和科克郡。[85] 虽然白衣会运动的主要目的是解决农民的不满，但他们的支持者很快就被认为是在煽动詹姆斯党人的叛乱。[86] 一场犯罪活动被"扭曲"为"颠覆国家的阴谋"。[87] 四年里，500名"阴谋家"被监禁，主要罪犯被处以死刑。伯克认为这一处罚过于严苛。有人认为乔治三世的罗马天主教子民与法国国王联合策划了这场全面的叛乱，但这种想法令人难以置信，简直就是荒谬。[88] 约翰·库里认为："一些名义上的少数带头的、有所企图的新教徒的恐慌，使国教所有真诚善良的教徒产生了真正的恐惧。"[89] 早在1762年8月，当法院正在审理对被告的指控时，伯克写信告知查尔斯·奥哈拉明斯特的"恐怖"情况。[90] 伯克的亲属加雷特·纳格也受到了影响，因涉嫌协助"白衣会"而被逮捕。在伯克看来，官方的行为无异于"犯罪"。[91] 当局与大众偏见相勾结，

85　WWM BkP 8: 1; W. P. Burke, *The History of Clonmel* (Waterford: N. Harvey and Co., 1907), pp. 361–405; Maureen Wall, "The Whiteboys" in T. D. Williams ed. *Secret Societies in Ireland* (Dublin: Macmillan, 1973); James S. Donnelly, "The Whiteboy Movement 1761–1765," *Irish Historical Studies,* 21: 81 (March 1978), pp. 20–54; Vincent Morley,"George III, Queen Sadhbh and the Historians," *Eighteenth– Century Ireland*, 17 (2002), pp. 112–20.

86　具有讽刺意味的是，正如伯克自己所指出的，与詹姆斯党人的联系可以追溯到威廉·范特（William Fant），一个精神不稳定的新教徒律师，他是最初鼓励"白衣会"的人，参见 WWM BkP 8: 1。

87　EB, *Letter to Sir Hercules Langrishe* (1792), *W & S*, IX, p. 602.

88　WWM BkP 8: 1. 从七年战争结束时的骚乱开始，收集到的一系列问询系统地阐述了这些指控是不可能的，参见 Anon., *An Alarm to the Unprejudiced and Well-Minded Protestants of Ireland, or Seasonable Queries upon the Rise, Danger, and Tendency, of the White-Boys* (Cork: 1762)。

89　[Curry], *A Candid Enquiry*, p. 23.

90　EB to Charles O'Hara, ante 23 August 1762, *Corr.*, I, p. 147.

91　WWM BkP 8: 1.

试图将暴乱归罪于受人尊敬的天主教徒，而这暴乱却是不满的穷苦农民犯下的罪行。

对明斯特暴乱的司法判决在 1766 年达到高潮。[92] 当年春天，根据可疑证据，一系列死刑被执行。包括对詹姆斯·法雷尔、詹姆斯·巴克斯顿和尼古拉斯·希伊执行绞刑，希伊是蒂珀雷里郡克洛亨的教区牧师。[93] 库里认为希伊案与法国的卡拉斯案一样，卡拉斯被处决促使伏尔泰写下了《论宽容》。[94] 希伊和其共同被告人的请愿书和演讲稿可以在伯克的文件中找到。[95] 巴克斯顿在最后的声明中抗议说，他"从未听说……这个王国有叛乱的意图"，也没有听说过任何计划或想象中的"屠杀"。[96] 他还透露，有人鼓励他提供不利于詹姆斯·纳格尔的证据，詹姆斯与伯克有亲属关系。[97] 自 2 月以来，奥哈拉一直向伯克更新希伊的情况。3 月 20 日，他写道，预计仍会有叛乱的证据。[98] 奥哈拉竟愿意承认这虚假的指控，伯克对此感到愤怒。"我发现你们在爱尔兰一如既往地进行着阴谋、恐吓、

241

92　R. R. Madden, *The Literary Life and Correspondence of the Countess of Blessington* (London: 2nd ed., 1855), 2 vols., I, pp. 484ff.

93　伯克的一个表亲在 1755 年前后娶了希伊的一个妹妹，参见 Cullen, "The Blackwater Catholics," p. 573。

94　[Curry], *A Candid Enquiry* , Preface. 1779 年，苏格兰发生了新教暴乱，反对天主教宽容，在关于其的辩论中，伯克提到了卡拉斯事件，参见 WWM BkP 8: 51。关于希伊，参见 Thomas P. Power, "Father Nicholas Sheehy, c. 1728–1766" in Gerard Moran ed., *Radical Irish Priests,1660–1970* (Dublin: Columba Press, 1998)。

95　WWM BkP 8: 2, 3, 4, 8, 9. 这些资料也出现在库里作品的附录里，参见 [Curry], A Candid Enquiry, pp. 49ff。

96　WWM BkP 8: 9a. 1766 年 11 月，帕特里克·纳格尔向伯克提出了这个问题，伯克远不能肯定他的生命不是"处于最大的危险中"，参见 EB to Patrick Nagle, 6 November 1766, Corr., I, p. 276。詹姆斯·纳格尔于 1766 年 12 月 22 日皈依国教。

97　WWM BkP 8: 8.

98　Charles O'Hara, 20 March 1766, in Hoffman, *Burke*, p. 340.

告密、抓捕和监禁。"[99] 爱尔兰政府似乎忽视了这些诉讼，甚至是串通一气："我发现，比起邪恶的政府，软弱而无序的政府更可恶、更卑鄙"。[100] 这与英国形成了鲜明对比，在英国自由开放在最优秀的人中盛行。"你不感到羞愧吗？"伯克问奥哈拉。由于在明斯特地区出现了捏造的恐慌，威斯敏斯特议会普遍盛行着爱尔兰可能会爆发暗杀、大屠杀或叛乱的谣言，每波谣言都比上一波谣言更加令人难以置信。[101] 然而，随着迫害事件在爱尔兰南部蔓延，考虑到魁北克的法国天主教徒，罗金汉派采取了宽容政策。[102] 伯克愤愤不平，主张干涉，而奥哈拉却坚持认为，介入只会使形势恶化。[103]

罗金汉政府垮台后，皮特被任命为查塔姆伯爵，并就职于上议院，即将离任的辉格党人希望通过维持那些在新政府里继续任职之人的忠诚，以在政府里占有一席之地。[104] 虽然伯克有兴趣在即将成立的新内阁里任职，但他更愿意同罗金汉一起离开。格拉夫顿认为，作为"可能是整个下议院最出色的人"，他将获得相当大的收益。[105] 事实证明，查塔姆和纽卡斯尔辉格党之间的和解是站不住脚的，1766 年 11 月 25 日，当罗金

99　EB to Charles O'Hara, 8 April 1766, *Corr.*, I, p. 249.

100　EB to Charles O'Hara, 21 April 1766, ibid., p. 250.

101　EB to Charles O'Hara, 24 May 1766, ibid., p. 255.

102　然而，这一政策遭到了诺丁顿勋爵的阻碍，参见 R. A. Humphreys and S. M. Scott, "Lord Northington and the Laws of Canada," *Canadian Historical Review*, 14 (1933), pp. 54–62; Philip Lawson, *The Imperial Challenge: Quebec and Britain in the Age of the American Revolution* (Montreal and Kingston: McGill– Queen's University Press, 1994), chapt. 4。

103　Charles O'Hara to EB, 15 April 1766, in Hoffman, *Burke*, p. 346. Cf. Charles O'Hara to EB, 5 December 1767, *Corr.*, I, p. 338.

104　Langford, *First Rockingham Administration*, p. 261.

105　The Duke of Grafton to the Earl of Chatham, 17 October 1766, *Chatham Correspondence*, III, pp. 110–11.

汉和他的朋友们成为反对派时，伯克连忙追随他们成了少数派。[106]在伯克最终决定效力于罗金汉党之前，他在爱尔兰花了几周时间处理私人事务。[107]自1764年以来，他未曾回过爱尔兰，他利用这段时间评估了这个国家的政治情况。25年之后，回顾这次对爱尔兰的访问，伯克注意到自1740年代和1750年代以来爱尔兰的改善。虽然爱尔兰的乡绅阶级还保有偏见，但都柏林的政府已抛弃了老一代的偏见。到1766年8月，就连"明斯特可耻的愤怒"都消失了。[108]但是，继续困扰伯克的是，在罗马天主教徒被排除在选举权之外的情况下，迫害可以使毫无原则的统治者们受益，而被迫害者却没有陈述和辩解的机会。

正如伯克1792年写给赫拉克勒斯·朗里什爵士的信中所言，新教徒可能是出于选举的需要才编造了天主教徒密谋叛国的谣言。反过来，那些被谴责的人"无法约束"他们的代表，因为这些代表完全来自敌对教派。[109]虽然爱尔兰的宗教偏见已显著缓和，但腐败宪政下盛行的诡计可能会使其复燃。伯克认为，国王决心加强对爱尔兰事务的控制，而不是清除宪法中延续的偏见。尽管如此，他仍认为，旨在帮助爱尔兰议会对抗国王的"七年法案"运动分散了人们对更紧迫问题的注意力。[110]自光荣革命以来，爱尔兰议会只有在执政君主去世后才会解散，一些爱国者因而想要限制议会的会期。但是，当这一目标

106 关于促使罗金汉派转变为反对派的事件，参见 John Brooke, *The Chatham Administration, 1766–1768* (London: Macmillan, 1956), pp. 46–62。

107 Mary Burke to Ellen Hennessy, 25 October 1766, *Correspondence* (1844), I, p. 112; EB to Charles O'Hara, 19 August 1766, *Corr.*, I, pp. 264–65; EB to the Marquess of Rockingham, 21 August 1766, ibid., pp. 266–67; EB to Richard Shackleton, [August 1766], ibid., pp. 267–8.

108 EB to Richard Burke Jr., 20 March 1792, *Corr.*, VII, p.102; cf. EB to Charles O'Hara, 27 November 1767, Corr., p. 337.

109 EB, *Letter to Sir Hercules Langrishe* (1792), *W & S*, IX, p. 603.

110 EB to Charles O'Hara, 24 May 1766, *Corr.*, I, p, 255.

被纳入《八年法案》，并于 1768 年 2 月获得批准，伯克却不以为然。[111] 他认为，缩短议会会期不足以限制国王的野心。[112] 在任何情况下，《八年法案》都是为了便于在爱尔兰通过一项增兵法案，而下议院几乎仅有伯克一人反对该法案。[113] 在和平时期增加爱尔兰的军事力量没有任何实际意义，唯一的贡献是增加了爱尔兰统治机构的军事费用。在伯克看来，爱尔兰的债务和开支都是帝国的负担，也就是英国的负担。[114] 伯克尤其厌恶的是，英国政府以"白衣会"暴乱为由，增加爱尔兰海对岸的军队。[115] 内阁应该认真处理农民起义，避免其被用来煽动宗派冲突，而不是利用民众的不满来增加国王的势力。

18 世纪 60 年代中期，伯克处理爱尔兰偏见的经验坚定了他对罗金汉这样的辉格党人所推行的宽容自由精神的追随。[116] 两个王国的不同之处并不是民众性格的差异，而是两国对塑造各政治元素的宪法安排有不同的理解。爱尔兰已经腐坏，需要紧急关注。[117] 爱尔兰的宗派主义导致了一部分裂的宪法，而宪

---

111 EB to Charles O'Hara, 20 February 1768, ibid., p. 342.

112 伯克谈到了总的主题，参见 EB, "[National Character and Parliament]," reprinted in Richard Bourke, 'Party, Parliament and Conquest in Newly Ascribed Burke Manuscripts', *Historical Journal*, 55:3 (September 2012), pp. 619–52。

113 Thomas Bartlett, "The Augmentation of the Army in Ireland, 1767–1769," *English Historical Review*, 96: 380 (July 1981), pp. 540–59. 关于《八年法案》对推动通过《增兵法案》所起的作用，参见 "The History of Europe," in The *Annual Register for the Year 1768* (London: 1769), p. 83。

114 WWM BkP 27: 94. 参见 EB, Speech on Prorogation of Irish Parliament, 3 May 1770, *W & S*, IX, p. 485。

115 EB to Charles O'Hara, 20 February 1768, *Corr.*, I, p. 343.

116 伯克关于罗金汉派关于爱尔兰的"政府、商业和宗教中众所周知的自由主义原则"的评论，参见 EB, Letter to Thomas Burgh (1782), *W & S*, IX, p. 551。

117 1767 年 11 月 25 日，伯克在回应政府扩充爱尔兰军队的计划时表达了这一观点，参见 EB to Charles O'Hara, 27 November 1767, Corr., p. 337。

法又延续了 17 世纪激烈斗争中形成的偏见。相比较而言，因为辉格派与汉诺威王室的联盟，英国的政党愤怒已逐渐平息。自乔治三世即位以来，这一联盟受到威胁，因而有必要争取议会的独立。1766 年夏天之后，罗金汉派正是以此为目标。从那以后，他们拒绝接受任职，除非能够保证独立性。为此，他们不得不团结一致。正如罗金汉为其 18 世纪 60 年代的行为辩护时所言，他们的政治作用是将"一群难能可贵之人"聚集在一起，他们随时准备就任政府职务，抵制腐败行为。[118] 实际情况使罗金汉派摆脱了宫廷辉格主义奉承王权的习惯，而他们对商业利益的承诺又使他们有别于早期的乡村反对派。[119] 他们致力于建立坚定的政府，为此他们必须从宫廷的纷争中摆脱出来。

5.4　产权和民望："国王权利无时效"与威尔克斯

244

1766 年底，伯克已经了解了罗金汉派执政一年的影响。乔治三世不能充当辉格党人之间的诚实调停人；国王的朋友们有可能使英国的混合政府体系失去平衡；曲意逢迎的查塔姆伯爵扮演着爱国者的角色。这种情况迫使余下的罗金汉派忠诚者成为反对派。然而，许多罗金汉侯爵昔日的追随者在查塔姆政府里继续担任旧职，并且在诺斯勋爵的政府中任职数年。这大大削弱了少数派的实力。与此同时，反对派辉格党产生了无法调解的分歧，格伦维尔派和贝德福德派与剩余的罗金汉派成员

118　这一立场是由伯克提出的，参见 EB, "Thoughts" (July 1779), *W & S*, III, p. 450。

119　由于拒绝成为国王的手下，罗金汉派常被认为是一个乡村政党，参见 C. Collyer, "The Rockingham Connection and Country Opinion in the Early Years of George III," *Proceedings of the Leeds Philosophical Society*, 8 (1952–1955), pp. 251–75; Langford, *First Rockingham Administration*, p. 284; O'Gorman, *Rise of Party*, p. 228; Warren M. Elofson, "The Rockingham Whigs and the Country Tradition," *Parliamentary History*, 8 (1989), pp. 90–115. 另一方面，关于伯克对宫廷辉格主义的坚持，参见 Reed Browning, "The Origins of Burke's Ideas Revisited," *Eighteenth-Century Studies*, 18 (1984), pp. 57–71。

渐行渐远。伯克在 12 月指出，反对派可能是可敬的，但在目前的情况下，它无法作为直接获得权力的有效途径。[120] 来年 7 月，查塔姆因病不能工作，格拉夫顿和康威找到罗金汉，诱使他接受职务，但谈判却失败了，罗金汉可能被长期排除在政府之外。即便如此，伯克作为演讲者的声望仍在增长。1767 年春天，乔治·萨克维尔勋爵在写给欧文将军的信中说："伯克先生已经使自己变得非常重要。"无论是开场还是作答，伯克的表现都是"绝妙的"。[121] 虽然伯克很喜欢政府的实际工作，但作为一名反对派辩论者，他的说服水平得到了提高。16 年后，伯克的朋友们才能再次执政。早在 1766 年 12 月，伯克就承认重返政府的想法"模糊又遥远"，但这一立场与他的性格十分匹配。[122]

在伯克看来，罗金汉派的目标是建立有原则的政党。为此，他们必须通过培养民众意见来塑造倾心为民的声望，同时在议会两院为他们的一致性原则赢取声誉。[123] 这就需要他们将自身塑造为党派的虔诚信徒，团结一致，增强实力，以应对强势的君主。在辉格党不团结时，国王成功招募了许多宫廷支持者，王权日盛。"国王的强权来自政府的软弱，"1767 年 7 月道兹韦尔在一份备忘录里疾呼。[124] 强大的政府需要一致的目标，

245

120　EB to Charles O'Hara, 23 December 1766, *Corr.*, I, p. 284.

121　Historical Manuscripts Commission, *Report on the Manuscripts of Mrs. Stopford-Sackville* (London: 1904), p. 120.

122　EB to Charles O'Hara, 23 December 1766, *Corr.*, I, p. 285.

123　关于需要持久的民众支持，参见 EB to the Marquess of Rockingham, 21 August 1766, ibid., p. 267。在这方面，原则上的一致性是关键，参见 the Marquess of Rockingham to the Duke of Newcastle, 16 March 1767, Add. MS. 32980, fols. 296–97。

124　William Dowdeswell, "Thoughts on the Present State of Public Affairs" in Gaetano L. Vincitorio ed., *Crisis in the "Great Republic": Essays Presented to Ross J. S. Hoffman* (New York: Fordham University Press, 1969), pp. 1–13.

罗金汉派坚信这一点，而其他派系却并不认同。[125] 伯克因此乐于长线作战，避免政治上的依赖，并依靠信念行事。运用政党抵制国王授意的政府意味着建立一个原则性同盟——"没有需要协调的矛盾；没有需要调整的交叉荣誉或利益；一切都清晰、开放；通过远离政治诡计，心灵不再受折磨。"[126] 本着这种精神，伯克盛赞罗金汉于 1767 年 7 月拒绝执政。那时，查塔姆及其同党已不再惧怕"布特的影响"，而罗金汉和伯克却仍将其视作对宪法的威胁。"布特勋爵从未远离议会"，1767 年 8 月 1 日，伯克对罗金汉说。[127] 在这样的情况下，罗金汉派拒绝执政是正确的。[128] 他们的目标应该是在有实力时进入政府，以免受权力腐败的影响。这意味着与其他党派一起执政，将政府塑造成一个"团队"，以使所有联系团结一致。在这一点上，罗金汉派可以团结辉格党人的利益，反对王权小团体。[129] 因此，他们将发挥重要的宪法作用，即通过减少国王朋友们的权力来削弱王权，布特勋爵的同僚们所享有的特权就是一个例子。[130]

现在，与罗金汉的关系已经成了伯克活动的重点。正如 1767 年秋天他在写给纽卡斯尔公爵的信中所言："无论就倾向

---

125 参见 the Marquess of Rockingham to the Duke of Newcastle, Add. MS. 32975, fol. 307。

126 EB to Charles O'Hara, 23 December 1766, *Corr.*, I, p. 285.

127 EB to the Marquess of Rockingham, 1 August 1767, ibid., p. 316. 关于罗金汉派对布特的持续恐惧，参见 O'Gorman, *Rise of Party*, p. 182. 关于罗金汉本人的警觉，参见 the Marquess of Rockingham to the Earl of Hardwicke, 2 July 1767, *Rockingham Memoirs*, II, p. 53。

128 EB to John Hely Hutchinson, 3 August 1767, *Corr.*, I, p. 319.

129 O'Gorman, *Rise of Party*, p. 209. 罗金汉决心要扮演主导角色，关于这一点，参见 John Brewer, *Popular Ideology and Popular Politics at the Accession of George III* (Cambridge: Cambridge University Press, 1976), pp. 91–92。

130 EB to the Marquess of Rockingham, 1 August 1767, *Corr.*, I. p. 317. 事实上，有证据表明布特在这个时候退出了政治活动。

还是原则而言，我对罗金汉派都很有感情，而阁下对这一联盟举足轻重。"[131] 伯克已下定决心反对内阁，这一点很难快速转变，但值得欣慰的是，罗金汉派的良心是干净的。[132] 没有比这更适合伯克的姿态。诚实似乎是唯一可取的方针。[133]1767 年 12 月，他写信告知奥哈拉，他在下议院中将继续保持行事的一致性。他进入议会并不是为了谋求地位，而是为了寻求"庇护"。[134] 在政治上保持相对独立，可以使他不再像担任汉密尔顿秘书时那般依附于人。在党内活动有助于独立判断，而单独行动则势必受到个人的胁迫，这可能会迫使他依赖王权。对于伯克而言，担任议会议员明显是一种解放；他在辩论中出类拔萃的表现更加巩固了这种自由。伯克在党内有相对自主的地位，他回忆起汉密尔顿的压迫，认为汉密尔顿有意在"自己政治生涯起步时"毁掉自己。[135] 对伯克而言，罗金汉派意味着宪法的救赎，同时也将他本人从奴役中解救了出来。他们通过保护产权来挖掘有才之人。相比之下，正如伯克在 1767 年 11 月 24 日针对国王演讲的发言中所说，现在这个实际由格拉夫顿掌控的政府通过破坏党派的团结，让国王可以分而治之——"他们通过离间他人的关系而生存，这不可恶吗？难道他们的计划是使党派互生嫌隙？让朋友反目？"[136] 第二年，伯克评论说，现任内阁由这样一群人组成，他们"为了现在的职位，背叛了所有朋友，放弃了所有原则"。[137] 而罗金汉派不想要付出这种代价。

131　EB to the Duke of Newcastle, 30 August 1767, ibid., p. 325.

132　EB to James Barry, 24 August 1767, ibid., p. 323.

133　关于这一主题，参见 EB, Letter to the *Public Advertiser (C.1768), W & S*, II, pp. 74–75。

134　EB to Charles O'Hara 11 December 1767, ibid., p. 340.

135　Ibid.

136　EB, Speech on Address, 24 November 1767, *W & S*, II, p. 73.

137　EB, "Tandem" to the *Public Advertiser*, 4 August 1768, *W & S*, II, p. 91.

罗金汉派的凝聚力之所以能够持续，是因为其成员维护民众的主张而反对王权。在实践中，这意味着在宪法规定下保护产权。1768年，号召人们支持产权保护的机会出现了。1767年，布特勋爵的亲属詹姆斯·洛瑟主张，包括英格尔伍德森林和卡莱尔租佃区在内的坎伯兰郡的土地归他所有，自1705年起，这片土地属于本廷克家族，目前为罗金汉党人第三代波特兰公爵所有。[138]英格尔伍德森林居住着多达400名永久租户，洛瑟如果控制了这一地区，他就能够控制选票，以此在1768年即将举行的选举中战胜波特兰的候选人。[139]由于威廉三世在赠予坎伯兰郡土地时，没有具体说明哪些土地属于波特兰，洛瑟通过他的律师威廉·布莱克斯通想要将这些土地归为己有，他的理由是"国王权利不受时间流逝的影响"：无论1705—1767年土地的实际使用情况如何，再长的时间也不能违背国王的权利。政府支持了洛瑟的主张，这引起了议会中土地利益集团的警觉，因为洛瑟诉波特兰案中遵循的"国王权利无时限"条款等于是宣称反对因袭原则。[140]为此，1768年2月17日，乔治·萨维尔爵士提议了一则《无效时限法案》，以捍卫因袭权利。如果任何财产被他人拥有超过60年，该法案则认定国王对该财产的主张无效。[141]"这对我们来说是无上光荣的一天"，

247

138　O'Gorman, *Rise of Party*, pp. 215–16.

139　关于估计的选民人数，参见 the Duke of Portland to Charles Yorke, 17 February 1768, Add. MS. 35638, fol. 228。

140　关于这一点，参见 Paul Lucas, "On Edmund Burke's Doctrine of Prescription; Or, an Appeal from the New to the Old Lawyers," *Historical Journal*, 11: 1 (1968), pp. 35–63, esp. at p. 55。在伯克看来，"无时限"原则的复苏可能会影响"王国一半的地产"，参见 WWM BkP 11: 1。

141　R. M. Kerr, in a note to his edition of William Blackstone, *Commentaries on the Laws of England* (London: 1862), 2 vols., I, bk. 2, chapt.17, 以 1832 年的《时效法》(The Prescription Act) (2 & 3 W. IV, c. 71) 为例，展示了这一远古原则使用范围的逐渐缩小。

罗金汉侯爵后来评论说。[142] 这则动议仅因 20 票之差未能通过，萨维尔受到鼓舞，在下一个议会会期中再次提议。[143] 第二年，该法案顺利通过，并载入法规。[144] 伯克后来说他也为法案的成功通过做出了"充分贡献"。[145]

关于"无时限"的辩论使伯克挑战了一项原则，一项他认为"从根本上违背自然公平"的原则。[146] 他认为，该法案的目的是在产权诉讼中以"一个公平和统一的标准"来看待国王和子民的权利。[147] 他继续说，这对财产的稳定、自由的保障以及英国宪法都至关重要。他还试图通过盖乌斯和查士丁尼的事例证明，信任是产权的基础，而因袭权利则是信任的根基。[148] 这是伯克首次公开表明他对大规模土地产权的承诺，这些产权受因袭权利的保护。同时，因袭权利也为一般的财产安全提供了最好保障，进而保障了整个社会的和平。休谟曾声称，人们普遍认为，在道德科学的基础上可以保障财产的公平分配：这种假设认为，人们了解了美德之后，就会根据功绩规则奖励应得之人。然而，人的判断难免偏颇，有的人因功获赏，其他人则

142　The Marquess of Rockingham to the Earle of Albemarle, 23 February 1768, *Rockingham Memoirs,* II, p. 73.

143　伯克短暂地介入了这场辩论，参见 *Cavendish Debates of the House of Commons,* I, p. 52。投票记录载于 WWM BkP 11: 8。

144　9 Geo. III, c. 16.

145　EB, *Letter to a Noble Lord* (1796), *W & S,* IX, p. 171.

146　EB, "Mnemon" to the *Public Advertiser* (4 March 1768), *W & S,* II, p. 80. 关于基本相同的观点，参见 Cf. the *Annual Register for the Year 1768,* pp. 78ff。在适当的时候，格兰威·夏普会声称这一公平原则可以从习惯法中推断出来，参见 Granville Sharp, *A Short Tract Concerning the Doctrine of Nullum Tempus Occurrit Regi,* London: 1779), p. 11。

147　WWM BkP 11: 16.

148　WWM BkP 11: 18.

可能认为他配不上这样的奖赏，可见这种做法不可行。[149] 或者，财产分配可以基于平等分配的理念，斯巴达式平等或罗马土地法就是很好的例子。然而，正如休谟进一步指出的那样，这种分配方式实际上会带来有害影响：它需要宗教法庭来维持，需要暴政来执行。[150] 最终，财产权还是需由民法（Civil laws）规定来裁决。然而，这些都必须构建于正义的情感之上。[151] 这种情感受到心理倾向的支持，使人们能将拥有与财产权联系起来。[152] 感知正义的认识涉及根据这些心理习惯推断出一般规则。最明显的规则是，正义由长时间稳定的财产权所体现：在没有同意让渡财产的情况下，外部物品应永久属于其拥有者。这种稳定的要求不利于再分配，将财富的不平等转化为一项正义原则。[153]

248

休谟继续指出，外部物品所有权的稳定通常受到人类思想所认同的五项原则支持。这五项原则为：现时占有、最初占有、因袭权利、添附关系和继承。然而，第一项和第二项原则可能相互冲突，"无时限"争论就证明了这一点：最初拥有者与现时占有者通常不是同一人，这就需要在不同主张中做出裁决。休谟依靠因袭原则解决这一矛盾："现时占有……不一定

---

149 David Hume, *An Enquiry concerning the Principles of Morals* (1751), ed. Tom Beauchamp (Oxford: Oxford University Press, 1998), p. 90.

150 Ibid., p. 91. Cf. Henry Home, Lord Kames, *Historical Law-Tracts* (Edinburgh: 1758), 2 vols., I, pp., 125–26.

151 对休谟来说，这是一种后天的情感，而不是一种原始的本能，参见 James Moore, "Hume's Theory of Justice and Property," *Political Studies*, 24: 2 (1976), pp. 103–19。这类人为美德的基础在于人类理性思考的能力，参见 Stephen Buckle, *Natural Law and the Theory of Property: Grotius to Hume* (Oxford: Oxford University Press, 1991, 2002), p. 287。

152 David Hume, *A Treatise of Human Nature* (1739), eds. David Fate Norton and Mary J. Norton, (Oxford: Oxford University Press, 2000, 2008), p. 323n.

153 Ibid., p.330.

足以否决最初拥有者的权利，除非现时拥有时间较长且并未中断。"[154] 依据时间长短赋予现时占有的正当性，这显然是运用因袭原则来决定所有权。在此基础上，休谟得出了两则"自然法则"：第一，"社会建立之初，财产通常属于现时占有者"；第二，后来，"财产属于最初占有者或长时间占有者"。[155] 由于最初占有者和现时占有者的矛盾只能依据占有时间长短来解决，时间的流逝产生了因袭权利，这从而成为判断所有权的主要标准。[156]

249

在有关"无时限"的辩论中，伯克同样将因袭权利作为稳定拥有的基础。"享有因袭权利的人，也就享有财产权"，他辩论道。[157] 显然，伯克受到了休谟的启发——"长时间占有赋予了对任何物品的所有权。"[158] 伯克认为，确保占有是所有法律的宏伟目标。[159] 当然，这是王权下公民社会的成就，然而，有效的权威必须以支持民意为基础。也就是说，在政权保障正义性的基础上，财产权是由政治权力保障的。伯克对公共辩论最著名的干预，即《法国革命反思录》，就是源自其对原始财产权的支持，这种财产权以自然法为基础。1771 年，议会再次

154 Ibid., p. 326n.

155 Ibid., p.327n. Cf. Thomas Rutherforth, *Institutes of Natural Law, Being the Substance of a Course of Lectures on Grotius's De Jure Belli ac Pacis* (Cambridge: 2nded., 1779), p. 117, 其因袭权利建立在前占有人已放弃占有的基础上。

156 这一点解决了洛克思想中的一个关键问题。参见 Alan Ryan, *Property and Political Theory* (Oxford: Basil Blackwells, 1984), p. 34。

157 WWM BkP 11: 19.

158 Hume, *Treatise*, p. 326. 弗里德里希·迈内克（Friedrich Meinecke）对伯克的思想来源于休谟进行了广泛论述，尽管不太准确，参见 Friedrich Meinecke, *Die Entstehung des Historismus* (Munich and Berlin: Oldenbourg 1936), 2 vols., I, vi, 3. 另见 Mario Einaudi, "The British Background of Burke's Political Philosophy," *Political Science Quarterly*, 49 (1934), pp. 576–98; H. B. Acton, "Prejudice," *Revue internationale de philosophie*, 21 (1952), pp. 323–36.

159 WWM BkP 11: 16.

讨论这一议题时，伯克抓住机会，主张将因袭权利纳入国家立法。这将提供一种方法，将这项起源于自然法和万国公法的原则纳入制定法。[160] 因袭权利基于万国公法的观点来自胡果·格劳秀斯的《战争与和平法》。如果没有这种假设，即占有时间的长短可以赋予所有权，那么"关于王国及其边界的争议将永远不会结束"。[161] 在格劳秀斯看来，时间的流逝意味着前任所有者的同意，所以因袭是一种默许。[162] 此外，除了具有万国公法基础外，因袭权利还具有自然法基础。[163]

同样，对于伯克而言，因袭主张可能被编入了制定法，但最初其是以自然法为基础的。他声称："因袭原则是法律的一个基本规则，它被认为是制定法，这基于'自然法'。"[164] 自然法规定，使用即赋予所有权。时间的流逝将使用转化成习惯，将以使用为基础的占有转化成财产权。[165] 在伯克看来，这种权利并不取决于实际或默示的同意，而仅取决于自古以来长期

250

160　EB, *Nullum Tempus* Amendment Bill, 20 February 1771, *Cavendish Debates of the House of Commons*, II, p. 318. Cf. EB, Speech on the Church *Nullum tempus* Bill, 17 February 1772, *Parliamentary History*, XVII, col. 305.

161　Hugo Grotius, *Rights of War and Peace*, ed. Richard Tuck (Indianapolis, IN: Liberty Fund, 2005), 3 vols., II, p. 484. 格劳秀斯对加夫列尔·巴斯克斯 (Gabriel Vásquez) 这位天生的律师提出异议。

162　Ibid., p.491. 让·巴贝拉克 (Jean Barbeyrac) 在其作品中修改了这种说法，参见 Samuel Pufendorf, *De iure naturae et gentium libri octo* (Lund: 1672), bk. IV, chapt. xii, § 8, n. 3。

163　格劳秀斯也暗指了这一点，参见 Grotius, *Rights of War and Peace*, II, p. 496。

164　WWM BkP 11: 7. Cf. WWM BkP 1: 16："限制法不是一种选择与权宜之计的法律，而是一种最严格义务的法律。这是立法机关亏欠民众的债。它是自然法则，不是制定的，而只能用肯定的法规来解释和实施"，参见 EB, *Nullum Tempus* Amendment Bill, 20 February 1771, *Cavendish Debates of the House of Commons*, II, p. 318："我一生中从未有过这样明确的信念：这种长期占有的权利是建立在不可改变的自然法则之上的"。

165　"因袭"（Prescription）和"习惯"（Custom）在 18 世纪的用法中逐渐成为可互换的，但最初它们在技术上是截然不同的，参见 William Blackstone, *Commentaries on the Laws of England* (London: 1765), 4 vols., II, pp. 263–64。

使用这一简单事实：不确定的所有权，在很长一段时间后，逐渐转变为合法占有。征服，包括没收财产，随着时间推移，产生了一个对统治权的合法主张，尽管这种主张需要证明其正义性。威廉·佩利后来也讨论过因袭权利："一个人的土地所有权基础是什么？长子继承权、亲属继承权、财产世袭、爵位继承，还是为土地所缴纳的什一税、通行税、租金或提供的服务？……它们的基础是什么？至少在众人的理解中，它们难道不是基于因袭权利吗？"[166]18世纪60年代，伯克就已坚信这一概念，他认为，没有什么比任意抹杀因袭权利更能破坏财产制度。1789年法国革命的开端是国民议会主张法国天主教徒的财产归其所有，这就是伯克长期担心的一种对因袭权利的攻击，他难以想象这样大规模的破坏会发生在同一时期的英国。面对这样的攻击，受到威胁的不仅是特权，还有正义本身。

捍卫国王权利不受时间限制的人认为，若恢复旧的土地所有权，譬如恢复王室对波特兰坎伯兰郡土地的所有权，这些土地的租金将成为政府新的收入来源。[167]然而，伯克却认为，由王室支配的固定的王室专款机构的永久存在，使得增加收入的借口难以令人信服。此外，是议会而非国王掌握国家收入。总之，"国王权利不受时间限制"是一种令人厌恶的侵略性特权。国王的朋友们应该拒绝这种过分的特权主张，因为这种主张只

---

166 William Paley, *The Principles of Moral and Political Philosophy* (1785) (Indianapolis, IN: Liberty Fund, 2002), p. 287.Cf. Dugald Steward, *The Philosophy of the Active and the Moral Powers of Man in The Collected Works of Dugald Stewart*, ed. William Hamilton (Edinburgh: 1854–60), 11 vols., VII,p. 271："因此，在有思考能力的人当中，由于普遍的效用意识，对合法财产的尊重得到了保障；而在大众的头脑中，由于习惯和观念的联想，同样的效果也得到了实现；所有命运上的不平等都只是由因袭框定的；人们认为，长期占有的目的是建立一种完整的财产权，就像根据自然法则，一个人通过自己的劳动获得成果一样"。

167 *The Annual Register for the Year 1768*, p. 81.

会使王权在公众心目中变得令人反感。[168]国王可能有意奴役子
民，但绝不该煽动民众的仇恨。[169]推翻因袭权利的主张是公众
恐慌的潜在根源，危及普遍公平。这只能被看作野蛮社会的遗
迹。相比之下，政治自由则建立在自然平等的基础上，在此基
础上，每个人都有诉诸法律的平等权利。[170]对于私有财产，国
王不应享有特权。因此，"国王权利不受时间限制"与文明统
治下的公民平等原则背道而驰。它也对英国宪法构成了威胁：
正如英格尔伍德森林案那样，地产可能会对选举有影响，可能
恢复国王的"休眠产权"，并且增加国王的政治影响力。[171]伯
克所谓的地主与选民之间的"自然联系"将被切断，以助长腐
败的政府影响力。[172]大地主贵族赢得了永久租户的支持，而政
府通过恐惧而不是感恩来控制选民的选票。因此，"所有将国
民联系在一起的纽带"将"瞬间被破坏"，以各郡代表权为基
础的宪法平衡也将岌岌可危。[173]

在1768年大选中，伯克再次因韦尔尼的利益而被选为温
多佛的议员。前一年，他购置了圣詹姆斯广场附近查理士街上
的一所房子，离议会不远。[174]1768年春天，伯克为"在这个
国家扎根"而倾其所有：他在白金汉郡的比肯斯菲尔德购买了

---

168 WWM BkP 11: 1.

169 Ibid.

170 WWM BkP 11: 7.

171 EB to the Marquess of Rockingham, 29 June 1769, *Corr.*, II, p. 38.

172 WWM BkP 11: 1.

173 Ibid.

174 1769年9月，他搬到了弗莱德街。1772年议会开会时，他再次搬家，1779年回到查
尔斯街，一直住到1785年，参见 F. P. Lock, *Edmund Burke, 1730–1797* (Oxford: Oxford
University Press, 1998–2006), 2 vols., I, pp. 242, 286, 326, 440。

一处 600 英亩的地产，距离伦敦 24 英里。[175] 位于比肯斯菲尔德的这座格雷戈里庄园使伯克有机会成为"真正的农场主"。[176] 这也将成为他之后职业生涯中的休养地和家庭住所。伯克写信告知理查德·沙克尔顿自己的最新处境，也提及了罗金汉派的处境：他们仍然与王室的诡计保持距离。[177] 他们的影响力自他们执政时期以来大大下降。1768 年，下议院中罗金汉派的支持者已由 111 人减少至 54 人。[178] 在这一背景下，《无效时限法案》为他们动员地主阶级的支持提供了一种有力手段。他们的主要原则是维持王权反对派的活力，威尔克斯的命运很快会成为另一个关注点。[179]

252 　　1769 年的议会会期开幕时，主要讨论的是威尔克斯当选米德尔塞克斯议员带来的一系列后果。有关这位任性的"自由"偶像的争论已搁置了四年之久。1764 年 1 月 19 日，威尔克斯因淫亵和煽动性诽谤被起诉后，他在英国一直被视为法外之徒，并驻留在欧洲大陆，直到他为了一个议席重返 1768 年的选举。在此期间，他拉拢了罗金汉派，希望获得他们的帮助，但是真正让他回到英国的是获得一个议席的可能性。[180] 选举在 3 月 16 日至 5 月 6 日举行，持续了整个春天，这次选举见证了威尔克斯的成功回归，沃波尔将其描述为"胜利的公民

175　EB to Richard Shackleton, 1 May 1968, *Corr.*, I, p. 351. 关于伯克与此次购置有关的交易细节，参见 Dixon Wecter, *Edmund Burke and His Kinsmen: A Study of the Statesman's Financial Integrity and Private Relationships* (Boulder, CO: Library of the University of Colorado, 1939), pp. 27–28。

176　EB to Richard Shackleton, 1 May 1968, *Corr.*, I, p. 351.

177　Ibid.

178　O'Gorman, *Rise of Party*, p. 220.

179　关于威尔克斯的象征地位，参见 Brewer, *Party Ideology and Popular Politics*, chapt. 9。

180　伯克阐述了他和罗金汉侯爵的态度，参见 EB to Richard Burke Sr., ante 14 January 1766, *Corr.*, I, p. 231。

权利保护者"。[181] 然而，与这一过程相伴的是一系列骚乱和暴动，最终导致了 1768 年 5 月 10 日的"大屠杀"——数名抗议者在圣乔治广场被杀害。[182] 巡视广场的王座法庭监狱副典狱长将其描述为"血腥、恐怖和混乱"的"悲惨场面"，这是伦敦一系列动荡中最极端的事件，在此期间，暴徒围攻议院，而运煤工在街头暴动。[183] 沃波尔对这些暴行感到震惊，"很多人参与到了暴动之中，他们不受约束，粗野放纵、无人监管又漠视一切，只顾自己的享乐和内讧"。[184]

圣乔治广场枪击事件三天后，伯克在下议院描述了接二连三的"骚乱"，并要求研究其根本原因。[185] 当一项授权国王召集民兵以应对持续骚乱的法案被提出时，伯克重申："骚乱的原因是显而易见的，整个王国的人都被激怒了。"[186] 罗金汉派长期以来决心支持的是威尔克斯的"事业而非他本人"，"他不是我们当中的一员，即使是，他也是不值得信任的"。[187] 因此，伯克开始考虑事件背后的原因，对英国政治情况进行总体诊断。这相当于重新阐述辉格党的基本原则，说明平民在议会政

---

181 Walpole, *Memoirs*, IV, p. 7.

182 George Rudé, *Wilkes and Liberty* (Oxford: Oxford University Press, 1962), chapt. 3.

183 William Prentice, *The Extraordinary Case of William Prentice, Late Deputy Marshall of the King's Bench Prison, with a Short but Precise Narrative of the Transactions in St. George's Fields* (London:1768), p. 24. 非常感谢乔安娜·英尼斯（Joanna Inne）向我推荐这本小册子。

184 Walpole, *Memoirs*, IV, p. 22.

185 EB, Address on the King's Proclamation for Suppressing the Riots, 13 May 1768, *Cavendish Debates of the House of Commons*, I, p. 14. Cf. EB, Debate on Re-Election of Wilkes, 7 April 1769, *Parliamentary History*, XVI, col. 583.

186 EB, Speech on the Militia Bill, 16 May 1768, *Cavendish Debates of the House of Commons*, I, p. 22.

187 EB to Charles O'Hara, 9 June 1769, *Corr.*, I, pp. 352–53. Cf.the Duke of Newcastle to the Duke of Portland, 11 April 1768, Add. MS. 32989, fols 219–20.

治中的作用。公开和民众代表的原则是英国公共生活的显著特征，然而，当自由必须通过叛乱来维护时，宪法就有被推翻的危险。[188] 即便如此，虽然民众抗议的暴力使罗金汉派对威尔克斯的事业保持警惕，但是内阁对新闻自由和选举权的攻击，仍使反对派与威尔克斯所激起的民众运动站到了一起。[189]

1769 年 1 月 23 日议会会期开幕时，威尔克斯仍在监狱中，并再次面临煽动性诽谤的指控。反对派新上任的议员约瑟夫·马丁提出，根据辉格党"支持自由"的原则，威尔克斯应当受到议会权利的保护。[190] 在随后的辩论中，伯克着重讨论了诽谤法与新闻自由的冲突。[191] 政府对诽谤性指控的高压处理，冒犯了宪法精神。在接下来的一年中，伯克把格拉夫顿内阁的行为与自乔治三世即位以来出现的处理公众事务的新趋势联系起来。他认为，随着政府手段变得越来越严苛，民众的情绪正逐渐被忽视。1769 年 2 月 9 日，为回应格伦维尔派宣传家威廉·诺克斯对罗金汉派的攻击，伯克在《对晚近国情的观察》中提及格伦维尔内阁，以此来说明这种新的政府态度。[192] 他指

---

188 EB, Motion respecting St. George's Fields Riots, 23 November 1768, *Cavendish Debates of the House of Commons*, I, p. 70. 参阅 the Duke of Newcastle to the Marquess of Rockingham, Add. MS.32990, fol. 39: "我们要么被一群疯狂、无法无天的暴徒统治，要么只能靠军事力量来维护和平。"

189 WWM BkP 12: 9: "我看到了一个明显的阴谋，一方面破坏新闻自由，另一方面鼓励最恶劣的许可，使新闻成为反对臣民自由的工具，摧毁它对臣民的支持。"

190 *Cavendish Debates of the House of Commons*, I, p. 116.

191 EB, Speech on Wilkes's Privilege, 23 January 1769, *W & S*, II, p. 101. Cf. EB, Proceedings against Wilkes for a Seditious Libel, 16 December 1768, *Cavendish Debates of the House of Commons*, I, p. 109; EB, Debate on Lord Barrington's Motion for the Expulsion of Wilkes, 3 February 1769, Cavendish Diary, Eg. MS. 217, fol. 231; EB, Debate on Motion for the Expulsion of Wilkes, 10 February 1769, *Cavendish Debates of the House of Commons*, I, p. 227.

192 关于出版日期，参见 William B. Todd, *A Bibliography of Edmund Burke* (Godalming: St. Paul's Bibliographies, 1982), p. 71。

出，现任政府采取的严苛手段早在18世纪60年代就已经显现。诺克斯则直接挑衅说英国和殖民地的暴动是罗金汉政府的后遗症。伯克驳斥了这一说法，称在格伦维尔内阁的压迫性手段下"民众的意愿几乎未受到任何关注"。[193] 四开本的《观察》写了满满98页，是伯克出版的第一本实质性宣传小册子，主要通过与法国的比较，概括了英国政权的前景。在此过程中，此书也指出了民众不满的深层原因。

为了在格伦维尔时期公共事务的特征与最近格拉夫顿政府治下的骚乱之间建立连续性，伯克回顾了1765年春天斯皮塔佛德的织工暴乱。[194] "普通民众的放肆和暴动，以及对政府的轻视……从未上升到更大规模或更危险的程度，"伯克评价道。[195] 格伦维尔的支持者同贝德福德与查塔姆的支持者一样，倾向于将抗议精神归因于党派活动或奢侈作风的影响。1770年，在《对当下不满根源的若干思考》中，伯克嘲笑了这种认为繁荣导致了不和谐的观点。[196] 1768年，康威曾指出，奢侈与党派助长了反叛风气。[197] 然而，事实是镇压暴民所采取的措施比民众的暴动更可怕。伯克认为，这源于政府的软弱，与政党的衰败也有关。因此权力被直接用来对付手无寸铁的民众，导致了不满情绪——"强制性措施贯穿于整个行政部门。"[198] 此前一年，根据宪法腐败的理论，伯克已经解释了这些孤注一掷的措施。他

254

193　EB, *Observations on a Late State of the Nation* (1768), *W & S*, II, p. 184.

194　对有关情况的描述，参见 the *London Gazette*, 21 May 1765。还可参见 Rudé, *Wilkes and Liberty*, pp. 12, 38。

195　EB, *Observations on a Late State of the Nation* (1768), *W & S*, II, p. 185.

196　EB, *Thoughts on the Cause of the Present Discontents* (1770), ibid., p. 254.

197　*Cavendish Debates of the House of Commons*, I, p. 15.

198　EB,Observations on a Late State of the Nation (1768), W&S, II, PP.184–185.

认为，罪魁祸首是那些共谋破坏"每一个人的尊严"的人。[199] 伯克抱怨乔治三世对纽卡斯尔 - 罗金汉联盟的有意漠视，他认为这一联盟具有独立的辉格主义精神。

伯克回顾了一个时代，在佩勒姆派治下，辉格派贵族与下议院绅士合作，在君主的配合下，建立了良好的政府。削弱国王的权威是无可厚非的："在我看来，大英帝国的国王不能过于伟大，"伯克断言。[200] 伯克对王权的关注并非始于摄政危机，也不是在法国革命后突然出现的。君主是混合政府体制不可或缺的一部分。他认为，王权是"我们宪法中最古老也是最好的部分之一"。[201] 但是，君主的权力应当被限制在适当的范围内。上下议院的职责是提供这种必要的限制。为了使这种限制起作用，政府需由在议会和乡村中都具有独立地位的人组成。现任政府不符合这一要求。相比之下，乔治三世即位前，国王保留了自己的尊严，而政府各部门也有自己的权力。"社会上层人士因认识到自身的重要性而保持秩序"：基于社会地位的公众尊重使他们产生一种负责任的态度。[202] 同时，贵族和士绅通过上下两院成为对抗王权专制的堡垒。他们是"强权和无政府状态之间的地峡"，确保宪法不受民主和暴政的影响。英国政府已实现了孟德斯鸠所希望的一种状态：一个制度化的中间机构，具有足够的社会和政治权威，能够遏制扩张的行政权力。正如伯克所描述的那样，这个"中间阶层"具备在君主和臣民

255

199　EB, Debate on King's Proclamation for Suppressing Riots, 13 May 1768, *Cavendish Debates of the House of Commons*, I, p. 14.

200　EB, Debate on the King's Message respecting the Civil List Debt, 28 February 1769, ibid., p. 273.

201　Ibid.

202　EB, Debate on King's Proclamation for Suppressing Riots, 13 May 1768, ibid., p. 15.

之间调解民众狂热或君主强权的能力。[203] 为了实现这一目的，在限制王权的同时，议会必须与平民结盟。伯克坚称："我们不反对平民。"[204] 面对政府的明确挑衅，大众"最终会被唤醒"，议会与普通民众的权利也会对立起来。[205]

1768 年 12 月 15 日，米德尔塞克斯议员公开了韦茅斯子爵的一封信，信中表示需要在圣乔治广场屠杀前出兵。信的开头极具煽动性，指控格拉夫顿已经密谋要将威尔克斯逐出下议院。这件事在新年之际被提交给议会审议。尽管伯克很瞧不起威尔克斯，但仍对此感到震惊。[206] 威尔克斯自第一次被驱逐后就不断抗议，之后又遭遇了三次驱逐。最终，议会决定他不能担任下议院议员，而是由亨利·卢特雷尔取而代之。[207] 伯克抗议道，政府取消了一位下议院议员的资格，"这与全国民众的一致意见相悖"。他预测，随着议会与平民日渐疏远，民众将"奋起反抗"。[208] 自 1762 年任命布特勋爵领导内阁起，乔治三世一直视议会为王权的"附属品"。因此，随着政府与独立贵族分离，民众也就失去了依托。只有贵族才能约束民众——"这就是贵族需要左右摇摆的原因。"[209] 平民倾向于依附个人领袖，而不是仅

---

203 Ibid.

204 EB, Debate on Wilkes's Petition for Redress of Grievances, 27 January 1769, Cavendish Diary, Eg. MS. 216, fol. 210.

205 Ibid., fol. 211.

206 EB, Debate on Barrington's Motion for the Expulsion of Wilkes, 3 February 1769, Cavendish Diary, Eg. MS. 217, fols. 231–32: "1763 年，你们取消了特权，现在你们剥夺了议员的权利。"

207 P. D. G. Thomas, *John Wilkes: A Friend to Liberty* (Oxford; Oxford University Press, 1996), chapt. 6; Arthur H. Cash, *John Wilkes: The Scandalous Father of Civil Liberty* (New Haven, CT: Yale University Press, 2006), chapts. 9 and 10.

208 EB, Debate on Wilkes's Re-Election, 17 February 1769, *Cavendish Debates of the House of Commons*, I, p. 231.

209 Ibid.

256 　仅依靠抽象原则行动。这就解释了威尔克斯运动对"大众"的吸引力。[210] 如果有钱有势的人不能代表民众的情绪，民众就会被引诱到议会外的抗议中去。

　　1769 年的整个春天，伯克都支持公众对民众代表权的诉求。4 月中旬，他宣称："我正在为民众的事业辩护。"[211] 在第二年回应国王演讲的发言中，伯克将英国国内的动荡与殖民地危机联系了起来，"这个国家所遭受的有害影响，也波及到了我们的美洲同胞"。[212] 他总结了过去两年里政府的所作所为："军事处决"得到了执行和支持；王室专款债务助长了腐败之风；不合理的特权主张已经威胁到了财产权；下议院单方面"宣布"议员不符合资格，将自己与民众的权利对立起来。[213] 总而言之，这些事态发展都削弱了下议院的代表性。1769 年初，伯克提醒他的同僚，"上议院议员代表他们自己，而我们下议院代表平民"。[214] 尽管如此，下议院越来越像一个"审判者集会"，而非"绅士集会"。因此，他们并未"代表那些选举他们做议员的人"。[215]

　　没有适当考虑其成员的民众代表性就组建政府，这将导

210　EB to Charles O'Hara, 11 April 1768, *Corr.*, I, p. 349.

211　EB, Debate on Onslow's Motion for Declaring in Favour of Luttrell, 15 April 1769, *Cavendish Debates of the House of Commons*, I, p. 378.

212　EB, Speech on Address, 9 January 1779, *Parliamentary History*, XVI, col. 722.

213　Ibid. 关于下议院篡夺立法者地位的企图，参见 WWM BkP 12: 1, 3, 6, 9。在摄政危机期间伯克再次提及这一主题，参见 1788 年 12 月 23 日的《先驱晨报》。关于下议院的司法作用与议会的立法权感间的混淆，参见 EB to the Earl of Charlemont, 9 May 1769, *Corr.*, II, p. 23。关于"这个下议院新的、篡夺的、最危险的选举其议员的权力，"参见 Cf. EB to Charles O'Hara, 31 May 1769, ibid., pp. 26–27.

214　EB, Debate on Proceedings against Wilkes for Seditious Libel, 2 February 1769, Cavendish Diary, Eg. MS. 217, fol. 96.

215　EB, Debate on Lord Barrington's Motion for the Expulsion of Wiles, 3 February 1769, Cavendish Diary, Eg. MS. 217, fol. 233.

致政府与"暴民"的角力。在王室专款债务的辩论中，伯克诘问："先生，谁又是这些暴民的代表呢？"[216] 政府的首要职责是提供秩序与安全，但文明的统治制度也应该考虑到民众自由。英国的政治制度通过代议制实现了这一目标。"让我们不要忘记，"伯克敦促议会同僚们，"我们从何而来。"[217] 然而，虽然下议院议员来自民众，下议院也不应成为发泄民愤的渠道。直接宣泄民众的态度并不是宪政的任务。正如伯克在 18 世纪 80 和 90 年代反复强调的，在缺乏结构性审议的情况下宣扬不满只能导致暴力升级。[218] 格伦维尔与格拉夫顿政府都蔑视民众的诉求，削弱了议会代议制的实质。因此，公共权力不可避免地与国民情绪发生冲突。这不是说议会要迎合民众的情绪，而是说民众权利与政府职责要在宪法的规定下进行调和。伯克的《对当下不满根源的若干思考》就旨在说明如何实现这一目标。

5.5 《对当下不满根源的若干思考》

1769 年初夏，伯克开始着手撰写《对当下不满根源的若干思考》。[219] 当时，罗金汉派与格伦维尔派共谋，计划在全国范围内与威尔克斯追随者和支持《权利法案》的绅士协会（The Society of Gentleme Supporters of the Bill of Rights）一同发起一场请愿活动。[220]1769 年 5 月 9 日，这场

257

---

216 EB, Debate on Motion for an Inquiry into the Civil Debt, 1 March 1769, *Cavendish Debates of the House of Commons*, I, p. 287.

217 Ibid.

218 EB, Debate on the Conduct of the Government during Tumults, 8 March 1769, ibid., p. 308.

219 关于撰写过程，参见 Donald C. Bryant, "Burke's Present Discontents: The Rhetorical Genesis of a Party Testament," *Quarterly Journal of Speech*, 43 (1956), pp. 115–26。

220 关于这一时期请愿战略的大致情况，参见 Mark Knights, "Participation and Representation before Democracy: Petitions and Addresses in Premodern Britain in Ian Shapiro et al., *Political Representation* (Cambridge: Cambridge University Press, 2009)。

活动在一个晚宴上拉开序幕，约有 20 个郡和一些自治市镇参与了这次运动。伯克与反对派其他成员一起参与了运动：他写信告知都柏林的第一代查尔蒙特伯爵，"少数派的所有成员（无论构成如何）今天都在茅草屋（Thatched House）用餐"。[221] 结果证明，这场运动建立在不稳定的联盟之上。罗金汉不愿意支持这场运动，许多追随者也对威尔克斯有所忌惮。绅士协会在伦敦和一些西部郡带头发起了运动，议会反对派则在其余各郡行动：罗金汉派在约克郡，道兹韦尔派在伍斯特郡，坦普尔派则在白金汉郡。运动在各郡的进展喜忧参半。1769 年秋天，道兹韦尔告知伯克："我们的请愿进展缓慢。"[222] 总体上讲，在协会负责人约翰·霍恩的推动下，伦敦的活动得到了詹姆斯·汤森、约翰·索布里奇和约瑟夫·马维等一些改革派议员的支持，因此开展得更加顺利。令伯克和罗金汉懊恼的是，这些人决心和奥尔德曼·威廉·贝克福德一起将威尔克斯的事业与一些诉求联系起来，这些诉求包括：更多的定期议会、精简常备军、一系列关于官职和津贴的法案，以及一个"更平等"的代议制。18 世纪 60 年代，这场运动的支持者主要分布在伦敦城以及各大都会区。[223] 罗金汉派急于保持对运动议程的控制，但他们担心议会中的对手会屈服于那些威胁宪法可行性的不受欢迎的措施。[224]

---

221 EB to the Earl of Charlemont, 9 May 1769, *Corr.*, II, pp. 23–24.

222 William Dowdeswell to EB, 5 September 1769, ibid., p. 70. 关于请愿进展的报告，参见 the Marquess of Rockingham to EB, 30 July 1769, ibid., p. 50。

223 Lucy S. Sutherland, *The City of London and the Opposition to Government, 1768–1774* (London: Athlone Press, 1959), *passim.* 另见 Simon Macoby, *English Radicalism, 1762–1785* (London: George Allen & Unwin, 1955); John Brewer, "English Radicalism in the Age of George III" in J. G. A. Pocock ed., *Three British Revolutions: 1641, 1688 and 1776* (Princeton, NJ: Princeton University Press, 1980).

224 The Marquess of Rockingham to EB, 17 July 1769, *Corr.*, II, p. 48.

伯克仍乐观地认为，罗金汉派可以保持领先地位。这基于辉格党高层的党内权威。他认为，如果引导得当，罗金汉派就可以获得民众的支持。他写信告知奥哈拉，"在王国的北部，有一种伟大的精神"。若这种精神被"改进、支持和正确引导"，就有助于为罗金汉派吸引追随者。[225] 伯克认为，在任何民众支持的政府体系中，民众都应当是参与者。他们的感受往往通过议会外的抗议表达，但立法行为必须通过代议的方式进行。从逻辑上讲，议员不是议会外大众混杂意见的表达工具，他们还必须考虑到全国的主流情绪——"使议会外的民众满意是我们的职责"。[226] 议会成员有责任代表民众进行审议，而不是对民众言听计从。伯克的主张与竞争对手的主张截然不同。1769 年 3 月 1 日，约瑟夫·马维在下议院宣称他是按指示行事，引发了一些议员的不满。[227] 查塔姆派的艾萨克·巴雷为其辩护，说只要这些指示体现了"民众的真实心声"，并且本着"宪法的精神"被传达。[228] 精于议会程序的下议院议员耶利米·戴森对此表示异议："我认为，按照选民的命令而被任命的代表和被选为民众代表并为他们做出行动和判断的代表之间，存在且一直存在本质的区别。"[229] 显然，伯克在整个 18 世纪 70 年代都发展了这种观点。当前，他的回应十分简洁，他指出，"听从指示的说法毫无根据"。若不加反对，它将"破坏宪法"。[230] 伯克

225　EB to Charles O'Hara, 28 August 1769, ibid, p. 57.

226　EB, Debate on Motion for an Inquiry into Civil Debt, 1 March 1769, *Cavendish Debates of the House of Commons*, I, p. 287.

227　*Cavendish Debates of the House of Commons*, I, p. 282.

228　Ibid.,p.283.

229　Ibid.,p.285.

230　EB, Debate on Motion for an Inquiry into Civil Debt, 1 March 1769, *Cavendish Debates of the House of Commons*, I, p. 287.

意识到，自由政府面临的最大挑战之一是管理公众情绪。《对当下不满根源的若干思考》则尝试阐明应如何管理公众情绪。

259　　1769 年 6 月 29 日，罗金汉写信给伯克，鼓励他继续写这本小册子。[231] 那时，伯克的事业尚处于起步阶段。即便如此，他的基本思路还是很明确的：他想要剖析 1760 年以来的整个政府"体系"。[232] 一个月后，伯克想要以书信的形式提出他的观点，并把这封信交给一位原则坚定的辉格党人。[233] 这意味着，辉格党当前的立场与乔治一世、乔治二世时期的立场相关，且比以往任何时候都更加重要，因为辉格党面临生存威胁。伯克认为，这种威胁来自乔治三世对宪法的错误理解。这种误解的根源在于佩勒姆派领导下的复归利益集团中的朝臣捏造出的一种"爱国君主制"。伯克认为，乔治三世的父亲弗雷德里克亲王将这些想法传给了他，而他试图实现这些想法，不惜以牺牲纽卡斯尔和罗金汉派辉格党人为代价。[234] 这给英国事务带来了"巨大变化"。[235] 弗雷德里克亲王给儿子所灌输的"爱国君主"概念促进了这种变化，该概念最初是由博林布鲁克提出的；但是，真正促成这种变化的是那些不负责任的朝臣，伯克在《对当下不满根源的若干思考》中称其为"国王的朋友们"。他们

231　The Marquess of Rockingham to EB, 29 June 1769, *Corr.*, II, p. 39.

232　Ibid.

233　EB to the Marquess of Rockingham, 30 July 1769, ibid., p. 52.

234　EB, *Thoughts on the Cause of the Present Discontents* (1770), *W & S*, II, p. 260. Cf. EB to O'Hara, 30 September 1772, *Corr.*, II, p. 336–37. 这一主张一直被质疑，参见 Namier, *England in the Age of the American Revolution*, pp. 83–93. 关于乔治三世最初野心细节的分析，参见 *Letters from George III to Lord Burke, 1756–1766*, ed. Romney Sedgwick (London: Macmillan, 1939), Introduction. 然而，他的许多结论在理查德·帕雷斯对塞奇威克的评论中受到了间接的质疑，参见 Sedgwick, *English Historical Review*, 5: 219 (July 1940), pp. 475–79. 关于该问题更模棱两可的陈述，参见 Richard Pares, *king George III and the Politicians* (Oxford: Oxford University Press, 1953), p. 71 (incl. footnote 2).

235　EB, *Thoughts on the Cause of the Present Discontents* (1770), *W & S*, II, p. 256.

的行为危及宪法的完整性，引发了公共秩序的混乱。伯克担心，在尚未获得广泛民众支持时，揭露一个国王如此珍视的体制，罗金汉派可能会失去担任公职的资格。[236] 尽管如此，伯克对宫廷的指控仍必须明确，因为腐败是在不知不觉中进行的。他认为，就连信奉原教旨主义的共和主义者也未能注意到这种微妙的差异：与大多数公共体制批评者一样，他们能够洞察过去的不足与腐败，却没有察觉当前英国政府的扭曲。[237]

辉格党人习惯于反对王权，捍卫议会权力，他们在乔治三世治下仍是如此。然而，议会面临的威胁不再是其外在形式受到攻击，而是受到一种新的"影响力"的操控。大多数声称继承了佩勒姆遗产的辉格党人都认为，影响力或"腐败"是协调行政权与立法权的必要手段。[238] 为了左右决议，各政府部门需要获得下议院的投票，为此，他们需要调动潜在的合作伙伴。[239] 然而，这种影响力通常被国务大臣们用来获取支持，以按他们的设想运行公共事务。[240] 自乔治三世即位以来，宪法面临的问题是这种影响力正以新的方式发展。这与汉诺威王朝的方式背道而驰。自光荣革命以来，"王权，作为特权几乎已经死亡和腐烂，但却以影响力为名日渐强大，且并未像从前那般

260

---

236 EB to the Marquess of Rockingham, post 6 November 1769, *Corr.*, II, pp. 108–9. Cf. EB to the Marquess of Rockingham, 18 December 1769, ibid., p. 122.

237 EB, *Thoughts on the Cause of the Present Discontents* (1770), *W & S*, II, p. 257.

238 一个经典的表述，参见 David Hume, "Of the Independency of Parliament" (1741) in idem, *Essays Moral, Political, and Literary ed.* Eugene F. Miller (Indianapolis, IN: Liberty Fund, 1985, 1987), p.45。

239 参见 John B. Owen, "Political Patronage in Eighteenth-Century England" in Paul Fritz and David William eds., *The Triumph of Culture: Eighteenth-Century Perspectives* (Toronto: A.M. Hakkert, 1972)。

240 EB, *Thoughts on the Cause of the Present Discontents* (1770), *W & S*, II, p. 269.

令人厌恶"。[241] 在沃波尔和纽卡斯尔之间，这种管理体系成功调和了秩序与自由。然而，1760 年后，这种影响力被用于服务宫廷徇私。[242] 七年战争的副作用导致了这样的后果：海外征战、国债增加以及军事和海军机构的扩张，这些都大大增加了宫廷滥用权力的机会。[243] 但是，关键的问题是，乔治三世通过扩大庇护权来制衡下议院，以维护王室的利益。[244] 正如伯克所说，宫廷与内阁相分离，形成了所谓的"双重内阁"。[245] 伯克指出，宫廷正密谋将国王从所谓的辉格党阁僚的寡头政治中解放出来。理论上，国王将成为他自己的主人。[246] 实践中，英国将形成类似于法国的君主制。[247]

长期以来，针对宫廷辉格派的批评家一直认为，乔治一世、乔治二世治下，国王的庇护权被辉格派阁僚们垄断，从而他们创建了少数派政府。神职政论家约翰·道格拉斯就是一个突出的例子。1761 年，他欢迎新政权，认为其有希望终结基于宫廷腐败的派系冲突。通过辉格派内阁成员，国王凭借影响力假意纠正"民主对王权的侵犯"，实则只是扩大了贵族特权。[248] 在伯克看来，道格拉斯所推崇的方案取决于对统治阶层的轻信，相信他们能保持正直的行为。维护公共利益的政府若

261

241　Ibid., p.258.

242　Ibid., p.261：通过这种方式，"一个秘密的阴谋集团取代了国家行政部门"。

243　Ibid., p.262.

244　伯克认为，滥用下议院意味着滥用"整个议会"，参见 Northampton MS. A. I. 39B, reproduced as EB, Speech on Parliamentary Incapacitation, 31 January 1770, *W & S*, II, p. 234。

245　EB, *Thoughts on the Cause of the Present Discontents* (1770), *W & S*, II, pp. 260, 274.

246　Ibid., p.266.

247　Ibid., p.303.

248　John Douglas, *Seasonable Hints from an Honest Man on the Present Important Crisis of a New Regime and a New Parliament* (London: 1761), p. 37.

没有政党的支持，则需要统治阶级努力培养"超自然的美德"。伯克认为，这涉及一个完美的体系，一个"远超柏拉图理想国的"完美体系。[249] 相比之下，真正的政治需要庇护。伯克认为，这种意义上的影响力为管理下议院提供了合理手段，因为国王的恩惠被用以支持当下的政府。政府若掌握在"受民众欢迎又有品格"的人手中，他们行使影响力将有利于下议院，而不是延续王权。[250] 在这种情况下，即使国王有"腐败"的可能，也需要辉格派权贵、商人及士绅支持者的同意。因为这些人物具有独立性，无论是基于其公众立场，还是其对党人的承诺，所以他们不会仅仅充当王权的工具。在他们手中，政府既是民众的工具，又是国王的杠杆。富甲贵胄合谋削弱国王的私人利益，以保护民众的权利——"先天拥有高贵地位或后天获取很多财富"的人通过下议院来治理国家，他们需要考虑的是整个国家，而非充当宫廷的手下。[251]

人们早就认识到，乔治三世的野心不包括颠覆宪法。[252] 然而，历史学家强调乔治三世的个人君主制与其前任广泛王权之间的延续性，而忽略了罗金汉派的基本观点：乔治三世的行为侵蚀了政党的权威，从而消除了能够在宫廷与民众之间进行调解的主要中间力量的效力。[253] 在伯克看来，这是博林布鲁克

---

249 EB, *Thoughts on the Cause of the Present Discontents* (1770), *W & S*, II, p. 265.

250 Ibid.,p.259.

251 Ibid.Cf.EB to Dr. William Markham, post 9 November 1771, *Corr*., II, p. 270: "职位的高低是由在议会中的级别来确定的，而且仅仅由议会中的级别来决定。"

252 Lewis Namier, "Monarchy and the Party System," in idem, *Personalities and Powers* (London: Hamish Hamilton, 1955). 本着这种精神，伯克的《对当下不满根源的若干思考》通常被认为是"虚构的"，参见 *Letters from George III to Lord Burke*, ed. Sedgwick, p. xviii。关于对这一结论的怀疑，参见 Herbert Butterfield, *George III and the Historians* (London: Collins, 1957)。

253 EB, *Thoughts on the Cause of the Present Discontents* (1770), *W & S*, II, pp. 259–60.

计划的复兴，即通过一个爱国国王的德行来救赎一个腐败的国家。1738 年，为给莱斯特宫廷派的野心赋予权威，博林布鲁克期待拥护一位爱国的君主，"不支持任何政党，而像其子民的父亲一样执政，这是热爱国家的君主的重要品格"。[254] 国王若以爱国主义为原则治理国家，不受党派的限制，也就是从辉格派政府惯常的腐败中摆脱出来，则需要其以美德代替影响力。实际上，这需要从整顿宫廷、攻击奢靡之风和削弱议会权力开始。在乔治三世治下，这些目标均得到了切实推进。因此，政府中的中间力量被耗尽了。1790 年，伯克称博林布鲁克为"肤浅的"作家，但这位作家仍做出了一项有价值的观察。[255] 他指出，虽然君主制不能合理地嫁接到共和政府之上，但共和制可以用来调和既有的君主制。在伯克看来，虽然博林布鲁克提出了这一看法，但他的建议可能会破坏英国宪法中限制英国君主制的大众成分。《对当下不满根源的若干思考》一书旨在反映乔治三世治下抵制王权的手段是如何减少的。这是由布特政府时期开创的宫廷徇私制度引起的。[256] 贵族和独立人士失去了他们在政府中的权力，财产和关系被忽视，所有的主动权都被卷入国王的圈子。[257]

在这种情况下，伯克后来指出，中间力量的减少促成了专制主义制度。正如他借孟德斯鸠之口所言，1790 年后的法国废除了所有反对集权的壁垒，这甚至会使新建的君主制成为

---

254 Henry St. John Viscount Bolingbroke, *Political Writings*, ed. David Armitage (Cambridge: Cambridge University Press, 1997), p. 257.

255 EB, *Reflections on the Revolution in France,* ed. Clark, p. 293 [187].

256 这始于对佩勒姆派无辜者的屠杀，参见 EB, *Thoughts on the Cause of the Present Discontents* (1770), *W & S*, II, p. 264。

257 Ibid., pp.264, 268, 280.

"世上从未有过的最彻底的专制权力"。[258] 与人们普遍认为的不同，对中间力量的辩护并不是对贵族政府的辩护，"若按大众对贵族的理解，我算不上是贵族的朋友"。伯克指出，一个纯粹的贵族政权将建立"严苛而傲慢的统治"。[259] 后来，伯克声称，他既不是贵族的敌人，也不是其卑怯的崇拜者。他对贵族保有"得体和冷静的尊重"，因为其是混合制宪政的核心组成部分，但若贵族占据绝对主导地位，这种混合制度也会被破坏。同时，他也并不支持"富人和强者对抗穷人和弱者"。从这种角度讲，偏爱贵族是令人反感的。[260] 然而，他并不反对家族积累财富，因为这通常是获取财产的唯一手段。鉴于这一目标，在《对当下不满根源的若干思考》一书中，伯克倡议贵族与下议院联盟，认为这是保障民众自由的最佳手段。这种联盟将民众支持、政治审慎与一个稳定财产分配的可靠手段结合了起来。贵族制度赋予国家土地重要性和影响力，但又不会使贵族阶层成为一个隔绝的种姓。毕竟，晋升为贵族取决于民众的支持，因为上议院议员的资格是在下议院任职的结果。[261] 伯克的政党理论阐明了如何最妥当地巩固下议院和上议院之间的联盟。政党使贵族免于被宫廷收编，同时又能与宪法中的代议制成分结合。国王、上议院和下议院分别和共同地在国家中履行了代议职能。他们分别代表了不同利益，但整体又代表了共同利益。

263

---

258 EB, *Reflections*, ed. Clark, p. 359 [275]. Cf. Montesquieu, *De l'esprit des lois*, Pt. II, Bk. XI, Chapt. 6.

259 EB, *Thoughts on the Cause of the Present Discontents* (1770), *W & S*, II, p. 268. Cf. the misleading comments in Pares, *King George III and the Politicians*, p. 60.

260 EB, Speech on Fox's Marriage Bill, 15 June 1781, *The Works of the Right Honourable Edmund Burke,* eds. French Laurence and Walker King (London: 1792–1827), 16 vols., V, pp. 414ff.

261 EB, *Thoughts on the Cause of the Present Discontents* (1770), *W & S*, II, p. 268.

伯克写道："政府……是一个神圣的机构。"[262] 他的意思是，政府对民众的义务不仅仅是一种世俗的责任。尽管如此，它的目标是公众福利。从这个意义上说，它起源于民众。然而，每一种形式的政府均以此起源。[263] 受民众支持的政府则应当与广大民众建立更加特殊的联系。根据英国宪法，这种联系由下议院提供，下议院在一种特殊意义上具有代表性。

正如伯克所言，下议院最初的目的是限制行政权。它约束国家的常设机构，使其符合民众的普遍要求。下议院一定程度上发挥了这一作用，因为其体现了"广大民众的实际倾向"。[264] 下议院在支持民众情感的基础上进行审议。尽管直接选举议员的方法很不完善，但它是保证必要沟通的最佳手段。[265] 民众的判断可能会被误导，但他们的情绪大多数是合理的——"每当人们有一种情绪时，他们通常都是合理的。"[266] 而代议制议会的工作就是明确这种情绪。威尔克斯危机之后，议会一直不愿履行这一职责，因为几届政府都对民意进行了污名化。[267] 当然，民意也是一项有问题的原则：鼓掌表示支持是民众自由的重要组成部分，但也是建立民主暴政的一种手段。1769 年 3 月，伯克加入圣乔治广场大屠杀调查委员会时，他已详细讨论了这一问题。他指出，议员的职责是"区分民众的感情和判断，以其真实意

264

---

262 Ibid., p.292.

263 Ibid.

264 Ibid.

265 WWM BkP 12: 2: "如果所有的代表都是可信的，那么一次选举就可以一劳永逸。如果所有选民都是可信的，并且选举没有给他们带来不便，那么每个月是否举行选举就无关紧要了。"当然，这两个条件都无法满足，所以定期举行选举就是最实际的补救措施。

266 EB, Debate on Civil List Debt, 2 March 1769, *Cavendish Debates of the House of Commons*, I, p. 306. Cf. EB, *Thoughts on the Cause of the Present Discontents* (1770), *W &S*, II, p. 255.

267 Ibid., pp.295–96.

图来考虑他们的利益"。[268] 民众情绪不可避免地包括了"大众糟粕"，这是由"暴力好斗"之人的行为导致的。[269] 下议院既有代议功能，又有审议功能，它必须回应民众的态度，但又不能受其提议的约束。威尔克斯事件带来的骚乱表明了这两点要求：议会照搬暴民的情绪是不合理的，但民众的愤怒也不应该被简单地忽视。下议院为民众表达不满提供了渠道，确保了英国民众的暴力行为不会达到欧洲暴动的恶劣程度。[270] 这体现了温和自由的成就，在这种自由下，民众权利与宪政秩序相协调。

伯克对英国宪政中民众条款的理解使他对卢梭的《社会契约论》进行了思考。他在下议院提到，"一个外国人曾说过，英格兰民众七年才有一次自由，而在那时他们滥用自由，以至于他们根本不应得到自由"。[271] 伯克承认，议会成员近来都支

---

268 EB, Debate on the Conduct of Government during Tumults, 8 March 1769, Cavendish Diary, Eg. MS. 219, fol. 6. Cf. WWM BkP 8: 71, reproduced as EB, Speech on St. George's Fields Massacre, 8 March 1769, W & S, II, p. 225.

269 Cavendish Diary, Eg. MS. 219, fol. 5.

270 Ibid., fols. 17–18. 伯克想到了马德里最近的骚乱，有关讨论，参见 "The History of Europe" in *The Annual Register for the Year 1766* (London: 1767), pp. 14ff. 另见 Horace Walpole to Henry Seymour Conway, 6 and April 1766, *Yale Edition of the Correspondence of Horace Walpole* (New Haven, CT: Yale University Press, 1937–1983), 48 vols., XXXIX, pp. 60–66。

271 EB, Debate on the Conduct of Government during Tumults, 8 March 1769, Cavendish Diary, Eg. MS. 219, fols. 9–10. See Jean-Jacques Rousseau, *Contrat social* (1762) in Robert Derathé et al. eds., *Oeuvres complètes* (Paris: Pléiade, 1964), III, p. 430: "英国人认为他们是自由的，他们大错特错，只有在议会选举期间才是如此。一旦他们当选，民众就成了奴隶，什么都不是。在短暂的自由时期，民众的自由得到了应得的利用，但他们却失去了自由。" 卢梭最近对英国的访问被广泛宣传，这让伦敦的人们开始讨论他的著作。伯克对卢梭当时同休谟的争论了如指掌，关于他们的分歧，参见 Paul H. Meyer, "The Manuscript of Hume's Account of His Dispute with Rousseau," *Comparative Literature*, 4: 4 (Autumn 1952), pp. 341–350; Dena Goodman, "The Hume-Rousseau Affair: From Private Querelle to Public Process," *Eighteenth-Century Studies*, 25: 2 (Winter 1991–1992), pp. 171–201; John Hope Mason, "Rousseau in England," *Daedalus*, 137: 2 (Spring 2008), pp. 96–101。

持压迫性政府，这种政府使得行政官员与民众的意愿对立起来。但是，他同时也开始观察英国宪政是如何防止行政与公众意见相分离的。然而，威尔克斯引起的冲突促使政府对民众采取敌对措施，这危及了英国政府的共识基础。在伯克看来，依靠军队作为控制暴动的常规手段，是这种普遍趋势下的极端表现。它有可能使公共秩序机构成为一个与民众敌对的组织。此前的宪政历史的整体趋势与此截然不同，从建立陪审团制度到削弱神职人员的权力，"我们一直在警惕那些只顾自己利益和感受的团体，他们有别于大众和多数人"。[272] 与公共秩序有关的地方行政官的任期，特别是巡警和郡治安官的任期，确保了民众与地方行政当局之间的一致性。英国"可能是世界上唯一有受民众拥护的行政官的国家"。[273] 最初，这体现在郡治安官的选举上：正如布莱克斯通指出的那样，"根据法规，每个郡的民众都应选举郡治安官，因为郡里的官职不能继承"。他继续指出，这显示出"我们宪法中民主部分的强烈痕迹"，虽然之后他们的任命权仍属国王。[274] 尽管如此，即便自亨利六世以来，地方行政官员由王室任命，但其工作人员皆从普通民众中选出，有一定的任期。[275] 与巡警一样，他们与民众分享着"共同的感情"和"利益"——"在高级或低级法庭，以及在我们的宪法的行政权部分，法律由民众的代表执行，因此，这为一

272 EB, Debate on the Conduct of Government during Tumults, 8 March 1769, Cavendish Diary, Eg. MS. 219, fol. 15.

273 Ibid., fol. 16.

274 Blackstone, *Commentaries* (1862 ed.), bk. 1, chapt. 9. The relevant statute providing for election to the office of sheriff was 28 Edw. I, c. 8.

275 关于地方行政机构的组织，参见 Bryan Keith-Lucas, *The Unreformed Local Government System* (London: Croom Helm, 1979); David Eastwood, *Government and Community in the English Provinces, 1700–1870* (London: Palgrave, 1997)。

个公平、温和、平等和合法的政府提供了保障"。[276]

在《对当下不满根源的若干思考》开篇，伯克就强调，他对公民权利的"抽象价值"没有兴趣。[277] 他所关心的是政府与民意之间的关系。在混合政权中，民众整体的态度形成了民意，而官员需要在民众中保持声誉。议会的职责是监督当前的政府官员，与此同时，尊重民众的情感。[278] 上下两院单独行事无法有效履行这些职责。两院联合起来才能使政府尽责，并使议员们履行其职责。政党是提供这种联合目标的手段，以确保共同利益。格伦维尔派和贝德福德派破坏了这一目标，因为他们为了迎合特殊利益团体而谋求公职，而不是为了增进公共福祉。[279] 另一方面，查塔姆虽宣称追求公德，却攻击唯一能实现这一目标的手段。伯克曾提及"浮夸醒目、曲意逢迎、过分辩解、模棱两可"的"真正的查塔姆风格"。[280]《对当下不满根源的若干思考》一书明确表达了对宫廷政治的不满，却淡化了罗金汉派对利己孤立主义的厌恶程度，这种孤立主义是老皮特培养的。[281] 皮特推崇的理想是一个"爱国者内阁"，建立在"措施"而非"人"之

266

---

276 EB, Debate on the Conduct of Government during Tumults, 8 March 1769, Cavendish Diary, Eg. MS. 219, fol. 16.

277 EB, *Thoughts on the Cause of the Present Discontents* (1770), *W & S*, II, p. 252.

278 Ibid., pp.278–79.

279 EB to the Marquess of Rockingham, 29 October 1769, *Corr.*, II, p. 101: "贝德福德派、格伦维尔派和其他派别并不是为了公共目的而结合在一起的，而是为了增进他们的共同力量、私人和个人利益而结合的"。

280 EB to the Marquess of Rockingham, 9 July 1769, ibid., p. 43.

281 EB to the Marquess of Rockingham, post 6 November 1769, ibid., p. 109: "对皮特行为的全部攻击都必须被忽略，否则我们将招来全世界的谴责。" Cf. EB on the Chatham Ministry of 1767 in Speech on American Taxation, 19 April 1774, *W &S*, II, p. 450. 相关评论，参见 WWM BkP 6: 55 and WWM BkP 31: 47. 波特兰认为伯克对待其他反对派团体过于严厉，参见 the Duke of Portland to the Marquess of Rockingham, 3 December 1769, Rockingham, *Memoirs*, II, p. 144–47。

上。[282] 这必须依靠个人的正直，而不是团队行事的纪律。

皮特的理想可回溯到约翰·布朗18世纪50年代的控诉文章——《论当代风气和原则》。伯克回忆说，这篇文章激发了人们"对日渐增长的贵族权力的恐惧，这损害了王室的权利和宪法平衡"。[283] 布朗试图修正孟德斯鸠的观点，即政党（"分歧"）是共和政权的必要力量。[284] 当政党促进了贵族利益的野心，自威廉三世即位以来就是如此，它将在整个政体中散播一种自私精神——"因此，政治上利己主义的巨大链条最终形成；从市镇最底层官员一直延伸到国王的第一大臣。"[285]《对当下不满根源的若干思考》的成就是驳斥了一种指控，即议会中有影响力和有才能的议员有原则地形成了小团体。塞勒斯特曾指出，善人间的友谊无异于恶人间的派系。[286] 在伯克的设计中，党派联系被视为一种友谊，而朝臣间的联系则被称为派系。[287] 从这个角度看，由于查塔姆热衷于秘密小团体，因而加剧了政府之中的拉帮结派。

在罗金汉派看来，形成反对宫廷阴谋的诚实联盟的主要障碍是其他认同辉格党事业的有产利益集团的态度。康威完美地说明

267

282　EB, *Thoughts on the Cause of the Present Discontents* (1770), *W & S*, II, p. 318. 关于皮特的计划，参见 Brewer, *Party Ideology and Popular Politics*, chapt. 6; Michael C. McGee, "'Not Men, but Measures': The Origins and Import of an Ideological Principle," *Quarterly Journal of Speech*, 64 (1978), pp. 141–54。

283　EB, *Thoughts on the Cause of the Present Discontents* (1770), *W & S*, II, p. 267.

284　Charles-Louis de Secondat, Baron de Montesquieu, *Considérations sur les causes de la grandeur des Romans et de leur décadence* (1734) in *Oeuvres complètes*, ed. Roger Caillois (Paris: Galimard,1951), 2 vols., II, chapt. 8. 更多讨论，参见本书第 4 章和第 5 章。

285　John Brown, *An Estimate on the Manners and Principles of the Times* (Dublin: 1758),p. 71.

286　Sallust, *Jugurthine War*, XXXI, 15.

287　EB, *Thoughts on the Cause of the Present Discontents* (1770), *W & S*, II, p. 321. 在最初的古典语境中，友谊 (amicitia) 包括政治庇护者和附庸之间的关系，参见 Ronald Syme, *The Roman Revolution* (Oxford: Oxford University Press, 1939, 1960), p. 157。

了这个问题：他因为被查塔姆派的呼吁——以美德之名服务——吸引，表现出了天使般的良心，但是却沦为宫廷阴谋的工具。沃波尔回忆道，1768 年，伯克与约翰·卡文迪什一同抨击解散政党关系的言论，"康威认为这是针对他的"。[288]1769 年，伯克与康威在服从问题上交锋时，这个问题再次爆发。贝克福德、里格比和康威试图将效忠宫廷与不偏不倚地致力于公共事务联系起来，然而，在伯克看来，他们公然宣称的"正直"实为虚伪的私利。[289]伯克认为，政党协调了独立与合作。它使人们可以在不牺牲自尊与自立的情况下致力于共同的事业——"当我发现益友，我会紧跟他们，拥护他们，追随他们。"[290]这不是一种奴性的恭维，而是为公众利益服务的最好方式。罗金汉党的士绅们代表着"这个国家真正的声音，未经唆使的证词……"。[291]像康威和皮特那样有"道德心"的信徒，实为穿着爱国者戏服的朝臣。[292]人们从中可以得出一个重要的教训，即政治美德无关个人意图，而是宪法安排的结果。伯克指出，"为了取得共同体的信任，一个人仅是对他的同胞怀有善意是不够的"。[293]权力必须被有序安排，以吸引正直的人，劝阻唯利是图的人——"惩恶扬善

288　Walpole, *Memoirs*, IV, p. 15.

289　这一概念的偷换，以及"正直"（candour）一词含义的发展，参见 Christopher Reid, "Speaking Candidly: Rhetoric, Politics, and the Meanings of Candour in the Later Eighteenth Century," *British Journal for Eighteenth-Century Studies*, 28 (2005), pp. 67–82。

290　EB, Debate on the King's Message respecting the Civil List Debt, 28 February 1769, Cavendish Diary, Eg. MS. 218, fol. 221.

291　Ibid., fol. 222.

292　EB, *Thoughts on the Cause of the Present Discontents* (1770), *W & S*, II, p. 319. 对康威的指控一直持续到 1782 年，参见 Charles James Fox on this theme in *Parliamentary History*, XXXII, cols. 169–70。

293　EB, *Thoughts on the Cause of the Present Discontents* (1770), *W & S*, II, p. 315.

是所有真正政策的首要目标。"[294] 对议会的责任，而非充当宫廷的宠臣，激励了怀有公德心的人投身政府。政党是支持他们抵制王权的唯一手段，同时也使之能够代表民众。

5.6 自由与宗教异议

1770 年初，格拉夫顿内阁就陷入了危机。1 月 17 日，大法官卡姆登伯爵辞职。26 日，格拉夫顿因下议院议员减少而感到气馁，也辞职了。两天后，乔治三世任命诺斯勋爵为第一财政大臣，正好赶上了一次国民对政府的投票。沃波尔评价说，"诺斯勋爵未加入任何党派……也不受国内民众欢迎"，但他仍成功战胜了反对派。[295] 在接下来的几个月里，随着国内动乱逐渐平息，人们的紧迫感也下降了。反对派的力量逐渐减弱，里士满称他甚至不愿进城。[296] 伯克的《对当下不满根源的若干思考》付梓时，它起初想要影响的情况已发生变化。尽管如此，在接下来的几年里，罗金汉派因宫廷的肆意妄为而沮丧，更加担忧宪法的持续失衡。但是，他们没能提出将反对派团结起来的计划。他们虽然合作开展了一项旨在降低王室专款的债务的运动，却未能就如何改善少数派的境遇达成共识。查塔姆支持更加公平的代议制，而罗金汉派却反对更频繁的议会会议和一项任命法案（a place bill）的诉求。[297] 这一切似乎都表明共识无法达成。民众意见的压力也开始缓和：到 1770 年夏天，请愿运动也已经耗尽。与此同时，反对派人才开始流失：坦普尔退出公共生活，而他的弟弟乔治·格伦维尔于 11 月 13 日逝世。

---

294 Ibid., p.278.

295 Walpole, *Memoirs*, IV, p. 141.

296 O'Gorman, *Rise of Party*, p. 272.

297 伯克说明了这一立场，参见 EB, *Thoughts on the Cause of the Present Discontents* (1770), *W & S*, II, pp. 308ff.

正如伯克所言，1770年底，格伦维尔的支持者"不是已经消失，就是正要离开"。[298] 罗金汉派不得不重新依靠他们自己不够充足的人脉资源。

这种困境也令伯克沮丧。他表示，对罗金汉派的努力很快就会取得成功，他没有"一丝一毫的希望"。[299] 他知道，布特伯爵已是强弩之末，但是他所引入的制度据说仍在继续发展。因此，1772年秋天，伯克仍然在抱怨宫廷的阴谋。他指控王室继续贬损罗金汉派的主张，并无视"乡村派的固有势力和利益"。相反，它将资源集中于支持"私人影响力和宫廷阴谋"。[300] 伯克早就意识到，民众是必不可少又强有力的政治武器；然而，他们也是一种十分任性的存在。公共生活应完全是为了他们的权利开展，但他们也会对公共生活的正直性构成威胁。民众需要被争取，但也应得到恰当的教育。不幸的是，他们常常被无良的"请愿者"奉承。混合政府提供了有益于民众的唯一手段。在混合政体的支持下，贵族阶层受到代议制议会的约束，使其免受独裁精神的侵蚀。同时，通过与贵族合作，民意得以自由地表达。贵族与平民之间结构性的亲切关系是财产安全和公共协商宽容的必要条件。然而，贵族与平民的联盟是不稳定的，可能遭到来自两个相反方向的破坏：平民可能会被两种对立的影响力诱惑。一方面，他们可能会听信于蛊惑人心的政党领袖；另一方面，他们也可能被王室拉拢。

伯克常常称查塔姆是煽动家，此时，他认为谢尔本也日渐成为煽动者。1770年末，他声称这二人都扮演了这一角色。在写给罗金汉的信中，伯克指出，老皮特通过迷惑民众的感

269

---

298 EB to the Marquess of Rockingham, 29 December 1770, *Corr.*, II, p. 175.

299 Ibid., p.176.

300 EB to Charles O'Hara, 30 September 1772, ibid., p. 336.

情，正试图"诋毁"罗金汉侯爵。与此同时，谢尔本正与伦敦城的民粹主义领袖们勾结。[301]之后不到一年，伯克就将这一团体斥为"狡诈的爱国者"，他们满口的公共道德仅为私利服务。[302]在伯克看来，煽动行为是个人野心的工具，利用大众的极端情绪来实现个人目的。这与为民众福祉服务截然不同，为此，有时需要以牺牲民众的利益为代价来促进他们的利益。在摄政危机期间，伯克公开指出，在"民众试图自我毁灭的时候"，违背他们的意愿似乎是可取的。[303]在实践中，这意味着反对寡廉鲜耻的政客诱导民众情绪。专横的君主采用同样粗鄙的手段。《对当下不满根源的若干思考》剖析了乔治三世的手段。如果国王可以突破任何对其野心的限制，英国就会遭遇类似古斯塔夫三世治下瑞典的命运。1772年，瑞典国王针对既有宪法发起政变，这在《年鉴》中被描述为"古代史和现代史上最反常的革命之一"。[304]在伯克看来，这预示着英国君主制最坏的结果。正如孟德斯鸠所预测的那样，英国可能会逐渐趋向独裁，而不会立刻变成专制政体。[305]最令人担忧的是，君主可能会通过获取民众的支持来实现专制统治。

1772年，伯克向奥哈拉讲述了他的担忧："宫廷派可能会同瑞典的情况一样，拥有不受控制的权力。"[306]现代历史学家多认为伯克过于忧虑，但这种可怕的预感或许也是有迹可循的，后世自鸣得意的评价显得过于天真。与大多数同代人一

---

301 EB to the Marquess of Rockingham, 29 December 1770, ibid., p. 175.

302 EB to Charles O'Hara, post 14 July 1771, ibid., p. 222.

303 EB, Speech on the King's Illness, 22 December 1788, *Parliamentary History*, XXVII, col. 819.

304 "History of Europe" in *The Annual Register for the Year 1772* (London: 1773), p. 7.

305 Charles-Louis de Secondat, Baron de Montesquieu, *De l'esprit des lois* (1748) in *OEuvres complètes,* ed. Roger Caillois (Paris: Gallimard, 1951), 2 vols., pt. II, bk. XI, ch. 6.

306 EB to Charles O'Hara, 30 September 1772, *Corr.*, II, p. 336.

样，伯克认为英国政体是一个脆弱的体制，是一系列历史性斗争的结果。他写道："我们的宪法立于均势之上，四周皆是峭壁和深渊。"渐进的改革可能会诱发革命，"为了防止其危险地向一边倾斜，可能也会加剧其在另一边被颠覆"。[307] 在整个现代史进程中，特权与自由一直相互冲突，这种冲突不会突然缓和。当权者们试图压制敌对势力，从而造成不稳定，并有可能诱发危机。国王可能滥用其影响力以实现这一目标，而在这一过程中，他可能会破坏所有补救的途径。下议院的抵制是国王主要的障碍，如果下议院失去独立性，民众的自由就会缩小。将下议院议员与其贵族盟友逐渐分离，这会使抵挡君主意愿的主要堡垒逐渐崩塌，而暴政会在民众的欢呼中大步前进。伯克认为，宫廷"制度"受到了"愚昧大众的青睐"。[308] 当宫廷和暴民越走越近，贪婪的宫廷就可以利用奴性的民众。这种恶性循环是难以克服的。诉诸公众意见是可行的制衡手段，尽管民众似乎漠不关心、麻木不仁。[309] 唤醒民众必须避免使用查塔姆这类人的煽动性言论。党派精神是避免使用这种言论的最佳手段，因为其前提条件是贵族与平民的合作。伯克用古罗马语的"友谊"（amicitia）一词描述了这种合作——有抱负的民众与坚定的贵族互许友谊。[310] 平民与有产贵族间的自由委托关系是

307　EB, *Thoughts on the Cause of the Present Discontents* (1770), *W & S*, II, p. 311.

308　EB to Charles O'Hara, 30 September 1772, *Corr.*, II, p. 336.

309　EB to William Dowdeswell, 27 October 1772, ibid., p. 352.

310　EB, *Thoughts on the Cause of the Present Discontents* (1770), *W & S*, II, p. 316. 另见 EB, Speech on Resolution on Future of the Impeachment, 11 May 1790, *W & S*, VII, p. 93："伯克指出，至于友谊，它甚至比爱国更高尚，因为它是其他一切美德的源泉、生机和充满活力的灵魂。" Cf. Cicero, *De amicitia*, 10. 关于罗马语境中"友谊"的讨论，参见 P. A. Brunt, "'Amicitia' in the Late Roman Republic," *Proceedings of the Cambridge Philological Society*, 11 (January 1965), pp. 1–20. 关于其在古典思想中的一般价值，参见 David Konstan, *Friendship in the Classical World* (Cambridge: Cambridge University Press, 1997)。

阻止宫廷奴性庇护的唯一手段。在伯克看来，汉密尔顿是贵族滥用这种委托关系的"典范"，而罗金汉则证明了"一小群人"如何平衡了顺从与独立。[311] 党派提供了一种方法，使民众与贵族的联合得以在政治舞台上抵制萌芽阶段的专制主义。

在欧洲封建时期形成的每一个复杂商业社会，都必须发展出足以协调不同等级的财富和地位的社会和政治关系。最重要的是，世袭特权应容纳伯克所谓的"不断上升的功绩"，否则就会出现压迫或者国内冲突。伯克自称为"新人类"（*Novus Homo*），认为自己能洞察更大的结构安排。[312]1770 年 4 月 2 日，威廉·贝加特在下议院对伯克发起人身攻击，面对结党的指控，伯克辩解说自己是一个勤勉、正直的公仆。[313] 正如查理一世的命运所表明的那样，勤勉正直的服务被忽视了，这可能会危及宪法。长期议会起初是为了削弱上议院与国王的影响，最终却削弱了选民的作用。[314] 认识到这一教训，伯克坚称，"在贵族的庇护下"，新人应被允许崛起。[315] 这是避免怨恨最可靠的方法，因为怨恨驱使有才能的人诉诸反叛，最终将贵族置于"平民"（Mechanicks.）手中。激愤的人才同样也会吸引"群

271

---

311 关于该议题与《法国革命反思录》的联系，参见本书第 13 章第 4 节。

312 William Burke to William Dennis, 6 April 1770, *Corr.*, II, pp. 128–29.

313 攻击开始于 1770 年 3 月 30 日，在格伦维尔备受争议的选举法案的三读期间，其作为一种"通过内阁各方"破坏宪法的手段，对政党进行了抨击，参见 *Parliamentary History*, XVI, col. 919。

314 Northampton MS. A. I. 39B, reproduced as EB, Speech on Parliamentary Incapacitation, 31 January 1770, *W & S*, II, p. 234.

315 William Burke to William Dennis, 6 April 1770, *Corr.*, II, p. 128. Cf. EB, Speech on Grenville's Controverted Elections Bill, 30 March 1770, *Parliamentary History*, XVI, col. 921: 伯克"比较了未经开发的土地资源（代代相传）给社会带来的福祉与智力的获得、改善和活动为社会带来的福祉，认为二者可能都是有害的，但无论何时何地，二者的结合都会来带真正的利益，在相辅相成的情况下，这种利益往往更大"。

众"（ad populum）。[316] 虽然伯克意识到平民需要尊重贵族，但他也珍惜自主性，推崇奋斗而不是享有特权的懒惰。[317] 实际上，伯克与惰性的斗争贯穿了他整个政治生涯，这种斗争在他1796年《致一位勋爵的信》中达到高潮，他认为惰性与世袭贵族有关。政党是促使贵族采取行动的最佳手段，因为其将贵族与进取的商人结成了联盟。至于罗金汉派，伯克总是呼吁他们主动行动，他总将激励同僚意识到参与的必要性视为己任。伯克写信告诉罗金汉，一个政党"若没有持续的激励和进取心来保持健康和团结，就会腐败和消亡"。[318]

随着威尔克斯运动相关动乱的平息，动员变得越来越难以实现。正如伯克1771年7月对奥哈拉所言，"乡村派（the Country）已经不起作用了"。[319] 之后几年，这种停滞的感觉一直存在，直到美洲殖民地危机成为下议院的重要议题。伯克对沙克尔顿感叹道，18世纪60年代末的动乱被一种铿锵有力的寂静取而代之。[320] 宫廷继续奴役和利用议会。1773年，伯克评论奴性是"令人震惊和反常的"，但令人费解的是，奴性在世上仍属常见。[321] 除了想要夺取对东印度的庇护权，内阁还渴望消灭威尔克斯。[322] 在这种惨淡的境况中，伯克仍坚称其过去行为的恰当性：若正直使一个人所在的党派长期在野，他不

272

---

316 William Burke to William Dennis, 6 April 1770, *Corr.*, II, p. 128.

317 伯克认为，"出身与财富"只要伴随着恶习和惰性，就不会赢得公众的支持和赞赏，参见 Northampton MS. A. I 39A, reproduced as EB, Speech on Middlesex Election, 15 April 1769, *W & S*, II, p. 230。

318 EB to the Marquess of Rockingham, 29 December 1770, *Corr.*, p. 175.

319 EB to Charles O'Hara, post 14 July 1771, ibid., p. 222. Cf. EB to William Dowdeswell, 27 October 1772, ibid., p. 352: "国家悄悄地默许了我们急切提倡的那些措施。"

320 EB to Richard Shackleton, ante 31 July 1771, ibid., p. 227.

321 EB to Charles O'Hara, 20 August 1773, ibid., p. 452.

322 EB to William Dowdeswell, 27 October 1772, ibid., 351.

应感到惊讶。然而，受限的前景令人沮丧，尤其是因为这减少了行动的机会，"没有令人愉快的希望，漫无目的，无所求，又长期无所作为，在过去的很长一段时间里，让我陷入一种休眠状态"。[323] 罗金汉派试图在伦敦城内取得领先地位，同时主要向"国家中的大地主阶级（large-acred part）"呼吁。[324] 但他们面临三大阻碍：第一，在领导伦敦城不同利益团体方面他们有竞争对手，许多竞争对手比他们更受民众欢迎；第二，宫廷不断削弱下议院的独立性，使反对派不起作用；第三，对国王的抵抗掌握在该党的领导人手中，但他们却习惯于懒散的不作为。1770—1774 年，伯克竭尽全力地抨击政府，支持格伦维尔有争议的《选举法案》，捍卫陪审团的宪法作用，反对政府的土地税和对福克兰群岛的政策，不同意政府对玉米贸易的监管和阻止印发议会报告的企图，但这些努力常常徒劳无功。[325]

面对这种令人沮丧的说服工作，伯克反复考虑，想要退出议会。1772 年 11 月，面对这样的提议，里士满公爵坦承该党派的

323　EB to Charles O'Hara, 20 August 1773, ibid., p. 451.

324　EB to the Marquess of Rockingham, 29 December 1770, ibid., p. 175.

325　EB, Speech on Grenville's Controverted Elections Bill, 30 March 1770, *Parliamentary History*, XVI, cols. 920–21; EB, Speech on Address, 13 November 1770, *W & S*, II, pp. 334 ff.;EB, Speech on the Corn Trade, 16 November 1770, *Cavendish Debates of the House of Commons*, II, pp. 55–56; EB, Speech on the Land Tax, 12 December 1770, ibid., pp. 211–12; EB, Speech on Convention with Spain, 25 January 1771, *W & S*, II, pp. 339 ff.; EB, Complaint Against Printers, 8 February 1771, *Cavendish Debates of the House of Commons*, II, pp. 259–60; EB, Speech on Jury Bill, 7 March 1771, *W & S*, II,pp. 343 ff.; EB, Proceedings against Printers, 12, 14 and 18 March 1771, *Cavendish Debates of the House of Commons*, II, pp. 384, 387–88, 391, 395–97, 413–15, 419; EB, Committee on the Corn Trade, 14 April 1772, *Parliamentary History*, XVII, col. 479; EB, Speech on Corn Bill, 30 April 1772, Cavendish Diary, Eg. MS. 241, fols. 61–61, 72–73, 75–77; Speech on Corn Trade, 17 and 26 March 1773, Cavendish Diary, Eg. MS. 245, fols. 21, 158–65, 170–71; EB, Speech on Grenville's Election Act, *W & S*, II, pp. 396ff.

处境"非常绝望"。[326] 如果没有伯克的投入，整座大厦将会崩塌。里士满的这封信促使伯克书写了一篇冗长而深思熟虑的回信。他赞美了贵族延续民族文化的作用，特别是其维持宪法结构的作用。伯克这样的平民稍纵即逝，里士满这样的贵族则不同，凭借遗产继承制度，他们能够意识到家族的长久荣耀，因此贵族带有一种持久性。伯克有一句名言，相比之下，普通民众"只是一年生植物"，随着季节变迁而消亡。[327] 伯克的评价只为鼓励，而不是溜须拍马。[328] 他回信的目的是为了抗衡罗金汉派领袖们常常表现出来的那种懒散和无所作为。[329] 里士满就很好地说明了这一问题：他应该将精力集中在公众关注的紧迫问题上，但他的注意力却被各种不同事务分散了。[330] 大人物们应以身作则，因为他们知道民众时刻关注着他们。他们的身份使他们看重声誉，他们的地位却使他们倦怠而没有章法，难以做好反对派的工作。[331] 伯克认为，中间阶层很容易被分散到各自的家族中去，但如果他们想要发挥作用，就需要联合起来。在伯克看来，只有中间阶层联合起来他们才能把自身的力量借给贵族。他坚称，这并不是那些谄媚的宫廷宠臣所谓的阿谀奉承。对于伯克而言，自尊和独立是无价的。他曾写过，"对那些所谓的大人物，我从未讨好过"。[332] 与

273

326　The Duke of Richmond to EB, 15 November 1772, *Corr.*, p. 371.

327　EB to the Duke of Richmond, post 15 November 1772, ibid., p. 377.

328　这一点通常被误解，例如，参见 Pares, *King George III and the Politicians*, p. 13："埃德蒙·伯克是势利的理论家和大祭司。"

329　伯克后来在 1777 年 10 月 12 日给威廉·贝克的一封信中评论了这一点："那些你我信任的人"习惯地表现出"缺乏雄心壮志"，参见 *Corr.*, III, p. 388。

330　EB to the Duke of Richmond, post 15 November 1772, *Corr.*, II, p. 374.

331　Ibid, p.373.

332　EB to Richard Shackleton, 22 April 1770, ibid., p. 131. 这是伯克当时的主张中一个永恒的主题，参见 EB, Speech on the Address of Thanks, 13 November 1770. *Parliamentary History*, XVI, col. 1045："恐惧和依赖都没有改变我的原则。"

法国贵族不同，英国贵族自由而公开地与平民往来。[333] 商业活动
使他们频繁接触，迫使贵族接受身份地位低于自己之人的评判，
并使普通士绅支持贵族，而不是讨好民众。

在《对当下不满根源的若干思考》中，伯克引用西塞罗
的话——"所有好人都偏爱贵族"。[334] 平民与贵族间的亲贵族
联盟并不一定完全有益于政府，但这种联盟的确防止了傲慢贵
族阶层对宪法的控制，并避免了国家陷入纯粹民主制或君主制
的极端境地。它还有助于促进法律和政策的自由化。广泛的财
产安全使人们更加珍视先见之明，也促进人们拥有更大的视
野。[335] 1771 年，伯克向威廉·马卡姆宣称，"我一直与自由和
通情达理的人为伴"。[336] 罗金汉、波特兰、里士满和达特茅斯
都是正直、讲信誉和爱国的人，兼具公德和私德。拥有这些品
质的人足以防止颠覆和偏执。人们的安全感有助于抵御狂热主
义，以及随之而来的各种迫害。18 世纪 70 年代，宗派偏见有
了表达的机会。异教者的立场以及国教的真实教义都可能会引
发广泛的争议。[337] 伯克认为，国教与《宽容法案》相结合可以
使民众免于争论宗教礼拜的形式。宗教的职责是救赎灵魂，但
任何信众群体都必须就教义的核心原则、教会的组织形式达成

334 页边码：274

333 EB to the Duke of Richmond, post 15 November 1772, *Corr.*, II, p. 375. Cf. Northampton MS.
A. I 39A, reproduced as EB, Speech on Middlesex Election, 15 April 1769, *W & S*, II, p. 230:
一个 "英国绅士"，与欧洲大陆的贵族相比，"（除了）他的举止、他的亲和力、他的知
识和他对财富的广泛使用，没有比他的同胞更高的地位"。

334 EB, *Reflections*, ed. Clark, pp. 308–9 [205]: "我们都偏爱贵族，这是聪明善良人说的话。"
引用自西塞罗的作品，参见 Cicero, *Pro Sestio*, IX, 21。

335 EB to the Duke of Richmond, post 15 November 1772, *Corr.*, II, p. 377.

336 EB to Dr. William Markham, post 9 November 1771, ibid., p. 262.

337 有关知识背景，参见 John Gascoigne, "Anglican Latitudinarianism, Rational Dissent and
Political Radicalism in the Late Eighteenth Century" in Knud Haakonssen ed., *Enlightenment
and Religion: Rational Dissent in Eighteenth-Century Britain* (Cambridge: Cambridge
University Press,1996, 2006)。

一致意见。在现代欧洲，既不可能创立也不可能强制实行一致的礼拜或信仰，因此，宽容似乎是唯一切实可行的解决方案。在英格兰，1689 年 5 月 24 日，获得御准的《宽容法案》规定，宣誓效忠的异教徒享有信仰自由。与此同时，不信仰国教者被要求拒绝变体说并接受三位一体真理。[338] 伯克认为，宽容拓展了个人信仰的自由，又维护了国教的权威。

这种宗教自由的意义在 18 世纪 70 年代成为一个议题，因为一些英国圣公会教徒更加公开地质疑教士接受英国国教教义的 39 项条款的必要性。[339] 因此，威廉·梅雷迪斯爵士于 1772 年 2 月 6 日向下议院递交了请愿书。[340]1766 年 5 月，弗朗西斯·布莱克本出版了《忏悔录》，也对接受教义条款的合理性提出了质疑，因为显而易见，这些条款可以有不同的解释。受此书启发，1771 年 7 月 16 日，在伦敦斯特兰德大街羽毛酒馆中举行的一场会议上，人们达成了这份请愿书。[341] 为请愿书

---

338 W. K. Jordan, *The Development of Religious Toleration in England* (Cambridge, MA: Harvard University Press, 1936–40), 4 vols.; Ursula Henriques, *Religious Toleration in England, 1787–1833* (London: Routledge and Kegan Paul, 1961), chaps. 1 and 2; R. B. Barlow, *Citizenship and Conscience: A Study in the Theory and Practice of Religious Toleration in England during the Eighteenth Century* (Philadelphia, PA: University of Pennsylvania Press, 1962).

339 关于此事的讨论，参见 B. W. Young, *Religion and Enlightenment in Eighteenth-Century England* (Oxford: Oxford University Press, 1998), chapt. 2。关于这一辩论的各方面情况，参见 Charles F. Mullett, "Some Essays on Toleration in Late Eighteenth-Century England," *Church History*, 7: 1 (March 1938), pp. 24–44。

340 关于该请愿书，参见 *Parliamentary Register* (Debrett), VI, pp. 168–71。

341 在议会中关于神职人员教义的辩论中，一位发言人，即托马斯·菲茨莫里斯（Thomas Fitzmaurice，谢尔本勋爵的兄弟），认为布莱克本的工作至关重要，参见 *Parliamentary History*, XVII, col. 262。布莱克本《忏悔书》第二版的序言向读者介绍了洛克的权威，参见 Francis Blackburne, *The Confessional; or, a Full and Free Inquiry into the Right, Utility, Edification and Success of Establishing Systematical Confessions of Faith and Doctrine in Protestant Churches* (London: 1767)。有关讨论，参见 Peter N. Miller, *Defining the Common Good: Empire, Religion and Philosophy in Eighteenth-Century Britain* (Cambridge: Cambridge University Press, 1994), pp. 309–13。

获取支持的活动主要由布莱克本的女婿西奥菲勒斯·林德赛负责，请愿失败后，西奥菲勒斯脱离了英国国教，在伦敦埃塞克斯街建立起一座一神论教堂。[342] 在羽毛酒馆达成的请愿书获得了克里斯多弗·威维尔、约翰·卡特莱特和格拉夫顿公爵的背书，尤其赢得了剑桥内部不同意见群体的支持：约翰·杰布、埃德蒙·劳和理查德·沃森都打算签署请愿书。[343] 乔治·萨维尔爵士和约翰·卡文迪什爵士也支持梅雷迪斯的请愿，但伯克选择了独立路线。要求神职人员传播国教教义，既不会损害良心的自由，也不会损害信仰的自由；这只是定义了国教制度的性质。但是，对于梅雷迪斯而言，这39条教义起源于野蛮时代，在"自由和解放观念"盛行的时代，这些教义应该被修订。[344] 伯克承认，官方教义可能并未反映全部的"真理"，但是，确定的和平比有争议的真理更有价值。[345] 目前定义英国国教告解的不完美信条是人类弱点的产物，容易引发争议，但它们目前却获得了大多数信徒的支持。就此若展开新的争论将破坏主流共识，可能会使17世纪的骚乱重现。伯克接受宗教改革的观念，但前提是人们对改革达成普遍的同意。要改革一个

---

342 Thomas Belsham, *Memoirs of the Late Reverend Theophilus Lindsey* (London: 1812), pp. 51–67; G. M. Ditchfield, "The Subscription Issue in British Parliamentary Politics, 1772–1779," *Parliamentary History*, 7: 1 (1988), pp. 45–80.

343 197名签名者的名单转载于 *Monthly Repository*, 13 (1818), pp. 15–17。关于同剑桥的联系，参见 John Gascoigne, "Anglican Latitudinarianism and Political Radicalism in the Late Eighteenth Century," *History*, 71: 231 (February 1986), pp. 22–38; idem, *Cambridge in the Age of Enlightenment: Science, Politics and Religion from the Restoration to the French Revolution* (Cambridge: Cambridge University Press, 1988, 2002), pp. 194–98。

344 *Parliamentary History*, XVII, col. 246. 这也是卡文迪什（Henry Cavendish）的观点，参见 ibid., cols. 270–71。

345 EB, Speech on Clerical Subscription, 6 February 1772, *Parliamentary History*, XVII, col. 282n. 伯克的此段演讲被转载于 *Works of Edmund Burke*, V, pp. 323–26, based in turn on Northampton MSS. A. XXXVI. 23, 26A, 26B, 26C, 26D。

合法的机构，需要有广泛的不满作为前提。不管怎样，一个信仰共同体需要某种告解来维系，而这种告解只能由一个商定的教义核心来提供。

此时，伯克已意识到他所谓的"世俗偏见和反对神职"的存在，但他还是急于将自己与罗杰·纽迪吉特爵士所阐述的观点区分开来，纽迪吉特爵士代表高教教会的观点，认为改变立法将会颠覆宪法。[346] 相反，伯克则认为"我们的祖先不会那么偏执或无知，而没有留下改革的余地"。[347] 尽管如此，进行改革也不应意味着摧毁国教制度，或者摧毁与国教制度密不可分的宪法。羽毛酒馆请愿书支持者的要求是，法律应该屈服于个人的良心。[348] 他们认为，宗教信仰应是基于对圣经的理解而做出的个人判断。伯克接受信仰是一种良心问题，而基督徒的良心由启示指引。但是，既然礼拜是一种有组织的活动，那么信仰就既是个人事务也是公众事务。事实上，信仰不可能有其他合理的设想：如果信仰只是建立在对经文的解读之上，那么就可能存在各种不同的信仰，有些甚至与社会道德不相容。[349] 伯克追随洛克，将教会描述为一个"自愿协会"。[350] 但对于伯克而言，这一理念与教会机构并不矛盾：一个人可以自愿加入英国国教，也可以从良心上反对国教教义。在后一种情况下，他可以自由地加入另一个公认的教会。国教制度相当于一种税

276

---

346 EB, Speech on Church *Nullum Tempus* Bill, 17 February 1772, *W & S*, II, p. 367. 关于纽迪吉特爵士，参见 *Parliamentary History*, XVII, cols. 251–66。他的观点随后被诺斯勋爵采纳了，参见 ibid, cols. 272–74。

347 EB, Speech on Clerical Subscription, 6 February 1772, *W & S*, II, p. 360.

348 有些人怀疑请愿者希望摧毁所有的教会机构并传播索齐尼派的信仰，参见 *Parliamentary History*, XVII, cols. 262, 264。18 世纪 70 年代，伯克并不支持这一观点。

349 EB, Speech on Clerical Subscription, 6 February 1772, *W & S*, II, pp. 361–62.

350 John Locke, *A Letter Concerning Toleration and Other Writings*, ed. Mark Goldie (Indianapolis, IN: Liberty Fund, 2010), p. 15.

收，一种为那些履行相应仪式、传达相应信条的支持者所支付的税款。如果神职人员对国教的教条提出异议，他们实际上就宣告了脱离国教。只要本着良心的异教徒能够被宽容，国教就不是一种迫害的工具。良心的自由与宗教规定并不冲突。

尽管如此，神职人员中仍会存在对良心的质疑。1769 年，爱德华·埃文森在被任命为图克斯伯里教区牧师后不久，就向坎特伯雷大主教祖露自己对尼西亚信经和亚他那修信经的不确定。在没有回应的情况下，他根据个人的喜好调整了礼拜仪式。此外，1771 年他还进行了复活节布道，使这种倾向更加严重，这使他遭到起诉。[351]1772 年，埃文森出版了一本匿名小册子，陈述他接受三位一体学说的困难，同时广泛批评了英国国教中盛行的正教观念的愚蠢和迷信。[352]1775 年，他的起诉因技术问题而失败，然而他却于 1778 年自愿辞职了。1774 年 5 月 5 日，威廉·梅雷迪斯提议成立一个委员会重新审议神职规定的问题，伯克引用埃文森的案例有效证明了他的观点，他坦率地说，"神职规定是必要的"。[353]1779 年，霍格顿再次提议成立关于神职规定问题的委员会，伯克强调了布道资格与有良心的异教徒个人权利之间的区别。[354] 如果没有前者，神职人员将被允许任意改变礼拜仪式，甚至践行一套信仰，却鼓吹另一套信仰。如果这样的行为被允许，整个王国很快就会充满

351 G. Rogers, "Some Account of the Life, Religious Opinions, and Writings, of Edward Evanson" in Edward Evanson, *Sermons* (Ipswich: 1807), 2 vols.; John Stephens, "The London Ministers and Subscription, 1772–1779', *Enlightenment and Dissent*, 1 (1982), pp. 43–71.

352 Edward Evanson, *The Doctrines of a Trinity and the Incarnation of God Examined on the Principles of Reason and Common Sense* (London: 1772), p. 10–11.

353 EB, Speech on Clerical Subscription, 5 May 1774, *W & S*, II, p. 466.

354 EB, Notes for Speech on Dissenters Bill, April 1779, *W & S*, III, p. 433.

"分裂和混乱"。[355] 在伯克看来，任何一种不会直接毁灭信仰的观点都应被宽容，但这一原则不应以牺牲国教为代价。

1772 年 4 月 3 日，为回应普勒斯顿议员亨利·霍格顿爵士提出的一项豁免异教教师和牧师的法案，伯克阐述了他的立场。根据《宽容法案》，异教徒无须履行国教的仪式和讲道，也不受国教约束。然而，在羽毛酒馆请愿失败后，国教神职人员确认有义务认同既定的宗教信条，这就质疑了对那些不赞同国教仪式和教义之人施加任何强制宗教规定的有效性。[356] 伯克意识到，目前非国教徒不用遵循第三十四条、第三十五条和第三十六条戒律，也不用遵循第二十条戒律的一部分内容，这实际上已将他们排除在了国教信仰之外，因此，要求他们承诺遵守国教的其他原则其实是"荒谬的"。[357] 既然异教徒不愿意担任国教神职而获取酬金，那么他们想要获取完全的宗教自由的请求也应该被允许。虽然伯克的观点在下议院占了上风，但该法案却遭到了上议院的严厉抵抗。与羽毛酒馆请愿书相比，豁免异教徒的法案受到了广泛的支持，但非国教徒群体内部仍有分歧，主要是担心完全免除教义职责会在国教之外催生异端邪说。因此，1773 年，人们再次试图争取对异教徒的豁免时，采取了更缓和的方式。[358] 尽管如此，这些扩大宽容的持续努力

278

---

355 EB, Speech on Clerical Subscription, 5 May 1774, *W & S*, II, p. 467. Cf. Immanuel Kant, *Was ist Aufklärung?* Ed. Horst D. Brandt (Hamburg: Felix Meiner Verlag, 1999), pp. 23–24, 一个牧师在宣扬一种教义的同时，却发表另一种教义，却被认为是正当的。

356 Anthony Lincoln, *Political And Social Ideas of English Dissent, 1763–1800* (New York：Octagon, 1971), chapt.2.

357 EB, Speech on Toleration Bill, 3 April 1772, *W & S*, II, p. 369.

358 Richard Price to the Earl of Shelburne, 23 February 1773, *The Correspondence of Richard Price*, eds. W. B. Peach and D. O. Thomas (Durham, NC: Duke University Press, 1983–1994), 3 vols., I, p. 156.

引发了一些担忧，人们担心这会攻击三位一体的正统观念。[359]
在 1773 年 3 月 17 日对《宽容法案》的二读辩论中，一位发言
者说，索齐尼主义者、自然神论者和无神论者在显著增加。[360]

然而，在伯克看来，非国教请愿者与所有理智的异教徒都
是反对宗教怀疑主义的盟友。诚然，多样性不需要被鼓励，但
事实上，多样性必须被宽容。尽管如此，伯克还指出两种情况
应该被排除在仁慈的宽容之外。第一，若异见的传播是"为了
在国家中形成一个派系"，那么地方法官有权限制宗教自由。[361]
第二，鉴于无神论是对有序社会的攻击，无神论永不应"得到
支持，永不应……被容忍"。[362]近期，伯克刚从巴黎回来，他对
那里普遍存在的对宗教基本信条的蔑视感到震惊。[363]也就是在
此时，他称赞詹姆斯·比蒂《论真理》的附言颇为"精辟"。[364]
休谟的《人性论》是比蒂主要攻击的目标，尽管他对贝克莱的
《人类知识原理》也持怀疑态度。[365]吸引伯克的是比蒂对"现
代皮浪怀疑主义者"的攻击，据说他们一面假装减少偏执的影
响，一面又在反复灌输偏见。"我看到了这些灌输的原则，"伯

---

359 G. M. Ditchfield, "'How Narrow Will the Limits of this Toleration Appear?' Dissenting Petitions to Parliament, 1772–1773," *Parliamentary History*, 24: 1 (February 2005), pp. 91–106.

360 Clement Tudway, reported in the Cavendish Diary, Eg. MS. 243, fols. 345–46.

361 EB, Speech on Toleration Bill, 17 March 1773, *W & S*, II, p. 385.

362 Ibid., p.388.

363 伯克的旅行记录被保存在一系列书信中，参见 *Corr.*, II, pp. 411–22。伯克对盛行的无神论信仰的反应，参见 James Prior, *Life of the Right Honourable Edmund Burke* (1824) (London: 5thed., 1854), pp. 135–36。

364 James Beattie, *London Diary, 1773* ed. Ralph S. Walker (Aberdeen: Aberdeen University Press, 1946), pp. 33–38.

365 James Beattie, *An Essay on the Nature and Immutability of Truth in Opposition to Sophistry and Scepticism* (Edinburgh: 1771), pp. 542–44.

克称，"这绝不会宽容宗教信仰。"[366] 伯克指出，怀疑主义容易导致迫害。当然，伯克所说的怀疑主义并不是指不相信，而是一种破坏所有合理观点的自负决心。一个人可以怀疑基督教启示的准确性，只要在不确定的情况下，他们都能够保持"虔诚的沉默"，那么他们就不应被视为宗教和公民社会的敌人。[367] 然而，教条主义无神论则是另一回事：其现代典范致力于使人性更加残暴，腐蚀道德的根基，嘲笑圣经的真理和上帝的规则。[368] 正如贝克莱《阿尔西夫龙》一书中克里多所言，自由思想家摧毁了"人类的希望"，将人性贬低到动物的水平。[369] 伯克认为，面对这种持续不断的冲击，宽容是团结基督徒、挫败对虔诚和道德的攻击的一种手段，"我想让基督徒团结起来；我想让他们参与每一次对黑暗力量的打击，让他们挫败上帝和人类的敌人"。[370]

279

1775 年，在给威廉·伯格的回信中，伯克清楚解释了他所理解的宽容范畴。公民保护包括宽容任何信仰形式，因此，伯克会宽容"犹太教徒、伊斯兰教徒，甚至异教徒"。[371] 他乐于宽容基督教的每一个分支，甚至毫无顾虑。此时，伯格准备将他的第二版作品献给伯克，他在其中反驳了西奥菲勒斯·林德赛（Theophilus Lindsey）的一位论原则。[372] 作为回应，伯

366　EB, Speech on Toleration Bill, 17 March 1773, *W & S*, II, p. 389.

367　Ibid.

368　EB, Speech on Toleration Bill, 17 March 1773, *Parliamentary History*, XVII, col. 782.

369　George Berkeley, *Alciphron; or the Minute Philosopher* in *The Works of George Berkeley*, ed. Alexander Campbell Fraser (Oxford: Oxford University Press, 1901), 4 vols., II, p. 49.

370　EB, Speech on Toleration Bill, 17 March 1773, *Parliamentary History*, XVII, col. 783.

371　EB to William Burgh, 9 February 1775, *Corr.*, III, p. 112.

372　The original work was William Burgh, *A Scriptural Confutation of the Arguments against the One Godhead by the Reverend Mr. Lindsey* (London: 1775).

克发现他有必要坚称，他绝不会将异教徒视为纯粹的分裂者，尽管 18 世纪 90 年代，他将得出结论，普莱斯和普里斯特利是纯粹的分裂者。[373] 目前，他甚至认为异端异教徒都致力于"我们共同的希望"。[374] 伯克预测，另一个时代会接受这种仁慈的倾向，并将其视为宗教虔诚的标志。"我毫不怀疑，"伯克写信给一位美洲朋友，"无论在我们这里，还是你们那里，不宽容的精神将逐渐消失。"[375] 本着格劳秀斯的精神，伯克虽乐于谴责罗马天主教暴政时代蓬勃发展的各种迫害形式，但他仍很欣赏不同基督教派的共同之处。[376] 在任何改革或未改革的教会中，除了"他们彼此之间的厌恶"，他未曾发现任何"本质性的错误"。[377] 基督徒的力量在于共同打击宗教冷漠，挫败日益兴盛的"伊壁鸠鲁主义"（Epicurism）。[378]

---

373 关于这一点，参见 John Seed, "'A Set of Men Powerful Enough in Many Things': Rational Dissent and Political Opposition in England, 1770–1790" in Haakonssen ed., *Enlightenment and Religion*, p. 157。

374 EB to William Burgh, 9 February 1775, *Corr.*, III, pp. 111–12.

375 EB to John Cruger, 30 June 1772, *Corr.*, II, p. 310.

376 Hugo Grotius, *The Truth of the Christian Religion* (1627), ed. Rosa Antognazza (Indianapolis, IN: Liberty Fund, 2012), p. 125："基督徒之间的意见分歧不会妨碍他们在主要事情上达成一致。"关于格劳秀斯对伊拉斯谟传统的贡献以及他对英国自由主义神学的影响，参见 Hugh Trevor Roper, "The Religious Origins of the Enlightenment" in idem, *The Crisis of the Seventeenth Century: Religion, The Reformation, and Social Change* (Indianapolis, IN: Liberty Fund, 1967)。

377 EB to William Burgh, 9 February 1775, *Corr.*, III, pp. 112.

378 Ibid.

第六章
殖民地争端：1765—1774

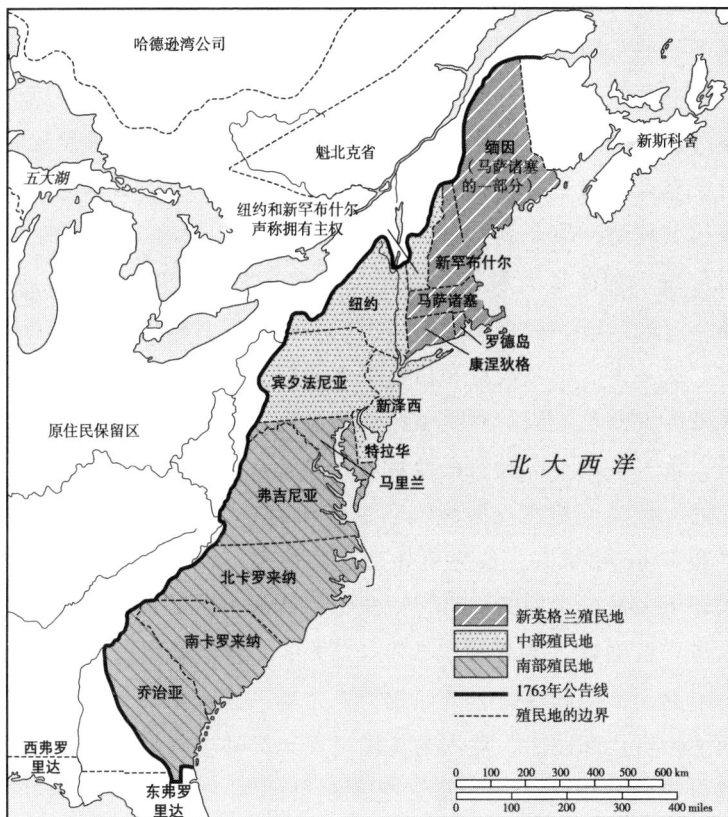

哈德逊湾公司

五大湖

魁北克省

纽约和新罕布什尔
声称拥有主权

新斯科舍

缅因
马萨诸塞
的一部分

新罕布什尔

纽约

马萨诸塞

罗德岛
康涅狄格

原住民保留区

宾夕法尼亚

新泽西

特拉华

马里兰

北大西洋

弗吉尼亚

北卡罗来纳

南卡罗来纳

乔治亚

西弗罗
里达

东弗罗
里达

新英格兰殖民地
中部殖民地
南部殖民地
1763年公告线
殖民地的边界

| 0 | 100 | 200 | 300 | 400 | 500 | 600 km |
| 0 | 100 | 200 | 300 | 400 miles |

地图 1　美洲殖民地地图

6.1 导　语

　　伯克的议会生涯始于一场重大的政治危机，之后的 17 年里，这场危机都是议会争论的焦点。在乔治三世统治的前半段时间里，与美洲殖民地的冲突引发了最大的争议。殖民地的抵抗挑战了帝国的综合结构，质疑了宗主国权威的性质。本章讲述了一直到美国独立战争爆发前夕，伯克对不断发展的局势的应对。从一开始，他就对"权利"的争论很谨慎，这种争论将殖民地人们的主张与政府对立了起来，但是双方的目标应是如何切实调解冲突。到 1765 年 12 月，伯克已确定，废除乔治·格伦维尔的《印花税法案》是实现双方和解的唯一手段。当然，与此同时，必须主张帝国主权，以确保君临议会的至上权力。这是为了反对皮特和格伦维尔而精心设计的立场：前者扮演爱国者角色，表示尊重殖民地的情绪；后者则推行政府的立场，认为英国不应对殖民地负责。尽管帝国主权必然是至高无上的，但是，伯克反驳说，它也必须响应殖民地的一致意见。早在 1766 年秋天，伯克就怀疑查塔姆派正改变路线：他们突然开始强调宗主国的权力，而忘记了他们对殖民地各省权利的承诺。根据这一变化，很快在 1767 年，罗金汉派的政策也发生了翻天覆地的变化，开始推行查尔斯·汤森的计划，向殖民地征税。从那以后，英国与美洲殖民地的冲突开始加剧，导致政府走向专横而不是和解。之后的波士顿大屠杀、《茶税法》以及《不可容忍法令》使英国与殖民地的关系越来越恶化。

　　伯克对查塔姆、格拉夫顿和诺斯政策的反对是基于对协商一致原则的肯定。18 世纪 60 年代中期，罗金汉派努力与公众意见保持一致，使他们既代表民意，又不会屈从于民意。他们明白自己要与公众的情绪保持一致，特别是与商人和市民的态度一致，同时仍然坚持议会程序的审议和判断。在伯克看来，政府未能认识到殖民地民意的重要性，这似乎是对这些理想的背叛。这一失败是由英国政权的态度决定的，随着对殖民地的依赖日益明显，英国政府采取了更加压迫性的政策。殖民地已经从单纯的贸易共同体变成了实质性的但从属的公民共同体。伯克认为，既然殖民地有代表议会（representative assemblies），那么代表议会的法令就应该被尊重，即使他们受限于威斯敏斯特议会。然而，历届政府并没有以一种善意的督导精神接近他们，而是将他们视为不听话的违法者。政府似乎决心要管理他们，而不是指导他们，尽管他们没有成功的管理工具。伯克指出，英国自由原则培养出的殖民地居民不会屈服，他们不会被税收和贸易控制。更重要的是，他们有能力抵抗任何强制性的武断行为，这意味着，如果英国想要殖民地的子民顺从，就不得不运用自己的权威而不是武力。1768—1772 年，希尔斯伯勒伯爵（Earl of Hillsborough）出任首任殖民地大臣，随后，达特茅斯伯爵担任该职，一直到 1774 年。这期间，殖民地惧怕帝国的强制政策，就像帝国担心殖民地叛乱一样。在自尊心的驱使下，感觉到权威渐失的英帝国开始将自己的意志强加给殖民地。伯克警告说，帝国为了维护尊严铤而走险，因此逐渐失去信誉。威斯敏斯特应该根据民意治理殖民地，而因为缺乏远见，其试图靠恐怖手段来统治。

6.2 《印花税法案》危机

1774 年 4 月 19 日，在《关于对美洲征税的演说》中，伯克承认，殖民地的这一问题让他"悲伤"。[1] 在过去九年中，他见证了历届政府的政策转变，这些转变损害了帝国权威，激起了殖民地民愤。他指出，在这些年里，他一直坚守一个立场，

1　EB, *Speech on American Taxation* (19 April 1774), *W & S*, II, p. 462.

为罗金汉派的殖民地政策服务并为其辩护，他将这一政策称为
"1766年方案"，那一年，罗金汉勋爵仍担任第一财政大臣。[2]
在追求这一既定路线的过程中，尽管饱受宫廷宠臣的嘲笑，伯
克还是为了荣誉而牺牲了晋升机会。荣誉就意味着坚守原则而
不是谋求职位，伯克声称，在美洲问题上他也致力于相同的原
则，在他担任下议院议员之前就是如此。[3] 这也就意味着，伯
克坚持的核心政策是1766年罗金汉派所采取的殖民地政策。

　　1766年1月17日，英国各地商人向下议院提交了大量请
愿书，抱怨《印花税法案》实施后，他们与美洲殖民地间的贸
易衰退了。这是一场协商一致的运动，用以寻求内阁的支持，
反对格伦维尔的措施。威廉·梅雷迪斯找到伯克，提交了曼彻
斯特请愿书。这使伯克面临在议会中的首次考验。当天，下议
院坐满了人，气氛十分紧张，令人害怕。伯克所在的反对席仅
有4排人，面对着满屋子政府的支持者。发言人站在中间的讲
台上，两边都是旁听席。伯克向奥哈拉坦承，"我就像一个喝醉
了的人"。[4] 在首次演讲的第二天，伯克兴奋地写道，在等候铃
响之前，他偷来一点时间写下了这些文字。梅雷迪斯意外地将
这个任务交给了伯克，迫使他在没有充分准备的情况下进行了
演讲。[5] 很快，他就与弗雷德里克·坎贝尔勋爵进行了辩论，随
后又与乔治·格伦维尔辩论。伯克透露说，"我兴奋起来了"；
他渴望继续辩论，但随后乔治·萨维尔吸引了议长的注意，打
断了伯克。尽管如此，伯克还是感到松了口气，由于直接"投
入"其中，他也克服了第一次演讲的恐惧。这之后，他感觉自

283

2　Ibid.

3　Ibid.

4　EB to Charles O'Hara, 18 January 1766, *Corr.*, I, p. 232.

5　参见 the description in Christopher Reid, *Imprison'd Wranglers: The Rhetorical Culture of the House of Commons, 1760–1800* (Oxford: Oxford University Press, 2012), pp. 145–46。

己"更勇敢"了，虽然有一点眩晕，他感觉脑中一直在"旋转"。[6]他虽很兴奋，但仍保持理智，因为这是十分重要的场合。皮特曾说，这是光荣革命以来最重要的一场辩论。[7]

伯克对议会辩论的首次干预发生在殖民地面临的一场信任危机中。1765年3月22日通过的《印花税法案》于11月生效，但自该法案于1764年春天提出以来，反对的声音越来越多。[8]该提议是在政府计划规范殖民地贸易的背景下出现的，1764年3月，其与其他一系列决议一同提交下议院。[9]在签订《巴黎和约》后，1763年上任的格伦维尔面临巨大压力，一方面要处理日益增长的国债；另一方面还要集资以维持在美洲殖民地的常备军。其中部分资金来自对殖民地的进口商品征税，这些产品包括马德拉白葡萄酒、红酒、咖啡、甜椒、靛蓝染料、彩绘印花布、亚麻和糖浆。[10]之后，对糖浆的征税条款与其他的条款一起构成了《食糖法案》（Sugar Act），其通过降低关税的成本以便于征税，这相当于试图实施已经失效的1733年的《糖浆法案》。与其他法案一样，这实际上是使英国贸易获

6　EB to Charles O'Hara, 18 January 1766, *Corr* ., I, p. 233.

7　皮特在1766年1月14日提出了这一要求。关于这场辩论的最完整的记录载于*Parliamentary Register* (Almon), VII, pp. 61–77. 关于同1688年的对比，参见 PDNA, II, p. 86.Cf. Walpole, *Memoirs*, III, p. 8。

8　The act passed as 5 Geo. III, c. 12.

9　*CJ*, XXIIX, pp. 934–35.《印花税》条款是在格伦维尔向下议院提交的关于殖民地贸易的第十五项（也就是最后一项决议）中提出的。

10　伯克在《议会1764年为驻军批准的物资》中提供了相关数据，参见 *The Annual Register for the Year 1764* (London: 1765), pp. 164–65；亚当·安德森（Adam Anderson）的书中逐字逐句呈现了该情况，参见 Adam Anderson, *An Historical and Chronological Deduction of the Origin of Commerce,from the Earliest Accounts to the Present Time* (London: 1764, 1790), 4 vols., IV, pp. 65–67。

284 利的优惠关税，同时又能减轻财政负担。[11] 殖民地立即爆发了强烈抗议，从殖民地议会和商人阶层开始，抗议在人群中蔓延，直至治安法官。英帝国的海军执法既随意又很严厉。殖民地代理人被派去威斯敏斯特抗议。[12]

《食糖法案》引发的不满未能阻止政府设法获取更多收入。七年战争期间，国债已跃升至 129 586 789 英镑，而在美洲的驻军年均花费约 25 万英镑。[13] 政府打算向殖民地征税以应付这些开支，而殖民地却派遣代表前往英国，质疑议会对殖民地征税的权利。[14] 他们抗议说，征税需要通过代表权达成一致。[15] 在抗议越来越多的背景下，一种有原则的反对立场出现了。在英国和爱尔兰海岸，海上武装力量被用以拦截走私货物，而美

11　关于格伦维尔政府下新的商业规定，参见 O. M. Dickerson, *The Navigation Acts and the American Revolution* (Philadelphia, PA: University of Pennsylvania Press, 1951), chapt. 7; J.J. McCusker and R. M. Menard, *The Economy of British America, 1607–1789* (Chapel Hill, NC: University of North Carolina Press, 1985), chapt. 3。

12　Edmund S Morgan and Helen M. Morgan, *The Stamp Act Crisis: Prologue to Revolution* (1953)(New York: Macmillan, 1962), pp. 52–58.

13　这是 1764 年的国债数额，参见 *CJ*, XXXIX, p. 760. Cf. the figures in Adam Smith, *An Inquiry into the Nature and Causes of the Wealth of Nations*, eds. R. H. Campbell and A. S. Skinner (Indianapolis, IN: Liberty Fund, 1981), 2 vols., I, p. 354。10000 名英国士兵驻扎在美洲大陆上。其费用，参见 *CJ*, XXIX, p. 681; 有关讨论，参见 John Shy, *Toward Lexington: The Role of the British Army in the Coming of the American Revolution* (Princeton,NJ: Princeton University Press, 1965)。

14　伯克对政府与殖民地代理人的谈判特别感兴趣，随后对以色列·摩迪 (Israel Mauduit) 的相关著作（*Mr. Grenville' Offer to the Colony Assemblies to Raise the Supply Themselves* (London: 1775)）做了注释并提出问题，参见 WWM BkP 6:147. 伯克还起草了一份未发表的回应，参见 WWM BkP 6: 148–53。

15　詹姆斯·奥蒂斯（James Otis）关于此案的讨论非常著名，参见 James Otis, *Rights of the British Colonies Asserted and Proved* (Boston: 1764)。奥蒂斯在马萨诸塞下议院的声明被列入此文的附录，参见 ibid. pp.70–80。这本小册子成为贾斯珀·摩迪（Jasper Mauduit）代表马萨诸塞湾向议会陈述的基础，参见 *The Gentleman's and London Magazine* (London: 1767), p. 149。

洲水域的海军则在扮演税收监察员的角色。商船船员被粗暴对待且难以获得救济，因为只有海军部和财政部的官员才可以上诉，船员们被剥夺了要求其同行组成的陪审团参与审判的权利。也许更值得注意的是，贸易本身受到了打击，海军日益警惕，以确保履行那些常被忽视的商业法规。[16]1765 年，伯克在《年鉴》中评价道："因此，美洲殖民地对宗主国的热爱和尊重遭受了最严峻的考验。"。[17]

此时，在反对帝国计划方面，殖民地的政治激情达到历史新高。之前，只有激愤的个人对帝国怀有怨恨，而如今，不满日益成为殖民地的共识。殖民地专门成立了抵制英国进口产品的协会，同时，殖民地议会则指示其代理人提出他们的原则性反对意见。他们质疑立法权的正当性以及议会的权威性。1765 年 1 月 10 日，议会开幕，国王在御座致辞中宣告了议会的至高无上，这一通常被视为理所当然的问题受到了质疑。[18]11 天后，考虑到海军预算，查尔斯·汤森被迫重申"英国在殖民地享有至上权力"，但这后来却引发了奥尔德曼·威廉·贝克福德的愤怒回应，他指出，"殖民地……比爱尔兰更自由"。[19]在《年鉴》中，伯克提出了一个观点，之后他也曾反复提及：没有人能从对权利问题的争论中获益，因为不论结果如何，政治关系都会

285

16　关于商业限制的背景及其在贸易委员会的源起，参见 Thomas W. Barrow, "Background to the Grenville Program, 1757–1764," *William and Mary Quarterly,* 22:1 (January 1965), pp. 93–104。

17　"The History of Europe," *The Annual Register for the Year 1765* (London: 1766), p. 23. 本书出版于 1766 年 6 月 27 日，晚于以往的《年鉴》。关于 1763 以后加强航海限制的讨论，参见 Thomas C. Barrow, *Trade and Empire: The British Customs Service in Colonial America* (Cambridge, MA : Harvard University Press, 1967)。

18　*CJ*, XXX, pp. 2–4.

19　詹姆斯·哈里斯的议会记录中记载了汤森的评论，转载于 PDNA, II, p. 4。1 月 23 日，贝克福德做出反击，参见 Walpole, *Memoirs*, II, p. 34，转载于 PDNA, II, p. 8。

被损害，更不用说这种分歧还会助长怨恨与怀疑。[20]2 月 15 日，殖民地提交请愿书时，议会却拒绝审议这些请愿书。检察总长查尔斯·约克认为殖民地的立法仅相当于法律的"附则"。[21] 对于殖民地居民而言，这种言论被认为是一种侮辱，很快自由之子协会（Sons of Liberty）便开始在波士顿街头抗议，而《印花税法案》会议（Stamp Act Congress）也记录了越来越深的不满情绪。[22] 盖奇将军指出，"民主精神"正在激发人们反对宗主国的情绪。[23]

伯克推测，如果这项措施突然出台，而没有大张旗鼓，针对《印花税法案》的骚乱本可以避免。[24] 在这种情况下，组织骚乱的机会将会减少，人们可能也会逐渐接受这项措施，因为在实践中这项措施可能没有人们想象中那么具有压迫性。然而，政治活动家们却被给予了充分的时间和机会准备，煽动起各阶层民众的不满。[25] 当然，他们运用的材料也很容易煽动民众，因此，愤怒像野火一样在殖民地的大片土地上蔓延。伯克认为，《印花税法案》通过的消息最先传到了新英格兰，导致反对派掀起愤怒的浪潮，使古老的共和独立精神复苏。[26] 所有

286

20　"The History of Europe," in *The Annual Register for 1765*, p. 26.

21　该声明载于詹姆斯·哈里斯的议会记录，转载于 PDNA, II, p. 26。

22　Morgan and Morgan, *The Stamp Act Crisis*, chapts. 7 and 8.

23　Thomas Gage to Henry Seymour Conway, 12 October 1768, *The Correspondence of General Thomas Gage with the Secretaries of State, 1763–1775* ed. Clarence Edwin Carter (New Haven, CT:Yale University Press, 1933), 2 vols., I, p. 69.

24　"The History of Europe,"in *The Annual Register for 1765*, p. 49. 伯克再次提及这一建议，参见 EB, *Observations on a Late State of the Nation* (1769), *W & S*, II, p. 188。关于《印花税法案》的延迟引入，参见 Edmund S. Morgan, "The Postponement of the Stamp Act," *Williamand Mary Quarterly*, 7: 3 (July 1950), pp. 353–92.

25　"The History of Europe," in *The Annual Register for 1765*, p, pp. 49–50.

26　Ibid., p.50. 事实上，1765 年 5 月 29 日，在马萨诸塞湾的詹姆斯·奥蒂斯的建议下，帕特里克·亨利（Patrick Henry）在弗吉尼亚市民院提出了最初的主张，即于次年 10 月召开《印花税法案》会议。8 月，波士顿出现抗议，他们阻挠征税，并攻击财产。

公众情绪和宗教分歧都被弥合，殖民地屈服于英国利益所带来的最佳保障也没有了。[27] 甚至殖民地间也相互团结，特别是在新英格兰、纽约、新泽西、费城、弗吉尼亚、卡罗来纳和马里兰之间。[28] 然而，下议院却并不支持殖民地的抗议，虽然艾萨克·巴雷表明了捍卫美洲殖民地权利的立场。[29]

由《印花税法案》即将颁布而引发的第一次骚动中，伯克认识到，支付国家开支的方式将决定英国及其帝国的未来。在1764 年的《年鉴》中，他指出，尽管法国和西班牙之间建立了强大联盟，但他认为《巴黎和约》仍会延续。他也承认，很难断定谁会提出大多数的和平条款。一切都取决于政治经济中的精细判断，取决于欧洲政治制度的灵活性和稳定性，取决于各政府对资源的明智管理，以及法国和英国大臣们利用这些资源的能力。[30] 这些资源主要是指工业和贸易资源。在对亚当·安德森 1764 年《商业起源的历史演绎》的评论中，《年鉴》强调了已经很明显的事实。贸易习惯"受到人类习惯的影响"，而商业是国家政策的一个组成部分。[31] 因此，贸易前景对国家的实力和繁荣至关重要，但是贸易规则取决于受影响者的习惯和观念。

伯克后来将奥地利王位继承战争及其余波视为一个关键时期，即英国认识贸易与权力关系的关键时期。[32] 1748 年签订

27　Ibid.

28　Ibid., p.56.

29　巴雷对美洲问题的第一次有记录的干预发生在 1765 年 1 月 21 日，并记录在詹姆斯·哈里斯的议会日记中，载于 PDNA, II, p. 4。1765 年 2 月 6 日，他发表了一份措辞激烈的声明，参见 PDNA, II, p. 16。

30　"The History of Europe," in *The Annual Register for 1764*, p. 10.

31　"An Account of the Books Published in 1764," ibid., p. 250.

32　Edmund Burke, Speech on the Opening of Impeachment, *W & S*, VI, p. 311. 伯克当时关注的是英帝国在东方的发展，而不是在西方的发展。

287 的《亚琛和约》并不是欧洲各国争霸的解决之道，而仅是暂缓了局势，各国趁机制订各种计划，导致各国的竞争加剧。1754年，战争在美洲再起，之后，1756年的欧洲也再次发生战争，在随后的帝国大战中，英国前景渺茫，直到其1759年占领魁北克。[33] 到1763年，英国足以缔结对其有利的条约，其在美洲获得了广阔的新领土，这些领土（将法国和西班牙的领土排除在外）包括三个主要区域：加拿大地区，阿帕拉契山脉与密西西比河间的地区，以及东西弗洛里达地区。正如伯克1764年所说，这三个区域使得英国"在美洲的帝国版图完整了"。[34] 与沿海和西印度群岛殖民地相比，这些地区十分落后，人烟稀少。[35] 这些地区无法使英国立即获利，即使它们可能"有益于贸易"，英国也得先确保它们的绝对安全。[36] 英国主要的战略收获之一是扩张了"蛮荒"的土地，但从长远看，由于该地区土壤和气候的多样性，新获得的土地将为农业和贸易提供补充。但是，并非这些领土的每一寸土地都受英国政府管辖。密西西比河以东的美洲内陆地区被保留为印第安人的狩猎区域，直到殖民和贸易使他们被英国政治和文化同化。[37]

与此同时，《1763年皇家宣言》限制私人购买阿帕拉契山

33　关于"帝国大战"一词，参见 Lawrence Henry Gipson, "The American Revolution as an Aftermath of the Great War for the Empire, 1754–1763," *Political Science Quarterly*, 65: 1 (March 1950), pp. 86–104。

34　"The History of Europe,"in *The Annual Register for the Year 1763* (London: 1764), p. 18.

35　威廉·伯克在他的作品中以加拿大为例强调了这一点，参见 William Burke, *Examination of the Commercial Principles of the Late Negotiation Between Great Britain and France in 1761, in which the System of that Negotiation with Regard to our Colonies and Commerce is Considered* (London:1762), pp. 80–81。

36　"History of Europe,"in *The Annual Register for the Year 1763* (London: 1764), p. 18. 本卷首次出版于1764年5月16日。

37　Ibid., p.32.

脉以外的土地，并派驻英国军队监管边界，以避免殖民者与印
第安人发生冲突。这种监管必然会产生开支，1764年，伯克
明确指出了这项支出应该由谁承担。他写道，军队"目前由英
国维持"。但是，殖民者安定下来以后，这项支出应由受军队
保护的殖民地承担，"这是合理的"。[38] 事后证明，威斯敏斯特
提出的付款条件显然破坏了英国复合君主制中议会与殖民地的
政治关系。[39] 到了1766年，伯克提议，让殖民地通过日益增
长的贸易总量增进英帝国福祉，而不是通过对殖民地的商业征
税来解决这种对立关系。1739年，罗伯特·沃波尔拒绝对美
洲征税，确立了一个明确的政策先例。[40] 伯克指出，如果商业
活动最大程度地延伸到美洲，这将推动英国国内的生产力和贸
易的发展，进而增加英国财政收入，这种做法更好。《年鉴》
指出，沃波尔曾总结道，"对他们的宪法和我们的宪法而言，
这都是更能接受的税收方式"。[41]

288

　到了1765年10月5日，白厅已十分清楚殖民地对《印花

38　Ibid., p.21.

39　复合君主制是近代早期的一种政治制度，参见 H. G. Koenigsberger, "Monarchies and
Parliaments in Early Modern Europe: *Dominium Regale* or *Dominium Politicum et Regale*,"
Theory and Society, 5: 2 (March 1978), pp. 191–217; J. H.Elliott, "A Europe of Composite
Monarchies," *Past & Present* (November 1992), pp. 48–71; Istvan Hont, *Jealousy of Trade*:
International Competition and the Nation-State in Historical Perspective (Cambridge, MA:
Harvard University Press, 2005), pp.456–63., pp. 456–63。关于美洲的情况，参见 H. G.
Koenigsberger, "Composite States, Representative Institutions and the American Revolution,"
Historical Research, 62: 148 (June 1989), pp. 135–53。

40　伯克提及的情况在以下作品中也得到了讨论，参见 Alvin Rabushka, *Taxation in Colonia
America* (Princeton, NJ: Princeton University Press, 2008), p. 449。

41　"The History of Europe," in *The Annual Register for the Year 1765* (London: 1766), p. 25. 这
实质上是伯克后来的主张，参见 EB, *Speech on American Taxation* (19 April 1774), *W & S*,
II, pp. 428–29. Cf. Walpole, *Memoirs*, II, p. 93: "曾有人向罗伯特·沃波尔爵士提议通过向
美洲征税来增加财政收入，但沃波尔预见到了超出实际情况的好处，宣称只有比他更大
胆的人才会冒险采取这种权宜之计。"

税法案》的激烈抵抗。[42]第一届罗金汉政府已在7月取代了格伦维尔内阁，同时，伯克被任命为第一财政大臣的私人秘书。他立即开始处理政务。[43]12月，伯克获得下议院议席，此时，政府已经起草了修改《印花税法案》的计划。罗金汉与伦敦高级市政官巴罗·特雷考西克合作，组织向议会提交请愿书，指出该法案的生效将对英国贸易造成的损害。[44]伯克11月书写的一份文件记录了一场动员英国商人的活动细节。[45]这场动员活动是为了在政策最终提交下议院前引导议会。到12月初，南方部国务大臣亨利·西摩·康威被告知，《印花税法案》未能在纽约实施，似乎也不可能在殖民地其他地方成功实施。如果该法案未能实施带来的不便并不能迫使其在短期内生效，那么只有足够的军事力量才能保证其实施。[46]面对美洲的顽固反抗，12月12日，大法官向国王报告称，内阁已决定做出让步。[47]

289

　　问题是他们将如何让步。就伯克而言，他已于1765年12月31日下定决心：他写信告诉奥哈拉，"我意已决"。[48]在伯克眼中，格伦维尔越发显得卑劣，"我认为他不具备丝毫领导

42　这一消息是通过弗朗西斯·伯纳德总督8月31日给哈利法克斯勋爵的信转达的，参见 Langford, *Rockingham Administration*, p, 80。

43　伯克保留了罗金汉1765年7月11日写给谢尔本勋爵的一封信，参见 *Corr.*, I, p. 211n。

44　John L. Bullion, "British Ministers and American Resistance to the Stamp Act, October–December 1765," *William and Mary Quarterly*, 49: 1 (January 1992), pp. 89–107.

45　Northamptonshire MS., A. xxvii. 81.

46　Thomas Gage to Henry Seymour Conway, 4 November 1765, *Correspondence of Gage*, I, p. 71.

47　Lord Northington to George III, 12 December 1765, *The Correspondence of King George the Third from 1760 to December 1783*, ed. Sir John Fortescue (London: Macmillan, 1927–1928), 6 vols., I, p.429.

48　EB to Charles O'Hara, 31 December 1765, *Corr.*, I, p. 229.

的才能，他只是通过政府的舞台来表现自己。"[49] 在涉及美洲事务方面，他的无能尤其明显。自 12 月 17 日议会开会以来，格伦维尔一直在鼓动对殖民地居民采取严厉措施，但他却在这一过程中暴露了自己的弱点。[50] 即便如此，政府在决定下一步计划前，还需要在圣诞节休会期间做准备。伯克告知奥哈拉，虽然他已决定支持废除该法案，但内阁尚未明确其"最终"计划。[51] 在议会 1 月的会议前的间隙，内阁手上已经有了"大量骚动事件的材料"。[52] 议会面临着自乔治三世即位以来最严峻的挑战，政府必须决定是修正《印花税法案》，还是在确定最终方案前暂缓实施该法案，抑或是彻底废除它。[53]1766 年 1 月 2 日，罗金汉写信给纽卡斯尔，预计"极少数人"会支持废除该法案。[54] 他的任务是在接下来的几个月内将"极少数人"变成"大多数人"。

在 12 月 27 日的一次内阁大臣会议上，查尔斯·约克提议，在对该法案进行任何修正前，需要通过一项确认议会权威的宣告性决议。[55] 次年 1 月 2 日，罗金汉赞赏了该主张的智慧，该主张以查尔斯·约克的父亲菲利普·约克（后来的哈德威克伯爵）所支持的 1720 年《爱尔兰依附法案》（Irish Dependency Act）

49　EB to Charles O'Hara, 24 December 1765, ibid., p. 224. 参见 EB to John Ridge, 24 December 1765, ibid., p. 225: "从来没有一个对手比格伦维尔表现得更愤怒、更无能。"

50　在他知道国王演讲的内容之前，格伦维尔就已经确定了自己的行动方针，参见 P. D. G. Thomas, *British Politics and the Stamp Act Crisis: The First Phase of the American Revolution, 1763–1767* (Oxford: Oxford University Press, 1975), p. 155.

51　EB to Charles O'Hara, 31 December 1765, Corr., I, p. 229.

52　Ibid.

53　参见 Langford, *First Rockingham Administration*, chapt. 5。

54　Add. MS. 32973, fol. 12. 伯克后来声称，内阁在议会会议之前就已经确定了计划，参见 EB, *Speech on American Taxation* (19 April 1774), *W & S*, II, p. 439.

55　Thomas, *British Politics and the Stamp Act Crisis*, pp. 162–3.

290 为蓝本。[56] 同样显而易见的是，罗金汉已决定支持和解。[57]1766年1月14日皮特加入议会辩论后，和解的可能性变得更加明显。[58] 此时，在乔治三世和其下议院朋友极不情愿的情况下，皮特宣布支持废除法案，这大大增加了支持政府采取和解措施的人数。[59] 伯克向奥哈拉讲起当日的场景，将皮特出现在圣斯蒂芬教堂的情景描绘成一位孤高之人，后面跟着顺从的追随者，"上周二议会拉开帷幕，'伟大的平民'独自走在前面，身后跟着一长队的追随者"。[60] 伯克后来评论说，"他的表现仅仅是为了争取人气，并对付他的内兄格伦维尔"。[61] 他的宣言是为了吸引人们的注意力，而不是解决悬而未决的问题；他的政治目的是以牺牲同僚的一致行动为代价，换取个人权势。[62]

伯克极为严厉地指出，皮特的讲话是为了谴责上一届内阁，并与新内阁保持距离，特别是否认英国具有"对殖民地征收内部税"的任何权利。[63] 皮特宣称："税收不是统治权或立法

---

56 *Statutes at Large from the First Year of the Reign of George the First to the Ninth Year of the Reign of George the Second* (London: 1786): 6 Geo. I, c. 5. 关于此次会议情况的描述，参见 Rockingham to Newcastle, Add. MS. 32973, fols. 11–13。关于菲利普·约克对《爱尔兰依附法案》的支持，参见 *The History and Proceedings of the House of Commons, 1714–1727* (London: 1742), VI, pp. 198–218。

57 伯克坚持这一点，他驳斥了罗金汉派出于对皮特的尊重而被迫接受废除该法案的观点，参见 EB, *Speech on American Taxation* (19 April 1774), *W & S*, II, p. 441。Thomas, *British Politics and the Stamp Act Crisis*, pp. 162–63。

58 1766年1月9日，他向巴斯的托马斯·努萨尔表达了他的决心，即在会议开始时，他将"全心全意"阐述美洲的情况，参见 *Chatham Correspondence*, II, p. 362。

59 William Pitt to Lady Chatham, 15 January 1766, ibid., pp. 363–70; Langford, *First Rockingham Administration*, pp. 142–43.

60 EB to Charles O'Hara, 18 January 1766, Corr., I, p. 231.

61 WWM BkP 6: 55.

62 查塔姆的叙述，参见 EB, *Speech on American Taxation* (19 April 1774), *W & S*, II, pp. 450–51。

63 EB to Charles O'Hara, 18 January 1766, *Corr.*, I, p. 232

权的一部分。"[64] 他指出，立法与税收的分离对保障自由至关重要：虽然君主与贵族同下议院一起制定法律，但征税只是下议院的特权。皮特设想，殖民地议会与英国议会间的关系类似于下议院同宪法其他组成部分的关系。英国议会的一致意愿在所有政府事务中都是至高无上的，但却只能在民众一致同意的基础上决定税收：税收是只有财产代表才能给予的礼物，而在政府和帝国中具有代表民众意见的机构才有权征税。[65] 这是一个惊人的主张，且在关键的时刻被提出，这意味着解决殖民地危机的同时也将明确帝国的宪政结构。罗金汉派需要提出自己的帝国理论，才能挑战皮特的主张。一位信友表示，1766 年初，伯克的演讲似乎就是"一种新的政治哲学"。[66] 他在一个政治清算时刻对帝国进行了概念化研究，在殖民地快速繁荣和强大之际，根据当前的宪政思想审视了帝国的各种关系。

291

6.3 敦促改革

在 1766 年 1 月 19 日、1 月 21 日和 1 月 24 日的一系列会议中，罗金汉的支持者们最终通过了一项对美洲的政策。一项宣称议会有权"在任何情况下……约束美洲殖民地和民众"的《宣示法案》即将公布，随后政府做出了一系列贸易让步，并最终废除了格伦维尔的《印花税法案》。[67] 废除该法案的主要

---

64 PDNA, II, p. 85. 关于 1766 年 1 月 14 日的辩论，参见 *Parliamentary Register* (Almon), VII, pp. 61–77。关于皮特讲话的确切含义，参见 Ian R. Christie "William Pitt and American Taxation, 1766: A Problem of Parliamentary Reporting," *Studies in Burke and His Time,* 17 (1976), pp. 167–79。

65 PDNA, II, p. 86.

66 James Marriott to EB, 26 February 1766, *Correspondence* (1844), p. 103.

67 Rockingham to Charles Yorke, 19 January 1766, Add. MS. 35430, fol. 32. 关于《宣示法案》，参见 *Statutes at Large from the Twenty-Sixth Year of the Reign of King George the Second to the Sixth Year of the Reign of King George the Third* (London: 1786): 6 Geo. III, c. 12。

分组表决将在 2 月底和 3 月初进行，而罗金汉派则开始争取对该法案的支持。当他们在进行呼吁活动的同时，1 月 27 日，下议院就是否接受北美大陆会议的请愿进行了辩论，许多人视该会议为"危险的联邦联盟"。[68] 令大卫·休谟沮丧的是，皮特支持接受请愿，声称议会与殖民地间的"原始契约"已被打破。[69] 然而，在弗莱彻·诺顿看来，这种主张利用 17 世纪民众反抗的煽动性语言，反对当前政府的政策，无异于吹响了"反叛的号角"。[70] 道兹韦尔和康威都认为皮特的主张不合规定，并反对宣读请愿。然而，伯克采取了不同的策略：他支持接受请愿，却得出了与皮特相反的结论。请愿行为非但不意味着打破政府契约，反而是对威斯敏斯特对殖民地权威的含蓄承认。[71]

正是 1766 年 1 月这场辩论使霍勒斯·沃波尔注意到了伯克。正如沃波尔所描述的那样：这位新成员是"一个来自罗马天主教家庭的爱尔兰人"，虽然命运不济，但拥有无穷无尽的新鲜想法，是格伦维尔的对头，是罗金汉派的宠儿。[72] 据说他的知识和才能远超皮特，虽然他的方法似乎有些书呆子气。同时，沃波尔抱怨说，伯克的虚荣驱使他寻求同伴的掌声。沃波尔认为，他的演讲才能远超政治才能，因为他没能洞察那些能力低劣之人的动机。[73] 总之，2 月初，自从参与宣告性决议辩论起，伯克的才能便开始显现。这是向整个议会提出的一系列关

292

68　Walpole, *Memoirs*, III, p. 13.

69　David Hume to Lord Hertford, 27 February 1766, in J. Y. T. Greig ed., *The Letters of David Hume* (Oxford: Oxford University Press, 1932), 2 vols., II, pp. 18–19. 皮特的发言，参见 Walpole, *Memoirs*, III, p. 13。

70　Ibid. p.14.

71　Ibid.

72　Ibid.

73　Ibid., pp.14–15.

于美洲事务决议中的第一项决议，引发了议会各方的激烈辩论，威廉·布莱克斯通、亚历山大·韦德伯恩、艾萨克·巴雷、汉斯·斯坦利、理查德·赫西、查尔斯·约克等都参与了辩论。[74]在接下来的几周里，有四项决议引发了辩论：谴责美洲叛乱、控告殖民地议会煽动混乱、敦促惩罚对暴力行为负责的人，以及建议赔偿受混乱影响的人，但是，2月3日，康威公开支持第一项决议，捍卫议会约束殖民地臣民的权利。[75]他明确表示，他从不支持对美洲征收内部税，但他还是捍卫了议会这样做的"合法权利"。然而，如果威斯敏斯特拥有这项无可置疑的权利，康威确信不应该从"政策与正义"的角度行使这项权利。[76]理论上，议会的权利是绝对的且不受控制的，但在实践中，其权力应受情境所限。类似地，约克也指出，需要区分权利问题与"权宜问题"。[77]正如沃波尔总结的那样，伯克就是以此发展出了自己的观点："原则是为治理服务的。"[78]

现存的手稿表明，1766年2月3日，伯克发表的关于美洲事务的讲话对帝国宪法进行了总体阐述。该描述的核心是主权权利的至高无上与限制该权利实际适用情境之间的司法区别。[79]

---

74 有关情况，参见 Lawrence Henry Gipson, "The Great Debate in the Committee of the Whole House of Commons on the Stamp Act, 1766, as Reported by Nathaniel Ryder," *The Pennsylvania Magazine of History and Biography*, 86: 1 (January 1962), pp. 10–41。

75 Walpole, *Memoirs*, III, p. 17.

76 *Ryder Diary*, p. 261.

77 Ibid., p.263.

78 Walpole, *Memoirs*, III, p. 18.

79 关于伯克论点的背景，参见 Richard Bourke, "Sovereignty, Opinion and Revolution in Edmund Burke," *History of European Ideas*, 25:3 (1999), pp. 99–120; H. T. Dickinson, "The Eighteenth-Century Debate on the Sovereignty of Parliament," *Transactions of the Royal Historical Society*, 5th Series, 26, (1976), pp. 189–210; idem, "Britain's Imperial Sovereignty: The Ideological Case against the American Colonies" in idem ed., *Britain and the American Revolution* (London and New York: Longman, 1998).

伯克在讨论法国革命和英国在南亚的权利时会重申此论点。他
后来指出，区分一个国家最高权威在法律上"不可解释的"性质
（这是毋庸置疑的）和约束其实际使用的限度是至关重要的。[80] 一
项"理想的"推测性权利与其实际的运用不应被混淆，但格伦
维尔却将二者混为一谈，为自己失败的政策辩护。[81] 伯克主张，
形而上学的规则不应指导政府的实际事务。[82] 在某种意义上，
权利问题是非常清楚的。正如伯克在有关汤森关税的辩论中所
阐述的那样，"这个国家"的权利是"神圣的"，因为如果没有
它，"我们的主权将不复存在"。[83] 根据其性质，主权是至高无
上的，不能从属于其他任何权利。如果议会的至高无上的地位
依赖于殖民地，那么美洲将占据帝国的地位。殖民地的依附性
不仅在"英国宪法的惯例"中显而易见，在殖民地原始宪章中
也得以体现。[84] 不同于皮特，伯克明确表示，这种依附性意味
着英国议会有征税的权利：伯克坚持，"我认为我们具有可以
想像到的最明确的权利，不仅要根据各项法律约束这些权利，
还要遵守每一种立法征税的模式"。[85] 尽管如此，一旦确定了
主权的位置，诸多难题仍需解决。最重要的问题是，主权将如
何行使。为了回答这一问题，伯克勾勒出他对殖民帝国宪法的
看法，以及殖民地民众与宗主国之间依附的方式。

80　EB, Speech on the Opening of Impeachment, *W & S*, VI, p. 351. 参见 EB, Speech on American Disturbances, 6 February 1775, *W & S,* III, p. 83: 伯克坚持认为，绝对主权与无限政府是不同的。

81　WWM, BkP 6: 129, reproduced in EB, Speech on Declaratory Resolution, 3 February 1766, *W & S,* II, p. 46.

82　WWM, BkP, 6: 127 in ibid., p. 49.

83　Northamptonshire MS. A. XXVII, 55 and A. XXVII. 59.

84　Ibid.

85　Ibid. 殖民地议会"因为得到特许状授权他们自己征税，而假装免于议会的征税"是"荒谬的"，参见 *Annual Register for 1765*, p. 37。

支持宣告性条款的决议几乎获得了除威廉·皮特及其追随者外所有下议院议员的支持，并于 3 月 18 日获得御准。随之而来的辩论阐述了如何管理帝国的各种设想，以及这些设想的历史依据。1765 年的危机大致是在 17 世纪 40 年代以来英国君主制重组的大背景下发生的。[86] 人们普遍认为，17 世纪 30 年代的宪法调整尝试导致了 17 世纪 40 年代的内战，他们担心在英格兰、苏格兰和爱尔兰三个王国的危机解决一个世纪后，18 世纪 60 年代的管理不善会在帝国内引发整个帝国的大混乱。2 月 3 日，汉斯·斯坦利意识到，若当前的冲突不能解决，"内战的苦难"将不能避免。[87] 在本届议会会期一开始，伯克也意识到了这一点。他最早准备的一份声明就捍卫了政府，反对格伦维尔提出的政府没能应对美洲骚动的指控。伯克十分清楚，罗金汉内阁最初希望《印花税法案》能自行实施。面对法院和港口的关闭，美洲居民将被迫接受使用印花纸，以避免商业和贸易停止造成的不便。直到 11 月 1 日，局势才明朗，殖民地居民决定铤而走险，反抗印花税。伯克在为政府 1765 年 7 月至 12 月间的行为辩护时指出，短期内采用军事手段不切实际，并且即使条件允许，军事手段也是不可取的。伯克估计，为了平息新英格兰的骚乱，可能需要多达 500 名士兵，而这些士兵需要从边境地区跨越整个大陆被送到美洲。"山地、荒原、丛林、雪山以及美洲可怕的冬天"都使这项行动无法实现。[88] 即使是在反抗运动期间，以军事手段对"同胞"使用暴力都是

294

86　这种背景在小册子文献中也是如此，参见 William Knox, *The Claim of the Colonies to an Exemption from the Internal Taxes Imposed by Authority of Parliament, Examined* (London: 1765), p. 8。

87　*Ryder Diary*, p. 262.

88　Northamptonshire MS., A.XXVII.52, reproduced in EB, Speech on Stamp Act Disturbances, January–February 1766, *W & S*, II, p. 44. 伯克在他的作品中重申了该观点，参见 *Observations on a Late State of the Nation* (1769), *W & S*, II, pp. 190–91。

"可耻"的行为。这项行动还需要来自大西洋彼岸的增援部队，而这些部队只能在春天出发。因此，在议会复会前，没有必要做出紧急决定。伯克总结道："在内战帷幕拉开前，我们有充足的时间。"[89]

当然，没有人想要内战。问题在于如何确切地避免它。罗金汉支持者们认为，避免内乱意味着保持国内宪法平衡，并维持殖民地秩序。然而，国内平衡目前被牵扯到更广泛的帝国平衡中。英国的稳定取决于议会主权下的混合制政府各组成部分是否保有一致的权威。查尔斯·约克认为，如果缺乏基于从属关系的凝聚力，大英帝国将像荷兰、波兰–立陶宛联邦一样分裂。[90] 相反，皮特认为，殖民地可以绕过议会的立法意志，与王室保持一种单独的联系。对许多人来说，这似乎是现代宪法历史的倒退，因为根据现代宪法，王权依附于英国议会。在罗金汉派看来，帝国必须适应这种有益的安排，否则将危及光荣革命的协议。约克就明确表示：帝国生死攸关的原则就是英国的主权，任何使从属领地不受威斯敏斯特管辖的例外都会破坏"宪法的平衡"。[91] 从属领地与王权之间的契约（前者直接向后者交税）会破坏议会两院对王权的约束，从而增加王权在宪法中的比重。正是这种对宫廷权力扩张的恐惧使罗金汉党在 1767—1773 年反对政府改革东印度公司。[92] 此外，议会至上也有宪法先例，其中爱尔兰的案例最为突出。同美洲各殖民地议会一样，爱尔兰议会也必须从属于英国主权，不能独自与王室谈判。如果其

89　EB, Speech on Stamp Act Disturbances, January–February 1766, *W & S*, II, pp. 44–45.

90　Grey Cooper's notes on the Declaratory debate of 3 February 1766, printed in H. W. V. Temperley, "Debates on the Declaratory Act and the Repeal of the Stamp Act, 1766," *The American Historical Review*, 17: 3 (April 1912), pp. 563–86, p. 566.

91　*Ryder Diary*, p. 267.

92　参见本书第 7 章。

单独与王室谈判，光荣革命的政治成果将不复存在，《权利宣言》也会被破坏。[93]

约克指出，如果不是"这个国家的立法权"——具体指威斯敏斯特议会的干预——采取的措施，17 世纪 40 年代和 90 年代，爱尔兰可能会两度失守。[94]在《里斯维克和约》签署后，正是由于英国议会的一项法案，英国派驻了 12000 名士兵到爱尔兰驻地，而正是英国下议院谴责了莫利纽克斯于 1698 年 6 月 27 日呈报的"爱尔兰案"。[95]约克认为，此时提出邻近岛屿的情况是合适的，因为詹姆斯二世急于使爱尔兰服从于他个人，而非"议会的立法权威"。[96]当前美洲的主张可能会使斯图亚特王室野心复燃，按照威廉·布莱克斯通的说法，这种野心可能会让一个殖民地成为"一人领导的独立领地"。[97]众所周知，殖民地立法机构为君主提供服务的这一形象得到了代议制理论的支持：正是作为代议机构，殖民地议会才能以其帝国伙伴的地位为自己抗辩。因此，汉斯·斯坦利关于美洲从属地位的论点是基于美洲实际上被代表了：他认为在英国被剥夺公民权的人的实际代表权（virtual representation）与北美殖民地的实际代表权之间"没有区别"。[98]在他们的代表出现在下议院之前，达拉谟和切斯特郡就已经被征税：正如布莱克斯通

296

93　1766 年 3 月 4 日，皮特在议会提出了相反的观点，他引用威廉·莫利内克斯的对手的观点，包括威廉·阿特伍德（William Atwood）的观点，来说明他们是如何承认"征税的权利不一定遵循执政权利的"，参见 *Ryder Diary*，p. 316。

94　Ibid., p.264.

95　Ibid. 关于对莫利内克斯提案的投票，参见 *CJ*, XXI, p. 331。

96　*Ryder Diary*, p. 265. 约克指出，他曾就这个问题征求过约翰·塞尔登（John Selden）的意见，结果却对他的回答感到失望，参见 ibid.，并参考 Grey Cooper's notes in Temperley, "Debates on the Declaratory Act," p. 567。

97　*Ryder Diary*, p. 264. Ibid., p.268.

98　Ibid., p.262.

所言，在英国宪法程序史中，征税与代表权没有必然联系。事实上，虽然征税由下议院发起，但上议院和王室仍参与征税立法。[99] 即使税收与代表权不可分割，英国议会也习惯于代表附属地，正如 1648 年声明根西岛、泽西和爱尔兰从属于英国一样。[100] 正如 1651 年《航海法案》序言所言，同样的原则也适用于美洲殖民地。只有不隶属于英国的加来曾向威斯敏斯特派出代表。[101]

约克认为殖民地是从属自治组织，将其与古罗马殖民地进行类比，"殖民地依章而建，遵守宗主国法律，并受宗主国保护"。[102]1757 年，时任检察总长查尔斯·普拉特和副检察长查尔斯·约克出具的法律意见书也体现了这一观点，意见书开头的条款重申了先前的声明，即来自英国的移居者也带来了英国的习惯法和制定法。[103]1766 年 2 月 3 日，约克将此与希腊殖民地（*apoikia*）主张自治的倾向进行了对比。伯克很快就进行了反驳，认为这种对比没有抓住重点，"我们不能诉诸罗马或希腊殖民地案例"。[104] 十年后，亚当·斯密也急于打破现代殖民扩张与希腊或罗马殖民地间的相似性。斯密指出，英国殖民地的效用与其最初目的无关，英国殖民地是西方在东方的商业计划失败后为了谋利而开辟的。[105] 相比之下，希腊或罗马的殖民地则是"出于某种不可抗拒的必要性，或明确的效用"而

99　Ibid., p.268.

100　Ibid., 有关法案，参见 *CJ*, V, pp. 577–80。

101　*Ryder Diary*, p. 268.

102　Ibid., p. 265. Cf. Grey Cooper's notes in Temperley, "Debates on the Declaratory Act," p. 567.

103　关于《普拉特 – 约克的意见书》，参见 Sheila Lambert ed., *House of Commons Sessional Papers of the Eighteenth Century* (Wilmington, DE: Scholarly Resources, 1975), 147 vols., 26, Item 1。参见本书第 7 章。

104　*Ryder Diary*, p. 273.

105　Smith, *Wealth of Nations*, II, p. 564.

建。[106] 同样，伯克指出，在这种情况下，英国法律中的先例并不适用。美洲殖民地依特许令建立之初，人口和贸易都微不足道。但如今，殖民地已取得长足发展，成为具有自身权利的共同体，即使在法律上将其视作自治团体，其在政治上已远非如此。[107]1769 年，伯克断言，英帝国的殖民地"是世界上全新的存在"。[108] 因此，应该依据现实情况提出建议，而不是参考并不适用的先例。

　　虽然伯克认为英国议会享有其海外领地绝对的立法权（包括税收权），但他意识到将殖民地视作国内自治市镇的翻版有不足之处。2 月 3 日，伯克反问他的同僚："散布在一个有代表权的郡里的几个城镇与分布在全球四分之一地区迅速增长的巨大人口之间有任何相似之处吗？"[109] 他意图指出，将新英格兰与一个英国郡内没有代表的自治市镇相提并论是十分荒谬的。议会其他成员则担心，承认帝国代议制有问题会激发民愤。亚历山大·韦德伯恩抱怨说，理查二世时期，瓦特·泰勒首次传播了美洲人采用的原则，最近查理一世的敌人也在传播这些原则。[110] 汉斯·斯坦利更加直言不讳地为当前的安排辩护：美洲人并没有因"实际上被代表"而遭受困苦，但是如要消除他们的不满，就要改革国内代议制。然而，斯坦利担心，扩大国内代表权则可能给选举带来骚乱。[111] 伯克同样对改革国内体系存疑，但他认为，如果无视殖民地议会的意愿，那么认为其充分地被代表

297

106 Ibid., p.558.

107 Grey Cooper's notes in Temperley, "Debates on the Declaratory Act," p. 571.

108 EB, *Observations on a Late State of the Nation* (1769),*W& S*, II, p. 194.

109 WWM, BkP, 6: 127 reproduced in EB, Speech on Declaratory Resolution, 3 February 1766, *W & S*, II, p. 48.

110 *Ryder Diary*, p. 272.

111 Ibid., p.272.

是毫无道理的。议会当然是帝国最高的代表机构，但这并不意味着不能接受从属的代表权。殖民地必须从属于帝国，但也必须是自由的。正如伯克描述的那样，这是一个困境："以自由为原则来治理一个庞大的帝国，没有比这更困难的了"。[112]

　　这触及休谟所说的共和制帝国的悖论。一个君主制国家的征服之地都受制于君主的法规，而一个自由国家所获得的领地通常与本国领土不同，共和制宗主国通过对其施加"贸易和税收限制"统治这些领地。[113]但是，伯克认为，坚称在一个自由民族的帝国下，自由与帝国权力一定相互冲突，这是纯粹的教条主义。[114]任何政府都面临自由与权威之间的较量，但政治的艺术必须努力调和二者。就美洲而言，既然征税是殖民地管理最敏感的方面，征税的特权就应合理地交给他们的各议会来决定。鉴于地处热带和北极间的美洲民众面临纷繁复杂的情况，伯克认为，如果有人要为美洲沿海地区的殖民地制定宪法，"应将内部税收事务完全交由当地居民"。[115]这种妥协指向一种"监管"理念的殖民帝国模式，该理念允许地方豁免权。[116]殖民地税收正是这种类型的豁免权，赋予北美各议会此项豁免权，将以"互利互惠"把美洲殖民

---

112 WWM, BkP, 6: 126 reproduced in EB, Speech on Declaratory Resolution, 3 February 1766, *W & S*, II, p. 47.

113 David Hume, "That Politics May Be Reduced to a Science" (1742) in idem, *Essays Moral, Political and Literary,* p. 19.

114 关于政治思想史上的这一主题，参见 J. G. A. Pocock, *The Machiavellian Moment: Florentine Political Thought and the Atlantic Republican Tradition* (Princeton, NJ: Princeton University Press, 1975, 2003); 关于其对英国帝国主义思想的坚持，参见 David Armitage, *The Ideological Origins of the British Empire* (Cambridge: Cambridge University Press, 2000)。

115 WWM, BkP, 6: 126 reproduced in EB, Speech on Declaratory Resolution, 3 February 1766, *W & S*, II, p. 47.

116 WWM, BkP, 6: 129 in ibid.

地与宗主国结合起来。[117]殖民地居民将使宗主国受益，作为回报，他们将被施以尊严。接受这种有尊严的从属形式的好处在于，同意的自由与税收的权力得以调和。既然将美洲代表"融入这个王国的宪法"是不可能的，那么，除了赋予爱好自由的民众自由之外，英国别无选择。[118]这就需要承认美洲各议会的代表地位，尽管也要承认美洲各议会服从于威斯敏斯特的监督权。

伯克认为，就美洲而言，在征服和同意之间没有任何过渡状态。只有通过作为宗主国议会象征的各殖民地代表议会才能赢得同意。这意味着赋予他们税收权，同时又不允许他们破坏宗主国议会至高无上的地位。通过他们的议会，英国宪法"跨越海洋，来到美洲的森林和荒原"，体现在殖民地的土地上。[119]公民议会（popular assemblies）被英国人尊为家神，确保了殖民者对其的依恋。这种依恋要求满足自由的本能，即使帝国权威意味着臣服："一个英国人必须臣服于英格兰，但是必须根据自由的意志来统治他。没有臣服，就没有帝国。而没有自由，就没有大英帝国。"[120]

关于2月3日的辩论，伯克参与的时间相对较晚，当天的辩论一直持续到第二天凌晨。正如他的兄弟理查德所言，在接下来的一周里，几乎在每一项内阁大臣决议讨论中，伯克都发表了意见，这为他赢得了掌声和皮特的赞赏。[121]2月5日，政

299

---

117 WWM, BkP, 6: 126 in ibid., p. 48.

118 WWM, BkP, 6: 127 in ibid., p. 49.

119 Ibid.

120 *Ryder Diary* in ibid., p. 50.

121 Richard Burke Sr. to James Barry, 11 February 1766, Corr., I, p. 237. 对伯克在美洲问题上的表现的同时代描述，参见 James Marriott to EB, 8 and 26 February 1766, Correspondence (1844), pp. 97–98, 102–3。参考 James West to Newcastle, 21 February 1766, Add. MS. 32974, fol. 47。关于伯克自己对皮特鼓励之词的致谢，参见 EB to Charles O'Hara, 1 March 1766, Corr., I, p. 241。

府的决议受到新的审查，其中一项决议被彻底修订，格伦维尔则增加了两项自己的决议；但是下议院未对任一决议进行分组表决。尽管如此，反对派认为内阁的处境十分危险，促使格伦维尔于2月7日发表了呼吁执行《印花税法案》的演讲。对政府而言，驳回这项动议十分关键，伯克据理力争，指出通过这项动议可能会过早地压制合法的申诉。美洲当下的混乱令人不安，但引发混乱的不满情绪仍值得了解。格伦维尔的动议最终未被通过，此外，伯克的反击仍有其意义。美洲居民的不满需要关注，但英国商人的苦恼也需要被倾听。人们在议院门前恳求，下议院有责任听取这些恳求："没有什么比脱离选民更能伤害一个公民议会了"。[122] 下议院通过代表权获得权利，而代表权则意味着要支持所代表的民众。

确保废除《印花税法案》的关键在于，指出保留《印花税法案》是困扰英国商业和国内制造业的国家灾难。罗金汉派的策略是迫使议会认识到这一点，并在此过程中将自己的政策包装成民情，并通过英国各地的贸易和制造业城镇向下议院提交大量请愿书来实现这项策略。这些请愿书是为了表达不满情绪，虽然它们是由政府间接组织起草的。实际上，这些请愿书是商人不满情绪的指标，在政府的支持下被动员和协调表达了出来。正是在这种背景下，政府必须考虑伯克提出的"公民议会"与其选民之间的共情联系。2月9日，一位名叫阿奇博尔德·亨德森的格拉斯哥商人写信给伯克，随信附上了一则备忘录，陈述了在美洲事件上"远离审议席位"的商人们受到的负面影响。仅马里兰和弗吉尼亚殖民地的债务就超50万英镑，但由于这些殖民地没有正常运作的法院，贷款只能靠个人信

---

122 EB, Speech on Enforcement of Stamp Act, 7 February 1766, W & S, II, p. 52.

誉。[123] 早些时候，即 1766 年 1 月，伯克就曾提到他将与格拉斯哥商人进行早餐会，这表明双方已有长期的联系。[124] 事实上，这次会晤是 1765 年 11 月开始的大计划中的一个环节，该计划旨在建立一个伦敦商人委员会，用以与各地区通信，并协调下议院的请愿活动。[125]7 月，罗金汉政府倒台后不久，伯克扬言，前任内阁是第一个提出并鼓励"公众集会和全国各地商人自由协商"的内阁。[126] 他认为，政府已经征求了公众意见，出台的政策也获得了民众支持。

300

实际上，广大民意在很大程度上是指商业的意见，在政治手段的帮助下，其得以自由表达。自 18 世纪后半叶以来，西方在非洲、西印度群岛和美洲的贸易利益团体在政治上越来越重要。在七年战争后的萧条时期，特别是受《印花税法案》影响签订非进口协定期间，在美洲水域进行贸易的英国商业利益集团在政治上展露头角。[127] 但是，他们的崛起部分受到了罗金汉派策略的怂恿，该策略旨在表明反对格伦维尔是民意（*vox populi*）的呼声。由于共同反对 1764 年以来的贸易政策，西印度群岛与北美的利益集团之间的关系突然缓和，这也促进了罗金汉派目标的实现。伯克对政府的持续关注也助长了这一局面。《年鉴》评论说，公众从未如此关注议会事务。[128] 这一定程度上是由持续不断的请愿造成的。自 1 月 17 日起，威斯敏

---

123 *Correspondence* (1844), pp. 99–100.

124 EB to the Marquess of Rockingham, *Corr.*, I, p. 235.

125 参见 Northamptonshire MS., A. xxvii. 81。有关讨论，参见 Bullion, "British Ministers and American Resistance," p. 104。

126 EB, *Short Account of a Late Short Administration* (1766), *W & S*, II, p. 55.

127 Lucy Sutherland, "Edmund Burke and the First Rockingham Ministry," *The English Historical Review*, 47: 185 (January 1932), pp. 46–72.

128 "The History of Europe," in *The Annual Register for the Year 1766* (London: 1767), p. 35.

斯特连续收到了来自利物浦、兰开斯特、布里斯托尔、赫尔、格拉斯哥、伯明翰、莱斯特、利兹、曼彻斯特、诺丁汉和伍尔弗汉普顿的 26 份请愿书。[129] 这些请愿书在两周内陆续被提交，加剧了人们对即将到来的商业萧条的恐惧，也散布了对制造业衰退、债务上涨和失业率上升的担忧。[130] 这些请愿书对下议院的影响如此之大，以至于反对派成员认为它们是"内阁诡计"的产物。[131] 除了格拉斯哥，伯克也与伯明翰和兰开斯特的人接触，很可能还与其他城市的人有联系。[132] 他显然是一名有效率又勤奋的干将，能在政府与民意间斡旋。

由于政府实际上在助长骚动，因此保持民众抗议在其控制之下是至关重要的。伯克承认，特雷考西克、罗金汉和各地商人的联盟是保障政府计划成功的主要因素。1765 年 12 月 6 日，在发给港口和制造业城镇的一份通知函的背面，伯克用铅笔写明了商人们是如何帮助内阁稳定帝国的。[133] 自纽卡斯尔 1762 年辞职以来，像查尔斯·汤森这样的年轻辉格党人一直在努力深化该党在议会外的活动根基，此时，废除《印花税法案》的运动正在为执政者提供可靠的公众支持。[134] 伯克后来称，在罗金汉派的商业考量中，具有代表性的英国商人团体的态度"举足轻重"。[135]1766 年，政策确实得益于哈德威克所谓的商人

301

---

129 Thomas, *British Politics and the Stamp Act Crisis*, p. 187.

130 Walpole, Memoirs, III, p. 28.

131 "The History of Europe," in *The Annual Register for 1766*, p, 37.

132 1766 年 6 月 12 日兰开斯特商人致伯克的感谢信，参见 *Correspondence* (1844), p. 104. For Birmingham, see Northamptonshire MS., A. XXV. 79。

133 *Rockingham Memoirs*, I, p. 319.

134 Sutherland, "Burke and the First Rockingham Ministry," p. 54. 另见 Lucy Sutherland "The City of London in Eighteenth-Century Politics" in Richard Pares and A. J. P. Taylor eds., *Essays Presented to Sir Lewis Namier* (London: Macmillan, 1956), p. 67.

135 EB, *Observations on a Late State of the Nation* (1769), *W & S*, II, p. 191.

和制造业阶层的"普遍呼声"。伯克的假设是，这种鼓动将始终响应罗金汉党的领导。[136]1766 年 2 月 11 日—18 日，被传唤到美洲事务委员会作证的商人的表现似乎也证实了这一预期。[137] 在诉讼议程的第一天，特雷考西克本人的证词也强调了国内贸易正面临的困难，支持政府废除法案的提议，这一切都像彩排过一样。[138]

2 月 7 日，为了回应格伦维尔要求执行《印花税法案》的呼吁，伯克强调了商人们的不满情绪。他提醒道，商人和制造商觉得上任政府的举措已将他们推到了"毁灭的边缘"。他敦促下议院议员们："让我们听听他们的心声。"[139]在《对晚近国情的观察》中，伯克自豪地谈到，通过 1765 年 12 月和 1767 年 1 月在乔治·萨维尔、罗金汉和道兹韦尔爵士家举行的晚宴，内阁对贸易利益给予了关注。[140]1766 年 8 月，在内阁垮台后，哈德威克写信给罗金汉，谈及他与商人阶层的联盟，赞扬了他从商人们那里获得的支持："对那位下台的伟大平民，你真是以彼之道还施彼身。"[141]与此同时，伯克意识到查塔姆新政府的根基摇摇欲坠，伯克建议他的领导人巩固他的优势。他评论道，民意"是现货，要立刻使用，否则一文不值"。[142] 在伯克看来，罗金汉派的目标是培养和引导民意。公众的支持在政治

302

---

136 *Rockingham Memoirs*, I, pp. 284–85. Cf. Walpole, *Memoirs*, III, p. 29: "事实上，是贸易、商人或制造工业城镇的吵闹压倒了所有的反对"。

137 关于证人受过训练的证据，参见 *Grenville Papers*, IV, p. 387。

138 Add. MS. 33030, fols. 88–113. 有人说他的证据是事先排练过的，这一说法来自纽卡斯尔的一段评论，参见 Thomas, *British Politics and the Stamp Act Crisis*, p. 217。

139 EB, Speech on Enforcement of Stamp Act, 7 February 1766, *W & S*, II, p. 52.

140 EB, *Observations on a Late State of the Nation* (1769), *W & S*, II, p. 201.

141 24 August, *Rockingham Memoirs*, II, pp. 9–10.

142 EB to Lord Rockingham, 21 August 1766, Corr., I, p. 267.

上至关重要，但它变化无常，很容易被利用。它永远不能被忽视，而且必须合理培养它。最终，在18世纪90年代，在民意对政治的影响方面，辉格党产生了分歧。[143] 但是，在精心策划废除《印花税法案》的行动中，罗金汉派成功地将议会与公众意见联系起来。伯克认为，这可以作为国家政治行为的典范。同时，美洲境况表明，民众情绪如何被危险地煽动起来，以及政府如何努力保持优势。宪政必须为民众的利益服务，因此，民众的同意是其稳定运行的先决条件。然而，政府必须谨慎地培养和争取民众的同意，它必须由一个反应迅速、热心公益的领导层来协调。

6.4 主权和权威

1766—1767年发生的诸多事件加剧了这项事业的难度。1766年2月21日，在关于废除《印花税法案》的辩论中，康威提及美洲公开的"反叛"。[144] 这种情况使人联想起17世纪的内战动荡。然而，正如皮特指出的那样，二者有一个关键的区别。17世纪40年代，对君主制的反对造成了民众的分裂，而现在殖民地的情绪是团结的，"像美洲这样团结一致进行叛乱的情况从来没有出现过"。[145] 皮特坚持认为，这需要和解，但是如果美洲的抵抗继续下去呢？在这种情况下，殖民地将继续受到《航海法案》的约束，并继续作为英国制造业的卖方市场。[146] 皮特总结道，如果殖民地居民对这种从属关系感到愤怒，

---

143 参见本书第11、13、14章。

144 Ryder Diary, p. 304.

145 Ibid., p.309.

146 这一建议适用的殖民依赖理论，参见 Klaus E. Korr, *British Colonial Theories, 1570–1850* (Chicago, IL.: Chicago University Press, 1944), pp. 9–10.

"我们将举全国之力来对付他们"。[147] 矛盾的是，尽管在皮特看来，殖民地自身享有不可剥夺的征税权，但是英国至高无上的"强权"却可以否决殖民地的意愿。[148] 紧急时，如果他们挑战了宗主国制造业的主导地位，宗主国甚至可以对其正当征税。[149]

3 月 4 日，在关于通过《宣示法案》和废除《印花税法案》的辩论中，皮特对自己被同事们视为"一个过于狂热的平权者"而感到惊讶，因为他决心保持美洲殖民地的服从地位。[150] 他谈及爱尔兰从属于英国议会，但没有被征税。沃波尔回忆道，接下来的辩论"主要围绕爱尔兰和美洲的相似性或不相似性"。[151] 在皮特看来，最重要的是将威廉三世治下爱尔兰享有的特权也同样地赋予美洲。纳撒尼尔·莱德指出，理查德·里格比和乔治·海伊都支持皮特，反对《宣示法案》。伯克赞扬了里格比捍卫爱尔兰所享有的特权，但仍支持"现任内阁的整个行动计划"，最终，他认为，将爱尔兰与殖民地相提并论是有问题的。[152] 重要的是要认识到，绝对的主权权利并不意味着可以实际使用其所主张的每一种权力。正如皮特所设想的那样，殖民地没有绝对的管辖权，但他们在控制自己的税收方面应享有实际的豁免权，不受议会的干涉。

摆在议会面前的问题是，如何在保持议会权威的同时获得

303

147　*Ryder Diary*, p. 309.

148　关于皮特美洲政策的矛盾，参见 Marie Peters, "The Myth of William Pitt, Earl of Chatham, Great Imperialist, Part II: Chatham and Imperial Reorganisation, 1763–78," *Journal of Imperial and Commonwealth History*, 22: 3 (1994), pp. 393–431。

149　正如詹姆斯·韦斯特（James West）1766 年 2 月 21 日向纽斯卡尔汇报的一样，参见 Add. MS. 32974, fol. 47。

150　Walpole, *Memoirs*, III, p. 52.

151　Ibid.

152　*Ryder Diary*, pp. 316–17; Walpole, *Memoirs*, III, p. 52; EB to Charles O'Hara, 4 March 1766, *Corr.*, I, p. 241.

美洲的同意。在伯克看来，维护权威有两个方面，一个是法理上的，另一个是实践上的。在法理层面，法律的最终决定权隐含在主权概念中，而主张议会至高无上则满足了这一要求。与此同时，《宣示法案》所体现的对主权的主张，也有助于支持主权的行使。3月4日，道兹韦尔在辩论中指出了这一点：立法的目的是为了遏制美洲的抵抗，而宣布议会的权利本身就会巩固英国的权威。[153] 伯克完全赞成这一观点。正如他在三年后所说的那样，如果不主张最高管辖权原则，英国的权威"将沦为空壳"。[154] 此外，还有一个实际问题需要考虑：一项最高权利并不意味着无条件地行使它。从实际的角度看，主权的行使取决于同意。正如休谟所言，就连领导马穆鲁克*也需要赢得他们的服从。[155] 在自由制度下，民众需要严格遵守和坚持顺从，权威也必须尊重和培养民众的同意。然而，如果同意的需要对政府的能力施加了实际限制，那么民意就不能合理地违背主权的要求。在伯克看来，最高管辖权与权力的自由使用是可以共存的，但它在法律上并不对民众负责。

为了准备反对罗金汉的《宣示法案》，皮特咨询过卡姆登，并一直在读洛克的书。[156] 他承认，自己势单力薄，"受旧书和旧学说的启发"发展了自己的想法。[157] 洛克认为，虽然上级可以命令一个士兵走到炮口，但若士兵不同意，没人能夺走"他

153　*Ryder Diary*, p. 317.

154　EB, *Observation on a Late State of the Nation* (1769), W & S, II, p. 196.

　*　中世纪埃及的奴隶骑兵。

155　David Hume, "Of the First Principles of Government" (1742) in idem, *Essays Moral, Political and Literary,* pp. 32–23.

156　皮特的手稿引用了洛克《政府论》中关于税收的内容 (*Second Treatise,* Chapt. 11, §§ 138 and 142)，参见 the Chatham Papers, TNA, PRO 30/8/74, fol. 436。在同一份手稿中，还有一项关于神职人员征税权的决议，该决议于 1671 年由上下两院通过。

157　*Ryder Diary*, p. 316.

的一分钱"。[158] 皮特认为，这种同意可以通过代表权获得，而美洲的代表权则体现在殖民地议会中。[159] 伯克却指出，同意是帝国政治的一个实际要求，但殖民地的特权在逻辑上不能推翻议会的权利。[160] 尽管这是老调重弹，也比较复杂，但在 1766 年 3 月 4 日的会议上，显然只有伯克一个人设法维持下议院对议会主权技术性细节的利益。[161] 皮特对此印象尤为深刻，尽管伯克当时已获得了深奥的名声。伯克告诉奥哈拉，"那些不希望我好的人，说我的想法既抽象又晦涩"。[162] 大约一周后，非常钦佩伯克的约翰·里奇称，伯克的辩论是"精致和抽象的"风格。[163] 到本届内阁结束时，我们可以发现，伯克虽然出身卑微，却是一个"形而上学者"，一个真正"有学问和想象力的人"，尽管这些特质让他的观点有些与众不同。[164] 他在议会中的贡献确实是微妙而精炼的，但在 18 世纪的法理学背景下，

305

158 John Locke, *Two Treatises of Government*, ed. Peter Laslett (Cambridge: Cambridge University Press, 1960, 1990), Book. II, Chapt.11, § 139. 关于洛克讨论税收的背景，参见 John Dunn, "Consent in the Political Theory of John Locke," *Historical Journal*, 10: 2 (1967), pp. 153–82, pp. 170–71。

159 1768 年 7 月 15 日，在一封写给威廉·诺克斯的信中，格伦维尔援引洛克的观点来支持自己的观点，即虽然按权利征税需要公众的同意，但同意不需要用"明确的"代表权来衡量，参见 Huntington Library, San Marino, Grenville Letter Book, ST. 7, V. 2。

160 在关于废除《印花税法案》和通过《宣示法案》的辩论中，伯克和皮特观点的比较，参见 Albert von Ruville,*William Pitt, Earl of Chatham, 1708–1778* (London: 1907), 3 vols., III, pp. 171–73。

161 参见 D. H. Watson, "William Baker's Account of the Debate on the Repeal of the Stamp Act," *William and Mary Quarterly*, 26: 2 (April 1969), pp. 259–65, p. 262。

162 1 March, *Corr*., I, p. 241. 詹姆斯·哈里斯评价伯克 1766 年 2 月 20 日的表现"有独创性"但"轻率"，参见 PDNA, II, p. 286。

163 John Ridge to EB and William Burke, ante 8 March 1766, *Corr*., I, p. 243. 参考 Charles O'Hara to EB, 20 February 1766 in Hoffman, *Burke*. p. 331: "有些人说你太抽象了；有些人说你的辩论范围太大，你应该写作，而不是在公众面前讲话，这都是对你的称赞。"

164 Letter to Grenville, 11 June 1766, Add. MS. 22358, fol. 35.

这些贡献都是有意义的：过去的"惯例"谨慎地限制着帝国政府，因为这决定了同意的内容，但是主权不可能被高于自身的"权利"限制。[165]

3月4日，下议院在未进行分组表决的情况下，通过了《宣示法案》，3月18日该法令同废除《印花税法案》的决议一同成为法律。然而，动乱仍在殖民地持续。殖民地仍然对1764年的《货币法》和1765年的《驻营条例》感到不满。[166] 此外，在1766年7月内阁更迭后，英国国库仍需解困。查塔姆和贝克福德寄希望于从东印度群岛获得新收入，尽管政府依然保持对美洲的关注。[167] 格拉夫顿和谢尔本正在探索免役税是否可以成为增加收入的一种手段，而汤森则计划通过提高关税来负担殖民地治安官和总督的部分开支。[168]1767年1月26日，汤森向下议院表示，他计划在美洲做"一些事情"以增加收入，此时，有关《驻营条例》的争论正在演变成一场危机。[169]

---

165 参见 the report by the Rev. R. Palmer of the Commons debate of 21 February 1766 in Lionel Cust ed., *Records of the Cust Family, Series III: Sir John Cust, Third Baronet, P C., M.P. for Grantham 1742–1770, Speaker of the House of Commons 1761–1770* (London: Mitchell, Hughes and Clarke,1927), p. 97。

166 参见 Joseph Ernst, "The Currency Act Repeal Movement: A Study of Imperial Politics and Revolutionary Crisis, 1764–1767," *William and Mary Quarterly*, 25: 2 (April 1968), pp. 177–211; Lawrence Henry Gipson, *The British Empire before the Coming of the American Revolution* (New York: Alfred Knopf, 1936–70) 15 vols., XI, pp. 45–54; Shy, *Toward Lexington*, chapt. 6。

167 关于查塔姆希望从孟加拉获得可观的回报，参见本书第7章。

168 谢尔本于1767年2月1日向查塔姆传达了免役租可以"顺便"用来筹集资金的想法，参见 *Chatham Correspondence,* III, p. 185。关于汤森计划源起的讨论，参见 Robert J. Chaffin, "The Townshend Acts of 1767," *William and Mary Quarterly,* 27: 1 (January 1970), pp. 90–121。Cf. Robert J. Chaffin, "The Townshend Acts Crisis:1767–1770" in Jack P. Greene and J. R. Pole eds., *The Blackwell Encyclopedia of the American Revolution* (Oxford: Blackwell Publishers, 1991).

169 关于汤森的声明，参阅 the Roger Newdigate Diary, Newdigate Papers, Warwick County Public Record Office, cited in Chaffin, "The Townshend Acts Crisis: 1767–1770," p. 143 n. 89。

查塔姆内阁已指示谢尔本写信给抗议的纽约议会，要求殖民地遵守该法案条款。根据法案要求，相关殖民地要向英国士兵提供军营物资。该法案给纽约施加了过重的负担，12 月，纽约议会写信通知英国政府，其一致决定不听从谢尔本的命令。查塔姆在新的一年给谢尔本的信中写道，"美洲前景黯淡"。纽约省殖民地似乎无缘无故地开始骚乱，沉溺于反叛精神。[170] 此时，殖民地商人们呈递了一份请愿书，反对此前格伦维尔和罗金汉政府施加的贸易限制，这似乎为之后更多的反对看法埋下了伏笔。[171] 谢尔本指出，《宣示法案》散布了猜忌和恐慌，以至于最轻微的征税行为也会引发人们的惊慌。[172]

1767 年 5 月 13 日，汤森向议会上呈了确保纽约服从的提案。6 月，下议院通过了一项《限制法案》，根据这项法案，纽约议会只有遵守《驻营条例》规定才能行使其立法职能，尽管此时纽约议会已投票通过了足够多的条款来履行其义务。在该法案通过前，伯克就严厉批评了政府的计划，认为这实际上是在惩罚民意。[173] 他认为，该法案实为内阁强加给汤森的，这一措施在某种程度上是"穿着巨人戏服"的"侏儒"。[174] 在伯克看来，该法案诉诸立法手段来执行行政命令，这完全是错误的，而纽约仍有可能不遵守这一法案。一切都有种"混乱"的

306

170　3 February 1767, *Chatham Correspondence*, III, pp. 188–89.

171　The petition can be found at *CJ*, XXXI, pp. 158–60. 1767 年 2 月 16 日，伯克提议在不采取任何行动的前提下，将其提交下议院：毕竟，请愿书是对上届政府的攻击，参见 *Ryder Diary*, p. 330。

172　Shelburne to Chatham, 6 February 1767, Chatham Correspondence, III, p. 191.

173　Northamptonshire MS., A. xxvii. 82.

174　EB, Speech on Suspension of New York Assembly, 13 May 1767, *W & S*, II, p. 58. 更具体地说，他似乎认为这是查塔姆的想法，参见 Walpole, *Memoirs*, III, p. 135. 1766 年 11 月之后，伯克对查塔姆作为主要"美洲之友"的姿态表示怀疑，参见 WWM BkP 6: 55: "回归《印花税法案》的原则是计划好的。"

味道：司法权与立法权混淆，法律与政策不分，民事立法与刑事法规混为一谈。[175] 在这个过程中，议会将名誉扫地。具有讽刺意味的是，在暂停殖民地议会的同时，帝国政府也不可避免地陷入瘫痪，这凸显出英国政府对美洲的依赖："如何实施该法案呢？暂停美洲殖民地的立法权吗？请注意，暂停其立法权的同时，英国也暂停了自身的立法权。"[176] 这项措施提高了纽约的重要性，同时削弱了伦敦的效力："通过召集美洲的议会来帮助英国自己，这承认了某种依赖性。"[177] 此外，在伯克看来，对一个审议机构施加强制，这等同于实行暴政，因为英国立法机构充当了政府的臂膀，限制了一个殖民地政府的自由。[178] 最后，伯克认为该法案本质上具有严厉的惩罚性。鉴于公民团体和违法者都会成为政府机器解体的受害者，该法案对无辜者的影响可能不亚于对罪犯的影响。[179] 同时，为了捍卫军队而强施惩罚，纽约民众将"憎恨"军队。[180]

5月13日，星期三，下午5点，汤森宣布美洲委员会审议会议开始。这距离他在下议院发表著名的"香槟演讲"还不到一周。沃波尔回忆说，在那场演讲中，他挥洒出"酒神般的热情"，展现了智慧以及他性格中不同的一面。[181] 相比之下，五天后，美洲委员会的重要事务需要认真的对待，汤森就目前形势发表了全面的看法。他建议，应该从相对的角度看待大西

175 Northamptonshire MS., A. xxvii. 79.

176 EB, Speech on Suspension of New York Assembly, 13 May 1767, W & S, II, p. 59.

177 Ibid. 参见 Walpole, *Memoirs*, III, p. 135。

178 EB, Speech on Suspension of New York Assembly, 13 May 1767, *W & S*, II, p. 59: "这就是暴政的本质。"

179 Ibid.

180 Northamptonshire MS., A. xxvii. 79.

181 Walpole, *Memoirs*, III, pp. 130–31.

洋彼岸对自由的渴求：在美洲，和其他地方一样，自由意味着摆脱上级的枷锁，而不是简单地争取专制权力下民众的福祉，南部殖民地顽强捍卫奴隶制就证明了这一点。[182] 面对美洲的坚持，汤森指出，有三个问题需要下议院关注。一是马萨诸塞省殖民地立法机构为补偿一年前波士顿骚乱受害者，在其法案中加入了赔偿条款，尽管令人高兴的是，枢密院已着手处理此事。二是，之前讨论过的《驻营条例》所引发的不安，其对纽约的影响尤其重大。三是，各省殖民地议会已通过的一系列反对决议。通过所有这些问题可以看出，美洲政府依赖于殖民地立法机关的善意，因此，汤森表示，希望"殖民地总督和法官的薪水独立于他们的议会"。[183] 格伦维尔则推崇用宣誓来"测试"殖民地的忠诚。然而，汤森的计划是用进口税负担美洲行政管理的部分费用，并强制美洲服从。[184]

5月15日，伯克在一次演讲中回应了汤森的提议，该演讲归纳了上周三提及的各种美洲问题。他预计殖民地的苦难会加剧，因为一系列分裂措施会立即生效——"派驻常备军，征用营房，暂停立法，征税，以及强制宣誓。"[185] 这一系列大张旗鼓的政策将不可避免地激怒民意，而这本应由稳健的政治运作取而代之。格伦维尔提出的考验忠诚的建议似乎特别不合时宜。1673年的《宣誓法》（Test Act）旨在保护既定的教会和

---

182 Ibid., p.134.

183 Ibid., p.133. 直到下周五，新税才开始实施：13 日，他仅仅表明了他的未来计划，参见 P. D. G. Thomas, "Charles Townshend and American Taxation in 1767," *English Historical Review*, 83: 326 (January 1768), pp. 33–51, p. 44。

184 Walpole, *Memoirs*, III, p. 133. 这个想法可以追溯到 1753—1754 年，当时汤森还在贸易委员会任职，参见 Sir Lewis Namier and John Brooke, *Charles Townshend* (London: Macmillan, 1964), pp. 147, 179。除此之外，参见 Thomas, "Townshend and American Taxation," p, 51。

185 EB, Speech on Townshend Duties, 15 May 1767, *W & S*, II, p. 64.

国家安排，而不是建立新的效忠体系。相比之下，格伦维尔的计划则是一种排斥手段，而非包容条款。忠诚可以被明晰，但不能强加给民众：强制殖民地成员履行原则只不过证明了无力抵抗民意的现实。这就涉及服从的根本问题，这是每一种政治制度都难以捉摸的基础。民众也许会逐渐认同政府，或者仅仅是习惯于服从政府，但绝不会为了其总督的方便而被说服接受政府。[186] 试图测试忠诚实际上是一种绝望，这与查塔姆政府的情绪相当一致。自皮特执政以来，政府的行动一直由征服殖民地的决心所驱动，大臣们"竞相"限制殖民地的自由。[187] 伯克认为，汤森法案就是本着这种精神被提出的。

沃波尔认为，查塔姆急于披上民意的外套，却隐秘地致力于维护英国的权力与当局。[188] 伯克倾向于同意这种判断。后来，他谈到查塔姆习惯将"乌合之众"作为任意操纵的原始工具。[189] 皮特成为上议院议员后，伯克认为他"至少会像在下议院一样专横"。[190] 1766 年 11 月，奥古斯都·赫维对国王演讲作出回应，似乎不赞成废除《印花税法案》，伯克因此觉察到了未来发生变动的苗头。[191] 伯克认为查塔姆是态度转变的幕后推手。在《对当下不满根源的若干思考》的摘记中，伯克回忆道，1766 年夏末，他从爱尔兰回国后就感觉到"印花税法案的原则"即将回归。[192] 查塔姆甚至与罗金汉亲密接触，并开始认同乔治三世的看法，认为需要严厉实施《宣示法案》。尽管

---

186 Ibid., p.63.

187 Ibid., p.62.

188 Walpole, *Memoirs*, III, p. 135.

189 塞缪尔·罗格斯（Samuel Rogers）的摘录簿，参见 Add. Ms. 47590, fol. 26。

190 EB to Charles O'Hara, post 11 November 1766, *Corr.*, I, p. 279.

191 Ibid., pp.279–80.

192 WWM BkP 31.

伯克承认将查塔姆塑造成"美洲之友"是不恰当的，但实际上也没有必要揭露他的惩罚性立场，因为汤森乐于公开地充当这一角色。[193] 伯克指出，汤森所提议的关税政策就是该角色迟来的迹象，因为他们试图在这种情境下实现不可能的事情：让殖民地屈从于宗主国的商业和征税政策。[194]

6.5 质疑与同意

这种反应表明，伯克从一开始就反对《汤森法案》。[195] 在1768年11月8日伯克针对国王演讲的发言中，他提醒下议院，他早在1767年春就对政府的措施表示了反对。他现在宣称，他的预料"是正确的，你们绝不可能从美洲获得一分钱"。[196] 伯克的推断与其对殖民地抵抗的最初反应是一致的：为了增加收入而强制征税，践踏了殖民地的立法职能，贬低了殖民地的政治尊严。因此，这冒犯了新世界的自由精神，并破坏了维系帝国关系的情感纽带。伯克承认，汤森的关税项目都是"精挑细选"出来的。对葡萄酒、水果、玻璃、铅、油漆、纸和纸板征收进口关税，不太可能对英国贸易产生不利影响：只要贸易得到允许，他们就会扩大对外贸易，而这不会危及国内制造业。[197] 事实上，对葡萄酒和水果征收关税的想法要归功于罗金

---

193 Ibid.

194 EB, Speech on Townshend Duties, 15 May 1767, *W & S*, II, pp. 61–62.

195 *Pace* Paul Langford, "The Rockingham Whigs and America, 1767–1773" in Anne Whiteman et al. eds., *Statesmen, Scholars and Merchants: Essays in Eighteenth-Century History Presented to Dame Lucy Sutherland* (Oxford: Oxford University Press, 1973), p. 137.

196 EB, Speech on Address, 8 November 1766, W & S, II, p. 96.

197 Ibid. 汤森的关税后来被修改，取消了对西班牙和葡萄牙的葡萄酒和水果税，并增加了对东方茶叶的新关税。

汉派最初计划的规定。[198] 尽管如此,伯克很清楚,征税的理由削弱了殖民地对宗主国的接受程度。正如他 1767 年 5 月所宣称的:"同一个地区不可能在贸易和税收上同时屈从于你们。"[199] 问题的关键不是这种双重屈从是不可能的,而是像美洲这样的政治共同体已受制于《贸易法》和《航海法案》,它们绝不可能再给帝国交税。

伯克认为,这就是 1766 年罗金汉内阁改革英国商业法规的思想基础。正如 1766 年 1 月 17 日罗金汉给查尔斯·约克的信中所写的,最初的行动计划是,在最终决定《印花税法案》废留前,以"贸易方面的考虑"来跟进宣示性决议。[200] 伯克在 1768 年 11 月回忆道,要弄清帝国的商业状况,就需要向下议院提交大量相关意见——"从最伟大的哲学家到普通的鞋匠的意见都需要被听取"。[201] 此后,罗金汉派开始对《航海法案》的现状进行专题研究,以期修订其中的一些关键条款。伯克对此项工作尤为投入。在本次议会会期结束之际,人们认为伯克不仅是罗金汉的"得力右手",事实上,他是罗金汉的"双手"。[202] 将近 30 年后,在《给一位勋爵的信》中,伯克描述了他当时的努力对自己精神和身体的影响。一切顺利的话,英国商业可能会被彻底修订。事实是,虽有现实条件的限制,英国商业还是得到了很大的调整。伯克评论道,"第一次出席议

---

198 关于道兹韦尔对汤森关税的评论,参见 Dowdeswell MSS., Dowdeswell to Rockingham, 14 August 1768, cited in Langford, "The Rockingham Whigs and America," p. 147: "如果在我们那个时代有人提出这个建议,我肯定会很喜欢,但我会建议用其他名字公布它,把商业作为首要目标,把税收作为次要目标……"

199 EB, Speech on Townshend Duties, 15 May 1767, ibid., p. 62.

200 The Marquess of Rockingham to Charles Yorke, Add. MS. 35430, fol. 32.

201 EB, Speech on Address, 8 November 1768, *W & S*, II, p. 96. 这里提到的哲学家和鞋匠是指本杰明·富兰克林和齐普赛的约翰·霍斯(John Hose of Cheapside)。

202 Letter to Grenville, 11 June 1766, Add. MS. 22358, fol. 35.

会会期时，我发现有必要分析一下大不列颠及整个帝国的商业、金融、宪法和海外利益"。这些工作几乎把伯克逼到了崩溃的边缘，他回忆说，"我觉得自己快要累死了"。[203] 尽管如此，帝国商业的重大改革还是实现了。

罗金汉派的目的是开放殖民地贸易领域，这些贸易领域的限制对美洲和英国都产生了不利影响。例如，人们普遍同意，牙买加和西班牙属美洲之间的贸易的某些部分可以进行有益的自由化，这可以为帝国制造业提供销路，并提供金银和原材料的来源。同时，内阁破天荒地支持北美开放与加勒比地区的殖民地贸易，尽管这将直接威胁英属西印度群岛种植园主享有的垄断地位。[204] 1766 年 3 月，当伯克等待上议院废除《印花税法案》时，他写信告知奥哈拉，政府正准备"对所有商业法律，包括国内的和海外的种植园的法律，进行彻底修订，先从《航海法案》开始"。[205] 这显然是一个雄心勃勃的计划，美洲和西印度群岛的利益集团已经在就其内容进行谈判。伯克希望政府通过允许爱尔兰直接进口糖，将爱尔兰拉入这一计划。[206] 4 月 15 日，约瑟夫·亨德森透露，自此次议会会期开始以来，他作为伯克的助理，一直与罗金汉密切合作，以制定并落实这些建议。[207] 然而，事实证明，在达成协议的道路上，皮特是很大的阻碍。在谈到皮特时，伯克曾对格拉坦打趣道，"他的长

311

203　EB, *Letter to a Noble Lord* (1796), *W & S*, IX, p. 159.

204　Langford, *First Rockingham Administration*, pp. 200–201. 直到 1766 年，西印度群岛的利益在英国殖民政策中是至高无上的，参见 G. L. Beer, *British Colonial Policy, 1754–1765* (New York: Macmillan, 1907), chapt. 6; Richard Pares, *War and Trade in the West Indies, 1739–1763* (Oxford; Oxford University Press, 1936), chapt. 9。

205　EB to Charles O'Hara, 1 March, 1766, *Corr.*, I, pp. 239–40.

206　Ibid., p.240. 3 月 11 日，他告知奥哈拉，他已就这个问题提出了建议。参见 ibid., p.244。

207　Joseph Henderson to John Temple, *Collections of the Massachusetts Historical Society,* Sixth Series, IX (Boston: 1847), p. 72.

处是异想天开，弱点是无知"。[208] 在贝克福德的压力下，以及考虑到他自己与西印度群岛种植园主的关系，查塔姆反对在多米尼加建立自由港。4月8日，伯克写道，对自由港相关问题的审查已经完成，筹备《新美洲贸易法》的决议也正在制定当中。[209] 然而，到了4月23日，"伟大的平民反对这一计划"，伯克为此感到惋惜。[210]

伯克对皮特的暴躁感到惊讶，他竟坚决反对"如此有益和无懈可击的措施"。[211] 心情好一些的时候，皮特是支持对格伦维尔《食糖法》的贸易限制进行全面改革的，这也是罗金汉派提出新法规的意图。4月15日，奥哈拉写信给伯克，告诉他有人声称这任内阁只致力于"废除上一任内阁所做的一切"。[212] 谣言没有错，伯克一周后证实道："我们确实正在摧毁整个格伦维尔体系。"[213] 这当然是一项相当巨大的工作，具有重大的商业和政治影响，特别是格伦维尔已将其措施作为《航海法案》的支柱。[214] 这些措施的部分目的是，通过对北方殖民地进口的法国对手的商品施加高税，从而给予西印度群岛殖民地的产品优惠待遇。[215] 这些特别的规定是一个更大计划的一部分，目的是使殖民地贸易服从于宗主国的利益，同时保持以英语为母

---

208 塞缪尔·罗格斯的摘录簿，参见 Add. Ms. 47590, fol. 29。

209 EB to Charles O'Hara, *Corr.*, I, p. 248.

210 EB to Charles O'Hara, 23 April 1766, ibid., p. 251.

211 Ibid.

212 Hoffman, *Burke*, p. 344.

213 EB to Charles O'Hara, 23 April, 1766, *Corr.*, I, p. 252.

214 格伦维尔在 1768 年 6 月 27 日写给威廉·诺克斯的信中仍在捍卫这一愿景，参见 Huntington Library, San Marino, Grenville Letter Book, ST. 7, V. 2。

215 托马斯·惠特利（Thomas Whateley）在格伦维尔派的小册子中概述了该政策的逻辑依据，参见 Thomas Whateley, *Consideration on the Trade and Finances of this Kingdom* (London: 1766), p. 70。

语的大西洋共同体为"一个联盟"。[216] 这种安排的指导原则是
保持英国与欧洲竞争者之间的贸易平衡。实现这一目的的办法
是，将殖民地贸易限制在宗主国范围内，并确保英国船只的商
业航行。[217] 另一方面，罗金汉派决心缓解北美殖民地对西印度
群岛商业垄断的抱怨，同时在加勒比地区建立自由港。所有这
些都被认为是对帝国贸易平衡的积极贡献，但这仍被认为是明
智的自由化举措，将结束 1764 年《食糖法》的"毁灭性强制
征税"。[218] 殖民地与其他国家的贸易得以开放，帝国内的敌对
贸易利益被调和。[219]

伯克指出，这一切都取得了成功，同时也增加了英国从美
洲获得的收入。[220] 他急于证明，收入不仅仅可以来自税收，还
可以来自对贸易的妥善管理。然而，当涉及以商业为目的而建
立的殖民地时，监管不应被作为一种提供收入的手段。在汤森
提出征收关税后，伯克评论说，税收并不总是带来收入，因为
国库可能充盈了，而国家却"毁了"。[221] 同样，不直接征税也
可能增加收入。在关于暂停纽约议会的辩论中，伯克指出，"我
反对任何一项没有益处的税收"。[222] 正如他在《对晚近国情的

312

---

216 Thomas Whateley, *The Regulations Lately Made concerning the Colonies, and the Taxes Imposed upon them, Considered* (London: 1765), p. 40. 格伦维尔自认为《航海法案》体现了"所有其他欧洲国家对其殖民地的既定原则和政策"，参考他 1768 年 6 月 27 日写给威廉·诺克斯的信，参见 Huntington Library, San Marino, Grenville Letter Book, ST. 7, V. 2。

217 Whateley, *Regulations Lately Made* (1765), p. 88.

218 相关法案，参见 6 Geo. III, c. 52 and 6 Geo. III, c. 49。"毁灭性强制征税"摘自 EB, *Short Account of a Late Short Administration* (1766), *W & S*, II, p. 55。

219 Ibid., pp.55—56.

220 Ibid., p.55："财政收入得到改善，并有了合理的基础"。

221 Northamptonshire MS. A. XXVII. 55.

222 Northamptonshire MS. A. XXVII. 79.

观察》中所阐明的那样，罗金汉派1766年采用的商业原则是为了将这些想法付诸实践。在这种背景下，他称美洲26个殖民省都具有"商业"性质，这意味着它们在帝国宪法下的地位使它们"不适合被征税"。[223] 他写下这些观察时，汤森的政策正遭遇抵制，他认为这位财政大臣正在重蹈格伦维尔的覆辙。他指出，查塔姆政府实际上选择了这样一种政策，即与1765年撤销的政策具有"相同的性质"的政策，其结果会使"美洲再次陷入混乱"。[224] 他之所以犯这个错误，是由于对大英帝国的误解，也是因为受限于自己狭隘的贸易观念。更准确的理解是：殖民地贸易并不纯粹是一种商业活动，也是"法律和制度的产物"。[225] 虽然《航海法案》标志着这一制度的开始，但格伦维尔或其阁僚并未领会其性质和意义。对帝国宪法进行更深入的阐述，会揭示出英国统治的特征，以及其臣民在商业活动中的利益。

在《对晚近国情的观察》中，伯克提出了自己对这些问题的理解，以反对威廉·诺克斯的观点。诺克斯在《国家当前状况》(*The Present State of the Nation*)中倡导实施"旧航海法"，但不清楚他是支持1660年的《航海法案》，还是1649年和1651年的法律，抑或是17世纪以来诸多的法律修正案。[226] 伯克推测，他可能希望将构成格伦维尔《食糖法》一部分的关税包括进去。然而，在伯克看来，这似乎是"对监管过分狂热"的产物。[227] 除了限制外国进口和促进西印度群岛出口的特别规定外，格伦维尔的改革还包括设立新的海军机构，

223　EB, *Observations on a Late State of the Nation* (1769), *W & S*, II, p. 166.

224　Ibid., p.198.

225　Ibid., p.193.

226　关于诺克斯，参见 Leland J. Bellot, *William Knox: The Life and Thought of An Eighteenth-Century Imperialist* (Austin, TX: University of Texas Press, 1977)。

227　EB, *Observations on a Late State of the Nation* (1769), *W & S*, II, pp. 182–82.

其目的是阻止所有违禁品贸易，以执行严格监管。[228] 在罗金汉派看来，这些适得其反的条款是出于一种错误的热情，即在大幅限制美洲贸易的同时，阻止欧洲人进入殖民地市场。因此，1766年，内阁试图取代这种狭隘的监管计划，放宽对殖民地商业的限制。1766年春，北美和西印度群岛贸易利益集团达成了一项新协议，其最终于6月6日成为法律。[229] 新法案向英国殖民地市场开放了法国和西班牙的贸易领域，同时允许殖民地直接向欧洲竞争对手销售产品。[230]

在《对晚近国情的观察》中，伯克将这些规定视作商业"扩大"方案。[231] 目的是开放新的商业领域，但仍未达到建立全面自由贸易的目的。正如伯克指出的那样，这将刺激贸易和制造业增长，但不会威胁到英国在贸易平衡中的预期利益。新规定包括将美洲进口的外国糖浆的关税降至每加仑1便士，与对西印度糖浆征收的关税一样。由于该关税同样适用于法国和英国的产品，因此这不再是一种旨在有利于帝国贸易的优惠关税，而是以税收为目的的关税。[232] 因此，伯克后来所称的"1766年方案"实际上考虑到了税收因素。尽管如此，在引进了汤森关税后，罗金汉派坚称，监管的"首要目标"是商业而非税收，伯克则从殖民地的历史宪法角度来解释他们的优先事项。[233] 殖民地"显然建立在对英国商业的顺从上"，只能期待

314

228　Ibid., p.186.

229　Langford, *Rockingham Administration*, pp. 202–6.

230　有关细节，参见 Frances Armytage, *The Free Port System in the British West Indies: A Study in Commercial Policy, 1766–1822* (London: Longmans, Green and Co. , 1953), pp. 36–42。

231　EB, *Observations on a Late State of the Nation* (1769), *W & S*, II, p. 200.

232　事实上，1768年8月14日，道兹韦尔在给罗金汉的信中承认了这一点，参见 Clements Library, Michigan, Dowdeswell MSS., cited in Langford, "Rockingham Whigs and America," p. 147.

233　Dowdeswell to Rockingham, 14 August 1768, ibid.

英国逐渐放松对其的警惕。[234] 这种顺从建立在英国对殖民地的双重垄断上：一是垄断其进口，进口产品都来自英国；二是垄断其出口，需要通过宗主国出口产品。这种顺从还规定，殖民地必须出口自己的"原始"产品给宗主国，以换取宗主国的制造业产品。[235] 在这种情况下，迫使殖民地向宗主国上缴额外的收入，将会破坏建立殖民地的初衷。英国得到的好处是相当可观的：美洲殖民地利用英国资本耕作土地、买卖产品和运输货物，直接为宗主国商业带来利润，并间接充盈了其国库。[236] 迄今为止，美洲都是在"人为干预贸易"的基础上这样做的，包括宗主国施加的限制。这些限制有赖于威斯敏斯特的"强大权威"，其对这些限制条款的滥用不利于殖民地的自由精神。因此，帝国政府必须对各省殖民地的"情绪和意志"给予适当尊重。[237] 至少，这意味着不对其直接征税；最理想的情况是，开放他们被过度监管的贸易。

英国未能遵守这些原则，从而在美洲释放了一种"危险的质疑精神"。[238] 伯克并没有沉迷于这些后果。1768 年 7 月，波士顿骚乱的消息传到伦敦，伯克指出，那里的情况似乎"越来越严重"。[239] 同年春天，詹姆斯·奥蒂斯的活动激起了他的愤怒：奥蒂斯的原教旨主义观点会"散布怒火和毁灭"。[240] 但这并不能成为政府采取各种手段警示殖民地的理由。伯克对奥

234　EB, *Observations on a Late State of the Nation* (1769), *W &S*, II, p. 192. 关于商业"嫉妒"，参见 Hont, *Jealousy of Trade*, Introduction。

235　EB, *Observations on a Late State of the Nation* (1769), *W & S*, II, p. 192.

236　Ibid., p.193.

237　Ibid., p.194.

238　Ibid., p.188.

239　EB to the Duke of Portland, 30 July 1768, *Corr.*, II, p. 11.

240　EB, Speech on Address, 8 November 1768, W & S, II, p. 96.

哈拉说："他们无法顺利处理美洲事务。"[241]1767 年夏，新委员会成立并通过了《汤森法案》，之后，殖民地的不满情绪开始高涨。早在 12 月，马萨诸塞湾议会就开始反对这些措施，并向其他殖民地发出了一封阐述其主要反对意见的通函。帝国政府的反应果断而迅速。1768 年 4 月 22 日，刚刚被任命为新成立的美洲部的国务大臣希尔斯伯勒勋爵下令废除马萨诸塞湾议会的决议，而如果其他殖民地议会试图赞同这封通函，它们将被闭会。然而，各殖民地仍无所畏惧，许多殖民地甚至组成协会，禁止进口英国商品。为了控制可能出现的叛乱，英国派军队前往波士顿，10 月，军队的到来却成了进一步叛乱的契机。在 1768 年 11 月 8 日伯克的演讲之后，斯坦利附议道，"各位，张狂的波士顿将会变成什么样子呢？"他预测，军队一旦撤退，"骚乱将复起"。[242] 但是，这引发了伯克的尖锐回应。希尔斯伯勒的命令威胁要"毁灭"一个殖民地议会，当议会解散后，殖民地会成立一个非法集会——正如伯克谴责的波士顿大会一样，这是"有害的"替代品。[243] 然而，如果说美洲管理不善的后果令人不安，那么内阁的决议也同样是错误的——"没有谁能违背公民的意愿来统治他们。"[244]

　　民众的同意是一个成功的政府的先决条件和必然要求，直到 18 世纪 70 年代，伯克还在反复强调这一点。他还认识到，民众的同意不同于静态的欢呼：支持政府的条件和民意一样变化无常，而且随着民众逐渐接受自由的理想，民意对统治制度的期望也更加苛刻。伯克赞赏美洲对自由理想的执着追

315

241　EB to Charles O'Hara, 1 September 1768, *Corr.*, II, p. 14.

242　*Cavendish Debates of the House of Commons*, I, p. 35.

243　EB, Speech on Address, 8 November 1768, W & S, II, p. 97.

244　Ibid.

求，但其民众尖刻的表达也令他不安。在《对晚近国情的观察》中，他写道，殖民地居民"傲慢而不满"。[245] 这是1769年2月伯克的观点，时值约翰·狄金森的《宾夕法尼亚一位农民的来信》发表后一年，该作品否认了英国对美洲征税的权利，并主张抵制英国商品。[246] 1768年11月1日，诺克斯写了一篇关于"新英格兰起义"的文章，回应去年6月波士顿骚乱的余波。[247] 9月，马萨诸塞湾大会成立，主张民众示威以反对皇家总督的权威，这同样对英国构成了切实的威胁。纽卡斯尔总结说，新英格兰人是一群"顽固的"人。[248] 乔治·萨维尔认为，最终的叛乱不可避免。[249] 在《对晚近国情的观察》中，伯克表达了对殖民地行为的蔑视，谴责了"美洲反叛精神的傲慢无礼"。[250] 这就是去年11月国王演讲中提到的"派系精神"。[251] 1769年春，波纳尔提议废除《汤森法案》，伯克在回应该动议时，指出了殖民地恶劣行为的严重程度。[252] 但他也看到，殖民地民众起来反抗是因为他们感受到了英国政府的敌意。正如罗金汉所言，政府的管理不善已成为一个严重问题。[253] 一种恶性的对立关系正在酝酿之中。

在伯克看来，这种对立关系是建立在引发双方误解的狂

---

245 EB, *Observations on a Late State of the Nation* (1769), *W & S*, II, p. 188.

246 第三封信中提到了"剥夺英国从我们这里得到的一切好处"的想法，参见 John Dickinson, *Letters to a Farmer in Pennsylvania: To the Inhabitants of the British Colonies* (1768) (London: 1774), p. 34。

247 *Grenville Papers*, IV, pp. 394–95.

248 Add. MS. 32990, fols. 340–41.

249 *Rockingham Memoirs,* II, p. 76.

250 EB, *Observations on a Late State of the Nation* (1769), W & S, II, p. 190.

251 *Cavendish Debates of the House of Commons*, I, p. 31.

252 EB, Speech on Townshend Duties, 19 April 1769, *W & S*, II, p. 231.

253 Marquess of Rockingham to EB, 17 July 1769, *Corr.*, II, p. 47.

热想象上的。美洲殖民地居民认为英国政府决意要压迫他们，而英国人则认为殖民地肯定会造反。[254] 在 1769 年夏天的大骚乱之后，伯克写道，"美洲比以往任何时候都更加疯狂和荒谬"。[255] 弗吉尼亚、罗德岛、马萨诸塞和康涅狄格殖民地的反抗行为不仅激怒了英国政府，显然也使反对派感到震惊。[256] 自从上一年 5 月内阁决定取消玻璃、瓷器、纸张和油漆的关税，只保留茶税以来，政府方面的愤怒没有缓解，反而日益强烈。在新的一年里，格拉夫顿政府分崩离析，除了霍克之外，查塔姆派相继离开政府。1770 年 3 月 2 日，新内阁确认废除部分税收政策，三天后，诺斯勋爵在下议院提出了一项迎合该目的的法案。与对英国制造业产品征收的"反商业"关税不同，政府没有理由放弃对东印度茶叶征收关税，东印度茶本就是一种奢侈品，而其成本已经因 1767 年取消其出口的所有关税而降低：实际上，诺斯认为，美洲殖民地居民应将每磅 3 便士的税收视作真正的馈赠。[257] 在他看来，殖民地的强硬态度源于帝国政府的犹豫不决，这尤其体现在 1766 年废除《印花税法案》的决议上。[258] 他将责任归咎于议会中的反对派，认为大西洋彼岸的骚乱与罗金汉派的政策有关。

6.6 《茶税法》

罗金汉派于 1770 年 5 月 9 日做出了回应。就是在这一天，伯克提出了八项谴责政府的决议，概述了查塔姆、格拉夫顿

---

254 EB, Speech on Townshend Duties, 19 April 1769, *W & S*, II, p. 231.

255 EB to Marquess of Rockingham, 9 September 1769, Corr., II, p. 77.

256 Peter D. G. Thomas, *The Townshend Duties Crisis: The Second Phase of the American Revolution, 1767–1773* (Oxford: Oxford University Press, 1987), chapt. 8.

257 *Cavendish Debates of the House of Commons*, I, pp. 484–86.

258 Ibid., p.486.

和现在的诺斯政府对美洲政策的无能。他指出，废除《印花税法案》是一种实用的智慧。此后，政府背离了罗金汉派建立的"和平基础"，并开始用频繁的示威行为显示议会主权，政府开始踌躇不前，这是具有破坏性的。[259] 英国政府一贯的目的是挽救其权威，但却是通过一系列强制措施来实现的。结果，在寻求恢复尊严的过程中，它招致了怀疑和蔑视。伯克这番话是在 1770 年 3 月 5 日波士顿大屠杀之后说的，当时一小群英国士兵向国王大街（King Street）上愤怒的人群开枪，造成 5 人死亡，另有 6 人受伤。5 月 1 日，伯克将这一事件描述为"遍及整个帝国的"潜在动乱的一次"爆发"。[260] 前一周，也就是4 月 26 日，巴罗·特雷考西克提议对这场悲剧进行说明，促使伯克谴责了自希尔斯伯勒勋爵执政以来的政府政策。一项改革马萨诸塞湾宪法的计划，最初于 1769 年 2 月提交给内阁，如今其显得既笨拙又具有挑衅性：伯克指出，"它激怒了殖民地民众"。[261] 同样，在 1769 年 2 月 20 日写给巴纳德的信中，希尔斯伯勒公开威胁要以叛国罪或包庇叛国罪审判波士顿激进分子，这令人担忧，却又显得敷衍——"你向美洲展示了你的恶

---

259 EB, Debate on Resolutions Relating to the Disorders in North America, 9 May 1770, *Parliamentary History*, XVI, col. 1003. 其报告的基础，参见 *Parliamentary Register* (Almon), VIII, pp.339–43。

260 EB, Motion for Address on Hillsborough's Circular, 1 May 1770, PDNA, III, p. 263. 关于当时爱尔兰和殖民地遭受虐待的相似之处，可见弗伦奇·劳伦斯 1770 年抄写的伯克的一篇演讲的手稿，参阅 OSB MS. File 2237："他们的支持必须通过消除一切不满的根源来换取。这是唯一的魔力，唯一的魅力，可以吸引他们的感情，可以改变其信仰并团结帝国的不同成员，使其如受到同一个灵魂的启发般行动。"

261 EB, Motion for Address on Disorders in America, 26 April 1770, ibid., p. 257. 伯克特别不满的是由伯纳德总督发布且随后在下议院公布的一项计划。

意，却又不敢实施它。"[262] 一系列旨在维持秩序的措施损害了公共权力，激起了公众的敌意。伯克 5 月 9 日的提议旨在详细列举累积的恶政事故，同时指出政府的潜在病态。

这种病态的根源在于对权威本质的误解。面对美洲民众抗议的压力，英国政府试图通过运用行政权力来强制执行自己的意愿：发布命令，然后依靠军队。这种征服政策注定以失败告终。4 月 26 日，伯克在思考波士顿大屠杀的影响时，提出了另一条道路。美洲殖民者只能靠政策而非赤裸裸的武力来征服。当然，这需要在坚定的政府中采取坚定的目标。伯克的一部分观点是，英国在美洲的姿态只是一种虚张声势的自信：它的立场是残酷的，但不知为何却又有所妥协，摇摆不定，难以实现目标，因而其权力显得既可怕又无效。然而，正如伯克所言，我们需要的恰恰相反：政府必须造福子民，同时以其坚韧性赢得尊重。英国应该基于美洲的长久同意而对其进行坚定的引导——"用强大的政府征服它，用法律征服它。"[263] 但是，这并不意味着通过无休止的干涉来管理殖民地。议会应该监督美洲，而不是管理美洲。正如伯克所言，"议会不能事无巨细地管理美洲"。[264]

伯克认为英国所追求的就是事无巨细地统治，而其结果并不乐观。北方各殖民地的一些居民都曾反对过民事和军事统治。5 月 9 日，伯克决心分析帝国政策失败的原因。霍勒斯·沃波尔将他的表现总结为"精彩的演讲，意在谴责希尔斯伯勒勋爵和政府对殖民地总督下达的荒谬而矛盾的命令，伯克将美

318

262　Ibid., p.258. 伯克的建议是，根据一项亨利八世的法案起诉被指控的罪犯。有关讨论，参见 Bernard Knollenberg, *Growth of the American Revolution: 1766–1775* (1975) (Indianapolis, IN: Liberty Fund, 2003), chapt. 9。

263　EB, Motion for Address on Disorders in America, 26 April 1770, PDNA, III, p. 258.

264　Ibid., p.259.

洲存在的问题归咎于这些命令"。[265] 伯克在对查尔斯·奥哈拉的复述中更为谦虚：他告诉奥哈拉，他在陈述自己的观点时，没有失去任何"信誉"。[266] 就个人而言，这次演讲实际上是一次胜利。正如威廉·伯克所说，在伯克发言前，"人们的期望非常高，下议院坐满了人"。演讲完后，他在公众心目中的地位比以往任何时候都高。[267] 他的论点建立在曾提交给下议院的一系列文件上，包括 1767 年 6 月 29 日《汤森法案》的序言、1768 年 3 月 10 日和 11 月 8 日国王在议会的讲话、1768 年 4 月 22 日希尔斯伯勒给巴纳德总督的指示信、1768 年 4 月 21 日希尔斯伯勒给殖民地的通函、马萨诸塞湾议会与伯纳德总督间的通信以及后来美洲殖民地之间和殖民地与宗主国之间传递的重要文件。他的想法是勾勒从罗金汉派倒台到希尔斯伯勒负责美洲事务以来的近期政策，并侧重于希尔斯伯勒上台后的情况。至关重要的是，下议院应以一种全面的、"普遍的眼光"来看待最近的倡议和事态发展。[268] 在过去的三年里，罗金汉派没有推行自己的措施，也没有要求对美洲局势进行调查。现在，对美洲殖民地做出正确判断的时刻已经到来。

伯克介入美洲事务的公开目的是恢复议会在殖民地管理方面被浪费的信誉。如今，由于政府也与东印度公司发生冲突，帝国危在旦夕——政府对自由多种形态的明显蔑视，导致帝国的一部分"摇摇欲坠"，另一部分"跌跌撞撞"。[269] 在英国两个海外自治领地，政府都过度扩张了自己的权力。然而，与东方殖民地一

319

---

265 Walpole, *Memoirs*, IV, p. 174.

266 EB to Charles O'Hara, 21 May 1770, *Corr.*, II, p. 139.

267 William Burke to Charles O'Hara, 15 June 1770 in Hoffman, *Burke*, p. 472. 尽管有这样的说法，但在当时的讨论中这场辩论并不突出，参见 Thomas, *Townshend Duties*, p. 187n。

268 EB, Motion for Resolutions with regard to America, 9 May 1770, PDNA, IV, p. 299.

269 Ibid., p.300.

样，对西方各殖民省的管理必须由当地的统治机构来执行。英国不可能在 3000 英里以外管理美洲。英国政府和议会必须信任殖民地，将权力下放，而不是由内阁对新世界公民集会的决定进行事后猜测。[270] 伯克在 5 月 9 日的演讲笔记中阐述了这一点。英国议会和美洲殖民地政府机构的作用和责任必须区分开：英国议会的任务是通过制定一般法律和授予一般权力来监督殖民地，通过慷慨的拨款来宣传其善行；而美洲政府应管理行政细节，在宗主国设定的范围内运作。英国不停地试图打破殖民地政府的正常运作，显得十分专制。另外，对权力下放的信任则是帝国"宽宏大量"的表现。[271] 伯克承认，"这种信任是伟大的，但这是一种必要的信任，除非它被不断地滥用"。[272]

　　确立了广泛的政府原则之后，伯克概述了这些原则是如何被颠覆的。他没有纠缠于管理不善的个别事例，而是指出系统性的失误，指出"整个机构和系统的混乱"。[273] 伯克认为，个人愚蠢行为的根源在于"一个软弱、暴力、前后矛盾、毫无意义的政府体系"的错误原则。[274] 这一系列相互关联的错误政府行为都应受到谴责，因为其导致了大西洋彼岸的大部分煽动性行为。支持这些行为的观念学说也应受到谴责。伯克谨慎地描述道，这些学说"可能"是"一种不恰当的自由意识"，即以牺牲公共秩序为代价，呼吁民众享有权利。[275] 然而，5 月 9 日，伯克

270　Ibid.

271　Northamptonshire MS. A. xxvii. 67, reprinted in EB, Speech on American Resolutions, 9 May 1770, W & S, II, p. 325.

272　EB, Motion for Resolutions with regard to America, 9 May 1770, PDNA, IV, p. 300.

273　Northamptonshire MS. A. xxvii. 67, reprinted in EB, Speech on American Resolutions, 9 May 1770, *W & S*, II, p. 326.

274　Northamptonshire MS. A. XXVII. 60.

275　EB, Motion for Resolutions with regard to America, 9 May 1770, PDNA, IV, p. 300.

强调了政府的鲁莽，谴责其为了捍卫自身尊严而重蹈覆辙。对"尊严"的关切扭曲了判断力：政府"使人极度不安"。[276] 好几任政府以"尊严"的名义破坏了公众的安宁。相比之下，罗金汉派则谨慎行事：可以肯定的是，废除令人讨厌的法案将安抚殖民地。这样的让步可能会鼓励美洲大胆捍卫自己的权利，但是这种可能性微乎其微。尽管未来可能发生这种情况，但是，因担心尊严有损而赌上现有的和平是极其轻率的。[277] 伯克认为，这是由傲慢造成的短视；正是这种短视导致了英国对殖民地的管理不善。1767 年以来，执政者奉行一种新"精神"，即决心通过专横的权力来挽回颜面。由于这种决心是由潜在的傲慢所激发的，所以其未能清醒地意识到可能的后果。

帝国傲慢的第一个成果就是通过了一项"检验"殖民地忠诚的决议。这项决议显然从一开始就是错误的，尤其是企图绕开殖民地议会来检验殖民地忠诚，而殖民地议会是体现殖民地效忠的首要对象。伯克强调，《汤森法案》的序言明确指出了回避殖民地议会的目的，该法案表明其打算利用殖民地税收来支付美洲殖民地"司法行政和公民政府的费用"。[278] 因此，该法案应被视作"政策法案而非税收法案"。[279] 所以，这相当于一种自相矛盾的尝试，为"不受民众喜爱的"政府寻求民众支持。[280] 不出所料，这非但没能获得支持，反而引发了恐慌。[281]

---

276 Ibid., p.301.

277 Northamptonshire MS. A. xxvii. 67, reprinted in EB, Speech on American Resolutions, 9 May 1770, W & S, II, p. 326.

278 7 Geo. III, c. 46.

279 Northamptonshire MS. A. XXVII. 65.

280 EB, Motion for Resolutions with regard to America, 9 May 1770, PDNA, IV, p. 301.

281 Northamptonshire MS. A. XXVII. A. 19: the dissolution of the assemblies sapped the "Life & Soul of the whole."

当民众恐慌挑战了帝国计划时，政府通过了一系列象征行政魄力的措施，显示出其决心。然而，这种魄力从来没有经过适当的计算而获得成功，当这种魄力出问题以后，政府又为已采取的措施而后悔。伯克责备政府："你们应该考虑这一计划可能出现的所有后果。"[282] 在威胁要解散那些不服从的殖民地议会后，一旦各省殖民地的立法机构真的被废除，威斯敏斯特就没有办法实施其计划了。帝国的行政官员一直在努力炫耀自己的权力，但实际上却无法兑现权力。英国政府严词谴责殖民地，派遣了部队，威胁要强迫殖民地履行义务，可最后又撤军了。作为回应，美洲殖民者旨在通过结社和联盟挫败宗主国的政策。伯克总结道："每一次毫无意义的强制措施都给英国政府在殖民地的权威造成一次新的损害。"[283] 总而言之，民愤被点燃了，而有效的政府被削弱了。

权威必须建立在两个基础上：首先是智慧，其次是权力。没有这些，它的名誉就会下降，信任就会受损。信任受损时，派系精神就会复活，从而产生有争议的政府理论。因此，在休会后，纽约议会宣布自己是其权力的来源，将其权利建立在"自然法则"之上。[284] 英国政府威胁、伤害并违反了北美殖民地的章程，而殖民地则以自然权利之名抗议，然后颠覆了既定规范。[285] 冲突日益升级，但这始于一个简单的错误：政府没有先放权再巩固权威，而是先宣示权威，后暴露实力，"他们以

282 Northamptonshire MS. A. xxvii. 67, reprinted in EB, Speech on American Resolutions, 9 May 1770, W & S, II, p. 328.

283 Northamptonshire MS. A. XXVII. 10.

284 EB, Motion for Resolutions with regard to America, 9 May 1770, PDNA, IV, p. 303.

285 一个早期的例子，参见 Richard Bland, *An Inquiry into the Rights of the British Colonies* (Williamsburg: 1766), reprinted in the *Virginia Gazette* on 30 May 1766, and again in London in 1769。

暴力、残酷和威胁开始，却以最令人屈辱的让步告终"。[286] 在伯克看来，其结果是非常消极的："你们的专横意志令人憎恶，而你们政府的软弱遭人蔑视"。[287] 然而，无论伯克和同僚怎么想，这些决议都被轻松地否决了。此外，尽管伯克的演讲指出前景黯淡，但在反对派表明立场后的几个月里，美洲的局势开始朝着有利于政府的方向发展。首先，不进口协议开始在纽约商人间破裂，禁运逐渐结束，随着时间的推移，这也扩展至其他的殖民地。因此，到 1771 年，跨大西洋的贸易恢复了，最初发起抵制的殖民地"煽动者"们相互指责，诺斯勋爵对此感到满意。与殖民地相关的政策规划暂时被搁置了。1772 年 8 月 14 日，达特茅斯接任希尔斯伯勒，尽管殖民地商人与海关官员之间的摩擦依然存在，但议会对美洲事务的审议一度中断，一直到 1773 年 4 月就新的茶税法辩论时才恢复。

在达特茅斯被任命六天后，伯克在给詹姆斯·德·兰西的信中称赞了对达特茅斯的任命，同日也向纽约殖民地议会的通讯委员会告知了这一变化。[288] 德·兰西是纽约政界著名的政治人物，也是罗金汉的助手，他最先推荐伯克为该省的潜在代理人。1770 年 12 月 27 日，伯克被确认担任这一职务，并在春天承诺将"完全而保密地"向德·兰西敞开心扉。他指出，他的优势在于熟悉殖民地贸易的情况，也对英国事务的特点有清晰的认识。[289] 他给纽约通讯委员会的信件是比较简单和非正式的，只是概述了当前的情况，尽量减少了个人的判断，大体上

322

---

286 Northamptonshire MS. A. xxvii. 66, reprinted in EB, Speech on American Resolutions, 9 May 1770, *W & S,* II, p. 330.

287 *Parliamentary History*, XVI, col 1005.

288 EB to James De Lancey, 20 August 1772, *Corr.*, II, pp. 326–27.

289 EB to James De Lancey, 9 June 1771, ibid., p. 215.

的目的是为殖民地的利益服务。[290] 这包括介绍官方政策及政府对各种事务的考虑——从有关纽约、新罕布什尔、新泽西和加拿大之间边界的谈判，到政府法案和政治任命。[291] 他的主要任务是遵照纽约殖民地议会就其立法法案发布的指示行事，这些指示在获得枢密院批准前，将由贸易委员会加以审议。整个过程中，伯克都把自己看作一个代理人而非议员，按纽约议会的决定行事。[292] 他还为代理人的身份辩护，称其为本省的公仆，而不是帝国机器的一个分支。1771 年 12 月 4 日，他告知德·兰西，"我一直并将永远认真地维护殖民地对英国王室和立法机构的宪法依赖性"，[293] 这包括反对内阁通过允许总督和参事会介入通讯委员会的选举，来改变这一纽约机构的作用。[294]

1772—1773 年，伯克与美洲殖民地间的通信很大一部分与政府对东印度公司的政策相关。1772 年 12 月 31 日，他向纽约通讯委员会报告称，东印度公司的贸易规模比以往任何时候都要大，虽然政府对它的征税需求已超过任何增长所能承受的极限。[295] 国王 11 月 26 日的演讲将印度情况作为政府的主要关切，但是伯克对政府处理所谓滥用权力行为的决心表示怀疑，他认为诺斯决意扩大王权。伯克推测，诺斯将通过垄断亚洲的资金和事

---

290 EB to James De Lancey, 20 August 1772, ibid., pp. 328–29.

291 Much of the correspondence, reprinted in *Corr.*, is contained in Hoffman, *Burke*, pp. 194–272.

292 有关这一点，参见 EB to James De Lancey, 20 August 1772, *Corr.*, II, p. 329。

293 Ibid., pp.290–91.

294 这使纽约与西印度群岛、南部殖民地的安排保持一致，参见 James J. Burns, *The Colonial Agents of New England* (Washington, DC: Catholic University of America Press, 1935); Edward P. Lilly, *The Colonial Agents of New York and New Jersey* (Washington, DC: Catholic University of America Press, 1936). 伯克告知通讯委员会，如果该措施得到批准，"至少委员会的部分委员将由政府任命"，在这种情况下，伯克将辞去该职，参见 *Corr.*, II, p. 293。

295 EB to the Committee of Correspondence of the New York Assembly, 31 December 1772, *Corr.*, II, p. 397.

务来实现这一目标。英国公众嫉妒那些东印度公司的"富豪"，因而乐于让该公司尝尝苦头。[296] 正如伯克向纽约殖民地议会议长约翰·克鲁格所强调的那样，这等于是一个自我膨胀的宫廷利用公众的不满情绪而设计的计谋。[297] 然而，更紧迫的是，英国内阁必须恢复东方贸易的颓势。通过处理掉东印度公司仓库里"三年的茶叶供应量"，可以促进东方贸易的恢复。[298] 这些茶叶在一定程度上是因北美殖民地的不进口协议而积累下来的，荷兰人可以轻松将茶叶走私到北美殖民地也影响了公司茶叶的销量。解除对公司贸易限制的最简单办法是降低其主要出口产品的价格。但是，如果各方都同意有效地降低茶叶的成本，那么政府实现这一目标的方法将对北美洲殖民地产生决定性的影响。

诺斯内阁决定维持汤森的茶叶税，同时取消从英国转口的茶叶关税。根据 1698 年的一项法案，东印度公司具有从亚洲出口商品的专属权。[299] 根据 1721 年的另一项法案，东印度货物被禁止直接进口到北美殖民地，这迫使所有贸易商品都需要经过英国市场。[300] 再出口时，这些产品需要缴纳关税。1773 年，诺斯提议对茶叶退税（或减税）。由于这将降低茶叶在北美的价钱，因此走私的茶叶将无法以低于英国茶叶的价格抛售。1773年 4 月 26 日，诺斯为保留汤森关税而辩护，而道兹韦尔却表示反对，"只要关税还在，美洲人就不会买英国的茶叶"。[301] 事实证明，道兹韦尔的预测是正确的。美洲殖民地的主流民意认为，

---

296 参见本书第 7 章。

297 EB to John Cruger, 16 April 1773, *Corr.*, II, p. 430.

298 EB to the Committee of Correspondence of the New York Assembly, 31 December 1772, ibid., p. 397. Cf. EB, *Speech on American Taxation* (19 April 1774), *W & S*, II, p. 416.

299 9 and 10 Wm. III, c. 44.

300 7 Geo I, CH. 21.

301 PDNA, III, p. 488.

降低价格却又保留关税似乎是一种暗中确认议会税收权利的计谋。同时，根据《茶税法》，东印度公司具有在北美殖民地分销茶叶的垄断权。因此，此项措施不仅在政治上冒犯了北美殖民地的意见领袖，也让美洲商人因被排除在该贸易之外而感到受辱。走私者同样对新措施感到震惊，因为这使他们的交易处于不利地位。[302] 于是，纽约、费城、查尔斯顿等殖民地港口对该措施不屑一顾，而在波士顿港，反抗的意志导致了公开破坏活动，1773 年 12 月 6 日，达特茅斯号商船上的东印度货物被倒入波士顿港。

　　1774 年 1 月 30 日，罗金汉向伯克宣布，"美洲人的行为是不正当的"。[303] 然而，他的愤怒很快就因政府的反应而有所缓和。1774 年 1 月 19 日，美洲骚乱的消息传到了位于针线街的东印度大楼，虽然在这之前伯克就在考虑是否应将殖民地事务提交议会。[304] 2 月 2 日，伯克写信告知纽约殖民地议会，一封要求罢免哈钦森总督的波士顿请愿书将递呈给枢密院，同时，他指出，议会也正在商议波士顿茶船事件："到目前为止还没有采取任何措施，但我认为议会肯定会讨论这件事"。[305] 在前一天给查尔斯·李将军的信中，伯克的语气不那么谨慎，而是更加忧

324

---

302 以每磅 2 先令的成本计算，东印度公司的茶叶价格将超过其荷兰竞争对手。参见 P. D. G. Thomas, *Tea Party to Independence: The Third Phase of the American Revolution, 1773–1776* (Oxford: Oxford University Press, 1991), p. 11。关于《茶税法》引发社会和政治骚动的原因，参见 Arthur M. Schlesinger, *The Colonial Merchants and the American Revolution* (New York: Columbia University Press, 1917)；B. W. Labaree, *The Boston Tea Party* (New York: Oxford University Press, 1964)；J. W. Tyler, *Smugglers and Patriots: Boston Merchants and the Advent of the American Revolution* (Boston, MA: Northeastern University Press, 1986)。

303 The Marquess of Rockingham to EB, 30 January 1774, Corr., II, p. 516.

304 参见 EB to the Committee of Correspondence of the New York Assembly, 5 January 1774, ibid., p. 503。

305 Ibid., p.522.

郁。伯克评论说，美洲大陆为想一探究竟的人提供了"无限的好奇心"。在那里，有许多事已实现，也有许多事"未完成"。[306]他继续说道，在殖民地仍然有进行试验的大好机会，在那里仍有许多事情可以完成，或者被摧毁。目前的骚乱预示着不太乐观的将来，使人回想起导致事务陷入当前"混乱"的一连串错误。[307]罗金汉派无法发挥任何积极影响，因此伯克不愿对这个问题的任何细节进行推测。[308]但是，很快内阁的行动将迫使他出手。1月29日，副检察长韦德伯恩在枢密院为哈钦森总督辩护，详细阐述了波士顿的情况，猛烈抨击了新英格兰殖民地议会和市镇集会。[309]同一天，内阁召开会议，考虑如何应对美洲的抵抗。2月19日，内阁决定关闭波士顿港；2月28日的内阁会议则决定，有关美洲的文件应于3月7日提交议会审议。[310]

3月7日，乔治·赖斯发表演讲，设想了一系列确保殖民地依赖性的措施，并向议会提交了大量文件。伯克认为，这些措施可能与迄今为止漫长而"悲惨"的政治流产有着同样的精神，导致美洲政治"在动荡中走向终结"。[311]他担忧政府会做出惩罚性的回应，预计其将对各殖民地政府进行重新设计，并采用新的商业监管原则。[312]1月30日，罗金汉向伯克坦承，"我永远不会同意对殖民地动用实际武力"。[313]然而，军事强制现在正是伯克所担忧的问题。他宣称："殖民地的公民政府一旦

325

306　Ibid., p.517.

307　Ibid., p.518.

308　Ibid.

309　关于伯克的反应，参见他 1774 年 2 月 2 日写给罗金汉的信, ibid., p.524.

310　Thomas, *Tea Party to Independence*, pp. 30–39.

311　PDNA, IV, p. 42.

312　*Parliamentary History*, XVII, col. 1161.

313　*Corr.*, II, p. 516.

需要依赖军事力量的支持，这些公民政府就会瓦解。"[314] 然而，议会在 3 月 14 日需要处理的是一项关闭波士顿港的法案，以使殖民地接受《茶税法》并适当赔偿东印度公司，这项提议令下议院感到意外。诺斯承认，尽管一些殖民地公开支持"有害的"政治学说，但正是在波士顿，这些思想得以实施，导致了蓄意的暴力行为。[315]3 月 25 日，当该法案即将通过三读时，伯克表态反对诺斯的提议。他十分肯定地说，这项措施是不合理的，而且注定是无效的。[316] 美洲要么屈从于所有的英国法律，要么"根据自己的内部政策来管理自己"。[317] 同样地，税收要么通过强制方式征收，要么基于同意征收，但政府却将两者混合了起来，造成了不良后果。美洲民众普遍抵制这项关税，因此，惩罚性措施只能加剧美洲民众的抵制。[318] 就像伯克在 3 月 25 日之前的笔记中写的那样，虽然殖民地已明确表示了他们的抗议，但实际上却并未发起"叛乱"。[319] 主要的肇事者可能会受到合理的惩罚，但波士顿人作为一个整体不会受到惩罚，尤其是在其他违规殖民地不受惩罚的情况下：伯克评论道，"骚乱是普遍的，但惩罚却是局部的"。然而，虽然只有波士顿被禁，但其他殖民地的抵抗也同样顽强。[320] 由于波士顿的示范作用，这可能会激起更大的冲突，导致政府与自己的领地处于敌对状态。伯克指出，"未来可能会与美洲开战"。[321] 英国与其

---

314 *Parliamentary History*, XVII, col. 1161.

315 Speech of Lord North, 14 March 1774, PDNA, IV, p. 56.

316 EB, Speech on Boston Port Bill, 25 March 1774, *W & S,* II, pp. 404–5.

317 *London Evening Post*, 31 March 1774.

318 EB, Speech on Boston Port Bill, 25 March 1774, *W & S,* II, pp. 404–5; cf. *London Evening Post*, 31 March 1774.

319 WWM BkP 6: 75.

320 *London Evening Post*, 31 March 1774.

321 Ibid.

美洲殖民地的关系前景黯淡，其后果可能是灾难性的，而英国的孱弱可能会诱使法国乘虚而入。

1774 年 4 月 6 日，伯克写信给纽约通讯委员会，总结了诺斯提出对波士顿港的处理法令后英国议会的态度。该法令于 3 月 31 日获得御准，并将于 6 月 1 日生效。[322] 同时，正如伯克所指出的那样，"无论是在议会内还是议会外"，普遍存在着对殖民地的怀疑情绪，诺斯对美洲殖民地的描述就是一个例子。他指出，这些殖民地具有"邪恶的倾向"，导致了"黑暗的阴谋"和"叛乱的行为"。[323] 内阁向下议院施压，要求其表明立场，并将反对这项法案视作不忠的一种表现。[324] 伯克在为 3 月 25 日演讲准备的笔记中评论道，他从未见过下议院表现出如此好战的情绪——"在没有胜利甚至没有战斗的情况下唱响胜利之歌"。[325] 他认为，这种行为就是一个帝国瓦解的范本，这个帝国的不稳定源于"蓄意无视我们真实的情况"。[326] 正如他在给纽约殖民地议会的信中所指出的那样，议会中的意见由维护权威的需要所驱动——这是由"必须采取某种权力行动"的普遍感觉所激发的，无论这多么可能暴露出政府的绝望。[327] 大西洋彼岸不再期待调解，下议院也公开蔑视调解措施。关于权威的权利和人的权利的不同说法相互对峙，这是一条相互误解的鸿沟，只有非同寻常的智慧才能弥合这一鸿沟。

322　14 Geo III, c. 19.

323　EB to the Committee of Correspondence of the New York Assembly, 6 April 1774, Corr., II, p. 527.

324　在伯克 1774 年 3 月 25 日的抱怨中，查尔斯·詹姆斯·福克斯因反对政府对美洲的政策而被比喻为"涂上柏油，粘上羽毛"（tarred and feathered），参见 PDNA, IV, p. 123。

325　WWM BkP 27: 40.

326　Ibid.

327　EB to the Committee of Correspondence of the New York Assembly, 6 April 1774, *Corr.*, II, p. 528.

第七章

思想革命：印度帝国，1766—1774

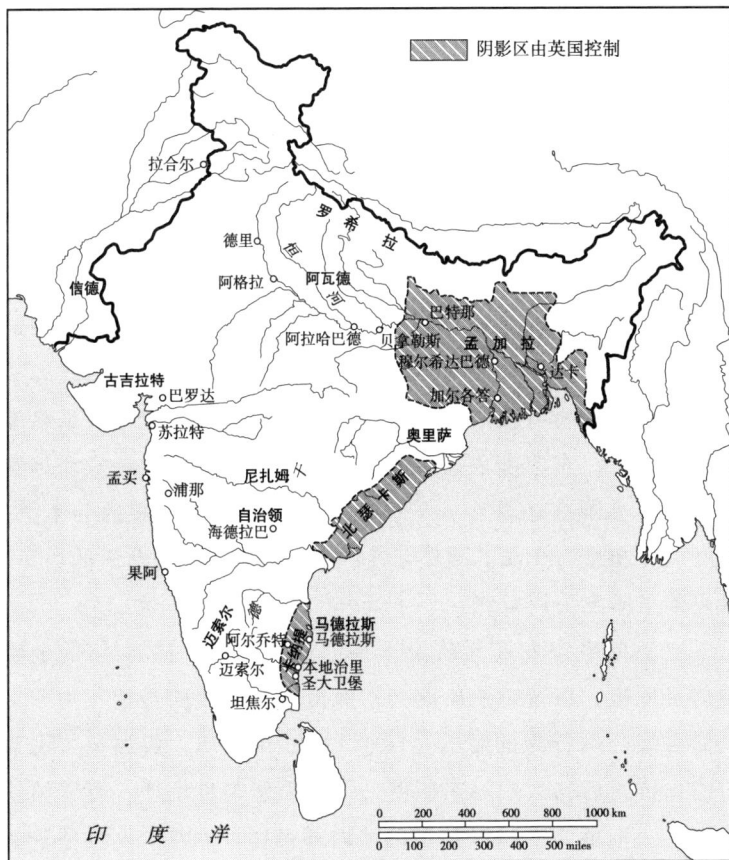

阴影区由英国控制

拉合尔

罗希拉

德里

信德

阿格拉

阿瓦德

阿拉哈巴德

巴特那

贝拿勒斯

孟加拉

穆尔希达巴德

达卡

古吉拉特

加尔各答

巴罗达

苏拉特

奥里萨

孟买

尼扎姆

浦那

北部丘陵

自治领

海德拉巴

果阿

迈索尔

马德拉斯

阿尔乔特

马德拉斯

迈索尔

本地治里

坦焦尔

圣大卫堡

印度洋

| 0 | 200 | 400 | 600 | 800 | 1000 km |

| 0 | 100 | 200 | 300 | 400 | 500 miles |

地图 2　印度次大陆地图

7.1 导　语

在查塔姆内阁和诺斯政府初期，伯克对印度事态发展的回应是在他参与美洲危机和国内事务的背景下产生的。他对任何事件的想法都是基于对英国宪法的担忧，他尤其担心政党衰落，以及宫廷和内阁界盛行专横之风。在这些担忧的背景下，印度构成了一个特别的威胁：征服孟加拉可能会让英国王室获得庇护权，这让伯克感到沮丧。在 1757 年和 1764 年的关键战役中，英国在次大陆展示了军事实力，结果是在亚洲强权的名义主权下，东印度公司获得了行政权力。该公司现在差不多完成了从贸易主体到强权政治体的过渡。这种新地位使其需要对孟加拉的税收负责。对孟加拉征税的最终权利，以及该税收最终的受益方，很快就成为英国政界的争论话题。查塔姆政府早期就对税收的所有权进行了调查。在税收权利问题没有最终解决的情况下，东印度公司与内阁就利益分配达成了一致。尽管如此，议会现在还是介入了该公司事务。在接下来的七年里，政府一直在进行干预，最终于 1773 年通过了诺斯勋爵的法案，以规范东印度公司章程。

亚洲的事态发展为政府干预创造了条件。1772 年的金融和信贷危机，以及对东印度公司雇员滥用职权的指控，加深了人们对该公司行为的疑虑。18 世纪 70 年代初，孟加拉大饥荒的消息传开后，人们对东印度公司的愤怒与日俱增。英帝国创造出了一个事实上难以控制的"内部帝国"。因私人贸易垄断的增长、收受"礼物"的腐败行为以及不断扩大的战争边界，公司的股东大会、董事会和雇员都受到了批评。伯克认为，改革应从扩大东印度公司的合法权力开始。政府似乎更倾向于对其章程进行修补，同时侵占其越来越多的利润。与美洲一样，诺斯勋爵似乎决心要对印度事务进行细致入微的管理，而不是把主动权交给各殖民地负责任的代理人。伯克认为，随着人们对从印度归来的"暴发户"的嫉妒情绪的蔓延，内阁决心利用公众的敌意来破坏东印度公司的财产权利。暴徒本能和宫廷野心之间的联盟似乎正在酝酿之中：对东方扩张不计后果的管理可能会削弱国内的问责机制。

7.2 战争、贸易和税收

329

1767年的《年鉴》将孟加拉局势描述为东印度公司无法轻易逃脱的政治"迷宫"，当时《年鉴》由伯克的崇拜者托马斯·英格利希编辑。东印度公司对贸易的追求似乎意味着进一步介入亚洲政治，而地区政治又将其卷入战争。即使英国最近的军事胜利使其在印度东北部大片地区确立了有利的和平局势，但马拉塔人和阿富汗人仍然威胁着地区稳定。[1] 不过，贸易和战争之间的相互作用并不是什么新鲜事：正如19世纪初一位评论家所言，英国和法国都是在奥地利王位继承战争期间成为了"印度的军事强权"。[2] 自18世纪40年代以来，英国人与法国人公开为敌，而法国人又将英国拖入与印度东南部统治者的联盟，并使他们卷入德干和卡纳提克事务：法国人赢得了海得拉巴尼扎姆（Nizam of Hyderabad）的支持，而英国人则与阿尔乔特的纳瓦布结盟。[3] 那时，英国的贸易主要集中在孟加拉南部的加尔各答、科罗曼德尔海岸的马德拉斯以及印度半岛西侧的孟买。罗伯特·奥姆在他1763年的《英国在印度斯坦的军事行动史》（*History of the Military Transactions of*

---

1   "The History of Europe," in *The Annual Register for the Year 1766* (London: 1767), p. 28.

2   David Macpherson, *The History of European Commerce with India* (London: 1812), p. 177.

3   J. H. Parry, *Trade and Dominion: The European Overseas Empires in the Eighteenth Century* (London: Phoenix Press, 1971), chapt. 9; Om Prakash, *European Commercial Enterprise in Pre-Colonial India* (Cambridge: Cambridge University Press, 1998), chapts. 6 and 7.

the British Nation in Indostan）中指出，自 1745 年以来，东
印度公司管辖的领地一直"不断地参与战争"。[4] 正如亚当·斯
密后来评论的那样，正是在这个时候，"战争和征服的精神似
乎控制了他们在印度的雇员，而且他们从那以后一直保持着这
样的精神"。[5] 从 1757 年的普拉西战役到 1765 年东印度公司承
担起印度殖民地的税收责任，英国人首先在孟加拉确立了自己
的领土强权。在这个过程之初，伯克将次大陆的一系列事件解
释为相当于转交给英国"一个巨大的王国，其土地之富饶、人
口之多、贸易之繁荣，除了欧洲极少数国家，没有谁能比得
上"。[6] 随后几年里，东方局势的发展对英国国内政治产生了复
杂的影响。尤其是，亚洲商业的"繁荣"如何能够最好地促进
英国实力和繁荣的争议将随之而来。

330

七年战争中的霸权争夺为南亚的争斗提供了更广泛的背
景。[7] 在英法竞争之初，伯克就指出，"世界各地都可以感受到
这两个海上强权之间的较量"。他接着说："不满足于激怒美
洲，法国人和英国人继续在其他地区开展贸易和竞争，他们在
俄亥俄的纷争也影响了他们在恒河流域的较量。"[8] 1764 年，《年
鉴》中关于奥姆的《英国在印度斯坦的军事行动史》的评论指

4　Robert Orme, *A History of the Military Transactions of the British Nation in Indostan, from
　the year 1745, to which is Prefixed a Dissertation on the Establishments Made by Mahomedan
　Conquerors in Indostan* (London: 1763–1778), 2 vols., I, pp. 33–34.

5　Adam Smith, *An Inquiry into the Nature and Causes of Wealth of Nations*, ed. R. H. Campbell
　and A. S. Skinner (Indianapolis, IN: Liberty Fund, 1976), 2 vols., II, p. 749.

6　"The History of the Present War," in *The Annual Register for the Year 1758* (London: 1759),
　p. 32.

7　但是，在这方面，南亚的发展有其自身的逻辑，参见 P. J. Marshall, "The British in Asia:
　Trade to Dominion, 1700–1765" in idem ed., *The Oxford History of the British Empire II: The
　Eighteenth Century* (Oxford: Oxford University Press, 1998), p. 501。

8　"The History of the Present War,"in *The Annual Register for the Year 1758*, p. 30.

出，英国人在东方已从"贸易商"变成了"征服者"。[9] 正如伯克在同一期《年鉴》中所说，东印度公司已成为"诸王国的仲裁者"。[10] 不出一年，新闻界就对这一转变的影响展开了辩论。在 1765 年的《年鉴》中，伯克指出，法国在次大陆的征服条约是代表王室而不是法属东印度公司签署的。这使法国的征服非常稳固，而这正是英国所欠缺的。同样地，不同于英国人，荷兰人直接控制其征服地。相比之下，英属东印度公司迄今为止一直倾向于通过印度大臣和纳瓦布们来运作，通过本土统治者建立起一个"帝国中的帝国"。实际上，这意味着英国建立了一个"与自己作对"的帝国。[11] 很明显，如果英国能够有效地组织其在南亚的势力，那东印度公司在南亚地区的收入"一定会大大有助于偿还我们的国债"。问题是，在直接对印度人行使行政职能时，是否可以相信东印度公司雇员能以公正和负责的态度履行总督的职责。如果英国当局以公平而有尊严的方式行使权力，那么"对统治权的正当要求"就很容易获得。但是关于在何种条件下该统治权所附带的"巨额收入"可以被用于造福英国公众，这仍有待考虑。[12] 在 1763 年《巴黎条约》签署前的谈判中，布特内阁告知法国，英国在亚洲的领土被视为"属于英国的一个法人团体的合法和专有的财产"，因此，英国政府无权干涉。[13] 然而，到了 1766 年，"国家"内的"专有财产"

331

9　*The Annual Register for the Year 1764* (London: 1765), p. 256. 考虑到发表日期，这篇评论很可能是伯克写的。

10　"The History of Europe," *in The Annual Register for the Year* 1758, p. 34.

11　"The History of Europe," in *The* Annual Register for the Year 1765 (London: 1766), p. 15.

12　Ibid., p.16.

13　Macpherson, *History of European Commerce*, pp. 192–3n. 这段话被 1773 年的《年鉴》（伦敦：1774，p.96）引用，以证明"东印度公司对它所拥有的领土，无论是通过征服还是其他方式获得的，都具有排他的、毋庸置疑的权利"。

的意义被重新审视，以期确定其实际含义。

1766—1773 年，伯克关注的问题是如何在不破坏宪法平衡的前提下，用东印度公司的法人财产为英国国民谋福利。首先，问题似乎取决于如何解释该公司对次大陆的主权。直到职业生涯的后期，伯克才开始质疑通过赋予该公司单独的行政自由裁量权，是否能最好地维护英国统治的公正性。因此，1766年 11 月 27 日，在写给查尔斯·奥哈拉的信中，他想当然地认为东印度公司是"一种伟大的资源"，尽管这种资源需要熟练的管理才能为"国民利益"服务。[14] 迄今为止，如何最好地组织东印度公司以实现这一目标是一个公认的复杂问题。伯克写这封信时，查塔姆内阁正在审查东印度事务，以便重新定义其与政府的关系。总的来说，这种审视引发了政府对印度次大陆部分地区与英国海外统治权的关系的概念重建。《年鉴》在总结罗伯特·克莱武成功在孟加拉建立英国主权时评论道，东印度公司现在可以被视为"帝国的一部分"。[15] 正是在这种背景下，1766 年 8 月 28 日，东印度公司董事们获悉内阁打算设立一个议会调查委员会来审查公司事务。[16] 到 10 月 29 日，公司内部的劳伦斯·萨利文派支持者试图抓住这一机会，呼吁在 11 月14 日召集一次股东大会，以考虑如何利用"公司在殖民地的收入"，使私人贸易和公众都能享有"稳定而持久的利益"。[17] 然而，查塔姆另有打算。他与伯克一样，将该公司视为英国政府

14　EB to Charles O'Hara, 27 November 1766, Corr., I, p. 281.

15　"The History of Europe," in *The Annual Register for the Year 1766*, p. 30.

16　Charles Lloyd to George Grenville, 30 August 1766, *Grenville Papers*, III, p. 312; Walpole, *Memoirs*, III, p. 80; Lucy S. Sutherland, *The East India Company in Eighteenth Century Politics* (Oxford: Oxford University Press, 1952), p. 157; John Brooke, *The Chatham Administration, 1766–1768* (London: Macmillan, 1956), p. 72.

17　AAC, IOR, B/82: Court Book, April 1766–April 1767, fols. 240–41.

的一个潜在收入来源，英国政府仍被七年战争期间所欠的债务压得喘不过气来。查塔姆不打算通过谈判达成一个双方都同意的数额，而是决定迫使东印度公司表态。

1766 年 11 月下旬，伯克写信给奥哈拉时，罗金汉派与政府的关系已经到了紧要关头：正如伯克所言，"事态已十分紧急。"[18]1765 年 7 月，在罗金汉担任第一财政大臣的最后一段时间，国王号召皮特组建政府，当时的预期是，即将上任的第一财政大臣能在即将卸任的政府的基础上建立一个新政府。[19] 当皮特的内兄坦普尔勋爵决定"不参与政府事务"时，伯克和他的同事认为他们的作用将会相应增强；坦普尔的离任弥合了皮特与罗金汉派的"分歧"，增加了二者合作的可能性。[20] 然而，这种预期的和谐无法持久，很快从怀疑恶化成了对抗和相互指责，这重新引发了人们对布特的担忧，并在罗金汉派中引起了对其政党前景的不安。[21]

这段不确定的时间也是伯克自己的清算时间。当纽卡斯尔、罗金汉、里士满、温切尔西和道兹韦尔被扫地出门时，伯克同老辉格党的领袖们一样"心情不好"，因为在皮特手下的待遇令他们感到痛苦。[22] 康威是连接两届政府的主要纽带，他保留了北方部秘书的职位，并继续担任下议院领袖，而谢尔本则从里士满公爵手中接管了南方部。由于查塔姆选择出任掌玺大臣，格拉夫顿公爵担任财政部部长，因此查尔斯·汤森被

332

18　EB to Charles O'Hara, 27 November 1766, *Corr*., I, p. 280.

19　Charles Pratt to Thomas Walpole, 24 July 1766, Grafton, *Autobiography*, p. 94.

20　EB to the Duke of Portland, 17 July 1766, *Corr*., I, p. 260; EB to the Earl of Dartmouth, 18 July 1766, ibid., I, p. 261.

21　Frank O'Gorman, *The Rise of Party in England: The Rockingham Whigs, 1760–1782* (London: George Allen & Unwin, 1975), p. 188.

22　EB to Charles O'Hara, 29 July 1766, *Corr*., I, p. 262.

"提拔"为财政大臣，而如今的卡姆登勋爵查尔斯·普拉特取代诺辛顿成为大法官。[23] 尽管如此，面对政府主要职位的调配，留任的罗金汉派成员被鼓励保留自己的职位，而伯克也在考虑是否应尝试加入新政府。但是，明确的机会并没有出现，7月29日，他向奥哈拉表达了自己的失望，表示还没有收到任何邀约：他吐露，"至于我自己，我没有听到任何消息"。[24] 这种不确定的情绪，混杂着抵抗和愤怒，持续了整个夏天。8月19日，伯克再次透露，他"没有从任何一个新任职的人那里感受到一点好意"。[25] 六天后，奥哈拉回信，承认自己感到很惊讶。[26]

在接下来的六周里，前景开始明朗起来。1766 年 11 月 11日议会开幕时，即使没有明确的职务安排，伯克仍然有被欢迎的感觉，他很开心。伯克复述道，康威内阁"有意和有望"为他提供职务。[27] 这是一种友好的态度，但并不那么令人信服。作为对善意承诺的交换，伯克被期望支持政府的决定。在皮特明显对伯克怀有戒心的背景下，这侧面印证了伯克的能力，但这还不足以使伯克支持政府。[28] 10 月 4 日，埃德蒙·伯克在戈尔韦的洛赫雷看望他妹妹时，威廉·伯克在伦敦给斯莱戈的奥哈拉写了一封信，提及埃德蒙拒绝支持政府。威廉解释说，由于最近事态的发展，伯克家族的财务状况"可以支持我们保持独立的观点"。[29] 威廉预计，随着政治角逐的开始，政府可能会

333

23　Ibid., p.263.

24　Ibid., p.264.

25　Ibid.

26　Charles O'Hara to EB, 25 August 1766, Hoffman, *Burke*, p. 358.

27　EB to Charles O'Hara, post 11 November 1766, Corr., I, p. 279.

28　格拉夫顿 1766 年 10 月 17 日举荐伯克，从皮特的回应看，他明显不想要伯克在政府中任职，参见 *Chatham Correspondence*, III, pp. 110–11, for Grafton's comment, and Grafton, *Autobiography*, p. 108, for Pitt's response。

29　Hoffman, *Burke*, p. 361.

为剩下的行政职务招募人才，以增强实力。他认为，埃德蒙很可能成为这最后一次招募的受益者。然而，由于他和威廉的财务状况有所改善，他们现在可以优先考虑自己的政治偏好而不是眼前的利益。威廉的父亲和埃德蒙的哥哥的去世给他们带来了新的资产。除此之外，在弗尼勋爵的慷慨资助下，加上亨利·福克斯的贷款，威廉最近一直在投资东印度公司的股票。[30] 由于东印度公司财富似乎在增加，他期望能大赚一笔。很快，伯克证实："威廉的消息确实是一个好消息。"他接着说："这当然给了我们一定的行事自由。"[31]

在议会开幕后几天，伯克在写给奥哈拉的信中阐明了他打算如何利用自己的自由。罗金汉指示他的支持者去参加 11 月 10 日的政府支持者的座席会议（Cockpit meeting）。此外，伯克还参加了康威在座席会议前夜组织的商界人士私人会议。[32] 这些姿态意在拉开罗金汉派与格伦维尔反对派的距离，但这不等于"支持"现内阁。[33] 此时，伯克对查塔姆是否可靠的怀疑正在加深，他决心无论如何都要忠于罗金汉勋爵，即使他的政党路线将由皮特决定。伯克反思道，"我一开始就选择了这个党"，尽管它现在处于支持和反对政府的两难处境，"荣誉的

---

30 Lucy S. Sutherland and John A.Woods, "The East India Speculations of William Burke," *Proceedings of the Leeds Philosophical and Literary Society, Literary and Historical Section*, 11(1966), pp. 183–216; Lucy S. Sutherland and J. Binney, "Henry Fox as Paymaster General of the Forces," *English Historical Review*, 70: 275 (1955), pp. 229–57, esp. pp. 241–42.

31 EB to Charles O'Hara, 21 October 1766, *Corr.*, I, p. 272. 正如维西夫人（Mrs. Vesey）在 1777 年 5 月 28 日写给蒙塔古夫人（Lady Montagu）的信中所言，伯克兄弟以"共同的钱包"而闻名，该信转载于 Reginald Blunt, *Mrs. Montagu, "Queen of the Blues": Her Letters and Friendships, 1762–1800*(London: Constable, 1923), 2 vols., II, p. 23. 尽管如此，伯克后来还是疏远了威廉在印度的投资，参见 EB to Adrian Heinrich von Borcke, post 17 January 1774, *Corr.*, p. 513: "我从未对东印度公司的资金有过任何想法。"

32 EB to Charles O'Hara, post 11 November 1766, *Corr.*, p. 277.

33 Ibid.

334　　关键"仍在那些"失去权力"的人身上。因此，无论他是否接
　　　受查塔姆的职位，必须理解的是，如果他的政党对政府提出公
　　　然的反对，他将站在自己的政党一边。[34]

　　　　随着罗金汉派支持者之间的"危机"来临——伯克在 11
　　　月 27 日的信中提到了这个"危机"，这个问题得到了解决。
　　　十天前，王室财务主管埃奇库姆被解雇，罗金汉派因此受到了
　　　粗暴的指责。波特兰公爵、贝斯堡勋爵、斯卡伯勒勋爵和蒙森
　　　勋爵纷纷辞职，他们将皮特的举动视为一种无法忽视的侮辱。
　　　正如波特兰所言，"所有包容的希望都破灭了"。[35]查尔斯·桑
　　　德斯、海军上将凯珀尔、威廉·梅雷迪斯很快相继辞职。伯克
　　　指出，在罗金汉派看来，"查塔姆已决议毁灭辉格党"。[36]他们
　　　现在走上了反对查塔姆内阁的道路，此时，印度的管理已经成
　　　为政府的第一要务。沃波尔对皮特这样做的原因进行了推测：
　　　"他义愤填膺地看着印度的三个殖民省份，其自身作为一个帝
　　　国，被一个商人公司控制——根据公司的章程，这些商人被允
　　　许在海岸进行贸易，并篡夺了当地君主很大一部分领土，而正
　　　是这位君主允许他们同他的子民贸易"。[37]在皮特看来，东印
　　　度公司的巨额财富是"来自天堂的礼物"，有望带来"国家的
　　　救赎"。[38]查塔姆的想法是先对东印度公司的事务展开调查，
　　　随后迫使该公司与英国政府达成财务结算。除此之外，正如格

34　Ibid., p.279. 参考 Walpole, *Memoirs*, III, p. 73: "伯克说过，他什么也不接受，但如果罗金
　　汉成为反对党，他就辞职。"

35　Portland to Newcastle, 21 November 1766, Newcastle Papers, Add, MS 32978, fols. 11–13. 有
　　关的讨论和背景，参见 John Brooke, *The Chatham Administration*, pp. 57–58。

36　EB to Charles O'Hara, 29 November 1766, *Corr.*, I, pp. 282–83.

37　Walpole, *Memoirs*, III, p. 79.

38　The Earl of Chatham to the Duke of Grafton, 7 December 1766, Grafton, *Autobiography*, p.
　　110.

拉夫顿所言，"查塔姆勋爵从未向我们敞开心扉，告诉我们他真实和确定的计划是什么"。[39] 也就是说，查塔姆显然想要确立英国政府对东印度公司收入的权利，但不清楚的是，一旦确立了王室的税收权利后，他打算如何提取这些财富。[40] 因此，他的支持者也不清楚他的立场逻辑，结果是他自己的内阁也产生了反对他的意见。

查塔姆对从东印度公司获取大量收入持乐观态度，部分原因是人们普遍认为，在 1765 年获得迪万尼权力后，英国获得了孟加拉、比哈尔和奥里萨邦的领土和海关收入，这将大幅提高其东方贸易的盈利能力。《年鉴》评论这些事件时指出，"在东印度群岛取得的巨大权力、统治权和财富已成为最重要和最值得考虑的事情"。[41]1766 年 9 月 6 日，托马斯·汤森在写给查塔姆的信中表达了更具体的期望。汤森说："我们有充分的理由相信，克莱武勋爵在孟加拉缔结的条约将产生 200 万英镑的年收入，这是一笔不小的收入。"他接着说，不出几年，这笔收入就足以偿还国家债务。[42] 然而，查塔姆已被克莱武本人告知了这

39　Ibid.

40　关于查塔姆对东印度公司对其属地税收的合法权利的关注，参见 Huw V. Bowen, "A Question of Sovereignty? The Bengal Land Revenue Issue, 1765–1767," *Journal of Imperial and Commonwealth History*, 16:2 (January 1988), pp. 155–76。

41　*The Annual Register for 1766*, p. 20.

42　*Chatham Correspondence*, III, p. 61. 在 1765 年 9 月 30 日写给乔治·格伦维尔的信中，克莱武预计公司的收入为 400 万，参见 Philip Lawson, "Parliament and the First East India Inquiry, 1767," *Parliamentary History*, 1 (1982), pp. 99–114, p. 100。他估计，这将产生每年 150 万的盈余，参见 P. J. Marshall, *Problems of Empire: Britain and India, 1757–1813* (London: George Allen & Unwin, 1968), p. 58。18 世纪 60 年代中期，各种小册子流传的数字是 200 万英镑。例如，参见 Anon., *A Letter to the Proprietors of East-India Stock* (London: 1766), p. 4; cf. *The Annual Register for 1766*, p. 29。公司的职员约翰·泽法尼亚·霍维尔甚至估计公司的收入略少于 1400 万英镑，参见 *Interesting Historical Events, Relative to the Province of Bengal, and the Empire of Indostan* (London: 2nded., 1766–1767), 3 vols., I, p. 204。

种可能性, 早在 1759 年, 克莱武就对普拉西战役后英帝国扩张的机遇进行了评估。正如他对国务大臣所言, "现在我让您来判断, 每年超过 200 万英镑的收入是否值得公众关注"。[43]1757年 6 月 23 日, 在普拉西击败孟加拉纳瓦布西拉杰·乌德·达乌拉 (Siraj-ud-Daula) 的军队后, 克莱武认为东印度公司显然能够成功推行领土扩张政策。同时, 他预测将有可能 "占领这些富裕的王国", 意思是取得莫卧儿皇帝的授权, 获得对征税的控制权。[44]但在实践中如何管理这些新权力仍是问题。克莱武沉思道: "对于一个商业公司而言, 这项权力过大了, 如果没有国家的帮助, 恐怕他们没有能力管理如此广阔的领土。"[45]

　　随着 1765 年 8 月 16 日《阿拉哈巴德条约》的签署, 英国、莫卧儿皇帝沙·阿拉姆二世、阿瓦德维齐尔苏贾·乌德·达乌拉以及孟加拉的新纳瓦布纳吉姆·乌德·达乌拉达成了和平条款, 迪万尼权力确实落入了东印度公司手中。[46]正如《年鉴》所言, 这带来了 "某种程度的胜利, 是古罗马帝国都无法想象的胜利"。[47]此后, 纳瓦布的代表将管理该领地的财政, 而实际收入则通过各种中介机构收取。尽管如此, 整个过程将由东印度公司驻纳瓦布宫廷的代表进行监督, 而英国军队的至上权威也将得到确立: 英国在孟加拉的驻军数量从 1756 年的3000 人增加到 1766 年的 26000 人。[48]因此, 东印度公司通过当

336

43　Robert Clive to William Pitt, 7 January 1759, *Chatham Correspondence*, I, p. 390.

44　Ibid.

45　Ibid., pp.389–90.

46　Henry Dodwell, *Dupleix and Clive: The Beginning of Empire* (London: Frank Cass & Co., 1920, 1967), pp. 213–37.

47　*The Annual Register for 1766*, p. 22.

48　Huw V. Bowen, *Revenue and Reform: The Indian Problem in British Politics, 1757–1773* (Cambridge: Cambridge University Press, 1991), p. 12.

地官员管理司法和民事事务。[49] 总的来说，这些进展有望缓解英国财政的负担，但如何获取这些收入仍存在争议。1766 年 9 月 9 日，托马斯·汤森在写给查塔姆的信中指出，东印度公司目前的章程"难以满足"管理遥远地区的要求，暗示公司与其属地之间的关系亟需调整。汤森认为，重新定义公司与政府之间的关系是实现这种调整的最佳途径。[50] 然而，托马斯·汤森的堂兄查尔斯·汤森却决心与公司董事谈判达成一项和解协议，以保持公司目前的地位和安排。[51] 他向查塔姆坚称，政府与公司董事之间的"友好"协商是必须的：将征收和处理印度税收的职责从公司转移到政府的想法是"难以实现的"，应尽一切可能避免。[52]

长期以来，皮特一直担心应如何最好地划分英国在 1757—1765 年间实际控制的次大陆"广阔"领土的责任。[53] 从 1709 年新旧公司合并成英国商人东印度贸易联合公司（the United Company of Merchants of England Trading）开始，一直到 1763 年七年战争结束，该公司与政府之间的关系是和谐的，并由对公司章程的共同承诺来维系。但是，随着数届政府在《巴黎和约》后转向解决国债问题，以及财政部开始寻求缓解国家的财政紧张状况，英国与其印度领地的关系，就像其与美洲殖民地的关系一样，受到新的压力。查塔姆的盟友、伦敦城

49　B. B. Misra, *The Judicial Administration of the East India Company in Bengal, 1765–1782* (New Delhi: Motilal Banarsidass, 1961), pp. 21–6.

50　Thomas Townshend to the Earl of Chatham, 9 September 1766, *Chatham Correspondence*, III, p. 62.

51　关于汤森在 1767 年与东印度公司的业务有关的行为，参见 Namier and Brooke, *Townshend*, pp. 155–72。

52　Charles Townshend to the Earl of Chatham, 4 January 1767, *Chatham Correspondence*, III, p. 156.

53　参见他对克莱武代理人约翰·沃尔什（John Walsh）的评论，载于 John Malcolm, *The Life of Robert, Lord Clive* (London: 1836) 3 vols., III, p. 189。

337 的议员威廉·贝克福德直截了当地说:"上帝的选民无法获得
救赎,除非你能在不向民众征收新税的情况下每年获得 100
万英镑的收入。"[54] 贝克福德怀疑东印度公司垄断了亚洲贸易,
并与皮特一起反对康威和查尔斯·汤森提出的关于政府分配
公司财富的适用条款,1766 年 11 月 25 日,贝克福德在出
席人员较少的下议院会议上提出了对印度事务进行调查的动
议。[55] 霍勒斯·沃波尔说:"看到如此庞大的机器被托付给如
此狂野的车夫,人们都会很惊讶。"[56]

　　同查塔姆一样,伯克认为需确保东印度公司为英国国民
带来好处,但他与查塔姆和贝克福德不同,坚持认为这取决于
维护公司财产的完整性。这并不排除修改公司章程,也不排除
对公司章程进行明智改革。如我们所见,伯克认为,公司管理
次大陆的自由裁量权需受到司法监督。他逐渐认识到,滥用权
力的行为确已发生,且需要被纠正。然而,伯克很清楚,这些
滥用权力的行为并没有触及征服的事实本身,征服是东印度公
司雇员的合法成就,是通过战争权利获得的。征服是一个残酷
而光荣的事实。需要解决的政策问题是如何将这一明显事实作
为一项正当权利来维护。从贝克福德的调查动议到七年后诺斯
勋爵《东印度公司管理法案》的出台,伯克认为,确保征服的
权利取决于英国的统治权能够给宗主国及其亚洲各领地带来持
续的好处。但是,如果同查塔姆似乎决意要做的那样,通过政
府侵犯特许的权利来征收东印度公司所得,这种好处则难以为
继。伯克指出,这种方式有可能破坏信任,扰乱财产权,从而

54　Chatham Papers, TNA, PRO 30/8/19, fol. 91, Beckford to Chatham, October 1766, cited in Lawson, "Parliament and the First East India Inquiry," p. 99.

55　*CJ*, XXXI, p. 25.

56　Walpole, *Memoirs*, III, p. 82.

使英国和印度失去所有利益。[57] 此外，这只能通过扩大英国宪法的腐败来实现——正如伯克在 1772 年和 1773 年所认为的那样，通过引入一个纯粹的平民君主政体来扰乱宪法平衡，这种君主制很可能会沦为暴政。1766 年，贝克福德发起的议会调查很快就会助长这一堕落过程。

7.3 征服的权利

338

贝克福德的动议是在怀疑与东方贸易有关的突然繁荣的背景下提出的。返乡的东印度公司雇员或"暴发户们"炫耀着自己的阔气，他们在这个国家声名鹊起，并收买议会选区，以获得选举利益，这引起了人们的担忧。[58]《年鉴》的评论提到，人们普遍认为"奢侈、腐败和短时间内暴富的极端贪婪已经完全侵蚀了公司员工，只有进行全面改革……才能使殖民地免遭某些直接的破坏"。[59] 人们早就意识到，公众对公司员工明显侵犯英国公共生活的反感是基于当时观察人士的夸大描述。大多数欧洲贸易商为了微薄的财富而辛苦地工作着，或者在印度做生意的过程中死去。[60] 尽管如此，在 1760—1780 年，大约有 200 名东印度公司官员从驻扎在孟加拉、马德拉斯和孟买附近的贸易工厂回到英国，其中相当一部分人积累了可观的财富——大

57　关于东印度公司作为国家信用的支柱，参见 P. G. M. Dickson, *The Financial Revolution in England: A Study in the Development of Public Credit, 1688–1756* (London: Macmillan,1967); H. V. Bowen, *The Business of Empire: The East India Company and Imperial Britain, 1756–1833* (Cambridge: Cambridge University Press 2006), chapt. 2。

58　例如，参见 *Letters of Horace Walpole, Fourth Earl of Orford* , ed. P. Toynbee (Oxford:Clarendon Press, 1905), 16 vols., V, p. 29。关于大致情况，参见 James M. Holzman, *The Nabobs in England, 1760–1785: A Study of the Returned Anglo-India* (New York: Columbia University Press, 1926); P. J.Marshall, *East Indian Fortunes: The British in Bengal in the Eighteenth Century* (Oxford: Oxford University Press, 1976)。

59　*The Annual Register for 1766*, p. 27.

60　Holden Furber, *John Company at Work* (Cambridge, MA: Harvard University Press, 1948).

部分是通过私人贸易积累的, 有些是通过个人馈赠获得的。[61]
这些暴发户中的一些人控制着议会席位, 而另一些人则努力争取贵族身份, 或通过婚姻获得关系。此外, 在 1764 年, 至少有 70 名下议院议员持有东印度公司的股票——这是一个相当大的比例, 即使这些议员的不同关切似乎不能构成统一的印度 "利益"。[62] 越来越多的人质疑这些暴发户日渐上升的影响力, 政论家开始怀疑次大陆公司职员的可信度, 尤其是在他们从商人升为统治者之后。在巴萨尔战役之后, 正如一位评论员所说, 该公司已从 "一家商业公司转型为一家军事公司", 在这个过程中, 昔日的地方商人变身为王公们的理事, 他们对王公们的 "绝对忠诚" 比法国国王最恶劣的 "封臣们" 还要多。[63]

339 　　英国的商业进取心似乎正屈服于征服精神。[64] 考虑到查塔姆意图建立王权对东印度公司的统治, 霍勒斯·沃波尔质疑, 英国是否曾有意给予一个贸易公司商业垄断地位, 以通过 "一群商人" 统治遥远的领地。[65] 观察家们不禁要问, 到底是何种 "背信弃义、欺诈、暴力和血腥" 的行为引发了如此惊人的扩

61　Philip Lawson and Jim Phillips, "'Our Execrable Banditti': Perceptions of Nabobs in Mid-Eighteenth-Century Britain," *Albion*, 16:3 (Autumn 1984), pp. 225–41, p. 227.

62　*Additional Grenville Papers, 1765–1767*, ed. J. R. G. Tomlinson (Manchester: Manchester University Press, 1962), pp. 96–9; Huw V. Bowen, "'Dipped in the Traffic': East India Stockholders in the House of Commons, 1768–1774," *Parliamentary History*, 5:1 (December 1986), pp. 39–53.

63　Anon., *Reflections on the Present State of our East India Affairs, with Many Interesting Anecdotes never before Made Public* (London: 1764), pp. 20–21. 对这一时期因财富和权力而腐败的公司雇员的傲慢的批判, 参见 Anon., *Considerations on the Present State of the East-India Company's Affairs* (London: 1764), pp. 14–15。

64　关于这一点, 参见 John Dunning, *A Letter to the Proprietors of East-India Stock, on the Subject of Lord Clive's Jaghire* (London: 1764), p. 7。

65　Walpole, *Memoirs*, III, p. 79.

张举动，而政客们却不得不决定如何管理这些征地。[66] 查塔姆显然急于将东印度议院（East India House）置于下议院之下，而代价是侵犯该公司的财产权。沃波尔因此指出，大多数"在东印度公司持股的议员，以及拥有任何财产的议员……都因此感到了恐慌"。[67] 正如伯克描述的那样，在贝克福德提出动议后，罗金汉派在表达这一关切时走在了最前面，他们自发地围绕一个共同立场进行协调工作："你无法想象我们这支小部队是本着何种精神和原则去协调的。"[68] 至于自己，伯克向奥哈拉报告说："我一听到贝克福德的动议就站了出来，表达了自己的立场。"[69] 虽然伯克在 11 月 25 日没有提到他反对动议的理由，但至少亨利·弗拉德向查理蒙特勋爵转达了伯克干预的效果——"我们的朋友伯克首先站出来反对，并表现得非常体面。"[70] 正如他对奥哈拉所说，在这个阶段，伯克"非常谨慎"地采取行动，以免缩小该党未来的选择范围。[71] 但至少他是独立于内阁的，这一点毋庸置疑。他中断了与"执政者们"的所有谈判，并珍惜在"公正的海洋"中行动的自由。[72]

下议院就贝克福德的动议进行了分组表决，以 76 票对129 票赞成建立一个调查委员会，但政府成员自身也对贝克福德的动议进行了修正，要求对"该公司董事会和管理层的全部或任何有关人员的行为"进行调查。[73] 简而言之，政府内部

66　Ibid.

67　Ibid., p.80.

68　EB to Charles O'Hara, 29 November 1766, *Corr.*, I, p. 283.

69　EB to Charles O'Hara, 27 November 1766, ibid., I, p. 281.

70　As reported in *Chatham Correspondence*, III, p. 144n.

71　EB to Charles O'Hara, 27 November 1766, *Corr.*, I, p. 281.

72　EB to Charles O'Hara, 29 November 1766, ibid., p. 283.

73　*CJ*, XXXI, p. 25.

340

出现了分歧。伯克后来抱怨称，从未有任何一届政府比现任政府"更不体面"。[74] 由于康威和汤森在下议院策划了一条与上议院的查塔姆、格拉夫顿和谢尔本不同的路线，下议院的大臣们"被强烈地攻击"。[75] 罗金汉派与贝德福德派和格伦维尔派联手挑战贝克福德的计划，站出来反对政府。"但我们没有加入他们，"伯克坚持说。相反，他们采取了原则性立场，蔑视"派系式的反对"。[76] 该原则的核心是一个贸易公司的特许权利，其本身业务的财产不应因政府的一时冲动而受到侵犯。但是，这一原则旨在涵盖的问题却不那么容易解决。该公司在次大陆拥有多少财产是一个明显的事实，但拥有的财产是否构成绝对的财产？而财产权利是否同时带有政府的义务和负担？

12月9日，周二，贝克福德提议将该公司的文件提交下议院，希望对公司在孟加拉的各种"规章、条约和收入"进行调查，这些问题也随之成为焦点。[77] 沃波尔观察到，在这个过程中，贝克福德"详细阐述"了公司雇员在孟加拉造成的"破坏"。贝克福德补充说，受益于这种情况的并不是东印度公司股票的早期持有者，而是像威廉·伯克这样的冒险家，他们利用公司上升的信用进行投机。[78] 贝克福德的兄弟伯雷克林·卡斯特最初支持政府阵线。利德贺街*的私人利益不能与公众利益分开：支撑该公司与法国入侵者和当地政权对抗的不是私人企业，而是英国海军。尽管如此，在反对贝克福德的同时，卡斯特也认为孟加拉的财政收入无法拯救国家的债务：东印度公司

74　EB to Charles O'Hara, 27 November 1766, *Corr.*, I, p. 281.

75　Ibid.

76　Ibid.

77　Walpole, *Memoirs*, III, p. 88; *CJ*, XXXI, p. 42.

78　Walpole, *Memoirs*, III, p. 88.

*　东印度公司总部大楼所在地。

的堡垒和军备永远地消耗着英国的资源。[79] 其他人怀疑孟加拉是否真的是永久领地，而罗金汉派则对将公司董事拉到下议院前是否合适提出了质疑，认为这是在指控理应平等对待的、潜在的合作伙伴。伯克的结论是："我们打了我们能打得最好的仗。"他对奥哈拉说，他们为了争取三个月的休庭一直坚持到午夜，"精神饱满得像你所希望的那样"。至于他自己，他讲了两次，第一次"讲了一个多小时"，"反响良好"。[80] 他声称，如此指控该公司的目的是为了"没收他们的财产"。[81] 接下来，他指责查塔姆，称他没有出现在第一财政大臣的席位上，就像弥尔顿《失乐园》第五卷中没有出现的那位令人敬畏的神。他接着说，政府是在对自由政府的运作进行一场危险尝试，但却没有任何具体的好处。[82] 伯克断言，专横权威正威胁着"国家信誉"的地位，而皮特在上次斗争中获胜正是得益于此。[83]

341

伯克 12 月 9 日的表现是他迄今为止最杰出的表现之一，通过让汤森和康威哑口无言，揭露了政府的软弱。威廉·伯克对奥哈拉滔滔不绝地说："我相信没有人能通过一次努力获得如此多的荣誉。全城的人都在谈论这件事，到现在还没有结束。"[84] 尽管如此，英国下议院还是以压倒性的票数通过了一项调查的动议，让股东大会授权东印度公司董事们以现有的最佳条件达成一项协议。在接下来的几个月里，由于查塔姆未能与他的财政大臣或下议院大臣达成一致，这一努力一再受挫。他

79　Ibid.

80　EB to Charles O'Hara, 23 December 1766, *Corr.*, I, p. 286.

81　Walpole, *Memoirs*, III, p. 88.

82　As reported in a letter from Matthew Fetherstonehaugh to Robert Clive, reprinted in Chatham,*Correspondence*, III, p. 145n.

83　EB to Charles O'Hara, 23 December 1766, *Corr.*, I, p. 286.

84　WB to Charles O'Hara, 27 December 1766, in Hoffman, *Burke*, pp. 381–2.

们产生分歧的根源在于，东印度公司在次大陆的领土权利是否应在就收入分配达成切实可行的协议之前确定。对查塔姆来说，这一事先决定至关重要，而对汤森和康威而言，分配协议应优先于司法权利的声明。在伯克看来，"伟大领袖"——他开始这样称呼查塔姆——似乎执意"争夺东印度公司的权利"，不顾现实政治和下议院主要大臣们的判断。[85] 但是，如果要事先确定该公司的法律地位，这到底是由议会还是由股东大会来决定，就值得商榷了。正如康威在 1767 年 1 月 24 日向查塔姆报告的那样，格伦维尔两天前就在下议院提出了这个问题。[86] 在接下来的几个月里，这个话题将再次成为争论的焦点。

议会对东印度公司特权和义务的争论是基于 1757—1765 年南亚历史上的争斗事件。克莱武从马德拉斯北上，击退西拉杰·乌德·达乌拉对加尔各答英国殖民地的入侵后，1757 年 6 月，他任命米尔·贾法为孟加拉的纳瓦布，驻扎在穆尔西达巴德。于是，在连续性的表象下，孟加拉政府开始了一系列的"革命"。[87] 新的统治机构的主要承诺是确保贸易照常进行。卢克·斯克拉夫顿是东印度公司驻纳瓦布宫廷的一位代表，在他看来，英国人旨在从他们新建立的政治角色中脱身，恢复纯粹

85　EB to Charles O'Hara, 15 January 1767, *Corr.*, I, p. 291.

86　Henry Seymour Conway to the Earl of Chatham, 24 January 1767, *Chatham Correspondence*, III, p. 175; Conway is reported to have lent his support to Grenville's claim in a letter from Beckford to Chatham of 27 January 1767, ibid., III, p. 177.

87　伯克认为 1757—1764 年间发生了"三次资本革命"，参见 in *The Annual Register for theYear 1764*, p. 34。关于 1757 年"革命"的保守性质，参见 P. J.Marshall, *Bengal: The British Bridgehead, Eastern India, 1740–1828* (Cambridge: Cambridge University Press, 1987, 1990), pp. 78–79。关于 18 世纪南亚的变化模式，参见 P. J. Marshall ed., *The Eighteenth Century in India History: Evolution or Revolution?* (Oxford: Oxford University Press, 2003)。在 1757—1765 年以后，"公司"的惯例和占有行为残存了下来，参见 Philip J. Stern, "Conclusion," in *The Company-State: Corporate Sovereignty and the Early Modern Foundations of the British Empire in India* (Oxford: Oxford University press, 2011)。

的"商业"活动，尽管英国有驻军，但纳瓦布的独立仍将得到保障。[88] 但政治关系是由当地实际情况决定的：东印度公司的统治地位已在军事上得到了证明，其干涉孟加拉政治的冲动难以抑制。贸易和战争变得相互依存，事实上，在亚洲的商业殖民地，它们从未被完全分开过。[89] 对资源的需求刺激了对领土的需求，进而影响了东印度公司的政治野心。[90] 接替克莱武担任孟加拉总督的亨利·范西塔特认为，对资金的需求滋生了这样一种看法："领土"必须被"割让"。[91] 范西塔特称，"商业之外的其他想法"最终决定了公司的目标："公司从一个经济和商业体系转变成了一个政治和军事体系"。[92] 因此，在发现米尔·贾法不服从后，范西塔特决定另选他人。1760 年 10 月，米尔·卡西姆成为孟加拉的纳瓦布。但是，在范西塔特领导下的加尔各答理事会出现了分歧。在几年之内，因为孟加拉的私人商人的权利问题，英国和孟加拉的纳瓦布之间的关系再次破裂。1763 年，米尔·卡西姆撤退到印度北部，与莫卧儿皇帝和阿瓦德的维齐尔联合起来对抗英国人，次年在布克萨尔战役中战败。

88　Luke Scrafton, *Observations on Mr. Vansittart's Narrative* (London: 1766), p. 2. 卢克·斯克拉夫顿 (Luke Scrafton) 是在回应亨利·范西塔特（Henry Vansittart）的观点，参见 Henry Vansittart, *A Narrative of the Transactions in Bengal from the Year 1760 to the Year 1764* (London: 1766). 3 vols。

89　关于英国贸易长期依赖武力，参见 P. J. Marshall, "British Expansion in India in the Eighteenth Century: A Historical Revision," *History*, 60 (1975), pp. 28–43, esp. pp. 31–32。不同的重点，参见 S. Arasaratnam, "Trade and Political Dominion in South India, 1750– 1790: Changing British-Indian Relationships," *Modern Asian Studies*, 13:1 (1979), pp. 19–40。

90　关于在过程中推断出"政策"所涉及的问题，参见 Marshall, "British Expansion in India," pp. 28–43。

91　*Fort William—India House Correspondence, III, 1760–1763,* ed. R. R. Sethi (New Delhi: National Archives of India, 1968), p. 290.

92　Henry Vansittart, *A Letter to the Proprietors of East-India Stock* (London: 1767), p. 20. 范西塔特这样说是在反驳斯克拉夫顿的主张。

当地政府的大臣们，甚至是纳瓦布的副手（奈布），以及孟加拉更多的初级行政职位从此由英国控制。孟加拉国防的责任也落在东印度公司身上，该公司已获得迪万尼权力，通过孟加拉皇帝的直接授权，管理孟加拉财政收入。后来继任的许多纳瓦布都扮演着总督的角色，臣服于英国，因此这一职位越发仅剩象征意义。[93] 正如克莱武所言，"我们自己必须成为地方长官（Nabobs）"。[94] 波纳尔总督后来强调了这种变化的程度：他称，孟加拉当地政府已被"解散"，"其主权已被摧毁"。[95] 获得迪万尼权力标志着东印度公司在领地的权力显著提高，但问题是，这种权力的提升应该被理解为该贸易公司财产权的延伸，还是英国政府的征服所得。1767年4月16日，东印度公司董事长向查塔姆递交了一系列建议，以确保就孟加拉的收入达成协议，在这份建议的开头是"一些事实"，这将有助于确认"王室与公司之间的权利问题"。[96] 从公司的角度来看，它所获得的税收权利是在莫卧儿皇帝所授权的"文官机构"（Civil Office）下，由迪万尼权力赋予的"免费而永久的礼物"（*altamga*），并以一部分租金和税收作为交换。[97] 东印度公司获取迪万尼权力的依据是1698年特许状的相关条款——该公司"拥有任何当地

343

93　Dodwell, *Dupleix and Clive*, pp. 238–43; Abdul Majed Khan, *The Transition in Bengal, 1756–1775: A Study of Saiyid Muhammad Reza Khan* (Cambridge: Cambridge University Press, 1969), pp.78–102.

94　Percival Spear, *Master of Bengal: Clive and his India* (London: Thames and Hudson, 1975), p. 146.

95　Thomas Pownall, *The Right, Interest, and Duty of the State, as Concerned in the Affairs of the East Indies* (London: 1773), pp. 39–40.

96　"Papers Transmitted by the Chairman of the East India Company to the Earl of Chatham, 16th Apr. 1767," Chatham Papers, TNA, PRO 30/8/99, Part III, fols. 188–260.

97　Rajat Kanta Ray, "Indian Society and the Establishment of British Supremacy, 1765–1818" in Marshall ed., *Oxford History of the British Empire II*, p. 511.

政权可能授予或割让给它的财产权，且不受限制"。[98] 在普拉西战役胜利后，1757 年 12 月 24 日，为回应东印度公司的一份请愿书，检察总长和副检察长在《普拉特－约克意见书》（Pratt-Yorke opinion）中向枢密院阐述了东印度公司在印度领地的相关权利。该意见书明确指出，尽管东印度公司拥有的所有领地都受限于议会主权，因为英国子民"不论去何处建立殖民地都将受陛下法律的约束"，但根据条约获得的领土仍然属于公司财产，而征服所获得的领地则归国王所有。[99]

1765 年后，针对东印度公司的情况，人们对这一意见书的内容产生了争议，尽管迪万尼权力是莫卧儿皇帝授予公司的，而不是通过征服获得的，但英国国王的部队使莫卧儿皇帝成了英国人的俘虏，他事实上也成了国王的俘虏。[100] 在像贝克福德和查塔姆这样的公司反对者看来，这意味着迪万尼权力本身就是通过征服获得的，应由英国君主支配。因此，其收益的分配应由议会调查决定。而伯克认为，该决议无异于诉诸"武力"，他认为查塔姆急于把管辖权问题作为拒绝与公司进行一切谈判的手段，以便对公司施以"暴力"。[101]1767 年 2 月 20 日，

344

98　"Papers Transmitted by the Chairman of the East India Company," Chatham Papers, TNA,PRO 30/8/99, Part II, fol. 9. 关于公司在此时期连续的特许权，参见 Arthur Berriedale Keith, *A Constitutional History of India, 1600–1935* (London: Methuen & Co., 1936), pp. 9–20。在印度问题上，对《普拉特－约克意见书》最完整的讨论，参见 Bowen, *Revenue and Reform*, pp. 53–54. 关于该意见书，特别是其对北美殖民地的影响，参见 Thomas Perkins Abernthy, *Western Lands and the American Revolution* (New York: D. Appleton-Century Company, 1937), p. 21; and Jack. M. Sosin,*Whitehall and the Wilderness: The Middle West in British Colonial Policy, 1760–1775* (Lincoln, NE:University of Nebraska Press, 1961), pp. 229–30。

99　"Papers Transmitted by the Chairman of the East India Company," Chatham Papers, TNA, PRO 30/8/99, Part II, fol. 9.

100　Ibid., Part III, fols. 188–260.

101　EB to Charles O'Hara, 7 and 14 March 1767, *Corr.*, I, pp. 297–300.

关于孟加拉属地管辖权是否应被视为公司财产权这一问题引发了热烈讨论。伯克支持反对派律师瑟洛和韦德伯恩,他们质疑"下议院以任何方式对个人财产做出决定的权力在多大程度上是合法的",而政府的支持者则"持相反意见",即"征服是由国王进行的,而不是由东印度公司进行的"。[102] 在3月3日的内阁会议上,这个问题被再次讨论,但仍未达成共识。[103] 当印度事务再次提交下议院审议时,"格伦维尔、伯克和韦德伯恩对查塔姆和贝克福德不屑一顾,并竭力反对向公司施加压迫。[104] 然而,争议仍然存在。3月9日,罗克斯巴勒郡议员吉尔伯特·埃利奥特大肆宣扬公众有获得征战所得的权利,这些征战所得就其本身而言不能被视为"出于东方感激之情的免费赠予"。[105]

最终,正如伯克所预测的那样,查塔姆内阁选择了通过谈判寻求解决方案。1767年3月17日,伯克对奥哈拉说:"在这次的印度事务中,我很乐意看到他(查塔姆)将以谦卑的姿态,追求公平的条约,并在互利条件下进行谈判,他最初就应该采取这种理智的方式,然而最终却是被迫采用了这种方式。"[106] 十天后,下议院的一个委员会开始审问证人。到4月中旬,该公司副董事长、兼任20多年的董事托马斯·劳斯证实,东印度公司对公司员工缺乏控制——他表示,公司员工在

345

---

102 Mr. Rouet to Baron Mure, 21 February 1767, *Selections from the Family Papers Preserved at Caldwell* (Glasgow: 1854), 3 vols., II, ii, pp. 107–8; cf. *Ryder Diary*, p. 332. 直到18世纪80年代,伯克一直坚持认为,英国在东印度群岛获得的领土并没有以任何方式被兼并或合并到王室手中,参见 EB, *A Representation to His Majesty, Moved in the House of Commons... June 14, 1784* (London: 1784), p. 17。

103 Walpole, *Memoirs*, III, p. 101.

104 Ibid., p.103.

105 *Ryder Diary*, p. 335.

106 EB to Charles O'Hara, 17 March 1767, *Corr.*, I, p. 300.

印度次大陆的行为特点是"非常放肆"。[107] 对此，沃伦·黑斯廷斯在 3 月 31 日给出了一个显而易见的理由：由于股东大会经常更换董事，董事的命令可能在到达孟加拉之前就被推翻，因此，员工们逐渐习惯了将规定视为可以协商的条款。[108] 更为根本且有害的是，正如亨利·范西塔特所言，"一家公司不可能长期兼具商业和军事目的，因为一方的花费和不便必将与另一方的利益相冲突"。[109] 尽管如此，伯克在当时写给奥哈拉的一封信中对政府在印度取得的成就表示了怀疑："他们所做的一切只是对公司财产权进行的盲目干涉，不知这样做有何用，也不考虑该措施的公正性。"[110]4 月 14 日，罗金汉政府的检察总长查尔斯·约克（十年前《普拉特－约克意见书》的签署者之一）表达了类似的情绪，再次捍卫了东印度公司的管辖权。[111]为了维护公司的领地财产权利，他强调，公司的地位是"赐予"的，是出于恩惠而不是恐惧。[112]伯克似乎接受了这一结论的含义：所得财产完全属于该公司本身。

格伦维尔时期的检察总长弗莱彻·诺顿反对约克的主张，认为如果这些领土不是通过征服权获得的，就应该把它们视为非法掠夺，归还给"当地势力"。[113]但是，"没有人，"沃波尔记录道，"希望看到这一点。"[114]然而，如果说民意一致希望从

107　"Substance of the Evidence taken before an Open Committee of the House of Commons on the State of Bengal &c. in 1767," BL Add MS 18469, fols. 66r–v.

108　Ibid., fols. 20v–21r.

109　Ibid., fol. 12v.

110　EB to Charles O'Hara, 30 and 31 March 1767, *Corr*., I, p. 303.

111　*Ryder Diary*, p. 339.

112　Ibid. 约克在此事上关注的是阿尔乔特的纳瓦布所授予的领土。

113　Ibid.

114　Walpole, *Memoirs*, III, p. 119.

该公司的成功中获得一些公共利益，那么对于如何实现这一目标却存在分歧。伯克认为，将公司的法人权利置于议会限制之下的想法很"恐怖"。各方没有做出令人信服的努力来谈判出一个有益的结果，但是，实际上，如果没有东印度公司的同意与合作，谈判是不可能进行下去的。政府的程序精神被压制到了极点，使下议院变成了一个司法暴政机构——"我们将自己设置为法律问题的法官，裁定国王与子民之间一个最令人关切和最重大的财产问题，却没有一点权利色彩；即是法官又是当事人！"[115] 但是，正如伯克所说，政府和公司之间的谈判在谢尔本勋爵的指导下愉快地进行着，这削弱了贝克福德调查的重要性，至少在短期内是这样。[116] 到 5 月 1 日，公司董事之一乔治·科尔布鲁克爵士觉得自己已经准备好在议会上宣布印度贸易的"和解"前景了。[117] 伯克指出："他们与东印度公司董事们达成了一项临时协议。"[118] 然而，一天之后，整个事件再次陷入混乱。

5 月 6 日，股东大会不顾董事们的反对，投票否决了与政府达成的协议条款，并决定将公司股息提高至 12.5%。这个结果令政府支持者感到惊愕，因为这是对政府谈判努力的单方面侮辱。因此，第二天，东印度公司不得不向下议院提交文件解释其行为，5 月 8 日，耶利米·戴森提出了一项关于规范东印度股票股息的法案。[119] 在接下来的一个月里，政府进一步利用了人们对股东们厚颜无耻的行为的愤怒情绪，签署了一项协议，内

---

115 EB to Charles O'Hara, 30 and 31 March 1767, *Corr.*, I, p. 303.

116 Sutherland, *East India Company Politics,* pp. 162–76. 在 1768 年 12 月 16 日关于东印度自由贸易请愿书的辩论中，贝克福德抱怨说，1767 年，他没有得到"政府的支持"，参见 *Cavendish Debates of the House of Commons*, I, p. 105。

117 *Ryder Diary*, p. 341.

118 EB to Charles O'Hara, 5 May 1767, *Corr.*, I, p. 311.

119 Walpole, *Memoirs*, III, pp. 129–30.

容是：尽管该公司的领地财产会得到确认，但其每年须向政府
支付 40 万英镑。[120] 与此同时，一项防止在股东大会上出现分裂
表决的决议被提出，作为让步，决议还提出减少茶税的建议。[121]
因此，将股息从 12.5% 削减到 10% 的计划仍然是唯一有争议的
问题。该法案的反对者认为，政府对股息支付的监管似乎是武
断和异想天开的，尽管该公司提出增加股息的时机可能被认为
是不恰当的。[122] 伯克认为，政府计划以惩罚性监管为由，颠覆
商业和信贷法律，这是更不恰当的。5 月 25 日，该法案交由下
议院委员会审议，代表股东的律师提出了反对减息的证据。第 2
天，辩论一直持续到凌晨 1 点，政府最终获胜，尽管汤森和康威
都投了少数票。[123] 伯克向下议院坚称，这项措施相当于对自由
政府原则的一场"革命"。[124] 如果该公司履行对政府的债务义务，
那么任何强行从公司抽取资金的行为都等同于"抢劫"。[125]

　　伯克引人注目的立场源于他的判断。他认为戴森的提议
是对商业利润的任意限制，并试图通过公共干预来规范信贷。
自 18 世纪早期法国财政总管约翰·劳提出的调节信贷价值的
计划失败以来，市场信心可以由公共权力决定的观点受到了
大量批评。[126]30 年后，在《论法的精神》中，孟德斯鸠仍在

347

---

120 该协议被纳入制定法，参见 statute as 7 Geo. III, c. 57。

121 Lawson, "East India Inquiry," p. 110.

122 Ibid., p.111.

123 *Ryder Diary*, p. 350.

124 EB, Speech on East India Dividend Bill, 26 May 1767, *W & S*, II, p. 65.

125 人们认为财产正受到"威胁"，在接下来的几年里，伯克反复提及此事，尤其参见 EB,
Speech on East India Restraining Bill, 18 December 1772, *W &S*, II, p. 378。

126 关于约翰·劳，参见 EB, *Reflections on the Revolution in France*, ed. Clark, p. 408 [346]。关于
约翰·劳的计划的讨论，参见 Michael Sonenscher, *Before the Deluge: Public Debt, Inequality,
and the Intellectual Origins of the French Revolution* (Princeton, NJ: Princeton University Press,
2007), pp. 40–1, 108–20; Michael Sonenscher, *Sans-Culottes: An Eighteenth-Century Emblem in
the French Revolution* (Princeton, NJ: Princeton University Press, 2008), pp. 260–72。

思考约翰·劳失败的原因，把他的制度与绝对的专制联系在一起。[127] 这种联系促进了伯克谴责政府计划。[128] 伯克称："我想，在世界上任何一个文明国家的法典中都找不到这样的东西。"[129] 这里的"文明"意味着对公民自由的承诺，而自由的承诺最终取决于财产安全："我认为，子民所有的财产不受'任何权力或权威'侵犯，这是一条不变的原则，也是法律和自由与暴力和奴役的区别所在。"[130] 唯一可以侵犯这一原则的理由是压倒一切的公共利益诉求。[131] 政府的支持者认为，增加股息确实会损害公共信贷，基于这一点，他们支持限制股息。此外，政府通常声称，拟加息的动机是为了操纵市场，获取金融投机利益。然而，伯克反对说，那些认为政府的反操纵可以杜绝炒股的想法本身就是错误的。[132] 他接着说，为了微不足道的股息价值差异而颠覆商业自由的基本原则，以为这有利于国民福利，其实暴露了政府对根本公共利益的无知。[133]

回顾 1767 年发生的一系列事件，伯克在《对晚近国情的

---

127 Charles-Louis de Secondat, Baron de Montesquieu, *De l'esprit des lois* (1748) in *Oeuvres complètes* ed. Roger Caillois (Paris: Galimard, 1951), 2 vols., II, Pt. I, Bk. ii, Chapt. 4; Pt. IV, Bk. xxii,Chapt. 10.

128 在 1780 年 3 月 21 日关于东印度公司特许状更新的辩论中，伯克斥责法律成了"泡沫生产机"，参见 *Parliamentary Register* (Debrett), XXI, cols 313–14。

129 EB, Speech on East India Dividend Bill, 26 May 1767, *W & S*, II, p. 65. 18 世纪 80 年代，伯克发现，通过利用公共收入进行贸易投资，公司股票以及股息的价值被人为地夸大了，参见 EB, *Ninth Report of the Select Committee* (25 June 1783), *W & S*, V, p. 223–28。

130 EB, Speech on East India Dividend Bill, 26 May 1767, *W & S*, II, p. 65.

131 参阅 EB, *Third Letter on a Regicide Peace* (1797), *W & S*, IX, pp. 346–7: "强行操控这个市场，或者任何市场，是所有事情中最危险的……有钱人在投资他们的财产时，有权寻求好处。为了获得更多的钱，他们冒着风险；风险也包括在价格里。"

132 EB, Speech on East India Dividend Bill, 26 May 1767,W&S, II, P.67. 事实上，这可能会鼓励这种行为，参见 [Anon.], *A Letter to a Minister, on the Subject of the East India Dividend* (London: 2nded., 1767), p. 7.

133 EB, Speech on East India Dividend Bill, 26 May 1767, *W & S*, II, p. 66.

观察》中指出，对公司股息的限制是由国王的朋友们实施的，并未获得内阁的全力支持。毕竟，汤森和下议院的所有前财政大臣们都反对这项措施。康威也是如此。因此，这项法案是在"高人指点，"下进行的，即由詹金森和戴森等人负责，他们承诺将提供"某种秘密支持"。[134] 因而，就像这段时期的许多其他事情一样，伯克认为有关印度的立法是"双重内阁"的产物，是由宫廷背着下议院的主要大臣炮制出来的。这就将立法权转变为实现行政权的一个手段。同时，为了利用议会调查手段与东印度公司争夺其在亚洲财产的所有权，宫廷将立法院变成了类司法机构，把司法权变成了立法权，而立法权已经沦为宫廷的工具："最初的计划似乎是让下议院以某种法律声明的形式恭维国王，宣称国王对东印度公司在印度的财产具有所有权。"[135] 这种安排的结果是，政府自然选择了压迫措施，但在这个过程中，这种安排有可能破坏东印度贸易给英国带来的主要好处。伯克认为，从贸易公司获得的主要好处是其商业贡献的税收，以及其对公共信用的支持。后一个好处取决于对公司完整性的维护：一旦政府侵犯了公司的自由，公司拥有其财产的权利原则就会受到威胁，信心和信用都会随之受到损害。事实上，由于信用是信心的一种表现，因此不可能被迫形成。伯克坚持认为"权力和信用是对立的、不相容的"。[136] 30 年后，当法国革命政府发行纸质的指券，希望在不负责任的权威基础上建立信用，伯克的反应更加尖锐和愤怒。[137]

134　EB, *Observations on a Late State of the Nation* (1769), ibid., p. 173.

135　Ibid., p.172.

136　Ibid., p.175.

137　*Reflections*, pp. 403–4. 关于伯克对该主题的讨论，参见 J. G. A. Pocock, "The Political Economy of Burke's *Reflections on the Revolution in France*" in idem, *Virtue, Commerce, and History: Essays on Political Thought and History, Chiefly in the Eighteenth Century* (Cambridge: Cambridge University Press, 1985)。

349 　　1768年,《年鉴》回顾了东印度公司股东是如何呼吁提高股息的, 股东们认为"巨大的收入和繁荣的贸易"与人为减少的股息不协调。[138] 在他们看来, 低投资回报率只会压低股票的现值, 迎合未来购股者而不是当前的东印度股票持有者的利益。"只有财产所有人无法享受由此带来的任何好处。"[139] 但是, 当股东们只能看到公司的盈利能力时, 董事们却被公司的债务缠身, 对未来的股价不那么乐观。18世纪60年代末, 伯克的观点是, 这种分歧无法通过行政命令或者政府限制公司预期利益调和。他确信, 这等于破坏了政府与类似东印度公司这样规模的企业间的良好关系。至关重要的是, 国家和公司之间的关系不应是一种从属的、契约性的安排, 即用提供保护换取绝对服从, 而应基于一个谈判过程, 双方都是"平等交易商, 在互利的基础上"谈判。[140] 如果议会采取"事无巨细的管理", 根据政府认为合适的方式分配财产, 那么公司实际上将被"摧毁"。[141] 但其他委员会占了上风, 下议院以151票对84票赞成通过了《股息法案》, 只是在新年伊始才被要求重新审议。[142] 更新的法案于1768年1月25日如期通过。伯克告诉奥哈拉:"我们在下议院摆脱了东印度公司的问题"。"我们与之斗争了大约六个小时,"但反对派发现自己明显属于少数派。[143] 2月4日, 该法案在上议院获得通

138 "The History of Europe,"in *The Annual Register for the Year 1767* (London: 1768), p. 41.

139 Ibid., p.42.

140 EB, *Observations on a Late State of the Nation* (1769), *W & S,* II, p. 172.

141 WWM, BkP 9: 21.

142 The Dividend Bill was ultimately enacted as 7 Geo. III, c.49.

143 EB to Charles O'Hara, c. 1 February 1768, *Corr.*, I, p. 342.

过，加入了内阁的贝德福德投票反对他们的政策。[144]

伯克认为，1766—1767 年，政府对亚洲事务的干涉是在他所认为的更广泛的宪政危机背景下进行的。正如我们所看到的，他认为这种所谓的危机是政府以牺牲贵族权力为代价进行扩张的产物，通过立法机构的腐败而得到保障，基于"措施而不是人"的皮特主义就是例证。沃波尔后来称，东方庇护权的增长值得引起人们的警惕——"该公司比第一财政大臣能够提供更多的职位"。结果是反对派政客坚持认为："帝国的巨额财富"与"特权的推进"密不可分。[145] 从这个角度看，对该公司进行改革的企图不过是谋求政府扩张的借口。现存的一份这段时期的手稿概括了伯克的思想——"提出了哪些改进计划？有哪些错误被纠正了？哪些欺诈和暴力行为被发现并受到了惩罚？有任何人提到这些问题吗？一个字也没有！你们的法律和政策不过是让你们更方便地抢夺东印度公司的钱……你们担心他们的权利和你们的方便难以共存。"[146]

与 18 世纪 60 年代中期的大多数政治发展一样，伯克将政府政策解读为国家政权框架腐败的一个症状。在处理东印度事务时，本应从"未受腐蚀的宪法原则"中汲取先例，但事实上，它们却是从"偶然的实践"中选取的，而这些"偶然的实践"被所谓的紧迫需求所修改。[147] 这为颠覆特许权利铺平了道路，进而对财产安全构成了威胁。在政府试图对东印度公司进行监管前，在人们的记忆中，下议院从未试图强行赋予自己决

350

---

144 *LJ*, XXXII, pp. 65, 67, 68–69. For an account, see Walpole, *Memoirs*, III, p. 203. The Bill was enacted as 8 Geo III, c. 11. 关于对当时政治阴谋的叙述，参见 Brooke, *Chatham Administration*, p. 336–7。

145 Walpole, *Memoirs*, IV, p. 88.

146 WWM, BkP 9: 31.

147 Ibid.

定臣民财产的权利。伯克称，"我们站在法律的边缘，在最后
时刻为特许权原则、文明国家的惯例和议会的荣誉而战"。议
会对私人司法权利的侵犯是一场"可怕的危机"，使"宪法走
向痛苦的极端"。只有呼吁"贵族和人才"的支持，才有希望
维护公众利益。因此，伯克呼吁社会上有财产、地位和影响力
的议员来维护民众的福利。[148]

7.4　公司自由裁量权

　　1767 年 5 月签订的协议规定，东印度公司必须将其年度
利润的一半贡献给政府，该协议将于 1769 年 2 月 1 日到期，
有关延长协议条款的谈判从 1768 年 8 月就开始了。1767 年
10 月，当查塔姆正在忍受痼疾的折磨时，格拉夫顿公爵接管
了政府。前年秋天，贝德福德派脱离了政府反对派，并逐渐归
顺了宫廷：高尔、桑德韦奇、里格比和剩下的人都得到了适当
的职位。[149] 与此同时，殖民地管理从南方事务部分离出来，希
尔斯伯勒伯爵在新的一年里"接管了美洲事务部"。[150]1767 年
9 月，查尔斯·汤森去世，威廉·伯克称，汤森本应是"这个
庞大帝国的领军人物和大臣"，但事实上他"不能胜任"——
他太急于展示自己的才能，而无法确定任何原则。[151]10 月 7
日，诺斯勋爵取代他成为英国财政大臣，后又被任命为下议院
大臣。1768 年 1 月 20 日，康威辞职，诺斯从康威手中接过这
一职位，而韦茅斯则接管了北方事务部。随后，大选在 3 月至
5 月期间举行，这促使威尔克斯重返英国政坛。伯克保留了他

351

148　Ibid.

149　Brooke, *Chatham Administration*, chapt. 8.

150　Walpole, *Memoirs*, III, p. 200.

151　William Burke to EB, post 4 September 1767, *Corr.*, I, pp. 326–27.

的席位，在比肯斯菲尔德定居下来。7月19日，汤森税法在波士顿引发第一波骚乱的消息传到了伦敦。三个月后，也就是查塔姆辞职一周后，谢尔本辞去了国务大臣一职，韦茅斯调任南方事务部，由罗奇福德接替他的旧职。与此同时，格拉夫顿的财政部秘书托马斯·布拉德肖安排重启与东印度公司的谈判。

1769年1月，东印度公司和政府结束了谈判，政府参与谈判是基于这样一个主张，即在次大陆获得的税收和财产权利应归国王所有。公司仍将支付政府40万英镑，不过这次的协议将持续五年。有关股息的争议也得到了解决：尽管公司被允许将股息提高至12.5%，但它只能每年将股息率提高一个百分点。公司再也不能随意增加股息了。[152]然而，在被迫减少股东股息的情况下，公司可以减少对公众发放股息。2月9日，这些建议在利德贺街东印度大楼被投票表决，赢得了股东大会的支持和董事会的赞同。罗金汉派认为，这种共识是在公司意见不合的背景下产生的，这削弱了公司的议价能力。[153]尽管如此，即使在这些条件下，公司还是同意将一系列建议以请愿的形式在2月27日递交给下议院。"印度事务的糟糕态势"现在再次受到关注，议员们与东印度公司对立，董事们与他们的雇员对立，东印度地区的主要代表们相互对立，而约翰斯通总督指责罗伯特·克莱武应为东印度地区的"不幸"负责。[154]

当委员会针对请愿书中的提议进行辩论时，诺斯勋爵称赞这些提议是在与国家进行商议，他希望通过"友好协商"的过程，政府能够接受这些提议，尽管国王对该公司所得拥有"明

152　Sutherland, *East India Company Politics,* pp. 184–5.

153　The Marquess of Rockingham to EB, 31 May 1769, *Corr.*, II, p. 28.

154　Walpole, *Memoirs*, IV, pp. 71–72.

确的权利和主张"。[155] 尽管诺斯如此表态，出席会议的所有人都十分清楚，政府和公司的权利之争从未得到解决。伯克很清楚为什么会出现这种情况，他指出，政府的主张显然没有可信的依据，只能援引其假定的"权利"，微妙地威慑公司。[156] 然而，政府最后发现，干扰股息更为有效，这能够威胁董事们接受 1767 年的条约。[157] 尽管如此，伴随着领土权利问题而来的是政治责任问题，这一问题在 1769 年变得十分紧迫。在一些发言者向议会陈述请愿书的优点时，印度南部的战争给会议蒙上了一层阴影，艾萨克·巴雷评论说，"从卡纳提克到德肯，除了战争，什么也没有"。[158] 反对派发言者普遍认为，持续不断的征服亚洲的欲望虽然带来了新的机遇，但也导致了奢侈的开支，危及了英帝国在东方的前景。战争的到来一下子威胁到公司股票的价值、股东分红数额和公共信用的稳定。伯克指出，这些不幸与英国在次大陆上的权力与影响脱不了关系，因此，英国也无法避免相应的责任。他告诉下议院："英国深陷东方帝国的泥潭，在那儿形成了一个庞大的权力机构，你们必须承担后果。"[159]

摆在下议院面前的问题是，这些后果能否得到缓解。伯克称："东方的太阳从未在我们面前展示过如此光辉的前

---

155 *Cavendish Debates of the House of Commons*, I, p. 252. Cf. 1768 年 12 月 16 日星期五，在下议院就一份在东部建立开放贸易的请愿书进行辩论时，诺斯发表声明，大意是"王室完全有权维护公众的权利"，in ibid., I, p. 106。

156 EB, Speech on East India Settlement, 27 February 1769, *W & S*, II, p. 221. 伯克随后对该立场的重申，参见 EB, Speech on North's East India Resolution, 5 April 1773, *W & S*, II, pp. 390–91。

157 EB, Speech on East India Settlement, *W & S*, II, pp. 221–22. 关于"模拟调查（mock enquiries）和真正的撤销汇票（rescinding bills）"参见 EB, *Observationson a Late State of the Nation* (1769), *W & S*, II, p. 174。

158 *Cavendish Debates of the House of Commons*, I, p. 257.

159 EB, Speech on East India Settlement, 27 February 1769, *W & S*, II, p. 220.

景。"[160] 然而次大陆爆发冲突的可能性将带来政治挫败，遮挡期望的光芒："在那个地区，我们将永不能像在这里一样享有和平，这是事实"。[161] 这一声明是对克莱武爵士的赞同，他担忧印度将继续成为冲突地区，威胁公司的存续。毕竟，亚洲的不稳定为法国提供了新的机会。乔治·科勒布鲁克指出："法国不可能看着英国人掌握这些财产，而不去争夺。"[162] 克莱武更清楚地感受到这一点，称："法国！她已经失去了美洲……她将在东印度群岛……寻找一个替代物。"[163] 然而，伯克对结果很乐观——"如果发动战争，我们就不能获胜吗？如果获胜了，我们就不能守住领地吗？"他认为目前"受困"的法国，不是迫在眉睫的威胁。[164] 但是，巴雷、科勒布鲁克、范西塔特、克莱武、格伦维尔和托马斯·沃波尔就没有那么自信。自1767年8月以来，东印度公司在马德拉斯的负责人就感到被卷入了第一次英国 – 迈索尔战争，迈索尔的苏丹海达尔·阿里与海得拉巴的督军密谋在东南部牵制东印度公司。英国和卡纳提克的统治者穆罕默德·阿里·汗·瓦莱贾（被尊为阿尔乔特的纳瓦布）结盟，使英国人进一步陷入了地区争端。范西塔特认为，势力平衡本质上是不可预测的，尤其是英国与纳瓦布的关系根本就不稳定——"他已经打破了条约，将给予法国援助"。[165] 同时，海得拉巴的督军急于阻止英国控制北环地区（Northern Circars），这为公司在马德拉斯和孟加拉之间的通行提供了便利。海达尔·阿里"从一个普普通通的印度兵

160　Ibid.

161　Ibid.

162　*Cavendish Debates of the House of Commons*, I, p. 258.

163　Ibid., P.263.

164　EB, Speech on East India Settlement, 27 February 1769, *W & S,* II, pp. 220–21.

165　*Cavendish Debates of the House of Commons*, I, p. 259.

变成了马拉巴尔海岸附近很大一片领地的统帅"，他正从迈索尔向南半岛两侧扩张领地，影响到英国对马德拉斯和孟买管辖区的统治。[166]

1769年，《年鉴》指出，英国与海达尔·阿里的冲突是东印度公司"为了自己私人的目的和利益"而"肆意"引发的。[167]下议院中批判公司的人也有同感。用巴雷的话说，印度群岛的英国职员永远在"发动新的战争"，"不满足于他们的收入，渴望更多，因此，印度不得不陷入混乱"。[168]托马斯·沃波尔同样因公司员工的行为而感到焦虑，他们的过分行为意味着英国的东方冒险只不过是一个"黄金梦"。董事们永远在追赶当地员工的脚步，最终不得不宽恕他们原先没有认可的事情，"只要是当地员工认为合适的，公司都必须批准"。[169]换言之，当地员工的贪婪驱动了征服精神，董事们被迫在事后支持他们的倡议。[170]即使是加尔各答的理事会也在不断地适应这一地区的新情况。1767年，亨利·韦尔斯特接替克莱武担任孟加拉总督，他这样描述道：公司员工在上级还没有正确理解"他们

---

166 "The History of Europe," in *The Annual Register for the Year 1768* (London: 1769), p. 66.

167 "The History of Europe," in *The Annual Register for the Year 1769* (London: 1770), p. 48.

168 *Cavendish Debates of the House of Commons*, I, p. 257.

169 Ibid., p.256. 伦敦董事会的指示未能迫使南亚采取行动。参见 Marshall, *East Indian Fortunes*, p. 129。

170 有关这一点，参见 Robert Travers, *Ideology and Empire in Eighteenth-Century India* (Cambridge: Cambridge University Press, 2007), pp. 14–15。参阅 Bowen, *Revenue and Reform* , p. 68："公司的头脑中没有未来征服的想法。"这当然取决于人们如何理解公司的"头脑"（mind）。关于体现董事会困境的公司政策声明，参见1763年3月9日从东印度议院向威廉堡发出的指示，载于 *Fort William–India House Correspondence, III: 1760–1763*, ed. R. R. Sethi (Delhi: National Archives of India, 1968), p. 188："除非绝对必要，否则我们绝不想获得更多的东西，绝不想把我们的部队投入到非常遥远的计划中去。"

所处的局面"时，就"开始了统治"。[171] 但对艾萨克·巴雷来说，这是董事会应该承担的责任：他们的领导能力不足以完成帝国治理的任务。"利德贺街上 24 名绅士不能明智而安全地管理一个包含 1600 万居民，每年产生 400~800 万英镑收入的领地"。最重要的是，由于每年进行董事会的选举，东印度公司的管理缺乏连贯性，使政策受制于公司的派系之争。[172] 在范西塔特看来，这是应该效仿法国的理由。法国对其公司员工的指示更加实际和明确，而英国东印度公司的董事们"只给出一般原则，即我们并不打算扩张我们的领土"。但在地区冲突的情况下，这一原则是不可行的，迫使员工们与东印度议院大楼的计划发生冲突。[173]

伯克不同意这些苛评，就范西塔特和克莱武的建议提出了异议。他指出，"不能借鉴法国公司的计划"。公司雇员的自由裁量权在结构上是无法避免的。"你们可以告诉他们什么战争是荒唐的，什么战争是必要的。过去的经验会告诉你们，你们必须留给（东印度公司）职员很大的自由裁量权。"[174] 然而，对于克莱武来说，自由裁量权是一个固有问题，滋生了计划外的扩张，最终将导致东部领土的丧失：他高呼，"这是一个奇迹，我们竟将其保存了这么长时间。"[175] 科勒布鲁克对此表示赞同，盲目的扩张主义只能以失败告终："随着领土的扩张，罗

---

171 Harry Verelst, *A View of the Rise, Progress, and Present State of the English Government in Bengal, Including a Reply to the Misrepresentations of Mr. Bolts, and Other Writers* (London 1772), p.55.

172 *Cavendish Debates of the House of Commons*, I, p. 257.

173 Ibid., p.259.

174 EB, Speech on East India Settlement, 27 February 1769, *W & S,* II, p. 220. 伯克后来把利德贺街看作是这种自由裁量权的共谋，对印度居民不利，参见 EB to Lord Loughborough, c. 17 March 1796, *Corr.,* VIII, p. 428。

175 *Cavendish Debates of the House of Commons*, I, p. 262.

马帝国崩塌了"。[176] 克莱武认为，最好的解决办法就是从延长
董事的任期开始，若不延长任期，他们就无法对其军队施加适
当的影响力，也无法控制他们的"民事代理人"。由于董事会
的混乱和无效权力，不协调的贪欲和企业家精神无意间对东印
度公司强加了征服行为。股东与董事意见相左，董事与职员有
冲突，而职员被公司的军官们藐视。[177] 对于当时与克莱武关系
密切的格伦维尔来说，这种情况要求议会对董事们进行审查，
同时延长董事任期。[178] 科勒布鲁克也提出了相似的结论：英
国人不能一边宣称对美洲殖民地拥有主权，一边却只在东方经
商。[179] 但在伯克看来，这一切都是增加行政权力的一种手段，
就像格伦维尔和格拉夫顿侵占北美殖民地一样侵占公司。董事
会已经受到了股东的监督，这种监督将带来必要的补救措施：
"他们不断地受到股东的监督，这种监督使他们充满活力。"[180]

　　十年后，詹姆斯·麦克弗森满怀信心地指出东印度公司在
组织原则方面存在根本性缺陷，主要是该公司董事的无能——
他们远离行动现场，缺乏政治技巧，他们的权威是"易逝的"。
虚荣心促使他们夸大自己的政治地位，反过来又刺激归国的职
员谋求董事会的职位。其结果是，公司的管理者只顾自己，缺

176　Ibid., p.258. 该过程被描述为"次帝国主义"，参见 J. D. Nichol, "The British in India, 1740–1763: A Study of Imperial Expansion into Bengal" (PhD Thesis, University of Cambridge, 1976), pp., 4–5, 304。克莱武被视作典范，参见 Bruce Lenman and Philip Lawson, "Robert Clive, the 'Black Jagir', and British Politics," *Historical Journal*, 26:4 (December 1983), pp. 801–29。关于将该过程与宗主国政党政治联系起来的尝试，参见 James M. Vaughn, "The Politics of Empire: Metropolitan Socio-Political Development and the Imperial Transformation of the British East India Company, 1675–1775" (PhD Thesis, University of Chicago, 2009)。

177　*Cavendish Debates of the House of Commons*, I, p. 262.

178　Ibid., p.267.

179　Ibid., p.258.

180　EB, Speech on East India Settlement, 27 February 1769, *W & S,* II, p. 221.

乏责任感。他总结道："因此，公司员工在印度的不公正和压迫性行为非但没有受到董事们的制约，反而常常得到他们的默许。"[181] 然而，当一些人在 18 世纪 60 年代末质疑东印度公司管控其在孟加拉和马德拉斯行为的能力时，伯克却认为改革东印度事务的各种呼吁是以牺牲公众福利为代价强化宫廷权力的借口。正如他在《对晚近国情的观察》中反映的那样，改革的热情通常都寄托在议会对主权权利的主张上，但这种权利主张几乎无法提供任何恰当的行动指导。[182] 他指出，一个可行的改革方案必须与"先前机构的真正精神"一致。这种一致性必须包括确保一个机构应该实现的目标。在东印度公司的案例中，公司的主要作用之一是确保公共信用的稳定。这个功能意味着政府不能单方面命令公司屈服；相反，鉴于其"坚持（自己的）原则，两者的关系不同于君主和子民的关系，在某些方面甚至截然相反"，国家十分依赖于公司的福利。因此，公共权力与公司财产之间关系所依据的义务代表了"一种新的契约，叠加在旧的国家契约之上"。[183] 因此，在伯克看来，18 世纪 60 年代末，反对派政界人士面临的任务之一就是确保公司在政治上获得政府想要忽视的东西：它在与政府谈判中作为独立力量的合法地位。

356

在下议院通过延长政府与东印度公司的 1767 年协议的三个月后，罗金汉写信给伯克，概述了一项加强东印度公司政治有效性的提议。[184] 这封信是海达尔·阿里入侵卡纳提克的消息传到伦敦的三天后发出的，据称海达尔·阿里即将到达东印度公司在圣乔治堡的驻地，危及英国利益，公司股票价值骤然下

181　James Macpherson, *The History and Management of the East India Company from its Origin in 1600 to the Present Times* (London: 1779), p. 161.

182　EB, *Observations on a Late State of the Nation* (1769), *W & S*, II, p. 175.

183　Ibid.

184　The Marquess of Rockingham to EB, 31 May 1769, *Corr.*, II, pp. 27–28.

降。在这种情况下，公司迫切需要增强其信用。罗金汉认为，要实现这一目标，最好的办法是调和董事间现有的分歧。在董事会长达六个月的选举筹备期，即 1768 年 10 月至 1769 年 4 月，这些分歧进一步加深。[185] 在这几个月里，劳伦斯·苏利文在约翰斯通和范西塔特派的支持下，以及在谢尔本勋爵的帮助下，发起了一场运动，反对目前在董事会中占据主导地位的那些人。与此同时，董事会的新成员科勒布鲁克正密谋主导这一过程，引发了同僚们的强烈怀疑——他一会儿与内阁结盟，一会儿又在议会就东印度公司请愿书展开辩论时反对他们。同时，刚卸任孟加拉总督一职的克莱武也在小心翼翼地支持董事们。面对这些分歧和斗争，罗金汉努力确保主要人物间的和解，从而恢复公司统一的目标。在目前的"灾难"背景下，这将提振公司发展的前景，但这也将为董事们提供"永久的安全"，使其免受政府的干扰。[186]

在公司的主要人物之间建立某种联盟的努力很快就以争吵告终，在印度南部发生骚乱后，取而代之的是一项旨在恢复公司信心、恢复次大陆事务秩序的计划。该计划将通过派遣一个监督委员会直接监督次大陆的事态发展来实现。正如罗金汉在 1769 年 7 月 9 日给伯克的一封信中所指出的那样，这个计划在东印度大楼的参与者中引发了额外的冲突。[187] 但除了董事间的不信任之外，还增加了他们对政府的怀疑，特别是当政府以伯克所说的"非同寻常"的方式坚持将其自己提名的海军上尉约翰·林赛爵士派往印度担任监督委员时。[188] 韦茅斯在这一提议

357

185　Sutherland, *East India Company Politics,* pp. 182–3.

186　The Marquess of Rockingham to EB, 31 May 1769, *Corr.*, II, p. 28.

187　The Marquess of Rockingham to EB, 9 July 1769, ibid., II, pp. 48–49.

188　EB to the Marquess of Rockingham, 13 August 1769, ibid, pp. 54–55.

中起了带头作用，密谋赋予林赛全权代表权，使他能够直接与当地势力打交道，并授予他与阿尔乔特的纳瓦布谈判的权力。[189] 最终，范西塔特、卢克·斯克拉夫顿和弗朗西斯·福德三人被任命为监督委员，而林赛则被单独派去协助他们调查。[190] 载有监督委员的"曙光号"从未到达目的地，而林赛对东印度事务的干预则以失败告终。格拉夫顿政府即将下台，1770 年 1 月，诺斯勋爵接替他成为第一财政大臣。政府迅速采取行动，缓和了公司董事间持续不断的敌对情绪。这为董事们应对有关亚洲事务中的腐败指控扫清了道路，在孟加拉局势急剧恶化，克莱武领导下的公司行为受到批评之后，这些指控愈演愈烈。

7.5　公众偏见和宫廷计谋

沃波尔在 1771 年的《回忆录》中记录了他对孟加拉局势的看法。他回忆道："从东印度群岛传来了坏消息，一场可怕的饥荒使孟加拉人口骤然减少，许多人被驱逐。"[191] 公司面临的问题是，这种情况被归咎于其员工，正如沃波尔所说，他们犯下"各种暴行和掠夺"。[192] 主要的指控是公司员工为了从当地各势力获得馈赠和其他报酬而进行剥削，以及非法建立私人贸易垄断。沃波尔的《最后的日记》（*Last Jounals*）讲述了 1772 年威廉·博尔特的《对印度事务的思考》（*Considerations on Indian Affairs*）和亚历山大·道的《印度斯坦史》（*History of Hindustan*）第三卷的出版如何引发了巨大的争议，这两本书都特别地指控了克莱武在孟加拉的

189　Bowen, *Revenue and Reform*, pp. 67, 78–9, 82.

190　Sutherland, *East India Company Politics,* pp. 195–200.

191　Walpole, *Memoirs*, IV, p. 242.

192　Ibid.

不轨行为，将公司的不当行为暴露在了公众的审视之下。[193] 尽
管如此，1771—1772年，由于环境的压力，也为了应对公众
日隆的批评，董事们自己尝试改革公司事务，但这些努力大多
以失败告终。由于沃伦·黑斯廷斯在孟加拉的努力和伦敦政府
的行为，1772—1774年印度管辖区的行政管理发生了很大变
化。1772年夏，乔治·登普斯特向伯克称赞了黑斯廷斯的努
力。乔治·登普斯特是活跃在东印度议院的一名思想独立的
罗金汉派成员。他指出，黑斯廷斯总督以"理智和正直"著
称。[194] 当时，黑斯廷斯正在努力实施一系列司法改革，同时修
订孟加拉的税收制度。[195] 与此同时，诺斯政府正准备决然地干
预亚洲事务的管理。用沃波尔的话来说，政府将很快"帮助或
纠正"东印度公司的行为。[196]

管理东印度公司的"伟大革命"最终以1773年诺斯的《东
印度公司管理法案》的形式出现，它在很大程度上是由1772年
的金融和信贷危机引发的。[197] 但在这一改革之前，董事会内部
提出了一些举措，有时他们还与内阁里的一些人进行松散的合

---

193 Walpole, *Last Journals*, I, p. 72. Extracts from Bolts were serialized in the *London Magazine* and the *London Evening Post*: see Bowen, *Revenue and Reform*, p. 95. 在1786年5月5日给博尔特的一封信中（参见 *Corr.*, V, p. 263），伯克称他的书是"第一本将国民注意力转向东印度群岛事务上的书"。关于18世纪70年代报界对印度报道的情况，参见 Jeremy Osborn, "India and the East India Company in the Public Sphere of Eighteenth-Century Britain," in Huw V. Bowen et al. eds., *The Worlds of the East India Company* (Woodbridge: Boydell, 2002)。

194 George Dempster to EB, 4 August 1772, *Corr.*, II, p. 322.

195 关于司法改革，参见 B. B. Misra, *The Central Administration of the East India Company, 1773–1834* (Manchester: Manchester University Press, 1959), pp. 229–32; G. R. Gleig ed., *Memoirs of the Life of the Right Honourable Warren Hastings* (London: 1841), 3 vols., I, pp. 263ff. 关于税收改革，参见 Marshall, *Bengal*, pp. 116–24。

196 *The Yale Edition of Horace Walpole's Correspondence,* ed. W. S. Lewis (New Haven, CT.: Yale University Press, 1937–1983), 48 vols., XXIII, p. 441.

197 The phrase is from *The Annual Register for the Year 1772* (London: 1773), p. 101.

作，这么做的目的是让东印度的安排更易被政府接受。这始于
有人提议先改革东印度公司的军队招募制度，1771 年 4 月，这
项提议在下议院审议中遭到了强烈反对。[198] 接下来，在第二年
的 3 月 30 日，劳伦斯·苏利文提出了《东印度司法法案》。其
目的是进行一场重大改革：重新配置孟加拉的司法权力，禁止
该地总督和理事会参与贸易，并加强董事对次大陆员工的控
制。[199] 然而，由于伯戈因将军提议设立一个特别委员会，调查
英国在印度管理中普遍存在的滥用职权行为，该法案被否决了。
随后，有人试图调整特别委员会的成员。7 月下旬，在科勒布
鲁克的推荐下，伯克受邀成为特别委员会的主要候选人，尽管
可能被任命的人数尚未确定。[200] 登普斯特敦促由伯克担任监督
委员，认为该职位属于"有才的、正直的、勤奋的人"。他警
告说："你会发现那个国家处于一种前所未有的无政府和专制状
态。"尽管如此，这也提供了一个施展政治才能的机会："你将要
设计一个政府体系，而且，正如艺术家们所说，要基于一个新的
原则。"[201] 伯克和里士满公爵住在古德伍德时收到了这个邀请，但
他立刻决定拒绝，并于 8 月 5 日通知了科勒布鲁克他的决定。[202]

359

198 关于伯克对这场辩论的贡献的概述，参见 *General Evening Post,* 16 April 1771; a fuller yet
very patchy account appears in the Cavendish Diary, Eg. MS. 229, fols. 19–27, 143–55。关于
该法案的背景，参见 Arthur N. Gilbert, "Recruitment and Reform in the East India Company
Army, 1760–1800," *Journal of British Studies,* 15:1 (Autumn 1975); Huw V. Bowen, "The
East India Company and Military Recruitment in Britain, 1763–71," *Bulletin of the Institute of
Historical Research,* 59:139 (1986), pp. 78–90。

199 *Parliamentary History,* XVII, cols. 327–8; Bowen, *Revenue and Reform,* pp. 93–101.

200 EB to the Duke of Richmond, 4 August 1772, *Corr.,* II, pp. 31–20; Colebrooke, *Reminiscences,*
I, p. 99. See also EB to Dowdeswell, 6–7 November 1772, *Corr.,* II, p. 365.

201 George Dempster to EB, 4 August 1772, *Corr.,* II pp. 321–22.

202 EB to the Duke of Richmond, 4 August 1772, ibid., p. 320; William Burke to Charles O'Hara,
31 July–1 August 1772, Hoffman, *Burke,* pp. 529–30; Charles O'Hara to EB, 11 September
1772, ibid., pp. 531–34.

后来，亚当·斯密、亚当·弗格森和詹姆斯·斯图阿特也受邀担任该职，但没有人接受。[203]

在伯克拒绝邀请的一个月内，议会成员已经明显注意到公司灾难性的财政状况。1772 年 9 月 22 日，董事会通知股东大会，必须推迟关于年度股息的决定，因为他们要向政府寻求紧急贷款，以支撑他们的偿债能力。1771 年 6 月，随着苏格兰银行家亚历山大·福代斯的倒台，信贷危机爆发，并蔓延至欧洲大陆，引发了经济停滞和萧条，董事会的通知就发生在这种背景下。[204]这种情况给政府和公司带来了伯克所说的"迷宫般的困难"。[205] 在推测新议会如何展开事务时，他认为印度危机将是"我们唯一的工作"。[206]此时的公司"根基已经动摇"。[207]因此，议会休会期结束后，诺斯提议任命一个秘密委员会，调查该公司目前所处的困境，以期通过立法来改善其困境。[208]然而，政府首先通过了一项法案，暂时停止派往印度的监督员的任命。伯克在给波特兰的信中写道，这是一份"骇人听闻的法案"，反映了内阁的总体态度。[209] 大约二个月前，伯克已经意识到公司处于一种"奇怪的混乱状态"，受到政府"毫无意义的敌意"的折磨。[210]之所以说是"毫无意义的"，是因为其效果适得其反。政府一直在不断地骚扰公司，却没有出台一

360

---

203 *Correspondence of Adam Smith*, eds. Ernest Campbell Mossner and Ian Simpson Ross (Indianapolis, IN: Liberty Fund), pp. 163–4.

204 Sutherland, *East India Company Politics*, pp. 223–25.

205 EB to the Marquess of Rockingham, 29 October 1772, *Corr.*, II, p. 354.

206 Ibid.

207 EB to John Stewart, 30 October 1772, ibid., p. 358.

208 EB to the Duke of Richmond, 26 November 1772, ibid., pp. 388.

209 EB to the Duke of Portland, 18 December 1772, ibid., p. 392.

210 EB to John Stewart, 30 October 1772, ibid., p. 358.

个可靠的计划来解决问题。此时，伯克准备承认，"这也许是错误的"，即公司的行为存在"重大错误和管理不善的问题"。[211]但是他不能相信政府的决议。

　　早在 9 月，伯克就向奥哈拉抱怨过与印度有关的议会程序的性质。当时这引起了很大的恐慌，但后来又被忽略了。他提醒奥哈拉，"在那个国家，没有什么值得称为法律的东西，"然而，以《东印度司法法案》的形式来弥补这一缺陷的尝试却在下议院被明显地搁置了。[212]伯克用更广泛的宪法困境解释了这种弊端。自罗金汉内阁倒台以来，他竭力强调，宫廷一直在回避"那个地区的自然权力和利益"，而支持"私人势力和……阴谋"。[213]换句话说，由于政府在争取民意方面的成功，宪法中的贵族成分被边缘化了。罗金汉肯定了伯克对明显的、日益增长的危机的认识："所有有思想的人都必须承认，王室的影响和腐败的手段已经危及宪法，然而，政府通过对东印度公司的控制而新增的巨大权力并未引起足够的重视和警惕"。[214]查塔姆在适当的时候认识到了王室在亚洲的庇护权对英国国内构成的威胁：他反对谢尔本的观点，认为"英国国王将成为大亨……我们将征服自己"。[215]但是，罗金汉立即将王室的野心与政府试图谴责公司在孟加拉的行为联系起来。正如他对伯克所说的那样，当民愤将东印度公司推上被告席时，那些宫廷派的主要耳目往往

211　Ibid., pp.358–59.

212　EB to Charles O'Hara, 30 September 1772, ibid., p. 337. 它在 5 月 4 日通过了二读，但没有通过 5 月 18 日委员会的审查，参见 *CJ*, XXXIII, p. 736 and pp. 770–71。

213　EB to Charles O'Hara, 30 September 1772, *Corr.*, II, p. 336.

214　The Marquess of Rockingham to EB, 24–28 October 1772, ibid., p. 344. 关于该主题，参见 W. M. Elofson, "The Rockingham Whigs in Transition: The East India Company Issue, 1772–1773," *The English Historical Review,* 104: 413 (October 1989), pp. 947–74.

215　The Earl of Chatham to the Earl of Shelburne, 17 July 1773, *Chatham Correspondence*, IV, p. 285.

会"偷笑"。[216] 伯克本人在 11 月也重申了同样的观点："宫廷的阴谋与民众的狂热不谋而合"。[217] 亚洲灾难已经成为催生平民暴政的工具。伯克对奥哈拉感叹道："宫廷和乌合之众在情绪上多么接近啊！"[218]

361　　长期以来，有一种假设认为，从 1766—1773 年，伯克为东印度公司辩护，认为国王不应对其事务进行干涉，是出于个人或政治利益的考虑，而大约从 1775 年起，这种考虑逐步让位于"人道主义"关切。[219] 这一观点存在三个问题。首先，它毫无根据地假定，伯克对宫廷针对公司行动的担忧，可以被解释为有利于他的个人发展和政治事业，而伯克后来对东印度公司的不当行为感到沮丧，显然超越了党派之争。其次，转变为"人道主义"立场的想法不符合伯克公开宣称的原则：18 世纪70 年代后期和 80 年代，他谴责滥用权力的行为是基于基督教承诺，而不是世俗的"人道主义"规范。[220] 正如 1786 年 1 月 19日伯克愤怒地向约书亚·雷诺兹的侄女玛丽·帕尔默指出的那样，英国压迫下的印度人之所以受到关注，正是因为他们可以被视为"伟大模式的形象"（images of the great Pattern）。[221]

216　The Marquess of Rockingham to EB, 24–28 October 1772, *Corr.*, II, p. 345.

217　EB to William Dowdeswell, 6–7 November 1772, ibid., p. 365.

218　EB to Charles O'Hara, 30 September 1772, ibid., p. 336.

219　Sutherland, *East India Company Politics,* pp. 58, 367; Holden Furber, "Edmund Burke and India,"*Bengal Past and Present: Journal of the Calcutta Historical Society,* 76 (1957), pp. 11–21, esp. p. 14;Cone, *Burke I*, p. 243. Lock, *Burke 1730–1784*, pp. 237–38.

220　关于"人道主义"的神学根源，参见 Norman Fiering, "Irresistible Compassion: An Aspect of Eighteenth-Century Sympathy and Humanitarianism," *Journal of the History of Ideas*, 37:2 (April–June 1976), pp. 195–218。关于 18 世纪罗马人的人道主义思想的基督教化使用，参见 Laurence Dickey, "Doux-Commerce and Humanitarian Values: Free Trade, Sociability and Universal Benevolence in Eighteenth-Century Thinking," *Grotiana*, 22/23 (2001–2), pp. 271–318。

221　EB to Joshua Reynolds, 19 January 1786, *Corr.*, V, p. 255.

就在不到一个月前，威廉·伯克向埃德蒙的儿子坦承，他不能完全理解他父亲对印度斯坦的"黑灵长类动物"的深刻关切。[222] 相比之下，在为那些因公司管理而受苦的人辩护时，伯克的确是援引了人道这一共同原则。但是，自从他在18世纪50年代攻击自然神论信条以来，他一直竭力强调，是基督教的神性，而不是人道主义的情感，支撑了我们对同胞的责任。

最后，伯克在1777年以前对公司改革的厌恶并不是出于对政治或个人利益的渴望，而牺牲了对帝国统治义务的承诺。相反，他反对历届政府的伪善，因为它们以慈善为借口来掩盖宫廷的野心。尽管外界大肆批评公司，但从未制定出可靠的改革方案。另一方面，行政权力对公司的控制和对公司利润的分享稳步增加。伯克在1766—1773年和1777—1785年间都致力于约束印度管理机构的职责。然而，在英政府介入公司事务的第一阶段，人们针对该公司的抱怨开始变得尖锐、个人化和具有争议性。威廉·博尔特对克莱武和公司的指控"激怒了全国"，其指控的手段"有失偏颇"。[223] 即便如此，伯克也没有否认公司存在渎职行为。相反，他呼吁一种可靠的补救方法。

1772年4月13日，伯戈因将军提议建立东印度事务特别委员会时，猛烈抨击了"玷污公民政府的最残暴的滥用职权行为"。[224] 在随后的辩论中，伯克认识到，公司在印度的业务是通过"自由裁量权"来管理的，而这种自由裁量权总是容易被滥用，"东印度公司就是这种情况"，他肯定地说。[225] 但议会

362

222 Chatham Papers, TNA, PRO 30/8/118, fol. 123, cited in P. J. Marshall, "Introduction" to idem ed., *W & S*, V, p. 11.

223 EB, Debate on Judicature Bill, 30 March 1772, Cavendish Diary, Eg. MSS., 239, fol. 263.

224 *Parliamentary History*, XVII, col. 454.

225 *W & S*, II, p. 372, as reported in the *London Magazine*, and reprinted in *Parliamentary History*, XVII, cols. 461–63.

或内阁真的寻求过改革吗？1772 年 1 月 21 日，国王在新一届议会会期开幕式上的演讲提请人们关注帝国偏远地区的管理所带来的"危险"。然而，两个月后，克莱武提醒下议院的听众，实际上政府什么也没做。[226] 政府拒绝讨论如何才能使公司的章程符合目的。事实上，从一开始，他们唯一关心的就是"直接分割现有利益"。[227] 自 1766 年以来，伯克就开始怀疑政府，到 1772 年底，在有关限制向东方派送监督员的法案辩论的最后一天，他指控政府"无先见之明"，指责议会"目光短浅"，没有形成一个与商业垄断组织相适应的行政管理体制。[228] 伯克惊呼道："他们假装改革，意图只是掠夺。"[229]

在实践中，政府纵容管理不善，"一个会期接着一个会期，但他们没有采取任何行动"。[230] 董事们已经没有办法控制他们的员工，征税制度在没有任何检查程序的背景下被制定出来，"双重政府"的专横计划继续在卡纳提克运行，而威斯敏斯特只要求没收地方收入。当政府嘲笑公司权威时，伯克担心，随着东印度公司的控制权落入国王之手，恒河将掀起"新一轮腐败浪潮"。"我害怕，"伯克忧心忡忡地宣称，"那个地方受到了侵蚀……难道不是因为突然掠夺东方，所以给罗马的自由带

363

---

226 21 January 1772, *Parliamentary History*, col. 233.

227 Ibid., 30 March 1772, col. 363.

228 Ibid., 8 December 1772, col. 672.

229 EB, Speech on East India Restraining Bill, 18 December 1772, *W & S*, II, p. 378. Cf. Burke on the Regulating Bill, WWM, BkP 9: 17: "最初激起你们蔑视的不满，也将是那些仍未得到解决的不满。"直到最后这一直是伯克的结论，也是第九份报告的核心主张，参见 EB, *Ninth Report of the Select Committee* (25 June 1783), *W & S*, V, p. 221。

230 EB, Speech on East India Restraining Bill, 18 December 1772, *W & S*, II, p. 380. Cf. Burke's intervention on the Regulating Bill, 10 June 1773, Cavendish Diary, Eg. MS., 250, fols. 215–16.

来了最后的打击吗？"[231] 同样地，亚历山大·达林普尔曾在三年前警告说，罗马的自由已经沦为"亚洲征服"的牺牲品。[232] 然而，托马斯·波纳尔得出了相反的结论：征服东方带来了一个扩张英国自由帝国的机会，就像罗马人在战胜伊利里亚和马其顿之后所做的那样。他引用李维的话来说明他的观点：罗马的武器给被奴役的人带来了自由，即"不被自由人所奴役"。[233] 他认为，为了实现这一目标，政府应该扮演他所说的"国家持有者"（state-holder）的角色，即在主持"民事官员的组建和工作"的同时，保留"行政权和军队指挥权"。然而，伯克担心的正是这种前景，而在新的一年，他的噩梦成真了。

1773 年的议会开幕会议几乎只围绕东印度事务展开。保密委员会的第三份报告于 2 月 9 日发表，前两份报告分别于前年的 12 月 7 日和 17 日发表。3 月，议会对一系列规定了向公司提供 140 万英镑贷款以帮助其解决当前财务困难的决议进行了辩论。4 月 27 日，这些决议提交下议院审议。[234] 同时，伯戈因的特别委员会曝光的信息继续引起轰动，导致议会于 5 月

231　18 December 1772, *Parliamentary History*, cols. 672–3. 在关于东印度公司未来的辩论中，东方帝国给西方帝国构成的威胁，参见 P. J. Marshall, *The Making and Unmaking of Empires: Britain, India, and America, c. 1750–1783* (Oxford: Oxford University Press 2005), p. 197; 对罗马帝国历史的比较命运的普遍关注，参见 Anthony Pagden, *Lords of All the World: Ideologies of Empire in Spain, Britain and France, 1500–1800* (New Haven, CT: Yale University Press, 1997)。

232　Alexander Dalrymple, *Vox Populi, Vox Dei: Lord Weymouth's Appeal to a General Court of India Proprietors Considered* (London:1769), p. 12. 关于达林普尔及他与罗金汉的关系，参见 Asma Ahmad, "The British Enlightenment and Ideas of Empire in India, 1756–1773" (PhD Thesis, University of London, 2005), chapt. 4。

233　Thomas Pownall, *The Right, Interest, and Duty of the State, as Concerned in the Affairs of the East Indies* (London: 1773), p. 47, citing Livy, *Ab urbe condita*, XLV, 18, 1–3: "not servitude to the free."

234　Subsequently embodied in the Loan Act of 13 Geo. III, c. 64.

10 日就该委员会的报告开展辩论。十天后，关于这些报告的决议在下议院引起了骚动，这些决议把注意力集中在克莱武的罪责上，并分裂了内阁和反对派。政府可以向东印度公司提供贷款，条件是对该公司的事务进行适当的管理，因此政府开始准备一份改革东印度公司行政管理的法案。这方面的决议已于 5 月 3 日完成，并且被纳入月末出台的《东印度公司管理法案》，该法案最终于 6 月 21 日成为法律。[235] 该法案的内容包括将董事任期延长至四年；限制股东投票资格；改革孟加拉的司法制度，包括由王室任命三名法官和一名最高法院首席法官；设立一个统管印度三个管辖区的总督，以及一个由议会首先任命的四人委员会。这些条款旨在作为一项紧急补救措施，在七年后《东印度公司特许状》续期时再重新审议。伯克在 7 月 2 日给纽约殖民地议会通信委员会递交的辞呈中写道："这次的议会会期结束了，东印度公司的政治和财政事务都交由王室掌控。"[236]

会议确实结束了，但是法案还没有产生实际的效果。伯克预计，随着这一立法的实施，还会有更多"违反"公司特许状的行为，以及"进一步增加王室权力的补充"。[237] 然而，这些措施几乎无法补救东印度的政治混乱，似乎只有股东大会才能合理地制止这种情况。[238] 最终，内阁新法案的"破旧脚手架"将成为其"愚蠢行为的纪念碑"。[239] 伯克列举了对公司不端行为的不满，包括收受贿赂、利用私人垄断、税收管理混乱以及各

235　13 Geo. III, c. 63.

236　EB to the Committee of Correspondence for the New York Assembly, 2 July 1773, *Corr.*, II, p. 442.

237　Ibid.

238　EB, Speech on East India Regulating Bill, 10 June 1773, *W & S,* II, p. 395.

239　WWM, BkP 9: 17.

殖民地"无政府状态和军事暴力"的证据。[240] 据他说，政府的立场是，每一种不法行为都是因为公司章程组织不当，而且它无法有效行使权力。[241] 然而伯克从一开始就对这一判断提出了质疑。[242] 无论如何都无法否认东印度公司滥用权力的行为，而且这些行为也确实源自自由裁量权。[243] 但是这需要扩大公司在新的特许状条款中的合法权力。伯克早在1772年就明确阐述了这一立场。4月13日，在东印度特别委员会上，伯克发表了演讲，抱怨说现在已经将一个任意的管理体系强加给公司，这是由数届政府的失败造成的，因为它们未能制定出一部"全面和易行的法律规定"，即董事们可以通过该法律监督他们的总督，而总督可以使职员敬畏他们的正当指令。"没有法律，人就会变得专横；而一些非常必要的管理行为往往会被利益相关者和恶意者说成是肆意压迫"。[244] 通过重组公司事务管理的法律框架，有可能"治愈公司的腐败并惩罚违法者"，但不会扩大英国王室的自由裁量权。[245]

伯克认为，"一场奇怪的革命"导致了王室庇护权的惊人扩张。[246] 东印度的财富导致了社会态度和民族凝聚力的混乱。上层社会的人变得懒散，而平民则很容易受到诱惑。[247] 最令人

365

240　Ibid., 27.

241　Ibid.

242　例如，参见伯克对1772年3月30日关于《孟加拉司法法案》辩论的贡献："各位，我现在否认商人管理的不可能"，参见 Cavendish Diary, Eg. MS., 239, fol. 265。

243　直到1789年，伯克还坚持认为1772年的一些暴行被夸大了，参见 EB, Speech on Sixth Article: Presents, 21 April 1789, *W & S*, VII, p. 42。

244　EB, Speech on East India Select Committee, 13 April 1772, *W & S*, II, p. 373.

245　EB, Speech on East India Restraining Bill, 7 December 1772, Cavendish Diary, Eg. MS., 242, fol. 100.

246　WWM, BkP 9: 41.

247　EB, Speech on North's East India Resolutions, 5 April 1773, *W & S*, II, p.392.

不安的是，面对大量炫耀性奢侈品的涌入，所有阶层都倾向于嫉妒。结果，正如伯克所见，贵族们倾向于把公司的要求看作"平民的傲慢"，而中下层阶级则越来越憎恨富豪的发达，认为这预示着他们相对地位的下降。[248] 随着"公众偏见和宫廷阴谋"相互印证，这种态度的结合成功地腐蚀了国民的判断力。[249] 其结果是，立法失去了审慎的智慧和节制，沦为由腐蚀的民众情绪所支持的行政命令。在 1772 年 12 月 18 日关于《限制法案》的辩论中，伯克试图借助亚里士多德来描述这种安排的特点，他说，人们"常常谈论亚里士多德，而很少阅读他的著作"。[250] 伯克声称，这相当于通过民众法令（*Pesphismata*）治理政府，而这会加速"每一个政权的毁灭"。[251] 这是一种政体形式，正如亚里士多德在《政治学》第四卷中所论述的那样，在这种政体中，大众（*to plethos*）是至高无上的（*kurion*），并以民众法令代替法律。[252] 伯克的观点很微妙：在没有独立贵族的情况下，宫廷的统治相当于民众暴政。它标志着君主和民众的相互融合。这种融合是帝国暴政的配方，它将损害英国权威在东方的正当性。

从 18 世纪 60 年代最早介入东印度公司法律地位的辩论，到 18 世纪 90 年代对沃伦·黑斯廷斯行为的最后一次愤怒控诉，伯克一直在捍卫英国征服亚洲领土的正当性。进一步说，他是大英帝国在东方权利的捍卫者。伯克反思了英国在这一过

---

248 WWM, BkP 9: 40. Cf. EB to Charles O'Hara, 20 August 1773, *Corr.*, II, p. 452: 下议院"出于嫉妒，投票否决了东印度公司"。

249 WWM, BkP 9: 40.

250 *Parliamentary History*, XVII, col. 673.

251 Ibid., 此处"通俗法令"（*psephismata*）被误写为"*phephismata*"。

252 Aristotle, *Politics*, 1292a5–10.

程中获得的巨额财富，认为"其中有某种神圣的天意"。[253] 然而，天意的暗示并不足以证明统治权的正当性。尽管如此，伯克还是证明了征服的正当性。孟加拉是靠征服权获得的，这实际上意味着英国的主权是靠战争权建立的。从公民政府的角度看，这种权利带有暴力犯罪的色彩。但在军事交战的背景下，这种明显的犯罪行为是一种必要的权力行为。因此，通过揭露暴力的起源来质疑统治权是毫无意义的。[254] "我敢说，"伯克在 1773 年 5 月 21 日为克莱武辩护时争辩道，"从来没有一个国家成立过一个法庭去调查是什么罪行使他们的帝国得以扩张。"[255] 最初的武力主张应该被盖上沉默的面纱，每一种血腥武力都应被抛诸脑后。同样，正如雅典和罗马的先例所建议的那样，暴力犯罪者可以通过"特赦"得到赦免。[256] 重要的是一个新的权力机构能带来什么，它的行为是否能受到公正程序的制约。然而，我们无法相信政府篡夺公司特权是增强英国统治责任的一种手段。正如伯克在谈到诺斯的《东印度公司管理法案》时所指出的那样，只有可怕的"必要性"或明显的"过失"才能为侵犯公司特权提供正当理由。[257] 正如 1773 年夏天出现的情况一样，这两个标准都不可能成为剥夺东印度公司合法获得的统治权的借口。

　　1774 年 1 月，腓特列大帝杰出的大臣的儿子阿德里安·

253　EB, Proceedings against Clive, 21 May 1773, Cavendish Diary, Eg. MS., 248, fol. 261.

254　有关这一点，参见 Paul Lucas, "On Edmund Burke's Doctrine of Prescription; Or, an Appeal from the New to the Old Lawyers," *Historical Journal*, 11: 1 (1968), pp. 35–63。关键内容，另见 EB, *Letter to Richard Burke* (February 1792), *W & S*, IX, pp. 653–57。

255　EB, Proceedings against Clive, 21 May 1773, Cavendish Diary, Eg. MS., 248, fol. 254.

256　Ibid. fols. 260–61. Cf. EB, Speech on East India Select Committee, 13 April 1772, *W & S*, II, pp. 373–74.

257　WWM, BkP 9: 17.

海因里希·冯·博克写信询问东印度股市的前景，在回信中，伯克对近期亚洲事务的复杂性做出了评论，当时该公司仅限于"文明的商业贸易"。[258] 从那时起，国内的政治纷争已经蔓延到帝国的管理中，而帝国又卷入了欧洲和次大陆错综复杂的政治之中。这种情况是由东印度公司的财务状况造成的，该公司最近处于"全面破产的边缘"：具有讽刺意味的是，"对最有利可图的交易的垄断，以及对帝国财政收入的占有"使政府处于"赤贫和破产的边缘"。[259] 伯克从这些困境中看到了一个好处。这一对象的"规模之大"，即新获得的对数百万人的统治权所带来的责任规模，意味着其所带来的问题再也无法被隐藏起来。几乎所有与该公司有关的事情都变得"非常公开"，而公开将引发关于帝国治理基本原则的辩论。[260] 三年后，马德拉斯发生的一系列事件使得伯克再次投入到东印度事务中，他后来一直关注这个话题，直到去世。他关于东印度公司违规的严重程度的估计肯定会改变，但他对诺斯《东印度公司管理法案》失败的评估一直未变，同时他不相信政府会在切实可行的宪法基础上管理亚洲事务。

367

---

258 EB to Adrian Heinrich von Borcke, post 17 January 1774, *Corr.*, II, p. 513.

259 EB, *Speech on American Taxation* (19 April 1774), *W &S*, II, p. 416.

260 EB to Adrian Heinrich von Borcke, post 17 January 1774, *Corr.*, II, p. 513.

图3 美国战争之初，伯克以尤利西斯的名义，告诫其同伴（艺术家詹姆斯·巴里）谨慎，以确保安全。詹姆斯·巴里，《尤利西斯和同伴逃离波吕斐摩斯的洞》（1776年），克劳福德美术馆，科克。

第四部分
征服、调解和代表权（1774—1785）

综　述

伯克的性格通常被描述为既热诚又审慎。1830 年，托马斯·巴宾顿·麦考利在评论罗伯特·苏塞关于社会进步的《社会问题的对话录》时，将伯克描述为"像狂热分子"般选择立场，又"同哲学家"一样为其辩护。[1] 本书第四部分所涵盖的 11 年是从第十四届议会开始，一直延续到第十六届议会的第一年结束。首先是诺斯勋爵执政时期，从 1770 年 1 月到 1782 年 3 月。在 1784 年小威廉·皮特上台前，议会又历经了一系列短命的政府——罗金汉的第二届政府仅维持了四个月，谢尔本政府和福克斯－诺斯联合政府分别坚持了七个月和八个月。伯克先后在罗金汉和福克斯－诺斯联合政府内任主计官，这是他回归反对派前唯一的任职经历。这段时期，他的命运喜忧参半：他在担任布里斯托尔的议员期间威信不断上升，但在 1784 年大选后遭到了奚落。尽管如此，在这段时间里，他被公认为是一位成就斐然的演说家。在担任下议院议员的前九年里，他在 200 多场辩论中发过言。他展现了演说家所应具备的所有才能：细致的准备、机智的头脑、巧妙的战术，漂亮、热

1　Thomas Babington Macaulay, "Southey's Colloquies on Society" (1830) in idem, *Critical and Miscellaneous Essays* (Philadelphia: 1843–1844), 5 vols., I, p. 284.

370　情而又有力的表达。[2] 这些特质可以从伯克 1774—1785 年为
出版精心修改的演讲稿中——从他著名的与美洲和解的演说，
到他对阿尔乔特的纳瓦布债务的尖锐攻击——窥见一斑。[3] 狂热
和哲理性确实是伯克反复表现的特征。然而，麦考利的陈述反
过来讲更说得通：伯克在采取立场时经过了充分的考虑，然后
才满怀激情地为立场辩护。

　　从 1774 年起，伯克担任布里斯托尔的议员长达六年之久。
在这段时间里，他对大英帝国政治问题的理解逐步加深。英国
与殖民地的关系继续恶化，直到 1775 年爆发冲突。在接下来
的几年里，他极力反对战争，并逐步重新评估如何才能最好地
构建帝国关系。1780 年 9 月，当他失去布里斯托尔议员席位时，
英国在美洲取得胜利的希望看起来很渺茫，不到一年，约克城
的围攻就决定了英国军队的命运。尽管如此，在随后的和平谈
判中，伯克仍希望美洲前殖民地能在帝国内部发挥一定作用。
然而，很明显，美洲殖民地与帝国的分离是不可挽回的。在这
个阶段，伯克一方面哀叹帝国在西方的衰落，另一方面开始关
注英国对印度事务的介入。1773 年，他支持通过扩大东印度
公司的合法权力来改革公司。不到十年，他就发现，失败的是
东印度公司的治理制度。他的结论是，威斯敏斯特不得不出手
干预。这并不意味着他放弃了对特许权利的承诺，也不意味着
他要为这些权利应被放弃的条件作出新的解释。伯克从一开始
就接受国家主权应凌驾于帝国属地管辖权的观点。同时，他认

2　一个简洁的描述，参见 Paul Langford, "Edmund Burke" in *Oxford Dictionary of National Biography* (Oxford: Oxford University Press, 2004), 60 vols。更详细的描述，可见 Paddy Bullard, *Edmund Burke and the Art of Rhetoric* (Cambridge: Cambridge University Press, 2011)。

3　关于他出版作品的修辞特点，参见 Christopher Reid, *Edmund Burke and the Practice of Political Writing* (Dublin: Gill and Macmillan, 1985)。

为，为了保护公司财产权，英国最高权力机构应该让渡权力。然而，他也认为，如果像东印度公司这样的附属行政机构侵犯了人的基本权利，这种安排就应该被推翻。

从 18 世纪 70 年代末开始，伯克就沉浸在马德拉斯事务中，后来，他认为东印度公司根本上是失职的。到 18 世纪 80 年代初，由于伯克在负责调查次大陆滥用职权问题的特别委员会担任委员，他对这一问题的系统性把握既详细又深刻。伯克认识到，殖民地对自身代表权失去信心导致了威斯敏斯特和美洲各殖民地间的冲突。他现在认为，印度的各管辖区也没有任何形式的代表权。在理解伯克在这里的意思时，重要的是理解"代表权"（representation）一词在 18 世纪用语中的一系列含义：从对选民负责的概念延伸到大众信任的非民选的形象。伯克认为，一个在任何意义上都不具有代表性的政权是不正当的，因为它无视它所统治民众的利益。正如英国在美洲的经验所示，代议制政府需要调解与民众的关系。由于殖民地的选举代表权或"实际"代表权以地方议会的形式存在，伯克建议，调解应包括授予殖民地各省立法机构可靠的财政权力。但是他也认为，即使在没有民选代表的情况下，各殖民地政府也应该具有更普遍的代表性。他们被赋予了"实际"代表的职责，这意味着要感同身受他们统治的民众。在职业生涯后期，伯克努力说服议会同情印度人，并考虑设计能够确保这一点的机制。然而，东印度公司则是另一回事。伯克认为，东印度公司员工似乎无法系统地认同公司管理下的臣民，因为他们的公司利益迫使他们追求东印度公司的利润，而不顾对当地居民造成的后果。因此，东印度公司在亚洲更像是一个征服者，而不是努力调和民众的态度和意见。

当伯克在 18 世纪 80 年代初得出这个结论时，爱尔兰罗马天主教徒的状况正在稳步改善。这在一定程度上是威斯敏斯特政治宽容的产物。在 18 世纪 70 年代，都柏林开始受到这种态

371

度的影响：在 1778 年和 1782 年，天主教徒从最严厉的反天主教法中得到了两次解脱。在同一时期，一系列爱尔兰的贸易限制在志愿军运动的压力下被取消。这些宗教和商业改革是在美洲危机的背景下出台的，并不是通过新教徒或天主教徒表达意见的常规程序产生的。因此，1782 年，信奉新教的爱尔兰人要求从英国获得立法独立。天主教徒被排除在议会和选举之外，使得他们没有任何选举手段来推动他们的议程。更重要的是，正如伯克后来所指出的，爱尔兰统治阶层甚至不愿为他们提供实际代表权。这在很大程度上是征服精神的残余，这种精神指导着爱尔兰的统治阶层。只要天主教徒被剥夺了实际代表权，这种情况就可能继续下去而得不到补救。在 1774—1784 年的整个十年间，伯克对选举政治的重视程度有目共睹。在英国有效代表权面临一系列挑战的背景下——从支持对议员下达指示的论点开始，到声称民众享有代表权是一项自然权利的主张结束——伯克被迫解释了自己的态度。他认为，这两项提议都将颠覆宪法。英国的政体当然需要改革，但伯克担心改革成为革命的借口。

第八章

代表权和改革：英国与爱尔兰，1774—1784

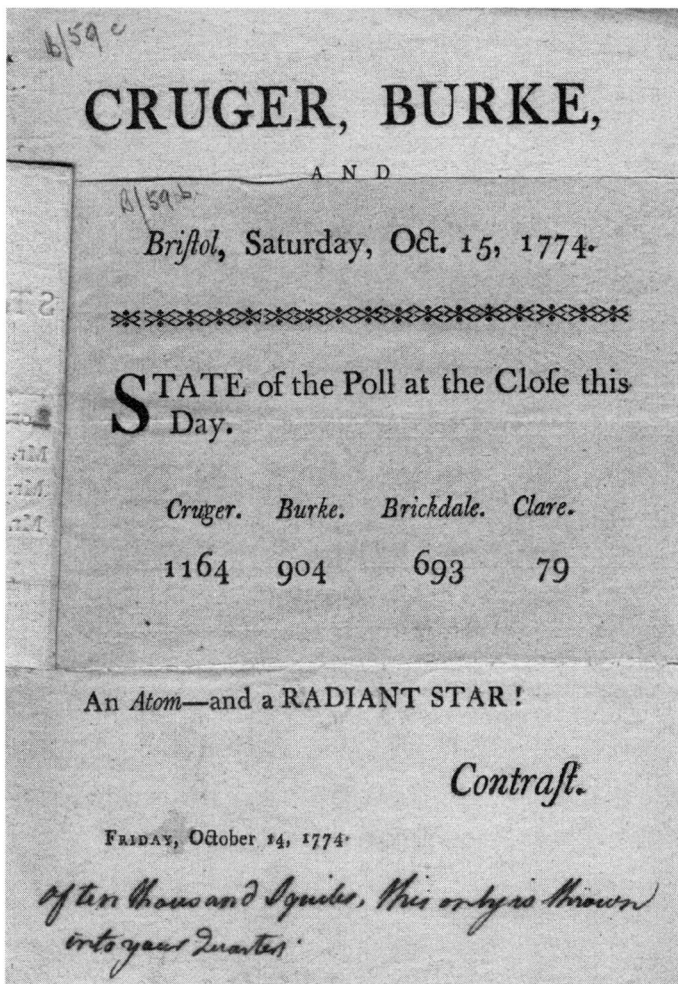

图 4　布里斯托尔选举结果，1774 年。拜内克图书馆，耶鲁大学。

8.1 导 语

布里斯托尔是一个人口众多的商业城市，作为其议员，伯克不得不认真考虑自己作为代表的责任。在这方面，他可以借鉴之前在下议院的经验，以及利用他动员民意的能力。在他1774年参选后，有人立即在竞选现场中提出了按照选民的指示行事是否合适的问题。伯克从广义的宪法角度来思考这个问题，因为它触及了下议院和选区间的关系，以及在混合政府体制下选举的作用。到1779年，伯克的精力更多地集中在宪法改革上。王室专款上的债务增加，以及对美洲战争提供的庇护权都促进了国王权力的增长。作为回应，伯克强调需要以经济手段去补救：减少王室津贴的数量，停止维护不再使用的场地，以及不再设置国王恩赐的闲职。然而，不久之后，伯克在"经济"改革事业中的议会外的合作者就开始推动他认为会破坏宪法的措施。到1780年，英国与殖民地的冲突到达顶点，爱尔兰的不满情绪助长了民众的好战情绪，公众的抗议影响了人们对英国政体的信心。人们提议缩短议会会期，提倡男性选举权。越来越多的人要求更平等的代表权。然而，对伯克来说，这类提议仅仅是创新的象征，其灵感往往来自政治中有关自然权利的模糊想法。

佛朗哥·文丘里在1971年写到启蒙运动时，将英国思想与政治的关系和寻求欧洲大陆改革的哲学活动家进行了对比。[1]在欧洲其他地方，哲学家们是独立的或"自主的"，因此不受宗教制度的影响。其部分原因在于，政治和神学批评的矛头直

1　Franco Venturi, *Utopia and Reform in the Enlightenment* (Cambridge: Cambridge University Press, 1971), pp. 126ff.

指教会和政府的传统安排，法国尤其是这样。[2]然而，英国的情况似乎有所不同，虽然不包括苏格兰。文丘里的理解很大程度上是基于刘易斯·纳米尔的政治社会学。他认为，英国政府是围绕利益寡头而构建的，不涉及思想、学说或原则。在这种情况下，"启蒙哲学家们"就没有存在的理由了。文丘里由此得出结论，政治改革在英国民族文化中发挥的作用相对来说可以忽略不计。[3]然而，事实上，相互竞争的原则充斥于公共讨论，而且改革是英国政治生活的一个永久特征。对伯克来说，批判的一个重要目标是确保改革有助于社会进步，而不是瓦解促进道德和政治改善的现有体制。从 18 世纪 70 年代末开始，随着个人代表权思想被引入议会改革的辩论中，伯克认为英国政治是在玩火。个人代表权的吸引力源于自治的自然权利的理念。然而，公民社会建立在放弃这一权利的基础上，它以对政府的信任取代了前政治时代的自主管理。

1781 年，伯克介入了关于英国对待圣尤斯塔提乌斯岛（St. Eustatius）的辩论。他认为，虽然政府可能起源于征服，但征服行为应该以保护为目的。因此，当一个民族能够使另一个民族服从其权威时，战争行为应立即被公众信任所取代。所以，尽管政治社会的前提是放弃自治，但统治者有义务代表被统治者的权利。根据英国宪法，由选举产生的议员是代议制中对民众意愿特别敏感的那一部分人。尽管如此，伯克认为，下议院并不是由选区代表组成的。相反，它是一个审议性论坛，必须调和两项职责：第一，它负责传达民众的情绪；其次，它还肩负着为公共利益服务的使命。能否协调这些潜在的不和谐

375

2　Derek Beales, *Enlightenment and Reform in Eighteenth-Century Europe* (London and New York: I. B. Tauris, 2005, 2011), pp. 60ff.

3　Venturi, *Utopia and Reform,* pp. 132–34.

目标应该是判断任何政治制度的标准。统治者应顺从被统治者的意愿，但同时也要判断如何才能最好地促进他们的福祉。这就要求他们缓和民愤，而这种愤怒通常是由宗教冲突或财富分配不公引起的。1780 年，戈登骚乱展示了盲目愤怒的后果，以及议员们在抑制暴民狂热方面所起的作用。在布里斯托尔任议员期间，伯克同样感到有义务反对那种仇视美洲人的爱国热情，以及那些在帝国内实行的贸易限制措施。

伯克特别关注对爱尔兰贸易施加的限制。例如，1779 年，他支持对爱尔兰羊毛出口的商业特许。1785 年，当皮特以一系列商业主张的形式引入自由贸易体系时，伯克仍然支持一项自由化计划，尽管他要求考虑英国人当前的恐惧。民族情绪永远不能被忽视，即使它需要领导和指引。宗教偏见是最明显的需要调和的问题。帝国在印度的政策比较宽容。爱尔兰议会也受到了威斯敏斯特的鼓励，朝着同一方向发展。1778 年，作为对罗马天主教徒的一种让步，爱尔兰议会授予他们持有 999 年财产租赁期的权利。1782 年，爱尔兰延长了宗教救济。伯克认为，政治进程成功地纠正了大众的偏见。在爱尔兰反天主教法的制度下，良心的指令成为行使公共权力的借口。然而，利用权威来支持偏见，实际上是复制了教宗制（popery），而刑罪法规是为了消除教宗制，至少在名义上是这样。总的来说，伯克接受了改革中的政府必须对民众情绪负责的观点，但他也认为政府应该保护民众免受其愚蠢行为的影响。

8.2 布里斯托尔

1774 年的议会会期于 6 月 22 日结束。人们普遍期待解散本届议会，然后举行选举。第十四届议会选举在即，伯克被迫为重返下议院做准备。然而，由于弗尼勋爵（Lord Verney）的财务状况越来越不稳定，伯克不得不放弃他在文多弗的席位。威廉·伯克也被迫放弃大贝德文（Great Bedwyn）的职位，事实上，他再也没有进入过议会。埃德蒙·伯克比他幸运得多。1774 年 6 月 28 日，威尔克斯的助手托马斯·威尔逊写信给伯克，希望他能成为"英国第二大城市"布里斯托尔的议员。[4] 克莱尔子爵和马修·布里克代尔两位现任议员由于支持诺斯的殖民地政策而失势。[5] 在前两次选举中，托利党和辉格党各有一位候选人获得了布里斯托尔的席位。随着美洲危机加剧，亨利·克鲁格——一位住在布里斯托尔的人脉甚广的美洲商人——决定反对其中一名现任议员。[6] 威胁要封锁新英格兰贸易的《波士顿港口法案》于 1774 年 3 月 31 日通过成为法律。伯克著名的《关于对美洲征税的演说》是在次月底发表的。他演讲时，布里斯托尔对纽约、费城、卡罗来纳和弗吉尼亚的贸易量正在下降，制造业产量也正受到严重影响。[7] 如果不能改善政治关系，预计进口量将会在夏末下降，布里斯托尔则无法获得烟草、糖、糖蜜、朗姆酒、咖啡和大麻。由英国船只从西非航行到西印度群岛进行的奴隶贸易也可能会中断。[8] 布里斯托尔的情况演变为国家事务。到 1770 年，该城市每年的海关收入达到 20 万英镑；消费税又贡献了该税额的一半。[9] 伯克在

4　Reverend Dr. Thomas Wilson to EB, 28 June 1774, *Correspondence* (1844), I, p. 465.

5　Claude Nugent, *A Memoir of Robert, Earl Nugent* (London: 1898).

6　A. Everett Peterson, "Henry Cruger" in the *Dictionary of American Biography* (New York: Scribner's, 1928–1936), 20 vols.' Henry C. Van Schaack, *Henry Cruger: The Colleague of Edmund Burke in Parliament* (New York: 1859).

7　John Latimer, *The Annals of Bristol in the Eighteenth Century* (London: 1893); Ernest Barker, *Burke and Bristol: A Study of the Relations between Burke and His Constituents during the Years 1774–1780* (Bristol: J. W. Arrowsmith: 1931).

8　C. M. MacInnes, "Bristol and the Slave Trade" in Patrick McGrath ed., *Bristol in the Eighteenth Century* (Newton Abbot: David and Charles, 1972).

9　Kenneth Morgan, *Bristol and the Atlantic Trade in the Eighteenth Century* (Cambridge: Cambridge University Press, 1993), p. 23.

377 给威尔逊的信中写道："在如此规模的地方竞选是一件严肃的事情。"[10] 竞选胜利肯定会提高他在辉格党内的地位，以及他在下议院的威信。

当伯克在布里斯托尔的支持者为他拉票时，威尔克斯在威斯敏斯特的支持者也正在争取他的候选资格。威斯敏斯特有 3 个席位，约有 9000 名选民——伦敦金融城有 6000 名选民，布里斯托尔约有 5000 名选民。[11] 当威斯敏斯特的"主流民意"正在倾向伯克时，查尔斯·斯坦厄普，即马洪勋爵，也在争夺一个席位。[12] 在 9 月 15 日的《公共广告人》中，他陈述了自己的承诺：他将支持"光荣革命的原则"，反对在选举中施加"影响"；寻求废除给"反天主教法"提供助力的《魁北克法案》；放弃《七年法案》，以"加强和增进议员与选民之间应有和必要的关系"。[13] 伯克在写给罗金汉的信中，表达自己对马洪宣言的"非自由论调"不屑一顾，认为马洪的候选人资格是基于大众的诉求。[14] 伯克很快意识到，自己在威斯敏斯特的机会并不大，但在布里斯托尔的机会仍然存在。10 月 2 日，罗金汉向伯克保证，他在议会的存在是"必要的"，并保证可以给伯克提供一个罗金汉派的席位。[15] 那时，致力于瓷器制造业的商

10　EB to Dr. Thomas Wilson, 1 July 1774, *Corr.*, III, p. 3.

11　P. T. Underdown, "Henry Cruger and Edmund Burke: Colleagues and Rivals at the Bristol Election of 1774," *William and Mary Quarterly*, 15: 1 (January 1958), pp. 14–34, at p, 15.

12　EB to the Marquess of Rockingham, 18 September 1774, *Corr.*, III, p. 29. Stanhope's association with the Chathamites particularly repelled Burke.

13　*Public Advertiser*, 15 September 1774.

14　EB to the Marquess of Rockingham, 18 September 1774, *Corr.*, III, p. 29.

15　The Marquess of Rockingham to EB, 2 October 1774, ibid., p. 48. 罗金汉控制了约克郡马尔顿（Malton）和北安普敦郡（Northamptonshire）海厄姆弗勒斯（Higham Ferrers）的两个席位。他通知伯克三天后马尔顿将有空缺，参见 the Marquess of Rockingham to EB, 5 October 1774, ibid., p. 56。

人理查德·钱皮恩已经明确了伯克在布里斯托尔的机会。城里的绅士们也许还会支持现任议员，但商人和制造商们公开表示不满，很可能会把票投给克鲁格和伯克。此外，钱皮恩写道："较坚定的非国教者会毫无疑问地选择你。"[16]

1774年10月11日，星期二，伯克在马尔顿胜选。那时，克莱尔勋爵已经退出了布里斯托尔的竞选，为伯克开辟了道路。理查德·钱皮恩于10月8日正式提名伯克为候选人，当时伯克还在北方。他的兄弟理查德去南方负责布里斯托尔的竞选，11日写信给沙克尔顿，告知他贵格派对伯克的支持。[17]在理查德写信时，伯克正准备前往繁忙的选举现场。他在南下的路上和罗金汉共进了早餐，并于10月13日星期四下午到达布里斯托尔。[18]罗金汉在26日写给伯克妻子的信中表达了他对布里斯托尔"地位和重要性"的重视。[19]截至18世纪中叶，这个城市有4万居民，1801年增加到6.4万人。[20]这座城镇本身保留了中世纪的城墙，尽管它狭窄的街道上混杂着作坊和房屋，挤满了商人、制造商、造船工人和货主，但它散发出现代商业的繁忙气息。凯瑟琳·麦考利和乔赛亚·塔克是这里较为知名的人物。[21]伯克抵达后发表了演讲，赞扬这座城市对国家的重要性，称其是"大不列颠商业利益的主要支柱之一"。[22]一份传单显示，他

378

16　Richard Champion to EB, 1 October 1774, ibid., p. 47.

17　Richard Burke Sr. to Richard Shackleton, 11 October 1774, ibid., p. 65.

18　The Marquess of Rockingham to EB, 17 October 1774, ibid., p. 66.

19　The Marquess of Rockingham to Jane Burke, 17 October 1774, ibid., p. 68.

20　Walter Minchinton, "The Port of Bristol in the Eighteenth Century" in McGrath ed., *Bristol in the Eighteenth Century*.

21　塔克虽然继承了格洛斯特（Gloucester）的主任牧师的职位，却保留了布里斯托尔的教区长职位，参见 G. E. Weare, *Edmund Burke's Connection with Bristol from 1774 to 1780* (Bristol: 1894), p. 9。

22　EB, Speech on Arrival at Bristol, 13 October 1774, *W & S*, III, p, 59.

打算把精力集中在"商业福利"上。[23] 这样，伯克就回避了克鲁格为其自己创造的"大众"事业。[24] 相反，他试图利用人们因殖民地争端而加剧的对贸易的担忧进行竞选。[25] 他认为，"我们事务中的重大危机"正在迅速逼近，而这场危机的根源在于"我们与美洲之间不愉快的竞争"。[26] 他好像站在巨大的悬崖上俯瞰时事，下面的景象令人沮丧，尤其是因为解决现有争端的各种计划未能进行连贯的补救。伯克援引《宣示法案》来表明他对英国宗主国利益的忠诚，拥护"大不列颠必要的宪法优势"。[27] 他用惯常的方式为帝国的优越性辩护，称其与美洲的自由是相容的。

布里斯托尔的竞选持续了 23 天，投票最终于 11 月 3 日结束。克鲁格以 3500 多张选票在选举中获得第一名。伯克领先布里克代尔 251 票。他自豪地写信给妹妹，透露了这个新消息："选举持续了一个月……这是王国的第二大城市。我没有提任何要求就能被邀请、被选中，没花一分钱……这是我的荣幸。"[28] 第二天，他发布了一份公告，感谢他的选民，承诺"根据我的判断，尽我所能为那些赋予我权利的人争取真正的利益"。[29] 布里克代尔计划对选举结果的有效性提出抗议，尽管他的策略最终会失败。伯克直到 11 月 18 日晚上才回到比肯斯菲尔德。在此期间，他沉浸在选举后的庆祝活动中，随后去

23　EB, Appeal to Bristol Electors, 13 October 1774, ibid., p. 61.

24　克鲁格曾是一名托利党人，在对美洲政策感到失望后，他转而支持威尔克斯派，参见 Underdown, "Henry Cruger and Edmund Burke", p. 17。

25　他有意识地采用了一个纲领，参见 Henry Jephson, *The Platform: Its Rise and Progress* (London: 1892), 2 vols., I, pp. 70–72。

26　EB, Speech on Arrival at Bristol, 13 October 1774, *W & S*, III, p, 58.

27　Ibid., p.59.

28　EB to Juliana French, 2 November 1774, *Corr.*, III, pp. 73–74.

29　EB, Thanks to the Bristol Voters, 3 November 1774, *W & S*, III, p. 62.

了巴斯和牛津，在那里他将见到简。11月12日，他被授予布里斯托尔自由勋章；在筹备阶段，他担心"晚宴永远不会结束"。[30] 在这种欢乐的气氛中，伯克显然很认真地履行了他的公职。在宣布投票结果时，他陈述了对自己职责的理解。作为领先的候选人，克鲁格首先在竞选活动中向公众发表了讲话。他说："我一直认为，选民有权对他们的议员做出指示"。[31] 伯克在自己的演讲中反驳了这一论点。选民有权对议员发出指示在17世纪就被提出了；到了18世纪，这种观点成为反对派喜爱的一个工具。在18世纪60年代前，这种观点是精心策划的，此后，它获得了自己的声势，开端是米德尔塞克斯、威斯敏斯特和布里斯托尔的民众指示议员抗议驱逐威尔克斯的行动。1771年，权利法案支持者协会采纳了强制议员履行承诺的提议。[32] 三年后，伯克的好朋友威廉·贝克被迫接受一项约束自己的"测试"，作为保留其威斯敏斯特席位的条件。[33]1774年，伯克参加竞选活动时，敏锐地意识到围绕这种指示的争议。

更早之前，即17世纪以来，代表议员的地位在英国宪政史上一直受到密切关注。第一次内战中，爱德华·柯克在他的《英格兰法律体系》第四部分中指出，尽管每位议员都代表特定的区和郡，但他们"也是为整个王国服务的，因为他到那里的目的正如他在选举令中所表现出来的那样，是具有

30　EB to Jane Burke, 8 November 1774, *Corr.*, III, p. 74; EB to Sir Abraham Isaac Elton, c. 15 November 1774, ibid., p. 77.

31　*Felix Farley's Bristol Journal*, 5 November 1774.

32　该想法最早是由凯瑟琳·麦考利在回应伯克的《对当下不满根源的若干思考》时提出的，参见 Catherine Macaula, *Observations on a Pamphlet Entitled, Thoughts on the Cause of the Present Discontents* (London: 1770), pp. 30–31。

33　Lucy Sutherland, "Edmund Burke and the Relations between Members of Parliament and their Constituents," *Studies in Burke and His Time*, 10 (1968), pp. 105–21. 贝克对要求他受誓言约束的回应转载于上书 pp.120–21。

普遍性的"——即帮助推进整个王国的事务。[34] 即便如此，拉平在 1717 年发表的作品《辉格党与托利党》中抱怨说，英国的"代表"没有接受选民的指示，他们仿佛没有义务去讨论选民指示的任务。[35] 尽管拉平这样抱怨，但是到 18 世纪 60 年代，圣大卫教堂的主教安东尼·埃利斯在死后出版的《关于英格兰臣民的自由精神和世俗》（*The Liberty Spiritual and Temporal of the Subjects of England*）中表示，拉平·德·索伊拉斯所认为的缺陷是一种完美的优势。埃利斯认为，英国宪法的成就之一是，审议工作并不掌握在广大民众手中。与古代共和国相比，"哥特式"宪法"只把选择代表的权利留给民众"，同时这些代表"一旦被选定，那么在宪法规定的范围内，他们拥有自由裁量权，可以按照他们认为合适的方式行事"。[36] 埃利斯引用西塞罗的《为弗拉克库斯辩护》来阐明自己的观点："希腊所有的共和国都是由鲁莽的议会统治的。"西塞罗接着说，这些伟大的城邦由于"公民集会的无节制自由和放肆"而崩溃了。[37] 对埃利斯来说，哥特式的代表模式有利于挑选称职的行政官员，防止选民的放纵和轻率。由于人们期望议员认真考虑共同利益，因此，地区冲突得以避免，而民众的偏见也得以修正。但是有约束力的指示可能破坏这两项成就。[38] 毋庸置疑，伯克非常熟悉埃利斯的观点。在 1766 年的《年鉴》上，

34 Edward Coke, *The Fourth Part of the Institutes of the Laws of England, Concerning the Jurisdiction of the Courts* (London: 1644), p. 14.

35 Paul Rapin de Thoyras, *Dissertation sur les whigs et les torys* (The Hague: 1717), p. 160.

36 Anthony Ellys, *Tracts on the Liberty, Spiritual and Temporal, of the Subjects of England* (London: 1763–1765), 2 vols., II, p. 122.

37 Cicero, *Pro Flacco*, 16:"Graecorum autem totae res publicae sedentis contionis temeritate administrantur... libertate immoderata ac licentia contionum."

38 Ellys, *Tracts*, II, pp. 118ff.

伯克评论了埃利斯发表的《关于英格兰臣民的自由精神和世俗》，摘选了第二部分第四章中的一大部分内容，这部分论述了选举测试和选举承诺的愚蠢之处。[39]

　　不久，这个问题就在议会中浮出水面。1769 年 3 月 1 日，在一场关于王室专款债务的辩论中，奥尔德曼·贝克福德称，其他议员可能认为选民的指示不应得到尊重，但他确实重视他们。他指出："我认为这是议会的法律和惯例。"[40] 一开始支持罗金汉派而后逐渐支持威尔克斯的约瑟夫·马贝爵士对此表示认同："今天，我荣幸地从我的选民那里得到一系列指示。"[41] 马贝的声明遭到了嘲笑，但巴雷立即为他辩护："下议院的部分议员非常蔑视议员接受选民指示的想法。我现在站起来并不是为了鼓励一种争论不休的情绪；我认为，民众真正的心声以指示的方式、本着宪法精神传达给我们时，我们不应该对此进行嘲笑。"[42] 在这一点上，议会程序专家耶利米·戴森表达了他的意见：根据宪法，人们没有通过指示来约束议员的权力。里格比于 3 月 2 日再次谈到了这个问题，重申了戴森的实质看法。[43] 而在一天前，伯克已经被迫宣布：他插话说，"对议员发出指

381

39　"An Account of Books Published in 1765," *in The Annual Register for the Year 1765* (London: 1766), pp. 298–303.

40　*Cavendish Debates of the House of Commons*, I, p. 280; cf. ibid., p. 285. 关于这一主题，参见 Paul Kelly, "Constituents Instructions to Members of Parliament in the Eighteenth Century" in Clyve Jones ed., *Party and Management in Parliament, 1660–1784* (Leicester: University of Leicester Press, 1984)。另见 C. S. Emden, *The People and the Constitution* (Oxford: Oxford University Press, 1956), pp. 22–25; B. Kemp, "Patriotism, Pledges and the People" in M. Gilbert ed., *A Century of Conflict, 1850–1950: Essays for A. J. P. Taylor* (London: Hamilton, 1966)。

41　*Cavendish Debates of the House of Commons*, I, p. 282.

42　Ibid., p.283.

43　Ibid., p.302.

示是不合理的，如果不加以制止，它将破坏宪法。"[44] 为了回应克鲁格 1774 年 11 月 3 日的声明，伯克对自己的观点做了更全面的阐述。"我真希望关于这个问题的讨论已经结束了，"伯克透露说，但既然提了出来，他觉得有必要做出回答。克鲁格可能会选择在投票结束时宣布支持指示的"强制性权力"，但伯克肯定会对此表示反对。[45]

1791 年，伯克重新选择 1774 年在布里斯托尔采取的立场，讲述了他作为自由斗士的历史。面对他所在政党日益深化的内部分歧，他自豪地回忆说，他一直拒绝追求空洞的"声望"，比如在选举后的演讲中，他放弃了选民的指示，他宣称，"他是第一个在普选演讲中拒绝接受选民指示的人"。[46] 事实上，后来有约束力的指示原则之所以被质疑，可能是受伯克坚决干预的影响。他断言，这个问题从来没有得到过如此全面的处理。[47] 面对选民，无论是否给他投票，伯克重申他会考虑选民的利益，而非自己的利益，并愿与选民建立"最严格的联盟，培养最密切的联系，进行最无保留的沟通"。[48] 但这与充当民众的代理人截然不同。这触及了民众代表权的基本性质，伯克在其职业生涯中也多次意识到其复杂性。

代表权必须从三个方面来考虑。第一，任何有组织的社会都是由各种各样的、可能相互竞争的"意志"组成的，这些意志可以理解为拥有自己"利益"的个人。"政治工作就是要使这些利益相互兼容，这意味着需要建立一种具有代表性的利益，

44　Ibid., pp.287–88.

45　EB, Speech at the Conclusion of the Poll, 3 November 1774, *W & S*, p.6.8.

46　EB, *An Appeal from the New to the Old Whigs, in Consequence of Some Late Discussions in Parliament, relative to the Reflections on the Revolution in France* (London: 1791), pp. 32–33.

47　Ibid.

48　EB, Speech at the Conclusion of the Poll, 3 November 1774, *W & S*, p. 68.

并且由政府代表这种共同利益。[49]第二，就宪法而言，这种代表
性的利益是通过政府不同部门合力运作而达成的。[50]从这个意义
上说，宪法的不同组成部分本身可能具有代表性的功能：贵族
和王室是"代表"，下议院当然也是代表。[51]然而，下议院在更
具体的意义上具有代表性，因此必须分析它是如何"代表"公
众的。[52]这是代表权的第三个方面，尤其与现代民意政府有关，
是纯粹君主制或贵族政权所没有的。国王代表王室，上议院代
表贵族，而下议院代表非贵族的"民众"。由于这种有限意义
上的民众排斥君主和贵族，下议院并不代表全体民众——它代
表平民。根据当时的估计，下议院是由 25~30 万选民选举产生
的。[53]伯克敏锐地意识到，这构成了一个多样化的群体，必然包
括不同的"诉求"。平民阶层的多样性非常复杂，因为它包括

49　这一观点由托马斯·霍布斯（Thomas Hobbes）做了最充分的阐述，参见 Quentin
　　Skinner, "The State" in Terence Ball et al. eds., *Political Innovation and Conceptual Change*
　　(Cambridge: Cambridge University Press, 1989); idem, "Hobbes and the Purely Artificial
　　Person of the State" in idem, *Visions of Politics: Hobbes and Civil Science* (Cambridge:
　　Cambridge University Press, 2002); David Runciman, "Hobbes's Theory of Representation:
　　Anti-Democratic or Proto-Democratic" in Ian Shapiro et al. eds., *Political Representation*
　　(Cambridge: Cambridge University Press, 2009)。关于伯克对霍布斯观点的借鉴，参见
　　EB, *An Appeal from the New to the Old Whigs*, p. 69; see also chapt. 14, sect. IV below。

50　关于这一学说在 18 世纪思想中的广泛应用，参见 Bryan Garsten, "Representative
　　Government and Popular Sovereignty" in Ian Shapiro et al. eds., *Political Representation*
　　(Cambridge: Cambridge University Press, 2009)。

51　伯克表明了自己的观点，参见 EB, Debate on Proceedings against Wilkes for Seditious
　　Libel, 2 February 1769, Cavendish Diary, Eg. MS. 217, fol. 96。

52　这种代表权主导了现代的叙述。有关讨论，参见 Bernard Manin, Adam Przeworski and
　　Susan Stokes, "Introduction" to idem eds., *Democracy, Accountability and Representation*
　　(Cambridge: Cambridge University Press, 1999); Mónica Brito Vieira and David Runciman,
　　Representation (Cambridge: Polity, 2008)。

53　Arthur Young, *Political Essays concerning the Present State of the British Empire* (London:
　　1772), p. 34; John Gray, *The Right of the British Legislature to Tax the American Colonies*
　　(London: 1775), p. 28.

了类似贵族的成员，尽管他们并不属于贵族。[54] 这样，平民就由各种等级以及各种各样的利益所组成。[55] 最后，下议院的偏好和组成它的成员数量一样多，但从实际意义上说，这些偏好可以归结为特定和主导的利益：土地、商业、军队以及职业人士的利益最为突出。[56] 下议院的选举过程就体现了这些利益。

383

　　这些利益的杂糅导致了一个根本的问题："财产"。[57] 这一基本利益显然是一项共同关切，因为在金融、农业和贸易方面的竞争性权利可能是与这一共同关切有关的潜在诉求。这实际上产生了代表权问题。对财产的竞争性诉求必须得到调和，而只有一种代表性的利益才能达到这一目的。这种利益是人为建构的，而不是"自然"产生的。如果它是自然产生的，那就不需要政治或代表权。土地和商业作为社会的主要利益占有首要地位，因为在实践中捍卫这些利益也符合所有其他利益。伯克认为，在下议院，商业的代表权大于土地的代表权。当然，上议院代表伯克所谓的国家"尊严"，同时也代表大量土地财产的利益。[58]1770 年，伯克指出，下议院不仅作为"地产的代表，而且是主要商业利益的代表，正如建立自治市镇所表现出来的那样，代表权的核心部分早就存在，在任何史记或年鉴有相关

54　"贵族"（aristocracy）一词在伯克的作品中有更广泛的含义，参见 EB, Speech on the Bill to Amend the Marriage Act, 15 June 1781, *The Works of the Right Honourable Edmund Burke,* eds. French Laurence and Walker King (London: 1792–1827), 16 vols., V, pp. 414–19。Cf. EB, *Appeal from the New to the Old Whigs*, pp. 139ff.

55　Cf. John Shute Barrington, *The Revolution and Anti-Revolution Principles Stated and Compar'd* (London: 1714）, pp. 49–50; William Meredith, *The Question Stated, Whether the Freeholders of Middlesex Lost their Right by Voting for Mr. Wilkes* (London: 1769), p. 14.

56　Samuel H. Beer, "The Representation of Interests in British Government: Historical Background," *The American Political Science Review*, 51: 3 (September 1957), pp. 613–50.

57　Paul Langford, "Property and 'Virtual Representation' in Eighteenth-Century England," *The Historical Journal*, 31: 1 (March 1988), pp. 83–115.

58　EB, Speech in Reply, 5 June 1794, *W & S*, VII, p. 427.

记录之前就存在"。[59] 商业是国民利益的关键因素，但下议院同时也代表了地方利益。议会立法的数量在整个 18 世纪稳步增加。到 18 世纪 80 年代，平均每年有 120 个法案被添加到制定法中，其中有一部分涉及特定郡和市镇的规定：公路法案、改善法案、济贫院法案、圈地法案和港口法案都是由特定议员提出的。[60] 在这种程度上，议员常常扮演着地方利益代表的角色。尽管如此，人们普遍认为他们的工作是代表全体国民的利益。议长奥斯洛说："议员一旦当选，就会成为下议院全体选民的代表。"[61]

布里斯托尔民众在为其议员拉票方面特别活跃，伯克本人也准备偏袒这座城市。1777 年 3 月 26 日，他接受了大卫·加里克的建议，支持在伯明翰开设剧院的提议。[62] 然而，当他布里斯托尔的朋友们加入反对这项提议的行列后，他在 4 月 29 日投了反对票。[63] 威廉·伯克写信给加里克解释说，埃德蒙"让步了"。[64] 就在同一天，伯克为自己写了这样一段话："我接受了这样的指示，无论是在智慧方面，还是在普通礼仪方面，我都无法完全抗拒这样的指示。"[65] 他觉得，他不能违背选民的意愿，"除非他们所支持

384

59　EB, Speech on Grenville's Controverted Elections Bill, 30 March 1770, *Parliamentary History*, XVI, cols. 920–21.

60　Langford, "Property and 'Virtual Representation'," p. 84.

61　John Hatsell, *Precedents and Proceedings in the House of Commons* (London: 1781), 4 vols., II, p.55.

62　David Garrick to EB, 29 April 1777, WWM BkP 1: 955; EB, Speech on Birmingham Playhouse Bill, 26 March 1777, *W & S*, III, pp. 286–88.

63　EB, Speech on Birmingham Playhouse Bill, 29 April 1777, ibid., pp. 336–38. 该事件，参见 P. T. Underdown, "Religious Opposition to Licensing the Bristol and Birmingham Theatres," *University of Birmingham Historical Journal*, 6 (1958), pp. 149–60。

64　William Burke to David Garrick, 29 April 1777, *Corr.*, III, p. 336n.

65　一个例子，参见 John Turton to EB, 26 February 1777, WWM BkP 1: 936。

的事业确实是坏的"。⁶⁶ 这最后的限定表明了伯克的观点。议员必须对地方意见敏感，对全国民众的情绪也要敏感。然而，代表的最高职责是考虑国民利益，为此，他们必须把特殊利益置于共同利益之下，并根据自己的审慎来理解民意。在最后这个问题上，伯克的表态前后一致，也十分清楚。相信平民，就像相信君主的阴谋一样：他们都是善变的、自私自利的，有时还会自我毁灭。⁶⁷

1777 年初，伯克在给罗金汉的信中提醒他，大众的意见是偶发性的，"十分多变，是时运的产物"。⁶⁸ 在英国，关注公众的情绪是必要的，但只有在准备好培养公众情绪的情况下，才能安全地这样做。同年晚些时候，伯克对查尔斯·詹姆斯·福克斯说，罗金汉派的领导层"确实非常重视民意"，这比那些"很少去引导和管理公众意见"的人明智多了。⁶⁹ 这并不意味着无视公众：政治家的最佳本能和最高职责就是致力于为公众服务。⁷⁰ 问题是如何在政治上最好地实现这一目标。仅仅是发表像谢尔本勋爵所喜欢的那种民众演说是行不通的。伯克回忆说，谢尔本曾一度评论说，大众"从来没有错过"，但不久他就抱怨他们拒绝了他在伦敦的候选人。⁷¹ 伯克在《致布里斯托尔治安官书》中称，政治家们应该"顺应"而不是"胁迫"公众的意愿。他们的工作是收集"选区的整体意见"。⁷² 然而，这绝不意味着迎合选民的判断。⁷³ 这意味着根据他们确定的感

66　EB to David Garrick, 29 April 1777, *Corr.*, III, p. 336.

67　EB to John Bourke 11 July 1776, ibid., p. 281.

68　EB to the Marquess of Rockingham, 6 January 1777, ibid., p. 311.

69　EB to Charles James Fox, 8 October 1777, ibid., p. 381.

70　*Pace* Richard Pares, *King George III and the Politicians*, pp. 43–4.

71　EB to John Bourke, 11 July 1776, *Corr.*, p. 281.

72　EB, *Letter to the Sheriffs of Bristol*, 3 April 1777, *W & S*, III, p. 315.

73　EB, *Observations on the Conduct of the Minority* (Spring 1793), *W & S*, VIII, p. 433.

受进行审议。为此，他在 1774 年布里斯托尔的演讲中提议，民众的"愿望应该对他们的议员产生重大影响"。在实践中，这意味着民众的意见应该得到议员的"高度尊重"，而民众的事务也应该得到议员的"不懈关注"。[74]

伯克继续充实了他的想法。在 1774 年投票结束时，他在讲话中阐述了对议员职责的看法，这也许是他最关注的问题。[75] 他在这里把意愿和审议区分开来。公众的意愿明显优于议员的意愿。这可以说是民众的"倾向"。"然而，公共生活不仅仅是大众偏好的表现；它提供了一种确定国民利益的手段。这种利益应该符合国民的情绪，但也必须有利于其长期利益。这不是一种自发的倾向：它必须通过一个审议的过程才能达成。审议依赖于"理性和判断"，其在讨论的基础上得出结论。[76] 对伯克来说，把未来的福利寄托于短暂的情绪或大众的偏见是毫无意义的。意见必须进行辩论、反思和评估。而指示却导致了在审议之前做出决定，从而颠倒了唯一可以推理政策的进程。代表权是一种大众的信任，也是"天意的信任"。[77] "议会成员被委托根据良心进行辩论，而不是照搬命令性指示的结论。正是在审议的过程中产生了具有代表性的利益。在此之前，存在着对立的偏好，而政治本应调和这些偏好。

代表权的作用是改进、缓和和调解。没有它，相互对立

385

74　EB, Speech at the Conclusion of the Poll, 3 November 1774, *W & S,* pp. 68–69.

75　最佳讨论，参见 James Conniff, "Burke, Bristol, and the Concept of Representation," *Western Political Quarterly*, 30: 3 (September 1977), pp. 329–41。另见 Melissa S.Williams, "Burkean 'Descriptions' and Political Representation: A Reappraisal," *Canadian Journal of Political Science*, 29: 1 (March 1996), pp. 23–45。

76　EB, Speech at the Conclusion of the Poll,W & S,III,3 November 1774, p.69.

77　Ibid.

的目的就会相互冲突。如果指派代表进入议会，那就会在没有任何合理妥协余地的情况下挑起现有的利益冲突。这忽略了一个事实——"议会是一个国家的审议大会，具有一个利益，即整体的利益。"[78] 做出决策需要协商，这绝不可能是议会中相互敌对的意志冲突的结果："必须考虑广泛的利益；必须进行比较；如果可能，必须调和。"[79] 这些利益既属于地方利益，也属于阶层利益，源自该国复杂的政治地域性和各种社会阶层。到18 世纪 70 年代中期，关于英国政治地域代表性的异常现象已经引起了广泛的争论。1794 年，伯克很高兴地在下议院宣布："我们……代表着一个由各郡骑士组成的团体，代表着土地利益……代表着城市的商业利益。在自治市镇，在村舍，我们的荣光是代表英格兰子民。"[80] 土地利益、贸易利益和更广义的"英格兰子民"可以被细分为：大地主、绅士和佃农，约占选民的 14%；制造商和商人，他们构成了另一重要部分；零售商，又占到总数的五分之一；还有三分之一是手工艺人；农业工人和非熟练工匠约占 28%。[81] 这些选民选出了自治市镇和郡的议员。这些席位往往按人口或纳税的比例分配，有些席位按照两者合并的比例进行分配，尽管一个选区在人口上并不重要，像伯明翰和曼彻斯特这样的大城市根本就没有代表权。[82] 尽管如此，很明

386

78　Ibid.

79　Ibid.,p.70.

80　EB, Speech in Reply, 5 June 1794, *W & S*, VII, p. 427.

81　Frank O'Gorman, "The Unreformed Electorate of Hanoverian England: The Mid-Eighteenth Century to the Reform Act of 1832," *Social History*, 11: 1 (January 1986), pp. 33–52.

82　这些明显的异常现象在 18 世纪 90 年代被深入分析过，分析首见于 Thomas Oldfield's *History of the Boroughs* (London: 1792), 3 vols., and then in the *Report of the Society of the Friends of the People on the State of the Representation* (London: 1793)。有关讨论，参见 Frank O'Gorman, *Voters, Patrons, and Parties: The Unreformed Electoral System of Hanoverian England, 1734–1832*(Oxford: Oxford University Press, 1989), pp. 18–19。

显，基于不同地区和阶层的多种多样的偏好可以在下议院得到
表达。一个有代表性的议院必须在合作性审慎的基础上把这些
偏好汇集在一起。而指派代表的做法与这一成果相矛盾，并破
坏达成这一成果的进程。

伯克在布里斯托尔的任期一直持续到 1780 年 9 月。在他
担任该市代表的六年里，他在议会、财政部和海军部为其议
员事业尽了最大的努力，这与他的良知和责任感是一致的。最
重要的是，他抵制了伦敦商人试图获得比布里斯托尔更多优惠
的企图，并为布里斯托尔的港口寻求与英国其他竞争港口对等
的待遇。[83] 尽管如此，随着对美洲殖民地战争的到来，布里斯
托尔的民意基本上转而支持政府，伯克不得不与自己的选民
对抗，捍卫自己的立场。到 1777 年，他的行为招致了明确的
批评，尤其是在罗金汉派分裂期间，他没有出现在议会中反对
《美洲叛国罪法案》。[84]1777 年 4 月 3 日，在《致布里斯托尔
治安官书》中，他为自己的行为进行了有力的辩护，并在此过
程中提出了一种关于立法者职能的更高概念。最高立法者不受
下级法院规章的约束，而只受"理性、公平和人类普遍意识的
伟大原则"的约束。[85] 有了这些指导准则，议员应该寻求"通过
立法理性的自由来扩充和阐发法律。"[86] 这种抱负尤其应该在帝
国的重大问题上表现出来。然而，当伯克充满激情和智慧去思
考这些重要的问题时，作为布里斯托尔的一名议员，民众期望
他去处理"什一税这些小事"。[87] 伯克在 1777 年写给理查德·

387

83　最佳描述，参见 P. T. Underdown, "Edmund Burke, the Commissary of His Bristol Constituents, 1774–1780," *English Historical Review*, 73: 287, (April 1958), pp. 252–69。

84　17 Geo. III. c. 9.

85　EB, *Letter to the Sheriffs of Bristol*, 3 April 1777, *W & S*, III, p. 295.

86　Ibid.

87　EB to Richard Champion, 26 June 1777, *Corr.*, III, p. 356.

钱皮恩的一封信中这样说。自那年 2 月以来，布里斯托尔的肥皂制造商一直敦促他反对一项待议会审议的法案，他们认为该法案将对商业产生不利影响。6 月 2 日，该法案获得通过，伯克没有采取任何行动。同月 26 日，他为自己的疏忽向钱皮恩道歉，并对选民"完全根据他作为他们的特别代理人的表现"来评判他这一事实表示遗憾。[88] 他认为，议员们应该专注于自身职责的"主线"，即审议国家的重大事务，这更符合选民的利益。

尽管如此，伯克在处理国家政策的重大问题时，采取了一系列不受欢迎的立场，引起了选民的反感。1780 年 9 月初，他决定放弃再次代表布里斯托尔参选议员的机会。[89] 但后来，9 月 6 日，命运的突然改变迫使他不情愿地重返竞选的赛场。那天他患了重感冒，在人行道上筋疲力尽地踱来踱去，但人们还是指望他去示好、拉票和劝说。[90] 三天后，他终于退出了竞选。他只讲了五分钟，概述了他的决心，但正如钱皮恩所说，观众中"很少有人不为此流泪"。[91]《白厅晚报》《纪事晨报》《早报》和《公共广告人》刊登了这篇演讲。伯克宣称："布里斯托尔的代表权在很多方面都是我所珍视的对象。"[92] 但很明显，他已经失去了选民的支持。辉格党候选人在大选中只能有一位胜出，而这一荣誉不太可能落到伯克身上。[93] 但其实在他退出竞

88　Ibid.

89　EB to the Marquess of Rockingham, 7 September 1780, ibid., p. 275.

90　Ibid., p.278.

91　Richard Burke Sr. to the Marquess of Rockingham, 9 September 1780, ibid., p. 280; Richard Champion to the Marquess of Rockingham, 11 September 1780, ibid., pp. 280–1n.

92　EB, Speech on the Hustings at Bristol, 9 September 1780, *W & S*, III, p. 666.

93　Ian R. Christie, "Henry Cruger and the End of Edmund Burke's Connection with Bristol," *Transactions of the Bristol and Gloucestershire Archaeological Society*, 74 (1956), pp. 153–70.

选之前，也就是在他参加最后一次竞选时，他就知道自己疏远了许多昔日的支持者。在 9 月 6 日的最后一场竞选中，他对自己迄今的行为做了详细的辩护。为此，他在伦敦市政厅力劝听众们注意他所有的行为"原则"都独立于宫廷这一事实。"没有人会在有宫廷的时候为民众服务，除非是那些拥有美好和令人嫉妒的荣誉的人。"[94] 他认为自己是具有必要独立精神的人之一，并开始为自己的行为辩护，驳斥对其忽视选民的指控。

自 1774 年当选议员以来，伯克只去过布里斯托尔两次。他在威斯敏斯特的勤奋证明了这一选择是合理的。然而，即使在那里，他似乎也疏远了布里斯托尔的选民。他反对奴隶贸易的立场是众所周知的，反对商业垄断的立场也广为流传。总的来说，他是按照自己最好的判断行事，而不是按照选民的指示行事。在 1780 年 2 月 28 日，面对来自布里斯托尔的反对呼声，他还是投票支持比彻姆勋爵提出的一项旨在缓解破产债务人困境的法案。[95] 他不愿为自己的行为道歉。即使当他无法面对与他意见相左的前支持者时，他也绝不会为了他们的敏感而牺牲自己的谨慎。美洲的命运就是一个有力的例子。1776 年 8 月 27 日，英国在长岛战役中战胜殖民地居民后，整个国家都被日益高涨的"统治精神"吸引。最后，布里斯托尔也接受了这一事业："我们失去了一切衡量手段；我们轻率的欲望变成了政治和道德"。[96] 伯克反对那种占据公众主导地位的惩罚性的好战情绪："我服从真理和自然的指示，坚持维护你们的利益，但反对你们的意见，我一直以来都是这种态度。"[97] 他认为

388

94　EB, Speech at Bristol Previous to the Election, 6 September 1780, *W & S*, III, p. 625.

95　EB, Speech on Insolvent Debtors Bill, 28 February 1780, ibid., pp. 552–53. 关于反对该法案的请愿书，参见 EB to James Hill, 25 April 1789, *Corr.*, IV, pp. 231–32。

96　EB, Speech at Bristol Previous to the Election, 6 September 1780, *W & S*, III, pp. 628–29.

97　Ibid., p.634.

自己必须考虑选民的意见，但最重要的是考虑到未来的发展。
"我不应该自满于……你们选择我……成为国家栋梁的那一天，
我也不是议会大厦顶端的风向标，因为轻浮和多才多艺而被尊
崇"。[98] 议员是公共利益的仆人，而不是不相容的民众奇想的
代理人。

只有理解伯克对民众意志至高无上的尊崇，以及他对民
众可能做出的愚蠢判断的警惕，才能欣赏他对于自己角色的理
解。"当他们要面包时，我不会给他们一个王国，"他曾在关于
玉米贸易的辩论中如是说。[99] 一年多后，他重申，"每当我们
的指令高于民众的指令时，要正视民众……并使他们无论愿意
与否都相信我们的指令"，这是议员的职责。[100] 对一个国家来
说，财产分配是一个极其重要但又容易引起分歧的话题，不能
安全地由民众的偏好决定。帝国的政策也是如此，必须确保其
不受民众傲慢的影响。与美洲殖民地的内战说明了民众傲慢的
危险。它使民众变得傲慢和专横："他们天生傲慢、专横和无
知，"伯克在这种背景下评论道，"他们是糟糕的学者，更是糟
糕的导师。"。[101] 但与此同时，他坚持说，他将永远追随他们
的"意愿"。与之相比，个人利益和党派利益"微不足道"。[102]
他在 18 世纪 90 年代强调，保护"下层民众"是下议院的荣
耀。[103] 即使他们是糟糕的导师，但他们仍然是主人，议员们最

98　Ibid.

99　EB, Debate on the Corn Trade, 13 April 1772, Cavendish Diary, Eg. MS. 240, fol. 206.

100　EB, Debate on the Corn Trade, 26 March 1773, Cavendish Diary, Eg. MS. 245, fol. 166. 进一
　　步讨论参见本书第 16 章第 5 节。

101　EB to the Duke of Portland, 3 September 1780, *Corr.*, IV, p. 274.

102　Ibid.

103　EB, Speech in Reply, 5 June 1794, *W & S*, VII, p. 427.

终应"服从"他们的意愿。[104] 这种服从并不是通过鼓励议员们背叛自己的原则来强制实现的。相反，它是由两种不那么直接的方法来保护的。第一种方法是安东尼·埃利斯提出的，他强调了民众是如何防范暴政的："如果他们不赞成（他们的代表）的行为……他们可能会在一段时间后放弃他们的代表，并选择其他人更好地为他们服务。"[105] 伯克以同样的方式接受了民众的判决。1780年9月9日，他承认："我公然地接受你们的信任；我也公然地接受你们的免职。"[106] 罢免代表的权利是选民最有力的武器，因为他们拥有"真实"的代表权。然而，还有第二种限制议员行为的方法：提高代表对"实际"代表权责任的认识。正如伯克1792年在关于爱尔兰的论述中所说，在某些方面，后者比前者更有效。[107]

自美洲危机以来，实际代表权的弊端已被广泛宣传。[108] 伯克本人明确拒绝将其作为殖民地管理获得同意的充分指标。尽管如此，实际代表权为一个民族提供了足够的安全保障：它保证"利益的共享，并确保以全体民众的名义行事的人与代表不同利益群体行事的人之间感情和欲望的共情，尽管这些受托人并非民众所选"。[109] 真实的代议制过程完全有可能扭曲实际代表权所取得的结果。归根结底，实际代表权的对应关系或利益共同体才是至关重要的：选举只是确保这一结果的一种手段。"被打败的数百万印度人"可以指望在保证他们的实际代表权

104 EB to Richard Champion, 26 June 1777, *Corr.*, III, p. 356.

105 Ellys, *Tracts*, II, p. 122.

106 EB, Speech on the Hustings at Bristol, 9 September 1780, *W & S*, III, p. 667.

107 EB, *Letter to Sir Hercules Langrishe* (1792), *W &S*, IX, p. 629.

108 John Phillip Reid, *The Concept of Representation in the Age of the American Revolution* (Chicago, IL: Chicago University Press, 1989), pp. 53 ff.

109 EB, *Letter to Sir Hercules Langrishe* (1792), *W & S*, IX, p. 629.

的情况下被有效地服务。[110] 然而，正如伯克在 1786 年针对黑斯廷斯的罗希拉战争指控的演讲中所强调的那样，英国和次大陆之间实际上没有共同的情感。[111] 代表英国在南亚的领土是下议院的工作。[112] 正如伯克在弹劾黑斯廷斯的"礼物指控"陈诉开篇所强调的那样，议会议员是"孟加拉居民的代表"。[113] 这意味着他们应该在同情的基础上为他们的利益服务，尽管在实践中，宗主国事务忽视了各殖民地的困境。虽然议员有时可能会认同殖民地的情感，但很难维持这种情感。正如伯克在谈到爱尔兰时再次评论的那样，实际代表权"如果在现实中没有基础，就不可能长久或可靠的存在"。[114] 他在布里斯托尔的职业生涯为我们提供了一个生动的经验，让我们了解到基层代表权是如何在实践中运作的。伯克认为，投票最终是这一主题的"盾牌"，它保护人们免受公共压迫和私人迫害。[115]

8.3 爱尔兰的贸易和骚乱

布里斯托尔选民与伯克疏远的一个主要原因在于 1778 年后他在爱尔兰问题上的立场，当时他支持对爱尔兰的商业利益做出让步。正如他自己所说，他的立场让人怀疑他"表现得更像是爱尔兰人，而不是英国议会议员"。作为回应，在 1780 年 9 月 6 日布里斯托尔选举前的演讲中，他声称自己的职责范

---

110 "被打败的数百万印度人"出自 EB, Speech on Debate on Address, 25 January 1785, *W & S*, IX, p. 585。

111 EB, Speech on Rohilla War Charge, 1 June 1786, *W & S*, VI, p. 94.

112 EB, Speech in Reply, 7 June 1794, *W & S*, VII, p. 458.

113 "Minutes of Proceedings of the Trial of Warren Hastings," Tuesday 21 April 1788, Add. MS. 24229, fol. 7.

114 EB, *Letter to Sir Hercules Langrishe* (1792), *W & S*, IX, p. 629.

115 EB, *Letter to Lord Kenmare* (21February 1782), *W & S*, IX, p. 570.

围与他的"真实的国家"界限一致。[116] 他的意思是，他的行为
应该对一个较少党派化色彩的法庭负责，而不仅仅是对地方爱
国主义负责。尽管有这样的远识，但他还是以大英帝国的福祉
来界定自己的义务。大英帝国的命运决定英格兰、爱尔兰和布
里斯托尔的命运。"一个新的原则世界被打开了，"他说，"必
要的是，无论我们是否愿意，我们都要遵循这些原则……我唯
一的想法是，在目前的情况下我们如何调整我们的处境，以
便在繁荣和情感上与爱尔兰联合起来，不论这个帝国剩下什
么。"[117] 在殖民地危机期间，美洲军备的进步，特别是殖民者
从 1778 年起所享有的法国支持，破坏了帝国的安全。[118] 面对
这些事态发展，英国的实力依赖于爱尔兰的继续忠诚，而这一
点的保障现在取决于爱尔兰的繁荣和宪法地位。

　　对爱尔兰人的同情最初是由与美洲的竞争引起的，尤其是
在爱国的辉格党人的利益集团中。[119] 自 17 世纪初以来，大量
移民从爱尔兰涌入殖民地，形成了横跨大西洋的各种联系。[120]
近几十年来，来自阿尔斯特的长老会移民数量一直在上升，

391

116　他声称自己"为促进两个王国共同的利益做好了准备"，参见 EB, Speech at Bristol
　　　Previous to the Election, 6 September 1780, *W & S*, III, p. 630. Cf. EB, Speech on Trade
　　　Concessions to Ireland, 6 December 1779, *W & S*, IX, p. 542。

117　EB, Speech at Bristol Previous to the Election, 6 September 1780, *W & S*, III, p. 630.

118　Stephen Conway, *The British Isles and the War of American Independence* (Oxford: Oxford
　　　University Press, 2000, 2003), pp. 16–17.

119　Vincent Morley, *Irish Opinion and the American Revolution, 1760–1783* (Cambridge:
　　　Cambridge University Press, 2002), p. 95.

120　R. B. McDowell, *Irish Public Opinion, 1750–1800* (London: Faber and Faber, 1944), pp.
　　　40–2; Kerby A. Miller, *Emigrants and Exiles: Ireland and the Irish Exodus to North America*
　　　(Oxford: Oxford University Press, 1985), chapt. 4.

1769—1774年,有2万多名移民穿越大西洋。[121]更重要的是,18世纪60年代和70年代,当殖民者回顾爱尔兰关于其与英国关系本质争论的历史时,爱尔兰人却被殖民地中兴起的关于帝国宪法依赖性的问题所吸引。[122]理查德·里格比在英国下议院宣称,"如果爱尔兰反抗我们的法律,我会对它征税"。当时英国与殖民地之间的争端已经到了危机的边缘。[123]第二天,迫于爱尔兰民意的压力,他被迫做出了让步。[124]第二年,爱尔兰议会中响起了支持美洲独立事业的呼声。[125]

然而,喧闹声仅仅是由反对派引起的。[126]爱尔兰政府本身迎合了帝国的政策。伯克在1775年9月提醒里士满,"爱尔兰在整个体系中始终是重要的一部分"。[127]考虑到当前帝国的政治混乱,爱尔兰实际上可以说决定着帝国权力的平衡。然而,事实证明,爱尔兰并没有实际支持美洲的抵抗,反而在面对宗主国的政策时表现得软弱无力。伯克在接下来的一年里一

---

121 R. J. Dickson, *Ulster Emigration to Colonial America, 1718–1785* (London: Routledge, 1966), p.60; David Dickson, *New Foundations: Ireland, 1660–1800* (Dublin: Irish Academic Press, 1987, 2012), p. 159.

122 Charles McIlwain, *The American Revolution: A Constitutional Interpretation* (New York:Macmillan, 1924); Robert L. Schuyler, *Parliament and the British Empire* (New York: Columbia University Press, 1929); Patrick Kelly, "William Molyneux and the Spirit of Liberty in Eighteenth-Century Ireland," *Eighteenth-Century Ireland*, 3 (1988), pp. 133–48.

123 *Parliamentary History*, XVII, col. 1287 (22 April 1774).

124 As reported by Governor Johnstone, *Parliamentary History*, XVIII, col. 63.

125 *A Narrative of the Proceedings and Debates of the Parliament of Ireland* (London: 1776). 关于议会的总体反应,参见 Maurice R. O'Connell, *Irish Politics and Social Conflict in the Age of the American Revolution* (Philadelphia: University of Pennsylvania Press, 1965), pp. 26–27。支持者包括伦斯特勋爵、查尔蒙特勋爵、厄纳姆勋爵(Lord Irnham)、米斯勋爵、鲍尔斯考特勋爵(Lord Powerscourt)和乔治·奥格尔(George Ogle)。

126 Conway, *British Isles and the American War of Independence*, pp. 13–14.

127 EB to the Duke of Richmond, 26 September 1775, *Corr.*, III, p. 218.

再表示失望。[128] 但如果都柏林城堡与威斯敏斯特勾结，那么相当一部分爱国者就会与殖民地站在一起，即使这种情况在18世纪70年代有所缓和。[129]1775年夏，查尔斯·奥哈拉从都柏 392 林告诉伯克："我们或多或少同情美洲人；我们的处境与他们有相似之处。"[130] 那年秋天，爱尔兰律师约翰·里奇表达了自己的看法："在我看来，所有新教徒，尤其是长老会教徒……都是……美洲事业的盟友。"[131] 正是反对向帝国卑躬屈膝的共同诉求，才使大西洋两岸的新教徒意见统一起来。[132] 在宗主国英国的监管下，对帝国的依赖既有商业因素，也有政治因素。随着爱尔兰被卷入英国与其殖民地的斗争中，这两个问题引发了越来越多的公众争议。

长期以来，商业限制一直引发爱尔兰的不满。首先，查理二世时期的《养牛法案》禁止在英格兰销售爱尔兰牲畜，尽管该法案在1776年被废除。[133] 后来，由于英格兰西南部的商人，尤其是埃克塞特和布里斯托尔的商人的一致抵抗，导致1699

128　EB to Charles O'Hara, 7 January 1776, ibid., pp. 244–45; EB to Lord Charlemont, 4 June 1776, ibid., p. 271.

129　Vincent Morley, *Irish Opinion and the American Revolution, 1760–1783* (Cambridge: Cambridge University Press, 2002). 由于对天主教意见状态的担忧，尤其是在波旁家族加入对殖民地的战争后，爱国情绪下降了。

130　Charles O'Hara to EB, 5 June 1775, Hoffman, *Burke*, p. 585.

131　John Ridge to EB, 25 September 1775, ibid., p. 600.

132　罗马天主教徒向政府请愿，希望得到政府的支持，参见 R. B. McDowell, *Ireland in the Age of Imperialism and Revolution, 1760–1801* (Oxford: Oxford University Press, 1979, 1991), pp. 241–42。

133　John O'Donovan, *The Economic History of Livestock in Ireland* (Cork: Cork University Press, 1940).

年颁布了一项禁止出口爱尔兰羊毛制品的禁令。[134] 近一个世纪后，伯克对这一措施的敌意依然明显："爱尔兰的整个羊毛生产是所有生产中规模最大、利润最高的，也是该国的天然产品，在某种程度上已被我们的限制性法案所摧毁。"[135] 更广泛地说，爱尔兰的贸易受到《航海法案》和对一系列商品征收关税的限制。当然，监管体系也给爱尔兰商业带来了好处：亚麻制品在不征收进口税的情况下繁荣发展，爱尔兰航运可以自由参与殖民地贸易。[136] 同样，对美洲的粮食出口在一个世纪里稳步增长。[137] 然而，殖民地的农产品，尤其是糖和烟草，必须通过英国的"迂回"贸易进口，关税制度偏袒英国产品，而牺牲了爱尔兰产品。[138] 限制措施一直持续到 18 世纪：例如，1710 年

393

---

134 L. M. Cullen, *Anglo-Irish Trade*, 1660–1800 (New York: Augustus M. Kelley, 1968), p. 5; H. F. Kearney, "The Political Background to English Mercantilism, 1695–1700," *Economic History Review*, 11: 3 (April 1959), pp. 484–96. 另见 Istvan Hont, "Free Trade and the Economic Limits to National Politics: Neo-Machiavellian Political Economy Reconsidered" in idem, *Jealousy of Trade: International Competition and the Nation-State in Historical Perspective* (Cambridge, MA: Harvard University Press, 2010); Jim Smyth, "'Like Amphibious Animals': Irish Protestants, Ancient Britons, 1691–1707," *The Historical Journal*, 36: 4 (December 1993), pp. 785–97。

135 关于英国在殖民政策方面的态度的起源，参见 EB, *Two Letters on the Trade of Ireland* (1778), W & S, IX, p. 516。Cf. John Hely Hutchinson, *The Commercial Restraints of Ireland Considered in a Series of Letters to a Noble Lord* (Dublin: 1779), pp.155ff., 1753 年后，英国立法允许爱尔兰向其出口羊毛纱 (26 Geo. II, c. 11)。

136 虽然 1711 年对彩色、格子和印花亚麻制品征收了关税 (10 Anne, c. 19)。

137 Thomas Truxes, *Irish-American Trade, 1660–1783* (Cambridge: Cambridge University Press, 1989); T. M. Devine, "The English Connection and Irish and Scottish Development in the Eighteenth Century" in T. M. Devine and David Dickson eds., *Ireland and Scotland, 1600–1850* (Edinburgh: John Donald, 1983).

138 关于"迂回"贸易，参见 Adam Smith, *An Inquiry into the Nature and Causes of Wealth of Nations*, ed. R. H. Campbell and A. S. Skinner (Indianapolis, IN: Liberty Fund, 1976), 2 vols., I, p. 491. 关于需进行"迂回"贸易的商品的详细信息，参见 R. C. Nash, "Irish Atlantic Trade in the Seventeenth and Eighteenth Centuries," *William and Mary Quarterly*, 42: 3 (July 1985), pp. 329–56。

禁止啤酒花进口；1746 年则禁止玻璃出口。[139] 另一方面，随着 18 世纪的进步，向西印度群岛出口的腌制牛肉、猪肉、黄油和咸鱼数量呈指数增长；1743 年以后，爱尔兰亚麻制品受益于政府的贸易出口奖金。尽管如此，爱尔兰对限制的抱怨在18 世纪中叶之后仍普遍存在。正如美洲和西印度殖民地一样，亚瑟·杨评论说，爱尔兰的贸易一直受到垄断精神的支配，被账房的"准则"所限制。[140]

从 1766 年初加入议会以来，伯克就一直致力于减少对爱尔兰贸易的限制。[141]1773 年，在给查尔斯·宾厄姆爵士的信中，伯克反对对居住在爱尔兰以外地区六个月以上的地主征收缺席税。他致力于解决这些历史上的商业弊端。他知道在 18世纪 20 年代和 40 年代，限制性政策引发了一场抗议风暴。[142]据称，人口缺席（absenteeism）导致的经济外流是另一个民众持续不断的抱怨。[143]虽然伯克支持爱尔兰的贸易自由化，但他提出对人口缺席征税是一种倒退。[144]他坚持认为，与英国的联系对爱尔兰的繁荣至关重要。他所说的两个岛屿之间民众的

139 L. M. Cullen, *An Economic History of Ireland since 1660* (London: B. T. Batsford Ltd., 1972, 1987), pp. 37–39, 75–76.

140 Arthur Young, *A Tour in Ireland with General Observations on the Present State of that Kingdom*(London: 1780), 2 vols., I, pp. viii, ix.

141 参见本书第 5 章第 2 节。

142 关于乔纳森·斯威夫特、贝克莱主教等人的反应，参见 James Kelly, "Jonathan Swift and the Irish Economy in the 1720s," *Eighteenth-Century Ireland* 6 (1991), pp. 7–36; Patrick Kelly, "Berkeley's Economic Writings" in Kenneth P. Winkler ed., *The Cambridge Companion to Berkeley* (Cambridge: Cambridge University Press, 2005); S. J. Connolly, *Divided Kingdom: Ireland, 1630–1800* (Oxford: Oxford University Press, 2008), pp. 345–46.

143 Ibid., p.347. 参见 Thomas Prior, *A List of the Absentees of Ireland* (Dublin: 1729)。

144 关于伯克对辉格党反对派重新提出的缺席税计划的回应，参见 EB to French Laurence, 16 March 1797, *Corr.*, IX, pp. 283–84, and EB to French Laurence, 1 June1797, ibid., p. 365. 关于对缺席税的支持，参见 Smith, *Wealth of Nations,*II, p. 895。

"自由交流"加强了这种联系，在两个管辖区内都持有土地的人也巩固了这种联系。[145] 通过引入居住地要求来惩罚这一安排将损害两国之间的相互支持。[146] 相互支持并不意味着平等的权力：为了使组成大英帝国"复杂群体"的几个部分彼此协调，最高权力必须存在于"某个地方"——而"那个地方，"伯克主张，"只能存在于英格兰。"[147] 宗主国负责管理其下属殖民地的政策和行政，包括爱尔兰等附属王国的法律。这是根据《波伊宁斯法》的各种修订实现的，即通过英国枢密院对爱尔兰政府发挥作用，伯克认为这一安排有助于放宽立法。[148] 对这一组织体系的任何挑战都将威胁到帝国的凝聚力。然而，尽管帝国主权必然是最终的和最高的，但它的政策应该促进安全和自由。伯克认为，商业最应该享有自由特权。"我不是要怀疑大不列颠议会为爱尔兰贸易制定法律的权利。我只是谈论议会应该制定什么样的法律。"[149]

1775 年 11 月 25 日，爱尔兰议会两院宣布了一项计划，将驻扎在爱尔兰的 4000 名士兵派往美洲，并用外国新教军队取代他们驻扎在爱尔兰，这对英国立法机构惯有的最高地位构成了威胁。[150] 在没有与下议院进行任何事先磋商的情况

145　EB, *Letter to Sir Charles Bingham* (30 October 1773), *W & S*, IX, p. 489.

146　18 世纪 90 年代危机期间，葛兰坦（Grattan）试图引入一种类似的税收，伯克对此的回应，参见 EB to Earl Fitzwilliam, 15 March 1797, *Corr.*, IX, p. 283。

147　EB, *Letter to Sir Charles Bingham* (30 October 1773), *W & S*, IX, p. 488.

148　Ibid., p.489.

149　EB, *Two Letters on the Trade of Ireland* (1778), W & S, IX, p. 515.

150　伯克一直希望出现一个截然不同的结果。1775 年 9 月 26 日，他写信给里士满公爵（参见 *Corr.*, III, p. 218）："如果他们（爱尔兰议会）暂停对王国外的军队的特别拨款，因为这实际上在对抗他们自己明确的权利和特权，他们就会使整个帝国免于毁灭性战争。"1775 年初，军队从爱尔兰前往殖民地，参见 Charles O'Hara to EB, 25 January 1775, Hoffman, *Burke*, p. 576。

下，有人提议军队应由英国负责。[151] 正如伯克在 1776 年 2 月关于这个问题的演讲笔记中明确指出的那样，这一规定将削弱英国"立法机关"的权威。[152] "英国议会的最高权利是在光荣革命时期建立的帝国宪法的基础。就在那时，管理两岛关系的原则"得到了准确的检验和彻底的修复"。[153] 这一改革的基础是对军队的立法，旨在应对 17 世纪晚期君主政体的不轨行为。爱尔兰离英格兰只有 12 个小时的航程，靠近帝国的"心脏"。[154] 自从詹姆斯二世挑衅性地将爱尔兰军团引入英格兰以来，议会对爱尔兰的政策就以三重"警惕"为管理原则。这包括，第一，对一般常备军保持警戒；第二，反对外国军队进入英国；第三，对爱尔兰的军事局势尤其关切。[155] 只有在下议院同意维持常备部队的情况下，这些担忧才能得到缓解，这反过来又预设了英国立法机构对爱尔兰议会的控制。[156] 这意味着，尽管爱尔兰的国防开支由爱尔兰国库承担，但其性质由英国政策决定。[157] 这就是帝国从属领地面临的艰难而必要的现实。然而，正如伯克 1773 年所言，只要存在这种从属关系，爱尔兰的产权所有者在英国的下议院就必须具有代表权，这一点至关重要。[158] 这将有助于减轻伴随威斯敏斯特最高管辖权而来的权利在实践中的应用难度。最重要的是，它提供了改革商业垄断

395

151　伯克在 1775 年 12 月初首次提出了反对意见，参见 EB, Bill to Prohibit American Trade, 1 December 1775, *London Evening Post*; PDNA, 2 December 1775, VI, p. 313。

152　EB, Speech on Foreign Troops in Ireland, 18 February 1776, *W & S*, IX, p. 499。

153　Ibid., p.501。

154　Ibid., p.500。

155　Ibid., p.501。

156　1689 年的《权利法案》禁止未经议会同意在和平时期维持常备军，参见 1 Will. & Mar., Sess. 2, c. 2。

157　EB, Speech on Foreign Troops in Ireland, 18 February 1776, *W & S*, IX, p. 499n4。

158　EB, *Letter to Sir Charles Bingham* (30 October 1773), ibid., p.490。

的可能性。

尽管伯克认为这样做有明显的好处，但自从莫里诺克斯和斯威夫特时代以来，这种缓和权力行使的方式就已经招致了批评。[159] 伯克意识到，人们常说，"爱尔兰在许多细节方面不一定会认为自己是英国的一部分"，因为"这个国家在许多情况下都错误地把你们当作外国人对待，通过缺席惩罚搜刮你们的钱财，让你们无法在贸易和商业方面享受自然优势"。[160] 伯克认为这些抱怨是合理的，作为回应，查尔斯·宾厄姆爵士阐述了自己对商业监管的态度。他称："没有谁比我更讨厌各种限制性规定了；那些规定充其量不过是些费力而又令人烦恼的愚蠢行为。"此外，就像爱尔兰一样，这种限制既是"压迫性的"，也是很"荒谬的"。[161] 美洲危机加剧了爱尔兰人的不满情绪。"我们知道，"殖民地大陆会议承认，"你们并非没有怨言。"[162]1776 年 2 月 3 日，英国海军和陆军在战争准备期间要求爱尔兰提供补给，因此政府下令禁止爱尔兰对殖民地的出口。[163] 在爱尔兰的爱国者中，此举让人想起诺斯勋爵对反叛的殖民地实施的严厉限制。

1775 年，诺斯实施了限制新英格兰贸易的政策，这在他的反对者看来是惩罚性的政策。3 月，伯克再次对该法案提出

396

---

159 Robert Mahony, "Protestant Dependence and Consumption in Swift's Irish Writings" in S. J. Connolly ed., *Political Ideas in Eighteenth-Century Ireland* (Dublin: Four Courts Press, 2000); Patrick Kelly, "The Politics of Political Economy in Mid-Eighteenth-Century Ireland" in ibid.

160 EB, *Letter to Sir Charles Bingham* (30 October 1773), *W & S*, IX, p. 494.

161 Ibid.

162 *An Address of the Twelve United Colonies of North America to the People of Ireland* (Philadelphia:1775), p. 11.

163 Theresa M. O'Connor, "The Embargo on the Export of Irish Provisions, 1776–1779," *Irish Historical Studies*, 2: 5 (1940), pp. 3–11; Truxes, *Irish-American Trade*, 1660–1783, pp. 238–45; Conway, *British Isles and the War of American Independence*, pp. 61–62.

抗议，称其实际上是试图通过加强英国的权威来摧毁海外统治。[164] 诺斯的计划包括禁止相关殖民地在纽芬兰海岸捕鱼。然而，这项立法同时包括鼓励爱尔兰商业的措施。[165] 除了扩大捕鱼的机会外，还将对亚麻种子的进口给予奖励，并允许出口部队的服装。[166] 尽管如此，伯克反对这些明显很慷慨的条款所体现的精神。虽然从有限的角度来看，这些条款有其可取之处，但它们并非源自任何支持爱尔兰的"自由"观点，也不是"基于一种扩大和普遍的观点"。相反，他们是英国内阁对殖民地施以专制的副产品，"把从美洲掠夺来的战利品送给爱尔兰"。[167] 伯克提出了一项修正案，以更广泛的角度考虑了贸易问题，包括考虑将糖直接进口到爱尔兰，并取消对爱尔兰毛织品的出口限制。[168] 然而，该修正案被否决了。查尔斯·奥哈拉基本上证实了伯克对诺斯意图的怀疑："当前的目标似乎只是为了让爱尔兰保持稳定，而美洲危机则处于发酵状态。"[169]

1778 年 3 月 17 日，议会两院宣读了国王尊重美洲殖民地与法国结盟的消息。[170] 与殖民地的"内战"现在因为欧洲战争而复杂化了。在这一背景下，爱尔兰的忠诚对英国来说比以往任何时候都更加迫切。伯克直言不讳地指出，这个姐妹王国

---

164 EB, Speech on Restraining Bill, 6 March 1775, *W & S*, III, p. 98.

165 关于这些好处的讨论，参见 Sir Lucius O'Brien, *The Substance of Two Speeches in the Houseof Commons in Ireland on the Subject of Fisheries* (Dublin: 1776)。

166 这些通过的条款，参见 15 Geo. III, c. 45。

167 EB, Speech on Fishery Bill, 11 April 1775, *W & S*, IX, p. 496.

168 EB to Charles O'Hara, 26 April 1775, *Corr.*, III, p. 152. 解除对羊毛织品出口的禁令是由里士满公爵的妹夫托马斯·康诺利（Thomas Conolly）提出的，但得到了伯克的支持，参见 *Parliamentary Register* (Almon), I, p. 428–30。

169 Charles O'Hara to EB, 3 May 1775, Hoffman, *Burke*, p. 580.

170 *Parliamentary History*, XIX, cols. 912–13.

现在是"英国王室的主要附属地"。[171] 然而，它的商业被迫持续处于劣势。正如《年鉴》所称的那样，在美洲战争的不幸后果下，爱尔兰的苦难已达到"令人震惊和可悲的状态"。[172] 在这种情况下，1778 年 4 月 2 日，纽金特伯爵，即前布里斯托尔议员克莱尔勋爵，动议成立一个委员会，以调查爱尔兰贸易现状。[173] 他宣布，目前的安排是不明智和不公正的，需要彻底修订这一制度。[174] 反对派基本上支持政府的提议。对威廉·贝克来说，目前的限制违背了他们的初衷。威廉·梅雷迪斯将这一见解应用于羊毛制造业。由于无法出口产品到英国，爱尔兰人与法国交换他们的农产品，使爱尔兰能够在引起嫉妒的领域与英国竞争。[175] 在接下来的几天里，面对英国商人的反对，下议院通过了一系列决议，建议允许爱尔兰通过出口迄今为止被禁止的商品和直接从殖民地进口商品来扩大贸易。人们担心，爱尔兰的廉价劳动力和低税收将"摧毁"英格兰的制造业城镇。[176] 伯克认为这些忧虑是没有根据的，而且在当前的紧急情况下这些忧虑是一种奢侈。[177] 正如伯克在写给布里斯托尔商会馆负责人塞缪尔·斯潘的信中所说，有必要"改善这个帝国留给我们的部分，以使每个部分都能在一定程度上为整体的强大

---

171 EB, Speech on Irish Trade, 2 April 1778, W & S, IX, p. 504.

172 "The History of Europe" in The *Annual Register for the Year 1778* (London: 1779), p. 172.

173 *Parliamentary History*, XIX, cols. 1100–2.

174 Ibid., col. 1102. 改革在政府中获得了广泛的支持，参见 McDowell, *Ireland in the Age of Imperialism*, pp. 250–51。

175 *The Annual Register for 1778*, p. 173. 关于贝克和梅雷迪斯参与辩论的情况，参见 *Parliamentary History*, XIX, cols. 1103–5。

176 Ibid., col. 1111.

177 EB, *Two Letters on the Trade of Ireland* (1778), *W & S*, IX, p. 510: "爱尔兰缴纳的税款，与那些最能评估爱尔兰实力的人认为她能承受的税款一样多。"参阅 EB, Speech on Irish Trade, 6 May 1778, *Parliamentary History*, XIX, col. 1121.

和福祉做出贡献。"[178] 贸易自由化的好处还远没有被释放出来。使得这一举措变得紧迫的是需要肯定爱尔兰的意见，以培养一种共同利益感。公开的措施在很大程度上只具有象征意义。正如伯克在给钱皮恩的信中明确指出的那样，它们在很大程度上是"无意义的"，而且如果他们是实质性的，爱尔兰也会因为缺乏资本而无法从这些让步中获得重大利益。与爱尔兰关系的恶化可能会导致叛乱，而下议院决定不能再因另一场叛乱分散英国的注意力。[179]

伯克将有关爱尔兰贸易的决议转交给布里斯托尔的商业冒险家协会（the Society of Merchant Adventurers of Bristol）后，收到了来自斯潘的回信，信中列出了该协会的反对意见，认为两个王国联合是解决争端的最佳途径。[180] 伯克以《关于爱尔兰贸易的两封信》的形式进行了回应。这是一封写给斯潘、哈特福德、考尔斯的信件，他们是布里斯托尔的铁商，这些人也同样反对伯克的立场。伯克承认，两个王国的联合是一个"重大的国家问题"，但在时机尚未成熟之前，他不会就这个问题发表意见。[181] 与此同时，他会处理眼前的局势，将注意力主要集中在英国政府的态度上。英国政府一直在推行帝国主义政策，抱有一种强大的错觉，认为可以根据统治者的意志随意管理国家事务。[182] 这种傲慢专横的态度导致了其与美洲殖民地的分裂。现在，在与爱尔兰的关系中，内阁正设法纠正这一态度，市政商人的狭隘利

398

---

178 EB to Samuel Span, 9 April 1778, *Corr.*, III, p. 426.

179 EB to Richard Champion, 11 April 1778, ibid., p. 427. Cf. EB to Richard Champion, 14 April 1778, ibid., pp. 429–30.

180 关于该提议更广泛的背景，参见 James Kelly, "The Origins of the Act of Union: An Examination of Unionist Opinion in Britain and Ireland, 1650–1800," *Irish Historical Studies*, 25: 99 (May 1987), pp. 236–63。

181 EB, *Two Letters on the Trade of Ireland* (1778), *W & S*, IX, p. 510.

182 Ibid., p.508.

益威胁要复兴嫉妒精神，从而通过扼杀商业来惩罚爱尔兰。考虑到气候的相似性和两个王国之间的邻近性，二者的生产和制造业不可避免地会有重叠。[183] 然而，竞争并不意味着零和博弈："一个扩大的、自由的体系所带来的繁荣，改善了它的所有目标：与繁荣国家进行贸易远好于垄断下的贫困和匮乏。"[184]

为了捍卫帝国对爱尔兰贸易的控制，人们把重点放在了宗主国对安全的贡献上。在伯克看来，这是一个奇怪的适得其反的论点。他指出，军队实际上还施加了不受欢迎的贸易限制。为"压榨"繁荣而维持的军队是奴役民众的工具。[185] 在其他条件不变的情况下，贸易自由是人类最基本的自由。反对贸易自由是基于一种错误的理解，即对他人的公正会给我们自己带来不利。[186] 这种恐惧是不可避免的，但违背了自然权利。伯克写道："上帝把世间赐给了人类。"[187] 在没有压倒一切需要的情况下限制贸易实际上是违反自然规律的。由于这个原因，伯克认为压迫性的监管是不公正的，也是不虔诚的。不受限制的贸易权利立刻变得"更理性、更公正和更虔诚"。[188] 上帝的启示也对自然法做出了规定："人靠自己的劳动获得面包。"[189] 劳动带

183　Ibid., p.509.

184　EB to Samuel Span, 9 April 1778, *Corr*., III, p. 426. Cf. James Caldwell, *An Enquiry how far the Restrictions Laid upon the Trade of Ireland are a Benefit or Disadvantage to the British Dominions in General* (London: 1779), p. 10.

185　EB, *Two Letters on the Trade of Ireland (1778), W & S*, IX, p. 515.

186　Ibid., p.507. 关于对该观点的概括，参见 [Anon.], *Impartial Thoughts on a Free Trade to the Kingdom of Ireland* (London: 1779)。

187　EB, *Two Letters on the Trade of Ireland* (1778), *W & S*, IX, p. 515, citing *Psalms*, 114: 16.

188　Ibid., p. 514. Cf. EB, *Thoughts and Detailson Scarcity* (1795), ibid, p. 137："商业法则是自然法则，因此也是上帝的法则。"关于商业社交的天意基础，参见 Jacob Viner,*The Role of Providence in the Social Order: An Essay in Intellectual History* (Philadelphia: American Philosophical Society, 1972)。

189　Ibid., p.515, citing *Genesis*, 3: 19.

来了财产，而财产是自我保护的工具。根据同样的自然权利，单方面取消契约的义务和交换的自由是不公正的。只有在必要情况下，才能对无约束的生产、消费和需求进行合理的干预。必要情况是指在面对敌对势力时进行自卫的权利。这不适用于英国与爱尔兰的关系，因为这两个王国有着共同的利益。这种共同利益是他们共同的效用："如果爱尔兰对英国有益，那不是因为它受限制的部分，而是因为它自由的部分，尽管它不是无可匹敌的。它的自由越大，英国的优势就越大。"[190] 政治盟友之间的商业竞争只会促进双方的利益。

399

伯克在对 1778 年 5 月 6 日允许殖民地货物进入爱尔兰的法案进行二读时，充分论述了这一观点。他指出，人们对爱尔兰贸易的警觉在很大程度上是基于对其地位的迷惑性幻想。这些担忧源自很早之前的"富国与穷国"的辩论，可以追溯到 17 世纪。[191] 一个普遍的假设是，爱尔兰的低工资经济会带来长期优势，使其在适当时期在市场竞争中获得优势。[192] 伯克估计，英国的贸易机会及其积累的财富比爱尔兰多 40 倍。与此同时，按比例比较，爱尔兰的税收很严格，是英国的 4 倍。这些因素

---

190 Ibid., p. 517.

191 关于这一点，参见 Bernard Semmel, "The Hume-Tucker Debate and Pitt's Trade Proposals," *The Economic Journal*, 75: 300 (December 1965), pp. 759–70; Istvan Hont, "The 'Rich Country-PoorCountry' Debate in Scottish Classical Political Economy" in Istvan Hont and Michael Ignatieff eds., *Wealth and Virtue: The Shaping of Political Economy in the Scottish Enlightenment* (Cambridge:Cambridge University Press, 1983); Idem, "The 'Rich Country-Poor Country' Debate Revisited:The Irish Origins and French Reception of the Hume Paradox" in Margaret Schabas and Carl Wennerlind eds., *David Hume's Political Economy* (London; Routledge, 2007).

192 关于该假设及其后果的讨论，参见 Istvan Hont, "Free Trade and the Economic Limits to National Politics: Neo-Machiavellian Political Economy Reconsidered" in John Dunn ed., *The Economic Limits to Modern Politics* (Cambridge: Cambridge University Press, 1990); David Armitage, *The Ideological Origins of the British Empire* (Cambridge: Cambridge University Press, 2000), chapt. 6。

加在一起，使得爱尔兰贸易将取代其主要竞争对手的担忧化为乌有，这是一种极其错误的看法。[193] 英国对于将爱尔兰帆船布、绳索和铁器出口合法化的回应充分说明了这种盲目的"恐惧"。[194] 很快就有人强烈请愿反对这些措施。[195] 然而，事实证明，这些商品早已可以自由进口。[196] 伯克评论说，请愿者"没有在现实中感受到他们害怕的东西"。[197] 这种担忧的背后隐藏着失去市场份额的幽灵，尽管这种担忧是基于一个基本的误解。在英国和爱尔兰之间实现优势对等是一个持久的问题，可能性也微乎其微——"资本的巨大失衡实际上破坏了平等的可能性，"伯克辩称。[198] 无论爱尔兰的贸易多么自由繁荣，人们从来没有指望它能彻底超越英国。爱尔兰有望在一个自由政体下取得进步，但它与英国之间的不对等仍然存在。伯克的论点遵循休谟的著名论点："任何一个国家的财富和贸易的增长，非但没有损害，反而通常促进了所有邻国的财富和贸易。"[199]"商业竞争对手之间产生的猜忌是缺乏根据的。爱尔兰贸易的发展将永远被英国制造业的进步所抵消。两国都将继续为自己的商品寻找合适的销售渠道。伯克声称，"劳动力水平低是一个毫无价值

400

---

193 EB, Speech on Irish Trade, 6 May 1778, *W & S*, IX, p. 521.

194 "恐惧"出自 EB, Speech on Irish Trade, 5 May 1778, ibid., p. 519。对"荒谬"倾向发出警报，参见 EB, Speech on Irish Trade, 4 May 1778, ibid., p. 518。

195 *CJ*, XXXVI, p. 950. See EB, *Letter to Thomas Burgh* (1780), *W & S*, IX, p. 549: "请愿书一封接一封。"

196 只有在爱尔兰议会对其出口给予奖励时，帆布才会受到限制，参见 23 Geo II, c. 32。铁的进口是被允许的，参见 7 and 8 Will. III, c. 5。

197 EB, Speech on Irish Trade, 6 May 1778, *W & S*, IX, p. 522.

198 Ibid., p. 521.

199 David Hume, "Of the Jealousy of Trade" in *Essays*, p. 328. 关于明确使用休谟的观点来支持爱尔兰的案例，参见 William Eden, *A Letter to the Earl of Carlisle on the Representations of Ireland respecting a Free Trade* (Dublin: 1779), pp. 27–28。

的论点"：到爱尔兰制造业能够与英国产品匹敌的时候，这两个司法管辖区的劳动力价格将会持平。[200]

到了1779年，英国商业利益集团成功地约束了对爱尔兰贸易限制的放松，这在都柏林引起了恐慌。自1778年以来，为保卫王国而组成的志愿军队伍不断壮大。西班牙比法国晚一年加入美洲战争。由于爱尔兰军队已经越过大西洋作战，爱尔兰南部暴露在危险之中。为了应对1778年新的民兵法案的失败，在自愿基础上成立的军事协会为国内防御提供了保障。小规模的本地军团在十年前就已形成，但在1778年，组建全国规模的志愿军队伍的势头越来越猛。[201]志愿兵人数从1779年的1.5万人上升到1780年的4万多人。[202]根据刑罪法规，天主教徒被禁止携带武器，他们在很大程度上被排除在这种公众的力量展示之外。不久，志愿兵开始大展拳脚。1779年11月4日，一支都柏林分遣队在这座城市里集结，呼吁贸易自由。[203]当年早些时候，抵制英国商品的呼声高涨，一场不进口运动在爱尔兰南部蔓延开来。1779年3月，伯克抗议说，政府正在失去帝国的一部分，"现在很可能将另一部分也推向了叛乱"。[204]爱尔兰下议院中反对英国政府的呼声高涨。都柏林议会一致通过了沃尔特·赫西·伯尔支持自由贸易的修正案，诺斯不得不在1779年12月之前让出羊毛和玻璃的出口权。

伯克对志愿兵的态度混杂着无奈和惊慌。由于爱尔兰的法

---

200 EB, Speech on Irish Trade, 6 May 1778, *W & S*, IX, p. 522.

201 McDowell, *Ireland in the Age of Imperialism*, pp. 255–6.

202 Connolly, *Divided Kingdom*, p. 403.

203 有关周围的辩论，参见 George O'Brien, "The Irish Free Trade Agitation of 1779," *English Historical Review*, 38 (October 1923), pp. 564–81 and 39 (January 1924) pp. 95–109。

204 EB, Speech on Irish Trade and the State of Ireland, 12 March 1779, *W & S*, IX, p. 530.

401　律防御规定已经失效，民众"有权利"武装自己。[205] 然而，他们这样的做法并不令人欣慰。伯克惊讶地发现，英国下议院几乎忽视了这些构成"非法军事力量"的公民士兵。[206] 年底，诺斯勋爵试图通过追认的方式将爱尔兰迅速发展的军事组织合法化，但是伯克对诺斯勋爵姗姗来迟的努力持怀疑态度。[207] 他担心很可能发生民众叛乱，并悲观地指出，军队正在选举自己的军官。[208] 他赞扬爱尔兰大法官拒绝在上议院投票赞成建立志愿兵队伍。[209] 然而，尽管广泛的军备在爱尔兰是一个令人担忧的发展，但它显然是英国政府愚蠢行为的产物。[210] 被宗主国唾弃的"姐妹"王国开始认为自己是"自由和独立的"。这一趋势让人想起美洲殖民地的反应，那里的反抗随着粗暴的权力行为而稳步升级。[211] 面对诺斯的贸易让步，罗金汉派的反应受到了爱尔兰议员的批评，伯克详细阐述了他对志愿军的态度。[212] 他略带讽刺地承认，他所扮演的被动角色与爱尔兰辉格党的积极姿态形成了鲜明对比。他挑衅地补充道，爱尔兰辉格党"带领着 4 万名士兵"。[213] 他还透露了自己更倾向于在逐步扩大对爱

205　Ibid.

206　Ibid., p. 531. 关于伯克对志愿兵的回应，参见 Conor Cruise O'Brien, *The Great Melody: A Thematic Biography of Edmund Burke* (London: Sinclair Stevenson, 1992), pp. 178ff。

207　EB, Speech on Trade Concession to Ireland, 6 December 1779, *W & S*, IX, p. 540. 福克斯的回应更为乐观，参见 *Parliamentary History*, XX, cols. 1226ff。

208　EB, Speech on Trade Concession to Ireland, 6 December 1779, *W & S*, IX, pp. 540–41.

209　Ibid., p. 541. 伯克前一年春天与爱尔兰大法官有过接触，参见 EB to the Marquess of Rockingham, 30 April 1779, *Corr.*, III, p. 66。

210　伯克急于掩盖英国被迫谈判的弱势地位，参见 EB to the Marquess of Rockingham, 9 May 1779, *Corr .*, IV, pp. 70–71。

211　EB, Speech on Trade Concession to Ireland, 6 December 1779, *W & S*, IX, pp. 538–40.

212　他的详细回应，参见 Thomas Burgh to EB, 27 January 1780, *Corr.*, IV, pp. 201– 2。

213　EB, *Letter to Thomas Burgh* (1780), *W & S*, IX, p. 546.

尔兰的商业让步之前，先让英国议会接受自由贸易原则。[214] 相比之下，以武力威胁来获取国家利益是狭隘的，而且有可能颠覆英国宪法。

事实上，这完全是颠覆性的，尽管在法律上是合理的。爱尔兰人正处于胜利的初期，从他们明显的军事实力中获得了信心。[215] 他们最好反思一下自己的行为可能会导致的后果。一支民兵未经授权就被召集起来。这只能说是在抵抗权方面的合法行为。伯克说，这支军队"与其说与法律的精神相抵触，不如说取代了法律的精神"。由于其正当性并非基于宪法程序，它必须源自一个"更高的"权威。[216] 那便是民众的抵抗权，面对国民防卫的需要，这种权利不能被否认。正如伯克后来在 18 世纪 90 年代所坚持的，这是绝望中的最后权宜之计，也是一种危险的补救方法。士兵们不能提供一个永久的政治解决方案，"只能为你们的自由提供一个可怜的庇护所"。[217] 从爱尔兰议会的姿态中可以看出，它对英国政府的信任是以牺牲反对派的利益为代价的，反对派"由国家中大部分的独立有产者和独立阶层构成"。[218] 爱尔兰人在很大程度上采用了违宪手段，他们的做法有可能推翻帝国内部的权力平衡：他们成功地胁迫了王室，从而间接地威胁到了英国下议院，加强了国王制衡议会的权力。[219] 第二年，伯克强调了他的不安："爱尔兰建立了一支独立的军队，这是一个重要的考虑因素；更重要的是，这

402

---

214 Ibid., p. 549.

215 Ibid., p. 546, 548.

216 Ibid., p. 557.

217 Ibid., p. 548.

218 Ibid., p. 547.

219 Ibid., p. 558-9.

关系这个国家的自由。"[220] 正如伯克在 1780 年向布里斯托尔选民解释 1778 年爱尔兰的情况时所说，整个国家"瞬间陷入火海"。为了抵御来自法国的威胁，爱尔兰人实际上"抛弃"了英国。当时，这个国家处于"流血和混乱"的边缘。爱尔兰用手中的武器要求自由，没有得到任何法律的支持。英国根本无法阻止这一行动：在这个姐妹王国，没有一个行政官员或司法机构会承认国王军队在该国的权威。[221]

志愿军的威胁一直持续到 1782 年。在查尔蒙特勋爵的领导下，2 月 15 日，周五，在阿尔马，第一个邓甘嫩会议决定，爱尔兰应被授予立法独立；应该修改限制爱尔兰法律传播的《波伊宁斯法》；爱尔兰法官应被授予任期保障；应该同意一项有限的叛乱法案。[222] 弗朗西斯·多布斯说："各地的志愿军都向他们示以敬意和掌声。"[223] 3 月 14 日，爱尔兰议会休会四周，在此期间，诺斯政府倒台了。到月底，罗金汉领导的政府取得了成功，伯克担任了主计长。4 月 8 日，也就是新内阁成员上任那一天，爱尔兰前布政司威廉·艾登（William Eden）提议废除确立爱尔兰立法从属地位的《宣示法案》。[224] 伯克回应说，这是一项影响巨大的提议，有可能"撕裂英格兰和爱尔兰之间的关系"。[225] 几天之内，他就向老朋友、爱尔兰议会议

---

220 EB, Speech on Mutiny Bill, 20 February 1781, ibid., p. 564。 塞缪尔·约翰逊（Samuel Johnson）对叛乱的指控，载于 *Dr. Campbell's Diary of a Visit to England in 1775*, ed. J. L. Clifford (Cambridge: Cambridge University Press, 1947), pp. 94–95。

221 EB, Speech at Bristol Previous to the Election, 6 September 1780, *W & S*, III, pp. 630–31.

222 Edmund Curtis and R. B. McDowell eds., *Irish Historical Documents, 1172–1922* (London: Routledge, 1943), pp. 233–5. 对此的一个同时期描述，参见 Charles Henry Wilson, *A Compleat Collection of the Resolutions of the Volunteers, Grand Juries &c. of Ireland* (Dublin: 1782)。

223 Francis Dobbs, *A History of Irish Affairs* (Dublin: 1782), pp. 65–66.

224 *Parliamentary History*, XXII, cols. 1241–46.

225 EB, Speech on Irish Crisis, 8 April 1782, *W & S*, IX, p. 581.

员、三一学院教务长约翰·赫利·哈钦森详细阐述了自己的立场："所期望的废除只会让英国立法机构蒙羞，而不会在任何程度上为爱尔兰立法机构服务。"[226] 伯克并不希望看到爱尔兰的立法程序脱离英国的议会程序。[227] 然而，政府必须做出一些让步，因为"任何不情愿的关系"都不可能成为"强有力的关系"。[228] 尽管如此，伯克还是希望引入"一些明确而坚实的解决方案"来确立两个王国各自的权利。[229] 仅仅废除法案是一种空洞的姿态，缺乏具体的宪法依据。目前需要的是一项规范两国关系的契约。

1782 年 4 月 16 日，亨利·格拉坦在爱尔兰下议院提议将邓甘嫩决议的主要内容告知国王。[230] 罗金汉觉得有必要答应这个要求。6 月，英国议会废除了《宣示法案》，并于 7 月同意修改《波伊宁斯法》的条款。伯克被迫接受这一不可避免的事实，认识到爱尔兰"将被置于与英国平等的地位上"。[231] 然而，即使在这种背景下，他也提醒听众，英国权力的自由裁量权没有法律上的限制。爱尔兰王国已被赋予平等地位，尽管事

226　EB to John Hely Hutchinson, post 9 April 1782, *Corr.*, IV, p. 440.

227　Thomas H. D. Mahoney, *Edmund Burke and Ireland* (Cambridge, MA: Harvard University Press, 1960), pp. 132–33.

228　EB to the Earl of Charlemont, 12 June 1782, *Corr.*, IV, p. 460.

229　EB to John Hely Hutchinson, post 9 April 1782, ibid., p. 440. 这一观点得到了大多数罗金汉党人的认同，参见 P. J. Marshall, *Remaking the British Atlantic: The United States and the British Empire after American Independence* (Oxford: Oxford University Press, 2012), pp. 139–40。

230　他演讲的出版文本，参见 *The Speeches of the Right Hon. Henry Grattan*, ed. Daniel Owen Madden (Dublin: 1871), p. 70。

231　EB, Speech on Irish Affairs, 17 May 1782, *W & S*, IX, p. 582. 尽管如此，他还是在 1782 年 6 月 7 日向托马斯·刘易斯·奥贝恩（Thomas Lewis O'Beirne）保证说："我对你在下议院和整个王国里感觉到的喜悦感同身受（参见 *Corr*., IV, p. 457）。"

实上它仍然是"不太强大的国家"。[232] 伯克后来说，这个国家现在可能在"宪法上"独立了，但"在政治上她永远不可能独立"。[233] 伯克在生命的最后一年再次重申了这一洞见："从根本上来说，爱尔兰实际上没有其他选择，我的意思是没有其他理性的选择。"[234] 亨利·弗拉德已经对格拉坦的"革命"感到不满，他试图通过进一步"放弃"英国在爱尔兰的立法权来确保爱尔兰的独立。[235] 面对这种对英国议会尊严的企图，伯克强调，"废除对爱尔兰的立法权或司法权的所有主张在任何情况下都是不可逆的"。[236] 然而，他仍然敏锐地意识到新的宪法安排背后的权力现实。1783 年夏，他向查理蒙特承认，"爱尔兰是一个独立的王国。"[237] 尽管如此，各种形势依然显示出英国的优越地位，爱尔兰在任何时候都应该明智地考虑到这一点。[238]

伯克对帝国中存在两个相辅相成的立法机构感到不安，他意识到这可能会造成相互猜忌。[239] 1782 年 5 月，他提醒爱尔兰总督波特兰公爵："旧的纽带已经断裂。"[240] 今后将如何处理

232　EB, Speech on Irish Commercial Propositions, 19 May 1785, *W & S*, IX, p. 591.

233　EB to the Rev. Thomas Hussey, 18 May 1795, *Corr.*, VIII, p. 247.

234　EB to Unknown, February 1797, *Corr.*, IX, p. 257.

235　有关周围的辩论，参见 Stephen Small, *Political Thought in Ireland, 1776–1798* (Oxford: Oxford University Press, 2002), pp. 113–15。

236　EB, Speech on Affairs of Ireland, 20 December 1782, *W & S*, IX, p. 583.

237　EB to the Earl of Charlemont, 5 August 1783, *Corr.*, V, p. 103.

238　爱尔兰的法案在提交给乔治三世时，仍将受到英国枢密院和法律官员的审查，参见 J. C. Beckett, "Anglo-Irish Constitutional Relations in the Later Eighteenth Century" in idem, *Confrontations: Studies in Irish History* (London: Faber and Faber, 1972)。

239　在这方面，约翰·海利·哈钦森认为，废除《宣示法案》可能"导致两个王国间的异议与不和"，参见 John Hely Hutchinson to EB, 6 April 1782, *Corr.*, IV, p. 436。他的语气表明，他希望伯克会同意他的立场，参见 EB to French Laurence, 20 November 1796, *Corr.*, IX, p. 126。

240　EB to the Duke of Portland, 25 May 1782, *Corr.*, p. 455.

事务仍有待观察。英国已经提供了一个"可怕"的例子，说明滥用权力会如何激化宗主国和殖民地间的关系。现在，爱尔兰有责任不重复这种做法，即用高压手段胁迫英国。[241] 短期的关系缓和不能保证爱尔兰的独立：未来发生摩擦的可能明显存在。在格拉坦议会成立 14 年后，伯克重申了他最初的不满："众所周知，我从不喜欢爱尔兰的完全独立。在我看来，它没有为其自由增加任何安全保障，反而使其脱离了帝国共同宪法的保护。"[242] 爱尔兰已经有了立法自主权，但在行政效率和宪法自由方面几乎没有取得任何进展。相反，爱尔兰的管理被掌握在一个限制性小集团手中。[243] 伯克在去世前一直对这种安排感到遗憾。爱尔兰最繁荣的时候是服从于"帝国政治"的时候，它注定要与英国同盛同衰。[244]

　　威廉·皮特对两个王国间的竞争前景同样感到担忧。到 1784 年，在都柏林议会中已经出现了对保护性关税的要求。因此，皮特开始寻求方法，使两国"行使立法权利时，既不会相互冲突，也不会阻碍双方在共同关心的问题上进行必要、务实和积极的协作"。[245] 要实现这一目标，就必须提出一项商业解决方案，修订《航海法案》，在两国之间建立产品自由贸易，

405

241　Ibid.

242　EB to Earl Fitzwilliam, 20 November 1796, *Corr.*, IX, p. 122. 伯克甚至把这项措施归咎于诺斯勋爵，明显地将其归咎于前一届政府的行为（ibid., p.123）。

243　参见 EB to Sylvester Douglas, post 30 December 1793, *Corr.*, VII, p. 509。

244　EB to Unknown, February 1797, *Corr.*, IX, p. 257.

245　Lord Ashbourne, *Pitt: Some Chapters in His Life and Times* (London: 1898), pp. 85–86.

并在商业关税方面确保某种形式的互惠。[246]1784 年 12 月中旬至 1785 年 1 月初，双方就这一雄心计划相关的 11 项商业提议的细节进行了激烈的谈判。[247]2 月，爱尔兰布政司托马斯·奥德将该计划提交给爱尔兰议会。其中包括一项措施，将爱尔兰世袭资金的所有盈余用于支持帝国。[248] 为帝国捐款的计划在爱尔兰引发了反对，而对于国内制造业的担忧引发了英国城镇的抗议。1785 年 8 月，当修改后的方案（已扩大到 20 个提案）提交给爱尔兰议会时，反对意见已经集中在对爱尔兰立法机构的限制上，这一限制意味着要求在爱尔兰复制英国的殖民地法规。皮特的计划显然要失败了。

伯克于 1785 年 2 月和 5 月两次介入有关商业提议的辩论。1784 年大选失利后，反对党仍旧心有余悸，而皮特坚持要延长对福克斯竞选威斯敏斯特议员的审查时间，这更使反对派的境况雪上加霜。福克斯和诺斯希望在爱尔兰问题上纠缠皮特，让他难堪，威廉·艾登和谢菲尔德勋爵为皮特提供了后备支持。[249] 在谈到动员辉格党的问题时，伯克觉得福克斯没有一套连贯的原则，不管发生什么事，福克斯都要中伤政府。[250] 这两人之间的裂痕已经开始显现。即便如此，伯克还是和他的朋友

246　Vincent T. Harlow, *The Founding of the Second British Empire, 1763–1793* (London: Longmans,1952–1964), 2 vols., I, pp. 558 ff.;John Ehrman, *The Younger Pitt: The Years of Acclaim* (London: Constable, 1969, 1984), pp. 197–99. 更广泛的知识背景，参见 James Livesey, "Free Trade and Empire in the Anglo-Irish Commercial Propositions of 1785," *Journal of British History*, 52: 1 (January 1785), pp. 103–127。

247　James Kelly, *Prelude to Union: Anglo-Irish Politics in the 1780s* (Cork: Cork: University Press, 1992), p. 96.

248　Ehrman, *Pitt: The Years of Acclaim*, p. 203.

249　Paul Kelly, "British and Irish Politics in 1785," *English Historical Review*, 90: 365 (July 1975), pp. 536–63.

250　EB to William Windham, 14 October 1784, *Corr.*, v, p. 177.

们坚决反对政府。[251]1785 年 2 月 21 日，他抱怨政府的措施缺乏真正的互惠，并表示，鉴于爱尔兰最近对其支出的管理，他怀疑爱尔兰是否有能力为帝国提供收入。[252]5 月 19 日，他重申了他的疑虑，但也更深入地考虑了两国之间的关系，解释了在两个国家间的竞争中他的忠诚度在哪里。[253] 一周前，福克斯曾表示，他认为皮特的提议损害了爱尔兰的立法独立。[254] 在七天后的辩论中，伯克转而考虑爱尔兰的立法自主权意味着什么。自由贸易当然是可取的，但首先需要在原则上确立自由贸易，然后在不损害英国利益的情况下从战略上引入自由贸易。欠考虑的互惠可能会导致制造业的减少，而英国目前的债务水平无法承受这一点。[255] 英国的不幸将意味着其姐妹王国爱尔兰的毁灭，爱尔兰在权威和财富上仍然从属于宗主国。这两个岛屿间或许可能建立法律上的平等，但英国的实际优势事实上是一种"自然法则"。最终是英国人扛起了帝国的重担，挥舞着"推动世界前进的伟大三叉戟"。[256]

8.4　迫害和宽容：天主教救济和戈登暴乱

美洲危机在对爱尔兰的商业产生了负面影响的同时，也引

---

251 一本往往被认为是伯克所作、讨论同时代反对派权威的小册子，参见 [Anon.], *A Reply to the Treasury Pamphlet, Entitled "The Proposed System of Trade with Ireland Explained* (London: 1785)。伯克当时在下议院公开谈论爱尔兰的商业，似乎不太可能匿名发行一本有关爱尔兰商业的小册子，参见 William B. Todd, *A Bibliography of Edmund Burke* (Godalming: St. Paul's Bibliographies, 1982), p. 272。

252 EB, Speech on Irish Commercial Propositions, 21 February 1785, *W & S*, IX, pp. 586–87.

253 伯克对其分裂的忠诚的更多描述，参见 EB, Speech on Irish Commercial Propositions, ibid., p. 590。Cf. *Morning Post*, 20 May 1785.

254 *Parliamentary History*, XXV, col. 610.

255 EB, Speech on Irish Commercial Propositions, *W & S*, IX, p. 590.

256 Ibid., p. 591. 这与希腊神话中的波塞冬有关，波塞冬手持三叉戟，撼动世界。

发了更广泛的天主教解放问题。1777 年，伯克写信给查尔斯·詹姆斯·福克斯，指出爱尔兰的历史未能指导英国在美洲的政策。他若有所思地说："毫无疑问，爱尔兰政府应该永远教导各方势力在取得胜利时保持克制。"为反对一个民族而出台的立法只会滋生对法律的敌意，使那些没有什么可失去的人或多或少地成为既定权力的"危险"。[257] 但是，即便在为殖民地制定政策时忘记了爱尔兰的教训，美洲的状况仍然促使英国在其他地方放宽限制。1778 年 4 月 7 日，在就商业政策的自由化进行辩论时，托马斯·汤森提出了针对爱尔兰天主教徒的刑罪法规问题。他说，他希望爱尔兰能摆脱长期的束缚。[258] 然而，正如诺斯勋爵所指出的那样，由于反天主教法在很大程度上起源于爱尔兰议会，因此必须从都柏林开始纠正。[259] 在 18 世纪 60 年代，布莱克斯通指出，对王位觊觎者斯图亚特的恐惧在英国几乎已经消失，欧洲教宗的权力已经下降到微弱的程度。[260] 不到 20 年，伯克就宣称，宽容是"在最好的气候下迟熟的一颗果实"。[261] 罗马天主教信仰在荷兰仍很兴盛，即便当时它被官方禁止了，最近在征服西里西亚之后，罗马天主教也得到了容忍。[262] 伯克在 1780 年初指出，即使在爱尔兰，具有"自由

---

257 EB to Charles James Fox, 8 October 1777, *Corr.*, III, p. 387.

258 *Parliamentary History*, XVII, col. 1111.

259 Ibid., col. 1112.

260 William Blackstone, *Commentaries on the Laws of England* (London: 1765–1769), 4 vols., IV, p.57. 这段话由伯克抄写，可见 WWM BkP 27: 205。

261 EB, Thoughts on Approaching Executions, 10 July 1780, *W & S*, III, p. 614.

262 Christine Kooi, "Popish Impudence: The Perseverance of the Roman Catholic Faithful in Calvinist Holland, 1572–1620," *Sixteenth Century Journal*, 26: 1 (Spring 1995), pp. 75–85; Francis Kugler, *The Life of Frederick the Great, Comprehending a Complete History of the Silesian Campaigns* (New York:Perkins, 1902), chapt. 17.

精神"的人也开始崭露头角了。[263] 同年伯克称，这是一个"启蒙的时代"。[264] 他当时在研究欧洲基督教各教派的命运。1747年，腓特烈大帝在信奉新教的柏林建造了圣海德薇天主教堂。在玛丽亚·特蕾莎治下的奥地利，新教逐渐得到发展，而在古斯塔夫斯三世治下的瑞典，天主教逐渐得到发展。[265] 然而，在爱尔兰，天主教徒的地位在四分之三个世纪里没有发生过改变。格林纳达的天主教徒于1768年获得了选举权；1774年，宗教宽容政策扩展到魁北克省。[266] 同年，爱尔兰议会通过了一项测试提案，用以确保他们对现有政权的忠诚。在爱尔兰教会德里主教弗雷德里克·赫维的倡导下，该宣誓仿照了法国教会的加利肯（Gallican）条款，为爱尔兰考虑放宽刑罪法规扫清了道路。

到18世纪70年代，天主教委员会已经为争取救济奋斗了十多年；爱尔兰各地都公开举行宗教仪式；此外，对英国军队雇用天主教徒的争议也经常被讨论。与此同时，爱尔兰议会通过了一项法案，允许天主教徒将钱投资于土地抵押贷款，同时

---

263 EB to Lord Kenmare, 22 January 1780, *Corr.*, X, p. 7.

264 EB, Speech at Bristol Previous to the Election, 6 September 1780, *W & S*, III, p. 651.

265 参见ibid., pp.651–52., 伯克在《救济法案》通过二年后发表了这些看法。玛利亚·特蕾莎（Maria Theresa）对此持较为怀疑的态度，参见 Derek Beales, *Joseph II: In the Sharia Theresa, 1741–1780* (Cambridge: Cambridge University Press, 1987), pp. 465–66。关于瑞典的情况，参见 H. A. Barton, "Gustavus III of Sweden and the Enlightenment," *Eighteenth-Cen Studies,* 6: 1 (1972– 1973), pp. 1–34。

266 格林纳达的局势被证明是一个短暂的插曲。对爱尔兰天主教徒的宽容是在更广泛的帝国背景下讨论的，参见 Jacqueline Hill, "Religious Toleration and the Relaxation of the Penal Laws: An Imperial Perspective, 1763–1780," *Archivium Hibernicum* , 44 (1989), pp. 98–109。关于格林纳达，参见 John Garner, "The Enfranchisement of Roman Catholics in the Maritimes," *Canadian Historical Review*, 34: 3 (1953), pp. 203–18。

还通过了一项措施，允许天主教徒长期租用沼泽地。[267] 但是，1778 年，随着一位富裕的都柏林议员卢克·嘉丁纳提出的一项法案的通过，改革反天主教法的第一次实质性尝试开始了，该法案允许天主教徒持有 999 年的土地租赁期限，并可以把财产完整的交给一个继承人。[268] 鉴于最近对英国天主教徒的宽容，英国政府发起了这项措施。[269]6 月 3 日，乔治·萨维尔爵士的议案获得了英国王室的御准，该议案建议废除反对天主教在英国发展的法案。[270] 随后，理查德·卡文迪什提出废除禁止天主教徒购买没收财产的动议，伯克指出，该动议以"一致和满意的结果"获得通过。[271] 伯克后来评论说，这项立法背后的价值观是"这个王国里所有因学识、正直和能力而出类拔萃的人，以及所有党派和各类人等"所共有的。[272]

4 月 25 日，爱尔兰下议院议长埃德蒙·塞克斯顿·佩里

267 W. J. Amherst, *The History of Catholic Emancipation and the Progress of the Catholic Church in the British Isles* (London: 1886), 2 vols., I, chapt. 1; W. E. H. Lecky, *History of Ireland in the Eighteenth Century* (London: Longmans, Green and Co., 1913), 4 vols., II, pp. 180ff.; Eamon O'Flaherty, "Ecclesiastical Politics and the Dismantling of the Penal Laws in Ireland, 1774–1782," *Irish Historical Studies*, 26 101 (May 1988), pp. 22–50.

268 17 and 18 Geo. III, c. 4.

269 Robert E. Burns, "The Catholic Relief Act in Ireland, 1778," *Church History*, 32: 2 (June 1963), pp. 181–206; Robert Kent Donovan, "The Military Origins of the Roman Catholic Relief Programme of 1778," *Historical Journal* , 28: 1 (March 1985), pp. 79–102; Thomas Bartlett, *The Fall and Rise of the Irish Nation: The Catholic Question, 1690–1830* (Dublin: Gill and Macmillan, 1992), pp. 82–92;Karen Stanbridge, *Toleration and State Institutions: British Policy towards Catholics in Eighteenth-Century Ireland and Quebec* (Oxford; Lexington Books, 2003), pp. 167–77.

270 人们普遍认为，萨维尔的法案是伯克起草的，参见 Paul Levack, "Edmund Burke, His Friends, and the Dawn of Irish Catholic Emancipation," *The Catholic Historical Review,* 37: 4 (January 1952), pp. 385–414. 他肯定写了序言，参见 EB, Preamble for Catholic Relief Bill, May 1778, *W & S*, III, pp. 384–85。

271 EB to Edmund Sexton Perry, 19 May 1778, *Corr.*, III, p. 449.

272 EB to Job Watts, 10 August 1780, *Corr.*, IV, p. 261.

向伯克证实，嘉丁纳的措施意在效仿萨维尔的法案。[273] 伯克本人在 1778 年 6 月初阐明了英国的战略："议会希望在不使用权力的情况下，尽可能清楚地向爱尔兰说明自己的意思。"[274] 英国已经树立了一个榜样，他们希望爱尔兰通过引入伯克后来所说的"初步的宽容计划"来效仿这一榜样。[275]

在议会生涯的早期，即 1771 年 4 月中旬，伯克在关于一项旨在规范东印度公司征兵法案的辩论中，曾反思了爱尔兰罗马天主教徒的处境。允许他们加入公司部队的提议涉及一些风险，因为天主教徒被信任可以使用武器，但是不享有公民权利的特殊地位。伯克抱怨说，把防御委托给那些被剥夺了"人类社会"权益的个人是"不体面的"。[276] 政府最好通过缓和"被压迫民众"的不满来减少迫害。[277] 到目前为止，政策的重点一直是争取皈依者，而不是增加他们的公民福利。正如一位不愿透露姓名的小册子的作者所说，刑罪法规的目的是防止天主教的进一步发展。民众在王国法律和公民宪法中拥有利益，这将促进人们的勤奋，并有助于驱散无知的迷雾，而提升该利益最好的办法是保护财产安全。在这一点上，匿名作者总结道，信仰改变将与启蒙同步进行。[278] 然而，伯克对积极寻求信仰的一致持怀疑态度，无论基督教会的统一多么令人向往。在一份关于爱尔兰新

273　Edmund Sexton Perry to EB, 25 May 1778, *Corr.*, III, p. 450.

274　EB to Unknown, c. 3 June 1778, ibid., p. 455. 伯克在 1778 年起草了英国天主教徒寻求刑罪法规救济的请愿书，参见 EB, Draft Address for the Catholics, April 1778, *W& S,* III, pp. 376–79.

275　EB, Speech at Bristol Previous to the Election, 6 September 1780, ibid., p. 649.

276　EB, East India Recruitment Bill, 12 April 1771, Cavendish Diary, Eg. MS. 229, fols. 24–25.

277　*General Evening Post*, 16 Apr 1771.

278　[Anon.], *An Enquiry into the Policy of the Penal Laws Affecting the Popish Inhabitants of Ireland* (London: 1775), pp. 87–89. The pamphlet was reviewed in *the Monthly Review*, 53 (July 1975), pp. 17–21.

教徒态度的手稿笔记中，他评论说，天主教徒"要么成为他们的皈依者，要么成为他们的奴隶"。[279] 这种态度与合理的国家理性相矛盾，而合理的国家理性总是排除迫害的可能性："任何一部好的政体宪法都不会为了其安全而使其部分臣民成为永久的奴隶。"[280]

伯克对天主教宽容的承诺在他与塞克斯顿·佩里的通信中体现得最为明显，这些通信主要发生在嘉丁纳法案被爱尔兰下议院讨论、通过期间。该法案的支持者面临着"巨大的偏见"，因为他们试图恢复超过 150 万人的公民权利。[281] 天主教徒"在他们自己的国家是外人……是受莫须有指控的不法之徒"。[282] 伯克坚持认为，不应将地方治安官与改宗者混为一谈，后者寻求为使徒们服务，而不是一个共同体内的公民。他回顾了印度的情况，英国人统治着印度大片的领土，这些领土既是异教徒的，也是穆斯林的。试图改变或消灭这些现存的信仰是荒谬的。这个国家的信仰不能被改造，尽管它需要被治理，为了它自己的利益，也为了"我们的利益"。[283] 伯克认为嘉丁纳的措施是有限的，但在寻求迎合一个基本原则方面是必要的。爱尔兰展示了一个受压迫"群众"的景象，他们在公民权利方

---

279 Northamptonshire MS. XXVII, 2.

280 Northamptonshire MS. XXVII, 95.

281 伯克认为爱尔兰的天主教人口有 1,600,500 人，参见 EB, Speech at Bristol Previous to the Election, 6 September 1780, *W & S*, III, p. 650。现代评估认为该国总人口约为 400 万，天主教徒占四分之三，参见 K. H. Connell, *The Population of Ireland, 1750–1845* (Oxford: Oxford University Press, 1950), pp. 4–5, 25, 伯克估计，相比之下，英格兰有 5 万天主教徒 (参见 EB, Speech at Bristol Previous to the Election, 6 September 1780, *W & S*, III, p. 650)。最近这一数字被认定为 6 万，参见 T. G. Holt, "A Note on Some Eighteenth-Century Statistics," *Recusant History,* 10 (1969–1970), pp. 3–11。

282 EB to Edmund Sexton Perry, 16 June 1778, *Corr.*, III, p. 457.

283 Ibid., p. 438.

面是不完善的，在宗教信仰的选择上受到迫害。目前的措施使
人们丧失了最基本的资格——无法安全持有和转让财产。正如
伯克当时对一位不知名的通信者所说，该法案"肯定了财产
在获得时应得到鼓励，在持有时应得到安全"。[284] 在英国，围
绕这一权利存在着一种共识，为圣公会和长老会、辉格党和
托利党的团结提供了理由："这是所有人的明确意见，"伯克宣
称，"在英国的每一寸领土上，财产应该享有相同的安全与自
由。"[285] 1778 年 8 月 6 日，该法案在爱尔兰下议院获得通过，
伯克为其受益者很快将"拥有一个国家"而感到高兴。[286] 随着
志愿军队伍在全国各地集结起来，其反对者肯定会发泄他们的
失望：伯克在给他的天主教堂兄加瑞特·纳格尔的信中写道，
"此时会有很多武装，很多虚张声势，还有很多假装的恐惧和
担忧。"[287] 在这种情况下，谦虚地迎接胜利才是明智的。

　　伯克认为，宽容是启蒙思想的一个重要组成部分。[288] 他遵
循了宗教改革的标准历史，认为改革后的宗教摆脱了"黑暗时
代"的迫害特征，而这些迫害特征起源于原始教会。[289] 爱尔兰
的人口结构使得宽容成为特别紧迫的需求。"我们认为，"伯克
宣称，"在任何情况下，少数人都不应成为多数人的牺牲品。"
事实上，他更进一步指出：而无论哪里不幸出现利益争夺，

410

---

284 EB to Unknown, c. 3 June 1778, ibid., p. 455.

285 Ibid., pp.455–56.

286 EB to Edmund Sexton Perry, 12 August 1778, *Corr.*, IV, p. 14.

287 EB to Garret Nagle, 25 August 1778, ibid., p. 19.

288 EB to Unknown, c. 3 June 1778, *Corr.*, III, p. 456.

289 Gilbert Burnet, "Epistle Dedicatory" to *The History of the Reformation of the Church of England...The First Part* (London: 1715); Gilbert Burnet, Preface to Lucius Caecilius Firmianus Lactantius, *A Relation of the Death of the Primitive Persecutors* (Amsterdam: 1687), p. 27.

"为了众人的安全，少数人应该让渡自己的权力"。[290]1765 年，伯克在《有关反天主教法的小册子》中表示，"皈依新教的儿子继承天主教父亲的财产"这种想法非常可怕。1778 年 6 月 16 日，当嘉丁纳的法案的前景看起来不太乐观时，爱尔兰下议院正在讨论一项修正案，即皈顺新教的孩子将得到抚养费，而不是他父母的财产。伯克向塞克斯顿·佩里详细阐述了这项法案的卑劣性。它诉诸表面上的宗教原则，将其作为破坏家庭道德关系的一种手段："败坏家庭关系无异于毒害源泉：共同体的源泉在家庭内部，因此家庭的错误将是无法挽回的。"[291]嘉丁纳法案通过后，1780 年秋，在 16 世纪天主教会分裂以来更广泛的宗教动荡背景下，伯克尝试研究保障该法案的方法。爱尔兰宗教敌意的持续存在表明其宗教改革尚未完成。反天主教法应该被视为迫害的残余，而不是新教信仰的支柱。伯克进一步认为，以公开的暴力进行的迫害可能小于制定法律过程中造成的迫害。特别是，干涉财产和家庭的刑罪法规是"对我们本性的败坏"。他们用一种阴险残酷的政策，立刻败坏了人类的权利和感情。[292]

伯克一生都对宗教沙文主义的根源感兴趣。它的解释蕴藏于宗教改革本身的动力之中。虽然试图清除天主教的迷信和暴政是"人类最伟大的进步"之一，但这项努力很快就遇到了困难和逆转。[293]世俗利益与更高的救赎目的是不同的，但两者在实践上常常结合在一起。无论是在未经改革的教会统治下，还是在宗教战争期间，两者都纠缠在一起。伯克在这里含蓄地反

---

290 Northamptonshire MS. A. XXVII. 2.

291 EB to Edmund Sexton Perry, 16 June 1778, *Corr.*, III, p. 457.

292 EB, Speech at Bristol Previous to the Election, 6 September 1780, *W & S*, III, p. 640.

293 Ibid., p.639.

对了自然神论的普遍指控，即宗教是 17 世纪内战的根源。事实上，伯克认为，当时的宗教情绪被权力本能贬低了："宗教的热情给政治蒙上了一层阴影；政治利益毒害和扭曲了各方面的宗教精神。"[294] 考虑到宗教改革的情况，宗教目标和世俗野心交织在一起是很难避免的，因为在宗教改革中，民众与统治者对立，与行政官员对立。冲突滋生对立，逆境引起了恐惧和报复。在光荣革命之后，这些狂热情绪在爱尔兰尤为强烈。新教统治阶层采取暴虐的手段——反对教宗制——来确保自己的安全。正如伯克讽刺的那样，"这实际上是另一种教宗制"，即一种以权力为后盾的迫害法规。[295]

宽容会改变罗马天主教徒的公民福利，但也会改变他们的教会与国家之间的关系。1782 年 2 月 5 日，在由约翰·狄龙代表嘉丁纳提出一套新的救济措施之后，这显然是意料之中的。1782 年经辩论修正的法案成功被通过，使天主教徒能够以与新教徒同样的条件购买和遗赠土地。同时，神职人员的服务和职责也得到了官方认可。[296] 这就提出了天主教会监管这一敏感问题。由于天主教会的非正式地位，天主教会迄今不受民事控制。教会任命的问题以及牧师的培养问题都必须解决。在关于嘉丁纳新措施的辩论中，赫利·哈钦森提议，天主教神职人员可以和圣三一学院的新教学生一起接受培训。[297] 伯克显然支持放松刑罪法规，但他对普遍存在的规范神职人员的建议持

412

294　Ibid.

295　Ibid., p.640.

296　约翰·菲茨吉本（John Fitzgibbon）强迫加德纳（Gardiner）把他的建议归纳为四个方面，参见 *The Parliamentary Register, or the History of the Proceedings and Debates of the House of Commons of Ireland* (Dublin:1784), I, p. 241。

297　McDowell, *Ireland in the Age of Imperialism*, pp. 192–3; *Irish Parliamentary Register*, I, pp. 309–10.

怀疑态度。到目前为止，肯马子爵在爱尔兰天主教政治中扮演着重要角色，他让伯克了解了正在讨论的一系列提议。[298] 当法案被送至爱尔兰总督那里后，肯马通知他，"所有的人都尊敬您，您是您的国家和这个时代最伟大的人"。[299] 当时，这些提议在天主教等级制度内部引发了争议。[300] 伯克在给肯马的一封长信中提出了自己的反对意见。

在信中，他对赫利·哈钦森的建议提出了批评。他的信被传阅后，他告诫他的朋友，他无法爱自己的国家，因为这个国家"憎恨和迫害五分之四的居民"。[301] 天主教神职人员目前所受的教育只会使他们的法律地位进一步下降。世俗教育应该由国家来解决，宗教秩序的培养也应该如此。伯克估计，爱尔兰有 4000 名牧师，由于薪酬较低，许多人是从底层民众中选拔出来的。[302] 他们的家庭教育没有制度化的安排。许多人到国外打零工赚了一些钱，然后用于投资，但后来却又陷入赤贫状态。因为被他们的新教邻居鄙视，被更幸运的天主教同胞贬低，他们染上了穷人的习惯和举止。伯克认为，反天主教法通过禁止获得有尊严的教育方式进一步加剧了压迫，本来有尊严的教育方式可以提高神职人员的"天然理性"。他的结论极具批判性："以贬低人性的方式，使人性适合被侮辱。"[303] 他认为，目前旨在纠正这种情况的提议实际上会加剧恶化这一问题。天

---

298 Viscount Kenmare to EB, 5 February 1782, *Corr.*, IV, pp. 400–402.

299 Viscount Kenmare to EB, 14 March 1782, ibid., p. 422.

300 O'Flaherty, "Ecclesiastical Politics," pp. 46–49.

301 EB to John Hely Hutchinson, post 9 April 1782, *Corr.*, IV, p. 441.

302 EB, Letter to Lord Kenmare, 21 February 1782, W & S, IX, p. 571. 这是一个常见的观察结果，尽管报酬和社会地位实际上有所不同，参见 Ian McBride, *Eighteenth-Century Ireland: Isle of Slaves* (Dublin: Macmillan, 2009), pp. 250–51。

303 Ibid., p. 572.

主教培养需要必要的纪律，并在适当的神学院加以发展和完善。在违背该教派价值观念的情况下，灌输正确的宗教教义是不可能实现的。特别是对于罗马天主教徒来讲，在圣三一学院这样蔑视天主教礼仪的氛围中，牧师们不可能为独身和听取忏悔做好准备。[304]

宗教是通过灌输得以延续的，因此牧师教育必须是国家关注的问题。为了培养信徒的虔诚，牧师只能通过赢得尊重来教导他们。天主教神职人员通过远离社群、举行一系列仪式和纪念活动而获得赞誉。相比之下，融入社会的圣公会牧师则因博学多才而受到尊重，因此赢得了人们的钦佩。[305] 在这两种情况下，教会都负责改善他们的会众。为了实现这一目标，他们需要具备实现这一目标的手段。由于宽容政策使得神职人员被认可，监管也成为一个公共政策问题。在这种情况下，至关重要的是纠正过去不公正现象的进程不应成为设计新侮辱的机会。许多提议是无知的产物，最初是由蔑视引起的。伯克将现有神职人员的复职计划比作"用牛肉汤喂生病的绅士，用白兰地烧灼他的伤口"。[306] 对于深思熟虑的改革来说，优越感是一个糟糕的苗圃。在某些情况下，这完全不利于补救行动，反而会引起偏执。1778 年的天主教救济法案增加了一项条款，将爱尔兰长老会教徒从圣礼的考验中解放出来，尽管该条款被英国枢密院否决了。[307] 如果这项措施获得成功，爱尔兰的宗教异议者就有资格获得政治职位。伯克认为，对天主教实行宽容政策的前景使他们渴望为自己争取更多的权力："那些长期习惯于凌

413

---

304 Ibid., p. 573.

305 Ibid., p. 574.

306 Ibid., p. 572–73.

307 伯克密切参与了英国对该法案的审查，参见 EB to Edmund Sexton Perry, 3 July 1778, *Corr.*, IV, p. 3。

驾于他人之上的人会把平等视为一种退化。"[308] 然而，苏格兰的反应要愤怒得多。1778 年底，当开始讨论将救济法案扩展到边境另一边的想法时，苏格兰新教徒变得焦躁不安，并感到恐慌。韦茅斯勋爵在新的一年里不得不试图恢复冷静。[309] 詹姆斯·博斯韦尔呼吁伯克抵制制定苏格兰法案的想法。[310]

博斯韦尔的举动是考虑不周的。伯克的答复中夹杂着讥讽和不赞同。爱丁堡和格拉斯哥曾积极反对该法案。不久，苏格兰西部的 85 个社团联合起来，阻止了特威德北部引进该法案。[311]1778 年 12 月 1 日，新成立的新教利益之友协会（通常称为新教协会）举行了第一次会议，几天后选出了一个通信委员会。通信委员在 1 月初向爱丁堡议会请愿。格拉斯哥在接下来的几周也效仿了这一做法。到 1779 年 2 月，他们已经收集到 2 万份反对这项措施的签名。[312] 抗议很快就演变成暴力活动。2 月 6 日，爱丁堡天主教徒被迫逃离愤怒的暴徒；三天后，骚乱蔓延到格拉斯哥。暴乱期间，道利斯的天主教主教乔治·海的教堂、房子和图书馆被愤怒的人群洗劫一空。[313] 丹尼尔·麦克唐纳小杂货店遭到袭击，罗伯特·巴格纳尔的陶器作品被毁。伯克在给博斯韦尔的信中写道："美洲的叛乱比你们

308　EB to Luke Gardiner, 24 August 1778, ibid., p. 17.

309　*Caledonian Mercury*, 13 February 1779.

310　James Boswell to EB, 22 February 1779, *Corr.*, IV, pp. 43–4.

311　Colin Haydon, *Anti-Catholicism in Eighteenth-Century England, c. 1714–1789: A Political and Social Study* (Manchester: Manchester University Press, 1993), p. 207.

312　Eugene Charlton Black, "The Tumultuous Petitioners: The Protestant Association in Scotland, 1778–1780," *The Review of Politics*, Vol. 25, No. 2 (April 1963), pp. 183–211; R. K. Donovan, *No Popery and Radicalism: Opposition to Roman Catholic relief in Scotland, 1778–1782* (New York: Garland Publishing, 1987).

313　海伊后来到伦敦，为苏格兰天主教徒争取补偿。1779 年 7 月 12 日，他写信给伯克，讲述了他的失败，参见 *Corr.*, IV, pp. 99–102。

北方的叛乱更能赢得我的认可。"[314] 在伯克看来，对宽容美德的含糊其辞在道德上是混乱的。"我很容易被道德上的神秘所迷惑，就像其他人被宗教所迷惑一样，"他打趣道。伯克在爱丁堡的朋友、历史学家威廉·罗伯逊下令关闭爱丁堡大学，这显然引起了伯克的不满："我一点也不明白为什么大学和马萨豪斯教派（Masshouses）的命运一样。"[315] 伯克于3月中旬在下议院公开表达了他的不满。他告诉他的同僚们，一种"宗教狂热"已经越过了边境。[316] 博斯韦尔可能会恐惧宗教战争卷土重来，但对伯克来说，最狭隘的迫害是在启蒙时代爆发的。回顾1780年，他认为萨维尔的《天主教救济法案》为欧洲奠定了基调。通过给予天主教徒一定程度的宽容，这一法案确保了新教徒在欧洲大陆的地位。[317] 相比之下，苏格兰大城市中顽固的叛乱则是一种倒退，而且适得其反。

伯克承认，面对如此对立的情绪，该法案不能强加于北布立吞人。尽管如此，罗马天主教徒的损失显然应该得到补偿。因此，伯克起草了一份请愿书，并代表天主教徒上呈议会。在这个过程中，他解释说，如果热情伴随着其他美德，那么热情是一种积极的品质。然而，如果狂热没有被认可的目标，那将是"世界上最有害的事情"。[318] 幸运的是，南亚的1500万人是因为贪婪而不是偏执而受到迫害。[319]1779年初在苏格兰发

314　EB to James Boswell, 1 March 1779, ibid., p. 45.

315　Ibid., p. 46. 关于此事，参见 Alexander du Toit, "'A Species of False Religion': William Robertson, Catholic Relief and the Myth of Moderate Tolerance," *Innes Review*, 52 (Autumn 2001), pp. 167–88。

316　EB, Speech on Scottish Riots, 15 March 1779, ibid., p. 425.

317　EB, Speech at Bristol Previous to the Election, 6 September 1780, ibid., p. 652.

318　EB, Speech on Scottish Catholic Petition, 18 March 1779, ibid., p. 429.

319　Ibid., p.430.

415 行的一本匿名小册子敦促新教徒在就业、商业或普通社交方面断绝与罗马天主教徒的联系。[320] 伯克错误地把这一做法归咎于新教协会的秘书，该协会实际上已经声明反对拟议的救济。[321]然而，这一文书同样受到伯克的批评，他于 1779 年 3 月 31 日曾写信给该文书的作者之一拉尔夫·鲍伊。虽然鲍伊和他的同事们并没有呼吁真正的抵制，但他们鼓动反对与罗马天主教徒的自由交往。即使他们接受天主教徒的动机是对宗教的信仰，但他们的歧视性语言——"辱骂和谩骂"——也不可避免地在广大民众中激起了仇恨情绪。[322]

伯克对大众政治的怀疑必须置于这样的背景之下。人类是有偏见的生物，当观念和环境发生变化时，对他们同伴的热情或愤怒激发了偏见这个词语的一切意义。政治的职责是代表他们的共同利益，尽可能地符合他们的意愿和情感，但不至于违反正义原则。因此，议员们应该通过克制来服务民众："我们应该纠正民众的偏执。"[323] 民众的仇恨使狭隘的偏见与体面的愿望对立，从而阻碍了这一目标的实现。在苏格兰暴乱发生后的几周内，爱丁堡格雷弗瑞斯教堂的一位有福音思想的牧师约翰·厄斯金写信给伯克，呼吁伯克关注他们对美洲的共同情感，并反对自己被近期骚乱的天主教受

---

320 [Anon.], *A Letter to All Opposers of the Repeal of the Penal Laws against Papists in Scotland* (Edinburgh: 1779). 伯克的反应，参见 EB, Speech on Scottish Catholic Petition, *W & S*, III, p. 426。

321 [Anon.], *A Short View of the Statutes at Present in Force in Scotland against Popery* (Edinburgh: 1779).

322 EB to Patrick [*id est* Ralph] Bowie, 31 March 1779, *Corr.*, IV, pp. 55–56.

323 EB, "Thoughts on Approaching Executions," 10 July 1780, *W & S*, III, p. 615. Cf. EB, Debate on the Bill for the Regulation of the Civil List Establishments, 15 February 1781, *Parliamentary History*, XXI, col. 1226: 温和的政府"践行正义和仁慈，不受民众任性的影响，也不受人们喧嚣的干扰"。

害者称为煽动者。[324] 他抗议道，在苏格兰教会中，他是一个温和的人。[325] 伯克不辞劳苦地阅读了厄斯金有关殖民地和天主教救济思想的著作，两个月后终于回信了。他惊讶地发现，厄斯金为了证明自己的"温和"，总是把表达轻蔑的作品寄给别人。[326] 与分别在格拉斯哥和爱丁堡的牧师威廉·波蒂厄斯和约翰·麦克法兰一道，厄斯金一直热衷于表达他对罗马教会中持续存在的敌意的担忧。[327] 贫穷的、不识字的天主教徒在苏格兰占统治地位，他们是牧师的无知信徒，基本没有对其他基督徒施以救济的意识。[328] 然而，对伯克来说，厄斯金的声明只不过是用更有学问的反感取代了个人仇恨，以反对敌对教派的信条。他的情绪无助于平息"大众盲目的愤怒"。[329]

416

　　由于公民社会是一种安抚工具，因此将代议制作为颠覆正义的手段是毫无意义的。当一名议员当选为下议院议员时，他被委任代表公众利益，表达共同体的感情。这绝不包括虐待或压迫民众。[330] 1780 年 9 月 6 日，当伯克在为他作为布里斯托尔议员的行为进行辩护时，表达了这种观点，他再次提到了他支持苏格兰天主教救济的经历。人们常说天主教徒是君主制

324　关于厄斯金，参见 Jonathan M. Yeager, *Enlightened Evangelicalism: The Life and Thought of John Erskine* (Oxford: Oxford University Press, 2011)。长老会牧师被指控在苏格兰骚乱前，在讲坛和小册子中煽动偏见，参见 *Memorial to the Public in Behalf of the Roman Catholics of Edinburgh and Glasgow* (London: 1779),pp. 10–11。

325　Dr. John Erskine to EB, 24 April 1779, *Corr.*, IV, p. 63.

326　EB to John Erskine, 12 June 1779, ibid., p. 85. 伯克与约翰·厄斯金有分歧，参见 John Erskine, *Considerations on the Spirit of Popery* (Edinburgh: 1778)。

327　Dr. John Erskine to EB, 16 July 1779, *Corr.* IV, p. 103. 他的同事就此发表了两篇布道，参见 William Porteous, *The Doctrine of Toleration, Applied to the Present Times* (Glasgow: 1778), John Macfarlan, *A Defence of the Clergy of the Church of Scotland in Opposition to the Repeal of Penal Laws against Roman Catholics* (Edinburgh: 1778)。

328　Erskine, *Spirit of Popery*, pp. 2–4.

329　EB to Dr. John Erskine, 12 June 1779, *Corr.*, IV, p. 85.

330　EB, Speech at Bristol Previous to the Election, 6 September 1780, *W & S*, III, p. 660.

的拥护者。因此，他们的政治缺失有时会受到辉格党教义的支持。然而，对伯克来说，对于歧视的道歉，采取什么形式并不重要。重要的是，它实际上是一种伪装成自由诉求的派别主义。不考虑辉格党的思想有多么虔诚，共和政体和君主制都可能施加迫害。[331] 自由必须得到慷慨的支持，但它有可能被傲慢摧毁。尤其扰乱共和自由的是导致派系的分裂。在 18 世纪的英国教会－国家里，宽容是抵御内乱的堡垒，但它的原则往往与普遍的自由观念相冲突。公众自由的目标通常是通过模仿来维持的，这种模仿灌输了一种对宗教和政治依恋的嫉妒性的党派偏见。伯克说："这种倾向是激情的真正来源，许多生活卑微的人都对美洲战争充满了激情。"[332] 他们热切地关心他们的殖民地和他们的附庸。占支配地位的群体成员的优越感助长了他们的傲慢。那些自吹自擂的自由象征只不过是优越的标志，社会的下层人士在他们偏见的对象面前炫耀，这些偏见对象不幸地依赖于他们的仁慈。伯克认识到："最低层次的人都有了希望有人低于他们的愿望。"[333]

417   伯克憎恨煽动行为，这源于他认为煽动者准备操纵这些令人反感的态度。在事件发生几个月后，他写到戈登骚乱时，将抨击的矛头对准了事件的"邪恶煽动者"。他们在幕后偷偷地煽动"民众的盲目愤怒，持续不断地进行瘟疫般的诽谤，污染

---

331 Ibid., p. 659.

332 Ibid. 在美洲战争背景下对戈登暴动的讨论，参见 Nicholas Rogers, "The Gordon Riots and the Politics of War" in Ian Haywood and John Seed eds., *The Gordon Riots:Politics, Culture and Insurrection in Late Eighteenth-Century Britain* (Cambridge: Cambridge University Press, 2012); Brad A. Jones, "'In Favour of Popery': Patriotism, Protestantism, and the Gordon Riots in the Revolutionary British Atlantic," *Journal of British Studies*, 52 (January 2013), pp. 79–102。

333 EB, Speech at Bristol Previous to the Election, 6 September 1780, *W & S*, III, p. 659.

和毒害了我们呼吸的空气"。[334] 1780 年 6 月 2 日星期五，在苏格兰人对天主教救济计划做出反应之后，乔治·戈登勋爵向议会请愿，要求废除萨维尔法案。戈登自 1779 年夏天以来一直活跃在英格兰北部，并于同年 11 月当选为英格兰新教协会主席。[335] 1780 年 5 月 29 日星期一，他在伦敦马车制造商大厅的一次会议上宣布了他具有威胁性的请愿计划。[336] 在他向下议院提交文书的当天，约有 6 万人从圣乔治广场向威斯敏斯特游行，上议院议员在前往下议院的途中遭到袭击。[337] 戈登对着人群慷慨激昂地讲解了圣斯蒂芬教堂事件，严厉斥责了反对废除萨维尔法案的人——"尤其是布里斯托尔的伯克先生"。[338] 当抗议者被下议院警卫驱散后，他们袭击了林肯律师学院和圣詹姆斯广场，目标是破坏天主教教堂。在接下来的几天里，袭击的范围逐步扩大，并于 6 月 7 日和 8 日达到顶峰，使"伦敦陷入一片火海"，造成大量人员伤亡，直到军方设法恢复秩序。[339]

伯克在 6 月 5 日得知，萨维尔的住所已经遭到袭击，也有人企图袭击自己的房子。士兵们奉政府的命令为他提供保护。第二天，他把书和家具搬走后，为了安全起见，把妻子安置到了伯戈因将军家。6 月 7 日星期三，他混在人群中，一度被迫

334　Ibid., p. 654.

335　Eugene Charlton Black, *The Association: British Extraparliamentary Organisation, 1769–1793* (Cambridge, MA: Harvard University Press, 1963), pp. 153–54.

336　*London Magazine*, 69 (1780), pp. 282–83.

337　人数估计在 4~6 万之间，参见 J. Paul de Castro, *The Gordon Riots* (Oxford: Oxford University Press, 1926); George Rudé, *Paris and London in the Eighteenth Century: Studies in Popular Protest* (London: Collins, 1970), p. 270; Christopher Hibbert, *King Mob: The Story of Lord George Gordon and the Riots of 1780* (1958) (Stroud: Sutton, 2004), pp. 34ff。

338　"An Account of the Late Riots in the Cities of London and Westminster," in *The Annual Register for the Year 1780* (London: 1781), p. 258.

339　Haydon, *Anti-Catholicism*, p. 241; George Rudé, "The Gordon Riots: A Study of the Rioters and their Victims," *Transactions of the Royal Historical Society*, 6 (1956), pp. 93–114.

拔剑。他向沙克尔顿报告说："其中一些人恶毒而狂热，而另一些人则只是放荡和蛮横。"[340] 他很乐意与他们讨论这些问题，但他不会偏离自己的路线："我不会因为强迫或恐惧而偏离正确的路线。"[341] 他在伦敦的朋友家至少待了四个晚上，目睹了骚乱的规模和凶猛程度，他对部署军队维持秩序感到失望。1780年6月6日，军队占领了议会周围的街道，在下议院关于骚乱的辩论中，他将伦敦城比作圣彼得堡和柏林，称政府将军队安置在"公民政府的废墟上"。[342]《年鉴》指出，英国民众长期以来普遍存在的"对军事力量不可战胜的骄傲"正让位于对驻军和营地的容忍。[343] 伯克将赞扬留给了该市的天主教居民，据估计，该市约有5000名居民，面对持续不断的挑衅，他们表现出了克制。[344] 正如伯克6月20日帮助起草的反对新教协会的下议院决议中所表示的那样，这种偏执的风潮只会助长对欧洲新教徒的迫害。[345] 尽管全国上下情绪高涨，甚至议会本身也不例外，伯克仍热衷于进一步扩大宗教宽容。[346] 他不会被"民众的呼声"所左右。[347]

---

340 EB to Richard Shackleton, 13 June 1780, *Corr.*, IV, p. 246. 关于伯克对暴乱分子的分类，参见 Iain McCalman, "Mad Lord George and Madame La Motte: Riot and Sexuality in the Genesis of Burke's Reflections on the Revolution in France," *Journal of British Studies*, 35: 3 (July 1996), pp. 343–67。

341 EB to Richard Shackleton, 13 June 1780, *Corr.*, IV, p. 246.

342 EB, Speech on Gordon Riots, 6 June 1780, *W & S*, III, p. 603.

343 "The History of Europe" in *The Annual Register for 1781* (London: 1782), p. 138.

344 EB, Speech at Bristol Previous to the Poll, 6 September 1780, W & S, III, p. 656. 天主教人口估计为1.4万，其中大约一半为从爱尔兰移民来的劳工，参见 Rudé, "Gordon Riots," pp. 108–9。这一数字后来被修正为2.5万，参见 Nicholas Rogers, *Crowds, Culture and Politics in Georgian Britain* (Oxford: Oxford University Press, 1998), p. 155。

345 EB, Resolutions after the Gordon Riots, ante 18 June 1780, *W & S*, III, p. 604.

346 Lord North to EB, 18 June 1780, *Corr.*, IV, pp. 250–51.

347 WWM BkP 8: 32.

尽管下议院决心镇压动乱，抵制废除天主教救济的压力，萨维尔本人还是在 1780 年 6 月 23 日提出了一项法案，以确保新教不受天主教迅速扩大的影响。伯克坚决反对他所认为的这种迷惑人心的恐惧。伯克称，拟议的限制天主教徒的措施包括干涉他们子女的教育，这违反了父母的基本权利。他引用托马斯·阿奎那的话来反对这种野蛮的提议，这说明了"12 世纪的黑暗"是如何被召唤来"反对 18 世纪的光明"的。[348] 天主教徒继续感到悲观和恐惧，因为他们习惯躲在地下，以免冒犯别人。他们应该通过请愿来表明自己的立场，并公开宣誓效忠。伯克相信，在适当的时候，这将减轻他们坚持"秘密和隐藏教条"的疑虑。[349] 尽管伯克对暴徒的态度深恶痛绝，但他意识到，他们的心态是环境的产物。谈到对戈登骚乱的参与者的惩罚方式时，他强调了这一点。

到 1780 年 7 月，62 名暴乱者因参与暴乱而被判死刑，实际上 25 人被处决。[350] 伯克给大法官爱德华·瑟洛写了一封信，提出了一系列建议，请求缓解各种刑罚。[351] 他提出了一个有限惩罚的方案，以替代大规模绞刑：应该执行六次庄严的处决，全部安排在一天内执行，以避免通过释放惩罚的狂欢而削弱对正义的尊重。惩罚应该是谦逊的，而不是"激怒"的，而且应该集中在最明显有罪的肇事者身上。[352] 在这一"想法"之后，伯克于 7 月 18 日写信给巴瑟斯特勋爵，阐述了"对处决的进一步思考"。[353] 他指出，到目前为止，"主要违法者"已经逃

419

---

348 EB, Speech on the Bill to Secure Protestantism, *W & S*, III, pp. 609–10.

349 EB to Lord Loughborough, 15 June 1780, *Corr.*, IV, p. 249.

350 Rudé, "Gordon Riots," p. 99.

351 EB to Lord Thurlow, 10 July 1780, *Corr.*, IV, 254.

352 EB, "Thoughts on Approaching Executions," 10 July 1780, *W & S*, III, p. 613.

353 EB to Earl Bathurst, 18 July 1780, *Corr.*, IV, p. 256.

脱。[354] 选择特定财产进行攻击的个人逃脱了抓捕；聚集暴徒的主要煽动者以及指挥行动的人也都逃脱了。顽固的牧师从来没有被审问过，密谋的政客几乎没有受到指控。那些被指承担主要责任的人是"一群可怜的、没有思想的家伙"，他们被廉价的花言巧语煽动，而这些花言巧语现在让他们付出生命的代价。[355] 这一结果促使伯克反思其根本原因。他建议，人们应该记住，"整个国家长期以来都对他们的罪行负有责任"。[356] 他认为，宽容在英国是一种"新美德"，就像它在整个欧洲都是一种新生事物一样。它是在一种历史偏见的背景下由开明人士培养的，这种偏见已经在讲道坛和言论界被宣传了好几代了。基于宗教反感而犯下的可憎罪行必须受到严厉但准确的惩罚。然而，应该记住，这些罪行是由民族文化煽动的，因此也应该被视为集体犯罪的结果。[357]

8.5 经济与创新：英国的政治改革

1780 年 6 月 2 日，里士满公爵提出了他所承诺的关于缩短议会会期的动议，但他不得不哀叹目前正在王宫内部进行的"喧闹的程序"。[358] 当他讲话时，戈登骚乱分子正在附近大喊大叫。在前往会议厅的路上，曼斯菲尔德、斯托蒙特、希尔斯堡、汤森、巴瑟斯特、桑威奇和诺森伯兰德勋爵都受到了威胁和人身攻击。[359] 在这种不顺遂的情况下，不能采取民众支持的

420

---

354 EB, "Some Additional Reflections on the Executions," *W & S*, III, p. 616.

355 Ibid.

356 EB, "Thoughts on Approaching Executions," 10 July 1780, *W & S*, III, p. 614.

357 Ibid., p. 615.

358 *Parliamentary History*, XXI, col. 665.

359 Thomas Holcroft, *A Plain and Succinct Narrative of the Late Riots and Disturbances in the Cities of London and Westminster* (London: 1780), pp. 16–17.

措施。作为对议会外骚乱的回应，里士满向他的同僚保证，尽管大家认为他是公众的朋友，但他也是议会权利和特权的忠实拥护者。"他被尊称为平等者，因为他乐于改革。"[360]但他坚持说，这个名称是不恰当的。他当然是改革的倡导者，但他的计划并不是"不分青红皂白地混淆所有人的差别，而是要把他们清楚地区分开来"。[361]里士满是查理二世的后裔，在罗金汉第一届政府成立时，他每年的收入为1.9万英镑。[362]伯克在1766年第一次听到他的演讲时，就把他称为"了不起的人"。[363]在适当的时候，他将在反对美洲战争的罗金汉阵线中发挥领导作用。但不久他就让伯克失望透顶，因为他是不负责任的议会改革支持者。当里士满在戈登骚乱之初向下议院发表演讲时，伯克已经提出了自己的政府改革建议。他的目的是削弱国王的广泛权力。里士满表示希望达到同样的目标，但对伯克来说，他的方法肯定会破坏自己的目标。

　　1780年的改革风潮是在危机加剧的背景下兴起的。伯克在18世纪90年代评论说，这是"我们历史上最关键的时期之一"。[364]伯克的文学遗嘱执行人弗伦奇·劳伦斯描述了这样一幅图景："1779年接近尾声时，民众开始对美洲的战争感到厌倦，而议会仍决心继续作战"，改革问题立即成为热门话题。[365]1777年秋，伯戈因将军在萨拉托加的失利使英国人对美洲战争即将取得胜利的期望破灭。这场斗争演变为与波旁王

360　*Parliamentary History*, XXI, col. 665.

361　Ibid., col. 666.

362　Alison Olson, *The Radical Duke: Career and Correspondence of Charles Lennox, Third Duke of Richmond* (Oxford: Oxford University Press, 1961).

363　EB to Charles O'Hara, 11 March 1766, *Corr.*, I, p. 244.

364　EB, *Letter to a Noble Lord* (1796), *W & S*, IX, p. 151.

365　French Laurence, "Notes on Parliament" (c. 1794), OSB MS. File 8751.

朝的斗争，进一步破坏了人们对帝国的信心。爱尔兰的贸易争端和志愿军人数的增加，加剧了人们的压力和恐慌。伯克反对殖民地战争的部分原因是战争助长了国王的权力。海军和军事机构的扩大，以及税收官员的增加都扩大了王国的庇护权。长期以来，人们一直对乔治三世统治下的王室权力感到担忧。自从诺斯勋爵试图监管东印度公司的收入和管理以来，罗金汉派就一直在帝国的框架内看待这个问题。[366] 不断增加的王室专款债务让他们有机会表达自己的担忧。1769 年 2 月和 3 月，伯克曾提请注意下议院的财政负担。1777 年 4 月，他又回到了这个熟悉的主题。在一种混合的政府制度下，国王应该得到王室尊严所必需的支持，这是正确的。[367] 然而，尊严和腐败之间是有界限的。王室专款由 1698 年的《王室专款法》确立，目的是在不影响宪法平衡的情况下分摊行政开支。作为行政的一部分，议会需要承担武装部队的费用和偿还公共债务。同时，国王会获得足够的收入来维持政府和各种皇家机构的开支。[368] 其中包括部长、官员、大使和领事的薪水，以及国王私用金（Priny Purse）、皇家宫殿和公园的开支。在安妮女王治下，王室决定以专款资金作为抵押进行借款。尽管乔治三世早期曾试图对王室专款进行监管，但在其整个统治时期，支出都超过了收入。伯克在《对当下不满根源的若干思考》中指出，名单上那些无法解释的债务可能为腐败提供了取之不尽的资金。[369]

421

366　W. M. Elofson, *The Rockingham Connection and the Second Founding of the Whig Party* (Montreal and Kingston: McGill-Queen's University Press, 1996); W. M. Elofson, "The Rockingham Whigs in Transition: The East India Company Issue, 1772–1773," *English Historical Review*,104: 413, (1989), pp. 947–74.

367　EB, Speech on Civil List Debts, 16 April 1777, *W & S*, III, p. 332.

368　E. A. Reitan, "The Civil List in Eighteenth-Century British Politics: Parliamentary Supremacy versus the Independence of the Crown," *The Historical Journal*, 9: 3 (1966), pp. 318–37.

369　EB, *Thoughts on the Cause of the Present Discontents* (1770), *W & S*, II, pp. 303ff.

到 1777 年，王室专款上拖欠的借款达到了 60 万英镑。[370]

　　王室专款中的债务是"影响力"的有力象征，伯克将其描述为腐败行为的艺术术语。[371]他后来说，不正当的王室影响"损害了宪法的核心"。[372]尽管如此，罗金汉派仍然坚守着宫廷辉格主义的信条。他们的目的是通过将合理的王室影响力从日益严重的王室腐败中解救出来，将其修正为一种他们认为的新的托利主义。[373]出于对王室权力扩张的恐惧，王室契约、职务、获赠官禄者和津贴都受到了严格审查。在诺斯勋爵政府后期，议会中有 50 名政府官员，25 名宫廷官员，65 名海军和军事官员，30 名担任不同闲职的人员，11 名政府契约的受益人，11 位持有特勤服务津贴的人员，以及 24 个政府席位的议员。[374]作为回应，1778 年春，一系列议案被提交到议会用以处理下议院获赠官禄者的问题。[375]1779 年，也就是西班牙为支持法国准备参加美洲战争的前一个月，伯克正在讨论这场战争的无意义和铺张浪费。弗雷德里克·蒙塔古领导下的一个委员会在 5 月份收集了证据，证实了美洲人对宗主国政府的敌意，他们在殖民地的每一寸土地上建立了军事堡垒，并保证了他们在抵抗征服方面的

422

370　*CJ*, XXXII, p. 334.

371　EB, Speech on the Civil List Debts, 18 April 1777, *W & S*, III, p. 334. Cf. WWM BkP 14: 12.

372　EB, Debate on the Regulation of the Civil Establishment, 15 February 1781, *Parliamentary History*, XXI, col. 1239.

373　EB, Speech on Public Expenses, 15 December 1779, W & S, III, p. 472; EB, Letter for Lord Rockingham, January 1780, ibid., p. 480. 罗金汉派纲领中增添了"乡村"元素，参见 W. M. Elofson, "The Rockingham Whigs and the Country Tradition," *Parliamentary History*, 8 (1989), pp. 90–115。

374　Ian R. Christie, "Economical Reform and 'The Influence of the Crown'" in idem, *Myth and Reality*, pp. 300, 306.

375　Frank O'Gorman, *The Rise of Party in England: The Rockingham Whigs, 1760–1782* (London: George Allen and Unwin, 1975), pp. 406–7.

有效性。[376] 因此，除了根据国家债务决定的财产抵押外，英国人对未来几乎没有什么积极的预期。[377] 所以，需要采取激进的经济措施。由于这将引起关于公共开支分配的辩论，因而也会涉及行政和立法机构之间权力平衡的问题，这会成为有关政治改革的职权范围的更广泛讨论的一部分。这包括增加议会召开的次数，以及选举权和代表权性质的问题。随着 1779 年威尔凯特运动的结束，英国活动家和克里斯托弗·威维尔建立的约克郡协会转而负责推动这些目标的实现。[378] 伯克认为，罗金汉派的任务是与议会外的力量合作，促进公共经济发展，同时将改革的焦点从宪法创新上移开。正如伯克在 1796 年阐明的那样："宪法创新不是改革。"[379] 民众的抗议必须转化为有用的革新。在美洲危机期间，罗金汉派曾痛斥公众意见的消极懒惰，此后，一场民众运动的出现对罗金汉派来说具有很大吸引力。然而，这也对他们控制议程构成了挑战。

克里斯托弗·威维尔毕业于剑桥大学，并被授予牧师资格，随后在埃塞克斯开始了牧师生涯。在 18 世纪 70 年代早期发起反对牧师捐款的运动后，威维尔搬到了约克郡，开始了乡村绅士的生活，他继承了该郡北部的大量地产。[380] 1779 年 11

---

376 EB, Speech on Supply, 31 May 1779, *W & S*, III, p. 440.

377 Ibid., p. 439.

378 1779 年由格林中士（Sergeant Glynn）死亡而引起的米德尔塞克斯（Middlesex）补选恢复了大都市的活动，参见 EB to the Marquess of Rockingham, 17 October 1779, *Corr.*, IV, p. 159。

379 EB, *Letter to a Noble Lord* (1796), *W & S*, IX, p. 156. Cf. EB, *Letter to William Elliot* (26 May 1795), ibid., p. 40.

380 Ian R. Christie, *Wilkes, Wyvill and Reform: The Parliamentary Reform Movement in British Politics*, 1760–1785 (London: Macmillan: 1962), pp. 70–71; idem, "The Yorkshire Association, 1780–1784: A Study in the Political Organisation" in idem, *Myth and Reality in Late-Eighteenth-Century British Politics and Other Papers* (Berkeley and Los Angeles: University of California Press, 1970), pp. 263ff.

月，他着手发起一场改革运动，希望先向下议院请愿，成立一个审查王室专款的委员会。人们期望质疑闲职，取消不必要或不值得的职位和津贴。威维尔在北骑（North Riding）的基地召开了郡级会议，作为成立约克郡协会的前奏。这将为其他郡树立一个先例。人们希望，民意可以影响明年的大选，帮助不太腐败的议员重获议席。这也会为一项更雄心勃勃的改革计划扫清障碍："如果减少腐败资金，那么执行恢复议会自由所必需的其他规定将是一件容易的事情。"[381] 事实将证明，这些"其他规定"性质各异，会吸引不同程度的公众支持。如果不经审议就放任不管，它们可能会损害宪法；如果不经协商而实施，它们可能会破坏改革运动的团结。很快，罗金汉侯爵就会警告说，"这个时代，以及这个时代的环境都是至关重要的"。[382] 明智的管理可能使国家的政府恢复健康。草率的决定可能会破坏全国共识。

考虑到这一点，罗金汉派热衷于限制协会的职权范围。斯蒂芬·克罗夫特是纽约城的一名杰出绅士，也是郡协会的重要成员。在与他的通信中，罗金汉侯爵决心避免"投机性建议"，"最重要的是缩短议会会期、扩大选举权和增加下议院乡村派的席位"。[383] 如果反对派关于公共经济的提案在下议院获得成功，那么这一目标就很有可能实现。考虑到这一点，1779 年11 月 3 日，罗金汉通知伯克，他正在"蓄势"，作为敦促削减内阁开支的前奏。他现在认为，人们普遍感到政府无能，发动

381　Christopher Wyvill to William Anderson et alia, 29 November 1779, *Political Papers, Chiefly Respecting... a Reformation of the Parliament of Great Britain* (York: 1794–1802), 6 vols., III, p. 117.

382　The Marquess of Rockingham to EB, 31 March 1780, *Corr.*, IV, p. 217,

383　The Marquess of Rockingham to Stephen Croft, 12 December 1779, cited in O'Gorman, *Rise of Party*, p. 627n47.

攻击的时机已经成熟。[384] 伯克用接下来几周的时间制定和完善了一套建议，并于 11 月 27 日分发给了同僚。[385] 12 月 7 日，里士满公爵要求上议院实行"最严格和最精确的经济措施"。[386] 罗金汉则支持"宪法改革"——认为这意味着"恢复"。[387] 谢尔本抨击了政府对权力的浪费性分配，并宣布他打算对军队的额外开支展开调查。[388] 12 月 14 日，伯克通知谢尔本，他打算发起改革，并保证他的目的与其一致。[389] 第二天，他向下议院提交了他的计划。这个计划很简单。他承诺在圣诞假期后提交一项议案，削减 20 万英镑的公共开支，并将依赖王室财政的议员人数减少 50 人。[390] 伯克提出，这是一个彻底的改革方案，将纠正宪法的弊病。通过减少政府的行政支配权，立法机构将恢复其应有的独立性。

伯克在国际动乱的背景下宣布了他的计划：圣文森特和格拉纳达在去年夏天被法国人占领；牙买加处于危险之中；英国与爱尔兰的关系急剧恶化。[391] 虽然变革势在必行，但是实现变革的手段很少。废除腐败将遭到下议院既得利益集团的反对，从而使反对党不得不依赖于数量日益减少的独立人士。腐败在公共程序中以恶性循环的方式发挥作用。影响力催生了挥霍，而挥霍又扩大了腐败。伯克称："它们互为因果。"[392] 要打破这

384　The Marquess of Rockingham to EB, 3 November 1779, *Corr.*, IV, p. 161.

385　The Marquess of Rockingham to EB, 27 November 1779, ibid., p. 171.

386　*Parliamentary History*, XX, col. 1257.

387　Ibid., col. 1260.

388　Ibid., col. 1266.

389　EB to the Earl of Shelburne, 14 December 1779, *Corr.*, IV, p. 174.

390　EB, Speech on Public Expenses, 15 December 1779, *W & S*, III, p. 474.

391　Ibid., p. 472.

392　Ibid., p. 471.

个怪圈，需要外界民意的力量。出于这个原因，罗金汉派对约克郡协会和效仿约克郡协会而兴起的联盟组织非常感兴趣。伯克投入到一系列支持活动中。他主张成立专门委员会，协调各协会事务，并与各郡联系，推动改革事业。[393] 约克郡会议将于 12 月 30 日召开。600 名绅士和一群贵族突然来到约克的议会厅。罗金汉对大家的意见一致感到高兴。[394] 波特兰公爵在米德尔塞克斯也参加了类似的活动，在那里起草了请愿书和决议。一切都很顺利——"非常顺利"——伯克告诉罗金汉。[395]他热切地将自己的提议作为优先事项提交给下议院，建议利用各郡迅速增长的支持："我们缺乏这样的力量，"他向波特兰建议道。[396] 到了 12 月中旬，伯克已经准备好了两份新法案的草案。几周之内，他就写好了一套完整的提案。1780 年 1 月 8 日，萨维尔向下议院提交了在约克郡收集的 8000 个签名。三天后，伯克概述了他的经济改革计划。[397] 从 2 月至 6 月，伯克的约制法案（Establishment Bill）被否决，行政改革问题主导了议程。

　　伯克《关于经济改革的演讲》最终于 3 月 6 日发表，阐述了对英国政府体系的详细理解，以及如何进行有益的改革。[398]很少有人单独审视伯克的方案。相反，伯克的法案通常与竞争对手的方案放在一起被评判，而竞争对手的方案在目的论上

425

393　EB, Answers to Queries, post 16 December 1779, ibid., p. 478.

394　The Marquess of Rockingham to EB, 6 January 1780, *Corr.*, IV, p. 183.

395　EB to the Marquess of Rockingham, 7 January 1780, ibid., pp. 188–9. 罗金汉在信中表示了同意，参见 the Marquess to Rockingham to EB, 13 January 1789, ibid., p. 193。

396　EB to the Duke of Portland, 16 January 1780, ibid., p. 196.

397　A sketch of the plan survives in manuscript at WWM BkP 14: 30–34.

398　Todd, *Bibliography*, p. 101. 2 月 17 日出现了该演讲的盗版。See ibid., p.100. 1780 年 2 月 11 日获得了提交该法案的许可，参见 *CJ*, XXXVII, p. 884。

与未来的进展有关。1780 年 12 月，约翰·杰布在给克里斯托弗·威维尔的一封信中，将经济改革描述为一场肆虐的狂风暴雨，除了淹死一只苍蝇之外，没有任何好处。[399] 此时，杰布在一定程度上受到约翰·卡特莱特少校的影响，公开提议平等代表权和建立成年男性普选权。[400] 早在 1777 年，伯克就礼貌地与他所认为的卡特莱特的"改良宪法的投机性想法"划清了界限。[401]1780 年，这些想法在一场全国性的运动中被动员起来，伯克也更严肃地对待这些想法的传播。在他看来，罗金汉派的国家复兴计划既大胆又全面，没有陷入内战的风险。正如他后来对贝德福德公爵所坚持的那样，这些复兴计划不是微不足道的小修小补。他寻求的是"彻底的、系统的经济改革"，他后来宣称。[402]1796 年，他坚称自己是"按照国家原则行事"："我发现英国有一个很大的弊病；根据弊病的本质和对象，我对它进行了处理"。[403] 伯克极其认真地对待改革，部分原因是它探究了政府稳定的极限，但也因为它提出了民众同意这一问题。后来，在 1793 年《对少数派行为的观察》中，他考虑了在什么条件下"假装的改革"将让位于"真正的革命"。[404] 需要仔细判断两者间的区别，因为王国的政府由偶然保持在微妙平衡

---

399 John Jebb to Christopher Wyvill, 19 December 1780, Wyvill, *Papers*, IV, p. 500. 关于这时议会和经济改革者之间的冲突，参见 George Stead Veitch, *The Genesis of Parliamentary Reform* (1913) (London: Constable, 1965), pp. 75ff。

400 John Jebb, *Address to the Freeholders of Middlesex* (London: 1779). 关于约翰·杰布（John Jebb）思想的发展，参见 Anthony Page, "'Liberty has an Asylum': John Jebb, British Radicalism and the American Revolution," *History*, 87: 286 (2002), pp. 204–26。

401 EB to Major John Cartwright, post 18 February 1777, *Corr.*, III, p. 329. 伯克回应的论点，参见 John Cartwright, *Take Your Choice!* (London: 1777)。

402 EB to Joseph Harford, 4 April 1780, *Corr.*, IV, p. 219.

403 EB, *Letter to a Noble Lord* (1796), *W & S*, IX, p. 154.

404 EB, *Observations on the Conduct of the Minority* (1793), *W & S*, VIII, p. 444.

中的相互联系的因素组成。其中任何一个组成部分的特权发生危险的转变，都可能危及整体系统的生存能力。

　　伯克认为，英国错综复杂的权力机构很少被正确理解。政府各部门不仅"作为对立的利益维持平衡"，而且必然"作为盟友联系在一起"。[405] 如果这种联盟的条款受到严重损害，利益的对立就会导致部门的相互敌视。伯克在 1777 年宣称："根据宪法原则行事……从一开始就是我的行为准则。"[406] 解散政府机构的另一种做法是引发内乱。宪法应该被重新修订，而不是被随意破坏。这必须通过恢复以议会独立为基础的第一原则来实现。[407] 然而，这种改革充满了困难。它不得不同时避开两种强大的诱惑：权力的诱惑和民望的诱惑。这两种诱惑都有强有力的言论资源支持。权力得到了祖传权威的支持，而民望则可能唤起"民众的欲望"。[408] 这两种形式的正当性都是双面的，既有有利的一面，也有危险的一面。古老习俗的吸引力是这种两面性的一个例子。正如伯克在《法国革命反思录》中详细论述的那样，祖传习惯的权威性确保了政府免受创新形式的威胁，这些创新形式会使政府突然瓦解。然而，伯克很清楚，古老性虽然自然地拥有权威，但只能从公共效用的角度来证明其正当性。无论其多么古老，失职行为都是一种权力滥用。查理一世恰恰没有认识到这个事实，伯克认为："他以他之前的斯图亚特王朝的做法为自己辩护。"[409] 然而，根深蒂固的不当行为因其古老而更加糟糕。这同样适用于功能失调的行政和司法。

405　Ibid., p. 441.

406　EB, *Letter to the Sheriffs of Bristol* (3 April 1777), *W & S*, III, p. 328.

407　EB, *Address to the Colonists*, January 1777, ibid., p. 284.

408　EB, *Speech on Economical Reform*, 11 February 1780, ibid., p. 490.

409　Ibid., p. 491.

浪费公共资源的封建遗存应当妥善弃置。当"老机构"存在的理由消失时，"保留它们是荒谬的"。[410]

在伯克看来，面对古老制度的不切实际，保留它们似乎是一种不可持续的迷信。考虑到这一点，他提议取缔过时的行政机构，并从根本上减少王室成员的数量。兰开斯特和切斯特等下级司法管辖区庇护着许多闲职人员，应该被取消；本着同样的精神，皇家仓库、皇家珠宝室和内阁财长也应该被裁撤。通过增加闲职来补偿顺从的议会议员，使得国王可以收买议会成员。这种腐败手段必须终止。同时，公共财政和记账制度也应接受审计，减少铺张浪费。皇家土地将被出售，土地测量员将被废除。军队的主记官和海军司库将被整改。王室津贴将被限制在每年 6 万英镑以内。取消诸如收支记录员（the clerk of the pells）这样的闲职。解散贸易委员会和美洲秘书处。这些经济计划应根据旨在消除有害影响的七项行为原则来实行。当然，在英国政治中，王室"影响力"是必要的。毕竟，宪法的各个部分是由"互助"维系在一起的。[411] 但这与奴性制度截然不同。在奴性制度下，君主通过增加次要职位收买议会，而这是以牺牲公众道德为代价的。这时影响力就堕落为腐败。它使国王无视杰出议会议员的主张，转而支持平庸的朝臣。这是《对当下不满根源的若干思考》的主题，但也是《关于经济改革的演讲》的基本内容。"国王，"伯克说，"天生喜欢结交卑鄙小人。"[412] 他提醒人们注意罗马皇帝对马屁精的依赖。他认为，君主政体得益于中间力量。国王需要被独立的贵族和有志之士约束，而不是被奴才恭敬。伯克认为，不能完全地放弃

---

410 Ibid., p. 510.

411 Ibid., p. 528.

412 Ibid., p. 532.

王室影响力。他的计划并不是反对积极的行政干预。[413] 行政权需要各种方式和手段来维护，但它应当以议会的权威为基本依据。不必要的职位和温顺的官员破坏了这一结果。

民望和祖先的权威一样，是一个大陷阱。一方面民望是必要的，另一方面它也是骗人的。有一件事是肯定的：政府的权力是为民众利益服务的。1780 年春天，当有人提出王室专款是国王的财产时，伯克就强调了民众支持是所有权力的来源，无论是君主制还是共和制："凡是财产属于政府的地方，臣民一定是奴隶。"他把大臣的立场比作詹姆斯党的主张，其最重要的想法是，统治权是"神权"，并以"民众是为国王而生，而不是国王为民众而生"为终极教义。[414] 在具有代表权成分的混合政府制度中，公共服务的职责不仅是至高无上的，而且是通过把议员与选民联系在一起的神圣信任来强制执行的。休谟认为，法国的文明君主政体与英国的混合政府一样，都致力于正义原则，伯克对此予以了驳斥。[415] 在一个人的绝对统治下，自由是一种"纵容"，而不是民众的实际权力。伯克在捍卫宽容的权利时曾问道："纵容不就是所有奴隶生活的状态吗？"[416] 必须把一项权利同可能被撤销的纵容区别开来。对撤销的预期实际上是一种恐惧的状态。"孟德斯鸠认为自由意味着免于恐惧，"伯克曾提醒下议院。[417] 代表权使享受自由成为民众手中的一种权力，而不是当局的侥幸纵容。最理想的情况是，它使

428

413　例如，参见 EB, *Thoughts on the Cause of the Present Discontents* (1770), W & S, II, p. 310。

414　EB, Speech on the Civil Establishment Bill, 8 March 1780, W & S, III, p. 555.

415　EB, *Letter to the Sheriffs of Bristol*, 3 April 1777, *W & S*, III p. 299, 伯克与休谟的观点有分歧，参见 David Hume, "Of Civil Liberty" in idem, *Essays and Treatises* (London: 1758), p. 60。

416　EB, Speech on Toleration Bill, 17 March 1773, *W & S*, II, p. 383.

417　Ibid., 载于 *Parliamentary History*, XVII, cols. 778–79。

下议院与外界民意保持一致：伯克在《关于经济改革的演讲》中敦促道，"让议会中的下议院与普通民众保持一致。"[418]然而，在接下来的几个月里，获得民众支持的目标变得复杂起来。伯克对他的同僚们肯定地说："民众是大师。"另一方面，议会议员是"专职艺术家"。[419]随着协会运动在2月至6月期间的发展，大师和专职艺术家之间的关系越来越紧张。

伯克的改革体现在一系列法案中，第一个法案是在1780年2月23日提出的关于民事机构的法案。[420]诺斯的目标是通过就个别条款进行详细辩论来击败反对派。3月8日，在下议院的一个委员会上，参会人员以七票之差否决了废除美洲秘书处的条款。然而五天后，贸易委员会被成功地废除了。[421]罗金汉派的好运没有持续多久。3月20日，削减王室成员的尝试失败了。伯克很苦恼："该法案中的整个系统性部分，也就是我花了最多心血的部分……完全被否决了。"[422]4月6日，批评政府的人成功了：邓宁关于扩大宫廷权力的著名动议仅以15票的优势获得通过。议会审查公共帐目的原则也确立下来。[423]但此后，改革的动力就被阻断了。伯克在委员会中的工作慢慢被清除。下议院中的独立人士开始对侵犯议会特权的行为感到恐惧。1780年5月8日，在就索布里奇提出的缩短议会会期的动议进行"分组表决"时，反对派内部的分歧被公开展示出

418　EB, *Speech on Economical Reform*, 11 February 1780, W & S, III, p. 549.

419　Ibid., p. 547.

420　*Parliamentary History*, XXI, cols. 111ff.

421　*Parliamentary History*, XXI, col. 278.

422　EB to Unknown post 20 March 1780, *Corr.*, IV, p. 214. See *Parliamentary History*, XXI, col. 309.

423　*Parliamentary History*, XXI, cols. 340–74.

来。[424] 福克斯支持这项动议，伯克则坚决反对。里士满随后在上议院公布了他的计划，选择了一年期议会和普选权。[425] 在反对派团体中，阴郁取代了早春的欢呼。谢尔本退出政坛，指责他的同事们优柔寡断。[426] 罗金汉派很不满意，而且分歧越来越大。他们与协会运动的关系也变得猜疑而紧张。[427]

可行改革的多样性催生分歧的产生。早在1779年11月，沃克·金就向伯克介绍了里士满公爵对改革的热情。里士满接受了一年期议会的想法，并希望将投票权"毫无例外地扩大到所有21岁及以上的人"。[428] 他也受到了伯格和卡特莱特的影响，并致力于建立某种形式的协会。自1776年以来，卡特莱特一直在敦促"成立一个恢复宪法的全国大联盟"。[429] 他有意利用伯格的提议，通过一场民众运动来加强"指示、请愿和抗议等活动"的效果，以要求重组议会。[430] 到1780年1月初，伯克自己也在哀叹请愿的无效性——"最近的请愿已经失去了信誉"——

429

424　Ibid., cols. 594–615.

425　Ibid., cols. 686–88.

426　Earl of Shelburne to Isaac Barré, December 1780, Lord Fitzmaurice, *Life of William, Earl of Shelburne* (London: 1875–1876) 3 vols., III, 106–7.

427　尽管在27个郡会议中至少有12个受到罗金汉派的影响，7个罗金汉党成员活跃在各委员会中，有些人还担任不止一个职务。参见 N. C. Phillips, "Edmund Burke and the County Movement, 1779–1780," *The English Historical Review*, 76: 299 (April 1961), pp. 254–78。

428　Walker King to EB, 5 November 1779, *Corr.*, IV, pp. 165–66.

429　Cartwright, *Take Your Choice*, p. 89.

430　James Burgh, *Political Disquisitions* (London: 1774), 3 vols., III, pp. 455–56. 有关讨论，参见 Herbert Butterfield, *George III, Lord North and the People, 1779–1780* (London: Bell, 1949), pp. 259–63; Carla H. Hay, "The Making of a Radical: The Case of James Burgh," *Journal of British Studies*, 18: 2 (1979), pp. 90–117; Pasi Ihalainen, *Agents of the People: Democracy and Popular Sovereignty in British and Swedish Parliamentary and Public Debates, 1734–1800* (Leiden: Brill, 2010), pp. 249–50。

转而寄希望于广泛的民众运动。[431] 然而，爱尔兰和美洲民众抗议的例子令人不安，而非振奋人心。1780年3月11日至20日，12个郡和少数几个城市和自治市镇派代表参加了在伦敦举行的威维尔会议，以商定一项关于全国联合的计划。提案将由各郡的代表带回，并于3月25日返回给约克郡委员会。罗金汉对随之而来的诉讼程序感到沮丧。正如他告诉伯克的那样，这些程序"很奇怪、很轻率，而且……只能徒增困惑"。[432] 他已反对对议员进行测试的建议："被选为议员，如果意味着信任，是非常光荣的，但如果是为了限制你的推理能力……这将是一种可耻的束缚。"[433] 他对"民众"没有代表权的想法感到更加不安。[434] 腐败的自治市镇的问题可能会得到有效的解决，议会的任期可能得到合理的修订，但这些问题的后果错综复杂，需要极其谨慎地对待。[435] 伯克对大众倾向的飘忽不定更加警觉。在对索布里奇提出的缩短议会会期的法案投票后，他写信给里士满，宣称自己在面对宪法中"我出生时就存在的那些部分"的根本性修改时感到胆怯。[436]

伯克在《关于经济改革的演讲》中有一句名言，他说，在制定议案时，他没有追随民众，而是"在路上遇到了他们"。[437] 然而，不久之后，他就会发现，他们的道路正在发生微妙的变

431　EB to the Duke of Bolton, 2 January 1780, *Corr.*, IV, p. 179.

432　The Marquess of Rockingham to EB, 31 March 1780, ibid., p. 216.

433　The Marquess of Rockingham to Pemberton Milner, 28 February 1780, *Rockingham Memoirs*, II, p. 396. 克里斯托弗·韦维尔（Wyvill）在1780年1月底对这些指示表示了支持，参见 Wyvill, *Papers*, I, pp. 67–68。

434　The Marquess of Rockingham to Pemberton Milner, 28 February 1780, *Rockingham Memoirs*, II, p. 397.

435　The Marquess of Rockingham to Henry Clerk Zouch, ibid., pp. 404–6.

436　EB to the Duke of Richmond, post 8 May 1780, *Corr.*, IV, p. 236.

437　EB, *Speech on Economical Reform*, 11 February 1780, *W & S*, III, p. 493.

化。当然，要理解"大众"的含义是很困难的，因为在众多声称代表了"民众"意愿的代理人中，几乎不可能辨别出"民众"真正的声音。1780 年 5 月 8 日，伯克在议会演讲笔记中指出，在英国的每一个地区，总是有"一些领袖人物、一些鼓动者、一些富有的商人，或相当大的制造商、一些活跃的律师、一些受欢迎的传教士、一些放债人……他们被全体民众追随"。[438] 在官方议员的背后，是一层层的代表，每一层代表都提供了奉承、游说和哄骗民众"欲望"的机会。郡代表不一定比全国代表更能保证忠于民意。当然，他们更不可能为共同利益服务。到 1780 年夏初，伯克将协会运动描述为一个"派系"，其杰出的活动家往往在性质上是"专制"的。[439] 然而，尽管民众的声音难以捉摸，但最终还是能够确定全体国民的普遍意识。更重要的是，政治应按民众的要求行事。最好的政治制度建立在忠诚和公正的基础上。即使人们在选择目标上受到了欺骗，也应该允许他们追求自己的偏好。

约瑟夫·哈福德曾提出支持经济改革的布里斯托尔请愿书。伯克在一封给他的信中强调了大众情绪的主导地位："如果这个国家有任何力量足以有效地反对民众的普遍意愿，那将非常可怕。"[440] 最终，不管后果如何，人们都会按照自己的方式行事。然而，仅次于阻碍民众意愿的第二件糟糕的事是，允许民众意愿破坏公共利益。因此，获得民望可能是一种代价高昂的政治美德。伯克担心他自己所在的白金汉郡为此付出的代价，在那里，斯坦诺普伯爵要求大肆修改宪法，包括三年期议会和在下议院新增 100 名郡议员。随后，伯克将在《法国革命

---

438 EB, Speech on Duration of Parliaments, 8 May 1780, ibid., p. 593.

439 EB to the Duke of Richmond, post 8 May 1780, *Corr*., IV, p. 236.

440 EB to Joseph Harford, 4 April 1780, ibid., p. 220.

反思录》中质疑斯坦诺普伯爵的资历。[441]伯克于 1780 年 4 月
12 日写信给这位乡村派集会的主席。他承认，宪法当然是有
缺陷的，但修复它的缺陷时，需要将整个宪法体系视为一系列
复杂的特权和势力。这是一项复杂的理论工作，需要经过长期
的审议。增加 100 个郡的骑士，或者在全国范围内增加竞选活
动，是会改善自由的命运，还是会危及其运作？[442]伯克于 5 月
8 日再次谈到了关于下议院更频繁地进行议会选举的问题。伯
克反对索布里奇的动议，因此也反对福克斯和卡文迪什的动
议。他雄辩地致力于捍卫民众的选举权，但对更频繁的竞选活
动可能引起的混乱持谨慎态度。他认识到："根据民众的意愿
和利益来管理国家，这是政府伟大而光荣的目标。"[443]然而，尽
管确定民意必须要进行选举，但是选举也可能产生有害的影响
和腐败。选举的昂贵代价不利于正直的人进行诚实的拉票；频
繁的选举为王室的阴谋提供了机会。[444]更频繁的议会并不能避
开政治进程的腐败。相反，它会强化现有体系的畸形特征。

伯克去世前一年，在《致一位勋爵的信》中，他回顾了
1780 年的动荡。那一年的民众热情表现在三个方面。首先，
人们普遍认为改革是国家的首要任务；二是统治者与被统治者
之间复杂的现实关系；第三，民众可能会陷入疯狂和愤怒。所
有改革都必须以上述第一方面的考虑为基础：政治处理的是不
满，而这些不满来自民众的情绪，而议员的工作就是补救和纠
正这种情绪。伯克在这方面争辩道："我的目标是向人们提供

---

441 Butterfield, *George III, Lord North, and the People*, pp. 383–7.

442 EB to the Chairman of the Buckinghamshire Meeting, 12 April 1780, *Corr.*, IV, pp. 227–28.

443 EB, Speech on the Duration of Parliaments, 8 may 1780, *W & S*, III, p. 590.

444 Ibid., pp. 592–94.

他们想要的东西。"[445]然而，作为一名代表民众的议员，而不是一名委派的代表，他也决心使自己的行动符合看起来"正确"的要求，不管民众是否希望如此。当然民众也有权罢免他。与此同时，他有责任反对那些他认为会使国家崩溃的措施。这就引出了民众热情的第二个方面，即基于政府与被统治者之间的责任平衡。选民与议员的关系是一种典型的政治关系。议员要根据选民的感受行事，但这可能有多种形式。例如，议员可能会激怒或奉承选民。然而，最理想的情况是，他会代表选民进行审议。如果公职人员敏感和正直，那么政治分工就有望顺利进行。然而，如果议员们扮演阿谀奉承者的角色，或充当偏见的工具时，大众政治的第三个维度就会凸显出来：克制将被盲目的愤怒所牺牲。

伯克预计这种发展要么刺激宗教对立，要么破坏私有财产制度。他记得1780年发生的剧变。[446]协会运动为颠覆活动提供了动力。协会的全国性大会"蔑视"议会，摆出一副凌驾于既定主权之上的样子。它的许多建议"具有一定的影响，但在我看来，并不会有长远的影响，而且会导致这个国家的宪法被彻底摧毁"。[447]当时伯克是在法国革命的后果中写作的。如果这些在许多协会委员会中流传的提议得以实现，那么英国，而不是法国，可能会有幸表演"民主革命的死亡之舞"。[448]经过更充分的考虑，伯克认为，英国在对抗全面狂热方面享有一个

432

445　EB, *Letter to a Noble Lord* (1796), *W &S*, IX, p. 155. Cf. EB to the Chairman of the Buckinghamshire Meeting, 12 April 1780, *Corr*., IV, p. 228.

446　这种回忆成为巴特菲尔德（Butterfield）观点的前提，参见 Butterfield, *George III, Lord North, and the People, passim*。

447　EB, *Letter to a Noble Lord* (1796), *W & S*, IX, p. 152.

448　Ibid.

优势：它缺少关于人的权利的学说。[449] 尽管如此，如果一年期议会和成年男性选举权的提议获得成功，英国的混合政府体系将被摧毁，某些不受约束的民主形式将危及社会的秩序："一扇大门将被打开，所有的财产都将被洗劫和破坏。"[450] 如果发生了这样的情况，解决社会不满的方案就会失败。相反，迫害的精神会占据大部分民众的内心，显示出群众潜在的不冷静。戈登骚乱是一个持久的警示。"这体现了公众思想的混乱，"伯克回忆道，"所有疯子最疯狂的想法和计划都是依靠人数来支持其原则和行动的。"[451]

8.6 规范和自然法：从议会选举到圣尤斯塔提乌斯岛战役

到 1780 年夏天，随着议会即将解散，经济改革计划即将到期。7 月，德文郡委员会主席威廉·柯特内与伯克接触，希望伯克在下次议会会期上重新提出他的法案。然而，伯克并不指望得到必要的支持。[452] 次月，他对克里斯托弗·威维尔同样表达了悲观态度："面对强大势力的反对，我们不可能实施这一法案，而缓和这种势力正是该法案的主要目标之一。"[453] 大选结束后，随着福克斯在威斯敏斯特取得胜利和伯克在布里斯托尔落选，伯克开始害怕重返议会。其所在政党内的分歧是显而易见的。他指责这是那些好空想的"阴谋家"造成的，他们的观念诱导明智之士背离理性的改革，而转向一种投机性创新。宪政的"形式"不是问题，他们向哈福德解释说，需要的

449 Ibid., p. 151.

450 Ibid., p. 155.

451 Ibid., p. 152.

452 EB to Viscount Courtenay, 24 July 1780, *Corr.*, IV, p. 259.

453 EB to Christopher Wyvill, 14 August 1780, ibid., p. 265. 另见 "History of Europe" in *The Annual Register for 1781*, p. 141。

是"实质上的"改善。[454] 里士满公爵和乔治·萨维尔爵士似乎
都不同意。在伯克看来，里士满打算将投票权扩大到广大男性
人口的计划，似乎是想消灭永久产权者的权力。与此同时，萨
维尔支持更频繁的选举，并为郡议员增加席位。[455] 他和里士满
都没有恰当地考虑到这些变化将产生的系统性影响。面对新一
届议会的一系列计划，罗金汉热衷于将反对派团结在能引起同
意的问题上。这次选举对罗金汉和谢尔本的追随者来说是件好
事，但具体影响如何，目前还不清楚。康沃利斯8月在卡姆登
战役中的胜利鼓舞了政府的士气。然而，尽管政府在一些分歧
中表现积极，但在整个秋季，新组建的下议院的力量平衡仍不
确定，直到圣诞节休会后才逐渐明朗。[456]

罗金汉打算围绕经济改革召集他的手下。根据财政部部长
约翰·罗宾逊的计算，议会中的人数相当均衡。全体出席可能
会对内阁不利。在这种不确定的气氛中，伯克于1781年2月
15日6点起身向下议院发表演说，重提他去年的议案。[457] 在与
殖民地的战争中，与波旁王朝的战争中，与盟国的分裂中，政
府必须能够从过度膨胀的民事机构中抽调人员，以"增加他们
的军事人员"。[458] 与此同时，紧缩措施将削弱王室影响力。伯
克认为他对这些目标的承诺与国内的普遍态度是一致的。其他
议员认为，协会运动造成了骚乱和动荡。但即使承认这一点，
政府也有责任通过温和的改革来平息公众因被忽视而滋生的不

---

454 EB to Joseph Harford, 27 September 1780, *Corr.*, IV, p. 295.

455 Ibid., p. 296.

456 Ian R.Christie, *The End of North's Ministry, 1780–1782* (London: Macmillan, 1958), pp. 231–40.

457 *CJ*, XXXVIII, p. 213.

458 EB, Debate on the Bill for the Regulation of the Civil List Establishments, 15 February 1781, *Parliamentary History*, XXI, col. 1232.

满情绪。[459] 民众已经"以雷霆万钧之势"发出了命令，现在留
给议会静悄悄地执行。[460] 政府，作为一个"医术高明的医生"，
应该"体察病人的脉搏"，明智地采取适当的补救措施。[461] 出
于爱国责任，执政者们有义务为公共利益服务，但作为议员，
他们更直接地受到这一责任的约束。他们依赖于民众，"需要
对他们的行为负责，并保卫宪法"。[462]

诺斯决定不反对引入该法案。然而，该法案在第二读时以
40 多票被否决。[463] 在本次议会会期的其余时间里，反对派把
注意力集中在美洲问题上。在 6 月，反对派赢得了前内阁大臣
们的支持。美洲殖民地战争正接近一个决定性时刻。在 1781
年 11 月 27 日新议会会期召开的前两天，康沃利斯在约克城
向华盛顿领导下的法美联军投降的消息传到了伦敦。这使伯克
充满了恐惧，他在下议院就国王演讲发表演说时，表现得很焦
灼。[464] 政府挺过了这次会期，但这届政府很快就要结束了。问
题之一是，反对党内部仍然存在分歧，谢尔本的支持者拒绝接
受美洲殖民地的独立，而罗金汉派现已屈从于这一结果。尽
管如此，政府面临的压力并没有减轻。1782 年 1 月，为了制
定一项新的美洲政策，在亨利·邓达斯的坚持下，殖民地事务
大臣乔治·杰曼勋爵被免职了。福克斯现在把目光瞄准了第一
海军大臣——桑威奇伯爵，准备调查他对海军的管理。在 2 月
份的一系列投票中，政府逐步失去了多数席位。1782 年 2 月

434

---

459 WWM BkP 14: 8.

460 "The History of Europe" in *The Annual Register for 1781*, p. 181.

461 EB, Debate on the Bill for the Regulation of the Civil List Establishments, 15 February 1781, *Parliamentary History*, XXI, col. 1225.

462 Ibid., col. 1232.

463 *CJ*, XXXVIII, p. 231.

464 EB, Speech on Address, 28 November 1781, *Parliamentary History*, XXII, col. 747.

27 日，政府驳回了康威提出的反对战争的动议。3 月 20 日，面对挤满人的下议院，诺斯承认失败："陛下的内阁不复存在了。"[465]对伯克来说，这是独立议员的胜利，他们最能代表民众的"精神"。[466]但这也为未来埋下了隐患：独立派把握着下议院的平衡，但他们的公正性常常伴随着懒惰。政府已经被撤换，但"最重要的工作仍有待完成"。[467]这只有在独立派的大力支持下才能实现。消极和怠惰会扼杀善政。

在美洲战争的最后阶段，英国人一直在多条战线上作战。1780 年 12 月 20 日，当荷兰即将加入叶卡捷琳娜二世统治下的武装中立联盟时，英国在圣詹姆斯大教堂宣布了一项敌对行动宣言，对伯克所谓的英国"古老而天然的盟友"宣战。[468]英国针对荷兰联合省的宣言列出了一系列的不满，包括阿姆斯特丹和北美殖民地大陆会议之间的秘密贸易协议，以及荷兰共和国与其他敌对国家之间正在进行的商业往来。[469]因此，政府的首要目标是对安的列斯群岛发动攻击，以 1 月初对圣文森特的攻击作为开端，这既是为了让荷兰联合省接受英国的条件，也是为了扰乱其对法国的供应和对美洲的贸易。1781 年 2 月 3 日，荷兰驻圣尤斯塔提乌斯的军队被罗德尼上将和沃恩将军率领的英军击溃。到 2 月 17 日，罗德尼已通知巴巴多斯总督，"法国、

435

465　Ibid., col. 1215.

466　EB, Debate on Change of Ministry, 20 march 1782, ibid., col. 1225.

467　Ibid.

468　*Morning Chronicle*, 26 January 1781. 对这次进攻背后的动机的讨论，参见 H. M. Scott, *British Foreign Policy in the Age of the American Revolution* (Oxford: Oxford University Press, 1990, 2001), pp. 305–9。

469　*Parliamentary History*, XXI, cols. 968–72. 秘密贸易协议是在前大陆会议主席亨利·劳伦斯的文件中发现的，他 1780 年被逮捕并被押往伦敦塔，参见 "The History of Europe" in *The Annual Register for 1781*, p. 144。

荷兰和美洲将最严重地感受到这一打击".[470] 在入侵前两个月，该岛遭遇了飓风，使岛上居民处于特别脆弱的状态。[471] 国王在行动前通知他的指挥官，预计岛上不会有大规模的抵抗。[472] 该岛虽然是一块"贫瘠的岩石"，却是一个利润丰厚的国际贸易场所——"西印度群岛和美洲的大自由港".[473] 罗德尼和沃恩在邻近的马提尼克岛进行牵制行动后，大批部队抵达圣尤斯塔提乌斯。这一行的 14 艘船和几艘护卫舰把一支由 3000 名士兵组成的分遣队载到了这个加勒比海的商业中心，当时只有 50 名士兵驻守在那里。[474] 萨巴和圣马丁的士兵也减少了。约翰内斯·德·格拉夫总督投降并请求宽大处理。尽管如此，在罗德尼获胜后，岛上的居民——包括英国人、荷兰人、法国人和犹太商人——都被当作战俘对待。他们的财产被任意没收。正如罗德尼所威胁的那样，英国的"正义复仇"缓慢而坚定。[475]

圣尤斯塔提乌斯拥有大量的物资，英国迅速获取了惊人的战利品。据估计，英国获取的物品价值约为 300 万英镑，并

436

---

470 Sir George Brydges Rodney to General Cunningham, 17 February 1781, in *Letters from Sir George Brydges Rodney to His Majesty's Ministers Relative to the Capture of St. Eustatius* (London: n.d.), p.17.

471 "The History of Europe," in *The Annual Register for 1781*, pp. 30ff.

472 "His Majesty's Instructions to Sir George Brydges Rodney" in *Letters from Sir George Brydges Rodney*, p. 6.

473 "The History of Europe" in *The Annual Register for 1781*, p. 101; Ronald Hurst, *The Golden Rock: An Episode of the American War of Independence, 1775–1783* (London: Leo Cooper, 1996).

474 有关数据，摘自 EB, Debate on St. Eustatius, 14 May 1781, *Parliamentary History*, XXII, col. 221。罗德尼和沃恩后来在下议院前为自己辩护，参见 the *Morning Chronicle*, 11 December 1781。

475 Sir George Brydges Rodney to General Cunningham, 17 February 1781, in *Letters from Sir George Brydges Rodney*, p. 17.

在周围海域捕获了 250 多艘船只。[476] 货物被掠夺后，商人们四散奔逃。美洲人和犹太人被流放到圣克里斯托弗；荷兰人、法国人和英国人被不同程度地流放。这些战利品以低价被拍卖掉了。很快有人向议会请愿，要求为英属西印度群岛提供补偿。[477] 人们非常担心英国的行为会激起法国的报复。伯克在 1781 年 3 月 13 日收到这一事件的消息：他写道，"圣尤斯塔提乌斯在没有抵抗和投降的情况下被攻占了"。[478]5 月 3 日，他提请下议院注意该行动的严重性，并通知说，他将于 14 日星期一将此事提交下议院审议。这一事件不仅损害了当地的利益，也损害了"全人类"的权利。[479]5 月 14 日，伯克起身，用了大约 2 个半到 3 个小时，讲述了英军指挥官"不人道"的行为。[480] 英国正在进行一场"灾难性的战争"，敌人众多，"没有朋友"。[481] 这种情况实际上是史无前例的，为采取温和行动提供了特别的理由：文明会减少报复的冲动，吸引中立派支持英国一方，并鼓励对手妥协；"通过这种文明的尊重，我们敌人的怨恨可能会缓和，也可以消除他们的敌意，使他们更倾向于和平"。[482]

《先驱晨报》对圣尤斯塔提乌斯岛演讲的报道指出，伯克特别从瓦泰尔那里得到了对其论点的支持。[483] 正如《纪事晨

476　"The History of Europe" in *The Annual Register for 1781*, p. 102.

477　参见 P. J. Marshal, editorial headnote to EB, Speech on St. Eustatius, 14 May 1781, *W & S*, IV (forthcoming)。

478　EB to Mrs. Richard Champion, 13 March 1781, *Corr.*, IV, p. 343.

479　*Morning Chronicle*, 4 May 1781.

480　*London Courant*, 15 May 1781; *Public Advertiser*, 15 May 1781.

481　EB, Debate on St. Eustatius, 14 May 1781, *Parliamentary History*, XXII, col. 218.

482　Ibid.

483　1781 年 5 月 15 日，《先驱晨报》称"沃特尔"是"最后一位，也是最好的万国公法作者"。

报》所说，不同于这位瑞士作家，伯克认为格劳秀斯和普芬多夫是"野蛮的作家"。[484] 然而，尽管存在这种贬低，但是很明显，他的论点除了严重依赖瓦泰尔以外，还借鉴了 16 世纪和 17 世纪的资料。[485] 在要求对圣尤斯塔提乌斯岛进行调查的请求失败后，伯克在下次会期开始时又回到了这个话题，再次谴责了英军指挥官滥用自由裁量权的行为。这一次他借鉴了阿尔贝里科·根蒂利的智慧，对他来说，自由裁量权意味着公平和美德。[486] 然而，格劳秀斯本人却极力主张战争权利是受限制的。1672 年，塞缪尔·普芬多夫在《自然法与国际法》一书中写道，这是荷兰法学家立场最显著的特征。普芬多夫评论说，在战争状态下敌对势力可以请求的行动自由和出于仁慈考虑允许敌对势力采取的自由之间存在着天壤之别。"人道主义法"在实践中限制了战争的权利。因此，对手们应该收敛他们的行为。"这种节制，"普芬多夫总结说，"是格劳秀斯非常推崇的。"[487] 正如巴贝拉克在给普芬多夫的笔记中对格劳秀斯思想所做的解读，虽然敌人的财产，无论神圣的还是亵渎的，都可能

---

484 *Morning Chronicle*, 15 May 1781.

485 在这一背景下，伯克对自然法论点的借鉴，参见 Jennifer Pitts, *A Turn to Empire: The Rise of Imperial Liberalism in Britain and France* (Princeton, NJ: Princeton University Press, 2005), pp. 83–85。关于相关主题，另见 Peter Stanlis, *Burke and the Natural Law* (1958) (New Brunswick, NJ: Transaction Publishers, 2009), *passim*; Frederick Whelan, *Edmund Burke and India: Political Morality and Empire* (Pittsburgh, PA: University of Pittsburgh Press, 1996), pp. 275–90。

486 *Morning Herald*, 5 December 1781. 伯克是在引用阿尔贝里科·根蒂利（Alberico Gentili）的观点，即自由裁量权是"适度"的，因为其是好人的自由裁量权，参见 Alberico Gentili, *De iure belli libri tres*(1612), ed. John C. Rolfe (Oxford: Oxford University Press, 1933), 2 vols., I, p. 372。关于根蒂利，参见 Richard Tuck, *The Rights of War and Peace: Political Thought and International Order from Grotius to Kant* (Oxford: Oxford University Press, 1999, 2002), chapt. 1。

487 Samuel Pufendorf, *Of the Law of Nature and Nations*, trans Basil Kennett (London: 1729), bk. VIII, chapt. 6, § 7.

被摧毁，但是战争不应该进行到最后，而只应被限制在为和平目标服务的范围内。[488]格劳秀斯本人在《论义务》中通过西塞罗的主张说明了这一点："即使对那些伤害我们的人，也应该履行某些责任。"[489]格劳秀斯在《战争与和平法》第三卷第十二章中阐述了与掠夺有关的节制主题。战争的准予既受到自然正义的限制，也受到政策考虑的审慎限制。例如，仁慈可以安抚敌人，而宽宏大量可以通过减少绝望来解除敌人的武装。[490]

　　虽然包括真蒂利、格劳秀斯和普芬多夫在内的现代自然法传统敦促在战争和征服中保持克制，但伯克的主张是，尽管如此，法学还是被 18 世纪的启蒙运动所改善。他认为，最重要的是，士兵在战场上的实践确立了缓和战争残酷性的公约。伯克想到的是现代战斗人员将安全延伸到陆地上的私人财产。他指出，这与海上查获的货物形成了鲜明对比。然而，他推测，即使是海上"漂浮的财产"也有资格获得保护，这样的时代即将来临。[491]这种乐观主义源自对现代公约的普遍信念，这些公约累积起来已经减少了武装冲突的野蛮性。公约受益于启蒙文化，即礼貌和行为的改善。然而，它们的基础是人类理性，而人类理性由神所建立，由人心所感受。理性是根据"必要性"来计算的，并产生了在情感上得到支持的规则。[492]也就是说，根据理性的判断，和平与宽容应该为倡导。因此，当心智看到和解的好处时，激情倾向于接受同样的结果。

438

488　Ibid.

489　*Hugo Grotius, The Rights of War and Peace, ed. Richard Tuck* (Indianapolis, IN: Liberty Fund, 2005), 3 vols., III, p. 1420, citing Cicero, *De officiis*, I, xi: "sunt autem quaedam officia etiam adversos eos servanda a quibus inuriam acceperis."

490　Grotius, *Rights of War and Peace*, III, pp. 1472–73.

491　EB, Debate on St. Eustatius, 14 May 1781, *Parliamentary History*, XXII, col. 230.

492　Ibid.

如此，伯克的论点就包含了这样一种观点，即万国公法建立在理性和效用之上，植根于自然法。与此同时，自然权利得到了感情的支持，感情的培养又促进了这种权利。因此，在启蒙条件下，公约趋于完善。伯克还声称，理性和公约所规定的规范可以参考权威的法理学著作，并得到先例的支持。虽然瓦泰尔作为"现代作家"是一个有价值的权威，而征服格林纳达作为最新的例子，是一个有价值的先例。[493] 瓦泰尔吸引伯克的原因有两个。首先，他的《万国公法》将私有财产排除在战利品之外："征服者攫取国家的财产，即公共财产，而私人则被允许保留自己的财产。"[494] 其次，瓦泰尔详细描述了征服者的职责，伯克认为罗德尼上将没有考虑到这一点。瓦泰尔认为，一旦敌人投降，征服的权利就要被治理的责任所取代："最终，每一件事都要服从明智治理的规则，以及一个好君主的责任。"[495] 瓦泰尔基于两个原则得出了这个结论。首先，他追随孟德斯鸠的观点，提出征服者应该用"人道主义的眼光"来证明自己无罪。[496] 此外，良好的"政策"支持了人道规范。换句话说，仁慈的对待符合新统治者的利益："你是否希望你的征地增进你的力量，并对你产生良好的影响？——像对待父亲一样对待它，像对待一个真正的君主一样对待它。"[497] 这两种观点都体现在伯克的演讲中。维护仁慈的声誉符合英国的利益，但这

493　Ibid., col. 231.

494　Emer de Vattel, *The Law of Nations, or the Principles of the Law of Nature, Applied to the Conduct and Affairs of Nations and Sovereigns*, eds. Béla Kapossy and Richard Whatmore (Indianapolis, IN:Liberty Fund, 2008), p. 598.

495　Ibid., p. 599.

496　Ibid., p. 600. 参见 Charles-Louis de Secondat, Baron de Montesquieu, *De l'esprit deslois* (1748) in *Oeuvres complètesed*. Roger Caillois (Paris: Galimard, 1951), 2 vols., II, Pt. II, Bk. X, Chapt. 4。

497　Vattel, *Law of Nations*, pp. 600–601.

种行为也被强制为一种义务。

　　一个民族服从征服者的自由裁量权，也就把政府的职责施 439
加给新政权："给我一个政府，"伯克宣称，"我将给你一份信
任。"[498]伯克后来在起诉沃伦·黑斯廷斯时阐明了这一点："称
我为法官，我将捍卫财产；给我权力，我将视之为保护"。[499]
伯克认为，征服带来了"实质上的契约"。[500]不遵守统治义务
就解除了被统治者的服从义务。由于只有合法的治理才能得到
效忠，因此，如果要赋予统治以"公正的头衔"，武力就必须
由正义取代。[501]伯克认为，未能保护圣尤斯塔提乌斯的犹太人
可能是英国行动中最应受到谴责的缺点。作为一个"分散、流
浪和被放逐"的民族——一个没有政府的共同体——希伯来民
族依赖于人道主义的善意。他们遭到王权部队的虐待是"这个
启蒙时代"的耻辱，更是对"基督教品格"的玷污。[502]伯克以
法国在1779年7月攻占格拉纳达的行动作为政治道德高尚的
典范，虽然该行动也是暴力和野蛮的。德斯坦伯爵曾带领军队
进行两栖攻击，抓住了英国指挥官，将其作为战俘，也允许他
的军队掠夺圣乔治小镇，然而他没有"大规模地没收财产"，
路易十六还将被掠夺之物归还给商人。[503]第二年冬天，伯克回
顾圣尤斯塔提乌斯的事件时依然难掩愤怒："我的全部心思都

498　EB, Debate on St. Eustatius, 14 May 1781, *Parliamentary History*, XXII, col. 230.

499　EB, Speech Opening the Hastings Impeachment, 16 February 1788, *W & S*, VI, p. 351. 有关讨论，参见本书第5章第5节和6节。

500　EB, Debate on St. Eustatius, 14 May 1781, *Parliamentary History*, XXII, col. 229.

501　EB, Notes for Speech on the Opening of the Hastings Impeachment, Northamptonshire MS. XXIX. 49.

502　EB, Debate on St. Eustatius, 14 May 1781, *Parliamentary History*, XXII, col. 223.

503　Ibid., col. 231.

在这件事上，"他对一位笔友说。[504] 他现在争辩说，罗德尼和沃恩在圣尤斯塔提乌斯岛的逗留造成对多巴哥的占领。[505] 但他仍然对英国指挥官滥用自由裁量权的行为感到特别愤怒。他们一直在追求征服，直至"毁灭"。[506] 正如孟德斯鸠在《论法的精神》中所称的那样，这种行为是对征服权的曲解，征服权受四种不同法律的约束：第一，旨在保护人类的自然法；第二，理性法则（la lumière naturelle），它规定己所不欲，勿施于人；第三，政治社会法，它规定公民社会的持久性；最后，征服法则本身，由于它涉及获得行为，因此是为了促进保护而不是"破坏"。[507]

440

8.7　敬畏与效用：改革下议院

政治发展很快迫使伯克在议会改革的背景下反思自然权利。随着诺斯勋爵的权力逐渐被削弱，在野近16年的罗金汉党突然有了执政的可能性。1782年3月22日，在诺斯下台后不久，伯克向他的庇护人强调了建立联合政府的必要性。[508] 结果，谢尔本与乔治三世合谋限制了罗金汉第二侯爵（即罗金汉勋爵）的影响力。[509]1782年3月27日，罗金汉勋爵接管了新政府的财政部，谢尔本和福克斯成为内阁大臣。约翰·卡文迪什勋爵获得了财政大臣的职位。尽管如此，罗金汉的追随者很少成功进入内阁。伯克被授予军队主计长一职；不再是罗金汉派的里

504　EB to James Bourdieu, 5 December 1781, *Corr.*, IV, p. 387.

505　*London Courant*, 5 December 1781.

506　*Morning Herald*, 5 December 1781.

507　Montesquieu, *De l'esprit des lois*, Pt. II, Bk. X, Chapt. 3.

508　EB to the Marquess of Rockingham, 22 March 1782, *Corr.*, IV, p. 423.

509　John Cannon, *The Fox-North Coalition: Crisis of the Constitution, 1782–1784* (Cambridge: Cambridge University Press, 1969), pp. 4–5.

士满接管了军械署。瑟洛继续留任大法官。格拉夫顿成为掌玺大臣，康威被任命为陆军总司令。由于在美洲问题上存在分歧，政府迅速着手实施经济改革。克鲁提出了剥夺税收官员选举权的法案，紧随其后的是克勒克提出的将承包商从下议院中移除的法案。[510] 4 月初，伯克警告罗金汉注意通过将政府的措施分割成不同的项目来颠覆政府的计划。[511] 国王希望与大臣们达成协议来削减民事机构，而不是将其作为法案提交议会。[512] 最后，乔治三世被说服支持一项《约制法案》。[513]1782 年 6 月 14 日，伯克向下议院提交了他的计划，预计节省的开支比两年前的要少。[514] 虽然主要的官僚机构，如贸易委员会和殖民大臣职位都被废除了，但王室成员减少的人数比预期要少，在王室津贴方面的缩减也不明显。[515] 然而，就在新内阁推行经济改革之际，鼓动议会改革的风潮仍在下议院和英国各地蔓延。

随着里士满和福克斯的执政，改革国家代议制是一个合理的提议。在诺斯政府最后几年的一次公众集会上，福克斯曾敦促他的听众记住他们"在政府中的分量和影响"。他补充说，毕竟，正是由于广大民众的一致示威，议会才向爱尔兰人和美洲人做出了让步。[516] 几天后，在威斯敏斯特市对一群协

441

---

510 *LJ*, XXXVI, pp. 537. They passed respectively as 22 Geo. III, c. 45 and 22 Geo. III, c. 41.

511 EB to the Marquess of Rockingham, 5 April 1782, *Corr*., IV, p. 433.

512 Ibid., p. 434. 另见 EB, Memorial on Economic Reform, WWM BkP 14: 28–29。

513 国王支持该项措施的信息，载于 *CJ*, XXXVIII, p. 861. 伯克的草案，可见 the Rockingham Papers at the Sheffield Archives (R 81. 174), reprinted in *W & S*, IV (forthcoming)。

514 一读情况，参见 *CJ*, XXXVIII, p. 1057。

515 伯克新计划的细节，参见 EB, Debate on Civil List Expenditure, 14 June 1782, *Parliamentary History*, XXIII, cols. 121–27。通过的立法，参见 22 Geo. III, c. 82。改革主计官职位的补充法案，参见 22 Geo. III, c. 81。

516 *Gazetteer*, 1 February 1780. 福克斯在谢尔本之后，也就是 1780 年 1 月 29 日向民众发表了演讲。

会运动的支持者演讲时，福克斯将下议院仅仅描述为民众的工具："如果该代议机构未能履行民众的信任，放弃了选民的利益，他们就不再是民众的代表，而是国王的工具。"[517] 弗伦奇·劳伦斯后来争辩说，正是在这个时候，有才能的人开始聚集在福克斯周围，鼓励他支持大众事业。投机性改革赢得了他的支持，却违背了他更好的判断力。[518] 事实证明，1782 年 4 月在里士满的家中召开会议后，他们决定由一位前途无量的下议院新议员重启议会改革计划。因此，1782 年 5 月 7 日，星期二下午，年轻的威廉·皮特动议成立一个委员会，来调查代表权的情况，该提案以 20 票的优势获得通过。[519]

两个月后，罗金汉勋爵去世了，他的内阁随之倒台。[520] 谢尔本现在有了自己的政府。伯克对新政府的谎言和机会主义感到惊讶。他后来观察到，当时所有"有教养"的共和主义者都在讨好君主制的拥护者。[521] 谢尔本显然是这样的人。在谈到 1782 年 7 月 9 日的内阁变动时，伯克"痛恨这种迁就，因为这种迁就不会让一个人坚守自己的原则"。[522] 然而，谢尔本的内阁并没有持续很长时间。1783 年 4 月，伯克在福克斯－诺斯联合政府的领导下重返政坛，但随着福克斯在次年 12 月的《印度法案》的巨大失败，其内阁也随之垮台。1784 年初，威

517 Charles James Fox, *The Speech of the Honourable Charles James Fox Delivered at Westminster, on Wednesday, February, 2, 1780; on the Reduction of Sinecure Places, and Unmerited Pensions* (London: 1780), p. 12.

518 French Laurence, "Political Life of Edmund Burke: Annotated Proofs of a Contribution to the *Annual Register*" (c. 1794), OSB MS. File 8753.

519 Ehrman, *Pitt: The Years of Acclaim*, pp. 70–1; *Parliamentary History*, XXIII, cols. 1416–38.

520 关于福克斯的突然辞职，参见 EB to Charles James Fox, 3 July 1782, *Corr.*, V, pp. 5–6。

521 EB, *Reflections*, ed. Clark, p. 222 [93].

522 *A Complete and Accurate Account of the Very Important Debate in the House of Commons on 9 July 1782* (London 1782), pp. 38–9.

廉·皮特领导的政府在下议院没有获得多数席位。3 月 20 日，在白金汉郡的一次旨在提高民众对政府支持的会议上，伯克猛烈抨击针对《印度法案》的敌意："民众没有能力做出这些决定，他们批准了美洲战争，正如他们现在反对《印度法案》一样，毫无用处。"[523] 很快议会就被宣布解散，反对党随后进行了灾难性的选举。福克斯的精力被他在威斯敏斯特的竞选耗尽了，他在竞选中名列第二，仅仅保住了自己的席位。[524] 到 4 月中旬，形势已经明朗。联合政府的不受欢迎，加上有效的政府影响，使得波特兰辉格党遭遇了惨败。[525]

随着毕生事业的明显瓦解，伯克几近绝望："人们不喜欢我们的工作，他们同宫廷派一起摧毁了它。"[526] 九年后，伯克果断地表示："皮特的上台是宫廷派的阴谋诡计"，他是在"门外异见者和普遍腐败的协助下"掌权的。[527] 新的议会会期于 1784 年 5 月 18 日召开。伯克几乎立刻公开表示了他对最近议事程序的反对：从反对乔治三世破坏福克斯的《印度法案》开始，到反对新议会开幕时的国王演讲结束。他对国王干预立法进程感到失望，1783 年 12 月，国王曾表示反对福克斯派的《印度法案》。他还感到震惊的是，国王任命皮特担任第一财政大臣，而他却没有在下议院获得多数席位。随后的选举也带有危险的苗头。在此之前，有一场支持皮特内阁的演讲活动，其得到了相当多的王室庇护。随着"福克斯的殉道者们"的失败，

442

523　*Public Advertiser*, 20 March 1784.

524　EB to Sir Gilbert Elliot, 26 March 1784, *Corr.*, V, p. 134："当然，一个政党的领导人绝不应该代表这样一个地方；尤其是在大选的时候，他本应该把目光投向四面八方。"

525　M. D. George, "Fox's Martyrs: The General Election of 1784," *Transactions of the Royal Historical Society*, 21 (1939), pp. 133–68; Cannon, *Fox-North Coalition*, chapt. 11.

526　EB to William Baker, 22 June 1784, *Corr.*, V, p. 154.

527　EB, *Observations on the Conduct of the Minority* (1793) in *W & S*, VIII, pp. 447–50.

伯克认为下议院"比消亡还要糟糕"。[528] 他觉得，为了恢复独立，罗金汉派已经辛苦工作了近 20 年，但他们的努力却在几个月的时间里毁于一旦："建设是能力问题；而要毁灭，武力和愤怒就足够了。"[529] 作为回应，1784 年 6 月 14 日，在没有其他政党而只有威廉·温德姆的支持下，伯克向下议院论述了最近事态发展对宪法的意义。这包括一份给国王的长篇《陈述》，其被刊登在下议院期刊上，然后在 7 月 5 日作为小册子出版。[530]

在转交给国王的《陈述》中，伯克驳斥了他所认为的新"学说"的进步，认为这些学说会破坏既有政府体系的完整性。他特别指出了两项有问题的主张：第一，认为宪法应该被视为一个"平衡"的体系；第二，决心以挑战下议院代议职能的方式来拉拢民众。[531] 伯克特别针对里士满和谢尔本的承诺，因为这两个人都不同程度地促进了这些想法。[532] 他自然地认识到，宪法应该在维持现有制衡体系的比喻意义上保持平衡。但是，平衡的比喻所描述的是一个相互制衡的系统，而不是字面上的平等平衡。[533] 英国政府的各个部门并没有"平等地"分享国家

443

528　EB to William Baker, 22 June 1784, *Corr.*, V, p. 154.

529　EB, *A Representation to His Majesty by the Right Honourable Edmund Burke on Monday, June 14,1784* (London: 1784), p. ii.

530　*CJ*, XL, pp. 198–204. For the pamphlet publication, see Todd, *Bibliography*, p. 126.

531　*Morning Herald*, 15 June 1784,

532　1778 年 4 月 8 日，谢尔本伯爵宣称上议院"也是民众的代表"，参见 *Parliamentary Register* (Almon), X, p. 392, 里士满公爵认为下议院一直在篡夺上议院和王室的权力，参见 *A Letter form His Grace the Duke of Richmond to the Queries Proposed by a Committee of Correspondence in Ireland* (London: 1783)，伯克反驳了这两种观点，参见 EB, *Representation to His Majesty* (1784), pp. 2n, 6, 7n。伯克还提到了 1781 年 12 月 5 日、1782 年 12 月 5 日和 1784 年 5 月 19 日国王演讲中的关键段落。

533　这些术语，参见 David Wootton, "Liberty, Metaphor and Mechanism: 'Checks and Balances' and the Origins of Modern Constitutionalism" in David Womersley ed., *Liberty and American Experience in the Eighteenth Century* (Indianapolis,IN: Liberty Fund, 2006)。

权力。相反，它们单独且不成比例地拥有自己的特权。平等原则是一种不经审议的修正方法，它将破坏光荣革命的成就，破坏《权利法案》。伯克抗议说，最近对平等的宣扬只不过是"危险的虚构"。英国政府体系的三个主要组成部分享有各自的"权力和特权……不存在平衡或平等，也无意在彼此之间建立平衡或平等"。[534]

　　民意的表达也是一个同样微妙的问题。伯克在阐述自己的观点时，首先重申了一个基本的、长期存在的承诺："民众的意识，无论有时多么错误，必须始终控制这个国家的立法机构。"[535]然而，人们的"感觉"往往很难确定。转瞬即逝的愤怒是否比深思熟虑的决心更可取？议员在其选民和政府之间进行干预是避免草率决定的一种手段。伯克宣称："下议院将一如既往地热切关注选民的意愿和利益。"[536]然而，审议的质量对维护这些利益至关重要。因此，根据英国宪法，代表权与议会审议是结合在一起的。"这个国家保民官（*Tribunitian*）的权力，"伯克说，"就像古罗马一样，被明智地与行政权区分开来。"[537]政府不是为了看君主的脸色而设立的。因此，代表民众向下议院提交内阁的请愿书颠倒了立法权和行政权之间的关系。民意由下议院而非国王代表。[538]民众应该向下议院申诉。如果王室成为民众抗议或请愿的工具，就会损害下议院的代表权。这将创建一个"国家的特权党"，一个阴险的宫廷平民主义，并且会破坏宪法。[539]这只不过是爱国君主政体的复兴，自

444

534　WWM BkP 25: 45. Cf. EB, *Representation*, p. 6.

535　*Morning Herald*, 15 June 1784.

536　EB, *Representation to His Majesty* (1784), p. 2.

537　*Morning Herald*, 15 June 1784.

538　EB, *Representation to His Majesty* (1784), p. 3.

539　Ibid., p. 10.

1770年的不满情绪爆发以来，伯克一直对其深恶痛绝。下议院的目的是确定民众的诉求，根据他们的意愿进行审议，并代表他们审查权力行使的情况。当君主制试图获得民众的支持，或者当民众试图破坏审议过程时，下议院的作用就受到了威胁。

1789年以后，随着法国革命的爆发，公众对正当审议程序的破坏是伯克一直关注的问题。但在革命发生之前，他已经发出了警告。1784年6月16日，议员约翰·索布里奇提出了一项关于议会改革的动议，使之成为必要。在这种情况下，皮特认为这个提议"不合时宜"，尽管福克斯认为时机非常合适。[540] 伯克虽然表明了自己的立场，但还是竭力争取到了陈述的机会。[541] 他的辩论笔记比仅存的几份报告更能充分地说明他的想法。[542] 伯克进行干预是因为议会中有影响力的人物对"个人"代表权理念的支持日益高涨。例如，1780年6月3日，里士满宣布支持"大不列颠所有平民的自然的、不可剥夺的平等权利……投票选举他们在议会中的议员"。[543] 伯克对接连不断的针对下议院的批评感到震惊，而人们对国王和上议院却几乎没有任何评论。面对关于政体中代议制部分的长期不利讨论，公众对国家结构的信心正在遭到侵蚀。这就产生了一个问

---

540 Parliamentary History, XXIV, col. 976. 关于福克斯，参见 the *Public Advertiser*, 17 June 1784。

541 1784年6月17日，《先驱晨报》(*Morning Herald*)记载了伯克受到的敌意对待，《晨报纪事》(*Morning Chronicle*)刊登了他介入此事的概要。

542 伯克的第一批编辑弗伦奇·劳伦斯和沃克·金（Walker King）最初把这次干预的时间定为1782年5月7日。彼得·马歇尔（Peter Marshall）将此更正为1784年6月16日，参见 Peter Marshall, in *W & S*, IV (forthcoming)。我遵循了马歇尔的时间线，但使用的伯克演讲文本，参见 *The Works of the Right Honourable Edmund Burke* (London: 1808–1813), 12 vols., X, pp. 92–108。

543 *Parliamentary History*, XXI, col. 686.

题：当一个政体的宪法蒙受耻辱时，"爱国主义"（意为效忠）
将"从源头上被摧毁"。[544] 关于采取何种行动方案的意见分歧
如此之大，以至于最好的办法是在公开场合避谈这个问题。但
由于皮特、诺斯、福克斯和里士满都在朝着不同的方向努力，
现在有必要对他们的建议所暗示的内容进行分析。[545]

　　伯克想要挑战两种支持议会改革的论点。他声称，一种
在形式上是"政治的"，另一种在本质上是"司法的"。第一
种理论——政治理论——等于宣称政府的形式已经从其最初的
原则退化了。伯克发现这一主张难以置信。它暗示着英国政府
的事实应根据先前的理论来确定，而实际上宪法的理论只能诉
诸明显的事实。宪法的理论或"原则"只能从宪法的构成方式
来推断。由于下议院的组成——由骑士、公民和市民组成——
自成立以来一直是固定的，因此没有理由主张恢复其原有的性
质。[546] 首先，政府的一系列权利在本质上是因袭的：人们必
须考虑现在以及过去的状况。[547] 尽管表面上看，这并不意味着
政府体系的正当性仅仅基于其存在的"被遗忘的时间"（time
out of mind）。[548] 伯克的观点并非粗暴地沿袭传统。他确实
认为政府的"权威"是一个"祖先习俗"（mos maiorum）问
题。[549] 但是，政府的正当性既基于它的实用性，又基于它的权

445

544　EB, Speech on the State of the Representation of the Commons (16 May 1784), *Works* (1808–1813), X, p. 93.

545　Ibid.

546　Ibid., pp. 98–99.

547　Ibid., pp. 96–97.

548　该说法出现于 Ibid., p. 96. 关于伯克此处对习惯法传统的借鉴，参见 J. G. A Pocock, "Burke and the Ancient Constitution: A Problem in the History of Ideas" in idem, *Politics Language and Time: Essays on Political Thought and History* (Chicago,IL: University of Chicago Press, 1971, 1989)。

549　参见本书第 13 章第 3 节。

威性：一部宪法可能忠于其旧有的习惯原则，但从各方面来看都是"一部坏宪法"。[550] 于是，问题变成了如何评价宪法，对伯克来说，答案是非常明确的：通过宪法的"权宜之计"或"便利性"，而不是通过它是否符合权利理论的主张。[551] 个人权利——例如财产或良心的主张——可以从自然法则中合理地推断出来。但是，根据定义，政治权利是公民社会的利益，因此不能从自然权利中获得："所有自然权利必须是个人的权利；因为本质上不存在政治人格或团体人格这样的东西；所有这些想法都只是法律的虚构产物，都是自愿制度的产物。"[552]

对因袭性宪法的"自愿"支持只不过是对民众同意的另一种描述：政府需要民意的支持，而民众的信任或"推定"对政府有利。[553] 然而，这绝不是一种空洞的偏见或盲目的依附。它建立在可靠的惯例之上。这一实际的标准包含两个因素：一种对古老习俗的崇敬感，以及一种明确的积极利益感。这两种因素都是效忠情感的组成部分，尽管它们的含量和比重在历史上是多变的。在像英国这样包括代议制成分的混合政府制度下，以公共利益概念为基础的效用判断比恭敬的鼓掌更重要。效用的判断只能诉诸经验，在英国的情况下，经验通过"五百年来不断增长的自由和繁荣"而做出了明确判断。[554] 当然，这得益于断断续续的偶然获得，很容易失去。在一个自由政府的领导下，民众的不满情绪是政治动乱的最初迹象。对不满情绪保持敏感是议员的工作，最近的选举使候选人有了相关机会。然

446

---

550 EB, Speech on the State of the Representation of the Commons (16 May 1784), *Works* (1808–13), X, p. 99.

551 Ibid., pp. 100, 105.

552 Ibid., p. 94.

553 Ibid., p. 96.

554 Ibid., p. 100.

而，伯克发现没有任何地方要求议会改革："无论是在城镇，还是在乡村，都没有关于代表权的话题。"[555] 原因并不难确定。沃里克有代表权，伯明翰没有代表权，但是没有人能说后者是前者的牺牲品。[556] 实际代表权提供了"平等"的代表权，其保护了地方利益，同时也为整体的更大利益服务。

对下议院的批评并非基于实质性的抱怨，而是基于政治正义理论。这将伯克引向了他反对的"司法"改革理论。这一学说最终建立在道德理论的基础上，不适当地应用于政治事务。它利用了自治权利的概念，通过这种权利来衡量和判断实际的政府。自与美洲殖民地发生冲突以来，这一思想已逐渐得到宣传，理查德·普莱斯的著作就是例证。普莱斯在1778年攻击伯克时提出，"民众"是"他们自己的立法者"。[557] 两年前，他曾声称，"自我指导"的理想虽然在小共和国中是最可行的，但在一种基于选举的代议制中也可以实现。[558] 伯克认为，如果一个人试图理解或改善统治者与被统治者之间的关系，那么这整个概念就是错误的起点。根据普莱斯的假设，政治的分工根本就不是分工，因为政治家只是社会中个人意志的代表。然而，伯克认为，在这个基础上，里士满、谢尔本和普莱斯等人所期望的改革根本不是对宪法的可靠调整，因为按照目前的配置，这些改革根本无法实现宪法所依据的原则。"议会改革，"伯克十年后说，"是这个国家多年来所播下的一切动乱的

447

---

555 Ibid., p. 101.

556 Ibid., pp. 101–2.

557 伯克指控普莱斯颠覆了一切权威，参见 EB, *Letter to the Sheriffs of Bristol* (3 April 1777), *W & S*, III, pp. 317–18，普莱斯对此的回应，参见 Richard Price, "Introduction," *Two Tracts on Civil Liberty* (1778) in *Price: Political Writings*, ed.D.O. Thomas (Cambridge: Cambridge University Press, 1991). 进一步讨论请见本书第13章第2节。

558 Richard Price, *Observations on the Nature of Civil Liberty* (1776) in *Price*, ed. Thomas, pp. 22, 24.

借口。"559

废除腐败的自治市镇，增加郡的席位，缩短议会会期，引入成年男子选举权，这些措施无论是一起提出来还是单独提出来，都不会产生任何形式的"个人"代表权，因为下议院仍必须与君主和贵族分享权力。然而，即使废除了国王和上议院，所设想的改革仍达不到理想的效果。要实现这一理想，将军、海军上将和主教需要通过选举产生，法官和治安官也必须由选举产生。560 如果改革是为了减轻一系列合理的抱怨，为什么这些措施不能解决全部的权力滥用问题呢？561 如果政治正义要求立法者是民众的代表，那么统治者也应该是代表。然而，这几乎不是一个合理的公民社会概念，公民社会的建立本身就是为了限制个人意志。现在有人提议，这些个人意志中的每个人都应保留其自治的权利，尽管需要通过"议员"组成的政府来实现。伯克对这种政治思想的深奥和不可行感到惊讶。在其原则获得势头之前，人们需要解决这个问题。然而令人惊讶的是，正如伯克所发现的那样，它将在五年内彻底改变欧洲的政治。

559 EB, Speech on Suspension of Habeas Corpus, 16 May 1794, *W & S*, IV, (forthcoming).

560 EB, Speech on the State of the Representation of the Commons (16 May 1784), *Works* (1808–13), X, pp. 95–96.

561 Ibid., p. 103.

009

他在逆境中奋斗，
没有多少成功的希望

EMPIRE AND REVOLUTION
The Political Life of Edmund Burke

下

帝国与革命
埃德蒙·伯克的政治生涯

Richard Bourke

〔英〕理查德·伯克 著　　梁雪　贾丁 译

社会科学文献出版社
SOCIAL SCIENCES ACADEMIC PRESS (CHINA)

目　录

上

下

第九章
同意与和解：美洲，1774—1783

9.1 导　语

　　作为布里斯托尔的议员，伯克进入议会的头三年一直忙于应对每况愈下的美洲殖民地局势。接下来的六年中，他则致力于为大英帝国挽回殖民地。帝国与殖民地关系的恶化源于波士顿倾茶事件后颁布的一系列令人"难以容忍"的法案。其中，1774年5月20日获得皇家御准的《马萨诸塞湾管理法案》推翻了该殖民省1691年的皇家宪章。[1]同年夏季，有关魁北克政府的新法案同样令人难以容忍，其在下议院引发了口舌之争。争论的核心主要在于征服之后加诸胜者的责任与义务。各方均对节制温和的大原则表示赞同。对于某些人而言，这意味着保留法裔加拿大人墨守多年的成规。而对伯克来说，这不应包括当地民众中的贵族分子主张的专制制度。伯克认为，新政府应当建立于同意之上，但也坚持认为这不排除从英国引入改良政策。他认为立法应该致力于公共事业，即便这触犯了法国贵族的派系利益。然而，伯克的想法并没有被广泛接受。殖民地对《魁北克法案》持怀疑态度。[2]尤其是英国没有规定在该殖民省建立民选议会，使得美洲人开始视该规定为英国专制的另一个表现。到了1774年12月，随着新英格兰地区的反抗情绪日益高涨，大陆议会同意，如果不废除最近一连串的强制立法，则会抵制与英

1　14 Geo. III, c. 45.

2　14 Geo. III, c. 83.

国的贸易活动。英国政府以严厉的措施作出回应。1775 年 2 月，马萨诸塞湾正式宣布揭竿起义。3 月，新英格兰地区的商贸活动受到了限制。4 月，这种限制蔓延到其他殖民省份。

449 　随着宗主国与各殖民地之间的冲突加剧，伯克请求平息这场争端。自 1774 年 4 月发表《关于对美洲征税的演说》以来，伯克一直主张对帝国采取系统化的治理措施，以准确剖析因果关系。这种方式首先需要抛却帝国的傲慢，然后恢复非正式帝国的原始条款。殖民地与宗主国之间的这一不成文宪章将商业监管权保留在英国手中，并将各殖民省的税收控制权赋予美洲人。尽管是格伦维尔首先终结了这种安排，但是伯克认为查塔姆和汤森延续了这种新趋势。他认为两位大臣的管理方式指明了一个结构上的问题。汤森哗众取宠，牺牲自己的谨慎形象换取民众的赞赏；查塔姆坚持采取远离议会的姿态，因而无法与其在朝的同僚并肩合作。这两种处理方式均导致了政策上的不连贯波动，从而导致了英国政党政治的衰退。考虑此问题时，伯克认为，只有致力于共同利益的有原则的"联系"，才有希望提供坚定和一致的政策，以抵抗来自民众或宫廷的诱惑。从这方面看来，政党不仅可以平复国内政治的混乱，它也是将帝国从悬崖边拉回来的关键。

1775 年 3 月 22 日，伯克在名为《关于与美洲和解的演说》的经典发言中详细阐述了其对帝国关系的构想。他首先展望了美洲的商业和文明的惊人发展，然后阐明了英国政策的实际限制。为了收入而追求在新世界中建立帝国的想法现在几乎不可能实现：殖民者强硬的态度使得英国只能选择成为一个贸易帝国。这种选择排除了自由贸易的可能性，尽管规章制度可以有效地放松。在缺乏财政控制的情况下，完全放开商业会使帝国的计划终结。其后果可能是损失现有的贸易收益，伤害威斯敏斯特的战略利益，从而将可观的利益拱手让与英帝国在欧洲的对手。因此，伯克急切地想进行改革，至少要建立一个不完美但是可行的体系，即便代价是维持垄断。也许英国可以通过重建这种体系恢复对美洲殖民地的统治。伯克否定了乔赛亚·塔克尔等人的看法，后者认为殖民地致力于实现独立。他认为南方的殖民省份傲慢不逊，而北方的省份则热爱纠纷。总而言之，殖民地似乎不愿向当权者屈服，限制自己的自由。然而，伯克坚持认为各殖民地是可以接受既定模式下的和解的。伯克同时也否定了托马斯·波纳尔的想法，后者认为殖民地应该融入帝国，成为帝国联盟的附属领地。波纳尔还认为，从英国宪法的发展历史来看，吞并之后，代表权随之而来，因此殖民地应当被纳入议会体系。但对于伯克而言，这是一种基于平等服从的理想的幻想。事实上，大英帝国与其说是一个统一的隶属结构，不如说是由归属权各不兼容的管辖区组成的多元大杂烩。这必须与议会的权威相互兼容。自"光荣革命"之后，由于议会和国王共同掌管国内事务，想要按照复合君主制的模式运行帝国几乎不可能实现。但有可能恢复一种复合议会制帝国，即至高无上的英国主权可以包容各殖民省的豁免权和特权。在此基础上，伯克认为殖民地便可以恢复其历史上的效忠地位。

450

　　在伯克发表和解演说后一个月内，所有和解计划均遭遇了新的挑战。随着 1775 年 4 月在莱克星顿和康科德发生的首次军事交火，美洲殖民地与宗主国的全面冲突迫在眉睫。伯克迫切希望政府能够在冲突全面爆发前做出让步。他已然担忧法国的波旁王朝会加入这场争斗。但是，民意不站在罗金汉派及其盟友一边：国王与内阁肩并肩，国民支持国王。伯克发现，建立一个能够反对当前政府决策的紧密联盟好处颇多，但是罗金汉勋爵意兴阑珊，因此在领导力方面进展缓慢。面对辉格党权贵们的不作为，伯克坚持通过游说赢得新的支持者。他追随富兰克林，主张包容殖民地的立场：首先，殖民地在目的和本质上是防御性的；其次它又从心底里效忠于帝国主权。这样看来，《宣示法案》的宗旨仍然适用。伯克于 1775 年 11 月第二次发表了和解演说。他进一步阐明，美洲的抗议活动并不是在挑战传统意义上对帝国的忠诚，而是在挑战为保留议会权力而采取的新举措。依此设想，如果议会同意将殖民地视作一个整体，废除强制性法律，并宣布放弃征税的意愿，也许大西洋两岸的关系可以恢复和谐。

1776 年 2 月，《禁止法》封锁美洲贸易的消息从大西洋彼岸传来。伯克认为这一措施是在逼迫殖民地采取更为极端的路线。人们支持议会的请愿会使殖民地进一步与英国分裂。同年夏天，大陆议会宣布殖民地独立，伯克不得不担心英国和美洲将会出现最糟糕的情况。他自然期待英国军队可以获胜，但他同样也认为这会伴随着双重灾难：国内宪政平衡被打破重组，以及延续之前统治美洲领土的无能状态。至 1777 年，当伯克评估王室专款中的债务对乔治三世庇护权的影响时，他担忧大西洋彼岸的事态发展会破坏混合政府体系。同年，在《致布里斯托尔治安官书》中，伯克希望通过重新定义帝国来避免出现这种后果。他将当前的种种困境归结为两个立法机构在同一个帝国框架内的冲突。应当在宗主国与各殖民地达成正式契约的基础上重置英国议会与殖民地议会的关系，同时契约会详细阐明两者之间的政治交易条件。

451　　然而，各种事件打乱了伯克找到综合解决办法的最新计划。《致布里斯托尔治安官书》完成后六个月，伯戈因将军败走萨拉托加，这标志着战争进入一个重要转折点。1778 年 2 月，法国同意与美洲签署联盟条约。次年，随着志愿军的队伍逐渐在都柏林壮大，乔治·戈登勋爵在伦敦鼓动宗派冲突，西班牙将军力借给了法国。此时，伯克已经放弃支持英国的最高权威，寄希望于重新恢复殖民地与帝国的同盟伙伴关系。1781

年，伯克正沉浸于印度事务特别委员会的杂事之中，英军在
约克城投降的消息传回了伦敦。4 月，下议院投票决定结束战
争。1783 年，《巴黎条约》的签订正式确认了英国与殖民地的
全面分离。在伯克眼中，整个过程就是一个巨大的错误。由于
误解了帝国主权的理论，英国政府过度扩张了其行政权力。在
主张议会拥有过度权力的错误尝试中，整个权力系统逐步土崩
瓦解。

9.2 《关于对美洲征税的演说》

1774 年 4 月 6 日纽约通信委员会成立，伯克在写给委员
会的信中对大西洋两岸停止政治磋商表示心痛。他对美洲殖民
地的好战情绪不以为然，同时又对议会主张的战斗精神感到
不满。"温和派"提出的建议已经被一种教条主义的态度所淹
没。伯克继续指出，温和的措施包括捍卫人的权利——如他所
说的"人类真正的基本权利"。但这在某种意义上并不与帝国
统治相抵触。英国在美洲的真正盟友视"适当的顺从"为帝国
统治不可避免的原则，而殖民地中自诩的自由捍卫者们有可能
颠覆这一原则。[3] 然而，这种顺从必须保护各省的权利。如果
没有这种权利，殖民地的民众同意就永远不会出现。正如伯克
于 1774 年 3 月 7 日给下议院的陈词中强调的，殖民地的政府
是"民众的政府"，而这种政府永远不会屈服于权力的敌对行
为："如果民众对这类政府普遍感到不满，那么穹顶之下没有
军队能够让他们屈服。"[4] 公众权利的保障以及这种保障所带来

3　EB to the Committee of Correspondence of the New York Assembly, 6 April 1774, *Corr.*, II,
　　pp. 528–29. 随后的评论，在查塔姆精神的影响下，倾向于认为伯克将主权与和解相结
　　合的做法是相互矛盾的，尤其参见 Charles R. Ritcheson, *Edmund Burke and the American
　　Revolution* (Leicester: Leicester University Press, 1976), *passim*。

4　EB, Address of Thanks, 7 March 1774, PDNA, IV, p. 44.

452　的同意是基本条件，没有这些条件，任何诚实的调解人都不会希望"一个国家依附于另一个国家"。[5]然而，随着宣布打算于1774年3月14日关闭波士顿港口，内阁便破坏了殖民地对帝国的信任。

　　5月4日，伯克第二次向纽约通信委员会致信，他指出在此期间殖民地事务已经完全引起了威斯敏斯特的重视。[6]4月时已经有一系列强制性或者说"难以容忍"的法案被提交给下议院，首先是15日被提交的《马萨诸塞湾管理法案》，其后是两部临时性法案，分别于21日和29日提交。一部是为了便于对美洲政府措施的支持者进行公正的审判，另一部则是将军队的驻扎权从马萨诸塞湾地方行政官的手中转移至殖民地总督手中。[7]5月初，下议院便已审批通过了上述法案。而伯克的著名演讲《关于对美洲征税的演说》是他自《波士顿港口法案》后第一次明确反对政府的强制措施，这篇演说发表于4月19日，起因是罗斯·富勒提出的一项动议：请求废除茶叶关税，以此作为与殖民地求和的信号。[8]伯克的演说赢得了"雷鸣般的掌声"，霍勒斯·沃波尔回忆这一幕时说道，这相当于是针对政府"一年中的高谈阔论"的攻击性演说。[9]在两个小时的时间里，《伦敦晚报》指出，伯克超越了自己，他的演说也许是有史以来在公众集会上发表的"最精彩的演说"。[10]他的演说

5　EB to the Committee of Correspondence of the New York Assembly, 6 April 1774, *Corr.*, II, p. 529.

6　Ibid., p. 531.

7　P.D.G.Thomas, *Tea Party to Independence: The Third Phase of the American Revolution, 1773–1776* (Oxford: Oxford University Press, 1991), chapt. 5.

8　See PDNA, IV, p. 180ff.

9　Walpole, *Last Journals*, I, pp. 332–33.

10　*London Evening Post*, 23 April 1774.

明显分为几个部分——一部分分析与美洲有关的政府政策；另一部分呈现先前政策的历史沿革；一系列对杰出政府人物的描述；最后总体陈述了如何解决当前的危机。伯克的基本论点是，如果能够不借助内阁的强制性条款来落实富勒废除茶叶关税的提议，这种宽大处理一定能够成功安抚殖民地。然而，就目前的情况来看，随着一系列强硬手腕让美洲民众大失所望，美洲对和解的态度仍不确定。但有一点是确定无疑的：强制与"宽容"相结合，"成功的机会更大"。[11]

　　表面上，伯克的演说是在表扬殖民地面对政府再三的严厉打击时表现出的宽容态度，但其更深层的目的在于理清内阁愚蠢行为的源头，并阐述了今后如何避免管理不善。为此目的，伯克很清楚地认识到，现在需要的是如何推进下去的合适的"原则"。这既要避免纯粹"投机性"的思维，又要避免抽象的政治学说。没有基础的创新者习惯投机，拥有建设性意见的人则偏向于遵循经验，而只有后者才能在关于"最高法律"（*summum ius*）内容的分歧中达成和解。正如伯克随后在其《反思录》中强调的那样，关于理想权利的抽象争论可以留给"学院派们"。[12] 但是，这并不意味着伯克对政治理论的普遍怀疑。[13] 伯克很清楚，政策的目的是找到能够同时满足"符合理论又有实践价值"的措施。[14] 尽管后来伯克攻击了法国的

453

11　EB, *Speech on American Taxation* (19 April 1774), *W & S*, II, p. 461.

12　Ibid., pp. 456–8. Cf. EB, *Reflections*, ed. Clark, p. 217 [86].

13　有关这一点的常见误解，参见 Conor Cruise O'Brien, "Edmund Burke: Prophet against the Tyranny of the Politics of Theory" in *Edmund Burke, Reflections on the Revolution in France*, ed. Frank Turner (New Haven, CT: Yale University Press, 2003)。

14　Ibid., p. 456. 伯克认为"措施"（或实践）必须以"原则"（或理论）为指导，参见 WWM BkP 6: 202。

革命思想，但他从来不直接反对概括性理论。[15] 他于 1784 年坚称："我不会诋毁理论与推想，因为这是在诋毁理性本身。"[16] 事实上，伯克认为其政治对手的首要问题在于，"他们从未有过任何体系"，而且一直通过诉诸临时的权宜之计——伯克称其为"一些当时的悲惨故事"——来维持他们的立场，[17] 而实际上他们真正需要的应该是"宏大而自由的思想"。然而，后来组建的一系列内阁证明了这种路线无法实现。"国家的公仆们从来没有从一个相互关联的角度看待过整个国家的复杂利益。"[18] "相互关联"的视角意味着一种系统性的方法，这取决于一套帝国应该如何运行的理论。

在 18 世纪 70 年代初准备的演说笔记中，伯克更为明确地表达了他认为解决美洲危机需要什么。伯克非常肯定，每一次殖民地出现的骚乱仅仅是"整个……帝国病态"的冰山一角。[19] 很明显，伯克认为这个问题影响到英国在东方和西方的事务，因为它存在于各政府部门的决策和宪法职能中。伯克在 1774 年就坚称："正是这种愚蠢行为使你们同时丧失了东方和西方的利益。"[20] 这种愚蠢并非仅仅是某一类人或者某一套措施的问题，而是指导国内和帝国权力组织的思想问题。在美洲问题上，伯克早就指出："美洲占帝国领土的一大部分，但是英国缺少管

454

15　伯克后期的立场与 18 世纪 70 年代的立场完全相符。关于伯克后期对法国革命理论的批判，请参见下文第 13 章。另见 Richard Bourke, "Theory and Practice: The Revolution in Political Judgement" in Richard Bourke and Raymond Geuss eds., *Political Judgement: Essays for John Dunn,* eds (Cambridge: Cambridge University Press, 2009)。

16　EB, Speech on the State of the Representation of the Commons (16 May 1784), The *Works of the Right Honourable Edmund Burke* (London: 1808–1813), 12 vols., X, p. 99.

17　EB, *Speech on American Taxation* (19 April 1774), *W & S*, II, p. 415.

18　Ibid.

19　Northamptonshire MS. A. XXVII. 63.

20　EB, *Speech on American Taxation* (19 April 1774), *W & S*, II, p. 416.

理美洲殖民地的合理原则和一致措施。"[21] 连续数届政府本来有很长一段时间可以"重新整顿"帝国的事务，但是他们继续拙劣地修修补补，盲目地应对突发情况，毫无程序规则可言。[22]政府本身应该有能力制定行动方案，而不是等着坏事发生。[23]因此，他们也许应该遵循"培根勋爵理论"的程序：准备、组织、确定优先次序和归纳总结。[24] 当然，归纳总结应当与纯粹的"发明"过程区分开来：这需要经验，而经验来自丰富的历史资料。[25] 此外，这些资料不仅仅是关于过去的一大堆信息，而是指导政治行为的诸多方案。因此，伯克的方法既尊重经验又具有系统性——正如大卫·休谟所推崇的那样，这是一门政治科学。[26] 而就治理美洲而言，这意味着要打破"偶然的争论和权宜之计"的恶性循环，以制定全面的应对方案。[27]

首先需要揭露日积月累的愚蠢行为。政府错误的根源在于历任内阁无法掌控自身服务于国内和帝国利益的激情。这种冒犯性的激情是傲慢，一种对英国政府荣誉的过分关注。正如伯克长期观察所发现的，这种激情表现为过度忧虑地想要重拾

---

21 Northamptonshire MS. A. XXVII. 63.

22 Ibid.

23 Ibid. 伯克此处引用了德威尔罗瓦（Monsieur de Villeroy）先生写给亨利四世的财务专员皮埃尔·珍宁（Pierre Jeannin）的信件，称 "le Roi entend que vous tiriez de vous– même la principale instruction de ce que vous aurez à faire en ce voyage," 记载于 *Collections des mémoirs relatifs à l'histoire de France, depuis l'avènement de Henri IV, jusqu'à la paix de Paris*, ed. M. Petitot (Paris: 1821), XII, p. 1。

24 Northamptonshire MS. A. XXVII. 63.

25 EB, *Speech on American Taxation* (19 April 1774), *W & S*, II, pp. 410–11.

26 Hume, "Of the First Principles of Government" (1742) in idem, *Essays Moral, Political and Literary*, passim.

27 EB, *Speech on American Taxation* (19 April 1774), *W & S*, II, p. 409.

民族"自尊"。[28] 以这种方式追求荣誉是得不偿失的，这会导致权力丧失、权威受损以及殖民地对宪法的尊重下降。[29] 英国牺牲了自己的利益，只为追求一个错觉——一个"幻象"，正如伯克所描述的，仅仅是一种"怪癖"（quiddity）。[30] 一直以来，政府自欺欺人地认为自己是受"商业"原则驱动，而事实上它的动机从一开始就是政治性的。废除《汤森法案》的方式恰恰表明了这一点。从商业角度看，通过撤销1767年的征税政策而取消的收费事实上是最合理的：对铅制品和玻璃制品征收关税基本不会损害贸易，因为没有违禁品与英国抢夺市场。而其他之前就已经征收关税的进口商品，如油漆和纸制品，相对整个国家的商业而言影响微乎其微。[31] 相反，茶叶是一种主要的出口产品，由于东印度公司的高股价，其贸易受到英国商业对手的威胁。"如果商业原则是废除《汤森法案》的真正动机……那么就最不应该保留茶叶关税。"[32]

尽管政府的行为更多受政治目的而非商业目的的驱使，其政治动机却既不协调也不连贯。希尔斯伯勒伯爵于1769年5月13日写给殖民地的通知函最能体现政府摇摆不定的姿态。信中隐晦地接受了美洲反对为确保财政收入而征税的态度，从而使议会屈服于各殖民省议会的要求。但是仅在四天之前，在国王的御座致辞中，政府一直在发出"雷霆"之怒，坚决反对殖民地的主张。如此，内阁在国内"像一位悲惨的暴君一样虚张

28　Ibid., pp. 414, 418. 参　阅 Marquess of Rockingham to George Dempster, 13 September 1774, *Rockingham Memoirs*, II, p. 255。关于荣誉感驱使英国施政的担忧，参见本书第6章第2节。

29　关于傲慢被挫败（"耻辱的傲慢"）的痛苦效果，进一步参见 WWM BkP 6: 202。

30　EB, *Speech on American Taxation* (19 April 1774), *W & S*, II, p. 418.

31　伯克最初认可这些税收，参见 EB, Speech on Townshend Duties, 15 May 1767, *W & S*, II, p. 62。

32　EB, *Speech on American Taxation* (19 April 1774), *W & S*, II, p.415.

声势"，之后又"一条腿迈进美洲，吹嘘、叫嚣和抱怨派系之争"。[33] 但是他们老套的恳求完全没有实际作用，因为通过保留茶叶关税，他们的首要目的已经不再是监管贸易。伯克坚持认为："你们的理由是政治的而非商业的。"[34] 与此相反的掩饰反而产生了虚假的氛围，使美洲人感到忧虑和恐慌。之所以如此是因为这种掩饰瓦解了长期以来的殖民关系，这种关系不是基于政治，而是基于商业：对贸易的管理不是通过征收关税而强迫殖民地顺从，而是通过维持商业垄断使宗主国受益。[35] 英国的安排当然需要殖民地对宗主国的顺从，但是在限制贸易自由的同时，这种安排也维护了殖民地的政治自由。从《航海法案》到七年战争，这种自由与权威之间的平衡结合维持了威斯敏斯特与其各殖民省份的关系。其管理方式是"纯商业的"，尽管所探讨的商业显然是"受限的"。[36] 其中包括将美洲的贸易主要限于对英国制成品的进口，以及作为交换，殖民地商品可以出口到宗主国。这种安排同样默许殖民地在英国商业市场饱和的情况下向外国市场销售商品。在 1660—1763 年间，接踵而至的法规带来了一系列详尽的"案例"，明确规定了跨大西洋贸易的条款——"一连串无穷无尽的文书"，包含在议会颁布的 29 部法案中，将帝国的商业限定在一个系统中。[37]

　　然而，战争结束时，这种跨大陆的契约彻底破裂。伯克发现寻求和平的过程中发生了一些改变：在 1762—1763 年的议会会期（当时伯克还是下议院旁听廊上的一位过客）中，对胜

456

33　Ibid., p. 423. 关于对希尔斯伯勒伯爵信件和御座致辞的引用，参见 ibid., pp.419–20。

34　Ibid., p. 425. 原文此处的"mumping"意同"乞求"。

35　Ibid., p. 426.

36　Ibid.

37　Ibid., p.427.

利的追求促使议会坚决捍卫其权力而不是享受其安全。随后议会公开提议在殖民地驻军，尽管法国人对美洲大陆的威胁已经不那么大了。[38] 随着乡绅们开始根据宪法反对增税，汤森利用无需增加英国民众负担便可增加国防用度的说法迷惑了议会——"在他们面前展开了一幅从美洲地区征税的画面。"[39] 此时此刻，"新殖民地系统"的第一缕微光开始显现，并且很快得到格伦维尔的实际支持。[40] 格伦维尔的态度加剧了新政策带来的基本问题。他为帝国的政治经济提供了更为狭隘的"法律"角度，伯克称其为根深蒂固的官僚作风。格伦维尔虽然学习了法律专业——"人类科学中最先出现且最高尚的科学"，但已经成为法律形式的囚徒，一直表现出对程序的关注，丧失了更广泛的判断力，因此不断地为了行政管理的日常工作牺牲了对实质性问题的关注。伯克认为，沉浸于"行政"惯例的人很少有"宽广"的头脑。他们能够将熟悉的事务处理得得心应手，"但是……一旦出现新的混乱局面，又没有先例可循，就需要对人类有更丰富的知识，对事物有更广泛的理解，而这是行政机构任何时候都无法给予的。"[41] 格伦维尔的举动不太适合解决一个商业帝国的困境。贸易的扩张是自由蓬勃发展的结果，而格伦维尔却把他的信念寄托在立法上。与许多人相似，他在考虑国家收入时只想到税收，并将商业与监管混为一谈。[42] 如果继续

---

38 Ibid., p. 430.

39 Ibid., p. 431. 此处伯克是指汤森早期（可能是 1763 年 3 月 18 日）就此问题的干涉。

40 Ibid. 1775 年 1 月 10 日伯克出版了《关于对美洲税收的演说》，伊斯雷尔·莫迪特（Israel Mauduit）在回应这一讲稿时认为格伦维尔为殖民地提供了自己筹集足够税收的机会。参见 *Mr. Grenville's Offer to the Colony Assemblies to Raise the Supply Themselves, instead of Having it Done by a Parliamentary Stamp Act* (London: 1775), 伯克在给伊斯雷尔的回复中否认了这一点，参见 *W & S*, III, pp. 91–96。

41 EB, *Speech on American Taxation* (19 April 1774), *W & S*, II, p. 432.

42 Ibid.

按照他的想法实施下去，最终会对商业行为和贸易增长产生负面影响。

　　具体而言，根据这一基本倾向，格伦维尔内阁始终坚持限制走私交易，并压制了这一过程中的商业扩张。对伯克而言，这种规范贸易的做法被证明是适得其反的。违反《航海法案》并不像许多人认为的那样，意味着根本性的不服从，就像在英国走私并不意味着反叛。[43]此外，格伦维尔管制殖民地走私贸易的尝试导致了合法或者"公平"贸易的萎缩。[44]18世纪60年代早期的法规最终形成了《食糖条例》和《印花税法》，其破坏性的限制损害了殖民地的商业，而殖民地议会则面临着政治上的毁灭。英国政府实际上对殖民地进行了"恐吓"，然后声称对殖民地的反应感到震惊。[45]格伦维尔不仅对现存的殖民地自由构成了威胁，还动摇了殖民地臣服的根基。历史上，美洲各省已经默许同意了臣服条款，接受用商业上的屈服换取特定的优待。伯克将这种状态称为"商业奴役和公民自由的混合"。[46]无论奴役还是自由本身都不完整，但它们的结合产生了触手可及的利益，也造成了殖民者一直以来习以为常的局面。正如伯克所说的，当其他选择不那么吸引人的时候，那么人就会习惯于不太完美的自由。殖民地已经适应了自身的处境，部分原因在于向欧洲的敌对帝国臣服对他们来说没有吸引力，同时也因为英国的商业补偿十分可观。此后，亚当·斯密发现了一个正规的公平体系的好处，这正是由殖民者带入美洲蛮荒之地的。在安全的情况下，富足的土地和慷慨的劳动回报带来了快速

────────────

43　Ibid., p. 429.

44　Ibid., p. 433.

45　Ibid.

46　Ibid., p. 429.

发展和人口增长，这两者均是日益繁荣的要素。⁴⁷而伯克发现了更进一步的补偿机制：英国资本促进了殖民地的商业发展。没有英国的资本，殖民地的渔业、造船业和农业的发展态势不会如此生机勃勃："这种资本为殖民地发展提供了沃土，人类历史上还未见过他们这样的飞速发展。"⁴⁸

因为殖民地拥有政治自由，其在帝国统治下的商业优势进一步加强。各殖民地省复制了英国宪法的"蓝图"及"本质"：通过无限接近自治政府的条件，他们仿制了宗主国的制度；通过享有一个本地代议制度，他们确保了自己的权利。⁴⁹格伦维尔的提议加上汤森的政策使得这种补偿机制受到挑战：先是收紧美洲贸易，然后又限制其政治自由。虽然殖民地骚乱背后有这些明显的原因，评论员们仍然坚持将原因归咎于废除《汤森法案》。他们认为让步会滋生殖民地居民的反叛。⁵⁰同样，废除该法案的动机被归因于罗金汉派的软弱立场。不过在伯克眼里，这一政策代表着审慎。在一个"启蒙"时代，孟德斯鸠写道，一个人即便在从事最伟大的事业时也会颤抖。⁵¹因此伯克也承认，废除该法案也许是胆怯的，但如果是为了整个国家的福祉，这种胆怯则体现了"超群德行"（heroic virtue）。⁵²此外，正如伯克竭尽全力想要强调的那样，政府已经通过撤销部分《汤森法案》承认了废除征税是明智的。如果和解引发了不

---

47 Adam Smith, *An Inquiry into the Nature and Causes of Wealth of Nations*, ed. R. H. Campbell and A. S. Skinner (Indianapolis, IN: Liberty Fund, 1976), 2 vols., II, pp. 565–66.

48 EB, *Speech on American Taxation* (19 April 1774), *W & S*, II, p. 428–29.

49 Ibid., p. 429.

50 这原本是格伦维尔的提议。关于伯克的回应，参见 EB, Tandem to the *Public Advertiser*, 4 August 1768, *W & S*, II, pp. 87–90, 93。

51 Charles-Louis de Secondat, Baron de Montesquieu, *De l'esprit des lois* (1748) in *Oeuvres complètes,* ed. Roger Caillois (Paris: Galimard, 1951), 2 vols., II, "Préface" (p. 230).

52 EB, *Speech on American Taxation* (19 April 1774), *W & S*, II, p. 441.

服从，那么更一步的反抗就应该随之而来。[53] 然而，事实上，当时殖民地相当平静。[54] 但是英国内阁每次设法安抚其殖民各省，都会浪费它所赢得的信誉。这归结于个别参与者的个性，但更具体地说，取决于他们在更广泛的行政体系中的职能。查塔姆坚信人性本恶，因此无法通过与其同僚和睦相处保持政策的前后一致。[55] 汤森渴望得到赞赏，因此顺应下议院的情绪波动，无法坚持前后一如的路线。[56] 他们暴露了审议过程的缺点，使得轻率的意见得以通过。

伯克在演说中生动地描述了查塔姆的形象，但重点并不在于他的地位有多高，尽管皮特的威严是"公认"的。[57] 伯克某次承认皮特是一位功臣，"在其事业中非常大胆"。[58] 无论如何，这在国家处于危机中时非常适用："他在必要时会用好战的激情鼓舞民众。"[59] 不过在其《关于对美洲征税的演说》中，伯克没有着重探讨皮特的个人品德，而是重点探讨了皮特无意中推动的背离宪法正当性所带来的问题。[60] 英国的混合政府体制，将议会的审议机制与宫廷的行政制度相结合，如果下议院想要对抗国王的计划，就需要议会各党派采取一致的行动。不过查塔姆不善交际而且反对党派合作。查塔姆认定所有有名望的人都是骗子，他在这个世界上没有朋友。[61] 结果导致他于 1766 年

459

53　Ibid., pp. 411–13.

54　Ibid., p. 448.

55　Ibid., p. 450.

56　Ibid., p. 453.

57　Ibid., p. 450.

58　参见塞缪尔·罗格斯的摘录簿，Add. Ms. 47590, f. 26。

59　Ibid.

60　因此这一问题与伯克更广泛的党派理论相关，参见本书第 5 章第 2 节。

61　关于这一点，参见伯克的评论，载于 WWM BkP 6:55。

组建的内阁完全是一片花里胡哨的"马赛克"———群没有行动要领的乌合之众。[62] 政府内部的查塔姆拥护者非常敬畏他，但无法坚持他们自己的立场。结果当查塔姆发现内阁同僚背叛自己时，他的亲信们也被耍得团团转。[63] 其结果是，行政管理让位于政策上的斗争。查塔姆公开宣布的原则很快就被抛弃了。这是最容易做到的，因为这些原则并没有在现实中被严格执行。事实上，皮特坚持的一系列"大众观点"缺乏严肃的哲学基础。[64] 当英国转而反对美洲时，尤其是查塔姆内阁中占据优势地位的议员乐意这样做时，查塔姆立即准备遵循这一决定。伯克认为这其中的教训显而易见：没有了党派组织，政府会跌跌撞撞、犹豫不决，最终将主动权交给一群不负责任的行政人员。

如果说皮特失败的部分原因在于为追求自身的民望而失去了议会中的党派关系，那么汤森失败的根源则在于希望在下议院中收获掌声。伯克曾说过，汤森"非常渴望声誉"，一直寻求获得同僚的称赞。[65] 这使得汤森"彻底成为下议院的附庸"，伯克这样总结道。[66] 由于下议院痛恨顽固不化，汤森为表现出其可塑性甚至到了轻率的地步。汤森的灵活适应能力帮助其实现了野心：通过观察，他发现一众爬到高处的朝臣并没有原则可言，因此他也开始根据时势需要调整自己的原则。[67] 伯克的思路再一次明晰：只有议会中政治盟友的原则性凝聚力才能保护宪法免受审议过程的波动影响，或者宫廷势力野心的影响。

62　EB, *Speech on American Taxation* (19 April 1774), *W & S*, II, p. 450.

63　Ibid., p. 451.

64　WWM BkP 6:55.

65　EB, *Speech on American Taxation* (19 April 1774), *W & S*, II, p. 453.

66　Ibid., p. 454.

67　Ibid., p. 455.

如果没有这样的凝聚力，政治就会沦为"各种不幸的阴谋"，痛苦不堪地循环往复——接连出现"推诿""混乱"和"更迭"，在欺凌和屈服之间摇摆不定，最终会变成彻底的高压政治。[68] 然而，高压政治与权威不同，后者不依靠武力。此外，武力最终会失败，因为通过查看当时关于美洲事务的一系列记录，伯克发现，远在天边的驻军会和"远在天边的殖民地"一样倾向于不服从。[69] 最终，议会不得不通过尊重殖民地的自由来恢复其权威。这意味着要依靠威信主持帝国殖民地各省的工作，而不是自以为是地侵犯它们的任何权力。[70]

9.3 《魁北克法案》

在伯克发表《关于对美洲征税的演说》时，议会正在实施对殖民地的强制措施，其中最具争议的是《马萨诸塞湾管理法案》。该法案意图修改该省 1691 年宪章中最符合民意的条款。其目的是要收回对该省参事会的控制权。参事会已经成为该省地方议会的工具，因为其成员是由殖民省立法议会（the general court）投票选举出来的，除此之外，参事会还包括现任地方议会的议员。此外，司法系统的陪审员和法官的选举，以及该省城镇会议的政权选举，都在敦促内阁将宪法中的民主部分置于行政控制之下。3 月 28 日，诺斯在下议院宣布："我提议在此法案中，将行政权力从宪法的民主部分中分离出去。"[71] 如果没有这项措施，该省的行政系统将无法运行，并且在立法机构的阻碍下，政策也要依靠纯粹的武力去执行。5

68　Ibid.

69　WWM BkP 6:101.

70　EB, *Speech on American Taxation* (19 April 1774), *W & S*, II, pp. 459–60.

71　*Parliamentary History*, XVII, col. 1193.

月2日，周一，在三读（从下午4点至凌晨2点）的主要辩论中，伯克对诺斯的提议表示反对。[72] 谢尔本的追随者约翰·杜宁（John Dunning）带头反对这项措施，而周二一早伯克为罗金汉辉格党做了总结陈词。[73] 伯克认为，如果不考虑马萨诸塞湾的民情而尝试建立地方行政系统，这可能会导致诺斯想尽力避免的情况——对该省实行军事管理。[74] 伯克称，想让殖民者向一直剥夺他们特权的武力低头，这完全是"不可能的"。[75] 这种尝试也许在"可怜的孟加拉居民"中有一些作用，但是对那些生而追求自由的民族来讲毫无成功的可能。[76] 伯克怀着严重的忧虑展望未来，觉得自己在时势的洪流面前"渺小如蝼蚁"。[77]

461

在《欧洲的美洲殖民地概述》一书中，伯克二人已表明，新英格兰的特许政府无法成功管理扩张的帝国。以稳定的帝国控制为代价，巨大的权力流入"殖民地全体民众"手中。[78] 尤其是马萨诸塞湾殖民地，尽管其总督由国王任命，但是总督仍依赖民选政府的意愿处理事务：因为总督没有可支配的收入来支持自己的需求，所以政府只能依赖于该殖民地议会的支持。[79] 当

---

72 PDNA, IV, pp. 397ff. 关于该辩论的情况，参见 Bernard Donoghue, *British Politics and the American Revolution: The Path to War, 1773–1775* (London: Macmillan, 1964), pp. 95–99。参考 Thomas, *Tea Party to Independence*, pp. 80–82。

73 EB to the Committee of Correspondence of the New York Assembly, 4 May 1774, *Corr.*, II, p. 532.

74 EB, Speech on Massachusetts Regulating Bill, 2 May 1774, *W & S*, II, p.464. Cf. WWM BkP 6: 101.

75 WWM BkP 27:229.

76 Ibid.

77 Ibid.

78 [Edmund and William Burke], *Account of the European Settlements in America* (London: 1757), II, p. 300.

79 Ibid., p. 302. Cf. Ibid., p.170.

地的民众多是自给自足的农民，他们已经习惯于这种安排，积累了自己的财富，拥有"非常自由、大胆和共和的精神"。[80] 18世纪 70 年代早期，伯克仍坚持如下看法：新英格兰人的宗教信仰是"共和精神"，他们接受"民主"教育，这主要是因为当地政府受民意的支配。[81] 事实上，在马塞诸塞湾，这种宪法组织形式"仅仅"包含民主成分，其本质是纯粹的民主。[82] 亚当·斯密后来发现，鉴于政府无法管控殖民地议会，因此殖民地的立法更能代表广大民众的态度。[83] 伯克坚持认为，在一个生来就抵抗的民族中，不可能绕过民众的支持而实施政策。他声称，这些殖民者是"英国人"；具体而言，这些殖民者的血液中流淌着17 世纪清教徒抗议时"难以控制"的成分。[84] 他们与生俱来的政治诉求是"狂野的"，建立在对自由的原始理想之上，这种理想受到激进派辉格党人的欢迎。[85] 诺斯内阁浑然不顾这些备受珍视的理想，提出了人类最难以想象的政府系统——伯克称其为"共和专制主义"，根据这种制度，统治者会用军事奴役体系管理已经习惯于自由的从属政体。在这种体制下，能够想象的最好情况是，殖民者也许会沉迷于国王形象"所散发的神性"，为他们所遭遇的悲惨境地提供安慰，但这也会威胁到英国国内的权力平衡。[86]

在下议院发表演说后的第二天，伯克仍感到疲惫不堪。他

80　Ibid., p. 167.

81　WWM BkP 27:229.

82　[Burkes], *Account*, II, p. 300.

83　Smith, *Wealth of Nations*, II, p. 585.

84　WWM BkP 27:229.

85　Ibid. 关于殖民地对激进辉格党思想的特殊共鸣，参见 Bernard Bailyn, *The Ideological Origins of the American Revolution* (Cambridge, MA: Harvard University Press, 1967,1992).

86　WWM BkP 27:229.

462 感觉"困难重重"，并意识到自己提出的建议收效甚微。[87] 政府
的做法不过是完全收回了原来赋予马萨诸塞湾殖民地的特许权，
在缺乏"不法行为"的证据时，这种做法永远是不正当的。[88] 伯
克认为，这是一部"剥夺人权"的法案。[89] 一直以来，无论何
时何地，也包括英国，都曾因这种宪法干涉有"血流成河"的
情况发生，因此，人们很难保持乐观。"这种不快的冲突也许
会带来血腥事件。"[90] 当殖民地动荡因内阁试图解决最为突出的
魁北克问题而进一步加剧时，这种预言就更加可信了。为此，
5 月初，一部法案被提交给上议院，两周后这部法案被送到下
议院。5 月 30 日，伯克给纽约通讯委员会传信，谈到政府想要
双管齐下，在加拿大"建立新的政府模式"，同时调整其领土
边界。[91] 关于魁北克组织机构的探讨可以追溯至 1763 年的《皇
家宣言》，罗金汉内阁曾在 1765—1766 年试图修订《皇家宣
言》，为立法做准备。查塔姆内阁随后在 18 世纪 60 年代后期
接手了这一议题，之后诺斯内阁在 1771 年再次回到这一议题。
需要解决的问题包括：该殖民地的政府形式，尤其是是否应设
立一个代议制议会；该殖民地的天主教信教问题；领土边境问
题；以及司法体系问题。[92]1773 年年初，政府的立法官员已经

---

87 EB to the Committee of Correspondence of the New York Assembly, 4 May 1774, *Corr.*, II, p.
    534.

88 WWM BkP 27:230.

89 Ibid.

90 Ibid. 另见 EB to the Committee of Correspondence of the New York Assembly, 4 May 1774,
    Corr., II, p. 531。

91 EB to the Committee of Correspondence of the New York Assembly, 30 May 1774, *Corr.*, II,
    p. 539.

92 Reginald Coupland, *The Quebec Act: A Study in Statesmanship* (Oxford: Oxford University
    Press,1925); Donoughue, *British Politics*, chapt 5; Philip Lawson, *The Imperial Challenge:
    Quebec and Britain in the Age of the American Revolution* (Montreal: McGill-Queen's
    University Press, 1989).

准备好了大量报告，用于构建随后需要的立法基础。[93] 而到了
1774 年，议会才开始讨论这一问题，伯克抱怨说这一问题已
被忽略了九年。[94]

　　副检察长亚历山大·韦德伯恩撰写的报告为之后政府维护
其政策提供了条款依据。除了拒绝在加拿大建立耶稣会（韦德
伯恩断言耶稣会不是正规社会的组成部分）之外，韦德伯恩提
议对天主教采取宽容的态度，并"寻找合适的教会神职人员以
履行宗教职责"。[95] 此外，鉴于在主要人口为加拿大人而英国
殖民者少得多的地区，建立政府系统会遭遇实际的困难，韦德
伯恩称最好不要建立代议制议会，而是成立一个由总督和参事
会组成的政府。[96] 最终，由于加拿大不具备"成立新殖民国家"
的条件，而且当地居民已经形成固有的习俗和依附关系，因此
最明智的方式是将立法系统与现有的殖民地习俗相结合。[97] 自
1763 年《皇家宣言》颁布以来，关于加拿大的惯例细节本身
就具有争议性，鉴于此，民事和刑事管辖权的具体条款还未得
到确定。然而，韦德伯恩推崇的主要原则却很明晰。加拿大是
一个被征服的国家，但是如果征服者"随心所欲地制定法律"，
并强迫他所征服的民族遵守，这既不明智也不公平。征服的目
的不是打败他人，而是实现"统治"，正如"在更文明的时代"
遵守的万国公法所规定的那样。[98] 检察总长爱德华·瑟洛赞同

463

93　Thomas, *Tea Party to Independence*, pp. 94–95.

94　WWM BkP 6:5.

95　"Report of Solicitor Alex. Wedderburn" in Adam Shortt and Arthur G. Doughty eds., *Documents Relating to the Constitutional History of Canada, 1759–91* (Ottawa: J. de L. Taché, 1918), 2 vols., I, p.428.

96　Ibid., pp. 425–26.

97　Ibid., p. 430.

98　Ibid., p. 425.

文明国家的政策应以"温和"为指导，这也是习惯法和欧洲"万国公法"（*ius gentium*）的要求。

在提倡温和时，瑟洛仔细地考虑了格劳秀斯提出的限制战争权利的适度原则（*temperamentum*）。正如西塞罗曾经断言，即便对于那些在战争中伤害了我们的人，我们也要对其履行一定的义务。[99] 在《战争与和平法》中，格劳秀斯在序言中重新提到了这一话题，规定了胜方应当对败方承担的义务，并且这一切都要建立在人道和谨慎的基础上。[100] 在《战争与和平法》的第三卷第十五章中，格劳秀斯研究了适度原则如何运用于帝国的征地，为此格劳秀斯引用了大量的罗马惯例，提到罗马历史上被征服的民族在失去主权后仍能保留自己的律法。[101] 瑟洛引用这一原则作为温和政策的标志，在这种政策中，征服的目的只赋予了帝国对臣民的权利，"但不超过这个范围"。"除了为建立和保全征服者的主权而进行的合理和必要的改动外，不应修改当地已有的律法。"[102] 做此声明时，瑟洛认同了前任法律官员查尔斯·约克和威廉姆·格雷于 1766 年 4 月发表的判决，其中援引了习惯法的一条准则，即除非征服者"颁布新法"，否则当地民族应保留其习俗。他们继续说，任何改变皆应"和

464

99　Cicero, *De officiis*, I, 33.

100　Grotius, *De iure belli ac pacis*, bk. III, chapt. xi, § 1, for the citation of this passage from Cicero.

101　Ibid., bk. III, chapt. xv, § 10.

102　引用格劳秀斯作为权威，参见 "Report of Attorney General, Edwd. Thurlow" in Shortt and Doughty eds., *Documents Relating to the Constitutional History of Canada*, I, 440。在 1774 年 5 月 26 日关于《魁北克法案》的辩论中，瑟洛和韦德伯恩都重申了这一立场，以反对约翰·格林（John Glynn）的立场。参见 PDNA, IV, pp. 442ff。格林反对强制爱尔兰遵守英国规范。关于这一时期英国关于爱尔兰与梅诺卡岛的同化"模式"的辩论，参见 Stephen Conway, "The Consequences of the Conquest: Quebec and British Politics, 1760–1774" in P. Buckner ed., *Revisiting 1759: The Conquest of Canada in Historical Perspective* (Toronto: University of Toronto Press, 2012)。

风细雨般"引入殖民地。鉴于加拿大是一个"经过法国殖民后长治久安、文明开化的伟大又古老的殖民地"，对待加拿大更要如此。[103] 此处再一次出现了"适度原则"这一术语，其早在18世纪中期就已成了欧洲政策的标准原则。在《论法的精神》中，孟德斯鸠详细阐明了这一术语，基督教的道德准则将适度的行为准则与战争的权利相结合，据此，被征服的民族的宗教信仰和财产应该始终得到保护。[104]

孟德斯鸠详细阐述了"温和政府"的概念，伯克在其对《魁北克法案》的说明中专门引用了这一理念。[105] 伯克认为，"征服权"赋予了人们行动的权力，但是"自然权利"则规定了一种政治约束的义务。[106] "神圣不可侵犯的人权宪章"追究暴力的责任，逃避这一责任的尝试已经在多地造成了悲惨事件——"尤其是爱尔兰"，伯克称，在经历了"侵犯"战争后，爱尔兰实现的是奴役的和平。[107] 在此情境下，伯克引用了欧里庇得斯的名言："斯帕达是汝遗产，改良之（Spartam nactus es，hanc exorna）。"[108] 这是在警戒人们，要在习俗的基础上进行建设。然而，到了1774年，人们尚不清楚加拿大的习俗是什么，因为自1763年以后，英国的种种行为已经叠加到了

---

103 "Report of Attorney and Solicitor General (Yorke and De Grey), regarding the Civil Government of Quebec," in Shortt and Doughty eds., *Documents Relating to the Constitutional History of Canada*, I, p. 255. 关于在《魁北克法案》的辩论中对习惯法和自然法论据的使用，参见 Richard Bourke, "Edmund Burke and the Politics of Conquest," *Modern Intellectual History*, 4:3 (November 2007), pp. 403–32。

104 Montesquieu, *De L'esprit des lois*, pt. V, bk. xxiv, chapt. 3.

105 此处引用了孟德斯鸠，参见 WWM BkP 6: 7。

106 Ibid.

107 WWM BkP 6: 5. 关于"神圣不可侵犯的人权宪章"，参见 WWM BkP 6: 7。

108 原引语是欧里庇得斯的《忒勒福斯》（Telephus）中，阿伽门农（Agamemnon）对墨涅拉俄斯（Menelaus）所说的，西塞罗引用了希腊语原文，参见 *Ad Atticum*, IV, vi, 2。伯克引用的拉丁语来自伊拉斯谟。

当地的惯例之上。1774 年 5 月 31 日，伯克在下议院强调了这一点，此前宾夕法尼亚的殖民者就该殖民地与魁北克的边界问题提出了请愿。由于伯克负责监管纽约的边界异动，有关魁北克领土的提议立即引起了他的注意。8 月，在与纽约通讯委员会的信中，伯克表示，延伸加拿大边界的诉求与限制旧殖民地扩张的决定有关。他解释道，由于殖民地的快速扩张与发展，目前人们常常将北美的不屈精神归根于较成熟殖民地的"傲慢与放肆"。[109] 伯克继续说，魁北克的领土不仅仅是"地缘划分"的问题，因为边界将南方的宪政与北方的无责任政府系统区分开来："这条边界划分了不同的司法和立法原则，边界的一边依赖法治，另一边依靠特权"。[110] 在此基础上，伯克反对内阁处理加拿大殖民地问题的策略，并因此被卷入了更大的问题，即应该对新殖民地采取何种适宜的宪法和司法政策。

韦德伯恩拒绝承认《魁北克法案》对殖民地自由构成了威胁，并称与继续保持当地居民业已习惯的法律系统相比，强行施加英国式的自由体系更像是一种"独裁行为"。[111] 伯克直接对此做出了回应。政府正准备在美洲北部推行英国刑法和由法国引进北美的民法。但是内阁真的理解这部民法的规定吗？它起源于"巴黎习惯法"（Coutume de Paris），尽管法国王权多次强制对其进行修订，该民法却在新世界中形成了自己的特点。[112] 据称，这部民法不设陪审团，法裔加拿大人因而获得了得天独厚的优势。然而，这个所谓的事实没有被证实。《皇家宣言》颁布之后，该省一直施行英国习惯法，这没有对民众产

---

109 EB to the Committee of Correspondence of the New York Assembly, 2 August 1774, *Corr.*, III, p. 14.

110 Ibid., p. 17.

111 PDNA, IV, p. 489.

112 Ibid., p. 490.

生任何明显的伤害。而且没有可信的理由能够推翻这一安排：
"除非我知道加拿大居民反感英国法律，否则我不会强行推行
另一部法律，因为他们自己开明的判断力会拒绝这种法律。"[113]
七年之后，伯克发表了关于《孟加拉司法法案》的演说，他
认为如果没得到民众的同意，便不能强行推行开明的法律机
制。[114] 早在《魁北克法案》颁布的时候，伯克就称若没有民众
的许可，政府只不过是形同虚设。如果加拿大人已经习惯了英
国的法律，那么他们会更倾向于采用英国法律，而不是迷信法
国的专制制度。[115]

对伯克而言，最终证明法律是否得当的既不是习惯法的规
定也不是古老性，更不是支持这一法律制度的人们的习俗。[116]
这些特质在法律效用上增加了惯例的权威，从而提高了法律
系统的可信度。然而，假设法律制度的好处是显而易见的，那
么法律的效用就胜过了长久积累的惯例权威。在缺乏证据证明
某个法律系统的切实优势时，通过推定来支持持久的惯例是
合理的。伯克宣布："如果我没有其他可以用的方法，我会继
续采用推定的方法。"[117] 不过，他继续说，总体而言，"后验"（a
posteriori）是评估法律机制正当性最可靠的方法。这涉及到在

466

---

113 Ibid., p. 491.

114 EB, Speech on Bengal Judicature Bill, 27 June 1781, *W & S*, V, pp. 140–41.

115 PDNA, IV, p. 491.

116 伯克利用习惯法中的古老习俗来捍卫制度，参见 G. A. Pocock, "Burke and the Ancient
Constitution: A Problem in the History of Ideas" in idem, *Politics, Language and Time: Essays
in Political Thought and History* (Chicago, IL: University of Chicago Press, 1971)。关于正当
性实际上来源于因袭权利，参见 Paul Lucas, "On Edmund Burke's Doctrine of Prescription;
Or, an Appeal from the New to the Old Lawyers," *Historical Journal*, 11: 1 (1968), pp. 35–63。
最近对这些问题的讨论，参见 Sean Patrick Donlon, "Burke on Law and Legal Theory" in
David Dwan and Christopher J. Insole eds., *The Cambridge Companion to Edmund Burke*
(Cambridge: Cambridge University Press, 2012)。

117 PDNA, IV, p. 491.

评估人口是否增长的基础上，计算从这些机制中获得的"有益优势"。[118] 这种对效用的计算支撑着特定法律背后的"理由"，此外这些法律还可能得到基于先例的"权威"的支持。律师在议会中就特定政策发言时"很少在没有理由的情况下给出他们的权威判断"。[119] 不过在魁北克事件中，韦德伯恩引用了加拿大先例作为自己的主要权威来源，却没有对这种安排做出解释。伯克认为这种处理方式是恶意的，而且会引起质疑。这一计划是要将一个司法和政治的体系引入英国的自治领，根据辉格党的定义，这相当于"专制主义"。伯克怀疑的是，"我是否能确定，这种专制主义不会产生普遍的独裁？"[120] 当然，这也涉及旧殖民地的直接利益问题。

6月2日和3日，下议院的一个委员会对证据进行了详细的审查，而后在6月6日，就魁北克与纽约和宾夕法尼亚的边界进行了辩论。直到6月7日，伯克才回到该殖民省的宪法问题上。五天前呈上的证据并没有让他改变想法。在其关于该法案的笔记中，伯克明显已经认定，新的体制必须建立在同意之上。他不赞同以下的看法：世界上存在着一个"可以为任何人群找到合适的政府的抽象原则"。伯克更愿意为民众建立任何他们看似"喜欢"的体系。一般而言，民众喜欢的是他们已经习惯的东西。"然而，"他补充说，"有时情况恰恰相反。"[121] 伯克在下议院反驳了内阁的主张：加拿大人"不想要"英国的法律。[122] 伯克辩称，政府的立场违反了1763年在《皇家宣

467

118　Ibid., p. 490.

119　Ibid., p. 491.

120　Ibid., p. 492.

121　WWM BkP 6:5.

122　PDNA, V, p. 22.

言》中所做的承诺。在这一论点的支持下，伯克接着阐述了公平解决这一问题的条件："我希望将英国的自由带入法属殖民地。"[123] 他的选择并非基于任何想象中的"征服权"，而是出于完善统治的责任。[124] 伯克认为，"你们依赖神的眷顾，才有了殖民地居民的治理权，他们有权拥有最好的政府"。[125] 政府必须超越单纯的法律形式，并允许民主成分在其中占据一席之地。[126]6月10日，在辩论是否应在魁北克省采用陪审团制度时，伯克宣布他准备摒弃当地民众在这个问题上的偏见。更具体地说，伯克准备忽视魁北克贵族阶层（*noblesse*）的意愿。他称，贵族阶层被一种"寡头精神"所鼓动，使得他们渴望"对同胞作威作福"。[127] 伯克提出，"不平等的自由即为奴役"——这是一部分人的奴役和另一部分人的"统治"。[128] 伯克还提出评审团制度是"我们的宪法最优秀的成果之一"。[129] 陪审团制度在党派的傲慢与自大之下保全了"大部分民众"，并且它是抵御贵族派系压迫的堡垒，因此应予以保留。[130]

伯克预料，《魁北克法案》的通过会加剧因马萨诸塞湾的强制法案带给殖民地的恐惧情绪。为了应对从 1774 年春季《不可容忍法令》颁布后层出不穷的法案，美洲殖民地计划于 9 月在费城召开首届大陆会议。在此期间，美洲的愤怒情

---

123 Ibid.

124 Ibid., p. 132.

125 WWM BkP 6:7.

126 WWM BkP 6:5：我希望将正规的英国司法制度引入加拿大，我并不是说这个国家的民众不应在其宪法中占有一席之地——因为这不是自由，而是最残忍的奴役。

127 PDNA, V, p. 206.

128 WWM BkP 6:5b.

129 EB, Speech on Quebec Bill, 10 June 1774, *W & S*, II, p. 473. Cf. WWM BkP 6: 5b: "陪审团也是一种良好的制度，原因是同样的人可以互为法官和公民。"

130 PDNA, V, p. 206.

绪普遍高涨。[131] 殖民地各郡委员会及省议会均出现了明显的反抗情绪。[132] 整个夏天，美洲暴动的消息不断传入英国。尽管如此，内阁依然心存侥幸，希望情况能够有所好转。政府内部的意志依然很坚决，乔治三世于 9 月 11 日表达了自己的决心："殖民地要么臣服，要么打败英国。"[133] 两日后，在大西洋彼岸，《萨福克决议》暴露了马萨诸塞湾殖民地的反抗情绪。9 月中旬，大陆会议对《萨福克决议》表示支持，并称除非废除《不可容忍法令》，否则将会抵制英国商品。为了做好对抗的准备，政府将大选提前至 1774 年 10 月。大选结果扩大了内阁对下议院的控制。"宫廷派在下议院的势力可以与上届议会相媲美，"新一届议会成立后，伯克便通知了纽约通信委员会。[134] 与此同时，随着对英国当局发起挑战的消息传到威斯敏斯特，新英格兰地区的不满程度也在加深。马萨诸塞湾、康涅狄格和罗德岛殖民地正在聚集军事武装，并进行军事演习。[135]

尽管北美的反抗势力逐渐增强，罗金汉仍然认为这些骚乱不会影响公众对内阁举措的支持。他预测自 1774 年 9 月起的 12 个月内，殖民地的不满情绪会蔓延，但是想要英国民众改变当前的态度，从而将帝国从"毁灭"边缘挽救回来的可能性似乎很小。[136] 伯克似乎也对公众的"麻木"态度感到沮

131 Jerrilyn Greene Marston, *King and Congress: The Transfer of Political Legitimacy, 1774–1776* (Princeton, NJ: Princeton University Press, 1787), pp. 70–75.

132 David Ammerman, *In the Common Cause: American Responses to the Coercive Acts of 1774* (New York: Norton, 1975), pp. 19–51.

133 *Correspondence of George III*, III, p. 130.

134 EB to the Committee of Correspondence of the New York Assembly, 3 January 1775, *Corr.*, III, p. 82.

135 Donoughue, *British Politics and the American Revolution*, chapt. 9.

136 The Marquess of Rockingham to EB, 13 September 1774, *Corr.*, III, p. 25.

丧，他们与政府的看法一致，认为大西洋彼岸的怒火不会长久。[137] 罗金汉则指出，费城的"很大一部分民众"与波士顿那些"煽动者"保持着距离。尽管如此，他还是相信北美的反抗行为有着"一致的目标"，大陆会议力图确保各殖民地的"相互安全"。[138] 另一方面，伯克怀疑民众的呼声能否持续下去，因为要想产生效果，就必须通过英国人的抵抗来实现。对于罗金汉和伯克而言，即便政府狂妄自大，看起来缺乏深思熟虑，这种情况也基本不可能出现。[139] 到了 11 月，美洲骚动的消息传遍了整个英国，政府的自大态度受到了冲击。当时罗金汉在给曼斯菲尔德勋爵的信件中写道："我很遗憾，通过您的信件得知了美洲的事务竟到了如此危急的地步。"[140] 然而，尽管局势不断恶化，当新一届议会于 11 月 30 日开幕时，内阁并没有颁布任何新政策。

在一场关于 1774 年 12 月 5 日国王演讲的辩论中，诺斯勋爵不情愿地承认必须与美洲讲和，但是他仍争辩道，必须由殖民地迈出第一步。[141] 伯克接着逐条列举了政府立场带来的负面影响。伯克早就注意到，美洲各殖民地之间的分裂是帝国统治成功的先决条件。1769 年伯克曾称，殖民地之间必须"避免相互串通"。[142] 前一年在写给波特兰的信中，伯克希望殖民地之间能像

469

---

137 EB to the Marquess of Rockingham, 18 September 1774, ibid., pp. 30–31.

138 The Marquess of Rockingham to EB, 13 September 1774, ibid., p. 25.

139 EB to the Marquess of Rockingham, 18 September 1774, ibid., pp. 30–31.

140 *Rockingham Memoirs*, II, p. 258.

141 PDNA, V, p. 241.

142 EB, *Observations on a Late State of the Nation* (1769), *W & S*, II, p. 194. 在第二次大陆会议向乔治三世请求救济时，他改变了这一立场，参见 EB, Second Speech on Conciliation, 16 November 1775, *W & S*, III, p. 196, 在文中伯克表明了派系斗争会破坏殖民地的团结。

内阁一样"不团结"。[143]1774年，对马萨诸塞湾殖民地采取强制措施使得美洲殖民地之间的关系更加紧密，对此伯克的评论是："波士顿的事业将成为整个美洲殖民地的事业。"[144]在下议院任职的议员很多来自上届议会，伯克坚信如果他们能预见未来，他们必然不会投票支持上次议会会期的强制性措施，而现在只能寄希望于这种胡乱的盲目投票不会重演。[145]到了12月中旬，美洲的形势更加明朗。大陆会议通过了对英国的贸易禁令，马萨诸塞湾的反抗态势愈演愈烈。[146]大陆会议向国王上表，请求修改政策，但此时，议会在殖民地的立法权已公开受到质疑。伯克拒绝以纽约代理人的身份与其他代理人一起向乔治三世提交请愿书。[147]不过他依然希望这份文件能够劝诫政府缓和一下态度。在发起请愿和大陆会议做出决议之前，内阁"坚持执行上次议会会期的措施"。[148]现在，至少诺斯勋爵已经承诺会向下议院提交文书，以制订某种缓和计划。[149]伯克在1月5日评论道："采取措施的时机已经近了。"[150]罗金汉的大多数追随者都对未来的前景感到灰心丧气，而查塔姆却称赞了美洲殖民者的

---

143 EB to the Duke of Portland, 30 July 1768, *Corr.*, II, p. 11.

144 PDNA, V, p. 242.

145 WWM BkP 27: 232.

146 达特茅斯勋爵在1774年12月13日收到了大陆会议的消息，参见 *The Diary and Letters of his Excellency Thomas Hutchinson, Esq.*, ed. P. O. Hutchinson (London: 1883–1886), 2 vols., I, 323。

147 *Public Advertiser*, 22 January 1775. 本杰明·富兰克林请求伯克合作撰写该请愿书，详见其1774年12月19日写给伯克的信，参见 *Corr.*, III, pp. 80–1。

148 EB to the Committee of Correspondence of the New York Assembly, 3 January 1775, *Corr.*, p. 82.

149 *Parliamentary History*, XVIII, cols. 59–60.

150 The Marquess of Rockingham to EB, *Corr.*, II, p. 88.

精神。[151]1775 年议会会期将被美洲事务主导，但反对派并没有设法团结起来。

9.4　忍受与抵抗

自 1775 年 1 月 19 日议会休会后，政府一直在积极地为军事防御和谈判做准备。但是在接下来的几周，政府只发布了一些零碎的政策，这让伯克不得不怀疑政府可能根本没有制定出确切的方案。[152] 在 1 月 19 日的下议院会议上，伯克提到大西洋彼岸"危急而恐慌"的形势，此时反对派开始不同程度地反对内阁。[153] 在此前的几周内，伯克一直都在准备如何应对这个严肃的场面，但由于查塔姆的迟钝愚昧以及公众的消极态度，伯克感到无能为力。在过去的三届会期中，伯克曾对罗金汉抱怨，公众一直是可悲的默许态度——"面对其最重要的利益仍无动于衷"。[154] 自 1773 年以来，这种状况迫使罗金汉派采取了一种惯性路线：在没有民众支持的情况下，充满活力的反对派表现出毫不妥协的热情。民众的热情可能正在上升，但是伯克认为，这种热情如果得不到正确的指引，只会被消磨或者被滥用。"很多经验告诉我们，除非激情经过节制、指引并不断坚持，否则无法用于任何目的。"[155] 事实证明，伯克的担忧是过度的，因为反对强制措施的情绪在英国不断高涨。[156] 伯克反对的对象集中在商界，

151 The Earl of Chatham to Stephen Sayre, 24 December 1774, *Chatham Correspondence*, IV, p. 368; Thomas, *Tea Party to Independence*, pp. 172–74.

152 EB to the Committee of Correspondence of the New York Assembly, 14 March 1775, *Corr.*, III, p. 135.

153 EB, American Disturbances, 19 January 1775, PDNA, V, p. 267.

154 EB to the Marquess of Rockingham, 5 January, *Corr.*, III, p. 88.

155 Ibid.

156 James E. Bradley, *Popular Politics and the American Revolution in England: Petitions the Crown and Public Opinion* (Macon, GA: Mercer University Press, 1986), pp. 1–15.

他们本可以通过早期干预来避免灾难。[157] 现在这类人似乎开始蠢蠢欲动，罗金汉派希望能够引领他们。1月4日，大约400位与美洲有贸易往来的商人在伦敦康希尔（Cornhill）的国王之臂酒馆（King's Arms）集会，这为他们提供了一个发泄愤怒的机会，尽管他们对内阁的顺从态度令人沮丧。伯克称："这些人完全没有诚实、自由和合乎宪法的不满情绪。"[158] 两天后，这些人的态度被称为"习惯性顺从"，他们的请愿也被形容为"冷淡又无味"。[159] 1月23日，阿尔德曼·海利向下议院提交了伦敦的请愿书，伯克抱怨下议院在圣诞节期间休会——如此"重要的"一个问题需要处理，下议院却放了整整一个月的假。[160] 3月，伯克回顾1月以来的反政府运动，他发现内阁在尽力令商人相信，对殖民地采取强制措施是确保贸易安全的唯一希望。[161] 因此，温和的政策建议是不可能被采纳的。

伯克自己曾投身许多请愿运动，得到了诸多反对派同僚的支持，但并未得到他们的协助。1775年1月，下议院总共收到了24份请愿书，伯克在这一年的其余时间里合作起草了一些来自伦敦、布里斯托尔、利兹、韦斯特伯里、阿宾顿以及伯克希尔的请愿书，可能还有诺丁汉和布里奇沃特的请愿书。[162] 18份请愿书呼吁议会寻求和解。理查德·钱皮恩告知一位通信者，称"尤其是伯克的朋友们推进了这项事业"。[163]

157 EB to Richard Champion, 10 January 1775, ibid., p. 95.

158 Ibid.

159 EB to the Marquess of Rockingham, 12 January 1775, ibid., pp. 97–98.

160 Petition of London Merchants, 23 January 1775, PDNA, V, p. 293.

161 EB to the Committee of Correspondence of the New York Assembly, *Corr.*, III, p. 135.

162 Bradley, *Popular Politics and the American Revolution*, pp. 17–36, 543–44.

163 *The American Correspondence of a Bristol Merchant, 1766–1776: Letters of Richard Champion*, ed. G. H. Guttridge (Berkeley, CA: University of California Press, 1924), p. 40.

显然，民意既担忧贸易问题又反对强制政策。[164] 不过政府的应对策略是将源源不断的请愿书转交给一个为此目的而设立的委员会——即伯克在 1 月 23 日所说的"赦免委员会"。[165] 三天后，在辩论伦敦商人提交的第二份请愿书中，他再一次向政府强调了倾听商人不满的重要性。在此基础上，伯克为他预计将降临到大英帝国的"国难"而哀叹——内战、收入锐减、商业衰退、贫困率上升、税收加重、破产及信用丧失都在预料之内。[166] 在审议 1 月 31 日来自伯明翰的美洲请愿书时，伯克承认，认为"民众权力的每次增加都是为了他们的利益"，这是错误的：这种理论仅适用于英国之外的宪法，"因为我们的宪法原则完全与这一理念相悖"。[167] 然而，在英国政权这场"真正的危机"边缘，民众的心声应该被听到。[168] 如果共同自由的纽带不复存在，"那么再也没有什么东西能够将帝国团结在一起"。[169] 任何传达这种思想的请愿书都应被看作是明智的建议。

472

　　伯克必然会强调民意的重要性，因为反对派无法就美洲问题达成一致。[170] 伯克相信查塔姆就是问题本身。他在 1 月 5 日

---

164 *Pace* Ian Christie and Benjamin Labaree, *Empire or Independence, 1760–1776: A British-American Dialogue on the Coming of the American Revolution* (Oxford: Phaidon, 1976), pp. 216, 232, 234, 256,257.

165 PDNA, V, p. 293. 根据理查德·伯克的说法，这意味着请愿"实际上被拒绝了"。参见 *Corr.*, III, p. 106, citing Richard Burke to Richard Champion, 24 January 1775, Northamptonshire MSS。

166 PDNA, V, pp. 312–13, 318, as reported in *Parliamentary History*, XVIII, cols. 185 ff. and *London Evening Post*, 7 February 1775, respectively. The latter is reproduced in W & S, III, pp. 78–82.

167 WWM BkP 6:59.

168 *Morning Post,* 3 February 1775. Cf. PDNA, V, p. 351.

169 WWM BkP 6:59.

170 Charles R. Ritcheson, *British Politics and the American Revolution* (Norman, OK: University of Oklahoma Press, 1954), pp. 180–85.

给罗金汉的信中写道："人们有分歧时，总会情不自禁地产生
不愉快的情绪。"[171] 两日后，罗金汉告知了伯克他最近与查塔姆
的讨论内容，当时查塔姆将美洲危机归因于没有废除《宣示法
案》。[172] 这种探讨意在指责对方，同时彰显他的政治独立。伯
克很清楚，这种立场暴露了他对更高职位的渴求。查塔姆与
他在议会的同僚敬而远之，其原因在于他想要在宫廷中独揽
大权。伯克认为"他沉迷于内阁权力之争，并愿为此奋斗终
生。"[173] 1月20日，即诺斯勋爵向下议院提交美洲文书的第二
天，反对派之间的分歧变得公开化。[174] 伯克评论道："今天查塔
姆伯爵提出了一个动议……希望呈给国王。"问题是他"在未
经任何沟通的情况下"行事，这使得潜在的同盟非常尴尬。[175]
尽管罗金汉派非常乐于支持查塔姆的动议，但是他们仍然对查
塔姆心存疑虑。2月1日，查塔姆在上议院提出了自己的"临
时法案"，这份求和策略没有得到议会的支持，也没有让罗金
汉派参与其中，甚至没有得到殖民地的支持。查塔姆在提出动
议的前一天告知了罗金汉勋爵。罗金汉夫人讽刺他为"最伟大
的伯爵"，并在当晚9点告知了伯克最新的情况："将会有人提
出计划，但是没有具体的解释。"[176]

　　伯克一直在警告罗金汉不要在美洲问题上被操纵出局，并
在罗金汉相对懒散的态度下催促其开展一场反对运动。他预

171　EB to the Marquess of Rockingham, 5 January 1775, *Corr*., III, p. 89.

172　The Marquess of Rockingham to EB, 7 January 1775, ibid., p. 91.

173　EB to the Marquess of Rockingham, 5 January 1775, ibid., p. 89.

174　*CJ*, XXXV, pp. 64–66.

175　EB to the Citizens of Bristol, 20 January 1775, *Corr*., III, p. 101. Cf. EB to John Hely
　　　Hutchinson, 20 January 1775, ibid., pp. 104–5.

176　Ibid., p. 109.

测,"世上总有人会在我们被动时选择主动"。[177] 事实证明,
政府的确非常主动,在 2 月 2 日和 2 月 6 日,其赢得了下议院
的支持,宣布马萨诸塞湾处于叛乱状态,敦促国王采取措施,
使其服从于帝国的最高立法机构。[178] 卡文迪什声称这相当于
"内战宣言"。[179] 沃波尔的记录显示,伯克发表了反对这种主
张的"悲情演说"。[180] 伯克表示,在亨利八世栩栩如生的雕塑
下,殖民地对内阁政策的反对将会被当作叛国罪在史密斯菲
尔德进行审判——仅仅因为他们反对实际代表权的想法,他
对这种前景感到恐慌。[181] 这项在英国审判美洲人的措施,"把
一个人从大西洋彼岸的亲朋好友那里带走",是另一种强迫措
施。这是颁布的七项规定中的第五项,如此的暴政行为使反抗
变得合理。[182] 事实上,伯克一直认为,殖民地自 1768 年以来
拒绝服从政府必要的措施是正当的。"他认为这七项暴政恰恰
证明了抵抗的正当性。"[183] 然而,抵抗(Resistance)必须与叛
乱(Rebellion)区别开来。殖民地的不服从一直都是理性的
自卫,而非对英国权威的攻击。议会普遍接受了一种错误的观
念,即"美洲人攻击了这个国家的主权"。[184] 伯克认为这种观

---

177 EB to Marquess of Rockingham, 24 January 1775, ibid., p. 107.

178 诺斯勋爵的结论是,1774 年 10 月 19 日马萨诸塞湾处于叛乱状态,参见 *Diary of Thomas Hutchinson*, I, 296–98。法律官员韦德伯恩和瑟洛于 1774 年 12 月 13 日做出判决,并宣布"马萨诸塞湾发生了公开叛乱和战争",参见 TNA, PRO, CO, 5/159, fol. 3。

179 Report from Committee on American Papers, 6 February 1775, PDNA, V, p.359.

180 Ibid., p. 358.

181 EB, Speech on American Disturbances, 6 February 1775, *W & S*, III, p. 84. 伯克指的是内阁恢复亨利八世法规(34 Hen. VIII, c. 2)的计划,该法案在 1768 年至 1769 年的议会会期上提出。

182 Ibid., pp. 84, 83.

183 Ibid., p. 83.

184 Ibid.

点令人难以接受，相当于说殖民地省份背叛了帝国。叛乱意味着对国家主权宣战，但是美洲人的行为没有任何方面符合这种描述。

此外，内阁对叛乱的定义事实上是"他所听过的最荒诞的说法"。[185]殖民地各省的波士顿倾茶党被归为暴动，因为大众否决了宗主国的统治权。不过伯克声称反对特定政策不意味着对帝国主权的攻击。1773年以后，伯克承认，殖民地的抵抗越来越普遍，但是真正意义上的叛乱几乎闻所未闻。随后，福克斯表明，这种反抗展示了"真正的、宪法意义上的辉格党抵抗原则"。[186]除了将抵抗错认为是叛乱之外，政府还坚持认为抵抗仅限于马萨诸塞湾。然而，事实是"从大陆的一端到另一端，都能看到抵抗的迹象"。[187]屡禁不止的抵抗行为是一个警告，即抵抗不会被轻易镇压。如果政府动用武力干涉，那么政府就该做好全面开战的准备，而不是仅仅依靠当前数量可怜的增兵。[188]面对合理的抱怨，议会采取了暴力胁迫的方式，却没有准备足够的手段保障其实施。反抗被误认为是叛乱，即将辉格党式的抵抗与詹姆斯党人的叛乱混为一谈：后者是推翻宪法的破坏性尝试，而前者则是对公民权利的正当主张。伯克担忧美洲人"现在……和我们在1745年一样"：都是反对暴力措施的受宪法保护的抗议者。尽管如此，诺斯勋爵还是下定决心要剪掉殖民地的羽翼，于2月10日向下议院提议限制新英格兰的贸易和

---

185 Ibid.

186 Committee on American Papers, 2 February 1775, PDNA, V, p. 438.

187 EB, Speech on American Disturbances, 6 February 1775, *W & S,* III, p. 83.

188 1月13日和21日的内阁会议同意增加3支部队供盖奇将军使用，包括3个步兵团、1个骑兵团以及1支海军的增援部队，参见 Christie and Labaree, *Empire or Independence,* p. 229。1775年1月25日，奥哈拉告知伯克，爱尔兰军队准备从科克出发前往美洲，参见 Hoffman, *Burke,* p. 576。就盖奇而言，他曾试图组建一支2万人的部队，参见 *Correspondence of Gage,* I, pp. 380–81。

渔业，其依据仍然是马萨诸塞湾处于叛乱之中——反对派立即进行了反驳。[189] 在伯克看来，政府似乎执意要一意孤行。

十天之后，诺斯改变了态度，在下议院的一个委员会面前转为寻求和解。为行政当局和民防募集资金的工作由北美各殖民地议会负责，前提是他们必须满足由议会拟定的帝国要求。伯克称，他来到下议院，期望支持诺斯承诺的让步，但是后来却发现，诺斯看似慷慨的举动实际上是一种胁迫。[190] 第二天，伯克将这一提议形容为"通过继续实施惩罚性法规和派遣军队，迫使殖民地提供让国王和议会满意的财政收入，以替代我们的征税权。"[191] 根据诺斯的计划，殖民地将会自行确定募集资金的方式，而议会将决定税收的金额，因为它可以随意判定提供的税收金额不足。伯克认为这种策略就是不切实际的折中妥协，其目的是同时取悦内阁中的激进分子和在太平洋两岸经商的商人。[192] 商人们可能会因这种表面仁慈的政策而和解，而邓达斯和埃利斯等政府支持者可能会因该决议的严苛而被说服。但是对埃利斯来说，诺斯的措施是在"败坏"英国在殖民地的权威。[193] 诺斯认为，这项举措的成功之处在于仅需得到一个殖民地的支持，此后北美的殖民地联盟便会瓦解，这样就可以通过"分而治之"的方式夺回帝国的主动权。[194] 而当年3月，伯克警示纽约通讯委员会："反对我们权利的链条将会被

475

---

189 PDNA, V, pp. 410–11.

190 EB, Speech on North's Conciliatory Proposition, 20 February 1775, *W & S*, III, pp. 86–87.

191 EB to John Noble, 21 February 1775, *Corr.*, III, p. 118.

192 似乎也想让反对派加入这一计划，参见 Lord North to EB, 19 February 1775, *Corr.*, III, p. 115。

193 Committee on American Papers, 20 February 1775, PDNA, V, p. 437.

194 Ibid., p. 436.

打破。"[195] 事实上，伯克认为这一举措非但不会分化殖民地，反而会使它们更加团结：这是强化反政府联盟的一剂猛药。[196] 事实证明，这一提议一传到北美沿岸，莱克星顿和康科德的枪声便打响了。

3月6日，有人向下议院提出动议，要求正式颁布限制新英格兰地区贸易的法案，这敦促福克斯宣布，这一举措将会使殖民地进行光明正大的叛乱："目前只有一个殖民地宣称叛乱，而且是模棱两可的叛乱。"[197] 现在，战火将会蔓延到整个美洲大陆。另一方面，查尔斯·詹金森认为，美洲人"从一开始就意图通过叛乱获得独立"。[198] 伯克总结道，这是内阁常见的错误认知，内阁总是草率地推行严苛的举措，这些政策最终会在制定法中留下"一卷卷黑暗又血腥的禁令，以及令人恐慌的暴政和苛政"。[199] 为了维护政权，政府正在摧毁自己的领地。很快伯克就将贸易禁令形容为"一个将新英格兰四省置于饥荒的邪恶法案"。[200] 伯克从心底里厌恶这种报复性的惩罚行为，因为每一条都是在破坏殖民地居民的生存空间。[201] 随后伯克猜测，这种做法的残酷性带有仁慈的内涵，即政策产生的残暴效果将

---

195 EB to Committee of Correspondence, 14 March 1775, ibid., p. 134. 参见 EB to James De Lancey, 14 March 1775, ibid., p. 137: "内阁把最大的希望寄托在解散殖民地联盟上。"

196 EB, Speech on North's Conciliatory Proposition, 20 February 1775, *W & S*, III, pp. 88–89.

197 New England Trade and Fishery Prohibitory Bill, 6 March 1775, PDNA, V, p. 503.

198 Ibid., p. 504.

199 EB, Speech on Restraining Bill, 6 March 1774, *W &S*, III, p. 98.

200 EB to Richard Champion, 9 March 1775, *Corr.*, III, p. 131.

201 参见 Burke's MS notes on the restraining bill reproduced in *Correspondence* (1844), IV, p. 472: "我们进行战争，不是基于武力，也不是基于叛乱者，而是基于我们自己国家力量的重要原则。"

会使殖民地尽快屈服。[202]3月9日，政府决定将贸易禁令的范围扩大至新泽西、宾夕法尼亚、马里兰、弗吉尼亚和南卡罗来纳。正如伯克所预料的，惩罚性措施的力度似乎有增无减。他跟钱皮恩说："我们谈论让成千上万人挨饿的问题，竟远比谈论一个收取通行费的问题要轻松愉快。"[203]他说，他认同"坚定的政府"，但对为了巩固软弱的政府所施行的暴政感到震惊。到目前为止，他一直坚定地主张宗主国至高无上的地位，但是当看到这种权力可能会产生的后果时，他的热情很快就消失了。[204]

查塔姆和诺斯均提出了解决美洲危机的方案，新闻上也充斥着解决危机的提议。[205]为了提出有效的解决方案，伯克也曾和罗金汉派中的里士满、卡文迪什以及罗金汉本人商讨过。[206]这些方案后来传给了萨维尔和哈特利，甚至传到了卡姆登伯爵的手中。[207]12月起，反内阁观察员们急需建立一个确定的反对派纲领。这次议会会期开始时，罗斯·富勒找到伯克，希望制定一个连贯的反对派方针。据威廉·伯克称，埃德蒙·伯克一直兼顾务实与"哲理"，因此赢得了一个温和的名声。[208]不过，很显然，针对政府发布的每一条政策进行无休止的批评，这看起来像是混乱的怨恨：伯克指出"我们必须展示我们的力

476

202　EB to the Committee of Correspondence of the New York Assembly, 14 March 1775, *Corr.*, III, p. 134.

203　EB to Richard Champion, 9 March 1775, *Corr.*, p. 132.

204　Ibid.

205　Solomon Lutnick, *The American Revolution and the British Press, 1775–1783* (Columbia, MO: University of Missouri Press, 1967), Chapt. 3.

206　WWM R-1559, cited in *W & S*, III, p. 104n.

207　*Rockingham Memoirs*, II, pp. 272–3.

208　William Burke to Charles O'Hara, December 1774, Hoffman, *Burke*, pp. 573–74.

量"。[209] 这就需要他在关于对美洲征税的演说基础上，制定明确的"殖民地管理原则"。[210] 奥哈拉认为，伯克之前关于美洲的主要言论是已经被验证的"预言"。[211] 面对大西洋两岸越来越严重的纷争，一份新的原则声明是平息纷争的最大希望。伯克本来想在1775年3月16日引入一部法案，但是他不得不将其推迟到当月的22日。那天下午3点30分，伯克起身演讲，并"吸引了"下议院两个半小时的注意力。[212] "他的演说从未如此精彩过"，詹姆斯·哈里斯对哈德威克这样说。[213] 他的语言充满了"人性、节制和温和"。[214] 伯克这次的演说是一个重要的转折点，赢得了下议院全体人员的掌声，确立了伯克后来成为伟大演说家和思想家的声誉。[215]

9.5 《关于与美洲和解的演说》

伯克这次和解演说的主题非常简单明了，他宣称，"和平就是一切"。[216] 他的想法是利用人们对和平计划的直接诉求，而在这一计划背后却隐藏着政治策略和非常复杂的理论建设。伯克非常敏锐地注意到议会和内阁的各部门之中弥漫着好战情绪。这种情绪同样蔓延到了整个社会，并在政府中得到了国王的确认。但是政府内部一直有反对这种情绪的声音，他们认为和解也许才是可行的路径。此外，诺斯的绥靖政策算是某种形

477

---

209 EB, *Speech on Conciliation with America* (22 March 1775), *W & S*, III, p. 107.

210 Ibid.

211 Charles O'Hara to EB, 23 January 1775, Hoffman, *Burke*, p. 575.

212 *Gentleman's Magazine*, 22 March 1775, p. 201. Cf. *St. James's Chronicle,* 23 March 1775.

213 Add. MS.35612, fol. 191.

214 *London Evening Post*, 23 March 1775.

215 Richard Burke Sr. to Richard Champion, 22 March 1775, *Corr.*, II, pp. 139–40.

216 EB, *Speech on Conciliation with America* (22 March 1775), *W & S*, III, p. 108.

式的和解，并且已经获得了议会的批准。和解的前景得到了官方"认可"——政府已经提供了"免费的恩典与奖赏"，而伯克可以利用内阁的这一举措。[217] 此外，政府的这一态度是在美洲做出让步之前做出的。在政府中一直存在一种默认，即认为征收茶税是错误的，因此殖民地的不满至少有一定的道理。[218]伯克由此得出结论，恢复1763年之前的殖民地治理体系既顺其自然又合乎逻辑。从而他在商业照旧的名义下提出了一个复杂的治理愿景。伯克公开摒弃了政府对当前危机的解决方案，驳斥了纯粹的投机性方法。新方案不能完全基于抽象概念，也不能在几何推理的基础上构建，而是必须以证据和事实为根基。[219] 治理美洲不能根据"一般理论"，而应该根据与现实情况相匹配的理论。与人们通常认为的不同，这不是在否认理论的作用，而是拒绝任何"不完整的、狭隘的、收缩的、挤压的、临时的治理系统"。[220] 在宣扬审慎管理的同时，伯克也提出了一种基于商业视角和民众同意分析的帝国统治理论。

至关重要的是，构建殖民地贸易和各省的民众同意，因为这些是帝国政府在新世界中的基本组成部分。英属美洲是一个独立又幅员辽阔的帝国殖民领地——远离权力的中心，但涵盖了全球的大片土地。美洲的臣服是商业政策的产物，这有可能使民众的效忠基础出现问题。伯克按照适当的次序处理了这两个问题。首先，伯克对大英帝国的政治经济进行了分析，其基础是商业的前景不受到政府的干涉。这一论述的核心是伯克对农业、渔业和贸易的蓬勃发展的全面概述。在1704—1772年

---

217 Ibid., p. 109.

218 Ibid., p. 110.

219 Ibid., p. 157, 伯克引用了亚里士多德的《尼各马可伦理学》第一卷（Aristotle, *Nicomachean Ethics*, I）来支持其论点：理论应由其主题来塑造。

220 Ibid., p. 157. 有关讨论的部分请参见本书第9章第2节、第8章第7节。

这三代人的时间里，殖民地的商业飞速发展，在此期间，他们从宗主国的进口额增长了 12 倍。[221] 这意味着在美洲危机这段时期，英国与殖民地的贸易额几乎与 18 世纪初英国的国际贸易总额相当。[222] 这显然是人类历史上一次前所未有的经济增长。正如伯克在 1776 年出版的《年鉴》中指出的那样，正是这段时期帝国贸易的增长，而非通过监管获得的收入，使得宗主国获得了经济优势。[223] 英国出口额成倍增加的同时，从美洲进口的商品也促进了英国本土的奢侈品消费和生产力：综合来看，殖民地的产品带来了"国民工业的春天"，刺激并扩大了"国内外的商业"。[224] 伯克意识到对这种增长进行监管的政治压力，但是他仍然为自由化贸易的成果感到欣喜。他回顾了商业和文明的发展历程，发现英国本土的征服、殖民与进步浪潮延续了 1500 多年的时间——一连串的"文明征服和文明殖民"，而这一切竟然无法与美洲殖民地在过去短短 70 年内带来的财富增长相媲美。[225]

问题在于，面对这种发展态势，宗主国因为恐惧而无所适从。英国已经完全不知道拥有海外属地的目的是什么了。一会儿用殖民地来征税，一会儿用殖民地来发展贸易。在诺斯勋爵的带领下，这些目的互为彼此的借口：首先，人们承认提高税收已经无望，尽管这种尝试得到了辩护，因为它象征着对帝国贸易的控制权；但是由于跨大西洋地区的交易需要根据双方对等的需求来遵循不可违抗的贸易法则，因此后来人们又承认，控制商业是不可取的。鉴于此，这些贸易法则被保留下来，成为征税权的象征。总之，似乎"你们继续实施不怀好意的税收

---

221 EB, *Speech on Conciliation with America* (22 March 1775), *W & S*, III, pp. 112–13.

222 Ibid., p. 114.

223 "The History of Europe," in *The Annual Register for the Year 1765* (London: 1766), p. 25.

224 EB, *Speech on Conciliation with America* (22 March 1775), *W & S*, III, p. 116.

225 Ibid., p. 115.

法，只为保留毫无用处的贸易法"。[226]伯克在其第一次关于美洲和解的演说中，试图厘清这些纠结的目标，以构建商业帝国的基本依据。这绝非易事，因为从根本上讲，帝国是一个政治体而非商业体；但讽刺的是，殖民地的政治体制是为了服务于贸易。鉴于美洲已经适应了这些条件，因此，将殖民地变成直接的税收来源是不可能的，即便理论上这种关系说得通。毕竟，在对美洲贸易强加限制之后，榨取税收的行为感觉像是在臣服的基础上增加奴役。此外，尽管商业在没有限制的情况下可以繁荣发展，但是帝国政治意味着不可能轻易取消关税，就像不能通过法令废除垄断特权一样。的确，垄断是一种束缚。但是在缺乏任何形式的财政约束的情况下，发展自由贸易就等于放弃了帝国的整个计划。1775年，无论是英国政治，还是欧洲大陆的权力平衡，都没有促使英国选择自由贸易这条路。不过后来，英帝国的内战爆发，殖民地变得不可控，这条路就变得势在必行。

479

在《英格兰史》一书关于伊丽莎白一世的章节中，休谟注意到垄断公司的垄断行为对自由极具破坏性，因而也破坏了商业。[227]他还发现，詹姆斯一世和詹姆斯六世治下的许多垄断行为毫无建树，但给予贸易公司的特权地位却延续下来。这意味着除了英国与法国的贸易之外，所有的对外贸易"都汇集到了一小部分贪婪的掠夺者手中，为了君主的一点眼前利益牺牲了所有改善商业发展的未来前景"。[228]虽然，伯克肯定知道这些论述，但是没有证据表明他的开放海外贸易的主张源于何处。休谟第三版的《政治论》于1754年出版，为开放海外贸易以

226　Ibid., p. 137.

227　David Hume, *The History of England* (Indianapolis, IN: Liberty Fund, 1983), 6 vols., IV, p. 145.

228　Ibid., V, p. 20.

激励劳工和工业发展提供了广泛的理由。[229] 休谟并不否认对外贸易征税的好处,但是他仍认为产生收益的源头在于竞争而非限制。[230] 鉴于这种精神,在 18 世纪 40 年代后期,伯克后来在美洲政策问题上的主要对手乔赛亚·塔克将商业垄断视为 "自由贸易的毁灭之源"。[231] 塔克后来发现,商人的利益并不符合贸易的普遍利益,他强调了重商群体如何游说议员获得垄断特权,而这种特权会降低生产力。[232] 没有人知道伯克关于商业起源和发展的思想从何而来,但可以肯定的是,伯克对 18 世纪 50 年代发展起来的普遍的对重商制度的指责感兴趣。在 1763 年出版的《年鉴》中,伯克刊载了一封来自《经济学杂志》的信件,信中对吉罗拉莫·贝罗尼 1750 年发表的《商业论文》提出了批评,因为他试图将政治经济学简化为一门立法科学。[233] 这封信翻译自一本法语论文集,称颂了通过竞争而非过度 "监管" 来管理商业的智慧。[234] 伯克在《关于与美洲和解的演说》中同

480

---

229 参见 David Hume, "Of Commerce" in idem, *Essays Moral, Political, and Literary ed.* Eugene F. Miller (Indianapolis, IN: Liberty Fund, 1985, 1987), pp. 263–64。

230 Hume, "Of the Balance of Trade" in *Essays*, p. 324.

231 Josiah Tucker, *A Brief Essay on the Advantages and Disadvantages, which Respectively Attend France and Great Britain, with Regard to Trade* (London: 1749), p. 25.

232 Josiah Tucker, *The Case of Going to War for the Sake of Procuring, Enlarging, or Securing of Trade* (London: 1763). p. 51. 塔克关于自由贸易的 "自然权利" 的案例在其书中有更全面的探讨,参见 *A Preliminary Discourse, Setting Forth the Natural Disposition, Or Instinctive Inclination of Mankind Towards Commerce* (London: 1755)。有关讨论,参见 George Shelton, *Dean Tucker and Eighteenth-Century Economics and Political Thought* (New York: St. Martin's Press,1981)。

233 贝罗尼的作品的英译版,参见 *A Dissertation on Commerce* (London: 1752)。节选刊登于 the *Journal oeconomique* (March 1751), pp. 93–121。

234 "Literary and Miscellaneous Essays," in *The Annual Register for the Year 1762*（London: 1763）,p. 179. 这封信的最初译文载于 *Select Essays in Commerce, Agriculture, Mines and Fisheries* (London: 1754), pp. 328–335. 其最初的法语译本,参见 "Lettre à l'Auteur du Journal Oeconomique, au subject de la dissertation sur le commerce de M. le Marquis Belloni" in the *Journal oeconomique* (April 1751), pp. 107–17。

样建议由"自然"决定商业的发展，而不是通过人为限制来控制商业发展。[235] 这意味着在不全面开放贸易的前提下进行贸易自由化。显而易见，在殖民地没有财政义务的情况下，商业自由会导致帝国的实际解体。

事实上，伯克所提倡的正是营造更自由的贸易环境，他非常赞同在格伦维尔的干预之前的几年中出现的"有益忽视"。[236] 尽管"政府时刻警惕和怀疑殖民地"，并施加了许多限制措施，但是殖民地的经济增长还是令伯克印象深刻。[237] 宗主国的作用就是要为整体的福利服务，平衡各方利益，协调各种目的。这意味着宗主国要对权力有所保留，而不是一味地干涉和限制。在这种遥远而宽松的监管下，大部分的政治程序应下放给殖民地政府，而商业发展则应遵循自然规律。格伦维尔的管理策略则完全相反：绕过殖民地各省的立法机构，压制殖民地贸易。这种策略很大程度上把殖民地的民众同意当作理所当然，但证据表明，民众同意必须被培养。伯克支持回到 1763 年的状态，即延续过往的政策，通过呼吁采用习惯做法来对抗华而不实的"新式花招"，但是其背后隐藏的是伯克对殖民地现代性的感知，以及宗主国必须根据殖民地变化的形势做出改变。[238] 这是伪装成传统的前瞻性政治学，其两大支柱是对商业监管的放松；以及由权力中心培养的民众同意。殖民地珍视的是其自由的观念，这种自由观念可以在经济增长和适当宽容的政治条件下得以维持。由于殖民地的文化教育已经培育了他们对同意的敏锐需求，因此想要强迫殖民地服从完全是愚蠢的。意识到这

235　EB, *Speech on Conciliation with America* (22 March 1775), *W & S*, III, p. 118.

236　Ibid.

237　Ibid.

238　Ibid., p. 147.

一事实后，人们应该能够理解殖民地民众的"脾气秉性"，正是在此基础上，伯克才认识到殖民地民众对自由的尊崇："对自由的热爱支配着美洲民众，这使整个民族脱颖而出。"[239]

481

伯克意识到，自由是一种抽象概念，通过与具体的特权产生联系而变得真实。在英国的宪法史中，与自由相关的特权在于同意征税的权利，而殖民地通过与其文化方面的密切关系也获得了同样的自由想象。"他们对于自由的热爱……［是］固定在征税这个具体问题上的。"[240] 难能可贵的是，他们在社会、政治和宗教的一系列态度的支持下，坚定了自己的信念。他们的政治理念是由他们的宪法塑造的，其中一些本质上是纯粹的民主理念。[241] 因此，他们坚持主张民众权利，反对议会自认的权力。他们的新教徒精神同样也促成了这种百折不挠的"自由精神"，因为其源头在于对既定的世俗权力提出异议。与天主教会相似，英国国教与正规政府结成联盟，而持不同意见的利益集团则发现自己与统治阶级对立。这就是"对异议的异议"和"对新教的新教"：没有既定权力的庇护，异议的存在取决于对天赋自由权的主张和对敌对权力的抵抗权。[242] 在 17 世纪的欧洲，那些颠覆性的热情被证明对居住于荒野上的美洲人是有用的，但现在他们的宗教情感催生了独立精神。[243] 伯克希望达成和解，因此他的措辞非常温和。但是在剖析殖民地的行为时，他指

---

239 Ibid., p. 119.

240 Ibid., p. 121.

241 Ibid.

242 Ibid., p. 122. 近期的学术观点看得更远，认为是异端宗教本身，而非教会的自我防御，造成了美洲殖民地的抵抗。关于此问题，请参见 J. C. D. Clark, *The Language of Liberty, 1660–1832: Political Discourse and Social Dynamics in the Anglo-American World* (Cambridge: Cambridge University Press, 1994)。

243 关于美洲和欧洲热情的对比，参见 [Burkes], *Account*, II, pp. 144–5。

出，即便无法推崇，但也应该接受他们的固执和凶猛。伯克曾在1768 年评论，美洲人拥有一种"高昂的精神，而不是狂躁和放肆"。[244] 接受这种精神包括承认当地的事实，其中最重要的是异议的事实：异议既不会被摧毁，也不会自行消失。[245]

美洲人的社会态度和思维习惯也是如此。即便在存在奴隶制的南部地区，对自由的渴求也不会轻易消失。[246] 与之类似，殖民者的法律培训也必须加以考虑：美洲人既好诉讼又好学习，如果他们无法获得政府的支持，这些特质就会成为强有力的反抗工具。继而，抗议的姿态就有可能从法律机构转移到整个社会——"凡有所学，皆成性格。"[247] 所有这些要素促成了殖民地的反抗行为，没有任何力量能够消灭这些要素。美洲与英国的地缘距离也限制了政治控制的可能性。正如伯克在前一年的辩论中所说的，帝国边远的殖民地省份必须"小心翼翼地"治理，因为即便最后不得不动用武力，军队也不可能反过来管理殖民地："你们用来对抗一个民族的精神的军事统治最后可能会变成推翻你们的工具。"[248] 此外，殖民地快速增长的人口也让英国当局感到难以为继。面对殖民地日益增长的重要性，专横的行为一定会遭到反对。伯克拒绝了乔赛亚·塔克尔放弃整个殖民地的提议。[249] 帝国被各种问题困扰，但也不能轻易做出牺牲。伯克认为，土地开垦是另一个大问题：如果美洲人继续向偏远地区深入，那么最终会激怒印第安人。这并不是说要停止建立新的殖民地，也不是说要允许在法律规定的范围之外进行殖民。恰恰相反，农民应该通过获得英国管

482

---

244 EB, Tandem to the *Public Advertiser*, 4 August 1768, *W & S*, II, p. 89.

245 EB, *Speech on Conciliation with America* (22 March 1775), *W & S*, III, p. 118.

246 Ibid., p. 122.

247 Ibid., pp. 124–25. 拉丁文引自 Ovid, Herodias, XV，1.53："热情会变成习惯"。

248 EB, Notes on Massachusetts Bay Regulating Bill, 2 May 1774, WWM BkP 27: 229.

249 EB, *Speech on Conciliation with America* (22 March 1775), *W & S*, III, p. 128.

辖下的财产所有权，从而把对政府机构的敬畏带到荒野中去。[250]
从这一点上看，鉴于美洲人敏感的特性，只有在积极同意的基础
上才能维持管辖权。不过，同意并不能通过对权利的争夺来确
保。对于约西亚·塔克而言，殖民地对不可剥夺的权利的渴求是
其产生骚乱的主要原因，现在更是帝国关系中不可消除的特征。
而对于伯克，这只是实际分歧的一个表征：如果争端的理由被去
除，对权利的狂热也会平息下来。

　　塔克与伯克之间的分歧可以追溯至 1766 年，当时格洛斯特
教长在《一个伦敦商人写给身在美洲的侄子的信》中写道，议
会对《印花税法案》的反对引发了殖民地居民的反抗。[251]1774
年 4 月 19 日，伯克发表了《关于对美洲征税的演说》，其中
伯克专门提到了这一指控并予以嘲讽："这位塔克先生已经是
一位教长，我猜他在葡萄园任劳任怨的工作，最终会让他升任
主教。"[252]伯克发表关于和解的演说后不久，塔克便严厉反击了
伯克对他嘲讽式的恭维，他研究了对于伯克来说构成殖民地居
民中"强烈"的自由精神的各种因素。据塔克称，这些要素并
没有构成一种政策所希望安抚的态度。相反，这些要素指向了
一种与英国当局格格不入的服从理论，使得独立成为殖民地唯
一的道路。[253]塔克发现，美洲新教教义并非敌对所有机构，只

250　Ibid., pp. 128–29.

251　Josiah Tucker, *A Letter from a Merchant in London to His Nephew in North America* (London: 1766). 关于塔克论点的背景，参见 J. G. A. Pocock, "Political Thought in the English-Speaking Atlantic, 1760–1790: (i) The Imperial Crisis, (ii) Empire, Revolution and the End of Early Modernity" in idem ed., *The Varieties of British Political Thought, 1500–1800* (Cambridge: Cambridge University Press, 1993)。

252　EB, *Speech on American Taxation* (19 April 1774), *W & S*, II, p. 446.

253　Josiah Tucker, *A Letter to Edmund Burke, Esq., in Answer to His Printed Speech* (London: 1775), p. 20. 在 1775 年 7 月 19 日写给查德·钱皮恩的一封信中，伯克称赞了塔克的智慧，但忽视了他的观点，参见 *Corr.*, III, p. 180。

是针对非长老会性质的宗教机构。在 1772 年写给约翰·克鲁格的信中，伯克就殖民地宗教异议的"危险程度"做出了评估，并期望英国的容忍度会逐步提升。[254] 而对塔克尔而言，美洲新教的历史起源于将统治权与恩典联系起来的反律法主义联盟，在此基础上，它又逐渐在教会和国家的共和体制中确立了自己的正当性。[255] 据称，洛克是他们政治原则的先驱，这些原则曾经得到让 - 雅克·卢梭的支持，现在得到普里斯特利的拥护。[256] 这些原则倾向于将权力下放给民众，使政府永远面临解体的威胁。此外，正如塔克通常观察到的那样，一旦殖民地对宗主国的依赖性减弱，它们往往会寻求独立。[257] 然而，伯克相信，如果政府学会调和帝国的至上权力与殖民地的特权，局势也许可以好转。

伯克认为，最好将现代海外帝国视为一个综合的政治共同体。[258] 美洲殖民地的情况最符合这种描述：自帝国政府开始衰败的那一刻起，公众就自发地成立了新的行政系统。伯克发现，一旦宗主国废除了殖民地方议会，美洲人便设法管理自己的事务，既不诉诸流血，也不诉诸选举。[259] 这表明了殖民地

254　EB to John Cruger, 30 June 1772, *Corr.*, II, p. 310.

255　Josiah Tucker, *A Letter to Edmund Burke, Esq., in Answer to His Printed Speech* (London: 1775), pp. 18–19.

256　Ibid., pp. 11–13. 塔克在其书中提出了自己的论点，参见 *A Treatise Concerning Civil Government* (London: 1781), Part I, 该书对普里斯特利、普莱斯和卢梭进行了批判。关于该主题，参见 J. G. A. Pocock, "Josiah Tucker on Burke, Locke and Price: A Study in the Varieties of Eighteenth-Century Conservatism" in idem *Virtue, Commerce, and History: Essays on Political Thought and History, Chiefly in the Eighteenth Century* (Cambridge: Cambridge University Press,1985)。

257　例如，参见 Josiah Tucker, *The True Interest of Great Britain, Set Forth in Regard to the Colonies* (Philadelphia, PA: 1776), p. 13。

258　EB, *Speech on Conciliation with America* (22 March 1775), *W & S*, III, p. 132.

259　Ibid., p. 126.

默许的力量，以及因此而产生的自治权雏形。如果试图将这种共同情感定罪，那必将会失败，使得英国别无选择，只能接受美洲的态度，因为他们显然不愿屈从于权威。伯克认为，各方势力达成的平衡证明帝国与其说是一个单一化的体系，不如说是"许多个国家（States）的集合体"。[260] 在论证这一点时，伯克仍然否定源自 17 世纪爱尔兰的主张，即议会无权约束其领地，因为它们在王国之外。[261] 伯克也对相反的建议表示质疑，即大英帝国应该形成一个合并联盟。面对各领地相对自治的殖民地主张，伯克淡化了他对议会至上的承诺。不过他直截了当地批判了帝国联盟的想法。而且，他明确地挑战了托马斯·波纳尔关于建立一个综合"海洋领地"（marine dominion）的提议，这种海洋领地包括殖民地各省份和帝国本土两部分。[262]

波纳尔在 1764 年一本关于《殖民地管理》的小册子中首次提出了这一设想。到了 1777 年，这本著作已经修订到了第六版，并在 1768 年做了重大修订。伯克第一次阅读并且作了

---

260 Ibid., p. 132.

261 爱尔兰联邦要求获得立法独立，参见 Robert L. Schuyler, *Parliament and the British Empire* (New York: Columbia University Press, 1929), pp. 48–49. 关于这些争论对美洲的影响，参见 Charles McIlwain, *The American Revolution: A Constitutional Interpretation* (New York: Macmillan, 1924), pp. 33ff. 参阅 Bailyn, *Ideological Origins*, pp. 216–29; Gordon S. Wood, *The Creation of the American Republic, 1776–1787* (Chapel Hill, NC: University of North Carolina Press, 1969), pp. 344–54; John Phillip Reid, *Constitutional History of the American Revolution IV: The Authority of Law* (Madison, WI: University of Wisconsin Press, 1993), *passim*; Eric Nelson, "Patriot Royalism: The Stuart Monarchy in American Political Thought, 1769–75," *William and Mary Quarterly,* 68:4 (October 2011), pp. 533–72。

262 Thomas Pownall, *The Administration of the Colonies* (London: 1764), p. 6. 有关讨论，参见 John A. Schutz, *Thomas Pownall, British Defender of American Liberty: A Study of Anglo-American Relations in the Eighteenth Century* (Glendale, CA: A.H.Clark Co., 1951): Peter N. Miller, *Defining the Common Good: Empire, Religion and Philosophy in Eighteenth-Century Britain* (Cambridge: Cambridge University Press, 1994), pp. 202–32。

注解的似乎就是 1768 年的版本。[263] 一开始波纳尔渴望通过单一有效的政府部门整合殖民地的行政管理，形成一个消息和处理中心。[264] 到了第四版，随着对汤森关税的回应，帝国关系变得紧张，波纳尔回顾了 1754 年奥尔巴尼关于未来美洲联盟的几场辩论，并将其视为分水岭。波纳尔此时预测，要么建立美洲联盟，要么建立英国联盟，他的结论是，没有折中的路线。[265] 与亚当·斯密一样，波纳尔意识到基于商业垄断的海洋统治所带来的军事优势。[266] 但与斯密不同的是，波纳尔还致力于维持对欧洲竞争对手的商品进口限制，以便刺激国内的商业增长。[267] 因此，他所企盼的是一个仍受到监管框架约束的自由化贸易。在此基础上，他还热衷于提议在殖民地和帝国本土之间建立联盟。不过波纳尔所说的联盟是一种政治的或"合并"的联合，这将使殖民地成为一个单一的英国领土。这就意味着要背离现有的殖民地安排，而这种安排的基础是将殖民地视为王室领地。在王政复辟后，尤其是光荣革命之后，仅向王权表示臣服已经不再可行了，因为这会侵犯议会的权力。[268] 因此，

485

---

263 参见 G. H. Guttridge, "Thomas Pownall's *The Administration of the Colonies*: The Six Editions," *William and Mary Quarterly*, 26 (1969), pp. 31–46。伯克对该书的注释版可在大英图书馆找到 (c. 60. i. 9)。伯克第一次以书面形式提出这一论点，参见 EB, *Observations on a Late State of the Nation (1769)*, W & S, II, pp. 180–81。

264 Thomas Pownall, *The Administration of the Colonies* (London: 1764), pp. 10–14.

265 Thomas Pownall, Dedication to Grenville in *The Administration of the Colonies* (London: 4th ed., 1768), pp. xvii–xviii.

266 波纳尔对斯密的评论，参见 "A Letter from Governor Pownall to Adam Smith" in *The Correspondence of Adam Smith*, eds. Ernest Campbell Mossner and Ian Simpson Ross (Indianapolis, IN: Liberty Fund, 1977, 1987), Appendix A, p. 357。

267 Ibid., p. 359.

268 个人君主制在英国政治中消亡后，它变得可行。关于这一观点，参见 J. G. A. Pocock, "1776: The Revolution against Parliament" in idem ed., *Three British Revolutions: 1641,1688, 1776* (Princeton, NJ: Princeton University Press, 1980)。

北美各殖民地开始被视为王国的附属领地。[269] 但是，附属与合并相差甚远，前者依赖下议院的代表权。因此，波纳尔建议扩大殖民地的代表权，因为殖民地日益增长的重要性使他们获得了与英国本土的郡和自治市镇同等的地位。[270]

正如波纳尔认为的，这意味着殖民地的宪政发展将遵循威尔士并入英国的轨迹，或者像达勒姆和切斯特这样的王权领地一样转变为拥有代表权的英国辖区。[271] 爱尔兰的情况则不同，因为它享有自己的议会利益，这使臣民有途径表达是否同意征税。[272] 不过这一论点的主旨还是很明确的：权力的扩张伴随着英国利益的扩张，使其倾向于成为一个政治联盟。伯克在关于和解的演说中回应了这一论点，逐个分析了波纳尔的提议。[273]他赞同，英国的长期政策规定了英国的法律和自由均服从于英国的军事实力。为支持这一论点，他引用了詹姆斯一世时期的律师约翰·戴维斯爵士关于爱尔兰宪法征服的著名论述。1612年戴维斯发表的《爱尔兰从未完全被征服的真正原因探索》直到 18 世纪仍是权威的倡议范本，最近议会在关于《魁北克法案》的辩论中常常提及这本佳作。[274] 伯克后期修正了对戴维斯主张的支持，但是 1775 年的他非常乐于推崇戴维斯的核心论点，伯克将其转述为，不是"英国军队而是英国宪法，征服了

269　Pownall, *Administration of the Colonies* (1768), p. 140.

270　Ibid., p. 149.

271　Ibid., pp. 138, 144–46.

272　Ibid., p. 139.

273　从他对波纳尔的旁注中可以看出，伯克反对波纳尔使用类比，参见 Pownall, *Administration of the Colonies* (1768), copy at British Library (c. 60. i. 9), p. 62。

274　参见 Bourke, "Edmund Burke and the Politics of Conquest," *passim*: 韦德伯恩和格林都激发了伯克的论点。同时参见本书第 4 章第 7 节、第 14 章第 6 节。

爱尔兰"。[275] 威尔士也经历了相似的过程，在亨利八世统治下，其边界领主的领地被改造成公民社会——"政治秩序建立起来了；军事力量让位于公民权力；边疆领地变成了郡。"[276] 切斯特和达勒姆领地也是如此。[277] 合法的自由，而非奴役打开了通往文明的大门。而在王权领地中，其作为英国政体的正式成员资格带来了代表权。伯克认为原则上应该对美洲采用同样的处理方式，只不过这种措施不太务实。[278] 尽管如此，殖民地拥有实际代表权的理念看起来也一样徒有其表。[279] 在1769年，伯克便对此表示怀疑："一个伟大的民族，如果他们的财产时时刻刻任由另一个距他们很远的民族处置，这个民族的人们不会认为自己享有自由。"[280] 无论如何，由于殖民地位于大西洋的另一边，议会程序无法实现他们的代表权。[281]

　　这让伯克回到了最初的想法。与波纳尔过于简单化的概念相反，伯克认为不应将帝国看作一个统一的国家（a unitary state）。最好将其看作各下属管辖区的集合体，这些管辖区情

486

275　EB, *Speech on Conciliation with America* (22 March 1775), *W & S*, III, p. 140. 关于伯克更全面的观点，参见 *Letter to Sir Hercules Langrishe* (1792), 以及本书第14章第6节。一个更神秘的参考，参见 WWM BkP 6: 202, reproduced in, *W & S*, III, p. 204。

276　EB, *Speech on Conciliation with America* (22 March 1775), *W & S*, III, p. 142.

277　Ibid., p. 143.

278　Ibid., p. 145.

279　关于该主题在这一时期更广泛的情况，参见 J. R. Pole, *Political Representation in England and the Origins of the American Republic* (New York: Macmillan, 1966), and John Phillip Reid, *The Concept of Representation in the Age of the American Revolution* (Chicago, IL: University of Chicago Press, 1989)。

280　EB, *Observations on a Late State of the Nation* (1769), W & S, II, p. 196n.

281　Ibid., pp. 178–79.

况不同，因此各自的宪法也不同。[282]伯克反驳道："我不懂统一的意义何在，各部分的从属关系这一概念本身就排斥这种简单的、不分割的统一概念。"[283]尽管如此，如果要维持热爱自由的民众对既定政府机构的同意，他们的从属地位就需要政治补偿。伯克很清楚，诺斯的和解提议不能满足这种需求。[284]为了达到这一要求，内阁必须首先废除议会自1767年以来通过的一系列压制性法律。[285]但即使这样，殖民地被排除在议会代表权之外的可能性仍然存在，而且没有任何形式的补救措施。因此伯克提出了一个"备选方案"，他相信这会奏效。[286]该方案主要由两部分组成：首先，殖民地议会应该承认他们有"能力"作为英国政府的收入来源；其二，在他们管理税收的过程中，殖民地有提供税收的自由，而不是必须满足议会的要求。[287]伯克提出的解决方案基于他自己对美洲矛盾根源的理解。他认为殖民地不满的原因从一开始就很一致，因此，即便现在才着手应对这些问题，也会找到解决方案。

伯克认为，殖民地的问题有一个"根本原因"，这与争端的根源完全一致。[288]正是这种假设指导伯克提出了和解方案。他认为美洲人不是在质疑英国的权威地位，而仅仅是在质疑他们所认为的英国政府对权威的不合理行使。一切都是从征税开

---

282 对该愿景的探讨，参见 J. G. A. Pocock, "Empire, State and Confederation: The War of American Independence as a Crisis of Multiple Monarchy" in John Robertson ed., *A Union for Empire: Political Thought and the Union of 1707* (Cambridge: Cambridge University Press, 1995)。

283 EB, *Speech on Conciliation with America* (22 March 1775), *W & S*, III, p. 158.

284 Ibid., p .158ff.

285 Ibid., 152ff.

286 Ibid., p. 145.

287 Ibid., p. 146.

288 Ibid., p. 138.

始的，通过解决征税带来的抗议，可以平息持续不断的争论。对贸易的监管从来都不是问题的根源，因此通过解决更基本的紧张关系，近期与商业有关的愤怒情绪可以得到缓解。尽管根本问题出现之后，"新问题"也层出不穷，但是只要解决了最根本的分歧，这些新问题也会随之消失。[289] 这种论调的问题在于，它无法解释征税问题之外的殖民地不满情绪。伯克通过借助两种明智的举措弥补了这一缺陷。首先，他将近期的抗议活动看作是挑衅的后果，这种挑衅将殖民地的怒气提升到了当前的顶点。据称，如果形势允许这种怒气缓和下来，那就可以消除殖民地由来已久的不满情绪，使分歧回到最初的起点。[290] 这是在假设，相互指责的历史发展可能会使推动这一过程的人毫发无损：显然，尽管增添了新的态度，基本态度仍保持不变。[291] 在此假设之上，伯克又提出了他的第二个理解框架，其基于对自由之呼吁的概念。他认为，这一术语释放出来的东西比它想争取的要多。它诞生于抗议的严酷考验中，它提出的要求比它实际希望实现的要多。作为辉格党政治修辞的一种策略，它公开宣称的主张已经超出了它惯常的安排。在民众情绪冷静、形势比较稳定的情况下，对自由的渴望会回归为一种宪法手段，这种手段产生于不可避免的妥协精神。[292] 在此基础上，伯克总结道，美洲的敌对情绪是可以被巧妙地安抚的。相较之下，15 年后，法国的动乱会让他觉得无法挽回。

---

289 Ibid.

290 Ibid., p. 156.

291 这一立场的困难之处在于它未能得到议会的支持，关于这一点的讨论，参见 Robert W. Tucker and David C. Hendrickson, *The Fall of the First British Empire:Origins of the War of American Independence* (Baltimore, MD: Johns Hopkins University Press, 1982), pp. 393–95。

292 EB, *Speech on Conciliation with America* (22 March 1775), *W & S*, III, p. 158.

488

9.6 投机性至上权力（Supremacy）与务实调解

伯克在议会的第一次和解提议未能通过，以 78 票对 270 票的结果被否决。查尔斯·詹金森捕捉到了政府的情绪，对他来说，放弃对美洲征税的权力似乎就是放弃统治和责任。在目前的安排下，甚至不排除政府对爱尔兰征税。[293] 但是撇开内阁的顽固不化，事态无论如何都会因 1775 年 4 月 19 日的事件而发生变化。弗朗西斯·史密斯中校在这一天想要夺取康科德军火库，当他早上接近莱克星顿时遇到了阻力，随后的不幸消息在 5 月下旬传到伦敦。伯克本人在这个月的 27 日充分得知了这个消息。[294] 情况看起来的确很严重，伯克把这件事转告给了查尔斯·奥哈拉。他预测道："我担心，我们对美洲和解的所有憧憬都会化为泡影。"现在流了血，"反抗的闸门……也打开了。"[295] 根据伯克的消息来源，虽然美洲军队没有刻意寻求对抗，但他们一旦预感到危险，就会采取行动。北美大陆在一周内被武装起来，特别是在波士顿周围的村庄，"马萨诸塞湾省的军队已驻扎在"该地区。[296] 军官开始控制充满怒气的军队。随着消息蔓延到南部，人们被动员起来，支持新英格兰的立场。罗金汉在 6 月底告诉伯克，整个大陆都被"激怒了"。[297]

---

293 PDNA, V, p. 598. 查尔斯·奥哈拉认为有必要讽刺地评论这种干预："直到詹金森及其同伙告诉我们，我们才知道我们是奴隶"，参见 Charles O'Hara to EB, 5 June 1775, Hoffman, *Burke*, p. 585。

294 保罗·法尔（Paul Farr）给他写了一封信，里面有来自美洲报纸的报道。此时，罗金汉侯爵也收到了凯珀尔（Keppel）的进一步报告，参见 J. E. Tyler, "An Account of Lexington in the Rockingham MSS at Sheffield," *William and Mary Quarterly*, 10 (1953), pp. 99–107。

295 EB to Charles O'Hara, c. 28 May 1775, *Corr.*, III, p. 160.

296 这一说法出自查尔斯·奥哈拉 1775 年 6 月 5 日写给伯克的信，参见 Hoffman, *Burke*, p. 584。

297 The Marquess of Rockingham to EB, 23 June 1775, *Corr.*, III, p. 172.

在纽约，军火库被洗劫一空，装载武器的船只被卸载。[298] 让伯克感到沮丧的是，自初春以来，该省的忠诚度就一直在下降。这种不满是普遍危机加深的一个标志。

5 月初，伯克以殖民地代理人的身份，从纽约收到了一份给国王的请愿书、一份给上议院的建议书和一份给下议院的抗议书。[299] 达特茅斯对他们的敬重语气表示赞赏，但对他们提出的一些内容犹豫不决。让达特茅斯不安的事情也让伯克如坐针毡：美洲议会要求对内部税收享有独占权，并质疑英国议会主权的正当性。[300] 5 月 15 日，伯克向下议院提交了殖民地的抗议书，据称他"惜字如金"。[301] 他对于《宣示法案》的承诺是公开的，也没有改变，但不想重申他对英国主权的看法。[302] 7 月底，他抓住机会，向查尔斯·奥哈拉重新表达了自己原来的立场。伯克关于美洲和解的演说稿在 5 月 22 日出版之后，查尔斯·奥哈拉阅读了一番，将伯克的计划理解为意图将税收权从立法权中分离出来。[303] 伯克在答复中称："议会对殖民地的权力从未设定过任何限制。"任何此类限制都必须按照公约设定，

489

---

298 EB to Charles O'Hara, c. 28 May 1775, ibid., pp. 160–61.

299 EB to Lord Dartmouth, 11 May 1775, ibid., p. 155.

300 *Parliamentary History*, XVIII, cols. 650–55.

301 James Harris to Hardwicke, Add. MS. 35612, fol. 221, reprinted in PDNA, VI, p. 34. 关于伯克发言最完整的记录见 *W & S*, III, pp. 171–74. 他"惜字如金"的部分原因是疲惫和疾病，参见 EB to the Committee of Correspondence of the New York Assembly, 7 June 1775, *Corr.*, III, p. 164。

302 *Pace* Paul Langford, prefatory note on EB, Speech on New York Remonstrance, 15 May 1775, *W & S*, III, p. 172. 在 1774 年 12 月 20 日关于土地税（Land Tax）的辩论中，伯克似乎已表明，如果《宣示法案》被证明是和平的障碍，他准备将其抛弃，参见 *W & S*, III, p. 77。然而，问题是，他确信该法案不构成这种问题。

303 《关于与美洲和解的演说》的出版，参见 Todd, *Bibliography*, p. 84。奥哈拉的信，参见 Hofmann, *Burke*, pp. 584–88。8 月 4 日，奥哈拉进一步阐明了对伯克计划的理解，参见 ibid., p. 590。

然而目前没有这种公约。[304]伯克重申了他在九年前提出的理论：就本质而言，主权在理论上是不负责任的，但在实践中，主权的行使总是受到环境的限制。[305]伯克认为内阁不可能采取温和态度，同时更加强烈地感受到帝国权力受到的实际限制。7月下旬的《伦敦公报》对邦克山战役进行了报道，伯克立即将其解读为英国的惨胜。[306]本月早些时候，即19日，伯克预料盖奇的命令会引起某种形式的军事交火。他坚持认为英国取得的任何胜利在政策方面都会成为一场灾难："到那时，我们将在这里耀武扬威，以至于把所有的节制都抛诸脑后"。[307]事实上，许多胜利的战役对帝国权力来说都是倒退，因为这些胜利会让英国人推迟承认"和解的必要性"。邦克山的胜利恰恰证实了伯克的悲观预见。[308]

　　第二届北美大陆会议于5月10日在费城召开，一直到8月1日休会。其公认的目的是进行某种形式的调解，但是在审议过程中，战争的准备工作仍在进行。罗金汉注意到了他们计划向"国王和英格兰公众"发表演说，而没有提及任何与议会的谈判。[309]伯克对英国占领纽约表示赞赏，但对敌对情绪的升级感到不安。[310]里士满公爵与伯克一样情绪低落，他在给伯克的信中说："我相信我们的鼎盛时期已经过去了。"[311]7月下旬，

490

304　EB to Charles O'Hara, 26 July 1775, *Corr.*, III, p. 181.

305　Ibid., pp. 181–82.

306　*London Gazette*, 22–25 May 1775; EB to Charles O'Hara, 26 July 1775, *Corr.*, III, p. 182.

307　EB to Richard Champion, ibid., p. 180.

308　EB to Charles O'Hara, 26 July 1775, ibid., p. 182.

309　The Marquess of Rockingham to EB, ibid., p. 177.

310　EB to Richard Champion, ibid., p. 175.

311　The Duke of Richmond to EB, 16 June 1775, ibid., p. 170. 他的沮丧情绪一直持续到下次议会会期，参见 Richmond to Rockingham, 11 December 1775, *Rockingham Memoirs*, II, p. 290。

格雷夫斯海军上将和盖奇将军从殖民地被召回，而8月底政府
签署了一份叛乱宣言。就在几天前，理查德·佩恩向达特茅斯
勋爵递出了大陆会议的《橄榄枝请愿书》，但被国王拒绝。[312]
政府接受了冲突不断加深的趋势，而罗金汉派则对战争和民众
的普遍支持感到悲哀，大多数人都赞同强制政策。[313]尽管如此，
伯克还是着手起草了一份来自布里斯托尔商人的请愿书，赞扬
他们大西洋彼岸的忠实伙伴们的和平意图。[314]在罗金汉派中，
几乎只有他一个人在敦促实施一项动员计划。当时的殖民者
正被正义的热情所鼓舞。虽然英国总司令决定在9月撤离波士
顿，但是英国军队一直驻扎到次年3月才撤离。1775年11月，
乔治·杰曼勋爵取代了达特茅斯，并且政府准备在春季进行一
次猛烈的进攻。然而这一切都没有给罗金汉派带来任何希望。
伯克对国内的气氛感到震惊，对美洲人的坚韧不拔心生敬畏。

　　伯克于8月17日写信给奥哈拉说："美洲精神让人难以置
信。"[315]华盛顿的副官、贵格会教徒托马斯·米夫林给他留下
了深刻印象，他的宗教原则已经被日益增强的"政治热情"所
淹没。[316]伯克意识到这种热情势必会消退，但到那时它将在一
个组织有序的政治运动中体现出来。[317]他在美洲人身上看到了

312　关于请愿书的文本，参见 the *Gentleman's Magazine*, 45 (1775), p. 433。伯克赞同请愿书
　　中表达的观点，但拒绝亲自提交该文件。作为纽约的代理人，他不愿意牵涉其中，参见
　　EB to Charles O'Hara, 17 August 1775, ibid., p. 185; EB to Arthur Lee, 22 August 1775, ibid., pp.
　　188–89; EB to William Baker, 23 August 1775, ibid., pp. 196– 7; *Magazine of American History,* 7
　　(1881), p. 359。

313　Bradley, *Popular Politics*, pp. 137, 235–6.

314　EB, Bristol Petition, 27 September 1775, *W & S*, III, pp. 175–77. 请愿书于1775年10月13
　　日首次刊登在《晨报纪事》(*Morning Chronicle*)上。

315　EB to Charles O'Hara, 17 August 1775, *Corr.*, III, p. 187.

316　Ibid.

317　WWM BkP 6: 192.

古代美德的复兴，还看到美洲人为了共同利益做好了自我牺牲的准备。[318] 他们表现出来的那种英雄气概让人想起了荷兰绘画中的人物：他们在更崇高的层面上展现了人性，证明了普通人的美德可以实现非凡而纯粹的目标，"在新英格兰，你们把一个卑鄙狡猾的小贩民族变成了一个英雄民族"。[319] 面对这种精神，大英帝国的强权只能延长冲突和巩固苦难。相比之下，英国政府变得"疯狂"，但却没有成功的激情。同时，所有反对派都显得无精打采，没有方向。[320] 8月初，伯克已经预料到了英国议会的无能：正如他告知罗金汉的那样，议会成员已经被非理性的恐惧和无法兑现的承诺所支配，因而不得不诉诸战争。[321] 避免这场灾难的唯一机会是使政府拥护者放弃他们选择的路线。国王完全支持内阁大臣的意见，而下议院看起来也不置可否。与此同时，公众意见在很大程度上对现行政策表示支持。因此，改变决策的唯一希望在于将公众注意力转移到一个深思熟虑的方案上。反过来，这也是使议会恢复理智的唯一手段。鉴于这种情况，伯克认为罗金汉派面临着一个独特的困境。他意识到，民众的意见就是致力于当前的道路，所以没有任何力量可以改变政府的意志。这种令人抓狂的僵局极大地影响了 18 世纪 70 年代的公共生活。在 18 世纪 60 年代，伯克认为，有可能动员公众反对政府不谨慎的做法。这是 1766 年罗金汉派的经验。然而在几年之内，伯克现在认为"英国的国民性格发生了巨大的变化"，英国人不再是"嫉妒和充满激情的

491

---

318 Ibid., BkP 6: 194.

319 Ibid.

320 EB to Charles O'Hara, 17 August 1775, *Corr.*, III, p. 185.

321 EB to the Marquess of Rockingham, 4 August 1775, ibid., p. 183.

民族了"。[322]

面对惨淡的前景，伯克推动了一场运动。如果没有令人信服的领导力的推动，民众不会改变现在的疲惫状态："公众的态度和意见的所有方向一定源自少数人"。[323] 根据 1766 年的经验，人们可能已经预料到伦敦和各地的商人会采取行动。然而，事实表明，情况并非如此：一般来说，商人阶层都寄希望于政府，因为处于这个阶层的人很自然会依靠权力来助力其进取心。间接的原因证实了这种倾向：首先，许多人认为英国已经失去了美洲，并且认为所有形式的抗议都是昂贵和徒劳的。[324] 或者，他们认为情况可能会自行纠正，就好像以前的危机一样。[325] 此外，虽然和美洲产生的冲突对英国某些商业部门产生了不利影响，但贸易和制造业却意外地发现了新的商机。换言之，这场战争"有利可图"，双方都能从战争的残骸中受益。[326] 贸易运输在增加，与东欧的商业往来在增加，船只产量在增加，军队的物资需求在增加。[327] 所有这一切都使伯克得出令人沮丧的结论：他写道，商人"远离了我们，也远离了自己。"[328] 然而，这并不意味着应该放弃公众参与。伯克很清楚，

492

---

322 EB to the Marquess of Rockingham, 22 August 1775, ibid., p. 190.

323 Ibid.

324 关于有人认为英国已经失去了殖民地，参见 Ibid., p. 191；关于人们不愿意抗议，参见 EB to the Marquess of Rockingham, 14 September 1775, ibid., p. 208。

325 Ibid., p. 209.

326 EB to the Marquess of Rockingham, 22 August 1775, p. 191.

327 Ibid. 其中一些说法得到证实，参见 G. H. Guttridge ed., *The American Correspondence of a Bristol Merchant, 1766-1776: Letters of Richard Champion* (Berkeley, CA: University of California Press, 1934), p. 60; *Morning Post* , 15 July 1776。

328 EB to the Marquess of Rockingham, 22 August 1775, *Corr* ., III, p. 191. Cf. the Duke Richmond to the Marquess of Rockingham, 11 December 1775, *Rockingham Memoirs*, II, p. 290.

温和的立场无法赢得多数人，但是仍然可以争取和培养少数人。"少数派不会发动或进行战争，"伯克注意到，"但是一个组织良好、行动稳定的少数派可能对战争构成阻碍，使战争难以进行。"[329] 伦敦金融城是一个可以获得支持的选区，其有助于恢复罗金汉派之前利用的资源。[330] 约翰·卡文迪什勋爵支持这一计划，而且查塔姆的衰落增加了其成功的机会。波特兰会受到鼓励，萨维尔迫于压力会采取行动。英国各地的商界朋友也同样会受到鼓舞。[331] 显然，伯克拼命想让他的同僚们从睡梦中醒来，最重要的是，刺激罗金汉带领大家前进。[332]

然而，他的雄心壮志很快就被挫败了。罗金汉准备的最好方案是提早返回伦敦，讨论起草一份建议书，但这份文书最终没有完成。罗金汉认为，没有什么能唤醒民众，所以他决定专注于议会的工作。[333] 他希望公众最终不再冷漠。[334] 但到那个时候，伯克认为帝国将被打垮。遭到罗金汉的拒绝后，他转向里士满，坚持认为政治领导应该给出方向，而不是等待民意氛围的自动改变。民众不是为了政治而生，他们只是想促进私人事务的解决。为了共同的利益，他们依赖于政治阶层提供的判断和劝诫。[335] 在这种特殊情况下，仅仅依靠议会是不够的，需要培养公众意见。事实上，帝国的政治体系可以被有效地调动起来，尤其是爱尔兰可能会反对英国的政策。里士满在爱尔兰的影响力可能会成为反

329　EB to the Marquess of Rockingham, 22 August 1775, *Corr.*, III, p. 194.

330　参见 Ibid., p. 211. 1775 年 9 月 14 日，伯克向罗金汉报告，他一直与威廉·贝克在伦敦进行政治活动。

331　EB to the Marquess of Rockingham, 22 August 1775, ibid., p. 194.

332　O'Gorman, *Rise of Party in England*, pp. 341–42.

333　The Marquess of Rockingham to EB, 24 September 1775, *Corr.*, III, p. 215.

334　The Marquess of Rockingham to EB, 11 September 1775, ibid., p. 203.

335　EB to the Duke of Richmond, 26 September 1775, ibid., p. 218.

对国内政府的筹码。由于英国现在依靠他们的军事援助，爱尔兰手中掌握着"帝国内部的权力平衡"。[336] 如果里士满和卡文迪什派出面干涉，动摇他们的关系，爱尔兰议会可能会成为反对英国内阁的自由工具。[337] 事实证明，伯克的希望最终破灭了。10月和11月，爱尔兰议会向英国议会表示了支持，伯克抱怨其不可救药的"奴性"。[338] 与此同时，在回应 1775 年 10 月 26 日的国王演讲的发言中，伯克有机会在下议院发泄他的怒火。政府的一位发言人现在表示，美洲人一直在争取独立。[339] 伯克反驳说，美洲现在实际上已经独立了。[340]

493

　　事实上，并不完全是这样：还有最后的机会，可以尝试进行调解。因此，在 11 月 2 日，伯克打算提出一个修改后的美洲计划，并最终于 16 日向下议院提交了该计划。[341] 在次年 1 月回顾他的表现时，他认为这是他迄今为止最有效的一次干预："我宁愿认为那是我提出的最好的建议。"[342] 不出所料，伯克的动议被否决了，尤其是因为卡姆登和谢尔本都不支持其条款。[343] 但是，在政府做军事准备并且颁布政策之前，这项动议为罗金汉派提供了新的立场。伯克一开始就指出，有三种重新夺回殖民地的方案。这三种方案是：直接进攻或彻底征服；在军事胁迫之后做出某

336　Ibid.

337　Ibid., p. 219.

338　EB to Charles O'Hara, 7 January 1776, ibid., p. 244.

339　PDNA, VI, pp. 94–5. 11 月 18 日，查尔斯·詹金森在关于军队预算的辩论中重申了这一说法，参见 ibid., p. 198。

340　Ibid., p. 117.

341　提前通知，可见 *Public Advertiser*, 11 November 1775。法案先后从 10 日被推迟至 13 日，然后又被推迟至 16 日。

342　EB to Charles O'Hara, 7 January 1776, *Corr.*, III, p. 246.

343　罗金汉企图争取其他的反对派成员，参见 the Marquess of Rockingham to EB, 7 November 1775, ibid., pp. 235–36。

种形式的让步；在使用武力之前进行调解。[344] 伯克明确地偏向最后一种做法。采取最后一种方式的紧迫性源自波旁王朝的威胁，他们卷入这场迫在眉睫的冲突似乎是"必然的"——在这场冲突中，英国人将遭受重创。[345]

面对这样一场可能发生的灾难，必须以合理的条款来化解美洲人的怨气。尽管内阁做出了一些声明，一些美洲人也比较极端，但是伯克确信独立不是殖民者的目标。后来他注意到，美国革命是作为一场防御战开始的。"他认为他们的事业一天比一天好，因为他们的防御能力日益加强。"[346] 伯克在 1791 年 8 月发表了这一言论，将美洲的抵抗与法国的蓄意叛乱做了对比。他的评论旨在控诉英国的政策，同时也是对殖民地意图的评估。为此，他在一定程度上依赖于富兰克林的证词，在 1774—1775 年的冬天，他一直试图与富兰克林合作。[347] 伯克此时透露，在他 1775 年 3 月 20 日离开伦敦前往费城的前几天，他与富兰克林进行了"长谈"。在韦德伯恩对哈钦森与奥利弗之间的往来信件采取高压处理后，富兰克林无疑对伦敦感到"厌恶和恼怒"。然而，与美洲大多数人的看法一样，富兰克林希望恢复到 1763 年之前的帝国关系，而不是脱离英国政权。[348] 美洲抗议的目的显然不是完全自治，更何况这种结果明显违背了殖民

494

---

344 EB, Second Speech on Conciliation, 16 November 1775, *W & S*, III, pp. 185ff.

345 Ibid., pp. 186–87.

346 EB, *An Appeal from the New to the Old Whigs, in Consequence of some Late Discussions in Parliament, relative to the Reflections on the Revolution in France* (London: 1791), p. 39.

347 1774 年 12 月，伯克拒绝参加富兰克林组织的请愿活动，但对他在 1775 年 10 月 "为新联邦制定法律"（give Laws to new Commonwealths）的努力表示敬意，参见 Benjamin Franklin to EB, 19 December 1774, *Corr.*, VI, pp. 80–81; EB to Count Patrick Darcy, 5 October 1775, ibid., p. 228。

348 EB, *Appeal from the New to the Old Whigs*, p. 38. 伯克的评估首先基于殖民地倾向的九项指标以及 "他们的议会所重申的庄严宣言"。关于九项指标可见 WWM BkP 6: 203。

地的利益。[349] 他们的目标不是权力，而是摆脱控制，特别是免税。伯克重申了他在 3 月 22 日发表的立场："争吵的起因是征税，这个问题解决了，剩下的事情就不难了。"[350] 这又是在假设，殖民地所遭受的重重伤害并没有实质性地影响他们的基本态度。[351]

值得注意的是，伯克能够接受一种截然不同的想法，即愤怒可能迫使受苦的人放弃最初的目的。他指出，暴力和侵略可能会导致人们反对"永远屈服于一个具有这样敌意的权力"。[352]然而，尽管有这样的观察，伯克还是相信殖民地仍处于宗主国的控制之下，即便他们觉得这种关系被滥用了，但他们还是尊重与帝国的关系。他们的态度虽然动摇了，但没有改变，这可以从他们诉诸战争的方式看出来。"我从他们的敌意中看出了友谊。"[353] 在此基础上，伯克认为解决目前争端的办法在于了解殖民地最初抱怨的原因，并满足他们的需求。基于这个假设，为了获得和平，正如伯克所建议的那样，议会应该放弃任何未来在美洲增加税收的意图，将贸易收入交给美洲殖民地各省议会来支配，并且英国政府应将这些殖民地议会视为一个整体。此外，英国议会应废除有攻击性的立法，但是不得篡改自 1763 年以来没有引起争议的其他必要条款。[354]1767 年能安抚美洲人的东西很少，但即便到了眼下，美洲人依然普遍接受英帝国的地位和至上权力。也许，随着殖民者最初的所有不满都得到了解决，仅有一小部分人会坚持追求独立的目标。然而，这部分人只是无足轻重的残余势力。如果英国和解，这部分人

495

349　EB, Second Speech on Conciliation, 16 November 1775, *W & S*, III, p. 196.

350　Ibid.

351　参见 WWM BkP 6: 200："回到争吵的源头——解决最初分歧的缘由。"

352　WWM BkP 6: 192.

353　WWM BkP 6: 203.

354　EB, Second Speech on Conciliation, 16 November 1775, *W & S*, III, pp. 198–201.

就会失去回旋余地。大多数人接受《宣示法案》背后的原则，而如果英国展示宽宏大量的姿态，他们将会再次拥抱帝国。[355]

伯克认为他的提案就体现了这种姿态。这项提案提供了一个温和路线，而不是软弱无力的示威。它包含对绝对权力的限制，而不是毫无保留地彰显帝国实力。然而，正如伯克所看到的那样，节制政策的客观正确性因其修辞上的脆弱性而处于不利地位。政治家们支持帝国进行克制，而蛊惑人心的言论则更倾向于奉承民族自豪感。换句话说，民粹主义成为偏执的工具，并把宽大当作软弱和推诿。[356]然而，事实是拥有主权并不意味着一定行使主权。《宣示法案》陈述的是至上权力的权利，却被各种观点误解和歪曲了。自1766年罗金汉派垮台以来，在政府方面，《宣示法案》一直被解释为一项证明政治效力的禁令。在反对的一方，在许多自称支持美洲自由的朋友中，它被说成是对篡夺行为的许可。理查德·普莱斯就是持这种立场的突出代表。1776年，在《关于公民自由性质的观察》中，理查德·普莱斯引用了议会在1766年《宣示法案》中提出的主张，即英国"在任何情况下"都可以对殖民地进行约束，这预示了英国后来彰显的"可怕权力"：他强调，"我不相信有人能用更强烈的语言来表达奴役！"[357]他继续说，大英帝国由一位共同的行政首脑、互利互爱的纽带以及其臣民之间的"契约"联系在一起。[358]没有绝对的立法机构对下属民众实行最高统治。他争辩说，为殖民地立法的权利意味着对至上权力的保

---

355 Ibid., pp. 196–97.

356 WWM BkP 6: 196.

357 Richard Price, *Observations on the Nature of Civil Liberty, the Principles of Government, and the Justice and Policy of the War with America* (London: 7th ed., 1776), p. 35.

358 Ibid., p. 36. 在该背景下的伯克和普莱斯，参见 John Faulkner, "Burke's First Encounter with Richard Price" in Crowe ed., *An Imaginative Whig*。

留，而至上权力意味着自由裁量权，因此也意味着暴政。

　　然而，就伯克而言，《宣示法案》的目的是作为一项权利主张，而不是一个政策声明。因此，对于《宣示法案》和以其名义颁布的措施，二者不能混为一谈。英国主权并不是帝国税收政策的起因；相反，税收政策是以主权为借口滥用权力。[359]虽然《宣示法案》规定了英国至上权力的权利，但并不意味着最高权威应当通过权力行为来证明其意志。同样，至上权力与权力的分配和授权是可以完全兼容的。英国主权的历史表明了这一点：最初，英国宪法中的君主本人代表着至高无上的权力，但依据爱德华一世在 1628 年《权利请愿书》中重申的"不征税法令"（*statutum de tallagio non concedendo*），人们接受了在税收问题上的权力应授予社会，而不是国王。[360]伯克认为，拥有至高无上的权力并不意味着使用该权力。也许税收权是一个政治共同体的最高权力所固有的，但这并不妨碍这一政治体的附属部分行使税收权。[361]1776 年 3 月，伯克写信给理查德·钱皮恩，重申了"主权是权力的一种理论属性"这一观点。[362]在相互竞争的司法管辖权中，某种权利要求必须是至高无上的，从而可以在相互竞争的权力之间进行裁决。然而，这依旧是对普遍性的推测性主张：在理论上，终极权威可以决定立法的所有事项；但在实践中，主权必须适应政治现实。伯克评论说，理查德·普莱斯可能会"抨击"《宣示法案》中至上权力的主张，但在现实世界中，投机性至上权力必须与帝国相互制衡的权力授权结构相协调。具有讽刺意味的是，查

496

359　EB, Second Speech on Conciliation, 16 November 1775, *W & S*, III, p. 195.

360　Ibid., p. 194. 参见 J. P. Kenyon ed., *The Stuart Constitution, 1603–1688* (Cambridge: Cambridge University Press, 1986), pp. 68–71。

361　EB, Second Speech on Conciliation, 16 November 1775, *W & S*, III, p. 193.

362　EB to Richard Champion, 19 March 1776, *Corr.*, III, p. 254.

塔姆派试图限制英国的至上权力，却在政策上努力增加其实际权力。[363]

伯克倾向于维护帝国主权的权利，同时使其适应现有的权力和民意。伯克承认，企图通过捍卫至上权力来维护这些权利可能是错误的，因为它没有提高政府的声誉或消除未来的争论。[364] 但是伯克的这一让步并没有贬损议会至高无上的地位。同样，伯克也拒绝将主权的权利与无节制地使用权力等同起来。总而言之，这里有两个要点：首先，伯克提请人们注意，帝国的权利并不是绝对的权力；其次，他认识到如果没有法律上的从属关系，帝国中相互竞争的权力就不可能得到规范，最终会以最高法律的形式告终，根据定义，最高法律在法律上是不负责任的。这两个观点在 17 世纪的自然法思想中得到了不同程度的推崇。[365] 正如格劳秀斯所说，在分析主权时，对于至上权力的权利本身和在政治实践中该权利的行使，二者有必要区分开来。[366] 就至上权力的权利而言，虽然其绝对权力一直保持不变，但其拥有的权利会随着国家的形式而变化：在任何管辖权冲突中，至上权力总是作为最终手段。[367] 然而，在行使主权的过程中出现了更为复杂的情况，尤其是将最高权威运

497

---

363 Ibid. 伯克攻击普莱斯斯的部分原因是他与谢尔本的关系，参见 Peter Brown, *The Chathamites: A study in the Relationship between Personalities and Ideas in the Second Half of the Eighteenth Century* (London: Macmillan, 1967), part 2。普莱斯斯在自己作品的引言中回应了伯克的指责，参见 Richard Price, *Two Tracts on Civil Liberty* (London: 1778)。

364 EB to Richard Champion, 19 March 1776, *Corr.*, III, p. 254.

365 关于这两个观点长期出现在 18 世纪英国的政治辩论中，参见 Jack P. Greene, *Peripheries and Centre: Constitutional Development in the Extended Polities of the British Empire and the United States, 1607–1788* (New York: Norton, 1986), chapt. 7。另见 Jack P.Greene, *Understanding the American Revolution: Issues and Actors* (Charlottesville, VA: University of Virginia Press, 1995), pp. 5–6。

366 Grotius, *De iure belli ac pacis*, bk. I, chapt. iii, §24.

367 Ibid., bk. I, chapt. iii, §8.

用于复杂的政府系统时。[368]

　　普芬多夫从政治联盟问题的角度讨论了这些难题，政治联盟可以采取以下三种形式中的一种：第一，不同的政治团体可能在一个共同的首脑下走到一起；第二，他们可能会为了安全而联合起来，同时在其他方面保持其独立性；第三，一个政体可能形成一个"非正规"的联盟，其中主权的位置存在争议。[369]根据普芬多夫的标准，18世纪的大英帝国可能就是这样一个"非正规的共和国"（*respublica irregularis*），但伯克非常清楚这是一个可行的环境的产物。格劳秀斯曾指出，就算主权权利可能被委托给不同的"部分"（*partes*）来行使，但主权必须是一个不可分割的整体。[370]正如伯克所看到的那样，就大英帝国而言，只要至上权力的问题没有引起争议，这些"部分"就可以在大量遥远的领土上不同程度地行使权力。税收权可能是一个共同体的最高权力不可或缺的一部分，但是没有任何东西可以阻止一个下属行政机构行使这一权力。然而，帝国的政策却走了另一条路：阁僚的焦虑滋生了集中权力的决心，导致美洲人对他们的权威提出质疑。英国人的回应是以他们的意志来支持他们的权威，首先诉诸惩罚措施，然后是军事干预。尽管诺斯勋爵准备派遣和平专员来对殖民地居民的不满进行调查，但伯克认为，他提出的与美洲人谈判的方法更适合对付外敌，而非处于叛乱之中的美洲殖民地。[371]这是通过"摧

---

368 "系统"（systems）一词来自斯特拉波（Strabo），指的是政治联盟的形式，参见 ibid., bk. I, chapt. iii, §7。

369 Samuel Pufendorf, *De officio hominis juxta legemnaturalem libri duo* (Lund: 1673), bk. II, chapt. viii, §§12–15.

370 Grotius, *De iure belli ac pacis*, bk. I, chapt. iii, §17.

371 WWM BkP 27: 227, Notes on American Prohibitory Bill, 20 November 1775.

毁我们的领地"来维护帝国。[372] 与此同时，伯克对政府准备采取的军事策略感到失望。英国的严厉与美洲的宽容形成鲜明对比。双方已经分道扬镳："任凭战争结果如何，美洲人永远与英国人疏远了。"[373]

498

9.7 革命权

《独立宣言》使和平委员会（the Peace Commission）变得多余，但无论如何，自新的一年以来，美洲民众对英帝国的反感情绪一直在加剧。诺斯的《禁止法》于 1776 年 2 月传到殖民地，人们的厌恶情绪进一步升级。[374] 在那之前，伯克后来评论说：马萨诸塞湾的民众没有选择"走向极端"，[375] 正是支持政府的请愿书暴露了英国民众的敌对态度，让美洲民众做好了脱离英帝国的准备。[376] 1 月 10 日，托马斯·潘恩的《常识》面世，用"好战"和"怨恨"描绘了英国人的情绪，并鼓励他的读者认定"最后一根纽带"现在已经"断了"。[377] 伯克认为，诺斯的《禁止法》导致了最后的分裂，其隐含着将殖民地视为"对战中的他国"。[378] 1776 年 3 月 17 日，在多切斯特高地的美洲大炮的轰炸下，豪将军被迫逃离波士顿镇。[379] 伯克于 5 月

---

372 WWM BkP 6: 182, Notes on American Prohibitory Bill, 1 December 1775.

373 EB to Charles O'Hara, 7 January 1776, *Corr.*, III, p. 245.

374 16 Geo. III, c. 5.

375 EB to the Marquess of Rockingham, 3 May 1776, *Corr.*, III, p. 265.

376 EB, *Letter to the Sheriffs of Bristol* (3 April 1777), *W & S*, III, pp. 305–6.

377 Thomas Paine, *Common Sense*, ed. Isaac Kramnick (Harmondsworth: Penguin, 1976,), p. 99. 伯克记下了裁决结果，参见 EB, Letter to the Sheriffs of Bristol（3 April 1777），W & S, III, p. 306。

378 EB, Notes on American Prohibitory Bill, WWM BkP 6: 119.

379 有关评论，参见 EB to the Marquess of Rockingham, 3 May 1776, *Corr.*, III, p. 264。

3 日写信给伊丽莎白·蒙塔古说："美洲的情况不太乐观。"[380]
英国军队的行动如此适得其反，以致内阁可以被讽刺地说成是
在"寻求解放殖民地"。[381] 自从新一届议会会期以来，伯克对
殖民地事务一直比较沉默。虽然他在很大程度上只限于重复反
对政府之前的措施，但波士顿沦陷之后，他"恢复了以往的热
情"。[382] 对此，他还批判了和平专员对待美洲人的方式：对于
殖民者来说，一切都取决于议会的态度，然而根据诺斯的计
划，议会的态度却无法得知。[383] 自 1 月以来，英国与美洲的关
系每况愈下。在本次会期结束时，伯克对钱皮恩说，英国人变
成了"刚刚失去一个帝国的民族"。[384] 英国政府的成功将阻碍
任何有意义的让步，而美洲的胜利将鼓励英国政府加强武力干
涉。不管怎样，摆在眼前的只有灾难。

　　美洲人进军波士顿的同时，在加拿大也遭到了挫败。魁
北克殖民者的攻击遭到了王室的有效抵抗，在英国海军抵达之
前，叛军被迫撤退。未来可能会出现更多"同样糟糕的情况"，
这只会让正在进行的冲突白热化。[385] 殖民者将继续遭受"沉重
打击"，但即便如此，英国人也别指望能很快结束这场对决。[386]
在持续斗争的过程中，殖民地的对抗将变得越来越顽强。7 月
3 日，罗金汉写信给伯克，告诉他"如果大陆会议认为合适，

499

380　Ibid., p. 266.

381　EB, Motion for Address for Copies of Dispatches from America, 6 May 1776, PDNA, VI, p. 517.

382　EB, Speech on Loss of Boston, 6 May 1776, *W & S*, III, p. 229.

383　EB, Speech on Conway's Motion, 22 May 176, ibid., p. 236. Cf. PDNA, VI, pp. 293–94.

384　EB to Richard Champion, 30 May 1776, *Corr.*, III, p. 269.

385　EB to the Duke of Portland, 4 June 1776, ibid., p. 272.

386　EB to the Marquess of Rockingham, 4 July 1776, ibid., p. 278.

新英格兰人就会指示他们的代表宣布独立。"[387] 第二天，伯克公开思考了美洲殖民者的命运："这些殖民者会何去何从……我不得而知。"[388] 就在一个多月后，《伦敦公报》刊登了豪将军的评论，称大陆会议已经宣布独立。[389] 福克斯于 8 月 17 日写信给伯克，敦促他做出某种回应。[390] 在大西洋彼岸，华盛顿向他驻扎在纽约的部队宣读了《独立宣言》。与此同时，豪将军准备从长岛进攻美洲人的据点，最终成功将叛军赶出了伊斯特河（East River）。伯克认为这些事件的发展是"可怕的"，这对英帝国没有任何实际的好处。[391] 对于福克斯来说，殖民地的失败讲述了一个关于现代政治的悲惨故事：如果没有抵抗行动支持独立，那这种主张纯粹就是纸上谈兵。在英国的武力面前，殖民地的立场似乎正在瓦解，一场民众的崛起被现代军事纪律所征服：福克斯对伯克说，"大规模的常备军引入欧洲，"使"人类成为无可挽回的奴隶"。[392] 三个月后，英国军队占领了美洲中海岸，并准备控制所有通往叛乱殖民地的入口，伯克因此得出了类似的结论："殖民地无法正面对抗英军。"[393] 但即使是在被英国人压制的时候，美洲人也远远没有被征服；就算被征服了，他们也不可能被统治。[394]

　　1776 年 10 月 31 日，国王在新的议会会期开幕式上的演

387　Ibid., p. 277.

388　EB to the Marquess of Rockingham, 4 July 1776, ibid., p. 278.

389　*London Gazette*, 6–10 August 1776.

390　Charles James Fox to EB, 17 August 1776, *Corr.*, III, p. 291.

391　EB to Richard Champion, 10 October 1776, ibid., p. 293.

392　Charles James Fox to EB, 13 October 1776, 13 October 1776, ibid., p. 294.

393　伯克重申常备军队对现代自由构成的威胁，参见 EB to the Marquess of Rockingham, 6 January 1776, ibid., p. 309。Cf. EB, *Letter to the Sheriffs of Bristol* (3 April 1777), *W & S*, III, p 329.

394　伯克对这一点的强调，参见 ibid., p. 304。

讲提到了政府在加拿大和纽约获得的成功，并转述了美洲人放弃了对王室的"所有效忠"。[395] 一周前，罗金汉重申了伯克的观点，即英国的胜利会使英国政府更为"傲慢"。[396] 在新会期开幕前一周，他再次提请政府注意，在取得纽约胜利后政府"欢欣鼓舞"的态度，这种胜利情绪在公众当中被盲目地传播开来。[397] 在此之前，政府必须通过诡计和花招来获得民众对战争的支持。然而，在长岛战役之后，公众不再沉默，对"美洲战争的狂热就像洪水一样涌上我们的心头"。[398] 尽管福克斯呈请议会立即与美洲进行调解，但一些罗金汉派却迫切要求脱离议会。为了推动和解，伯克起草了一份针对国王演讲内容的修正案。随着危机的加深，冲突也开始扩大，美洲人可能会倒向波旁王朝的支持。[399] 面对这种现实的威胁，内阁提出了一个不切实际的承诺，即在胜利的英国军队影响下，在纽约召开一个"自由"集会，以表达殖民者对帝国措施的支持。[400] 一直以来，伯克指出，"英国没有消除美洲不满的根源"。[401] 面对这种情况，罗金汉派提议，以依赖和自由为基础，恢复英国和殖民地之间"真正的永久联系"。[402] 他们还是从前一年的立场出发，希望殖民地放弃独立的想法。与此同时，独立的想法是公开合理的：因为英国政府已经背弃了它的保护义务，并且不打算重新

500

395 *Parliamentary History*, XVIII, cols. 1366–68.

396 The Marquess of Rockingham to EB, 13 October 1776, *Corr.*, III, p. 296.

397 The Marquess of Rockingham to EB, 22 October 1776, ibid., p. 297.

398 EB, *Speech at Bristol Previous to the Election* (6 September 1780), *W & S*, III, p. 628.

399 EB to Richard Champion, 2 November 1776, *Corr.*, p. 298.

400 Ibid., p. 299.

401 EB, Amendment to Address, 31 October 1776, *W & S*, III, p. 248.

402 Ibid., p. 250.

发挥这种作用，所以美洲人被迫依靠他们自己的资源。[403] 主张
独立是自我防卫的一种形式。

殖民地的分离已成事实，但伯克并没有排除某种形式的
"复合"。[404] 富兰克林正在去巴黎与凡尔赛谈判的途中，这促
使伯克考虑跟随他前往法国首都。但是他很快就打消了这个念
头，虽然他坚持认为"辉格党（他指的是罗金汉派）可以成为
和平的调解人"。[405] 现在被称为"托利党"的政府已经成为和
解的障碍，但如果富兰克林能迫使大陆会议接受罗金汉派的和
解方案，辉格党就可以在一个托利党政府面前代表美洲人，充
当国内和帝国的一个制衡力量。尽管伯克继续敦促他的政党采
取行动，但这项调解提议没有任何结果。自 1776 年 8 月 26 日
以来，罗金汉及其追随者一直在争论退出本次会期是否明智，
他们一方面认为反对是他们的职责；另一方面又担心与破坏宪
法的政策同谋，因此他们在两者之间摇摆不定。[406] 显然，英国
的胜利可能破坏国内的权力平衡，将主动权和权力交给乔治三
世。[407] 面对这种可能性，伯克在 1 月 6 日写给罗金汉的信中主
张脱离：现在脱离本届政府已经是光荣的事情，而对政府的无
效反对使反对派显得不爱国。一个"软弱、非正规、支离破碎、

---

403 Ibid., p. 249. 这种解读再现于 David Ramsay, *The History of the American Revolution* (1789), ed. Lester H.Cohen (Indianapolis, IN: Liberty Fund, 1990), 2 vols., II, p. 633。

404 EB to Francis Masères, 1776, *Corr.*, III, p. 307.

405 EB to the Marquess of Rockingham, 6 January 1777, ibid., p. 310.

406 O'Gorman, *The Rise of Party*, pp. 349–52; G. H. Guttridge, "The Whig Opposition in England during the American Revolution," *Journal of Modern History*, VI, (1934), pp. 1–13.

407 参见 the Marquess of Rockingham to the Duke of Manchester, 28 June 1775, cited in O'Gorman, *The Rise of Party*, p. 606 n18. 罗金汉派认为美洲战争对宪法构成威胁，参见 John Brewer, "The Faces of Lord Bute: A Visual Contribution to Anglo-American Political Ideology," *Perspectives in American History*, VI (1972), pp. 95–116。

轻率的反对派"有损于美洲事业的尊严。[408] 萨维尔向罗金汉抱怨，如果没有公众的支持，很难成为一名爱国人士。[409] 伯克确信，唯一的解决办法是通过放弃他们的议会角色，采取原则性立场，公开反对不公正的行为。在政治上，下议院、上议院、教会和法律都在反对辉格党。那些脱离本届政府的人可能会被指控，或受到《痛苦和惩罚法案》的制裁。[410] 尽管如此，唤起英国公众理智的唯一希望是表达对现状的愤慨。[411] 即便如此，希望还是很渺茫，因为人们越来越痴迷于军事胜利的精神。目前有一种"对内战的热情"，这看起来是政治格局的一个持久特征。[412] 罗金汉派几乎绝望了：法国现在与殖民地叛乱相勾结，使得对抵抗事业的任何支持都成为问题，而内阁的压迫使他们无法支持政府。[413]

脱离本届政府从一开始就注定失败：查塔姆派没有参加，罗金汉派也有分歧，导致这一策略在 4 月被放弃。在此期间，虽然伯克接受了美洲独立的现实，但他坚持根据自己的调解建议，提出重新接纳美洲殖民地的可能性。美洲重新加入帝国取决于三个因素，伯克在 1777 年 1 月致国王的请愿书中有所阐述：首先，必须承认殖民地的不满情绪是合理的，其根源在于他们被剥夺了自治权利。[414] 其次，敌对行为不应该进一步激起

408　EB to the Marquess of Rockingham, 6 January 1776, *Corr.*, III, p. 313.

409　Sir George Savile to the Marquess of Rockingham, 15 January 1777, *Rockingham Memoirs*, II, pp. 304–6.

410　EB to the Marquess of Rockingham, 6 January 1776, *Corr.*, III, pp. 312–13.

411　The Marquess of Rockingham to EB, 6 January 1777, ibid., pp. 315–16.

412　EB, *Letter to the Sheriffs of Bristol* (3 April 1777), *W & S*, III, pp. 302–3.

413　EB to Richard Champion, 15 January 1777, *Corr.*, III, p. 320; EB to Richard Champion, 21 January 1777, ibid., p. 320.

414　EB, *Address to the King* (January 1777), *W & S*, III, pp. 263–64.

502 美洲的敌意，例如利用印第安人和被解放的奴隶发动战争。[415] 最后，英国政府应该通过保证美洲作为帝国共同体成员的利益，使和解的意愿更加明显。[416] 令人遗憾的是：内阁的政策已经转向了另一个方向，即主张在"遥远的领地"实行军事管制，而由此造成的宪法混乱会对国内秩序造成威胁。[417] 伯克争辩说，在殖民领地内的权力独断将导致英国国内的权力独断。在这一点上，伯克的言论最接近 1688 年原则所体现的辉格党原则：很明显，他担心的是对斯图亚特教条的回归，该教条体现在被动服从的观念中。美洲的军事统治将成为破坏宗主国宪法自由的引擎，从政府开始，然后腐蚀议会两院。[418] 民意很快就会效法权力，引入"其他政体的原则和服从的依据，而不是那些自光荣革命以来普遍存在的原则"。[419] 英国内阁本应该听从美洲辉格党人的意见；相反，英国的绝对政府却在培养托利党的信条。

根据伯克的说法，在民意变化的背后隐藏着一项明确的义务，政府原则上必须遵循：他们必须通过保障臣民的权利来赢得他们的信任。伯克后来在关于印度的演讲中阐明了这一承诺，正如他在第二次和解演讲的笔记中为其辩护一样。伯克认为，权威规定了一个神圣的义务，即维护"永恒的"法律，这些法律将个人作为造物主的成员彼此联系在一起。[420] 他认为，政治道德是建立在社会道德之上的神圣信任。最重要的是，这是保护的义务所在。保护意味着确保自由和财产的权利，只要这些权利与公共福利不冲突。当这些权利受到侵犯时，臣民有

415　Ibid., p. 267–68.

416　Ibid., p. 270.

417　Ibid., p. 272.

418　Ibid.

419　Ibid., p. 273. Cf. EB, *Letter to the Sheriffs of Bristol* (3 April 1777), *W & S*, III, p. 327.

420　EB, Notes for Second Conciliation Speech, 16 November 1775, WWM BkP 6: 197(a).

权，甚至有义务抵抗。[421] 光荣革命就是以民众的利益（*salus populi*）为名进行抵抗的典范。民众的安全对于所有积极的法律与政府制度来说是最重要的，因此它是最高法律（*suprema lex*）。[422]1688 年的"民众"正是基于这个原则才"重新获得了他们的原始权利"。同样，1775—1776 年，殖民者被驱使在帝国丧失权威的情况下维护他们的自卫权。伯克声称，《禁止法》意味着政府的解散和保护的撤销，因此也意味着服从义务的解除。[423]

503

　　两个月后，在《致布里斯托治安官书》中，伯克对于革命权的看法更为明确。他认为《禁止法》通过后，革命权落入了美洲殖民者手中。由于诺斯派出的和平专员是在一项有效禁止殖民地贸易的措施通过之后几个月才到达的，因此美洲没有办法对英国效忠。"在整个美洲大陆，或在大陆 3000 英里的范围以内，没有人能够依法效忠并受到保护。"[424]导致这种局面的政治态度似乎背叛了基督教习俗，而这正是"启蒙和文明时代"的人性基础。[425] 即便如此，伯克仍然认为，殖民地对帝国的依赖，以及他们对君临议会在法律上的至高权力的服从，似乎仍是保障美洲人福祉的最大希望。[426] 这在一定程度上是因为英国能够提供安全保障，防止波旁王朝对殖民地构成威胁，也因为当这些殖民地与宗主国的斗争结束时，它们可能会出现内

---

421 参见本书第 12 章第 6 节。

422 EB, *Address to the King* (January 1777), *W & S,* III, p. 273.

423 Ibid., p. 269. 关于 1688 年"契约"被废除，"所有权利和权力"归还于"民众"，参见 EB, Speech on the King's Illness, 22 December 1788, *Parliamentary History*, XXVII, col. 823。

424 EB, *Letter to the Sheriffs of Bristol* (3 April 1777), *W & S*, III, p. 312.

425 EB, *Address to the Colonists* (January 1777), ibid., pp. 281–82.

426 Ibid., p. 283. 关于英国在《独立宣言》后仍拥有主权的观点，参见 EB, *Address to the King* (January 1777), ibid., p. 270。

部分歧。伯克认为，美洲人寻求的是"公正的平等"：一种在代议制下的私有财产制度，在这种制度下，个人可以平等地获得法律的保护。[427] 只有混合政府体系才能合理地提供这种制度，而且只有英国才能实际维持这样的安排："只有英国才能向你们传达这样一部宪法的好处。我们认为，你们现在没有能力，而且今后也不可能在一个独立的国家中实现这种宪法形式……你们现在的联盟……如果没有这个伟大的、长久保存下来的宪政的权威和影响力，就不可能一直存在，以平衡并保持你们之间的公平和平等。"[428]

但是，即使在伯克写作的时候，"公正的平等"的承诺也被政府以战争的名义彻底破坏了。刚刚通过的《美洲叛国罪法案》和《捕获敌船特许状法案》允许没收殖民地船只作为战利品，并中止了殖民地居民的人身保护令。[429] 后者尤其威胁到帝国内的平等，因为它歧视了一部分跨大西洋的英国群体："其他法律可能会损害这一群体，而这往往会使其瓦解。它破坏了平等，而平等是人类群体的本质。"[430] 伯克对脱离本届政府的战略失误深感不安，他于1777年4月撰写了《致布里斯托尔治安官书》，对最近的立法表示反对，并捍卫他的总体态度。[431] 根据最近英国的事态发展，这一判断是针对美洲局势进行的一次重大评估。到目前为止，伯克在殖民事务方面的专长已得到广泛认可，他获取最新消息的能力也获得了肯定。"我想我了解美洲，"他觉得自己已经可以下论断了，"如果我还

504

---

427 EB, *Address to the Colonists* (January 1777), ibid., p. 283.

428 Ibid.

429 17 Geo. III, c. 9 and 17 Geo. III, c. 7.

430 EB, *Letter to the Sheriffs of Bristol* (3 April 1777), *W & S*, III, p. 297.

431 参见 Richard Burke Sr. to Richard Champion, 2 April 1777, *Corr.*, III, pp. 332–33 ；EB to Richard Champion, 3 April 1777, ibid., pp. 333–34。

不了解美洲，那我真是愚蠢至极，因为我不遗余力地去理解它。"[432]此时，这种理解让他对帝国危机有了新的认识，即在一个国家内存在"两个立法机构"的历史复杂性——一个是英国议会，另一个是殖民地议会。[433]用普芬多芬的说法，"双重立法机构"是非正规共和国的一个特征，伯克现在承认，这种安排可能带来问题，但同样，这个问题也可以得到妥善解决。直到他的第一次和解演说为止，他一直在捍卫帝国宪法的非正规性。现在，他继续捍卫其"强大而奇特的多样化"特点，其在法律和政府发生巨大变化时仍能保持协调。他解释说："我无法想象，印度斯坦和弗吉尼亚的本地人可以用同样的方式被管理。"[434]但是，在对这种适应各种情况的能力表示赞赏时，伯克也认识到，建立一个新宪章，以取代殖民帝国的非正式契约是明智的。

帝国的安排是"逐渐形成的"，而不是设计的。随着英国的崛起，以及殖民地人口的增长和繁荣，最初对帝国的理解似乎"过时了"。[435]伯克在《致殖民地民众书》中指出，人们一直希望帝国内部的关系能够在公平和谨慎的基础上进行协调，但现在看来，显然应该达成一项更正式的协议，即"为你们的自由和我们的安定提供追认的保障"。[436]他在《致布里斯托尔治安官书》中清楚地表明，这项协议必须包含一项契约。这一解决方案隐含在伯克的第二次和解演说中，他认为应该将

---

432 EB, *Letter to the Sheriffs of Bristol* (3 April 1777), *W & S*, III, p. 304.

433 Ibid., p. 321.

434 Ibid., p. 316.

435 EB, *Address to the Colonists* (January 1777), ibid., p. 285.

436 Ibid.

505 征税权让给殖民地：明确的安排应该取代默认的约定。[437] 伯克现在把这项契约说成是新的帝国契约，因为目前的局势需要"契约"："我是指由痛苦、嫉妒和不信任的习惯造成的局势。"[438] 与伯克最初的立场相比，这是一次重大改变。当他第一次探讨帝国至上权力的问题时，他提出一个假设，那就是议会对殖民地拥有无限的立法权。这一假设通过对法令全书的研究得到证实，它指出了命令和服从的历史。在伯克心目中，有效地拥有全部权力意味着拥有所有权，这意味着宗主国的至上权力必须存在。[439] 至上权力的权利不可能被分割到不相干的行政机构中，即使查塔姆派假装认为可以。然而现在，伯克强调，至上权力的一些权力可以委托给一个被授权的当局。以前，他认为最好不要通过契约来转移权力，因为随着时间的推移，这些权力可能需要保留。然而，现在的谨慎决定必须要这样做，因为至上权力必须立足于民意，而民意会受到历史变化的影响，正如英国宪法规定的星室法庭和教牧人员代表会议的命运所表明的那样。[440]

伯克认为，一项权力必须得到承认才能有效行使。这意味着权力取决于同意，只有在得到民意承认的情况下才能要求民众服从，正如历史上发生的一样。同样地，自由随着自由理

---

437 EB, Second Speech on Conciliation, 16 November 1775, *W & S*, III, pp. 190–95. 在第二次和解演说中，伯克关于帝国特征的思考有一些转变，关于对这些转变的讨论，参见 Peter J. Stanlis, "Edmund Burke and British Views of the American Revolution: A Conflict over the Rights of Sovereignty" in Ian Crowe ed., *Edmund Burke: His Life and Legacy* (Dublin: Four Courts Press, 1997)。

438 EB, *Letter to the Sheriffs of Bristol* (3 April 1777), *W & S*, III, p. 323.

439 Ibid., p. 314. 参阅 Friedrich von Gentz, *The Origins and Principles of the American Revolution Compared with the Origins and Principles of the French Revolution*, trans John Quincy Adams (Indianapolis, IN: Liberty Fund, 2010), p, 38: "一个欧洲国家对其殖民地的权利必须始终是一种摇摆不定的、不安全的、未定义的且往往无法定义的权利。"

440 EB, *Letter to the Sheriffs of Bristol* (3 April 1777), *W & S*, III, pp. 315–16.

念的变化而变化，它从来不是无条件的或抽象的占有。自美洲
殖民地危机爆发以来，在英国的改革派和异见人士中，对至上
权力的争论引发了对自由性质的争论。像普莱斯这样的评论家
在辩论自由这个话题时，用的是与现实保持一段距离的形而上
学，以致于他们被迫对义务的性质进行了纯粹的推测，从理论
上界定自由从何处开始，在比较中界定权威从何处结束。[441] 在
《法国革命反思录》出版的十二年半之前，在他为美国革命辩
护的过程中，以及在争取在新的权力分配契约的基础上重建帝
国的背景下，伯克试图揭露纯粹投机性的政府理论，以及伴随
这些理论的抽象的自由概念。这包括论证国家的最高权利，以
及在其下享有的自由，如果它要在实际事务中得到有效行使，
就必须与权力和意见相适应。这一必要条件要求大西洋两岸的
"两个立法机构"必须在新的条款上达成和解。单纯的从属关
系不再奏效，和解的达成需要重新分配至上权力，以便使最高
权利与公众意见相一致。

9.8 一个新民族（Species）的新国家

从 1776 年夏天到 1777 年秋天，伯克一直很沮丧，直到冬
天也没有缓过来。这时他开始与驻扎在孟加拉的菲利普·弗朗
西斯通信。他告诉弗朗西斯，就在他重新燃起对印度事务的兴
趣时，美洲仍吸引了他的注意力。他写道，虽然他已尽力避免
这场战争，但是战争还是在民众的支持下发起了，而且没有给
政府带来严重的不适。"我从来不赞成我们参与到这场战争中，
它本来是可以避免的"。[442] 在这种沮丧的状态下，他感到自己之

506

---

441 Ibid., pp. 317–18. 像普莱斯这样的非国教徒与美国革命的关系，参见 Colin Bonwick, *English Radicals and the American Revolution* (Chapel Hill, NC: University of North Carolina Press, 1977), esp. chapt. 1。

442 EB to Philip Francis, 9 June 1777, *Corr.*, III, p. 349.

前的预测被正在发生的事情否定了。他从未料到美洲会持续抵抗下去，至少在没有法国和西班牙公开干预的情况下，抵抗不会持续。他对威廉·罗伯逊说，他冒险做的每一个预测都"被证明是错误的"。[443] 罗伯逊的《美洲历史》刚刚问世时，伯克指出帝国目前的悲惨状况在为未来的历史学家提供大量材料的同时，但也证明了那些对目前危机负有责任的人迄今为止还没有从历史中吸取教训。[444] 当前政府对过去的教训保持同样的麻木不仁。豪将军在战争中的胜利只会使破坏性的激进幻想进一步扎根，将议会拖入爱国战争的狂热中。[445] 在这种情况下，罗金汉派采取一个不依赖于美洲斗争命运的确切计划是至关重要的。与福克斯一样，伯克不屑于等待"偶然事件"的发生，他10月份寄出的一封信中指出了这一点。[446] 福克斯认为，辉格党有必要突破现状，但是他的同僚们却无动于衷地等待着事态的变化。[447]

　　基于福克斯的看法，伯克加入了自己的观察。进取心和积极性并不是辉格党显贵的特征，因此他们很容易变得懒散。他们习惯性地因无法避免的挫折而感到丧气。正如伯克这一时期在给威廉·贝克的信中所写，"对于我们这个时代艰难和辛苦的事业来说，太多坏的成功，人们的身心太脆弱，缺乏对雄心壮志的刺激，国民的堕落"——所有这些都抑制了政治上的积极决心，特别是在残余的老辉格党成员中。[448] 公众观念的"退

507

443　EB to William Robertson, 9 June 1777, ibid., p. 351.

444　Ibid., pp. 351–52.

445　EB to Richard Champion, 25 September 1777, ibid., p. 377.

446　8 October 1777, ibid., p. 381, responding to Charles James Fox to EB, 8 September 1777, *Correspondence* (1844), II, pp. 181–82.

447　EB to Charles Jame Fox, 8 October 1777, *Corr.*, Ⅲ , p.381.

448　EB to William Baker, 12 October 1777, ibid., p. 388.

化"尤其困扰着伯克，1773年以来他一直关注这个问题。他的同僚们虽然没有"轻视"这一问题，但也缺乏必要的技能来"解决"它。[449] 伯克在写给福克斯的一封长信中说，公众观念退化的证据随处可见，在布里斯托尔，反对的声音几乎消失了，而在利物浦，商人对战争的热爱不亚于他们在战争中遭受的痛苦。这种态度据说是"党派精神"的复兴导致的，伯克在这里指的是英国国内托利主义的复兴。[450] 罗金汉派的显贵们对此的反应非常消极，即使是持异议者也迟迟没有采取反对政府的立场。[451] 10月26日，罗金汉对伯克说，"我们事实上做不了任何实质性的事情"，除非公众的"观念发生巨大改变"。[452] 他感觉到，人们对战争已经开始感到厌倦，虽然在短期内还不愿意承认所犯下的严重错误。同时，伯克继续为辉格党原则的一致性发声，并强调相应的进取心的重要性。[453]

议会将于1777年11月18日开会。9月，豪在布兰迪万河击败华盛顿军队的消息在会议召开前两周传到了伦敦，引起了伦敦街头的"狂欢浪潮"。[454] 阿宾顿伯爵在回应伯克的《致布里斯托尔治安官书》时攻击了《宣示法案》，里士满公爵也开始建议废除它。[455] 伯克抱怨道，公众"准备对征服者表示支

---

449 Ibid., pp. 388–89.

450 EB to Charles James Fox, 8 October 1777, ibid., pp. 382–83.

451 Ibid., p. 383.

452 Ibid., p. 392.

453 EB to the Marquess of Rockingham, 5 November 1777, ibid., p. 399.

454 EB to Champion, 1 November 1777, ibid., p. 394; EB to the Marquess of Rockingham, 5 November 1777, ibid., p. 399.

455 Earl of Abingdon, *Thoughts on the Letter of Edmund Burke, Esq.; to the Sheriffs of Bristol* (London: 1777). 关于伯克的回应，参见 EB to the Earl of Abingdon, 26 August 1777, *Corr.*, III, pp. 368–70。关于里士满的立场，参见 EB to the Marquess of Rockingham, 5 November 1777, ibid., pp. 398–9n。

持"，其情绪日益"激烈和凶猛"。[456]每一次军事胜利都使公众更加傲慢，只有当失望袭来时，公众的态度才会有所缓和。公众似乎真的是运气的囚徒，无法坚持既定的道路。经过三年的战争，政府应当以身作则，提倡宽大为怀。但相反，伯克在11月20日针对国王演讲的发言中说，除"无条件服从"之外，政府没有提供任何其他选择。[457]法国很快就会被迫介入战争，但是即使法国不介入，美洲也不会被征服。当务之急是要问，在试图征服"13个独立政权"的徒劳过程中，英国能得到什么利益？[458]巨大的开支和流血使内阁陷入僵局，但内阁拒绝与敌人谈判，除非他们事先屈服。[459]本次会期开始的第一天，查塔姆就向上议院提议从北美洲召回军队。12月2日，里士满要求调查国家状况。福克斯在同一天也在下议院提出了进行调查的动议，伯克则借此机会反思了英国权力的空洞。他承认英国在法律上对美洲大陆拥有权力，但事实上占有领土才是最重要的："由于他们享有事实上的权利，而我们仅是在法律上享有权利，我们必须而且应该按照联邦联盟（a federal union）的条件与他们交往"。[460]

自1775年11月以来，伯克在他的论点中一直隐含着拒绝非正规帝国而支持联邦制的论点。现在，在1777年，面对美洲的实力，他主张英国的权利，反对殖民地的联合权力，这是他做出的原则性声明：宗主国拥有军事力量但没有实际权威，

456 EB to William Baker, 9 November 1777, ibid., p. 401.

457 EB, Speech on Address on King's Speech, 20 November 1777, W & S, III, p. 343.

458 Notes for Speech on Address, 20 November 1777, WWM BkP 6: 63.

459 EB to Richard Champion, 1 December 1777, *Corr.*, III, p. 405.

460 EB, Speech on Fox's Motion, 2 December 1777, *W & S,* III, p. 345. 大卫·哈特利（David Hartley）提议结束战争，并在12月5日美国独立的基础上建立一个联邦，参见 *Parliamentary History,* XIX, cols. 549ff。

虽然它保留了对主权的剩余要求；殖民者拥有美洲民众的支持，同时也受到英国军事力量的挑战。在这种情况下，建立一个联邦联盟是英国所能希望的最好结果，借此可以主张自己的权利，并通过与美洲民众签订契约来恢复其权威。但是，在伯克阐述与殖民地建立联邦的概念时，英国军队在大西洋对岸正遭遇着阻碍。杰曼同意了将中部和南部殖民地从新英格兰划分出去的计划，即向奥尔巴尼派遣一支庞大的军队，将整个大陆一分为二。为了实现这一目标，伯戈因将军的部队从魁北克向南移动，以获得对哈德逊河谷的控制，同时豪将军带领部队北上支援伯戈因。当豪将军转移到费城时，伯戈因于1777年10月13日在萨拉托加遭遇失败。12月2日晚，国王收到了这个坏消息。第二天，下议院展开了一场激烈的辩论，伯克和韦德伯恩间的愤怒交锋几乎像是决斗。[461] 伯戈因的命运深深刺痛了伯克，12月7日，他对理查德·钱皮恩说，没有什么比美洲的毁灭更"令人痛心"了。[462]

尽管如此，英国人的失败预示着清算时刻的到来。在伯克看来，这一时刻对公众观念、罗金汉辉格党和罗金汉本人来说都非常"关键"。[463] 接下来的几个月，伯克的同僚们开始支持美洲独立，查塔姆派则极力反对。[464] 福克斯敦促同僚们给出与殖民地谈判的策略，同时提出了独立的问题，虽然他预计他们将在各自的立场上存在分歧。伯克主张确保殖民地的从属地

509

---

461 EB to Alexander Wedderburn, 3 December 1777, *Corr.*, III, pp. 406–7. 参见 *London Chronicle*, 4–6 December 1777。

462 EB to Richard Champion, 7 December 1777, *Corr.*, III, p. 409. 另见 EB on North's responsibility for the fiasco in *Parliamentary History*, XIX, cols., 537–39；伯克关于福克斯对军事战略的控诉的描述，参见 EB to the Duchess of Devonshire, 20 March 1778, *Corr.*, III,, p. 422。

463 EB to the Marquess of Rockingham, 16 December 1777, *Corr.*, IX, p. 416.

464 例如，参见 the Earl of Shelburne to the Earl of Chatham, 23 December 1777, *Chatham Correspondence*, IV, p. 480。

位，但要获得殖民地的"同意"。[465] 在实践中，这意味着需要认识到殖民地民众有自己的想法，英国不得不基于独立的前提与之谈判。自由帝国已经瓦解，或许无可挽回地被摧毁了。[466] 新年伊始，罗金汉对查塔姆说，"我想美洲再也不会同意英国对这块大陆拥有实际权力了"。[467]1778 年 2 月 6 日，法国签署了与殖民地结盟的条约，促使里士满主张"美洲独立"，他认为这是避免即将到来的灾难的最好方法。[468] 一个月后，威廉·梅雷迪斯提出了一项废除《宣示法案》的动议，伯克对此表示支持，认为这是重新赢得美洲人好感的一种可能手段。[469] 进而在 4 月 10 日，他公开表示支持美洲独立。[470] 伯克对诺斯 2 月 23 日提出的与殖民地和解的计划表示质疑，认为这不过是绕过议会与美洲人接触，这种尝试注定要失败，因为帝国无意缩减规模，只是希望相应地"扩大特权"。[471] 与此同时，公共债务不断积累，花费了 3000 万英镑，船只丢失，贸易缩减，军队壮大到令人担忧的程度。[472] 连续四年，"国家荣誉"受到玷

465　Debate on Hartley's Motion Relative to the Expence of the War, *Parliamentary History*, XIX, col. 560.

466　关于美洲战争对帝国构想的影响，参见 Stephen Conway, *The British Isles and the War of American Independence* (Oxford: Oxford University Press, 2000), chapt. 9。

467　26 January 1778, *Chatham Correspondence*, IV, p. 491.

468　The Duke of Richmond to the Marquess of Rockingham, 15 March 1778, *Rockingham Memoirs*, II, pp. 347–48. 他的一份决议草案由伯克修正，参见 the Duke of Richmond to EB, 15 March 1778, Corr., III, pp. 419–20。1778 年 3 月 23 日，里士满要求发表演说以请求撤军，并于 4 月 7 日要求美国独立，参见 *Parliamentary Register* (Almon), X, pp. 369–70。

469　EB, Speech on Repeal of Declaratory Act, 6 April 1778, *W & S*, III, p. 374.

470　EB, Speech on Powys's Motion on American Commission, 10 April 1778, ibid., p. 376.

471　EB, Speech on North's Conciliatory Bill, 23 February 1778, ibid., p. 368.

472　EB, Petition for Bristol, February 1778, ibid., p. 370.

污。[473] 正如伯克年底向议会解释的, 英国"有责任"承认独立。[474]

法国的干预改变了这场博弈的性质。伯克后来说, 他从"美洲的每一次胜利中"看到了法国乃至西班牙海军力量日益崛起的萌芽。[475] 帝国已经分裂, 可能再也无法挽回, 美洲人与法国势力的"联合"给宗主国带来了恐惧的阴影。[476] 但是, 战争的残酷为改变路线提供了充足的理由。伯克曾多次谴责在美洲使用外国雇佣军, 在 2 月 6 日, 他对利用印第安人对抗殖民者的问题发表了看法。用沃波尔的说法, 这是伯克此次演讲的"精华"。[477] 印第安人发动战争的方式极其野蛮, 残害是最普遍的荣誉标志。[478] 伯克认为这意味着政府打算将征服战争变为威胁和恐怖战争。从前与野蛮部落交往是美洲政治的一个不可避免的特征, 但现在与土著人联盟既不正当也不必要。印第安人是遗留者而非真正的"民族", 因此在和平或战争时期几乎没有必要与其合作。[479] 伯克回顾说, 拉菲托和沙勒瓦提供了大量有关美洲土著人的野蛮行为的证据, 并强调他们的行为特点是不可改变的。在伯克心目中, 同印第安人联盟与煽动黑人奴隶是一回事, 正如 1775 年 11 月 7 日邓莫尔伯爵所说: 雇用一个残暴的民族对抗美洲人, 迫使他们无条件屈服是一种鲁莽的尝

473 EB, Fox's Motion on State of the Troops in America, *General Evening Post*, 12 February 1778.

474 EB, Speech on Army Estimates, 14 December 1778, W & S, III, p. 394.

475 EB, *Speech at Bristol Previous to the Election* (6 September 1780), ibid., p. 629.

476 Ibid., p. 646.

477 Walpole, *Last Journals*, II, p. 104.

478 EB, Speech on Use of Indians, 6 February 1778, *W & S*, III, p. 356.

479 WWM BkP 27: 244, reprinted in EB, Speech on Use of Indians, 6 February 1778, ibid., p. 365.

试。[480]

本次会期结束时，由卡莱尔率领的和平委员会队伍被派出：该队伍4月离开，11月返回，这是一项注定要失败的任务。[481] 在伯克看来，13个"民主政体"不会轻易接受政府的提议，只有政府一方改变"主意"，才有希望赢得美洲各殖民地的支持。[482] 4月7日，在上议院的激烈交锋之后，查塔姆几乎喘不过气来。诺斯对他的领导能力表示怀疑，尽管国王很快坚定了他的决心。在这段时间里，反对派变成了反对内阁政策的少数派，尽管关于组建新政府的谈判从未取得实质进展。[483] 伯克将此时的国家政治比作"停滞的池塘"，甚至水流的余波都和反对派作对。[484] 战争策略现在从陆战转变为依赖海军，但直到1781年军事僵局才被打破。在1778年11月26日召开的新的议会会期上，罗金汉派将精力集中在区分这场愚蠢的美洲战争和与法国的必要较量上。随着西班牙有望加入法国战争，伯克对政府的目光短浅感到震惊。[485] 即使如此，直到1779年复活节休会后，罗金汉派才开始攻击对美洲的政策。然后，3月29日，一个调查战争情况的委员会成立了，该委员会从4月22日一直持续到6月30日。一项就"普遍和特殊军事问题"向康沃利斯提问的动议，成功地将政府多数票降至181票，反对票为158票。[486] 政府不稳定了，罗金汉辉格党受到鼓舞，伯克

---

480 Ibid., p. 359.

481 福克斯和伯克认为该措施"太晚了"，参见 report on North's Conciliatory Bill, *General Evening Post*, 19 February 1778。

482 EB, Notes on North's Instructions to American Commission, WWM BkP 6:121.

483 Ritcheson, *British Politics and the American Revolution*, chapt. 7.

484 EB to Richard Champion, 9 October 1778, *Corr.*, IV, p. 25

485 EB to Philip Francis, 24 December 1778, ibid., p. 33.

486 *St. James's Chronicle*, 29 April–1 May.

热情洋溢地说："几乎我们所有的朋友都非常希望能够重振英国"。[487]

　　然而，即使反对派联合起来，政府的立场依然坚定。在6月写给钱皮恩的信中，伯克说内阁大臣们是"如此精神抖擞"。[488]随着大批流亡者以及马里兰和弗吉尼亚的效忠者宣布支持国王，政府内的情绪也被调动起来。[489]伯克对这种难以动摇的自满感到惊讶。伯克称，英国与西班牙关系的破裂已经"成为事实"，第二天诺斯就在下议院宣布了这一决裂。这实际上是"一份战争宣言"，伯克在16日写给钱皮恩的信的附笔中提到。[490]同一天，他在下议院猛烈抨击内阁："除了法国和美洲的战争外，每当提到西班牙战争，内阁是何等轻蔑？"[491]6月11日，伯克坚持认为英国缺乏"对成功的长远期望"。[492]5月13日，他在下议院问道："不是已经放弃依赖美洲了吗？"[493]但如今，在西班牙支持法国的情况下，形势更加令人绝望：英国人不得不为生存而挣扎。诺斯的失职证明对他的弹劾是正当的，伯克在6月16日的干预中呼吁了这一点。[494]第二年秋天，似乎只有英国政策的"彻底"失败才能为和解开辟道

512

487 EB to the Marquess of Rockingham, 30 April 1779, *Corr.*, IV, p. 65.

488 EB to Richard Champion, 15 June 1779, ibid., p. 89.

489 内阁希望忠于王室的人能够团结起来，为英国带来胜利，参见 P. J. Marshall, *The Making and Unmaking of Empires: Britain, India, and America c.1750–1783* (Oxford: Oxford University Press, 2005), pp.357–58。

490 EB to Richard Champion, 16 June 1779, *Corr.*, IV, p. 91.

491 EB, Speech on Breach with Spain, 16 June 1779, *W & S*, III, p. 446.

492 EB, Meredith's Motion for Peace with America, *Gazetteer*, 15 June 1779.

493 EB, *Parliamentary History*, XX, col. 758.

494 EB, Speech on Breach with Spain, 16 June 1779, *W & S*, III, p. 447. 他甚至起草了弹劾条款，参见 EB, Articles of Impeachment, Autumn 1779, ibid., pp. 454–63。

路。[495]1780 年 11 月 1 日, 国王在议会会期开幕式上的演讲强调了在法国和西班牙的威胁下, 英国在佐治亚和卡罗来纳取得的成功。[496]讽刺的是, 此时王室军队在南方战区正遭受阻力。1781 年 3 月 15 日, 在吉尔福德市政府战役中遭受严重损失后, 康沃利斯撤退到北卡罗来纳的威尔明顿, 然后又撤退到弗吉尼亚。冲突的高潮即将来临。[497]

1781 年 5 月 30 日, 哈特利提出向美洲寻求和解的动议, 促使伯克贬低政府当前的策略, 即释放不满的效忠分子反对胜利的叛军。[498]6 月 12 日, 康沃利斯承认美洲无法被征服, 福克斯重申了哈特利的和平呼吁。他想起本杰明·富兰克林的一个比喻, 就是把当前的冲突比作一次血腥的十字军东征, 内阁大臣们宣称要解放殖民地, 实际上却以残酷的征服威胁它们。[499]当美洲纳撒内尔·格林将军在卡罗来纳和佐治亚肆意驰骋时, 伯克感到反叛军正在占据优势。他写信给波特兰说, 这场战争看上去"正在迅速衰败"。[500]康沃利斯从北方得到增援后, 在弗吉尼亚的约克镇为自己加固了通往海岸的防线。9 月 5 日, 法国在切萨皮克湾战胜了格雷夫斯上将, 切断了康沃利斯军队的补给路线和逃生路径。在遭受围困和连续轰炸之后, 英军在 1781 年 10 月 19 日投降。1782 年 2 月 22 日, 康威提出动议, 认为国王应该发表结束战争的演说, 该动议以一票之差未能通过, 但在五天后的再次表决中获得通过。次日, 伯克用欢快的

495　EB to the Marquess of Rockingham, 16 October 1779, *Corr.*, IV, p. 155.

496　*Parliamentary History*, XXI, col. 809.

497　Piers Macksey, *The War for America, 1775–1783* (Lincoln, NE: University of Nebraska Press, 1964, 1993), chapt. 23.

498　*Parliamentary History*, XXII, cols. 354–56.

499　Ibid., cols. 514–15.

500　EB to the Duke of Portland, ante 24 October 1781, *Corr.*, IV, p. 380.

语气写信给本杰明·富兰克林："我相信这将促使两个英格兰民族迅速达成和平协议，也许是全面的和平。"[501]

在 1782 年 3 月中旬起草的一份备忘录中，伯克概述了交战双方达成和解的设想。美国独立已成定局，但这并不排除与英国重新建立正式政治关系的可能。他认为，美洲有可能被引导承认英国国王。另外，《航海法案》也可以得到恢复和修正。[502] 在伯克思考与美洲重新交往的可能性时，诺斯递交了辞呈。4 月，下议院最终投票结束了这场战争。在最早提出和平协议到达成协议期间，罗金汉派上台执政，但很快就下台了。因此，和平条约是由谢尔本领导的内阁协商达成的。伯克认为，从英国的角度看，和平条款很糟糕，不足以抵消对前殖民地的慷慨让步。[503] 现在，"地球上一个新的地方"出现了"一个新民族的新国家"，英国和其他欧洲国家不得不达成协议，认可它的存在。[504]《巴黎条约》于 1783 年 9 月 3 日缔结。[505] 前年 2 月，伯克在下议院批评和平提案时，抱怨政府准备放弃的东西太多了。大西洋彼岸的大片领土被割让，但是几乎没有得到美洲人的报答；法国和西班牙已经获得奖赏；效忠者的处境非常难堪。[506] 次月，在与美洲进行贸易谈判时，伯克建议不要建立一个戒备的监管体系。[507] 英国的根本目标应当是确保在美洲新政权中的利益，

513

501　Ibid., p. 419.

502　WWM BkP 27: 219.

503　*Morning Chronicle*, 27 February 1783.

504　WWM BkP 6: 165.

505　关于巴黎和平谈判，参见 P. J. Marshall, *Remaking the British Atlantic: The United States and the British Empire after American Independence* (Oxford: Oxford University Press, 2012), pp. 34–54。

506　EB, Debate on Preliminary Articles of Peace, 17 February 1783, *Parliamentary History*, XXIII, cols. 466ff.

507　EB, Debate on American Intercourse Bill, 7 March 1783, ibid., cols. 611–14.

同时探查他们对老敌人英国的立场。在他看来，"一场伟大的革命已经发生"。[508] 英国应当稳定其在新秩序中的地位。想到目前的局势起源于一场空洞的争端，仍令人唏嘘不已。

正如《巴黎条约》达成三年前，伯克在一封信中所说的："一场无聊的争吵"导致失去了半个帝国。[509] 这种情况不仅一直在恶化，而且也极度令人沮丧。约克镇战役后，伯克写信给富兰克林说，尽管他一向不会沾沾自喜，但他过去总是为国家的强大感到高兴，帝国使他充满了自豪感。[510] 但现在，他感到"支撑自豪感的所有支柱都坍塌了"。[511] 对帝国的荣誉感和尊严感建立在它作为大西洋英国人群体守护者的基础上。在伯克看来，帝国权威应当基于它愿意充当守护者，并以此能力传播正义。那么，令帝国四分五裂的"无聊争吵"是什么呢？伯克认为，正是"对平等的愤怒"点燃了美洲战争。[512] 他后来用"强制性平等征税的不愉快的幽灵"来界定这种症状。[513] 这违背了殖民地居民一直寻求的"公正的平等"。伯克的判断源于古典的正义理论：如果分配符合不同的功绩，则可视为公平分配；如果无差别的平等适用于每一种情况，就会带来不平等的正义。[514] 无差别的平等不得不在不平等的情况下强制执行，并

514

508　WWM BkP 6: 165.

509　EB to Job Watts, 10 August 1780, *Corr*., IV, p. 261. Cf. EB, Speech on Trade Concessions to Ireland, 6 December 1779, *W &S*, IX, p. 542: "我们在纯文字上的抽象争论，引起了美洲战争。"

510　EB to Benjamin Franklin, post 20 December 1781, *Corr*., IV, p. 396.

511　Ibid.

512　EB to John Bourke, November 1777, ibid., III, 403.

513　EB to Samuel Span, 23 April 1778, ibid., p. 433.

514　关于"区别"的经典出处，可在亚里士多德的《尼各马可伦理学》第五卷（Aristotle, *Nicomachean Ethics,* Book V）中找到，尽管早前柏拉图就以数学和几何比例提出了这种概念，参见 Plato, *Gorgias*, 508a1–9。

利用愤怒的手段来实施它。在"平等征税"的名义下，对平等
服从的愤怒释放了一种统治精神。

此外，正是对这种"平等原则"的承诺促使政府拖延了
冲突。这是一个源于"欺骗"并由"戒备"与"恶意"维持的
承诺：宣扬既然人人平等，那么所有人必然同样腐败，内阁和
反对派都是一样的。[515] 因此，公众虽然鄙视政府的行为，但也
认为没有必要支持其对手。这就保护了政府免受公共意见的评
判，而使英国因为缺乏"节制"而陷入悲惨命运。[516] 值得注意
的是，1774 年后，伯克拒绝将此类"平等的愤怒"归咎于美洲
人，尽管后来正是人的"平等"权利成为他控诉法国革命的基
础。[517] 起初，他敏锐地意识到美洲人的共和热情和民主态度。
反叛似乎是这些态度的产物。1775 年 3 月，罗金汉派宣布以
和解作为政策基石后，从政治上来说，更应该顺应而非谴责殖
民地的现有趋势。1789 年后，伯克的观点是，可以在实践中
和道德上逐渐包容美洲追求的目标。[518] 相比之下，法国革
命则令人憎恶。1797 年，他在撰写有关法国事务的文章时

---

515 EB to Richard Champion, 9 October 1778, *Corr.*, IV, p. 25.

516 EB to the Duke of Portland, 25 May 1782, ibid., p. 455.

517 比较伯克对美洲和法国的看法，参考 J. C. D. Clark, "Burke's Reflections on the Revolution
in America (1777): OR, How Did the American Revolution Relate to the French?" in Crowe
ed., *An Imaginative Whig*, ed. Crowe. 关于当时的美洲和法国，参见 Jacques Godechot, *La
grande nation: L'Expansion revolutionaire de la France dans le monde de 1789 à 1799* (Paris:
Aubier, 1983), chapt 1; Robert R. Palmer, *The Age of Democratic Revolution* (Princeton, NJ:
Princeton University Press, 1959–64), 2 vols. 关于"美国革命是冷静和保守的，而法
国革命是混乱和激进的"论述，参见 Gordon S. Wood, *The Radicalism of the American
Revolution* (New York: Vintage, 1991), p. 231。

518 EB, *Appeal from the New to the Old Whigs*, p. 38: "他认为当时美洲人与英国的关系，就像
1688 年英格兰与国王詹姆斯二世的关系一样。"

515　坚持认为，法国和美洲的情况"相去甚远"。[519] 托马斯·杰斐逊在 1789 年 1 月与理查德·普莱斯进行的一次交流中表示，正是美国革命首先为法国革命的爆发奠定了基础。[520] 同年 3 月，普莱斯告诉约翰·亚当斯，正是美国独立战争首先释放了"在整个欧洲大陆发挥作用"的"精神"。[521] 总的来说，伯克的批评者认为这两场革命是相同的，而伯克则将它们完全区分开来。1791 年，约瑟夫·普里斯特利写道："我觉得不可思议的是，一位公开宣称支持美国革命的朋友竟然是法国革命的敌人。"[522] 但对伯克来说，如果要理解这两个事件的前因后果，就必须将它们区分开来。

519　EB to William Windham, 12 February 1797, *Corr.*, IX, p. 241. Cf. EB, Debate on Fox's Motion to Send a Minister to Paris, 15 December 1792, *Diary*, 17 December 1792: "谈及潘恩和富兰克林所犯的罪行之差异，伯克先生说，这就像法国和美国革命之间的差异一样大。"

520　Thomas Jefferson to Richard Price, 8 January 1789, *The Papers of Thomas Jefferson*, ed. Julian F. Boyd (Princeton, N J: Princeton University Press, 1950–), 40 vols. to date, XIV, pp. 420–24.

521　Richard Price to John Adams, 5 March 1789, *The Correspondence of Richard Price*, eds. W. B. Peach and D. O. Thomas (Durham, NC: Duke University Press, 1994), 3 vols., III, p. 208.

522　Joseph Priestley, *Letters to the Right Honourable Edmund Burke* (Birmingham: 1791), p. iv. Cf. Charles Pigott, *Strictures on the New Political Tenets of the Rt. Hon. Edmund Burke* (London: 1791), p. 21.

第十章
糟糕的事态：马德拉斯和孟加拉，1777—1785

10.1　导　语

在伯克思考与美洲殖民地签订正式协议可能有助于结束两年来的愤怒战争时，印度事务被意外推上了议会议程。1776年8月，皮戈特勋爵被强制摆免马德拉斯总督的职务，在此之后，伯克将注意力转移到次大陆事务上。从1777年春开始的两年里，他尤其关心帝国南部的事态发展。最终，在1779年夏，他与威廉·伯克联合出版了《征服伊斯兰教徒的政策》。[1]该书试图揭露东印度公司员工同阿尔乔特的纳瓦布在印度南部卡纳提克地区实施的掠夺行为有关。纳瓦布借助公司高层官员获得贷款，由此开展了一系列征服活动。由于他的成功是偿还债务的先决条件，因此显赫的公司官员决心为他的掠夺提供便利。当纳瓦布穆罕穆德·阿里南下向海角挺进，并征服其他与之竞争的王朝时，他把目光投向坦焦尔王国肥沃的土地。为支持这项征服事业，公司内部的一些任性因素事实上颠覆了公司的官方政策。英国的权力和资源交由一个新起的掠夺者支配，这使得公司不得不通过代理人来实现帝国统治。在伯克看来，纳瓦布的武力扩张计划是典型的专制篡夺行为，这种行为长期以来与"东方"权力的倾向有关。面对这种残酷的掠夺和压迫，伯克提出英国应通过捍卫德干地区现有的领土边界来维护目前的占有。只有这样，古老的印度宪法才能抵御"伊斯兰教

1　*Public Advertiser*, 22 June 1779.

徒"的野蛮征服。

517   伯克对次大陆事务的理解借鉴了 18 世纪 60 年代开始出现的英国历史著作。对于从 17 世纪晚期耶稣会文学中幸存下来，并一直延续到孟德斯鸠著述中的高度系统化的观点，罗伯特·奥尔姆和亚历山大·道等评论家都表示怀疑。英国的观察家们提出，像阿尔乔特的纳瓦布这样的地区指挥官的残暴行为是 1707—1740 年间莫卧儿帝国解体的一个征兆。与此同时，人们普遍认为，这场近期才爆发的掠夺性扩张侵犯了 12 世纪以来从伊斯兰教的各种浪潮中幸存下来的原始印度教权利。1779 年后，一种说法让伯克感到越来越不安，即对印度现有亲王国和财产的最大威胁与其说是像阿尔乔特的纳瓦布那样的机会主义者的野蛮行径，不如说是英国军队在马德拉斯和孟加拉的至上权力。1780 年，随着美国战争耗尽了议会的精力，改革运动在英国各郡展开，爱尔兰的志愿军队伍不断壮大，伯克对次大陆的关注从南部回到了北部。对孟加拉最高司法法院判决引起的争议，促使伯克开始思考南亚传统背景下开明司法程序的限度。对英国法律管辖范围的争议导致了印度事务特别委员会的成立。1781—1783 年间，伯克在该委员会中发挥了重要作用。同时，为应对海达尔·阿里在卡纳提克的军事行动，议会成立了一个由亨利·邓达斯担任主席的秘密委员会。印度现在是英国议会关注的焦点。相比于其他问题，伯克首先致力于探究次大陆的问题。

  伯克撰写了印度事务特别委员会有史以来最尖锐的报告。在 1783 年 6 月至 11 月间，伯克发表了第九份和第十一份报告，对东印度公司的政治和商业畸形进行了透彻分析，此时，伯克在福克斯－诺斯联合政府中担任军队主计官。政府很快就承诺提出改革东印度公司的措施，英国在亚洲领土的管理责任将交给一个由议会成员组成的委员会。换句话说，公司将受到外部监管。同时，庇护权和监督权从宫廷中分离出来。随着 1783 年印度法案的失败和政府的垮台，伯克对印度人所遭受的待遇越来越感到愤怒。南亚的管理一直以来由东印度公司负责，而公司则认为民众福祉无关紧要。公司的目标不是良好的治理而是公司利益。值得注意的是，它追求的利益是政治性的，而非严格意义上的商业利益。1784 年，伯克在海达尔·阿里摧毁卡纳提克后重新思考马德拉斯事宜，他对这一地区英国官员漠不关心的态度感到震惊。伴随着饥荒的威胁和水库的毁坏，公司将注意力集中在债务而非民众繁荣上。现在，伯克致力于揭露根深蒂固的剥削制度，开始将目光投向沃伦·黑斯廷斯，他在担任印度总督十年后回到了英国。

518

10.2 皮戈特勋爵、阿尔乔特的纳瓦布和坦焦尔拉贾

1784 年，在《国富论》第三版中，亚当·斯密评论了1773 年《东印度公司管理法案》为何未能结束印度政府的管理不善。虽然东印度公司一度扩充了加尔各答的国库，并扩大了对大片领土的控制权，但它逐渐"浪费并摧毁了"它所获得的东西。[2] 事实上，斯密认为，18 世纪 60 年代和 70 年代的政治和金融改革可能使糟糕的局面更加恶化。如果说，在威斯敏斯特干预前，印度商界对其臣民的漠不关心非常明显，那么在政府采取措施后，如减少公司股息和利润份额，商界也没有表现出一定的责任感。[3] 自公司首次接受议会质询以来，已过去18 年，现在其正面临破产的可能。所有挽救英国东方财富的计划都使斯密倾向于一个特定的结论：东印度公司"不适合"管

---

2 Adam Smith, *An Inquiry into the Nature and Causes of Wealth of Nations*, ed. R. H. Campbell and A. S. Skinner (Indianapolis, IN: Liberty Fund, 1976), 2 vols., II, p. 753. 关于斯密立场的讨论，参见 Robert Travers "British India as a Problem in Political Economy: Comparing James Steuart and Adam Smith," in Duncan Kelly ed., *Lineages of Empire: The Historical Roots of British Imperial Thought* (Oxford: Oxford University Press, 2009).

3 Smith, *Wealth of Nations*, II, pp. 752–53.

理其领地。⁴ 早在 1776 年，在第一版《国富论》中，他就已经强调了北美殖民地赖以繁荣的政府形式与破坏孟加拉的政府形式之间的区别：必须从根本上区分这两个地区的法律精神和文本。⁵ 此时，伯克同样确信《东印度公司管理法案》无法改善次大陆的行政管理；但与斯密不同的是，他相信公司能在原则上形成一个法治政府（a government of laws）。⁶ 在接下来的几年，伯克对这一前景越来越没有信心。虽然他仍坚定地认为东印度事务应不受王室控制，但也相信公司的掠夺行为可追溯到斯密所说的"不可抗拒的道德原因"，这是由伦敦的董事们管理次大陆的商业管理方式所固有的。⁷

4　Ibid., p. 753. 关于在《国富论》第三版中新增的 "几乎所有关于特许贸易公司的不合理和有害性的叙述"，参见 Smith, Letter to William Strahan, 22 May 1783, *The Correspondence of Adam Smith*, eds. Ernest Campbell Mossner and Ian Simpson Ross (Indianapolis, IN: Liberty Fund, 1977, 1987), p. 266。

5　Smith, *Wealth of Nations*, I, p. 91.

6　1776 年的《年鉴》（伦敦：1777）对《国富论》作了敷衍的评论，其作者不详。从杜加尔·斯图尔特与伯克的谈话记录中可以看出伯克对斯密的《国富论》的赞赏，载于 Burke/Stewart Correspondence at the Centre for Research Collections, Edinburgh University Library, Dc. 6. 111: "Memoir Written on a Visit to Lord Lauderdale with Mr Burke and Adam Smith" (1784)。关于伯克和斯密的关系以及他们在学术上的联系的评论，参见 Bisset, *The Life of Edmund Burke* (London: 2ⁿᵈ ed., 1800), 2 vols., II, p. 429; Jacob Viner, *Guide to John Rae's Life of Adam Smith* (New York: A.M.Kelly, 1965), pp. 23–33; James Conniff, "Burke on Political Economy: The Nature and Extent of State Authority," *Review of Politics*, 49:4 (Autumn 1987), pp. 490–514; Donald Winch, *Riches and Poverty*, part II。这些作品都没有讨论他们对东印度公司的共同兴趣。Carl B. Cone, *Burke and the Nature of Politics: The Age of the American Revolution* (Lexington, KY: University of Kentucky Press, 1957), p.326 and *Burke and the Nature of Politics: The Age of the French Revolution* (Lexington, KY: University of Kentucky Press, 1964), pp.490–91, 否认了他们的想法有任何明显的重叠。

7　Smith, *Wealth of Nations*, II, p.752. 伯克对 1773 年法案失败的详细看法，载于 EB, *Ninth Report of the Select Committee* (25 June 1783), *W & S*, V, pp. 198–222。成立特别委员会是为了对孟加拉最高法院的行为进行调查。斯密对贸易公司的指诉，参见 A. W. Coats, "Adam Smith and the Mercantile System" in A. S. Skinner and Thomas Wilson eds., *Essays on Adam Smith* (Oxford: Oxford University Press, 1975)。更详细的探讨，参见 Sankar Muthu, "Adam Smith's Critique of International Trading Corporations: Theorizing 'Globalization' in the Age of Enlightenment," *Political Theory*, 36:2 (April 2008), pp. 185–212。另见 Emma Rothschild, "Adam Smith in the British Empire" in Sankar Muthu ed., *Empire and Modern Political Thought* (Cambridge: Cambridge University Press, 2012)。

这并不意味着伯克对印度问题的评估发生了全新的变化。[8]然而，这确实代表着他对公司罪恶有了新的认识。这一认识来源于伯克对印度南部事态发展的深切关注。1777 年 6 月 9 日，他匆忙给罗金汉写了一张便条，提醒他准备一封由威廉·伯克亲自交给"马德拉斯的短命总督"皮戈特勋爵的信。[9]1776 年 3 月以来，威廉一直积极寻求在印度的发展，以此来挽回他 1769 年因东印度公司股票崩盘而毁掉的财务状况。[10]1774 年威廉失去议会席位后，债主们要求还债，因此他必须抓住机会，作为伦敦董事会的信使，向马德拉斯传达命令。[11]罗金汉希望他能在这个过程中与皮戈特总督保持联系。[12]1776 年 8 月 26 日，皮戈特与马德拉斯理事会的多数成员在科罗曼德尔海岸被公司军队的阴谋分子囚禁，原因是他在与卡纳提克的纳瓦布（穆罕默德·阿里·汗·瓦莱贾，驻扎在阿科特）的持续争端中支持坦焦尔拉贾（图尔贾吉）。[13]1766 年以来，皮戈特与他的兄弟休·皮戈特海军上将一直是罗金汉派的盟友。1777 年初春，

520

8　Conor Cruise O'Brien, *The Great Melody: A Thematic Biography and Commented Anthology of Edmund Burke* (London: Sinclair-Stevenson, 1992), p. 257; Frederick Whelan, *Edmund Burke and India: Political Morality and Empire* (Pittsburgh, PA: University of Pittsburgh Press, 1996), p. 44. 另见 F. P. Lock, *Edmund Burke: 1730–1797* (Oxford: Clarendon Press, 1998–2006), 2 vols., II, p. 35, construing EB to Lord Macartney, 15 October 1781, *Corr.*, X, p. 11, 这与伯克反对 1773 年的《管理法案》相反。事实上，伯克批评其理由仍保持不变，并隐含在 1783 年的《福克斯法案》中：在给马戛尔尼的信中，他只承认 1781 年的《管理法案》是对 1773 年法案的更新和扩大，但通过这种方式，内阁的权力至少更大了。

9　EB to the Marquess of Rockingham, 9 June 1777, *Corr.*, III, p. 347.

10　伯克于 1775 年 11 月 29 日向董事会递交了一份"备忘录"，表明愿意担任"秘书，或任何最需要他担任的职务"，参见 AAC, IOR/J/1/9, fols. 232–3。

11　AAC, IOR, Court Minutes, B/93, pp. 145–46.

12　The Marquess of Rockingham to EB, 9 June 1777, *Corr.*, III, p. 347.

13　卡纳提克从南部莫卧儿帝国组织的残余中崛起，参见 J. F. Richards, "The Hyderabad Karnatik, 1687–1707," *Modern Asian Studies*, 9:2 (1975), pp. 241–60。

卡纳提克政变的消息传到伦敦，罗金汉夫人协助组织了一场运动，促使伦敦股东大会将皮戈特总督复职。[14]4月2日，伯克记录了他对皮戈特在3月31日投票中取得"压倒性胜利"的喜悦。[15]股东大会本来决定在适当的时机将皮戈特和他的理事会召回伦敦，但威廉8月经苏伊士运河到达马德拉斯时，皮戈特已在被俘期间死于圣托马斯山。[16]

这一结果加剧了关于皮戈特总督职位的争议。一位评论家认为，因为"过分热爱财富和权力"，皮戈特在印度南部领导了一个"暴力和专制"的政府。[17]但是皮戈特支持者们致力于挽回其声誉，而他的诋毁者们则决心揭露他的缺点。[18]在皮戈特的支持者看来，印度已经落入贪婪和腐败之人的手中，成为"压迫、算计、奴役和暗杀的舞台"。[19]皮戈特的命运就体现了这种无法无天的堕落。面对诺斯在马德拉斯任命新总督和新理事会的决定，乔治·约翰斯通在下议院提出一系列决议，要求恢复皮戈特的职位并解雇他的对手们，以此作为一个计划中的法案动议的前奏。该提案旨在"更好地稳固我们在东印度群岛的殖民地"。[20]在1777年5月21日的辩论中，伯克发言，赞

14　EB to Lady Rockingham, 28 March 1777, *Corr.*, IX, p. 414.

15　Ibid., p. 415.

16　关于任命一个"临时政府"来取代皮戈特，参见 AAC, IOR/E/4/867, fol. 237。

17　[Anon.] *An Inquiry into the Conduct of Lord Pigot, from his Arrival at Fort St. George, to his Expedition to Tanjore* (London: 1778), Preface.

18　例如，参见 Alexander Dalrymple, *The Very Extraordinary Revolution which Happened in the Fort. St. George* (London: 1777)。

19　[Anon.], *An Impartial View of the Origin and Progress of the Present Disputes in the East India Company, Relative to Mahomed-Ally Khan, Nabob of Arcot, and Tulja-gee, Raja of Tanjore* (Edinburgh: 1777), p. 5.

20　Debate on the Affairs of the East India Company, 21 May 1777, *Parliamentary History*, XIX, col. 276.

同约翰斯通支持罗金汉派路线的决议。他认为以圣乔治堡派系
泛滥为由，惩罚马德拉斯管辖区叛乱的受害者是荒谬的。这将
导致阿尔乔特的纳瓦布在德干地区掌控公司，因为"这位君
主"已成为煽动分裂以满足其自身利益的能手。[21] 福克斯观察
到，政府内部那些急于阻止美洲叛乱的人"可能同样是东方叛
乱的敌人"。[22] 伯克也有同感，认为"他们不满足于西方殖民
地的叛乱，一定要在东方也有叛乱"。[23] 全面召回相当于宽恕
违抗命令的行为，这一举动将动摇东印度公司在亚洲的地位。
约翰·林德在一本攻击皮戈特敌人的小册子中说，公司的命运
取决于马德拉斯叛乱的解决，这将最终决定"我们公共信用的
稳定性"。[24]

　　在现存的就约翰斯通决议发表的演讲笔记中，伯克同样指
出了这场迫近危机的规模。如果不能在印度南部恢复应有的从
属关系，英国在次大陆的地位可能面临威胁。在马德拉斯管辖
区屈从于皮戈特敌人的意愿，就是屈服于穆罕默德·阿里的计
谋。他雇用了东印度公司军队来扩大他对东南地区的控制，这
笔军事花销使他负债于公司雇员。实际上，这使他的债权人不
得不维持他的地位，以便他能偿还欠款，结果债权人和一个他
们不能自由支配的联盟捆绑在一起。[25] 具体而言，这意味着公
司无法得罪纳瓦布，永远会为了纳瓦布的目标而扭曲政策。在
伯克看来，孟加拉理事会在追认马德拉斯理事会叛乱时佐证了

21　*Morning Post,* 26 May 1777; cf. *Parliamentary Register* (Almon), VII, p. 231.

22　*Morning Post,* 26 May 1777.

23　EB, Speech on Restoring Lord Pigot, 22 May 1777, *W & S,* V, p. 40.

24　John Lind, *Defence of Lord Pigot* (London: 1777), p. 2.

25　J. D. Gurney, "The Debts of the Nawab of Arcot, 1763–1776" (PhD Thesis, University of Oxford, 1967) .

这一点：他们抱怨说，"纳瓦布对皮戈特的行为感到不满"。[26]
伯克从一封信的印刷版本中获得了这一信息，信中概述了孟加拉理事会对马德拉斯事件的反应。根据诺斯《东印度公司管理法案》的规定，马德拉斯辖区隶属于孟加拉当局，作为总督，沃伦·黑斯廷斯有权要求皮戈特对他违逆"纳瓦布的意志"负责。[27] 然而，这一谴责违背了公司的指示，并暗示纳瓦布应决定英国在该地区的政策。它还认为，伦敦管理层的作用就是批准任何可能满足纳瓦布的措施。如果内阁现在决心惩罚皮戈特，并为圣乔治堡任命新官员，那么阿尔乔特的纳瓦布的计划将得到英国政府的认可，纳瓦布在事实上将拥有"半个印度帝国"。[28] 这是一种令人不安和担忧的前景，如果穆罕默德·阿里转而效忠法国，支持法国人的野心，那么英国在次大陆可能无法立足。[29]

皮戈特曾被派去科罗曼德尔海岸，任务是将公司在该地区的地位恢复到1763年他第一次担任总督时的状况。1775年12月他回国后，纳瓦布穆罕默德·阿里在该地区的权力有所增长：最初他试图在基斯特纳河南部到特里奇诺波利间的领土上建立一个稳固的王国，然后进一步向南推进到科摩林角，侵扰信奉印度教的马拉瓦尔邦，例如拉姆纳德和锡沃根加，并和泰

26　EB, Speech on Restoring Lord Pigot, 22 May 1777, *W & S*, V, p. 38–39. 黑斯廷斯对该措施的赞同，参见1776年9月18日他写给乔治·斯特拉顿的信，Add. MS. 29137, fol. 338。

27　*Copy of a Letter from the Governor-General and Council, to George Lord Pigot, President &c. of the Council at Fort St. George* (London: 1776), p. 1.

28　EB, Speech on Restoring Lord Pigot, 22 May 1777, *W &S*, V, p. 38. 参见1781年《年鉴》(伦敦，1782) 中的"欧洲历史" (p.176)：有评论认为，印度王公们已经成为"大英帝国首都阴谋的缔造者和各政党的领导者。"

29　EB, Speech on Restoring Lord Pigot, 22 May 1777, *W & S*, V, p. 39.

米尔纳德邦的波利加人一起攻击蒂鲁内尔维利的朝贡王公们。[30]
坦焦尔王国是沿海最富有、最肥沃的地区，是最具吸引力的潜
在战利品，1773 年，它被正式吞并，随后被赠给纳瓦布的小
儿子。[31]利德贺街的董事们要求皮戈特扭转这一局面。《年鉴》
随后对他们的政策做出解释，他们担心穆斯林势力的扩张会
以牺牲他们的利益为代价，认为恢复拉贾将"安抚本土印度
人的心态"。这一举动反过来也可能安抚信奉印度教的马拉塔
人——"一个强大而好战的民族"。如果马拉塔人被挑动起来
反抗英国在印度的利益团体，法国可能会寻求与印度教徒联盟
来对抗他们的敌人。[32]从这个角度看，保护坦焦尔已成为英国
的理性选择。拉贾的支持者倾向于通过与莫卧儿在该地区不稳
定的统治相比较，来强调他们统治的正当性，例如，莫卧儿会
因"一时兴起而任命"纳瓦布。[33]这一论点可以从奥姆的《英
国在印度斯坦的军事行动史》中获得支持，这本书将德干的领
土划分为由伊斯兰教徒（欧洲人"不恰当地称他们为摩尔人"）
统治的区域和由"原始王公或拉贾"统治的区域。[34]在奥姆看来，
随着奥朗则布死后，莫卧儿政权的瓦解，南方穆斯林统治者越来越
多地在没有皇帝或苏巴达尔支持的情况下通过阴谋诡计获得地位：

523

30　Jim Phillips, "A Successor to the Moguls: The Nawab of the Carnatic and the East India
Company, 1763–1785," *International History Review*, 7:3 (August 1985), pp. 364–89, esp.
p.368; K. Rajayyan, *The Rise and Fall of the Poligars of Tamilnadu* (Madras: University of
Madras Press, 1974).

31　K. Rajayyan, *A History of British Diplomacy in Tanjore* (Mysore: Rao and Raghavan, 1969).

32　"The Chronicle," in *The Annual Register for the Year 1777* (London: 1778), p. 253.

33　Ibid., p. 252.

34　Robert Orme, *A History of the Military Transactions of the British Nation in Indostan, from
the year 1745, to which is Prefixed a Dissertation on the Establishments Made by Mahomedan
Conquerors in Indostan* (London: 1763–1778), 2 vols., I, pp. 35–36.

他们是反叛领主们的异议依附者。[35] 相比之下，图尔贾吉的父亲则"通过王国中主要人物的普遍赞同"获得王位。[36] 林德后来称，这使他具有与英国威廉三世相同的地位。[37]

当皮戈特奉命前来修复纳瓦布"吞并坦焦尔"造成的破坏时，他遭到马德拉斯理事会中大多数人的反对。[38] 人们情绪高涨，如果纳瓦布穆罕默德·阿里被剥夺了对坦焦尔的税收权——这是其偿还公司官员债务的重要保障，那么英国殖民地有权势的成员将面临潜在的毁灭。[39] 勇敢的皮戈特选择了极端的行动，他暂停了乔治·斯特拉顿与亨利·布鲁克在马德拉斯理事会中的职务，从而以微弱的优势获得了多数票，以执行董事会关于坦焦尔局势的指令。皮戈特是否有权推翻其辖区理事会的决定？在皮戈特死因的调查中，被告坚称皮戈特无权这么做，强调他行为的不规范和傲慢。[40] 伯克承认，皮戈特的做法不同寻常，尽管他注意到他对手的行为更加极端。[41] 他们自己的证

---

35 较为近期的分析，参见 Susan Bayly, *Saints, Goddesses and Kings: Muslims and Christiansin South Indian Society, 1700–1900* (Cambridge: Cambridge University Press, 1989), chapt. 4。

36 Ibid., p.112.

37 Lind, *Defence of Lord Pigot*, p. 4.

38 这句话出自 1775 年 4 月 12 日董事会致圣乔治堡的一封信中给皮戈特的指示，这封信转载于 *Copies of Papers Relative to the Restoration of the King of Tanjore, the Arrest of the Right Hon. George Lord Pigot, and the Removal of his Lordship from the Government of Fort St. George* (London: 1777), 2 vols., I, p. 1。

39 关键的讨论，参见 Gurney, "Debts of the Nawab of Arcot"; Jim Phillips, "The Development of British Authority in Southern India: The Nawab of Arcot, the East India Company, and the British Government, 1775–1785" (PhD Thesis,Dalhousie University, 1983)。

40 *Defences of George Stratton, Esq., and the Majority of the Council at Madras, in Answer to the Accusation of Murder Brought against them for the Supposed Murder of Lord Pigot*(London: 1778),passim.

41 EB, Speech on Restoring Lord Pigot, 22 May 1777, *W & S*, V, p. 38. 皮戈特为自己在该事件中的行为的辩护，可见 *Lord Pigot's Narrative of the Late Revolution in the Governmentof Madras, 11 September 1776* (London: 1777)。

据显示，这些对手采取了暴力手段来制止为公司政策服务的违规
行为。在伯克看来，"他的对手和他一样都不合规"。[42] 但是，
这只是一种修辞上的轻描淡写。正如伯克继续阐明的那样，皮
戈特描述的马德拉斯"近期发生的非凡革命"动摇了英国政府
在东印度群岛的制度根基。[43]

524

东印度公司对其次大陆领土的管理最终依赖于一个军事政
府制度。正如亚当·斯密所说，任何商业管理制度在性质上都
不可避免地具有"军事和专制"性质。[44] 一个商人组成的理事
会永远不可能因民众对其权威的尊重而获得民众支持。因此，
由于无法自然地激发民众的敬畏之心，他们不得不将"武力"
作为保证民众服从的最后手段。[45] 伯克认为，由于公司的建立
是基于征服而非民众同意，它的正当性只能从民众安全的角度
来证明。在此情况下，只有公司官员的服从才能保证"民众的
自由"。[46] 这种自由自然不是全面的自由：真正的自由是把安
全与代议制中体现的民众同意结合起来。伯克解释道，"目前"
还不可能把以辉格党原则为基础的宪法自由体系引入东方的
治理体系。但他继续说，牺牲唯一一种不负责任却可以使民众
"容忍"的统治制度，将是致命的错误。[47] 不负责任的权威之所
以可以被忍受，是因为它仍然可以以个人自由的形式为民众提
供保护。

---

42 EB, Speech on Restoring Lord Pigot, 22 May 1777, *W & S*, V, p. 38. 皮戈特反对者对其行
    为的描述，可见 *The Following Facts are Taken from the Consultations of the Presidency of
    Fort St. George, and Lord Pigot's Letters to the Court of Directors* (London: 1777)。

43 这句话出自皮戈特 1776 年 10 月 15 日给董事会寄出的信，参见 Pigot's *Letter to the
    Court of Directors* (London: 1777), p. 1。

44 Smith, *Wealth of Nations,* II, p. 638.

45 Ibid.

46 EB, Speech on Restoring Lord Pigot, 22 May 1777, *W & S*, V, p. 39.

47 Ibid.

伯克在这里所想的自由，显然不是通过民众对制度化权力的约束而行使的公共自由，而是免受任意伤害的自由和私人财产的安全。在不负责任的政府统治下，这些自由可以在两个条件下得到保护：第一，军事政府通过民事部门行使权力来自我调节；第二，严格遵守各部门的适当从属关系，包括军队对民事部门的例行服从。然而，反对皮戈特的起义颠覆了政府各部门的从属关系，打破了权力平衡，使天平偏向于军队而非民事政府。这使人们怀疑英国对其次大陆的领土的控制是否可行，"下级是否要推翻上级"，军队是否会"凌驾于"民事权力，一个假借阿尔乔特的纳瓦布之名的"外国王公"是否会把自己强加于英国的"内政理事会"。[48]

就像当前美洲的情况一样，马德拉斯的局势引发了叛乱的正当性问题。在美洲危机中，伯克一直关注这个问题。1789年后这个问题再次困扰着他。伯克认为，当一种来自民众的政府形式不再符合它建立的目的时，诉诸武力来纠正不满"也许是正确的"。[49]但这适用于一个基于同意或者公共事业原则的自下而上的政府，在这样的政府下，被统治者期望通过一个规范而有效的程序要求统治者承担责任。但是，基于纯粹服从原则的自上而下管理的政府，却被官员的不服从所摧毁：在这种情况下，叛乱通过攻击政府赖以建立的原则完全颠覆了政府的权利。[50]根据对马德拉斯叛乱的了解，伯克现在似乎认为，通过绝对的政府管理偏远的殖民地导致了两个突出的问题。第一，正如我们所见，存在着维持有序服从的问题。皮戈特的反对者拒绝服从的反抗凸显出这种安排在南亚的不稳定

525

性，引发了对公司事务展开新调查的担忧。伯克明确表示，他过去对调查感到恐惧，并不是出于对调查的厌恶，而是出于他所认为的调查的目的。伯克重申，调查的目的实际上是为了提高"宫廷的权力"，这一目的不应与建立"民众控制"（*Public Control*）相混淆。[51] 他承认，民众控制是可取的。但此时出现了影响英国印度统治的第二个问题，即如何通过程序审查使一个缺乏公众问责的行政管理机构承担责任。

对权力的审查是使其文明化的一种手段。由于英国对东印度领土的管理采取绝对政府的方式，因此，除了维持有序的指挥结构外，保证权力的运用免于沦为专制是非常关键的。这意味着需要确保东印度公司的命令与公民自由相容，或者，用休谟的话说，绝对政府将以文明的形式进行部署：虽然可能缺乏民众控制，但臣民的自由将得到保障。[52] 早在 1773 年，伯克就想对公司权力进行预防性制约，以此保障公司的自主权。他认为，这些限制可以由议会制定的、由公司自己管理的法律法规来提供。他认为，英国政府直接侵犯公司特权只能是对"必要性"或是对公司"违法行为"的回应。[53] 这两个标准在 16 年后伯克的《法国革命反思录》中再次出现，作为判断革命正当性的手段，前者是明确的，后者是隐秘的，在法国的情况中，这

526

51　Ibid., p.36.

52　David Hume, "Of Liberty and Despotism" in *Essays, Moral and Political* (Edinburgh: 1741), reprinted as "Of Civil Liberty" in idem, *Essays and Treatises* (London: 1758), p. 60: "现在可以肯定，文明的君主政体（这是以前赞扬共和国时所说的）是一个法治的政府，而不是人治的政府。人们发现，它在某种程度上容易受到秩序、方法和常性的影响。财产在那里是安全的，工商业得到鼓励，艺术得以繁荣。"同样的判断也适用于法国，参见 EB, *Reflections*, ed. Clark, p. 295 [189]。然而，在反对休谟的同时，伯克最终还是会珍视混合政体下的自由安全，而不是现代君主制下所享有的自由，参见 EB, *Letter to the Sheriffs of Bristol*, 3 April 1777, *W & S*, III, p. 299, and above, chapt. 8, sect. IV。

53　关于这一话题，参见第 9 章第 3 节，第 13 章第 3 节。

两个标准都不适用。[54]印度的情况则明显不同。在围绕诺斯《东印度公司管理法案》的辩论中，争论的焦点不是民众抵抗的权利，而是政府违背契约义务的正当性问题。伯克认为，诺斯不能将"必要性"作为违背契约义务的理由，因为他的政府并没有面临真正的生存危机。他说，"必要性是一件永远不能弄错的事情，它没有任何程度之别……它站在悬崖上"。[55]同时，他继续说，理论上，如果公司的违法行为被证明是相当"严重的"，就可以认为公司已经丧失了其权利，但在实际中，这些违法行为必须是被"查明的"。[56]然而，由于威廉卷入了马德拉斯争议，伯克对东印度公司的了解越来越多，并开始怀疑他们的行为是否违法。

在1777年6月9日写给菲利普·弗朗西斯的一封信中，伯克承认，他最近将注意力集中在美洲事务上，忽视了对"东方政治"现状的观察。[57]他第一次遇到弗朗西斯是在四年前。在弗朗西斯赴任孟加拉理事会的新成员前，通过共同的朋友约翰·布尔克，伯克第一次在英国见到了弗朗西斯。[58]伯克在1777年的信中提醒他，威廉即将到达马德拉斯，有可能向北到达弗朗西斯在孟加拉的基地。[59]伯克在给弗朗西斯的信中写道，对当时英国政治而言，美洲的情况并不是最重要的，但它

54　参见第13章。

55　WWM, BkP 9: 17.

56　Ibid.

57　EB to Philip Francis, 9 June 1777, *Corr.*, III, p. 349.

58　EB to John Bourke, 12 October 1773, *Corr.*, II, p. 471. 关于他们首次见面的情况，可见弗朗西斯给伯克作品编辑的一封信，1812年5月30日复制于WWM BkP 31:16。

59　约翰·布尔克（John Bourke）为伯克的信做了准备，1777年4月29日他写信给菲利普·弗朗西斯，提醒他威廉·伯克要到马德拉斯了："如果威廉去了孟加拉"，通过帮助伯克"最亲密的朋友"，"你就有机会实现为伯克效劳的愿望了"。参见 Joseph Parkes and Herman Merivale, eds., *Memoirs of Sir Philip Francis* (London: 1867), 2 vols., II, pp. 100–01.

比印度次大陆更"令人分心"，因此得到了下议院的关注。[60]
此外，正如他 5 个月后抱怨的那样，议会"对这些问题并不怎么关注"。[61] 只有当《东印度公司管理法案》即将到期时，政府才会采取行动，目的是确保"王室对公司的权力"。[62] 然而，就他自己而言，在威廉接受任命成为坦焦尔拉贾的代理人，并于 1778 年 5 月 6 日返回英国后，伯克更勤勉地投入到对印度南部事务的研究中，也对那里的情况越来越感到担忧。[63]

527

　　弗朗西斯听从伯克的建议，于 1777 年 10 月给在马德拉斯的威廉写信，敦促他不要卷入"我们该死的印度政治"。他暗示，情况几乎不可挽回地恶化了，他预测，如果加尔各答目前的最高权力拥有者们受到相应的惩罚，他们就会"垮台"。[64] 一年后威廉回到英国，向弗朗西斯清楚表明了他对坦焦尔事务的投入。他解释道，拉贾希望英国不要"掺和"自己的事务，只要在他和他的邻居间保持"中立"即可。[65] 这是 1778 年威廉代表拉贾向诺斯提交的一份文书中的观点。[66] 图尔贾吉（Tuljaji）是一个"凶残的、灭绝性的制度"的受害者，这种制度通过粗

60　EB to Philip Francis, 9 June 1777, *Corr.*, III, p. 349.

61　EB to John Bourke, November 1777, *Corr.*, III, p. 404.

62　Ibid.

63　Lucy S. Sutherland, *The East India Company in Eighteenth Century Politics* (Oxford: Oxford University Press, 1952), p. 328.

64　WWM, BkP 1: 996, 1 October 1777.

65　WW, BkP 1: 1118, 14 December 1778.

66　威廉·伯克的《代表坦焦尔国王致诺斯勋爵的文书》（*Memorial on behalf of the King of Tanjore Presented to Lord North*，London: 1778）可见 AAC, Home Miscellaneous, 284，在威廉写给菲利普·弗朗西斯的一封信中提到了该文书，参见 WWM, BkP 1: 1118。在 1779 年 2 月 4 日写给伯克的一封信中，乔治·约翰通对该文件进行了温和的批评，参见 WWM, BkP 1: 1133。1780 年 6 月 1 日，威廉·伯克在信中将该文件和《坦焦尔国王回忆录》（*Memorial of the King of Tanjore* (London: 1778)，可见 AAC, MS. Eur. E. 36, pp. 817–30）寄给了查尔斯·詹金森，该信请见 ADD. MS. 38404, fol. 166。

暴的武力合理化了。威廉认为，统治权可以通过时效、有效授权和合法惯例来为自身辩护，但绝不能通过简单的权力事实来证明。[67] 伯克无疑深化了政治服从的隐含概念：武力事实永远无法为主权的权利辩护，这是一个普遍的伯克式论点。

大约在同一时期，威廉还整理了《坦焦尔国王回忆录》。他认为，由于印度南部的斗争发生在莫卧儿帝国解体之时，德干的领土权只能以目前的占有权为基础。[68] 这一表述很可能出自伯克之手，这也成为他在随后几年里关于印度南部的著作中的一个主要判断。[69] 威廉提供的信息引发了伯克对马德拉斯事态发展的愤怒，但司法方面的回应很可能源于埃德蒙。[70] 在 1780 年 12 月 2 日给诺斯内阁一位成员的信中，伯克表达了他对南方态势的忧虑，并袒露对 "英国人在印度对本地人的不端行为，以及本地人对合法政权的不服从印象深刻"。他深信 "世界上那个地区的情况非常糟糕"，并正在寻找某种形式的补救方法。[71] 1779 年 6 月，《征服伊斯兰教徒的政策》出版，这是他朝着这个方向努力的第一步。这本小册子是威廉作为坦焦尔拉贾代

67　William Burke, *Memorial to North*, pp. 10, 14.

68　Ibid., p. 13. 伯克认为因袭权利来自现时占有，参见本书第 5 章第 4 节，第 12 章第 3 节。

69　埃德蒙和威廉这一时期在坦焦尔问题上的密切合作可以从埃德蒙对威廉作品的详细注释中看出来，参见 "Reflections on the Nabob [of Arcot]'s Debts, written in 1778. By W. B.," Bodl. MS. Eng. Hist. C. 17, fols. 318–60, 其中包括埃德蒙对威廉的财务计算的重新核计。

70　EB to Lord Loughborough, 17 December 1780, Unpublished Letters, III, p. 947, 伯克认为自己与威廉的观点一致。

71　EB to Unknown, 2 December 1780, Corr., IV, p. 320; cf. EB to Lord Loughborough, 24 December 1780, Unpublished Letters, III, p. 949: "一些改革应该非常迅速的进行，通过给予仍然存在的印度政府以保障，恢复那些被压迫和掠夺、遭遇如此多最不人道处境的可怜民众的自然政府。"

理人行动计划的一部分，但埃德蒙是其主要合作者。[72]

10.3 《征服伊斯兰教徒的政策》

1778 年卡纳提克的纳瓦布的一个代理人约翰·麦克弗森（John Macpherson）向议会递交了一份请愿书，目的是把坦焦尔王国交还给纳瓦布，随后两位伯克酝酿了《征服伊斯兰教徒的政策》（以下简称《政策》）。威廉·伯克同拉贾的另一个代理人威廉·沃德格拉夫一道，希望在埃德蒙的支持下安排一次对这一请愿的反诉。然而，这两项请愿都被拒绝了，但次年麦克弗森发动了一场新的运动，试图再次说服议会：1779 年 2 月 10 日他告知沃伦·黑斯廷斯，"坦焦尔的全部事务"很快将被提交给下议院。[73] 他和他的堂兄詹姆斯·麦克弗森合编了一个小册子——《关于征服坦焦尔和复辟拉贾的考虑》（以下简称《考虑》），想以此作为说服议会的依据。《征服伊斯兰教徒的政策》是两位伯克对麦克弗森兄弟的"回应"。威廉后来说，《关于征服坦焦尔和复辟拉贾的考虑》的意图是为一个"受压迫"的王公辩护，他被一个掠夺的纳瓦布的支持者们炮制的虚假陈述诱骗了。[74]

麦克弗森兄弟隐约承认，自从法国在印度南部的势力衰落后，科罗曼德尔海岸的事态发展使东印度公司处于一个反常的位置。在与法属东印度公司的较量中，他们被拉入敌对联盟，在 1760 年代，他们继续参与到地区友好势力的野心之中，这

529

72　Whelan, *Burke and India,* pp.31–32, 136–37, 一般认为这是伯克的作品，但显然威廉在其写作中扮演了主要角色，参见 William Burke to Charles Jenkinson, 1 June 1780, ADD. MS. 38404, fol. 166. Nonetheless, various manuscript pages from the *Policy* survive in Edmund's hand among the Northamptonshire MSS. (A. xiv. 9; A. xxix.54; and A. xxxvi.3).有关细节，参阅 P.J.Marshall in *W & S,* V, p. 41。

73　Add. MS. 29143, fol. 53.

74　William Burke to Charles Jenkinson, 22 August 1780, Add. MS. 38404, fol. 172.

使他们不可避免地卷入该地区的政治。尽管公司根据其特许状的条款从事贸易活动，但公司也有义务保护自己的"财产和商业"。正如《考虑》所说，这并未赋予公司独立征服的权利，但确实使它扮演了"地方长官辅助者"的角色。[75] 麦克弗森兄弟认为，这不过是为一个可信赖的盟友提供了可靠的支持，但对两位伯克来说，这扰乱了印度南部的政治。威廉和埃德蒙对卡纳提克局势的最初看法大多数源于马德拉斯一个公司雇员威廉·罗斯的描述。罗斯能讲流利的马拉地语，能翻译坦焦尔国王的书信。[76] 罗斯认为，虽然拉贾倾向于沉浸在放荡的宫廷享乐中，但他是一位温和能干的统治者，深受坦焦尔人的爱戴，而且从根本上说，他的意见和视野都很虔诚。相较而言，纳瓦布是一个贪婪而野蛮的暴君，专注于个人利益的扩张，因此对公司构成了威胁。[77] 罗斯声称，穆罕默德·阿里一直在向英国人借钱，以贿赂公司官员，让他们参与到南方的各种征服计划中，"掠夺这个国家所有的印度教王公"。这使马德拉斯的英国政府和该殖民地的各类商人更注重在次大陆增加私人财富，而非提高当地居民的总体福祉。这削弱了公司的政治权威，导致其"摇摇欲坠的权力"逐渐走向消亡。[78] 在这里，罗斯批评的不是英帝国的权力，而是它在印度政治中的腐败和滥用行为。这一观点也传递给了威廉和埃德蒙。

罗斯认为，1770年以后，德干地区的条件明显恶化，阿尔

75　James Macpherson and John Macpherson, *Considerations on the Conquest of Tanjore and the Restoration of the Rajah* (London: 1779), p. 67.

76　在装订成册的笔记中，可以找到罗斯给威廉·伯克写的一封内容丰富的简信，参见 "Correspondence Relative to the Kingdom of Tanjore in the Years 1777, 1778, 1779 & 1780," Add. MS. 39856。

77　Ibid., fols. 5–6.

78　Ibid., fol. 10.

乔特的纳瓦布的主要代理人——先是麦克弗森兄弟，后是劳克林·麦克莱恩——影响了纳瓦布对自身地位和权利的看法，激发了他在该地区扩大权力的渴望。无处不在的"贷款交易"助长了他的野心，也助长了公司的贪腐文化。[79] 在罗斯看来，纳瓦布最终将试图取代英国在南部地区的地位。与此同时，公司成为暴君手中的压迫工具，导致"英国曾经可敬的名誉，如今变得令人厌恶"。[80] 纳瓦布造成的破坏是压倒性的："封臣（Polygars）和拉贾，甚至那些受公司特别保护的人也被剥夺了财产，其他人则受到不公正要求的侵扰，公司债务没有得到偿还，整个地区的人口在减少，英国法律在马德拉斯境内本应保护臣民免受压迫，但实际上却使暴力行为实施者免受惩罚"。[81] 坦焦尔是这种普遍的贪婪精神的受害者，最突出的是，在英国支持下，纳瓦布对拉贾连续进行了两次战争，第一次在 1771 年，第二次在 1773 年。威廉和埃德蒙在《政策》中的总体立场是，这两次侵略都公然违反了《1762 年条约》中的条款，这一条约后来被《巴黎条约》追认，其界定了拉贾和纳瓦布的关系。图尔贾吉成功挡住了对其领土的第一次进攻，但在第二次进攻中被废黜了。他的王国任由侵略者摆布，直到 1776 年在皮戈特的干预下，拉贾才得以复辟。据称，这些侵略行为的动机被纳瓦布代理人编造的一系列借口所掩盖。《政策》系统性地摧毁了阿尔乔特的纳瓦布支持者们编造的所有可疑的辩护。

威廉和埃德蒙称，《考虑》的作者在推进他们的论点时故意忽略了争议性论述，主要是乔治·劳斯和约翰·林德的论

79　Ibid., fol. 14.

80　Ibid., fol. 10.

81　Ibid.

述。劳斯是议会议员和东印度公司的顾问，出版了《坦焦尔国王的复辟》，以此作为对公司董事们立场的总体辩护，并反对1777年出版的两本小册子，即《关于坦焦尔的事实》和《与坦焦尔有关的原始文件》。[82]《关于坦焦尔的事实》试图宣扬图尔贾吉的放荡行为，使其统治丧失正当性。[83] 劳斯的反对策略是将穆罕默德·阿里描述为"穆斯林征服精神"的典范。[84] 根据这种说法，穆斯林征服精神是8个世纪以来，波斯、阿拉伯和北亚的军事冒险者相继涌入次大陆的历史性征服浪潮的遗产。这导致了一个执政的伊斯兰"国家"统治了人数更多的当地居民，但宗教差异使得这些居民无法"同征服者结合"。以至于"时至今日，印度人仍是一个完全不同的种族，即便是在伊斯兰教政权统治下的地区也是如此"。[85]

531   正如劳斯所言，阿尔乔特的纳瓦布延续了原始的篡夺精神，试图在欧洲贸易公司到来后的新地缘政治背景下继续扩张。在引入诺斯《东印度公司管理法案》的争议中，托马斯·伯纳尔把东印度公司在孟加拉的腐败归咎于它必须同时扮演商人和君主这两种相互矛盾的角色。[86] 但印度南部的情况不同，其后果可以说更糟糕。劳斯指出，商业和统治权在马德拉斯辖区也是"统一"（united）的，但某种程度上与北方的安排不同：在卡纳提克，公司权力涉及在不承担责任的情况下使用"武力"。[87] 公司官员是

---

82   George Rous, *The Restoration of the King of Tanjore Considered* (London: 1777); Anon., *Letter from Mohammed Ali Chan... to which is Annexed A State of the Facts relative to Tanjore* (London:1777); Anon., *Original Papers relative to Tanjore* (London: 1777).

83   Anon., *State of the Facts*, pp. 34–35.

84   Rous, *Restoration of the King of Tanjore*, p. 26.

85   Ibid., p.3.

86   Thomas Pownall, *The Right, Interest, and Duty of the State, as Concerned in the Affairs of the EastIndies* (London: 1773), pp. 8, 42.

87   Rous, *Restoration of the King of Tanjore*, p. 1.

地区权力斗争的仲裁者，而不是像孟加拉的公司官员那样，是最高权力的持有者：麦克弗森兄弟指出，"他们无法赋予自己最高权力"。[88] 在这种情况下，如《政策》所说，马德拉斯辖区"选择让一支英国军队服从一个野蛮人的野心"。[89] 这种代理关系意味着，英国在该地区的主导权被用于压迫穆斯林，"一个基督教的自由民族"的资金被用于维护东方专制主义。[90] 这种专制主义的特点是以不断的压迫和勒索的形式无视财产。公司通过这种方式支持一个暴君，使"亚洲的贪婪得到了欧洲艺术和纪律的支持"。[91] 在两位伯克看来，这是通过破坏具有约束力的条约义务实现的，这与卡纳提克的领土完整原则相冲突，并扰乱了该地区政治的自然秩序。《政策》所遵循的方法是对每项违规行为逐一进行取证审查，以揭露公司的政治失能。其目的是"找出原因而忽略人"，归罪于系统而非个别人："我努力把自己限制在措施本身……总是选择集体描述；只讨论以公司职能采取的行动。"[92]

为了使这一控告取得成功，面对阿尔乔特的纳瓦布的主张，拉贾的权利必须得到维护。麦克弗森兄弟一直将坦焦尔的拉贾描述为纳瓦布的封建附属，且他没有履行交纳贡品（*Peshkash*）的义务。[93] 自皮戈特争议爆发以来，纳瓦布代理人的主要策略就是将图尔贾吉描述为穆罕默德·阿里的附庸，但这在 1777 年受到约翰·林德的质疑，林德坚持认为"坦焦尔不是封地，而是

532

---

88 Macphersons, *Considerations*, p. 67.

89 William Burke and EB, *Policy of Making Conquests for the Mahometans* (1779) in *W & S*, V, p. 102.

90 Ibid., pp.118–19.

91 Ibid., p.114.

92 Ibid., pp.61–62.

93 沃伦·黑斯廷斯认同这些观点，参见 P. J. Marshall, *The Impeachment of Warren Hastings* (Oxford: Oxford University Press, 1965), p. 9。

世袭王国"。[94] 他引用奥姆来支持这一历史判断，威廉和埃德蒙后来也采纳了这一判断。[95] 他们抗议说，拉贾不是"封臣"或"附庸"，而是"世袭王公，拥有不受侵扰的领地"，他的亲王国"一直在继承中延续"。[96] 此外，王公和民众的和谐关系使拉贾建立了富裕的政权，他壮丽的王宫就是例证。劳伦斯上校对辉煌王宫的描绘在理查德·欧文·坎布里奇的《对印度战争的记述》中得以再现，这被认为是坦焦尔在被阿尔乔特的纳瓦布征服前的繁荣状态的证明。[97] 据称，拉贾和民众间的和谐关系依赖于一种"宗教和礼仪"的共同文化，这种文化维系着臣民的效忠。[98] 这些共同的习惯、惯例和原则不可避免地产生了一种"互惠的不公"，两位伯克认为这是家长制而非宪政的基础。[99] 一个穆斯林统治者的暴力干预打破了这种"自然的"从属关系，在"较温和"和"较听话"的印度人之间引入了一种压迫性和进取性的统治。[100] 这次权力转换的最大受害者与其

94　Lind, *Defence of Pigot*, p. 8.

95　参见 Orme, *Transactions*, I, pp. 111–13。

96　William Burke and EB, *Policy of Making Conquests for the Mahometans* (1779) in *W & S*, V, pp. 63–64, 49.

97　Ibid., p.65, 此处引用 Richard Cambridge, *An Account of the War in India* (London: 1761), p. 58。

98　William Burke and EB, *Policy of Making Conquests for the Mahometans* (1779) in *W & S*, V, p.49.

99　Ibid., p.113.

100　Ibid. 这一时期的文献中满是所谓的印度教徒的温和，例如，参见 Luke Scrafton, *Reflections on the government of Indostan, with a Short Sketch of the History of Bengal, from 1738 to 1756* (London: 1770), p. 16; Alexander Dow, "A Dissertation concerning the Customs, Manners, Language, Religion and Philosophy of the Hindoos" in *The History of Hindostan from the Earliest Account of Time to the Death of Akbar, translated from the Persian of Muhummud Casim Ferishta of Delhi; together with a Dissertation Concerning the Religion and Philosophy of the Brahmins, with an Appendix, Containing the History of the Mogul Empire from its Decline in the Reign of Muhummud Shaw, to the Present Times* (London: 1768–72), 3 vols., I, p. xxxiv; Adam Smith, *Wealth of Nations*, II, p. 732。

说是"王公的权利"，不如说是受穆斯林闯入者支配的"悲惨"民众：坦焦尔人对征服者的"极端憎恨"是《政策》展开分析的一个基本判断。[101]

拉贾的资历同纳瓦布的资历形成鲜明对比，纳瓦布是劫掠"冒险家"穆罕默德·安瓦鲁丁的次子，最初被任命为德里莫卧儿皇帝手下德干地区的苏巴达尔的军事总督（*Faujdar*）。[102]这种政府体系的"妙处"使纳瓦布的统治有可能实现，也驱使他贪得无厌地进行征服。[103]事实上，这意味着实行所谓的灭绝政策，根据这一政策，他将"近二十位当地的世袭王公"作为目标，并试图将其消灭，坦焦尔的拉贾就是一个很好的例子。[104]在《英国在印度斯坦的军事行动史》中，奥姆讲述了1761年英国人在本地治里击败法国人后，穆罕默德·阿里就开始侵扰所有他"有借口追究责任的""酋长和封臣"，包括卡纳提克地区的大马拉瓦尔和小马拉瓦尔。[105]在两位伯克看来，这表现出纳瓦布的贪婪、野心和恶毒。[106]公司本身的结论是，纳瓦布重新设计马拉瓦尔人的社会组织基础的计划需要采取"残忍的极端手段"。[107]这种掠夺性征服的影响包括颠覆王室、根除贵族和破坏制造业阶层，最终导致贫困和人口减少。[108]两位伯克承认，英国人无法与印度本地专制主义的残酷无情相提

533

---

101 William Burke and EB, *Policy of Making Conquests for the Mahometans* (1779) in W & S, V, pp.112–13.

102 Ibid., p.63.

103 Ibid., p.114.

104 Ibid., p.114.

105 Orme, *Transactions*, II, p. 725.

106 William Burke and EB, *Policy of Making Conquests for the Mahometans* (1779) in *W & S*, V, p. 66n.

107 Ibid., p.104.

108 Ibid., p.114–16.

并论，但他们确实为其提供了武器支持。[109] 马德拉斯辖区的特别委员会成立于 1769 年，目的是监管公司所得，它曾建议公司不要扩张，并敦促尊重"现有财产"，但这一建议从未被采纳，而征服政策却一直被奉行。[110]

在两位伯克开始写《政策》时，已经存在大量关于次大陆政府形式的文献。[111] 弗朗索瓦·伯尼尔曾将莫卧儿帝国描述为一种统治体系，在该体系中，各省的大领主（"Omrahs," *umara*）完全依赖于他们共同首领的恩惠。这意味着不存在欧洲意义上的贵族，因为财产由皇帝随意占有。[112] 因此，民事法律的数量保持在最低限度。由耶稣会传教士的信件编成的旅行报告《耶稣会士书简集》的一卷中，佩雷·布歇指出，在没有成文法的情况下，印度社会是按照宗教戒律来管理的。[113] 孟德斯鸠引用布歇的话，在《论法的精神》中重述了这一观点："当旅行者向我们描述专制统治的印度辖区时，他们很少提到民事法律。"[114] 这显然为他对东方政体下的无障碍权

534

109　Ibid., p.113.

110　Ibid., p.58.

111　有关讨论，参见 Asma Ahmad, "British Enlightenment and Ideas of Empire in India," *passim*; Marshall, *Making and Unmaking of Empires*, pp. 201–3; Robert Travers, "Ideology and British Expansion in Bengal, 1757–1762," *Journal of Imperial and Commonwealth History*, 33:1 (2005), pp. 7–27; Travers, *Ideology and Empire* , esp. pp. 58–66。

112　François Bernier, *The History of the Late Revolution of the Great Mogul... To which is Added, A Letter to the Lord Colbert* (London: 1671–72), 2 vols., I, pp. 30–31, 68–69. 参阅 Henri de Boulainvilliers, *Histoire de l'ancien gouvernement de la France* (The Hague: 1727), 2 vols., I, p. 67: "东方的野蛮法律摧毁了财产的所有权。"

113　"Lettre du Père Bouchet à M. le président Cochet de Saint-Vallier: de la religion et de l'administration de la justice," Pontichéry, 2 October 1714, *Lettres édifiantes et curieuses* (Paris: 1720), XIV, pp. 326–32.

114　Charles-Louis de Secondat, Baron de Montesquieu, *De l'esprit des lois* (1748) in *Oeuvres complètes,* ed. Roger Caillois (Paris: Galimard, 1951), 2 vols., II, Pt. I,Bk. VI, Chapt. 1.

力的概念提供了依据。他著名的主张是，这种政府包括一种缺乏中间权力和基本法律的行政体系。[115]孟德斯鸠进一步观察到，在穆斯林统治下的亚洲地区，绝对政府是伊斯兰精神的产物："只会用剑说话的伊斯兰教建立在破坏精神之上，并持续用这种精神作用于人。"[116]这种主张在让·查丁的《波斯游记》中也很突出，孟德斯鸠显然也研究过这部著作。[117]但怀疑论者尼古拉斯·安托万·布朗热（Nicolas Antoine Boulanger）扩展了这一论点，他是霍尔巴赫圈子（d'Holbach circle）的一位成员，他在1761年遗著《东方专制主义起源研究》中提出，专制是容易出错的人类倾向于盲目崇拜的产物，伊斯兰教神权政体就是一个经久不衰的例子。[118]然而，尽管先前存在的争论性文献对亚洲文化的解释产生了影响，但到18世纪60年代初，法国和英国关于莫卧儿政权的描述已经开始对次大陆的政治安排进行了更多历史上的细微分析。[119]

---

115 Ibid., pp.17–19. 关于孟德斯鸠对这一话题的讨论，参见 Robert Shackleton, *Montesquieu: A Critical Biography* (Oxford: Oxford University Press, 1961), p. 269; Sharon Krause, "Despotism in the *Spirit of the Laws*" in D. W. Carrithers et al. eds., *Montesquieu's Science of Politics: Essays on "The Spirit of the Laws"* (Oxford: Rowman and Littlefield, 2001)。关于他对君主制和专制主义的比较，参见 Sonenscher, *Before the Deluge*, pp. 121–49。关于"专制"在古代和现代的用法，参见 Richard Koebner, "Despot and Despotism: Vicissitudes of a Political Term, *Journal of the Warburg and Courtauld Institutes*, 14:3/4 (1951), pp. 275–302。关于这一论述在18世纪的发展，参见 Franco Venturi, "Oriental Despotism," *Journal of the History of Ideas,* 24:1 (January–March 1963), pp. 133–42; J. G. A. Pocock, *Barbarism and Religion II: Narratives of Civil Government* (Cambridge: Cambridge University Press, 1999),chapt. 7。

116 Montesquieu, *De l'esprit des lois*, II, Pt. V, Bk. 24, Chapt. 4.

117 Jean Chardin, *Voyages du Chevalier Chardin en Perse, et Autres Lieux de l'Orient* (Paris: 1811), 10 vols., V, p. 339. See Montesquieu, *De l'esprit des lois*, II, Pt. I, Bk. 2, Chapt. 5.

118 Nicolas Antoine Boulanger, *Recherches sur l'origine du despotisme oriental* (Paris: 1761).

119 关于英国的情况，参见 P. J. Marshall, "'A Free though Conquering People': Britain and Asia in the Eighteenth Century'in idem, *A Free though Conquering People: Eighteenth-Century Britain and the Empire* (Aldershot: Ashgate, 2003)。

亚伯拉罕·海辛斯·安吉提勒·杜佩隆的作品或许是最著名的例子。[120]1761 年，他在法国科学院关于拜火教的演讲摘录被转载在 1762 年的《年鉴》上，伯克在前言中赞扬杜佩隆的"美德和学识"，认为这与驱使欧洲殖民事业的"贪婪和野心"形成对比。[121]安吉提勒·杜佩隆在 1778 年的《东方立法》（*Législation orientale*）中对早期关于东方专制主义的说法提出了强有力的挑战。然而伯克对莫卧儿帝国政治的分析很大程度上依赖英国的历史资料，其中最突出的是前公司雇员罗伯特·奥姆和亚历山大·道的著作，尽管人们可以根据其分析所强调的方面，对他们的著作进行不同的解读。奥姆和道记述中的一个关键方面涉及 1707 年奥朗则布死后莫卧儿皇帝的命运：他们指出，从那时起，权力和主动权就被诸如孟加拉的纳瓦布和海得拉巴的尼扎姆之类的各省的强大副手从中央夺走了。[122]在各省副手

---

120 关于安吉提勒·杜佩隆，参见 George Sarton, "Anquetil-Duperron (1731–1805)", *Osiris*, 3 (1937), pp. 193–223; Siep Stuurman, "Cosmopolitan Egalitarianism in the Enlightenment: Anquetil Duperron on India and America," *Journal of the History of Ideas*, Vol. 68, No. 2 (Apr., 2007), pp. 255–78。关于他对孟德斯鸠的批评，参见 Frederick G. Whelan, "Oriental Despotism: Anquetil-Duperron's Response to Montesquieu," *History of Political Thought*, 22:4 (2001), pp. 619–47。关于他与伯克重合的部分，参见 Jennifer Pitts, "Empire and Legal Universalisms in the Eighteenth Century," *American Historical Review*, 117:1 (February 2012), pp. 92–121。

121 "Antiquities" in *The Annual Register for the Year 1762* (London: 1763), p. 103.

122 这一过程在近代史学中得到了广泛的研究。关于"概述"（Introduction），参见 C. A. Bayly, "Introduction" to idem *Rulers, Townsmen and Bazaars: North Indian Society in the Age of British Expansion* (Oxford: Oxford University Press, 1983, 2000)。关于中央和后来莫卧儿帝国统治下省份间的激烈斗争，参见 Muzaffar Allam, *The Crisis of Empire in the Mughal North India: Awadh and Punjab, 1707–1748* (Oxford: Oxford University Press, 1986, 2001)。关于印度社会权力平衡的转变，参见 C. A. Bayly, *Indian Society and The Making of the British Empire* (Cambridge: Cambridge University Press, 1988, 1993)。关于孟加拉，参见 Philip B. Calkins, "The Formation of a Regionally Oriented Ruling Group in Bengal, 1700–1740," *Journal of Asian Studies*, 99:4 (1970), pp. 799–806。关于阿瓦德，参见 Richard B. Barnett, *North India between Empires: Awadh, the Mughals, and the British, 1720–1801*(Berkeley, CA: University of California Press, 1980)。关于德干，参见 Karen Leonard, "The Hyderabad Political System and its Participants," *Journal of Asian Studies*, 30:3 (1971), pp. 569–82。

崛起之前, 除了印度教, 整个印度次大陆上存在着理查德·坎
布里奇所描述的"旧政府形式", 由当地拉贾和一些较小的朝贡
王公 (如泰米尔纳德邦的波利加尔人) 统治。[123] 然而, 从不同
角度剖析印度古宪法中莫卧儿时期和被征服前时期的部分的意
义, 会对后莫卧儿时代的政治正当性概念有不同的影响。[124]1779
年, 伯克把穆罕默德·阿里这样的南方穆斯林冒险家描述为伊
斯兰征服精神的残酷典范; 但后来他倡导在南亚建立规范政府
的理念, 即强调尊重民众权利和包容印度教文化。"简而言之",
伯克在黑斯廷斯审判结束时宣称, "孟德斯鸠从游手好闲且轻率
的旅行者那里听到的每句话都是完全错误的"。[125] 从这个角度看,
穆斯林的贪婪行为并不是地方性的, 而是一种迫切需要解释的
反常现象。

　　罗伯特·奥姆赢得了威廉·罗伯逊、约书亚·雷诺兹和詹
姆斯·博斯韦尔的赞赏, 他认识到印度政治文化的持久完整性,
也注意到穆斯林统治的反复无常。[126] 从他的著作中, 既可以找
到东方专制主义的证据, 也可发现温和统治的迹象。据奥姆估
计, 穆斯林居民超 1000 万人, 拉贾、小王公及其臣民在内的当
地人口与穆斯林居民的人数之比为 10 : 1, 这意味着后来的殖
民者有必要尊重穆斯林征服浪潮前的最初王公们, 条件是印度
王公提供适当的贡品。[127] 然而, 尽管事实上遵守了既定的习俗,

536

123 Cambridge, *Account*, p. xxiv.

124 Travers, *Ideology and Empire*, passim.

125 EB, Speech in Reply, 28 May 1794, *W & S*, VII, p. 265.

126 例如, 参见 James Boswell, *Boswell's Life of Johnson, Together with Journal of a Tour to the Hebrides and Johnson's Diary of a Journey into North Wales*, eds. G. B. Hill, rev. L. F. Powell (Oxford: Oxford University Press, 1934–50, 1971), 6 vols., III, p. 284。

127 Orme, *Transactions*, I, pp. 24–25. 这可与奥姆 1753 年作品中的描述作对比, 参见 Orme's 1753 *General Idea of the Government and People of Indostan* which appeared in Robert Orme, *Historical Fragments of the Mogul Empire, of the Morattoes, and of the English Concerns in Indostan* (London:1805)。

奥姆继续说，莫卧儿帝国的法律还是简化成了一些准则。十年后，在对次大陆相继出现的伊斯兰帝国的历史研究中，亚历山大·道重申了同样的观点：除了偶尔被写下来的宗教戒律和古老习俗，"印度斯坦的穆斯林教徒没有成文法律。"[128] 根据奥姆的说法，莫卧儿皇帝通过税收分配的方式，向政治封臣（领主）授予终身财产，在皇帝的副手死后，财产即归还皇帝。[129] 然而，与封臣的占有不同，"所有非封臣的地产都将传给自然继承人"。[130] 然而，道认为，财产的不安全影响了整个社会："最伟大的领主和最卑贱的臣民一样，其生命和财产都由皇帝支配。"[131] 奥姆和道展现了一幅复杂的印度政治图景：温和的专制主义。但两人认为，在莫卧儿帝国衰退的背景下，绝对权威正被移交给各省总督，总督的权力没有受到任何合理的制衡。[132]

537

埃德蒙和威廉在《政策》中的论点基于这种帝国衰落的景象，在这幅图景中，不可问责的中央权威正在被各省无良的军事总督侵占。在此过程中，他们暗示，在穆罕默德·阿里这样贪婪的新晋冒险家的征服精神复苏的压力下，莫卧儿皇帝让

---

128 Dow, *History of Hindostan,* I, p. xvi. 关于道的作品及其影响，参见 J. S. Grewal, *Muslim Rule in India: The Assessments of British Historians* (Oxford: Oxford University Press, 1927), chapt. 2; Ranajit Guha, *A Rule of Property: An Essay on the Idea of Permanent Settlement* (1963; Durham, NC: Duke University Press, 1996), pp. 12–36。

129 对莫卧儿贵族"封地"（*jagirs*）的理论和实际主张的差异，参见 John F. Richards, *The Mughal Empire* (Cambridge: Cambridge University press, 1993, 2008), p. 66。

130 关于"莫卧儿政府的领地格言"，参见 Orme, *Transactions*, I, p. 27. Cf. Nathaniel Halhed, *A Letter to Governor Johnstone on Indian Affairs* (London: 1783), p. 29。

131 Dow, *History of Hindostan*, p. xiv. Cf. William Watts, *Memoirs of the Revolution in Bengal Anno Dom. 1757* (London: 1764), p. 5："莫卧儿是财产的唯一拥有者，荣誉的唯一源泉，正义的最高神谕。整个国家属于他，所有荣誉都是个人荣誉……"

132 Dow, *History of Hindostan*, p. xvii. 由于他认为亚洲存在根深蒂固的专制，伯克后来称"道所论述的历史"在"世界上没有权威依据"。参见 EB, Speech in Reply, 5 June 1794, *W & S*, VII, p. 385。

印度教统治者的权力不受干扰的做法正在被打破。英国在该地区的责任应与它的利益一致，即通过推广开明实践和原则的好处，来改善其在次大陆的附属领地的状况。[133] 然而，英国人没有做他们明显应该做的事情，而是支持了由"伊斯兰教统治精神"激发的"不可容忍的专制主义"的事业。[134] 在实践中，这涉及以牺牲卡纳提克地区的有效权力平衡为代价，支持阿尔乔特的纳瓦布的侵略扩张。[135] 英国是南亚的外来侵入者，其军事和商业优势带来了不可避免的权力义务，即应根据自己的权力有效性来伸张正义。伯克敏锐地意识到，英国在次大陆的地位依赖于武力。他知道，东印度公司本身长期以来一直是一个增强帝国实力的军事组织。他在关于 1772 年《司法法案》的辩论中指出，"他们给了东印度公司一支 3 万人的军队和一支 90 艘船的舰队"。[136] 尽管其建立在鲜血和征服之上，伯克始终如一地捍卫英帝国在亚洲的主权权利，但前提是明智地行使这些权利。

在孟加拉，帝国的权利源于一场政府革命，其结果是由英国军队的优势决定的。在这个革命性变革的过程中，印度政治陷入了伯克所说的纯粹的"混乱"。[137]1773 年，在反思 1757—1765 年英国的命运时，他阐明了这一观点：克莱武和他的同事们在"刺客之眼"的指引下，被迫在敌对势力中采取必要行动。[138] 这里提及刺客，表明伯克明白暴力在取得统治权过程中

133　William Burke and EB, *Policy of Making Conquests for the Mahometans* (1779) in *W & S*, V, p. 114.

134　Ibid., pp.114–15.

135　Ibid., p.115.

136　EB, Speech on Judicature Bill, 30 March 1772, Eg. MS. 239, fol. 265.

137　EB, Proceedings against Clive, 21 May 1773, Eg. MS. 248, fol. 360.

138　Ibid.

的决定性作用。叙利亚暗杀组织的波斯创始人哈桑·萨巴赫在 18 世纪仍然有名，被称作"山中老人"，而他的追随者们则在 1758 年被瓦特尔称为冷酷残忍的典范。[139]1760 年，《年鉴》刊载的一篇文章，叙述了他无情的"血腥"措施。[140] 在伯克看来，声称英国的统治在刺客之眼下得到保护，这在很大程度上是拒绝用神秘来掩盖征服。他认为，指望以法律的文明阻止野蛮的征服是不合适的。[141] 但他进一步争辩说，在军事争夺中获得成功后，正义的责任会立即随之而来。

在印度南部，势力的平衡有些不同：英国的最高统治权不像在孟加拉那样以领土主权的形式存在。相反，公司被塑造成地区霸主，被嫉妒的对手包围。在享有优越地位的同时，公司还继承了具有约束力的政治责任。埃德蒙和威廉在《政策》中提出，维护卡纳提克地区地缘政治正义的责任同保持该地区各亲王国间的权力平衡是相辅相成的。这一义务必须从落实合法的政治边界开始。在 18 世纪 20 年代以来次大陆帝国不断解体的背景下，这意味着必须按照实际的"占有"来管理领土。[142] 恢复任何"过时的领土主张"都不符合英国的利益，更何况英国自己的领土所有权来自当前实际的占有。[143] 在这种所有权的基础上，英国人还享有至高无上的地位，他们事实上是卡纳提克的最终仲裁者，通过下辖的附属者来行使权力。与其臣民拥有相

---

139 Emer de Vatttel, *The Law of Nations*, eds. Béla Kapossy and Richard Whatmore (Indianapolis, IN: Liberty Fund), p. 559.

140 "An Account of the Origin, Customs, Manners, &c., of the Assassins of Syria," in *The Annual Register for 1760* (London: 1761), p. 57.

141 Proceedings against Clive, 21 May 1773, Eg. MS. 248, fol. 360.

142 William Burke and EB, *Policy of Making Conquests for the Mahometans* (1779) in *W & S*, V, p. 113.

143 Ibid.

同传统和文化的地方政府被置于公司和当地居民之间，迫使英国人需要通过当地代理人为其目的服务——"从智慧上讲，或许他们应该这么做"。[144] 在当时的情况下，这是唯一可接受的征服计划：保持文明和进步的前景，而不求助于直接服从的权宜之计，因为这很可能会引起反击。然而，公司没有继续文明征服的道路，反而陷入征用侵占的泥潭，成为穆斯林统治的工具，从而损害了英国的荣誉和国家理性。

10.4 秘密委员会、特别委员会和孟加拉司法法院

18 世纪 70 年代末，围绕皮戈特的免职事件，议会中的罗金汉派参与到印度政治中。尽管如此，当伯克专注于卡纳提克事务时，事实证明，孟加拉的事态发展同样具有争议性。1774 年 10 月，约翰·克莱弗林将军、乔治·蒙森上校和菲利普·弗朗西斯作为新任命的最高理事会成员抵达加尔各答，与理查德·巴维尔和沃伦·黑斯廷斯共事。黑斯廷斯于 1771 年春被任命为孟加拉总督，于 1772 年 4 月 13 日抵达孟加拉，接替约翰·卡地亚。在公司董事的指示下，他着手废除克莱武的双重政府体制，在这种体制下，纳瓦布的副手（奈布）——以穆罕默德·里扎·汗为代表——管理着迪万尼权。[145] 这一改革要求将孟加拉和邻近省份的领土收入交由东印度公司雇员直接管理。伴随职责的转移，法律管理也被重塑了。通过在加尔各答设立上诉法院，明确界定民事和刑事管辖权的界限，公司实现了一定程度的集权。在此过程中，柴明达尔的司法职能受到限

539

---

144 Ibid.

145 Keith Feiling, *Warren Hastings* (London: Macmillan, 1966), chapt. 8.

制，同时印度和穆斯林法律被编入法典。[146] 但是，当黑斯廷斯推行他的裁员和重组政策时，公司的管理也根据诺斯《东印度公司管理法案》条款进行了重组。英国在任命新成立的最高理事会成员的同时，还设立了一个最高司法法院，由伊利亚·伊佩担任首席法官，并任命了三名法官协助他。[147]

　　这些改革很快被各种复杂因素干扰。蒙森、克莱弗林和弗朗西斯抵达加尔各答不久，他们和黑斯廷斯的冲突开始显现，作为理事会中新的大多数成员，他们忙于寻找黑斯廷斯腐败的证据。[148] 弗朗西斯后来透露了他最初对于自身使命的理解。他在 1776 年前后出版的《自传》中写道，"我设想我们将拥有非凡的权力，来纠正大量的权力滥用行为"。[149] 上任一个半月内，他向约翰·布尔克吐露，他被派去"拯救和治理"一个"辉煌的"东方帝国，现在它"正在毁灭的边缘摇摇欲坠"。他的通信人被敦促"与奈德·伯克谈话"，提醒他孟加拉的事态已经"恶化"。[150] 弗朗西斯同黑斯廷斯的反对者们一起，向董事会发去了

540

146　M. E. Monckton-Jones, *Warren Hastings in Bengal, 1772–74* (Oxford: Oxford University Press 1918), p. 4; Neil Sen, "Warren Hastings and British Sovereign Authority in Bengal, 1774–80," *Journal of Imperial and Commonwealth History,* 25:1 (1997), pp. 59–81.

147　Misra, *Central Administration of the East India Company*, pp. 19–20.

148　关于弗朗西斯的职业生涯和抱负的重新评估，参见 T. H. Bowyer, "Philip Francis and the Government of Bengal: Parliament and Personality in the Frustration of an Ambition," *Parliamentary History*, 18:1 (1999), pp. 1–21。

149　Parkes and Merivale, eds., *Memoirs of Philip Francis*, I, p. 367.

150　AAC, MS. Eur. E. 13/A, fols. 37–44, corrected from Parkes and Merivale, *Memoirs of Philip Francis*, II, p. 18. 信件的副本，参见 WWM BkP 9: 114。关于弗朗西斯对伯克的影响，另见 Philip Francis to John Bourke, ibid., II, p. 64, and Philip Francis to John Bourke, 23 September 1776, AAC, MS. Eur. E. 13/C, fol. 790。

大量谴责总督行为的信件。[151] 这种敌意推动了撤回总督的行动，也刺激了黑斯廷斯在伦敦股东大会中的支持者。理查德·贝克尔于 1776 年 5 月在股东大会的一次会议上称，实际上，黑斯廷斯一手肃清了公司在印度东北部的"腐败和贪污"。[152] 同时，弗朗西斯正在搜集证据，质疑黑斯廷斯建立的新的税收制度的公平性。黑斯廷斯基于公司与阿瓦德维齐尔的同盟关系打击罗希拉斯人的做法也受到严格审查。同时，最高理事会与孟加拉司法法院间的摩擦变得明显，这对《东印度公司管理法案》本身的可行性提出了挑战。该法案将于 1779 年到期，公司特许状则要在一年内更新。考虑到这些截止日期，1778 年夏，约翰·罗宾逊开始在财政部草拟一项新的解决方案。[153] 1780 年 1 月，伯克主张调查公司事务，希望以此作为消除"敲诈和高利贷根源"的前奏。[154] 由于议会忙于应对美洲战争，随后一场"在美洲的法国战争"又增加了议会的负荷，政府越发混乱，因此直到 1781 年议会才提出了一些措施。[155] 这些措施的结果是，1781 年 7 月 3 日，下议院通过了一项《修正法案》，该法案在没有任何修改的情况下被上议院接受了。[156]

在诺斯的《修正法案》颁布前的几个月，南亚政局愈加紧张。1782 年的《年鉴》评论前一年的议事时称，"印度事务现

---

151 关于大多数理事会成员和他们派遣到董事会的成员之间关系的讨论，参见 T. H. Bowyer, "Philip Francis and the Government of Bengal: Parliament and Personality in the Frustration of an Ambition," *Parliamentary History*, 18:1 (1999), pp. 1–21.

152 *Morning Chronicle*, 17 May 1776.

153 他的计划可以在利物浦的报纸上找到，参见 the Liverpool Papers at Add. MSS. 38398 fols. 107ff. 和 38403 fols. 2ff. 另见 Sutherland, *East India Company Politics,* pp. 337–39.

154 EB to Lord Loughborough, 8 January 1781, Unpublished Letters, III, p. 952.

155 参见 EB to Philip Francis, 24 December 1778, *Corr.*, IV, p. 33。

156 21 Geo III. c. 65. 伯克在 1781 年 10 月 15 日给马戛尔尼勋爵的信中对该案做出了回应，参见 *Corr.*, X, p. 11。

在需要下议院的严肃关注"。[157]人们普遍认为，1773 年出台
的法规导致了印度次大陆事务的"无序"和"混乱"。[158]4 月，
海达尔·阿里在马德拉斯附近击败了英军，当时，一支规模可
观的法国舰队正在科罗曼德尔海岸附近执行任务。这一消息传
到伦敦后，人们的恐慌加剧了。[159]为此，诺斯勋爵任命了一个
由苏格兰检察总长亨利·邓达斯领导的秘密委员会，负责调查
卡纳提克事务。[160]孟加拉人的不满情绪也同样影响了政府。两
个月前，总督和最高理事会收到了一份关于孟加拉司法法院
的请愿书，随后公司和孟加拉的英国居民都提出了进一步抗
议。[161]1781 年 2 月 12 日，根据理查德·史密斯提出的动议，
下议院就这些请愿书进行了辩论。史密斯说，孟加拉司法法院
对当地英国居民的管理是专制的，同时其在实践中扩大了自
己对当地居民的管辖权，并对各种穆斯林和印度教贵族行使权
力。他宣称，在孟加拉居民中建立法律惯例是"疯狂"的，这
与他们的"宗教和习俗"格格不入，可能把当地民众逼向"暴
怒和绝望"。[162]对最高理事会而言，孟加拉司法法院的暴行如
此明显，"不得不"采取武力加以制止。[163]

对孟加拉司法法院的争议，导致了一个由理查德·史密
斯领导的 15 人特别委员会的成立，负责调查孟加拉的司法安

---

157 "The History of Europe," in *The Annual Register for the Year 1781*, pp. 175–76.

158 Ibid., p.176.

159 B. Sheikh Ali, *British Relations with Haidar Ali* (Mysore: Rao and Raghavan, 1963), chapt. 7.

160 关于此事的讨论，参见 Jim Phillips, "Parliament and Southern India, 1781–1783: The Secret Committee of Inquiry and the Prosecution of Sir Thomas Rumbold," *Parliamentary History*, 7:1 (1988), pp. 81–97.

161 *CJ*, XXXVIII, pp. 97–9, 159–62, 278–80.

162 *Morning Herald*, 12 February 1781.

163 Richard Smith in *Parliamentary History*, XXI, col. 1190.

排 [164]。伯克在撰写特别委员会报告时发挥了重要作用，并指导了许多结论。[165] 接下来的两年半中，特别委员会与秘密委员会的工作并驾齐驱，并于 1783 年 12 月福克斯 – 诺斯联合政府失败后被解散。在此期间，诺斯内阁下台，英国失去了美洲殖民地，印度成为英国政治辩论的中心。1781 年 3 月，伯克对一位归国的英国海军军官说，"印度是英国有史以来最大的目标"。[166] 在这一年的整个春天，除了为特别委员会收集证据外，他还一直在参与公司治理这一更广泛的问题。他最初对政府干预公司事务的担忧此时又出现了。他再次为"公司获得的领土完全属于公司"的主张辩护，挑战邓达斯和诺斯肆无忌惮地掠夺公司以获取收益的野心，他认为这种野心毫无远见。[167] 他重拾起 18 世纪 60 年代末的言论，敦促政府停止以"暴力"方式管理东印度事务，以免损害公司和国家的信誉。[168] 正如他在 18 世纪 70 年代初强调的那样，伯克再次抱怨说，诺斯政府一开始就决定"以推行政治改革为幌子来获得资金"，此外还在 1781 年寻求干预公司垄断和重新分配公司贸易。[169] 然而，与他早些时候对伯戈因的特别委员会指控印度政府管理不善的反应不同，18 世纪 80 年代，伯克对诺斯意图的怀疑是在反对派

542

---

164 *CJ*, XXXVIII, p. 202.

165 特别委员会最初于 1781 年春天提交报告，在 12 月 4 日再次开会，并继续运行了两年，发布了 11 份报告。关于这些报告的作者，参见 P. J. Marshall, "Appendix B," *W & S*, V, pp. 626–28。第一份报告的"观察"、第九和第十一份报告都可归功于伯克。他可能也参与了第三份报告。然而，他对第四、第七和第十份报告参与很少，而第五和第八份报告则主要由引证组成。

166 EB to John Blankett, 2 March 1781, *Corr.*, IV, p. 340.

167 23 May 1781, *Parliamentary History*, XXII, col. 321. Cf. 8 May 1781, ibid., col. 139.

168 9 April 1781, ibid., col. 113.

169 23 May 1781, ibid., col. 316.

议员普遍担心公司背弃信任、需要监督的背景下发生的。[170]

4月30日，在一场关于海达尔·阿里在卡纳提克的军事冒险的辩论中，福克斯称，"我们在东印度的殖民地已从最辉煌的繁荣沦落至几近毁灭"。[171] 这里提到的似乎是孟加拉而不是马德拉斯，但给人的印象是，在英国的管理下，整个南亚正在衰落。当时，人们普遍认为，加尔各答的最高法院对新出现的危机有很大责任。理查德·史密斯在1781年5月23日重申了他的观点：他声称，由英国法律管理的政府"完全不符合印度人的习俗、礼仪和宗教原则"。他接着说，"柴明达尔或者印度封地的王公"都是外来管辖权的受害者。[172]《年鉴》中阐明了这一申诉的重要意义。据解释，柴明达尔是"印度现在的大地主"，实际上的"世袭王公"。[173] 他们在农民和纳瓦布统治阶层之间起到关键的中间作用，在国家被征服后仍保有社会地位。一波又一波穆斯林征服浪潮后，他们在"祖先拥有主

170 伯克对伯戈因1772年4月13日演讲的反应，参见 WWM BkP 9:14。在辩论笔记中，伯克指出，伯戈因"展示了伟大而又动情的雄辩能力"，旨在"以最强烈的色彩展现孟加拉本地人的苦难"。

171 Ibid., col. 132.

172 Ibid., col. 303.

173 "The History of Europe," in *The Annual Register for the Year 1781*, p. 177. 关于柴明达尔的定义，参见 Harry Verelst, *A View of the Rise, Progress, and Present State of the English Government in Bengal: Including a Reply to the Misrepresentations of Mr. Bolts, and Other Writers* (London: 1772)，"柴明达尔，字面上是指土地所有者，对政府的税收负责"。另一定义，参见 Henry Vansittart, *A Narrative of the Transactions in Bengal from the Year 1760 to the Year 1764* (London: 1766). 3 vols., I, Glossary: "柴明达尔是指在支付土地租金后，立即拥有政府的某块土地的人"。还有一个定义，参见 Robert Orme, *General Idea of the Government and People of Indostan*(1753) in idem, *Historical Fragments of the Mogul Empire* (London: 1805), p. 403: "柴明达尔是某块土地的所有人，这块土地由国王或纳瓦布继承，他们规定了为和平占有这块土地所应支付的税收"。关于最近的一个定义，参见 Ratna Ray and Rajat Ray, "Zamindars and Jotedars: A Study of Rural Politics in Bengal," *Modern Asian Studies*, 9:1 (1975), pp. 81–102。

权"的领土上作为封臣生存下来，"臣民"则继续以"最高程度的依附和尊敬"对待他们。[174] 黑斯廷斯改革前，柴明达尔在评估和征收税收方面起着关键作用，他们根据国家"既定的法律和宪法"管理当地的民事法院，"这些法律和宪法是迄今为止所有征服者都承认的"。[175] 进入次大陆的野蛮军事侵略者即使没有完全尊重它们，也至少承认古老而普及的"印度教文明"。相比之下，加尔各答最高法院派英国法警深入乡村，相当于是对该地区事务的一场"全面革命"，这在民众看来是一种替代相对温和的旧体制的绝对专制。

《年鉴》中的观点与伯克当时的立场一致。在 1781 年 6 月 19 日关于《司法法案》的发言笔记中，他提请注意次大陆管理中的根本问题。当地居民长期以来一直受到"巨大压迫"，因为他们总是不幸地"被一个外来民族"所统治。[176] 虽然"外来人"征服"本地人"同样也是罗马沦陷后欧洲历史的特征，但欧洲的入侵大军已逐渐与被征服的臣民融合。然而，在印度，政治上的从属地位使当地人同入侵者的关系两极化，尽管从属关系在没有使用暴力的情况下仍然得以维持：印度教的惯例和习俗始终得以保留。因此，南亚可以说是一个温和的专制主义，但绝不是暴政的典范。然而，在黑斯廷斯统治下，温和结束了。以伊利亚·伊佩为领导的新的最高司法法院取代了加尔各答曾经的市长法院（Mayor's Court），结束了以前的宪法约束形式。伯克宣称，将英国法律强加于印度社会简直就是"愚蠢地施加暴政"。[177] 他于 1781 年春亲自起草了一项法案，旨在缓和

---

174 "The History of Europe," in *The Annual Register for the Year 1781*, p. 177.

175 Ibid.

176 WWM BkP 9: 4.

177 Ibid.

孟加拉的法律压迫。用其中的话来讲，目前在印度东北部的政治权力安排，不仅成功地使总督和理事会与最高司法法院对立，而且使民众感到"恐惧和忧虑"。[178]

544　　1781年6月8日，特别委员会向议会提交了第一份报告，其中用收集到的证据详细叙述了这些恐惧和忧虑。[179] 英国臣民指控最高法院粗暴地执行司法，它的行为也伤害到当地民众。这一结果源于对启蒙运动与帝国关系的根本误解：不能将一个开明的政府制度简单地强加给习惯于绝对服从的民族。英帝国可以通过为次大陆当地居民提供保护，使民众拥有持久的安全而摆脱屈从的习惯，最终改善印度宪法。但通往启蒙的道路是艰难的，会面临重重困难，既要警惕又要慎重。首先，英国在东印度的殖民地类似于荷兰人在奥属尼德兰建立的屏障镇（barrier towns）：民事条件在这种情况下根本不适用，所以行政管理不可能受司法监督。在这种情况下，总督和理事会的权力必将被认为是"任意的"。[180] 此外，以英国开明的宪法安排为代表的"平等自由"制度，不符合印度人的行为方式，显然不可能在孟加拉建立。在1781年6月27日关于《孟加拉司法法案》的演讲中，伯克强调，南亚居民"熟悉一种更加专制

---

178 "A Bill to Explain and Amend so much of an Act [13 GEO. III, c. 630] as Relates to the Administration of Justice in Bengal," *House of Commons Sessional Papers of the Eighteenth Century*, ed. Sheila Lambert (Wilmington, DE: Scholarly Resources, 1975–1976), 147 vols., XXXIII, p. 264. 理查德·史密斯在1783年11月20日的演讲中（第二天《先驱晨报》对演讲进行了报道）表示，他确认该法案基本上是由伯克起草的。该法案由上议院的瑟洛勋爵（Lord Thurlow）修改后通过，参见21 Geo. III, c. 70。伯克对瑟洛将该法案削减为"微不足道"的东西的负面评论，参见 EB to Henry Dundas, 1 June 1787, *Corr.*, V, p. 334。

179 *Report from the Committee to Whom the Petition of John Touchet and John Irving... were Severally Referred* (1781) in *Commons Sessional Papers*, ed. Lambert, LXXXVIII, passim.

180 22 June 1781, *Parliamentary History*, XXII, col. 550. 由于具有军事性质，该理事会的权力是武断的。伯克进而指出，"在印度建立公民自由的想法是荒谬的"。在适当的时候，他会修改这些声明。

的统治体系，而这种熟悉使这种制度变得更加适宜"。[181] 这确实是因民众同意而建立的政府的含义："开明"的人有义务使他们的管理符合那些"抵制学问之光"的人的期望，无论这种符合在多大程度上违背了英国自由的形式。[182]

此前一个月，伯克在一次演讲中敦促公开邓达斯提议的卡纳提克地区事务委员会的秘密程序，他强调，英国有义务在与当地势力和欧洲对手的竞争中赢得当地人的好感。这只能通过公开行使"平等的司法"来实现。[183] 但这里的平等意味着公正，而不是颠覆现有的等级和差别。在起草《孟加拉司法法案》过程中，伯克征求了威廉·琼斯的意见，试图理解这些等级和差别意味着什么。[184] 琼斯认为，它们可以从"旧莫卧儿宪法"条款中得到确认，且应作为今后任何司法改革的基础。[185] 和许多人一样，伯克接受了英国政策应建立在古老的莫卧儿宪法的规定之上，问题是这一宪法实际包含了哪些内容，以及它的哪些构成要素实际上可以被恢复。[186] 这个问题的答案取决于柴明达尔的地位，这成为伯克和他在特别委员会的同僚们调查的内容核心。在阅读了菲利普·弗朗西斯的《解决孟加拉税收问题的计划》不久后，伯克在 1777 年 11 月给约翰·布尔克写了一

545

---

181 EB, Speech on Bengal Judicature Bill, 27 June 1781, *W & S*, V, p. 141. 关于伯克对南亚政治制度的发展观点，参见 Whelan, *Edmund Burke and India*, pp. 242-60。

182 EB, Speech on Bengal Judicature Bill, 27 June 1781, *W & S*, V, *W & S*, V, p. 141.

183 EB, Speech on Secret Committee, 30 April 1781, ibid., pp. 136–37.

184 William Jones to Viscount Althorp, 29 June 1781, *The Letters of Sir William Jones*, ed. Garland Cannon (Oxford: Oxford University Press, 1970), 2 vols., II, pp. 478–79. 另见 EB to William Jones, post 13 June 1781, *Corr.*, IV, p. 352。

185 William Jones, "Thoughts on a System of Judicature," WWM BkP 9: 137.

186 直到 1780 年，英国人还在思考关于"古代莫卧儿宪法"的问题，参见 Travers, *Ideology and Empire*, passim. There is also some discussion in Sudipta Sen, *Distant Sovereignty: National Imperialism and the Origins of British India* (London: Routledge, 2002), pp. xx–xxi。

封信，表示已接受弗朗西斯的观点。到目前为止，他一直认为柴明达尔的地位没有英国的土地所有者那么稳固，尽管他现在已经认识到，"真正拥有孟加拉土地的是其占有者，而不是政府"。[187]

伯克要解决的问题是，柴明达尔是莫卧儿帝国总督的附庸，还是服从其政治上级意愿的官员，还是在其辖区内享有世袭权利的地主。1781 年 10 月，从印度返回的菲利普·弗朗西斯向伯克提供了证据，供有关特别委员会的后续报告使用，但早在 1776 年 6 月从加尔各答寄给查尔斯·布顿·劳斯的一封信中，弗朗西斯就已经表明了立场。与欧洲封建政府的建立一样，莫卧儿宪法也建立在"征服制度"之上。但在印度，穆斯林侵略者没有给他们的追随者分配被征服的领土，而是把他们安置在从属的政治职位上，并使原来的地主柴明达尔继续拥有土地，条件是他们必须向皇帝进贡。[188] 正如弗朗西斯在 1776 年的计划中所说的那样，根据皇帝授予他们的条款（*Sanads*），他们似乎对土地"拥有所有权"（*in capite*）。但弗朗西斯声称，这种表象不过是一种"封建虚构"，因为在现实中，只要领主缴纳适当贡品，就能安全地拥有他们的财产。[189] 因此，虽然"他们政府的形式是专制的"，但事实上却没有压迫"广大被征服的民众"。[190] 引用休谟的《英格兰史》第一卷中对罗马人征服欧洲的温和本质的描述，弗朗西斯认为，莫卧儿帝国在形式上也是同

---

187 EB to John Bourke, November 1777, *Corr.*, III, pp. 403–4, discussing Philip Francis, *Plan for a Settlement of the Revenues of Bengal, Baha and Orixa*(22 January 1776), reproduced in in idem, *Original Minutes of the Governor-General and Council of Fort William on the Settlement and Collection of the Revenues of Bengal, with a Plan of Settlement* (London: 1782). 对弗朗西斯计划的讨论，参见 Guha, *Rule of Property*, chapt. 4。

188 Weitzman, *Hastings and Francis*, Appendix II, no. 2, p. 305.

189 Francis, *Plan for a Settlement*, p. 72.

190 Ibid., p.30.

样的"文明"。[191] 据此，他提出，柴明达尔是世袭的拥有土地的王公，他们作为行政长官和地方长官履行职责，在本国中拥有独立的利益。弗朗西斯将劳斯视为对抗黑斯廷斯的忠实盟友，尤其因为，在 1778 年之前，作为孟加拉的收税员，劳斯对税收管理的看法与他一致。作为与孟加拉司法机构有关的信息来源，劳斯对伯克也非常重要。[192] 他向特别委员会提供的证据被记录在第一份报告中：他断言，自从"孟加拉臣服于莫卧儿政府"以来，柴明达尔就享有世袭地主的地位，以此身份行使地方司法管辖权，并获得民众的"效忠"。[193]

乔治·范西塔特和亨利·韦尔斯特向特别委员会提交的证据佐证了布顿·劳斯的观点。范西塔特指出，柴明达尔实际上是"纳贡贵族"，在管理其辖区方面享有实质性的自由。[194] 韦尔斯特解释了这种自治权所依赖的历史基础。他坚称，"印度教徒"深深地忠于本土的习俗和传统。结果是，面对这种顽固的依附，通常用"剑锋"征服受害者的伊斯兰统治者不得不"给剑上鞘"。除了容忍独立的印度教文化，从而保持其社会组织模式的完整性之外，唯一的选择是，以"血流成河"换取服从。[195] 韦尔斯特在十年前就得出了这一结论，他用另一种解释来支持该观点：在印度，专制主义比"人类历史上任何时候"都更温和，或更"可容忍"。然而，这似乎是臣民顺从的结果，而不是臣民抵抗的结果：面对他们平和的被征服者，莫卧儿人感

191　Ibid., p.79.

192　EB, Bill to Amend 1784 India Act, 22 March 1786, *W & S*, VI, p. 67. 另见 EB to Lord Macartney, 16 October 1781, *Corr.*, X, p. 12。

193　*Report form the Committee* (1781) in *Commons Sessional Papers*, ed. Lambert, LXXXVIII, p. 30.

194　Ibid.

195　Ibid., p.37.

到安全，并认为可以放心地纵容这个"胆小的民族"。[196] 因此，压迫在莫卧儿宪法中并不普遍，而是随着德里的中央权力日渐瓦解，各省纳瓦布开始扩张权力，莫卧儿宪法被摧毁，压迫才逐渐出现："在走向独立的过程中，民众的负重在加倍。"[197] 然而，这种压迫后来被叠加在一个绝对的权威体系之上，这种权威本质上是妥协的，并接受当地人的礼仪和意见。

在挑战孟德斯鸠有关专制政府性质的权威时，伏尔泰曾致力于消除绝对权威与暴力掠夺相一致的观念。在这一过程中，他重新定义了封建从属关系，并将其同政治奴役区别开来。不仅德意志帝国被说成是一个与自由相容的封建体系，而且莫卧儿帝国也被比作欧洲的同类："莫卧儿皇帝和德意志皇帝一样，苏巴达尔是帝国的王公，是其省份的君主。"[198] 这一判定是长期以来对伏尔泰所认为的东方专制主义的矛盾特征提出异议的最终结果，在他看来，东方专制主义的特点是矛盾的：一方面缺乏一切限制；另一方面又表现出温和。[199] 在《风俗论》中，他指责伯尼尔、塔弗尼尔和卡特鲁的不合逻辑，因为他们所认为的亚洲专制形式实际上无法维持任何权威。他坚持认为，这种"假想"的专制是一种幻想。[200] 自 18 世纪 60 年代以来，耶

196　Verelst, *A View of the Rise*, p. 65.

197　Ibid., p.66. Cf. ibid., p. 145n. 亨利·范西塔特也有同样的观点，参见 Henry Vansittart, *A Narrative of the Transactions in Bengal*, I, pp. v–vi。

198　Voltaire, *Fragments sur l'Inde, sur le General Lalli, et sur le comte de Morangiés* (Paris: 1773), p.11.

199　有关讨论，参见 Pocock, *Barbarism and Religion II: Narratives of Civil Government*, pp. 83–159。

200　Voltaire, *Essai sur les moeurs et l'esprit des nations*, ed. René Pomeau (Paris: Garnier, 1963), 2 vols., II, p. 404, taking issue with François Bernier, *Suite des memoires de l'empire du grand Mogol* (Paris: 1671); Jean-Baptiste Tavernier, *Six voyages en Turquie, en Perse et aux Indes* (Paris: 1679); and Père Catrou, *Histoire generale de l'empire du Mogol* (Paris: 1705). 弗朗西斯引用了伏尔泰的讨论，参见 *Plan for a Settlement*, p. 80。

547

稣会有关印度的文献中所宣扬的过分简化的东方政府形式，逐渐在英国的历史表述中得到修正。1770 年，卢克·斯克拉夫顿称，印度的鞑靼人保护着古老的印度教法律，其中最不可改变的是"对所有土地的世袭权利，（这种权利）甚至延伸到佃户"。[201] 在道看来，被动服从原则"渗透到国家的每个方面"，他争论道，次大陆的穆斯林政府"本质上没有出生在自由国家的人想象的那么可怕"。[202] 此外，虽然拉贾的统治也是专制的，但似乎比"欧洲最有限的君主政体更加温和"。[203]

　　罗伯特·奥姆认为，虽然皇帝和总督之间的关系是纯粹专制的，并且财产和官职的流通是为了防止财产大量集中于特定家族，但是"人身"的自由相对有保障：土地耕种者继承了土地的买卖和遗赠权，领地王公的财产"传给了自然继承人"。[204] 然而，对韦尔斯特来说，不管他们的专制统治有多温和，也丝毫不会增加在东方政府中"引入英国法律的可能性"[205]。伯克接受了韦尔斯特的论点，即英国法律形式在印度的司法管理中没有立足之地。他在 1781 年 6 月 27 日关于《孟加拉司法法案》的演讲中认为，法律必须适应"民众的禀赋"。[206] 早在 1774 年 5 月，伯克就把印度的民众整体描述为"服从的"，服从于"自然、宗教和根深蒂固的习惯"。[207] 基于这一假设，他在 1781 年表示，

548

201　Luke Scrafton, *Reflections on the Government of Indostan, with a Short Sketch of the History of Bengal, from 1738 to 1756* (London: 1770), pp. 24–25.

202　Dow, "A Dissertation Concerning the Origins and Nature of Despotism in Hindustan" in idem, *History of Hindustan*, III, pp. xxiii.

203　Ibid., p. xxxiv.

204　Orme, "A Dissertation on the Establishments Made by the Mahomedan Conquerors in Indostan" (1763) in idem, *A History of Military Transactions*, I, p. 27.

205　Verelst, *A View of the Rise*, p. 131.

206　EB, Speech on Bengal Judicature Act, 27 June 1781, *W & S*, V, p. 140.

207　Notes for Speech on Massachusetts Bay Regulating bill, WWM BkP 27: 229.

虽然英国的宪法安排和法律规定优于亚洲国家，但一个地区的政府形式取决于它所统治的民众的偏好。[208] 以印度为例，民众已经习惯了一种比英国更为"专制"的统治形式，因此，开明的政权除了适应不自由的态度和做法外，几乎别无选择。残暴的强制不能带来启蒙："即使是自由和平等的政府设计，也会被希望维持古老法律和制度的人视作是专制的"。[209] 早在 1772 年，韦尔斯特就对这一"古代体系"的含义有所了解。他认为，这种制度的基础是个人服从而非公民服从，因此，服从于直接权威似乎比公共事业的遥远承诺更能提供安全感。[210] 个人权威的纽带支撑着一切社会安排，决定了主仆、商人和制造商，以及夫妻之间的关系。因此，虽然英国和印度的契约法律可能有相当大的重叠，但两个司法管辖区的公法和国内法却大相径庭。[211] 为此，有必要保留本地法律和法律官员。为了防止孟加拉最终凭借这种有效自治获得独立，最高理事会应被赋予颁布法令的权力，而英国法官应规范班智达（*Pandits*）和卡迪（*qazis*）的行为。因此，在实践中，"一些开明的人"会以家长的方式看管服从者，并逐步完善专制体系。[212]

同样，伯克也十分担心，如果不能确保印度人"同意"英国的统治，那么孟加拉可能独立："我们必须放弃对这个国家的管理，而不是同意用对我们有害的法律来统治他们吗？"答案很明确："当然不是。"[213] 最高法院最近的行为侵犯了印度人

549

208 EB, Speech on the Bengal Judicature Bill, 27 June 1781, *W &S*, V, p. 141. Cf. EB, "Observations" to the *First Report* of the Select Committee, 5 February 1782, ibid., p. 184.

209 EB, Speech on the Bengal Judicature Bill, 27 June 1781, ibid., p. 141.

210 Verelst, *A View of the Rise*, p. 135.

211 Ibid., pp.135–38.

212 Ibid., pp.145–48.

213 EB, Speech on Bengal Judicature Bill, 27 June 1781, *W & S*, V, p. 141.

"最宝贵的权利"，包括不尊重他们的"女士"和"宗教仪式"，使仅有数千名英国人的政府面临着毁灭的危险，这些英国人统治着 3000 万印度居民。[214] 伯克认同"英国法律"的智慧，但他认为，任何将英国法律强加于另一种文明的企图都无异于是"对全人类权利的野蛮而专横的蔑视"。[215] 毕竟，用暴力强加民事制度和司法安排违反了自由的"第一原则"，即选择自己法律的自由。[216] 伯克认为，这种选择不能采取民众决议的形式，"公民自由"在印度是"不存在的"，而必须通过印度"小队和集群"的习俗来理解默示的意见。这些习俗在过去形成了抵抗统治的堡垒，现在无视它们是非常愚蠢的。"在亚洲，习俗替代了法律，"伯克说，"正是通过它们，专制的残暴得到了纠正。"[217] 直接把"各种各样所谓的英格兰法"移植到次大陆，不能改善当地居民的状况。[218] 这非但没有引入自由的形式，反而可能加重"他们奴役的枷锁"。[219] 甚至连建立陪审团制度的想法也是错误的，因为在这种情况下，陪审团不能作为旨在保护"下层民众免遭权力暴力侵害"的民众法庭来运作。[220] 让孟加拉居民接受英国陪审团的审判，就是把许多弱势群体交到少数

---

214 Ibid. 伯克特别提及了最近的巴特那案（Patna case），详细讨论，参见 Travers, *Ideology and Empire*, pp. 191–205。

215 Draft notes on the Bengal Judicature Bill, Northamptonshire MS., A, XXVIII, 6.

216 Ibid.

217 Ibid.

218 参见 EB, *Letter to the Sheriffs of Bristol* (2 April 1777), *W & S*, III, pp. 304–5："我从未想过……印度行政机关（the *Cutchery* Court）和塞勒姆大陪审团（the grand Jury）也会按照类似的计划来管理。"

219 Ibid. 关于该分析更广泛的背景，参见 Robert Travers, "Contested Despotism: Problems of Liberty in British India," in Jack P. Greene ed., *Exclusionary Empire: English Liberty Overseas, 1600–1900* (Cambridge: Cambridge University Press, 2009)。

220 Northamptonshire MS., A, XIV, 66.

人手中。此外，考虑到这些少数人往往地位"低下"，这种安排相当于"最糟糕的寡头政治"，在这种情况下，一个极少数团体将决定广大民众的命运。[221]

550   10.5 特别委员会的《第一份报告》和《第九份报告》

随着1782年3月诺斯下台后，英国高层政治进入了快速变革期。在接下来的两年里，东印度公司和英国政府间的关系成为议会关注的焦点。这一问题的解决部分取决于政治机构的诡计，但在外部事件的推动下，数届政府也感受到了该问题的紧迫性。由于对马拉塔人和海达尔·阿里的战争消耗，公司财务状况日益陷入困境，公司事务因而不可避免地影响到下议院。另外，由于目前与法国的斗争，最初是由美洲殖民地的争端导致的，因此这一斗争有可能蔓延到次大陆，宗主国英国对此感到疲惫，要求解决突出的东印度问题。[222] 伯克在特别委员会和邓达斯在秘密委员会的工作为推动和塑造随后不可避免的改革做出了很大贡献。[223] 秘密委员会和特别委员会分别在1781年11月30日和12月初扩大了职权范围，因此，在有关印度的辩论中，这两位政治家的核心地位得到了保证，因为他们的一系列报告将在两年内持续为讨论提供参考。[224] 原则和政党将开始主导政治议程，而伯克将在制定议程内容方面发挥关键作用。[225] 诺斯下台后，这两个委员会的相对重要性也随着下任政府的组

---

221 Draft notes on the Bengal Judicature Bill, Northamptonshire MS., A, XXVIII, 6. 由当地居民组成的陪审团则是另一回事。这是伯克1783年开始支持的一项安排，参见 Burke, *Ninth Report*, p. 205。

222 Sutherland, *East India Company Politics,* pp. 365–67.

223 Phillips, "Parliament and Southern India," pp. 84–87.

224 *CJ*, XXXVIII, pp. 598, 599–600.

225 Sutherland, *East India Company Politics,* pp. 368–69.

成发生了变化：伯克所在的特别委员会在第二届罗金汉政府中占据上风，而邓达斯所在的秘密委员会则在谢尔本勋爵执政后脱颖而出。他们都极力要求托马斯·朗博尔德爵士为其在卡纳提克事务中的行为接受惩罚；要求以管理不善为由召回担任首席法官的伊利亚·伊佩；要求以违背英国政策为由撤销沃伦·黑斯廷斯的职位。另外，他们还起草了旨在改革公司的重要法案。这些事态发展都在这两个委员会发表的报告中有所体现。

1782 年 2 月 5 日，重组的特别委员会发表了《第一份报告》，此前一个月伯克一直投入在这份报告中。[226] 在此期间，他完成了该《报告》中的"观察"部分，扩大了报告的参考范围，并具体关注到伊利亚·伊佩的矛盾角色：他既担任加尔各答高等民事法庭（Sadr Diwani Adalat）的主审法官，又是最高司法法院的首席法官。[227]1780 年 10 月，黑斯廷斯任命伊佩为高等民事法庭的主审法官，以彰显他们在最高司法法院的管辖权纠纷中的调解姿态。实际上，这意味着，孟加拉省级法院的主要上诉法院（高等民事法院）的院长同时也是最高司法法院院长。而最高司法法院是原告对高等民事法院的判决不服时，进行上诉的机构。[228] 这里的冲突显而易见：最高法院的首席法官是调查公司事务的负责人，而他现在又在公司的一个法庭上担任法官。伯克评论道，"同一个人拥有并实际阻碍了所有通往正义的道路"。[229] 由于下属管辖区法院的组织结构是一

551

226　该报告的发表，参见 *First Report from the Select Committee, Appointed to take into Consideration the Sate of the Administration of Justice in the Provinces of Bengal, Bahar, and Orissa* (London:1782)。

227　伯克对这一问题的再次讨论，参见 *Ninth Report*, p. 206。

228　关于这一安排的一种解释，参见 M. P. Jain, *Outlines of Indian Legal and Constitutional History* (Nagpur, New Delhi: Wadhwa and Co., 2006)。

229　EB, *"Observations" on the First Report of the Select Committee* (5 February 1782) *W & S*, V, p. 163.

个重大的立法问题，伯克的注意力从孟加拉的司法管理转移到公司权力的一般构成这个更广泛的问题上。在伯克看来，重要的是这些权力的限制应该在原则上得到承认，尤其是因为它们通常被认为是无限的。

造成这种情况的原因在于人们对公司在次大陆的权力基础存在普遍而错误的看法。人们普遍认为，莫卧儿中央政权衰落后，公司继承了孟加拉纳瓦布的实际权利：由于此时纳瓦布似乎决心从皇帝那里获得独立，同时以压迫性的方式行使其特权，因此，作为一种权利，公司常常被认为继承了莫卧儿各省副手非正当占有的专制权力。然而，对伯克来说，这种说法显然是荒谬的。首先，假定拥有非法权力的权利是没有意义的：这种假设本质上是司法上的胡言乱语，相当于在处理事务时采用了"没有规则的规则"。[230] 另外，假设议会有意做出这种安排也是荒谬的。但是，对专断权力拥有权利的概念不仅在本质上是混乱的，而且是基于对南亚统治历史的错误想象。伯克坚持认为，莫卧儿政权从来都不是字面上的专制——"伊斯兰教徒服从于伊斯兰法律"，其根据《古兰经》及其司法解释产生了帝国的习惯惯例。[231] 印度教徒也同样受其法律习俗的约束。作为黑斯廷斯的亲信，纳撒尼尔·哈尔海德最近在翻译《印度教法典》，他指出，这些班智达的规定既广泛又受到尊重。[232]

552 虽然公司雇员习惯声称专制权力是前任的遗产，但他们行

230　Ibid., p. 170.

231　Ibid., p. 171.

232　Nathaniel Halhed, *A Code of Gentoo Laws, or Ordinances of the Pundits* (London: 1776), cited in Burke, *"Observations," W & S,* V, p. 171. 参见 in *The Annual Register for the Year 1777*, p. 246, 哈尔海德认为，通过适当尊重"印度人特有的民族偏见"，印度教法律可以被用来软化英国法律，这是有益的。1794年，伯克推荐了哈尔海德的书，认为其展示了印度次大陆法学的"开明"状态，参见 EB, Speech in Reply, 28 May 1794, *W & S,* VII, p. 267。

为的正当性其实来自征服的权利。在这里，伯克承认，事情变得"黑暗而艰巨"。[233] 根据历史记载，他深知，权力通常是由战争权利建立的。然而，同样清楚的是，民事机构很少把战争权利作为政治行为的指南：正如休谟在1742年指出的那样，即便是最严厉的专制政府也依赖于它所统治的民众的支持。[234] 在任何情况下，无论基于征服的主权权利多么极端，都无法想象议会将如此可怕的权力交给政府的一个下属机构。[235] 伯克认为，主权本质上是不容置疑的，但它的权利却永远不能委托给一个代议机构。在18世纪80年代一次关于印度的演讲笔记中，伯克强调了这样一个事实："任何政体宪法中的最高权力都必须是绝对的。"[236] 这种绝对权力可能会因腐败而变得越来越专制，尽管在任何像样的政府体系中，都可以依靠程序机制来纠正这种偏差，防止权力沦为纯粹的"意志政府"（Government of Will）。[237] 但无论主权权利在理论上有多么绝对，根据定义，这种权力永远都不能被授予一个附属的司法机构。因此，"中间专制权"在概念上是自相矛盾的。[238] 另外，既然公司习惯性地表现出它的权利来自与莫卧儿皇帝签订的条约，那么它所承

---

233 Ibid., p. 172.

234 David Hume, "Of the First Principles of Government" (1742) in idem, *Essays Moral, Political and Literary*, pp. 32–33："埃及的苏丹或罗马皇帝可以像驱赶野兽一样驱赶他那些无害的臣民，违背他们的感情和倾向；但他至少应该像对待人一样对待他的奴隶兵（*mamalukes*），用他们的意见来领导他们。"关于伯克对该论点的引用，参见 Richard Bourke, "Sovereignty, Opinion and Revolution in Edmund Burke," *History of European Ideas*, 25:3 (1999), pp. 99–120。

235 Burke, *"Observations," W & S*, V, p. 172.

236 Northamptonshire MS., A, XIV, 5.

237 Ibid.

238 Ibid. 参见 EB, *"Observations", W & S*, V, p. 172。

担的职责不可能真正地等同于战争权利。[239]

　　尽管如此，很显然，公司的实际行为是不受约束的。此时伯克已不再怀疑东印度公司滥用职权行为的严重性，他明确认识到，公司雇员无视"古老制度"，肆无忌惮地将其意志强加于当地民众。[240]一直以来，公司董事会都没能制止雇员的行为。在伯克看来，利德贺街的介入只是"偶然"的；改革董事会的尝试未能改善他们的表现，且在任何情况下，董事会都无力控制它所审查的人。[241]设立伊佩领导的最高法院是为了进行补救。在缺乏民众控制或既定特权的情况下，反对压迫的唯一手段在于司法机构的有效性。但在印度，在沃伦·黑斯廷斯的影响下，司法非但没有提供补救，反而因其腐败而引发了恐慌。[242]考虑到当地居民的风俗习惯，正当程序的腐败被证明具有异乎寻常的破坏性。长期以来，南亚人习惯于在一个不负责任的政权下生存，他们善于妥协和"装聋作哑"，因此他们很难被唤醒去抱怨。[243]这些特征通常与作为欧洲人的经销商（banyans）与代理人（gomasthas）有关。伯克认为，他们的处境将他们拖入"悲惨的奴役艺术和诡计"中，使他们随时准备好成为压迫的同谋。结果，欧洲人将把东方专制的作风发挥到极致，而不是兑现启蒙的承诺。他们最终会成为他们所帮助巩固的文化的受害者："通过把自己带入到这些习惯的环境中，而不是通过欧洲礼仪的大胆和开放改善当地人的生活习惯，欧洲人逐渐被印度商人的文雅、神秘、虚伪和推诿所同化。"[244]

---

239 Ibid.

240 Ibid., p. 175.

241 Ibid., p.p 145, 151–52.

242 Ibid., p. 179.

243 Ibid., p. 184.

244 Ibid.

特别委员会的《第一份报告》发表一个月后，第二届罗金汉政府上台。该《报告》被提交给整个议会的一个委员会，引发了一系列对伊佩和黑斯廷斯高度批评的决议，这些决议于1782年4月24日通过。此时，由于政府对如何处理印度事务产生了分歧，因此邓达斯逐步获得了主导权。[245]谢尔本现在是内阁成员，他支持苏利文和黑斯廷斯，伯克因此敦促罗金汉，在谢尔本在决定南亚政治的问题上占上风前，要让邓达斯依附于他的利益。亚当·斯密通过巴克卢公爵得知了苏格兰检察总长邓达斯的想法。他告诉伯克，邓达斯可能已经被拉拢，而罗金汉却仍不愿采取行动。谢尔本已经接受了托马斯·奥德，他是邓达斯最喜欢的人之一，也是秘密委员会的重要人物。伯克担心一个阴谋集团正在形成，可能会动摇罗金汉派在下议院的地位。4月27日，他发出明确呼吁："我很遗憾，在我们的政治活动中，阁下看轻了印度。"[246]伯克设想，贝德福德的残余势力可能与邓达斯和他的朋友联合起来支持谢尔本，巩固他们在"印度土地上"的联盟。因为谢尔本对这个问题十分无知，而且一心想要为苏利文、伊佩和黑斯廷斯服务，所以这一联盟有可能"阻碍"东印度公司的改革，"导致印度和英国的彻底毁灭"。[247]

事实上，邓达斯对一切花言巧语置若罔闻，从独立立场提出了自己的主张。4月9日，秘密委员会向下议院提交了《第六份报告》，邓达斯详谈了英国在次大陆转向"进攻性军事行动"的做法带来了灾难性后果，激起了该地区各势力对英国的反抗。[248]公司雇员已经"打破了克莱武勋爵制定的政策"，在

554

245　邓达斯的秘密委员会已经开始调查去年12月马拉塔战争的"兴起、发展和行为"。参见 *CJ*, XXXVIII, p. 600。

246　EB to the Marquess of Rockingham, *Corr.*, IV, p. 449.

247　Ibid.

248　*Parliamentary History*, XXII, col. 1276.

印度采取防御性的行动，幻想他们自己是亚历山大大帝的后继者。[249] 在同一场辩论的发言中，伯克支持了这些观点，但他仍担心邓达斯的改革将增加国王的权力：他明确表示，他反对内阁应参与"指导印度的任何事务"的想法。[250] 议会，而非政府，才是治疗印度弊病的"良方"。[251] 但到了7月，罗金汉去世，政府垮台，邓达斯被谢尔本招募，为他短暂的政府效力。随后，在12月5日星期二的议会开幕式上，国王在演讲中突出了印度问题，1783年1月底，邓达斯起草的一份新法案的细节被泄露出来。[252] 然而，1783年2月24日，谢尔本下台，新政府的组建也乱作一团。在随之而来的混乱中，伯克于3月1日写信给邓达斯，提供了与坦焦尔拉贾的安全条款有关的信息，这些条款将被纳入新的《印度法案》。[253] 前马德拉斯总督托马斯·朗博尔德干预了坦焦尔一个地区的管理，对收入来源产生了不良影响。贝拿勒斯拉贾查特·辛格被免职，对公司收入也造成了类似影响。为指导邓达斯的行为，伯克总结道："只有当地政府才能将地区繁荣和定期征税结合起来，这不仅适用于坦焦尔和贝拿勒斯，也适用于印度其他间接或直接从属

555

---

249 Ibid., col. 1279.

250 Ibid., col. 1303; EB, Speech on Secret Committee Resolutions, 15 April 1782, W & S, v, p. 190.

251 Northamptonshire MS., A, XXVIII, 5. Cf. *Morning Post*, 16 April 1782; *Gazetteer*, 16 April 1762; *London Courant*, 16 April 1782. 另一方面，对伯克来说，孟加拉的行政管理形式似乎是恰当的。参见 Major John Scott to Warren Hastings, 24 April 1783, Add. MS. 29159, fol. 47: "伯克说，目前的宪法很好，人们想要的是换人"，意思是由菲利普·弗朗西斯代替黑斯廷斯。

252 政府期待制定有关印度的"一些基本法律"，参见 *Parliamentary Register* (Debrett), XI, p. 7; 关于1月被泄露的新法案的细节，参见 Sutherland, *East India Company Politics,* pp. 391–2。

253 EB to Henry Dundas, 1 March 1783, *Corr.*, V, pp. 67–69.

的王国。"[254] 当伯克思考补救印度东部局势的最佳方法时，他开始考虑个人责任。1781 年，他写信给拉夫伯勒勋爵，"我对那些既没有惩罚也没有奖励的规章制度评价很低"。[255] 两年后，劳伦斯·苏利文被认为是造成"我们在东方事务的不幸和毁灭的主要原因"，与"国内外的失职者有密切联系"。[256] 伯克思想的总体特征现在已经很清楚了：再多的内部规定也不能让公司雇员承担责任；与邓达斯的法案不同，外部审查将由议会委员会而不是政府的分支机构来执行；印度领土的管理将通过地方统治者进行。最终，只有在适应亚洲习俗和情感的基础上，并通过英国政府原则的长期和间接影响，这一地区的社会和政治才能得到启蒙。

1783 年 4 月，随着福克斯－诺斯联盟的建立，邓达斯的法案被悄悄搁置了。[257] 此时，特别委员会《第九份报告》的草案接近完成，几乎完全由伯克撰写。[258] 这份《报告》是伯克对东印度公司章程最持续的分析，对公司的商业和政治组织提出了详尽的控诉，包括其所有的内部和外部关系。它首先概述了1773 年诺斯的《东印度公司管理法案》的不足之处，尽管该法案是在伯戈因的特别委员会编写了五份详细报告和政府的秘密委员会编写了另外五份报告之后通过的，但其未能充分利用这些向下议院提供的广泛信息。诺斯的改革包括组建股东大会

---

254 Ibid., pp. 68–69.

255 EB to Lord Loughborough, 2 February 1781, Unpublished Letters, III, p. 953.

256 EB to Lord North, 28 March 1783, Unpublished Letters, I, p. 12.

257 在 1783 年 4 月 14 日，邓达斯请求"允许提出一项更好地管理英国印度政府的法案"，该动议被正式批准。参见 *Parliamentary Register* (Debrett), IX, pp. 608–13。

258 关于《第九份报告》的作者身份，参见 Phillip Francis to French Laurence and Walker King, copied 30 May 1812, WWM, BkP 31:16；关于写作的时间，参见 Charles Boughton Rouse to Burke, 19 March 1783, WWM, BkP 1:1776。

和董事会，以及次大陆的司法、行政和监督体系，但最终都失败了。股东大会的改革证明了政府对该问题的理解过于简单。根据诺斯的法案，股东大会的投票权仅限于持有较大股份的股东，这是基于这样一种假设，即削减股东大会的民主性质会减少派系，并增加责任。[259] 但这建立在另一个假设之上，即公司滥用职权会使股票贬值，且持有股票的动机纯粹是商业性质的。然而，事实是，公司股东将他们的选票视作获得政治庇护的通行证，而不是直接的收入来源。"东印度公司的股东……将首先是一位政治家；他的进取心越大，他的想法就越腐败，就越不会考虑为实现这些想法所要付出的代价"。[260]

董事会改革也没有取得成功。当时的想法是，通过延长任期、实行轮换制和扩大其权力来增加董事的独立性，但他们的权力却被削弱了。通过投票决定董事会的组成，股东大会继续对他们的上级施加影响。此外，董事们并不一定会起诉公司雇员的不法行为，亦无意奖励最合格的公司雇员。因此，他们的命令被当地各级实施者"习惯性地蔑视"。[261] 职级晋升的规则尚未制定，其结果是，可敬的商人无法凭借良好效率而晋升到更高职位，这迫使他们"用金钱弥补在地位上永远不可能得到的东西"。[262] 由于缺乏论功行赏文化和惩罚性纠正手段，董事们的威望逐渐下降。

---

259 股东大会的民粹主义仍是诺斯内阁的目标，参见其财政大臣约翰·罗宾逊 1778 年夏天对此的评论 Add. MS. 38398, fols. 114–15: "没有什么比现在的制度更荒谬的了，远在 6000 英里之外的几个亚洲殖民地的利益最终掌握在这个国家最民粹的机构——股东大会——手中。"

260 EB, *Ninth Report of the Select Committee* (25 June 1783), *W & S*, V, p. 201.

261 Ibid., pp. 203–4. 这是《第二份报告》的主题，参见 the *Second Report from the Select Committee, Appointed to Take into Consideration the state of the Administration of Justice in the Provinces of Bengal, Bahar, and Orissa* (London: 1782)。

262 EB, *Ninth Report of the Select Committee* (25 June 1783), *W & S*, V, p. 212.

正如伯克自 1781 年以来一直努力强调的那样，引入司法法院的做法适得其反，结果"对当地人来说非常糟糕"。[263] 由总督领导的新孟加拉理事会也同样设计拙劣：在战争与和平问题上，它对其他管辖区的权力是不明确的，但却过高估计了自身的行政权力。[264] 从理论上讲，这一规则框架可以由英国政府约束：通过控制任命权和监察权，内阁可以约束最高理事会。然而，事实证明，政府在论功任命方面和董事们在监督晋升方面一样不敏感。在理事会的关键任命中，原先公司所依据的资历等级被忽略了。[265] 同样，政府的监察权无法限制东印度公司的腐败：政府可以检查东印度公司收到的信件，但不能检查寄出的信件，尽管实际的命令永远不能被修改。[266] 在缺乏有效监管制度指导公司活动的情况下，无序和腐败现象在诺斯改革后成倍增加：司法和行政安排不起作用；侵略战争发生了；当地势力受到压迫；规则遭到忽视。这一切的根本原因，不仅仅是未能纠正过失，而是政策的根本错误：追求利润被置于印度人的福祉之上，这完全是对政府契约的歪曲。任何改革方案都必须从纠正优先次序开始，使印度事务恢复其"自然秩序"："必须首先保障当地人的繁荣，然后再试图从他们那里获得任何利益"。[267]

伯克在这里的批评超越了一种观点，即政府的义务在商业贪婪的影响下已经被腐蚀。由于将财政收入纳入公司贸易，商业原则本身被扭曲了。在 1765 年取得迪万尼权力后，公司发

557

---

263 Ibid., p. 205.

264 Ibid., p. 207.

265 Ibid., p. 216. 伯克着重介绍了劳伦斯·沙利文之子斯蒂芬·沙利文的例子，他先被任命为秘书，随后担任波斯语翻译，最后，在没有任何明显资格的情况下，被提名为理事会成员。

266 Ibid., p. 220. 伯克两年前就抱怨过这种安排。参见"1781 年 1 月 12 日，由伯克先生建议考虑的东印度事务纪要"，Add. MS. 38405, fol. 10 r–v。

267 EB, *Ninth Report of the Select Committee* (25 June 1783), *W & S*, V, p. 221.

生了一场"巨大革命"。[268] 迄今为止，公司一直通过进口欧洲金银来支付"投资"，但现在起将利用领土收入来采购用于出口的商品。[269] 在公司看来，另一种方案是将金银汇往欧洲，因为在那里它的要价更低，然后再出口至孟加拉。因此，金银被用作一种交易品，对国内制造业产生了消极影响，导致国家工业品的缺乏，并使其他欧洲贸易商失去了惯有的贸易量。正如詹姆斯·施图阿特对这一新安排的观察："工人的辛勤劳动是用本国的钱支付的。"[270] 一部分收入被英国国库和公司股息吸收，增加了印度钱币的消耗，减少了投资手段，并开始由信贷补充投资手段。权力和影响力，而不是商业效用，支配着公司贸易。[271] 早在 1780 年 12 月，伯克就对其结果进行了评估：他断言，公司雇员由于"支配"的渴望会"对当地人实行暴政"。[272] 政治野心取代了商业利益，扰乱了英国和印度的商业活动：这对次大陆的繁荣产生了直接的破坏性影响；其也创造了商业繁荣的海

268 Ibid., p. 223.

269 事实上，1757 年后，金银的出口就停止了。从 1760 年起，伯德万、米德那波尔和吉大港的税收被用于投资。公司也可以从 24 个帕尔加纳的扎明达尔手中获得收入。参见 N. R. Sinha, *The Economic History of Bengal From Plassey to the Permanent Settlement* (Calcutta: Firma K. L. Mukhopadhyay, 1965), 2 vols., I, pp. 11–12; Bayly, *Indian Society and the Making of the British Empire*, p. 53。

270 James Steuart, *The Principles of Money Applied to the Present State of the Coin of Bengal* (London: 1772). 关于斯图阿特的大致论述，参见 William J. Barber, *British Economic Thought and India, 1600–1858: A Study in the History of Development Economics* (Oxford: Oxford University Press, 1975), chapt. 4。

271 EB, *Ninth Report of the Select Committee* (25 June 1783), *W & S*, V, pp. 224–27. 伯克的分析成为 20 世纪早期印度史学的主要内容。关于《第九份报告》被广泛引用，参见 Romesh Chunder Dutt, *The Economic History of British India* (London: Kegan Paul, Trench, Tübner& Co., 1902), pp. 48–50。

272 Speech to the General Court of the East India Company, December 1780, reported in John Barrow, *Some Account of the Public Life of the Earl of Macartney* (London: 1807), 2 vols., I, pp. 73–4; EB,Speech on Secret Committee, 30 April 1781, *W & S*, V, p. 137. 正是此时伯克首次提出了弹劾的可能性，参见 ibid., p. 138。

市蜃楼，抬高了公司股价，导致了 1769 年的股票崩盘；尽管个人财富不断增加，英国的商业利润却在持续下降。

英国民事和军事机构征收的税费进一步加速了印度本土财富的流失，公司而非印度从中受益。这直接影响到穆斯林群体的生活。因为他们原先是通过垄断政府职位获得报酬，所以才离开了占有他们土地的"古老的印度地主"。[273] 虽然 1765 年的条约中规定了向纳瓦布提供薪金，但其数额在随后几年里稳步减少。军队中的机会也同样减少了：虽然印度人占了战斗部队人数的十分之九，却没有人担任军中要职，所有利润丰厚的物资供应合同都交给了英国人。[274] 与此同时，陆路贸易也遭到重创。尽管莫卧儿帝国的北部省份从未太依赖于海上贸易，但与次大陆西海岸以及波斯和鞑靼的贸易一直都很广泛。纳迪尔·沙垮台后，波斯贸易遭到破坏，而随着莫卧儿政权的衰落，很大一部分国内贸易也被摧毁。与此同时，海达尔·阿里的战争摧毁了卡纳提克，英国的军队则摧毁了阿瓦德和罗希尔坎德（Rohilkhand）。[275] 同时，借助英国作为领土统治者的地位，公司雇员扩大了对贸易物品的私人垄断，使当地商人破产，并败坏了商业逻辑。[276] 硝石、鸦片和食盐贸易逐渐被公司垄断，扭曲了供需模式，这令亚当·斯密大为震惊。[277]

随着南亚资源的枯竭，公司受到影响只是时间问题。次大陆的商业、制造业和农业都没有得到改善。同时，为满足

273　EB, *Ninth Report of the Select Committee* (25 June 1783), *W & S*, V, pp. 228.

274　Ibid., p. 229.

275　Ibid., pp. 229–30.

276　Ibid., pp. 244–46.

277　对于这些垄断的叙述占据了《第九份报告》论述的很大一部分，参见 Ibid., pp. 247–306. 其中大部分显然是由菲利普·弗朗西斯起草的。参见 Francis to the editors of Burke's works, n.d., copied 30 May 1812, WWM BkP 31:16. 关于斯密对鸦片贸易垄断的批评，参见《国富论》下卷第 636 页（*Wealth of Nations*, II, p. 636）。

559 　税收需求，土地租金却在提高，公司依赖的资金供应日益萎缩。伯克分析，这把公司逼到了绝境，"他们越陷越深……为了提供投资，采取了一个又一个权宜之计，被卷入无休止的战争，而这正是下议院和其决议所谴责的"。[278] 帝国的病态已经形成：商业的政治化促进了征服精神。这得益于公司官员的自由裁量权，他们有权解释自己享有的行动自由。而公司官员的服从是帝国正义的一个必要条件（a sine qua non）。雇员经受着滥用权力的巨大诱惑，并被赋予相当大的权力来控制一个胆怯的民族，在这样的情况下，一种不服从的文化可能是毁灭性的。在黑斯廷斯的领导下，这种文化变得"统一"和"系统化"，最终在对总督特权的傲慢解释的基础上，它被接受为一个原则。[279] 随着穆罕默德·里扎·汗在政府中的作用减弱，公司的专制逐渐增强：纳瓦布的一部分权力被保留在奈布手中，根据克莱武的规定，奈布承担刑事司法责任，而当地人则被排除在权力更迭的现实之外。在伯克看来，这不仅避免了孟加拉"穿上危险的外衣，更避免了它陷入可怕的境地，成为一个被征服的地区"。[280] 伯克认为，随着里扎·汗的下台，黑斯廷斯和理查德·巴维尔会开始认为自己是绝对征服的继承人，可以直接获得对当地人的肯定性权力（positive power）。伯克认为，这种权力显然是"真实的"，而英国的权威则"纯粹是形式上的"。当遥远帝国的这两个管辖权发生冲突时，"它们的对立只会削弱本应占主导地位的权威，而提升本应处于依附地位的权力"。[281] 休谟曾警告，自由政府有可能压迫其附属殖民地，

278　EB, *Ninth Report of the Select Committee* (25 June 1783), *W & S*, V, p. 232.

279　Ibid., pp. 307, 311, 318.

280　Ibid., p. 321.

281　Ibid., p. 333.

因为他们珍惜其来之不易的自由。[282]伯克抱怨说，在印度，这种现象已经非常猖獗：在蔑视宗主国权威的殖民地政府中，专制主义变得非常普遍。

10.6　福克斯的《印度法案》

1783年4月福克斯-诺斯联合政府建立后，在9个月的执政时间里，议会的注意力都集中在东印度公司的事务上。福克斯的两项《印度法案》在11月呈递给议会，8月20日前，伯克都在着手准备将纳入这些法案的材料。[283]在两份法案中的第一份法案，也是争议性较强的那份法案，被递交给议会的当天，特别委员会的《第十一份报告》发表了，其试图揭露总督的个人腐败，例如"收受礼物和馈赠"，这时，伯克对如何处置黑斯廷斯的看法与福克斯较为温和的立场不同。[284]这一指控的一方面是简单的贪污，但更严重的指控是，从当地统治者那里榨取捐款，作为直接压迫和剥削的手段。在弹劾黑斯廷斯的审判期间，伯克提出的许多例子都发挥了关键作用，但他在《第十一份报告》中提出的一个核心论点是，黑斯廷斯收受的礼物不是王公的慷慨赠予，而是高压勒索的结果，他以穷人需要保护为由掠夺他们。[285]18世纪80年代中期到90年代中期，

560

282　大卫·休谟，"政治可以被简化为一门科学"（That Politics May Be Reduced to a Science, 1742年），载于 *Essays Moral, Politicaland Literary*, pp. 18–19。

283　福克斯的第一个法案涉及公司的管理，第二个法案涉及印度的行政法规。关于这两个法案的起草人，参见 Vincent T. Harlow, *The Founding of the Second British Empire, 1763–93* (London: Longman, Green and Co., 1952–64), 2 vols., II, pp. 124–6。关于伯克介入的时机，参见 Marshall, *Impeachment*, p. 20; Cannon, *Fox-North Coalition*, p. 107。

284　EB, *Eleventh Report of the Select Committee* (18 November 1783), *W & S*, V, p. 334. 关于伯克为该《报告》的作者，参见 Philip Francis to the editors of Burke's works, n.d., copied 30 May 1812, WWM BkP 31:16。

285　EB, *Eleventh Report of the Select Committee* (18 November 1783), *W & S*, V, pp. 350–1。

伯克花费大量精力批判黑斯廷斯的这种行为，但 1783 年，他更深层次的目的是找出导致这种滥用职权行为的根本原因。伯克对黑斯廷斯辩护者所赋予他的美德表示怀疑，"数百万"孟加拉人的苦难就是证据。[286] 正如福克斯为重组公司架构而制定的《印度法案》所述，这些受害者遭受了"性质和规模都十分惊人的混乱"。[287] 然而，在针对该法案的演讲中，伯克的主要目的是表明这些混乱既是"习惯性的"又是"难以纠正的"。[288]

福克斯《印度法案》的目的是将公司控制权交给一个由七名委员组成的委员会，这七名委员首先从议会两院抽调和任命，随后再由国王任命。这个由助理委员组成的机构将负责监督商业活动，委员们的任期为四年。[289] 该委员会将以准司法身份行事，使行政管理受到专业的监督。伯克透露，它的原则遵循"司法法院"的原则。[290] 同时，七人委员会将成为政府的一个部门，拥有广泛的庇护权，这一事实令其议会反对者深为震惊。但它并不是宫廷的新工具，它的任期很容易与一个特定的政府任期不同。当然，这是有意为之：这些委员并不是按照国王意愿任命的，从而使他们避免了王室"影响"带来的腐败。[291] 伯克写道，"一旦让它（这种影响）进入正常的行政程序，所有改革的希望都将破灭"。[292] 这个想法是要把该委员会建成一个

561

---

286 例如 1782 年 4 月 18 日关于特别委员会报告的辩论，参见 *Gazetteer*, 19 April 1782。

287 该法案，参见 The Bill is reprinted in *Parliamentary History*, XXIV, cols. 62ff。

288 EB, *Speech on Fox's India Bill* (1 December 1783), *W & S*, V, p. 433.

289 Cannon, *Fox-North Coalition*, p. 108.

290 EB, *Speech on Fox's India Bill* (1 December 1783), *W & S*, V, p. 444.

291 正是基于这些理由，现代历史学家有时认为该法案不切实际，当然，这是从宫廷派的角度看的，参见 Sutherland, *East India Company Politics*, p. 265ff.; John Ehrman, *Pitt the Younger: The Years of Acclaim* (London: Constable, 1969), p. 120ff。

292 EB, *Speech on Fox's India Bill* (1 December 1783), *W & S*, V, p. 442.

"议会机构"，植根于"英国议员的不腐败的公共美德"。[293] 其章程是为了预防秘密图谋：它的口号是行为之公开公正，并依赖下议院的信任而获得支持。[294] 这些安排背后的目的是，建立一套与公司政治体系相融合的监督机制，同时避免伯克和福克斯所认为的这一政治体系的缺陷。福克斯认为，该法案充满了"警惕权力的智慧"。每一项条款都流露出怀疑，假定"人只是人"，因此容易出现不同程度的渎职行为。[295]

伯克对该法案的辩论的重要贡献在于，他提出了将该法案提交委员会审议的动议，这使他能够对该法案一读和二读中收到的反对意见做出回应。纳撒尼尔·拉克索尔认为，这是他 1780—1794 年在下议院见证的"最好作品"。[296] 这无疑是一次有力且有权威的干预。反对派曾把该法案描述成一项"可怕"且令人憎恶的措施，认为它会垄断大量的庇护机会，同时侵犯公司的特许权。[297] 阿奇博尔德·麦克唐纳甚至质疑该法案侵犯了"人的权利"。[298] 伯克发表演讲后，约翰·威尔克斯仍保持同样的思路：尽管急于抨击印度"各种各样的战争和贸易"，他仍认为有必要批评该法案的条款，因为它破坏了英国所有特许状、契约和法人团体的稳定。[299] 在演讲一开始，伯克就驳斥了这种错误的争论。他坚称，自己的目标是捍卫人的权

293　Ibid.

294　Ibid., pp. 444–46.

295　*Parliamentary Register* (Debrett), XII, p. 291.

296　*The Historical and Posthumous Memoirs of Sir Nathaniel Wraxall, 1772–84,* ed. Henry B.Wheatley (London: 1884), 5 vols., III, p. 173.

297　*Parliamentary History*, XXIV, e.g. cols. 10, 11, 15. 内阁的支持者，如威廉·艾登，有时也承认这一点，参见 *John Courtenay, incidental Anecdotes and a Biographical Sketch* (London: 1809), pp. 135–38。

298　*Parliamentary History*, XXIII, col. 1299.

299　*Parliamentary History*, XXIV, col. 20.

利，但这些权利必须与公司的特权区分开来。像《大宪章》这样的权利宪章，可以通过政府对其臣民负有的自然责任来约束权力；但赋予东印度公司的特许状创造了权力，而不是限制了权力，因此，它应对行使这些权力负责。[300]

562

东印度公司的特许状最初授予的是对商业的垄断权，后来偶然变成了统治权。这一结果是天意，但由于天意不可捉摸，英国在东方的权力必须在政治上被看作是偶然情况下的合理产物。伯克说，"无论上帝的设计是什么，都不是由祂或其他任何人来决定的"。[301] 他解释说，"一个伟大的帝国"，已经"交到我们手中"。[302] 他"战战兢兢"地回想起当初征服的正义性，但现在这已是既成事实，而且从政策和人性的角度来看，这也是一个合理的事实。当然，在英国占领前，阿拉伯人、鞑靼人和波斯人先后发起了一波又一波的入侵，每一次入侵都是"残暴、血腥和极端破坏性的"。[303] 相比之下，英国入侵次大陆的方式不那么暴力，但仍不是一幅美好的画面，因为它是通过秘密手段和投机主义实现的。[304] 然而，这些手段并没有使这一成就失去正当性。英国权威的正当性有两个基础。首先，放弃已获得的东西是"不切实际的"：撤退将使当地人陷入更悲惨的境地，使他们成为地方势力竞争的牺牲品，并受到法国人的侵扰。[305] 在次大陆上，没有哪个权力的索求者能更好地为民众谋福祉，尤其是因为这些地方势力之间相互存在着"不可救药的、盲目的

---

300 EB, *Speech on Fox's India Bill* (1 December 1783), *W & S*, V, pp. 381–82.

301 EB, Speech on Secret Committee Resolutions, 15 April 1782, *London Courant*, 16 April 1782.

302 EB, Speech on Secret Committee Resolutions, 15 April 1782, *Gazetteer*, 16 April 1782.

303 EB, *Speech on Fox's India Bill* (1 December 1783), *W & S*, V, p. 401.

304 Ibid. Cf. Burke's more indulgent verdict in Proceedings against Clive, 21 May 1773, Cavendish Diary, Eg. MS., 248, fol. 261.

305 EB, Speech on Secret Committee Resolutions, 15 April 1782, *Gazetteer*, 16 April 1782.

和毫无意义的敌意"。[306] 其次，从本质上讲，没有任何东西使一个贸易公司不适合拥有领土权力。在这里，伯克公开反对亚当·斯密的结论："我认识拥有伟大政治家情感和能力的商人，也见过具有商人观念和品格的政治家。"[307] 很明显，英国在南亚的统治体系本质上已系统性地被滥用了，但这些滥用行为可以通过将董事们的权力移交给一个议会委员会加以补救，该委员会的监督和审议将独立于国王，并以印度人的繁荣为宗旨。

英国在东方建立了伯克所说的"暴虐、反常、任性、不稳定、贪婪和腐败的专制统治"。[308] 在现行的权力体制下，这种堕落的管理是无法补救的。然而，改革权力结构提供了一条改进的路径，而不用拆除公司在次大陆的管理体制。所有政府都有改革的义务，只有这样才能被人信任。[309] 这些义务源于更普遍地将人类彼此联系在一起的道德纽带，也就是源于伯克所说的"由事物的永恒框架和结构决定的信仰、契约，庄严的、原始的、不可或缺的誓言，在此之中，我同全人类连结在一起"。[310] 由于这一原始契约，所有权力最终都应对其行为负责，必须为建立该权力的目的服务，即为该权力所统治的人谋

563

---

306 EB, *Speech on Fox's India Bill* (1 December 1783), *W & S*, V, p. 401.

307 Ibid., p. 387. 关于商业管理的性质"本质上是有缺陷的，并且或许是不可纠正的"，参见亚当·斯密《国富论》下卷第 638 页（*Wealth of Nations*, II, p. 638）。

308 EB, *Speech on Fox's India Bill* (1 December 1783), *W & S*, V, p. 430.

309 关于伯克对这一主题的论述，参见 James Conniff, "Burke and India: The Failure of the Theory of Trusteeship," *Political Research Quarterly*, 46:2 (June 1993), pp. 291–309。另见 Richard Bourke, "Liberty, Authority and Trust in Burke's Idea of Empire," *Journal of the History of Ideas,* 61:3 (Summer 2000), pp. 453–471; David Bromwich, "Introduction" to idem ed., *On Empire, Liberty and Reform: Speeches and Letters. Edmund Burke* (New Haven, CT: Yale University Press, 2000),p. 16。

310 EB, *Speech on Fox's India Bill* (1 December 1783), *W & S*, V, p. 425. 相关讨论，参见 P. J. Marshall, "Review of *On Empire, Liberty and Reform: Speeches and Letters. Edmund Burke,*"*Reviews in History*, 154 (31 August 2000): http://www.history.ac.uk/reviews/review/154。

福利，这是作为神的道德依赖者的人之判断。[311] 从这个意义上讲，政府的契约是不可否认的，但是，正如伯克在 1773 年所主张的那样，当契约条款被违反到一定程度，从而使统治权力失去了所有信任时，政府的契约就有可能被废除。[312] 正如伯克在 18 世纪 90 年代阐述法国政治问题时谈到的那样，判断违反统治权信任的行为发生的基础，以及在这种违反行为被认为已经发生时谁有权采取行动，都是相当微妙的问题。然而，下属司法机关违反信任的行为则更容易确定，且更容易对此采取行动：它能够被追究责任，但不是由众多的"民众"这样不确定的因素来追究，而是由一个拥有最高权力的议会来追究，只有这一议会"才能理解其严重性及其滥用的规模，也只有这一议会才能采取有效的立法补救措施"。[313]

伯克关于福克斯的《印度法案》的演讲是他最精心构思的发言之一。由于其主要目的之一是质疑一个已建立的管理制度的正当性，该演讲主要阐明了废除一种权力结构并以另一种结构取而代之的标准。因为政府的权利会因违反信任而受到损害，伯克的注意力主要都集中在剖析违反信任行为的标准上，根据这个标准，任何涉嫌违背信任的行为都必须接受检验。伯克提出，使政府失去正当性的、最显著的违背信任行为具有以下四个特征：第一，滥用权力的对象的规模很大；第二，违背信任行为的程度很严重；第三，管理不善是系统性的；第四，如果不进行宪法重组，就无法消除这种行为。伯克演讲的印刷版或多或少地按照顺序，将每一项标准逐一应用于检验公司的内外治理和内外商业活动。他以印度幅员辽阔开篇，说明英国

564

---

311 关于伯克对这一主题的论述，参见本书第 12 章第 6 节，第 13 章第 6 节。

312 WWM, BkP 9: 17.

313 EB, *Speech on Fox's India Bill* (1 December 1783), *W & S*, V, p. 385.

责任的广泛性: "在如此广阔的领土上, 没有人能未经东印度公司的允许吃上一口米饭。"[314] 但是, 通过将这些地区所拥有的先进文明与 "游荡在亚马逊河荒凉边界上成群的野蛮人" 相比较, 这些领土的重要性得到进一步强调。[315] 伯克观察到, 即使如此, 这种优雅而虔诚的文化所具有的抽象尊严和独特性, 还不足以引起欧洲政治家对其困境的同情。[316] 伯克认为, 要实现这一目标, 需要通过某种方式, 将这种相对陌生的文化渲染为熟悉的事务, 拉近其与欧洲的距离。[317] 如果做不到, 他就只能在基督教自然法则的框架内, 通过展示欧洲人滥用信任行为的规模来唤起人们的良知。

伯克以一种灾难性的语气列举滥用信任的行为。50 年前, 谁能想到莫卧儿帝国的强大统治会在一代人的时间里受尽屈辱, 沦落到一贫如洗的地步呢? 这种沧桑变迁给我们上了 "可怕的一课"。[318] 伯克审视了这场革命的后果: 因支持阿瓦德的维齐尔, 公司违背了对莫卧儿帝国的义务; 罗希拉斯人遭到 "灭绝"; 纳瓦布们接连倒台; 无数条约被打破; 孟加拉的柴明达尔被毁灭; 以及从贝拿勒斯到卡纳提克的附属势力屡遭背叛。[319] 伯克认为, 对于这一切, 黑斯廷斯有很多责任; 但问题远不止于此。以前对次大陆的征服始于残暴, 但终结于持久的

---

314 Ibid., p. 389.

315 Ibid.

316 关于这一策略以及伯克思想中同情的意义, 参见 Uday Singh Mehta, *Liberalism and Empire: A Study in Nineteenth-Century British Liberal Thought* (Chicago, IL: Chicago University Press, 1999), chapt. 5; Jennifer Pitts, *A Turn to Empire: The Rise of Imperial Liberalism in Britain*, IL (Princeton, NJ: Princeton University Press, 2005),pp. 72–3, dissenting from Sara Suleri, *The Rhetoric of English India* (Chicago, IL: Chicago University Press, 1992), Chapt 2。

317 EB, *Speech on Fox's India Bill* (1 December 1783), *W & S*, V, p. 390.

318 Ibid., p. 392.

319 Ibid., pp. 392–430. 伯克所说的毁灭, 指的是政治毁灭, 而不是大规模灭绝的

统治："父辈们在那里寄托着子孙后代的希望；孩子们则能看到父辈的丰碑"。[320] 相反，英国人从建立统治开始，便任由其堕落为压迫和勒索的工具。商业机会让位于对征服的渴望，公司的年轻冒险家转而痴迷于权力的享受。没有建立持久的殖民地，没有打下统治的根基，没有树立纪念碑。一波又一波闯入者涌了进来，很快又带着他们的战利品离开了，给当地人留下的只有"下一批捕食者前来掠夺的无望前景"。[321]

伯克分析，这些捕食者来来去去不受惩罚的原因是：他们在印度没有任何依附关系或共情的纽带，也不受任何外部监督。这是因为，在政治上，这些责任机构没有动机纠正其错误行为，而在商业上，损益的动机也失效了。虽然从理论上讲，雇员对董事负责，而董事受股东控制，但董事会和这些从属机构的关系被扭曲和颠倒了。公司董事和股东的职位不再仅仅因为其资本价值或预期股息回报令人垂涎。这些好处与政治庇护带来的利益相比，简直不值一提，这使公司成了一家政治企业，而非商业企业：与获得利润丰厚的合同或为家庭成员在印度谋一个要职相比，股息或股票价格的波动对受益人来说微不足道。[322] 在这种情况下，股东大会的投票权很难被用来控制浪费或者贪污行为；它被用来获得影响力和创造机会，从而获得回报。这种对商业实践的曲解，带来权力关系的倒置。董事不再能控制公司雇员，相反，雇员们最终获得了任命为其利益服务的董事的权力。[323]

福克斯设立一个议会委员会的目的是建立一个不受贪婪利益支配的监督机构。最重要的是，确保这一新安排不会危及宗主国的宪法完整性：在印度民众摆脱压迫的同时，英国宪法也

---

320 Ibid., p. 401.

321 Ibid., p. 402.

322 Ibid., p. 437.

323 Ibid.

要"免遭最严重的腐败"。[324] 腐败的可能性取决于委员会成员的任期。如果这些委员被国王"随意"任命和罢免，他们将受到暗中操控，在伯克和福克斯看来，这对英国宪法平衡产生了不利影响。但如果他们是根据福克斯党的原则被任命的，并享有固定任期，就不会受到腐败行为的影响。反对这一解决办法的人认为，它是由政党的偏好决定的，这实际上只是针对"政党本身的反对意见"，目的是为宫廷利益服务。[325] 伯克长期以来一直认为，政党无法从自由宪法中被排除，这意味着党派是混合政体的一个内在特征。无论是宫廷党，还是其反对者，都必然会从具体措施中获益。[326] 就该法案涉及的印度改革而言，对福克斯派的任何好处都是附带性的：关键是基于地位和专业知识，公开任命印度改革的支持者成为委员。如果内阁以任何其他方式任命委员，该委员会都将失去下议院的信任，从而失去其权力的基础。[327]

566

关于福克斯的《印度法案》的辩论结束后，下议院投票决定将该法案提交委员会审议，这些条款在三读通过后提交给上议院。在上议院，由于乔治三世的直接影响，该法案遭遇失败，导致了联合政府的垮台和由小皮特领导的内阁的成立。[328] 1783 年 12 月 19 日，坦普尔伯爵写信给伯克，告知他国王"没有必要"再任命他担任主计长。[329] 新年伊始，小皮特准备好了他的第一份《印度法案》，其改编自邓达斯 1783 年的早期法案。[330] 该法案在下议院进行二读的前一天，伯克写信给格拉斯哥

324　Ibid., p. 383.

325　Ibid., p.445.

326　Ibid., p. 447.

327　Ibid., p. 445. 伯克认为，这是自经济改革以来一个特别有力的论点。

328　Cannon, *Fox-North Coalition*, chapt. 7.

329　Earl Temple to EB, 19 December 1783, *Corr.*, V, p. 119.

330　Sutherland, *East India Company Politics*, p. 408.

大学的人类学教授威廉·理查森，表示印度人的困境困扰着他的
"全心"，并使他"实际上……度过了一些不眠之夜"。[331] 结果，
该法案于 1 月 23 日以 222 票对 214 票被否决。[332] 巧合的是，
一周后，马戛尔尼勋爵从圣乔治堡写信给伯克，警告说，如果
不对公司组织结构进行一些根本性改革，"你们可能就要向英
国在亚洲的帝国告别了"。[333] 然而，在昔日联合政府的支持者
看来，有效的重组似乎不太可能，因为他们日益担忧，民众基
本上对印度商业漠不关心。威廉·艾登抱怨说，只有破产的前
景才会引起"公众"对亚洲形势的关注。[334] 伯克回答说，"我
对将来能做的事情完全绝望了"。东方同胞们的"浩劫"和
"毁灭"似乎没有触动英国人的人性。[335] 在此背景下，小皮特
在 1784 年大选中增加了约 70 名支持者，他的地位大大提高，
并在 7 月 6 日推出了第二份《印度法案》。[336] 弗朗西斯在 27
日写道，他在该法案修正案二读的演讲中表达了自己的"核心
思想"，这让伯克在第二天就特别委员会报告的真实性表明自
己的立场。[337] 8 月 3 日，他告诉吉尔伯特·埃利奥特爵士，这
是最后一次绝望的请求。他悲叹，小皮特的措施代表着纯粹的
不正义，是由一个腐败的下议院促成的。[338]

---

331 EB to William Richardson, 22 January 1783, *Corr.*, V, p. 124.

332 伯克 1 月 16 日发表了反对意见，反对该方案"将整个东印度公司置于王室手中"。参
见 *W & S*, V, p. 452。

333 Lord Macartney to EB, 31 January 1784, *Corr.*, V, p. 125.

334 13 May 1784, ibid., pp. 146–7.

335 17 May 1784, ibid., p. 151.

336 C. H. Philips, *The East India Company, 1784–1834* (Manchester: Manchester University Press, 1940), p. 32.

337 Philip Francis to EB, ibid., p. 161; EB, Speech on Pitt's Second India Bill, 28 July 1784, *W &, S*, V, p. 455.

338 EB to Sir Gilbert Elliot, post 5 August 1784, *Corr.*, V, p. 166.

10.7　复仇的先知

伯克认为，下议院的腐败开始于一个议会派系，他们与乔治三世合谋成立了小皮特内阁。小皮特内阁在 1784 年 3 月至 4 月的大选中得到巩固。伯克认为，下议院的独立性几乎全部丧失了。[339] 上届议会在宪法改革方面所做的努力全部付诸东流。在 1784 年《致国王陛下的陈情书》这本小册子中，伯克记录了这些情况的发展，并指出，一时的愤怒可能会摧毁长期的建设。[340] 摧毁的过程是，将下议院降为行政机关的"纯粹附属"，而其借口是挽救宪法，使其免遭议会中一个政党对王室的不正当企图。[341] 伯克指出，小皮特内阁在此过程中受到某些盲从民众的怂恿，这些人的堕落程度据说已经超过了"罗马共和国最糟糕的时期"。[342] "我担心一切都完了"，伯克后来引用卢坎的《法萨里亚》中描述庞培后的罗马共和国的一句话，"既没有帝国的权威，也没有元老院的地位"。[343] 政府、君主和议会外的人都对印度的现状漠不关心。相比之下，尽管古罗马的贵族派系对帝国行省的灭亡起到推波助澜的作用，但"维勒斯这样的人和他的行为总是为广大民众所憎恶"。[344] 面对 1784 年堕落

568

339 22 June 1784, Ibid., p. 154. 参见 ibid., pp. 153–4, 这是伯克回复贝克 6 月 20 日来信的内容，贝克在信中赞扬了伯克 6 月 14 日为联合政府辩护的动议。伯克的动议得到了温德姆的附议，参见 *CJ*, pp. 198–204。

340 EB, *A Representation to His Majesty by the Right Honourable Edmund Burke on Monday, June 14,1784* (London: 1784), p. ii.

341 Ibid., pp. 16, 12.

342 EB to William Baker, 22 June 1784, *Corr.*, p. 155.

343 EB to Sir Gilbert Elliot, 3 August 1784, ibid., p. 166, 伯克引用卢坎的话（Lucan, *Pharsalia*, Bk IX, l. 207）强调："既没有对外展示的权威，也没有元老院的制约"。

344 Ibid. 在对黑斯廷斯的控告中，伯克引用了西塞罗驳斥韦雷斯的演讲（*Verrine Orations*），参见本书第 12 章第 2 节。

的政治，伯克选择扮演西塞罗的角色，谴责维勒斯这样的犯罪行为，也就是指控沃伦·黑斯廷斯所代表的帝国渎职行为，尽管他面对的是不那么顺从的听众。年底，伯克对瑟洛说，"我只能代表印度民众发声"。[345] 其他人有能力采取行动，而他最多只能呈现一个遥远大陆上数百万被剥夺公民权的人的请求。

弹劾将是伯克代表印度民众的手段。他一直承诺，要让印度历史上最严重的违法行为受到制裁。[346] 现在他意识到，代表行为可以同时是一种正义行为，这与他就阿尔马斯·阿里·汗的命运进行演讲时提出的观点完全相反，彼时他认为这是一个旷日持久的计划，目的是"让贫穷的当地人完全消失在人们的视线外"。[347] 因此，黑斯廷斯辞去总督职务五个月后，伯克对他返回英国表示欢迎，并评论说，对他在亚洲的行为进行某种形式的调查"恰当且有益"。[348] 如果没有人站出来承担这项工作，伯克自己就来担任倡导者，亲自承担起一个破碎民族的事业。1784—1785年，在受到小皮特政府年轻支持者们的嘲讽，并感到通过权力机关进行补救的希望正逐渐破灭的同时，伯克越来越自觉地扮演起复仇先知的角色，用他仅有的高于他同事的威信来威胁他们。他为阿瓦德边境一名受压迫的收税员辩护，声称自己被迫就这一问题"说教"。[349] 演讲时，他把手放在他所谓的"神圣卷宗"，即特别委员会报告上，呼唤"伟大的上帝"。他多次提到，从这个国家的不幸中可以明显看出，"可怕的天意"在不断复仇，因为它对英国人在东方帝国的行为做出了负面评价。[350]

345　EB to Lord Thurlow, 14 December 1784, *Corr.*, V, p. 203.

346　28 April 1783, *Parliamentary History*, XXIII, col. 800.

347　EB, Speech on Almas Ali Khan, 30 July 1784, *W & S*, V, p. 461.

348　EB, Notice of Motion on Hastings, 20 June 1785, ibid., p. 617.

349　*Morning Herald*, 31 October 1784.

350　Ibid., and EB, Speech on Almas Ali Khan, pp. 468, 472, 475, 477.

在伯克继续抨击黑斯廷斯的肆意妄为时，卡纳提克的纳瓦布的债务问题受到下议院关注，这一问题自18世纪70年代末以来，一直被搁置。由于对卡纳提克财务问题的调查遭到小皮特印度事务管理委员会（Board of Control）的抵制，而且解决纳瓦布债务的条款也存在争议，在1785年2月28日，伯克准备在下议院的一次重要演讲中，攻击印度的新政和管理委员会的主要负责人亨利·邓达斯。在福克斯的请求被拒绝后，他自己发起了提议，利用这个机会剖析了印度南部的帝国体系。其核心目的是与印度东北部的安排形成对比：孟加拉的军事和政治征服激发了商人们贪得无厌的欲望，也激起了各部门的"仿效"，而伦敦的董事们对公司财务面临的新压力越来越警觉，不断提倡低调和节俭。[351] 然而，根据伯克的观察，"利用资源的激情是巧妙的"。面对利德贺街要求克制的呼声，马德拉斯的雇员们试图间接提升自己的地位。在孟加拉，礼物已经腐化了官员，而在马德拉斯，雇员们则通过发放贷款来赚钱；公司在东北部公开进行战争的同时，在卡纳提克地区则暗中进行扩张。正如伯克从18世纪70年代以来一直强调的那样，这一切都是通过阿尔乔特的纳瓦布这个关键人物完成的，他受到英国人启发，雄心勃勃地想在德干建立一个帝国。随着他着手推翻该地区既定的统治者，他对公司的债务也相应地"增加"。[352]

纳瓦布的扩张计划遭到海达尔·阿里的极力阻挠，海达尔正努力从迈索尔的基地向西南扩张，而公司则通过穆罕默德·阿里间接地从东南方向推进。面对挑衅和公司的不信任，海达尔·阿里将他的贪婪和野心释放在卡纳提克地区：正如伯克所说，"在他那满是贪婪且阴郁的内心深处，他决心将整个卡纳

569

---

351 EB, *Speech on the Nabob of Arcot's Debts* (28 February 1785), *W & S*, V, p. 516.

352 Ibid., pp. 517–18.

提克铸成一座永恒的复仇丰碑"。[353] 这颗伯克所谓的"可怕的流星"，向他的敌人发起了无情的攻击，用火和刀摧毁了整个领土，把被剥夺财产者赶到侵略者手中，在其身后留下了一场毁灭性的饥荒。在马德拉斯的街道上，每天都有数十名受害者丧生。伯克提醒下议院，在一年半的时间里，海达尔·阿里和他的儿子蒂普苏丹不断袭击被围困的"同胞"，"直到整个地区一片死寂"。[354] 在伯克的比喻中，这片荒地包括一块面积堪比英格兰的领土——"从泰晤士河和特伦特河"沿着南北轴线延伸，从"爱尔兰到德国海"由东向西扩展。[355] 然而，在这片领土遭受军事破坏后，东印度公司并没有利用一切可用的资源恢复其活力，反而按照和平丰年的标准照常征税。伯克称，把这项政策称作"暴政，甚至是疯狂"都低估了它的卑鄙。[356] 这种情况需要大规模的公共供给：在民众能再次支持政府前，政府必须救济民众，此时，"通往收益的道路不在于财政收入，而在于财政支出"。[357] 在恢复原来的税收水平之前，必须先恢复民众的繁衍及繁衍所依赖的生计：人口和耕种是征税的先决条件。

伯克此时的目的是表明，英国政府在科罗曼德尔海岸的所作所为，是在没有意识到对印度民众的首要责任的情况下进行的：他们试图最大限度地利用印度人，虽然他们本应对其履行照顾的义务。伯克在下议院发言时，展示了一幅地图，其是托马斯·巴纳德绘制的1763年割让给公司的沿海地区地图的副本。该地图展示了该地区的农业多么依赖于人类的意愿和公共供给：灌溉土地需要无数水库，巴纳德的地图显示这些水库散

353　Ibid., p. 518.

354　Ibid., pp. 519–20.

355　Ibid., p. 520.

356　Ibid., p. 521.

357　Ibid.

布在全国各地。[358] 自然的不足必须通过人类的技艺来弥补，一代又代的当地政府都致力于建设和维护这种共享的公共资源："这些是由野心建造的宏伟坟墓，但这野心是一种永不满足的仁爱之心。"[359] 然而，就目前的情况看，公司已经"贪婪到疯狂"的地步，卡纳提克地区的公共设施已不复存在。[360] 伯克提到，邓达斯提交给秘密委员会的《第四份报告》无疑证明了公司过失的严重程度。该《报告》指出，"为土地提供水源的各大水库正在衰败"。[361] 水库进一步的衰败显而易见意味着农作物的歉收和饥荒。伯克指出，农业和商业需要"事前提供的场所、种子、牲畜和资金"。[362] 印度南部的水库需要消耗大规模的资本。在这种供给已经被严重耗尽的地方，需要政府来供应物资，而因为战争灾难，这一供应已经减少到威胁民众生存的地步。但在公司的管理下，公共财政被用作榨取贡品的手段，而不是作为公共福利的工具。同时，所有恢复经济增长所需的基础设施的努力，都因公司债权人要求立即还债而失败了，在伯克看来，这些债务基本上都是虚构的。信贷系统的健康对可持续复苏至关重要，但事实上，在紧急情况下，"第一个债权人是农业"，而且在极度匮乏的情况下，索债的债权人"不得用他们那污秽和不虔诚的爪子"接近耕种、播种和施肥的"神圣工作"。[363]

571

---

358 参见 *A Map of the East India Company's Lands on the Coast of Coromandel by Thomas Barnard*(1778)。这幅地图是亚历山大·达林普尔将巴纳德 1774 年的原始地图缩小后出版的。达尔林普尔还出版了 *Explanation of the Map of the East India Company's Lands on the Coast of Coromandel by Thomas Barnard* (London: 1778)。

359 EB, *Speech on the Nawab of Arcot's Debts* (28 February 1785), p. 522.

360 Ibid., p. 521.

361 *Fourth Report of the Committee of Secrecy* (6 February 1782) in *Commons Sessional Papers*, ed.Lambert, CXLIII, p. 670.

362 EB, *Speech on the Nawab of Arcot's Debts* (28 February 1785), *W & S*, V, p. 522.

363 Ibid., p. 523.

在对南亚政治进行了八年的密切观察之后，伯克发表了关于阿尔乔特的纳瓦布债务问题的演讲。这是对卡纳提克地区政府责任的系统性扭曲的持续考察，与他向特别委员会提交的报告和就福克斯《印度法案》发表的演讲中对印度困境的深入分析相吻合。然而，尽管《第十一份报告》和《第九份报告》旨在影响政策，而福克斯《印度法案》的目的是重组印度政府，但关于阿尔乔特的演讲是对伯克所认为的腐败内阁的攻击，该内阁受到堕落的下议院支持。在整个1784—1785年间，他在政治上受到小皮特在下议院的支持者们的嘲讽，在联合政府垮台后与盟友失去了联系，并对立即产生政治影响的可能性感到绝望。他向弗朗西斯承认，他现在将根据"我仅有的一票表决权"进行议员工作。[364] 在谈到印度问题时，他觉得与诺斯追随者结成战略联盟没有什么好处：他会以正义之名对他的敌人和对手采取行动，希望福克斯和弗朗西斯能做好跟随他的准备。个人的单独倡议也将优先于党派政治：福克斯可能渴望拥有追随者，但伯克不会。[365] 形势迫使他关注个人过失，而不是威廉·皮特政府所支持的印度行政管理系统的缺陷。在这种情况下，伯克决定专注于沃伦·黑斯廷斯的职业生涯，希望通过弹劾来揭露他的罪行。[366] 伯克坦率地说，这是他为自己辩护的一种方式，也是下议院必须树立道德立场的一种方式：在没有掌握权力的情况下，没有其他办法了。[367]

364　EB to Philip Francis, 23 November 1785, *Corr*., V, p. 240.

365　EB to Philip Francis, 10 December 1785, ibid., p. 243.

366　伯克对黑斯廷斯的敌意是因为后者轻视威廉·伯克，该观点首先是由查尔斯·麦考密克提出的，参见 Charles McCormick, *Memoirs of the Right Honourable Edmund Burke* (London: 1798)，但从罗伯特·比塞特开始，评论家普遍对此持否定态度，参见 Robert Bisset, *The Life of Edmund Burke* (London: 1798), p. 413。

367　EB to Philip Francis, 10 December 1785, *Corr*., V, p. 243.

第五部分
辉格主义、雅各宾主义、印度问题和新教优势地位
（1785—1797）

综　述

　　本书最后部分讲述的时期，通常被认为是伯克职业生涯的重大转折期。在这一时期，支持改革的辉格党人通常被认为日趋保守，这也使伯克与进步、启蒙和革命对立。然而，就伯克积极变革的承诺来说，他最后的职业生涯可以被更准确地看待：在整个帝国——特别是在印度和爱尔兰——他仍然执着于正在进行的革新计划。英国议会控制东印度公司的尝试因1783年福克斯的《印度法案》未能通过而失败了。尽管如此，在1786年发动弹劾沃伦·黑斯廷斯时，伯克希望建立普世化的标准，以评判印度的治理体系。这项冒险尝试既耗费精力，又要付出巨大努力。到1788年2月中旬，伯克已经完成了弹劾程序的开庭工作，并预祝反对黑斯廷斯的统一战线取得胜利。然而，弹劾持续五年之久，耗尽了其主要负责人的心力，并以失败告终。正如伯克所看到的那样，改革因保守力量而蒙羞。在同一时期，伯克为改善爱尔兰天主教徒的困境而积极奔走。1792年，我们发现他恳请授予他们议会选举权。然后在1795年，在爱尔兰总督菲茨威廉伯爵的统治下，他进一步敦促允许天主教徒在爱尔兰议会中获得席位。然而，正如伯克随后看到的那样，在爱尔兰政治中，谨慎的改革由于琐碎的渎职行为而失败了，到1797年，该国大部分

地区都被"雅各宾化"了。

伯克试图改善爱尔兰和南亚的条件是为了支持其倾注一生的国内改革。自18世纪60年代以来,他一直在敦促宗主国放宽对贸易的监管;整个70年代,他都在呼吁为政党取得宪法地位;而在最近的这一时期,他一直在推动经济改革。这类措施预示着革新:改革旨在恢复有助于持续进步的安排,而不是触发抑制进步和鼓励破坏的危机。[1] 伯克反对的是一种改革的新用语,这种用语笼罩在人权的语境下。他的反感不是针对自然权利的原则,也不是质疑自然法中公民权利的基础。伯克对财产的捍卫、对宽容的提倡,以及他对应该指导印度治理体系的价值观的拥护,都建立在基本权利的概念之上。令伯克感到不安的是通过挪用权利的修辞为——在他看来是灾难性的——两个政治纲领提供服务。第一个纲领的目标是将诉诸自治的自然权利作为确定现有公民社会形态的一种手段。这一纲领在美国独立战争期间得到了鼓励,其理念开始影响英国议会的改革计划。第二个纲领掀起了一种观念,即原始的自然权利可以挑战既有社会的财富分配。正如伯克所见,这两种关于人的原始"权利"的主张都使得法国革命不得不沿其狂热的路线发展,逐渐减少了获得任何公民权利的机会。

从这个角度来看,法国式的权利提供了反对自然法则的"武器"。当然,从经院学者到格劳秀斯、普芬多夫和洛克对这些法则都有不同的解释。伯克遵循现代法理学,将自然法则解释为通过追求个人效用来促进社会进步的手段。这种追求被

1　有关18世纪大背景下这些进程的思考,参见 Franco Venturi, *The End of the Old Regime in Europe*, trans. R. Burr Litchfield (Princeton, NJ: Princeton University Press, 1989–1991), 3 vols., Reinhart Koselleck, *Kritik und Krise: Eine Studie zur pathogenese der bürgerlichen Welt* (1959) (Frankfurt am Main: Suhrkamp, 1973)。

礼仪和道德施加于行为的限制所控制，但伯克仍然认为个人受到自我利益动机的影响。实现自我利益是社会和公民进步的目标。事实上，政府正是为了推动这一目标而创立的。然而，继洛克之后，伯克认为，虽然权威服务于更高的目标，但它并不是任何享有特权的超自然制裁的持有者。因此，当它试图使人的权利服从于专横的命令时，抵抗它的权力是被允许的，甚至是必须的。专断权力是征服精神的一个基本特征。在伯克看来，抵抗或革命是正当的回应。然而，法国革命的开始并不是一场反对压迫君主的叛乱，而是一个派系篡夺国家宪法的蓄意运动。

从这个意义上说，法国革命起源于对国内的征服。不久，它就把精力转向对抗欧洲强国。整个18世纪90年代，伯克把法国人发动的入侵和吞并视为一场不可调和的十字军东征。大革命最初是由谣言和对平等的狂热所激发的，它的军事力量在稳步增长。路易十六在1793年初被处决，随后一个不负责任的政权得以建立，伯克开始将法国视为一个军事国家：在内依靠武力统治，在外推行征服政策。1795年督政府的成立仅仅是延续了这种共和扩张主义的胃口。到那年秋天，伯克认为，英国有相当多的非国教徒正致力于废除国教。宗主国和殖民地的情况同样令人不安：随着粮食短缺的恐慌蔓延全国，手工业激进主义者在伦敦复苏。与此同时，随着波特兰公爵在皮特政府中任职，福克斯辉格党在法国问题上出现了无法挽回的分歧。1794年从下议院退休后，伯克为他的许多老朋友现在与政府合作而感到高兴，但他很快就因政府对战争的态度而感到沮丧。他认为，欧洲的均势政治已经结束。法国没有限制其利益范围的概念，因为它坚持压倒欧洲大陆上长期存在的主权国家。在伯克晚年，他一直在抨击那些试图容忍这种无边权力的计划。他并不认为自己是反对同时代进步原则的鼓吹者，而是

575

在暴政体制攻击下捍卫自由的斗士。财产、宗教和政体受到无神论信仰的攻击。在法国军队的影响下，无神论信条逐渐获得了皈依者。伯克的结论是，只有采取军事行动，才能扭转无神论信仰者前进的步伐。

第十一章
危机的到来：印度、英国和法国，1785—1790

11.1 导　语

到 18 世纪 80 年代中期，罗金汉辉格党人之间合作的光辉岁月已让位于福克斯追随者之间酝酿的冲突。伯克比其他任何人都对这一转折感到失望，但他很快就被新的事态发展所吸引。随着黑斯廷斯在 1785 年返回英国，他看到了一个通过起诉总督在东方的不当行为来推动善政的机会。在这一点上，他几乎对该计划的成功不抱希望。尽管如此，通过关注东印度公司治下的统治体制的不公正问题，伯克抓住了这个机会，将注意力集中在一个人的罪责上。通过唤起下议院对黑斯廷斯的反对，正义标准将在英国的公共生活中得到伸张。与此同时，对总督的控告将肯定基于基本权利的普遍性帝国规范的存在。对于这些价值观的恪守引导了伯克对一系列目标的支持，这些目标自 17 世纪 80 年代中期便赢得了下议院的听众：主要是 1785 年反对运送囚犯，以及 1789 年废除奴隶贸易的行动。然而在同一时期，伯克感到不得不捍卫因袭权利的权威。在 1785 年反对皮特的议会改革法案和 1788—1789 年摄政危机期间试图对摄政者的行为施加限制时，伯克支持既定惯例的现有安排。随后，实际惯例和原始权利受到法国革命的冲击。伯克从一开始就主张将两种原则巧妙地结合起来。因袭权利不能践踏不可剥夺的原始权利，但原始权利必须与社会效用相协调。到 1789 年初秋，伯克坚持认为，法国对既定惯例的愤怒会破坏社会和政治的原则。对抗这场风暴关系到英国的既得利益：同法国邻近，以及其通俗口号的吸引力，都对社会差别和英国宪法构成威胁。欧洲的发展现在已成为英国国内的严重关切。

578

11.2　黑斯廷斯的归来

在 1785 年到法国革命爆发前的几年，反对派辉格党经受着新的压力。在 1784 年福克斯壮烈败选后，该党需要一种使命感和方向感。[1] 福克斯党人的投票凝聚力给人一种团结的印象，这一点得到了政党制度发展的支持。此时，在威廉·亚当的监督下，竞选基金得以设立，代理人负责协调竞选活动和宣传，辉格党俱乐部则于 1784 年 5 月成立。[2] 尽管如此，随着皮特执政以来辉格党声望的下降，辉格党成员就如何最好地协调他们的计划存在分歧。[3] 不久之后，对黑斯廷斯的弹劾和摄政危机将加深这些分歧；法国自 1789 年起的发展将其推向崩溃的边缘。从 1793 年的角度回顾这段时期，伯克在其《对少数派行为的观察》(*Observations on the Conduct of the Minority*) 中谈道，他在 1791 年 5 月 6 日与福克斯的最后决裂之前，二人已经有一段长时间的"疏远、冷漠和不信任"。[4] 根据弗伦奇·劳伦斯三年后的说法，决裂的种子萌生于 1780 年福克斯竞选议员的时候。就在那时，福克斯感到自己在民众的帮助下战胜了

1　Frank O'Gorman, *The Whig Party and the French Revolution* (London: Macmillan, 1967), p. 5.

2　L. G. Mitchell, *Charles James Fox and the Disintegration of the Whig Party, 1782–94* (Oxford: Oxford University Press, 1971), pp. 102–3; Donald E. Ginter, "The Financing of the Whig Party Organization, 1783–1793," *American Historical Review*, 71: 2, (January 1766, pp. 421–40; Archibald S. Foord, *His Majesty's Opposition, 1714–1830* (Oxford: Oxford University Press, 1964), pp. 406–7; Eugene Charlton Black, *The Association: British Extraparliamentary Political Organisation, 1769–1793* (Cambridge, MA: Harvard University Press, 1963), p. 217.

3　B. W. Hill, "Fox and Burke: The Whig Party and the Question of Principles, 1784–1789," *English Historical Review*, 89: 350 (January 1974), pp. 1–24.

4　EB, *Observations on the Conduct of the Minority* (Spring 1793) in *W & S*, VIII, p. 407.

王室的力量。两年后罗金汉去世,他受到自然倾向于"大众方针"的文人的影响。这种倾向在1783年福克斯下台时得到证实:"他们的内阁在一年半内第二次被王室解散,这使他们确信自己已被王室抛弃,并使他们更多地依附于民众。"[5] 然而,正是在这十年中,福克斯和伯克在反对派策略问题上的分歧变得越来越明显。他们的争执很快在议会改革问题上变得尖锐起来。但是,在一开始,对黑斯廷斯的追究有望使反对派辉格党团结起来,这为经历失败后的福克斯追随者提供了目标。

18世纪80年代中期的情况将导致伯克后来所说的他与福克斯的"完全疏远"。[6] 这是一个不同寻常的发展,因为他们的出发点都是对威廉·皮特和乔治三世的行为感到不满。多年以后,波特兰公爵透露,他对福克斯的忠诚源于他此时的承诺。[7] 这些都是基于他与伯克的共同看法:密谋破坏福克斯的《印度法案》是一种暴行;在没有下议院支持的情况下成立一个行政机构是一种耻辱;利用行政权力来确保皮特的选举成功是一种公开侮辱。没有人比伯克更强烈地感受到,这一切都使下议院声名狼藉,并增强了乔治三世的权力。皮特的个人行为也应受到谴责。[8] 尽管如此,伯克开始相信,愿意同新政府结成联盟的正是福克斯的朋友们。[9] 当然,福克斯党人未能充分利用那些已经被背弃的原则。相反,正如伯克看到的那样,福克斯自己退出了战场,在萨里的圣安妮山上避世近一年,并拒绝在共同理念的基础上重建政党。这使伯克意识到,罗金汉派

5　French Laurence, "Political Life of Edmund Burke: Annotated Proofs of a Contribution to the *Annual Register*" (c. 1794), OSB MS. File 8753.

6　Ibid.

7　The Duke of Portland to EB, 10 October 1793, *Corr.*, VII, p. 448.

8　EB, *Observations on the Conduct of the Minority* (Spring 1793) in *W & S*, VIII, pp. 447–48.

9　Ibid. p. 448.

已经走到了尽头：朋友们围绕共同宪政理念而进行的合作赋予了这个党意义和凝聚力。相比之下，福克斯仅仅是对皮特的个人问题进行了零星的攻击："从那个时期到本届议会的所有反对派，"伯克在 1793 年表示，"都已经采取了不同的措施。" [10] 该党正在奋力挣扎，需要重新振作起来；这需要一个协调一致的、深思熟虑的行动纲领，并得到有力的竞选支持。在寻求实现这样的目标时，伯克感到福克斯在提供支持方面犹豫不决。1784 年，伯克向温德姆抱怨，在反对派领导人中没有采取任何"行为纲领"的踪迹。福克斯很乐于相信某种"意外"可能会发生。[11] 他不愿意咨询伯克的意见。他的追随者则有样学样：伯克在 1786 年秋天向一位通信人透露，当一部分"我们的人"接受了他对黑斯廷斯审判的建议时，他几乎掩饰不住自己的喜悦。[12] 问题很严重，但必须有系统地解决。这需要在对核心目标的承诺基础上建立起一致性的声誉。这一切都与福克斯的工作方式相悖，福克斯的口才和个人魄力是他非凡的品质，但其行为可能显得松懈和不稳定。[13]

伯克认为，福克斯过于关注眼前的利益。这使他渴望得到追随，并因此转向大众事业。这一策略在 1785 年已使伯克感到困惑，在 18 世纪 90 年代初又让他感到震惊。他在处理黑斯廷斯事务时第一次注意到这一点。从一开始，对总督的攻击对福克斯来说，仅仅是一个党派问题。根据纳撒尼尔·拉克索尔的回忆，虽然伯克对黑斯廷斯的追究混杂着怨恨，但他最初是

580

10　Ibid.

11　EB to William Windham, 14 October 1784, *Corr.*, V, p. 177.

12　EB to Thomas Lewis O'Beirne, 29 September 1786, ibid. p. 281.

13　Nathaniel Wraxall, *A Short Review of the Political State of Great Britain at the Commencement of the Year 1787* (London: 1787), pp. 28–9.

被"温和与扩大的原则"驱动的。[14] 福克斯的情况不同：弹劾只是众多机会中的一个，当其无法为他在威斯敏斯特的抱负服务时，就会被抛弃。[15] 伯克后来评论说，他自己参与了一些他并不真正"支持"的重大事件。[16] 当然，福克斯的态度比伯克更加超然：1787 年 2 月 7 日，理查德·布林斯利·谢里丹在其著名的关于虐待阿瓦德的别姬（Begams）的演说中提出第四条指控的那一天，福克斯却因身在纽马克特而缺席。相比之下，在 1785—1786 年，当对黑斯廷斯的指控看起来可能会对皮特不利时，福克斯热情地接受了它。皮特本人意识到，这个问题给反对派提供了增强其吸引力的机会，因此决定反对并撤销弹劾案。当直接的政治资本开始在诉讼过程中流失，福克斯便远离了黑斯廷斯的审讯，并于 1789 年寻求终止。另一方面，伯克原本预计此事持续时间不会超过一年，但伯克为此付出了五年的巨大个人和政治代价。[17] 伯克开始思考，不论反对派的命运如何，此事必须继续下去。同样，此事不应该被视作获得民望的通行证：下议院和民众现在都已经被腐化；真正的辉格党人必须站在更高的原则上。[18] 与福克斯不同，正如他向弗朗西斯解释的那样，伯克越来越不愿意将自己的政治信仰建立在拉选票的压力上。[19]

在他更悲观的情绪中，伯克可以感觉到，在印度的不当

---

14 *The Historical and Posthumous Memoirs of Nathaniel Wraxall,* ed. Henry B. Wheatley (London:1884), 5 vols., VI, p. 301.

15 Ibid., p. 302. 有关福克斯的乐观主义，参见 Ian R. Christie, "Charles James Fox", in idem, *Myth and Reality in Late-Eighteenth-Century British Politics and Other Papers* (Berkeley, CA: University of California Press, 1970), p. 139。

16 WWM BkP 25: 90.

17 EB to Adam Smith, 7 December 1786, *Corr.*, V, p. 296.

18 EB to William Baker, 22 June 1784, ibid., pp. 154–55.

19 EB to Philip Francis, 10 December 1785, ibid., p. 243.

行为实际上很受选民的欢迎。[20] 因此，几乎是根据定义，对渎职行为的起诉必须成为一个原则问题。审判黑斯廷斯的工作于1786 年初开始，尽管起诉的根源可以追溯到 80 年代初。正是在 1786 年 1 月 24 日议会开幕的国王演讲的辩论之后，黑斯廷斯的代理人约翰·斯科特少校问伯克，他计划何时对最近从加尔各答返回英国的总督展开调查。[21] 伯克援引法国宫廷记录员皮埃尔·德莱斯图瓦勒记录的一篇关于亨利四世的日志作为回应，内容是 1590 年帕尔马公爵如何建议法国国王在战场上以他自己选择的条件迎战他的敌人。[22] 然而，事实是，当斯科特挑衅他时，伯克已经起草了控诉黑斯廷斯的第一篇诉状。[23] 由于没有意识到这种预先准备，当公开调查的问题在新的一年里摆在议会面前时，黑斯廷斯变得乐观起来，因为他似乎会被指控为犯有政治错误而不是刑事错误。[24] 然而，无论总督怎么认为，伯克很快就会把他提议的调查形容为"最伟大和最重要的"，这在提交给"一个人类法庭"的调查中是前所未有的。[25] 显然，他热衷于强调这些诉讼的重要性、涉嫌所犯罪行的严重

20　EB to William Baker, 22 June 1784, ibid., p. 155.

21　*Parliamentary Register* (Debrett), XIV, p. 32; G. R. Gleig ed., *Memoirs of the Life of the Right Honourable Warren Hastings* (London: 1841), 3 vols., III, p. 276.

22　关于御座致辞的演讲，参见 *W & S*, VI, p. 45；关于帕尔马公爵，参见 EB, *Heads Written for Consideration &c* (November 1792), *W & S*, VIII, p. 396。参见 Pierre de L'Estoile's *Journal du règne de Henri IV* (The Hague: 1741), 4 vols., I, p. 84: "le Duc de Parme avoit sagement répondu…qu'il fera ce qui lui conviendra le mieux." (帕尔马公爵明智地回答说……他将做对他最有利的事情。) 伯克对亨利四世的兴趣早在 18 世纪 70 年代就已显露，并持续到 90 年代。参见 EB to Pierre-Gaëton Dupont, 28 October 1790, *Corr.*, VI, pp. 145–48。

23　EB to Philip Francis, 23 December 1785, *Corr.*, V, p. 245.

24　Gleig, *Memoirs*, III, pp. 278–79.

25　EB, Speech on Notice of Motion on Hastings, 13 February 1786, *W & S*, VI, p. 46; 参见 EB, Speech on Method of Proceeding against Hastings, ibid., p.75。

性以及下议院所承担的判决责任。有待裁决的问题超出了狭义的法律推理，需要根据"真理和正义的自由原则"进行调查。[26] 伯克敦促调查黑斯廷斯行为的部分动机是为了证明他过去在贬低东印度公司政治方面的努力是正确的。但他也有一个爱国目的，即希望维护议会和国家的荣誉。[27] 然而，他发起的调查计划还包括另外一个目的：削弱公众生活中诉诸道德怀疑论的行为。正是这个目标将伯克对黑斯廷斯的追究与他反对法国革命的行为联系起来。

　　自18世纪80年代初以来，伯克一直密切关注黑斯廷斯。在1782年1月和2月编撰特别委员会的《第一份报告》的过程中，他清楚地得出了结论：黑斯廷斯辜负了其职务赋予他的信任。在第一份报告的"观察资料"中，伯克指出，人们普遍倾向于将总督和理事会的行政特权与立法权等同起来，然后将这种被赋予的权力解释为是不受限制的。[28] 这导致了一种矛盾的事实，即孟加拉的事务管理被授予了一个从属的但又是绝对的政府，这个政府的权力可以被最大限度地随意行使。伯克似乎得出了一个令人震惊的事实：它破坏了立法程序的权威性和合法性，并免除了在次大陆的行政权力的责任。这不仅使殖民地管理摆脱了任何实际限制，而且还意味着没有任何道德行为的标准。在"观察资料"中，伯克认为帝国在印度的这些统治特点体现在黑斯廷斯的行为上，例如他对税务官马哈拉贾·南达库马的处理。

582

26　EB, Speech on Notice of Motion on Hastings, 13 February 1786, ibid., VI, p. 46.

27　EB, Motion for Papers on Hastings, 17 February 1786, ibid, p. 47. 参见 EB, Speech in Reply, 28 May 1794, *W & S*, VII, pp. 231–32: "在其他所有国家面前，在当今时代和漫长的后世面前，不列颠民族正在经受着考验。"

28　EB, *"Observations" to the First Report of the Select Committee*, 5 February 1782, *W & S*, V, p. 170.

在 1781 年关于孟加拉司法程序的原始《报告》中，南达库马的案例已经被仔细审查过。马哈拉贾在控告总督受贿和"沉溺享乐"之后，被伊利亚·伊佩领导的最高司法法院指控犯有伪造罪。[29] 南达库马于 1775 年 8 月 5 日被正式处决，"恐怖"和"忧虑"立即在加尔各答及其他地区传播开来，最终使人们怀疑这起死刑判决是被安排好的。[30] 特别委员会审查了当时驻扎在孟加拉及其邻近地区的一系列证人，每个人都报告了南达库马的命运在当地居民中引发的恐惧和怨恨，并因英国法律实践的残酷而感到震惊。1782 年 2 月的《第一份报告》增加了这些担忧：对所有的孟加拉人来说，伪造罪的惩罚不仅是极端严厉的，而且判决本身也被视为一种"政治手段"。[31] 黑斯廷斯被指控通过不正当手段影响司法程序，以此消灭对手。到 1782 年 3 月，有传言称伯克将要求召回总督，一个月内，下议院通过了反对黑斯廷斯的决议。[32]12 月 16 日，伯克宣布他准备以自己的人格担保，反对黑斯廷斯，指控他彻头彻尾的犯罪行为。[33]

29　对这些事件的不同解释，参见 N. K. Sinha, "The Trial of Maharaja Nandakumar," *Bengal Past and Present*, 78 (1959), pp. 135–45 and D. M. Derrett, "Nandakumar's Forgery," *English Historical Review*, 75 (1960), pp. 223–38。争议在 19 世纪被广泛讨论，参见 Thomas Babington Macaulay, "Warren Hastings" (October 1841) in idem, *Critical and Historical Essays, Contributed to the Edinburgh Review* (Leipzig: 1850), 5 vols., IV, pp. 213–349; John Morley, *Edmund Burke: A Historical Study* (London: 1867), pp. 202–3。最早提出的一个修正主义解释，参见 James Fitzjames Stephen, *The Story of Nuncomar and the Impeachment of Sir Elijah Impey* (London: 1885), 2 vols., esp. I, pp. 139, 186 and II, p. 37。最有用的现代讨论，参见 Marshall, *Impeachment of Hastings*, pp. 135–42; Whelan, *Burke and India*, pp. 146–8; Lock, *Burke II*, pp. 224–29。

30　*Report from the Committee to Whom the Petition of John Touchet and John Irving... were Severally Referred* (London: 1781), pp. 59–63.

31　EB, "Observations" to the *First Report* of the Select Committee, W & S, V, p. 183.

32　Major John Scott to Warren Hastings, 28 March 1782, Add. MS. 29153, fol. 494.

33　*Morning Herald*, 17 December 1782; Major John Scott to Warren Hastings, 21 December 1782, Add. MS. 29157, fol. 232.

尽管如此，在 1784 年 12 月写给瑟洛勋爵的一封信中，伯克强烈坚持他"不是那个人的敌人"：如果有的话，伯克原本是偏袒他的，认为他是一个可信赖和有能力的人物。[34] 但事实本身说明了一切：印度在他的管理下遭到掠夺和压榨。[35] 1783 年春，伯克一直在抱怨，黑斯廷斯漠视公司规则的行为已变得明目张胆和习以为常——他利用"原则"证明自己的正当性。[36] 在第十一份报告中，伯克进一步指控黑斯廷斯擅自将公司明令禁止的活动"合法化"。[37] 1783 年最初几个月里，有传闻称伯克正在仔细考虑《痛苦和惩罚法案》的优点，尽管此事在福克斯 - 诺斯联合政府时期被搁置了。[38] 1785 年 6 月 20 日，当他宣布打算对黑斯廷斯启动议会程序时，伯克认为总督对印度事务的管理挑战了英国政治进程的正当性，并且确实引出了政府是否正义的问题。正如伯克所看到的那样，由于黑斯廷斯将对印度次大陆的管理简化为个人意志的肆意妄为，他应承担蔑视议会控制并恶化公共道德的责任。

黑斯廷斯比伯克小两岁，18 岁就加入了东印度公司。1758 年，在普拉西革命和推翻西拉杰·乌德·达乌拉之后，他已升至穆尔西达巴德的米尔·贾法的常驻官员。1764 年，他在米尔·卡西姆倒台后返回伦敦，并于 1768 年担任圣乔治堡理事会的二把手。三年后，他被任命为孟加拉殖民地的总督，并在那里执政了整整 13 年。[39] 他负责重建孟加拉的管理体

34　*Corr.*, V, p. 204. 对这一立场的确认和重申，参见 EB to Sir Thomas Rumbold, 23 March 1781, *Corr.*, IV, p. 345; EB, Speech on Pitt's Second India Bill, 28 July 1784, *W & S*, V, p. 459; EB, Speech on Almas Ali Khan, 30 July 1784, ibid, pp. 475–76。

35　*Corr.*, V, p. 204.

36　EB, *Ninth Report*, *W & S*, V, p. 311.

37　EB, *Eleventh Report*, *W & S*, V, pp. 354–56.

38　James Macpherson to Warren Hastings, 28 February 1783, Add. MS. 29158, fol. 322.

39　Keith Feiling, *Warren Hastings* (London: Macmillan, 1966), Chapts. 1–7.

系，决心根据"当地人的想法、习俗和偏见"来统治他们。[40]
这种做法建立在宽容管理的承诺之上，至少如黑斯廷斯所理解
的那样。当时受到黑斯廷斯资助的纳撒尼尔·哈尔海德在其
1776 年《印度教法则》译本的序言中提出了相关的原则。哈
尔海德写道，正如罗马人统治他们的省份一样，英国人在印度
也应该这样做——根据当地情况调整管理方式，对宗教实行宽
容政策，并保留与帝国主权相适应的印度"惯例"。[41]黑斯廷
斯首先将开明行政的原则应用于税款征收，其次应用于民事和
刑事管辖权。在每种情况下，对于黑斯廷斯的反对者来说，追
求宽容的改革都是一种贪婪的篡夺行为。

根据 1773 年诺斯《东印度公司管理法案》的规定，黑斯
廷斯被任命为总督，他对外交的直接和间接参与，既广泛又
深入。这包括采取与阿瓦德的发展有关的措施，同时与整个次
大陆的马拉塔人的移动边界接触。它还涉及抵御迈索尔统治者
的进攻和抑制海得拉巴尼扎姆的野心。[42]随着 1778 年法国加
入美洲战争，黑斯廷斯预计反对英国的地方势力的新兴联盟
将从英国的主要欧洲敌人那里获得支持。事实证明，英国人
在 1781 年法国远征军到达后幸存下来。1783 年，就在《巴黎
条约》确认美洲殖民地独立之前，黑斯廷斯强迫马拉塔各邦达

40　Gleig, *Memoirs*, I, p. 404.

41　Nathaniel Halhed, *A Code of Gentoo Laws, or Ordinances of the Pundits* (London: 1776),
　　pp. ix–x. 关于黑斯廷斯对于"东方"文化的推广，参见 P. J. Marshall, "Warren Hastings
　　as Patron and Scholar" in Anne Whiteman et al. eds., *Statesmen, Scholars and Merchants:
　　Essays in Eighteenth-Century History Presented to Dame Lucy Sutherland*, (Oxford: Oxford
　　University Press, 1973). 关于哈尔海德和英国在印度的研究，参见 P. J. Marshall,
　　"Introduction", *The British Discovery of Hinduism in the Eighteenth Century* (Cambridge:
　　Cambridge University Press, 1970)。

42　黑斯廷斯扩大英国影响力的独创方法记录于 1777 年 1 月 12 日写给亚历山大·埃利奥
　　特的一封信中，参见 *Memoirs*, II, pp. 131–50。更多讨论，参见 Weitzman, *Hastings and
　　Francis*, pp. 87–88。

成和解，他开始把自己作为大英帝国的救星。然而，对伯克来说，这些行为是挑衅而专横的。在实践中，黑斯廷斯的干预意味着，将对英国利益的维护从通过结成联盟来保持正当的势力范围，扩大到通过背叛和奸诈的手段实现积极的扩张、服从和勒索的政策。这种明显的蓄意征服政策肇始于 1774 年，即将罗希拉人从阿瓦德维齐尔领地的毗邻地区驱逐出去的时候，尽管伯克在 18 世纪 80 年代初就对此提出异议，但这种无情的帝国病症一直持续到 1785 年黑斯廷斯返回英国为止。

在 1773 年 6 月 10 日关于《东印度管理法案》的演讲中，伯克将印度的治理不善同总督本人联系起来：如果真如特别委员会和秘密委员会最近暗示以及议会发言人重申的那样，印度事务的管理不善是系统性的，那么在整个涉嫌渎职期间一直在东印度公司担任高级职务，且最近担任孟加拉总督的黑斯廷斯，为什么会被任命为诺斯法案规定的新总督？当然，黑斯廷斯对东印度公司受到的所有指控都负有责任。[43] 后来，当伯克完全相信腐败是东印度公司的痼疾，而黑斯廷斯在实施暴行方面起到了带头作用时，他的反应在诊断公司管理体系的根本性失败和指责总督的罪责之间摇摆不定。这种变化部分是由当时的情况所致：考虑到有机会彻底改革东印度公司，伯克专注于剖析其章程上的缺陷。但是，随着福克斯－诺斯联合内阁的垮台，皮特在 1784 年的大选中取得胜利，在没有任何纠正根本缺陷的前景下，伯克被迫将精力集中在惩戒性处罚上。他担心内阁被收买，而下议院也被腐化了。在这种情况下，唯一可用的手段就是指控"印度的灾难"，以"人道"的名义揭露这个"可怕的巨人"。[44]

伯克在 1784 年 6 月 22 日写给威廉·贝克的信中认为，英

585

43　Eg. MS. 250, fol. 208.

44　EB, Speech on Almas Ali Khan, *W & S*, p. 476.

国的情况比"罗马共和国最糟糕的时期"还要堕落。[45] 正如他后来所观察到的那样，虽然罗马帝国的地方官员因"滥用职权"而为人熟知，但这促使人们制定了"若干好的法律，以抑制他们的傲慢态度"。[46] 然而，1784 年之后，在大英帝国实施这种有效监管已变得不可能：政府正在印度推行一种不公正的制度，并在这一过程中获得了民众的支持。在起草福克斯的《印度法案》时，伯克寄希望于议会的最高权威。在该法案失败后，他承认，诸如英国议会所享有的"绝对权力的观念"有其"可怕之处"。[47] 但它是唯一能够审查东印度公司滥用权力的机构。议会由各种各样的"法官和陪审员"组成，他们通过自由和公开的讨论，相互纠正彼此的偏见。[48] 因此它是帝国唯一可行的监管手段。但随着福克斯在大选中下台，以及"议会中一个讨厌的派别"对皮特的支持，伯克只能寄希望于记录下他对帝国恶行的失望，因为这种恶行目前无法得到实质性的补救。[49] "我完全没有办法，"他于 1785 年 7 月末向沃克·金吐露道。[50] 自他第一次着手"治疗印度的混乱"以来，已经过去了近 20 年，然而现在，那些应对混乱负责的歹徒已经有能力对他们的指控者进行报复了。[51]

45　*Corr.*, V, p. 155. 关于伯克实际面临的更为光明的前景，参见 Marshall, *Impeachment of Hastings*, chapt. 2。

46　EB, Notes for Rohilla War Speech, WWM BkP 9:65.

47　EB, *A Representation to His Majesty, Moved in the House of Commons... June 14, 1784* (London: 1784), p. 24n.

48　Ibid.

49　EB to Sir Gilbert Elliot, 3 August 1784, *Corr.*, V, p. 166.

50　*Corr.*, V, p. 214. 在这种情况下，关于伯克的坚定决心，参见 Thomas Macknight, *History of the Life and Times of Edmund Burke* (London: 1858– 60), 3 vols., III, p.140。

51　*Corr.*, V, p. 215. 伯克特别关心的是，新政府撤去了威廉·伯克驻印度副军需官的职务，伯克认为这是个恶毒的阴谋。值得注意的是，他认为自 1766 年以来他涉及印度的行为是完全一致的。

正是在这种情况下，伯克决定集中精力控诉黑斯廷斯。在 586
1785 年 1 月 25 日关于答谢御座致辞的演讲的辩论中，他不遗
余力地强调，他认为印度局势是"最重大的问题"——与之相
比，议会改革问题和爱尔兰问题都显得微不足道。[52] 在印度，存
在着"世界上有史以来最大的"政治灾难，而造成这场灾难的
罪魁祸首"此时正在指挥我们的军队，并支配我们在孟加拉的
税收"。[53] 一个月前，瑟洛坚持认为，黑斯廷斯已经失去了他在
内阁、印度事务管理委员会和董事会中的朋友，但伯克仍对他
的反总督运动抱有最坏的打算。[54] 他认为，对黑斯廷斯的实际
定罪是"一件我们都知道不可能的事情"。[55] 他将向下议院上呈
材料，而这个法庭对黑斯廷斯的人格"抱有好感"。[56] 因此，在
法官被有效"贿赂"的情况下，黑斯廷斯的犯罪行为只是意图，
几乎不可能被证明。[57] 伯克在 1786 年初提出这个情况时，他像
一个孤独的传教士一样继续坚持他的反总督运动——"没有权
力，没有查看记录的权限，没有支持"。[58] 他所希望的是挑选出
来的一小部分人可以听从他的领导。福克斯，甚至弗朗西斯，
可能会试图拉拢一些追随者，并会为此目的在对被告的指控的
严重性上做出妥协。但伯克的目的是在后人眼中维护自己的政
治判断和政治正义理论，而这需要大量证明罪恶存在的证据。[59]
　　沃伦·黑斯廷斯治下的印度政府提出了三个轰动的问题。

52　*Parliamentary History*, XXIV, col. 1400.

53　Ibid.

54　Lord Thurlow to EB, 14 December 1784, *Corr.*, V, p. 202.

55　EB to Philip Francis, 10 December 1785, ibid., p. 243.

56　Ibid., p. 241.

57　Ibid.

58　EB, Motion for papers on Hastings, 17 February 1786, *W & S*, VI, p. 48.

59　EB to Philip Francis, 10 December 1785, *Corr.*, V, pp. 242–43.

首先是黑斯廷斯作为一个管理者的品性问题。伯克抱怨黑斯廷斯的支持者为其无休止地唱"赞歌"。[60] 在关于特别委员会报告的辩论中，他转述了他经常听到有人说，孟加拉总督"是一位非常杰出的人物，他的能力出众且无比正直"。[61] 在他关于阿尔马斯·阿里·汗的演讲中，伯克区分了官员的私德和公德：他坚持认为，问题不在于"他是不是一个好父亲、好丈夫或好朋友"。[62] 在概述他在皮特第二版印度草案上的立场时，伯克对此更加强调：一个"公民"的纯粹"私德"不是审查的对象。问题在于他是否算作一位"优秀的总督"，他所谓的个人内在品质不能成为掩盖他担任总督时恶行的证据。[63] 印度次大陆管理体系的根本问题是，这种有如此明显缺陷的公职人员是如何在东印度公司内飞黄腾达的。伯克在 18 世纪 80 年代初的大部分时间里都在谈论这个话题：公司章程中的哪些因素促成了这些霸道人物的崛起，以及这些危险的安排如何被纠正？但是到了 1786 年，他改变了策略，把重心放在人身上，而不是管理体制上，并希望通过对前者的抨击，即使不能改革体制，至少可以控诉后者。人们本来希望这会使反对派辉格党团结起来，但这只是在议会和国家中建立反对派辉格党声誉的长期努力的一部分。然而，福克斯急于取得更直接的结果。他与伯克的关系开始恶化。

11.3 权利与改革：代表权、摄政危机和奴隶制

1785 年 3 月 16 日，伯克就英国罪犯的待遇问题发表演讲。

60　EB to Lord Thurlow, 14 December 1784, *Corr.*, V, p. 204.

61　*Gazetteer*, 18 April 1782.

62　30 July 1784, *W & S*, V, p. 477.

63　28 July 1784, ibid, p. 456.

有传言说，英国计划将这些罪犯送往非洲，这可能会影响到 10
万多名囚徒。考虑到旅程中的危险以及抵达后的恶劣条件，这
似乎是一种过分的惩罚性措施——在某些情况下，相当于不考
虑犯罪的严重程度而执行死刑。[64] 在一个为其刑法仁慈而自豪的
国家，惩罚的目的应该是"通过宽容仁慈的规定"改造犯罪分
子。[65] 然而，瘟疫、灾害和饥荒都在等待着那些被运送的人。正
如伯克在 4 月 11 日重申此问题时所强调的那样，这样对待囚犯
是对下议院人道主义的公开侮辱。[66] 当然，伯克对 1784 年进入
下议院的议员的能力有所怀疑，但最终他热心于捍卫决定他们
入选的那些原则。捍卫这些原则的理由在 4 月中旬提交给下议
院。这些理由的阐述表明，伯克对与代表权有关的新学说越来
越警惕，他认为这对英国宪法的安全构成了威胁。公共权力的
组织是基于历史积累的妥协而产生的精妙安排。[67] 冲动的修订可
能引发各力量之间的冲突，而这些力量当前的配置保证了自由
和共同利益。正如伯克从孟德斯鸠那里学到的，开明的改革者
不仅应该发现弊端，还应该警惕改革自身产生的腐败。[68]

　　伯克的干预是由于皮特在 1785 年 4 月 18 日试图提出一项
旨在确保"公众代表权改革"的法案。[69] 自新的议会会期开始以

588

64　相关背景，参见 Alan Frost, *Botany Bay: The Real Story* (Melbourne: Black Inc., 2011)。感
　　谢彼得·马歇尔让我注意到伯克的干预。

65　EB, Convicts Sentenced to Transportation, *Parliamentary History*, XXV, col. 391. 18 世纪 80
　　年代末，在反对刑罚泛滥的背景下，伯克呼吁对英国刑法进行大幅的修订，参见 *Public
　　Advertiser*, 29 May 1789。更多讨论，参见 Leon Radzinowicz, *A History of the Criminal
　　Law and its Administration* (London: Stevens and Sons, 1948–60), 5 vols., I, pp. 484–86。

66　*Morning Chronicle*, 12 April 1785.

67　EB, *Thoughts on the Cause of the Present Discontents* (1770), *W & S*, II, p. 311.

68　Charles-Louis de Secondat, Baron de Montesquieu, *De l'esprit des lois* (1748) in *Oeuvres
　　complètes*ed. Roger Caillois (Paris: Galimard, 1951), 2 vols., I, Préface: "On voit encore les
　　abus de la correction même（我们仍然看到纠正本身的滥用）。"

69　*Parliamentary History*, XXV, col. 432.

来，皮特一直在寻找一个机会，以挽回他之前试图重组下议院代表成分的失败。[70] 当机会来临时，皮特向挤满了人的下议院发表了大约两个半小时的演讲，最后遭到了来自诺斯勋爵追随者以及多位内阁的支持者和反对者的反对。[71] 伯克评论说，皮特对于议会改革的每一次新尝试都与上一次明显不同，因此很难让人对其计划产生信心。[72] 这一次的尝试是想通过重新分配36个"衰败"自治市镇的席位来增加郡的席位。[73] 这将产生72名新议员，这是经过旧自治市镇选民同意而达成的结果。除了郡议员外，皮特还暗示要增加伦敦的代表人数。[74] 他还表示，他赞成让公簿持有农（copyholders）获得选举权。[75] 一项基金将被设立，用于收买自治市的赞助人，其金额最初为100万英镑。[76] 福克斯投票支持该做法，尽管他表达了顾虑。[77] 伯克则完全反对。这指出了他同福克斯一个值得注意的早期分歧，并指出了伯克后来会将考虑不周的改革视为革命性变革先兆的一些理由。

589　　皮特的计划有两个主要特点：首先，他的目标是改革不协调的代表权；其次，他想为未来可能发生的变化制定一个规则。在这两种情况下，他提出的方案有一种历史必然性：随着情况的变化，人口和财富也会随时间的推移而发生变化，代表

70　William Pitt to the Duke of Rutland, 12 January 1785, *Correspondence between the Rt. Hon. William Pitt and Charles, Duke of Rutland, Lord Lieutenant of Ireland* (London: 1890), p. 84.

71　I. R. Christie, *Wilkes, Wyvill and Reform: The Parliamentary Reform Movement in British Politics*, 1760–1785 (London: Macmillan: 1962), p. 217.

72　*Morning Chronicle*, 19 April 1785.

73　Grafton, *Autobiography*, p. 379.

74　*Parliamentary History*, XXV, col. 448.

75　Ibid., col. 447.

76　Christopher Wyvill, *Political Papers, Chiefly Respecting... a Reformation of the Parliament of Great Britain* (York: 1794–1802), 6 vols., IV, pp. 62–65.

77　*London Chronicle*, 16–19 April 1785.

权应该跟上新的变化。这实际上是符合宪法精神的：这是这片土地上古老的条款，"代表权的情况要随着环境的变化而改变"。[78] 这不是创新，而是改革，或者至少是在宪法先例框架下的创新。[79] 反对这种开明和有原则的调整，无非是对过去的迷信崇拜，这种迷信对历史上的每一次进步都感到不安。[80] 在改变自治市镇和郡之间的议席比例时，较大比例的议员将代表人口稠密的地区，而不是代表"既没有财产也没有人的地方"。[81] 皮特清楚地表明了代表权应该广泛遵循的原则：下议院应与全体民众共享"利益"，全体民众反过来应该通过"支持与团结"的纽带与下议院建立联系。[82] 皮特坚持认为，这与竞争对手基于"个人代表权"（individual representation）的方案非常不同。任何以"个人代表权"原则为基础的新制度都是虚假的，并且容易将公众推向"无尽的"的纷争之中。[83] 然而，伯克怀疑，皮特的提议最后会导致这些未知情况的发生。

伯克基于三个主要理由反对皮特的提议。他接受了普遍的观点，即下议院代表着各种利益的混合，并通过议员之间的审议过程确保这种混合状态，这些议员认同门外的民众的多样性。[84] 这种对选民的认同或"支持"是根据下议院各选区的分配情况而实现的。一个关键的议会选区是由乡村议席构成的，乡村议员的独立性使他们成为土地利益的代言人。皮特的计划包

---

78 *Parliamentary History*, XXV, col. 435.

79 Ibid., col. 438.

80 Ibid., cols. 432–33.

81 Ibid., col. 441.

82 Ibid., col. 435.

83 Ibid.

84 Hanna Fenichel Pitkin, *The Concept of Representation* (Berkeley, CA: University of California Press, 1967), chapt. 8.

括给这种特定的选区增加更多的权重，以那些通过"衰败"选区进入议会的人为代价——比如代表阿普尔比地区的皮特本人和代表马尔顿地区的伯克。伯克指出："当他们意见一致时，议会中乡村绅士们的影响力总是占上风的。"[85] 因此，伯克的第一个抱怨是，皮特的计划只会加剧这种偏见："把这种号称能使下议院所有选区保持在同一水平上的权力，扔到已经平衡的天平上，又谈何谨慎。"[86] 改革应该有一个目标，然而皮特所陈述的目标没有什么政治意义。这引出了伯克抱怨的第二个理由。皮特声称他的计划会有最终结果，但"他怎么可能真的这么说呢"？[87] 身在内阁中的里士满公爵渴望一个更全面的重新安排。一旦皮特的计划被接受，如何保证里士满不会以他那受人尊敬的角色重新出现，目的是使"他的计划也"成为现实？[88] 这引出了伯克的第三个理由，实际上是一种暗示：皮特的措施仅仅是一个更大规模和更具威胁性计划的一部分，它颠覆了现行宪法的因袭基础。这并不意味着皮特是阴谋的一部分，但他成了其他人的阴谋的工具。伯克指出里士满和威维尔是这一更险恶目的的代理人。

伯克于 4 月 18 日发表的演讲被誉为"他最好的演讲之一"，但其内容并未被广泛报道。[89] 尽管如此，他的担忧体现在三份独立的报告中。在其中一份报告中，他把注意力集中在最近的一项计划上，该计划"在他所读过或听说过的所有其他计划中，最尊重人的原始权利"。[90] 这是指两年前刚刚流传过的里

85　*Morning Herald*, 19 April 1785.

86　Ibid.

87　*General Evening Post*, 16–19 April 1785.

88　Ibid.

89　*Morning Herald*, 19 April 1785.

90　*General Evening Post*, 16–19 April 1785.

士满公爵的计划。[91] 在另一份报告中，伯克提到一种最近获得认可的"信条"，它建立在"普遍代表权"的原则上。[92] 除了里士满，伯克特别指出了克里斯托弗·威维尔的观点，并对其发表了评论，尤其注意到他已发表的信件。[93] 根据伯克在《纪事晨报》上发表的演讲，威维尔一直忙于"传播观念，倾向于扰乱贫穷勤劳之人的思想，他们在被告知宪法遭到破坏之前，活得安静而轻松"。[94] 皮特公开宣称要为下议院中占优势的乡村议员增加"最后"的补充，然而这其实没有实际意义，伯克的结论是，在最好的情况下，它为更狡猾的目标开辟了道路，在最坏的情况下，皮特目前的计划是为一个更野心勃勃的计划做准备。只要这个计划可能支持一种高度颠覆性的观念，即将代表权建立在人的自然权利的基础上，它就必须遭到强烈的反对。在介绍他的计划时，皮特明确地说："那些走得更远的人，即追求个人代表权的人，是在用不可能的东西迷惑自己。"[95] 然而，伯克的观点是，皮特的思想同威维尔和里士满的企图心——他认为是不切实际的——没有太大区别。

591

我们已经注意到，在美洲战争期间，里士满受到了卡特莱特的小册子《做出你的选择！》的影响。四年后，他加入了宪法信息协会，以争取更平等的代表权。到 1783 年，他采纳了卡特莱特关于一年期议会和男子普选权的建议，并公开了

---

91 1780 年里士满向上议院提交的原始提案的复本，参见 Charles Lennox, third Duke of Richmond, *An Authentic Copy of the Duke of Richmond's Bill for a Parliamentary Reform* (London: 1783)。

92 *Morning Herald*, 19 April 1785.

93 Ibid. *General Evening Post*, 16–19 April 1785.

94 *Morning Chronicle*, 19 April 1785.

95 *Parliamentary History*, XXV, col. 834.

全面改革的一系列提案。[96]同年，亨利·乔伊代表阿尔斯特的爱尔兰志愿军通信委员会，写信给里士满，请他支持在1783年9月8日第三届邓甘嫩会议上提交的议会改革计划。作为回应，里士满表明他支持"全面、明确和不可或缺的普遍代表权"。随着英国议会中更温和的计划接连失败，这只能通过"广大民众"的直接行动来实现。[97]里士满希望这一根本性变化将与现有的混合政府制度相适应，避免其转型为民主共和制（a democratic republic），以及在英国重新出现平等原则（levelling principles）。[98]然而，对他来说重要的不是措施的便利性，而是有机会主张"不可剥夺的"权利。宪法先例不能妨碍"正义和智慧的永恒原则"。[99]然而，对于伯克来说，里士满的想法是"可以想象到的最不切实际的想法"。[100]

威维尔曾在1784年的竞选中支持皮特。二人的结盟，尤其是其对皮特《印度法案》的支持，导致了威维尔与福克斯党人的彻底疏远。[101]次年，在关于议会改革的辩论中，他遭到了伯克的谩骂。伯克注意到他的通信范围，尤其是其中一份他与爱尔兰志愿军交流的公开记录。"通过民众自己的同意或代表权被治理，是人类的一项权利，"威维尔写道。[102]政府的责任是为"民众"服务，而不是为排他的贵族利益服务，这确实是

96 Alison Gilbert Olson, *The Radical Duke: Career and Correspondence of Charles Lennox, Third Duke of Richmond* (Oxford: Oxford University Press, 1961).

97 *A Letter of His Grace the Duke of Richmond, in Answer to Queries Proposed by A Committee of Correspondence in Ireland* (London: 1783), p. 32.

98 Ibid., pp. 40–41.

99 Ibid., p.35.

100 *General Evening Post*, 16–19 April 1785.

101 Christie, *Wilkes, Wyvill and Reform*, p. 192.

102 *Letters Addressed to the Committee of Belfast, on the Proposed Reformation of the Parliament of Ireland* (York: 1783), p. 12.

撒克逊宪法的最初目标。[103] 当财富集中在少数人手中时，这种
责任被放弃了，从而巩固了贵族的特权。必须建立制度机制来
抵制这一趋势，因为财产权不应该受到侵犯。纠正的最佳方式
是扩大代表权，尽管对于威维尔而言，这与实现普选权相去甚
远。通过代表权表达同意的权利是根本性的，但国家理性的原
则比它更重要。在实践中，国家的存续要求将选举权限制在社
会中负责任的成员之间，也就是有公德心的有产公民之间。[104]
正如伯克注意到的那样，这种谨慎的限制是为了确保对普选权
这项自然权利的基本承诺。在此基础上，伯克拒绝了威维尔的
想法。皮特的建议被认为与威维尔的想法"一致"。[105] 基本权
利保障个人免于征用和压迫，但它们不能决定政府的形式。这
被证明是伯克的基本信条，这将决定他对法国革命的态度。

在摄政危机的背景下，伯克有机会捍卫他对英国宪法的因
袭概念。这始于1788年6月，当时乔治三世首次出现患病迹
象。症状起初是身体上的，但在10月，他开始出现精神衰弱
的现象。[106] 病情无法挽回的谣言很快蔓延开来，人们开始期望
风流不羁的威尔士亲王乔治·奥古斯塔斯·腓特烈能够迅速取
代丧失能力的国王。11月24日，福克斯疲惫不堪地自意大利
旅行归来，却发现他的同僚乱成一团。谢里丹正寻求同大法官
爱德华·瑟洛进行谈判，为成立新内阁做准备。在他赢得卡尔
顿府（Carlton House）支持的过程中，引起了伯克的怀疑，
并且让福克斯本人感到不安。同时，1780年成为拉夫伯勒勋
爵的亚历山大·韦德伯恩瞄准了任何新政府中掌玺大臣的职

592

---

103 Ibid., p. 13.

104 Ibid., p. 14.

105 *Morning Herald*, 19 April 1785.

106 Ida Macalpine and Richard Hunter, *George III and the Mad Business* (London: Penguin, 1769).

位，并就宪法程序向威尔士王子提供建议。想让瑟洛担任上议院议长的伯克同意如下做法：对于政权真空期宪法没有规定，因此威尔士王子理应摄政。[107] 这最好由威尔士王子主动提出，他可能会征询议会两院的意见。[108]12 月 3 日，在枢密院询问皇家医生后，国王的病情似乎更加不确定，皮特期待国王不久之后恢复正常。从现在开始，皮特的策略是拖延时间，随着权力的前景越来越近，福克斯也越来越不安。到 12 月 10 日，在下议院委员会关于国王健康状况报告的辩论中，福克斯决定为威尔士王子的摄政权利辩护，但不强加谢里丹准备支持的那种限制。尽管福克斯意识到自己在党内的影响力下降，但他在这一点上接受了伯克的分析。福克斯这么做很有可能是为了排挤谢里丹。

福克斯急于劝阻下议院不要把寻找先例作为建立正确程序模式的手段。最重要的是，他想强调下议院的裁决无法解决当前面临的紧急情况："要解决的情形并不取决于议会的审议；而取决于审议之外的实际情况。"[109] 改变王位继承的条款自然是整个议会的权力，而不是上议院和下议院单独拥有的权利。[110] 皮特自称对对手的想法感到震惊。他的目的是将福克斯的干预描述为对行政权的维护，以对抗议会的权力。伯克反过来对皮特的机会主义伎俩感到惊叹。从一开始，伯克就急于摆脱当前的争论热潮。他对组建新政府没有多少期望，并认为这一事态的

---

107 Mitchell, *Charles James Fox*, pp. 124–26.

108 EB to Charles James Fox, post 24 November 1788, *Corr.*, V, pp. 428–9.

109 *Parliamentary History*, XXVII, col. 706

110 Ibid., col. 711. 然而，参见 EB, Speech on the Civil Establishment Bill, 8 March 1780, *W & S*, III, p. 555: "现在的王室家族是因臣民的自由之声而称王的……国王是公共机构的产物，如果国家的其他阶层决定他不再是国王，那么他将不能保留王位。"

发展创造了一个宪法先例。[111] 因此，需要冷静而深入地分析这些问题。[112] 在接下来的几天和几周里，当伯克力劝他在下议院的同僚保持克制的时候，他的表现变得更加激进和孤注一掷。不断有人认为他精神错乱了。[113] 他的爆发是巨大挫折的产物，其成因在过去四年中一直在累积。其中一个因素是反对派在一个温顺的议会中运转所面临的困境。[114] 正如福克斯党人所见，这是 1784 年的遗产。在关于摄政权的辩论中伯克对皮特在那场灾难中所扮演的角色感到愤怒。这位第一财政大臣在谨慎的外表下掩藏的精打细算的野心，遭到了无休止的谴责。然而，反对派的角色也让伯克恼火，尤其是同僚在党内将他边缘化。

1788 年 12 月 22 日，伯克就皮特决议的一项修正案发表了演讲，该决议要求下议院规定摄政条款。他的演讲"比平常更严肃"。[115] 对伯克来说，皮特的提议被认为是最卑鄙的煽动行为，是以"民众为代价"谄媚民众。[116] 相比之下，伯克向听众保证，他从未发表过"取悦宫廷"或"迷惑民众"的演讲。[117] 伯克担心的是在面对意想不到的紧急情况时宪法的完整性。这种紧急情况当然是迫切的，但从技术上讲，它并不是绝对必要的：由于宪法充分适应当前形势，所以不存在绝对的政

594

---

111 据报道，伯克曾说过："有人提出，政府有可能发生变化；对他来说，他一无所知：权力可能转手，但他既不希望也不要求它落入自己手中。"伯克是对的：根据反对派的计划，他在任何新政府中的职位都不比主计长高，参见 In the *World*, 23 December 1788。

112 EB, Debate on the Committee Report on the State of the King's Health, 10 December 1788, *Parliamentary History*, col. 713.

113 John W. Derry, *The Regency Crisis and the Whigs, 1788–1789* (Cambridge: Cambridge University Press, 1963), chapt. 4.

114 EB, Speech on the King's Illness, 19 December 1788, *Parliamentary History*, XXVII, col. 817.

115 *World*, 23 December 1788.

116 EB, Speech on the King's Illness, 22 December 1788, ibid., col. 819.

117 WWM BkP 15:35.

治紧急情况。[118] 王位空缺可能会造成紧急情况，为此需要召开议会会议来解决这一问题。这种困境曾于 1688 年出现：必要性（necessity），实际上是指当宪法面临崩溃的威胁，将不可避免地导致内战，因此必须偏离王室路线。正如伯克两年后在《法国革命反思录》中强调的那样，这种可怕的紧急情况通过诉诸战争的权利得到补救。[119] 而在这次紧急情况中对王位继承权的改动是为了确保世袭原则。然而，针对乔治三世目前能力的丧失，皮特的做法恐怕会造成一种选举君主制。[120] 这可能是通过与光荣革命的错误类比而获得许可的，但这种似是而非的比较预示着英国自由的灭亡。[121] 1688 年，政府不仅仅是"动荡和分裂，而是被消灭得所剩无几"。[122] 在这种情况下，宪法外的联合就变得正当。[123] 然而，1788 年完全是不同的情况。必须将可能的摄政与国家的革命区分开来。尽管如此，在皮特的模式中，考虑到乔治三世丧失能力，在英国把自己重建为一个君主制共和国之前，其应该首先将自己变成一个民意政体。这是把 1788 年的英国想象成了 1787 年的美国。[124]

在美国可以算作建构的行为，在英国只能算作解构。在此基础上，伯克将政府的计划比作"第五王国派"（fifth Monarchy-men）的阴谋，它拆除了宪法的支柱。[125] 到 1789 年

---

118 WWM BkP 15: 6, 7, 25, 36.

119 EB, *Reflections on the Revolution in France*, ed. J. C. D. Clark (Stanford, CA: Stanford University Press, 2001), p. 177 [39]. See below, chapt 13, section 3.

120 伯克后来将摄政危机期间所推崇的原则与部分反对意见所提出的民主思想联系起来，参见 EB to William Weddell, 31 January 1792, *Corr.*, VII, p. 56。

121 *Morning Chronicle*, 23 December 1788.

122 *World*, 23 December 1788.

123 *Times*, 23 December 1788.

124 EB, Speech on the King's Illness, 22 December 1788, *Parliamentary History*, XXVII, col. 821. 1788 年 12 月 23 日的《先驱晨报》误将美洲写作"非洲"。

125 *World*, 23 December 1788.

2月初，伯克对试图向摄政统治施加限制的行为的敌意已集中到威廉·皮特的野心上。这位"天赋的"大臣，这是伯克对皮特的形容，执着于复兴神权专制，并在民主热情的掩盖下对其进行宣传。[126] 然而，与此同时，伯克对皮特的公然蔑视掩盖了他对同僚日益增长的失望。"我真诚地希望永远地退出这个舞台，"他向温德姆坦白。[127] 退出的渴望主要取决于他在罗金汉派辉格党内部的无能为力。尽管摄政危机开始时他的观点很有说服力，但他的观点很大程度上被他的同僚忽视了。然而，对伯克来说，问题不仅仅是被轻视的个人感觉，还有福克斯和谢里丹在行为中表现出的对职位的狭隘渴望。这是对罗金汉派声望的严重破坏，这不是伯克渴望继续的事业。乔治三世的精神失常提出了一个关于宪法正当性的基本问题：为了防止"对宪法的进一步践踏"，福克斯和谢里丹本应准备好放弃在政府中的职位。[128] 继承问题涉及一个基本原则。正如1791年伯克向菲茨威廉勋爵诉苦时所说，它触及了因袭权利（prescriptive right）的概念本身。违背这一权利对政府及其有产支持者来说都是危险的。"我确信无疑，"他回忆说，"任何倾向于扰乱王位继承顺序，扰乱公认的地位与阶层，以及国民固定财产的行为，对你的朋友……和你的政党领袖来说，都是最致命的。"[129]

因为因袭权利是为了维护正义，只有压倒一切的人道要求才能被允许挑战它。在1789年春天，伯克公布了他对这样一个主张的承诺。"我们对于废除奴隶制的前景感到非常高兴，"玛丽·利德贝特当时写信给她父亲理查德·沙克尔顿说道。她特别高兴地发现，在"这样一个讨论中，我们尊敬的朋友伯克不

126　EB, Debate on the Regency Bill, *Parliamentary History*, XXVII, col. 1170.

127　EB to William Windham, c. 24 January 1789, *Corr.*, V, p. 437.

128　Ibid., p. 439.

129　WB to the Earl of Fitzwilliam, 5 June 1791, *Corr.*, VI, p. 272.

会保持沉默"。[130] 自美洲战争结束以后，废除奴隶贸易的运动在英国逐渐兴起。这一运动出现在布里斯托尔、利物浦和伦敦的繁荣和利润丰厚的商业背景下：从整个 18 世纪到 1807 年，总共约有 275 万个非洲奴隶通过英国船只运往美洲市场。[131] 奴隶贸易的国际竞争非常激烈，西班牙、葡萄牙、法国、丹麦、荷兰和美洲的商人都在竞争。[132]1788 年 5 月 9 日，皮特在下议院总结了针对废奴的辩论在英国的现状。他表示，每个人都同意必须做出一些让步：要么废除奴隶贸易，要么引入一些监管制度。[133] 伯克在辩论中宣称："他是那些希望废除奴隶贸易的人之一。他认为基于人性和正义的原则，奴隶贸易应该被废除。"[134] 他一直支持这样一种观点，即如果政治环境不能为废除奴隶贸易提供帮助，那么就应该引入一个监管制度。[135]1780 年，他起草了一份旨在使奴隶贸易人性化的"行为准则"，但即使如此，他也表达了主要的观点，即道德和宗教信条要求终结"所有涉及人的买卖以及对被奴役之人的非法占有"。[136] 据报道，他两年前曾谴责这

---

130 Mary Leadbeater to Richard Shackleton, 30 May 1789, OSB MSS. 50, Box 2.

131 David Richardson, "The Eighteenth-Century British Slave Trade: Estimates of its Volume and Coastal Distribution in Africa," *Research in Economic History* , 12 (1989), pp. 151–95; Kenneth Morgan, *Bristol and the Atlantic Trade in the Eighteenth Century* (Cambridge: Cambridge University Press, 1993) p. 129.

132 James A. Rawley, *The Transatlantic Slave Trade* (New York: W. W. Norton, 1981); Philip D.Curtin, *The Atlantic Slave Trade: A Census* (Madison, WI: University of Wisconsin Press, 1969).

133 *Parliamentary History*, XXVII, cols. 495–96.

134 EB, Speech on the Slave Trade, 9 May 1788, ibid., col. 502.

135 一篇针对乔治·华莱士文章的评论极力反对现代奴隶制及其贸易，尽管这篇文章的作者无法确定。华莱士的文章，参见 George Wallace, *A System of the Principles of the Law of Scotland* (Edinburgh: 1760)in The *Annual Register for the Year 1760* (London: 1761), pp. 263–65。

136 EB, "Sketch of a Negro Code," *W & S*, III, p. 563. "行为准则"已经在同僚之间流传。1797 年 4 月 6 日，查尔斯·罗斯·埃利斯（Charles Rose Ellis）向下议院推荐了它，参见 *Parliamentary History*, XXXIII, col. 253。

种做法是"最不人道的行为，是对人体的交易"。[137] 早在 1757 年，《欧洲的美洲殖民地概述》一书中就描述了英国的奴隶贸易比任何竞争对手都要残忍。事实上，除了考虑英国贩卖的奴隶在非洲就已经是奴隶之外，没有什么可以为这种低级的商业形式开脱。[138] 到 1789 年，下议院赞成废除奴隶贸易的意见得到了伯克后来所称的"公众精神"（a popular spirit）的支持，并涌现了一百多份反对奴隶贸易的请愿书。[139] 同年 5 月 12 日，威廉·威尔伯福斯（William Wilberforce）提议成立一个委员会来审查这些请愿书，并建议"彻底废除"奴隶贸易。[140] 威尔伯福斯的表现，最终形成了关于这个问题的 12 个具体决议。在伯克看来，威尔伯福斯提出的原则是"令人钦佩的"，以至于"可以媲美他在现代演说中所听到的任何东西"。[141] 然后，他接着概述了他的基本观点：奴隶贸易在所有情况下都是卑鄙无耻的，以至于不能以审慎或极端的必要性为其辩护。[142] 既然废除奴隶贸易显然是正确的，问题就在于如何实现这一结果。

当伯克于 1792 年重新谈到这个议题——在此之前，人们已达成了应该逐渐终止这种商业行为的共识——他提出了其中的一些严肃的复杂问题。最后，从一个深入的角度来看，根本问题是奴隶制而不是奴隶贸易。"我非常担心，"伯克写信给邓达斯说，"只要奴隶制继续存在下去，就会有人找到供应奴隶

597

---

137 *Public Advertiser*, 14 May 1778. 参见 EB, Speeches on African Slave Trade, 5 June 1777, *W & S*,III, pp. 340–41。

138 [Edmund and William Burke], *An Account of the European Settlements in America. In Six Parts*.(1757) (London: 6th ed., 1777), 2 vols., II, pp. 128–29. 还考虑了一种渐进式的、有规范的废奴形式。参见 ibid., pp.130–31。

139 EB to Henry Dundas, 9 April 1792, *Corr.*, VII, p. 122.

140 *Parliamentary History*, XXVII, cols. 41, 62.

141 EB, Speech on Wilberforce's Resolutions, 12 May 1789, ibid., col. 68.

142 Ibid., col 69.

的办法。"[143] 因此，最好的做法是不再有需求。当这种情况发生时，那些被奴役的人将获得自由，然而，在这之前最好先进行仔细的准备。奴隶制是有辱人格的行为，同时也是丧失人性的行为。其受害者不适合行使负责任的自由。[144] 因此，废除的途径必须在权力的指导下进行详细规定。然而，伯克在 1789 年强调了根除奴隶制的迫切性。奴隶贸易是一种"绝对的抢劫"制度，因此，没有任何理由能够减轻其罪责的严重程度。[145] 九天前的 5 月 12 日，伯克更加强调了这一点。没有任何理由可以证明奴隶贸易是正当的：它侵犯了人之为人的属性，从而颠覆了作为自然权利持有者的人类地位。因此，耐人寻味的是，在三级会议于凡尔赛召开，将法国推向革命危机的这几天里，伯克却在拥护人的权利，以反对专制压迫。正如他所知道的那样，洛克曾在《政府论》的下篇中坚决主张，奴役涉及对自我占有义务的彻底否定，这与自我保护的义务是不相容的。[146] 伯克赞同这种观点，即自主的原始权利是不可剥夺的；一个人不

---

143 EB to Henry Dundas, 9 April 1792, *Corr.*, VII, pp. 123–24.

144 EB, Debate respecting the Slave Trade, 12 May 1789, *Parliamentary History*, XXVIII, col. 71.

145 EB, Debate on Wilberforce's Resolutions, 21 May 1789, ibid., col. 96.

146 John Locke, *Two Treatises of Government*, ed. Peter Laslett (Cambridge: Cambridge University Press, 1960, 1990), II, iv, §23. 洛克正采取同苏亚雷斯、格劳秀斯和普芬多夫相左的立场。关于这点，参见 Richard Tuck, *Natural Rights Theories: Their Origin and Development* (Cambridge: Cambridge University Press, 1979), pp. 49–57; Stephen Buckle, *Natural Law and the Theory of Property: Grotius to Hume* (Oxford: Oxford University Press, 1991, 2002), pp. 48–52, 118–22, 175–79。关于洛克奴隶制理论更广泛的复杂性，参见 John Dunn, *The Political Thought of John Locke: An Historical Account of the Argument of the "Two Treatises of Government"* (Cambridge:Cambridge University Press, 1969), pp. 108–10, 174–77; Jeremy Waldron, *God, Locke, and Equality: Christian Foundations in Locke's Political Thought* (Cambridge University Press, 2002), pp. 197–206;James Farr, "Locke, Natural Law, and New World Slavery," *Political Theory*, 36: 4 (August 2008), pp. 495–522; David Armitage, *Foundations of Modern International Thought* (Cambridge: Cambridge University Press, 2013), pp. 111–12。

具有随心所欲地处置自己的自由，因此不能把自己的自由卖给
另一个人。[147] 伯克还坚持认为，天赋自由的实践受到公民社会
要求的制约。正如他所看到的，天赋权利与公民权利之间的混
淆是法国革命时期统治思想的基础。[148] 在这些思想的影响下，
社会权利以原始权利的名义被废除。在伯克余下的职业生涯
中，这种混淆的后果是伯克关注的重点。

11.4 英法竞争

598

据报道，伯克曾经说过，"英格兰是在法兰西照耀下的明
月"。法国是英国在欧洲的伟大的帝国对手，他继续说道，"她
自己应有尽有；她拥有从最严重的打击中恢复过来的能力。而
英国是一个人造国家：拿走她的商业，她还剩什么？"[149] 在伯
克的下议院生涯中，法国似乎对欧洲的安全构成潜在威胁，并
进而对英国的权力和威望构成潜在威胁。从1789年起，两国
关系变得更加复杂。那时，法国革命正准备重构欧洲的权力平
衡。法国被分散了注意力，耗尽了资源，但所有这些都给英
国带来了一系列新的和潜在的挑战。正如伯克所见，这种发
展代表着时运的突然变化。早在1769年，反思七年战争后的
法国政治经济时，他就曾预料到这个国家会出现"一些意外的
动乱"，其对欧洲的影响是难以预测的。[150] 然而，在美洲战争
期间，情况开始变得不同。首先，杜尔哥担任法国财政大臣期

---

147 Northamptonshire MS. A, XXIX, 49. 相关讨论，参见本书第12章第6节。参见
John Locke, "Of Ethic in General" (c. 1686–8?) in *Political Essays*, ed. Mark Goldie
(Cambridge: Cambridge University Press, 1997), p. 302: 自然法 "不是由我们而立，但是为
我们而立"。

148 EB, *Reflections*, ed. Clark, pp. 217–18 [87–8].

149 Notes from the Commonplace Book of Samuel Rogers, Add. MS. 45790, fol. 27.

150 EB, *Observations on a Late State of the Nation* (1769), *W & S*, II, p. 151.

间，伯克感受到凡尔赛宫廷弥漫着一种和睦的精神。哲学，连同"某种政治经济学体系"，从学者中间传入国王的顾问耳中，并从那里开始，"民众的思想"普遍地人性化了。[151] 因此，尽管任何善意的表现都可能是暂时的，但民族沙文主义的衰落似乎是合乎情理的。更重要的是，在短短几代人的时间里，法国已经从占据主导地位的欧洲大国衰落为欧洲大陆的"第四权力"。[152] 然而，这一切都不意味着法国已经是一股过气的力量。回首荣耀的往昔，一些重臣可能会要求法国重返世界帝国之列。[153] 到 18 世纪 90 年代中期，伯克得出结论，法国的革命动荡是复兴这一目标雄心的副产品。从 1789 年秋天的糟糕情况来看，法国的力量显然又在上升了。

599　　　这种力量的复苏可以被置于更长远的发展脉络中。1776 年 10 月，路易十六任命雅克·内克尔担任财政大臣后，伯克开始对法国财政的恢复做出评论。[154] 他在 1779 年给波特兰公爵的信中指出，内克尔在没有引入新税种的情况下成功管理了国家债务。[155] 伯克在一年前关于军队预算的演说中已经提到了

151　WWM BkP 6: 200, reproduced in *W & S,* III, p. 212. 关于杜尔哥的影响，参见 Colin Jones, *The Great Nation: France from Louis XV to Napoleon* (London: Penguin, 2002), pp. 292–301。

152　WWM BkP 6: 200, reproduced in *W & S,* III, p. 212. 伯克将法国置于沙皇俄国、奥地利和普鲁士之后，但也将英国排在了第五的位置，参见 EB, Second Speech on Conciliation, 16 November 1775, *W & S,* III, p. 187. 关于这段时期英法关系的研究，参见 Derek Jarrett, *The Begetters of Revolution: England's Involvement with France, 1759–1789* (London: Longman, 1973)。

153　WWM BkP 6: 200, reproduced in *W & S,* III, p. 212.

154　后世更为批判性和更具同理心的叙述，参见 Robert D.Harris, "Necker's Compte Rendu of 1781: A Reconsideration," *Journal of Modern History*, 42: 2 (June1970), pp. 161–83。另见 J. F. Bosher, *French Finances, 1770–1795: From Business to Bureaucracy* (Cambridge: Cambridge University Press, 1970), chapt. 8。

155　EB to the Duke of Portland, 16 October 1779, *Corr.*, IV, p. 154.

这一恢复。当英国耗尽资源，增加大西洋彼岸的陆军，以服务美洲殖民地战争时，法国则一直在重新建设海军力量。法国与美洲殖民地联手数月后，其信誉、财富和军事力量使英国相形见绌。[156] 第二年，伯克越发焦虑。这两个大国之间存在着一场"经济战争"，而英国看起来肯定会被打败。在诺斯勋爵的领导下，政府的支出变得"浪费和挥霍"——这是君主制而不是共和制的特权。[157] 伯克在 1780 年 2 月的《关于经济改革的演讲》中进一步发展了他的论点：通过内克尔的技巧和路易十六的美德，一个真正的"爱国者"计划正在恢复法国的强大。[158] 这主要是通过抑制臭名昭著的宫廷的过度行为来挽回公共信用的结果。稳健的财政有赖于信心和信任：对公共经济的信心和对宪法的信任。同法国的君主政体相比，英国拥有对宪法的信任，但内克尔通过紧缩开支和公共核算确保了法国对公共经济的信心。正是在这种背景下，伯克有感而发："我很难确定，尽管就其制度而言，君主政体不能提供任何信任的基础，然而其一旦得到适当的监管，可能会凭借其原则的稳固性为信任提供基础，但其不可能长期存在。"[159]

到 1787 年，英国观察家们很清楚，内克尔的计划失败了。当年的《年鉴》仍然由伯克编辑，并由托马斯·英格利希和弗伦奇·劳伦斯这样的亲密盟友们提供稿件，它认为美洲战争的

---

156 EB, Speech on Army Estimates, 14 December 1778, *W & S*, III, p. 396.

157 EB, Speech on Public Expenses, 15 December 1779, ibid., pp. 468–69.

158 EB, *Speech on Economical Reform*, 11 February 1780, ibid., p. 488. 关于内克尔对伯克评论的赞赏，参见 EB to Jacques Necker, 5 May 1780, *Corr.*, IV, p. 233. 伯克后来回到该主题，参见 EB, Debate on the Bill for the Regulation of the Civil List Establishments, 15 February 1781, *Parliamentary History*, XXI, cols. 1235–36。

159 EB, *Speech on Economical Reform*, 11 February 1780, *W & S*, p. 489. 关于 18 世纪政治思想中的公共债务主题，也与伯克有关，参见 Sonenscher, *Before the Deluge*, chapt. 1。关于更广泛的英国背景，参见 Hont, *Jealousy of Trade*, chapt. 4。

600　巨额开支加重了法国难以应对的负担。[160]"在这场战争中，"《年鉴》评论说，"一个巨大的新债务加在了旧债务之上，债务规模之巨大似乎已经超出了由审查和调查共同限定的界限。"[161]尽管法国财政面临严重的危机，但仍有乐观的理由。一定程度上受控于财政大臣查尔斯·亚历山大·卡洛讷（Charles-Alexandre Calonne）的法国君主政体试图赢得公众对其措施的支持。[162]总的来说，自国王在位以来，法国确实一直在避免强制放贷和任意征收税款。此外，该政权还寻求公众意见支持其举措。其具体形式是于 1787 年 2 月 22 日召开显贵会议。

正如《年鉴》的分析家所看到的那样，这一决定代表了自内克尔时期以来的一个普遍趋势的最新进展，即寻求在法国建立一个更自由的宪法，由此，法国政府积极寻求公众的支持。[163]伯克认为，这种发展深受 18 世纪的影响。即使在路易十五时期，巴黎和各省的高等法院也一直在不断地僭越他们的权力，逐渐成

160　Thomas W. Copeland, "Burke and Dodsley's *Annual Register*," *Publication of the Mode rn Language Association*, 54: 1 (March 1939), pp. 223–245; idem, "A Career in Journalism" idem, *Burke*.

161　"History of Europe" in *The Annual Register for 1787* (London: 1788), pp. 177–78. 尤其是在 1781 年之后，借贷激增，参见 Jones, *The Great Nation*, p. 318。关于战争对法国财政状况的影响，参见 Robert D. Harris, "French Finances and the American War, 1777–1783," *Journal of Modern History*, 48: 2 (June 1976), pp. 233–58; Derek McKay and H. M. Scott, *The Rise of the Great Powers, 1648–1815* (London: Longman, 1983), p. 265。

162　关于卡洛讷的方法和他的失败，参见 Albert Goodwin, "Calonne, the Assembly of French Notables of 1787 and the Origins of the 'Révolte Nobiliaire'," *English Historical Review*, 61: 240 and 241 (May and September 1946), pp. 329–377 and 202–34。

163　"History of Europe" in *The Annual Register for 1787*, pp. 179–80.

为民众和其压迫之间的堡垒。[164] 在 1764 年《年鉴》的一篇评论这一发展的文章中，伯克将这种自由的增长描述为一场"资本革命"，其后果仍有待观察。[165] 自由精神的影响在 1787 年更为明显。随着这一年的推进，《年鉴》注意到，越来越清楚的是，显贵会议并不足以解决王国所面临的问题："除了将国家的整体情况汇集在一起外，并不能有效地消除目前的不满情绪。"[166] 随着三级会议即将召开，"古代高卢宪法"似乎正在复兴。[167]

当显贵会议在 1787 年 2 月底召开时，威廉·艾登和康莱德·亚历山大·杰拉德·德雷内瓦尔（Conrad Alexandre Gérard de Rayneval）于一年前谈判的一个新商业和通航条约正在英国议会内进行辩论。[168] 该条约的谈判背景是法国最近在欧洲外交方面取得的成功，特别是由维尔仁策划的《枫丹白露条约》，该条约促成法国与荷兰结盟，并使法国可以进入斯海尔德河入海口。[169] 在皮特政府执政的第一年，人们担心在法国

601

---

164 这种观点很大程度上被革命后的历史所摒弃，尽管最近发现了其比较有利的一面，参见 William Doyle, "The Parlements of France and the Breakdown of the Old Regime1771–1788," *French Historical Studies*, 6: 4 (Autumn 1970), pp. 415–58; Bailey Stone, *The Parlement of Paris, 1774–1789* (Chapel Hill, NC: University of North Carolina Press, 1981); Julian Swann, *Politics and the Parlement of Paris under Louis XV, 1754–1774* (Cambridge: Cambridge University Press, 1995)。

165 "History of Europe" in *Annual Register for the Year 1764* (London: 1765), p. 10.

166 "History of Europe" in *Annual Register for the Year 1787* (London: 1788), p. 184.

167 Ibid., p.185.

168 关于卡洛讷同德雷内瓦尔一起参与谈判的情况，参见 Marie Donaghay,"Calonne and the Anglo-French Treaty of 1786," *The Journal of Modern History* , 50: 3 (September1978), pp. D1157–D1184; for the Maréchal de Castries, see idem, "The Maréchal de Castries and the Anglo– French Commercial Negotiations of 1786–87." *Historical Journal*, 22: 2 (June 1979), pp.295–312。

169 J. Holland Rose, "The Franco-British Treaty Commercial Treaty of 1786," *English Historical Review*, 23: 92 (October 1908), pp. 709–24; Orville T. Murphy, "DuPont de Nemours and the Anglo-French Commercial Treaty of 1786," *Economic History Review*, 19: 3 (1966), pp. 569–80.

支配下的英国命运。因此，当政府鼓励与一位历史上的竞争对手就贸易自由化谈判时，人们产生了一定程度的怀疑。这些谈判是谢尔本在 1783 年的《凡尔赛条约》中提出的一项条款的结果，该条款旨在开放英国和法国之间的贸易往来，但是，当威廉·艾登被皮特任命来领导讨论时，谈判才获得了动力。[170]根据 1786 年 9 月 26 日签署的《伊甸条约》，英国继续禁止进口丝绸，而两国都限制出口机械。尽管如此，更重要的是，该条约规定从根本上改变自《乌得勒支条约》生效以来在两国之间实行的监管制度。实际上，这为两国的贸易往来都提供了便利，农产品和加工品的关税大幅度减少，双方都获得了商业互惠权。[171]所有这些都给英国带来了实质性的好处，但是当下议院讨论这些措施时，福克斯党人决心反对政府。1787 年 2 月 2日，当皮特通知他打算在十天后批准该条约时，伯克却主张推迟。2 月 5 日，他继续发难，着重强调该条约的政治缺陷。最初，他告诉下议院，他乐于相信法国人已经被哄骗并做出了让步，因为他们并不清楚是否能从协议中获利。[172]然后，他发现了一个更深的阴谋，并发出警告："我们将屈从于法国，"他争辩道，"并与自然为我们设计的平衡力量对抗。"[173]

602

　　皮特在 2 月 12 日对这种看法持怀疑态度。这一看法"假定

170　Donald C. Wellington, "The Anglo-French Commercial Treaty of 1786," *Journal of European Economic History*, 21: 2 (1992), pp. 325–37.

171　W. O. Henderson, "The Anglo-French Commercial Treaty of 1786," *Economic History Review*, 10: 1 (1957), pp. 104–12; *Jeremy Black, British Foreign Policy in an Age of Revolutions, 1783–1793* (Cambridge: Cambridge University Press 1994), p. 111.

172　Northampton MS. A. XXVII. 50.

173　*Parliamentary History*, XXVI, cols. 358–9. 参见 Adam Smith, *An Inquiry into the Nature and Causes of Wealth of Nations*, ed. R. H. Campbell and A. S. Skinner (Indianapolis, IN: Liberty Fund, 1976),2 vols., I, p. 496："作为邻国，它们（法国和英国）是敌人，基于这个原因，彼此的财富和权力给彼此带来了压力；而那些会增加民族友谊的东西，只会煽动民族仇恨的暴力。"

在人类最初的框架中存在着糟糕的恶意"。[174] 然而，伯克仍然怀疑法国人的意图。此前，法国并不倾向于过分关注其商业活动。"她的重要目标是权力"，伯克观察到。[175]2 月 21 日，他详细讲述了他的疑虑。他坚称，他的警告并非基于简单的商业竞争观点。在这一点上，他急于证明自己不担心英国制造业会输给法国："他准备好宣布他没有嫉妒心。"[176] 事实上，他声称嫉妒这种情绪"与公认的实力和绝对的优势并不相称"。[177] 来自曼彻斯特和格洛斯特的请愿书对该条约表示欢迎，但对伯克来说，商人的短视行为不应受到重视。[178] 商业不能与更广泛的国家利益区分开来："我从来不知道在国际交往中存在任何不受缔约国政策影响的商业行为。"[179] 如果只考虑两个国家的贸易，那么该条约中就没有什么需要反对。然而，事实是，法国人狡猾地想要通过将国家野心伪装成商业自由来促进他们的政治利益。虽然伯克很乐于接受一种真正的普世性精神，但他不认为法国人的动机是善意的："法国对英国没有任何友善的意图。"[180] 法国对英国制造业的让步是获得英国金融市场利益这个更深层次计划的一部分。他推测，法国准备牺牲其短期贸易利益，以期获得长期的商业优势。为实现这一长期目标，法国渴望获得进入英国资本市场的机会。为了证明他的观点，伯克展示了英国

---

174 *Parliamentary History*, XXVI, col. 392. 关于皮特在这一核心问题上的态度，参见 John Ehrman, *The Younger Pitt: The Years of Acclaim* (London: Constable, 1969, 1984), p. 493。

175 Northampton MS. A. XXVII. 50.

176 *Parliamentary History*, XXVI, col. 487.

177 Northamptonshire MS. A. XXVII. 50.

178 *Parliamentary History*, XXVI, col. 487.

179 Northamptonshire MS. A. XXVII. 50. 关于贸易与政策之间关系的同时期争论，参见 John E. Crowley, "Neo-Mercantilism and *The Wealth of Nations*: British Commercial Policy after the American Revolution," *Historical Journal*, 33: 2 (June 1990), pp. 339–60。

180 *Gazetteer*, 22 February 1787.

社会和谐合作的图景，其中包括商业、金钱和土地利益，他指出，"在这个国家，土地利益、金钱利益和商业利益形成了一种伟大的合作关系"。[181] 这是一项非凡的成就，在此基础上，英国银行业的实力上升了。便宜的贷款和稳健的保险业都是这种社会合作关系的产物。在获得英国贸易机会的同时，法国从其金融和保险市场中获益："是我们自己赋予了法国与英国资本进行贸易的能力。"[182]

伯克的主张是，英国商业的实力实际上是建立在可靠的信贷和保险上的，这为英国贸易的便利和安全提供了保障。"对于贸易来说，资本的力量是不可抗拒的，"伯克说，"它统治并支配市场，甚至在市场上横行霸道。"[183] 根据《伊甸条约》，法国被允许使用英国的金融体系，这使她能够在全球同英国展开商业竞争，从而增强她的航海能力和政治力量。因此，在1787年，随着海峡对岸的政治发展为革命做好准备，伯克认为法国将对英国构成持续的威胁。他注意到瑟堡的大规模防御工事以及法国扩大欧洲政治联盟的计划，并将其视为法国野心的标志。英国被欧洲大陆上"女海妖"的声音欺骗，同时兴高采烈地"向我们的制造商唱着民谣"。[184] 作为英国的政治对手，法国想要成为世界帝国的旧有决心仍然是其发展的动力。然而，在一年之内，伯克的观点将会发生根本性的改变。法国国内的政治危机将挑战法国政府的潜能，并削弱法国在国际舞

---

181 *Morning Chronicle*, 22 February 1787. 参见 EB, *Third Letter on a Regicide Peace* (1797), *W & S*,IX, p. 374："土地利益并不像在其他国家一样总是构成一个单独的群体，而是与国家其他重要利益团体密切联系和联合，其自发地被允许领导和指挥，并协调所有其他的利益群体。"

182 *Public Advertiser*, 22 February 1787.

183 *Parliamentary History*, XXVI, col. 488.

184 *Public Advertiser*, 22 February 1787.

台上的地位。虽然法国的野心可能会保持不变，但这个国家的命运将急速恶化，迫使欧洲政治被重新评估。欧洲大陆的稳定需要法国力量的延续，否则德意志的安全就会受到威胁。与此同时，有必要监测法国的好战性，因为任何改变都可能使权力的天平倾斜，从而损害英国的利益。随着1789年令人眼花缭乱的事态进展，显然，法国可以使用新的破坏方法来损害英国的利益，即与英国颠覆分子结盟。在1787年的冬末，伯克借特洛伊木马的故事警告下议院，在法国的和平宣言中潜藏着危险。[185] 在两年半之内，这种危险的性质将被改变，尽管威胁的持续存在是不容怀疑的。随着时间的推移，法国革命将重塑欧洲的权力政治。

11.5 法国革命

604

显贵会议于1787年5月25日解散，同一年巴黎最高法院被驱逐后又被召回。在此之后，法国最终于1788年夏决定召集三级会议，并计划在1789年5月1日开会。[186] 那段时期，极端天气对1788年的收成造成了严重破坏，人们对政府偿付能力的信心降至历史最低点，洛梅尼·德·布里安（Loménie de Brienne）和拉穆瓦尼翁·马尔塞布（Malesherbes-Lamoignon）都从政府中离职。托马斯·杰斐逊观察到，法国革命的整个过程被关于"国民权利"的"公众思想的觉醒"所驱动。[187] 伯克感到

---

185 *Parliamentary History*, XXVI, col. 489.

186 最后，它实际上是在1789年5月5日召开的。关于召开之前的一系列事件，参见 Jean Egret, *The French Pre-Revolution, 1787–1788* (Chicago, IL: University of Chicago Press, 1977)。另见 Michel Vovelle, *The Fall of the French Monarchy, 1787–1792* (Cambridge: Cambridge University Press, 1984), chapt. 3。

187 Thomas Jefferson to Richard Price, 8 January 1789, *Papers of Jefferson*, ed. Boyd, XIV, pp. 420–24.

他正在见证法国作为一个大国"全然的"黯然失色——"在全盛期的光辉中"陨落。[188] 内克尔于 1788 年 11 月被召回，伯克对法国宫廷的阴谋感到震惊。当美国宪法被成功追认，而伯克在比肯斯菲尔德享受着托马斯·潘恩的陪伴时，法国的君主政体似乎正处于衰落的悲惨状态中。[189] 尽管 1788 年初秋这个国家似乎已陷入困境，但是，法国事务又引起伯克的进一步评论已经是一年以后的事情了。弹劾黑斯廷斯和摄政危机占据了伯克这一年的时间。[190] 这两件事都让伯克感到沮丧和失望。然而，他在逆境中奋斗，没有多少成功的希望。1789 年 6 月 10 日，当阿比·西耶士（Abbé Sieyès）提出由第三等级单方面核查他们的代表时，伯克正投身于对黑斯廷斯的第六次弹劾。整个审判过程让控方受挫，使伯克一再失望。即使是效力于最好的动机，伯克在 7 月给查尔蒙特勋爵的信中写道，持续的厄运也会损害"一个人的判断"。[191] 然而，就在一个月之后，在给查尔蒙特的另一封信中，伯克基于自己的判断力冒险评估了这场革命，这最终帮他恢复了在英国和欧洲的声誉，却使他与原来党内的朋友产生了分歧。[192]

"政党"是伯克这一时期的关注焦点。他明确向查尔蒙特赞扬了它的功用。[193] 面对辉格党政治理念的完整性不断受到挑战，有原则的公共参与者应该团结起来，捍卫英国的政治共同体。伯克认为问题在于辉格党团结的基础在福克斯党人的关系中被侵蚀。"法国革命是世界上曾经发生过的最伟大的事件！"

188　EB to Gilbert Elliott, 3 September 1788, *Corr*., V, p. 414.

189　EB toGilbert Elliott, 3 September 1788, *Corr*., V, p. 415.

190　Mitchell, *Charles James Fox*, chapts. 3 and 4.

191　EB to Lord Charlemont, 10 July 1789, *Corr*., VI, pp. 1–2.

192　EB to Lord Charlemont, 9 August 1789, ibid., VI, p. 10.

193　Ibid., pp. 9–10.

福克斯在仅仅十天前向理查德·菲茨帕特里克（Richard Fitzpatrick）大声说道。[194] 作为他的朋友，拉斐特侯爵（the Marquis de Lafayette）后来表示，他与法国贵族改革派成员共享一种"自由的共情"，这鼓励他支持法国当前的事态。[195] 伯克则更加谨慎：当前事态正呈现出"精彩的图景"，他评论说，但其最终意义并未显现。到 1789 年 6 月 13 日，第一等级的神职人员已经打破了他们自己的等级，在接下来的日子里，又有更多的人加入平民阵营。"他们有意尽可能地将整个国家缩减为一个等级，"杰佛逊对理查德·普莱斯说。[196]6 月 17 日，西耶士觉得自己已经准备好提议，这个新机构应该以国民议会的名义组建。"他们一举将自己变成了查理一世的长期议会，"亚瑟·杨记录道。[197] 同时，有人建议废除现行的税收制度，只保留其暂时的效力，直到制定出新的税收制度。正如杨指出的，一场"牵扯 4200 万人命运的重大危机"正在酝酿之中。[198]

当国民议会的代表们抵达凡尔赛宫的万国大厅时，他们发现会议厅被锁了，并被拿着刺刀的士兵包围。为了反抗权威，他们逃往凡尔赛宫的室内网球场，之后又抵制了解散国民议会的命令。他们得到了巴黎街头民众的支持，6 月 27 日国王正式下令第二等级加入国民议会。[199] 理查德·普莱斯在 7 月 4 日向

---

194 Charles James Fox to Richard Fitzpatrick, 20 July 1789, *Memorials and Correspondence of Charles James Fox*, ed. Lord John Russell (London: 1853–7), 4 vols., II, p. 361.

195 Marquis de Lafayette to Charles James Fox, 6 Nivôse 1800, Add. MS. 51468, f. 49.

196 Thomas Jefferson to Richard Price, 19 May 1789, *Papers of Thomas Jefferson*, ed. Boyd, XV, pp. 137–9.

197 Arthur Young, *Travels during the Years 1787, 1788 and 1789 [in] the Kingdom of France* (BurySt. Edmonds: 1792), p. 115.

198 Ibid., p. 102.

199 参见 the *London Chronicle*, 31 June–2 July 1789。

米拉波伯爵表达了他的惊讶，"在没有发生暴力或流血事件的情况下"，竟然可以实现这么多事情。[200] 尽管如此，《年鉴》评论说，第三等级在一定程度上正在蚕食整个国家的主权："立法机关的一个分支"试图"吞并国家的所有其他力量"。[201] 同时，新闻界传播着不满意见，书店中充斥着时事出版物。[202] 根据杨的估算，第三等级中"95%"的人表示"支持自由"，并"通常强烈反对神职人员和贵族"。[203] 同时，王宫的咖啡馆中到处是演说家，他们在人群中高谈阔论，阴谋煽动叛乱。[204] 政治呼声似乎反对分权制衡，这使得民众暴政的可能性"疯狂"增长。[205] 随着路易十六在 27 日妥协，《伍德法尔报》评论说，"法国再无暴君统治。"[206] 对于杨来说，"整项事业"似乎已经结束了——正如他所说的，"革命完成了"。[207] 而事实上这场斗争才刚刚开始。

　　7 月初，《世界报》观察到巴黎被"全体人民的狂喜"所吞

---

200 Richard Price to Comte de Mirabeau, 2–4 July 1789, *The Correspondence of Richard Price*, eds. W. B. Peach and D. O. Thomas (Durham, NC: Duke University Press, 1983–1994), 3 vols., III, p. 230.

201 "History of Europe," *Annual Register for the Year 1789* (London: 1792), p. 227.

202 参见 *The Diary and Letters of Gouverneur Morris*, ed. Anne Cary Morris (London: 1888), 2 vols., I, p. 262: "马拉（Marat）、卡米尔·德穆林（Camille Desmoulins）、卢斯塔洛（Loustalot）和主要的法国革命记者已被迫在公众前露面了。"

203 Young, *Travels in France*, p. 104. 参见 the *World*, 18 July 1789 on the profusion of pamphlets。另见 "History of Europe," *Annual Register for the Year 1789*, p. 228。

204 *Diary or Woodfall's Register*, 3 July 1789; Young, *Travels in France*, p. 122.

205 Ibid, p. 107.

206 *Diary or Woodfall's Register*, 3 July 1789.

207 Young, *Travels in France*, p. 123. 参见 the *London Chronicle*, 31 June–2 July 1789: "自由得以确立，财产得以保障，宪法得以固定。"在 1789 年 6 月 29 日写给小理查德·伯克的信中，伯克的一位熟人也得出了相同的结论，参见 *Corr.*, VI, pp. 10–11n。

噬。[208] 只有军队有能力抵抗人民的叛乱，尽管军队现在似乎已经与第三等级结盟了。因此，英国必须考虑法国的共和主义是否会危及其自身的战略利益。[209] 毕竟，正如《世界报》所推测，自由的火焰可能会因"接触和邻近"而蔓延到欧洲其他国家。[210] 另一方面，正如《伦敦纪事报》预言的那样，这可能反过来又会激发一种来自法国首都的和平精神。[211] 尽管如此，在法国国内，民众的愤怒在巴黎街头蔓延。"这种精神不可能不令人佩服，"伯克在 8 月承认，但他进一步指出，"老巴黎的残暴"正在伺机而动。[212] 7 月中旬，虽然国民军在巴黎成立，但普通民众还是争先恐后地武装起来。[213] 巴黎大主教遭到民众的羞辱，但军队却拒绝抵制"他们的公民同胞"。[214] 14 日，在法国近卫军的协助下，为夺取军备，巴士底狱被攻破。根据《世界报》的说法，随之而来的骚乱类似于 1780 年的戈登骚乱。[215] 7 月 17 日，气氛瞬间变得轻松起来：在市政厅的欢腾场面中，国王答应从凡尔赛迁往巴黎，并接受了市长塞尔文·贝利（Sylvain Bailly）手中的三色旗徽章——作为国家和睦的象

607

208 *World*, 4 July 1789. 关于法国革命时期英国报刊对此的粗略叙述，参见 Jeremy Black, "The Challenge of the Revolution and the British Press," *Studies on Voltaire and the Eighteenth Century*, 287 (1991), pp. 131–41. 另见 William Palmer, "Edmund Burke and the French Revolution: Notes on the Genesis of the Reflections, *Colby Quarterly*, 20: 4 (December 1984), pp. 181–90。

209 *World*, 4 July 1789. 关于军队背叛了国王："被自己的人抛弃……在这个时期，这个幅员辽阔的帝国的君主处境如此悲惨"，参见 *World*, 17 July 1789。

210 *World*, 22 July 1789.

211 *London Chronicle*, 25–28 July 1789.

212 EB to Lord Charlemont, 9 August 1789, *Corr.*, VI, p. 10.

213 *Diary or Woodfall's Register*, 22 July 1789.

214 "History of Europe," *Annual Register for 1789*, p. 230.

215 *World*, 20 July 1789.

征。[216] 然而，更广泛的背景仍然是不祥的。7 月底，关于格列夫广场斩首场面的报道传到了伦敦。[217] 贝蒂埃和福隆在 22 日被肢解。[218] 在赞扬国民议会的决心时，《伦敦纪事报》仍然冷冷地预测，"法国将被鲜血淹没。"[219] 该报预测在本月底法国将爆发"内战"。[220]《世界报》很快就援引曼斯菲尔德勋爵的预言说："目前的混乱局面，使任何秩序都不可能出现。"[221]《伍德法尔报》注意到暴力正在各省蔓延。[222] 伯克在写给查尔蒙特的信中思考了民众暴力的意义：也许最近一些复仇事件只不过是仇恨的"突然爆发"，是偶然的而非本质的。[223] 然而，同样地，暴力展示或许说明了一种普遍的狂热，证明民众还不适合自由。革新宪法需要"智慧"和"精神"，而法国人是否拥有这些所需的东西还有待观察。[224]

---

216 *L'Ancien moniteur* in *Réimpression de l'ancien Moniteur* (Paris: 1858–63), 31 vols., I, p. 173.

217 *Diary or Woodfall's Register*, 22 July 1789; *World*, 28 July 1789.

218 不久之后，国民议会的代表们讨论了这个问题：*Archives parlementaires,* VIII, pp. 863–67。参见 Burke on this episode in EB to Adrien-Jean-François Duport, post 29 March 1790, *Corr.*, VI, p. 107。参见 EB, *Reflections*, ed. Clark, p. 230 [103]，包括对巴纳夫所谓反应的评论："ce sang était-il doncsipur（那血是纯净的吗）?" 巴纳夫后来对这句话感到后悔。参见 *Oeuvres de Barnave*, ed. M. Bérenger (Paris: 1843), 4 vols., I, pp. 107–9。伯克在 1796 年 12 月 18 日给威廉·温德姆的信中回顾了此事："上帝保佑我不要落入那些仁慈的人手中，他们认为福隆和贝蒂埃的遭遇并不悲惨。" 一百年后，此事仍然困扰着希波利特·泰恩（Hippolyte Taine）。参见 Hippolyte Taine, *The French Revolution* (Indianapolis, IN: Liberty Fund, 2002), 4 vols., I, pp. 54–55。将这种暴力无端地与 1792 年联系起来，参见 François Furet, *Interpreting the French Revolution* (Cambridge: Cambridge University Press, 1981), p. 63。

219 *London Chronicle*, 14–16 July 1789.

220 Ibid., 18–21 July 1789.

221 *World*, 1 August 1789.

222 *Diary or Woodfall's Register*, 4 August 1789.

223 EB to Lord Charlemont, 9 August 1789, *Corr.*, VI, p. 10.

224 Ibid.

　　9 月，伯克的儿子了解了"大恐慌"对法国中部欧塞尔地区的最新影响，他在 1773 年和 1774 年曾与帕里索家族一起居住在那里。[225] 为应对辐射到农村地区的骚乱，在阿吉隆公爵（Duke d'Aguillon）和诺阿耶子爵（Viscount de Noailles）的敦促下，国民制宪议会于 8 月 4 日投票表决废除贵族的领地权和神职人员的什一税。5 日至 11 日，该议会规定了详细的推翻"封建制度"的立法。人们最终响亮地宣告："国民制宪议会完全摧毁了封建制度。"[226] 这些都是在一系列事件的压力下采取的疯狂而下意识的措施。[227] 在过去几个月中，国民制宪议会的演说者有一种倾向，那就是以自己提案的极端性压制对手。英国报界自 7 月初以来就注意到了公众对国民制宪议会的干预。[228] 那些会议缺乏程序，被飞扬跋扈的人群打乱。观众的掌声激发了演讲者的虚荣心。"不爱国者"的名单被派送到巴黎市中心。[229] 享有特权的人被宣传为"人民的敌人"（*ennemis du peuple*）。另外，人民的安全将由国民制宪议会正在制定的一部国家宪法来保证。尽管在过去几周中可能版本的宣言一直被《伍德法尔报》跟踪报道，但 8 月 26 日达成了一项原则性声明，即《人权和公民权

608

225　Madame Parisot to Richard Burke, Jr., 14 September 1789, ibid., pp. 16–20.

226　引自 William Doyle, *The Oxford History of the French Revolution* (Oxford: Oxford University Press, 2nd ed., 2002), p. 117。

227　关于这些改革的关键性，参见 Michael P. Fitzsimmons, *The Remaking of France: The National Assembly and the Constitution of 1791* (Cambridge: Cambridge University Press, 1991), pp.52–61; 关于其范围和"严重性"，参见 P. M. Jones, *Reform and Revolution in France: The Politics of Transition, 1774–1791* (Cambridge: Cambridge University Press, 1995), pp. 178–85。

228　*Diary or Woodfall's Register*, 8 and 10 July 1789.

229　"History of Europe," *Annual Register for 1789*, pp. 224, 229. 关于最近的讨论，参见 Barry M. Shapiro, *Revolutionary Justice: Paris, 1789–90* (Cambridge: Cambridge University Press, 1993), pp. 42–3。

宣言》（简称《人权宣言》）。[230] 伯克在下议院的崇拜者威廉·温德姆曾在"根除"封建主义和拟议《人权宣言》期间访问法国。他于1789年9月6日回到英格兰后，给伯克寄去了大革命发生以来的一系列事件的报告。[231] 他预计，"新宪法将在没有阻力的情况下通过。"[232] 伯克在两周后回应，他并不认可此观点。[233]

到目前为止，除了废除税收、会费和什一税，《伍德法尔报》还报道了对教会财产的起草意见。[234] 这种全面的废除计划似乎与任何具体的改革计划无关。法国君主制现在公开地依赖于国民制宪议会的法令，其从表面上看已经有效地转变为一种民主制，因为第三等级的民众可以给国王和其他社会阶层制定法律。然而，伯克认为这种表现具有误导性。基于法国的人数，设立任何持久的宪法形式都需要一段时间。《人权宣言》第三条声明，整个主权"根本上乃寄托于国民"。[235] 伯克认为，更可能的情况是主权的归属将继续成为争论的焦点。国民制宪议会可能在理论上将主权归属于自己，但实际上它缺乏使其规定得到重视的权威："在我看来，"伯克写信对温德姆说，"国

609

---

230 例如，可见 *Diary or Woodfall's Register*, 12 August 1789 中塔吉特提议的文本。

231 William Windham to EB, 15 September 1789, *Corr.*, VI, p. 21.

232 Ibid.

233 EB to William Windham, 27 September 1789, ibid., pp. 24–26。

234 *Diary or Woodfall's Register*, 24 August 1789.

235 Stéphane Rials, *La Déclaration des droits de l'homme et du citoyen* (Paris: Hachette, 1988), p. 22. 第三条的最终文本是对拉斐特最初草案的修改，参见 ibid., p. 591. 有关讨论，参见 Keith Michael Baker, *Inventing the French Revolution* (Cambridge: Cambridge University Press, 1990), chapt. 11. 参见 idem, "The Idea of a Declaration of Rights" in Dale Van Kley ed., *The French Idea of Freedom: The Old Regime and the Declaration of Rights of 1789* (Stanford, CA: Stanford University Press, 1994)。关于该宣言中权利的语言，另见 Jeremy Jennings, *Revolution and the Republic: A History of Political Thought in France since the Eighteenth Century* (Oxford: Oxford University Press, 2010), pp. 32–37。

民制宪议会的权力并不比国王更多。"现在他们领导民众，但接下来他们将追随民众的呼声，去破坏"所有等级、差异、特权、税赋、什一税和地租"。[236]

对伯克来说，法国的制度比北美的制度更具有"真正的民主性"。到目前为止，法国人还保留着王位的世袭继承权，但在其他方面，他们的民主精神超越了美国人。[237]美洲战争结束两年后，伯克很高兴地表达了对前殖民地居民的蔑视，至少在私下谈话中是这样。1785年拜访吉尔伯特·埃利奥特时，他直率地表达了对"民主党派"的不满。相比之下，联邦党派是明智和爱国的。[238]因此，在1787年联邦宪法达成协议后伯克愉快地予以支持。"从伯克先生在美国革命中所扮演的角色来看，"潘恩在1791年评论说，"我很自然地认为他是人类的朋友。"[239]这种期望只是基于一种简化的分析。在1791年5月6日关于《魁北克第二法案》的辩论中，尽管伯克在1785年的评论中充满了怨恨，但他承认，美国人已经制定了一部很适合他们情况的宪法。[240]基于他们的教育和各省政府的殖民经验，他们最初对民众的过激行为不以为然。尽管如此，经过战争的洗礼，他们已经适应了顺众。在这一经验的基础上，他们已经准备好构建一个宪法秩序，在这个秩序之下，一个权力机构将被另一个权力机构制衡，以便维护公共利益。考虑到美国社会的构成，它的政治组织并没有体现出社会的等级，所以对政体

236　EB to William Windham, 27 September 1789, ibid., p. 25.

237　Ibid.

238　对话记录于 Thomas Somerville, *My Own Life and Times, 1741–1814* (Edinburgh: 1861), p. 222。

239　Thomas Paine, *Rights of Man, Common Sense and Other Political Writings,* ed. Mark Philp (Oxford: Oxford University Press, 1995, 2008), p. 86.

240　*Parliamentary History,* XXIX, col. 365.

的监管纯粹依赖于宪法的限制。尽管如此，它还是一个混合的共和政体，至少可以与英国相媲美，从而与法国通过"国民"统治"国家"的"荒谬"相去甚远，这意味着一个民族可以真正地自治。[241] 在法国的情况下，民主精神受制于无政府状态的现实。正如伯克在1789年秋天向温德姆说的那样，当代表们试图商议一个行动方针时，通常"他们的选民中有一群暴徒，如果他们采取温和的措施，就要绞死他们"。[242] 在形式上，法国人决心建立一个立宪民主制度，但这座大厦暴露于民众的无政府命令之下。

当伯克做出这些观察时，由国民制宪议会宪法委员会中的保皇派支持的两院制计划被否决了。[243] 五天之后的1789年9月15日，国王的权力被削弱到只保持对立法的暂时否决权：完整的权力被切实地让渡给了国民制宪议会。[244] 在10月5日至6日的凡尔赛之行后，伯克写信给儿子，他认定米拉波是国民制宪议会中制定宪法的主要推动者："米拉波主持会议的样子犹如傲慢的无政府主义者，"他抱怨道。[245] 国王本人似乎也是一个可怜虫。[246] 在参加完随后被《人民之友报》描述为无礼的欢迎佛兰德斯军团抵达凡尔赛的宴会后，路易十六和玛丽·

241 Ibid., col. 366。

242 EB to William Windham, 27 September 1789, *Corr.*, VI, p. 25. 参见 EB, *Reflections*, ed. Clark, pp. 227–9 [100–102]。

243 投票以89票赞成，849票反对，122票弃权而失败。关于君主派，参见 Ran Halévi, "Monarchiens" in *Critical Dictionary of the French Revolution*, eds. François Furet and Mona Ozouf(Cambridge, MA: Harvard University Press, 1989)。另见 James L. Osen, *Royalist Political Thought during the French Revolution* (Westport, CT: Greenwood Press, 1995)。

244 暂时否决权以673票赞成，325票反对，11票弃权而获得通过。关于导致这一决定的辩论，参见 R. K. Gooch, *Parliamentary Government in France: Revolutionary Origins, 1789–1791*(Ithaca, NY: Cornell University Press, 1960), pp. 90–96。

245 EB to Richard Burke, Jr., c. 10 October 1789, ibid., p. 30.

246 有关叙述，参见 *London Chronicle*, 10–13 October 1789。

安托瓦内特王后在王宫内遭到一群从巴黎前来抗议的妇女的围攻。[247] 这一插曲后来启发了《法国革命反思录》中的著名段落："骑士精神的时代已经过去——诡辩家、经济学家和算计者的时代已经到来。"[248] 在伯克一年前的私下写作中，不用借助修辞效果描述大革命，君主就已经显得更加"滑稽"，而不是更加"悲惨"。[249] 迄今为止，路易十六的种种表现暴露他缺乏勇气和决心。作为一种滑稽的说法，伯克认为他可能会用宫廷卫队交换这支来自巴黎集市的刚勇的女子代表团。面对法国革命的激进变革，伯克始终不确定是要笑还是要哭。[250] 然而，他确信一个时代已经结束了：现在被转移到杜伊勒里宫的国王实际上是自己宫殿里的囚犯。

　　此时，伯克开始相信法国的衰落将难以逆转。巴黎民众的敌意似乎是团结一致的，使得这场叛乱的反对者无计可施。[251] 10月之后，拉利·托伦德尔（Lally-Tollendal）离开法国，而穆尼尔则退到了多菲内（Dauphiné）。[252] "所有坚决反对巴黎人的人都被迫离开，"伯克抱怨道。[253] 1789 年 11 月 2 日，在塔列朗和米拉波的怂恿下，教会的财产被置于国民制宪议会的"支配"

611

247　*L'Ami du peuple, ou le publiciste Parisien*, 27, 7 October 1789, in Jean-Paul Marat, *Oeuvres politiques, 1789–1793* (Brussels: Pôle Nord, 1989–1995), 10 vols., I, p. 248; *Diary or Woodfall's Register*, 10 and 13 October 1789; *The Times*, 10 October 1789.

248　Burke, *Reflections*, ed., Clark, p. 238 [113].

249　EB to Richard Burke, Jr., c. 10 October 1789, *Corr.*, VI, p. 30.

250　Burke, *Reflections* ed. Clark, pp. 154–55 [11–12].

251　关于这一点，参见 EB to Unknown, January 1790, ibid., p. 79: "我看不出第二次革命如何能完成。"

252　Jean Egret, *La Révolution de notables: Mounier et les Monarchiens* (Paris: Armand Colin, 1950), pp. 195, 211.

253　EB to Richard Burke, Jr., 11 November 1789, *Corr.*, VI, p. 33.

之下。[254] 在适当的时候，它将被用作发行指券的担保。[255] 十天后伯克写信给菲茨威廉，他现在把这场革命看作是一个上上下下共同协作的过程，而且这个国家不可挽回地"被毁灭"了。[256] 对教会的"掠夺"只是一系列破坏性法令中最新的一个。这是更普遍的"财产崩溃"的一部分，它会导致公民社会的解体。[257] 由于对第三等级过早的投降，王室已经为自己的灭亡铺平了道路。破产似乎是从财政危机中恢复过来的唯一手段，而内战则是制定宪法的唯一希望。然而，这两种选择都不现实。公众审议缺乏决心和远见，对于正在进行的破坏，人们没有一致的反对意见。在教会财产被当作国有资产被没收后，设立国家银行的计划似乎和迄今为止的其他计划一样，都是不可能的。[258] 一位受到民众支持且决意恢复宪法的独裁者的出现是法国唯一的希望："一个人可能改变这一切。"[259] 但这样的拯救也并不可信。国民制宪议会现在是民众意愿的仆人——或者更确切地说，是"巴黎市民意

---

254 对国民制宪议会辩论的报道，参见 *Gazetteer*, 6 November 1789。关于这一事件的讨论，参见 Georges Lefebvre, "La vente des biens nationaux"in idem, *Etudes sur la Révolution française* (Paris: PUF, 1954, 1963), pp. 307–37。

255 这发生在 1789 年 12 月 19 日和 21 日。参见 Florin Aftalion, *The French Revolution: An Economic Interpretation* (Cambridge: Cambridge University Press, 1990), pp. 65–6。

256 EB to Earl Fitzwilliam, 12 November 1789, *Corr.*, VI, p. 36. 根据弗朗索瓦·弗瑞特（François Furet）的观点，伯克是最早将法国革命视为"一个不可分割的整体"的观察者。参见 "The French Revolution, or Pure Democracy"in Colin Lucas ed., *Rewriting the Revolution* (Oxford: Oxford University Press, 1991), p. 42。

257 EB to Earl Fitzwilliam, 12 November 1789, *Corr.*, VI, pp. 36–37. 参见 EB to Philip Francis, 15 November 1789, ibid., p. 39。

258 1789 年 11 月 21 日至 27 日期间国民制宪议会收到了各种计划，见 *Archives parlementaires*, X, pp. 158–295。伯克研究的计划，发表于 Pierre-Nicolas Haraneder, *Plan de M. le Vicomte de Macaye, pour l'établissement d'une banque nationale* (Paris: 1789)。伯克对此计划的讨论，参见 EB to Philip Francis, 11 December 1789, *Corr.*, VI, pp. 50–55。

259 EB to Earl Fitzwilliam, 12 November 1789, ibid., p. 37.

愿"的仆人。[260] 换句话说，政府实际上已经不存在了。[261]

一部明显的民主宪法和民众抗议之间的关系是伯克在 1789 年夏至 1790 年冬期间关注的中心议题。有两个问题最吸引他。其一，制宪会议在成为人民的全权代表后，是一个不可分割的权力：这是一个纯粹的民主制，因此不受任何正当的反对力量的制衡。其二，民主立法缺乏完整性和凝聚力，不断受制于"众人之声"。[262] 换言之，尽管法国已被重组为一个纯粹的人民国家，但其宪法程序受到难以驾驭的民众压力的左右。[263] 伯克称此为"民主的愤怒"，其破坏性的冲动表现在将敌人挂在路灯下处决。[264] 这种持续不断的混乱状态，即宪法审议被不满民众的无政府力量所驱使，不可能长期持续下去。"完全的无政府状态是一种自我毁灭的状态，"伯克认识到。[265] 既然暴力已经被用作政治变革的工具，那么今后就不可能抵制它的威力。这使得人们无法预测法国民主的宪政前途。正如伯克所说，"法国可能还要经历更多的变迁"。[266] 然而，最终暴力将作为暴力的仲裁者受到欢迎：无政府状态将受到军事力量的支配。

也许法国会从此陷入无政府状态和专制统治的循环之中。在这两个极端情况下，财产都会成为贪婪和憎恨的牺牲品。法国无政府民主主义的行为已经使财产的脆弱性暴露无遗。正如

612

---

260 Ibid., p. 36.

261 EB to Philip Francis, 15 November 1789, ibid., p. 39.

262 EB to Charles-Jean-François Depont, November 1789, ibid., p. 49.

263 后来，在 1790 年 3 月 29 日给阿德里安·让·弗朗索瓦·杜波特（Adrien-Jean-François Duport）的一封信中，伯克在此基础上提出，国民制宪议会和法国国王一样，处于"被俘虏"的状态，ibid., p. 106。

264 EB to Unknown, January 1790, ibid., p. 80.

265 Ibid., p. 79.

266 EB to Charles-Jean-François Depont, November 1789, ibid., p. 46.

伯克在 1790 年初所评论的那样，其立法者对"因袭权利，即长期不受干扰的占有"感到不满。[267] 这牵涉到推翻"一系列不间断的常规司法决定"，即肆无忌惮地放纵专制权力。在这样的制度下，没有私有财产是安全的，因为私有财产的概念被废除了。[268] 根据这一判断，法国革命与美国革命的比较就显得很容易。政府是为保障财产安全而设立的，这是自然法的一条既定原则。[269] 在对 18 世纪的任何评价中，对财产制度的攻击都是对促成公民社会的条件的彻底颠覆。正是在这种背景下，伯克观察到了理查德·普莱斯对法国革命的热情。法国各等级的改革热情也是如此。同样，对伯克来说，福克斯和谢里丹的态度也显得怪异：似懂非懂且受到感染。[270] 据记载，1789 年 10 月，福克斯为法国人民的威严干杯。[271] 在伯克看来，这样的姿态承担着责任。第二年 1 月，他偷偷地向一位记者发表评论说，英国政界对法国民主的"调侃"已经超出了明智的界限："对于那些希望保留祖先习俗的人来说，现在是时候关注它们了。"[272] 几年来，政治异议者的姿态一直困扰着伯克。现在，反对派辉格党的态度更令他担忧。[273] 是时候就法国革命的问题公开表态了。

267　Ibid., p.44.

268　Ibid.

269　Locke, *Two Treatises*, II, §140. 关于洛克谈及的分配不平等的正当性，参见 Jeremy Waldron, *God, Locke, and Equality: Christian Foundations in Locke's Political Thought* (Cambridge: Cambridge University Press, 2002), chapt. 6。

270　关于比塞特的叙述，参见 Bisset, *Life of Burke*, p. 461ff。

271　Mitchell, *Charles James Fox*, p. 155.

272　EB to Unknown, January 1790, *Corr.*, VI, p. 81.

273　后来，伯克的福克斯党批评者用模糊的术语将此解释为法国革命时期"爆发"的"病态情绪"，参见 Henry Richard Vassall Fox, third Baron Holland, *Memoirs of the Whig Party during my Time* (London, 1852–54), 2 vols., I, pp. 9–11。

11.6 《关于军队预算的演说》

1790 年 2 月初，福克斯派主要人员之间不和的消息已经传到了巴黎。据报道，在伯林顿府（Burlington House）召开的旨在修补分歧的会议上，谢里丹竭尽所能安抚伯克的怒火。然而，他的努力是徒劳的。[274] 由于对摄政危机和黑斯廷斯审判的分歧而加剧的敌意，很快就在议会中散播开来。[275] 到目前为止，伯克几个月来都一直沉浸在法国事务的细节中，他已经熟悉了《陈情书》的选文和国民议会上的辩论报告。[276] 他已经开始构思《反思录》，正如他后来评论的那样，他从对黑斯廷斯的控诉中抽出时间考虑法国事务。[277] 早在 1789 年秋，温德姆就寄来一些书帮助他了解法国最新的发展情况。[278] 从那时起，他的工作就是去查阅关于法国革命的官方文件，以及关注英国和法国的新闻。[279] 他当然觉得自己对法国事态的了解超过了报纸上的报道：在法国，这些报道都是更广泛的国家混乱的牺牲

614

274 Journal of Lady Elisabeth Foster, 4 February 1790, 引自 Mitchell, *Charles James Fox,* p. 155。几个月来，反对派的分歧一直是媒体猜测的焦点，参见 *Morning Post*, 3 November 1789; *Public Advertiser*, 2 February 1790。

275 伯克与日俱增的不满被记录于 Sylvester Douglas, *The Diaries of Sylvester Douglas*, ed. Francis Bickley (London: Constable, 1928), 2 vols., I, p. 154。

276 *Pace* Copeland, "Burke, Paine, and Jefferson"in idem, *Burke*, p. 165; Alfred Cobban, *The Debate on the French Revolution, 1789–1800* (London: 2nded., Adam and Charles Black, 1960), p. 5; Alfred Cobban and Robert A. Smith, "Introduction" to *Corr.*, VI, pp. xv, xx; L. G. Mitchell, "Introduction" to idem ed., *W & S*, VIII, pp. 1–3。关于伯克对其所述事务的惊人决心，参见 Lock, *Burke*, II, pp. 248–49。詹姆斯·麦金托什（James Mackintosh）回忆起 1795 年底与伯克的谈话，证实了伯克对法国事态发展的深刻了解，参见 Thomas Green, *Extracts from the Diary of a Lover of Literature* (Ipswich: 1812), p. 139。

277 EB, *Reflections*, ed. Clark, p. 415 [356].

278 William Windham to EB, 15 September 1789, *Corr.*, VI, p. 21.

279 包括米拉波伯爵（Comte de Mirabeau）的宣传工具《普罗旺斯通讯》（Courier de Provence）。参见 EB to Unknown, January 1790, *Corr.*, VI, p. 79n。

品，而在英国，它们倾向于跟随国内的主流意见。[280] 早在他首次公开介入此事之前，他就研究过制宪会议的议事录以及米拉波伯爵的著作。[281] 从那以后，正如他告诉巴黎最高法院的前任法官阿德里安·杜波特（Adrien Duport）的那样，他已经更深入地掌握了这个邻近大国的事务。[282] 法国与英国的邻近迫使伯克介入其中：英国的命运同法国的命运息息相关。正是这一事实促使伯克公开宣布自己的立场，并于 1790 年 2 月在关于军队预算的辩论中对福克斯作出回应。

在国王 1790 年 1 月 21 日的议会开幕演讲中，欧洲战争连同"欧洲各地的内部局势"引起了人们的议论。[283] 在关于国王演讲的辩论中，福伊地区的议员瓦莱托子爵（Viscount Valletort）更加明确地强调了法国的局势，提醒大家注意"一群无法控制的民众的内部骚乱"。[284] 他还注意到了荷兰的局势，以及欧洲各国之间更广泛的不满情绪。然而，他暗示，这一切都不会威胁英国的安宁。[285] 2 月 5 日，在关于军队预算辩论的第一天，福克斯回到了近期的和平主题。早在 7 月，他就曾宣布"如果这场革命的结果如我所愿"，他将乐于放弃对法国根深蒂固的忧虑。[286] 到 1790 年 2 月，这种期望似乎已经被满足

280　Ibid., p. 79.

281　参见伯克对于《会议纪要》的引用，例如 EB, *Reflections*, ed. Clark, p. 348 [259]。1789 年 6 月 17 日，第三等级取得国民议会控制权时，《会议纪要》被确定为其正式出版物。

282　EB to Adrien-Jean-François Duport, post 29 March 1790, ibid., p. 105.

283　*Parliamentary History*, XXVIII, col. 300.

284　Ibid., col. 304.

285　Ibid., cols. 305–6.

286　Charles James Fox to Richard Fitzpatrick, 30 July 1789, *Memorials*, II, p. 361.

了：革命似乎正在将法国转化为爱好和平的国家。[287] 福克斯观点的一个方面被更普遍地认可：自 1789 年夏天以来，法国的动荡增强了英国的安全感。例如，在那年的秋天，威廉·格伦维尔认为英吉利海峡对岸的混乱局面为英国提供了"宝贵的和平"。[288] 然而，像格伦维尔那样，将英国的安全归因于法国的混乱，与福克斯此时建议的那样，把现有的和谐归因于两国之间的共同价值观，这两者之间有很大区别。福克斯说："整个欧洲都知道，一个人当过兵并不阻碍他成为一名公民。"[289] 这是对法国军队最近行为的明确赞扬。[290] 这句话让伯克觉得很诧异。福克斯赞扬法国皇家陆军对民主的承诺，这包括对其失职行为的迟来支持，在 1789 年 7 月 14 日至十月事件期间，这种支持令人痛心。

615

伯克缺席了 2 月 5 日的下议院会议，但他显然读了福克斯的演讲报告。2 月 9 日星期二，供应委员会的报告已准备好提交给议会，一个回应的机会来了。最近刚进入英国下议院的亨利·弗拉德通知了伯克，他打算在本次会议晚些时候提出议会改革的问题，因此在该报告提交给议会之前，伯克立即起立

287　关于福克斯对于法国革命的早期反应，参见 Frank O'Gorman, *The Whig Party and the French Revolution* (London: Macmillan, 1967), pp.45–6, and John W. Derry, *Charles James Fox* (London: B. T. Batsford, 1972), p. 296。

288　William Wyndham Grenville to the Marquis of Buckingham, 14 September 1789, *Memoirs of the Court and Cabinet of George III*, ed. Duke of Buckingham and Chandos (London: 2nded., 1853–55), 2vols., II, p. 165.

289　*Parliamentary Register* (Debrett), XXVII, p. 55; *Parliamentary History*, XXVIII, col. 330. 参见 *London Chronicle*, 4–6 February 1790: "最近发生的一系列事件得到普遍的赞扬，成为士兵的人并没有失去公民的观点、情感和爱国行为。" 同一报道转载于 *Public Advertiser*, 6 February 1790。关于类似的说法，另见 *World*, 6 February 1790。

290　福克斯的观点在下议院遭到了菲普斯（Colonel Phipps）上校的谴责，参见 Prior, *Life of Burke* (1854), p. 300。

发言。[291]弗拉德当时是宪法信息协会的成员，该协会成立于1780年，随着约翰·杰布和约翰·卡特莱特少校于1786年退出舞台，霍恩·图克的实用智慧越来越在协会中占据主要地位。[292]伯克感谢弗拉德为下议院提供了适当的思考时间，因为这个话题在当时——这一时期可以被视为"欧洲历史上最多变故"的时期——是一个特别严肃的话题。[293]随着一场"狂风暴雨"席卷整个欧洲大陆，议会议员们应明智地致力于维护宪法的利益。当关于军队预算的辩论重新开始时，福克斯回到了他原来的观点。法国的情况意味着它目前没有对其他国家构成威胁。恰恰相反，法国的局面让人欢欣鼓舞。虽然这个曾经强大的帝国的状况不可能真的引起旁观者的警觉，但它的困境也不应该"激怒我们"。福克斯总结说，该国目前的"无政府状态和混乱"是革命的"副作用"，其长期结果将使其利益与英国政策更加一致。[294]伯克对这种一致性愤怒地提出了异议。显然，法国不再对英国构成常规威胁，但种种微妙的危险仍然存在。

自1789年11月以来，伯克一直在思考法国的磨难对欧洲权力平衡的影响。在那个阶段，他写信给菲茨威廉，表示他对一个曾经的霸主的衰落感到惋惜。毫无疑问，他希望看到法国"被限制在适度的范围内"，而不是处于"专制地给欧洲制定规则"的位置上。尽管如此，在"我们的西方体系"中，一个主

---

291 *CJ*, XLV, p. 226. 关于对弗拉德提议的阐述，参见 George Stead Veitch, *The Genesis of Parliamentary Reform* (1913) (London: Constable, 1965), pp. 113–14. 伯克回顾弗拉德的提议，参见 EB, *Letter to Sir Hercules Langrishe* (1792), *W & S*, IX, p. 627。

292 Albert Goodwin, *The Friends of Liberty: The English Democratic Movement in the Age of the French Revolution* (London: Hutchinson, 1979), pp. 114–17.

293 *Parliamentary Register* (Debrett), XXVII, p. 65. 参见 *Public Advertiser*, 10 February 1790; *World*, 10 February 1790。

294 *Parliamentary Register* (Debrett), XXVII, pp. 75–77.

要玩家的退出会导致严重的后果。[295] 在接下来的 1 月，潘恩在给伯克的一封长信中分析了法国革命的重要性，并对其中的一些后果发表了自己的看法。正如潘恩在《人的权利》前言中所解释的那样，他曾于 1787 年呼吁政治哲学家安德烈·莫雷莱（André Morellet）推动一项旨在改善英法关系的和平计划。[296] 第二年，潘恩将他们讨论的成果提供给伯克。[297]1789 年夏天之后，潘恩一些最美好的希望已经实现了，1790 年 1 月他向伯克概述了欧洲政治将如何受到影响。"法国革命无疑是欧洲其他革命的先驱，"他预测道。[298] 正如伯克在 2 月 9 日《关于军队预算的演说》中所表明的那样，这正是伯克所担心的。潘恩提供了他认为这场洪流可能产生的景象。国民制宪议会已表明准备"放火烧毁国王所管辖的领地"，现在，它与"国民大众"一起控制了事态，并受到军队的支持。1789 年 7 月 17 日，巴黎民众兴致高涨地接待路易十六，这激起了潘恩的热情："每个人都被武装起来——那些没有火枪或剑的人，得到了他们所能得到的。"[299] 如潘恩所见，正是这种民众力量和军队之间的联盟带来了巨大的希望，为其他君主制下的民众提供了效仿的榜样。

在国际方面，法国革命所提供的是欧洲各势力之间"形成

295 EB to Earl Fitzwilliam, 12 November 1789, *Corr.*, VI, p. 36.

296 Paine, *Rights of Man*, ed. Philp, p. 87. 这一段被转述于 John Keane, *Tom Paine: A Political Life* (London: Bloomsbury, 1995), pp. 267–75。

297 潘恩于 1788 年 8 月 7 日寄出的信可在费城美国哲学学会图书馆（the American Philosophical Society Library）找到，B/P165。莫雷莱在 1787 年 8 月 18 日致潘恩的信中表明了立场，并转给了伯克。参见 WWM BkP 1: 2080。

298 Thomas Paine to EB, 17 January 1790, *Corr.*, VI, p. 71. 参见 Paine, *Rights of Man*, p. pp. 196–97。

299 Thomas Paine to EB, 17 January 1790, *Corr.*, VI, p. 70. 关于 1789 年 7 月中旬巴黎市民的军备问题，参见 Paine, *Rights of Man*, pp. 104–5。

联盟的新模式"。[300] 潘恩构想了一个跨国的颠覆性条约。这基
于整个欧洲大陆爱国同盟的出现，这将使所有国家的政治两极
化。他预计，博爱的公民将联合对抗各国的宫廷。这些跨国的
联合将与他们在欧洲边界的盟友一起煽动反对外国专制君主。
显然，根据他对法国报纸的解读，潘恩指出波兰、布拉班特、
罗马和波希米亚的情况有利于这种激进的叛乱。[301] 革命学说
的效力已在西班牙显现，《人权宣言》在这里被公开谴责。据
称，普鲁士打算采取直接行动对抗法国，理由是它自己的军队
正受到"煽动"。[302] 随着 1790 年秋《反思录》问世，伯克同
样观察到革命理念的传播。在 1789 年之前，法国的文人为寻
求外国联盟和联系投入了大量的精力。[303] 国民议会成立后，交
流的步伐加快了。狂热主义在欧洲各国像瘟疫一样传播，在伯
尔尼、德国和西班牙越来越多人接受革命思想。对基督教的反
叛像瘟疫一样迅速传播，对当权者们的敌意随之扩散。[304] 对于
潘恩来说，这种狂热带来的主要好处是败坏军队。他对军队的
乐观态度来自法国的例子——从时任法国武装部队总司令布罗
伊公爵（Duc de Broglie）未能确保其部队的忠诚开始。杰斐
逊曾向潘恩介绍过皇家军队中的民众同情心，而潘恩则赞扬了

617

300　Thomas Paine to EB, 17 January 1790, *Corr.*, VI, p. 71.

301　Ibid., pp. 71–72. 关于外国此类事态发展的报道，参见 *L'Ancien moniteur,* 12 and January
　　1790, in *Réimpression de l'ancien Moniteur* (Paris: 1858–63), 31 vols., III, pp. 93, 125–26。

302　Thomas Paine to EB, 17 January 1790, *Corr.*, VI, p. 71.

303　伯克注意到法国的政治评论员暗示他们进入了腓特烈大帝的宫廷，而后者死后的作品
　　刚刚由托马斯·霍尔克罗夫特（Thomas Holcroft）出版：EB, *Reflections*, ed. Clark, p. 277
　　[167]。

304　Ibid., pp. 325, 327 [226–7, 229].

拉斐特刚刚制定的国民警卫队的纪律。[305] "我想法国会在某些场合被引入你们的议会辩论中，"潘恩推测道。[306] 随着法国在1790 年 2 月被引入关于军队预算的辩论中，伯克准备以自己对当前危险的评估来回应潘恩的热情。

伯克在演讲中的目的是树立一个标杆，并告诫他的同僚们这种危险的程度。福克斯是他最直接的关注对象，主要是因为他四天前对法国军队的赞扬。从伯克的评论中可以清楚地看出，他认为最重要的是法国军队中的危机，自去年春天以来，这一危机就变得日益明显。[307] 1789 年 4 月，圣安东尼郊区的一场骚乱被镇压，随后的几个月里，主要增援部队驻扎在法兰西岛。自那时起，鼓励不服从的宣传运动在士兵中传播开来。一本小册子宣称，"在成为士兵之前，我们是公民。"[308] 另一本则歌颂不服从的勇气。[309] 7 月中旬，随着法国近卫队的叛乱，760 名士兵叛逃，并加入国民军。士兵叛逃的情况一直持续到秋季。10 月 5 日至 6 日，佛兰德斯军团的态度同样令人沮丧：军官们无法控制他们的军队，士兵们与民众公开地联合起

618

---

305 Thomas Jefferson to Thomas Paine, 11 July 1789, *Papers of Jefferson* ed. Boyd, XV, pp. 266–9; Thomas Paine to EB, 17 January 1790, *Corr.*, VI, p. 73. 关于这些事态的发展，参见 Jules Leverrier [Albert Soboul], *La Naissance de l'armée nationale*, 1789–1794 (Paris: Éditions Sociales Internationales, 1939), pp. 34–39。

306 Thomas Paine to EB, 17 January 1790, *Corr.*, VI, p. 74.

307 最近的一些研究追溯了不服从起源于军官阶层，并认为其公开表现始于 1788 年夏天。参见 Samuel F. Scott, *The Response of the Royal Army to the French Revolution* (Oxford: Oxford University Press, 1978), pp. 47–50。另见 Rafe Balufarb, *The French Army, 1750–1820: Careers, Talent, Merit* (Manchester: Manchester University Press, 2002),chapt., 2; Michael Sonenscher, *Sans-Culottes: An Eighteenth–Century Emblem in the French Revolution* (Princeton, NJ: Princeton University Press, 2008), p. 287ff。

308 Anon., *Avis aux Grenadiers et Soldats*, Bibliothèque nationale, 8º Lb39 1867, 引自 Scott, *Response of the Royal Army*, p. 56。

309 Anon., *Adresse aux soldats François et allies* (Paris: 1789), p. 1.

来。[310]据报道，在伯克2月9日回应福克斯的内容中，他强调，法国现在面对的是一支"不承认首领"的军队。[311]他还指出，国民议会"不敢冒险讨论他们的行为"，尽管军方未能达到皇家标准，而且7月中旬法国近卫队发生了叛变。[312]伯克还提到了最近成立的国民军，正如他所说的那样，国民军负责监视"国家军队"。[313]尽管这令福克斯赞叹不已，但在这样的安排下，尚不清楚士兵如何才能成为真正的公民，也不清楚公民如何宣誓效忠军队。自18世纪50年代以来，伯克一直关注军队与立宪政府之间难以调和的问题。[314]最近，他和福克斯都强调了常备军在美洲战争中给自由带来的危险。[315]然而，目前欧洲军队中的不服从行为揭示了军事颠覆可能会助长民众反抗。长期以来，人们一直期待共和主义情绪能在国民军中发扬光大；而事实证明，一支常备军成了传达民众热情的工具。

在2月20日出版的演讲稿中，伯克详细阐述了他最初的言论。[316]他断言，革命者许多错误行动所造成的最令人不安的

---

310 Jean-Paul Bertaud, *The Army of the French Revolution: From Citizen-Soldiers to Instrument of Power* (Princeton, NJ: Princeton University Press, 1988), pp. 25–26; Scott, *Response of the Royal Army*, pp. 75–76.

311 *Parliamentary Register* (Debrett), XXVII, p. 91.

312 Ibid.

313 Ibid.

314 EB, "Considerations on a Militia" (1757) in Richard Bourke, "Party, Parliament and Conquest in Newly Ascribed Burke Manuscripts," *Historical Journal* , 55:3 (September 2012), pp. 619–52, at pp. 647–52.

315 Charles James Fox to EB, 13 October 1776, *Corr.*, III, p. 294; EB to Marquess of Rockingham, 6 January 1776, ibid., p. 309.

316 吉尔伯特·埃利奥特在给威廉·埃利奥特的一封信中说，实际上伯克的演讲直到23日才发表，参见 Todd, *Burke Bibliography*, p. 140。

结果是对军队的影响。[317] 在反思皇家军队的表现时，他坚持
认为这些"士兵不是公民，而是唯利是图的雇佣兵和卑鄙低贱
的逃兵，完全没有任何光荣的原则"。[318] 伯克并没有低估使军
事力量与宪法自由相容的难度："一个武装的、有纪律的组织
本质上对自由是危险的；而没有纪律的话，其对社会是毁灭性
的。"[319] 然而，与此同时，他无法想象一个比法国人的行为更
缺乏远见的安排。拉斐特的军队和一支反叛的国民军并存，最
多只能说明指挥权被分割。"他们成立了用以平衡国王军队的
另一支军队……是一种军队间的平衡，而不是等级间的平衡。"
伯克恳求道："这些军队中有人吗？这些人中有任何一个公民
吗？"[320] 这种分裂预示着内战，而不是和平与协调。伯克将在
《反思录》的后半部分回到军队的主题，回顾士兵如何"被告
知他是一个公民"，这实际上意味着他正在变得厌恶服从。他
重申了两支不同的军队的危险性，一支是民众的军队，另一
支是君主的军队，这两支军队都没有一个有效的军民指挥系
统。[321]

法国军队的状况凸显了一种不服从的危机，这是革命垮
台的根源。谢里丹后来提出，这种普遍的反叛是针对垂死的封
建专制统治的，且这种反叛确实是由后者造成的。[322] 但伯克认

619

317　EB, *Substance of the Speech of the Right Honourable Edmund Burke in the Debate on the Army Estimates* (London: 1790), p. 13.

318　Ibid., p. 21.

319　Ibid., p. 24.

320　Ibid., pp. 24–26.

321　EB, *Reflections*, ed. Clark, pp. 388 [318], 395 [327–8].

322　*Parliamentary Register* (Debrett), XXVII, p. 98. 伯克的第一位充满敌意的传记作家也
采用了同样的观点，因此，他选择用背叛来解释伯克对革命的反应。参见 Charles
McCormick, *Memoirs of the Right Honourable Edmund Burke: Or, an Impartial Review of
his... Life* (London: 1798), pp. 314, 319–20。

为，它是针对整个社会秩序的，这实际上意味着对既定的义务和差别开战：向税收、会费和阶级开战，近而向收入和财产开战。[323] 只有最荒谬的反律法主义的政治计划才会认真倡导这种破坏。当然，无论是谢里丹还是福克斯，只要他们心智正常，就不可能相信这种令人惊愕的行为，除非他们被骗了，在欣赏自由的海市蜃楼的同时，却忽视了掠夺的现实。除了各种形式的社会差别受到攻击外，教会还被攻击为旧制度的典范，对它的处理公开说明了法国革命的目标：废除财产和宗教。[324] 在提倡坚持"开明的"无神论时，宽容被有效地消灭了；在掠夺大量集中的私有财产时，社会保障基本上被废除了。[325] 伯克对公民社会的解体所带来的后果有着清醒的认识，从政府契约到家庭制度，一切都被瓦解了。[326] 如果对社会的战争取得成功，这些都将受到威胁。伯克提出，这场战争的目的是要破坏一切秩序，消除一切差别："让士兵反对他们的军官；仆人反对他们的主人；商人反对他们的顾客；工匠反对他们的雇主；租户反对他们的地主；牧师反对他们的主教；孩子反对他们的父母。"[327]

这一计划是怎么获得成功的？伯克借助塔西佗给出了他的答案。革命的鼓动是被恶意驱使的，同时又摆出一副公共美德的样子——显示出"一种虚假的自由形式"。[328] 该进程的核心是蒙蔽：以正义的名义使行动正当化，但其根本目标是对自身利益的促进；平等被宣传为他们的最终目标，但他们的真正目

---

323 EB, *Speech on the Army Estimates*, p. 22.

324 Ibid., p. 12.

325 *Parliamentary Register* (Debrett), XXVII, p. 91.

326 Ibid., p. 92.

327 EB, *Speech on the Army Estimates*, p. 22.

328 EB, *Speech on the Army Estimates*, p. 11. 重点在原文中。伯克引自 Tacitus, *Histories*, I, i.

的是要拉平所有的差别。[329] 然而，平均不意味着平等，反而意味着不平等的加剧。革命的理由是不言而喻的功绩，尽管争取平等的人将成为他们自己功绩的仲裁者。[330] 共和主义叛乱的内在吸引力就在于此：尽管很难诱导一个民族接受对其的奴役，但得人心的言辞却征服了人类的雄心。正如伯克所说，它"满足"了我们的"天然倾向"，即在自尊心的驱使下，我们有一种应该得到回报的感觉，有一种对功绩的要求。[331] 从这个角度来看，1789 年的革命敌意并非源自一种"民主社会性"，如科钦（Cochin）所说，这种"民主社会性"被从"俱乐部"转移到了政治舞台。[332] 相反，它是由一种特殊的情感所驱动的，植根于对原始正义的热情。对原始正义的渴望意味着要消灭特权，或者至少消灭那些对自己的地位有不利影响的特权。[333] 在权力斗争的过程中，这一过程被不断累积的怨恨所煽动。

最适合这种民众野心的政治工具似乎是民主政府，但在法国又必须将表面与现实区别开来。实际上，就法国目前的情况而言，民主政体意味着在民众鼓动下颠覆宪法程序。结果，政治决策权从国民议会移交给了"国民"，实际上，它被分解为相互竞争的民众教派。正如伯克所认为的那样，法国是由"民主暴徒"管理的。[334] 然而，最后，如果不想自我毁灭，这样一群

621

---

329 关于平均与平等的差别，参见本书第 13 章第 4 节。

330 关于 18 世纪政治思想中的这些主题，参见 Sonenscher, *Sans-Culottes*, *passim*。

331 EB, *Speech on the Army Estimates*, p. 11.

332 Augustin Cochin, *Les sociétés de pensée et la démocratie moderne* (Paris: Plon-Nourrit, 1921). 为科钦恢复名誉的尝试，参见 Furet, *Interpreting the French Revolution*, part II, chapt. 3。对科钦的批判，参见 Michael Sonenscher, "The Cheese and the Rats: Augustin Cochin and the Bicentenary of the French Revolution," *Economy and Society*, 19: 2, pp. 266–74。

333 根据 1790 年 2 月 9 日至 11 日发表在《伦敦纪事报》上的伯克的演讲，这是一个"由绝望的民众组成的绝望的民主"。

334 EB, *Speech on the Army Estimates*, p. 20.

相互竞争的民众势力将不得不服从指挥，各省将服从巴黎共和国，而巴黎市民则将服从民众意志的主要代表。在这种情况下，民众代表将是不自由的和强制性的：不亚于人民的暴政。伯克指出，与其他任何形式的专制主义相比，"民主专制主义是最可恶的。"[335]这在法国意味着什么，现在变得清楚了：一个"残酷、盲目和凶猛的民主"取代了受监管的政府。[336]

伯克急于指出，他对法国革命的谴责并不意味着对法国君主制的支持。路易十四的统治不过是"上层阶级的暴政"。[337]它的学问、英勇和富丽堂皇不过是为了掩盖它的政治和宗教压迫。作为那个时期占统治地位的军事强国，法国人的品位和举止渗透到欧洲的其他宫廷，并在这个过程中传播着对君主专制的偏爱，伏尔泰很久以前已观察到这一点。[338]因此，法国的"影响力"是一个由来已久的问题，尽管现在它比以往任何时候都更具危险性。法国周边地区使它成为永久的影响力源泉，但除此之外，它还提供了民主反叛的诱惑，供人们效仿。在抵制继承的特权和差别的同时，这种反叛也消灭了所有的宪法约束，即那些"用来稳定国家的制衡力量"。[339]在伯克看来，在1789年的春天，这些制衡的力量就已经存在了。他声称，"在各省分别召开会议的那天"，法国就已经拥有了一部可行的宪法。[340]在这一点上，与1688年的英国不同，当时英国的君主有意愿促进改革。但法国偏离了这样的议程，国民议会选择

---

335 *Parliamentary Register* (Debrett), XXVII, p. 91.

336 Ibid., p. 90.

337 EB, *Speech on the Army Estimates*, p. 9.

338 Ibid., p. 10. 关于伏尔泰的观点，参见 *Le Siècle de Louis XIV* (Berlin: 1751), 2 vols., I, p. 5 and II, p.138。

339 EB, *Speech on the Army Estimates*, p. 18.

340 Ibid., p. 17.

了对法国政治和社会进行革命，破坏了有效革新的可能性。
伯克抗议说，把法国革命与光荣革命放在一起做比较越来越
普遍，但这是多余的。[341] 首先，在军事上，英国的抵抗是"英
国贵族政治的结晶"，得到了贵族和平民的配合。[342] 它也受到
军队纪律的检控。此后，虽然君主制受到议会的限制，但"国
家秩序"并没有改变：一个混合的政府体系依然存在，其组成
部分完好无损，这代表着一个社会中的等级得以保留："国家
保持着同样的军队、同样的等级、同样的特权、同样的公民
权、同样的财产规则、同样的从属关系、同样的法律、同样的
税收、同样的行政官员；同样的贵族、同样的平民，同样的法
人团体、同样的选民。"[343] 实际上，光荣革命"阻止了一场革
命，而不是发动了一场革命"。[344]

　　伯克现在认为，谢里丹注定失败。2 月 9 日，伯克宣布他
在政治上与谢里丹"分道扬镳"。[345] 福克斯则是另一回事：伯
克的干预在一定程度上是为了——在福克斯接受革命原则的情
况下——重新将他感召为立宪辉格主义者。为了颠覆辉格党教
义，王国内部正在形成派系，并伪装成是为了促进辉格党的原
则。有"政治影响力"的人不应支持他们。[346] 福克斯在回应时
坚持说，他"绝不会支持任何阴谋小集团"，而伯克则重申他对

622

---

341 根据福克斯对 1688 年的评论，出版的版本在伯克最初的立场声明中增加了一些细节，
　　参见 *Parliamentary Register* (Debrett), XXVII, p. 96。

342 EB, *Speech on the Army Estimates*, p. 27.

343 Ibid., p. 29.

344 Ibid., p. 28.

345 *Parliamentary Register* (Debrett), XXVII, p. 100.

346 *World*, 10 February 1790.

"俱乐部和协会"的怀疑。[347] 在伯克关于军队预算的演说出版后，斯坦厄普伯爵反对这种明显的诽谤，认为这是对"光荣革命协会"的中伤。[348] 该协会成立于 1700 年，致力于 1688 年的原则，并在此基础上致敬 1789 年的理念。[349] 斯坦厄普认为，伯克仅仅由于这些思想在法国实施的方式不当而诋毁这些思想的重要性是不可理解的。革命的暴力是正当改革的不幸伴随者，由前政权的过度行为所决定。[350] 这是谢里丹、福克斯和托马斯·默瑟都认同的分析。托马斯·默瑟是爱尔兰北部的一个商人，最近与伯克成为朋友，并在黑斯廷斯的审判中出庭作证。默瑟认为，这场革命是一种补偿，是对弱势人群有利的调整。在英国报纸上看到伯克对法国事态发展的回应后，默瑟将目光聚焦于伯克对侵犯教会财产的愤慨上：剥夺"养尊处优和骄奢淫逸的高级教士"在"无知和迷信"时代积累的一部分财产是否真的应被作为不公正行为而受到谴责？这当然是遵照基督教慈善精神而制定的一种正当的赔偿手段。[351] 默瑟的疑问直指伯克的信念之基，并引出了他的回答，伯克解释了他的《关于军队预算演说》的目的，以及他强烈反对法国革命的原因。

623

---

347 *Parliamentary Register* (Debrett), XXVII, pp. 96–7. 关于伯克对谢里丹政治"俱乐部性"的评论：伯克这里指的是党派性。参见 *World*, 10 February 1790。关于试图修补裂痕的叙述，参见 Cone, *Burke*, II, pp. 304–5。

348 Charles Stanhope, *A Letter from Earl Stanhope to the Right Honourable Edmund Burke, Containing a Short Answer to his Late Speech on the French Revolution* (London: 1790), p. 20.

349 协公成立日期记载于 "Rules of the Revolution Society," n. d., Dr. Williams Library, MS 24.90(1)。1789 年 11 月 4 日，理查德·普莱斯致函光荣革命协会，称赞法国革命是主张人权的"光荣革命"。参见 "Minute Book of the Revolution Society, 16 June 1788–4 November 1791, Add. MS. 64814, fols. 22–3。

350 Ibid., pp. 7–12.

351 Captain Thomas Mercer to EB, 19 February 1789, *Monthly Magazine*, XIII (1802), part I, pp. 317–18.

2月9日，伯克指责法国革命的目的是破坏"所有"秩序，颠覆了从军队、各行各业到家庭的每一个社会责任机制。[352] 对于当时和之后的听众来说，伯克的这一判断似乎太超前了：虽然社会受到了冲击，但破坏所有社会关系的全面战争没有发生。然而，对于伯克来说，事实证明，法国的商业交易和家庭虔诚依然存在。他的观点是，这些关系的有利条件已经严重受损。原有的观念被极大地破坏，削弱了支持社会和政治安排的信念。由于国民制宪议会的宪法改革以《人权宣言》为示范，正如第三版的《关于军队预算的演说》所述，其"摧毁了每一个由意见构成的权威"。[353] 现有的忠诚已经被一种对人民没有吸引力的效忠理论所取代。同时，随着对教会的剥夺，以及对贵族制原则的攻击，一个根本性的"失信行为"已经产生，即对财产安全的信任。[354] 伯克对默瑟的回应中着重强调了这一结果，指出人权的拥护者破坏了对任何持久性权利概念的信心。每一位法理学权威都同意公民社会是为了财产安全而建立的。伯克继续说，在人们的心目中，财产权是通过长期的占有经验保证的：所有权由权威授予，由因袭权利确认。[355] 如果政府没收了财产，传统观念遭到破坏，那么正义感就会从社会上彻底消失。[356]

正如伯克所理解的，这场革命是在推动自然权利的主张，以反对既定的司法规定。在实践中，这意味着财产制度正在以

---

352 *Parliamentary Register* (Debrett), XXVII, p. 92.

353 EB, *Substance of the Speech of the Right Honourable Edmund Burke in the Debate on the Army Estimates* (London: 3rded., 1790), p. 19.

354 Ibid.

355 因袭权利的核心地位是以联想心理学而不是习惯法惯例为基础，这是伯克辩论世袭权利的典型方式，参见 Lucas, "Burke's Doctrine of Prescription" (1968) p. 56ff., contra Pocock, "Burke and the Ancient Constitution" (1960)。

356 EB to Captain Thomas Mercer, 26 February 1790, *Corr.*, VI, pp. 94–95.

前公民时代的个人权利的名义被牺牲。在此基础上,民事司法的规定是站不住脚的。正如伯克所见,随着时间的推移,财产安全不可避免地会导致分配上的不平等。由于原始的正义感倾向于发现这种自然分配过程中的不公平,因此,不平等的财产必须得到民意的支持以及国家的担保。对上帝的信仰和对社会普遍效用的认可,是服从一个不平等制度的先决条件。最终将财产归还原主以补偿世俗不幸的承诺为防止反社会的狂热提供了一个保护来源。这解释了伯克给默瑟信中的感叹:"上帝自己分配祂的祝福。"[357]因此,"不虔诚地"扰乱既定的财产秩序是最严重的妄想。贪婪的再分配,即使是以"宗教纯洁和基督教慈善"的名义,也会损害那些支持不平等财产的态度,而如果没有这种态度,土地所有权和商业社会都会解体。[358]即使得到上帝的认可,积累的财产也有可能被指控为是一种特权,因此可以想象其会受到嫉妒的困扰。通常,虽然嫉妒在任何复杂的关联中都是普遍存在的,但它并不是一种彻底破坏稳定的情绪,因为它受到维护财产关系的共同抵消利益的制约。此外,正如休谟和斯密所观察到的,嫉妒被社会钦佩抵消,由同情心和对社会美感的审美欣赏所维持。[359]在伯克看来,1789年的革命表明了怨恨是如何破坏等级信念的,特别是当公共权力与大众观念相结合以削弱支持社会差异的态度时。这个过程所危

---

357 Ibid., p. 95.

358 Ibid., p. 94. 参见 Henry Home, Lord Kames, *Sketches of the History of Man*, ed. James A. Harris (Indianapolis, IN: Liberty Fund, 2007), 3 vols., I, p. 71, building on Henry Home, Lord Kames, *Historical Law-Tracts* (London: 1758), Tract III, "History of Property"。

359 参见 Hume, "Of Our Esteem for the Rich and Powerful," in *Treatise of Human Nature*, II, ii, 5; Smith, "Of the Origin of Ambition, and of the Distinction of Ranks," in *Theory of Moral Sentiments*, I, iii, 2. 在美感给人以同情的支持下,人们倾向于欣赏伴随着巨大财富而出现的各种人为创造,参见 Smith, "Of the Beauty which the Appearance of Utility Bestows upon the Production of Art," ibid., IV, i。

及的不仅仅是特权，还有财产。那些为这一进程欢呼，同时享受财富利益的人是伪君子，他们摆出了善意的"撒玛利亚人"（Samaritans）的姿态。[360]

伯克在他《关于军队预算的演说》的出版版本中强调了这一指控："他希望下议院考虑一下，议员们有多么愿意他们的宅邸被毁坏和掠夺。"[361] 在有产者心目中，对财产构成威胁的正当理由是，人们未能认识到占有的稳定性取决于利益的普遍一致。这将被不利于该利益的意见所破坏。归根结底，利益受到偏见的支配，并随着时间的推移被习惯所证实。[362] 认为财产的历史性集中不利于正义的观点是一种强有力的破坏性推定。正如默瑟本人所表明的那样，鼓励这一推定的观点是：在"无知和迷信时代"所积累的财产带有其时代的非法痕迹。对于伯克来说，这混淆了欧洲社会的历史渊源与随后的改良进程：打着"封建主义"的旗帜谴责前者，同时也否定了后者。正如佩利在 1785 年所说，世袭的爵位、财产的继承、什一税、通行费、租金和服务、贵族的特权以及神职人员的豁免权都建立在民众心中的"因袭权利"之上。[363] 而随着时间的推移，这些激增的"附加物"使得征服精神在社会中复苏。

没有人比默瑟这样的爱尔兰邓恩郡人更能体会这一事实。

625

---

360 1789 年 11 月，理查德·普莱斯援引撒玛利亚人的寓言来宣传革命世界主义的可能性，参见 Richard Price, *A Discourse on the Love of Our Country, Delivered on Nov. 4, 1789* (London: 3rded., 1790), p. 3。

361 EB, *Speech on the Army Estimates* (1st ed.), pp. 22–23.

362 伯克早就知道这一立场，参见 Berkeley, *Discourse Addressed to the Magistrates* (1736), pp. 484–6。

363 William Paley, *The Principles of Moral and Political Philosophy* (Indianapolis, IN: Liberty Fund,2002), p. 287. 而这并没有使佩利接受伯克在《法国革命反思录》中的观点，参见 William Paley to Edmund Law, 28 November 1790, TNA PRO 30/12/17/4, fol. 33："我认为他严重诋毁了法国革命。"我很感谢尼尔·奥弗拉赫蒂（Niall O'Flaherty）提供的参考资料。

伯克讽刺地写道:"可能你的很多财产最初是通过武器,也就是通过暴力获得的。"伯克乐于指出,他和默瑟的一个共识,即 17 世纪的爱尔兰政体是在掠夺和没收浪潮中确立的,伯克通过提及此事来巩固自己的观点。这是一个比任何封建枷锁都更残酷的篡夺过程。尽管如此,伯克承认,这是"古老的暴力",尽管没有法兰克人和诺曼人征服那么古老。通过因袭权利的无声运作,岁月的流逝赋予了新的财产制度正当性。[364] 这类制度可以通过审慎的改革得到改善,但不能通过革命对其进行彻底改造。革命过程的消极后果似乎可以通过其实施者的良好意图而得到缓解。然而,伯克认为,这一判断意味着将政治理论简化为变幻莫测的人格。普鲁士国王和俄国沙皇,与法国国王一样,很可能是非常不完美的人物。尽管如此,在他们通过政府系统领导国家的过程中,他们的个人缺陷得到了缓解。[365] 相比之下,如果法国的未来掌握在 2400 万善意的改革者手中,结果将是灾难性的。在由整个社会直接行使美德的统治下,政治不可能蓬勃发展:激烈的派系将很快破坏这个博爱共和国的联盟。[366] 公民社会的管理需要有效的分工合作,统治者通过分工代表被统治者。政治智慧努力使这种职能分工与统治者的责任和被统治者的安全相协调。

626　　　伯克的《关于军队预算的演说》的译本很快在巴黎出现。[367] 1790 年 5 月 12 日,阿纳夏尔西斯·克鲁茨(Anacharsis

---

364　EB to Captain Thomas Mercer, 26 February 1790, *Corr.*, VI, p. 95.

365　Ibid., p. 96.

366　Ibid., p. 97.

367　EB, *Discours de M. Burke sur la situation actuelle de la France* (Paris: 1790). 相关评论,参见 *Révolutions de Paris*, April 1790, pp. 126–31, and in the *Journal historique et littéraire*, 15 June 1790, p. 266. 对该演说最早的报道,参见 *L'Ancien moniteur*, 24 February 1790, III, p. 442.

Cloots）做出回应，赞扬了法国革命的进程和目标。[368] 更直接的是，3 月 29 日，阿德里安·杜波特在就法国司法改革问题而向国民制宪议会发表的演讲中反对了伯克的立场。[369] 在收到该演讲的文稿后，伯克选择了回应。他认为，对法国司法机构进行改革固然很好，但在"财产基础被摧毁"的情况下，这可能会适得其反。[370] 宪法和司法形式至关重要，但在心平气和地运转它们的意愿已经萎缩或根本不存在的情况下，这些形式是无效的。[371] 在伯克看来，由于用民众的复仇取代了正当的法律程序，法国的正义感已经彻底受损。在文学生涯开始时，伯克在《为自然社会辩护》中将这种复仇与"自然"社会的条件联系起来：博林布鲁克所摒弃的技巧，实际上是文明的基础。[372]1739 年，休谟曾提倡一种技巧，即一个共同的社会契约，以此反对人类天然的不公倾向。[373] 伯克后来认为，这一技巧对于人来说是天生的，是建立在合作和模仿的本能之上的。[374] 面对这种自然的社会化过程的累积效应，对正义的渴望可以被表现为"原始的"和"粗鲁的"，正如伯克在他给杜波

368　Baron Jean-Baptiste Cloots to EB, 12 May 1790, *Corr.*, VI, pp. 109–15, 之后印刷为小册子 *Adresse d'un Prussien à un Anglais* (Paris: 1790)。伯克在 1790 年 8 月予以简短的反驳，参见 ibid., pp. 135–36。

369　Adrien-Jean-François Duport, *Principes et plan sur l'établissement de l'ordre judiciare,* 29 March 1790, printed in *Procès-verbal de l'assemblée nationale*, vol. XVI, No. 244, pp. 105–6, 其中一个脚注体现出对伯克的异议。

370　EB to Adrien-Jean-François Duport, post 29 March 1790, *Corr.*, VI, p. 107.

371　Ibid., p. 108.

372　EB, *Vindication of Natural Society* (1756), *passim.* 有关讨论，参见本书第 2 章第 3 节。

373　Hume, *Treatise of Human Nature*, III, ii, 2.

374　参见 EB, *Appeal from the New to the Old Whigs* (London: 1791), p. 130: "艺术是人的天性。" 关于社交的自然性，参见 *Philosophical Enquiry*, p. 224. 有关讨论，参见本书第 3 章第 2 节。

特的信中提到的那样。[375] 除了安然接受社会差别和财富差异之外，拉平累积的特权的意志显得既不自然，又具有破坏性。它看起来像是一种"人为的无知"，嫁接在先前存在的社会性的原始冲动上，植根于人性，并被古老的智慧所完善。[376] 这种新颖而又野蛮的反社会技巧是现代哲学异化的产物，而伯克的《反思录》则致力于揭示其原因和影响。

---

375 EB to Adrien-Jean-François Duport, post 29 March 1790, *Corr.*, VI, p. 108.

376 Ibid.

第十二章

黑斯廷斯弹劾案的开启：1786—1788

图5　在黑斯廷斯弹劾案早期，伯克被塑造为控诉弗里斯的西塞罗。该图左后方的地上，坐着的是拟人化的英国和印度，前者正为后者提供支持。背景中的福克斯在观望，而诺斯勋爵背对正在进行中的弹劾。约翰·波恩，《西塞罗控诉弗里斯》（1787年），私人收藏。BM7138（引自罗宾逊，第92页）。

628

12.1 导　语

当法国在 1789 年春等待三级会议选举的结果时，伯克正全身心地控告黑斯廷斯。那年 4 月，他正在努力处理弹劾案第六条指控的细节。伯克经过多年的努力才达到这一阶段。自 1786 年 2 月起，为了对黑斯廷斯提出令人信服的指控，准备工作就已经开始。本章的叙述从这一过程的开始，到两年后开启弹劾的伟大演讲结束。1786 年 4 月 4 日至 5 月 5 日期间，伯克控诉总督大小罪状的二十二条指控条款被送交下议院。正是在这些条款的基础上，下议院要决定要么在上议院弹劾黑斯廷斯，要么放弃对他的所有指控。1786 年 6 月 1 日，伯克提出了黑斯廷斯涉嫌参与罗希拉战争的第一条指控。13 天后，福克斯提出了贝拿勒斯指控。但随着这届议会会期即将结束，起诉理由仍有待被充分证明。伯克和他的盟友在 1787 年继续提起诉讼。时年 2 月，谢里丹在别姬指控中以一个振奋人心的演说获胜，被认为是那个时代最杰出的表现之一。[1] 关于法国商业条约的辩论在 1787 年 2 月进行，之后的几个月里，反对派成员指控了黑斯廷斯更多的罪行。很明显，不久之后，黑斯廷斯就要为弹劾案做出答辩。由伯克担任主席的委员会起草了弹劾条款。1787 年 5 月 10 日，下议院投票决定，黑斯廷斯应接受审判，这为伯克追究这个嫌犯的责任扫清了障碍。诉讼程序最终于 1788 年 2 月 15 日开始。

伯克认为，关于罗希拉战争的指控会将黑斯廷斯牵扯进对于印度次大陆的外来征服中，并概括了这位前总督的堕落根本上源于他的贪婪。这种贪婪造成了一连串的错误行为。指控

1　*The Life and Letters of Sir Gilbert Elliot, First Earl of Minto,* ed. Countess of Minto (London:1874), 3 vols., I, p. 124.

称，占有行为助长了腐败和贪婪，并最终导致了东印度公司在该地区的权力扩张。黑斯廷斯因此成了南亚征服精神的化身。他的专横也体现在对待贝拿勒斯王公的态度上，他轻蔑贝拿勒斯的政府。为了起诉黑斯廷斯，伯克利用了一种同情概念，在18世纪50年代接触英国道德理论后他就致力于这种概念。他接受了约翰·蒂洛森的理论：仁慈是一种本能，是一种自然的欲望，神明用它来装备个人，以推动整体人类的进步。从这个角度看，斯多葛派的冷漠，依旧是18世纪的理想，似乎是一种不自然的理性主义。世界大同的仁爱是以原则而非激情为基础的，并不能指望它维持真正的同胞之情。在罗马帝国时期，渎职行为可以通过既定的司法程序被绳之以法，但在英国，议会提供了唯一的补救手段。为了调动这种资源，伯克不得不通过呼吁同情苦难的内在冲动来刺痛同僚们的良心。然而，同情在本质上是偏袒和狭隘的。因此，人们很难对遥远的苦难产生共鸣。伯克必须让东印度公司的受害者看起来让人熟悉，并且把他们的困境描绘得极端，这样才能抓住听众的想象力。因此，他对朗普尔暴行的悲惨描述是为了激起人类深层的愤怒。在18世纪90年代即将来临之际，伯克认为自己是在呼吁一种道德伤害感，他不是反对主流"启蒙"的价值观，而是批评未能在印度执行这种价值观。

629

1788年2月中旬，伯克发起弹劾的激动人心的演说延续了四天。这是他在印度问题上的主要陈述，它分析了印度次大陆的历史和政治。它涵盖了黑斯廷斯治下东印度公司的治理结构及其腐败；董事、股东和职员的配置；权力与贸易之间的关系；东印度公司所管理人口的特征，尤其是占多数的印度教徒；莫卧儿帝国的衰落和英国权力的崛起；以及该公司所承担的自然和公共义务。

孟加拉当局隶属于英国政府，但它也受到高于一切的规范的约束。根据伯克的说法，政府既是信任的载体，也是责任的主体。他与格劳秀斯和普芬多夫等17世纪的法学家一样，承认政府是作为人类便利的工具而设立的，建立在同意或"契约"协议之上。从这个意义上说，政府是一个旨在为社会效用服务的人为构造。同时，正如格劳秀斯和普芬多夫所认识的那样，它是符合天意的，是进一步满足需求的手段。然而，对于伯克来说，政府的权力，无论其是否合宜，都应受到明确的限制。在这一点上，他同意洛克的观点，即控制权取决于对基本权利的保护。对这些权利的侵犯赋予其受害者抵抗的义务。令人震惊的是，就在《法国革命反思录》问世前不到两年，伯克以人的权利为名强调了抵抗的义务。

12.2　延伸的美德：英国和罗马

1786年2月17日，伯克提议将与黑斯廷斯担任总督时期有关的文件提交给议会两院的一个委员会。尽管伯克还没有完成他的实际指控条款，但这份材料将于4月3日被审议。这一想法是，证人可以与政府提供的文件一同接受委员会的审查。最后，伯克面对法律官员的反对让步了，并从第二天开始提交他的诉讼理由，一直延续到4月。弹劾沃伦·黑斯廷斯的准备工作现在已经开始了。对黑斯廷斯的二十二项指控涵盖了他的整个职业生涯。[2]伯克的目标是明确的：将一段旷日持久的腐败历史记录在案，确定犯罪的各种表现，并阐述其后果。[3]此处的目的是收集邪恶行为的证据，即便在下议院偏袒黑斯廷斯的不利情况下，这种行为不会在法律上被宣判定罪，也会受到

630

2　P. J. Marshall, *The Impeachment of Warren Hastings* (Oxford: Oxford University Press, 1965), pp39–40. 这些条款收录于 F. P. Lock, *Edmund Burke: 1730–1797* (Oxford: Clarendon Press, 1998–2006), 2 vols., II, pp. 81–90。

3　EB to Philip Francis, 23 December 1785, *Corr.*, V, p. 245.

道义上的谴责。为了实现这一目标，伯克需要唤醒听众对其事业的更大同情，这意味着他要激起听众的仁慈之心。在印度问题上需要唤起人们的同情并不是什么新鲜事。1785 年 2 月 9日，伯克在解释他提出的关于伊利亚·伊佩文件的动议时说，他对议会的可能想法——对孟加拉居民苦难所表现出的"人性恳求"充耳不闻——感到震惊。英伊佩使当地人遭受的情况必然会引发"每一个有感情的人"都应具有的那些"良心的冲动"。[4] 前一年，在他最绝望的时候，伯克将他对印度的立场表述为，这是在"麻木"和"冷漠"面前进行的"人性之战"。[5] 1786 年初，面对不了解印度被凌辱历史的议会，伯克必须让他的听众重新认识这些事实，将这些信息汇集成一个有意义的叙述，这能够激发人们的同情，并在这一过程中让黑斯廷斯看起来有罪。对于英属印度的居民来说，这已经是最好的结果了。对一位前总督的指责，即使不是定罪，也提供了一种为印度次大陆未来政府建立标准的手段。

　　1786 年 2 月 17 日，伯克陪同下议院的新同僚们回顾了近期与南亚相关的议会议程的历史，从 1772 年伯戈因特别委员会的建立，到 1773 年诺斯《东印度公司管理法案》的通过，再到 1781 年特别委员会与秘密委员会的建立。[6] 在回顾的过程中，伯克也描绘了印度次大陆在 1764 年之后的发展：东印度公司派遣克莱武去抑制 1757 年后开始在雇员中生根发芽的"征服怒火"，并纠正影响公司行政机关的种种"腐败"行为。[7] 1773 年，议会对东印度公司进行的改革是在错误的设想

4　*Gazetteer*, 10 February 1785.

5　EB, Speech on Almas Ali Khan (30 July 1784), *W & S*, V, pp. 476, 474; cf. ibid., pp. 473, 471.

6　EB, Speech on Notice of Motion for Papers on Hastings, 13 February 1786, W & S, VI, pp. 48–50.

7　Ibid., p. 49.

631 下进行的：只要被赋予足够的权力来执行任务，董事会就有能力约束公司的雇员。[8] 伯克在这里的意思是显而易见的。大英帝国在印度的问题不仅仅源于孟加拉和卡纳提克地区的失控雇员的行为，而且源于东印度公司本身的构成：董事会和股东大会在东方都被当地的政治所控制，而不是作为管理和监管的手段。[9] "在这一方面，"伯克观察到，"财富做了它通常做的事，它打开了腐败的大门。"[10] 这句话并不是说商业破坏了道德，而是说，在南亚的情况下，政治破坏了商业，贪婪取代了惯常的商业审慎："恶行泛滥成灾，直到整个印度持续不断地充斥着侵占、掠夺、欺诈、不公和龌龊。"[11]

正如伯克在 1786 年 2 月 20 日向下议院所解释的那样，他决心控诉这些罪行加害者，是因为他对"人类利益"有"极大"的责任感。[12] 尽管如此，不像西塞罗对弗里斯的控诉，伯克在诉讼之前获取相关文件时受到了阻碍。[13] 伯克在控诉黑斯廷斯的过程中，反复引用西塞罗对弗里斯的控告，是为了达到一些相关的目的。[14] 首先，最明显的是，它赋予了这项事业一种古典的高尚和庄严。其次，它使伯克披上了纯正的爱国主义的斗篷：正如西塞罗"弹劾"西西里恶毒的总督，伯克对黑斯

8　Ibid.

9　关于伯克的这一分析，参见 EB, *Ninth Report of the Select Committee* (25 June 1783), *W & S*, V, pp. 201–4。

10　EB, Speech on Motion for Papers on Hastings, 17 February 1786, *W & S*, VI, p. 54.

11　Ibid.

12　Ibid., p. 62.

13　*Morning Chronicle*, 21 February 1786.

14　关于伯克在此背景下引用西塞罗的集中讨论，参见 H. V. Canter, "The Impeachments of Verres and Hastings, Cicero and Burke," *Classical Journal*, 9, (February 1914), pp. 199–211。另见 Geoffrey Carnall, "Burke as Modern Cicero" in Geoffrey Carnall and Colin Nicholson eds., *The Impeachment of Warren Hastings* (Edinburgh: Edinburgh University Press, 1989)。

廷斯总督的追究也可以被说成是为了挽救国家的声誉。[15]除了这些好处之外，西塞罗的行为对伯克还有另一个重要意义：对弗里斯的审判是对罗马宪法危机的干预，而伯克则热衷于暗示英国政治已经变得同样不稳定。在西塞罗看来，公元前70年克拉苏与庞培就任执政官后，民众越来越质疑元老院对处理行省敲诈勒索行为的法院的支配权，到了同年夏末弗里斯接受审讯时，这导致了民众呼吁恢复保民官的权力，并对西塞罗平衡宪法秩序的模式构成了威胁。[16]伯克指出，由于罗马帝国不愿意惩罚行省的渎职行为，其生命力遭到侵蚀。[17]伯克认为，这种精神上的衰败导致了公共权力机构的混乱。当他在1786年向英国公众发表演说时，他得出了同样的结论：公众意见的腐败需要重申元老院的智慧，即使这种干预可能失败。

632

伯克通过诉诸一种高于一切的责任感来捍卫自己反对公共道德败坏的立场。他认同基督教对慈善的义务，这种义务被理解为并不仅仅是一种"将自己的观点与个人境遇相联系的不完全的慈善行为"。伯克所认为的慈善不是一种对特定人的同情心，而是一种来自他所说的"延伸的美德"的道德慷慨，旨在"公平地对待数百万人"。[18]在诉诸这种宽宏大量的美德时，伯克的意图并不是要恢复斯多葛派的普遍亲属思想（universal kinship），在其职业生涯早期，伯克曾大力贬低这种思想，并

15　关于伯克的演讲报告经常把西塞罗的追诉称为"弹劾"：例如，参见 ibid。事实上，这是根据敲诈勒索的指控在追回被敲诈钱财问题之前发起的诉讼。参见 Frank Hewitt Cowles, *Gaius Verres: An Historical Study* (Ithaca, NY: Cornell University Press, 1917)。

16　Cicero, *The Verrine Orations*, ed. L. H. G. Greenwood (Cambridge, MA: Harvard University Press, 1928), 2 vols., I, xv, 44.

17　EB, Speech on Motion for Papers on Hastings, 17 February 1786, *W & S*, VI, p. 63. 另见 WWM BkP 9:76, citing Asconius's commentary on Cicero, in *Q. Caecilium oratio quae divinatio dicitur*。

18　*Public Advertiser*, 21 February 1786. 为了证实伯克在这场辩论中明确运用了"慈善"的美德，参见 *Morning Herald*, 21 February 1786。

将在18世纪90年代研究法国事务时，再次予以驳斥。[19] 在《控告弗里斯演说集》中，西塞罗谈到了人类苦难的形式，这些痛苦容易激起人们的愤慨，甚至包括那些麻木的人。[20] 在西塞罗斯多葛派的道德思想框架中，这种普遍的同胞之情被赋予了伦理的力量。[21]《对弗里斯的控告》援引了这一框架，指出人们之间存在一个正义共同体。[22] 在《论义务》中，这个共同体被描述为构成了"万国公法"，对它的违反是对人类社会的冒犯。[23] 在《论善恶之极》中，这种人性意识被描述为一种综合的情感，最终延伸到整个人类（*gens humanae*）。[24] 尽管西塞罗用"博爱"（*caritas*）这个词来表达这种感觉，但伯克所提倡的慈善仁爱与其说是新斯多葛主义的，倒不如说是反斯多葛主义的。

633　　　慈善的真正基础对伯克来说是一个重要的考虑因素，它

19　参见下文第14章第3节。

20　Cicero, *Verrine Orations*, V, cxvi, 172–2.

21　西塞罗思想中的斯多葛学派因素被置于一个更为广泛的怀疑论框架中，构成了一个著名的折中组合。关于西塞罗的道德思想与以前希腊传统的联系，参见 the essays in J. G. F. Powell ed., *Cicero the Philosopher* (Oxford: Oxford University Press, 1995) and Andre Laks and Malcolm Schofield eds., *Justice and Generosity: Studies in Hellenistic Social and Political Philosophy* (Cambridge: Cambridge University Press, 1995)。

22　Cicero, *Verrine Orations*, I, iv, 13.

23　Cicero, *De officiis*, III, 21, 23.

24　关于阿斯卡隆的安条克（Antiochus of Ascalon）的道德理论的讨论，参见 Cicero, *De finibus*, V, 65。关于斯多葛学派的背景，参见 Malcolm Schofield, *The Stoic Idea of the City* (Cambridge: Cambridge University Press, 1991); Gisela Striker, "Origins of the Concept of Natural Law" in idem., *Essays on Hellenistic Epistemology and Ethics* (Cambridge: Cambridge University Press, 1996)。关于西塞罗在阿斯卡隆安条克的影响下背离斯多葛主义，参见 Richard A. Horsley, "The Law of Nature in Cicero and Philo," *The Harvard Theological Review*, 71 (January–April 1978), pp. 35–59。另见 Elizabeth Asmis, "Cicero on Natural Law and the Laws of the State," *Classical Antiquity*, 27:1 (April 2008), 1–33。关于阿斯卡隆的安条克，参见 Jonathan Barnes, "Antiochus of Ascalon" in Jonathan Barnes and Miriam Griffin eds., *Philosophia Togata: Essays on Philosophy and Roman Society* (Oxford: Oxford University Press, 1989)。

构成了人类依照自然规律行事的种种手段。在弹劾黑斯廷斯的
过程中，伯克呼吁建立以人类情感为基础的普遍道德。但这不
能同他后来与卢梭哲学联系在一起的"普遍仁爱"的学说相混
淆。在伯克看来，加尔文宗的普世性慷慨是一种名义上的承
诺，没有任何真正的情感基础：尽管卢梭在理论上是一个"爱
他的同类"的人，但事实上他是一个"恨他的同类"的人。[25]
这一结果是由对人类的理性承诺决定的，而这种承诺对人类没
有任何切实的影响。蒂洛森认为，正是基督教对慈善事业的
独特奉献，超越了所有异教徒的道德教派。[26]蒂洛森从亚里士
多德关于社会性的概念出发，讨论了这种美德，以期破坏托马
斯·霍布斯的道德学说。[27]但是他认为，其显著特征正是它先
于抽象理性的旨意，作为一种"自然本能"的地位：在道德行
为领域，他争辩道，"除了他们本性的倾向外，人类几乎不需
要求教于任何其他的神谕"。[28]正如伯克后来在反对法国革命
战争期间所揭示的那样，他接受了"慈善计划当然应该接纳人
类"的说法，但它必须在"分级"（*a graduated Scale*）的基
础上这样做。[29]如果扩大的仁爱取代了更直接的情感，它就是
虚假的。

　　由于伯克针对黑斯廷斯的弹劾有赖于阐明正当政府的原
则，因此他试图阐明政治道德基础的条件对于他在 18 世纪 80
年代末和 90 年代初涉足印度事务尤为重要。像蒂洛森这样的

25　EB, *Letter to a Member of the National Assembly* (1791), *W & S*, VIII, pp. 314–15. 有关讨论，
　　参见下文第 14 章第 3 节。

26　*The Works of the Most Reverend Dr. John Tillotson* (London: 1728), 3 vols., I, pp. 169–73. 伯
　　克关于英国国教道德思想的借鉴，参见本书第 2 章第 3 节。

27　Tillotson, *Works*, I, p. 305.

28　Ibid., II, pp. 298–99.

29　WWM BkP 10: 36.

英国圣公会教徒为伯克提供了知识储备，使他能够在自然法框架下维护基本规范，同时拒绝斯多葛派的普遍主义和自然神论的理性主义，以及他后来与卢梭联系在一起的世界主义精神。道德行为背后的动机是基于情感，而非理性——正如蒂洛森所说，是基于"偏爱和倾向"。正如伯克在18世纪50年代所解释的那样，我们需要理性来评估责任，但是仅仅靠理性是不足以鼓励人类接受这些责任的。[30] 为此，上帝以其智慧赋予我们感情，让我们关心同胞的福祉。[31] 换言之，伯克乐于承认我们"道德情感"的有效性，尽管他坚持认为，感性不足以确定责任或迫使我们实际履行责任。我们需要用理性建立一种适当的"我们责任的科学"，而履行这些责任的最终依据是令人敬畏的奖励或惩罚的前景。[32] 但显而易见的事实是，我们是由情感本能构成的，情感本能驱使我们同情人类苦难的境况。这种同情心依赖于想象力，通过激发这种想象力，我们能够同情我们同胞的状况。鉴于此，印度的情况可以被英国下议院的同僚们所了解，这对伯克的目的至关重要。为此，伯克必须确保他们在印度事务上投入精力，而这只能通过富有想象力的认同过程来实现。在黑斯廷斯的诉讼程序的早期，伯克就意识到这一思路是正确的。1786年2月20日前后，他对吉尔伯特·埃利奥特说："到目前为止，一切进展得相当顺利，现在我认为我们将有力地继续进行下去。"[33]

自1784年大选以来，无论议会内还是议会外，公众意见一直忙着反对伯克。到1786年初的新一届议会会期开始时，

30　EB, *A Philosophical Enquiry into the Origin of our Ideas of the Sublime and Beautiful* (1757, rev. ed. 1759), *W & S*, I, p. 272.

31　关于伯克在议会中对圣尤斯塔提乌斯岛事务的干预，参见本书第8章第6节。

32　本段引自 EB, *Philosophical Enquiry* (1757, rev. ed. 1759) , *W & S*, I, p. 272。

33　EB to Sir, Gilbert Elliot, c. 20 February 1786, *Corr.*, V, pp. 259–60.

他担心自己有失去声誉的危险。然而，到了春天，伯克的信件中有明显取得进展的感觉，到了秋天，他已在信中庆祝自己的成功："对于这个国家来说，印度已经不再是新鲜事物了，"他在写给政治盟友托马斯·刘易斯·奥贝恩的信中说道。[34] 长期以来，伯克一直担心英国民意不关心印度次大陆，这迫使他向议员们灌输印度人大量的苦难悲剧来刺痛他们的良心。具体细节的真实性对伯克来说是如此重要，以至于他在第一次提出反对黑斯廷斯文件的动议中质疑瑟洛——后者拒绝受理特别委员会和秘密委员会的报告，并称之为"空谈"。[35] 第二天，国王向皮特抱怨伯克"丰富的想象力"。[36] 尽管如此，要唤起听众的慈善情怀，需要的恰恰是想象力，因此，伯克在起草针对黑斯廷斯的诉讼时，正是利用了这种想象力的资源。正如他在1786 年 6 月初直言不讳地说，为了确保对黑斯廷斯所谓的卑劣行为定罪，他不得不呼吁"绅士们的心灵和良心"，并最终呼吁他们内心深处可供上天检视的倾向。[37]

635

　　伯克大部分的指控是在 1786 年 4 月提交给下议院的，最后一次递交是在 5 月 5 日。[38] 那时，黑斯廷斯本人已经前往下议院出庭，但是他针对伯克的指控的辩护并不令人信服。[39] 下议院接着在 5 月 2 日至 24 日之间对证人进行了询问，并在 6 月对伯克的第一篇诉状进行了投票。关于罗希拉战争的第一项

34　EB to Thomas Lewis O'Beirne, 29 September 1786, ibid., p. 281.

35　EB, Speech on Motion for Papers on Hastings, 17 February 1786, *W & S*, VI, p. 55. 1783 年 12 月 9 日，瑟洛在上议院将这些报告比作《鲁滨孙漂流记》，参见 *Parliamentary Register* (Debrett), XIV, p. 21。

36　Historical Manuscripts Commission, *Twelfth Report*, Appendix, Part IX (Smith MSS.), p. 350.

37　EB, Speech on Rohilla War Charge, 1 June 1786, *W & S*, VI, p. 111.

38　*CJ*, XLI, pp. 483–536, 568–95, 612–23, 627–9, 648–54, 750–61.

39　Ibid., pp. 668–733.

指控以 67 票对 119 票被否决。[40] 然而，在皮特的支持下，关于贝拿勒斯的查特·辛格的第二项指控则以 119 票对 79 票获得通过，其余指控的进一步审议则从 6 月 21 日推迟到下一届议会会期。[41] 第二项指控的通过对伯克来说是一个重要的胜利，这也解释了他在当年 9 月的乐观语气。他开始感觉自己解决了"英国在某种程度上无法理解印度"的难题。[42] 他认为，亚当·斯密会赞成他到目前为止的行为。[43] 两人都认为，领土主权的获得使东印度公司的商业活动政治化了，这导致了一种反常的安排，即东印度公司以营利为目的来管理一个政体，并通过政治庇护体系寻求商业利益。结果，东印度公司扮演了两个角色，都与其利益不相容，因此同时损害了英国和东印度群岛的福祉："如果说东印度公司的贸易精神使他们成为非常糟糕的统治者，那么统治精神似乎也使他们成为同样糟糕的商人。"[44] 这正是伯克在 1783 年他的《第九份报告》中得出的结论。斯密和伯克都感兴趣的是，一个商业计划如何在东方演变成一个征服计划，并进而产生了斯密所认为的，也许是"所有国家"中最糟糕的治理体系。[45] 伯克显然认同这一惊人的判断，并自 1781 年以来公开宣扬这个观点。五年后，在关于罗希拉战争

40　*Parliamentary History*, XXVI, cols. 51–91; *General Evening Post,* 3 June 1786.

41　*Parliamentary History*, XXVI, cols. 91–115; Marshall, *Impeachment of Hastings*, pp. 39–51; Lock, *Burke II*, pp. 76–96.

42　EB to Sir Gilbert Elliot, 20 February 1786, *Corr.*, V, pp. 259–60.

43　EB to Adam Smith, 7 December 1786, ibid., p. 296.

44　Adam Smith, *An Inquiry into the Nature and Causes of Wealth of Nations*, ed. R. H. Campbell and A. S. Skinner (Indianapolis, IN: Liberty Fund, 1976), 2 vols., II, p. 819. 关于斯密论点的讨论，参见 Gary M. Anderson and Robert D. Tollison, "Adam Smith's Analysis of Joint-Stock Companies," *Journal of Political Economy*, 90:6 (December 1982), pp. 1237–56。

45　Smith, *Wealth of Nations*, II, p. 570. 斯密认为，最初欧洲人将商业计划变为征服计划与西班牙有关。参见 ibid., p.564。

的辩论中，他承认自己从未失去最初由印度局势所激发的愤怒
情绪——"一种统一的、稳定的和公开的愤怒"，正如他所形
容的，"但不是私人的愤怒"。[46] 伯克说，他对黑斯廷斯没有个
人仇恨，但他确实谴责黑斯廷斯所负责的制度，他开展的反对
黑斯廷斯运动与"个人恩怨"完全无关：它针对的是"一个国
家和帝国的问题"。[47]

　　1776 年，当斯密对孟加拉当局作出评判时，他坚持认为，
他希望谴责的是"治理体制"，"而不是那些在当中行事之人的
品格"。[48] 雇员和总督只是扮演了其处境所决定的角色。1781—
1783 年，伯克的重点同样落在政治组织系统的过失之上，而
不是落在公司员工身上，尽管如此，他显然相信个人渎职案件
加剧了治理不善。现在，随着黑斯廷斯被弹劾，他选择集中
精力揭露个人的渎职行为，尽管他仍然意识到，公司腐败构
成了管理不当的背景。而事实上，这在很大程度上仍然是问题
的关键：正如他在 1786 年 6 月 1 日关于罗希拉战争的演说中
建议下议院的那样："黑斯廷斯先生不是问题。"由于康沃利斯
勋爵即将前往东方继任总督一职，因此对黑斯廷斯的弹劾不仅
仅是对一位前公司负责人的惩罚。弹劾所建立的是"一套准则
和原则，作为未来印度总督的指导和规则"。[49] 伯克继续憎恶
新总督行使权力的条件。正如伯克对斯密所说，他将拥有"完
全不受限制的权力"，包括否决他的理事会和担任总司令的

46　EB, Speech on Rohilla War Charge, 1 June 1786, *W & S,* VI, p. 104.

47　Ibid.

48　Smith, *Wealth of Nations,* II, p. 641.

49　EB, Speech on Rohilla War Charge, 1 June 1786, *W & S,* VI, p. 105.

权力。[50] 伯克把这解释为英国政府正在扩大英帝国对东方的控制。正如伯克先前在 3 月宣称的，这是以建立一个强有力的政府为借口，在印度引入"任意和专制的统治"的一种手段。[51] 然而，虽然一个民族可能会热切地服从权威，但他们绝不会心甘情愿地服从专制的权威，因为专制的权威总是会激发人们的抵抗，同时又缺乏活力。[52] 考虑到皮特的《印度法案》的现实情况，伯克对黑斯廷斯的指控本身不可能将印度的治理体系改造成他认可的形式。认识到在没有可靠的问责机制的情况下，政府仍将被迫运作，伯克唯一希望的是提高政治行为的总体标准。下议院可以为边远殖民省份的政府制定"原则"，即使在内阁拒绝引入最有可能在实践中保护这些原则的安排的情况下。[53]

在伯克看来，通过下议院建立一个独立委员会，仍然是审查和约束任性政治行为的最佳手段。在没有这一委员会的情况下，不当行为最好通过其他的司法手段来审判。发起弹劾提供了唯一剩下的方法，即通过揭露政治腐败的羞耻和耻辱来宣传一套行为准则。[54] 它促进了"大英帝国"在根本上需要的那种"警惕性"。[55] 尽管如此，同罗马检察员针对帝国内不当行为可使用的手段相比，弹劾是一种不符合伯克目的的

50　EB to Adam Smith, 7 December 1786, *The Correspondence of Adam Smith*, eds. Ernest Campbell Mossner and Ian Simpson Ross (Indianapolis, IN: Liberty Fund, 1977, 1987), p.297. Cornwallis's powers were conferred under 26 Geo. III, c. 16, sec 7.

51　EB, Speech on Bill to Amend 1784 India Act, 22 March 1786, *W & S*, VI, p. 66.

52　Ibid., p. 67.

53　EB, Speech on Rohilla War Charge, 1 June 1786, *W & S*, VI, p. 105.

54　伯克拒绝了仅有的两种可能性，即由检察总长在国王面前提起公诉，以及依照如邓达斯针对朗博尔德提出的《痛苦和惩罚法案》提起诉讼，他认为这些手段在当前情况下是不适当的。参见 EB, Motion for Papers on Hastings, 17 February 1786, ibid., p. 51。

55　EB, Notes on Rohilla War Speech, WWM BkP 9:65.

司法手段。在罗马帝国，省级行政官员的腐败行为更容易受到司法调查和起诉。[56]伯克列举了一系列环境原因，说明这种情况是不可避免的。首先，罗马帝国在地理上是连续的，而大英帝国则被大片海洋和陆地分隔开来。[57]同样，罗马各省的居民都可以用希腊语交流，使得"执政官和地方长官能够与当地人进行明白的交谈"。[58]另一方面，印度臣民实际上是沉默的。[59]这种剥夺公民权的做法因以下事实而得到加强：潜在的印度申诉人缺乏任何有效的团体资格，而罗马各省可以向首都集体提出他们的不满。[60]因为印度次大陆缺乏足够的殖民人口，不像罗马帝国，大英帝国在其所占领的省份中没有政治根源，因此，当地人无法得到潜在的庇护和保护，而且他们在宗主国也得不到代表。[61]出于同样的原因，大英帝国本土没有大量印度次大陆人口流入，这使两个族群在社会和政治上分离。[62]

英国没有处理帝国勒索和压迫问题的现成法律体系，而罗马，鉴于其情况，成功地制定了一系列名为"惩处索贿法"（*lex pecuniae repetundae*）的条款，旨在将侵占行为绳之以法。[63]早在《英国史略》中，伯克就对这些规定发表了评论，并

56　EB, Speech on Rohilla War Charge, 1 June 1786, *W & S*, VI, p. 105.

57　Ibid.

58　*Morning Herald*, 2 June 1786.

59　EB, Speech on Rohilla War Charge, 1 June 1786, *W & S,* VI, pp. 105–6.

60　Ibid., p. 106.

61　Ibid., p. 94.

62　Ibid., p. 106.

63　伯克注意到了这些不同的条款，参见 WWM BkP 9:65。

638 指出塔西佗在《编年史》中记述了各省禁止剥削的各种法律。[64] 弹劾程序的存在并不能完全弥补英国缺乏这种安排的不足，因为早期的审判似乎带有明显的党派色彩，因此未能为起诉政治罪行确立可接受的先例。[65] 将惯常的正当程序的权利扩大到被告人，从相反的方向破坏了司法的利益。正如伯克微妙地指出的，民众不受行政长官剥削的法律保障永远不可能由一个司法程序提供，即在这个司法程序中，作为在刑事审判中的被告，滥用公权力的实施者有权获得保护。如果黑斯廷斯的公共身份被视为享有全面的民事保护，那么他的不端行为就不可能被定罪，这就剥夺了被统治者反对其统治者的权利。[66] 这里的问题涉及到如何合理使用证据规则。当弹劾正式开始时，这个问题是对伯克的挑战。在此期间，他认识到英国的安排确实提供了补偿措施。"我不会谴责我们的政府架构"，他在这种背景下说。[67] 宪法通过下议院实现了代表权，因此它可以代表印度民众的利益。

伯克意识到，这里最大的问题是，印度人"从未向这个国家发出过任何抱怨"。[68] 伯克从来不是南亚各种治理体系的无条件支持者。如果说这些体系赢得了民众的忠诚，并促进了民众的福祉，他们当然应该受到尊重和维护。尽管如此，无论是坦焦尔的家长制还是北方的各种纳瓦布的统治，都不是一种负责任的政府体系。的确，之前的莫卧儿帝国是某种专制的安排，尽管很明显它在本质上并不是专横的：即使黑斯廷斯有先

---

64 EB, *An Essay towards an Abridgement of English History* (1757– c. 1763), *W & S,* I, p. 373; Tacitus, *Annals,* XV, 22.

65 关于早期弹劾，参见 Lock, *Burke,* II, pp. 65–71。

66 EB, Speech on Rohilla War Charge, 1 June 1786, *W & S,* VI, p. 94.

67 WWM BkP 9:65.

68 *Morning Herald,* 2 June 1786.

入为主的观念，但正如伯克指出的，甚至帖木儿的制度也是
"由正义的精神支配的"。[69] 伯克后来对成吉思汗的体系也提出
了类似的主张，尤其是成吉思汗保留了一个等级制度。[70] 然而，
印度历史上的权力实践使民众处于被动和妥协的状态。[71] 伯克
认为黑斯廷斯利用了这种被动性，并迫使他的许多受害者陷入
沉默和屈服——这一事实"进一步加强了压迫的恐惧"。[72] 在
这种情况下，被压迫的受害者能够指望的唯一补救手段是下议
院所享有的代表权——一个由公民组成的机构，代表那些受其
管辖的人。下议院可以代替被剥削者发声，只要其成员能够同
情他们的困境。[73] 他们应该"对于遭受权力滥用之苦的人充满
同情"。[74] 在他关于罗希拉战争指控的演讲笔记中删除的一段
话中，伯克放大了这一思想：作为印度次大陆"受难人民"的
检察官，议员们"实际上"代表了受难者。[75] 虽然印度人没有
投票支持他们，但下议院的议员们可以把自己代入到印度人的
抱怨中，从而对他们产生"同胞之情"。[76] "这些不幸的人，"
伯克坚持说，"毫无疑问拥有人类共同的情感。"[77] 他们的人性
意味着，即使在没有清楚表达不满情绪的情况下，他们的代表

639

69　*Public Advertiser*, 2 June 1786. 黑斯廷斯援引帖木儿来指导他的行为。

70　EB, Speech in Reply, 28 May 1794, *W &S*, VII, pp. 268–9，引用了 Pétis de la Croix, *The History of Genghizcan the Great, First Emperor of the Ancient Moguls and Tartars* (London: 1722), pp. 49–50。

71　参见 EB, Speech on Bengal Judicature Bill, 27 June 1781, *W & S*, V, pp. 140–41。参见 EB, "Observations" to the *First Report* of the Select Committee, 5 February 1782, ibid., p. 184。

72　*Public Advertiser*, 2 June 1786.

73　EB, Speech on Rohilla War Charge, 1 June 1786, *W & S*, VI, p. 94.

74　WWM BkP 9:65.

75　Ibid.

76　Ibid.

77　*Morning Herald*, 2 June 1786.

也可以通过"遍及人类本性的同情心"来表达他们必然感受到的苦难。[78]

12.3 罗希拉战争的指控

伯克认为，通过指出黑斯廷斯介入了罗希拉战争，他在孟加拉的基本治理原则将被揭示。黑斯廷斯本人也相信，这场战争将成为他辩护中的薄弱环节，他感觉到——正如后来证实的那样——这场战争"将决定一切"。[79]罗希尔坎德是阿瓦德西北边境上的一片肥沃领土。[80] 18 世纪早期，罗希拉人在这里定居，他们是一群来自阿富汗的帕坦族（Pathan）的军事首领，他们在本地区印度人占大多数的城市中心确立了统治地位。[81]他们通过以哈菲兹·拉赫马特·汗（Hafiz Rahmat Khan）为首领的松散联盟来管理这片领土，建立了伯克所说的"迄今为止在印度看到的最监管有序的政府"。[82] 1771 年，随着马拉塔人从南方涌入占领德里，罗希尔坎德成为阻止马拉塔势力入侵阿瓦德的重要缓冲区。阿瓦德当时是英国的重要盟友，保护东印度公司各省份免受马拉塔人的入侵。阿瓦德的维齐尔苏贾·乌德·达乌拉在罗希尔坎德有自己的计划，他先是在 1772 年与英国达成协议，保护罗希拉人免受马拉塔人的袭击。随后，

640

78　Ibid.

79　"Minutes of the Proceedings of the Trial of Warren Hastings," ADD. MS. 24225, fol. 39.

80　对这一地区的繁荣非常积极的描述，参见 *The Origin and Authentic Narrative of the resent Maratta War; and also, the Late Rohilla War, in 1773 and 1774* (London: 1781)，这也导致了黑斯廷斯的介入不是很有效。

81　C. A. Bayly, *Rulers, Townsmen and Bazaars: North Indian Society in the Age of British Expansion* (Oxford: Oxford University Press, 1983, 2000), pp. 23–5, 120–22.

82　EB, Speech on Rohilla War Charge, 1 June 1786, *W & S*, VI, p. 100. 关于同时期其他研究的综述，参见 H. H. Dodwell ed., *The Cambridge History of India V: British India,1497–1858* (Delhi: S. & Co., 2nd ed., 1963), p. 222。

当罗希拉人的首领们拒绝为这一特权付钱时，1774 年 4 月，亚历山大·钱皮恩（Alexander Champion）上校在英军支持下，率领两万名士兵向罗希拉人的领土进军，把大约两万人从这片领土赶到恒河对岸，从而在政治上将整个民族从该地区消灭掉。[83] 钱皮恩后来抱怨说，纳瓦布残酷无情地追捕他的猎物，引诱英国人协助和支持了一场野蛮的征服。[84] 黑斯廷斯后来承认，东印度公司的动机在于缓解公司的财务困境，使其摆脱政治上的脆弱性。[85]

1782 年 5 月 28 日，邓达斯在秘密委员会的《第五份报告》的基础上提出了一项针对黑斯廷斯的决议，谴责孟加拉政府的"不公正"管理。[86] 在接下来的五年里，罗希拉战争已经声名狼藉，查尔斯·汉密尔顿（Charles Hamilton）在他 1787 年关于罗希拉阿富汗人"崛起、发展和最后解体"的历史记录中，特别指出 1774 年的战争比其他任何事件更能促使公司雇员声誉

83　关于"消灭"含义的辩论，参见 John Strachey, *Hastings and the Rohilla War* (Oxford: Oxford University Press, 1892), pp. 179–82。根据斯特拉奇（Strachey）的说法，这个通常用来描述帕坦族首领命运的术语是对波斯语"驱逐"的误译。然而，这种混乱似乎是在 19 世纪得到发展的。在向下议院全体委员会提交的指控黑斯廷斯的证据中，罗伯特·贝克爵士（Sir Robert Baker）清楚表明："这不是为了除掉土地的耕种者，而是为了除掉土地的统治者。"参见 *Minutes of the Evidence Taken before a Committee of the House of Commons, Appointed to Consider the Several Articles of Charge of High Crimes and Misdemeanours, Presented to the House against Warren Hastings* (London: 1786), p. 11。然而，在 1786 年 6 月 1 日，下议院仍在讨论这是否等同于消灭。鲍伊斯对该辩论的特别贡献，参见 *The Debate on the Rohilla War in the House of Commons on the* 1st and 2nd *June 1786* (London: 1786), p. 17。伯克使用该词作为"清除"的同义词，"清除"则与圣文森特的加勒比人有关，参见 EB to James De Lancey, 20 August 1772, *Corr.*, II, p. 328。

84　钱皮恩的证据，参见 ibid., pp. 12–28。

85　对黑斯廷斯政策的严厉裁决，参见 James Mill, *The History of British India* (London: 5th ed., 1858), 10 vols., III, p. 397; John Morley, *Edmund Burke: A Historical Study* (London: 1867), pp. 204–5。

86　*CJ*, XXXVIII, p.1029.

的堕落。[87] 尽管如此，1786 年 6 月 2 日，当邓达斯开始就此问
题辩论时，他坚持认为，在判断战争权利时，"政策"胜过"道
德"，并进一步坚称，他早先针对黑斯廷斯的决议并没有指控其
在外交关系中的犯罪行为。[88] 在这个过程中，他认为将罗希拉
人迁移到恒河之外定居并不重要。因为正如人们普遍承认的那
样，他们是罗希尔坎德的新近殖民者，在这种程度上，他们仅
仅被认为是异乡人和入侵者。邓达斯默认了黑斯廷斯对罗希拉
定居者的定义，黑斯廷斯认为他们是一群"外来冒险家"，而
不是"本地人"。[89] 伯克用 17 世纪英国征服爱尔兰的例子反
驳道：邓达斯是否认为上世纪迫使苏格兰种植园主搬离特维德
（Tweed）是无可非议的？他说，"一个人的祖先移居的地方，
无论出于什么意图和目的，都成了他的家园，就像它是他最久
远、最古老的财产一样，把他从那里赶走是一种极大的不公正
行为。"[90]

伯克在这里的判断意义重大：新近而非古代的因袭权利赋
予了财产和政府权利，尽管这反过来又取决于统治者对统治义
务的遵守。[91] 虽然罗希拉人对其领土拥有因袭权利，但这并非
基于遥远的古代，而是他们最近在 18 世纪 20 年代对印度北部
的殖民。此外，他们对行使权力的因袭要求必须通过履行治理

---

87 Charles Hamilton, *An Historical Relation of the Origin, Progress, and Final Dissolution of the Government of the Rohilla Afghans* (London: 1787), pp. xii–xiv.

88 *Debate on the Rohilla War*, p. 76.

89 *The Defence of Warren Hastings at the Bar of the House of Commons.... in the Year 1786* (London:1786), p. 23.

90 Ibid., p. 80.

91 关于因袭权利，参见上文第 5 章第 4 节、第 8 章第 7 节。关于伯克政府理论的因袭基础，另见 Paul Lucas, "On Burke's Doctrine of Prescription; Or, An Appeal from the New to the Old Lawyers," *Historical Journal*, 11:1 (1968), pp. 35–63, 有关批评，参见 Francis Canavan, "Burke on Prescription of Government," *Review of Politics*, 35:4 (October 1973), pp. 454–74。

者的职责来补充。归根结底，一套统治体系的起源和存续时间都不足以确立其正当性。伯克指出："在印度，所有的伊斯兰教徒都是异乡人，"这意味着先前的占领并没有带来任何权利。[92]在过去的几个世纪里，来自鞑靼和波斯地区的军事冒险家在印度次大陆建立了穆斯林政府，然而，这个国家声称它的"每一个杰出人物"都是来自北方或南方的入侵者，德里的国王经常利用这些入侵者来征服那些在与莫卧儿皇帝打交道时表现强硬的族群。[93]这同样适用于罗希拉雇佣军和阿瓦德的维齐尔，尽管在后者消灭前者政府的战争中，东印度公司选择将后者的掠夺行为合法化并给予支持，这正是以前的占领权所无法合理化的行为类型。根据伯克的说法，针对罗希拉人的战争是黑斯廷斯设计的，而在这一阴谋中，背信弃义的纳瓦布成为英国征服的工具。甚至秘密委员会的《第五份报告》也承认黑斯廷斯会从纳瓦布对邻国的袭击中得到好处。[94]伯克强调，在邓达斯《报告》的附录里的一封信中，黑斯廷斯确认，如果罗希拉人的首领们拒绝遵守他们与苏贾·乌德·达乌拉的协议，"我们将彻底消灭他们。"[95]伯克对黑斯廷斯在罗希拉战争中的所作所为感到失望，这不仅仅源于对侵犯战争权利的憎恶，更确切地说，是源于这位总督似乎决心在政治上摧毁一个繁荣的政体。

642

伯克甚至将征服与消灭做对比："它们的动机、目的和结果在实质上是不同的。"[96]如果征服的起源和结果是正当的，那

92　EB, Speech on Rohilla War Charge, 1 June 1786, *W & S*, VI, p. 99.

93　Ibid., pp. 99–100.

94　*Fifth Report of he Committee of Secrecy, Appointed to Enquire into the Causes of the War in the Carnatic* (London: 1782), p. 21.

95　Ibid., Appendix 21: Letter to Shuja-ud-Daula, 22 April 1773. 伯克的《第五份报告》的注释副本可以在大英图书馆找到（749.d.1）。

96　EB, Speech on Rohilla War Charge, 1 June 1786, *W & S*, VI, p. 111.

么事实上它最终会是光荣的——大概就像克莱武治下那样，东印度公司遵守战争的权利，随胜利而来的是一个文明帝国的计划："获得了管理一个有价值的人类民族的权力……在科学和道德方面改善他们……使他们更幸福或更富有。"[97] 1757 年以后，英国一直坚持追求这一前景，但克莱夫的成就并没有导致一个法治帝国的出现，而是带来了侵占计划：当军事较量成为公平解决争端的唯一手段，征服的权利便成了侵占的借口，正当的征服也开始终结了。伯克不是帝国或殖民统治的批评者，而是批评漠视民众福祉的各种权力形式。殖民种植园有其用途，毕竟，事后来看，帝国本身在人类事务中是不可避免的：帝国既不能先验地也不能从根源上被免除。然而，故意的消灭则完全是另一回事。它代表了通过击溃一个群体的领导层而实现对财产的攻击，从而有效地破坏这个群体本身。[98] 一个国家的政治和有产阶级被消灭后，可能受到影响的并不是这个国家的每个成员，灭绝性征服的通常受害者是"大土地所有者、主要的生产者、贵族、上层神职人员和各阶层的有产者"。[99] 然而，这种有针对性的破坏应被恰当地视为——用邓达斯的话来说——政治上的"消灭"。[100]

643　　　正如伯克所见，黑斯廷斯对待罗希拉人的态度与他在印度次大陆上的整体行动是一致的，他将印度次大陆作为一个待征

97　Ibid.

98　伯克估计被驱逐的罗希拉人为 6 万人，是罗希拉人中的大部分，而在他提交给下议院钱皮恩上校的证据中，估计人数为 2 万人。参见 *Minutes of the Evidence Taken before a Committee of the House of Commons, Appointed to Consider the Several Articles of Charge of High Crimes and Misdemeanours*, p. 22。

99　EB, Speech on Rohilla War Charge, 1 June 1786, *W & S*, VI, p. 111.

100　邓达斯的描述是他 1782 年反对黑斯廷斯决心的一部分，参见 *CJ*, XXXVIII, p. 1029。黑斯廷斯自己对"灭绝"的解释是："只不过是把拥有当地官方管理权的罗希拉人赶走，把我们在征服这个地区时反对我们的士兵赶走"，参见 *Defence of Hastings*, p. 24。

服的地区。在此过程中，他将政府的职责与统治的需要相提并论，以无限的战争权利确定统治义务：在这种假设下，只有自利的权宜之计和必要性才能限制合法行为。当与非直接隶属于英国当局的省份的印度统治者打交道时，这种行为产生了肆意压迫的一面，因为这些领土实际上"不是通过征服而臣服于我们的"，而是他们对东印度公司政策的信任，是他们这种"轻易的信任"，使得"印度管辖权落入英国人之手"。[101] 尽管如此，黑斯廷斯认为印度已经习惯于征服，因此其民众倾向于叛乱。因此，他们只能接受持续的"严酷"统治。[102] 在给纳撒尼尔·史密斯（Nathaniel Smith）的一封信中，黑斯廷斯强调了欧洲与东方的文化差距，这封信成为查尔斯·威尔金斯（Charles Wilkins）《薄伽梵歌》（*Bhagvat-geeta*）1785 年译本的序言。他认为，欧洲礼仪标准不适用于印度文明的风格、道德和宗教。[103] 然而，正如黑斯廷斯继续指出的那样，对亚洲信仰和习俗的认识，尽管与英国的规范相去甚远，但却有助于调和分歧，从而"减轻原住民所受奴役的程度"。知识经由熟悉的方式变得更近人情；它可以将仁慈的义务印在"我们的同胞心上"。黑斯廷斯声称，这将减轻以"征服权利"为基础的统治的严酷性。[104] 然而，对伯克来说，正是这种行使权利的傲慢使得"专制"成为"黑斯廷斯的印度治理体系"的突出特征。[105] 然而，不要将它与莫卧儿"文明的"专制统治相混淆：它代表

---

101 *Public Advertiser*, 2 June 1786.

102 Ibid.

103 *Bhagvat-geeta, or Dialogues of Kreeshna and Arjoon*, trans. Charles Wilkins (London:1785), p.7.

104 Ibid., p. 13.

105 Ibid.

了总督绝对权威的武断任性和反复无常。[106]

　　在黑斯廷斯从孟加拉返回英国后所撰写的回忆录中，这位前总督公开抱怨"被授予和受束缚的权力"不足以管辖规模超过宗主国的亚洲领土。[107] 黑斯廷斯于 1786 年 1 月完成了《东印度群岛的现状》，约翰·斯托克代尔（John Stockdale）在 3 月出版了一个未经授权的版本。同年 10 月，作品的正式问世，更广泛地宣传了黑斯廷斯的观点，即尽管他的权力受到公司章程的限制，但孟加拉政府的"首席执政官"应该拥有"绝对的、不受控制的权力"。[108] 鉴于这个职位的要求，他承认在他的任期内，他不得不违反董事会的明确命令，捍卫他所认为的"公共安全"，在他看来，这可能会损害帝国的安全。[109] 伯克在 6 月 1 日关于罗希拉战争指控的演讲中指出，这种不受约束的权力需求源于黑斯廷斯的一种基本动机或"支配"冲动，即"贪婪"，对利润不惜一切代价的无耻追求。17 世纪早期，格劳秀斯在为荷兰东印度公司的商业和政治权利辩护时，曾以希腊词语"aischrokerdeia"来描述这种贪婪——正如他所说，这是一种"卑鄙的精神疾病，其特征是完全不尊重法律和道德"。[110] 根据伯克的说法，正是这种过度的贪婪驱使总督接受了一系列的附属原则，包括无视命令、支配同僚、压迫当地人、贿赂不情愿的合作者，以及奉战争政策为财政增长的手

644

---

106 伯克关于土耳其、波斯和法国专制主义的比较，参见 EB, *Reflections*, ed. Clark, p. 295 [189]。伯克在对奥查科夫事件的辩论中提出的关于奥斯曼帝国的观点，参见 29 Mary 1791, *Parliamentary History*, XXIX, cols. 76–77。

107 Warren Hastings, *The Present State of the East Indies* (London: 1786), p. 98.

108 Ibid., p. 100.

109 Ibid.

110 Hugo Grotius, *Commentary on the Law of Prize and Booty* (c. 1604), ed. Martine Julia van Ittersum (Indianapolis, IN: Liberty Fund, 2006), p. 11. 关于这一希腊术语的最初用法，参见 Sophocles, *Antigone*, l. 1056。格劳秀斯的手稿直到 19 世纪才出版。

段。[111] 每一种倾向都已体现在 4 月和 5 月提交给下议院的指控条款中，这些条款将成为下一年弹劾的基础。

黑斯廷斯政府的霸道精神尤其体现在他对东印度公司对外关系的管理上，伯克认为这种管理构成了他在特别委员会《第九份报告》中所剖析的掠夺政策。[112] 作为一种供给手段，追求征服颠覆了政治经济的一切审慎规则，背叛了共同正义的原则。这些原则虽然不是建立在确切的制度之上，但是可以追溯到自然法的义务。伯克承认，英国宪法文件，例如《大宪章》的规定，可能无法在印度获得任何支持，但"自然法和万国公法"应该适用于全球的每一个管辖区。[113] 这部法律应适当规范国际关系，以及民事裁判官对臣民的义务条款。伯克坚持认为，这些原则包括"伟大而基本的公理"，所有的社会都是建立在这些公理基础上的。[114] 它们与个别国家的良好制度在细节上不同，但它们还是提供了公共道德的基石，可以根据它来评判现有安排。与经过审慎选择的经验所提供的指导一起，自然法则指导政治家坚持正义的原则，取消了以任意任性作为政治行为标准的资格。

限制政府国内行为的自然法构成了国际舞台上法律关系的基础。格劳秀斯在《战争与和平法》的开篇中声称，在自然法的哲学研究史中，很少有人研究过万国公法——即决定国家间关系的法律——的基础。而且，还没有人"全面而有条不紊

645

---

111 EB, Speech on Rohilla War Charge, 1 June 1786, *W & S*, VI, pp. 95–96.

112 参见 EB, *Ninth Report of the Select Committee* (25 June 1783), *W & S*, V, p. 232。

113 EB, Speech on Rohilla War Charge, 1 June 1786, *W & S*, VI, p. 109.

114 Ibid.

地"研究过它。[115]格劳秀斯第一次试图这么做时，就开始颠覆把自然正义归结为自我利益的普遍怀疑论主张。[116]伯克没有援引格劳秀斯的话，但他有相同的目的，并采纳了格劳秀斯的一些基本原则：对两人而言，正义不能简化为随心所欲的权力，而是建立在形成有序社会关系的安排上。[117]对交往的渴望，以及对自我保护的冲动，是人类本性的一个基本组成部分，旨在遵从神圣的目的：格劳秀斯宣称，上帝"希望我们应该有这样的原则"。[118]相互尊重是基于正义的关系，个人的任性无法成为人类社会切实可行的基础。这种相互尊重可以在利益计算的基础上产生，通过预测快乐和痛苦的平衡来追求协商而不是冲突。[119]同样的功利演算也可以为国家间的关系制定规则，尽管这些规则在公民社会的普通实践中更为明显，并经常在古代文献中得到例证。[120]正如伯克所说，虽然理性的智者能够理解自

115 Hugo Grotius, "Prolegomena to the First Edition" (1625), *The Rights of War and Peace*, ed. Richard Tuck (Indianapolis, IN: Liberty Fund, 2005), 3 vols., III, p. 1745. 关于弗朗西斯科·苏亚雷斯（Francisco Suarez）早期区分万国公法和普世民法的问题，参见 Annabel Brett, *Changes of State: Nations and the Limits of the City in Early Modern Natural Law* (Princeton, NJ: Princeton University Press, 2011), p. 85。

116 修昔底德和卡尔内阿德斯（Carneades）是格劳秀斯的指定目标，"Prolegomena to the First Edition" (1625), *Rights of War and Peace*, III, pp. 1745–46。关于格劳秀斯驳斥古代和现代怀疑论的目的，参见 Richard Tuck, "Grotius, Carneades and Hobbes," *Grotiana*, 4 (1983), 43–62。关于格劳秀斯受惠于古典和中世纪法理学，参见 Brian Tierney, *The Idea of Natural Rights: Studies on Natural Rights, Natural Law, and Church Law, 1150–1625* (Michigan, MI: William B.Eerdmans, 1997), chapt. 13。

117 Grotius, "Prolegomena" (1625), *Rights of War and Peace*, III, p. 1747; idem, "Preliminary Discourse" (1631–2), *Rights of War and Peace*, I, pp. 84–85.

118 Grotius, "Prolegomena" (1625), *Rights of War and Peace*, III, p. 1749. 参见 EB, *Philosophical Enquiry*, pp. 218–20。

119 Grotius, "Prolegomena" (1625), ibid., III, p. 1748; idem, "Preliminary Discourse," *Rights of War and Peace*, I, p. 87.

120 *Rights of War and Peace*, III, pp. 1756, 1758.

然法，但万国公法可以通过"收集历代经验、古代智慧和最纯粹时代的实践"来确定。[121] 然而，在这些知识中，没有任何东西可以使沃伦·黑斯廷斯的行为正当化。

伯克的最终论点是，黑斯廷斯对东印度群岛事务的管理违反了约束总督对其属民、盟友和外国君主的司法准则。他声称黑斯廷斯的首选原则是藐视这些准则，最明显的是他对于罗希拉人的消灭。伯克通过引用已公布的黑斯廷斯对指控条款的答复记录，提请人们注意他所认为的黑斯廷斯行为的基本倾向。黑斯廷斯在对第三条指控——关于贝拿勒斯王公的遭遇——进行辩护时，提到了"莫卧儿治理体制中的许多专制原则"。在"王公的权力"就是一切的地方，"不存在民众的权利"。[122] 伯克盯住了这类声明，它们通常由黑斯廷斯信赖的助手撰写，表明了总督的基本治理原则。[123] 伯克争辩说，这些声明指出了一个公开的"专制权力制度"，比他所了解的任何其他制度都更令人厌恶。[124] 因此，这一制度不仅违背了自然法，而且在万国公法的历史记载中也不存在一个类似的行为准则的先例。所以，对伯克来说，罗希拉战争体现了实际的征服精神，使军事扩张和政治征服得以延续，从而在一个"温和商业"时代恢复

---

121 EB, Speech on Rohilla War Charge, 1 June 1786, *W & S*, VI, p. 109. 关于自然法则在"我们理性本质"中的基础，参见 EB, *Tracts Relating to Popery Laws* (1756), *W & S*, IX, p. 456。

122 *Defence of Hastings*, p. 91n. 黑斯廷斯的一名助手最有可能为这一辩护书的出版版本添加了脚注。伯克重新提及这些主张，参见 EB, Speech in Reply, 28 May 1794, *W & S*, VII, pp. 258–60。

123 1787 年 5 月 1 日至 2 日，9 名助手参与了黑斯廷斯的辩护，关于这一点，参见 Rosane Rocher, *Orientalism, Poetry and the Millennium: The Checkered Life of Nathaniel Brassy Halhed* (Delhi: Motilal Banarsidass, 1989), pp. 132–35。

124 EB, Speech on Rohilla War Charge, 1 June 1786, *W & S*, VI, p. 107. 在 1788 年春对黑斯廷斯的审判中，伯克调查了约翰·本恩（John Benn），并得出结论说贝拿勒斯的贸易和税收都是为了满足"黑斯廷斯党羽的私人利益"。参见 Add. MS. 24224, fol. 168。

了篡夺的目的。[125] 由于这个原因，它在反对黑斯廷斯的运动中享有重要地位，它突出了前总督的政治态度及其态度背后的根本原因，伯克在开始弹劾时将详细探讨这些原因。

12.4 审判开始：东印度公司的治理

孟德斯鸠在《论法的精神》第二卷第二十章中援引了恺撒在《高卢战记》中的话，大意是说，马赛的商业活动腐蚀了高卢人的风气，结果，他们以前是德意志人的征服者，现在却成了他们的牺牲品。[126] 在现代社会中，这种商业腐蚀具有明显的积极作用。贸易开辟了国际商业，传播了外国风俗的知识。知识更多地唤醒了人们比较的冲动，而不是对权力的欲望。这种冲动促成了互惠，产生于相互依赖的关系，根植于妥协的精神。市场道德，虽然它将个人的人性降低为一种公用事业的交易，但却把不同的国家引向和平的艺术，用"商业精神"取代了征服精神。[127] 然而，现代的海外贸易开始于征服，而不是相互依赖：葡萄牙人绕过开普敦，在东印度群岛"以征服者的姿态"推行贸易，没多久荷兰人也效仿跟进。同时，西班牙征服了西半球的大片土地，并将新发现的土地当作"征服对象"，而其他更文明的国家，如英国和法国，后来会发现这些土地作

---

125 "文明的商业"（doux commerce）一词引自 Charles-Louis de Secondat, Baron de Montesquieu, *De l'esprit des lois* (1748) in *Oeuvres complètes* ed. Roger Caillois (Paris: Galimard, 1951), 2 vols., II, Pt. IV, Bk. xx, chapt. 1, 该词通常与商业促进社会协商的学说相关，并具有和平倾向。参见 Albert O. Hirschman, *The Passions and the Interests: Political Arguments for Capitalism before its Triumph* (Princeton, NJ: Princeton University Press, 1977) *passim*, for an overview。关于七年战争后的病态表现，参见 Muthu, "Adam Smith's Critique of International Trading Companies," pp. 199, 206。

126 Montesquieu, *De l'esprit des lois*, Pt. IV, Bk. xx, Chapt.1n, citing Caesar, *De bello Gallico*, VI, 24.

127 Montesquieu, *De l'esprit des lois*, pt. IV, bk. xx, chapts. 1–2.

为"商业对象"的潜力。[128]伯克清楚地看到，在《论法的精神》
出版后的这段时间里，特别是在 1763 年《巴黎条约》签署后，
英国商业的进取精神向征服精神屈服了。[129]克莱武从普拉西战
役到 1765 年《阿拉哈巴德条约》期间取得的成功代表了在战
争权利下获得的正当征服，这为英国人提供了一个扩展的领土
基地，使其能够扩大商业。然而，紧随其后的是为政治野心服
务的商业腐败。对于伯克来说，黑斯廷斯是随之而来的病态的
完美载体，而罗希拉战争则体现了其行事作风的精髓。

伯克以罗希拉人的命运提起对黑斯廷斯的指控，因为他
在这方面的行为揭示了总督的一系列策略，并且指出了构成其
基本动机的贪婪。这些指控作为一个整体构成了这一动机是如
何被实施的图景。它们涵盖了黑斯廷斯在孟加拉执政 13 年里
的大部分时间，并涉及他对该省的司法和税收的管理，他对该
地区从属和盟友的态度，以及他对外交事务的处理。根据伯克
的说法，在处理外交关系时，黑斯廷斯的好战、贪婪以及贿赂
行为是显而易见的，而普遍腐败是他管理内政事务的特点：虚
假的契约分配和不当的职位授予。自始至终，贪婪、不服从
和压迫都非常明显。因此，正如厄恩斯特·布兰德斯（Ernst
Brandes）在 1786 年春天的贝拿勒斯指控成功后向伯克保证
的，"欧洲的目光"都集中在这一诉讼程序上。[130]到 1787 年 5
月，又有一些指控获得了成功：由谢里丹主导的别姬指控于 2
月 7 日获得通过；法鲁卡巴德（Farrukhabad）和法祖拉·汗
（Faizullah Khan）指控在 3 月获得支持；礼物和收入指控在

648

---

128 Ibid, IV, xxi, 21.

129 参见 EB to Lord Loughborough, 24 December 1780, Unpublished Letters, III, p. 950。亚当·斯密将这一变化追溯到孟德斯鸠著作的确切出版日期，将英国的转变追溯到《爱克斯·拉夏贝尔和约》（Treaty of Aix-la-Chapelle），参见 Smith, *Wealth of Nations,* II, p.749。

130 Ernst Brandes to EB, 12 January 1787, *Corr.*, V, p. 306.

4月被接受;对"乌德(Oude)不法行为"的指控则于5月获得通过。[131] 这些弹劾条款是由伯克、他的助手及他们的法律顾问起草的,为了法律上的清晰和精确,这些条款被重新排列和分类,数量不到原弹劾条款的一半。[132] 这些指控包括收受贿赂、不当处理收入和滥用契约,但这些指控首先集中于黑斯廷斯在孟加拉和比哈尔邦境外的活动上,在那里他被指控在与印度统治者的关系中滥用权力。[133] 在下议院于5月10日批准弹劾案后,伯克在当月的14日至28日期间向上议院提交了他的二十项条款。

在这届议会会期结束时,伯克松了一口气:"下议院已经清除了其东方政府给国家带来的污点。"[134] 伯克称之为"印度漫长旅程"的第一阶段已经完成。在下一回合开始前的间隙里,这将一直持续到1794年初夏,法律的"商队"(Caravan)有机会休息,"我们的骆驼也可以卸货休息。"[135] 上议院将如何回应下议院的指控仍有待观察。新一届的议会会期将于11月下旬开幕,弹劾工作将于1788年2月开始。一个弹劾委员会被选来审理此案,菲利普·弗朗西斯竟然被排除在他们之外——伯克承认,这对他是一个"打击",因为这项事务在他心中是"世界上"最重要的问题。[136] 去年7月,伯克已经意识到了摆在面前的困难。众所周知,许多上议院的主教都同情黑斯廷

---

131 Marshall, *Impeachment of Hastings*, pp. 52–58.

132 EB, Articles of Impeachment, 14–28 May 1787, *W & S*, VI, pp. 125–258.

133 马歇尔提出的总结,参见 ibid., pp. 340–41。

134 EB to Thomas Burgh, 1 July 1787, *Corr.*, V, pp. 340–41.

135 Ibid., p.340.

136 EB to Henry Dundas, 7 December 1787, ibid., V, p. 360. 伯克极为迫切地想在起诉中获得弗朗西斯对当地的了解,参见 EB to Dundas, ibid., p. 361; EB to Philip Francis, 18 December 1787, ibid., p. 370。

斯的行为动机，他们把捍卫基督教原则的任务交给了上议院神职议员以外的其他成员。[137] 伯克同样对许多上议院高级法官的意图表示怀疑，他预计这些高级法官将把弹劾委员会的委员们捆绑在技术性的诉讼形式上，将他们限制在最严格的证据规则中。[138] 正如伯克所看到的，上议院的法学已经自觉地专业化了，使得其程序越来越"非议会化"：司法程序的专业性使得律师们质疑重大的诉讼案件。[139] 因此，必须确保威斯敏斯特大厅作为诉讼的场所，使上议院接受公众的审查，让他们对人类的情感负责，从而对他们的集体判断施加某种制约。[140]

649

1788 年 2 月 13 日，范妮·伯尼在日记中写道："经过漫长的等待，对黑斯廷斯先生的审判今天开始了。"[141] 审判在下午 12 点左右开始，控方的委员们在伯克的带领下到达，他的眉头紧锁，"苦思冥想"。[142] 预审工作结束的两天后，伯克开始认真地对聚集在一起的上下两院的议员发表演讲。[143] 他的精彩发言从 2 月 15 日星期五延续到 2 月 19 日星期二，最初两天每天下午发言三到四个小时，第三天发言三个小时，最后一天又说了两个小时。伯尼描述了她对伯克第二天演讲的反应，伯克的

---

137 EB to Thomas Burgh, 1 July 1787, ibid., V, p. 341.

138 Ibid.

139 Ibid. 参见 Marshall, *Impeachment of Hastings,* pp. 64, 68; William Holdsworth, *A History of the English Law* (London: Methuen, 1903–52), X, pp. 609–11. 上议院议员的专业化稳步发展到 19 世纪，参见 Arthur Turberville, *The House of Lords in the Age of Reform, 1784–1837* (Fair Lawn, NJ: Essential Books, 1958)。

140 EB to Thomas Burgh, 1 July 1787, *Corr.,* V, p. 341; EB to General Burgoyne, 7 November 1787, ibid., p. 358.

141 Fanny Burney, *Diary and Letters of Madame D'Arblay* (Philadelphia, PA: Carey and Hart, 1842) 2 vols., II, p. 28.

142 Ibid., p. 29.

143 *LJ*, XXXVIII, p. 80.

发言表达流畅、慷慨激昂。她声称，即使是像她这样多疑的听众，也认为伯克的演讲风格非常出色和吸引人。大量的信息、引文和典故使在场听众目眩神迷，突然迸发的生动描述甚至吸引了观众中的怀疑者。[144] 罗伯特·斯图尔特（Robert Stewart，即后来的卡斯尔雷子爵）一反常态地告诉他的母亲："伯克的狂想之旅是在理性范围内的。"[145] 这是对英国司法正义的一次考验，而伯克则在这一庄严的时刻站了出来。"国家道德"的基本原则和随之而来的英国宪法本身的正当性都受到威胁。[146]

在弹劾开始前的几个月里，伯克敏锐地意识到"肩上的重担"，他感到责任重大，他认为这种责任很少有人能够"想象"。[147] 沉重的准备工作基本上完成了，伯克用了一段时间恢复精力。尽管如此，经过多年的期待，审判的临近让他焦虑到"作呕"。[148] 审判开始前几天，疾病来袭，他的声音变得嘶哑，精神变得消沉。[149] 然而，当这一刻到来，投票人从上午9点30分前后涌入法庭，伯克变得精神抖擞。他的嗓音仍然有点嘶哑，但是一旦他开始着手处理这件案子，他就变得活跃起来，被纯粹的"周围人群的规模"鼓舞，并因这种"庄严"的场合而打起精神。[150] 在大厅的一侧，下议院议员和欧洲王室的代表坐在一起；另一侧，上议院议员夫人们和公众坐在一起。[151] 当伯克开始提出反对黑斯廷斯的证据时，他意识到自己正在利用一种重要的宪法

650

---

144 Burney, *Diary*, II, pp. 48–49.

145 Robert Stewart to Lady Frances Stewart, post 19 February 1788, OSB MS. File 9225.

146 EB, Speech on the Opening of Impeachment, 15 February 1788, *W & S*, VI, pp. 271–72.

147 EB to Henry Dundas, 7 December 1787, *Corr.*, V, p. 362.

148 EB to Philip Francis, c. 3 January 1788, ibid., p. 372

149 EB to Edmond Malone, 12 February 1788, ibid., p. 379.

150 *Morning Herald*, 16 February 1788; *World*, 16 February 1788.

151 *Gazetteer*, 16 February 1788.

资源，这种资源使得英国宪法与众不同。他宣称，弹劾是一个独特的原则，"使英国成为英国"。[152] 它提供了一种使地方行政官接受检查和控制的手段。早在法国革命到来的前一年，伯克就发现欧洲政治处于不安当中，许多对自由的既定保护被抛弃。[153] 在这种情况下，运用弹劾这种古老的法律手段制止公共权力的滥用，是对欧洲大陆恣意创新的一个警告。[154]

伯克开场白的目的是要确定黑斯廷斯在担任总督期间的所作所为反映出一套相互关联的犯罪体系，自始至终都受到一套恶毒的准则影响。他坚持认为，黑斯廷斯的行为不是错误的产物，也不能用普通人的弱点来解释。[155] 伯克完全可以理解，在严峻和不熟悉的情况下，环境的压力会对政治家遵守正当规则产生不利影响。然而，总督的活动相当于一系列严重违反伯克所描述的"永恒的正义法则"的行为。[156] 普通的法律法规不足以应付这种违反基本规范的违法行为。为此，更广泛的"帝国正义"似乎是必要的，因为此次弹劾涉及对一个偏远和多样化的人群的压迫，以及最终对他们的基本权利的剥夺。在两年前起草的关于印度的演讲笔记中，伯克概述了这些基本权利的内容。他提出，"所有政府的伟大使命"是保护臣民的生命、自由和财产，而政府可能采取的具体形式的合理性，只能根据其服务于这一目的的能力来证明。[157] 至少，为了维护"在欧洲面前的亚洲事业，"帝国司法正义应该保证这些由自然法赋予公民社会的权利的安全。正是根据这些普遍义务，一个基督教国家在对根植于古代文明的不同宗教

---

152 EB, Speech on the Opening of Impeachment, 15 February 1788, *W & S*, VI, p. 272.

153 WWM BkP 9:67.

154 EB, Speech on the Opening of Impeachment, 15 February 1788, *W & S*, VI, p. 272.

155 Ibid., pp. 271–74.

156 Ibid., p. 275.

157 Northamptonshire MS., A.XXVIII.7.

社会行使权力时，可以被追究责任。[158]

　　虽然伯克认为黑斯廷斯应该根据全面的自然法承担责任，但他也认识到，黑斯廷斯要对一个更加具体的法庭负责。总督的权力由东印度公司授权，东印度公司应对它行使的权力负责。首先，它要对1698年以来由议会法案授予的特许状条款负责。[159] 从此以后，东印度公司作为一个法人实体而存在，对"这个王国的最高权力"负责，而这个王国在不放弃主权的情况下授予该公司权力。[160] 其次，东印度公司在莫卧儿皇帝的授权下获得了权力，最重要的是，在1765年公司被授予孟加拉、比哈尔和奥里萨三个地方的迪瓦尼权力。随着这一民事管辖权的授予，东印度公司有义务为当地人的福祉服务，这是一项附在财政长官这一职位上的永久义务，不管皇帝自己会遭遇什么情况。为了承担东印度公司所获权力的责任，英国政府暗地与莫卧儿帝国签订了合约，以促进他们共同负责的居民的利益。伯克争辩说，这建立了两个政体之间的"虚拟联盟"，因此，他们有义务联合起来维护他们臣民的权利和自由。[161]

　　东印度公司根据这些条款行使管辖权本身就是一个复杂的发展过程，从公司最初的商业目的开始，直到最近成为地方强权。作为一家在偏远地区经营业务的贸易公司，东印度公司从一开始就面临着竞争和军事对手，公司的政治和商业之间没有绝对的区分。由于"它与许多强大的、有些是野蛮的国家交往，而且都是有武装的国家，在这些国家中，不仅君主而且所有地方的臣民都有武装"，因此人们发现有必要尽早扩大东印

158　EB, Speech on the Opening of Impeachment, 15 February 1788, *W & S*, VI, pp. 278–79, 307.

159　起源于1600年的皇家特许状，从17世纪末开始由议会授予。参见 W. R. Scott, *The Constitution and Finance of English, Scottish and Irish JointStock Companies to 1720* (Cambridge: Cambridge University Press, 1910–12), 3 vols., II, pp. 89–179。

160　EB, Speech on the Opening of Impeachment, 15 February 1788, *W & S*, VI, pp. 280–81.

161　Ibid., pp. 281–82.

度公司的权力。[162] 在查理二世统治时期，其特权的增长最多。这个理论上的商业公司被赋予的权利有：首先是训练海军的权利，然后是制定军事管制法的权利，最后是对工厂、定居点和雇员的刑事管辖权。随着战争与和平权力的转移，实际上英国政府的"全部权力和主权"似乎已被"送往东方"。[163] 这创造了一种新颖的政治和司法安排，即一个从属的主权权力在一个遥远的更高权力的授权下运作，因此从它的臣民的角度来看，它实际上具有主权，但又依赖议会作为这种高度信任的原始来源。因此，它看起来就像一个公司－国家：一个行使一系列民事职能的国际行为者，对一个欧洲强国负责。[164]

652

　　伯克指出，这种新的特征组合是通过颠覆已知的政治社会的发展而产生的。在一般情况下，在贸易开始之前，首先应建立共同体，因为商业需要政治机构的保护才能进行。然而，随着海外企业东印度公司的追求，这一顺序被颠倒了，因此，伴随其领土权的扩大，一个贸易组织所追求的商业关系变得从属于其政治野心。这种扩张是在欧洲力量崛起和亚洲对手的军事竞争力相对下降的背景下进行的，使公司逐渐成为一个"大帝国，而商业活动处于次要位置"。[165] 这种组合在 18 世纪变得尤为突出，特别是随着这个世纪的发展。它创造了在角色混乱的背景下部署英国权力的条件：一方面是君主的角色；另一方面是商人的角色。[166] 这种混乱很可能会产生很大的影响，因为

162　Ibid., p. 282.

163　Ibid., p. 283.

164　这种特征的混合构成了历史分析的基础，参见 Philip J. Stern, *The Company-State: Corporate Sovereignty and the Early Modern Foundations of the British Empirein India* (Oxford: Oxford University press, 2011)。

165　EB, Speech on the Opening of Impeachment, 15 February 1788, *W & S*, VI, p. 283.

166　伯克提到在罗马法中适用于"商人"的权力与"君主"所行使权力之间的区别，参见 Ibid., p. 283。

统治者的责任是促进被统治者的利益，而商人的责任是促进自己的利益。[167] 伯克认为，角色的颠倒将把东印度公司变成一个地方强权，其决心追求自身优势而牺牲受其管辖的当地人的利益。正是这种不祥的混合特征使亚当·斯密极其不安。"一群商人，"他评论道，"即使在他们成为君主之后，似乎也无法将自己视为君主。"[168] 他这样说并不是说他们对权力没有兴趣：和伯克一样，他也看到了这是一种他们渴望得到的商品。问题是，他们争夺权力是为了确保私人利益——也就是说，是为了商业效用而非公共效用。

有两个问题与这个优先次序有关。首先，为了谋求其私人利益而非公共利益，按照人们对贸易公司的预期，东印度公司把自己置于与其所统治的民众的福祉相冲突的位置上。但与此同时，在承担大量政治责任时，东印度公司开始偏离其原本的商业属性。一方面，正如伯克在《第九份报告》中详细强调的那样，它从一个追求利润的组织转变成一个索要租金的组织，也正如斯密在第三版《国富论》中指出的那样：收入，而不是贸易，开始主导其议程。[169] 另一方面，随着领土权的增长，获

653

167　当然，这种关系是主人和奴隶之间的关系，在这种情况下，统治是为了主人的利益，因此，根据亚里士多德的定义，这种关系本质上是专制的。

168　Smith, *Wealth of Nations*, II, p. 637. 有关讨论，参见 Muthu, "Adam Smith's Critique of International Trading Companies," pp. 200–201。

169　EB, *Ninth Report of the Select Committee* (25 June 1783), *W & S*, V, pp. 222–3; Smith, *Wealth of Nations* , II, pp. 750–51. 现存的比较伯克和斯密经济思想的文献往往忽略了他们对印度政治经济的共同看法，参见 Donal Barrington, "Edmund Burke as Economist," *Economica*, 21:83 (August 1954), pp. 252–8; W. L. Dunnes, "Adam Smith and Burke: Complementary Contemporaries," *Southern Economic Journal*, 71 (1941), pp. 330–46; Rod Preece, "The Political Economy of Edmund Burke," *Modern Age*, 24: 3 (Summer 1980), pp. 266–73; Francis Canavan, *The Political Economy of Edmund Burke: The Role of Property in His Thought* (New York: Fordham University Press, 1995), chapt 6. 最全的比较，参见 Donald Winch, *Riches and Poverty: An Intellectual History of Political Economy in Britain, 1750–1834* (Cambridge: Cambridge University Press, 1996), chs.7 and 8。

得职位和庇护的机会也随之增多，对此的追求开始吸引当地公司雇员，并激励了伦敦的董事和股东们。正如斯密所指出的，东印度公司的治理以这种方式任命该地区的"掠夺者"，因此他们很难减少对战利品的渴望。[170] 被迫的战利品交易不应该与商业往来混为一谈，这种公司型的治理也不是由商业智慧驱动的。公司既不是商业性质的，也不是政治性质的，它成了贪婪榨取的工具——严格来说，它是一个一心想要剥削的官僚机构。[171] 在把政治和贸易强行结合在一起的过程中，它破坏了两者的特征，使自己变成了经济压迫的发动机，并牺牲了所有地方和帝国的利益。

在伯克看来，这种压倒一切的病态并非源自东印度公司的管理方法，而是源自管理的根本性质。该公司管理其领土的方式为履行责任提供了充足的机会。问题是，尽管问责制被摆在重要位置，但没有任何一点可以让当地人的福祉成为官方的关注点。作为一个"伪装成商人的政府"，公司保留了适合于商业冒险的形式和结构，尽管这些形式和结构注入了政治家的野心。[172] 作为一个官僚机构，该组织保留了从属制度以及商业公司特有的审查机制。作为管理手段，这些机制为影响问责制提供了有效的手段——从这个意义上说，国家政府或许可以从这一"会计室"（Counting-house）的程序中吸取有益的经验。[173]公司职员和顾问必须记录并向上级汇报他们的活动，从而创造出一条相当于"书面政府"的文件线索："一个坐在伦敦的人

---

170 Smith, *Wealth of Nations*, II, p. 752. 伯克提出了同样的论点，参见 EB, *Ninth Report of the Select Committee* (25 June 1783), *W & S*, V, p. 201。

171 EB, ibid., *passim*; Smith, *Wealth of Nations*, II, pp. 752–54.

172 EB, Speech on the Opening of Impeachment, 15 February 1786, *W & S*, VI, pp. 283–84.

173 Ibid., p. 296.

654 有能力对恒河上发生的一切做出准确的判断。"[174] 这使得公司董事能够跟踪雇员的活动，并评估他们的职业道德和能力。有效的监督是以一个明确的从属制度为前提的，这是由公司章程规定的，公司章程将其成员分成不同的层级，包括抄写员、代理商、初级商人、高级商人、顾问、统辖和总督。晋升是由一段时间的试用决定的。由于每个级别的雇员都是高一级别雇员的学徒，从而产生了一个能力和权力的等级制度。[175] 如果这些监管结构的配置是为了服务于印度人的利益，那么地方行政官可以很容易地实施控制。然而，这种控制从来没有付诸实施过。事实上，正如伯克所强调的，整个体系都被黑斯廷斯粗暴地废除了，以便更好地促进公司的利益，而损害其臣民的利益。[176] 这使黑斯廷斯不仅仅是机器上的一个齿轮：事实上，他完全适应了一种管理不善的地方性体制，并且他在努力完善这一体制的过程中超越了职责的界限。这就是他独特的罪责所在。

黑斯廷斯在 1781 年成立了收入委员会，这是他颠覆既定等级制度的一个显著例子，这一举措旨在将 1773 年建立的临时的、明显不充分的税收制度建立在一个持久的、一致的基础上。黑斯廷斯在菲利普·弗朗西斯离开欧洲后开始实施这项计划，因为现在他的反对者都"病了，死了，逃了"，他也负责加尔各答管理事会的工作。[177] 改革的目的是集中管理税收，以减少征收成本。这将通过建立一个四人的收入委员会（Committee of Revenue）来实现，由财政长官甘加·戈文德·辛格（Ganga

---

174 Ibid., pp.296–97.

175 Ibid., p. 294.

176 Ibid., p. 285.

177 G. R. Gleig ed., *Memoirs of the Life of the Right Honourable Warren Hastings* (London: 1841), 3 vols., II, p. 330.

Govind Singh）提供协助。[178]伯克之后当然会抨击这位财政长官的才干，但就目前而言，他注意的是新的任命权是如何落入黑斯廷斯手中的——这似乎是基于个人庇护。这可能赋予收入委员会成员一种与能力或经验无关的权力，并扰乱了东印度公司的资历顺序。正如黑斯廷斯打破了既定的职位等级制度，他还通过放宽记录信件的义务和雇用效忠于总督本人的公司业务代理人，破坏了对公司职员的问责。[179]很明显，黑斯廷斯的行为是系统性的滥用权力。伯克在前一年的 3 月向邓达斯坚持说，"应该迫使他展示信件簿"。[180]当月早些时候，伯克写信给利德贺街的高级官员约翰·米奇，敦促他填补因黑斯廷斯无视董事会常规命令而造成的公司信件记录中的巨大空白。[181]伯克觉得黑斯廷斯违反规则是为了掩盖他自己的行迹。董事会要求他完善他的档案，但他声称没有隐瞒什么。[182]伯克认为，黑斯廷斯沉溺于推诿和掩饰，以此逃避上级的审查和对其行为的任何监管。[183]

655

1787 年 4 月 5 日，伯克致信邓达斯，抱怨黑斯廷斯拒绝交出他的军事秘书威廉·帕尔默（William Palmer）和他的波斯语译者威廉·戴维（William Davy）的文件记录，这两人都曾于 1782 年被派往阿瓦德，同维齐尔阿萨夫·乌德·达

---

178 Dodwell ed., *Cambridge History*, p. 427.

179 EB, Speech on the Opening of Impeachment, 15 February 1788, *W & S*, VI, p. 298.

180 EB to Henry Dundas, 29 March 1787, *Corr.*, V, p. 317.

181 EB to John Michie, 14 March 1787, ibid., pp. 309–10.

182 董事会于 1787 年 3 月 21 日向黑斯廷斯下达要求，参见 ADD. MS. 29170。黑斯廷斯在两天内做出回应，参见 *Papers Relative to Hastings' Impeachment* (London: 1786–87), 3 vols., II, p. 988。

183 这些论点后来在审判中得到了突出的体现。参见 ADD. MS. 24226, fols. 271–72，这是伯克对黑斯廷斯试图销毁所有犯罪证据的典型评论。

乌拉谈判贷款事宜, 并将一份"礼物"转交给黑斯廷斯。[184] 伯克认为这是黑斯廷斯的典型做派, 同时涉及伪造账目和挪用公款。帕尔默仍然作为黑斯廷斯的代表留在阿瓦德, 取代常驻阿瓦德的官方代表, 而无论是他的还是戴维的通信, 都没有公开记录。[185] 正如伯克所见, 黑斯廷斯绕过了官方机构, 然后逃避了审查的可能性。伯克对从黑斯廷斯手中夺回证据并不乐观: "他将有足够的时间制作新的副本……随意删除和伪造。"[186] 这就是服务精神和建立在通信之上的有助于公平管理领土的治理体系的现状: 但现在它们被实施阴谋的个人统治取代。伯克认为, 三个因素促成了这一系列的不规范行为。首先, 东印度公司职员的年轻不利于他们谨言慎行, 因为他们急于满足自己对利益的渴望, 而没有接受过荣誉和约束的教育。这些人甚至会被任命为低一级辖区的统辖, 行使管辖权却不恪守司法公正。[187] 其次, 薪酬体系是无效的: 高级官员得到的奖赏是金钱而不是名誉, 而低职位者只能掠夺民众。[188] 最后, 公司被一种牢固的团队精神所激励, 使其员工不愿意接受外界的问责。在亚洲, 公司雇员是往来的商人, 而不是殖民地的定居者, 这使他们无法与当地人共情。他们闭关自守, 是一个孤立的小共和国, 掌握着公共权力, 与民众没有任何联系——相当于"一个官吏的国家", 一个"地方行政官的王国"。[189]

另一种外部资源纵容了印度次大陆上的这种寄生状态。为

656

184　EB to Henry Dundas, 5 April 1787, *Corr.*, V, p. 321.

185　黑斯廷斯在 1787 年 3 月 23 日致董事会的一封信中为自己的行为辩护。参见 *Papers Relative to Hastings' Impeachment*, II, p. 988。

186　EB to Henry Dundas, 5 April 1787, *Corr.*, V, p. 321.

187　EB, Speech on the Opening of Impeachment, 15 February 1788, *W & S*, VI, p. 288.

188　Ibid., pp.286–87.

189　Ibid., pp.285–86.

欧洲人提供服务的印度买办，或者说印度商人，在东印度公司
高级职员和当地居民之间斡旋——在伯克的描述中，他们扮演
着不愉快的宫廷太监的角色。这些印度商人大部分是公司商人
或"吠舍"种姓的后裔。虽然他们所属的种姓阶层得不到尊重，
但他们与欧洲商人的联系提高了他们的社会地位。[190] 在英国人
中间，他们善于伪装的名声广为流传。1767 年，在威廉·博尔
特写给时任加尔各答理事会主席亨利·韦尔斯特的一封信——也
作为他的《对印度事务的思考》一书的附录——中强调了"印
度商人的政治诡计和习惯"。[191] 博尔特早前解释说，他们往往
同时担任英国人的"翻译、首席簿记员、首席秘书、首席经纪
人、现金供应商和现金保管员，一般也是秘密保管员"。[192] 伯
克认为他们是堕落的中间人，在"奴役的学徒生涯"中学会了
卑鄙和诡计的艺术。[193] 同时，他们的教育使他们成为熟练的压
迫者，他们掌握了"各种诡计和阴谋，通过这些手段，卑贱的
奴隶能确保自己免受压迫的暴力侵害"。[194] 受这些狡诈雇员的
影响，英国主人被他们的当地代理人所同化，并习惯于一种背
叛和压迫的文化。[195] 这完善了伯克关于东印度公司组织结构
的概述：对贸易的追求已被对权力的追求所取代；追求权力是

190　C. A. Bayly, *Indian Society and The Making of the British Empire* (Cambridge: Cambridge University Press, 1988, 1993), pp. 55, 72. 一些印度商人曾经是婆罗门，但他们大多数出身卑微。总体叙述，参见 P. J. Marshall, "Masters and Banians in Eighteenth-Century Calcutta" in Blair B. Kling and M. N. Pearson eds., *The Age of Partnership:Europeans in Asia before Dominion* (Honolulu: University of Hawaii, 1979)。

191　William Bolts, *Considerations on India Affairs, Particularly Respecting the Present Stale of Bengaland its Dependencies* (London: 1772), p. 473.

192　Ibid., I, pp. 83–84。

193　Northamptonshire MS. A, XIV, 10.

194　EB, Speech on the Opening of Impeachment, 15 February 1788, *W & S*, VI, p. 292–3.

195　Ibid., pp. 293–94; cf. EB, *"Observations" to the First Report of* the Select Committee (5 February 1782), *W & S,* V, p. 184.

为了获得一种特权而不是为了公共利益；董事和股东没有对当地居民的福利进行投资；他们的雇员与当地居民保持着一定距离，高级商人通过搞阴谋诡计的中间人阶层进行业务交易。

657

12.5 审判继续：本土统治和欧洲人的征服

伯克现在已经完成了他第一部分演讲的四分之三，从这里开始，伯克结束对印度商人的论述，转而描述全体印度民众。他首先讨论了原始的印度教居民，然后研究了连续的穆斯林入侵对南亚社会和政治的影响。伯克面临的任务是必须描述这些古老民族的风俗习惯，这些民族曾是复杂历史发展进程中的主体。他的目的是将印度教徒和穆斯林之间的关系与后来英国引入的安排进行对比。他首先介绍了印度最古老的文明。虽然该国的印度教文化根植于其社会宗教结构的连续性当中，表现出一种特殊的稳定性，但其信徒也对受到羞辱特别敏感，因此很容易遭受剥削。[196] 在伯克看来，尽管印度教徒在礼仪上是封闭性的，但却乐于接受丰富多样的创造。他们坚守自己传统的完整性，就像他们固定在自己的土地上一样。[197] 相应地，他们不会热情好客，但他们的行为大体上是仁慈的。由于对传统生活方式的坚持，他们仍然对文化渗透有着强烈的抵触，因此必须依照他们的信仰来统治他们。印度教徒的观念帝国由礼仪、社会秩序和宗教戒律构成，是一套统一的态度和做法，不同于欧洲文化中形成的不同流派，正如伯克在《反思录》中所说的"现代欧洲思想的特点是观点和情感的混杂。"[198] 相比之下，印度文明中的虔诚和荣誉构成了一个统一的行为和信仰准则。要

---

196 EB, Speech on the Opening of Impeachment, *W & S*, 15 February 1788, VI, pp. 301, 305.

197 Ibid., p. 301.

198 EB, *Reflections*, ed. Clarke, pp. 238–39 [113].

瓦解这种统一的伦理体系需要相当强的暴力，而这样的尝试是对神明的一种亵渎。[199]

种姓制度是印度文明的核心，它产生了一种自我隔绝的生活形式，但仍然对外界抱有好感：伯克推测，由于对统一的伦理体系的信任，外在的仁慈已经变得廉价。[200] 阶层之间的隔离是绝对的，实际上是将四个种姓划分为不同的联盟，由他们自己的义务、职业和仪式界定。任何违反自己种姓戒律的行为都会受到永久排斥的惩罚，而排斥意味着被整个社会驱逐："和一个印度人谈他的种姓，就是谈他的一切。"[201] 侮辱不仅是一种暂时的痛苦，它还会被带入来世。由于耻辱可能是非自愿的，甚至是强加给外部不情愿的受害者的，因此，印度人被暴露在外来污辱的威胁之下。此外，他们很容易受到外部威胁力量的压迫——在伯克看来，黑斯廷斯乐于利用这种情况。[202] 如果一个想要成为征服者的人诉诸这种暴政手段，没有什么是他不能实现的。通过采用该手段，黑斯廷斯使印度人沦落到一个"被征服民族"的悲惨境地，这是之前的掠夺者都未曾做到的。[203]

伯克承认，表面上，在黑斯廷斯之前的先驱者们更有希望征服印度民众，而不是英国权力所代表的开明帝国。然而，值得注意的是，事实证明，情况恰恰相反："先知穆罕默德时代"开启了三波入侵浪潮，所有这些都被证明比随后欧洲时代的入侵浪潮更有利于和平的和解。第一波浪潮是在 7 世纪至 8 世

658

199　EB, Speech on the Opening of Impeachment, 15 February 1788, *W & S*, VI, pp. 302–3.

200　Ibid., p. 302.

201　Ibid., p. 303.

202　Ibid., p. 304. 黑斯廷斯愿意让他自己的印度商人克里希纳·坎塔·南迪（Krishna Kanta Nandy），另称"坎图·巴布"（Cantoo Baboo），对婆罗门进行审判，这是伯克最喜欢的例子，证明黑斯廷斯准备违反种姓制度。参见 ibid., pp. 294–95。

203　Ibid., p. 309.

纪，在倭马亚王朝哈里发的统治下，阿拉伯人入侵中亚。按照伯克的叙述，对中亚的第二次征服出现在14世纪，鞑靼首领帖木儿驱逐了中亚原先的穆斯林统治者。[204] 穆斯林的最后一次侵入发生在16世纪，阿克巴大帝在1576年将孟加拉置于莫卧儿帝国的统治之下。严格来说，阿克巴大帝和帖木儿一样，取代了一个王朝，而没有征服这片土地。在这两次入侵中，当地的王公贵族和土地所有者都被允许保留财产和权力，使这一地区成了一个由共同首领领导、不同领主组成的共和国。[205] 这种情况与一直留存到1748年的欧洲统一的专制主义有很大不同，后者嫁接在一个根深蒂固的奴隶民族之上。伯克直接挑战了孟德斯鸠的观点：伯克认为，穆斯林征服者确实是狂热者，更愿意传播其宗教所倾向的专制主义。[206] 然而在实践中，伊斯兰入侵容纳了它无法征服的事物，超越了孟德斯鸠声称的作为其基础的"破坏性精神"。[207] 而在此之前的1787年，黑斯廷斯为贝拿勒斯指控做辩护时，就曾援引孟德斯鸠的这一早期说法，将自己描绘为成吉思汗衣钵的继承人：他希望，"英国议会的自由精神"最终可以取代先前亚洲侵略者对印度实行的专横统治，但就目前而言，印度的当地民众已经习惯于"莫卧儿体制"残余的精神。[208]

伯克下一阶段的陈述对他的论点至关重要。它涵盖了莫卧儿中央政权的衰落，帝国总督的出现和其相对独立的地位，奥

659

---

204 这些事件的记载，参见 James Fraser, "A Short History of the Hindostan Emperors, Beginning with Temur," in idem, *The History of Nadir Shah, Formerly Called Thamas Kuli Khan, the Present Emperor of Persia* (London: 1742)。

205 EB, Speech on the Opening of Impeachment, *W & S*, VI, 15 February 1788, pp. 307–10.

206 Ibid., p. 307.

207 Montesquieu, *De l'esprit des lois,* pt. V, bk. xxiv, chapt. 4.

208 *Defence of Hastings*, pp. 101–2n.

地利王位继承战争期间欧洲各国之间的竞争，以及七年战争后英国最高权威的确立。正是在伯克称之为"独立的苏巴赫时代"（era of the independent Soubahs），欧洲势力在印度次大陆取得了进展，而伯克的目的是分析这种进展的正当性。[209] 在 1761 的《年鉴》中，伯克摘录了理查德·坎布里奇的《对印度战争的记述》，其中记载了 1750 年后英法两国在科罗曼德尔海岸的战争进展，并以印度次大陆近期的历史概述作为开篇，重点介绍了当地民众的军事力量。[210] 一开始，坎布里奇就解释了为什么直到奥朗则布统治时期，印度次大陆才完全从属于莫卧儿帝国。但是，几乎就在 1707 年奥朗则布死后，尤其是在 1739 年 2 月波斯皇帝纳迪尔沙俘虏莫卧儿皇帝后，德里的权力便迅速下降，权力和主动权都转移到了各省的纳瓦布手中。[211] 令坎布里奇大为震惊的是，"一小撮欧洲人"竟然能对这些省份的政治施加如此大的影响。[212] 答案就在于印度军队所采取的战术。虽然莫卧儿皇帝的骑兵令人印象深刻，但他的步兵资源不足，军事纪律总的来说也不够严格。与此同时，骑兵们在英国大炮面前担心马匹的安全，而支援部队对大炮的使用也不熟练。[213] 伯克指出，正是在英国与法国军事斗争的背景下，在与印度各省总督的较量中，人们开始感受到"欧洲纪律的力量、威力和效力"。[214]

最著名的较量发生在 1756 年，西拉杰·乌德·达乌拉企图

209　EB, Speech on the Opening of Impeachment, 15 February 1788, *W & S*, VI, p. 311.

210　"Characters" in *The Annual Register for the Year 1761* (London: 1762), pp. 6–10, 略加编辑的摘录源自 Cambridge, *An Account of the War in India*, pp. xxiii–xxxviii。

211　Cambridge, *An Account of the War in India*, pp. xxiii–xxiv.

212　Ibid., p. xxvi.

213　Ibid., pp. xxxi–xxxii.

214　EB, Speech on the Opening of Impeachment, 16 February 1788, *W & S*, VI, p. 316.

攻打英国在加尔各答的殖民地。但一年后，罗伯特·克莱武在普拉西战役中报了仇。正是从这一点上，伯克认为英国借由对孟加拉的"庇护"，使东印度公司篡夺了各省纳瓦布的权力。[215] 通过这种方式，他们取代了一个不稳定的政治体系，其在过去由习惯性的暴君主持。[216] 在反思苏巴达尔"时期"的纳瓦布的命运时，伯克评论说，正是他们的独立导致了他们的毁灭。1740 年阿利瓦迪汗（Alivardi Khan）取代在位的萨法拉兹汗（Sarfaraz Khan）成为纳瓦布，在这个过程中，他展示了如何通过诉诸武力获得权力。[217] 阿利瓦迪的统治受到马拉塔人的持续侵扰，在西拉杰·乌德·达乌拉继位时该省已被消耗殆尽。[218] 正是在这样的历史背景下，英国人成为孟加拉的庇护者，并通过武力继承了政府的各种职责。伯克在这一背景下指出："所有政府的开端，都有一层神秘的面纱要揭开。"[219] 权力通常起源于残酷的暴力事实，而暴力的理由可能是战争的权利或必要性的要求。[220] 但是战争只能通过宣布对过去实行大赦，然后用温和的方式巩固新政权，才能为和平让路：即通过顺应被征服者的意见和建立一个正规司法系统来安抚被征服者。孟加拉的权力转移是通过武力和篡夺实现的，靠的是及时的主动权和军事美德。虽然这种方式可以被证明是正当的，但不能被完全

215 Ibid. "庇护"一词借用了西塞罗对罗马帝国的定义，即罗马帝国是一个世界的庇护者（*parrocinium*），参见 *De officiis*, II, 27。

216 伯克在笔记中强调了纳瓦布在压迫印度地主和王公时的强取豪夺与残忍无情，参见 John Zephaniah Holwell, *Interesting Historical Events Relative to the Provinces of Bengaland the Empire of Indostan* (London: 1766–77), 2 vols., at Northamptonshire MS., A, XIV, 6A。

217 伯克在这里的叙述取自 Holwell, *Interesting Historical Events*, I, pp.70ff。关于该材料的使用，参见 EB to Philip Francis, 13 April 1788, *Corr* ., V, p. 387。

218 EB, Speech on the Opening of Impeachment, 15 February 1788, *W & S*, VI, p. 311.

219 Ibid., pp. 316–17. 关于这一主题，参见 EB, *Reflections*, ed. Clark, p. 166 [25].

220 对政权血腥起源的类似强调，参见 Holwell, *Interesting Historical Events*, I, pp. 17–19。

推崇；如果人们把一个新时代看作是一个重建的契机，那么谨慎为鉴，应该杜绝暴力统治。[221] 重建将是必要的，因为维持现状是不可能的：英国正在追随一代又一代残暴统治者的脚步，他们在该地区建立的权力缺乏任何因袭权利。[222]

像所有的征服一样，对孟加拉的征服是通过革命实现的。作为一个事件，这场革命可以被证明是一种必要的行为，但它只有通过建立正规政府，从而结束革命进程，才能赢得正当性。[223] 伯克很清楚，这一由英国发起的革命应该制止由阿利瓦迪汗发起的那种革命。然而，它却激发了更多类似的革命。[224] 这一结果需要一个解释，因为它挫败了人们对英国权力的期望。作为一个开明的欧洲国家，人们有理由期望它建立一个正规的政府，结束反复无常的个人统治。事实上，作为来自欧洲大陆开明地区的"最开明"政权，人们还可以期望它建立一个基于民众同意的公正政府。[225] 公正意味着通过法治来保障财产，而同意意味着按照当地民意进行治理。伯克的想法似乎是，在一个宽容的代议制政体下，开明的英国权力包括一个规范的司法体系。宽容则是"宗教改革"的启蒙产物，为自由政治和民事司法创造了安全的世界。[226] 英国宪法在欧洲的与众不同之处正是这二点的结合。财产安全已经与民众建立的政治制度相一致。在不损害法律公正性的情况下，民众的同意体现在议会制度中。当这类政府的权力通过在东方的一个公司代表落实时，

661

---

221 EB, Speech on the Opening of Impeachment, 16 February 1788, *W & S*, VI, p. 317.

222 Ibid., p. 315.

223 这是"证明""万能上帝神秘方式"的唯一方法，通过这种方式，英国统治了一个"几乎隔绝于世"的国家。参见 Northamptonshire MS., A, XIV, 6A。

224 EB, Speech on the Opening of Impeachment, 16 February 1788, *W & S*, VI, p. 317.

225 Ibid., pp. 314–15.

226 Ibid., p. 315.

人们期望英国的原则将指导构建孟加拉的宪法：虽然建立一个完全的代议制政府是不切实际的，但可以严格尊重当地民意，建立陪审团制度，并实施符合当地习俗的公正法律。[227]

总的来说，这一安排将涉及对英国原则的忠诚，同时也相当于重建——在独立的纳瓦布暴政出现之前就在印度次大陆上建立的——古老的莫卧儿宪法。[228] 在开明的英国实践的指导下，随着时间的推移，通过逐步实施的协商一致的改革，这种重建可能会得到改善。伯克对陪审团制度的支持为可能推进的改革议程做了表率。[229] 宽容、公民自由、改进的问责制以及获得民众同意的政府，都可以使"本地政府"从印度各省"显贵"的野心所引发的冲突和混乱中恢复过来。[230] 一年半后，在《反思录》中，伯克宣称，来自基督教的仁爱和来自渐进等级制度的荣誉有助于欧洲政治中对权力的克制，赋予其——比亚洲政府模式——更加开明的宪政"优势"。[231] 莫卧儿帝国统治下的印度不是彻底的专制主义，但它也不是一个完全文明的君主制国家，因为它缺乏"高贵的平等"（noble equality）这一基本

662

227 Ibid. 在这一点上，弗伦奇·劳伦斯和沃克·金对伯克论点的解读，参见 The Speeches of the Right Honourable Edmund Burke on the Impeachment of Warren Hastings (London: 1857), 2 vols., I, p. 58, 该文正确地强调了英国原则"精神"对南亚所承诺的未来"优势"，同时也注意到印度没有英国宪法的"形式"；但他们超越了伯克的原文，得出结论：这些"形式"在国外"不可传播"：实际上，当然，特别是在短期内，一个议会制度是无法移植的。然而，伯克很清楚，东印度公司的"纸上政府"以及英国的陪审团制度有很多值得印度次大陆借鉴的地方。尽管如此，英国的"形式"是不可能强加的，因为在这种情况下，这些"形式"将以专制主义的精神被引入。关于这点，参见 EB, Speech on the Opening of Impeachment, 16 February 1788, W & S, VI, p. 345。

228 关于这一点，参见 Travers, Ideology and Empire, passim 以及本书第 10 章第 3 节。

229 关于这一点，参见 EB, Ninth Report of the Select Committee (25 June 1783), W & S, V, p. 205。早些时候，与此一致的是，他反对只由英国人组成的陪审团对印度人进行审判的观点，参见 Northamptonshire MS., A, XIV, 66。

230 EB, Speech on the Opening of Impeachment, 16 February 1788, W & S, VI, p. 314.

231 EB, Reflections, ed. Clarke, p. 239 [113].

特征，而这一特征在欧洲的政治和法律中都是基础，它与古老的派系主义和东方的从属关系不同。[232] 印度在真正的君主立宪制的"形式"上所缺乏的，英国可以通过自由的"精神"来提供，即将改进的意愿和问责的精神引入一个亚洲既有的法治政府中。[233] 作为回报，英国将获得一个盟友，这在未来的地缘政治竞争中可能是一笔重要的财富。三个月前，在威斯敏斯特的莎士比亚酒馆举行的福克斯胜选周年庆典上，伯克宣布："为印度争取正义，并向其彰显英国的人道主义，将会使印度成为一个重要而有用的盟友，而在危难时刻，她可能会报答恩情。"[234]

　　然而，事实是，"印度的发展并不如英国所愿"。[235] 欧洲的开明政府一来到亚洲，很快就变成一种前所未有的专制主义，西拉杰·乌德·达乌拉死后，东印度公司雇员在孟加拉的阴谋和剥削立即复苏。随着克莱武 1757 年离开印度并返回欧洲，更多的领主被罢黜，为"新的战争和骚乱，以及从那以后一直困扰和压迫这个国家的贪污腐败行为"铺平了道路。[236] 一场针对印度王公的政变被证明是非常有利可图的，它怂恿了东印度公司雇员密谋发动政变。由于对西拉杰·乌德·达乌拉的罢免仍然记忆犹新，克莱武的一些继任者在 1760 年密谋推翻米尔·贾法，这开启了一个唯利是图的时代，克莱武和黑斯廷斯后来都被要求纠正这个问题——不幸的是，没有成功。[237] 伯克将敌对派系之间的黑暗交易追溯到 17 世纪 60 年代，首先

232　Ibid.

233　EB, Speech on the Opening of Impeachment, 16 February 1788, *W & S*, VI, p. 315.

234　*Gazetteer*, 11 October 1787. 我很感谢彼得·詹姆斯·马歇尔（P. J. Marshal）提供的这一参考。

235　EB, Speech on the Opening of Impeachment, 16 February 1788, *W & S*, VI, p. 317.

236　Ibid.

237　Ibid., p. 318.

是推翻米尔·贾法，以米尔·卡西姆代之，而后放逐米尔·卡西姆，让他的前任复位。没过多久，奈布的职务由马霍米德·里扎·汗（Mahomed Reza Khan）担任，据称花费了2万英镑，而米尔·贾法的继承权则授予了蒙尼·贝加姆（Munni Begam）。[238] 东印度公司人员自始至终都是被私利驱使：获得领土，并以此作为收入来源；收取礼物获得个人报酬；以及以牺牲当地居民为代价增加私人贸易的机会。[239] 当这一系列的革命开始时，黑斯廷斯是一位"27岁左右"的"年轻绅士"：在这里，他学会了通过诡计、不服从、背信弃义和压迫来实现自己的目标。[240]

在这一连串的革命和黑斯廷斯担任统辖和之后担任孟加拉总督之间，伯克的表述有一段插曲。这段插曲与克莱武的行为有关，在前几年的巨大动荡之后，他又被东印度公司派回到印度去处理事务。在伯克看来，克莱武实行的制度在东印度公司的历史上是一个孤立的"光荣时刻"：他禁止公司职员受贿或接受礼物；他解决了英国与阿瓦德和贝拿勒斯的关系；他在增加东印度公司权力的同时，保留了莫卧儿皇帝的尊严；他把统治权（civil power）交给了英国人，把法律和秩序交给了当地人。简而言之，他为该国的宪法改良奠定了基础。[241] 但这些改

---

238 Ibid., pp. 338–39.

239 Ibid., pp. 319–37. 一系列事件的进程被更清楚地呈现于 *Speeches on the Impeachment of Warren Hastings* (London: 1857), I, pp. 62–84. 关于伯克回忆起的对该进程同一时期的叙述，参见 Henry Vansittart, *A Narrative of the Transactions in Bengal from the Year 1760 to the Year 1764* (London: 1766). 3 vols., 他根据东印度公司的财务紧急情况，证明了对米尔·贾法的罢黜是正当的，该公司通过割让布德万（Burdwan）、米德那波（Midnapore）和吉大港（Chittagong）而得到满足 (I, p. 45). 范西塔特的观点受到了强烈的挑战，参见 Luke Scrafton, *Observations on Mr. Vansittart's Narrative* (London: 1766).

240 Northamptonshire MS., A, XXXVI, 4.

241 EB, Speech on the Opening of Impeachment, 16 February 1788, *W & S*, VI, pp. 340–42; Northamptonshire MS., A, V, 40.

革并没有持续下去：随着黑斯廷斯晋升到英国驻印度的最高权力机构，当地政府的基础建设被系统地拆除了，而总督本人则根据专断的原则行事，他辩称这体现了亚洲的习惯做法。[242] 伯克攻击了他所看到的黑斯廷斯对"地理道德"（Geographical morality）的投机性依赖，即黑斯廷斯用他所认为的地方规范来掩饰其邪恶行为，而这构成了伯克第二天演讲的核心部分。[243] 黑斯廷斯对贝拿勒斯的处理就是这种态度的例证，在这种情况下，印度所谓的"无政府状态"被援引来为其压迫辩护。特别是黑斯廷斯认为贝拿勒斯是一个附属领地，因此它的王公，即印度地主柴明达尔，既是附庸又是叛军：在亚洲背景下，其地位的低下被认为会激起怨恨和煽动叛乱。在这种情况下，正如黑斯廷斯所见，如果贝拿勒斯的王公要被他的英国上级们控制，就需要严格的纪律。[244]

664

12.6 自然权利：贝拿勒斯革命

1756 年后，贝拿勒斯既是一个自治领地，又是阿瓦德的附属国。到了 1775 年，查特·辛格领导的贝拿勒斯则被东印度公司所统治。这期间，在贝拿勒斯发生的一连串事件构成了

---

242 根据黑斯廷斯对东印度公司信件的审查，以及他在下议院辩护时避免遵守的准则和他向上议院提出这一点时的行为准则，伯克重新构建了黑斯廷斯行为准则。后两点，参见 *Defence of Hastings*, pp. 98, 101–2 和 105–7，黑斯廷斯被描述为在印度法律和政治混乱的情况下，像纳瓦布一样行事；另见 *LJ*, XXXVIII, p. 56，黑斯廷斯根据亚洲先例为自己的统治辩护。

243 EB, Speech on the Opening of Impeachment, *W & S*, VI, p. 346.

244 黑斯廷斯在这里的立场是由纳撒尼尔·哈尔海德起草的，并呈现于 *Defence of Hastings*, p. 106。关于哈尔海德、斯科特少校、威廉·马卡尔姆和纳撒尼尔·米德尔顿对黑斯廷斯于 1786 年 5 月 1 日至 2 日在下议院前的辩护所做的贡献，参见 Rocher, *Orientalism*, pp. 132ff。斯科特证实了哈尔海德的著作权，参见 *Minutes of the Evidence Taken at the Trial of Warren Hastings, Esquire, Late Governor General of Bengal, at the Bar of the House of Lords* (London: 1788–95), 6 vols., I, pp. 368–69.

伯克指控黑斯廷斯的重要部分。[245] 按照伯克所说，在这一时期贝拿勒斯作为一个独立附属国的义务——以与欧洲封建法律的规定差不多的方式——得到了尊重，即"最高领主"的任期名义上受到限制，但其实际上享有一个世袭封地。[246] 伯克将这种安排与黑斯廷斯自 1778 年以来对待印度王公的方式进行了对比。从那时起，黑斯廷斯强行向查特·辛格索要苛捐杂税，三年后由于查特·辛格未能支付惩罚性罚款，反过来又激起了一场叛乱，并最终导致了这位王公的流亡。[247] 伯克认为，黑斯廷斯行为的"必然趋势"是"制造叛乱和战争"。[248] 1781 年8 月 16 日，随着贝拿勒斯城动荡的加剧，东印度公司的两个独立分遣队遭到了查特·辛格随从军的攻击。[249] 不到一个月，王公的军队就被击溃了，查特·辛格本人也逃到了拉姆纳加尔

665

---

245 伯克对此的最初指控，参见 *CJ*, XLI, pp. 494–503, 694–7。对贝拿勒斯指控的审查，参见 Marshall, *Impeachment of Hastings*, chapt. 5。相关背景，参见 Bernard S. Cohn, "The Initial British Impact on India: A Case Study of the Benares Region," *The Journal of Asian Studies*, 19:4 (August 1960), pp. 418–31and idem, "Political Systems in Eighteenth Century India: The Banaras Region," *Journal of the American Oriental Society*, 82:3 (July–September 1962), pp. 312–20。

246 Northamptonshire MS. A, XXII, 60. 伯克认为苏贾·乌德·达乌拉对莫卧儿帝国的控制也是如此，参见 ibid. In Northamptonshire MS. A, XXXVI, 13, 他将这一安排与德意志进行了比较。

247 伯克详细讲述了查特·辛格在审判过程中所遭受的特别的侮辱，参见 Add. MS. 24224, fols. 281–89。黑斯廷斯的行为是否得体，伯克对此的结论是：他"称抢劫为罚款"，参见 Northamptonshire MS. A, XXII, 60。

248 Northamptonshire MS. A, XXII, 60. In Northamptonshire MS. A, XXIX, 36 伯克声称黑斯廷斯通过羞辱的过程"促成了叛乱"。在 1788 年 2 月 22 日的审判中，福克斯声称"叛乱"一词用词不当，这意味着叛乱是一种正当的反抗。在这一点上，福克斯和伯克在革命权利的问题上意见一致。参见 *Speeches of the Managers and Counsel in the Trial of Warren Hastings*, ed. E. A. (London: 1859–61), 4 vols., I, p.252。

249 威廉·马卡姆后来在 1792 年 3 月 17 日以证人身份提供了一份报告。参见 *Minutes of the Evidence Taken at the Trial of Warren Hastings*, III, pp. 1689–98。

（Ramnagar）。[250] 伯克在 1788 年 2 月 16 日的演讲中对统治者在自然法则下的义务进行了著名的援引，随后的评论认为这是他反对革命权利的一个重要内容，而事实上，这是伯克为因黑斯廷斯暴行所激起的 1781 年的叛乱所做的辩护。[251]

伯克后来承认，不可能事先规定民众"可以或不可以抵抗"的情况。然而，贝拿勒斯的遭遇提供了一个明确的例子，说明了压迫何时允许一个地区的民众"拿起武器"。[252] 在伯克看来，为了捍卫他对贝拿勒斯王公的行为，黑斯廷斯已经在原则上接受了专制主义，并将其作为对不服从的必要回应。[253] 然而，伯克认为，面对难以承受的压迫时，查特·辛格的叛乱是出于良知而采取的最后手段。伯克坚持认为，地方行政官有保护臣民的义务。因此，一个统治者对这一义务的废除，就意味着被统治者可以争取自然权利：在这一点上，可以通过"彻底的叛乱"对权力进行限制，而这种叛乱是合乎道义的，不具有

---

250 Marshall, *Impeachment of Hastings*, pp. 104–5. 在 1792 年 6 月 6 日的审判中，大卫·比雷尔（David Birrell）作为证人在接受审查时，描述了宫殿里的血腥斗争，参见 *Minutes of the Evidence Taken at the Trial of Warren Hastings*, III, pp. 1772–76。

251 关于伯克式自然法原则的保守性理解，参见 Russell Kirk, "Burke and Natural Rights," *The Review of Politics*, 13:4 (October 1951), pp. 441–56; Peter J. Stanlis, *Edmund Burke and the Natural Law* (1958) (New Brunswick, NJ: Transaction Publishers, 2003); idem, "The Basis of Burke's Political Conservatism," *Modern Age* 5:3 (Summer 1961), pp. 263–74. 斯坦利斯的论点基于的是，"自然法"和"自然权利"传统思想之间的区别是有问题的，参见 Jacques Marita, *The Rights of Man and Natural Law*, trans. Doris C. Anson (New York: Charles Scribner's Sons, 1943) and Leo Strauss, *Natural Right and History* (Chicago, IL: Chicago University Press, 1953)。

252 EB, Speech in Reply, 30 May 1794, *W & S*, VII, p. 323.

253 EB, Speech on the Opening of Impeachment, 16 February 1788, *W & S*, VI, pp. 347–49, citing and discussing *Defence of Hastings*, pp. 106–7.

任何"犯罪"特征。[254] 换句话说，革命权是以人权为基础的。仔细研究伯克1790年之后的著作会发现，随着法国革命的到来，他并没有突然放弃这一信条，而是明确了诉诸这种权利的条件，并阐明了公民权利是由自然权利规定的。"我绝不否认，"伯克在《反思录》中宣称，"人的真正权利。"[255] 正如两年前他对贝拿勒斯事件的回应，他说的当然是心里话。

黑斯廷斯对臣民权利的描述完全不同。他观察到，在贝拿勒斯事件中，王公本人就是附属管辖区的统治者。1786年6月，在贝拿勒斯指控提出的两天前，黑斯廷斯在为皮特撰写的一份关于印度地主的报告中阐述了他的权利，黑斯廷斯阐述了"专制主义的基本原则"，即"以任何借口"挑战或质疑上级权威都是不正当的。[256] 同时，根据黑斯廷斯的分析，印度柴明达尔只是土地的所有者，而他的上级才是其土地物产的所有者，因此在柴明达尔被认为是叛乱或没有支付税款的情况下，最高行政长官有权转让或直接控制他们的土地。[257] 在1785年致东印度公司董事会的一封公开信中，黑斯廷斯将王公的地位描述为"绝对服从"。[258] 他之前已经阐明了这一状态的含义：它赋予

---

254 Northamptonshire MS. A, XXII, 56, reproduced in EB, *Speech on the Opening of Impeachment*, *W & S*, VI, Appendix, p. 470.

255 EB, *Reflections*, ed. Clarke, p. 217 [86].

256 Warren Hastings, "A Definition of the Nature of the Office of a Zemindar… for the Use of Mr. Pitt," Add. MS. 29202, fols., 33–77. 1787年2月27日，约翰·斯科特少校在一场关于废除印度司法法案的辩论中概括了这一点，伯克对此提出了尖锐的批评。参见 *Parliamentary History*, XXVI, cols. 638–39。

257 Ibid. 福克斯提出了另一种对查特·辛格地位的理解，参见 *The Debate on the Charges relating to Mr. Hastings' Conduct to Cheyt Sing, at Benares* (London: 1786), p. 1；参见 EB, Speech in reply, 5 June 1794, *W & S*, VII, p. 384, citing Harry Verelst, *A View of the Rise*, Appendix, p. 163。

258 Copy of a Letter from Warren Hastings,Esq.to the Court of Directors, Relative to their Censure on his Conduct at Benares (London: 1786), p. 7.

了东印度公司"绝对的权力"，使其有权惩罚任何"不敬"行为。[259]

1788 年，伯克在上议院陈述他的案件时，将与上述辩护相对应的行为作为黑斯廷斯在印度次大陆上肆意妄为的例证。正如伯克陈述的那样，黑斯廷斯认可他的权威来源于宗主国对东印度公司的委托。然而，正如黑斯廷斯所说，这种委托的权力必须在亚洲政治文化特有的系统性不忠诚的背景下运作，正如伯克所抱怨的那样，这种政治文化鼓励总督扮演专制暴君的角色。正如伯克所见，黑斯廷斯声称有权贬低堕落的人。[260] 面对这种情况，伯克的论点并不是简单地认为英国议会没有授予黑斯廷斯这种权力，也不是简单地认为黑斯廷斯故意错误地描述了南亚的情况。他更深远的观点是，统治权本质上是一种神圣的信任，其拥有者决不能随意行使。用洛克的话说，任何人都无权"随心所欲"地进行治理。[261] 此外，伯克还进一步争辩说，同样以洛克的思路，个人甚至没有权利以任何他们可能希望的方式管理自己："上议院的各位议员，东印度公司没有被授予随心所欲的权力……没有人能以自己的意愿管理自己，更不可能被别人的意愿所管理。"[262] 由于人类受制于自然规范，他们不能自己决定义务的范围。

在《捕获法》中，格劳秀斯将无法无天视为本质的不人

667

259　Warren Hastings, *A Narrative of the Late Transactions at Benares* (London: 1782), pp. 11–19.

260　Northamptonshire MS. A, XXIX, 17. 伯克后来评论了统治者的这种态度对被统治者的有害影响，参见 EB, Speech in Reply, 28 May 1794, *W & S*, VII, p. 264: "根据人性的正常规律……你鄙视的人，你永远不会善待他们。"

261　John Locke, *Two Treatises of Government*, ed. Peter Laslett (Cambridge: Cambridge University Press, 1960, 1990), Bk. II, chapt. Ii, § 8. 关于伯克对洛克政治思想的借鉴，参见本书第 13 章第 2 节。

262　EB, Speech on the Opening of Impeachment, 16 February 1788, *W & S*, VI, p. 350.

道。[263] 因此，伯克主张"人天生就应该受法律的约束"。[264] 由于《捕获法》的手稿直到 19 世纪才出版，很明显伯克并不知道其中的内容。然而，他肯定熟悉《战争与和平法》，这部作品显然再现了早期论证的一些基本特征。在这部 1605 年的著作中，格劳秀斯直截了当地指出："上帝所显示的意志，就是法律。"[265] 在《捕获法》中，格劳秀斯认为神的意志显现于人性的目的和能力。[266] 这些目的包括对有序社会存在的渴望，以及自我保护的本能。对于格劳秀斯来说，这些目的与个人管理自己行为的权利是一致的，正如卢梭后来指出的那样，这种权利包括将自己的自由完全让渡给他人的权利。[267] 但是，尽管伯克接受了自我保护和社会性都是上帝安排的人性的基本组成部分，他坚持认为，保护自己的权利并没有延伸到以自己认为合适的方式追求这一目标的权利。[268]

伯克争辩说，所有的"权力"都来自上帝。[269] 因此，权力的行使最终不能通过"契约"赋予个人或团体。[270] 权力可以通过自然的方式获得，如父亲对子女的管教，也可以通过武力获得，如军事征服。但是，只有赢得民众对最初诉诸暴力确立的契约的同意，才能使征服正当化。从这个意义上讲，需要获得

263　Grotius, *Commentary*, p. 36.

264　EB, Speech on the Opening of Impeachment, 16 February 1788, *W & S*, VI, p. 351.

265　Ibid., p. 19.

266　Grotius, *Rights of War and Peace,* I, pp. 82–3., 93–4.

267　Ibid., II, p. 557; 参见 Jean-Jacques Rousseau, *Du contrat social* (1762) in *Oeuvres complètes,* III, pp. 352–33。

268　参见 Locke, *Two Treatises* , Bk. II, chapt. iv, § 23："对于一个没有自己生命权力的人来说，不能通过契约或同意的方式，使自己受任何人的奴役，也不能把自己置于另一个人绝对、任意的权力之下，即使他自己愿意，也不能夺走他的生命。"

269　EB, Speech on the Opening of Impeachment, 16 February 1788, *W & S*, VI, p. 350.

270　Ibid.

同意才能赋予权力正当性——或者，按照这一点的通常说法，合法政府建立在"契约"之上。然而，正如伯克极力强调的那样，虽然"契约上的"同意可能是建立正当政府的一个必要元素，但它肯定不足以成为正当性的基础。本着这种精神，伯克声称，法律并非仅仅产生于人类的"制度"，也并非产生于基于环境需要的偶然"惯例"。[271] 这种惯例确实是为了满足人类的需要而发展起来的，但是它们仍然要对"一个伟大的、不变的、预先存在的法律负责，它先于我们所有的手段，先于我们所有的惯例，高于我们的存在本身，通过它，我们在宇宙的永恒框架中结合和连接，我们无法脱离它。"[272]

正如普芬多夫自己所说，"公民政府"（CIVIL GOVERNMENT）来自"上帝"，这是现代自然法的一个常识。[273] 这并不意味着——如各种各样的新亚里士多德传统所提出的那样——人类天生就倾向于政治合作，尽管他们显然具有

668

271　Ibid. 参见 Samuel Pufendorf, *De iure naturae et gentium libri octo* (Lund: 1672),Bk. III, chapt. iv, sec. 4。

272　EB, Speech on the Opening of Impeachment, 16 February 1788, *W & S*, VI, p. 350. 参见 Northamptonshire MS. A, XXIX, 49："伟大的、不变的、预先存在的法律。"另见 EB, Speech in Reply, 28 May 1794, *W & S*, VII, p. 280。法理上对这种不变性的来源有不同的看法。两种最重要的看法，参见 Pufendorf, *De iure naturae et gentium*, Bk. II, chapt. iii, sec. 5。

273　Samuel Pufendorf, *The Whole Duty of Man, according to the Law of Nature*, eds. Ian Hunter and David Saunders (Indianapolis, IN: Liberty Fund, 2003), p. 198. 参见 Samuel Pufendorf, *De iure naturae et gentium*, Bk. VII, Chapt. Iii. 关于新教自然法与早期传统在这一点上的分歧，参见 Knud Haakonssen, "Protestant Natural Law Theory: A General Interpretation" in Natalie Brender and Larry Krasnoff eds., *New Essays on the History of Autonomy* (Cambridge: Cambridge University Press, 2004), p. 96。关于另一个重点不同的概述，参见 Richard Tuck, "The 'Modern' Theory of Natural Law" in Anthony Pagden ed., *The Languages of Political Theory in Early Modern-Europe* (Cambridge: Cambridge University Press, 1987)。关于伯克与现代自然法的关系，参见 David Armitage, "Edmund Burke and Reason of State," *Journal of the History of Ideas*, 61:4 (October 2000), pp. 617–34。

社交能力和欲望。[274] 相反，合作是由政治上的服从带来的，而在那些因冲动导致冲突的人中，政治服从本身是由基于其效用计算的协议来保证的。神圣的意志决定了公民存在的目标，但这是通过基于计算的普遍同意来实现的，而不是通过预先给定的对"共同体"（community）的欲望。[275] 对于普芬多夫来说，这种公民条件伴随着臣民对君主的"特殊崇拜"（*peculiare sanctimonium*），因此，除了服从合理命令的普遍义务外，臣民还应该忍受任何可能强加的"严苛"（*asperitas*）。在极端压迫的情况下，臣民应该试图逃离，而不是"拿起武器"反抗祖国。[276] 尽管伯克认同新教自然法论证的力量，它明确规定了构成民事契约基础的间接的神圣委任权（divine sanction），但他的结论却与普芬多夫相悖。他手稿中的旁注清楚地表明了他的立场：无论是"征服""继承"还是"契约"都不能为民事不公正辩护。[277] 为了"消灭民众的权利"而行使权力是绝对不允许的。事实上，在它的枷锁可以被"合理地甩掉"的情况下，"忍受"专制本身就是一种"犯罪"。[278] 我们不得不猜测伯克在这里所说的"合理"是指什么：大概是对反抗成功的一个合理计算，比如查特·辛格所做的，尽管他在实际的尝试中

---

274 由于未能区分这一点，鼓励了评论家们将伯克归类为某种未经调和的亚里士多德式或托马斯式的人物，参见 Ernest Barker, *Essays on Government* (Oxford: Oxford University Press, 1945, 1951), p. 218: "伯克总是亚里士多德式的，也许是因为他也是——即使是无意识的——一个托马斯主义者。"另见 Ross J. Hoffman and Paul Levack, Preface to *Burke's Politics: Selected Writings and Speeches on Reform, Revolution and War* (New York: Alfred A. Knopf, 1949); Stanlis, *Burke and the Natural Law*, pp. xxxiiiff.; Canavan, *Political Reason of Edmund Burke, passim*。

275 Samuel Pufendorf, *The Whole Duty of Man*, pp. 187–89, 在这里，普芬多夫质疑了亚里士多德的自然法。

276 Ibid., p. 209.

277 Northamptonshire MS. A, XXIX, 49.

278 Ibid.

失败了——拯救了自己，但却失去了自己的领地。在伯克的体系中，不仅行使专制权力是一种犯罪，而且忍受这种权力也同样是邪恶的。这种权力必须被抵制，只有"绝对的无能为力"才能成为不抵制它的理由。[279]

伯克对支撑统治者履行公民义务的神圣委任权的辩护，是在反对道德怀疑论的情况下明确提出的。他坚持认为，"伟大的、不变的、预先存在的法律"强加给政治权力机构为民众利益和正义服务的义务，这一法律"高于我们所有的思想和感觉"。[280] 现代伊壁鸠鲁主义，被霍布斯所接受，并在 17 世纪末被许多人认为包含在洛克的"思想方式"中，而伯克则认为其破坏了正义的自然权利。然而，正如孟德斯鸠在《论法的精神》中所论述的那样，正义关系的可能性必须先于地球上的法律制度而存在。[281] 伯克在 18 世纪 50 年代和 18 世纪 60 年代初曾努力使他自己对自然正义权威的承诺与他对理性教条主义的反对相一致，这使他倾向于一种"学术上的"怀疑主义。[282] 我们必须"学会怀疑"，伯克在 18 世纪 50 年代早期曾这样主张。这就要求我们要警惕理性的认知，因为其自负地试图探究事物的本质。[283] 在伯克看来，这种自负是 18 世纪初至 18 世纪中期自然神论者试图揭露宗教奥秘的核心所在，而这反过来又损害了道德义务的基础。[284] 伯克在 1759 年后的一段时间里放弃了他的哲学抱负，

---

279 EB, Speech on the Opening of Impeachment, 16 February 1788, *W & S*, VI, p. 351.

280 Northamptonshire MS. A, XXIX, 49.

281 Montesquieu, *De l'esprit des lois*, pt. I, bk. I, chapt. 1.

282 参见本书第 2 章第 3 节。伯克对于学术怀疑主义的兴趣，参见 EB, *A Philosophical Enquiry into the Origin of our Ideas of the Sublime and Beautiful* (1757, rev. ed. 1759) in *W & S*, I, p.191, where cites Cicero, *Academica*, II, 127。

283 EB, "Philosophy and Learning" in H. V. F. Somerset ed., *A Notebook of Edmund Burke* (Cambridge: Cambridge University Press, 1957), pp. 88–89.

284 EB, "Religion" in ibid., p. 70: *"Moral Duties are included in Religion, and enforce by it."*

因此，他从未成功地将他对义务的超然权威的承诺与他对人类认识局限的敏锐察觉协调起来。尽管如此，从对黑斯廷斯的弹劾来看，在他的政治生涯中，他从未忘记自己最初的承诺，在1788年伯克演讲的开场白中这一承诺得到了极大的体现。

这种对民众权利的承诺特别要求两项义务：维护财产制度和保护民众免受压迫和暴力："称我为法官，我将捍卫财产；给我的权力，我将视之为保护。"[285] 由于对政府的信任是神圣的，因此正义和安全是政府不可逃避的义务。最理想的情况是，这种信任可以通过一部规范良好的宪法来执行，根据该宪法，统治者的权力将受到限制，要么是通过司法机构制衡统治权，要么是通过国家中具有影响力的"社会阶层"来限制统治权。[286] 然而，即使在宪政体制下，最高权力根据定义在法律上也是不负责任的。尽管如此，最高权力并没有免除主权的道德责任，就算它保证了其在司法上的自主权。伯克认为，正是这种将主权在法律上的不负责任与在道德上的不负责任混为一谈，促使黑斯廷斯相信，拥有权力就可以随意行使其特权。自从1766年他第一次接触美洲殖民地危机以来，伯克一直对他现在所说的这种"思想的严重混乱和扭曲"的普遍性感到不安。[287] 从事物的性质来看，最高管辖权不可能因其行为而受到"刑事处罚"，因为这意味着最高管辖权要对一个更高一级的管辖权负责。[288] 要让主权承担责任，就是要消解国家的最终权

285 EB, Speech on the Opening of Impeachment, 16 February 1788, *W & S*, VI, p. 351.

286 Northamptonshire MS. A, XXII, 56.

287 EB, Speech on the Opening of Impeachment, 16 February 1788, *W & S*, VI, p. 351; EB, Speech on Declaratory Resoution, 3 February 1766, *W & S*, II, p. 47. 伯克关于主权的观点，参见本书第6章第4节和第9章第6节。

288 EB, Speech on the Opening of Impeachment, 16 February 1788, *W & S*, VI, p. 351. 参见 Bourke, "Sovereignty, Opinion and Revolution in Edmund Burke," *History of European Ideas*, 25:3 (1999), pp. 99–120。

威。[289] 如果不采取这种剧烈的做法，可以通过拆分行使主权的公共机构的职权来规范权力，而不损害最高权力的原则。这种拆分的原则是宪法对权力进行限制的基础。但在真正的绝对君主制下，对伯克来说，这代表了唯一可行的"专制主义"的含义——无论是司法机构还是法律都不能控制政府的意志，而正义只能取决于统治者的个人克制。在没有任何克制的情况下，如果政府与被统治者处于敌对状态，民众就会被迫反抗既定的权威。[290] 到了 1790 年 11 月，伯克不厌其烦地争辩说，没有任何类似于侵犯人权的行为，更不用说君主和其臣民之间的战争状态了，这就是革命前法国的情况。然而，1788 年 2 月，他以同样的信心向听众保证，这些情况在七年前的贝拿勒斯确实存在。

因此，从伯克的角度来看，黑斯廷斯颠覆了政府被创建的目的，即保障公民社会中的财产安全。黑斯廷斯继续为自己的行为辩护，他把亚洲政府描述为违宪的专制主义，而他不得不遵守这些专制做法。[291] 黑斯廷斯的律师后来在 1792 年的一次辩护演说中重申了这一立场，并用旅行者的故事和孟德斯鸠的观点来润色这一论点。[292] 两年后，在控方结案的答辩中，作为回复，伯克再次对这些假设提出质疑。[293] 这种怀疑的态度可以追溯到弹劾的开始。伯克在 1788 年 2 月 16 日的演讲中，试

671

289　EB, Speech on the Opening of Impeachment, 16 February 1788, *W & S*, VI, p. 352.

290　Ibid., p. 470, 转载于 Northamptonshire MS. A, XII, 56。

291　关于黑斯廷斯的计划，即"挫败所有政府应该共同考虑的目标"，参见 EB, Speech on the Opening of Impeachment, 19 February 1788, *W & S*, VI, p. 454。

292　Speech of Edward Law, 14 February 1792, *Speeches of the Managers in the Trial of Warren Hastings,* II, pp. 532–46. 参见 Montesquieu, *De l'esprit des lois,* pt. II, bk. Xi, chapt. 6: "Chez les Turcs, où ces trois pouvoirs [du gouvernement] sont réunis sur la tête du sultan, il règne un affreux despotisme."

293　EB, Speech in Reply, 28 May 1794, *W & S*, VII, pp. 262–3.

图证明黑斯廷斯关于东方政府的观点是不成立的。为了证明这一点，伯克着手说明东方的君主制是如何明显地成为法治政体的，它们受到《古兰经》及其宗教学者的制约："每一个伊斯兰政府……根据其原则，都是一个法治政府。"[294] 穆斯林政府是法治政府的事实进一步强调，不仅司法权与行政权分离，而且行政权在权力下放时也被分为不同的部门：正如伯克所说，"他们将自己的权力转移出去了"。[295] 这一点尤其适用于法律官员之间复杂的责任划分，但也适用于将民事管辖权从行政机构官员（*Nazim* 和 *Diwan*）的刑事管辖权中分离出来。伯克强调说："在印度，政府的权力是分割的。"这挑战了塔弗尼尔、孟德斯鸠及其信徒对印度次大陆宪法的普遍描述。[296] 除了穆斯林制度外，还有印度教法律。[297] 总之，伯克总结道，当涉及何种行为违反基本规范时，亚洲"在这方面"和欧洲一样开明。[298] 在其他方面，亚洲似乎并不开明。最后，伯克坚持他对英国宪法制度的偏袒："我们拥有比世界上任何其他国家更好的维护人权的制度。"[299] 然而，任何国家都不能背弃其维护这些权利的责任，莫卧儿统治下的印度尤其致力于确保这些权利的不可侵犯性。

672

---

294 EB, Speech on the Opening of Impeachment, 16 February 1788, *W & S*, VI, p. 363.

295 Ibid., p. 364.

296 Ibid., p. 464., 转载于 Northamptonshire MS. A, XXIX, 49。参见 *The Six Voyages of John Baptista Tavernier, Baron of Aubonne through Turky, into Persia andthe East-Indies* (London: 1677), 伯克在弹劾开始时特意引用上述内容来反对这些作者的总体论点，参见 Speech on the Opening of Impeachment, *W & S*, VI, p. 362. 相同的策略，参见 Voltaire, *Essai sur les moeurs etl'esprit des nations*, ed. René Pomeau (Paris: Garnier, 1963), 2 vols., II, p. 404。伯克拒绝"东方专制"在东方的适用性，参见本书第 10 章。

297 EB, Speech on the Opening of Impeachment, 16 February 1788, *W & S*, VI, p. 364.

298 Ibid., p. 367.

299 Ibid., p. 352. 另一方面，东方的法理学"可能与任何一个国家所拥有的法理学"一样开明。参见 EB, Speech in Reply, 28 May 1794, *W & S*, VII, p. 267。

12.7　朗普尔暴行

根据伯克的分析，在独立的纳瓦布时代，公民权利的状况急剧下降，从阿利瓦迪汗到卡西姆·阿里（*Kasim Ali*），黑斯廷斯以这些直接的统治者为榜样。[300] 1788 年 2 月 18 日，在审判的第五天，伯克开始讲述黑斯廷斯行为的后果，讲述在王公德维·辛格（Devi Singh）的管理下，孟加拉邦北部朗普尔的收税员所犯下的暴行。对黑斯廷斯的指控是，他曾被贿赂而将收益农场授予辛格，从而使他与辛格任职期间的收税员剥削耕种者或小农的行为有间接的牵连。[301] 从本质上讲，伯克的主张是，黑斯廷斯的贪婪胜过了他对民众福祉的关心。伯克认为，英国的印度政府起源于对"安全"的需求，但很快因不顾一切的野心而转移到对自身利益的有意追求中。此外，"就像征服中通常发生的那样，"野心转化成对金钱的贪婪，一个明显的例证是，黑斯廷斯将责任"出卖"给德维·辛格。[302] 黑斯廷斯的辩护律师坚持认为，没有证据证明黑斯廷斯与朗普尔的事件有联系，但伯克坚持认为有联系。伯克在发言前六周对弗朗西斯说："啊！这是一件多么大的事情啊。我必须详细说明这件事。"[303] 在伯克看来这一事件似乎触及了"礼物"指控的核心，但它也有一个额外的好处，即能够使他的控告人"基于民

300　EB, Speech on the Opening of Impeachment, 16 February 1788, *W & S*, VI, p. 367.

301　据称，德维·辛格是通过甘加·戈文德·辛格向黑斯廷斯行贿而获得农场的，尽管事实证明指控是错误的。参见 Hastings's notes, Add. MS. 29193, fols. 92ff。关于这一时期印度官员的一般待遇，参见 P. J. Marshall, "Indian Officials under the East India Company in Eighteenth-Century Bengal," *Bengal Past and Present*, 84 (1965), pp. 95–120; 关于甘加·戈文德·辛格，参见 ibid., pp. 111–20。

302　Ibid., p. 377.

303　EB to Philip Francis, c. 3 January 1788, *Corr*., V, p. 372.

众的意识工作"。[304] 这当然对伯克的目的至关重要：他最大的希望是通过弹劾来影响民众的情绪，从而给上议院施加压力，要求他们谴责被告。为此，他需要使用所有的修辞艺术去揭露黑斯廷斯对东印度公司权力的极端滥用。

伯克意识到这样一项事业最终必须依赖判断准确的演说来完成，通过将朗普尔事件与惊人的残忍联系起来，并将黑斯廷斯与这些事件联系起来，将公众的感受引向彻底的愤怒。前一年，也就是 1787 年 12 月，吉尔伯特·埃利奥特以一篇赞扬伯克政治家美德的颂词，开始了对伊利亚·英佩的诉讼。第二天，伯克通过埃利奥特夫人表达了他的谢意，称赞了埃利奥特发言的优点："他发言的方法、论点、情感、语言、举止、动作、语气和音调都一气呵成。"[305] 这位演说大师展示了伯克心目中演说的样子，让我们大致了解了伯克在朗普尔的演说中需要的是什么。伯克评论道，埃利奥特"有时听起来是在抽泣"。[306] 他这样做，是为了让他们与自己感同身受，以激起他们对极度痛苦的怜悯。"事实上，一切都来自内心，并直达内心，"他接着说：真诚是唤起适当同情的先决条件。[307] 这是伯克与埃利奥特本人都认可的一种观点："发言者的真挚情感在论辩中非常关键。"[308] 发言者的任务是在情感上认同他的主题，并激励听众分享这些情感。然而，这需要彻底掌握修饰和技巧，而不要展现出实现这一目标的艺术痕迹。后来，埃利奥特对谢里丹1788 年 6 月中旬关于别姬指控的一共 14 个小时的演讲发表了

---

304 Ibid.

305 EB to Lady Elliot, 13 December 1787, ibid., p. 369。

306 Ibid.

307 Ibid.

308 Sir Gilbert Elliot to Lady Elliot, 13 December 1787, *Life and Letters of Sir Gilbert Elliot, First Earl of Minto, from 1751–1806* (London: Longmans, Green and Co., 1874), 3 vols., I, p. 177.

评论，他谈到了谢里丹表现出的修辞痕迹。他"华丽的"修辞分散了人们的注意力，削弱了论述本身的重要性。[309] 然而，对于伯克来说，埃利奥特早期的全部演说表现出了大师的"手笔"，传达了道德上的紧迫感，而没有彰显出其技巧。他认为，这让人想起了在《失乐园》第五卷中，阿卜杜勒斥责撒旦时点燃的"狂热烈焰"。[310] 正如伯克所见，埃利奥特像他自己一样，都是为了揭露严重不虔诚的行为中极度的傲慢自大。伯克指出，实现这一目的所需要的是"品位"：即在不造假的情况下，制造出一个情绪共同体。通过这种方式，"人性"就可以被引向"对残酷和压迫做出严厉的判决"。[311] 这就是伯克于1788 年 2 月 18 日为自己设定的任务。

在朗普尔实施税收结算的同时，一些暴行也随之而来，伯克对这些暴行的描述，主要来源于 1783 年 1 月叛乱爆发后约翰·帕特森起草的三份报告。伯克在 1786 年后的一段时间内获得了帕特森报告的公司副本，他对该副本以及与报告一起装订的信件和附件做了大量的注释。[312] 后来一个委员会指出了这些文件的不可靠性，该委员会免除了据称由德维·辛格的代理人所犯下的最严重的"可怕而残忍的行为"，但仍承认发生了压迫行为。[313] 在伯克的版本中，当朗普尔农场被委托给德维·辛格后，该地区无数的小地主被监禁，目的是为了强制收取多余的租金。其次是征收新税，导致小地主因无力支付税款而被

674

---

309 Ibid., pp. 206–15.

310 Milton, *Paradise Lost*, V, l. 807.

311 EB to Lady Elliot, 13 December 1787, *Corr.*, V, p. 369.

312 几乎每一页都有伯克的摘要和评论，参见 Add. MS. 24268。

313 "Report of Enquiry into the Causes of the Insurrection at Rungpore," AAC, IOR, P/51/6, fols. 1–302, quotation on fol. 5. See *Maharaja Deby Sinha* (Calcutta: Kuntaline Press 1914), pp. 470–522.

扣押地产。[314] 印度农民（*raiyat*）的处境也因此受到威胁：在粮食价格低廉的一年里，他们无法承担新负担的成本。面对荒芜，他们卖掉了自己的财物，然后沦为高利贷的牺牲品。[315] 接着，他们采取了最糟糕的权宜之计：他们卖掉了自己的妻子和孩子。[316] 他们穷困潦倒，"被夺去一切"，折磨他们的人还想要更多东西，希望通过酷刑来勒索他们任何隐藏的维生积蓄。伯克接着向他的听众讲述了压迫者所采用的方法，并阐述了受害者声称的身体所遭受到的虐待。所有可能的方法都被用来折磨他们的身体和冒犯他们的心灵。[317]

当农民起来反抗"被委托的暴政"时，压迫者面临着不可避免的结果。[318] 帕特森注意到，"全体民众的声音"号召反对迫害他们的人。伯克后来评论道："无论是大人物还是平民，所有人的思想都因绝望而成熟，准备造反。"[319] 伯克评论说，"面纱"已经被揭开：通过那些令人愉悦的幻想，从属关系变得可以忍受，但在残酷的服从没有任何缓解和伪装的情况下，

314　EB, Speech on the Opening of Impeachment, 18 February 1788, *W & S*, VI, pp. 413–14.

315　Ibid., pp. 416–18.

316　这由约翰·帕特森报道，并被伯克所强调，参见 Add. MS. 24268, fol. 102。

317　Ibid., pp. 419–21.

318　EB to George Patterson, 7 April 1788, *Corr.*, VI, p. 381. 关于叛乱的叙述，参见 S. B. Chaudhuri, *Civil Disobedience during the British Rule in India, 1765–1857* (Calcutta: World Press, 1955), pp. 58–76, and Narahari Kaviraj, *A Peasant Uprising in Bengal, 1783: The First Formidable Peasant Uprising against the Rule of the East India Company* (New Delhi: People's Publishing House,1972)；关于最近对起义的底层假设的修订，参见 Jon Wilson, "A Thousand Countries to go to: Peasants and Rulers in Late Eighteenth-Century Bengal," *Past and Present*, 189:1 (2005), pp. 81–109。

319　Add. MS. 24268, fols. 105, 159. 另一方面，欧洲地区研究者理查德·古德拉德也没有发现任何令人信服的反叛理由。参见 his letter to David Anderson, 27 January 1783, reprinted in *Maharaja Deby Sinha*, p. 323。

这种幻想就不再有效了。[320] 在帕特森的一份报告的空白处，伯克抄下了这一简短的判断："如果民众没有起来反抗，那才是奇迹。"[321] 在印度的所有地方，只有彻底的压迫才能驱使民众反抗：伯克承认，印度人"太能忍了"。[322] 然而，正如伯克在帕特森报告中读到的那样，"任凭人的心灵如何习惯于奴役，但总有一个压迫的临界点会激起反抗。"[323] 在18世纪80年代早期，伯克认为这种消极服从源自一段对不自由政府的服从史；在1788年，他仍然认为这种姿态是一种"犯罪"。[324] 服从于背叛公共利益的统治，既是奴性的又是不道德的，因此正如伯克所说，朗普尔的农民"立刻爆发了一场疯狂的全体骚动"，这一事实必然会在英国引起同情。[325] 至少，这也是伯克对未来的唯一希望。第二天，他在上议院总结自己的诉讼时，阐明了宽容原则是最高的道德使命。在结束他的开场演讲时，伯克意识到，有罪判决取决于人性的情感，而不是法律判决的过程。"我以人性本身的名义弹劾他，"他说。[326] 然而，尽管伯克认为人性情感是基督教文化的伟大成就，但它比支持家庭、友谊和国家忠诚的情感要弱。对伯克的挑战是，如何用一个有效的指控激发不同人等的宽容仁爱。

在演讲的最后，伯克回顾说，弹劾黑斯廷斯的承诺是下议

675

---

320 EB, Speech on the Opening of Impeachment, 18 February 1788, *W & S*, VI, pp. 422–23. 当然，"令人愉悦的幻想"一词出现于 *Reflections*, p. 239 [114]。

321 Add. MS. 24268, fol. 242.

322 Ibid., p. 422.

323 Ibid., fol. 242. 伯克对这段话予以强调。

324 *"Observations" on the First Report of the Select Committee* (5 February 1782), *W & S*, V, p. 184; EB, Speech on the Opening of Impeachment, 18 February 1788, *W & S*, VI, p. 422.

325 Ibid.

326 Ibid., p. 459.

院的一个分水岭。没有什么比实现一个将下议院与印度臣民的困境联系起来的"道德共同体"更能体现对人性的尊重，更能证明英国政体的正当性，这一共同体的实现可以使下议院的议员们把印度民众遭受的屈辱当作"他们自己的"来怨恨，即使他们彼此之间相隔万里并有文化上的隔阂。[327] 现在的任务是重新点燃英国同胞心中的那份怨恨。为了达到这个目的，伯克对其听众的威严地位大加赞赏，无论是世袭贵族还是新晋贵族，他们分布在王室和平民之间的各个等级，作为一个合适的机构对帝国议题做出判断。[328] 最重要的是，他将上议院的主教们看作是"原始教会的真实形象"，扫除了罗马教廷的迷信，代表的是一种爱的宗教。但在恭维他们的同时，他的目的是提醒他们真正的使命，正如基督的使命最初所代表的那样：放弃远距离的伤感，走到民众中去，培养"对最底层之人的同情"。[329] 伯克最后提出了一个由多种信仰组成的基督教帝国的愿景，既宽容又慈善。问题是如何实现这一愿景。

---

327 Ibid., pp. 457–58.

328 Ibid., p. 458.

329 Ibid., p. 459.

第十三章

伟大的原始契约:《法国革命反思录》，1790 年

图 6 《埃德蒙·伯克》(1790 年)，乔治·罗姆尼之后的约翰·琼斯（John Jones after George Romney），国家美术馆，华盛顿特区。

13.1 导　语

与过往政治思想的经典著作不同，伯克的《法国革命反思录》并不是规范的文本。其不是哲学上的反思，而是所处环境的产物。西塞罗的《共和国》在退休后写成，马基雅维利卸任后完成了《君主论》。《反思录》的创作则与洛克的《政府论》大致相当，促成二者的动力都是势不可挡的现实。即便如此，洛克是学者和导师型的顾问和辩论家，而伯克则是一位负责任的政治家。从亚里士多德到托克维尔，许多政治思想的经典文本一定程度上都被界定为对公共生活中既有情况的回应，因此被视为对当地辩论的干预。[1] 然而，伯克的干预被一系列事件的压力影响。在政治写作的历史上，这并不新鲜，但确实有助于人们解读这部作品的风格和结构。一部应景之作的主题往往是发散式的。尽管其介入现实的力度很大，但它却围绕一系列迥然不同的重点展开。而事实上，这些重点紧密相关。

《反思录》是对英国宪法体制的辩护，其中包括教会与国家之间的现存关系。因此，它是对敌视英国国教机构和议会君主制原则之人的抨击。它直接抨击的目标是不信奉英国国教的传教士理查德·普莱斯，他试图与各类同伴一起破坏英国的教会和政治安排。像谢尔本伯爵这样的不信奉国教者的贵族庇主，以及像格拉夫顿公爵这样的国家教会的贵族批评者，都受到伯克的蔑视。对伯克来说，他们对法国革命价值观的公开支持使他们理应受到嘲弄。他认为，他们被一股蛊惑人心的热情驱使，这种热情掩盖了他们自私自利的野心。在这一过程中，他们所

1　关于这一问题，参见 James Tully ed., *Meaning and Context: Quentin Skinner and His Critics* (Princeton, NJ: Princeton University Press, 1988)。

宣扬的政治和宗教态度，最终是对二者的破坏。伯克不顾一切
地强化辉格党人对这些破坏性原则的厌恶，用英国国内政治的
启蒙价值观抵御法国思想上的混乱，帮查尔斯·詹姆斯·福克
斯从民粹主义的诱惑中清醒过来，因为正是这种混乱使得同时
期的法国分崩离析。

　　在伯克看来，法国革命的思想可能会为一些英国的学说提
供力量，而这些学说颠覆了英国宪法中对国家和教会的规定。
因此，伯克所攻击的目标既是法国革命，又是受其影响的英国
学说，按照大致的顺序，他的论述从批评1688年光荣革命期
间发生的袭击事件开始。他主要攻击的是普莱斯将自由视为
自治的思想，即认为公民自由中包括对公权力的支配。伯克认
为，正是在这个基础上，普莱斯才把辉格党的正当抵抗概念误
认为是一种许可，即可以为了便利而诉诸革命。而如果采用这
种方法，无论是议会制还是君主制都无法建立。伯克承认，从
根本上说，政府的确是一种便利工具。然而，他也认为宪政应
该提供一种方式来审议这种便利的性质。这就要求在稳定和效
忠的条件下提供审查、辩论和执行的手段。出于这个原因，伯
克详细阐述了支持国民律师连续性的情感和对社会福祉的重
视。其中包括鼓励尊重的道德和美感，以及对持久的习俗和民
族历史的崇敬之情。这些都不是为了肯定一种对"传统"的
空虚敬畏。相反，对权威的支持被解释为促进共同利益的一种
手段。正如伯克在审判黑斯廷斯的开场演讲中所竭力强调的那
样，统治者未能保护共同体的利益为正当抵抗提供了依据。更
广泛地说，《反思录》体现了服从和保护的责任。他主张这两
者都应该被置于"伟大的原始契约"下理解，该契约定义了统
治者和被统治者之间的道德关系。[2]伯克承认反对政府的革命

678

2　EB, *Reflections*, ed. Clark, p. 261 (144).

权利，但他也意识到诉诸起义的严重性。他认为，法国的局势几乎不能证明诉诸暴力是正当的，更不用说企图破坏已建立的治理国家的各种基础。

伯克称公民社会是一种生存机制，也是人类日趋完善的手段。因此，它既是崇敬和虔诚的对象，也得益于人们的信任。在法国，公民社会却遭到了人们的蔑视。全面的抵抗并非始于民众的叛乱，而是愤愤不平的朝臣与贵族的背叛。这些人很快就受到心怀不满的文人的怂恿，而这些文人也发现自己与金钱利益集团的代理人结成了联盟。他们发起了对教会财产的进攻，教会被谴责为特权的堡垒。根据伯克的分析，对不平等的怨恨引发了法国革命，这种怨恨植根于新兴人才的进取心以及贵族阶层中对地位的争夺。多样化的平等诉求将敌意对准了君主政体，催生了鲁莽的改革精神。国民议会的代表们进一步激化了这种情绪，在伯克看来，他们缺乏实践智慧和追求可持续改革的意愿。对旧制度的盲目畏惧使得滥用历史与当前的政治实践混为一谈。奢靡享乐被广泛认为是痛苦的根源。执意推翻上帝带给人的宽慰，使得虚假的繁荣景象难以忍受。随着法人团体和社会差异被逐渐瓦解，军队看起来准备在无抵抗的情况下扩大其权力。征服的精神打着自由的旗号重生。

13.2 自由和异议

伯克对美洲殖民地危机的回应，以及他关于政党执政的著作，使他的声誉一直延续到 18 世纪 80 年代，并成为自由改革的典范。另一方面，他的《反思录》则成为保守主义的经典著作。这两个结果都扭曲了伯克的初衷。正如《反思录》最新一任的编辑所强调的，对伯克来说，"自由主义"（liberalism）和"保守主义"（conservatism）这两个概念没有任何意义。[3] "自由派（Liberal）" 在 18 世纪的政治语言中是一个普遍的词语，像伯克这样将其作为理想而拥护的议员们并不会把它与 19 世纪的自由主义学说相混淆。同样，伯克当然相信有益稳定的基本成分应该受到保护。最终，这只不过是一个常识性的立场。然而，他也远不相信传统的维护应该以牺牲渐进式变革为代价。在撰写《反思录》一书时，他正在为一个特定的政治秩序辩护——就像任何人在面对一个根本性的挑战时所做的那样——这是他必须维护的。值得关注的问题是伯克捍卫的是什么，以及他捍卫的方法。

伯克提出的政治秩序有两个维度的概念：第一，就英国的宗教和政治机构而言；第二，就欧洲政治的基本原则而言。这两个关切是相互关联的，因为在伯克看来，欧洲的局势对英国的利益产生了不利影响。实际上，欧洲在这里指的是法国的君主制，尽管伯克把革命对财产和宗教的攻击与对后封建时代基督教遗产的普遍攻击联系起来。伯克在《反思录》即将问世前写信给卡洛讷，声称他的真正目标 "首先不是法国，而是英国。"[4] 从政治角度来看，这当然是正确的。英国异议群体宣布对法国革命原则拥护的决心引起了伯克的警惕，进而促成了他的《反思录》。只要这些原则有望在政治阶层中传播并获得支持，英国宪法就会受到威胁。话虽如此，法国思想的成功将取

3　EB, *Reflections,* ed. Clark, "Introduction," pp. 109–111. 这一点被有效承认，参见 Harvey C. Mansfield, "Burke's Conservatism" in Ian Crowe ed., *An Imaginative Whig: Reassessing the Life and Thought of Edmund Burke*, (Columbia, MO: University of Missouri Press, 2005), p. 60. 更常见的是，伯克被认为是保守主义与自由主义的结合。通常参见 Yves Chiron, *Edmund Burke et la Révolution française* (Paris: Téqui, 1987), p. 149; Jean-Clément Martin, *Contre-révolution, révolution et nation en France, 1789–1799* (Paris: Éditions du Seuil, 1998), pp. 99–103. 更复杂的描述，参见 Michael A. Mosher, "The Skeptic's Burke: *Reflections on the Revolution in France*, 1790–1990," *Political Theory*, 19: 3 (August 1991), pp. 391–418。

4　EB to Charles-Alexandre de Calonne, 25 October 1790, *Corr.*, VI, p. 141.

680 　决于法国的命运。因此，伯克旨在评估邻国可能的命运。这就需要对它的激励性原则进行分析，并估计它们如何发挥作用。

伯克对这些问题的专注决定了他对体裁的选择。《反思录》采取了一封信的形式，"原本打算寄给巴黎的一位绅士"。[5] 这位先生是查尔斯－让－弗朗索瓦·德庞（Charles-Jean-François Depont），伯克1785年便与他相识。[6] 1789年，德庞22岁时便成为巴黎议员。[7]1789年11月4日，他再次与伯克接触，就法国革命是否可能实现其既定目标征求他的意见。[8] 同月，伯克起草了一份冗长的回信，是他当时在法国问题上最深思熟虑的看法，不过他并没有将信寄出。[9] 12月29日，德庞敦促他做出答复，此时伯克开始了漫长的回复。这一回复逐渐发展为《反思录》。伯克最初打算用《反思录》分析自1789年夏天以来法国人颠覆的各种机构的基本原则，首先是各宪法权力的组织，以及军队和教会的改组。正如他在《反思录》中指出的那样，他的目标是"将你们所取代的一切和你们所摧毁的一切，与我们英国宪法中的几个组成部分进行比较"。[10] 但很快事态发展到了难以控制的程度，迫使伯克放弃对英国政府体系的详细描述，将注意力集中在法国方面。因此，他对自己想说的话有所保留，"我们英国实际存在君主制度、贵族制度和民

5　EB, *Reflections*, ed. Clark, p. 141: 第一版标题页的副本重印。关于书信体形式的重要性，参见 Christopher Reid, *Burke and the Practice of Writing* (Dublin: Gill and Macmillan, 1985), p. 8。

6　Richard Burke, Sr. to EB, 10 November 1785, *Corr.*, V, p. 235.

7　H. V. F. Somerset, "A Burke Discovery," *English*, 8: 46 (1951), pp.171–78.

8　Charles-Jean-François Depont, 4 November 1789, *Corr.*, VI, pp. 31–32.

9　虽然这封信随后发出，参见 EB, *Reflections*, ed. Clark, p. 143 [iii]: Preface。副本参见 *Corr.*, VI, pp. 39–50。

10　EB, *Reflections*, ed. Clark, p. 335 [241].

主制度的精神"。[11] 对这一话题的讨论被写入了《反思录》，但伯克从未对此发表过完整的论述。

不久之后，由于国内事态的发展，《反思录》最初的出版计划被打乱。为庆祝光荣革命，理查德·普莱斯出版了为其布道的《爱国论》(*A Discourse on the Love of Our Country*)，本书以对法国革命的赞扬结尾。[12] 早在春天的时候，伯克对普莱斯布道的回应草稿就已完成。当时，它以"对革命协会 1789 年 11 月 4 日涉法事务的某些会议记录的反思"为标题，表明了该作品的主题。[13] 这一标题确定了伯克的根本意图。也许他还没有决定把这份材料同他对德庞的回复合并在一起，但之后这两个部分被合并成了《反思录》——首先回应普莱斯对革命协会的布道，接着更为详尽地审视了法国局势。

1788 年夏，革命协会重新活跃起来，为光荣革命一百周年做准备。为此，它汇集了宪法信息学会的成员、持异议的神职人员中具有政治头脑的成员以及议会和宗教改革的支持者。[14] 1788 年 10 月 6 日，该协会制定了一个商定原则的草案。[15] 翌年 11 月 4 日，协会主席斯坦霍普伯爵（Earl

681

11　Ibid., p. 335 [242].

12　普莱斯的布道引起了相当多的反对声音：总共有 27 本小册子声讨他，在《法国革命反思录》问世前有 21 本。参见 Gayle Trusdel Pendleton, "Towards a Bibliography of the *Reflections* and the *Rights of Man* Controversy," *Bulletin of Research in the Humanities*, 85 (1982), pp. 65–103。

13　*London Chronicle*, 13–16 February 1790: Advertisement.

14　Eugene Charlton Black, *The Association: British Extraparliamentary Political Organisation, 1769–1793* (Cambridge, MA: Harvard University Press, 1963), pp. 214–15; Albert Goodwin, *The Friends of Liberty: The English Democratic Movement in the Age of the French Revolution* (London: Hutchinson, 1979), chapt. 4.

15　Minute Book of the Revolution Society, 16 June 1788–4 November 1791, Add. MS. 64814, fol. 5. 12 月 4 日该协公提出了最终草案，参见 Revolution Society, *An Abstract of the History and Proceedings of the Revolution Society, in London* (London: 1790), pp. 14–15.

Stanhope）向法国的自由精神致敬，同时理查德·普莱斯对国民议会发表了演讲，称赞"法国为鼓励其他国家维护人类不可剥夺的权利树立了光辉榜样，从而影响了欧洲各政府的改革"。[16] 1790 年 3 月 26 日，革命协会与宪法信息协会合作，向议会提交改革提案。[17] 1790 年夏天的选举迫在眉睫，福克斯派急于修复他们与异议者的关系，这些人曾在 1784 年为了皮特而抛弃了罗金汉。[18] 在这种情况下，伯克下定决心，议会反对派和不信奉英国国教的新教教徒之间的任何接触都应该按照罗金汉辉格党人所拥护的原则进行。[19] 这需要制定一个宣言，对抗不符合宪法的思想。1789 年 11 月 4 日，普莱斯对国民议会发表演讲之前，在老犹太街区发表了关于爱国的布道，这为伯克提供了攻击的材料。在 12 月月底之前，《伍德法尔报》评论普莱斯的布道如何"被很多人捏在手中"。[20]

伯克长期以来一直视普莱斯为谢尔本的危险同伙，在批评

16　Minute Book of the Revolution Society, 16 June 1788–4 November 1791, Add. MS. 64814, fols. 22–3. 该演讲由罗什福科公爵提交给国民议会，艾克斯大主教予以回应，参见 *Procès-verbal*, 25 November 1789。国民议会与革命协会成员之间的通信发表于 the *London Chronicle*, 29–31 December 1789, and in the *Diary or Woodfall's Register*, 31 December 1789。对其互动的描述，参见 George Stead Veitch, *The Genesis of Parliamentary Reform* (1913) (London: Constable, 1965), pp.121–25。另见 E. Pariset, "La société de la revolution de Londres dans ses rapports avec Burke at l'Assemblée Constituante," *La Révolution française*, 29 (1985), pp. 297–325. 参见 Richard Price, *A Discourse on the Love of Our Country* (1789) (London: 3rd ed.,1790)，相关材料收集于该书附录中。伯克使用的是普莱斯著作的第三版。

17　"Papers Relating to the London Corresponding Society and Society for Constitutional Information: Meetings Held 14 Mar 1783–7 Oct 1791," TNA TS 11/961/3507, fol. 212ff.

18　1789 年秋，在伯克和福克斯与普里斯特利的交往中，建立和解的尝试是显而易见的，参见 EB to Charles James Fox, 9 September 1789, Corr., VI, p. 15: "普里斯特利先生是一群人的重要领袖，这群人在很多方面，尤其是选举方面都足够有影响力。"

19　Albert Goodwin, "The Political Genesis of Burke's Reflections on the Revolution in France," *Bulletin of the John Rylands Library*, 50:2 (1968), pp. 336–64.

20　*Diary or Woodfall's Register*, 30 December 1789.

普莱斯的话语中，伯克贬低了一种假定性的辉格思想，他认为这种思想实际上颠覆了辉格教义的基本原则。谢尔本被伯克评为"令人失望的政治家"和"堕落的政治家"，他仍然想通过培养一群谄媚的煽动者来发挥影响。[21] 面对这种对辉格主义主要思想的补充，伯克希望他之后写的书"首先服务公众，其次服务辉格党"。[22] 在伯克对当前政治的评估中，这两者紧密地交织在一起。毕竟，辉格党的原则对公共利益至关重要。普莱斯在老犹太街区的发言是对这些原则的蔑视，因此有必要揭露他们与辉格党基本原则的分歧。出于一致的目的，在反对内阁控诉美洲战争的运动中，罗金汉辉格党人接受了有关自由的异议思想。但共同词汇中存在的分歧是显而易见的，每一种形式的联盟都必须经过审查，并可能被终止。即使在 1777 年，伯克也坚持认为普莱斯的准则与罗金厄姆的立场之间存在差异。但是到了 1790 年，这种分歧已经发展成为巨大的鸿沟。这种日益加剧的对抗不是由于教义的转变引起的，而是由普莱斯受众的扩大引起的。1791 年，伯克在布鲁克斯家中抱怨"潘恩、普里斯特利、普莱斯、劳斯、麦金托什和克里斯蒂等人"的信条获得的追捧和欢迎。[23] 在此之前，令伯克吃惊的是 1789 年国民议会对普莱斯及其同事的鼓励："法国国民议会将通过采纳这些绅士的建议来体现对他们的重视。"[24] 颠覆性原则的发展必须受到限制。

　　伯克在《给布里斯托尔郡长的信》（*Letter to the Sheriffs*

21　WWM BkP 10: 4.

22　EB to Earl Fitzwilliam, 5 June 1791, *Corr*., VI, p. 272.

23　Ibid., p. 273.

24　EB, *Reflections*, ed. Clark, p. 147 [4].《革命协会的演讲》（The Revolution Society's Address）以法文印刷，参见 *L'Ancien moniteur*, 10 November 1789, in *Réimpression de l'ancien Moniteur* (Paris: 1858–63), 31 vols., II, pp. 171–72。

of Bristol）中首次公开提出对普莱斯的异议："有些人分裂和拆解了自由政府的学说，仿佛这是一个关于形而上学的自由和必然性的抽象问题，而不是道德审慎和自然情感的问题。"[25]伯克提到的是普莱斯在谢尔本的赞助下于 1776 年 2 月出版的《关于公民自由性质的观察》（*Observations on the Nature of Civil Liberty*）。[26]伯克的目的是通过与普莱斯 1758 年出版的柏拉图式的《主要道德问题研究评论》（*A Review of the Principal Questions in Morals*）相联系，来谴责这本小册子中的自由概念。[27]在 1776 年 3 月出版的《关于公民自由性质的观察》第五版的序言中，普莱斯宣扬他的论述得益于洛克《政府论》的下篇。[28]这意味着，他除了将公民社会的起源追溯到民众的同意，政府的正当性也取决于民众的同意。鲍斯韦尔声称，伯克曾经评论说，洛克"在分析人类认知时表现出如此非凡的能力，但当他将其实际应用于政府主题时，却丧失了这一

25　EB, *Letter to the Sheriffs of Bristol,* 3 April 1777, *W & S,* III, p. 317. 伯克同普莱斯的接触史，参见 John Faulkner, "Burke's First Encounter with Richard Price" in *An Imaginative Whig*, Crowe ed. 另见 Frederick Dreyer, "The Genesis of Burke's *Reflections*," *Journal of Modern History,* 50: 3 (September 1978), pp. 462–79.

26　关于普莱斯与谢尔本的关系，参见 Lord Fitzmaurice, *Life of William, Earl of Shelburne* (London: 1912), 2 vols., I, p. 432。另见 Peter Brown, *The Chathamites: A Study in the Relationship between Personalities and Ideas in the Second Half of the Eighteenth Century* (London: Macmillan, 1967), part II。

27　普莱斯的作品诉诸柏拉图和卡德沃斯，以攻击洛克《人类理解论》的煽情主义和哈奇森的道德感论点，参见 Richard Price, *A Review of the Principal Questions and Difficulties in Morals* (London: 1758), pp. 4, 18, 24n, 26。相关讨论，参见 Martha K. Zebrowski, "Richard Price: British Platonist of the Eighteenth Century," *Journal of the History of Ideas*, 55: 1 (January 1994), pp.17–35。关于普莱斯道德和政治思想的关系，参见 Susan Rae Peterson, "The Compatibility of Richard Price's Politics and Ethics," *Journal of the History of Ideas*, 45:4 (October 1984), pp. 537–47; Gregory I. Molivas, "Richard Price, the Debate on Free Will, and Natural Rights," *Journal of the History of Ideas,* 58: 1 (January 1997), pp. 105–23。

28　Price, *Observations* (7th ed.,), Preface. 参见 ibid., pp. 16, 93, 100。他对伯克的反驳还可参见 Price, *Two Tracts*, pp. ii–viii。

优势。"[29] 尽管这可能促使伯克远离这位当时伟大的哲学家，但也不能将此看作是伯克对洛克的严肃评价，在 1780 年代初，乔西亚·塔克（Josiah Tucker）对此进行了剖析。[30] 据报道，大约四年后，在反法战争期间，伯克将《政府论》描述为有史以来"最糟糕的书之一"。[31] 伯克与洛克的关系是一个既互惠又互斥的混合体：他对《人类理解论》中有关道德心理学的方面保持距离，但他接受洛克对于——个人有权利自愿服从统治者的任意权威——的否定。[32] 同时，他与洛克都认为合法政府需要民众的同意。

684

然而，在洛克的思想中，这种状况的含义是复杂的，这解释了伯克为何警惕他的思想。[33] 在合理服从的基础上，洛克很有名的一个论点是，强调民众同意对确立政治责任的作用。根据这种观点，大多数情况下，一般的政府运作并不直接涉及被

29　James Boswell, *The Hypochondriak, Being the Seventy Essays by the Celebrated Biographer*, ed. Margery Bailey (Palo Alto, CA: Stanford University Press, 1928), II, pp. 270 and 270n9.

30　关于他对持不同政见者的所谓洛克主义的攻击，参见 Josiah Tucker, *A Treatise concerning Civil Government* (London: 1781)。相关讨论，参见 J. G. A. Pocock, "Josiah Tucker on Burke, Locke and Price: A Study in the Varieties of Eighteenth-Century Conservatism" in idem, *Virtue, Commerce, and History: Essays on Political Thought and History, Chiefly in the Eighteenth Century* (Cambridge: Cambridge University Press, 1985), chapt. 9.

31　*Morning Chronicle*, 18 April 1794. 这是对伯克 1794 年 4 月 7 日在有关接受法国异议者加入英国军队的辩论上演讲的报道。一个在措辞上相对温和的类似报道，参见 *Oracle* for 24 April 1794。两版报道均取自 P. J. Marshall in *W & S*, IV（即将出版）。

32　参见 John Locke, *Two Treatises of Government*, ed. Peter Laslett (Cambridge: Cambridge University Press, 1960, 1990), II, iv, §23. 关于伯克在黑斯廷斯审判中使用的论点，参见本书第 13 章。关于伯克和洛克的亲近关系，参见 Frederick A. Dreyer, *Burke's Politics: A Study in Whig Oligarchy* (Waterloo, Ontario: Wilfrid Laurier University Press,1979). 参见 Ofir Haivry, "The 'Politick Personality': Edmund Burke's Political Ideas and the Lockean Inheritance" (PhD thesis, UCL, 2005)。

33　弗伦奇·劳伦斯手中一篇伯克在 1770 年前后关于美国危机的演讲手稿提到，"许多清醒和善良的公民受到洛克和其他宪法政治家权威的影响"，从而损害了下议院的权利。参见 OSB MS. File 2237。

统治者的心理偏好。[34] 是伯克，而不是普莱斯，接受了民众同意对形成一个合理政治秩序的约束。除了激进的抵抗，只有宪法赋予公民代表权，才能让被统治者信服统治者。另一方面，对普莱斯来说，行政官员被委以重任，为公民服务：合法的政府取决于切实的同意，而不仅仅是一个基本的同意框架。[35] 普莱斯认为洛克曾是这种观点的支持者。在伯克看来，普莱斯对政治义务的态度涉及以牺牲公民自由为代价，赋予臣民绝对的自由。正如他在《给布里斯托尔郡长的信》中所说，天赋自由权（natural liberty）是一种"理想"自由，它在已建立的政治社会中"无处可寻"。[36] 人们可以以天赋自由权的名义反对其政府，这一想法最终是"对所有权威的破坏"，因此这不能为良性改革做出贡献。[37]

685　　伯克在《反思录》中再次提到这一论点，正如他在给德庞的第一封信中所写的那样。他相信，自由是人类与生俱来的权利。不仅如此，任何人都没有放弃它的"权利"。[38] 然而，真正的自由必须区别于前社会自由（pre-social freedom），前社会

34　Locke, *Two Treatises,* II, xiii, §149. 关于洛克思想中同意的作用，参见 John Dunn, "Consent in the Political Theory of John Locke"in idem, *Political Obligation in Historical Context* (Cambridge: Cambridge University Press, 1980)。另见 John Dunn, "'Trust'in the Politics of John Locke" in idem, *Rethinking Modern Political Theory* (Cambridge: Cambridge University Press, 1985); John Dunn, "From Applied Theology to Social Analysis: The Break between John Locke and the Scottish Enlightenment" in Istvan Hont and Michael Ignatieff eds., *Wealth and Virtue: The Shaping of Political Economy in the Scottish Enlightenment* (Cambridge: Cambridge University Press, 1986)。

35　Price, *Observations* (7th ed.,), p. 7. 参见 D. O. Thomas, *The Honest Mind: The Thought and Work of Richard Price* (Oxford: Oxford University Press, 1977, p. 191, 该论点更接近于弥尔顿而不是洛克的观点，参见 Milton's *Tenure of Kings and Magistrates* (1650)。

36　EB, *Letter to the Sheriffs of Bristol,* 3 April 1777, *W & S,* III, p. 318.

37　Ibid.

38　EB to Charles-Jean-François Depont, November 1789, *Corr.,* VI, p. 41.

自由不涉及任何公民正义（civil justice）。正如所有的政治价
值观一样，自由的意义只能从其背景中得出。当它"赤裸裸、
孤零零地出现在抽象的形而上学"中，它没有任何实际意义。[39]
社会中的自由是权力的一种形式（a form of power），因此其
正当性取决于如何使用这种权力。[40]在《反思录》中，伯克注意
到自由是如何被援引来侵害私人财产、军队和税收。[41]他评论
说，他非常清楚，自由的言辞可以多么振奋人心，但自由要想
发挥作用，就必须与政体相适应，没有这种适应，自由充其量
只是一种愚蠢。[42]尽管如此，这种桀骜不驯的自由精神还是受
到了议会议员的赞扬，特别是谢尔本（现任兰斯敦侯爵）、斯
坦霍普，以及像普莱斯这样的不信奉国教的神职议员的称赞。[43]
他们把政治和宗教融合成一个阴险的腐败组合。伯克认为，这
一结果体现在普莱斯混杂的布道中。他认为，普莱斯的《爱国
论》是一部散发着狂热气息的作品：它往政治的激情中注入宗
教的非世俗性，用虚幻的愿景维持改革的热情，用权力的野心
毒害宗教的情感。它的语气和思想让人想起法国天主教联盟和
苏格兰"神圣盟约"（the Solemn League and Covenant）的
时代。[44]普莱斯的真正榜样是休·彼得斯，1648 年，在军队开
赴伦敦实施"普莱德清洗"（Pride's purge）行动之前，这位
独立牧师对军队做了动员。[45]与普莱斯相似，在向普罗大众宣

39　EB, *Reflections*, ed. Clark, p. 151 [7].

40　Ibid., p. 153 [9].

41　Ibid., p. 152 [9].

42　Ibid., p. 412 [352–53].

43　斯坦霍普和亨利·博福伊、本杰明·沃恩一道，以谢尔本的利益开始了他们的议会生
涯。参见 Goodwin, *Friends of Liberty,* pp.10–13。

44　EB, *Reflections*, ed. Clark, p. 157 [13].

45　Ibid., pp. 156–57 [13]. 参见 R. P. Stearns, *The Strenuous Puritan: Hugh Peter, 1598–1660*
(Urbana, IL: University of Illinois Press, 1954)。

扬爱的过程中，彼得斯被指在同胞之间传播仇恨。

　　伯克选择把普莱斯的布道与17世纪一位弑君牧师的劝诫放在一起做对比，这并非偶然。他的论点之一是，1789年的英国支持者把法国革命解释为1688年的重演，把威廉三世的光荣革命与17世纪40年代的悲剧混为一谈。彼得斯在那十年的动荡中扮演了一个臭名昭著的角色，他与艾里顿和克伦威尔密谋，确保国王被处决。在查理一世逝世前夕，他以《以赛亚书》的第十四、十九和二十章为基础，发表了一篇可怕的布道："你像可憎的树枝一样被赶出坟墓。"[46]1648年1月28日，他在圣詹姆斯教堂发表讲话，恳求圣徒们"用铁链捆绑他们的国王，用镣铐拴住他们的贵族"，这使得他在王政复辟时期后仍声名狼藉。[47]在《英国史》第五卷中，休谟把彼得斯的长篇大论称为"那个年代狂热者"的最爱。[48]很可能是休谟的叙述让伯克想起了这个狂热的牧师，他在内战期间的活动体现了宗教政治化的危险。"在教堂里除了基督教的慈善救济之声不应该听到任何声音，"伯克断言："政治和神坛没有什么共同之处。"[49]休谟认为宗教有污染政治的习惯。伯克则回复，政治倾向于腐蚀宗教。尽管存在这种微妙的分歧，两人都对1642年以后的一系列事件的进程有着共同的看法：由于与宗教相结合，大众政治和平等主义意识形态（egalitarian ideology）被极端化了。在伯克看来，普莱斯的姿态让人想起1648年的过度行为，因为他打破了宗教和政治激情的界限。傲慢和野心淹

46　Ian Gentles, *The New Model Army in England, Ireland, and Scotland, 1645–1653* (Oxford: Blackwell, 1992), p. 309.

47　Psalm cxlix, 引自 EB, *Reflections*, ed. Clark, pp. 156–57 [13]。

48　David Hume, *The History of England* (Indianapolis, IN: Liberty Fund, 1983), 6 vols., V, p. 515n.

49　EB, *Reflections*, ed. Clark, p. 157 [14].

没了谦逊的声音。同时，政治变革的期望也脱离了实际生活。结果，普莱斯这样的"神学政治家"，对日常事务一无所知，只是被激情所迷惑，而政治经验通常会缓和这些激情："他们对政治一无所知，只知道其所引起的激情。"[50]

普莱斯在光荣革命纪念日发表演讲时承认，他曾被引导对政治问题进行比以往任何时候都更广泛的探讨。[51] 由于他的主题是基督教对社会进步的影响，宗教与政治的结合题目是不可避免的。在讨论这一主题时，普莱斯的目的是赞扬基督教宽容情怀中所体现的普遍善良原则：他认为，应该通过培养普世性的友谊来抑制爱国情感，减少民族偏见。[52] 他坚持说，真正的爱国主义，超越了民族的宗族本能，包括崇尚美德、自由和知识。正如《伦敦公共广告报》对普莱斯观点的总结，"通过培养真理、美德和普遍的自由，我们能够把对全人类的普遍慈善事业结合起来，这将从根本上促进人与人之间的公共和平。"[53] 此外，自由、美德和知识的原则也是相互促进的。政治和宗教自由促进了美德的完善，但它也为知识进步创造了条件。反过来，知识又促进了政治和宗教的启蒙，产生了"那些每一个人类同胞都为之欢欣鼓舞的革命"。[54] 然而，如果知识的进步要有益于社会，知识就必须兼顾美德。同时，追求美德而没有知识，则会助长狂热，因此，慎重起见，二者应同时培养。

687

普莱斯还认为，美德的实践包括宗教的公共义务。然而，在英国，礼拜的形式和信仰的教义受到公共权威法令的制约。

50　Ibid.

51　Richard Price, *A Discourse on the Love of Our Country, Delivered on Nov. 4, 1789* (London: 3rd ed., 1790), p. 2.

52　Ibid., pp. 4–9.

53　*Public Advertiser*, 25 December 1789.

54　Price, *Discourse on the Love of Our Country,* p. 14.

普莱斯强调，这样的安排通过扼杀探究的自由而阻碍了通往真理的道路。在这一点上，普莱斯敦促像格拉夫顿公爵这样的"有分量的人"开展运动，反对"将统治用于支持特定的信仰模式，这阻碍了人类进步，并使错误永久化。"[55] 伯克贬损了普莱斯的观点，即应允许宗教团体无限制地扩散。"这实在有些不可思议，"他评论道，"这位尊敬的神圣牧师如此热衷于建立新的教会，而对其中可能传授的教义又如此漠不关心。"[56] 然而，事实是，普莱斯并不关心信仰的增长，因为他认为从长远来看，错误会屈服于真理。此外，如他所见，异议的历程在过去一直是无可指责的。普莱斯在 1785 年发表的《关于美国革命重要性述评》中承认，公众的批评往往伴随着争吵，但内乱的责任在于当局的教条主义。[57] 这种对异议者绝对无罪的坚持根植于普莱斯所代表的宗教派别——基督教千禧年主义（millennialist Christianity）。[58] 虽然启蒙的过程可能被一段黑暗所打断，但知识的进步将不可避免地恢复。普莱斯提供了一个具体的例子来支持他的论点：尽管古典启蒙时代之后学术思想呈现野蛮状态，但随着学术的复兴和实验科学的出现，哲学和基督教重新繁荣起来。[59] 鉴于历代改革的明显模式，批评

55　Ibid., p. 18. 格拉夫顿是上议院的一位论成员。伯克暗指，格拉夫顿的作品主张对英国国教礼仪进行改革，参见 *Hints Submitted to the Serious Attention of the Clergy, Nobility and Gentry, by a Layman* (London: 1789)。

56　EB, *Reflections*, ed. Clark, p. 158 [15].

57　Richard Price, *Observations on the Importance of the American Revolution* (London: 1785), p. 27.

58　Jack Fruchtman, *The Apocalyptic Politics of Richard Price and Joseph Priestley: A Study in Late Eighteenth-Century English Millennialism* (Philadelphia, PA: American Philosophical Society, 1983), esp. chapt. 3.

59　Price, *Importance of the American Revolution*, p. 4. 参见 Richard Price, *The Evidence for a Future Period of Improvement in the State of Mankind* (London: 1787), pp. 13–14。

不应受到世俗或教会的约束。事实上，即使是投机的无神论也比强制的信仰一致更为可取。[60]

千禧年正在"加速降临"，普莱斯对此确信无疑。[61] 然而，在弥赛亚王国开始之前，反基督者无疑会失败。[62] 这将使宗教从世俗权力中解放出来，这在英国意味着英国圣公会的解体。普莱斯认为一切迹象都在朝着这个方向发展。据报道，到 1789 年秋，他"非常希望"法国的斗争是自由逐步扩大的先兆。[63] 自由地进行哲学思考，是实现这些预见的最可靠手段。在实践中，这种自由意味着批评公权力的自由，以及发表任何理论学说的权利。到 1790 年，伯克本人在公共生活中已投入四分之一个世纪来捍卫公共性原则，并要求行政权力承担责任。他也一直致力于宽容的原则，尽管是在捍卫既定教会的背景下。然而，他也相信，启蒙的思想必须保持其自身的有利条件。允许宗教的投机自由是没有意义的，它会摧毁宗教的根基。同样，用言论和出版自由来破坏政治自由的条件，是适得其反。在《反思录》中，伯克能够接受普莱斯捍卫异议的观点，尽管他认为这些观点对国家安宁构成了威胁。然而，伯克认为普莱斯的一些政治原则有更直接的颠覆性："他的学说动摇了我们宪法的重要部分。"[64] 无论普莱斯如何宣扬他对启蒙原则的拥护，他的承诺实际上颠覆了他所期望的原则。从这个角度来看，《反思录》在很大程度上是对自封为启蒙运动代表之人自负意图的抨击，这些人的学说恰恰会推翻他们希望实现的

60 Price, *Importance of the American Revolution*, p. 38.

61 Price, *Future period of Improvement*, p. 25.

62 Ibid., p. 19.

63 James Wodrow to Samuel Kenrick, 25 October 1789, Dr. Williams Library, Wodrow-Kenrick Correspondence, 24.157 (141).

64 EB, *Reflections*, ed. Clark, p. 159 [16].

目标。《反思录》针对的是一块虚假的"启蒙"招牌，而不是针对促使社会和知识进步的批判精神。[65]

13.3 为我们自己组建一个政府

在《爱国论》的结尾处，伯克发现，普莱斯提出的学说特别具有颠覆性。主要的冒犯性教条是普莱斯宣称"世俗权力是一种来自民众的委托"。[66]普赖斯这句话的含义取决于动词"委托"（delegation）。伯克本人也承认政府建立在民众的信任之上，但这并不是说民众是公共决策的直接仲裁者：这种安排否定了统治者和被统治者之间的任何有效分工。然而，如果照这些说法来解释委托的含义，就意味着公权力不是对公共利益负责，而是被民众相互矛盾、一时兴起的想法所控制。伯克认为，在国民议会中，因为受到大众的威胁性干预，法国代表们屈服于无政府状态，这概括了"委托"的概念。最终，它破坏了所有的宪政政府，同时又假装是为了促进公共利益。这一概念于17世纪40年代首次在英国得到推广，并在英国与其殖民地的冲突中被重新激活。1776年，改革宗浸信会的政论家凯莱布·威廉姆斯（Caleb Williams）重新激发了这种大众政治控制的理念。在他的《发现政治诡辩》（*Political Sophistry Detected*）中，他评论说，违反公众信任的行为使民众有权抵

65　关于批评和启蒙之间关系的讨论，参见 Reinhart Koselleck, *Kritik und Krise: Eine Studie zur pathogenese der bürgerlichen Welt* (1959) (Frankfurt: Suhrkamp, 1973) . 关于批评和对法国革命"意见"之间关系的讨论，参见 Roger Chartier, *The Cultural Origins of the French Revolution* (Durham, NC: Duke University Press, 1991), pp. 16ff.

66　Price, *Discourse on the Love of Our Country*, p. 34. 有关讨论，参见 D. O. Thomas, "Richard Price and Edmund Burke: The Duty to Participate in Government," *Philosophy*, 34: 131 (October 1959), pp. 308–22。

抗既定的权威，并将政治权力"收回到自己手中"。[67]他继续说，"光荣革命"以及乔治三世的君主政体，正是建立在这种思想上的。[68]1777年，伯克提出，这种激进的思想与反律法主义的观念相结合，破坏了"我们的相互理解"和"人类社会的基础"。[69]而在1790年，由于谢里丹和兰丝唐（Lansdowne）等人纵容了这些思想的传播，它们的出现更加令人担忧。

困扰伯克的不是对特定权力机构的批评，而是对任何形式的权力机构的攻击。普莱斯认为世俗政权来自民众的委托，这一观点在美洲危机的整个过程中得到广泛的宣传。在战争结束后，它继续被传播。在《爱国论》中，普莱斯将此观点与1688年前后的事件联系起来。他写道，正是在那个时刻，"民众的权利得到伸张"：一位君主被驱逐，"我们自己选择的君主被任命到他的位置上"。[70]与这些发展有关的三项原则被确立：第一，信仰自由的权利；第二，抵抗滥用权力的政府的权利；最后，"有权选择我们自己的统治者，并可以因其不当行为而将其撤职，为我们自己建立一个政府"。[71]正是这最后一条原则引起了伯克的恐慌。[72]不信奉国教的牧师罗伯特·罗宾

690

---

67 Caleb Evans, *Political Sophistry Detected, Or, Brief Remarks on the Rev. Mr. Fletcher's "American Patriotism"* (Bristol: 1776), p. 17. 这些学说连同普莱斯和约翰·谢伯雷（John Shebbeare）的学说受到系统攻击，参见 John Wesley, *Some Observations on Liberty: On a Late Tract* (Edinburgh: 1776)。

68 Evans, *Political Sophistry Detected*, pp. 17–18. 埃文斯回应约翰·弗莱彻对自己和理查德·普莱斯的攻击，参见 *American Patriotism Further Confronted with Reason, Scripture, and the Constitution* (Shrewsbury: 1776)。

69 EB, *Letter to the Sheriffs of Bristol*, 3 April 1777, *W & S*, III, p. 318.

70 Price, *Discourse on the Love of Our Country*, p. 32.

71 Price, *Discourse on the Love of Our Country*, p. 34.

72 查尔斯·詹姆斯·福克斯捍卫了普莱斯的观点和他的构想，参见 Debate on the King's Message, 1 February 1793, *Parliamentary History*, XXX, col. 310. 伯克做出了尖锐的回应，参见 EB, *Observations on the Conduct of the Minority* (Autumn 1793), *W & S*, VIII, p. 439。

逊（Robert Robinson）在 1784 年也提出了同样的主张：选民（constituents），正如这个词所暗示的那样，"提名或任命"代表来行使他们的权利，因此在英国，混合君主制是大众选择的结果。[73] 罗宾逊还认为，宗教机构也应该是选择的产物：政治和宗教团体都源于"民众"的质询和选举权。[74]1790 年 3 月 2 日，在对福克斯关于废除《宣誓与结社法案》（Test and Corporation Acts）的动议进行辩论时，伯克指出，罗宾逊的作品可能会使越来越多的不信奉国教者成为教会的"坚定敌人"。[75] 长期以来，伯克一直认为他们作为会众领袖所进行的思想灌输是令人反感的，但在 1789 年 11 月之后的法国，对高卢教派（Gallican Church）的敌意导致了蓄意破坏，因此对宗教机构的敌意必须特别谨慎地对待。

3 月 2 日，福克斯本人提出的宗教宽容动议中也谈到了法国教会的情况。[76] 尽管他对邻国民众的"解放"感到非常高兴，但他谴责"一概而论且不加区分地没收教会的财产"。[77] 尽管如此，他继续说，行动和观点必须加以区分：提倡机构改革是

73　Robert Robinson, *A Political Catechism, Intended to Convey Just Ideas of Good Civil Government and the British Constitution* (London: 3rd ed., 1784), pp. 33–35. 这一论点的有力先例可以在乡村派辉格党人约翰·图钦的辩论中找到，在 1702 年 6 月的《观察家》中他提出，王位建立在"同意、认可和民众选举"的基础上（引自 J. P. Kenyon, *Revolution Principles: The Politics of Party, 1689–1720* [Cambridge University Press, 1977, 1990], p. 107）。

74　Robert Robinson, *A Plan of Lectures on the Principles of Nonconformity for the Instruction of Catechumens* (Cambridge: 1778), p. 58.

75　*Parliamentary History*, XXVIII, col. 436. 据报道，他还提到了在海克尼（Hackney）的独立牧师塞缪尔·帕尔默的作品。

76　关于辩论的叙述，参见 G. M. Ditchfield, "The Parliamentary Struggle over the Repeal of the Test and Corporation Acts, 1787 –1790," *English Historical Review*, 89: 352 (July 1974), pp. 551– 577。

77　*Parliamentary History*, XXVIII, col. 397.

一回事，但寻求用暴力废除机构是另一回事。普里斯特利在此时被广泛引用为宪法的坚定反对者，但福克斯认为他的观点并没有构成任何实际的威胁。[78] 然而，对于伯克来说，这种观点未能区分什么是可以被公众辩论的无害想法，和什么是公然煽动颠覆性行为的议程。要区别这两者，要同时关注宣传者的"行动""声明"和"公开意图"。[79] 在罗宾逊的作品中，伯克只能看到"厌世""无政府"和"混乱"的痕迹。在普里斯特利的作品中，前景同样令人不安。伯克引用了普里斯特利最近出版的《致爱德华·伯恩牧师》（*Letters to the Rev. Edward Burn*）的前言，作为其蓄意敌视英国国教的证据。[80] 这绝不是一个微不足道的问题：英国政体中的教会结构是国家政治凝聚力的一个体现。普里斯特利承认，他很乐意为"引爆"英国国教制度的"爆炸物"出力。[81] 这种"爆炸物"的一个关键成分是人权学说，正如伯克所见，这是破坏英国政教联合（British church-state coalition）和谐的秘诀。更为根本的是，正如他所声称的，"它打破了所有那些构成人类历代幸福的纽带。"[82]

691

　　尽管其内容具有煽动性，福克斯还是公开认可了普莱斯布道的"一般原则"。[83] 然而，这是为了认同普莱斯所宣称的信念，即光荣革命的成就并不完美，有待于通过议会代议制的改革来完成：正如普莱斯所说，"我们代表权的不平等"，是

78　Ibid., col 401. 他更加全面的辩护，参见 Debate on the King's Measure for the Augmentation of Forces, 1 February 1793, *Parliamentary History*, XXX, col. 310。

79　*Parliamentary History*, XXVIII, col. 436.

80　Ibid., col. 438.

81　Joseph Priestley, *Letters to the Rev. Edward Burn of St. Mary's Chapel, Birmingham* (Birmingham: 1790), pp. ix–x.

82　*Parliamentary History*, XXVIII, col. 435.

83　Ibid., p. 401.

宪法最严重的缺陷。[84] 然而，在伯克看来，以人权名义改革代议体制将彻底颠覆宪法。普赖斯试图用自然权利的语言来描述1688年的一系列事件，其目的不外乎是为了瓦解光荣革命的安排，以及随之而来的英伦三岛的和平与繁荣。因此，在《反思录》第一版的前五十页中，伯克从辉格党（Junto Whigs）[*] 及调查委员们在亨利·萨切维尔（Henry Sacheverell）审判中宣传的原则入手，阐述了1688年光荣革命的意义。这包括依次驳斥普莱斯的主张：第一，驳斥光荣革命在英国建立了选举君主制（elective monarchy）；第二，驳斥它创造了一个先例，即君主可能因"不当行为"（misconduct）而受到惩罚并被罢黜；最后，驳斥它遗留了一种可以随意重组政体的权利。[85] 在这一切中，伯克并没有否认抵抗不公正统治的权利："对真正暴君的惩罚是一种高尚且令人敬畏的正义行为。"[86] 他更不是否认英国君主政体的局限性。相反，他质疑了他认为奇怪的主张，

692

84　Price, *Discourse on the Love of Our Country,* p. 39. 关于光荣革命在18世纪的解读，参见 H. T. Dickinson, "The Eighteenth-Century Debate on the 'Glorious Revolution'," *History*, 62: 201 (February 1976), pp. 28–45. 另见 H. T. Dickinson, *Liberty and Property:Political Ideology in Eighteenth-Century Britain* (London: Methuen, 1977). 关于"真正的辉格党"对光荣革命成就的怀疑，参见 Mark Goldie, "The Roots of True Whiggism, 1688–1694," *History of Political Thought*, 1: 2 (Summer 1980), pp. 195–236. 关于其在乔治三世时期的发展，参见 Kathleen Wilson, "Inventing Revolution: 1688 and Eighteenth-Century Popular Politics," *Journal of British Studies,* 28: 4 (October 1989), pp. 349–386. 关于伯克的回应，参见 Ben James Taylor, "Political Argument in Edmund Burke's *Reflections*: A Contextual Study" (PhD *thesis*: University of Birmingham, 2010), chapt 3.

*　指在威廉三世和安妮女王治下的辉格党集团。

85　在最后一点上，辉格党政治评论人威廉·阿特伍德（William Atwood）曾攻击洛克，参见 *The Fundamental Constitution of the English Government* (London: 1790), p. 101: 国家在1688年12月至1789年2月期间没有崩溃，因为在没有君主的情况下，混合政府可以有效运作，并可以对君主的继承问题进行商议。

86　EB, *Reflections*, ed. Clark, p. 245 [122]. 参见 *EB* to Charles-Jean-François Depont, November 1789, *Corr.*, VI, p. 48: "如果一个残暴且滥权的政府不能改革（有时是这样），那么它应该被改变，如果必要的话，可以通过暴力来改变。"

即宪法由宪法外的权力控制。[87]

伯克的大多数论点都是基于 1688—1689 年间所采取行动的局限性，以及该行动所依据的原则的特点。在《反思录》出版一个月后，伯克为继续弹劾黑斯廷斯辩护，他回忆起 1678 年至 1681 年间的教皇阴谋事件（Popish plot），当时提图斯·奥茨（Titus Oates）散布天主教要暗杀查理二世的谣言。伯克向听众保证，他无意为当时被煽动起来的偏激行为开脱，但他确实认为在这种情况下采取预防措施是合理的："国王把自己出卖给外国势力，王位继承人宣布自己是罗马天主教徒，这些情况难道还不足以引起人们的担忧吗？"[88] 这种担忧催生了沙夫茨伯里伯爵一世的"排外政策"，并且是洛克撰写《政府论》和辉格党抵抗思想初次出现的背景。[89]1685 年后，天主教继承王位的前景更加真实，辉格党人与有影响力的托利党领导人联合起来，确保詹姆斯二世"退位"。[90] 对伯克来说，用荷兰国王，即奥兰治 - 拿骚亲王威廉三世，取代现任君主，是"通过正义

87　关于 1688—1689 年间出现的对立解释，即确认民众主权还是议会主权，参见 Steve Pincus, *1688: The First Modern Revolution* (New Haven, CT: Yale University Press, 2009), chapt 2。

88　EB, Speech on Continuation of the Impeachment, 23 December 1790, *W & S*, VII, p. 92.

89　J. R. Jones, *The First Whigs: The Politics of the Exclusion Crisis, 1678–1683* (Oxford: Oxford University Press, 1961). 关于此背景下的洛克，仍可参见 Peter Laslett, "Introduction" to idem ed., *Two Treatises*, passim。另见 Richard Ashcraft, *Revolutionary Politics and Locke's Two Treatises of Government* (Princeton, NJ: Princeton University Press, 1986)。

90　J. R. Jones, *The Revolution of 1688 in England* (London: Weidenfeld and Nicholson, 1972); J. R. Western, *Monarchy and Revolution: The English State in the 1680s* (London: Blandford, 1972). 关于这一共同战线背后的分歧，参见 Pincus, *1688*, chapt. 10。关于退位的指控，见议会决议中的原始措辞，指控詹姆斯二世违反了他的契约条款，参见 *Debates of the House of Commons: From the Year 1667 to the Year 1694*, ed. Anchitell Grey (London: 1763), 10 vols., IX, p. 25："詹姆斯二世国王……放弃了王位，放弃了政权。"关于退位主张的坚持，参见 Gerald M. Straka, *Anglican Reaction to the Revolution of 1688* (Madison, WI: State Historical Society of Wisconsin, 1962)。

693 的战争"实现的。[91]威廉和詹姆斯的军队彼此一直保持一百英里的距离，但武力威胁却隐含在这场战役中。面对即将到来的对抗，詹姆斯二世退缩了，但抵抗还是发生了。[92]伯克遵循辉格党的立场，认为抵抗是正当的。[93]

然而，在1790年伯克感兴趣的不是抵抗的事实，而是随后的重建过程。他坚持认为重建不是通过诉诸自然权利，而是通过诉诸历史诉求实现的：1689年临时议会（Convention Parliament）的审议和决议是为了使1688年的停顿（the caesura of 1688）符合宪法先例。伯克对"光荣革命"这一方面的过度强调，很可能会掩盖他为证明这一事件而援引的标准。伯克承认，在一般效用意义上，大众的同意是任何正当政权的必要组成部分。出于这个原因，包括世袭君主在内的统治者都受到共同利益的约束。"国王，"伯克说，"……毫无疑问是臣民的仆人。"[94]难以想象的是，责任有任何其他的基础，因为行政官员的目标是为社会的"一般利益"服务。[95]但是如何评判政府履行这一职能的努力？伯克认为应该通过常规的宪法程序来评判。普莱斯不同意这一结论，他暗示，应该跳出既定宪法的限制，直接发动广大民众，对权力机构进行追责。根据这一观点，民众问责制（popular accountability）不仅仅是

91　EB, *Reflections*, ed. Clark, p. 180 [43].

92　关于这一点，参见 J. G. A. Pocock, "The Fourth English Civil War: Dissolution, Desertion, and Alternative Histories in the Glorious Revolution" in Lois G. Schwoerer ed., *The Revolution of 1688– 1689: Changing Perspectives* (Cambridge: Cambridge University Press, 1992)。

93　在辉格党掌权前这种论证的背景，参见 Kenyon, *Revolution Principles: The Politics of Party, 1689–1720* (Cambridge: Cambridge University Press, 1977, 1990)。

94　EB, *Reflections*, ed. Clark, p. 179 [41].

95　Ibid. 关于对伯克政治论点的功利主义基础的讨论，参见 David Dwan, "Burke and Utility" in David Dwan and Christopher Insole eds., *The Cambridge Companion to Edmund Burke* (Cambridge: Cambridge University Press, 2012)。

议员对公众负责的问题，或是政府在道德上被约束以迎合公众
意见的问题。相反，实际的统治体系应该被永久地审判，由民
众进行仲裁。与此相对，伯克认为这样的安排不仅不得人心，
他认为在英国的情况下肯定会如此，而且在此基础上，任何政
府体系都不可能持久：这会导致政府一再解散。

　　为了说明这种方式在以前是多么令大众反感，伯克想证明
1689 年英国统治阶层是多么努力地避免政府解散。[96]伯克承认，
政府是以同意为基础的，并且同意的形成部分基于对公共利益
的考虑。但是，依照其民众短期的偏好，不断修订一个国家的
宪法，这种想法会导致永久内战。稳定的政府依赖的不仅仅是
"当前的公共利益，或者当前趋势的倾向"。[97]不断对宪法进
行根本性修正的方案，也必然涉及一连串的解体过程，从而瓦
解"整个公民和政治群体，以便从社会的原始要素中建立一个
新的公民秩序"。[98]因此，在促进同意方面，所有的政体都依
赖于对持久程序的尊重，以及对公共利益变化的感知。[99]这种
尊重的态度是由人类心理的各种因素促成的：首先是钦佩，以
及其所激发的敬仰；其次是对过去惯例的古老崇敬；最后是一
种崇敬权力的审美意识。特别是前两个部分是相互关联的，因
为对过去的崇敬源于对长者的钦佩。这种钦佩与崇敬的结合对
尊重权威有很大作用，伯克对普莱斯思想的谴责，以及其对
1688 年至 1689 年的描述，都主要受到这一点的影响。由于光

694

96　EB, *Reflections*, ed. Clark, p. 170 [35]. Hume, *History of England* , VI, p. 517, 提及詹姆斯二
　　世流亡与临时议会期间"政府的临时解散"。

97　EB, *Reflections*, ed. Clark, p. 175 [30]: "他们以古代有组织的国家（即下议院和上议院）
　　的形式行事，以其旧有的组织形式（即议会）行事，而不是由分散的人以有机分子的方
　　式（如在自然状态下）行事。"

98　Ibid., p. 170 [29].

99　然而，法国人拒绝了所有的"依附原则，除了当下的便利"，参见 ibid., p. 252 [131–32]。

荣革命的重点是决定君主制的命运，因此王位继承的方式是需要讨论的问题。英国的王位继承权是世袭的。相应地，当詹姆斯二世的继承权成为一个问题时，世袭原则，而非选任原则，指导了审议过程。[100] 此外，正是这一原则支撑了英国历代的君主制，尽管它最初可能基于某种形式的民众选择："世袭原则在所有的轮回中得以留存。"[101]

世袭王位（hereditary office）原则，与世袭爵位（hereditary honours）原则一样，对宪法有两个好处：首先，它明确地展现了连续性的事实；其次，它将连续性与家族传统联系起来。[102] 如财产一样，二者都涉及限定继承权（entailment）的概念。伯克引用了《权利宣言》和《王位继承法》中的条款，后者是一项"解决"王位"继承"问题的法案，前者是一项界定"我们和我们的继承人，以及我们的子孙后代，与他们和他们的继承人，以及他们的子孙后代"关系

695

100　查尔斯·詹姆斯·福克斯在三年后对这一主张提出异议，参见 Fox, Debate on the Address of Thanks, 13 December 1792, *Parliamentary History*, XXX, col. 22。

101　Ibid., p. 171 [30]. 对于最初欧洲君主选任制（"德意志"）的强调，参见 Charles-Louis de Secondat, Baron de Montesquieu, *De l'esprit des lois* (1748) in *Oeuvres complètes* ed. Roger Caillois (Paris: Galimard, 1951), 2 vols., II, Pt. VI, Bk. 31, Chapt. 4, following Tacitus, *Germania*, I, 7: "reges⋯ sumunt (they select their kings)". 有关讨论，参见 Michael Sonenscher, *Before the Deluge: Public Debt, Inequality, and the Intellectual Origins of the French Revolution* (Princeton, NJ: Princeton University Press, 2007), p. 137ff。伯克继承了孟德斯鸠的观点，参见 *Reflections*, ed. Clark, p. 161 [19]。 他早就接受了这一观点，参见 EB, Speech on the Civil Establishment Bill, 8 Marcy 1780, *W & S*, III, p. 555: "财产和臣民在国王当选之前就存在了。" 参见 EB, Speech on the Duration of Parliaments, 8 May 1780, ibid., p. 590: "鲜有国家的君主最初不是选任的。" 休谟认为撒克逊君主制将选任与血缘继承结合起来，参见 *History*, I, pp. 161–62。伯克也继承了他的观点，参见 EB, *An Essay towards an Abridgement of English History* (1757– c. 1763), *W & S*, I, pp. 434–5。威廉·罗伯逊继承了孟德斯鸠的观点，参见 *The History of Scotland* (London: 1759), 2 vols., I, p. 14。

102　参见 EB, *Letter to a Noble Lord* (1796), *W & S*, IX, p. 183。

的法案。[103] 与周期性动摇波兰共和国和神圣罗马帝国（Holy Roman Empire）的选任制不同，世袭原则为继承权的确定增加了历史传承的因袭权威。[104] 古老性（antiquity）和延续性是忠诚的组成部分，基于对共同利益的理解，在认同感的基础上增加了对祖先的依附。伯克引用维吉尔《农事诗》中蜂巢的生命周期来解释祖先的吸引力："这一物种是不朽的……祖先的祖先被列举出来。"[105] 对于历史先例是否能作为正当性的依据，伯克有敏锐的感知，这通常归因于他对习惯法的了解。[106] 更确切地说，就像光荣革命的神谕一样，习惯法向伯克展现了人类心智中对尊重血统的倾向。

　　纯粹的血统不同于一种合理的传统，后者是通过公众认可的审议过程（以习惯法为例）进行传播的。古代则会完全基于继承（heritage）的概念赋予过去惯例权威。而长期以来的既定惯例通常体现了智慧，因为其是人为理性不断累积的

103　1689 年 3 月的《权利宣言》在 1689 年 12 月 16 日的《权利法案》中获得了法定形式。伯克以斜体字引用了这一点，参见 *Reflections*, ed. Clark, p. 163 [22]。有关讨论，参见 Lois G. Schwoerer, *The Declaration of Rights, 1689* (Baltimore, MD: Johns Hopkins University Press, 1981)。他还在上述引文中引用的《王位继承法》（1701）第一条中加入了自己的重点，参见 *Reflections*, ed. Clark, p. 173 [33]。

104　伯克在《年鉴》他的栏目"欧洲历史"中评论道，现代欧洲选任君主制的经验表明"世袭君主制在各个方面都具有无限优越性，这一点是无法推测的"，参见 *The Annual Register for the Year 1763* (London: 1764), p. 44。此前，休谟认为，君主世袭制优于选任君主制是一个普遍可以捍卫的政治准则，参见 "That Politics May Be Reduced to a Science," *Essays*, p. 18。

105　EB, *Reflections*, ed. Clark, p. 171 [30–31], citing Virgil, *Georgics*, IV, ll. 208–9.

106　参见 J. G. A. Pocock, *The Ancient Constitution and the Feudal Law: A Study of English Historical Thought in the Seventeenth Century* (Cambridge: Cambridge University Press, 1957, 1987), pp. 242–243。参见 J. G. A Pocock, "Burke and the Ancient Constitution: A Problem in the History of Ideas" in idem, *Politics, Language and Time: Essays on Political Thought and History* (Chicago, IL:University of Chicago Press, 1971, 1989)。有关批评，参见 Paul Lucas, "On Edmund Burke's Doctrine of Prescription; Or, an Appeal from the New to the Old Lawyers," *Historical Journal*, 11: 1(1968), pp. 35–63。

判断结果。[107] 这样一来，偏见在开明先辈传下来的成熟判断中找到了支持："我们害怕让人们靠自己的私人理性来生活和交易；因为我们怀疑每个人的私人理性很少，个人最好可以遵循各个国家和各个时期普遍的公理。"[108] 然而，偏见同样可以因其纯粹的崇敬地位获得信任。在英国文化中，有一种"对古老性的强烈偏爱"，这体现在他们将权利和公民权"当作一种遗产"进行辩护。[109] 从历史的连续性来想象政体的形态，就是将其类比为自然界的变化：与自然和人类的繁殖一样，在变化中，连续性是显而易见的。[110] "在国家行为中保留"自然性（naturalness），意味着因袭权利的权威性本身就是一种自然法则。[111]

把国家政治视为一种继承，使其具有"血缘亲属"的形象。[112] 在这里，伯克借鉴了祖先习俗的思想，将过去的权威与

---

107 关于法理学是"历代积累的理性"，参见 EB, *Reflections*, ed. Clark, p. 259 [141]。关于伯克早期对习惯法律师对人为理性的累积性完善的依赖表示钦佩，参见本书第 2 章第 2 节。

108 EB, *Reflections*, ed. Clark, p. 251 [130].

109 Ibid., p. 182 [45].

110 Ibid., p. 184 [48].

111 Ibid., pp. 184–5 [48–49].伯克后来引用了让·多马特（Jean Domat）的观点来说明这个问题，参见 Jean Domat, *The Civil Law in its Natural Order, together with the Public Law,* trans. William Strahan (London: 1722), 2 vols., I, pp. 483–97。参见 EB, *Reflections* , ed. Clark, p. 322 [233]。参见 EB, *Letter to Richard Burke* (post February 1792), *W & S*, IX, p. 657.

112 EB, *Reflections*, ed. Clark, p. 185 [49]. 关于伯克对这一主题的看法，参见 *Ali 'Al' Amin Mazrui*, "Edmund Burke and Reflections on the Revolution in the Congo," *Comparative Studies in Society and History*, 5: 2. (January 1963), pp. 121–133, 这对康纳·克鲁斯·奥布莱恩的《引言》产生了重大影响，参见 Edmund Burke, *Reflections on the Revolution in France* (Harmondsworth: Penguin, 1970). 有关奥布莱恩对本文的注释和评论，参见 Conor Cruise O' Brien, "Burke," New York University Archives, the Albert Schweitzer Chair in the Humanities, Conor Cruise O' Brien Files, box 5, folder 8. 参考 idem, *The Great Melody: A Thematic Biography of Edmund Burke* (London: Sinclair-Stevenson, 1992).

长者的权威融合在一起。[113] 因此，传统被想象为与习俗一起保存了亲属关系。在此基础上，古典理论中的国家通常以先祖的形式被人格化。正如柏拉图在《克里托篇》中的一段著名论述，雅典城邦的法律应该被视为公民的"父母"。[114] 罗马文学中也充斥着同样的家族象征。[115] 因此，对家庭（*familia*）和祖国（*patria*）的忠诚可以归结为"虔诚"（*pietas*）的共同义务："虔诚告诫我们，要对国家、父母和我们的亲属承担责任。"[116] 为了重新激活这些态度，伯克援引了他所说的对过去"虔诚的偏爱"。[117] 这种偏爱体现了强烈的人类本能，促使人们崇尚先例和传统。基于对资历和地位的尊重，这使效忠有了权威的分量："我们根据自然界教导我们尊重个人的原则来尊重我们的公民机构；根据他们的年龄；以及根据他们的后代。"[118] 这无非是支持"权力的权利"的心理倾向，休谟在 1742 年研究过这一点。他写道，这种心理体现在"所有国家对其古代政

697

113　参见 Suetonius, *De grammaticis et rhetoribus*, XXV, i, 15："所有与我们祖先的习惯和习俗相反的创新似乎都是不对的。"参见 EB, *An Appeal from the New to the Old Whigs, in Consequence of some Late Discussions in Parliament, relative to the Reflections on the Revolution in France* (London: 1791), p. 70。

114　Plato, *Crito*, 51e. 对话中的部分内容被引用于 David Hume, "Of the Original Contract," *Essays*, p. 487; Adam Smith, *Theory of Moral Sentiments*, p. 233。

115　例如，参见 Cicero, *De re publica*, fragments of the Preface preserved in Nonius Marcellus, 428.8, repr. in Cicero, *On the Commonwealth and On the Laws*, ed. James E. G. Zetzel (Cambridge: Cambridge University Press, 1999), p. 1："我们的国家……是先于我们的亲生父母的父母。"

116　Cicero, *De inventione*, II, 66. 关于这个主题，参见 Gertrude Emilie, "Cicero and the Roman Pietas," *The Classical Journal*, 39: 9 (June 1944), pp. 536–42。

117　EB, *Reflections*, ed. Clark, p. 187 [51]。

118　Ibid., p. 185 [50]. 参见 Cicero, *De inventione*, II, 66："我们怀着尊敬、尊重和结交那些在年龄、智慧、荣誉或地位上更高的人。"

府的依恋中，甚至对那些具有古代认可的名称的依恋中"。[119]
在亚当·斯密的基础上，福克斯派的苏格兰理论家约翰·米
拉（John Millar）研究了不同环境中——从原始民族到现代商
业国家——权威的影响。[120] 对于伯克来说，权威为一时兴起的
忠心爱国增添了尊严。它通过血统观念巩固了人们对权力的依
附，并赋予爱国主义"威严的一面"。[121] 因此，在习惯的影响
下，它约束了自由精神："通过这种方式，我们的自由变成了
高尚的自由。"[122]

但是，如果继承的习俗对效忠起到了约束力，那么它就不
能完全决定效忠的内容。1790 年 12 月 21 日，在讨论是否继
续对黑斯廷斯进行诉讼时，伯克曾有机会谈到先例在法律论证
中的作用。他当时承认，先例的权威是完全受到限制的。法律

---

119 David Hume, "Of the First Principles of Government," *Essays*, p. 33. 关于休谟和斯密对这一
主题的讨论，参见 Istvan Hont, "Commercial Society and Political Theory in the Eighteenth
Century: The Problem of Authority in David Hume and Adam Smith" in Willem Melching
and Wyger Velema eds., *Main Trends in Cultural History: Ten Essays* (Amsterdam: Editions
Rodopi B.V., 1994). 另见 Donald Winch, *Riches and Poverty: An Intellectual History of
Political Economy in Britain, 1750–1834* (Cambridge: Cambridge University Press, 1996),
chapt. 7; cf. idem, "The Burke-Smith Problem in Late Eighteenth –Century Political and
Economic Thought," *Historical Journal,* 28: 1 (1985), pp. 231–47. 休谟的论点归功于威
廉·坦普尔，参见 Bourke, "Sovereignty and Opinion in Burke," pp. 100, 115–16。

120 John Millar, *The Origins of the Distinction of Ranks* (1771), ed. Aaron Garrett (Indianapolis,
IN: Liberty Fund, 2006), chapt 3; John Millar, *An Historical View of the English Government*
(1787, 1803), ed. Mark Salber Phillips and Dale R. Smith (Indianapolis, IN: Liberty Fund,
2006), p. 795ff. 本书第一版献给查尔斯·詹姆斯·福克斯。对于伯克 1790 年背弃"以
前信条"的批评，参见 p. 806n。关于米拉对斯密的借鉴，参见 Smith, *Lectures on
Jurisprudence*, p. 318："每个人天生都有尊重既定权威和他人优越性的倾向。" 参考 Smith,
Theory of Moral Sentiments, p. 231。

121 EB, *Reflections*, ed. Clark, p. 185 [49].

122 Ibid., 参见 Hume, *History of England*, VI, p. 533："对自由的尊重，虽然是一种值得称赞的
热情，但通常应当服从于对既定政府的尊重。"

规则必须"符合凌驾于先例之上的法律原则的一般主旨"。[123]
换言之，法律规定必须符合社会的公众利益这一首要原则。因
此，一般来说，公民在共同利益和过去权威的基础上，默许他
们对政府的义务。由此可见，默许并不意味着无条件效忠。毫
无疑问，任何政府"如果可以用像'不当行为'的想法这样松
散和不明确的东西击倒，它就不能站立片刻"。[124] 然而，伯克
认为服从的义务有可能因为两个原因被放弃：一方面是基于
"必要性"；另一方面是基于"不法行为"（delinquency）。[125]
在驳斥英国君主可能因"不当行为"而被废黜的观点时，伯
克似乎放弃了《反思录》中对不法行为的判断依据。然而，仔
细观察的话，它的持续作用是很明显的。不法行为不只是偶然
的不当行为：它指的是权力在行使中的持续滥用。在这个情况
下，抵抗是合法的。伯克评论道："顺从应该结束、抵抗必须
开始的那条分界线，是微弱的、模糊的和不容易界定的。"在
对政府采取措施之前，政府必须"真的陷入混乱"。[126] 但是，
当政府的目的本身因权力的滥用而被颠覆，那么效忠的义务也
就结束了。正如休谟所认为的，不可能在叛乱发生之前规定抵
抗的规则，这将限制民众不可侵犯的权利。[127] 对政府失去信
任是一个实际判断的问题，也是一个民众情绪的问题。尽管如
此，在某些情况下，抵抗的正义性是显而易见的，而叛乱也会
随之而来。

　　在伯克的职业生涯中，他曾多次认为应当支持叛乱。

123　EB, Speech on Continuation of the Impeachment, 23 December 1790, *W & S*, VII, p. 83.

124　EB, *Reflections*, ed. Clark, p. 177 [38].

125　1773 年，伯克第一次讨论东印度公司的罪责时，首次提出了这些准则，参见 WWM,
　　　BkP 9: 17。参见 EB, *Fox's India Bill*, p. 387。有关讨论，参见本书第 10 章第 5–6 节。

126　EB, *Reflections*, ed. Clark, p. 181 [43].

127　Hume, *History of England*, VI, pp. 293–94.

1776 年美国的抵抗是其中最重要的一次。1775 年《禁止法》
（Prohibitory Act）的通过，加上迟迟未向殖民地派遣和平专
员作为补偿手段，使美洲人在没有任何和平屈服手段的情况下
遭受敌视。[128] 正如伯克在 1776 年 10 月指出的，这解除了基于
提供保护的服从义务。[129] 因此，在为关于《禁止法》演讲所准
备的笔记中，他将这项措施描述为 "一项庄严的公开法案，是
对大英帝国权威的完全放弃，使其殖民地与自己分离。"[130] 伯
克的回答表明，他对不法行为的理解是，创造了一种抵抗的必
要。因此，他将 1776 年的革命视为 "必要" 而非 "选择"。[131]
后来，在 1777 年，他主张，正是英国当局对美洲民众的 "敌
意"，使他们完全有理由暴力 "改变政府"。[132] 总的来说，伯
克倾向于认为叛乱是由错误的统治引发的，而不是由不满者的
意识形态煽动的。[133] 当然，这是他在 1781 年为贝拿勒斯的王
公查特·辛格（Chait Singh）的叛乱所做的辩护。正如伯克
在 1788 年黑斯廷斯审判中所争论的那样，在这种情况下，诉
诸武力是人的权利所要求的。[134] 东印度公司的不法行为使其陷
入了与部分被统治者的战争状态，引发了诉诸革命的必要性。

699

---

128 参见本书第 9 章第 6-7 节。

129 EB, Amendment to Address, 31 October 1776, *W & S*, III, p. 249. 大卫·哈特利在 1775
年 12 月 5 日关于美洲战争费用的辩论中已经阐述了抵抗的权利，参见 *Parliamentary
History*, XIX, esp. col. 554。然而，与伯克不同的是，他认为这个权利在《权利法案》中
已被提及。

130 WWM BkP 6: 119.

131 EB, Speech on Cavendish's Motion on America, 6 November 1776, *W & S*, III, p. 253. 参见
EB, Address to the King, 1777, ibid., p. 269。

132 EB, *Letter to the Sheriffs of Bristol*, 3 April 1777, W & S, III, p. 306. 参见 ibid., pp. 292, 307,
312。

133 Ibid., p. 310.

134 Northamptonshire MS. A, XXII, 60. 有关讨论，参见本书第 12 章第 6 节。

必要性也是 1688 年光荣革命的正当理由，伯克诉诸李维的合法名言："当武力是唯一希望之所在，武力就是神圣的。"[135] 法国的革命则不同：这里没有必要性。叛乱不是被迫的，而是被助长的。1781 年 12 月，伯克将巴士底狱的监禁条件描述为"豪华的离谱"，尽管它被认为是"专制政府最可怕的监狱"。[136] 事实上，他在此时暗示，早在 1789 年 7 月 14 日监狱被攻占前，"所有专制的监禁，以及专制权力的所有其他影响，都已经结束。"[137] 监狱可能是象征性的，但伯克的观点是实质性的。法国人反抗的是"一个温和合法的君主"；奇怪的是，他们反抗的是一个温和政权对他们的保护。[138]

1688 年光荣革命的必要性，是因为没有另一种选择：要么必须暂时背离王位继承的严格顺序，要么王国的和平将被必然打破。[139] 这是一种"严重的、压倒一切的必要性"，伯克写道："在最严格的道德意义上，这可以被认为是必要性"的必要性。[140] 也就是说，这是在"极端紧急情况"下采取的一种战争行为，是避免长期内战的一种手段。[141] 伯克意识到，必要性不是一种法律规定。紧急情况并没有为将来的行动提供规则。抵抗应该是一种法律外的绝望行为，而不是一种可以预先编写

135　Livy, *Ab urbe condita*, IX, I, 10–11, 引用于 EB, *Reflections*, ed. Clark, p. 180 [43]: "*iusta bella quibus necessaria*"。

136　EB, Debate on the Case of Henry Laurens, 17 December 1781, *Parliamentary History* XXII, col. 858.

137　WWM BkP 10:16.

138　EB, *Reflections*, ed. Clark, pp. 190–1 [56]. 参见 EB, *Appeal from the New to the Old Whigs*, p. 18。

139　伯克在摄政危机期间详细考虑了这件事，参见 WWM BkP 15: 6, 和 WWM BkP 15: 25。

140　EB, *Reflections*, ed.Clark, pp. 177 [39], 165 [24]. 另见 ibid, p. 261 [144]。参见 EB, *Appeal from the New to the Old Whigs*, pp. 58ff。

141　EB, *Reflections*, ed. Clark, p. 169 [29].

700 的宪法程序。伯克在 1777 年痛斥了非国教者所谓的反律法主义学说，但他并不认为国内的颠覆会从他们对民众抵抗权利的承诺中产生。然而，到了 1790 年，情况发生了变化。法国革命后，对英国宪政的意识形态攻击对国内政治秩序的安全构成威胁。英吉利海峡对面发生的大事件让人想起了 1648 年的英国内战，而不是 20 年后的光荣革命。潘恩、普里斯特利和普莱斯的问题在于，他们无法对 17 世纪 40 年代的内战做出解释，而这一解释很难被表述为毫无问题的成功。休谟在《英格兰史》倒数第二卷中权衡了处决查理一世的后果，指出限制公众对政治问题的推理也许是明智的。他认为，抵抗学说能够造成如此严重的破坏，它的原则至少应该被正式反对："通过……推测，削弱民众对权威的崇敬，是危险的。"[142] 真正的启蒙涉及打击假的启蒙先知。面对 16 世纪 40 年代社会态度的回潮，伯克的《反思录》是为了回应狂热分子似是而非的启蒙思想。

13.4　人类真正的道德平等

与以往的伟大叛乱相比，法国革命是无缘无故的，没有什么崇高的目标。即使想到 17 世纪 70 年代末的英国，伯克也能够理解，在压迫的恐惧下，"巨大和汹涌的激情"必然会被唤醒。[143] 这种对压迫的恐惧可能会激发人们争取自由制度的雄心。然而，在法国，自由只意味着争取人权。事实上，这只是一种狭隘的怨恨，而不是对权力滥用的愤怒。因此，它的动机是贪婪的激情，而非正直的道德，伯克认为它是一种"自愿的选择"，而不是国家压迫的结果。[144] 它始于贵族的背叛，并得到

---

142 Hume, *History of England*, V, p. 544. 1754 年版的措辞完全相同。

143 EB, Speech on Continuation of the Impeachment, 23 December 1790, *W & S*, VII, p. 92.

144 EB, *Reflections*, ed. Clark, p. 193 [58].

不满平民的支持。[145] 这与法国宗教战争和投石党运动中的领导者们所采取的立场形成鲜明对比。更明显的是，现代反叛支持者的性格与"旧时代的大反派之一"克伦威尔不同。[146] 正如伯克所描述的那样，克伦威尔很严厉，但并没有堕落：他因自己的才能而熠熠生辉，与其说他是一个自命不凡的新上任者，倒不如说他是为了维护自己"在社会中的自然地位"。[147] 他崛起之后，抬高了随从的地位，并努力维护国家的尊严。同样地，16 世纪的法国人，即使在内战期间，也保留了区别的观念和竞争的行为："所有荣誉和美德的奖赏、所有回报和所有区别仍然存在。"[148]

701

对休谟来说，斯图亚特王朝统治早期鼓励了知识的传播，从而导致了思想的扩散。人们的视野扩大了，对自由的期望也增加了。[149] 随着下议院权力的上升，宪法的哥特成分很快就发生了碰撞。然而在 17 世纪 30 年代，尤其是在 40 年代，下议院权力的上升被抵抗的态度赶超。这种态度最初支持议会权利，后来拥护民主思想。这些思想最初在城市中被提倡，后来通过军队传播。[150] 正如休谟所言，这种意识形态在独立人士中盛行。[151]17 世纪 40 年代末，它在反对君主制的士兵中兴起，它对平等的呼吁，吸引了虔诚的激进分子："在选民中存在完全的平等：同理，倡导平等的信徒从最卑微的职业中被提

---

145 关于这一主题，参见 EB, *Letter to a Noble Lord* (1796), *W & S*, IX, p. 171, 谴责 "被傲慢的大人物所误导的民众，这些大人物被疯狂的野心所蒙蔽和陶醉。"

146 EB, *Reflections*, ed. Clark, p. 204 [70].

147 Ibid., p. 204 [70–1]。

148 Ibid., p. 205 [71]。

149 Hume, *History of England*, V, pp. 18–19.

150 Ibid., pp. 293, 387.

151 Ibid., pp. 442–43.

拔上来，只要受到这种精神的启蒙，地位最低下的哨兵也享有与最伟大指挥官同等的尊重。"[152] 值得注意的是，对休谟《英国史》十分重视的伯克坚持认为，即使在这些潮流中，反叛也从未堕落为贪婪。至少在英国，并不存在对财产的侵犯，均富思想（leveller ideas）在克伦威尔的计划中处于边缘地位。即使是通过一个"毁灭天使"的手，推动了对这个国家的征服，但冲突中仍然有尊严，以及诉诸战争也有长期的目的。[153] 相比之下，法国的抵抗进程是轻率的，莫名其妙地被民众的愤怒所激发。推动这一切的是对民众平等的承诺，取代了有差别的"真正"平等。

这里的两种平等的差异很微妙，但很重要。在《反思录》中，伯克急于赞美"人类真正的道德平等"，他将其与等级平等的"畸形假象"进行了对比。[154] 根据权力、财富、等级和功绩之间的差异，社会上的区别可能有多种形式。真正的平等使这些差异与正义相协调。从这个意义上来说，伯克的立场与卢梭一致。卢梭评论说，公民平等永远不能等同于自然状态的平等。每个政治社会都有义务实行分配正义的制度，由此使差异与普遍的正义感相协调。在《论人类不平等的起源和基础》的最后一条注释中，卢梭为合理的不平等辩护：基于对公众的服务，一个国家的公民应该是"有所区别的"和"有所偏爱

---

152 Ibid., 513. 参见 ibid., VI, pp. 3–4。

153 EB, *Reflections*, ed. Clark, p. 204 [71].

154 Ibid., p. 189 [53]. 关于伯克对公民社会"不平等"的信奉，参见 Ian Harris, "Paine and Burke: God, Nature and Politics" in Michael Bentley ed., *Public and Private Doctrine: Essays in British History Presented to Maurice Cowling* (Cambridge: Cambridge University Press, 1993)。另见 idem, "Introduction" to *Burke: Pre-Revolutionary Writings* (Cambridge: Cambridge University Press, 1993); idem, "Burke and Religion" in David Dwan and Chris Insole ed., *The Cambridge Companion to Edmund Burke* (Cambridge: Cambridge University Press, 2012)。

的"。[155] 严格的或"数学等式的"平等，卢梭称之为"严格平等"（egalité rigoureuse），由于未能在社会成员之间做出相称的区别，就相当于伯克形容的虚假的平等。这是基于公民之间身份的一种"假象"，即使是其拥护者也未能信守这一点。[156]

卢梭试图通过引用伊索克拉底的"两种平等"来证明这一点，在雅典人中，这两种平等被仔细区分：一种是将利益在民众中进行无差别分配；另一种是将利益按照个人功绩进行差别分配。[157] 卢梭认为，只有后者与公民社会相容，伯克也同意这一观点："那些试图平均的人，永远不会追求平等。"[158] 伯克与加尔文派不同的地方在于，他对差异的重视，这种区别源于他所说的"欧洲旧习惯法"。[159] 他在这里想到的是一个基于同意而不是基于自治（autonomy）的平等观念。依赖是社会和政治生活中的一个事实，基于不同等级的权力和威望。均等化这些差异意味着用相互依赖取代不自由的服从，来缓和差异的严重性。从这个角度看，与依赖相对立的是征服，而不是自治，因为激进的独立与等级社会不相容。让伯克觉得很了不起

---

155 Rousseau, *Discours sur l'origine de l'inégalité* in *Oeuvres complètes*, III, p. 222.

156 参见 EB, *Reflections*, ed. Clark, p. 210 [77], 其中伯克将普莱斯的目标称为"虚假"的平等。

157 Isocrates, *Areopagitica*, 21–2. 根据功绩分配被称为"几何"比例法，参见 Aristotle, *Nicomachean Ethics*, 1130b30–1131b24。海因里希·迈尔（Heinrich Meier）将卢梭的思想追溯到巴贝拉克（Barbeyrac）的一个脚注，参见 Pufendorf, *Droit de la nature*, I, 7, §11,n. 2；参见 Jean-Jacques Rousseau, *Diskurs über die ungleicchheit*, ed. Heinrich Meier (Munich: Schöningh, 1984), p.380–1n。卢梭关于平等的观点，参见 Michael Sonenscher, *Sans-Culottes: An Eighteenth-Century Emblem in the French Revolution* (Princeton, NJ: Princeton University Press, 2008), chapt. 3. 有关的政治背景，参见 Richard Whatmore, *Against War and Empire: Geneva,Britain, and France in the Eighteenth Century* (New Haven, CT: Yale University Press, 2012), chapt. 3。关于伯克和卢梭，参见本书第 14 章第 3 节。

158 EB, *Reflections*, ed. Clark, p. 205 [72].

159 Ibid., p. 188 [53].

的是，法国人从爱尔维修和伏尔泰那里获得他们的神学，从卢梭的著作中接受他们的政治："我们不是卢梭的皈依者，我们不是伏尔泰的信徒，爱尔维修在我们中间无所作为。"[160] 特别是《社会契约论》，他写道，"没有多少价值"。[161] 卢梭所设想的人民主权（popular sovereighty）形式下的自治是以一定的民族凝聚力为前提的，而现代社会的根基是社会角色的多样性和显著的地位差异，因此是无法产生这种凝聚力的。

　　这种对异质性的远见是伯克社会和政治思想的基础，也是《反思录》的基础。他认为，不平等永远无法消除；因此，开明的政治应与互惠原则相兼容。在公民生活中，权力和财富的区别，"对那些必须在卑微状态下生活的人，和那些有条件提升到更好但并不快乐的人，都有好处。"[162] 普遍的商业繁荣是这种安排最明显的优势，其基于对资源的不平等支配和复杂的劳动分工。面对这种良性但有可能恶化的安排，妄想的平等主张，只会激起"虚妄的期待"，最后只会使得能够包容权力和财富差异的社会关系恶化。[163] 欧洲文明的进步缓解了不同的对立情绪，促进了彼此之间的互动，鼓励了效仿和改良。与此同时，通过提供一条所有条件下的有德之人都能获得幸福的道路，社会的不平等得到缓和。通过推翻人造社会的整个结构来颠覆这一成就，就是以自然平等的名义，破坏每一种切实可行的关系。就像得了"瘫痪"一样，平等主义理论家正在攻击"生命之泉本身"。[164] 由于社会在进步中产生了差异，反对

160　Ibid., pp. 249–50 [127].

161　EB to Unknown, January 1790, *Corr.*, VI, p. 81.

162　EB, *Reflections*, ed. Clark, p. 189 [54].

163　Ibid.

164　Ibid., p. 205 [71–2]。

这一进程的战争肯定会带来毁灭性的打击，因为它必然会适得其反："某类公民必须得到更多尊重，"伯克断言；革命者只能颠倒既有的差别，但无法确保废除这些差别。[165] 正如伯克所观察到的，即使是普莱斯本人，也看不起他所说的民众的"渣滓"。[166]

现代欧洲文明之所以取得非凡的成功，是因为其把市场社会嫁接到了秩序社会之上。这两种互动方式的结合，构成了欧洲大陆上各国和平与繁荣的基础。市场社会以交易为动力，以互惠需求为基础，在资源不平等情况下促进了地位平等。这种欧洲的商业社会属性叠加在一个等级社会之上。伯克声称，欧洲的等级社会最终要归功于"绅士精神"。[167] 据称，正是这种"精神"的预先存在促成了和平商业秩序的出现。[168] 在"忠诚"原则的指导下，绅士文化是建立在道德平等基础上的地位等级观念。[169] 欧洲主流政治的宪政组织是以这种社会调和机制为基础的，它与东方政权和古代共和政体有很大区别。[170] 忠诚不是基于需要，因此不能简化为商业效用。封臣与领主之间的相互效忠关系，正如伯克所说的，是一种基于无利害关系的互惠纽带。中世纪的骑士对忠诚的承诺，同时也是典型的骑士精神和虔诚的表现。因此，骑士的荣誉准则把他束缚

704

165　Ibid., p. 205 [72]。

166　Ibid., 214 [83]。

167　Ibid., p. 241 [117]。关于这一点，参见 J. G. A. Pocock, "The Political Economy of Burke's Analysis of the French Revolution" in idem, *Virtue, Commerce, and History*。

168　Northamptonshire MS. A.XXVII. 75: "欧洲的文明状态在很大程度上要归功于这一精神。"

169　参见 Richard Bourke, "Edmund Burke and Enlightenment Sociability: Justice, Honour and the Principles of Government," *History of Political Thought*, 21:4 (2000), pp. 632–55。

170　EB, *Reflections*, ed. Clark, p. 239 [113]。

在上帝、女人、弱势群体和他的上级身上。[171] 对女人的爱是理想化的，而不是肉欲的；对上帝的爱促进了一种奉献的道德；而对恩人的忠诚则激发了一种服务的态度，使其拒绝贪婪的引诱。[172] 根据威廉·罗伯逊的说法，正是这种心态软化了中世纪欧洲的教条，明显地减弱了战争的残忍性。[173] 正如亚当·弗格森以类似方式观察到的那样，封建英雄主义与古代城邦的共和英雄主义不同，它展现出的怜悯同情令人钦佩。[174] 伯克认为，这种价值取向成为支撑现代社会和两性态度的情感"混合体系"，其从战场上延伸到沙龙里。[175] 在《反思录》的语境下，它的关键特征是，以同情的善意调和条件的差异。

由于这些性情的成功传播，人们对等级和性别的忠诚变得"慷慨"。[176] 这一点对伯克的论点至关重要。伯克仍然记得，罗伯逊在《查理五世统治史》中写道的，商业通过利益纽带"联合"起来。[177] 然而，对于伯克来说，效用的纽带不足以将复杂社会的各个组成部分联系在一起，尤其是在财产和地位分配不

705

---

171 William Robertson, *The History of the Reign of the Emperor Charles V*(Dublin: 1762–71), 2 vols.,I, p. 61ff. Cf. Adam Ferguson, *An Essay on the History of Civil Society*, ed. Fania Oz-Salzberger (Cambridge: Cambridge University Press, 1995, 2003), p. 191ff. 伯克可能对此进行了热心的评论，参见 *Annual Register for the Year 1767*(London: 1768), pp. 307–13。尽管归属不能确定，但该评论被认为出自伯克之手，参见 Thomas Copeland, "Edmund Burke and the Book Reviews in Dodsley's *Annual Register*," *Publication of the Modern Languages Association*, 57: 2 (June 1942), pp. 446–68。

172 参见 Millar, *Distinction of Ranks*, pp. 137–39。.

173 Robertson, *Reign of Charles V*, I, p. 62: "当骑士精神对人性的认可与追求不亚于勇气时，战争就不那么凶残了。"

174 Ferguson, *History of Civil Society*, p 191.

175 EB, *Reflections*, ed. Clark, p. 238 [113]. 有关讨论，参见 R. J. Smith, *The Gothic Bequest: Medieval Institutions in British Thought, 1688–1863* (Cambridge: Cambridge University Press, 1987),pp. 119–20。

176 EB, *Reflections*, ed. Clark, p. 238 [113].

177 Robertson, *Reign of Charles V*, I, p. 71.

均的地方："在破坏现代礼仪的原始原则时，艺术和商业也会受到影响。"[178] 如果要保持社会和谐，就需要用自由的礼仪来支持对利益的追求。[179] 从历史上看，这种自由的礼仪是骑士精神和忠诚相结合的产物。在这些原则的作用下，相互包容取代了隔阂：在社会差别中，一种"高尚的平等"被扩散到"社会生活的所有阶层"。[180] 伟大者的骄傲俯首于仰慕者的尊敬；有抱负者的怨恨屈服于强者的优雅。权力是温和的，服从是自由的。伯克有时会用友谊来描述这种和睦关系："友谊"（*amicitia*）包括了基于恭敬仁慈的忠诚。[181] 然而，更普遍的是，伯克认为等级的和谐是欧洲特有的成就，这归功于人们有动力钦佩他人。正如伯克所见，钦佩的关键特征是欣赏，而不是利益。从这个意义上说，它建立在一种美感上，或是一种"道德想象"的愉悦上。[182] 在被礼仪的美好和崇高所吸引的过程中，社会的差异可以被接纳而不是被憎恨。

在证明"尊重是由品位激发的"过程中，伯克想同时展示两件事：第一，道德感是由优雅来完善的："恶行，"他写道，"失去了所有的粗俗后，就失去了一半的邪恶。"[183] 第二，他想

178　Northamptonshire MS. A.XXVII. 75.

179　参见 EB, Speech on Traitorous Correspondence Bill, 9 April 1793, *Parliamentary History*, XXX, col.645："商业是其更大利益、安全、荣誉和宗教的附属工具。"

180　EB, *Reflections*, ed. Clark, p. 239 [113].

181　参见 Cicero, *De amicitia*, IX, 31. 有关讨论，参见本书第 5 章第 6 节. Cf. Richard Bourke, "Liberty, Authority and Trust in Burke's Idea of Empire," *Journal of the History of Ideas,* 61:3 (Summer 2000), pp. 453–471, p. 469.

182　EB, *Reflections*, ed. Clark, p. 239 [114]. 关于这一点，参见 Richard Bourke, "Pity and Fear: Providential Sociability in Burke's *Philosophical Enquiry*" in Michael Funk Deckard and Koen Vermeir eds., *The Science of Sensibility: Reading Edmund Burke's Philosophical Enquiry* (Dordrecht: Springer, 2012)。关于对伯克此段落的不同解读，参见 David Bromwich, "Moral Imagination," *Raritan*, 27: 4 (Spring 2008), pp. 4–33。

183　EB, *Reflections*, ed. Clark, p. 238 [113].

表明，等级之间的同化并非仅仅基于对利益的考虑。人们可以以一种无利可图的方式欣赏优雅：人们不必"拥有"它。[184] 因此，所有优雅生活的技巧，伯克称之为"令人愉悦的幻觉"，都激发了人们的认同与赞许，即使其不能带来好处。[185] 在此基础上，人类生活逐渐披上"体面的帷幔"，赋予"不适应"的人以尊严和价值。[186] 而"露出我们的赤裸本性"就是剥去累积起来的文明保护。[187] 想要这样做是一种愤世嫉俗的做法，把人性和其动物性混为一谈。[188] 在审美情感的影响下，兽性欲望的诱惑因其令人厌恶而被抑制住了。然而，随着 1789 年 10 月 6 日上午，王后在凡尔赛宫遭到袭击，人们的品位堕落了，对等级和性别的尊重不复存在，人与人之间的关系被赤裸裸的贪

184 同样的原则也适用于由骑士文化所决定的对女性美的欣赏，参见 Robertson, *Reign of Charles V*, I, pp. 62–3。关于"可以无利可图地欣赏美"这一理念的知识渊源，参见 Francis Hutcheson, *Inquiry into the Original of Our Ideas of Beauty and Virtue*, ed. Wolfgang Leidhold (Indianapolis, IN: Liberty Fund, 2004), p. 26："必须有一种美感，它是期望的前因，甚至是……利益的前因"。有关讨论，参见 Paul Guyer, "Beauty and Utility in Eighteenth-Century Aesthetics" in idem, *Values of Beauty: Historical Essays in Aesthetics* (Cambridge: Cambridge University Press, 2005)。

185 EB, *Reflections*, ed. Clark, p. 239 [114].

186 Ibid. 这里提到的"不适应的人"，参见 William Shakespeare, *King Lear*, Act III,Scene iv. 剧中对于玛丽·安托瓦内特（Marie Antoinette）的描绘引起了共鸣，参见 Seamus Deane, *Strange Country: Modernity and Nationhood in Irish Writing since 1790* (Oxford: Oxford University Press, 1997), pp. 10–11。

187 EB, *Reflections*, ed. Clark, p. 255 [135].

188 参见 EB, "Several Scattered Hints Concerning Philosophy and Learning Collected Here from My Papers" (c. 1755) in *A Notebook of Edmund Burke: Poems, Characters, Essays and Other Sketches inthe Hands of Edmund and William Burke*, ed. H. V. F. Somerset (Cambridge University Press, 1957),p. 91："我们能对这种把人性剥光的哲学说些什么呢？"有关讨论，参见本书第 2 章第 3 节，更多参考，参见 George Berkeley, *Alciphron; or the Minute Philosopher* in *The Works of George Berkeley*, ed. Alexander Campbell Fraser (Oxford: Oxford University Press, 1901), 4 vols., II,p. 119："人们会认为，这些哲学家的意图是，消减和清除其本国同胞们的观念，消除他们的偏见，剥去他们文明的外衣，让野蛮的追随者充斥这个国家，享受所有残忍的特权。"

婪冲动所吞噬。这相当于是一场对"文雅"的革命，一次沦为自然平等的退步，正如伯克在他 34 年前的作品《为自然社会辩护》里讽刺的那样。[189] 他当时认为，这种平等不过是一种基本的动物性。[190] 与此相反，文明的技巧以礼仪的完善为基础，维持了人们的仁慈冲动和对等级的感情。它确保了各种"生活的色调"彼此和谐地结合在一起。[191] 在这些本能的基础上，公共生活总体上变得有礼有节和令人愉快：高位者受人敬仰，国家美好："爱、尊崇、钦佩和情感"将公民与他们的政体相连。[192]

伯克在《反思录》中详细讲述了 1789 年 10 月 5 日至 6 日发生的事情，因为它们完美体现了法国革命的有违人道。他认为，这"也许是有史以来在人类的怜悯和愤怒中表现出来的最可怕、最残暴和最痛心的场景。"[193] 凡尔赛宫的妇女大游行，对王后寝宫的袭击，国王在王宫阳台上被迫向人群致辞，前往巴黎的游行队伍中有人用长矛插着卫兵的头颅，以及将被俘虏的王室成员们押回杜伊勒里宫，所有这些共同描绘了一个颠倒的世界。[194] 这些事件不可能不震惊"每个出身良好之人的道德品位"。[195] 然而，

707

189　EB, *Reflections*, ed. Clark, p. 231 [104].

190　EB, *Vindication of Natural Society*, *W & S*, I, p. 138: "地球上最初的儿女与其他人种的同胞们一起生活，非常平等。"

191　EB, *Reflections*, ed. Clark, p. 239 [114].

192　Ibid., pp. 240–1 [115–16]; 参见 ibid., p. 366 [286]。关于"愉快"，参见本书第 3 章第 2 节。关于"民族之爱"或爱国主义，参见 Hutcheson, *Inquiry into Our Ideas of Beauty and Virtue*, pp. 114–15。

193　EB, *Reflections*, ed. Clark, p. 226 [99].

194　伯克之后，卡莱尔对这些发展做了大量工作，参见 Thomas Carlyle, *The French Revolution: A History* (Boston: 1838), 2 vols., I, p. 244ff。对于相同历史片段的描述，参见更多新的研究 Simon Schama, *Citizens: A Chronicle of the French Revolution* (London: Penguin, 1989), pp. 386–99; Barry Schapiro, *Revolutionary Justice in Paris, 1789–1790* (Cambridge: Cambridge University Press, 1993), chapt. 4。

195　EB, *Reflections*, ed. Clark, p. 226 [99].

对菲利普·弗朗西斯来说，对王后受难的沉思是"纯粹的装腔作势"，正如后来的读者经常读到的那样。[196] 但是，对伯克来说，对玛丽·安托瓦内特苦难经历的详细叙述有着明确而合理的目的。他向弗朗西斯透露，他写《反思录》的目的是要让普莱斯——并通过他让兰斯多恩侯爵——受到"憎恨、嘲笑和蔑视"。[197] 伯克从普莱斯的《爱国论》中体会到，普莱斯似乎陶醉于对显赫人物的报复性羞辱。普莱斯后来在第四版的序言中指出，事实上，是 7 月中旬的一系列事件使其欢欣鼓舞，而不是凡尔赛妇女大游行之后发生的"暴乱和屠杀"。[198] 然而，在伯克看来，要唤起人们在 10 月 6 日所表现出的恶毒的诋毁精神，最好的办法是用悲剧的场面来实现，面对从伟大中跌落的画面，人们生发出了巨大的激情。[199] 他问道，"难道不是因为大人物们的地位阶级、高贵血统、优雅风格和功绩成就才让我们对他们的不幸感兴趣吗？"[200] 伯克在四年后又重复了这一观点，他评论说"在我们的心灵结构中，人们最关心伟大人物的陨落和命运，这一点是多么明智"。[201] 面对这样的灾难，只有最无情的人才不会感到怜悯和恐惧。

伯克对忠诚和骑士精神的鼓舞人心的赞歌背后，是意图恢

---

196 Philip Francis to EB, 19 February 1790, *Corr.*, VI, p. 86.

197 EB to Philip Francis, 20 February 1790,ibid., p. 92。

198 Richard Price, Preface to the Fourth Edition, *A Discourse on the Love of Our Country* in D. O. Thomas ed., *Price: Political Writings* (Cambridge: Cambridge University Press, 1991), p. 177. 有关讨论，参见 Richard Bourke "Theory and Practice: The Revolution in Political Judgement" in *Political Judgement* eds. Richard Bourke and Raymond Geuss (Cambridge: Cambridge University Press, 2009), pp. 90–99。

199 佩利认为，《法国革命反思录》应该被视为一出悲剧，尽管不是以戏剧化的形式，参见 William Paley to Edmund Law, 28 November 1790, TNA, PRO 30/12/17/4/ 33–35。

200 EB to Philip Francis, 20 February 1790, ibid., p. 90。伯克再次提及这一主题，参见 EB to the Bishop of Salisbury, 31 July 1791, *Corr.*, VI, p. 309。

201 EB, Speech in Reply at Hastings Impeachment, 3 June 1794, *W & S*, VII, p. 340.

复文明行为的历史基础。这必须建立在对人类素质的无私欣赏上,而不是仅仅基于我们同伴的有用性。[202]骑士精神对"女性"(fair sex)的崇拜体现了这种能力,因为它指出了欣赏女性的可能性,"而不考虑享受她们"。[203] 同样,以封建主义为特征的信任和忠诚义务是基于慷慨,而不是市场价值。伯克宣传这些能力是为了解释凝聚力的先决条件,而不是推崇自我贬低的习惯。在《反思录》问世之后,他向弗朗西斯申辩:"你什么时候发现我完全不为几十万同胞的痛苦所动,而只为有罪的大人物所遭受的苦难而难过?"[204] 他写《反思录》的目的不是赞美屈从,而是阐明相互让步的先决条件。没有让步,就会有冲突,"自然平等"本质上就是导致这场冲突的原因。奉承是伯克的辉格主义倾向所厌恶的:他在这一时期肯定地说,"我很自然地倾向于那些没有权力的人。"[205]换句话说,他不支持服从奴役。无论是卑躬屈膝,还是对财产目光短浅的敌视,都不是美德。崇拜权力的卑鄙"佞人"与既定等级的对手一样可憎。[206] 在这两个极端之间,伯克自称是个人自由的提倡者。[207] 然而,自由必须是公民自由。伯克认为,这是正义的另一个名字:"它

---

202 关于这一主题,参见 the review of Adam Ferguson's *Essay on the History of Civil Society* in the *Annual Register for the Year 1767*, 该文赞扬了弗格森对人类动物性学说的质疑(与卢梭的《论人类不平等的起源和基础》有关),并维护了友好或仁慈的道德的观点。关于弗格森在这一方面的思考,参见 Iain McDaniel, *Adam Ferguson and the Scottish Enlightenment: The Roman Past and Europe'sFuture* (Cambridge, MA: Harvard University Press, 2013), chapt. 3。

203 EB to Philip Francis, 20 February 1790, *Corr.*, VI, p. 91.

204 EB to Philip Francis, 19 November 1790, ibid., p. 171。

205 EB to John Noble, 14 March 1790, ibid., p. 103。

206 EB, *Reflections*, ed. Clark, p. 208 [76].

207 关于这一点,参见 EB, "Observations" to the *First Report* of the Select Committee, 5 February 1782, *W &S*, V, p. 184。

不是孤立的、无联系的、个人的、自私的自由。"[208] 它意味着享有抵抗强权的权利，但它并不等同于平等主义的自作主张。自然权利的平等意味着对"我的和你的"（*meum et teum*）的颠覆。这种价值观的推广使人们仇恨社会差异，势必会释放暴民的愤怒。

13.5　特权与美德

《反思录》的一个核心目的是，展现这种价值观是如何通过一股顽强的政治力量而获得动力的。这就需要解释法国革命的起源及其走向。伯克基本上略过了冲突的早期阶段，而是从 1787 年 2 月 22 日召开的显贵会议开始讲起。在凡尔赛集会后不久，显贵会议成员就与卡洛讷发生了冲突，并于 3 月中旬爆发了激烈的争吵。[209] 到 4 月 8 日，总审计长已经被免职，月底布里安被任命为大臣。然而，和他的前任一样，布里安试图控制显贵们的努力是徒劳的，显贵会议在 5 月底被解散。伯克解释说，恶化的局势是误导性咨政顾问们设计的结果。[210] 在这里，他想到的不是宫廷阴谋，而是省级和巴黎高等法院的立场。在 6 月和 7 月，各高等法院被期望按政府的提议增加新税。正是在这一阶段，各高等法院中的地方官员公开要求召开三级会议，但在伯克看来，这一举动是以背信弃义为基础的。为了召集三级会议，"大胆而无信"之人在坦诚谏言的伪装下，企

208　EB to Charles-Jean-François Depont, November 1789, *Corr.*, VI, p. 42.

209　关于对这些事件意义的解读，参见 Albert Goodwin, "Calonne, the Assembly of French Notables of 1787 and the Origins of the 'Révolte Nobiliaire," *The English Historical Review*, 61: 240 (May 1946), pp. 202–34, and idem, "Calonne, the Assembly of French Notables of 1787 and the Origins of the 'Révolte Nobiliaire' (Continued)," *The English Historical Review*, 61: 241 (September 1946), pp. 329–77.

210　最近的学术研究强调君主制的不连贯性。参见 François Furet, *Revolutionary France, 1770–1880* (Oxford: Blackwells, 1992) p. 42。

图利用这个会议来对抗君主。[211] 为了说明他的观点，伯克强调了三级会议是如何在没有预防措施的情况下进行的。这就等于说，在 1787—1788 年，出现了一个机会，可以在法国重建一个以"古老"的王国宪法为基础的混合政体。[212] 但这个机会因法国"领导人们"的背信弃义而浪费了，尤其是那些各高等法院中吵嚷着要召开三级会议的人，他们并没有做好准备面对这一决定接下来的后果。[213]

在进一步讲述有关精英阶层的诡计时，伯克在某种程度上利用了人们对奥尔良公爵的怀疑，即认为他已经开始颠覆政权。[214] 1788 年的一系列事件暴露了君主与其商议机构之间日益严重的不信任。[215] 这种对峙最终导致了 1788 年 7 月对各高等法院的驱逐未遂，随后在 8 月国家面临破产的威胁。这一威胁使王室针对各高等法院的政变化为乌有:君主现在屈服了，三级会议被召集，内克尔重掌权力。伯克表示，召开三级会议的决定是高等法院法律人士背信弃义的产物。高等法院中的法官"应该承担他们的责任，因为他们的建议给君主和他们的国家带来了灭顶之灾。"[216] 他所察觉到的是，背信弃义的高等法院法官们反对重建一个平衡的宪法。随后，一场由特权受益人发

710

211　EB, *Reflections*, ed. Clark, p. 190 [55].

212　Ibid., p. 186 [50].

213　Ibid., p. 190 [55]. 伯克发展了这个论点，参见 EB, *Letter to a Member of the National Assembly*, *W & S*, VIII, pp. 327ff. 有关讨论，请参见下文第 14 章第 3 节。

214　关于奥尔良公爵的角色，以及他与公共活动家西哀士等人共谋反对该政权，参见 George Armstrong Kelly, "The Machine of the Duc D'Orléans and the New Politics," *The Journal of Modern History*, 51: 4 (December 1979), pp. 667–84.

215　William Doyle, "The Parlements of France and the Breakdown of the Old Regime 1771–1788," *French Historical Studies*, 6:4 (Autumn 1970), pp. 415–58; Jean Egret, *The French Pre-Revolution,1787–1788* (Chicago: University of Chicago Press, 1977); William Doyle, *Origins of the French Revolution* (Oxford: Oxford University Press, 1980, 1999), chapt. 8.

216　EB, *Reflections*, ed. Clark, p. 190 [55].

起的反对特权的阴谋开始了，埃马纽埃尔 – 约瑟夫·西哀士在
1788 年发表了《论特权》，被委托带头发起攻击。正是在这一
时间点上，法国人本可以卓有成效地致力于巩固其君主制，改
革其神职人员，约束其军队，并在贵族和平民之间建立对等关
系。[217] 这一革新过程本应提供一个混合宪法所具有的成分，它
们建立在对维护自由所必需的各种力量的联合与制衡之上。[218]
但是，取而代之的是，出现了一系列对特权等级理念的攻击——
当尊重与既定的社会差异标志脱离时，有可能演变成一场所有
人针对所有人的战争。[219]

三级会议召开之后，这种对贵族制度的攻击是由贵族叛徒
煽动的，迎合了第三等级平民的总体倾向。《反思录》问世当
月，在给菲利普·弗朗西斯的信中，伯克坚持认为他没有把法
国的灾难归咎于民众。相反，他写道，"我把这些混乱……归
咎于奥尔良公爵、米拉波、巴纳夫、贝利、拉梅特、拉法耶特
以及该派系的其他人。"[220] 野心勃勃的贵族和有进取心的平民

---

217 Ibid., p. 189 [53].

218 Ibid., p. 187 [50–51].

219 参见 Emmanuel-Joseph Sieyès, *Essai sur les privilèges* in Roberto Zapperi ed., *Écrits politiques* (Brussels: Éditions des Archives Contemporaines, 1994), 王公恩赐的专属世袭特权与因应得的报酬和自发的国家荣誉而产生的自然尊重形成了鲜明的对比。当然，西哀士本人也承认这些区别，只要这些区别是基于对功绩的普遍认可。关于伯克和西哀士在这一问题上的对比，参见 *An Essay on Privileges, and particularly on hereditary nobility... Translated into English* (London: 1791), esp. pp. v, 16–17, 27–29。

220 EB to Philip Frances, 17 November 1790, *Corr.*, VI, p. 172. 后来，伯克指控拉法耶特是"法国所有灾难的始作俑者"，参见 EB, Debate on the Detention of La Fayette, 17 March 1794, *Parliamentary History*, XXXI, col. 48. 关于奥尔良公爵的阴谋活动，另见 Thomas Jefferson to Richard Price, 13 September 1789, *Price Correspondence*, III, p. 258; Thomas Paine to EB, 17 January 1790, *Corr.*, VI, p. 73。Cf. EB, *Letter to a Noble Lord* (1796), *W & S*, IX, pp. 183–4 on "the Orleans, the Rochefoucaults, and the Fayettes, and the Viscomtes de Noailles, and the false Perigords, and the long et caetera of perfidious Sans Culottes of the Court, who like demoniacks, possessed with a spirit of fallen pride, and inverted ambition, abdicated their dignities."

已经准备好迎合大众情绪，以便夺取政治机器的控制权。以国民议会的形式建立一个没有混合要素的统治权是这一设计的一部分，尽管后来发现这一政治进程逐渐失控。在英国公共生活出现这种势头之前，伯克决心阻止任何类似的发展。这个问题是一个普遍问题："骚动的、心怀不满的有素质的人，在他们因个人的骄傲和傲慢而膨胀时，通常会鄙视自己所处的社会阶层。"[221] 在英国，兰斯多恩侯爵就是这种类型的代表。他概括了他们这个阶级中贵族叛徒普遍存在的"对……尊严的不屑一顾"。[222] 在野心的驱使下，他们采取"低劣的手段"，并密谋进行煽动性活动。[223] 尤其是兰斯多恩侯爵，他是一个善于算计的诽谤者，他乐于煽动叛乱言论，以达到自己的目的。[224] 由于他的努力是出于对权力的渴望，因此他对自由的献身只是徒有其表。

711

对有地位的人来说，这种口是心非的做法是一种诱惑："在我那个时代，几乎所有出身高贵的共和主义者，在很短的时间内，都成了最坚定、最彻底的朝臣。"[225] 而缓慢的、乏味的、实际的抵抗行动被留给了其他人，他们能够在没有宏大思想的引诱和华丽效果的场面下展开运动。正如伯克所理解的，政党精神——贵族关系的美德——极力反对这种谄媚的野心。出于这个原因，试图通过谢里丹，或之后的福克斯，把握辉格党人的精神，是行不通的。正如伯克的儿子，追随他父亲的脚步所看到的那样，谢里丹一直在背离诚实关系的原则，将自己

---

221 EB, *Reflections*, ed. Clark, p. 201 [68].

222 Ibid. 关于法国的相似情况，参见 ibid., pp. 364–5 [284]。

223 Ibid., p. 203 [70].

224 EB to Philip Francis, 20 February 1790, *Corr.*, VI, p. 92.

225 EB, *Reflections*, ed. Clark, p. 222 [93].

置于"这个国家的创新之首"。[226] 与此同时，因反对派工作的长期劳累，福克斯疲惫不堪，并受到大众言论的蛊惑。他除了对领导未来政府抱有一丝希望外，几乎没有其他希望。[227] 这两个人都代表着盘旋在下议院上空的一种危险，正如兰斯多恩侯爵和斯坦厄普在上议院面临的危险一样。二人正在摧毁罗金汉党人的道路，即利用政党作为君主和平民之间的壁垒。由于这是混合君主制唯一可靠的运行方式，因此一种新的背离是对宪法的威胁。

法国的一系列事件生动地说明了这个问题。1789 年夏天，背信弃义的贵族试图通过与第三等级结盟来寻求政治筹码，尽管他们很快就被人民议会（the popular chamber）的骚乱所吞噬。不久，国民议会也被巴黎的暴徒占领了。[228] 随着国民议会的成立，演说家们把他们的才华奉献给了公众，成为"民众的工具，而不是民众的向导"。[229] 这样一来，那些所谓的政治家们在俱乐部里打得火热，向他们认定的代表们发号施令。[230] 而巴黎民众自身却被阴谋和谣言迷惑。[231] 民众在凡尔赛宫、巴黎大皇宫和市政厅举行的集会对代表们的审议产生了影响。[232] 在国民议会上，一些民众领袖"是有相当分量的人"，但他们本质上反对就实际判断的复杂性进行谈判。[233] 他们一直在努力隐

712

226　Richard Burke, JR, to Lord Fitzwilliam, 29 July 1790, *Corr.*, VI, p. 126.

227　Ibid., p. 129.

228　EB, *Reflections*, ed. Clark, pp. 227–9 [100–2].

229　Ibid., p. 413 [353].

230　Ibid., p. 302–3 [198].

231　Ibid., p. 303 [198].

232　关于公众和群体行为，参见 Colin Lucas, "The Crowd and Politics between 'Ancien Regime' and Revolution in France," *Journal of Modern History*, 60: 3 (September 1988), pp. 421–57。

233　EB, *Reflections*, ed. Clark, p. 338 [245].

瞒社会中的顽固事实，用空虚的希望和想象代替计算。他们过于憎恨恶习，而对"人"的尊重太少。[234] 伯克称，当他看到返回三级会议的代表名单时，他就知道游戏结束了。在留意到第三等级代表的类型和所属职业团体后，伯克认为，他们可能会做出让经验丰富的观察者惊讶的事情。[235] 伯克认为，在评估一个审议机构的能力时，考虑其行事资格是很重要的。就第三等级而言，情况并不乐观。在该机构的 600 名成员中，法律从业者占了很大比例。[236] 这主要是由"不知名的省级辩护律师"组成的，即"级别较低的、经验较少的、无思想的、仅仅被当作工具的"职业末端的从业者。[237] 他们不受尊敬，也不尊重自己。他们缺乏严肃性和深思熟虑，更何况他们的声誉不会受到损害。因此，他们更关注自己的狭隘利益，而不是更广泛的国家局势。他们既是做零工的，又小气，又爱打官司。伯克因此问道："他们会关心财产的稳定吗？"[238]

除了律师之外，第三等级中还有商人。由于这些人缺乏资

---

234 Ibid., p. 341 [250–1].

235 Ibid., p. 193 [59]. 参见 *Liste, par ordre alphabétique, de bailliages et sénéchaussées, de MM. les deputes aux États Generaux, convoqués à Versailles le 27 Avril 1789* (Paris: 1789)。相关分析，参见 François Furet and Ran Halévi, "Introduction," *Orateurs de la Révolution française: les constituants* (Paris: Gallimard, 1989); Timothy Tackett, *Becoming a Revolutionary: The Deputies to the French National Assembly and the Emergence of a Revolutionary Culture, 1789–1790* (Pennsylvania, PA: Pennsylvania State University Press, 1996, 2006)。

236 他们占总人数的 43%。详细分析，参见 Harriet Applewhite, *Political Alignment in the French National Assembly, 1789–1791* (Baton Rouge, LA: Louisiana State University Press, 1993), pp. 39–46。

237 EB, *Reflections*, ed. Clark, p. 196 [61]. 柯班（Cobban）确定 166 位代表是律师或公证人，其余代表在省或市中心的腐败的法律行政部门任职，参见 Alfred Cobban, *Aspects of the French* Revolution (London: Jonathan Cape, 1968), pp. 100–2。有关修正，参见 Applewhite, *Political Alignment*, pp. 40–41。

238 EB, *Reflections*, ed. Clark, p. 197 [62–3].

历，律师们对他们有压倒性优势。同样，医学界并不构成对主要利益团体的重要制衡，而金融家们在土地财产的保障中看到了将其短暂的资产转化为实际收益的机会。[239] 所有这一切都意味着，几乎没有任何人代表这个国家的土地，更何况第三等级的神职人员都来自下层阶级。占据第一等级的神职人员中，牧师占了很大比例。[240] 因此，总的来说，在第一等级和第三等级之间，代表们的视野显然是有局限的，并容易被动摇和腐化。伯克指出，最重要的是，他们已经准备好用嫉妒的眼光看待巨大的财富。作为一个整体，他们结合了"无知、鲁莽、自以为是和掠夺欲"。[241] 更令人沮丧的是，他们被一群"叛徒"——"十几个有身份的人"——引导，而这些人"为了获得……权力而背叛了他们的信任"。[242] 以米拉波的煽动性阴谋为代表，他们放弃了对贵族阶层的效忠，希望能在这个国家出人头地。[243]

这是一个严峻的前景。即使是国民议会中更有才华的演说家（主要由实验性的"理论者"组成），也不得不迎合大众中的主流态度。[244] 伯克预言，其结果必然是灾难性的：贪婪

---

239 Ibid., p. 198 [64]. 参见 Tackett, *Becoming a Revolutionary*, pp. 35–47。

240 他们占总人数 330 人中的 231 人（70%）。关于他们的态度，参见 Timothy Tackett, *Religion, Revolution and Regional Culture in Eighteenth-Century France: The Ecclesiastical Oath of 1791*(Princeton, NJ: Princeton University Press, 1986), pp. 141–46。

241 EB, *Reflections*, ed. Clark, p. 201 [67].

242 Ibid., p. 209 [77]. "叛徒"称谓的出现，参见 EB to the Duchesse de Biron, 20 March 1791, *Corr.*, VI, p. 235。

243 关于米拉波直至 1789 年革命前的思想，参见 François Quastana, *La Pensée politique de Mirabeau, 1771–1789: 'Républicanisme classique'et régénération de la monarchie* (Aix-en-Provence: PUAM, 2007)。关于他的思想背景，以及与谢尔本（之后的兰斯多恩侯爵）的关系，参见 Jean Bénétruy, *L'Atelier de Mirabeau: quatre proscrits genevois dans la tourmente révolutionnaire* (Geneva: Alex Julien 1962), pp. 148, 178ff. 另见 Whatmore, *Against War and Empire*, pp. 12–14。

244 EB, *Reflections*, ed. Clark, p. 194 [59].

和无能的人将对有产者行使权力。从这一立场出发，他们将倾向于对渗透到政治和社会中的现有阶层开战。西哀士在《论特权》中承认，由于统治者必须管理被统治者，某种形式的分层是不可避免的。[245] 这基于将人类划分为两个阶层，区分两个阶层的是工作的优越性。[246] 争论只有一个，即谁最有资格行使统治职能。与伯克的"绅士精神"和"宗教精神"不同，西哀士把欧洲政治的基础追溯到好战主义和修道主义的观念上，以及它们各自所体现的排他性等级上。以等级为基础的政体管理是对这种"错误的"阶层划分的延续。[247] 在这种统治下，仅有的拥有特权的 20 万人将不正当地支配 2400 万个灵魂。[248] 对于伯克来说，这一控诉看起来很可疑，它纯粹是一种算术上的反对，针对的是少数人统治多数人这一正常的事实。他写道，用数学来思考这个问题是"荒谬的"。[249] 统治的标准并不能被简化为掌权者的数量：相反，标准应该建立在治理者的才能（aptitude）上。

一个政府体系并不代表其所管辖的个人，而必须代表共同利益。[250] 然而，在伯克看来，事实是，一个由"500 名乡村律

714

245　西哀士关于政治分工的概念，参见 Keith Michael Baker, *Inventing the French Revolution* (Cambridge: Cambridge University Press, 1990), pp. 244–51。

246　Sieyès, *Essai sur les privilèges*, p. 103. 有关讨论，参见 Murray Forsyth, *Reason and Revolution: The Political Thought of the Abbé Sieyes* (Leicester: Leicester University Press, 1987), chapt. 4。

247　在此基础上，以等级为基础的治理代表着征服精神的延续。参见 Emmanuel-Joseph Sieyès, *What is the Third Estate?* (1789) in Michael Sonenscher ed., *Sieyès: Political Writings* (Indianapolis, IN: Hacking, 2003), p. 99. 西哀士的宪法思想与君主派的"亲英主义"学说相对立，参见 Pasquale Pasquino, *Sieyes et l'invention de la constitution en France* (Paris: Éditions Odile Jacob, 1998), chapt. 1。

248　Sieyès, *Essai sur les privilèges*, p. 95.

249　EB, *Reflections*, ed. Clark, p. 209 [76].

250　关于这一点，参见 Michael Sonenscher, "Introduction" to *Sieyès: Political Writings*, p. xix。

师和无名牧师"组成的政府不能被信任来管理2400万公民。[251]
每个人都会同意，一个统治体系需要卓越，因为统治者要代表
被统治者进行决策。在实践中，这意味着全体公民的利益必须
由少数人保障。为了实现这一点，少数人必须从全体公民的利
益出发进行治理。但不能简单地通过体现多数人的愿望来实现
这一点，因为正如伯克所说，"多数人的意愿和他们的利益经
常是不同的。"[252]共同利益在于保护自由和财产。反过来，一个
将民众同意与公正司法相结合的宪法制度，是对自由和财产最
好的保障。根据英国的安排，同意是通过宪法的选举部分提供
的，司法正义是通过财产稳定来保障的，而政权中的世袭因素
则维持了财产的稳定。以这种方式配置的政府，在面对多变的
环境时，仍然必须保持自身，为此，它必须能够适应变化。这
种灵活性需要统治者的技艺。因此，一个成功的政权必须既有
能力又稳定，这就需要它从有才能的人和有财产的人中吸纳代
表。从这个角度来看，"法国的财产"没有"得到管理"，这
一事实是严重不公正的根源。[253]

任何一个议会都是潜在的不稳定的公共讨论场所，对其的
管理是有效政府的先决条件。议会的组成影响了它的性质，也
决定了它如何进行和控制审议过程。[254]因此，代表们的品性是
一个重要的考虑因素。人们希望他们能够胜任所面临的任务，
因此他们要"在生活条件、永久财产、教育，以及拓宽和解放
认识等习惯方面"是令人尊敬的。[255]这不是一个排除目录，而

---

251 EB, *Reflections*, ed. Clark, p. 209 [76].

252 Ibid.

253 Ibid., p. 209 [77].

254 Philippe Raynaud, "Préface" to EB, *Réflexions sur la Révolution de France*, eds. Alfred Fierro and Georges Liébert (Paris: Hachette, 1989), p. xlvi.

255 EB, *Reflections*, ed. Clark, p. 194 [60].

是一个资格清单：急躁的、没主见的、无知的和偏执的人没有能力统治。伯克将法国国民议会与英国下议院进行了对比，作为公共讨论场所，后者为个人提供了施展才能（merit）的机会，但也认可个人的社会地位和专业成就。[256] "一切都应该是开放的，"伯克对此表示认可，"但不是无差别地对待每个人。"[257] 选举意味着区别对待，而注重实际美德的区别对待似乎是明智的。这种谨慎的政治家才能需要独立精神和判断力。前者不可避免地与独立的方式有关，而后者则需要闲暇，并摆脱思维方式的束缚。伯克认为，束缚是由头脑中的"权能惯性"（faculty habits）强加的，例如与官僚主义或纯粹的程序性智慧相关。[258] 闲暇所带来的反思是摆脱思维束缚的解药。闲暇当然是一个相对的概念，但它至少意味着有机会审视政治家职权范围内的重大政治议题。审议的过程需要透彻和扎实，因此最好由有才能的人和有责任心的人共同执行。

为了达到这个目的，下议院既顾及了能力，又顾及了财产。事实上，英国宪法作为一个整体，包含了两个原则，一个是本质上的动力——"积极而活跃"；另一个是谨慎——"迟缓、惰性和胆怯"。[259] 伯克坚持认为，他不希望把权力放在没有功绩的人身上，仅仅根据血缘和头衔分配权力。任何人都可能拥有卓越的领导才能，不需要资格，只需要美德和智慧。[260] 伯克

---

256 Ibid., p. 198 [65].

257 Ibid., p. 206 [74].

258 伯克利用这些缺点来批评格伦维尔在 18 世纪 60 年代和黑斯廷斯在 18 世纪 80 年代的能力。他对格伦维尔的狭隘法律主义的控诉，参见 EB, Speech on American Taxation, 19 April 1774, *W & S*, II, p. 432, 对黑斯廷斯官僚思想的控诉，参见 EB, Speech in Reply, 14 June 1794, *W & S*, VII, p. 620。

259 EB, *Reflections*, ed. Clark, p. 207 [75].

260 Ibid., p. 206 [73–74].

在反对亚当·斯密的观点时强调了这一承诺，后者贬低了商人阶层的统治能力。261 尽管如此，在统治者中还是有一些更可取的品质，而且在一些条件下，这些品质很可能会得到发挥。政府的直接目标应该是保护财产，因此保护财产的决心必须得到维护。将财产的保护权交给有产者是最好的办法，因为他们最致力于确保财产的安全。因此，财产"必须被代表……在大量的积累中，否则就不能得到正确的保护。"262 没有财产，就没有社会；没有财产的积累，就没有繁荣。无特权阶层的进步取决于财产的积累，而财产最好受到富人的监督，以保护其免受侵害。因此，遗产的不可侵犯性就形成了一道壁垒，以抵御弱势人群的资产受到侵犯。根据英国宪法，上议院的作用是保证这种分配，否则，这种分配可能会被视为对弱势人群的一种诱惑，就像在法国人们所受到的诱惑一样。

正是因为这个原因，应该对人的出身给予一些优待，当然，这种优待不构成一个绝对的特权等级。世袭的爵位和一个世袭的议院构成了法律平等中的一部分特权。然而，它的目的是确保普遍的利益。一个公民社会的政府总是涉及这种权衡，其创造了一些区别，以服务于正义和共同福祉的目标。随着形势的变化，这种权衡的性质可能需要调整，需要进行政治改革。然而，如果改革缺乏应有的智慧，就有可能牺牲它希望确保的东西，因此改革必须建立在审议之上。这需要经验、历史判断和综合能力，而不仅仅是机遇的问题：统治者们应该根据他们的能力而不是他们平等的权利进行统治。均等的政府（Government by equality）意味着通过抽签决定政体的未来。

---

261 Adam Smith, *An Inquiry into the Nature and Causes of Wealth of Nations*, ed. R. H. Campbell and A. S. Skinner (Indianapolis, IN: Liberty Fund, 1976), 2 vols., II, p. 638. Cf. Edmund Burke, *Speech on Fox's India Bill*, 1 December 1783, *W & S*, V, p. 387.

262 EB, *Reflections*, ed. Clark, p. 208 [75].

然而，认为"轮换"或"抽签任命"能对一个必须处理重要事务的政府起到积极作用，这一点是不合理的。[263] 政治阶层的选拔是一项由宪法执行的任务，应该是为了让合适的统治者适应每项工作。一个不匹配的人将带来灾难，会使整个政府机构崩溃。每个国家都要求其统治体系有适应和保护的能力。新的法国政府无法做到这两点，既缺乏第一点需要的政治技艺，又缺乏对第二点的必要倾向。法国虽已处于民众的统治之下，但却没有重视民众的福祉。这是一个"非自然的反向统治"。[264] 最糟糕的，而不是最好的，被任命统治国家，同时，奉承的艺术取代了领导的职责。

《反思录》中有一股阴暗的、塔西佗文风式的潜在情绪。伯克热衷于证明法国革命的自由语言掩盖了奴役的过程。奥古斯都革命的各个方面都与 1789 年的革命有共通之处。塔西佗评论说，屋大维即位后，完全没有反对的声音：平民和军队都被收买了，而奥古斯都则致力于通过"护民官的权利"来"保护平民"。[265] 伯克认为，宫廷奴才的卑鄙和煽动者的奴性迫使他们相互交易。[266] 他们利用不断上升的奉承浪潮，摧毁了共和国。然而，伯克认为法国的民粹主义比罗马专制制度更可怕。在一位君主的绝对统治下，公众，无论多么害怕，都限制了其行动范围。但在一个纯粹或"完美"的民主制度下，这一限制被打破了。最专制的君主也需要一些助手，每一个助手都有可能违背君主不受约束的意志。最终，如果他没有被叛乱推

717

263　Ibid., p. 206 [74].

264　Ibid., p. 258 [139].

265　Tacitus, *Annals*, I, i, 1–5: "ad tuendam plebem tribunicio iure".

266　参见 EB, *Reflections*, ed. Clark, p. 258 [140]: 法国民众是"宫廷弄臣和阿谀谄媚者野心的牺牲品"。

翻，也可能会被自己的禁卫军谋杀。[267] 然而，随着不掺杂任何杂质的民众权力的行使，人们立刻失去了抵抗的权利。权力的滥用并不集中，因此行使权力的人不会感受到羞耻。正如伯克所说，"绝对的民主是世界上最无耻的事情。"[268] 根据这种理解，基于人权的平等政体，被认为是一种不受约束的专制主义。

13.6 共同体（the Commonwealth）的神圣化

伯克在 1790 年初就开始写《反思录》，他回应了两本小册子的内容：首先，是对德庞论述的法国境况的回应；其次，是对普莱斯布道的回应，在 1790 年议会开幕前，普莱斯于 1 月 21 日第一次宣读了自己的布道。[269] 到了 4 月，吉尔伯特·埃利奥特提到这次布道，称它即将出版。[270] 后来伯克澄清说，他当时所读的内容只是最后出版作品的一小部分。[271] 从 5 月到 8 月这段时间，伯克安下心来扩充他的论述，给我们留下了一本长长的书信式小册子。这本小册子至少服务于两个目的，而且至少是在两个不同的时期撰写的。[272] 尽管如此，这部作品没有分章节，而且构思有意安排得比较松散。[273] 但是，虽然这部作品浮想联翩，而且经常偏离主题，但它并非没有结构。《反思录》先论述了将光荣革命与法国革命做对比的重要性，然后

267　Ibid., p. 257 [138].

268　Ibid., p. 258 [139].

269　EB to William Weddell, 31 January 1792, *Corr.*, VII, p. 56.

270　Sir Gilbert Elliot to Lady Minto, 22 April 1790, *The Life and Letters of Sir Gilbert Elliot* (London: 1874), 3 vols., I, pp. 357–8.

271　WWM BkP 1/2264.

272　关于写作的可能阶段，参见 F. P. Lock, *Burke's Reflections on the Revolution in France* (London: George Allen and Unwin, 1985), pp. 58–59。

273　《法国革命反思录》的一部分现存手稿显示了伯克对结构的一些关注。参见 Northamptonshire MS. A.XXVII. 75。

论述了国民议会作为审议机关的权限，在此过程中，穿插着对现代欧洲文明的基本原则的观察。随后，伯克开始转而论述宗教在公共生活中的作用。在这里，他最关心的是为既定教会的起源辩护，以抵御他所认为的自由思想家们和不信奉国教者发起的联合攻击。伯克当然知道，普里斯特利和普莱斯等异端基督徒没有与英国和法国的自然神论者或无神论者结盟。一方面，英国的自然神论基本上已经被抛弃了。它的影响在 18 世纪 50 年代达到顶峰，此后就彻底衰落了。伯克在 1756 年的《为自然社会辩护》抨击了该教派，之后几乎没有再考虑过这些人。[274] 伯克问道，在过去的 40 年里，有谁真的读过英国反基督教论战家——伯克现在把他们描绘成"无神论者和异教徒（Infidels）"——的作品？[275] 约翰·托兰德、马修·廷达尔、安东尼·柯林斯、博林布鲁克子爵、托马斯·查布和托马斯·摩根一直处于英国社会主流的边缘。[276] 在大多数情况下，他们互不联系，在英国缺乏影响力。[277] 然而，现在得知，他们的敌人——异端基督徒的反对者——可能会完成自然神论者未能达到的目标：通过对既定教会的攻击，削弱基督教的权威。[278]

718

与 18 世纪上半叶的自由思想家阶层不同，18 世纪 80 年代至 90 年代英国的不信奉国教者通过与政治主流结盟的方式得到了帮助。法国的无神论者也具有这一优势，他们在敌视教

274　EB, *Vindication of Natural Society, W & S,* I, *passim.*

275　EB, *Reflections,* ed. Clark, p. 253 [133].

276　关于他们在法国的复苏，参见 Voltaire, *Lettres à S. A. Mgr. l prince de *** sur Rabelais et sur d'autres auteurs accusés d'avoir mal parlé de la religion* in idem, *Mélanges,* ed. Jacques van den Heuvel (Paris: Gallimard: 1961), pp. 1228ff. 对他们来说，英国的反宗教倡导者是"天才"（prodigieux）。

277　EB, *Reflections,* ed. Clark, p. 254 [133].

278　关于 17 世纪 50 年代早期自由思想者和不信奉国教者之间不稳定的联盟关系，参见 Hume, *History of England,* VI, p. 59。

权的第三阶层的代表中获得了助力。[279] 尽管理性的异教徒对无
宗教者持有明显的敌意，但伯克认为这两个群体构成了一种共
同的危险。首先，他认为两者的思想方法是类似的；其次，他
注意到他们都反对既定的宗教。伯克认为两者都具有"狂热"
的特征。[280] 将一种狂热的精神赋予英国宗教异议者和法国的异
端（heterodoxy），这当然是对双方的侮辱，因为他们各自都
以通过严格、理性的程序来取代轻信为荣。在 17 世纪和 18 世
纪，两种形式的过度轻信受到了攻击：一种是迷信；另一种是
狂热。两种形式都被认为是在证据不足的基础上维持信仰。据
称，迷信是由于过度的恐惧，狂热是由于过高的希望。[281] 在庆
幸他们成功地克服了迷信的同时，伯克认为许多异端已经滑向
了狂热，并假装在这个过程中获得了启蒙。伯克试图扭转他所
认为的人们智力上的自满情绪，这意味着，对普里斯特利、普
莱斯和爱尔维修来说，理性与其说是一种真正的启蒙手段，不
如说是一种精神上的"启蒙"。[282] 在寻求清除所有迷信信仰的
过程中，正如洛克所说，伪启蒙者将对理性的认同与无根据的

719

---

279 关于革命前的反教权主义，参见 Dale Van Kley, "Church, State, and the Ideological Origins of the French Revolution," *Journal of Modern History*, 51: 4 (December 1979), pp. 630–64; Tackett, *Religion, Revolution and Regional Culture,*chapt. 10。关于第三等级的反教权主义，参见 Tackett, *Becoming a Revolutionary*, pp. 65–74。

280 EB, *Reflections*, ed. Clark, pp. 217 [85], 319 218].《法国革命反思录》中狂热的意义，参见 J. G. A. Pocock, "Introduction" to Edmund Burke, *Reflections on the Revolution in France,* ed. idem (Indianapolis, IN: Hackett, 1987); J. G. A. Pocock, "Edmund Burke and the Redefinition of Enthusiasm: The Context as Counter-Revolution" in François Furet and Mona Ozouf eds., *The French Revolution and the Creation of Modern Political Culture: The Transformation of Political Culture, 1789–1848* (Oxford: Pergamon, 1989), 3 vols., III。

281 参见本书第 2 章第 4 节。

282 EB, *Reflections*, ed. Clark, p. 225 [98]。

"人类大脑的幻想"混为一谈。[283] 伯克认为,在自然神论者与理性的异教徒之间,理性仅仅是一种妄自尊大的精神说服:它所传达的确定感是一种智力上的自负。

"自负"(conceit)一词在这里有两种含义:第一,指一种异想天开的想法;第二,指一种把个人的幻想当作神明启示的傲慢。认为理性通过内省向头脑揭示了自然真理的信仰,这种信仰把这两种含义结合在一起,变成了一种全面的自负,相当于在不参考可能证据的情况下,自以为是地相信自己的观点。在这一点上,洛克把狂热描述为"大脑发热或过度自以为是的自负",毫无根据地被自己的信念所诱惑。[284] 伯克特别致力于揭露道德狂热的意图。法国的革命鼓动者与英国理性的不信奉国教者一样,决心将理性的道德真理强加在已经存在于公民社会准则下的个人行动和观点上。这显示了一种非同寻常的自大:首先,它将个人偏好等同于理性的行为准则;其次,它努力将这些价值观强加于人,而不考虑环境。这一过程既诡辩又迂腐,因此被伯克称为倒退的"政治形而上学"。[285] 所有的经验判断,以及由此产生的所有现有安排的判断,都只能通过可疑的猜测的抽象理念加以证实。鉴于这些理念与现存事物的秩序相去甚远,对具体弊端的批评让位于对正当性基础的揭露。[286] 最合理的偏见被无情地抛弃了。[287] 由于实际的政治态度和制度永远不会与前公民时代的情况"对等",因此它们的

---

283 John Locke, *An Essay concerning Human Understanding* (1689), ed. Peter H. Nidditch (Oxford: Oxford University Press, 1975, 1979), Book IV, Chapter xix, §3.

284 Ibid., IV, xix, §7.

285 EB, *Reflections*, ed. Clark, p. 217 [86].

286 Ibid., pp. 214–15 [82–4].

287 Ibid., p. 256 [136].

不正当性是这一理论的必然结论。[288] 通过公众意见，这种详细查究的方式被伪装成开明的批评，但事实上，它是反律法主义进行破坏的诀窍。每一种对公民的约束都被认为是非法的"特权"，所有的政府都被认为是"僭越"的一种形式。[289] 进步建立在普里斯特利认为的"统治权的瓦解"之上，取而代之的改革手段是持续的叛乱。[290]

720

让－保罗·拉巴特·圣－艾蒂安是第三等级的代表，1790年3月，他当选国民制宪会议主席，他的急躁与普里斯特利的狂热如出一辙。在伯克看来，拉巴特·圣－艾蒂安彰显了国民议会的鲁莽，他们永远不会顾及人们对变革的抵制。这助长了一种彻底净化的幻想，要求消除一切阻止进步的障碍。正如伯克引用拉巴特·圣－艾蒂安的话，这将是一场涉及法律、礼仪和思想的革命——"一切都要毁掉，因为一切都要重新创造"。[291] 尤其让伯克感到不安的是，他感觉到这种毁灭的嗜好通常集中在根除教会机构上。拉巴特·圣－艾蒂安是一位加尔文教派的牧师，在法国革命前，他通过为法国新教徒争取宽容而获得成就。[292] 伯克的问题与其说是他的计划，不如说是他的根除言论，这与更广泛的反基督教论战产生了共鸣。自18世纪50年代以来，伯克一直在提防反宗教的兴起，认为对"特殊"天意的

288　Ibid., p. 217 [86].

289　Ibid., p. 215 [84].

290　Joseph Priestley, *An History of the Corruptions of Christianity* (Birmingham: 1782), 2 vols., II, p. 484. 这句话是用斜体写的，参见 EB, *Reflections*, ed. Clark, p. 216 [85]。此处以及伯克对不信奉国教者著作的其他引用，参见 Anon., *A Look to the Last Century: Or, the Dissenters Weighed in their Own Scales* (London: 1790)。本文引用的段落出现在 p. 113，作者评论道："普莱斯的语言并不落后。"

291　EB, *Reflections*, ed. Clark, p.329n [247]. Burke added the quotation as a note in the third edition.

292　他与马尔塞布结盟，促成路易十六1787年11月7日颁布《宽容敕令》。

信仰是社会生活的前提。据 1784 年的记载，伯克认为道兹韦尔对无神论的调侃是他唯一的弱点，尽管如此，这是"单纯的愚蠢，我相信他的灵魂现在与上帝同在"。[293] 相比之下，法国人的不信教是一件更严重的事情。雷诺兹于 1768 年从巴黎写信给伯克，批评基督教敌人的"偏执"。[294] 1773 年伯克访问巴黎时，对公众的怀疑主义感到沮丧。在他生命的最后几个月里，他写信给巴鲁埃尔神父，认可了这位通信者关于一个反基督教阴谋的叙述，伯克认为自己在 24 年前目睹了这一阴谋。[295]

令伯克吃惊的是，法国人把自然神论的教条主义主张与哲学学习的成果联系在一起。他同样感到困惑的是，他们认为启蒙思想包括对基督教机构的敌意。他反驳道，事实是，启蒙运动是从现代文学的重生中诞生的，由神职人员培养，并由贵族赞助。[296] 现代知识的进步不是从 18 世纪开始的，而是起源于文艺复兴的过程之中。它由宗教改革运动推动，并被现代科学所证实。人文主义、神学和实验方法是相互支持的哲学支柱，每一个都建立在过去智慧的积累上。因此，最好在不破坏欧洲文明哥特式结构的基础上，推动知识的进步。从这个角度来看，启蒙运动意味着"改善，尤其重要的是保

721

293　Dugald Stewart, "Memoir Written on a Visit to Lord Lauderdale with Mr Burke and Adam Smith" (1784), Burke/Stewart Correspondence, Centre for Research Collections, Edinburgh University Library, Dc. 6. 111.

294　Joshua Reynolds to EB, September 1768, *Corr.*, II, pp. 17–18.

295　EB to the Abbé Barruel, 1 May 1797, *Corr.*, IX, p. 320. 巴鲁埃尔于 1792 年在英国避难，并出版了第一本书 *Mémoires pour servir à l'histoire du Jacobinisme* (London: 1797–1798), 4 vols., 并在第一章中列出了"阴谋的主要策划者"(I, p. 1ff.)。关于伯克致信巴鲁埃尔的意义，参见 Darrin M. McMahon, "Edmund Burke and the Literary Cabal: A Tale of Two Enlightenments" in EB, *Reflections on the Revolution in France*, ed. Frank M Turner (New Haven, CT: Yale University Press, 2003), p. 245。

296　EB, *Reflections*, ed. Clark, p. 242 [117].

存科学与文学的成果。"[297] 它并不意味着对信仰教义的理性反叛。[298] 相反，人们要认识到，启蒙运动的起源是"僧侣式的"，并继续与宗教紧密地联系在一起。[299] 理性不是信仰的敌人，而是信仰的支持者。正如英国国教的历史所表明的那样，两者都因与教会机构的联盟而繁荣。对这个联盟基础的"激进"攻击有可能摧毁它的成就和有利条件。伯克对这种攻击的抨击既不是"保守的"，也不是"反启蒙的"。[300] 就其本身而言，伯克想要辩护的是，宗教宽容的推进要与社会和知识的进步相协调。

在伯克看来，法国那些虚假的启蒙使者所承诺的，不过是一个建立在迫害基础上的反基督教机构。他们提出要从过去的权威中解放出来，但实际上这会带来无情的暴政；他们提出宽容的前景，但最终会加剧宗教压迫。伯克后来认为，基督教的仁爱应被视为"衡量宽容的标准"，而不是对宗教的冷漠或仇恨。[301] 在英国，自封为"光明"的代表同样会破坏宽容，推翻

---

297 Ibid., p. 264 [149].

298 现代学术在很大程度上是基于相反的假设，参见 Peter Gay, *The Enlightenment: An Interpretation. The Rise of Modern Paganism* (New York: Alfred Knopf, 1966); Jonathan Israel, *Enlightenment Contested: Philosophy, Modernity, and the Emancipation of Man, 1670–1752* (Oxford: Oxford University Press, 2006). For John Robertson, *The Case for the Enlightenment: Scotland and Naples* (Cambridge: Cambridge University Press, 2005), 启蒙运动是一个专注于世俗进步的事业。

299 EB, *Reflections*, ed. Clark, p. 265 [149].

300 关于英国"保守"启蒙运动的存在，参见 J. G. A. Pocock, "Clergy and Commerce: The Conservative Enlightenment in England" in R. Ajello et al. eds., L'età dei lumi: studi storici sul Settecento europeo in onore di Franco Venturi (Naples: Jovene, 1985); 关于"反启蒙"，参见 Isaiah Berlin, "The Counter-Enlightenment" in Henry Hardy ed., *Against the Current: Essays in the History of Ideas* (Princeton, NJ: Princeton University Press, 2013), 关于伯克所起的作用，参见 Isaiah Berlin to Conor Cruise O'Brien, 10 April 1992, reprinted in O'Brien, *The Great Melody*, pp. 612–15。

301 EB to the Rev. Thomas Hussey, *Corr.*, VIII, pp. 245–46.

提倡宽容的教会。在没有这种教会结构的情况下，宗派主义会泛滥，信众间的敌意也会加深。同时，公共生活也会失去与宗教神圣性的联系。宗教对文化的进步至关重要：它包含了道德生活的萌芽，为人道行为奠定了基础。没有它，必然会倒退回野蛮状态。破坏有组织的信仰会损害道德，人们的行为也会因此堕落。可是，这项事业注定要失败。伯克声称，"根据人类的构成，人类是一种宗教动物。"[302] 任何将宗教的影响从人类的头脑中抹去的尝试，只能成功地创造出更多神秘的信仰形式，而且，这些信仰会更"粗俗、有害和有辱人格"。[303]

虽然宗教是道德教化的基础，但它也是国家的支柱之一：首先，上帝规定了公民社会的形成；其次，宗教的制裁对统治者起到了制约作用。[304] 这两条自然法的准则都可以在法理学史上找到不同的来源，并在《反思录》中的一个关键段落中得到表达。这个段落以"社会确实是一个契约"开头。[305] 伯克所说的"社会"是指公民社会，他表示自己相信国家是建立在对等的义务之上的。[306] 这些义务既不是专断的，也不像商业或贸易中的普通协议所服务的"或有权益"（contingent interests）那样容易消亡。相反，国家利益是一种持久的利益，将一代人

722

302　EB, *Reflections*, ed. Clark, p. 255 [135].

303　Ibid.

304　关于第一点，参见 Samuel Pufendorf, *The Whole Duty of Man, according to the Law of Nature*, eds. Ian Hunter and David Saunders (Indianapolis, IN: Liberty Fund, 2003), p. 198。关于伯克的自然法来源，参见本书第 12 章第 3、4 和 6 节。

305　EB, *Reflections*, ed. Clark, p. 260 [143]. 这一段被错误地解释为亚里士多德式或托马斯式的论文，参见 Ernest Barker, *Essays on Government* (Oxford: Oxford University Press, 1945, 1951), p. 218。

306　弗里德里希·根茨在 1793 年《法国革命反思录》德文版中，正确地翻译了段落的开头："Die bürgerliche Gesellschaft ist... ein Kontrakt." 参见 EB, *Über die Französische Revolution*, trans Friedrich Gentz, ed. Hermann Klenner (Berlin: Akademie Verlag, 1991), p. 193。

与另一代人联系在一起。国家的特性是人类智慧的产物，不能被简化为其暂时的部分。[307] 同样，国家的目标也不会因为组成它的个人的"动物性存在"而消失。由于公民社会是由神性赋予的实现人类目标的机制，它是使科学、艺术和美德不断完善的一种手段。[308] 这并不包括新亚里士多德主义的说法，即国家的目的是实现人性的完美，而意味着在保护社会和宗教方面，它有利于精神和道德的改善。[309] 在达到这一目的的过程中，公民受制于服从的义务，而君主受制于保护的义务。这两个方面的责任是由自然规律决定的。伯克称之为"永恒社会的伟大原始契约"。[310] 它暗示了自然服从于神的意志。正是基于这种服从，人类良知被命令向更高级的法律承担责任。

为了回应法国人对其政体的猛烈抨击，伯克阐述了尊重国家机制的重要性。在伯克之前，霍布斯也曾这样做过，他引用了奥维德关于珀利阿斯女儿们的寓言，珀利阿斯的女儿们被美

---

307 关于更广泛的主题，参见 Quentin Skinner, "The State" in Terence Ball, Russell L. Hanson and James Farr eds., *Political Innovation and Conceptual Change* (Cambridge: Cambridge UniversityPress, 1989); 关于更长的轨迹，参见 idem, "A Genealogy of the Modern State," *Proceedings of the British Academy,* 162 (2009), pp. 325–70。

308 EB, *Reflections*, ed. Clark, p. 261 [143]. Cf. Northamptonshire MS. XXVII. 75, final para. 另见 Edmund Law, *Considerations on the State of the World, with regard to the Theory of Religion* (Cambridge: 1745), 关于人类通过逐渐提高能力而追求完美的使命，进一步参见 William Warburton, *The Alliance between Church and State; Or, the Necessity and Equity of an Established Religion and a Test-Law* (London: 1736), pp. 18–19。

309 改善涉及对幸福的追求，而不是追求物种的最终存续，参见 John Locke, *An Essay concerning Human Understanding* (1689), ed. Peter H. Nidditch (Oxford: Oxford University Press, 1975, 1979), Bk. II, Chapt. 21, §51: "智识的最高境界在于对真正的、坚实的幸福的认真和不断地追求。"

310 EB, *Reflections*, ed. Clark, p. 261 (144).

狄亚欺骗，肢解了她们的父亲，以使其获得重生。[311] 为了防止这种对政体的暴力，伯克声称"我们已经使国家神圣化了"。对待它的缺点应该像"用虔诚的双手抚摸父亲的伤口"一样。[312]然而，正如我们已经看到的，当公民的安全受到威胁，这并没有禁止人们采取最激进的补救措施。尽管表面上看来，《反思录》对人和公民有权反对国家专制压迫这一点做出了成熟的辩护。但它们是自然权利，所以这些民众权利并不作为一个明确的宪章存在。正如伯克对两年前贝拿勒斯叛乱的处理一样，它们是一种紧急的最后手段。[313] 同样，在评论朗普尔民众遭受的残酷对待时，伯克也认识到，在某一时刻，压迫会激起抵抗。[314] 尽管如此，与他在英国和法国的意识形态对手不同，他还认识到，这种对武力的诉求实际上是"诉诸无政府状态"，不能为了投机性的改善，轻率地认可这种诉求。[315] 伯克认为，暴力抵抗只能在"可怕的"紧急情况下，才能被采纳。然而，当它成为必要手段时，自然法为它背书：普通的道德规约被中

---

311 Ibid., p. 260 [143]. 参见 EB, Speech on the State of the Representation of the Commons (16 May 1784), *The Works of the Right Honourable Edmund Burke* (London: 1808–1813), 12 vols., X, p. 108: "我对自己国家的宪法充满敬意，永远不会把它切成碎片，然后把它放进任何魔术师的水壶里，把它和他们的化合物混在一起煮沸，让它变得幼稚和冲动。"有关奥维德的叙述，参见 *Metamorphoses*, VII, l. 297ff。关于霍布斯对这一寓言的使用，参见 Thomas Hobbes, *Elements of Law, Natural and Politic,* ed. Ferdinand Tönnies (London: Frank Cass & Co., 1969), p. 178; Thomas Hobbes, *Leviathan*, ed. Noel Malcolm (Oxford: Oxford University Press, 2012), 3 vols., II, pp. 526–27。

312 EB, *Reflections*, ed. Clark, p. 260 [143].

313 参见 Burke's notes on the opening of the Hastings impeachment at Northamptonshire MS. A, XXII, 60. 有关讨论，参见本书第 12 章第 6 节。

314 约翰·帕特森关于朗普尔暴行的报告，伯克作了注解，参见 Add. MS. 24268, fol. 242。参见本书第 12 章第 6 节。

315 EB, *Reflections*, ed. Clark, p. 261 [144].

止，取而代之的是更高的保护原则。[316]

把政体与教会的神圣性联系起来，并不是要把神的权威赋予政治体制。尽管如此，在 1790—1791 年的激烈气氛中，许多同时代人将《反思录》的这一部分解读为是在为神权政府辩护，而且是在宣扬消极服从的教条。在这部作品问世后的一年内，伯克认为福克斯把他当成了叛徒，而普里斯特利则直接谴责他复活了托利主义。[317] 然而，事实是，伯克的辉格主义与国家神授的想法可以完全兼容。他的论点并不意味着对某一特定政体有任何神圣的认可；相反，它意味着公民社会的一般效用应被视为上天的命令。[318] 从这个角度来看，在人类中建立公民

724

---

316 Ibid., p. 304 [199].

317 EB to Earl Fitzwilliam, 5 June 1791, *Corr.*, VI, p. 274; Priestley, *Letters to the Right Honourable Edmund Burke, Occasioned by his Reflections on the Revolution in France* (Birmingham: 1791), p.viii. 最近的评论更为微妙，但仍认为伯克的优先次序的重大"重新排序"发生在 1790 年，如果不是更早的话。参见 Nigel Aston, "A 'Lay Divine': Burke, Christianity, and the Preservation of the British State, 1790–1797" in idem ed., *Religious Change in Europe, 1650–1914: Essays for John McManners* (Oxford: Oxford University Press, 1997), p. 186。关于高等教会的正统思想，参见 Richard A. Soloway, "Reform or Ruin: English Moral Thought during the First French Republic," *The Review of Politics*, 25: 1 (January 1963); Nigel Aston, "Horne and Heterodoxy: The Defence of Anglican Beliefs in the Late Enlightenment," *English Historical Review*, 108: 429 (October 1993), pp. 895–919; F. C. Mather, *High Church Prophet: Bishop Samuel Horsley (1733–1806) and the Caroline Tradition in the Later Georgian Church* (Oxford: Oxford University Press, 1992), pp. 228–30。根据 J. C. D. Clark, "Religious Affiliation and Dynastic Allegiance in Eighteenth-Century England: Edmund Burke, Thomas Paine and Samuel Johnson," *English Literary History*, 64: 4 (Winter 1997), pp. 1029–67, 有证据表明高等教会圣公会后期对伯克的影响，在他图书馆的销售目录中出现了霍斯利反对普里斯特利的小册子。

318 这是新教自然法的一个标准命题。例如，参见 Thomas Rutherforth, *Institutes of Natural Law, Being the Substance of a Course of Lectures on Grotius's De Iure Belli ac Pacis* (Cambridge: 2nd ed., 1779), p. 10. Cf. Warburton, *Alliance between Church and State*, pp. 7–8。

实体，既是有用的，也是自然法规定的。[319] 它的效用得到了组成它的个人的拥护，因此，政体如果要正当，就必须基于个体公民的同意。当公民条件以其当前形式不再有效时，特别是当它对公民的生命和自由构成威胁时，忠诚就终结了，因为这一点侵犯了法律上的同意原则。正是这种侵犯引起了抵抗的"必要"。尽管如此，如果没有这种极端情况，服从是必须的。根据英国宪法，效忠感是由于教会和国家的结合而产生的一种责任。威廉·沃伯顿认为，这种结合是一个基于联邦协议的"联盟"，根据该协议，宗教救赎和公民保护可以在一个共同的防御"联盟"下分别得到保障。[320] 然而，对伯克来说，英国的"教会－国家"构成了一个联合体，而不是一个联盟，虽然至关重要的是，这个联合体并不意味着教会和国家的功能是一致的。[321] 这样一个以政治－教会契约为基础的联合体的存在，提醒人们，服从是

725

319　因此，伯克基于效用和自然法则的论点是完全兼容的。如普芬多夫所说的那样，提供长期效用（*utilitas*）的服务也迎合了诚实（*honestum*），参见 Samuel Pufendorf, *De iure naturae et gentium* (Amsterdam: 1688), 2 vols., I, p. 134. 关于伯克的功利主义观点，参见 John Dinwiddy, "Utility and Natural Law in Burke's Thought: A Reconsideration," *Studies in Burke and His Time* , 16: 2 (1974–5), pp. 105–28. 最近关于伯克对自然法传统的讨论，参见 Chris Insole, "Burke and the Natural Law" in Dwan and Insole eds., *Cambridge Companion to Burke*。进一步分析，参见本书第 12 章第 6 节。自然法的功利主义基础是显而易见的，参见 David Hume: *An Enquiry concerning the Principles of Morals*, ed. Tom Beauchamp (Oxford: Oxford University Press, 1998, 2007), p. 92: "研究一下自然法的作者，你会发现他们肯定会把人类的便利和必要性作为他们制定每一条规则的最终原因。"

320　Warburton, *Alliance between Church and State*, p. 53. 关于沃伯顿所指的"联盟"，参见 Grotius, *De iure belli ac pacis*, I, iii, §21。

321　参见 EB, Debate on Fox's Motion for Unitarian Relief, 11 May 1792, *Parliamentary History*, XXIX, col. 1383: "由于基督教共同体的存在，教会和国家之间并没有如人们常说的那样建立联盟。教会和国家是一体的。" 参见 Northamptonshire MS. A. XXXVIII. 11 (c): "在基督教共同体中，教会和国家是一回事。"

一种宗教和利益共同认可的美德。[322]

　　共同体的神圣化不仅仅是为了往国家的意志中灌输服从精神，它还提醒统治者们，被统治者对他们的信任是神圣的。事实上，统治者应对被统治者负责，但道德上，统治者对上帝负责。为了履行职责，他们应该适当地以"高尚而有价值的公民责任理念"行事。[323] 在英国的环境下，教会和国家的联合有助于让统治者意识到履行职责的重要性。人类是由自己创造的生物，因此，自由对他们来说既是机遇，也是负担，在全能的上帝面前，人最好保持敬畏。[324] 这一原则更适用于自由国家的民众，因为他们同时扮演着君主和公民的角色。他们的自由让他们可以共享公共权力，而公共权力要想合法，则必须清除纯粹的自私意志。没有宗教，这样的净化是不可能成功的。[325] 换句话说，一部纯粹的公民宪法，不足以管理人们的欲求。因此，每一个国家都需要教会机构的支持，这些机构的目的是促进人性的完善。[326] 神圣机构与公民秩序的结合巩固了国家对上帝的实际"奉献"（oblation）。[327] 正如西塞罗在他关于西庇阿的梦想的描述中所写的那样，没有什么比在正义中建立一个社会更让上帝高兴的了，这个梦想作为《论共和国》的一个片段一直

322　伯克在这里与休谟和斯密分道扬镳，对他们来说，忠诚是建立在纯粹的世俗原则之上的。参见 Adam Smith, *Lectures on Jurisprudence*, eds. R. L. Meek, D. D. Raphael and P. G. Stein (Indianapolis, IN: Liberty Fund, 1982), pp. 318–21。

323　EB, *Reflections*, ed. Clark, p. 256 [137]。

324　参见 EB, *A Philosophical Enquiry into the Origin of our Ideas of the Sublime and Beautiful* (1757, rev. ed. 1759) in *W & S*, I, pp. 236, 239ff。

325　EB, *Reflections*, ed. Clark, p. 258 [140]. 参见 Warburton, *Alliance between Church and State*, p. 8。

326　EB, *Reflections*, ed. Clark, p. 262 [146]。

327　Ibid., p. 263 [146]: "我几乎是在说对国家本身的奉献。"

流传到 18 世纪。[328]

　　教会和国家的联邦同盟意味着一种没有从属关系的联盟。 726当法国人废除了他们自己教会机构的自治权时，伯克急于强调英国国教如何通过控制财产和收入来保持独立。一个依赖王权的神职人员会增加王室的权力，而一个由议会控制的教会则会助长其内部的派系主义。[329]然而，教会的独立并不意味着教会与各种社会力量的隔绝。通过把教育交给神职人员，绅士们被纳入了教会中。[330]伯克坚持认为，他们的新教是一种"热忱"的新教。[331]他们的信仰是真实的，而不是工具性的，只有这样才能确保利用宗教来巩固权威。[332]掌权者的宗教奉献督促了他们自己的懒惰，但也给了他们一种信念，即上帝眷顾穷苦之人，如果没有这种信念，社会不平等的状况将被证明是无法忍受的。宗教虔诚需要尊重它的渠道，即宗教机构。这意味着要维护教会及其仪式的尊严。这种尊严是狂热和迷信的解毒剂，因为在没有有形物体的情况下，崇拜会助长自我吹捧，而过分浮夸的仪式往往会奴役人的心灵。因此，教会的仪式应该以"谦虚的华丽、低调的状态、温和的威严和素雅的排场"来进行。[333]这一切并不等同于为迷信辩护：理由是，宗教上的过分行为必须以适当的谨慎态度加以改革，而且在任何情况下，它

328　Cicero, *De re publica*, VI, xiii, cited in EB, *Reflections*, ed. Clark, p. 262 [145].

329　EB, Reflections, ed. Clark, p. 265 [150].

330　Ibid., p. 264 [148].

331　Ibid., p. 255 [135].

332　Ibid., p. 266 [151]. 参见 EB, "Religion No Efficacy Considered as a State Engine" (c. 1755) *in Notebook*, , ed. Somerset。

333　EB, *Reflections*, ed. Clark, p. 263 [146].

们都比不虔诚更可取。[334] 对于狂热者来说，这可能看起来像是媚俗的宗教崇拜，但对于一个政治家来说，这是谨慎的节制。

对伯克来说，这种谨慎的态度应该被用于捍卫教会的捐赠。那些呼吁废除教会的人，如普莱斯和普里斯特利，以原始基督教会不会受到影响的诚朴性来作为他们的论据，并为基督教传教的贫穷和艰苦辩护。然而，对伯克来说，教会的财富确保了它的独立性，并保证了它在整个社会中的地位。而且，由于它与国家内有地位的主要人物处于平等地位，因此受到人们的尊重。[335] 财富是教会人士的一种保险，以防止他们受到平信徒同行的蔑视：他们的地位及其物质支持，是他们在信众眼中获得评价的通行证。那些通过批评教会财富而轻视其价值的人，可以通过大幅减少其个人财产，来扩大自己的慈善事业，以此来获得信誉。如果不这样做，他们的抱怨就显得很虚伪。[336] 在法国，通过攻击教会财产来降低其地位的企图，是由伪装成美德的自私所激发的。神职人员被降格为国家抚恤金的领取者，他们从享有王国内的法人权利，降为依靠无神论共和

727

---

334 关于这一点，参见 Edward Gibbon to Lord Sheffield, 5 February 1791, *The Letters of Edward Gibbon,* ed. J. E. Norton (London: Cassell, 1956), 3 vols., III, p. 216, 其中评论了伯克的《法国革命反思录》："我赞成他的政见，我崇拜他的骑士精神，我甚至可以原谅他的迷信。" 伯克的论点与支持迷信相混淆，参见 G. W. Chapman, *Edmund Burke: The Practical Imagination* (Cambridge, MA: Harvard University Press 1967), pp. 188–90; Ernest Barker, "Burke on the French Revolution" in *Essays on Government*。伯克对高卢教会的辩护合并为对迷信的辩护，直指休谟，参见 For Derek Beales, "Edmund Burke and the Monasteries of France," *Historical Journal*, 48: 2 (June 2005), pp. 415–36。然而，为刻意不迷信的仪式盛况找到类似的理由，参见 *The Folger Library Edition of the Works of Richard Hooker: Volume IV, Of the Laws of Ecclesiastical Polity*, ed. John E. Booty (Cambridge, MA: Harvard University Press, 1982), pp. 33–34。

335 EB, *Reflections*, ed. Clark, pp. 267–8 [153–34]. 参见 EB, Speech on Church *Nullum Tempus* Bill, 17 February 1772, Northamptonshire MS. A. XXXI. 27A: "我非常清楚要保持神圣秩序的得体和庄重。在一个富裕国家里，贫穷的神职人员是其宗教情感的耻辱。"

336 EB, *Reflections*, ed. Clark, p. 269 [155–6].

国发放的救济生活。羞辱的过程从虚伪和欺骗开始，以赤裸裸的掠夺结束。伯克警告说："在国内，我们看到了类似的苗头。我们要防范出现法国的后果。"[337]

13.7　致命的汇合

《反思录》在研究了革命意识形态对法国教会的影响之后，为了预防英国受到海峡对岸法国事态的影响，重申了英国教会政体的原则。随后，伯克转而对法国革命进程背后的原因进行分析。他已经注意到法国贵族中的重要成员对其阶层的投机性背叛。这是为了解释三级会议解体的原因。伯克现在不得不对国民议会的政策轨迹做出解释。通常认为，他的分析具有阴谋论的特点，就好像革命只取决于协同行动，而与阴谋无关似的。尽管如此，在重要的方面，伯克的分析并不是阴谋论。他声称，他的目的不是解释国民议会的阴谋，详细说明每项政策的起源，而是解释立法的总体方向。他为"普遍的愤怒"寻求一个"原因"，这种愤怒推动了对教会特权的攻击。[338]他在两个群体——富人和文人——的社会和政治影响中发现了这一原因。他所注意到的是这两个群体的"汇合"（junction），而不是他们的联合（*coniuratio*）。[339]这两个截然不同却相互重叠的阵营共享了一个独立产生的、但仍然是共同的利益。在法国革命的背景下，它成为一个共同的目标，即瓦解教会的权力，尽管这一目标最初是为不同的野心服务的。

728

对法国文艺界的领军人物来说，他们已经形成了"摧毁基

337　Ibid., p. 270 [157].

338　Ibid., p. 278 [168].

339　Ibid..

督教的常规计划"。³⁴⁰ 为了实现这一目标，他们瞄准了法国高卢教会的教义和管理体系。由于主教区和修道院的主要任命是王室庇护权的一部分，这为教会在职者提供了进入贵族阶层的机会，因此，对教会财产的侵犯是对贵族和君主的攻击。³⁴¹ 实施这样一个侵略计划正是富人的目的。在这种程度上，富人与文人阴谋集团有一个共同的目标，即破坏宗教的权威。对教会的攻击就是对贵族的攻击。法国君主政体的社会和政治结构是导致富人对贵族抱有敌意的深层原因，这指出了该政权的根本不稳定性，并揭示了革命的社会政治根源。富人与文人所产生的汇合表明，这些社会政治根源与对宗教的敌意是吻合的。正是这些重叠的目的解释了革命的核心部分，即没收教会财产是确保国家信用的手段。

伯克需要一个侵占教会财产的动机，因为革命者公开表明的理由站不住脚。据称，没收教会财产是出于对"国家信心"的顾虑，也就是说，是为了确保其政体的信用。³⁴² 随着欧洲赤字融资的出现，公共借贷最初在国际竞争的背景下为各国提供了安全保障：信贷有助于资助军事机构。然而，在债务过多的情况下，其就成了"颠覆"政府的一种手段。³⁴³ 正如法国的情

---

340 Ibid., p. 276 [165]。关于伯克的这一主题，参见 Seamus Deane, *The French Revolution and Enlightenment in England, 1789–1832* (Cambridge, MA: Harvard University Press, 1988), chapt.1。关于这一主题的史学综述，参见 Thomas E. Kaiser, "This Strange Offspring of Philosophie: Recent Historiographical Problems in Relating the Enlightenment to the French Revolution," *French Historical Studies*, 15: 3 (Spring 1988), pp. 549–62; Michael Sonenscher, "Enlightenment and Revolution," *Journal of Modern History*, 70: 2 (June 1998), pp. 371–83。

341 EB, *Reflections*, ed. Clark, p. 275 [164].

342 Ibid., p. 272 [160].

343 Ibid., p. 326 [228]. 关于 18 世纪英国思想中的这一主题，参见 Istvan Hont, "The Rhapsody of Public Debt: David Hume and Voluntary State Bankruptcy" in idem, *Jealousy of Trade:International Competition and the Nation-State in Historical Perspective* (Cambridge, MA: Harvard University Press, 2005)。

况所示，金融利益集团迅速发展成为国家的重要力量，并最终
支配了其政治代表所做的决策。[344] 正如伯克所指出的，对债权
人的尊重无非是为了确认对财产的索取。因此，将教会土地抵
押给金融家，以便为他们的财产所有权提供担保，就是将一种
形式的财产置于另一种形式的财产之上。事实上，这是为了纸
票的安全而侵犯了土地财产，这是对实际财富优先于投机财富的
倒置。[345] 在一般情况下，公共信贷是要对国家资源提出要求，而
不是对其个人成员财富提出要求。伯克总结说，事实是，国民
议会确保了有利于它自身的抵押权，抛弃了那些它认为可以牺
牲的利益集团。[346] 对吃息者或资本家利益的优待超过了对土地利
益的优待，这只是政策发生彻底转变的一部分，而政策上的转
变源于在法国社会中旧头衔贵族和新财富贵族之间的诉求存在既
定的分歧。政治革命同时也是一场社会革命，涉及财富的大规模
转移。[347] 这种转移是在一场反特权运动的掩护下进行的，而事实
上，它强化了有钱的特权阶层对其主要对手的征服。[348]

　　伯克认为，这种征服是一种报复行为。自路易十四时代以来，
法国贵族阶层就被旧贵族与商业和金融财富新贵之间的相互反感

344　关于法国金融利益集团在国家中权力地位的上升，参见 Jacques Necker, *De l'administration des finances de la France* (Lausanne: 1784), 3 vols., III, chapt. 12. Burke used the French edition in writing the *Reflections*。

345　Cf. P. M. Jones, *Reform and Revolution in France: The Politics of Transition, 1774–1791* (Cambridge: Cambridge University Press, 1995), p. 203, 关于选民中吃息者和股票持有者的人数。

346　EB, *Reflections*, ed. Clark, pp. 272–3 [160–2].

347　关于法国革命的"政治"和"社会"解读之间的历史张力，参见 Alfred Cobban, "Political versus Social Interpretations of the French Revolution" in idem, *Aspects of the French Revolution*。有关讨论，参见 Michael Sonenscher, "The Cheese and the Rats: Augustin Cochin and the Bicentenary of the French Revolution," *Economy and Society*, 19: 2, pp. 266–74。

348　EB, *Reflections*, ed. Clark, p. 278 [168].

割裂。[349] 但是，如果精英阶层的分裂是为了争取平等，那么旧贵族对下层阶级的行为就是人道的。与德意志和意大利的中世纪贵族的轻蔑相比，法国的上层阶级相对比较宽厚和包容。[350] 当然也有一些问题，例如他们享有的法国旧式的终身职位（old French tenures），但他们没有系统性地压迫民众：除此之外，尽管贵族阶层享有特权，但其缺乏具体的制度性权力。[351] 对特权的敌意是一种煽动性的策略，而不是一种发自民众内心的表达。[352] 由于"两类"贵族——头衔贵族和财富贵族之间的断层，导致上层阶级内部产生了煽动不和的欲望。[353] 财富贵族，其中大部分是最近册封的，有时与旧贵族通婚，招致了部分旧贵族的嫉妒和敌意，尤其是那些"未被授予血统"的旧贵族，在新晋贵族（*arrivistes*）的声望面前，他们只能摆弄自己的头衔。[354]

730

这样一来，在法国革命前夕，头衔贵族排外的自豪感与富人雄心勃勃的骄傲感激烈碰撞。[355] 政治动荡为金融利益集团提供了机会，使他们能够以牺牲对手的利益为代价提升自身

349　EB, *Reflections*, ed. Clark, p. 274 [163]. 参见 Alexis de Tocqueville, *The Old Regime and the Revolution* eds. François Furet and Françoise Mélonio (Chicago, IL: Chicago University Press, 1998–2001), 2 vols., I, pp. 157–8, 此前对伯克有质疑的托克维尔在此处意外地重复了伯克的论点。

350　EB, *Reflections*, ed. Clark, p. 304 [199].

351　Ibid., p. 307 [203]。伯克在一封致西塞子爵的信中寻求进一步的证据来支持这些主张 the Vicomte de Cicé, 24 January 1791, *Corr.*, VI, pp. 207–8。

352　EB, *Reflections*, ed. Clark, p. 308 [205].

353　Ibid.

354　Ibid., pp. 274–5 [163–4]。有关精英内部复杂分裂斗争的最新评论，参见 Daniel Roche, *France in the Enlightenment* (Cambridge, MA: Harvard University Press, 2000), chapt.12。与旧贵族的通婚，参见 William Doyle, *Aristocracy and its Enemies in the Age of Revolution* (Oxford: Oxford University Press, 2009), p. 21。

355　一个开放的精英阶层，在思想上是封闭的，参见 Guy Chaussinand-Nogaret, *The French Nobility in the Eighteenth Century: From Feudalism to Enlightenment* (Cambridge: Cambridge University Press, 1985), p. 115。

的地位。此外,到目前为止,由杜尔哥同盟领导的一场文学运动部分地纠正了法国社会对财富的历史性反感,这一反感源于对约翰·劳金融实验的反对。[356] 教会为土地财产的反对者提供了一个易受攻击的目标:教会体现了世袭财富的特权,长期以来,它一直被其文艺界的反对者中伤。这一局面最终促成了对长期以来由历次法律判决批准的因袭土地所有权(prescriptive titles)的推翻。当米拉波提议将教会的财产"交由国家支配"时,该提案于 1789 年 11 月 2 日以 568 票对 346 票获得通过。[357] 国王的牧师莫利神父在大会上与塔列朗和托雷进行了徒劳的斗争。[358] 伯克总结道:"为国家服务成为摧毁教会的借口。"[359] 次年 12 月,在迫于偿还贴现银行(Caisse d'Escompte)短期债务的压力下,国民议会因不愿意为此设立国家银行,而选择利用出售教会财产的预期资金,作为发行纸币的担保,即"指券"。[360] 教会财产的拍卖于 1790 年 5 月 14 日开始。

---

356 在 1803 年版《法国革命反思录》的脚注中,杜尔哥和他的文学伙伴被认定为金融投机的朋友。爱尔维修(Helvétius)和霍尔巴赫(d'Holbach)被认为是盟友,参见 EB, *Reflections*, ed. Clark, p. 278n. EB, *Réflexions sur la Révolution de France*, eds. Fierro and Liébert, p. 673n。关于约翰·劳,参见 EB, *Reflections*, ed. Clark, p. 408 [346]。有关讨论,参见 Antoin E. Murphy, *John Law: Economic Theorist and Policy-Maker* (Oxford: Oxford University Press, 1997)。他的制度对后世金融思想的意义,参见 Sonenscher, *Before the Deluge*, pp. 108–20。关于伯克的讨论,参见本书第 7 章第 3 节。

357 Marcel Marion, *La vente des biens nationaux pendant la Révolution* (Paris: Honoré Champion, 1908).

358 Louis Bergson, "National Properties" in François Furet and Mona Ozouf eds., *A Critical Dictionary of the French Revolution* (Cambridge, MA: Harvard University Press, 1989), pp. 211–12.

359 EB, *Reflections*, ed. Clark, p. 287 [179].

360 Ibid., p. 288 [180]:"他们没有偿还旧债务,而是以 3% 的利率签订了新债务合同。创造一种新的纸币,建立在最终出售教堂土地的基础上。"参见 ibid., pp. 323, 359–60。该货币由"神职人员财产上的支票"构成,利息为 5%。参见 Florin Aftalion, *The French Revolution: An Economic Interpretation* (Cambridge: Cambridge University Press, 2002), chapt 4。

731　　　对教会团体权利的颠覆程度令伯克震惊。他将其与亨利八世对英国修道院的攻击做对比，发现这个暴君的行为是相对温和的。[361] 西塞罗在《论义务》中宣称："我们完全失去了共和国。"[362] 他想到的是陷入内战后司法的腐败，以及随后敌人的取缔和没收行为。苏拉和马略是他心目中的罪魁祸首，他们迫使反对者出售财产。[363] 然而在这里，伯克心目中罗马人的暴力规模与法国人相比又相形见绌了。[364] 此外，罗马的掠夺是在政治冲突的背景下发生的，而法国的掠夺则是和平时期敌对情绪精心策划的产物。这不仅是法国的一个和平时期，还是一个相对幸福和繁荣的时期：政治制度支持正义，人口兴盛。伯克将其状况与奥斯曼帝国的状况做了比较，后者在文化和农业方面没有改善的情况下日益衰败。[365] 实际上，他接受了休谟的判断，即法国是一个文明的君主制国家，"表面上是专制的，而实际上是温和的"。[366] 就人口增长和国民财富而言，法国在18世纪80年代一直在繁荣发展。伯克的大部分证据来自内克尔的《论法国的财政管理》，该书于1784年出版。法国的货币数量很说明问题：根据内克尔的记录，它的绝对数量证明了经济的繁荣——发达的工业和健康的贸易，这些都建立在财产安全的

361　EB, *Reflections*, ed. Clark, pp. 281–2 [172–3].

362　Cicero, *De officiis*, II, 29.

363　Ibid., II, 27. 对这些人物的控诉，参见 EB to the Duchesse de Biron, 20 March 1791, *Corr.*, VI, p. 235。

364　EB, *Reflections*, ed. Clark, pp. 280–1 [171–2].

365　Ibid., p. 295 [189]. 他的资料来源于 Demetrius Cantimer, *History of the Growth and Decay of the Othoman Empire* (London: 1756), cited in EB, Evidence on Begams of Oudh, 22 April 1788, *W & S*, VI, p. 476。

366　EB, *Reflections*, ed. Clark, p. 295 [189]. 他将法国描述为"温和的父权君主制"，参见 EB, *Letter to a Member of the National Assembly*, *W &S*, VIII, p. 332。 参见 David Hume, "Of Civil Liberty" in idem, *Essays Moral, Political, and Literary*, ed. Eugene F. Miller (Indianapolis, IN: Liberty Fund: 1985, 1987), p. 94。

基础上。与德干地区的灾难相比，革命前的法国是富足的：建筑、航海、制造和种植业都很兴旺。而德干首先是在卡纳提克的纳瓦布的统治下遭到破坏，然后又在海达尔·阿里的统治下遭到破坏，因此伯克有理由在下议院为德干的灾难叫屈。[367]

　　这一切都不等于是对法国政权的支持。正如伯克所说，该政权只是欧洲绝对君主制中最好的一个，而不是一个完善的宪政典范。[368] 事实上，它充斥着权力滥用，其中许多都是内克尔本人所阐明的：政府加剧了社会不平等；其过分依赖金融利益集团；出售官职使免税额增加，同时也败坏了贵族的风气。[369] 尽管如此，贵族和君主都在寻求改善，这一点可以从18世纪70年代以来后者的表现，以及前者的《陈请书》中看出来。[370] 财政豁免让人恼火，但这本可以通过改革来解决。与此同时，神职人员和贵族都对财政做出了有意义的贡献。[371] 但是，革命者并没有寻求国家的改革，而是以废除的形式寻求补救，而不顾他们可能遇到的障碍，或者他们可能破坏的制度和习惯。政体的重建需要一种不同的方法。在这种方法下，政府理论将与实际的权力相协调。伯克在论证自己的论点时，证明了自己是一个精妙的宪法理论家，既反对先验道德主义的空洞，又反对印象经验主义的盲目。

13.8　奢侈与迷信

　　在实践中，这意味着伯克旨在将实际改革与宪法理论结合

367　EB, *Reflections*, ed. Clark, pp. 298–9 [193–5]. 关于南亚的毁坏，参见 EB, *Speech on the Nawab of Arcot's Debts, W & S*, V p. 522。

368　EB, *Reflections*, ed. Clark, p. 294 [187–8].

369　Necker, *De l'administration des finances*, III, chapts. 12, 14.

370　EB, *Reflections*, ed. Clark, pp. 294 [188], 299 [195], 304–5 [200].

371　Ibid., p. 286 [178].

起来。伯克的改革方法是通过调整可行的手段以适应改革目的为指导的，这就意味着通过利用现有的政治态度和制度安排来实现目标。然而，这并不是一项纯粹的机械性工作，因为政策是以宪法的概念为指导的。而这一概念又源于古典宪政思想，经过后来的历史经验加以修正，并根据当前的情况进一步完善。伯克将这种理论和实践的方法与国民议会中的代表们对立法的态度进行了充分对比。他们的态度基于宪法思想的贫瘠和对政府运作的理解不足。在宪法方面，他们教条地依附于一个单一的权力机构，而这一机构由国家的民主力量所操纵。伯克想知道："在整个理论和实践的纬度里，这些绅士们难道从来没有听说过君主专制和民众专制之间的任何事情吗？"[372] 但是，虽然这个国家的外在形式和表述是民主的，但它很快就会被一个金融利益集团的寡头所控制。[373] 在它的每一个化身中，政府的形式都是不受约束的，不受任何对抗力量的控制，而且不对公众的愿望进行回应。与此同时，篡夺行为在人权的语境下被合理化，而且得到创新精神的鼓励。这种精神是由一种知识性的假设所激发的，这种假设推动了对未来的展望，而这种展望漠视现有环境的局限性。

迄今为止，法国革命的成功可以从其主要领导人的民望程度来解释。米拉波、巴纳夫、西哀士、拉梅特、迪波尔、拉法耶特和托雷都在平等的旗帜下实现了他们的雄心壮志。但是，对宗教的敌视才是革命热忱的原因。伯克认为，法国君主制晚期的大部分知识文化已经被无神论的偏执所侵蚀，这导致人们对教会的反对，而教会随后将被富人所掠夺。这相当于一

733

372　Ibid., p. 291 [184].

373　Ibid., p. 291 [185].

种对基督教信仰的恶意否定，由改宗和共谋的文人来推动。[374]
在失去了路易十四时期王室的庇护后，他们决心靠自己的智慧
生存，聚集在学院里，并在一些计划上通力合作。[375] 他们的狂
热最终背叛了他们。他们披上启蒙的外衣，很快成为迫害的使
者。宗教偏执像瘟疫一样蔓延，让人想起 16 世纪德意志的精
神传染。[376] 在投机性仁慈的表象下，大量的敌意已经发酵，在
广大民众中培养了反律法主义的信仰。在启蒙运动的伪装下，
政论家成了狭隘的传教士。哲学家的举止变得蒙昧。启蒙与知
识的教唆者使迷信死灰复燃。[377]

迷信本身表现为一种对立的偏见，不仅蔑视个人，而且蔑
视整个人类。伯克将这种对立描述为一种集体蔑视的形式，据
此，法国教会体制现任成员的行为与整个机构的存续混为一
谈。个人的集体化（The incorporation of individuals）是他
们保护自己的一种手段，但在这里它被用作迫害的借口。[378] 这

---

374 EB, *Reflections*, ed. Clark, pp. 276–7 [165–7]. 制宪会议针对法国教会的措施，参见 Norman Hampson, *Prelude to Terror: The Constituent Assembly and the Failure of Consensus, 1789–1791* (Oxford: Basil Blackwell, 1988), chapt. 9。

375 Ibid., pp. 275–6 [165].《百科全书》是伯克心中这种合作的一个重要例子。最近（尽管不确定）对其影响的讨论，参见 Robert Darnton, *The Business of Enlightenment: A Publishing History of the Encyclopédie, 1775–1800* (Cambridge, MA: Harvard University Press, 1979)。另见 Daniel Roche, "Encyclopedias and the Diffusion of Knowledge" in Mark Goldie and Robert Wokler eds., *The Cambridge History of Eighteenth-century Political Thought* (Cambridge: Cambridge University Press, 2006)。

376 EB, *Reflections*, ed. Clark, p. 324 [225–6].

377 Ibid., p. 321 [235]. 这一悖论在启蒙运动和法国革命的许多思想史上都被忽视，其在不同程度上将反基督教启蒙运动与革命激进主义联系起来。例如，参见 Robert Darnton, *The Literary Underground of the Old Regime* (Cambridge, MA: Harvard University Press, 1982), p. 36ff. 有关对达恩顿档案方法的批评，参见 Mark Curran, "Beyond the Hidden Best-Sellers of Pre-Revolutionary France," *The Historical Journal*, 56: 1 (March 2013), pp. 89–112.

378 EB, *Reflections*, ed. Clark, p. 310 [207].

734 一程序通常是一个灭绝计划的前奏。个人受到集体特征的玷污。然后，他们的集体身份超越了历史局限，因此，他们目前的行为将因过去的行为而被定罪，然而他们并没有参与过去的行动。这导致了两个荒谬的结果。首先，不是纠正特定的行为方式，而是废除使那些异常激情得以表达的机构：不是抑制傲慢自大和贪得无厌，而是攻击政府、教会和法律机构。其次，由于当前的体制完全与其历史相融，因此，颠覆现在是出于对过去的敌意。制宪会议是在"鞭尸"过去的权力滥用行为，而不是处理可以补救的错误："你们在用鬼魂和幽灵吓唬自己，"他向德庞提意见，"而你们的房子却是强盗的出没之地。"[379] 神职人员过度滥用了他们的职权，但这些滥用却被视为重大犯罪。相应地，教会遭到了破坏其独立性的惩罚，以便为废除基督教做准备。根据 1790 年 7 月 12 日国民议会投票通过的《教士公民组织法》，教会的高层将由法国公民选举产生。[380]

对修道院制度的处理使伯克捕捉到法国立法者是如何推进他们的任务的。在《反思录》发表八个月后，他在给里瓦罗伯爵的一封信中指出，净化宗教文化的企图如何可能反过来引发难以控制的愤怒。[381] 修道院建立在节制和对善行的奉献上，为促进公共福祉提供了现成的"调控杠杆"，这是一种促进公共利益的有效手段。[382] 但反宗教使徒们的迷信偏见谴责了这一公共福利的团体杠杆，称其为非理性虔诚的例证。事实上，正如伯

---

379 Ibid., p. 311 [208–9]

380 Ibid., p, 318 [217–18].

381 EB to Claude-François de Rivarol, 1 June 1791, *Corr.*, VI, p. 266. 他正在回应里瓦罗的作品，参见 *Les Chartreux: poëme et autres pièces fugitives* (Paris: 4th ed. 1789)，这个作品副本是作者本人寄给他的。

382 EB, *Reflections*, ed. Clark, p. 329 [232]. 比尔斯在"伯克和法国修道院"中的重点是不同的，将伯克说成是迷信的辩护者。关于政治上的杠杆或"支点"概念，论阿基米德"给我一个支点"，参见 EB, *Letter to a Member of the National Assembly*, *W & S*, VIII, p. 330.

克所看到的，迷信和热情是"相互对立的愚蠢行为"，这两者都可以用来打击不信奉宗教的人。[383] 法国的修道士迷信还有一个额外的好处，那就是用其资本来激励改善。在这里，伯克反对普遍的假设，即修道士阶层因其安逸而受到谴责。这一指控与西哀士反对贵族的例子相吻合，后者寄生于农民和制造商的劳动。正如西哀士所见，虽然农业、工业、贸易、技能职业和公共服务都为社会福利做出了贡献，但是土地财富的利润却被无益地浪费掉了。[384] 然而，对伯克来说，这种"封建"遗物所支持的慈善事业应该被视为一种社会效益。[385] 此外，从政治经济学的角度来看，依靠租金收入生存的宗教团体有助于社会商品和服务的流通。作为悠闲的出租者，修道士们发挥了与所有地主相同样的功能，使农业劳作得以发展，并在某种程度上促进了工业的发展。[386] 他们对社会的价值与地主贵族或其他从租金中获利的群体没有什么不同：他们的剩余收入通过购买制造品或养活家仆来补偿劳动工资。从这些角度来看，对宗教资产的攻击是对商业社会的攻击，却被伪装成对封建野蛮状态的攻击。

　　因此，在经济方面，修道院是"流通的大轮子"的一部

735

383　EB, *Reflections*, ed. Clark, p. 331 [235].

384　Sieyès, *What is the Third Estate?* (1789) in Sonenscher ed., *Political Writings*, pp. 94–5. 关于法国政治经济背景下的这一术语，参见 John Shovlin, "Political Economy and the French Nobility, 1750–1789" in Jay M. Smith ed., *The French Nobility in the Eighteenth Century* (Pennsylvania, PA: Pennsylvania State University Press, 2006)。

385　关于法国革命中封建主义的"神话"，参见 Alfred Cobban, "The myth of the French Revolution" in idem, *Aspects of the French Revolution*, pp. 95–9. Cf. Alfred Cobban, *The Social Interpretation of the French Revolution* (Cambridge: Cambridge University Press, 1964), chapt. 4. 关于十八世纪法国的土地"资本主义"，参见 George V. Taylor, "Types of Capitalism in Eighteenth-Century France," *English Historical Review*, 79: 312 (July 1964), pp. 478–97。

386　EB, *Reflections*, ed. Clark, p. 331 [236]. 关于这方面的讨论和与亚当·斯密的比较，参见 Winch, *Riches and Poverty*, pp. 215–16。

分。[387] 刺痛伯克良心的不是修道院人员的懒散，而是城市里劳动者的状况，他们被迫从"黎明到黑暗"从事各种低贱的工作："我更倾向于把他们从悲惨的状况中拯救出来，而不是猛烈地扰乱修道院的宁静。"[388] 在《论法国的财政管理》中，内克尔驳斥了奢侈是贫穷的原因这一普遍说法。他认为，事实上，任何试图通过减少财富来消除困苦的努力都会导致社会和经济的倒退。[389] 正如亚当·斯密在《国富论》中所言，平衡财富分配的公共努力通常会造成更多的不平等现象。[390] 伯克将贫穷与富足的共存称为不可避免的"奢侈枷锁"。[391] 这一枷锁不可能在不损害整体利益的情况下被打破。"在一个文明的国家里，"斯密曾经评论道，"穷人既养活自己，也为更上层的人提供巨大的奢侈。"[392] 因此，对奢侈的怀疑已成为一种普遍的态度，特别是对劳动大众有吸引力。然而，他们对不平等的接受是社会存在的一个条件：如果没有不平等，财产制度，以及由此产生的劳动所得，就会瓦解。[393] 人类的努力和对报酬的期望之间必然存在失望，在这之中，只有上帝才能给予补偿：人类的努力必须在"永恒正义的最终比例中"获得

736

387　EB, *Reflections*, ed. Clark, p. 332 [237].

388　Ibid.

389　Necker, *De l'administration des finances*, III, chapt. 11. 关于 18 世纪思想中的这一主题，参见 Istvan Hont, "The Early Enlightenment Debate on Commerce and Luxury" in Mark Goldie and Robert Wokler eds., *The Cambridge History of Eighteenth-Century Political Thought* (Cambridge: Cambridge University Press, 2006)。

390　Adam Smith, *An Inquiry into the Nature and Causes of the Wealth of Nations*, eds. R. H. Campbell and A. S. Skinner (Indianapolis, IN: Liberty Fund, 1981), 2 vols., I, p. 135.

391　EB, *Reflections*, ed. Clark, p. 332 [237].

392　关于这一点，参见 Adam Smith, "'Early Draft' of Part of the *Wealth of Nations*" in idem, *Lectures on Jurisprudence*, eds. R. L. Meek, D. D. Raphael and P. G. Stein (Indianapolis, IN: Liberty Fund, 1982), pp.562–3。

393　Northamptonshire MS. A.XXVII. 75.

安慰。[394]

　　对伯克的许多现代读者来说，这种形式的补偿看起来像是一种遗憾的安慰。然而，唯一的替代选择是希望世俗的满足足以承受社会沮丧的压力。与伯克不同的是，博林布鲁克和休谟很乐意把社会稳定的赌注压在心理上屈服于奢侈影响的前景上。然而，伯克相信这种赌注不会有什么结果。从他的角度来看，对天意的怀疑性批判损害了社会秩序：剥夺宗教对大众的慰藉将"扼杀他们的勤奋"，从而打击"获取和保护的根源"。[395] 不平等的财产积累需要对未来回报的承诺。除了这一表述中隐含的对自然神论的拒斥之外，其还基于休谟、斯密和伯克共有的一个观点。[396] 他们认为，人类的勤奋是进步的动力，但这取决于所获物的安全性。在现代的土耳其和印度，甚至在封建主义下的英国，人们害怕财产被征用导致了对财富的隐藏，从而导致了资本财富和商业繁荣的萎缩。[397] 由于财产最终植根于支持它的主张，因此它本质上是一个脆弱的制度。如果受到再分配的破坏，它就有可能被摧毁。即使不被摧毁，它也可能被激烈地争夺，正如目前法国各种形式的财产之间的斗争所体现的那样。

　　政治才能（statesmanship）意味着有能力通过公共借贷和财政抽取来平衡国家对私人财富的索取和财富积累的自由。这种平衡能力的前提是有机会获得、保护和增加财产。放宽财富获取的自由意味着财富的分层分配，以及相应的等级划分。

394　EB, *Reflections*, ed. Clark, p. 411 [351]. 关于这一点，参见本书第 2 章第 5 节。

395　EB, *Reflections*, ed. Clark, p. 411 [351].

396　关于 18 世纪法理学中严格的正义义务，参见 Istvan Hont and Michael Ignatieff, "Needs and Justice in the *Wealth of Nations*: An Introductory Essay" in idem, *Wealth and Virtue: The Shaping of Political Economy in the Scottish Enlightenment* (Cambridge: CambridgeUniversity Press, 1983)。

397　这些观点，分别参见 Smith, *Wealth of Nations*, I, pp. 285, 277。

在基于封建社会基础上的现代商业社会中，这种等级划分部分建立在财富不平等的基础上，但也建立在个人已被社会化的各种恭敬上。在伯克看来，这并不意味着卑贱的屈从，而是接受财富集中在某些特定的人手中，而许多人却无法从中获得任何实际的利益。[398] 任何一个共和国的宪法都应反映出这些社会的等级，正如古代的立法者所证明的那样。[399] 社会成员之间的不同才能和权力应由统治体系内相互竞争的分支按比例代表。孟德斯鸠指出，在任何一个国家都会存在区别，在欧洲，这些区别往往基于出身、财富和荣誉三个方面。在特权阶层与民众混杂在一起的地方，所有人的自由很快就会沦为所有人的奴役。[400] 言下之意，正如伯克指出的，如果一个欧洲国家的人口被抽象化和平等化为一个共同的群体，构成这种虚假平等的不同利益群体将失去所有保护他们自己的团体手段。正如伯克所观察到的，呼应孟德斯鸠，这种人民的政府将成为"世界上出现过的最专制的政权"。[401] 由于法国人已经破坏了他们制度的完整性，他们几乎无法避免的命运是：对抗专制的每一道障碍都逐渐被消灭了。

法国的行政、立法和司法权力组织反映的结果如下：正如我们所看到的，神职人员已沦落到依赖公众的地步；1789 年 9 月 11 日，君主的绝对否决权被剥夺了；次年 11 月，各级高等法院被废除。[402] 同样，也没有计划通过建立一个相当于上议

398　EB, *Reflections*, ed. Clark, p. 411 [351].

399　Ibid., p. 357 [272–3]。

400　Charles-Louis de Secondat, Baron de Montesquieu, *De l'esprit des lois* (1748) in *Oeuvres complètes,* ed. Roger Caillois (Paris: Galimard, 1951), 2 vols., II, Pt. 2, Bk 12, Chapt. 6.

401　EB, *Reflections*, ed. Clark, p. 359 [275].

402　伯克分别讨论了这些问题，参见 ibid., pp. 377 [301] and 289 [182]。

院的机构来制衡平民议会。[403] 由于行政权力掌握在一个无能和堕落的国王手中，其效力受到阻碍，尊严遭到破坏。[404] 司法权被委托给通过选举上任的具有依赖性的官员。[405] 因此，一切都取决于国民立法议会及其未来成员的选举过程。这项计划是在1789 年 9 月 29 日由托雷根据西哀士的想法提出的。[406] 伯克预测，这将导致一个不负责任的寡头政治，与初选选民脱节。它还会将把法国领土分割成不同的、相互竞争的司法管辖区。[407] 仅有的团结通过 1790 年 7 月 14 日举行的法国革命纪念日的虚假融洽体现出来。[408] 在这种情况下，唯一的一致性手段是通过暴力执行公众的意愿。实现这一目标的两种方法已经很明显：没收方案和控制巴黎。强制的最后手段是军队。伯克总结道："像你们这样的政府，一切都取决于军队。你们努力消灭了所有的意见和先入之见，而且，还消灭了你们所有支持政府的本能。"[409]

738

403　Ibid., p. 367 [287].

404　Ibid., pp. 368–72 [288–94].

405　Ibid., pp. 375–6 [299].

406　*Archives parlementaires,* IX, pp. 202ff. Cf.Emmanuel-Joseph Sieyès, *Observations sur le rapport du Comité de constitution sur la nouvelle organisation de la France* in Zapperi ed., *Écrits,* p. 262. 有关这一选举计划及其后续的修订，参见 Malcolm Crook, *Elections in the French Revolution* (Cambridge: Cambridge University Press, 1996, 2002), chapt. 2. 有关背景，参见 Michael P. Fitzsimmons, "The Committee of the Constitution and the Remaking of France, 1789–1791," *French History,* 4: 1, pp. 23–47。关于伯克对西哀士宪法实验的评判，参见 EB, *Letter to a Noble Lord* (1796), *W & S,* IX, pp. 177–78。

407　1791 年，伯克描述法国由不少于 48000 个共和体组成，参见 EB, *Appeal from the New to the Old Whigs,* p. 20. 他想到的是 1789—1790 年行政改革建立的 40000 多个市（或公社）。感谢马尔科姆·克鲁克（Malcolm Crook）在这方面的指导。

408　EB, *Reflections,* ed. Clark, p. 359 [275–6]. Cf. EB, *Letter to a Member of the National Assembly, W& S,* VIII, pp. 310–11. 关于这一点，参见 Mona Ozouf, *Festivals of the French Revolution* (Cambridge,MA: Harvard University Press, 1988), chapt 2.

409　EB, *Reflections,* ed. Clark, p. 390 [320].

自 1790 年 2 月发表军队预算的演讲以来，伯克对法国国防力量的发展就一直很警觉。现在他把注意力集中在拉图尔·杜平伯爵于 1790 年 6 月 4 日在国民议会上发表的演讲上，拉图尔·杜平伯爵自 1789 年 8 月以来开始担任作战大臣。这位部长谈到了军事纪律随着大众意识形态的传播而瓦解。动荡不安的士兵委员会使人想起了罗马的公民集会（*comitia*）。[410] 实际上，一个武装的民主力量正在形成，将最终决定国家的形式。[411] 国民议会对这一叛乱的补救办法是，通过在各城市中的兄弟联谊会，为士兵们注入公民精神。伯克抱怨说，他们正试图用瘟疫本身治愈瘟疫。[412] 平民阴谋家与军队中的恶棍沆瀣一气，这使煽动和哗变混合在一起，其影响对共和国是致命的。"一定会有流血事件，"伯克预料到。[413] 个人声望将取代军事纪律，作为指挥原则，这迫使军官们转而依靠罗马护民官的伎俩。同时，行政机构的构成是这样的：军队中的高级官员可以从国王或国民议会那里获得线索。这是导致派别斗争的原因，因为军官将成为两个法庭的辩护人，即可以代理君主，又可以代表人民。正如马略和克伦威尔的例子所表明的那样，"某个有声望的将军"利用权力危机为自己谋利益只是一个时间问题："军队会服从他的个人利益。"[414] 拉法耶特的民兵已经带头行动了。自 16 世纪以来，现代政策一直致力于取代军事封地时代主导欧洲政治的篡夺精神。然而，自 1789

---

410 *Archives parlementaires*, XVI, pp. 95–6.

411 EB, *Reflections*, ed. Clark, p. 381 [308].

412 Ibid., p. 386 [314].

413 Ibid.

414 Ibid., p. 388 [318]。关于戴奥尼夏、罗马皇帝和克伦威尔是"军事君主制"的典范，参见 Smith, *Lectures on Jurisprudence*, pp. 233–4, 240。Hume, *History of England*, VI, p. 54 分析了共和国夺取权力的景象，最终以"一个人的专断和专制政府"告终。

年夏季以来，法国发生的一系列事件已经逐渐扭转了这一趋势。

早在 1757 年，伯克就表现出他对武器落入坏人手中的不安。即使是古代的共和国也拒绝让武装部队进入城内。[415] 那时候，伯克担心，如果集中在城市里的手工业者能够获得一支爱国民兵的武器装备，他们就会爆发骚乱。事实证明，危险来自常备军内部的颠覆，并受到城市民兵的支持。在人口稠密的城市中，相对贫困与密集互动的结合，为骚乱和煽动提供了素材。这曾是中世纪鼎盛时期巴黎和根特的经历，在 18 世纪，这也是商业国家的永久威胁。英国就是一个明显的例子："从贸易的分布来看，它可以被看作是一个巨大的制造业城市，在那里人们紧密地联系在一起，煽动的火焰很容易从一个人传到另一个人，直到蔓延到整个王国。"[416] 据说，发生在法国的民众叛乱是从动摇了王室警卫队效忠的高层改革开始的。从 1789 年 7 月起，首都街头的动荡不安促成了权力向煽动派领导人的转移。随之而来的是一个非同寻常的场面，包括一个文明的君主政体的崩溃和对法国高卢教会的攻击。一股崭新的恶意势力出现在了文雅的贸易帝国的中心，它有可能破坏欧洲政治的指导原则。

---

415 EB, "Considerations of the Militia" (1757) in Richard Bourke, "Party, Parliament and Conquest in Newly Ascribed Burke Manuscripts," *Historical Journal*, 55:3 (September 2012), pp. 619–52, p. 651.

416 Ibid., p. 652.

第十四章

辉格党准则和雅各宾派教义：1791—1793

图7 伯克对泪流满面的福克斯进行了猛烈的指责。皮特斜倚着，对身后的混乱不为所动。佚名，《混乱中朋友或反对派的争吵图》（1791年），下议院收藏（引自罗宾逊，第151页）。

14.1　导　语

1790 年后，伯克的职业生涯被《反思录》的影响所左右。这部作品攻击了将公民权利和责任简化为危险的自治理想的尝试，伯克的攻击是复杂精妙且有论战性的。然而，此书被普遍理解为对人类平等和政府对其所统治民众之责任的攻击。实际上，此书批评的是将原始平等作为破坏公民社会平等关系的理由。同时，此书的目的是将负责任的政府和民众的暴政区别开来。从伯克的角度来看，人权学说反对的价值是凝聚力和责任感，因此其有可能彻底摧毁社会和政体。伯克有力的论点已被后来的政治言论淹没。这是基于这样一个假设：自由主义和民主促成了人们价值观念的自然联合，这使欧洲社会在 1789 年之后走上了进步的道路。当然，对美国人来说，改善之路始于 1776 年。因此，人们对 18 世纪末以来的线性发展的叙述，倾向于将法国革命与美国革命联系起来。从这个角度看，"革命时代"孕育了自由民主。这个结论是对历史进行政治化解读的产物。为了维持这一结论，有必要无视伯克对法国革命的看法，从而谴责他是现代性的主要反对者。面对这种对历史的简化描述，公正地重建伯克的立场是很重要的。这必须从拼凑他的思想内容开始。这包括恢复一个视角，从这个视角来看，法国革命对文明的稳定发展构成了威胁。考虑到这一威胁，似乎迫切需要挑战和废除法国革命的原则。到 1791 年初，伯克确信，如果没有外部势力的干预，革命的动力是无法被阻止的。同年 1 月，作为他要求干预的一部分，他试图证明革命激发的态度无法被缓和。为此，在《致国民议会成员的信》中，伯克仔细审视了法国主流态度的特点，以解释 1789 年的价值观为何能在国民议会的立法者中获得如此大的支持。

　　在解释法国人的观念转变时，伯克认为卢梭的著作对法国革命有决定性影响。这不是因为国民议会试图执行卢梭的提议，而是因为他的提议所遵循的行为准则：据伯克所言，卢梭提倡的"美德"在 1789 年后成了一种时尚潮流。但他的理念怎么会有如此大的破坏力呢？伯克专注于《忏悔录》和《新爱洛绮丝》的影响。这两部作品都极大地促进了品位的革命。新的礼仪规范通过攻击道德的两个根基而完全摒弃了道德：首先，攻击了基于相互关爱的共同的人类情感；其次，攻击了基于尊重全能上帝的义务感。卢梭用一个虚空的"学派"取代了这些价值观。自负取代了对上帝和人的敬畏。共同的情感纽带被似是而非的隽语所摧毁，义务被一种对"人性"的崇拜替代。伯克认为这种人性的理想是自负的一种隐晦的表达。这是一种伪装成普遍仁爱的虚荣心（*amour-propre*）。伯克认为，正是这种理念的两面性，或者说伪善性，推动了法国革命。愤怒的自我断定（self-assertion）取代了包容，并以普世性的正义之名为其行为辩护。

　　只有社会伦理观的改变才能解释革命意识形态的突然效力。伯克声称旧政权的垮台是由国王的软弱及其顾问的背叛所引发的。由于接受了改革第一等级的选拔方式，以及修改第二等级和第三等级的投票比例，路易十六动摇了法国已往政权的基础。伯克观察到，在改革最需要强有力领导的时刻，这导致了"君权民主制"（*démocratie royale*）的建立——外表是王权的人民政权。其结果是，改革被创新的动力所压倒，而创新的动力来自利己的人道主义追求。在 1790 年和 1791 年，大革命造成的一系列结果令人震惊。对英国国内政治的影响同样显著：助长了政教合一批评者的气焰，并使福克斯派辉格党人之间的关系变得紧张。到 1791 年春，伯克与福克斯的关系接近破裂。二人最后的决裂发生在 5 月 6 日一场关于加拿大法案的辩论中：福克斯认为美国革命和光荣革命都是由坚持人权原则而激发的，而伯克将人权原则与永久的无政府状态联系在一起。在1791年8月5日撰写的《新辉格党人对老辉格党人的呼吁》中，伯克开始将罗金汉党的辉格主义与福克斯倡导的亲法国的辉格主义区别开来，并将其与托马斯·潘恩的共和主义做了不充分的区分。

法国革命扰乱了英国议会的气氛，也扰乱了爱尔兰政治力量的平衡。1791年秋，爱尔兰人联合会（the Society of United Irishmen）成立，致力于追求彻底的宪法改革。有流言称，天主教徒和非国教徒计划联合起来，在共同的战线上促进他们的利益。与此同时，一个新成立的天主教委员会正在积极争取废除所有现存的反天主教立法。面对都柏林政府不愿意赋予天主教徒选举权以及爱尔兰议会拒绝进一步废除刑罪法规，伯克开始鼓动争取多数人的政治权利。到1792年1月，在《致赫拉克勒斯·朗里什爵士的信》中，伯克力劝朗里什爵士，允许天主教徒投票是明智之举，这是防止他们受雅各宾派狂热诱惑的最好方法。伯克认为，爱尔兰的新教统治本质上是对宗教改革原则的背叛：这不是为了防止良知受到权力滥用的侵害，而是为了在宗教虔诚的伪装下维护政治垄断。

爱尔兰改革压力变大之时，"布里索派"似乎正在法国获得影响力。激进分子开始在国民立法议会上赢得支持。同时，在英国国内，伯克认为理性的异议正在形成一个民间派系，而不是一个精神教派。他还担心，在英国大范围的颠覆活动仍在继续形成势头。即便如此，福克斯派还是坚持宣扬他们对法国的支持。然后，在1792年4月20日，国民立法议会投票支持对哈布斯堡王朝开战。第二年秋天，革命军赢得了他们对奥地利的第一次重大胜利。1793年初法国国王被处决，彼时，英国正准备加入这场战争。伯克希望这场冲突是一场理论上的歼灭运动，而不是一场为争夺地缘政治优势而进行的战略斗争。他坚持认为干预法国政权是没有问题的：法国民众几乎不能被视为一个"民族"，其国家被分裂为敌对的派系，并且法国革命与欧洲的权力平衡格格不入。早在1791年末，伯克就在《对法国事务的思考》中声称，欧洲政治被相互敌对的政党所分裂，这些政党将已建立的主权国家划分为对立的意识形态阵营。他现在声称，在这样的对立形势下，法国革命队伍受到无情的征服意志的驱使。伯克得出结论，法国的共和主义已经复兴了统治精神，并将通过布道劝诱加武力征服的方式来寻求扩张。

14.2 《法国革命反思录》的余波

自前一年2月至1790年11月1日《反思录》问世时，它已经历了多次修订。[1] 据传，伯克一度放弃了这本书。[2] 伯克的回忆录作者查尔斯·麦考密克记录了伯克在十个月的时间里，是如何全身心创作这部作品的。[3] 麦考密克的消息来源之一是伯克的秘书威廉·托马斯·史密斯，埃德蒙自10月底以来一直敦促他推进《反思录》的出版事宜。[4] 麦考密克描述了伯克是如何投入到不断修订的过程中的：他"不断写，涂改，重写，

1　1790年10月27日，伯克向菲利普·弗朗西斯证实，他在当年早些时候就"拿到"了这本书，参见 *Corr.*, VI, p. 142。

2　这一消息是在托马斯·潘恩致托马斯·克里斯蒂的一封信中转达的，信中记录了约翰·德布雷特的消息，参见 William E. Woodward, *Tom Paine: America's Godfather, 1739–1809* (New York: E. P. Dutton and Company, 1945), pp. 186–7。

3　Charles McCormick, *Memoirs of the Right Honourable Edmund Burke* (London: 1798), p. 339.

4　EB to William Thomas Smith, c. 25 October 1790, *Corr.*, VI, pp. 141–2. 史密斯把伯克的一部分文件卖给了麦考密克，参见 TNA, C12/2186/2: Burke v. Swift, 1797。

印刷，废弃，又重新印刷"。[5] 詹姆斯·普赖尔后来证实了这一反复修改的周期，他转述了多兹利关于十几份新手稿是如何被印刷和销毁的描述。[6] 这种努力使这本书获得了巨大的成功。《反思录》的售价为 5 先令，这并不便宜，但据说在一周之内，它就售出了 7000 本。[7] 到 12 月，《圣詹姆斯纪事报》报道说，销售量约为 1.3 万本。[8] 1791 年 5 月，当《反思录》的第三版第 8 次印本出版后，销售量上升到了约 1.9 万本。[9] 威廉·温德姆在读完伯克的作品后，认可这本书的影响，指出它能改变"整个欧洲的主流观点"。[10] 虽然伯克的立场在当时受到谴责和无视，但他的地位即将改变。"人们会认为，这样一部作品的作者，会被召入其国家的政府之中，"温德姆反思道。[11] 许多伯克的敌人和朋友都成为他的仰慕者。[12] 据报道，威廉·马卡姆对该书的

5　McCormick, *Memoirs of Burke*, p. 339.

6　James Prior, *Life of the Right Honourable Edmund Burke* (1824) (London: 5th ed., 1854), p. 310.

7　Horace Walpole to Mary Berry, *The Yale Edition of the Correspondence of Horace Walpole* (New Haven, CT: Yale University Press, 1937–1983), 48 vols., XI, p. 132. 参见 Richard Burke Sr. to Richard Shackleton, 8 November 1790, OSB MSS. File 2423. 可以这样比较《法国革命反思录》的价格：一个普通劳动者一周可以挣 6 到 8 先令。

8　*St. James's Chronicle*, 2–4 December 1790. 参见 EB to Gilbert Elliott, 29 November 1790, *Corr.*, VI, p. 177.《公共广告人》1791 年 1 月 10 日报道，已经售出 14000 本，并且新的印次正在印刷。

9　William B. Todd, *A Bibliography of Edmund Burke* (Surrey: St. Paul's Bibliographies, 1982), p.150. 伯克去世时，这一数字上升到了 30000 本，参见 Prior, *Life of Burke*, p. 311.

10　*The Diary of the Right Hon. William Windham, 1784–1810*, ed. Mrs. Henry Baring (London: Longmans, Green & Co., 1866), p. 213.

11　Ibid.

12　伯克的许多老朋友表示了他们的支持，包括理查德·布罗克尔斯比、约翰·伯戈因和迈克尔·科尔尼，参见 WWM BkP 1/2256, 2258 and 2261。吉尔伯特·埃利奥特对此赞不绝口，参见他写给伯克的信 letter to EB, 6 November 1790, *Corr.*, VI, pp. 155–6。另见 John Douglas to EB, 9 November 1790 ibid., p. 157; Lord John Cavendish to EB, 14 November 1790, ibid., pp. 160–1。

内容"欣喜若狂"。[13] 浸礼会牧师罗伯特·霍尔对伯克的论述感到震惊："伯克的思考天分是不可估量的。"[14] 新闻界对这本书的也进行了即时和广泛的报道。[15]《反思录》很快成为一个重要的政治参考，并开始作为一部有争议的经典之作流传至今。[16]

如果说这部作品受到了广泛的赞誉，那么它也同样受到批评，甚至是痛斥。长老会牧师詹姆斯·沃德罗于1791年3月致信塞缪尔·肯里克，形容此书是一种"愤怒的吹捧"，其唯一的优点是它的挑衅能力。[17] 更具体的嘲讽来自尤恩·劳：他告诉他的兄弟爱德华·劳——沃伦·黑斯廷斯的首席辩护律师，该书的论点主要来自威廉·佩利的《道德与政治哲学原理》。[18] 然而，佩利本人并不那么赞同：他认同伯克对"人的权利"的怀疑态度，并赞成他对普莱斯的政府契约概念的驳斥。然而，他继续评论说，伯克"中伤"了法国革命：这种革命的混乱是偶然发生的，而不是过程中固有的，没有达到反对查理一世的公共暴力的程度。[19] 在同一个回应者身上，混合着对这部作品的赞同和反对，这表明了该作品影响的复杂性。由伯克和普莱斯以及随后的潘恩引发的辩论，催生了300多篇论

13　Edward Law to John Law, 23 November 1790, TNA, PRO 30/12/ 17/3/255–57.

14　Robert Hall, "On Theories and the Rights of Man" in *The Miscellaneous Works and Remains of the Rev. Robert Hall* (London: 1849), p. 196.

15　参见 F. P. Lock, *Edmund Burke: 1730–1797* (Oxford: Oxford University Press, 1998–2006), 2 vols., II, pp. 333–6。

16　Thomas Macknight, *History of the Life and Times of Edmund Burke* (London: 1858–1860), 3 vols., III, pp. 329–30.

17　James Wodrow to Samuel Kenrick, 28 March 1791, Dr. Williams Library Wodrow-Kenrick Correspondence, 24.157 (159).

18　TNA, PRO 30/12/17/2, p. 98.

19　William Paley to Edmund Law, 28 November 1790, TNA, PRO 30/12/17/4/ 33–35. 我很感谢尼尔·奥弗拉赫蒂提供的参考资料。

述文献。[20] 与这场争论同时进行的更大的关于革命的论战，激发了 600 本小册子的出版。[21] 在这两种情况下，争论通常是以对立的意识形态来进行的，并以带有道德色彩的派别命名。在标准描述中，"保守主义"同"激进主义"和"改革主义"进行了斗争，而伯克则被指代表保守势力。[22] 因此，他通常被视为欧洲旧制度（*ancien régime*）的拥护者，同时反对进步和宪法改革。[23]

这既是一种主观价值的判断，也是摩尼教的一种观点。在《论法的精神》中，孟德斯鸠将英国宪法视为一种"极致的政

20　Gayle Trusdel Pendleton, "Towards a Bibliography of the *Reflections* and the *Rights of Man* Controversy," *Bulletin of Research in the Humanities*, 85 (1982), pp. 65–103, identifies 340 titles at p. 65.

21　Gregory Claeys, "The French Revolution Debate and British Political Thought," *History of Political Thought*, 11: 1 (Spring 1990), pp. 59–80, at p. 60.

22　Alfred Cobban, "Introduction" to idem ed., *The Debate on the French Revolution, 1789–1800* (London: Nicholas Kaye, 1950); Marilyn Butler, "Introduction" to idem ed., *Burke, Paine, Godwin and the Revolution Controversy* (Cambridge: Cambridge University Press, 1984); Ian R. Christie, *Stress and Stability in Late Eighteenth-Century Britain: Reflections on the British Avoidance of Revolution* (Oxford: Oxford University Press, 1984, 1986), pp. 164 ff., 170–1; J. G. A. Pocock, "The Varieties of Whiggism from Exclusion to Reform: A History of Ideology and Discourse" in idem, *Virtue, Commerce, and History: Essays on Political Thought and History, Chiefly in the Eighteenth Century* (Cambridge: Cambridge University Press, 1985, 1995), p. 276; Thomas Philip Schofield, "Conservative Political Thought in Britain in Response to the French Revolution," *The Historical Journal*, 29: 3 (September 1986), pp. 601–22; Harry T. Dickinson, "Popular Loyalism in Britain in the 1790s" in Eckhart Hellmuth ed., *The Transformation of Political Culture: England and Germany in the Late Eighteenth Century* (Oxford: Oxford University Press, 1990), p. 504; Mark Philp, "Introduction" to idem ed., *The French Revolution and British Popular Politic* (Cambridge: Cambridge University Press, 1991). Emma Vincent MacLeod, "La question du citoyen actif: les conservateurs britanniques face à la Revolution française," *Annales historiques de la Révolution française*, 4 (2005), pp. 47–72. 最近对这一讨论的总结，参见 idem, "British Attitudes to the French Revolution," *The Historical Journal*, 50: 3 (September 2007), pp. 689–709。

23　关于"旧制度"作为一个通用类别，参见 J. C. D. Clark, *English Society, 1688–1832* (Cambridge: Cambridge University Press, 1985)。

治自由"体系，它显然不是一个更"温和"的制度。[24] 从欧洲的角度来看，18 世纪的英国政治没有什么代表性，因此它很难体现出一般"旧制度"的原则。由于伯克在 1790 年为基于民众同意的政党政府辩护，认为这是确保孟德斯鸠所分析的自由制度的最佳手段，因此，说他的立场是向保守主义的退却是毫无根据的。同样，作为整个 1790 年代的改革提倡者，伯克不可能沦为一个墨守成规的理论家，也不可能维护现有体制的完整性：在爱尔兰、印度和奴隶贸易的问题上，他继续坚持改革的立场。甚至在与法国有关的问题上，在 1791 年初，伯克也在倡导"真正改革"的智慧，以区别于国民议会正在推动的那些似是而非的改进。[25] 诚然，《反思录》被证明是一个引起分歧的文本，但它在伯克和他的反对者之间造成的分歧是复杂微妙的，而不是泾渭分明的。在这方面，菲利普·弗朗西斯对《反思录》的回应具有参照意义。弗朗西斯看过此书的初稿，后来又研究了最终出版的作品。[26] "你所说的关于英国光荣革命的一切都很好，"他评论。[27] 显然，这不是两人之间的争论点。此外，弗朗西斯和伯克一样，反对革命的权宜之计："你害怕和憎恶各种骚动，我也是。"[28] 然而，在极端情况下，如美国革命和查特·辛格起义，两人都准备为抵抗权威的行为辩护。他们的分歧在于这样的行动在法国是否合理。弗朗西斯问道："难

24　Charles-Louis de Secondat, Baron de Montesquieu, *De l'esprit des lois* (1748) in *Oeuvres complètes*ed. Roger Caillois (Paris: Galimard, 1951), 2 vols., II, Pt. 2, Bk. 12, Chapt. 6. 参见 Montesquieu, *Mes Pensées*, in ibid., I, p.1429:"温和的政府，也就是说一种权力受到另一种权力的限制……"

25　EB, *Letter to a Member of the National Assembly, W & S*, VIII, p. 305.

26　弗朗西斯的注释本可以在哈佛大学霍顿图书馆找到，*EC75.B9177.790r.

27　Philip Francis to EB, 3 November 1790, *Corr.*, VI, p. 151.

28　Ibid., p. 154。

道上帝没有亲自命令或允许这场风暴来荡涤一切成分吗？"[29]伯克确信，答案必须是"没有"。

　　根据对一个单一事件的对立解释来划分整个时代的政治取向似乎很奇怪，显然，有些人的解释比其他人更正确，但没有任何人的预测是绝对正确的。吉本公开表示，很高兴看到《反思录》的出现，认为它是"对付法国疾病的一剂良药"。[30]同样，霍勒斯·沃波尔也无法抑制自己对这部作品的欣赏。与辉格党的其他追随者一样，他对福克斯的忠诚是第一位的，但他也不否认伯克的论据是有说服力的。在沃波尔看来，英吉利海峡对岸的革命正在肆虐：它会"像谷物女神克瑞斯一样，带着熊熊燃烧的火把……点燃并摧毁地球上所有的收成，因为她女儿的自由遭到了蹂躏"。[31]相比之下，伯克对法国事态发展的叙述遭到福克斯、谢里丹、弗朗西斯、麦金托什、普莱斯、普里斯特利、沃斯通克拉夫特和潘恩等人的反对，但这还不足以描述他们的政见特征，更不用说帮助我们区分进步和保守了。显然，这两个派别都提出了一个问题：从什么角度看，一个立场构成了"进步"？弗朗西斯和普里斯特利一样，反对伯克为教会制度辩护。在弗朗西斯看来，由"神父、主教和红衣主教"来管理会众，似乎等同于对精神的侵占。[32]他认为，为了

29　Ibid.

30　Edward Gibbon to Lord Sheffield, 1791, *The Private Letters of Edward Gibbon*, ed. Rowland E.Prothero (London: 1896), 2 vols., II, pp. 236–7. 参见 Horace Walpole to Mary Berry, 26 February 1791,*Yale Edition of the Correspondence of Horace Walpole*, ed. W. S. Lewis (New Haven, CT: Yale University Press, 1937–1983), 48 vols., XI, p. 209: "吉本说他非常仰慕伯克，甚至包括伯克的宗教观点。"

31　Horace Walpole to Lady Ossory, 9 December 1790, *Correspondence of Horace Walpole*, ed. Lewis., XXXIV, p. 101.

32　Ibid., p. 152. 但也可参见 Capel Loft, *Remarks on the Letter of the Right Hon. Edmund Burke Concerning the Revolution in France* (London: 1790), p. 48, 记载了关于破坏修道院秩序的不当行为。

建立修道院，土地被荒废了。然而，伯克担心，在欧洲，这种对神职人员的敌意会导致迷信的复苏。要由历史来判断哪个立场是正确的：在18世纪，未来是不明朗的。[33] 后来的评论家们急于把自己置于历史的正确一边，他们习惯性地先发制人。因为从目前的角度来看，所有18世纪的政论家都是自己环境的囚徒，所以最好不要考虑有利于他们的政治条件。伯克的同代人在法国革命、教会体系的效用以及政治改革的范围上存在不同的分歧。这种分歧的多样性在很大程度上是由伯克的文本引起的。然而，这往往是基于对他意图的过度误解。

在《反思录》问世之后，伯克被普遍认为是在拥护情感而不是理性，是将实用性置于传统之下，并将因袭权利置于自然权利之上。[34] 这些重构都有一定程度的失实之处，都夸大了伯克最初强调的重点。像大多数参与法国革命论争的主要人物一样，伯克致力于维护民众的"自由、安全和幸福"，但如何

33　参见 Joseph Priestley, *Letters to the Right Honourable Edmund Burke, Occasioned by his Reflections on the Revolution in France* (Birmingham: 1791), p. vii: "毕竟，人类将对这一事件做出判断。如果他们成功地建立了自由的政府，他们的判断力将受到赞扬……如果他们失败了，他们将因他们的急躁和愚蠢而受到谴责。"

34　Mary Wollstonecraft, *A Vindication of the Rights of Men, in a Letter to the Right Hon. Edmund Burke* (1790) in idem, *A Vindication of the Rights of Men and A Vindication of the Rights of Woman* ed. Sylvana Tomaselli (Cambridge: Cambridge University Press, 1995, 2009), pp. 8, 13, 54; [David Williams], *Lessons to a Young Prince on the Present Disposition in Europe to a General Revolution* (London: 5th ed., 1790), pp.120–1; Joseph Towers, *Thoughts on the Commencement of a New Parliament* (London: 1790), p. 124; Thomas Christie, *Letters on the Revolution in France, and on the New Constitution Established by the National Assembly* (Dublin: 1791), p. 15; [Catherine Macaulay], *Observations on the Reflections of the Right Hon. Edmund Burke, in a Letter to the Right Hon. Stanhope* (London: 1790), p. 16; Brooke Boothby, *A Letter to the Right Honourable Edmund Burke*(London: 1791), p. 20. 伯克承认收到了许多篇对《法国革命反思录》的回应，但声称他"没有读过任何一篇"，参见 EB to Unknown, 26 January 1791, *Corr.*, VI, p. 214。

实现这一目标是有争议的。[35] 像伯克一样，他的大多数对手都试图调和功绩（merit）与特权。这是一项即使在我们这个时代也未能达成共识的事业。伯克坚持认为，《反思录》中提出的调和手段是为了保障商业利益中的财产安全，同时也是为了支持一个负责任的政府体系。[36] 在法国革命过程中，这涉及阐明迄今为止尚未阐明的原则：正是伯克对这些原则的阐明促使他昔日的合作者提出反对意见，激起了福克斯的不满，并促使谢里丹做出回应。[37] 通常人们对伯克的指控是其原则的不一致性。他从一开始就意识到这一指控，认为这是由于他的批评者不知道他们自己要表达什么。1790 年 11 月 29 日，他在写给吉尔伯特·埃利奥特的信中回忆说，早在 1774 年，他就已经在竞选中公开了自己坚守的信誉：当他向布里斯托尔选民宣传自己的候选人资格时，他对埃利奥特说，他的立场是"以辉格党的利益为基础，而且只以这个为基础。"[38] 他确信自己后来没有背离这一承诺。在形容自己在 1774 年的立场时，他宣称自己忠于两个基本价值观念：以宪法为代表的规范的权力体系的

748

35　EB to Philip Francis, 19 November 1790, Ibid., p. 172. 参见 [David Williams], *Lessons to a Young Prince on the Present Disposition in Europe to a General Revolution* (London: 1st ed., 1790), p. 68, 关于美国革命所取得的积极进步："安全、自由和幸福变得更加普及"。

36　另一方面，社会等级制度也损害了工商业，参见 [Williams], *Lessons to a Young Prince* (1st ed.), p. 68。

37　福克斯的回应，参见 Joseph Farington, *The Farington Diary* (London: Hutchinson & Co., 1923), 8 vols., IV, p. 22。Cf. his claim that it was written in "very bad taste" in Add. MS. 47590, f. 24. 有传言说谢里丹此时正在对伯克的《法国革命反思录》做出回应，但他的小册子从未出现，参见 L. G. Mitchell, *Charles James Fox and the Disintegration of the Whig Party, 1782–94* (Oxford: Oxford University Press, 1971), p. 158, 引用了伊丽莎白·福斯特夫人的叙述（Chatsworth MSS）。1790 年 11 月 23 日，理查德·伯克在给菲茨威廉的信中也证实了这一点，参见 EB to Gilbert Elliot, 29 November 1790, *Corr.*, VI, p. 179n。

38　EB to Gilbert Elliot, 29 November 1790, ibid., p. 178.

尊严，以及以商业进步为保障的可持续经济繁荣的前景。[39] 此时，在1790年，他很清楚地认识到，这两者都依赖于"绅士精神"。正如他在11月29日对吉尔伯特·埃利奥特宣称说，他那时本应该像如今这样大声抗议，反对"破坏"任何欧洲国家的等级制度。[40]

大多数反对伯克的辉格党人同样倾向于为了土地和商业的利益而保留王室和议会的治理方式，以支持财产和商业繁荣。他们不同意伯克的观点是因为他们不认为法国的情况威胁到了这些基本原则。伯克意见的尖锐性增加了他们分歧的可能性。面对巨大的动荡，事实证明，人们很难自信地预测事态发展，然而，伯克准备好始终坚持他的看法。面对他的断然声明（其中大多颠覆了辉格党粗俗且不切实际的道德言论），将其放到既定的评估模式中也许更容易理解，其中许多声明都是为了反对竞争对手过时的国家信条。在法国，政治派系斗争激烈，《反思录》受到了各种不同的回应。[41] 1790年11月后汇编的一份清单详细列出了回应伯克的法国"作家的姓名"，大约有40位。[42] 法国革命的反对者经常对伯克的分析提出异议，但通常都承认他的作品启发了他们：莫利神父、蒙特洛西伯爵、让-雅克·杜瓦尔·德·埃普梅斯尼、让-约瑟夫·穆尼尔、查尔斯·亚历山大·德·卡洛讷和雅克·安东尼·玛丽·德·卡扎

---

39 EB, Speech on Arrival at Bristol, 13 October 1774, *W & S,* III, p. 59.

40 EB to Gilbert Elliot, 29 November 1790, *Corr.,* VI, p. 179.

41 有争议的描述，参见 L. G. Mitchell, "Introduction" to idem ed., *W & S,* VIII, pp. 14–15。简短的批判性回应，参见 *L'Ancien moniteur* in *Réimpression de l'ancien Moniteur* (Paris: 1858–63), 31 vols., VI, pp. 78–9。更详细的回应，参见 *Journal historiques et littéraire,* 1 June 1791; *Révolutions de Paris,* April 1790 (reviewing the Army Estimates speech); *Le spectateur national,* 5 December 1790; *Journal de Paris,* 23 December 1790; and *Chronique de Paris,* 3 December 1790。

42 WWM BkP 10: 18.

莱斯等都很快承认了这一点。[43] 除去其他的不谈，《反思录》至少具有象征意义，它明确地否定了法国近期的事态发展。在1791 年 1 月 28 日向国民议会介绍这部作品时，米拉波将它视为对"人类理性"的迷信攻击。[44]

毫无疑问，这本书引起了轰动。虽然伯克对法国革命的敌意得到了一些人的支持，但即使是这些人，对伯克信息的回应也是不一致的。在《反思录》第一版问世后不久，来自洛林密尔古（Mirecourt）的三级会议代表弗朗索瓦 - 路易斯 - 蒂鲍尔特·德·梅农维尔就写了一篇文章，站在理解伯克的立场上，对伯克的一些判断进行了批评。首先，他指出伯克文本中的小错误给他坚定的对手提供了燃料。[45] 更通俗地说，他注意到，伯克的许多负面描述被雅各宾派的理论家挪作他用。[46] 但最重要的是，梅农维尔挑战了伯克对继续参与国民议会事务的法国政策反对者的指控。梅农维尔抗议说："有一些绅士……他们认为，这是他们义不容辞的职责，他们要在被选民信任的岗位上站到最后。"[47] 这引发了与新政权共谋的复杂问题。面对法国革命的势不可挡，伯克敦促温顺的反对者们可以考虑采取抵抗手段。

这一建议是以公开答复梅农维尔的形式提出的，并以《致国民议会成员的信》为题出版。伯克在 1791 年 1 月 19 日之前

750

43　他们与伯克的通信可以在北安普敦郡档案室的菲茨威廉文件中找到，参见 Colin Lucas, "Edmund Burke and the Émigrés" in François Furet and Mona Ozouf eds., *The French Revolution and the Creation of Modern Political Culture: The Transformation of Political Culture, 1789–1848* (Oxford: Pergamon, 1989), 3 vols., III. pp. 103–4。

44　*Archives parlementaires*, XXII, p. 536. 这些话实际上是由艾蒂安·迪蒙（Étienne Dumont）写的，参见 idem, *Souvenirs sur Mirabeau, et sur les deux première assembles legislatives*, ed. J. Bénétruy (Paris: Presses Universitaires de France, 1951), p. 147。

45　François-Louis-Thibault de Menonville to EB, 17 November 1790, *Corr.*, VI, p. 163.

46　Ibid., p. 164–5.

47　Ibid., p. 166.

完成了他的回复，九天后将其发送给了他的通信者。[48] 在 4 月底出现在巴黎之前，该信已在英国流传开来。[49] 贝尔法斯特的辉格党政治家亚历山大·哈利戴伊预计，这部作品将激发更多"公民俱乐部"（clubs of citizens）反对它，而不是激发"冒险骑士团"（companies of adventurous knights）支持它。[50] 这封信的主要目的是宣扬伯克的看法，即法国的局势是无法挽回的。在《反思录》中，他尖刻地写道，十月事件之后，制宪会议的残余分子仍是"渣滓和垃圾"。[51] 就在那时，拉利·托伦德尔和穆尼尔退出了，他们感觉到政治形势已经对他们不利。[52] 伯克认可他们的引退，这刺痛了梅农维尔：事实上，这两位杰出的君主派支持者已经背叛了他们的事业，并创造了颠覆君主制的条件。拉利·托伦德尔为《人权宣言》做出了贡献，而他和穆尼尔都推动了法国三个等级的联合。然后，由于被自己的行为导致的一系列事件震惊，他们背叛了其追随者的等级。[53] 然而，对伯克来说，他们放弃了一个无望的局面。他提出，如果追溯法国革命领导先锋的观点，很明显他们的计划早在 1789 年 5 月之前就已经存在了。像西耶士和米拉波等人的计划早在第一次三级会议之前就已经制定出来了，他们的原则现在正在

48　关于延迟寄出信件，参见 EB to the Comtesse de Montrond, 25 January 1791, ibid., VI, p. 212。

49　詹姆斯·布兰德·伯格斯于 1791 年 5 月 6 日告知伯克，乔治三世"仔细阅读了它"，参见 ibid., pp. 252–3。

50　Alexander Haliday to the Earl of Charlemont, *The Manuscripts and Correspondence of James, First Earl of Charlemont* (London: 1894), 2 vols., II, p. 140.

51　EB, *Reflections*, ed. Clark, p. 238 [101].

52　关于他对这一行动的辩护，参见 Trophime Gérard de Lally-Tollendal, *Lettre de Monsieur de Lally-Tollendal à Madame la Comtesse de* *** (N. P.: 1789)。

53　François-Louis-Thibault de Menonville to EB, 17 November 1790, *Corr.*, VI, p. 167.

制度化，因为他们清除了土地财产对法兰西共和国的影响。[54]
伯克的结论是，他们的行动计划不可能被制止：方案的拥护者
控制了事态，而他们的支持者又不可能改变想法。这意味着没
有任何国内手段可以推翻新政权。

从伯克的角度来看，法国政体的无望状况是立法者和民众
之间致命共谋的结果。国民议会的代表们似乎被群众的变幻莫
测所束缚，因为他们诉诸直接的民众正当性，而群众则被公权
力的承诺所煽动。实际上，大众政治化的推动力破坏了宪法程
序。叛乱取代了有序的代议制。正如伯克所见，主动权已被国
民议会中的无赖（knaves）所控制，并受到广大民众中盲从
者的煽动。随着法国革命的切实成功，无赖无法被清除，民众
也无法被改变。在一个天翻地覆的世界里，绝望使得缓和行不
通。政客们被自己的骗局吞噬，而暴民们则沉迷在剧变的兴奋
感中。常规的政治进程因其单调乏味的程序而显得沉闷：

> "恐惧和希望、逃亡和追捕、危险和躲避此起彼伏，
> 饥荒和盛宴交替出现……一段时间后，这使一切事业变得
> 缓慢、稳定、渐进、毫无变化，并且在漫长的工作结束后
> 只能看到有限的平庸的前景，到最后使人变得驯服、懒散
> 和乏味。"[55]

最重要的是，动乱是诱人的，因为它满足了人们对权力的
幻想：昨天还沉浸在单调生活中的巴黎市民，现在却沉迷于一
种"人人做主"的感觉当中。[56] 俱乐部里的社会活动分子和咖

751

---

54 EB, *Letter to a Member of the National Assembly*, *W & S*, VIII, p. 298.

55 Ibid., p. 301.

56 Ibid.

啡馆里的演讲者们用"想象"来支持自己，想象他们是"军队的将军、先知、国王和皇帝"。[57] 对于这样一种摆脱束缚的幻想，没有治愈的方法。

似乎没有任何国内手段可以扭转事态的发展。由于主要的政治家们都被自己的诡辩所迷住，没有什么能促使他们回归理性。[58] 与此同时，他们的奴才们陶醉于自己幻想出来的功劳。[59] 伯克认为，没有什么可以扭转这种相互堕落的洪流，只有"一部分明智之人"可以防止社会进一步败坏下去。这部分人可能分布很广泛，但显然是少数。[60] 此外，他们完全丧失了有效的行动手段。造成这种情况的原因在于这个国家以往的历史。正如伏尔泰和孟德斯鸠有力证明的那样，法国君主制在 17 世纪削减了它的独立贵族：虽然他们愈加富贵，但他们的权力却越来越少。[61] 托克维尔后来强调，行政集权是旧政权的一项成就。[62] 路易十六的权威被侵蚀后，就出现了一个权力真空。它一旦被国民议会的民主力量所替代，新的在任者就可以毫无阻力地行动。在给凯瓦利埃·德拉·宾蒂纳耶的信中，伯克对法国宗教战争后遗留的集权问题做了评价，凯瓦利埃·德拉·宾蒂纳耶是勃艮第欧塞尔主教、西塞勋爵让－巴普蒂斯特－玛丽的侄子，自从伯克的儿子于 1773 年访问法国后，伯克就认

752

57　Ibid., p. 305. 关于对国民议会发号施令的俱乐部和咖啡馆的具体情况，参见 EB to the Comtesse de Montrond, 25 January 1791, *Corr.*, VI, p. 213。

58　EB, *Letter to a Member of the National Assembly*, *W & S*, VIII, p. 298.

59　Ibid., p. 305.

60　Ibid.

61　Voltaire, *Le Siècle de Louis XIV* (Berlin: 1751), 2 vols., II, pp.138–41; Montesquieu, *De l'esprit des lois*, Pt. I, Bk. Viii, chapt. 6.

62　Alexis de Tocqueville, *The Old Regime and the Revolution* eds. François Furet and Françoise Mélonio (Chicago, IL: Chicago University Press, 1998–2001), 2 vols., I, p. 118.

识他了。[63] 伯克写道："为了加强王权，君主削弱了所有其他势力。""为了把国家团结在王权之下，"他继续说，"君主解除了所有其他的联系。"因此，当君主沦为一个国家的次要官员时，法兰西共和国就回到了一种"断联"状态。[64] 这一形容是在与英国做比较，英国的政治是围绕"联结"展开的，因此，贵族和乡绅可以联合起来对抗王权。党派，或原则性的联结，最能说明英国政治的特点。

失去了任何此类障碍，法国就可以在没有任何国内抵抗的情况下被征服。1742 年，休谟将东方国家与欧洲的君主政体进行了著名的对比。与前者不同的是，在后者中，独立的荣誉和等级制度抑制了不受约束的行政权力。然而，这种保护贵族政治地位的制度也意味着，如果政府被推翻，一个拥有中间力量的君主制国家也更难被征服，即便被征服了，也更难维持。[65] 伯克的观点是，除了 1789 年以前在各级高等法院中的作用外，法国的绅士们没有联合的手段，因此他们几乎没有有效的政治影响力。当然，他们的司法权也无法与英国统治阶级那样的独立组织网络相匹敌。在君主之下，法国没有任何"力量或联盟"能够维持自治。[66] 因此，当国王名誉扫地时，神职人员和贵族就都失去了支持，也无法动员民众反对新政权。这让拉利·托伦德尔不得不唤起人们对公元前 78 年罗马执政官昆图斯·卡皮托利努斯·卡图卢斯的记忆，他反对马尔库斯·雷必达向罗马进军，

63　伯克家族通过帕里佐家族认识了这两个人，小伯克曾经和他们住在一起，参见 Madame Parisot to Richard Burke. Jr., 14 September 1789, *Corr.*, VI, pp. 17–18。

64　EB to the Chevalier de la Bintinaye, March 1791, ibid., p. 242.

65　David Hume, "That Politics May Be Reduced to a Science" in idem, *Essays Moral, Political and Literary*, ed. Eugene F. Miller (Indianapolis,IN: Liberty Fund, 1985, 1987), pp. 22–3.

66　EB to the Chevalier de la Bintinaye, March 1791, *Corr.*, VI, p. 242.

这似乎体现了与激进的民粹主义相对立的爱国美德。[67] 1790年12月，伯克收到了拉利·托伦德尔的小册子，但他更钦佩的是其富有激情的雄辩，而非其战略意义。[68] 拉利在呼吁法国人的公民奉献精神，但在伯克看来，他已经失去了听众："他说话的时候，就好像自己是高瞻远瞩的军事共和党人，或是古老而英勇的法国贵族，完全致力于政治和军事上的荣耀。"[69] 事实上，听他说话的人是叛徒和其同伙。

753　　　伯克得出了一个似乎是显而易见的结论：在没有任何可行的内部补救措施的情况下，援助不得不"来自外部"。[70] "在我看来，你们唯一的希望似乎在于邻国的部署和他们向你们提供援助的能力，"他对宾蒂纳耶说。[71] 伯克现在已经致力于反对革命，并认为它的成功将取决于外部援助。君主实际上是一个俘虏，没有自主行动的手段，也没有一个重要且有能力的人物出现在领导位置上。[72] 这种困境使法国处于外部势力的摆布之下，这些外部势力可能会同情法国的不幸，或者意识到自己的利益受到了威胁。国家理性更有可能决定欧洲各国的政策，但必须使他们意识到，法国革命构成了威胁。目前，由于法国处于困境中，因此这种威胁并没有立即显现。尽管如此，"形势和时机会带来危险，"伯克说。最重要的是，法国的事态可能会在另一个国家激发同样的叛乱。[73] 与此同时，伯克急于为干预法

67　Trophime Gérard Lally-Tollendal, *Quintus Capitolinus aux Romains* (Paris: 1790).

68　EB to John Trevor, January 1790, *Corr.*, VI, p. 217.

69　EB to the Comtesse de Montrond, 25 January 1791, ibid., p. 212.

70　EB, *Letter to a Member of the National Assembly*, *W & S*, VIII, p. 305. Cf. EB to John Trevor, January 1790, *Corr.*, VI, p. 217.

71　EB to the Chevalier de la Bintinaye, March 1791, *Corr.*, VI, p. 242.

72　Ibid., pp. 241–2.

73　EB, *Letter to a Member of the National Assembly*, *W & S*, VIII, p. 306.

国事态的正当性辩护。他试探性地阐述了三个干涉的理由：敌对国家在维护法国君主立宪制方面的政策利益；为受压迫的邻国恢复司法系统的责任；以及捍卫一个受侵犯的基督教文化的义务。为了支持他的观点，他开始进一步剖析法国政权变动的"缘由"。

14.3 卢梭的悖论

在追求这一目标的过程中，伯克构建了一幅法国政权"转移"的激烈画面。[74] 他声称，这受到卢梭思想的塑造。[75] 1790 年 12 月 21 日，国民议会投票通过建立一座纪念卢梭的雕像，此后卢梭得到了认可，这为伯克的判断提供了依据。[76] 1790—1791 年间，一条街道也以卢梭的名字命名，另一地段则以"社会契约论"命名。这部作品的一个副本，连同作者的半身像，被放在国民议会的重要位置上。伯克认为，一个时代的文学作品是其品位的窗口，因此官方对某一特定人物的认可是公众意愿的有力体现。伯克和康德都鼓励不禁止公众讨论的自由。[77] 但对于国家来说，推崇一位"道德复杂、模棱两可"的作家是另一回事。[78] 显然，伯克的意图不是谴责卢梭是不道德之人，而是

754

---

74 Ibid., p. 311.

75 关于法国革命背景下伯克对卢梭的态度，参见 the discussion in Iain Hampsher -Monk, "Rousseau, Burke's *Vindication of Natural Society*, and Revolutionary Ideology," *European Journal of Political Theory* , 9:3 (2010), pp. 245–66. 有关伯克和卢梭的古老文献，参见上文第 2 章第 3 节，以及 David Cameron, *The Social Thought of Rousseau and Burke: A Comparative Study* (Toronto: University of Toronto Press, 1973)。

76 *Archives parlementaires*, XXI, p. 619.

77 Immanuel Kant, *Was ist Aufklärung*, ed. Horst D. Brandt (Hamburg: Felix Meiner Verlag, 1999). 但是，关于严厉处理叛国出版物的必要性，参见 EB to Richard Burke Sr., 24 July 1791, *Corr.*, VI, p. 307。

78 EB, *Letter to a Member of the National Assembly* (1791), *W & S*, VIII, p. 312.

要让人们注意到他作为道德家的矛盾状态。[79] 从 18 世纪 50 年代开始, 伯克就对卢梭的作品很熟悉, 并被他的独创性和雄辩力所吸引。[80] 卢梭的作品充满修辞的激情, 表现出一种人道主义的伦理观, 使其成为一个有良知的时代偶像。但在伯克看来, 他的态度最终是模棱两可的。[81] 除了持有愤慨的立场, 卢梭的文字总是有一种持续冒犯读者的冲动, 他对有关道德的习惯性信念的抨击使人震惊。当然, 正如卢梭所宣称的, 习俗可以作为不公正的掩护。但同样地, 习俗也可以作为道德真理的引导者。然而, 卢梭的方法是自相矛盾的: 它旨在颠覆这个时代的常识和主流观念(*doxa*)。

正如伯克所知, 这再现了斯多葛派所倡导的一种修辞策略。与通常的解释相反, 伯克的观点并不是说国民议会的主要讲演者们完全采用了他们瑞士大师的学说, 而是说他们模仿了卢梭的风格和价值观的一个特征: "与其说是作者败坏了道德, 不如说是国民议会的制度借由卢梭的手段败坏了道德。"[82] 卢梭有争议的 "手段" 是指其诉诸斯多葛派的道德推理模式,

---

79　伯克收到一本匿名的小册子, 作者将他的思想与卢梭的思想进行了比较, 卢梭曾写过《论波兰政府》(*Considérations sur le gouvernement de Pologne*), 但伯克在回应中忽略了这一比较, 参见 EB to Unknown, 26 January 1791, *Corr.*, VI, pp. 214–15. 伯克收到的匿名小册子, 参见 Anon., *A Comparison of the Opinions of Mr Burke and Monsr Rousseau* (London: 1791)。

80　即使在 1791 年, 他也准备承认自己的风格是 "光彩夺目、充满活力、充满热情的", 参见 EB, *Letter to a Member of the National Assembly, W & S*, VIII, p. 318。

81　伯克对卢梭回应的概述, 参见 Henry Mackenzie, "The Political Character of Burke" (n.d.), Beinecke Library, Yale University, Osborn fd1。

82　EB, *Letter to a Member of the National Assembly, W & S*, VIII, p. 318. 关于卢梭对法国革命政治和社会的影响或其他方面的讨论, 参见 Gordon H. McNeil "The Cult of Rousseau and the French Revolution," *Journal of the History of Ideas*, 6: 2 (April 1945), pp. 197–212; Joan McDonald, *Rousseau and the French Revolution, 1762–1791* (London: Athlone Press, 1965); Norman N. Hampson, *Will and Circumstance: Montesquieu, Rousseau and the French Revolution* (Norman, OK: University of Oklahoma Press, 1983)。

用极不寻常的道德主张推翻了共通感（*sensus communis*）。[83]
在《论善恶之极》第四卷中，西塞罗把斯多葛派的语言诡计
（*praestigiae*）称为支持他们无耻道德立场的手段。[84] 在《为
穆热纳辩护》中，他攻击加图是这些反直觉规范的主要支持
者。[85] 由此产生的悖论源于对恶习的反抗，这种反抗冒着蔑视
人类的风险，将人类视为恶行的鼻祖。伯克在《反思录》中
提到革命者时写道："由于过分憎恨恶习，他们对人的爱太少
了。"[86] 这种想法源于他对西塞罗所揭露的、被卢梭所继承的斯
多葛道德主义的怀疑。伯克声称，他从休谟那里发现了卢梭的
创作方法，据说这一方法是通过发现日常生活中的"奇妙"事
件来冲击读者的想象力。在此基础上，他会创造出"政治和道
德方面的新奇招数"。[87] 伯克提醒我们，这是一种方法，以加
图为例："西塞罗讥讽地将加图描述为在共同体中努力地根据
悖论学派行事，而悖论学派在斯多葛派哲学中锻炼了青年学生
的智慧。"[88] 在《廊下派的反论》（*Paradoxa stoicorum*）中，西
塞罗阐明了这一过程，认为加图与人类的普遍观点相对立，他
以一种低级的风格表达了自己不成熟的观点。[89]

　　斯多葛派粗鲁的修辞方式反映了他们粗鲁的生活方式：
"他们在演讲和道德上都变得越来越粗鲁、苛刻和严酷。"[90] 通

755

83　相比之下，英国人更广泛地接触"明智的古代作家"，参见 EB, *Letter to a Member of the National Assembly*, *W & S*, VIII, p. 318。

84　Cicero, *De finibus bonorum et malorum*, IV, 74.

85　Cicero, *Pro Murena*, 60–6.

86　EB, *Reflections*, ed. Clark, p. 341 [251].

87　Ibid., p. 342 [252].

88　Ibid., p. 342 [251].

89　Cicero, *Paradoxa stoicorum*, 2.

90　Cicero, *De finibus bonorum et malorum*, IV, 78.

过援引霍勒斯对加图的评价——衣着不整、赤脚的加图在他的时代激起了人们对节俭的狂热，伯克提及了斯多葛派粗俗的道德观。[91] 在提倡脱离世俗财富的过程中，斯多葛主义者开始厌恶文明生活的进步，并培养了一种对人为欲望的犬儒式反感。[92] 这与"万国公法"中记载的共通感相对立。西塞罗认为，苏格拉底是"悖论"（*paradoxa*）偏好的来源。[93] 经一致同意，这种态度被锡诺普的第欧根尼普及化，他成为蔑视纯粹"意见"世界的代名词。[94] 而正如柏拉图所说，第欧根尼似乎是一个"发疯的苏格拉底"。[95] 在回顾 1760 年卢梭的《致达朗贝先生论剧院的信》（*Lettre àd'Alembert sur les spectacles*）时，《年鉴》认为其论点与斯多葛主义和犬儒哲学中僵化的厌世观念有关。[96] 这一看法与随后《反思录》对卢梭的评价基本上一致，在《反思录》中，伯克认为卢梭的思想与加图的悖论有

756

91　EB, *Reflections*, ed. Clark, p. 342 [251], quoting to Horace, *Epistles*, I, xix, l. 12.

92　关于犬儒学派成员对文明的强烈反感的早期现代描述，参见 Johann Jacob Brucker, *Historia critica Philosophiae* (Leipzig: 1742–1744), 5 vols.; Ephraim Chambers, *Cyclopaedia: Or, an Universal Dictionary of Arts and Sciences* (London: 1751), 2 vols。

93　Cicero, *Paradoxa stoicorum*, 4. Cf. Cicero, *Academica*, II, 136. 另见 Diogenes Laertius, *Vitae philosophorum*, I, 15. 关于斯多葛主义者和犬儒主义者的苏格拉底传统，参见 Eric Brown, "Socrates in the Stoa" in *A Companion to Socrates* eds. Sara Ahbel-Rappe and Rachana Kamtekar (Oxford: Blackwells, 2009)。

94　伯克对第欧根尼蔑视普通习俗（如丧葬）的负面评价，参见 EB, "Several Scattered Hints Concerning Philosophy and Learning Collected Here from My Papers" (c.1755) in *A Notebook of Edmund Burke: Poems, Characters, Essays and Other Sketches in the Hands of Edmund and William Burke*, ed. H. V. F. Somerset (Cambridge: Cambridge University Press, 1957), p. 91. 关于第欧根尼和卢梭对于犬儒主义道德哲学的继承，参见 Michael Sonenscher, *Sans-Culottes: An Eighteenth-Century Emblem in the French Revolution* (Princeton, NJ: Princeton University Press, 2008), p. 138ff。

95　Diogenes Laertius, *Vitae philosophorum*, VI, 54.

96　*The Annual Register for the Year 1759* (London: 1760), p. 479. 18 世纪 50 年代，卢梭作品在英国的反响，参见 Edward Duffy, *Rousseau in England: The Context for Shelley's Critique of the Enlightenment* (Berkeley, CA: University of California Press, 1979), chapt. 1。

关。[97]《年鉴》明确表明："悖论倾向"损害了卢梭作品的特性。这被表述为对"文明社会的讽刺"，这种讽刺源于潜在的"易怒的"思想习惯。伯克在《致国民议会成员的信》中，将卢梭的哲学与第欧根尼等同：《忏悔录》和《新爱洛绮丝》的著名作者现在被称为"国民议会中发疯的苏格拉底"。[98]

伯克对卢梭的长期兴趣是因为着迷于其独特的混合特性。在《年鉴》中，《致达朗贝先生的信》的一个评论者，很可能是伯克，宣称没有其他同时代的作家"比卢梭更有天赋或学问"。[99] 与这份赞赏相匹配的是，《年鉴》经常刊登与卢梭有关的内容。这其中包括 1762 年刊载的一篇摘录，其出自 1761 年出版的《德瓦先生的预言》，据称是伏尔泰所著，文中指控卢梭用伪善和热情对文明发动了犬儒式的攻击。[100] 第二年，《年鉴》发表了对《爱弥儿》的评论，并从中摘录了两段很长的文字，一段是关于寓言教育的效用，另一段是萨瓦牧师对苏格拉底和基督的比较。[101] 这篇评论再次把卢梭形容为"一个自相矛盾的天才"。众所周知，《爱弥儿》提出的学说可以预见地与当时的"公认观念"背道而驰。这导致了一场声势浩大的道德

97　EB, *Reflections*, ed. Clark, p. 342 [251].

98　EB, *Letter to a Member of the National Assembly, W &S*, VIII, p. 314. 更广泛的比较，参见 Gabriel Brizard, "Socrate et Jean-Jacques, ou Parallèle de Jean-Jacques Rousseau avec Socrate," Bibliothèque de l'Arsenal, Paris, MS. 6099.

99　*The Annual Register for 1759*, p. 479. 确认《年鉴》中的评论出自谁手是一项众所周知的危险活动。在这种情况下，它的判断和伯克后来的观点之间的重合是惊人的。

100　"A Prophecy by Monsieur Voltaire" in "Miscellaneous Essays," in *Annual Register for the Year 1761* (London: 1762), reproducing portions of [Anon.], *Prophétie Par M. de V***** (Geneva: 1761).

101　1765 年《年鉴》中还有对卢梭向孩子灌输上帝观念的思想的驳斥，以及根据洛克和卢梭的《爱弥儿》向儿童讲道理的适当方法，参见 *The Annual Register for the Year 1765* (London: 1766), pp. 215–16, pp. 217–19。

运动，实际上，这"对虔诚和道德都是危险的"。[102] 对伯克来说，《爱弥儿》对道德构成的最大危险是该书第四卷萨瓦牧师"信仰的自白"中对启示宗教的挑战，1762 年的《年鉴》摘录了其中一部分。在宣讲一种自然宗教时，基于内心的暗示，萨瓦牧师摒弃了圣经在宗教信仰中的核心地位。然而，在宣讲他的论点时，这位"怀疑论"牧师对基督牺牲的真实性做了极具说服力的阐述，即使是最教条的自然神论者也不可能不被这种表现所感动。[103] 卢梭启发人，但他也败坏人；他要求虔诚和正义，但他却摧毁了它们的基础。伯克怀疑，所有这些都是为了破坏习惯性的信仰，与其说是出于真正的探索精神，不如说是为了自我吹嘘。他因渴望掌声而变得诡辩。

因此，伯克在《致国民议会成员的信》中把卢梭描述为"虚荣哲学的伟大导师和奠基人"。[104] 他接着说，虚荣心可以"吸纳一切"。[105] 正如他后来观察到的，虚荣心通过过度的"自我感性"来打破共同的道德习惯。[106] 长期以来，这一直是自欺欺人的斯多葛主义者的恶习。[107] 然而，卢梭的虚荣心更为隐蔽。他不仅在实践中违背了他在理论上提倡的美德，而且进一步将矛盾作为一种美德，将伪善提高到一个新的认识水平。推动这一过程的是一种永不满足的自尊，为了获得认可而牺牲了真诚。他一边颂扬独立，一边一味地渴求关注。虚伪变成了一种生存习惯。《忏悔录》为信徒们树立了一个榜样：正如伯克所

---

102 "Account of the Books for 1762," *Annual Register for the Year 1762* (London: 1763), p. 227.

103 "Literary and Miscellaneous Essays," ibid., pp. 160–2.

104 EB, *Letter to a Member of the National Assembly*, *W & S*, VIII, p. 313.

105 Ibid., p. 314.

106 EB to Claude-François de Rivarol, 1 June 1791, *Corr.*, VI, p. 269.

107 关于反斯多葛派的控诉，参见 Christopher Brooke, *Philosophic Pride: Stoicism and Political Thought from Lipsius to Rousseau* (Princeton, NJ: Princeton University Press, 2012)。

强调的，"在他的生活中"，他指的是在他的自传中，卢梭提出了一个行为标准。[108] 在那里，他以坦诚为借口暴露了自己的缺点，而事实上，他在炫耀自己的同时，也在为自己的缺点辩白：他以公开的姿态显示自己的恶习，以"引起惊奇和注意"，他甚至将两面性变为系统性的虚伪。[109] 那些模仿这种行为的人仅仅成了"虚构的、伪造的"自我，影响了人们的态度，并忽视了社会代价。[110] 重要的是诡辩论证所具有的奇特吸引力，它使人忽视实际的后果。对于卢梭，这种自负产生了一种礼仪规范，其语言高尚，但效果卑劣：其倡导"普遍的仁爱"，但背叛却成为一种常态；教育得到推崇，但其规范却很堕落；赞美爱情，但其内容却放荡不羁。在 1791 年 6 月写给里瓦罗伯爵的一封信中，伯克思考了卢梭之后的法国人的道德热情和恶习是如何结合到一起的，这种结合已经成为法国礼仪的特征。人性被用来取代所有其他美德，消灭了抑制激情的行为准则。[111] 克制的义务让位于沾沾自喜的仁慈：一种对世界同胞的情感承诺掩盖了义务感的消失。[112]

　　伯克将这种掩饰方式与卢梭在《新爱洛绮丝》中概述的原则联系起来。在《忏悔录》中，卢梭指出，人们对这部作品的态度是矛盾的——全社会都一致珍视这部作品，而"文人"对

758

108　EB, *Letter to a Member of the National Assembly*, *W & S*, VIII, p. 312.

109　Ibid., p. 314.

110　Ibid., p. 315.

111　EB to Claude François de Rivarol, 1 June 1791, *Corr.*, VI, p. 270.

112　包括爱国效忠的义务。关于它被似是而非的法国博爱所颠覆，参见 EB, *Observations on the Conduct of the Minority* (Autumn 1793), *W & S*, VIII, pp. 434–5。

这部作品的评价却参差不齐。[113]伯克声称，这种矛盾是由于
该作品表达的情感决定的——用卢梭的话说，就是这部作品
的"微妙内核"。[114]在欧洲这样一个美德完全败坏的大陆上，
《新爱洛绮丝》所表现出来的那种端庄、纯洁和温柔仍然受到
人们的追捧。[115]然而，对伯克来说，这种表面上的纯洁不过是
虚荣心的产物，旨在引诱人们放弃其应有的责任。正如他在给
里瓦罗的信中所说："我观察到，为了把他们污浊的无神论灌
输到年轻人的头脑中，哲学家们系统地奉承他们所有的自然和
非自然的激情。"[116]朱莉的导师圣普勒的情欲表达示范了如何
将欲望升华为虚假的美德。他是一个伪装成老师的哄骗者，一
个伪装成情人的掠夺者。从卢梭放弃他的孩子，进而放弃父亲
的身份，到他在《新爱洛绮丝》中矮化爱情的激情，卢梭攻击
了这个时代的品位和道德。[117]他攻击的目标是忠诚和荣誉的基
础——家庭。卢梭在这部作品的第二篇序言中写道："自从所有
大自然的情感都被极端的不平等扼杀以来，正是由于父辈们不
公正的专制，才导致了孩子们的恶习和不幸。"因此，革新堕

---

113 Jean-Jacques Rousseau, *The Confessions, and Correspondence, including the Letters to Malesherbes,* ed. Christopher Kelly, Roger D. Masters and Peter G. Stillman (Hanover, NE:University Press of New England, 1995), p. 456. 关于在英国的反响，参见 James H. Warner, "Eighteenth-Century English Reactions to the Nouvelle Héloïse," *Publications of the Modern Languages Association*, 52: 3 (September 1937), pp. 803–19。

114 Rousseau, *Confessions*, p. 457.

115 卢梭最初声称，在文明观察家的庸俗感情中，纯粹的情感显得"不自然"，参见 Jean-Jacques Rousseau, *Julie, or the New Heloise: Letters of Two LoversWho Live in a Small Town at the Foot of the Alps*, eds。Philip Stewart and Jean Vaché (Hanover, NE: University Press of New England: 1997), p. 3. 在《忏悔录》中，卢梭的论点是，他们二人的遥远使他们渴求彼此。

116 EB to Claude François de Rivarol, 1 June 1791, *Corr.*, VI, p. 270.

117 EB, *Letter to a Member of the National Assembly*, *W & S*, VIII, pp. 315–16.

落的源头是必要的：我们必须从"家庭道德"开始。[118] 伯克同意，家庭道德是社会的核心。对他来说，婚姻是欧洲文明的支柱。没有它，妇女享有的社会自由就会受到阻碍，因为她们的行动会受到妒忌男子的巡查。[119] 事实上，相对于非欧洲社会，欧洲社会的优势来自迁移自由与严格的婚姻关系的结合，没有这一点，英勇的文化就难以持久。[120]

伯克认为，卢梭对家庭情感的革新将导致家庭的毁灭。首先，家庭的约束性情感——爱，在《新爱洛绮丝》中被破坏，扭曲成一种"哲学"的粗俗形式。这种哲学形式将淫乱与忧郁的沉思结合起来，酿成了悲剧。[121] 卢梭笔下的家庭教师是一位热情洋溢的英勇者，这一刻画对伯克来说似乎很有参考价值。它显示了思想如何在想象中受到诱惑，以瓦解社会上必要的偏见："当戒律的樊篱被打破，你们的家庭就不再受到体面的自尊心和有益的家庭偏见的保护，距离可怕的堕落，就只有一步之遥了。"[122] 在伏尔泰直截了当的描述中，圣普勒仅仅是"一

118　Rousseau, *Nouvelle Heloise*, pp. 17–18.

119　这一主题一直是孟德斯鸠的《波斯人信札》（*Lettres persanes*，1721 年）的核心，该剧以乌斯别克（Usbek）和罗克珊（Roxanne）两个角色之间的关系为题材。关于勇敢是欧洲社会生活的关键，参见 Charles-Louis de Secondat, Baron de Montesquieu, *De l'esprit des lois* (1748) in *Oeuvres complètes*, ed. Roger Caillois (Paris: Galimard, 1951), 2 vols., II, Pt. VI, Bk. XXVIII, Chapt. 22. 孟德斯鸠关于在亚洲和欧洲两性关系背景下自由和从属地位观点的讨论，参见 Michael A. Mosher, "The Judgmental Gaze of European Women: Gender, Sexuality, and the Critique of Republican Rule," *Political Theory*, 22: 1 (February 1994), pp. 25–44。

120　EB, Speech on the Divorce Bill, 29 April 1772, *W & S*, II, p. 357.

121　EB, *Letter to a Member of the National Assembly*, *W & S*, VIII, p. 317.

122　Ibid.

个瑞士的仆从"。[123]朱莉和圣普勒之间的等级差异体现了男女之间滥交的风险，创造了平等主义打破社会障碍的幻想。通过这种方式，卢梭在小说中预示了国民制宪会议将通过法律强制执行的内容。通过挪用卢梭作品中所倡导的情感，法国立法者发动了一场等级间的愤怒斗争。[124]诸如《新爱洛绮丝》这样的一些作品激发了平均主义者（the levelling）的冲动。不经意间，它们成为社会怨恨的载体。

　　伯克竭力强调，卢梭是如何以一种特有的诱惑力将本能的欲望与崇高的道德结合起来的。正是这一点使得卢梭成为一个危险的效仿对象。事实证明，与其说是他作品的具体价值观有害，不如说是他作品的"总体精神和倾向"有害。[125]这毒害了每一个可能的公民生活方式，毒害了家庭宁静、宗教责任和社会信任的根源。正是在这种虚妄诡辩的精神下，法国的司法体系被摧毁了。"在我看来，在你们内部种种情况中，没有什么比你们的司法状况更令人绝望了，"伯克对梅农维尔评论道。[126]1789 年 8 月 17 日，尼古拉斯·贝尔加斯向国民议会提交的报告标志着司法改革工作的开始，但对这一问题的审议被推迟到《人权宣言》通过之后。[127]随后，由于讨论行政和选举安排，司法改革又被推迟了。这一问题在年底又被重新提起，由 12 月 22 日托雷提交的一份报告作为开端。[128]直到 1790 年 3 月 24 日，正式的调查才开

760

123　Voltaire, *Lettres à M. de Voltaire sur La Nouvelle Héloïse (ou Aloïsa) de Jean-Jacques Rousseau, citoyen de Genève* in idem, *Mélanges* ed. Jacques van den Heuvel (Paris: Galimard, 1961) p. 399.

124　Ibid.

125　Ibid., p. 318.

126　Ibid., p. 302. 伯克在《法国革命反思录》之后的版本中做了简要的论述，参见 EB, *Reflections*, ed. Clark, Appendix I, p. 421。

127　*Archives parlementaire*, VIII, pp. 440–50.

128　Ibid., X, p. 718.

始，勒德雷尔和卡扎莱斯之间的激烈交锋导致了重建整个司法系统的决心。[129] 这主要是在伯特兰·巴雷于 3 月 31 日制定的议程基础上进行的，在春季和夏季期间，代表们就该议程进行了辩论。对司法机构的改革包括引入治安官、废除大律师团、建立陪审团、有权为自己辩护或为此目的指定一名辩护律师，以及法官的民选。[130] 相比之下，伯克观察到，即使在克伦威尔政府的变革期间，英国政治共同体的司法机构仍然保留着其基本结构和主要成员。[131] 法国全面重建司法体系的目标体现了强大的"制度精神"，这种精神占据了代表们的内心。[132] 根据伯克的说法，正如我们所看到的，这由知识性的诡辩所推动，由贪婪的虚荣心所激发。通过这种方式，法国的立法者被"计划和制度"毒化了。[133] 他们被哲学空洞的"喋喋不休"玷污，以《百科全书》为代表，由孔多塞和雷纳尔等人维持。[134]

在制度精神的诱导下，国民议会的代表们修改了每一项现有的社会安排，这一过程摧毁了服从和尊重。这也是民众诉诸暗杀和恐怖手段的原因。[135] 它在全国范围内激发了"鲁莽投机

129　Ibid., XII, pp. 348–99.

130　参见 Michael P. Fitzsimmons, *The Remaking of France: The National Assembly and the Constitution of 1791* (Cambridge: Cambridge University Press, 1994, 2002), pp. 97ff.

131　EB, *Letter to a Member of the National Assembly*, W & S, VIII, pp. 302–3; cf. EB, *Remarks on the Policy of the Allies* (Autumn 1793), W & S, VIII, pp. 497–8.

132　参见 Adam Smith, *The Theory of Moral Sentiments*, eds. D. D. Raphael and A. L. Macfie (Indianapolis, IN: Liberty Press, 1982), p. 232。

133　EB, *Letter to a Member of the National Assembly*, W & S, VIII, pp. 324.

134　EB to Claude-François de Rivarol, 1 June 1791, *Corr.*, VI, pp. 267–8.

135　EB, *Letter to a Member of the National Assembly*, W & S, VIII, p. 319. Cf. EB, *An Appeal from the New to the Old Whigs, in Consequence of some Late Discussions in Parliament, relative to the Reflections on the Revolution in France* (London: 1791), p. 10. 关于伯克长期以来对暗杀的兴趣，参见 "An Account of the Origin, Customs, Manners, &c., of the Assassins of Syria," *Annual Register for 1760* (London: 1761), p. 57.

761　的怒火"。[136] 随之而来的暴力事件可能造成毁灭性的影响，因为民众普遍拥有武装。[137] 因此，只有来自外部的力量才能重新征服法国，而且这一过程将是可怕和持久的。[138] 在这场血腥斗争的另一边，人们无法预料政府体制的运作方式。伯克指责卡洛讷在他的《论法国》中明确规定了与法国革命党人的和平条款。[139] 任何政治改革都必须从各方力量的平衡开始，因为这些力量在社会中相互对立。这需要衡量"人与事物的结合与对立"。[140] 这必须是任何政治科学的目标，但这是革命党人坚决反对的一种方法。即使是直接将英国宪法的规定强加给法国，也会导致适得其反的结果。一个明智的计划仍然需要适应不断变化的环境。伯克之前主张用一种类似英国的模式取代法国的君主制度，但他从未赞成照搬英国既有的模式。拉利、穆尼尔、梅农维尔、卡扎莱斯和莫利曾多次赞扬英国政体的优点，但他们几乎没有领会到其丰富的复杂性，并且他们误解了其对法国的适用程度。[141]

伯克回忆说，法国革命开始于一项改革提议。1788 年春，当路易十六提出召开三级会议时，是想为法国制定一个新的《大宪章》。这将代表法国君主制的既定等级秩序，而不是复制英国的分权体制：严格意义上，这既没有构想上议院，也没有构想下议院，君主制将继续在立法和行政管理中发挥主导

136　EB, *Letter to a Member of the National Assembly*, *W & S*, VIII, p. 325.

137　Ibid., p. 301.

138　Ibid., p. 320.

139　EB to John Trevor, January 1791, *Corr*. VI, pp. 218–19. 卡洛讷的建议，实际上与路易十六 1789 年 6 月 23 日在法国皇家会议上提出的措施相同，参见 *De l'état de la France, présent et à venir* (London: 3rd ed., 1790), pp. 392ff。

140　EB, *Letter to a Member of the National Assembly*, *W & S*, VIII, p. 327.

141　EB to John Trevor, January 1791, *Corr*., VI, p. 219.

作用。[142] 此外，神职人员将在宪法中占有重要地位。然而，所有这些都被一个背叛行为破坏了。对伯克来说，这场革命在1788 年已经发生。召集三级会议的前提条件是核心问题。由于这个机构将作为一个重要的审议机构，因此它必须反映国家的不同等级秩序。巴黎最高法院的职责是为其宪法提供建议，但正是在这一点上，其违背了自身所坚守的信念。[143] 实际上，作为国王的商议机构，巴黎最高法院没有确保国王的利益，而是建议采取损害君主制的措施："以恢复古宪法为借口，巴黎最高法院亲眼见证了最强硬的改革措施之一以及其所主导的后果成为现实。"[144] 巴黎最高法院的一贯任务是维护宪法的完整性，但在这里，它却不知不觉地滥用了宪法。在改变第一和第三等级的选拔模式，以及打破平民和其他等级之间旧有的代表比例时，国家的历史代表性被摧毁了，这会危及国家的未来。伯克更进一步指责君主制本身："毫无疑问，国王没有权利做出这些改变。"[145] 差不多一年后，他更加明确地指责路易十六："他用自己的手……推倒了支撑王位的柱子。"[146]

762

从伯克的观点来看，1789 年春天的君主制必须作为法国未来任何国家重组的支点。其所包括的各势力必须比乔治三世的特权还大，因为只有这些势力能巩固各等级的不同利益。此后，如何减少其支配性的影响，将是一个随着时间推移逐步改进的过程。在此期间，保持各势力的权力是至关重要的。但是，到了1789 年夏天，法国人却建立了卡洛讷所说的"君权

---

142 EB, *Letter to a Member of the National Assembly*, W & S, VIII, pp. 330–2.

143 Ibid., p. 327.

144 Ibid., p. 328.

145 Ibid.

146 EB, *Thoughts of French Affairs* (December 1791), W & S, VIII, p. 374.

民主制"。[147] 早在1790年11月，伯克就开始将卡洛讷的一些论据纳入后来版本的《反思录》中。[148] 卡洛讷的目标是赞扬根据《陈情书》的建议进行改革的明智之举。[149] 伯克把他的积极建议放在一边，但是接受了他的诊断。建立一个君权民主制意味着创造一种大众化的权力形式，在这种形式下，仅仅保留了君主权威的影子。[150] 换句话说，从实际意义上讲，这是一个纯粹的民主制度，建立在王室成员主持的盛会之上。我们已经看到伯克在《反思录》中宣称，这个野心勃勃的民众利维坦将变成一个压迫人的寡头政治，虽然仍以平等的合法原则号召民众，但驱使其行为的是统治者们的虚荣心。在欧洲政治的中心，这种"野兽"是不能被长期容忍的。"只要这种奇怪的、无名的、狂野的、热情的政体在欧洲中心建立起来，任何有限或无限的君主政体，或者任何共和国，都不可能是安全的，"伯克此时写道。[151]《致国民议会成员的信》是为了引起人们对消除这种政体的讨论。它认为，从策略和司法的角度来看，对这种国家事务的干预是合理的。现在需要研究的是，如何取得这样的结果。

14.4　辉格党的内部分歧

伯克在《致国民议会成员的信》中强调了法国的道德败

147　Calonne, *De l'état de la France*, p. 374. 他引用莫利神父的话，声称革命阴谋家试图建立"君权民主制，避开国王的所有权力。"伯克注意到了这一想法，参见 EB to Claude-François de Rivarol, 1 June 1791, *Corr.*, VI, p. 262, in EB to William Weddell, 31 January 1792, *Corr.*, VII, p. 60, 以及 EB, *Remarks on the Policy of the Allies* (Autumn 1793), *W & S*, VIII, p. 458。

148　EB, *Reflections*, ed. Clark, Appendix I, pp. 420, 422.

149　Calonne, *De l'état de la France*, pp. 3., 367ff.

150　Ibid., p. 373.

151　EB to John Trevor, January 1791, *Corr.*, VI, p. 218.

坏，目的是为了证实从法国内部抵抗新政权是不可能的。正如他对英国驻都灵公使约翰·特雷弗所说："只能依靠外部势力。"[152] 伯克认为，各国迫切需要采取主动，因为法国的革命政权每天都在加强对公众思想的控制。然而，任何一种军事远征要想成功，一个最基本的前提是英国和普鲁士至少"默许"这一措施。[153] 伯克声称，他对欧洲大陆上的事务如何发展一无所知。即便如此，他仍然相信，法国革命给欧洲政治带来的转变还未让受影响国家的主要人物完全明白过来："我对欧洲各国的盲目性感到惊讶，他们在过时的政策议题上就一些无关紧要的问题相互争论。"[154] 无论如何，伯克在国外几乎没有多少具体的政治影响力。他被法国革命的反对者们称为哲学政治家，正如蒙托洛西尔在 1791 年夏天所说的："一位真正的政治家"。[155] 但这并没有给他带来任何实际的政治权力。在家门口，他同样无能为力。 1791 年 1 月，他写信给保皇派流亡者蒙特隆伯爵夫人，称自己是"一个非常内向的人"。此外，他"在国家中完全缺乏权威和重要地位"，而且可以说"在拥有权力的人那里"不受青睐。[156] 同样关键的是，此时他已经不受自己党内重要人物的青睐。他一边拼命争取维持对黑斯廷斯的控诉，一边与福克斯及其支持者对他的排挤做斗争。他们在法国一系列事件上的分歧加剧了伯克与其党内盟友的分裂。在 1791 年 2 月 7 日霍恩·图克关于威斯敏斯特选举的请愿书的辩论中，伯克

152　Ibid., p. 217. 参见 EB to the Abbé Foullon, 1 June 1791, ibid., p. 263; Richard Burke Jr. to the King of France, 6 August 1791, ibid., p. 319。

153　EB to John Trevor, January 1791, ibid., p. 218.

154　EB to the Chevalier de la Bintinaye, March 1791, ibid., VI, p. 242.

155　Comte de Montlosier to EB, 31 August 1791, Northamptonshire MS. IX. 72.

156　Comtesse de Montrond, 25 January 1791, *Corr.*, VI, p. 211.

提到现在是一个"危险的创新"时期。[157] 一旦法国的危机再次
出现在公众言论中，福克斯辉格党之间的关系必然会恶化。

764   1791 年 5 月 6 日，福克斯和伯克在下议院公开争吵起来。
同一天，在争吵之前，伯克的儿子理查德在英国议会的一个委
员会会议厅里给朗福德的托马斯·刘易斯·奥贝恩写信，提醒
他辉格党的内部危机迫在眉睫。现在由福克斯领导的辉格党也
许是英国有史以来"最伟大"的政党，但它的未来仍然悬而未
决。[158] 正如理查德所见，福克斯本人就是造成目前政治僵局的
原因。在这一点上，他显然是在附和他父亲的观点。他承认，
他无法知晓是什么促使福克斯接受那些倾向于颠覆辉格党教义
的思想，但毫无疑问，福克斯将自己定位为《反思录》的批评
者和法国革命所宣扬的自由理想的朋友。[159] 他最近的一次原则
宣言是在1791年4月15日关于奥扎科夫事件的辩论中发表的。
3 月，议会接到通知，内阁决定支持奥斯曼人反对沙俄的叶卡
捷琳娜二世，因为她拒绝放弃黑海上的奥扎科夫要塞。[160] 当
时皮特处于危险境地，因此政府的政策给福克斯提供了一个机
会。[161] 伯克在 3 月 29 日对其进行了干预，当时他反对与一个
不友好的、非基督教的力量结盟，这个力量以前从未被允许纳
入欧洲的平衡。他哀求道："这些比野蛮人更坏的人，除了传

---

157 *Parliamentary History*, XXVIII, col. 1271.

158 Richard Burke Jr. to Thomas Lewis O'Beirne, *Corr.*, VI, p. 254.

159 Ibid., p. 255.

160 King's Message respecting War between Russia and the Porte, 28 March 179, *Parliamentary History*, XXIX, cols. 31–3. 关于更广泛的背景，参见 Jeremy Black, *British Foreign Policy in an Age of Revolutions, 1783–1793* (Cambridge: Cambridge University Press, 1994), pp. 257–328。

161 John Holland Rose, *William Pitt and the National Revival* (London: George Bell and Sons, 1911), chapt. 27; John Ehrman, *Pitt the Younger II: The Reluctant Transition* (London: Constable 1983), pp. 6–32.

播战争、毁灭和瘟疫，他们还能与欧洲各国有什么关系？"当福克斯在 1791 年 4 月 15 日反对这项措施时，他同样转向了欧洲内部力量平衡的问题，但他重点强调了这一问题如何受到法国革命的影响。

福克斯重申了他在 1790 年 2 月的立场，强调海峡对岸的法国对英国没有任何威胁。但他进一步赞美了法国新政权的美德：他认为法国是"最光荣的自由政体，在任何时代或任何国家，它都建立在人类的正直之上"。[162] 这是一个使伯克再也坐不住的大胆宣言，在法国问题上，他的盟友们就试图让他闭嘴，这已经刺痛了伯克。但他的发言又一次遭到攻击：议会厅里响起了大声的喊叫，要求提出质询，伯克屈从了下议院的普遍情绪。他现在正在寻找一个场合来表达他的意见。在讨论《魁北克第二法案》的委员会上，他的机会来了。该法案被提交给下议院的第一个信号是，在 1791 年 2 月 25 日，国王要求将魁北克省划分为上加拿大和下加拿大。[163] 当皮特于 3 月 4 日提出这项建议时，其目的是解决原来的法国殖民者和来自英国和美国的新居民之间的"意见分歧"，特别是自 1774 年《魁北克法案》以来的分歧。[164] 除领土划分外，这将涉及为这两个司法管辖区分别制定新的宪法安排。伯克于 5 月 6 日提出这个问题，并与福克斯发生了冲突，而自 4 月下旬以来，皮特派就已预测到了这种冲突。[165] 不管怎么说，这是伯克自己一方的人早就预料到的，波特兰在 4 月 21 日提醒菲茨威廉，"可能会发

765

---

162 *Parliamentary History*, XXIII, col. 1271. 伯克引用了这句话，表明福克斯混乱的政治原则，参见 EB, *Appeal from the New to the Old Whigs*, p. 16。

163 Frank O'Gorman, *The Whig Party and the French Revolution* (London: Macmillan, 1967), pp. 63–9.

164 *Parliamentary History*, XXIII, col 1377.

165 Mitchell, *Charles James Fox*, p. 161.

生一些不愉快的事情，如政治分裂和分化，最终导致该党的解散。"[166] 在伯克为福克斯和波特兰之间的一次谈话所撰写的一套说明中，他明确表示，要解释的问题不是福克斯是否打算"在英国引入法国革命，而是如果他不打算这样做，为什么他会像打算引入法国革命的人那样，用语言和情感颂扬和夸大它。"[167] 伯克在 5 月 6 日的演讲中指出，如果承认人权学说，下议院将放弃为加拿大人这样的"一个遥远的民族"立法的权限。[168] 然而，事实是，加拿大是根据万国公法通过征服权获得的。根据这一权利，加上法国割让魁北克的事实，以及 30 年占有的因袭权利，英国有权为其殖民者建立一个政府。[169] 在行使这一权利时，应适当考虑到司法公正和环境的局限，而不是遵循法国革命的模式，后者在圣多明各造成的严重影响已经很说明问题了。[170]

很快，伯克就感受到了来自他自己一方的反对压力。"这很不幸，"他承认，"有时被一方攻击，有时被另一方攻击。"[171] 福克斯宣称，他宁愿缺席下议院，也不愿在关于魁北克的辩论中听取关于法国革命弊端的论述。接着，他开始表达自己对人权的看法，坚持认为这是英国和美国革命的正当理由。他回顾了自己和伯克之间的共同立场："在美国独立战争期间，他们曾一起为华盛顿的成功而欢呼雀跃，一起因同情蒙哥马利

166 Duke of Portland to Earl Fitzwilliam, 21 April 1791, WWM, Fitzwilliam MS. F115–54.

167 "Instructions by EB Intended for the Use of the Duke of Portland in a Conversation Expected to Take Place between Him and Fox. May 1791," OSB MS. File 2231.

168 *Parliamentary History*, XXIX, col. 364.

169 Ibid.

170 Ibid., cols. 366–7.

171 Ibid., col. 374.

的陷落而几乎流泪。"[172] 伯克现在感到自己受到了攻击，并开始
反驳福克斯，为了在他看来最重要的国家利益，这将牺牲他们
22 年的政治友谊。他觉得有必要提醒公众注意颠覆性思想的
威胁。在英国社会和睦、政府有效运作的情况下，人们有机会
在不引发灾难性后果的同时反对令人厌恶的学说。骇人听闻的
戈登骚乱仅仅发生在 11 年前。在法国，有 30 万人被武装起来。
现在是时候缓和英国的抵抗言论了。[173]

　　福克斯赞同人权学说，这让他走上了一条与伯克决裂的道
路。如今，当伯克猛烈地反对他时，他哭了。他冷静下来，重申
了自己的信念："人的原始权利是……所有政府和一切宪法的基
础。"[174] 到了这个阶段，伯克已经疲惫不堪。去年 2 月，他曾暗示
自己要从下议院退休。他现在形容自己是一个 61 岁的"老人"，
决心在没有党派朋友支持的情况下为正义事业服务。[175] 正如他告
诉菲茨威廉的那样，他将退出自己的圈子。[176] 与罗金汉党残留势
力的分道扬镳标志着其"衰退期"的到来。[177] 尽管如此，这将使
他能够保持自己原则的完整性——他很快承认，这是一种"内
在的和平"。[178] 作为混合政府体系的捍卫者，他对自己所表现
出来的一致性充满信心：在戈登骚乱期间，他倾向于将王权作
为一种具体的反对平民颠覆的手段，而在一般情况下，他反对
扩大宫廷的权力。正如《都柏林晚报》对伯克的一篇演讲的报

---

172 Ibid., col. 379.

173 Ibid., col. 386.

174 Ibid., col. 392.

175 Ibid., col. 396. 此时，这成了一个常见的口头禅，参见 EB, Debate on Mr. Grey's Notice of
　　a Motion Relative to Parliamentary Reform, 30 April 1792, ibid., col. 1317。

176 EB to Earl Fitzwilliam, 5 June 1791, *Corr.*, VI, p. 275.

177 Ibid.

178 EB to the Marquis de Bouillé, 13 July 1791, ibid., p. 291.

道所说，目前"还没到为民主呐喊的时候"。[179]

皮特自然乐于在伯克和福克斯之间制造猜疑。[180] 在 4 月的一次会议上，福克斯指责伯克为内阁的计划服务。[181] 然而，事实是，老一辈的反对派辉格党人也对福克斯的行为感到震惊。根据伯克的回忆，福克斯曾私下宣称，在宣布他对法国新政权的党派立场时，他忠实地代表了大部分的反对派辉格党人。[182] 如果这是福克斯的信念，那么它与友好的辉格党显贵们的设想并不相符。对他们来说，他最近的声明显得有些任性。对其他人来说，这些声明似乎建立在推测和无知的基础上。在他与伯克在下议院最后一次交锋前的几周，他在纽马克特的赛马场休养。他还没有读过 3 月 16 日潘恩发表的《人的权利》。即便如此，他还是乐于利用革命语言的威力。到 5 月底，他还没有读过伯克的《致国民议会成员的信》，尽管他支持这样一种观点，即它的论点"是纯粹疯狂的"。[183] 福克斯对法国的表态是个人的。从一开始，他就是法国社会和礼仪的崇拜者。伯克认为福克斯背负着一套过时的观念。正如他后来评论的那样，福克斯盲目地依恋法国，就像它是无穷无尽的一样，"他就像一只猫，在家人离开后，还继续忠于这个家。"[184] 在这种情况下，福克斯要诱使上议院的反对派跟随自己并不容易。对辉格党凝聚力的重视是他的主要优势。

---

179 *Dublin Evening Post*, 17 May 1791. 摘录保存于 OSB MS. File 2230。

180 他和格伦维尔勋爵安排在 1791 年 4 月 21 日上午会面，讨论伯克关于法国革命的声明，参见 Lord Grenville to EB, 20 April 1791, ibid., p. 248。

181 Duke of Portland to Earl Fitzwilliam, 21 April 1791, WWM, Fitzwilliam MS. F115–54.

182 Ibid.

183 Charles James Fox to Lord Holland, 26 May 1791, *Memorials and Correspondence of Charles James Fox*, ed. Lord John Russell (London: 1853), 4 vols., II, p. 363.

184 Notes from the Commonplace Book of Samuel Rogers, Add. Ms. 47590, fol. 26.

　　然而，根据伯克的估计，波特兰公爵、菲茨威廉伯爵、德文郡公爵、约翰－卡文迪什勋爵、弗雷德里克－蒙塔古（Frederick Montagu）"以及其他辉格党的显贵们"都赞同《反思录》中首次提出的立场。[185] 的确，5月6日以后，波特兰和菲茨威廉仍然同情伯克，但为了辉格党的团结，他们仍然忠于福克斯。[186] 他们坚决反对法国事务的要旨，尽管他们并不了解事态的严重性。即使在次年8月圣多明各的奴隶起义之后，他们的态度也毫不动摇："他们中的一个人甚至连报纸都不看，这起暴动根本没有引起他们的重视。"[187] 然而，他们还是倾向于接受伯克所支持的价值观。伯克自信地认为，许多其他人也会认同他。[188] 因此，在1791年的夏天，党内的形势很微妙。从道义上讲，伯克得到了支持；但从政治上讲，至少目前而言，他还是孤家寡人。6月初，他写信给菲茨威廉，反思了自己在5月6日的尴尬处境。尽管他在魁北克辩论中挑衅性地宣称福克斯是"法国辉格主义者"，福克斯在下议院的追随者们还是一致为他鼓掌。[189] 伯克的孤立无援是彻底的："这是一个全新的体验，一个在议会中待了26年的人，在议会里却没有一个朋友。"[190] 作为一个孤家寡人，伯克自此开始写作《新辉格党人对老辉格党人的呼吁》，既是为自己的行为辩护，也是为确定自己所在政党的信条。

185　EB to Gilbert Elliot, 29 November 1790, *Corr.*, VI, p. 178.

186　Richard Burke Jr. to Thomas Lewis O'Beirne, 6 May 1791, ibid., p. 255.

187　EB to Richard Burke Jr., 28 October 1791, ibid., p. 439.

188　EB to the Marquis de Bouillé, 13 July 1791, p. 291: 对福克斯的尊重确保了他们没有"说得那么清楚"。

189　EB to Earl Fitzwilliam, 5 June 1791, ibid., pp. 273–74.

190　Ibid., p. 275.

14.5 《新辉格党人对老辉格党人的呼吁》

《新辉格党人对老辉格党人的呼吁》（以下简称《呼吁》）最终于 1791 年 8 月 3 日问世，伯克在马盖特的整个夏天都在不断地修改它。[191] 在与福克斯公开争吵后不久，伯克受到《纪事晨报》上一则挑衅性批评的刺激，便开始了这项工作。1791年 5 月 12 日，《纪事晨报》对伯克和福克斯之间的较量做出了裁决：后者被宣称坚守了反对派辉格党的"纯正学说"。"结果是，"该报总结道，"伯克先生从议会离席了。"[192]《纪事晨报》会支持福克斯，这并不奇怪。次年 9 月，在《呼吁》问世后，该报仍旧继续反对伯克，刊登了过去十年中指导福克斯行为的"真实"原则。[193] 福克斯坚持认为，伯克的言行完全是"矛盾的"。[194]伯克则认为，应该谴责这种让他保持沉默的行为。《反思录》从未假装作为一个政党的信条而存在，所以对它的否定似乎过激了。[195] 对伯克这一驳斥的进一步贬斥，可以说是过分的。在《呼吁》中，伯克正面攻击了人们对他的贬斥。如果他的对手想把他像一个后世的第欧根尼一样排除在他的政治目标之外，作为回应，他会谴责他们的盲目效忠。[196] 福克斯和他的追随者们大肆宣扬自由，这种在民众集会上的修辞伎俩无可指摘。但是，对某一特定自由范例的公开偏好，需要一些支

---

191 这部作品于 1791 年 6 月 18 日在《圣詹姆斯纪事报》上发表。伯克在第一版的后续重印中进行了修改，并在第三次重印中得到了弗伦奇·劳伦斯的帮助。在第二次重印时宣布改变呈现顺序，但在第三次重印时又做了修改。参见 Todd, Bibliography, pp. 172–5。

192 *Morning Chronicle*, 12 May 1791.

193 *Morning Chronicle*, 28 September 1791.

194 参见塞缪尔·罗格斯的摘录簿 Notes from the Commonplace Book of Samuel Rogers, Add. Ms. 47590, fol. 14。

195 EB, *Appeal from the New to the Old Whigs*, p. 6.

196 Ibid., pp. 1–2.

持性的说明。[197]伯克表明，福克斯的热情，就像谢里丹一样，是对一种制度的热情，这种制度可以在保持社会和政治的无政府状态的同时有条不紊地运作。争论的焦点不是君主制和共和制的对立之处，而是选择温和的政府体制还是无组织的民众暴政。[198]既然如此，伯克挑衅地声称，法国革命中坚定的顽固派不应该被归为"犯错的政治家"，而是彻底的"坏人"。[199]

1791年7月，在撰写《呼吁》的过程中，伯克写信给布伊勒侯爵，他是法国陆军的一位指挥官，众所周知，他对法国国王深表同情。在信中，伯克坚称，他没有丧失自己的"精神"和"原则"。[200]他如此坚定的一个原因是，他认为自己会得到国内的支持。"我已经说出了我的大多数英国同胞的心声，以及最近辉格党内大多数同僚的感受。"[201]伯克此时对自己特别有信心，因为法国王室在逃往瓦雷纳失败后被捕的消息已经传到伦敦。[202]在出逃之前，国王已经宣布支持新的法国宪法；在出逃之后，他发表了一份文件，完全否定了该宪法。[203]英国民众显然支持的是法国国王。伯克写道，国王的事业，就是"欧洲所有君主的事业"。[204]就在几天之后，王室成员确定被逮捕，伯克预测会出现可怕的结果："我相信，我们必须为国内外发生的非常伟大和可怕的事件做好准备。"[205]伦敦《公共广告

---

197 Ibid., p. 16.

198 Ibid., p. 10.

199 Ibid., p. 14.

200 EB to the Marquis de Bouillé, 13 July 1791, *Corr.*, VI, p. 291.

201 Ibid.

202 *London Gazette*, 25 June 1791.

203 EB, *Thoughts of French Affairs* (December 1791), W & S, VIII, pp. 338–9.

204 EB to James Bland Burges, 26 June 1791, *Corr.*, VI, p. 278.

205 EB to James Bland Burges, 29 June 1791, ibid., p. 279.

人》刊登了《巴黎日报》的一篇报道："国王在瓦雷纳被拦下了。"[206]据报道，随着反对革命的浪潮不断高涨，西班牙、奥地利和普鲁士均出现了调动军队的情况。[207]在国王被捕之前，伦敦民众很高兴看到国王出逃。伯克报告说："这种喜悦几乎是普遍存在的。"[208]国王被捕后，公众的哀伤也是真实的。[209]伯克知道，尽管法国民主党人的愤怒加剧了，但公众意见仍然向着国王。[210]福克斯试图劝阻谢里丹不要参加巴士底狱日的庆祝活动；辉格党俱乐部拒绝参加活动后的晚宴。[211]在7月中旬的伯明翰骚乱期间，普里斯特利家遭到纵火袭击，这使政界的气氛更加低沉。[212]在这种情况下，伯克非常乐意作为国民情感（national sensibility）的代表挺身而出。他此时强调，一直以来，他都得到了"他承诺要描述的国民情感"的支持。[213]他相信，他成功抓住了英国人的情感。

更进一步说，有人声称福克斯只代表公众意见的一小部分。尽管如此，他还是一个厉害的人物，在反对派辉格党中有很大的影响力。因此，他的论点必须受到质疑。当然，福克斯并没有赞成法国革命的每一个事件。他只是为他所认为的法国革命的目标辩护，他把混乱和暴力解释为在通往自由之路上令人惋惜的干扰。他诉诸亲法辉格党人的普遍说法："所有伟大的变化，无论其原则是多么正确，无论其实施得多么好，都会出现

---

206 *Public Advertiser*, 27 June 1791.

207 Ibid.

208 EB to the Marquis de Bouillé, 13 July 1791, *Corr.*, VI, p. 291.

209 Ibid.

210 关于"民众对国王的蔑视"，参见 Pierre-Gaëton Dupont to EB, 7 July 1790, Ibid., p. 283。

211 Charles James Fox to Lord Holland, 26 May 1791, *Memorials*, II, pp. 263–4.

212 R. B. Rose, "The Priestley Riots of 1791," *Past and Present*, 18 (November 1960), pp. 68–88.

213 EB, *Appeal from the New to the Old Whigs*, p. 4.

这些灾难。"[214] 然而，对于伯克来说，这混淆了意图声明与实际结果：法国革命的拥护者承诺在国家内部和国家之间实现和平与和谐，但他们只促进了迫害和暴力斗争。[215] 革命的正当性是一个政治判断的问题，而不是先验的道德推理。因此，纯粹的抽象分析是不可取的。人们需要的是对预期利益的说明，而不仅仅是关于"攻占巴士底狱的空洞废话"。[216] 抵抗权是一种宝贵的资源，但容易引起争论。[217] 事实上，它"永远不可能被定义"：它的可允许性无法在相关事实发生之前就被规定。[218] 该行为的正当性取决于环境和后果。因此，诉诸抵抗的前提是要进行谨慎的权衡，即推翻一个政权所需的武力成本。这需要同时进行两项评估。首先，必须权衡将要被推翻的政府的压迫程度：例如，尼禄的统治绝不应该与公认的图拉真（Trajan）或加尔巴（Galba）的绝对统治相提并论。[219] 君主们可以被公正地废除，但他们的不法行为必须是罪大恶极的。[220] 同时，解散政府架构的代价也必须加以考虑。在这种情况下，"责任主要在于那些撕碎整个国家框架和结构的人。"[221] 新辉格党人在追随

214　EB to Richard Burke Jr., 28 October 1790, *Corr.*, VI, p. 439. 这是伯克对辉格党新情绪的概要，而不是被报道的福克斯的演讲。

215　EB, *Appeal from the New to the Old Whigs*, pp. 11–12.

216　Ibid., p. 20. 潘恩对攻占巴士底狱给予了相当大的关注，参见 *Rights of Man*: see Thomas Paine, *Rights of Man, Common Sense and Other Political Writings,* ed. Mark Philp (Oxford: Oxford University Press, 1995, 2008), pp. 104–10。伯克对巴士底狱的看法，参见 WWM BkP 10:16。

217　EB, *Appeal from the New to the Old Whigs*, pp. 123–4.

218　Ibid., p. 20.

219　Ibid., p. 18.

220　参见本书第 8 章第 7 节、第 11 章第 5 节。关于这一标准，参见 EB, *Fox's India Bill*, 1 December 1783, *W & S*, V, p. 387。

221　EB, *Appeal from the New to the Old Whigs*, p. 19.

他们的法国主人：他们故意夸大路易十六统治下的情况，并支持革命进程而不考虑革命的后果。

　　对伯克的一个特别指控是，他选择在议会日程表中一个不恰当的时机对法国的事态做出判断。[222] 一部分原因是他选择在《魁北克第二法案》的委员会审查阶段公开自己的观点。但这也源于伯克给人的一种感觉，即他旨在将福克斯与共和党的议程联系起来，并认为福克斯倾向于"共和制原则和共和制政府形式"。[223] 在伯克看来，这一指控特别阴险，因为这种对他的误解必然会阻碍福克斯组建政府。无论如何，伯克否认了这一指控。然后，他开始谈及《呼吁》的主要论述。《呼吁》是在为他自己辩护，回应对他立场前后不一的指控，最重要的是捍卫了他的辉格党原则。[224] 在简要梳理了他在议会改革、长老会的会费争议（subscription controversy）、君主特权和美国独立战争方面的行为后，他开始捍卫光荣革命的原则，他的方式是将其与辉格党传统的真义做对照。为此，他将论述转到教会高级神职人员亨利·萨切维尔的公诉案上，1710 年春天，辉格党大人物们为此付出了巨大的精力。[225] 伯克回忆说："弹劾萨切维尔牧师是由一个辉格党内阁和一个辉格党下议院进行的，并且在广泛且稳定的多数辉格党上议员面前展开。"[226] 因此，这一诉讼过程代表了辉格党的观

222　Thomas Grenville to Lord Fitzwilliam, 22 April 1791, WWM, Fitzwilliam MS. F115–55："在这个时候，通过这样的讨论，我们给政府带来了各种好处，这真是臭名昭著啊。"

223　Duke of Portland to Earl Fitzwilliam, 21 April 1791, WWM, Fitzwilliam MS. F115–54. 这个问题，参见 EB, *Appeal from the New to the Old Whigs* , p. 23. 因为伯克在 1791 年 5 月 11 日《魁北克第二法案》的辩论中否认参与了"黑暗阴谋"（*Dark Plot*），参见 the *Oracle*, 12 May 1792. 福克斯拒绝接受指控，参见 *Annual Register for the Year 1791* (London: 1795), p. 118。

224　EB to William Cusac Smith, 22 July 1791, *Corr.*, VI, p. 303.

225　关于总体论述，参见 Geoffrey Holmes, *The Trial of Dr. Sacheverell* (London: Methuen, 1973)。

226　EB, *Appeal from the New to the Old Whigs*, p. 55.

点。此外，由于萨切维尔被弹劾的一个主要原因是他否认詹姆斯二世的命运赋予了英国人抵抗权，因此通过展现辉格党在这次审判中的观点，伯克可以将自己的准则与之进行比较。[227]

伯克的方法是收集与辉格党派有关的主要人物的代表性发言，包括尼古拉斯·莱赫米尔、约翰·霍尔斯、斯坦厄普伯爵、罗伯特·沃波尔、约瑟夫·杰基尔、罗伯特·艾尔和约翰·霍兰德，以确立两项辉格党的基本原则。在《反思录》中，伯克阐述了其中一项原则，即光荣革命是一种合理的"必要性"行为，一种旨在避免更多灾难性冲突的紧急措施。[228] 在《呼吁》中，他阐述了第二个原则，即人民主权的概念。由于这涉及一个政体中最高权威的性质，伯克的论述包括调查英国政府的性质以及其所负责的"人民"的司法地位。鉴于英国政府是一个"混合"的安排，由君主、贵族和平民组成，因此这是一项复杂的工作。首先，虽然这些组成部分共同代表了全部"人民"，但只有其中一个部分，即下议院，通常被认定为由"人民"组成。此外，虽然政府的各个组成部分相互制约，但政府作为一个整体，有义务为人民服务。这两种关系都意味着承诺或"契约"的存在。这种分类上的模糊性给了辉格党内部争论的空间。"契约"的两种含义以及"人民"一词的两种理解，促成了英国政治中的对抗性。

托马斯·潘恩在他的《人的权利》一书中表达了对英国宪法秩序的强烈异议。[229] 自 1791 年 4 月以来，伯克一直在酝酿

772

---

227 Henry Sacheverell, *The Perils of False Brethren, both in Church, and State* (London: 1710).

228 EB, *Appeal from the New to the Old Whigs*, pp. 57–82.

229 现代学术界追随伯克，认为潘恩在法国革命的辩论中起着关键作用，参见 R. R. Fennessy, *Burke, Paine and the Rights of Man: A Difference of Political Opinion* (The Hague: M. Nijhoff 1963); H. T. Dickinson, *British Radicalism and the French Revolution, 1789–1815* (Oxford: Blackwells, 1985); Claeys, "Revolution Debate," pp. 62–7。

对这部作品的攻击。[230] 潘恩论点的与众不同之处在于，他明确地鄙视基于世袭特权的混合政体。潘恩致力于制定一部纯粹的共和制宪法，这使得他与同时代的后沃波尔政治的批评家区别开来，这些人由凯瑟琳·麦考利和詹姆斯·伯格，到托马斯·霍利斯和理查德·普莱斯不等。[231] 在社会"阶层"缺乏合法区别的情况下，公民社会与以混合宪法秩序为代表的法人团体划分格格不入。[232] 潘恩的立场在他《人的权利》的第二部分变得更加明确，因为此时法国国王的困境更有利于他的论述。[233] 不过，他更充分的论证基础已经体现在其早期的著作中，其中，"人民"被表述为有权彼此订立契约以建立某种形式的政府。在这一点上，潘恩指的不是英国历史上的某个历史时期。完全相反：他的意思是，英国历史已经因为诺曼征服而被"损毁"，因此需要全面的复兴。[234] 英国的君主制和贵族制就是篡夺留下的印记，只能通过"一场欧洲的大革命"才能清除。[235] 为了实

---

230 Thomas Grenville to Lord Fitzwilliam, 22 April 1791, WWM, Fitzwilliam MS. F115– 55: "不是《魁北克第二法案》，而是潘恩先生的小册子和一些一位论教派协会（Unitarian Society）的笔记，决定他在这些问题上大谈特谈。"1791 年 4 月 14 日，在一位论教派协会会议上致潘恩的敬酒词，参见 *Morning Chronicle*, 15 April 1791。伯克被告知这些事情，参见 Henry Wisemore to EB, 16 April 1791, *Corr.*, VI, p. 247。怀斯莫尔评论说"贵族、教会权力和民族偏见"很快会因为伯克"支持他们的浪漫主义尝试"而更快地衰落。

231 Richard Whatmore, "'A Gigantic Manliness': Paine's Republicanism in the 1790s" in Stefan Collini, Richard Whatmore and Brian Young eds., *Economy, Polity, and Society: British Intellectual History*, 1750–1950 (Cambridge: Cambridge University Press, 2000).

232 Paine, *Rights of Man*, pp. 117–19.

233 相关背景，参见 Gary Kates, *The Cercle Social, the Girondins, and the French Revolution* (Princeton, NJ: Princeton University Press, 1985); William Doyle, "Thomas Paine and the Girondins" in idem, *Officers, Nobles and Revolutionaries: Essays on Eighteenth-Century France* (London: The Hambledon Press, 1995)。

234 Paine, *Rights of Man*, pp. 123, 127. 有关讨论，参见 Gregory Claeys, *Thomas Paine: Social and Political Thought* (Boston: Unwin Hyman, 1989), chaps. 3 and 4。

235 Paine, *Rights of Man*, p. 193.

773

现这一转变，有必要将所有改革方案置于一个理想状态下，以判断实际情况与理想状态的差距。最初，正如潘恩所说，"每个个人，都有自己的个人权利和主权权利，彼此订立契约以产生一个政府。"[236] 因此，潘恩继续说，公民社会负责确保其成员的权利。然而，这一结论可以有不同的解释，而不同的解释会产生大相径庭的后果。伯克在《呼吁》中所采取的策略是，首先暗示亲法国革命的辉格党人和《人的权利》之间有关联，然后质疑潘恩的每一个假设。

潘恩在《人的权利》的前一部分做出了相当大的努力，以削弱伯克的坚定主张，即国家的存在意味着一种代际承诺，而这种承诺不能为了暂时的方便而被轻易牺牲。这一主张被广泛误解为：所有未来的立法都必须受到过去法令的限制。基于这种误解，人们认为，伯克将保护传统视作政治的职责。伯克也被潘恩指责为站在"死人"的立场上推动政府改革。[237] 潘恩开始将这一所谓的承诺与教皇无误论和君权神授的古怪学说相提并论，并加倍谴责伯克是一个隐匿的天主教徒和托利党人。[238] 这种挑衅性的表述随后被潘恩扩展到指控伯克反对所有的立法改革："他告诉即将到来的世界，一个存在于一百年前的某个团体制定了一项法律；这个国家现在没有，将来也不会有，也不可能有力量改变它。"[239] 伯克在 1789 年前后的议会生涯，充分证明了他对国家"改变"其立法之权利的信念。然而，在《反思录》和《呼吁》中，他忧心的是这个国家有随意拆解宪法的权利。最后，潘恩在对法国的分析中似乎接受了这一点：未来的

236 Ibid., p. 122.

237 Ibid., p. 92.

238 Ibid., p. 93, 101–2, 121.

239 Ibid., p. 93.

立法机构可以自由制定他们认为合适的任何法律，但他们的程序模式将受到先前在制宪会议上商定的宪法条款的约束。只有为此目的召开的国民"会议"，才有权修改国家宪法。[240]

在《呼吁》中，伯克强调，英国的政体由"三个部分"组成。这些部分各自具有不同的"性质"，因此，君主制部分不能以支持民主制部分的原则来证明其合理性。[241] 设想君主制可以接受民众的选举，正是为了寻求融合不同的正当性原则。把君主的选择权交到"人民"手中，实际上是让王室服从下议院的权力。伯克的目的并不是要否认国家的最高主权权利，他从美国危机开始以来就一直在捍卫这一权利。正如潘恩所暗示的，共同体的立法意志确实是政体命运的最终仲裁者。"这样的权力，"伯克断言，"必须存在于每一个王国的完整主权中。"[242] 就英国而言，伊丽莎白时代的一项法规确定了这一司法结论。因此，伯克承认，任何国家的主权意志都对立法行为具有最高的权威。显然，过去的立法不能约束未来的主权行为。然而，过去的共识似乎永远应该决定的是行使这一主权的条件。对持久性的期望是为了防御可能威胁到国家生存的根本性创新。赋予人民修改主权宪法的权利意味着将政体的控制权交给了国家的民众。当然，这也是导致内乱的原因，因为所有竞争性的统治权力都将服从于一个部分的权力。作为回应，伯克宣布，他想表明的是，下议院是"从包括王室在内的立法机构中分离出来"的，因此其无权"随意"改变君主继承制。他接着说，下议院更无权纯粹按照自己的意愿"建立一种新的政府

---

240 Paine, *Rights of Man*, p. 124.

241 EB, *Appeal from the New to the Old Whigs*, p. 31.

242 Ibid., p. 69.

形式"。[243] 当然，同样的规则也适用于国王和上议院本身：他们不能简单地废除国家契约中的对抗性部分。

如果说主权立法的最高权限是不容置疑的，那么其以"合理的自由裁量权"行使这一权力就是不言而喻的。[244] 针对《宣示法案》，伯克不断指出，虽然主权是绝对的，但其使用应该受到限制。为其有效应用，它需要赢得同意。同意植根于民意，而民意是由历史塑造的。因此，最高权威应参照过去的习惯行事。为此，伯克采用"古老习俗"作为"不是他唯一的、但肯定是他主要的政策规则"。[245] 因此，正确的理解是，过去的习惯并不制约现在的立法权：它只发挥指导作用。它指出了政府如何与社会和国家中普遍存在的力量保持一致。另一种方式是与这些力量发生冲突，用激进的意志行为取代政治谈判。而直接与国家权力的配置相抗衡，暴力行动就不可避免了。这些力量之间的合作使共同体作为一个"法人团体"得以维持，从司法角度看，它是一个永久性的实体：它比其成员更长命，且"永不消亡"。[246] 政府各组成部分之间得以合作是历史的功劳：

775

243　Ibid., p. 68.

244　Ibid., p. 69.

245　Ibid., p. 70.

246　Ibid., p. 69. 参见 EB, Speech on the State of the Representation of the Commons (16 May 1784), *The Works of the Right Honourable Edmund Burke* (London: 1808–1813), 12 vols., X, p. 94。伯克讨论的基础是国家作为一个"虚构的人"（*persona ficta*）的概念。关于这一点，尤其是霍布斯对其的重提，参见 Quentin Skinner, "Hobbes and the Purely Artificial Person of the State" in idem, *Visions of Politics III: Hobbes and Civil Science* (Cambridge: Cambridge University Press, 2002); Istvan Hont, "The Permanent Crisis of a Divided Mankind:'Nation-State' and 'Nationalism' in Historical Perspective" in idem, *Jealousy: International Competition and the Nation-State in Historical Perspective* (Cambridge, MA: Harvard University Press, 2005); David Runciman, *Pluralism and the Personality of the State* (Cambridge: Cambridge University Press, 1997), chapt. 1。

它是"多个时代、多种思想的产物"。[247] 它是通过习惯性的合作或正式的契约约定而产生的。英国宪法是两种程序的产物——惯例和立法契约。它们共同形成了"政府契约"，即"英国国家的原始契约"，它"从根本上不可侵犯地固定于国王、上议院和下议院"。[248] 只有在彻底违背信任的情况下，它才能被单方面放弃。

对宪法的攻击开始于破坏这一原始契约，即其中一个组成部分想要侵占其他部分的权力。17 世纪英国历史上的王权与特权之争说明了这种权力的动态变化，君主与民众都在争夺权力。正如 17 世纪 40 年代所证明的那样，这种纷争必然会"伤害到共同体"。[249] 无论是国王还是下议院，都是通过诉诸普遍民意影响国家运作的：依据的理念是被动服从和民众同意。当然，正如英国的政党所展示的那样，公众可以通过积极拥护这两种理念的其中一种来表示他们赞同谁。同样地，在这两种理念的名义下，民众也可能被施以暴政。奉承可能会承诺自由，但却会带来奴役，就像在法国发生的那样，"君主和人民遭到同样的侵占"。[250] 对伯克来说，这种认识实际上来自英国自己的历史教训。[251]

18 世纪 90 年代，新辉格主义抛出同样的甜言蜜语，宣扬一切权力都属于人民："这些新辉格党人认为，无论是由一人或多人行使的主权，它不仅来源于人民……而且，始终不可剥夺地存在于人民之中。"[252] 基于这一解释，人民的主权可以将政府

247　EB, *Appeal from the New to the Old Whigs*, p. 113.

248　Ibid., p. 57.

249　Ibid., p. 119.

250　Ibid., p. 138.

251　参见本书第 13 章第 4 节。

252　EB, *Appeal from the New to the Old Whigs*, p. 56.

作为国民财产据为己有。为了说明这一含义，伯克引用了潘恩的《人的权利》："主权，作为一种权利，只属于国民。"[253] 这一主张是仿照拉斐特最初起草的《人权和公民权宣言》第三条提出的。[254] 其旨在挑战法国君主和法国各等级的联合主权，但却成功地模糊了主权和政府之间的关系。伯克承认人民是一切权力的正当来源，但他拒绝一种主张，即权力可以继续由人民行使。人民主权必须与民主政府区别开来，在民主政府的统治下，权力由以人民的名义建立的国家代表机构移交给人民。而一种纯粹的民主管理是一种概念性的建构，它规定权力的杠杆掌握在人民手中。在实践中，这只能构成一个普遍无政府状态的系统，在该系统下，各派系将争夺国家的控制权。政府将不断地被分解为人民，而人民则"不断"地掌握主权。实际上，这是一个没有政府的政府，因此其更接近于自然状态。卢梭以及后来的康德都拒绝这样的安排。[255] 将权力移交给人民来彰显人民的权威可能会导致政治共同体的解体。对伯克来说，人民可以最好地控制他们的政府，但他们不能在控制政府权力

253　Paine, *Rights of Man*, p. 193. Cited in EB, *Appeal from the New to the Old Whigs*, p. 89.

254　Stéphane Rials, *La Déclaration des droits de l'homme et du citoyen* (Paris: Hachette, 1988), p. 22. 参见本书第 11 章第 5 节。拉斐特对国民权利的主张受到潘恩的赞誉，参见 *Rights of Man*, pp. 95–6, 166。潘恩就《人权宣言》第三条发表评论，参见 ibid., p. 141, 165。潘恩借鉴了拉斐特，参见 Gary Kates, "From Liberalism to Radicalism: Tom Paine's *Rights of Man*," *Journal of the History of Ideas*, 50: 4 (October–December 1989), pp. 569–87。拉斐特在起草《人权宣言》中的作用，参见 L. Gottschalk and M. Maddox, *Lafayette in the French Revolution: Through the October Days* (Chicago, IL: University of Chicago Press, 1969)。

255　Jean-Jacques Rousseau, *Du contrat social* in *Oeuvres complètes III: Du contrat social, écrits politiques*, eds. Bernard Gagnebin and Marcel Raymond (Paris: Galimard, 1946), pp. 404–5; Immanuel Kant, *Über den Gemeinspruch: Das mag in der Theorie richtig sein, taugt aber nicht für die Praxis* in *Über den Gemeinspruch: Das mag in der Theorie richtig sein, taugt aber nicht für die Praxis und Zum ewigen Frieden*, ed. Heiner F. Klemme (Hamburg: Felix Meiner Verlag, 1992), p. 62.

的同时行使其权力："同时行使和控制权力是矛盾的、不可能的。"[256] 一个政府部门可以有效地控制另一个部门，但不分彼此的权力是不可能受到约束的。纯粹的大众权力正是以这种方式不受限制的。因此，"世界上任何时期的立法者都不愿意将主动权力（active power）交给大众。"[257] 在罗马，甚至在雅典，政府与主权都不是混为一谈的。

伯克认识到，新辉格主义是一种混合而成的教条，基于一种模糊的、笼统的对公民权利的承诺。在最善意的情况下，它只不过是对人的原始权利的一种修辞上的认可。在这一点上，新辉格党与旧辉格党人的那种虔诚融合在一起，这种虔诚也是伯克在美国战争期间所标榜的。[258] 两者的区别在于，新辉格党准备接受法国式的公民权：这使得他们模棱两可的假设变得更加有据可循，并需要他们做出原则性的表态。事实上，反对派辉格党的任何一派都没有公开接受在伦敦俱乐部和社团中流传的反宪法思想。此外，在英国政治中支持纯粹民主的选民人数也非常少。然而，他们的言论得到了支持，因而也纵容了实际的行为。由于他们的言论没有遭到公开的反对，伯克担心英国的宪政理想会被暗中腐蚀。错误的想法已经站稳了脚跟；他们受到党内"中间人"的鼓励；很快，议会中最坚定的辉格党人也会被卷入这个堕落的旋涡。[259] 因此，伯克看到了一个"新的、共和的、法国式的辉格主义"前景。[260] 推动这一进程的是道德

---

256 EB, *Appeal from the New to the Old Whigs*, p. 120.

257 Ibid.

258 参见，例如 EB to the Committee of Correspondence of the General Assembly of New York, 6 April 1774, *Corr.*, II, p. 529; EB, *Address to the King*, January 1777, *W & S*, III, p.269; WWM BkP 27: 230。

259 EB, *Appeal from the New to the Old Whigs*, pp. 96–7.

260 EB to William Weddell, 31 January 1791, *Corr.*, VII, p. 52.

惯性所鼓励的消极同意（passive assent）。像福克斯和谢里丹这样的革新者得到了像波特兰这样的党内大人物的默许，而这些大人物又得到了像威廉·韦德尔这样的下议院追随者们不卑不亢的支持，韦德尔这些人是该党的"骑士团"（equestrian order），也是伯克希望争取的对象。[261] 为此，他热衷于唤起他们对未知的恐惧，即英国可能无法完全抵御意识形态和政治的颠覆。因此，在争取公意的斗争中，有一场战斗需要赢得。为了界定自己的目标，伯克将潘恩作为靶子，不是因为他的立场在福克斯党人中得到了实质性的支持，而是因为他所宣扬的煽动性学说一不留神就可能大行其道。新式党派靠的是热情获得支持，而非靠解决实际的困难获得支持。[262] 他们通过投机性的手段而非不满情绪来呼吁民众。伯克需要揭露潘恩的空洞承诺，以此来削弱他充满想象的诱惑力。

　　就在《呼吁》即将问世时，伯克写信给弗伦奇·劳伦斯，认为福克斯党人中有一个"喜欢潘恩原则"的团体，尽管他们伪装得很讨人喜欢。[263] 潘恩之所以是一个值得尊敬的对手，是因为其成功的劝说能力，而不是其智识上的洞察力。伯克认为，他"完全不懂"自己所论述的主题。他给人一种"技艺高超"的印象，尽管他完全缺乏学识。支撑他的是他的"胆大妄为"以及对后果的漠视。[264] 伯克的目标是指出，持续应用他的观点将会产生的后果。这一目标因一个共同的出发点而得以实现：伯克和潘恩都是从霍布斯的论点开始的。在《人的权利》

778

---

261 EB, *Appeal from the New to the Old Whigs*, p. 97. 伯克在韦德尔这里取得了成功，参见 EB to William Weddell, 31 January 1792, *Corr.*, VII, pp. 50 ff.。

262 Ibid., p. 99.

263 EB to French Laurence, 2 August 1791, *Corr.*, VI, p. 312.

264 EB to William Cusac Smith, 22 July 1791, ibid., pp. 303–4.

中，潘恩明确指出，政府最初是"从人民中产生的"。[265] 它们的起源确定了其权力的正当来源。这种民众权力绝不可能转让给统治者，因为最初的契约是在政府成立之前就存在了："最初不可能存在与之签订这种契约的统治者。"因此，公民社会建立在每个人之间的先前协议上，以建立一个主权国家。[266] 这是霍布斯著名的立场，从《法的原理》到《利维坦》都指出："当许多人达成协议，并与每个人订立契约"，将权力赋予他们意志的共同代表时，"一个共同体就建立起来了。"[267] 在《法的原理》中，霍布斯更明确地阐述了这一点：在建立一个共同体的过程中，"君主和任何臣民之间都不存在契约。"这是因为，正如潘恩后来确认的那样，在政治社会形成之前，"没有可以与之订立契约的君主"。[268]

尽管潘恩准备承认，制宪会议的宪法规定对未来的立法程序具有约束力，但他坚持认为，"一个国家的人民在任何时候都有一种固有的、不可剥夺的权利，即废除任何形式的问题政府。"[269] 这意味着，任何体现人民主权的代议制度都可以被人民永久撤销。由于选举和人民代议制是潘恩承认的唯一政治正当性原则，因此，这意味着国家的宪法永远都可以由绝大多数的选民来修订。伯克在《呼吁》中对这一主张单独进行了抨击："我们从一些人那里听到很多关于多数人是万能的观点，但他们的坚定主张是经不起推敲的。"由于潘恩运用了霍布斯提出

---

265 Paine, *Rights of Man*, p. 122.

266 Ibid., pp. 121–2.

267 Thomas Hobbes, *Leviathan*, ed. Noel Malcolm (Oxford: Oxford University Press, 2012), 3 vols., II, p. 264.

268 Thomas Hobbes, *Elements of Law, Natural and Politic,* ed. Ferdinand Tönnies (London: Frank Cass & Co., 1969), p. 119.

269 Paine, *Rights of Man*, p. 193.

的原始契约概念，伯克也求助于同一位作者，来反驳潘恩的结论——人民有权力收回其最初的主权。他以霍布斯的方式表明，根本没有原初"主权"。在自然状态下，民众拥有权力，但没有主权。由于每个人都与每个人订立契约，以创造一个主权，来协调他们的意志，因此，人民主权不能先于主权意志存在。

正如伯克读到的，潘恩的想法似乎是，选民中的多数可以收回他们先前授出的主权，从而保留了重新制定国家宪法的权利。霍布斯在《论公民》第四章第二十节中特别详细地阐述了这种可能性："也许有人会推断，只要同时得到所有臣民的同意，最高统治权（*summum imperium*）就可以被废除。"[270] 为了驳斥这一推论，霍布斯称原始契约的条款由个人与个人的全面协议组成。换句话说，主权契约建立在一致同意的基础上。因此，企图以简单多数撤销这一契约是对契约条款的违背。诉诸多数人意味着要求助于一种人为的权宜之计。少数服从多数原则要求事先达成协议，因此这不可能是自然状态下的规定："从本质上讲，多数人的同意不应被视为所有人的同意。"[271] 伯克严格遵守霍布斯的逻辑。伯克认为，在多数人同意的基础上采取行动的权利取决于两个先决条件：第一，存在一个由一致决定产生的团体意志；第二，更深远的一致同意，即绝对多数可以被视作代表全体的同意。伯克评论道："我们很少受到习惯性事物的影响，所以我们把这种多数人做决定的想法当作是

779

270　Thomas Hobbes, *De Cive (The Latin Version)*, ed. Howard Warrender (Oxford: Oxford UniversityPress, 1983), p. 148: "inferet forte aliquis *summum imperium* consensu omnium subditorum posse tolli." 我稍微修改了译文，参见 Thomas Hobbes, *On the Citizen*, ed. Richard Tuck and Michael Silverthorne (Cambridge: Cambridge University Press, 1998), p. 89。

271　Hobbes, *De Cive*, p. 149: "non enim a natura est quod consensus maioris partis habeatur pro consensu omnium."

我们原始本性中的一条法则。"[272] 然而，一个由多数人做决策的程序是人为构建的。它只是确定共同意志的诸多方法之一。此外，人们只有通过长期的公民指导才能适应它。在许多情况下，他们可能更愿意由一个人或少数人代表。

对法国人来说，所有的公民指导已经被解除了，并随之解除了其共同体的条款。因此，他们根本算不上是一个"民族"，而是被解散的平民或"群众"。伯克在此提出了他自己对于一个真正的人民应当具有何种"特性"的想法，其适用于统治阶层以正义和权威行事的地方。"当群众不受公民指导的约束时，就很难说他们身处的是公民社会。"[273] 根据伯克对一个适当的公民指导安排的描述，他旨在同时支持两种不同的主张。首先，在否认法国具有适当的公民条件时，他提出了一个他们会合法发动战争的理由："只要有利可图，他们就可以合法地彼此交战、彼此征服。"[274] 在接下来的六年里，伯克将花费大量的精力捍卫这一立场。但他也利用这个机会为自己认可的宪法制度辩护。1792 年 1 月 31 日，《呼吁》问世六个月后，他在给威廉·韦德尔的回信中，详细阐述了这个话题。他告诉韦德尔，罗金汉党人及其后辈是一个"贵族"政党。[275] 但这并不意味着他们与专横的特权为伍。伯克的论述同时具有社会性、政治性和宪法性：它的含义具有社会意义，因为每个政府系统都必须支持一种财产制度；同时，他的论述必定具有政治意义，因为被赋予权力的立法阶层应表现出追求这一目标的意愿和能力；最后，伯克的论述更具有宪法意义，因为国家的各种力量必须合

272　EB, *Appeal from the New to the Old Whigs*, pp. 125–6.

273　Ibid., p. 129.

274　Ibid., p. 131.

275　EB to William Weddell, 31 January 1792, *Corr.*, VII, p. 52.

作重建一个不损害统治体系完整性的统治阶层。

正如伯克所见，在英国，一个贵族政党最能满足这些目标。这并不意味着他是社会特权的奉承者，或贵族政府的拥护者。公共舞台上的行动者有义务为人民服务：尽管他们的存在符合自然规律，但人类仍被一个指导性的智慧所施加的道德义务所约束。[276] 然而，公共安全只能由宪法约束来保证，而不是由纯粹的规范性承诺来保证。这意味着公共权力的各个组成部分必须得到规范、平衡和处理，以实现共同利益。实现这一目标的最好方式不是贵族形式的政府，在这种政府形式下，少数人发号施令，且无须承担责任或受到限制，而是一种在词源意义上具有贵族精神的政府体制，即由最好的人实行统治的政府体制。这是伯克的一个理想概念，他把最好的统治形式称为"自然贵族制"。[277] 从推测的历史来看，政治贵族是社会贵族的产物。在最基本的生存条件之外，社会分化不可避免地出现了，随着时间的推移，一个国家中出现了"各种各样的条件和环境"。这种多样性是人为的，因为它是从最初的简单状态发展而来的。然而，在某种程度上它又是自然的，因为这种发展源自人类的才智和欲望。因此，在这种情况下，伯克说，"技艺是人的天性。"[278] 这一发展的自然政治推论是，最有能力统治的人掌握权力。由于政府是一种旨在服务多数人利益的手段，因此有必要了解，那些"享有美德与荣誉之人"如何能最好地为民众——那些"数量上占优势之人"——的福祉服务：主要看他们的能力和责任感。[279]

276　EB, *Appeal from the New to the Old Whigs*, pp. 120–2.

277　Ibid., p. 130.

278　Ibid. 参见本书第 15 章第 2 节。

279　EB, *Appeal from the New to the Old Whigs*, p. 129.

立法者面临的问题是，如何在实践中最好地接近这种理想的安排。为了实现这一目标，必须制定一套规则体系，使公共美德与政治审慎相结合。这些特征的结合将有助于培养民众的认同感、保障私有财产的安全和保护个人自由。这在贵族的赤裸裸的统治下是不可能实现的——在伯克看来，这是"可以想象的最糟糕的政府"。[280] 相反，它必须在一种贵族精神占主导地位的混合政体下实现。任何一个混合政体，只要它是一个真正意义上的"共和政体"，在其立法机关中都存在相互竞争的党派。[281] 正如伯克所言，罗金汉党人和其后辈是"贵族阶层"的支持者。这意味着他们支持以维护宪法平衡为导向的上议院和下议院之间的联盟，以此抗衡国王和下议院民众领袖的野心。正如他对韦德尔所说，他们是一个既不会"卑微地顺从王室、也不会顺应民众的轻浮、放肆和鲁莽"的政党。[282] 去年11月，他向菲茨威廉强调了这一观点：一个贵族政党立于民众的心血来潮和君主的强取豪夺之间。[283] 它之所以能取得这样的地位，是因为该党的核心人物既"独立"又"有影响力"：他们因自己的势力而得到保障，并在国家中享有代表权。[284] 他们的独立并没有使其成为社会中的单独力量，而是成为国家契约的一个组成部分。老辉格党的实力在于他们的财产，首先是他

---

280 EB, *An Essay towards an Abridgement of the English History* (1757– ?), *W & S*, I, p. 547.

281 正如福克斯在 1791 年 5 月 11 日暗示的那样，"公共事务"可以采取各种形式（Diary, 12 May1791）。西塞罗的术语翻译自柏拉图的"城邦政体"（*politeia*），意思是复合政体。正如福克斯所知，"共和国"也可以指一个"纯粹"的共和国，其中宪法由其民主部分管理。就他而言，他将捍卫自己的"共和主义"立场，反对皮特的含沙射影（Oracle, 12 May 1791）。伯克被描写为不屑在"令人讨厌的意义"上使用"共和主义"一词，参见 "The History of Europe" in *The Annual Register for 1791*, p. 111。

282 EB to William Weddell, 31 January 1792, *Corr.*, VII, p. 53.

283 EB to Lord Fitzwilliam, 21 November 1791, *Corr.*, VI, p. 450.

284 EB to William Weddell, 31 January 1792, *Corr.*, VII, p. 56.

们的土地财富，这将他们束缚在继承的观念上，从而受制于既有的宪法惯例：他们的政党"特性"来自土地独立性，这使他们"依附于王国古老的惯例"。[285] 因此，他们致力于国王、上议院和下议院之间的政府契约，以及该契约旨在确保的财富分配。

　　掌握这一承诺背后的思想很重要。伯克认为，维持财富的不平等分配符合社会正义的长远利益。与中世纪罗拉德派传教士约翰·鲍尔有关的古老对句，概括了英国革命者的原则："当亚当在劳作，夏娃在孕育，/ 谁又是绅士呢？"[286] 伯克的观点是，这种简单的平等主义与其可能产生的结果相冲突。正如他在 1791 年 7 月向威廉·库萨克·史密斯解释的那样，一个严谨的推理过程表明，与强制平等所造成的剥夺相比，在大众想象中被认为贫穷的东西将被视作财富。[287] 持有这一看法的贵族政党将使秩序与繁荣相协调。这种调和基于一种善意的偏见。正如伯克在《反思录》中所表达的，用西塞罗的话说："所有好公民总是喜欢贵族。"[288] 1791 年 5 月 11 日，福克斯表示，他支持这种善意的偏袒。贵族身份建立在财产和地位的统一之上，其有助于维持宪法的微妙平衡。在英国，贵族阶层的作用是值得称赞的："对古老家族以及贵族自豪感的偏袒，在这样一个国家应得到鼓励，否则对美德的巨大激励将会无效。"[289] 然而，在同一次讲话中，考虑到加拿大的情况，他也"建议模仿美利坚合众国的政府体制"，将其作为新世界民众

285　Ibid., p. 52.

286　EB, *Appeal from the New to the Old Whigs*, p. 133. 伯克对鲍尔作品的描述是基于 Thomas Walsingham, *Historia Anglicana*, ed. William Camden (Frankfort: 1603).

287　EB to William Cusac Smith, 23 July 1791, *Corr.*, VI, p. 304.

288　EB, *Reflections*, ed. Clark, pp. 308–9 [205], citing Cicero, *Pro Sestio*, IX, 21.

289　*Diary*, 12 May 1791.

"现成"的最佳政府模式。[290]在《呼吁》中，伯克对贵族原则进行了一般性辩护，而没有将其与美国的政体进行明确的对比。

这包括列举杰出的社会成员可能对政府做出的积极贡献。他扩大了贵族阶层的范围，杰出的专业人士、军官、商业上层人士、科学和人文学科教授都包括在贵族之内，当然还有贵族们自己，他们从肮脏的利益中解脱出来，并享有闲暇时光。这些人一起构成了"我称之为自然的贵族，没有这种贵族，就没有民族。"[291]最后这一条参照的是法国的情况：由于法国政府被颠覆，它的"民族"已不复存在。相比之下，英国宪法力求接近自然贵族的理想。伯克乐于指责这个国家真实贵族的保守、懒惰和无能。然而，在可行的宪制中，英国政府制度所提倡的财产、经验和才能的结合，为培养公共美德提供了最佳机会。它鼓励人们追求卓越，促进了人们的责任感，并培养了人们谨慎的品格。当然，它可能会失败，就像它对印度和美洲的管理一样。但是，正如法国革命所证明的那样，建立在颠覆贵族制度基础上的政府注定会失败。

1791年8月8日，《呼吁》一问世，伯克就写信给他的老朋友查理蒙伯爵，解释了他目前在法国事务上的立场，并在一年多的沉默后表达了他对这位朋友的友谊。他认为法国革命会让他们分道扬镳，但他还是表达了他对老友的爱戴和尊重。他认为欧洲总体上在进步，尽管这种进步会因法国的暴力事态而受阻。由于他发表的观点，许多反对派辉格党人选择同他保持

---

290 *Oracle*, 12 May 1791; cf. *Morning Post*, 12 May 1791: "那个政府，就其居民和环境而言，是他所知道的全世界最好的政府。"另见 Fox on the Address of Thanks, 14 December 1792, in the *Morning Chronicle*, 15 December 1792: "对他们来说，这无疑是世界上最好的政府形式。"伯克于 1791 年 5 月 6 日将美国与法国进行了比较，参见 *Parliamentary History*, XXIX, col. 365。

291 EB, *Appeal from the New to the Old Whigs*, p. 130.

距离，但事实是，对他的否定更多的是表面上的，而非现实中的："私下里我知道有不少人是认同我的"。[292] 其中包括波特兰和菲茨威廉。伯克希望查理蒙至少也能给予他道义上的支持。不到一个星期，他就得到了答复：虽然他们在法国革命上确实存在分歧，但查理蒙对伯克的钦佩之情丝毫未减。7 月底，在写给亚历山大·哈利戴伊的信中，查理蒙重申了他从潘恩身上汲取的灵感，尽管他拒绝接受潘恩颠覆性的宪法概念。[293] 现在，他和伯克一样，宣称"鄙视"法国哲学，"反对"国民议会采取的许多措施，并"憎恶"人民的过度行为。他对法国思想的"传染性"感到震惊，尤其是其对"一个像我们这样的国家"造成的影响。[294] 他认为，爱尔兰特别容易发生革命动荡。伯克也感到了和他一样的忧虑，这一点很快就会明朗。

14.6 爱尔兰的革命和新教优势

都柏林的辩护律师和政治家西奥博尔德·沃尔夫·托尼对伯克和潘恩之间的争论做了著名的描述，认为他们的争论在"瞬间"促进了爱尔兰政治的转变。[295]1791 年 4 月 11 日，托马斯·刘易斯·奥贝恩写信给伯克的儿子，他指出了《反思录》对爱尔兰公共辩论的持续影响，"尽管该国几乎所有的长

292　EB to the Earl of Charlemont, 8 August 1791, *Corr.*, VI, pp. 330–1.

293　The Earl of Charlemont to Alexander Haliday, 30 July 1791, *Correspondence and Manuscripts of Charlemont*, II, p. 142.

294　The Earl of Charlemont to EB, 13 August 1791, ibid., p. 144.

295　Theobald Wolfe Tone, *Life of Theobald Wolfe Tone: Compiled and Arranged by William Theobald Wolfe Tone* (Dublin: 1998), p. 39. 关于争议的后果，参见 Paul Bew, *Ireland: The Politics of Enmity, 1789–2006* (Oxford: Oxford University Press, 2007), pp.7–13; Ultán Gillen,"Monarchy, Republic and Empire: Irish Public Opinion and France, c.1787–1804" (DPhil thesis, University of Oxford, 2006), chapts. 2 and 3。

老会和无神论者都在不懈地传播潘恩的抗辩"。[296] 事实上，就算伯克的立论成功说服了支持他的政论家，但潘恩所掀起的热情甚至蔓延到了爱尔兰辉格党人内部。[297] 在适当的时候，克里斯托弗·威维尔将指出这种热情在不列颠和爱尔兰两个岛屿上的传播是多么"惊人"。[298] 奥贝恩自幼为罗马天主教徒，但他在 18 世纪 80 年代初与罗金汉辉格党人共事，并在蒂尤厄姆大主教约翰·赖德去世后，接替了其在朗福德郡的工作。[299] 他在爱尔兰政界有相当多的人脉，尤其是他在 1785 年帮助组织反对皮特与爱尔兰建立商业联盟的计划之后。[300] 因此，他在 1791 年能够观测爱尔兰人观念的变化。年轻的理查德·伯克当然很高兴得知，他父亲的作品仍然在邻近岛屿上改变着人们的思想。1790 年 11 月，爱尔兰版本的《反思录》问世，随后

---

296 Northamptonshire MS. A. VII. 2. 支持伯克反对潘恩的爱尔兰小册子包括 [William Cusac Smith], *Rights of Citizens* (London: 1791); Thomas Goold, *A Vindication of the Right Hon. Edmund Burke's Reflections on the Revolution in France* (Dublin: 1791). 有关评论，参见 Tadhg O'Sullivan, "Burke, Ireland and Counter-Revolution, 1791–1801" in Donlan ed., *Burke's Irish Identities*。

297 对于辉格党人的不同反应，请比较理查德·谢里丹和亚历山大·哈利戴伊的反应，参见 *Correspondence and Manuscripts of Charlemont,* II, pp. 137, 139–40, 142。潘恩在爱尔兰的情况，参见 David Dickson, "Paine and Ireland" in David Dickson, Dáire Keogh and Kevin Whelan eds., *The United Irishmen: Republicanism, Radicalism and Rebellion* (Dublin: Lilliput, 1993)。

298 Christopher Wyvill to William Burgh, 16 May 1792, in Christopher Wyvill, *Political Papers,Chiefly Respecting... a Reformation of the Parliament of Great Britain* (York: 1794–1802), 6 vols., V,p. 67.

299 奥贝恩将他的任职归功于波特兰，参见 Thomas Lewis O'Beirne to EB, *Corr.*, V, p. 29. 关于他的职业生涯的概述，参见 Caroline Gallagher, "Bishop Thomas Lewis O'Beirne of Meath (*c.*1747– 1823): Politician and Churchman," *Ríocht na Midhe*, 20 (2009), pp. 189–208。

300 参见 Thomas Lewis O'Beirne, *A Reply to the Late Treasury Pamphlet Entitled "The Proposed System of Trade with Ireland Explained"* (London: 1785)。

又出版了多个版本。[301] 尽管有"许多人反对"，《反思录》的影响仍不断发酵。[302] 在理查德的词典中，"许多人"不是指爱尔兰中的多数人，而是指民主思想的拥护者。从他轻蔑的语气可以看出，他越来越多地参与到他父亲的反法运动中。1791 年 7 月，在同卡隆接触后，伯克鼓励儿子加入驻科布伦茨的非官方外交使团。[303] 这导致了宾蒂纳耶骑士被任命为法国向英国政府派遣的特使，以服务流亡到沃尔姆斯的王室。在理查德参与科布伦茨事务后，他又接受了另一项任务：被任命为爱尔兰天主教委员会的伦敦代理人。[304] 此时，他肯定要重视爱尔兰"许多人"的想法。更直接地说，他要关注爱尔兰政界的看法。

在 1783 年 11 月 15 日召开的一次全体会议上，爱尔兰天主教委员会声明要充当爱尔兰天主教徒向政府传达意见的"媒介"。[305] 然而，在接下来的七年里，它的对外宣传活动被搁置了。[306] 但后来，在国际危机背景下，英国天主教徒开始要求从英国的惩罚限制中解脱出来。与之相应，1790 年夏天，爱尔兰的情况开始发生变化。1790 年 6 月 3 日，爱尔兰所有城镇和教区的天主教委员会的选民举行会议，指示他们的代表，敦

785

301　R. B. McDowell, *Ireland in the Age of Imperialism and Revolution* (Oxford: Oxford UniversityPress, 1979, 1991), p. 353. 另见 R. B. McDowell, *Irish Public Opinion, 1750–1800* (London: Faberand Faber, 1944), p. 164, 了解《反思录》在爱尔兰新闻界的连续刊载情况。

302　Richard Burke Jr. to Thomas Lewis O'Beirne, 6 May 1791, *Corr.*, VI, p. 353.

303　Charles-Alexandre de Calonne to EB, c. 20 July 1791, ibid., pp. 300–1; EB to Charles-Alexandre de Calonne, c. 20 July 1791, ibid., 302; EB to Charles-Alexandre de Calonne, December 1791, ibid., pp. 473ff. 关于小理查德·伯克的使团，参见 F. P. Lock, *Edmund Burke* (Oxford: Oxford University Press, 1998–2006), 2 vols., II, pp. 391–3.

304　Edward Byrne to Richard Burke Jr., 15 September 1791, *Corr.*, VI, pp. 396–7.

305　R. Dudley Edwards ed., "Minute Book of the Catholic Committee, 1773–1792," *Archivium Hibernicum*, 9 (1942), pp. 2–172, at p. 88.

306　Eamon O'Flaherty, "The Catholic Convention and Anglo-Irish Politics, 1791–3," *Archivium Hibernicum*, 40 (1985), pp. 14–34.

促进一步解除反天主教立法。为此，他们决定首先写一份《对国民的呼吁》，作为支持这一措施的民意准备。这需要寻求小理查德·伯克的帮助。因此，委员会主席要求天主教主要的神职人员托马斯·胡塞代表他们求助理查德。[307] 胡塞自1779年起就认识伯克一家，现在又被邀请推进英国天主教事业。[308] 8月中，由于未能在林肯律师学院找到理查德，胡塞直接向埃德蒙·伯克求助，伯克表示了自己对爱尔兰"受压迫的天主教徒"的重视。[309] 随后他在月底给儿子写信，告知他爱尔兰可能的事态发展。由于努特卡海峡争端，英国可能与西班牙爆发战争。[310] 由于以往爱尔兰的宗教宽容受到外国冲突的推动，因此这类事件的发生可能推动政府在未来做出让步。然而，胡塞认为，允许政策受国家紧急状态的影响是"荒谬的"。[311] 同将来在任何情况下被迫让步相比，更审慎的做法是，根据当前的正义动机做出让步。

法国的事态发展使得爱尔兰必须迅速做出决定。胡塞已经开始担忧"法国疾病"的蔓延。[312] 他指出，到目前为止，爱尔兰天主教徒的态度一直是怯懦的，他们以一种顺从的精神寻求补救。伯克将这种被动性归结于刑罪法规的影响：17世纪末，

307　Baron Hussey of Galtrim to Thomas Hussey, 6 August 1790, *Correspondence* (1844), III, pp. 152–5.

308　参见 Dáire Keogh, "Thomas Hussey, Bishop of Waterford and Lismore, 1797–1803, and the Rebellion of 1798" in W. Nolan ed., *Waterford; History and Society* (Dublin: Geography Publications, 1992), idem, "Thomas Hussey, Edmund Burke and the Irish Directory" in Seán Patrick Donlan ed., *Edmund Burke's Irish Identities* (Dublin: Irish Academic Press, 2006)。

309　Thomas Hussey to EB, 13 August 1791, *Corr.*, VI, p. 133.

310　EB to the Earl of Charlemont, 25 May 1790, ibid., p. 118. 不像胡塞，伯克认为战争最终不可能发生。

311　Thomas Hussey to Richard Burke Jr., 28 August 1790, ibid., p. 134.

312　Ibid.

在《利默里克条约》签订后，由于对自身地位的降低愤愤不平，留在爱尔兰的天主教地主一直保持着"某种斗争精神"。[313] 然而，当伯克成年后，这一代人都去世了，而他们的后代，也就是爱尔兰最近一次革命后的"新一代"，处于一个相对挫败的状态：无论是天主教徒还是改宗者，他们在心理上都被打败了，因此他们的态度也很卑微。进一步的抗争需要与现有情况相协调。对像现任爱尔兰大法官的父亲这样的改宗者来说，抗争使他们害怕引发任何可能与个人抱负或家庭财富相冲突的"骚乱"。[314] 对那些保留天主教信仰的人来说，不引起骚乱意味着最大限度地增加商业财富的机会。到 1790 年，这一阶层的勤奋使他们获得了足够的财富，伯克对他儿子说："一个新的天主教徒群体已经崛起……达到了相当富裕的程度"。[315] 威廉战争后逃离爱尔兰的天主教大地主们在德意志和法国追求名望，但他们的成就与他们的血统并不相称。留下来的少数天主教贵族，如肯梅尔勋爵，对成功的商人和大农场主怀有敌意而不是同情，因此天主教利益集团必然会分裂，事实上，1791 年底，天主教委员会的分裂就是如此。[316]

　　正如胡塞所见，正是法国的一系列事件助长了爱尔兰天主教徒的叛乱。他们将不再"忍受暴政和压迫的鞭笞"。天主教

313　EB to Richard Burke, Jr., 20 March 1792, *Corr.*, VII, p. 101.

314　Ibid.

315　EB to Richard Burke, Jr., post 3 January 1792, ibid., p. 9。关于伯克所说的社会背景，参见 Maureen Wall, "The Rise of a Catholic Middle Class in Eighteenth-Century Ireland," *Irish Historical Studies*, 11: 42 (September 1958), pp. 91–115; Louis Cullen, "Catholics under the Penal Laws," *Eighteenth-Century Ireland*, 1 (1986), pp. 23–36; Ian McBride, *Eighteenth-Century Ireland: Isle of Slaves* (Dublin: Gill and Macmillan, 2009), chapt. 6。

316　因此，"乡村绅士"于 1791 年 12 月 27 日向爱尔兰总督提交了一份单独的方案，参见 Francis Plowden, *An Historical Review of the State of Ireland* (Philadelphia: 1806), 5 vols., IV, Appendix I, pp. 1–3。

委员会支持法国革命理想的新态度证明了这种思想的转变。胡塞认为，自1789年以来的形势发展已经"升华"了人们的思想，他的意思是，他们的热情已经被点燃。[317] 在18世纪80年代中期，在爱尔兰议会改革的大背景下，爱尔兰志愿军中的一些人，特别是北部新成立的长老会特遣队中的一些人已经开始提议逐步给予天主教徒选举权。[318] 1783年，《贝尔法斯特新闻快报》编辑亨利·乔伊赞同给予基督教徒全面"选举权"的想法。[319] 理查德·普莱斯承认爱尔兰的特殊情况，但还是赞扬了这一提议。[320] 在这种背景下，天主教委员会开始获得新的影响力和独立性，并开展新的游说活动。[321]1791年2月18日，一个由八人组成的小组委员会报告了总委员会的决心，即通过减轻现有的刑罪法规，来确保天主教团体摆脱"堕落"的境况。[322]3月初，伯克在批评当时在英国实施的刑罪法规时，承认规范宗教是明智的治国之道。然而，天主教并没有对英国宪法构成真正的威胁，因为教宗没有废黜权。他还说，具有讽刺意味的是，现任教宗似乎并未积极煽动叛乱。[323] 尽管如此，在

787

---

317 Thomas Hussey to Richard Burke Jr., 28 August 1790, *Corr*, p. 134.

318 Ian McBride, *Scripture Politics: Ulster Presbyterians and Irish Radicalism in the Late Eighteenth Century* (Oxford: Oxford University Press, 1998), pp. 134–44.

319 *A Collection of Letters which have been Addressed to the Volunteers of Ireland, on the Subject of Parliamentary Reform* (London: 1783), p. 23.

320 Ibid., p. 83.

321 Jim Smyth, *The Men of No Property: Irish Radicals and Popular Politics in the Late Eighteenth Century* (Dublin: Gill and Macmillan, 1992), pp. 94–5.

322 Edwards ed., "Minute Book of the Catholic Committee, 1773–1792," pp. 23, 33–5.

323 EB, Catholic Dissenters Relief Bill, 1 March 1791, *Parliamentary History*, XXVIII, cols. 1369–72, based on the report in the *Diary*, 2 March 1791. 一个较短的版本，参见 *Morning Chronicle*, 2 March 1791. 从都柏林的角度看有关问题和关键的原则，参见 *Original Papers Relevant to the Current Application to the British Parliament for Relief of the Roman Catholics in England* (Dublin: 1791)。

贝尔法斯特和都柏林的辉格党俱乐部里，人们仍然质疑天主教对宪法的忠诚。[324]

在这种情况下，爱尔兰天主教委员会于 1791 年 12 月 3 日决定，让伯克的儿子担任"伦敦代理人"，向英国内阁传达他们的诉求。[325] 埃德蒙·马龙诙谐地对查尔蒙特说："他被派到爱尔兰去制造混乱，而这种混乱正是他父亲在英国竭力避免的。"[326] 12 月中，理查德还没有决定是否去爱尔兰。然而，到了月底，他已经从比肯斯菲尔德出发前往都柏林。[327] 天主教委员会主席爱德华·伯恩向理查德保证，他的同事和理查德有着共同的立场。在取得任何重大进展之前，必须先消除反对天主教救济之人的"偏见"。[328] 关键问题是如何实现这一目标。小伯克是在各种力量的微妙平衡中进行干预的。早在 1791 年 3 月 12 日，爱尔兰总督威斯特摩兰伯爵已经提醒英国政府，爱尔兰议会反对推进 1771 年、1774 年、1778 年和 1782 年的救济法案。[329] 然而，天主教徒和非国教徒联合（尤指爱尔兰东北部各郡）的传闻，正在伦敦和都柏林之间流传。8 月，沃尔夫·托尼倡导将天主教解放作为实现爱尔兰自由的先决条件之主张出现在报纸上。[330] 次年 10 月，爱尔兰人联合会在贝尔法斯特成立。11 月，联合会在都柏林设立了一个分支机

---

324 *Correspondence and Manuscripts of Charlemont,* II, pp. 114–16, 120.

325 Ibid., pp. 136–7.

326 3 December 1792, ibid., p. 204.

327 EB to Richard Burke Jr., 13 December 1791, *Corr.,* VI, p. 456n; Richard Burke, Jr. to Henry Dundas, 27 December 1791, ibid., p. 471. 两天后理查德和约翰·基奥离开。

328 Edward Byrne to Richard Burke Jr., 15 September 1791, ibid., p. 397.

329 Thomas Bartlett, *The Fall and Rise of the Irish Nation: The Catholic Question, 1690–1830* (Dublin: Gill and Macmillan, 1992), p. 125.

330 [Theobald Wolfe Tone], *An Argument on Behalf of the Catholics of Ireland* (Dublin: 1791).

构。[331] 天主教委员会的积极分子，如约翰·基奥和理查德·麦考密克都是其成员。[332] 同时，在西奥博尔德·麦肯纳的领导下，一个单独的天主教协会成立了，其部分成员与天主教委员会重叠。在非国教徒、新教徒以及天主教不同派别内部和之间，都开始出现复杂的两极分化。

作为天主教委员会的伦敦代理人，理查德·伯克的第一步是向内政大臣亨利·邓达斯探询英国政府的立场。[333] 然而，邓达斯和他的同事坚决不予回应。[334] 伯克于 1791 年 12 月 15 日写信给理查德，谴责了目前内阁的姿态。[335]1786 年秋天，他最近一次去都柏林时，曾想把儿子引荐给"他的故乡，让他在那里有点名气"。[336] 就在这次行程前一个多月，他写信给奥贝恩，哀叹爱尔兰糟糕的宪法。[337] 显然，在伯克看来，过去几年通过的救济法案并没有充分解决天主教徒在爱尔兰的地位问题。1791 年底，在写给儿子的信中，他急于弥补这种似乎不正常的情况，即大多数人因宗教原因被排除在爱尔兰的政治生活之外。他更直接地指出，如果不先在天主教徒和非国教

331 Marianne Elliott, *Partners in Revolution: The United Irishmen and France* (New Haven, CT: Yale University Press, 1982, 1989), pp. 22–3.

332 Eamon O'Flaherty, "Irish Catholics and the French Revolution" in David Dickinson and Hugh Gough eds., *Ireland and the French Revolution* (Dublin: Irish Academic Press, 1990).

333 Thomas H. D. Mahoney, *Edmund Burke and Ireland* (Cambridge, MA: Harvard University Press, 1960), p. 163.

334 Henry Dundas to Richard Burke Jr., 6 October 1791, *Corr.*, VI, pp. 429–30. 关于邓达斯 10 月 9 日与伯克会面的报告，参见 *Morning Chronicle*, 10 October 1791。理查德把会议的摘要发给皮特，皮特已经和埃德蒙·伯克讨论这些问题。参见 Northamptonshire MS. A. XII. 8. 关于皮特的复函，参见 William Pitt to Richard Burke Jr., 13 October 1791, *Corr.*, VI, p. 436。

335 EB to Richard Burke Jr., 15 December 1791, ibid., pp. 461–3.

336 EB to John Hely Hutchinson, 11 November 1786, *Corr.*, V, p. 289.

337 EB to Thomas Lewis O'Beirne, 29 September 1786, ibid., p. 282.

徒之间建立起公民平等，那么企图离间他们的做法就是愚蠢的。[338]1791 年 7 月，在贝尔法斯特举行巴士底狱庆祝活动之后，爱尔兰社会的天主教徒和非国教徒就开始酝酿合作。[339] 同月，威斯特摩兰伯爵写信给邓达斯，表达了他的担忧。[340] 小伯克向英国外交大臣威廉·格伦维尔提供了他们早期共谋的证据。[341] 到 12 月底，邓达斯概述了政府企图通过终止某些针对天主教徒的公民限制，以支持他们的诉求，阻止他们与非国教徒结成煽动叛乱的联盟。[342] 伯克父子和英国政府努力的方向似乎是一致的。在与爱尔兰总督的首席秘书罗伯特·霍巴特少校会面后，理查德告诉父亲，这位受伦敦有效控制的爱尔兰总督"确信为了爱尔兰当局的利益，有必要安抚和争取罗马天主教徒。"[343] 问题是，他们是否会支持一项授予天主教徒全面政治权利的措施，并迫使爱尔兰议会通过这项措施。

789

　　12 月 29 日，伯克写信给查尔蒙特伯爵，重申了他在《呼吁》问世后的决心，即英国宪法"应该被彻底理解"。他还迫切希望"广泛传播"英国宪法的好处。[344] 由此，他想到爱尔兰改革的必要性。此时，邓达斯已经通知都柏林政府，英国内阁

338　EB to Richard Burke Jr., 15 December 1791, ibid., pp. 461–3.

339　Simon Butler, "Introduction to the Digest of the Popery Laws" in William James MacNeven ed., *Irish History Illustrative of the Condition of the Catholics of Ireland* (New York: 1807), pp. 14–15.

340　The Earl of Westmoreland to Henry Dundas, 26 July 1791, cited in W. E. H. Lecky, *History of Ireland in the Eighteenth Century* (London: Longmans, Green and Co., 1913), 4 vols., III, p. 10.

341　Lord Grenville to Henry Dundas, 29 October 1791, *The Manuscripts of J. B. Fortescue Preserved at Dropmore*(London: 1894), 2 vols., II, p. 221.

342　Lecky, *History of Ireland*, III, pp. 37–9.

343　Richard Burke, Jr., to EB, 15 December 1791, *Corr.*, VI, p. 463. 霍巴特是理查德在威斯敏斯特大学的同学。

344　Ibid., p. 472.

支持向天主教徒做出一系列让步。然而面对来自威斯特摩兰和霍巴特的强烈抵制，以及新教势力的不满，英国同意减少将授予天主教徒的权利数量。[345]1792 年 1 月 25 日，爱尔兰下议院的亲政府成员赫拉克勒斯·朗里什爵士向英国下议院提出一项新法案。前一年 12 月，朗里什向伯克阐述了自己关于天主教解放的想法。伯克迅速写了一封很长的回信，并于 1 月 3 日将其寄往爱尔兰。[346]1792 年 2 月 18 日，伯克的《致赫拉克勒斯·朗里什爵士的信》在都柏林出版。[347]据霍巴特说，在都柏林，人们一直在热切地，甚至是焦急地等待着它，因为它几乎代表了亨利·邓达斯的观点。[348]它被描述为"对爱尔兰议会本身的呼吁"。[349]更具体地说，它是在对都柏林政府的领导们进行呼吁。爱尔兰政府已经很清楚，相当一部分的议员强烈反对让天主教徒享有公民选举权。伯克在给朗里什的信中宣称，"我对他们无话可说"。[350]他希望，皮特和邓达斯能够促使爱尔兰议会接受重大改革。[351]他的小册子是为了扩大他们可能吸引的选民群体。他认为，朗里什不顾自己更正确的判断，准备追随政府的领导，继续固守当前的刑罪法规，他的想法在议员当中很

790

---

345 Lecky, *History of Ireland*, III, pp. 49 ff.; Bartlett, *Fall and Rise of the Irish Nation*, pp. 137–42.

346 伯克于 12 月开始写回应，于 1 月 1 日完成，参见 RB to Richard Burke, Jr. to EB, 1 January 1792, *Corr.*, VII, p. 4。

347 *Morning Post*, 18 February 1792. 参见 EB to Richard Burke, Jr., c. 8 March 1792, *Corr.*, VII, pp.94–5。

348 Robert Hobart to Henry Dundas, 17 January 1792, TNA, HO 100/36/ fol. 60.

349 Conor Cruise O'Brien, *The Great Melody: A Thematic Biography and Commented Anthology of Edmund Burke* (London: Sinclair-Stevenson, 1992), p. 476.

350 EB, *Letter to Sir Hercules Langrishe* (1792), *W & S*, IX, p. 598.

351 EB to Richard Burke, Jr., post 3 January 1792, p. 9, 表明伯克已经把威斯敏斯特作为提供前进动力的手段。

具有代表性。[352] 如果能说服他接受天主教宽容的逻辑，其他类
似的人可能也会效仿。

伯克的部分目的是论证，像朗里什这样的人，以前曾拥
护过天主教徒的救济措施，现在却反对推行完全解放天主教徒
的尝试，是在与不可避免的历史潮流做斗争。1792 年 1 月底，
他坚持认为，争取天主教公民权利的斗争将获得胜利："他们
将拥有它，因为事情的本质将推动实现这一点。"[353] 一个月前，
邓达斯提出了爱尔兰天主教徒可以期待的措施：所有限制贸易
或职业成员资格的法律都应废除；不同教派间的婚姻应被允
许；限制受教育的法规应被取消；禁止携带武器的禁令应被撤
销；应允许天主教徒参加大陪审团和小陪审团；并考虑允许天
主教徒参与选举。[354] 在随后几周，邓达斯在与威斯特摩兰和霍
巴特进行的深入通信中，这些让步从根本上被限制。即使限制
了选举权的条件，获得选举权的提议还是被否决。[355] 参与大陪
审团和携带武器的权利也被取消。[356] 在 1 月底一系列激烈的辩
论后，剩下的措施得以通过。[357] 皮特和邓达斯一致同意，在目
前的情况下，如果没有主流新教意见的支持，英国就不能通过
爱尔兰议会治理爱尔兰。[358] 尽管如此，伯克还是正确地意识到，

352　EB, *Letter to Sir Hercules Langrishe* (1792), *W & S*, IX, p. 595.

353　EB to Richard Burke, Jr., 26 January 1792, *Corr.*, VII, p. 40.

354　Henry Dundas to the Earl of Westmoreland, 26 December 1791, TNA, HO 100/33, fols. 205ff.

355　该选举权提议凡 "40 先令有产者"（40 shilling freeholders）都可以拥有各郡议会的投票
权，此外，这些有产者每年还租用或拥有价值 20 英镑的土地。参见 Richard Burke, Jr. to
Henry Dundas, post 16 December 1791, *Corr.*, VI, p. 469。

356　Bartlett, *Fall and Rise of the Irish Nation*, p. 141.

357　这些文件以小册子形式正式出版，参见 *A Report of the Debates in Both Houses of Parliament,
on the Roman Catholic Bill* (Dublin: 1792)。朗里什为政府的提议辩护，以公民权利而非
自然权利为依据，批评潘恩所宣扬的观念。参见 ibid., p. 6。

358　Lecky, *History of Ireland*, III, p. 54.

791　英国政府原则上反对一种剥夺制度，这种制度将整个基督教教派置于一种公民不平等状态。"我们的宪法不是为巨大的、普遍的、禁止性的排他目的而制定的；迟早，宪法会摧毁它们，否则它们就会摧毁宪法。"[359]《致赫拉克勒斯·朗里什爵士的信》的目的是为结束相关的排他条款而积聚支持者。

伯克的主要筹码在于新教统治阶层的恐惧。他推测，他们真正担忧的与其说来自敌对神学教义的散播，不如说来自于一个国际天主教联盟的威胁。[360] 这些忧虑的理由实际上是长期以来的借口，他们掩盖了焦虑的真正根源。[361] 因此，他们对新教教义的狂热信仰是一种虚伪的假装。[362] 伯克提出，目前的僵局与其说是宗教改革的产物，不如说是复杂的殖民历史的结果。这种历史遗产将决定如何解决当前的冲突。当然，宗教起着至关重要的作用，但重要的是要把握其过去意义的本质，以及其对后来人们思想的影响。在当时的时代，"人们更有可能因政治而非宗教争论不休"。[363] 这句话有三个重要含义。首先，它提醒人们，爱尔兰的敌对状态起源于权力斗争，而不是宗教斗争。1366 年，爱尔兰立法机构通过的《基尔肯尼法案》在殖民者和原住民间种下了互相厌恶的种子，并为此后发生的恩怨和取缔行为做了铺垫。[364] 在伊丽莎白一世统治时期爆发的宗教冲突，只不过是激起了一场积怨已久的斗争。其次，伯克

359 EB, *Letter to Sir Hercules Langrishe* (1792), *W & S*, IX, p. 601.

360 Ibid., p. 620.

361 关于这一点，另见 EB, *Letter to Richard Burke* (post February 1792), *W & S*, IX, p. 646："我在这里谈论的是他们的借口，而不是真正的协商精神，在这一点上，我认为宗教偏执不是问题。"

362 Ibid., p. 641.

363 EB, *Letter to Sir Hercules Langrishe* (1792), *W & S*, IX, p. 633.

364 Ibid., p. 615.

认为，新教统治阶层不能再以共同的宗教信仰为由，继续获得英国的无条件支持。至少从 18 世纪 60 年代起，1691 年那种对天主教的共同仇恨在英国已经减弱了。[365] 第三，正如法国革命所表明的那样，民众可能会因为新的政治效忠而放弃其宗教承诺。但是，如果由于未能解决他们的不满，罗马天主教徒被迫要考虑另一种宗教信仰，爱尔兰教会肯定不会是他们的选择。[366] 伯克在暗示，不管人们如何配置未来的力量平衡，如果不选择和解，爱尔兰教会–国家的现行体制肯定会失败。

　　伯克把各种可能的选择摆在爱尔兰新教意见面前，其意图是呼吁理性的怀疑而非假想的恐惧。可以肯定的是，当前的安排不会持久，因为支持它的因素在不断变化：新的联盟正在出现，新的宪法安排也在酝酿中。不管当前的僵局会朝着什么方向转变，出于自我保护，新教统治阶层应该通过修改利于自身的条款来赢得天主教的支持。不同于他在法国事务上的论调，伯克坚持认为，变革是政治的主要内容："我们都必须遵守变革的伟大法则。"[367] 为了明智地指导变革，避免无意中破坏变革的意图，人们必须谨慎行事。那些想获利之人的进取心必须加以控制，以免因新的权势加入，而使他们合理的期望落空。同时，那些处于优势地位之人的支持必须被保护，以避免引起对衰落前景的绝望。无论如何，静态平衡都不是未来的选择。在当时的情况下，天主教可能会与以改革为导向的异议派联合，破坏财产与代表权之间的联系，从而使新教统治阶层在政治上被边缘化：在这种情况下，三分之二的人口将与剩余的一半人口联合起来垄断政治权力。另一种情况是，如果英国政府推行

792

365　Ibid., p. 616.

366　Ibid., p. 633.

367　Ibid., p. 634.

议会联盟政策，那么赋予天主教徒选举权就是必然的。在这种
情况下，新教势力的代表们可能会发现自己需要争取当前被排
除在外的天主教选民的支持。伯克总结道："无论你们选择走
哪条路——联合还是不联合；无论人们是继续信奉天主教，还
是成为新教异议者，可以肯定的是，现在的新教垄断状态无法
持续下去。"[368]

爱尔兰教会党（The Church party）珍视 1782 年的爱尔
兰宪法，但它坚持把一个合并的联盟作为备用保险措施。伯克
预言，这一联盟的建立将困难重重："巨大的分歧和强烈的激
情将先于这个联盟出现。"[369] 这一结果既不会符合英格兰的利
益，也不会符合爱尔兰的利益。更确切地说，它不会巩固爱尔
兰已确立的新教统治地位。教会人士必须认识到，在七年战争
之后，英帝国的政策发生了划时代的转变。英国不愿意为了支
持无法忍受的权力垄断，而"在爱尔兰冒另一场美洲战争"的
风险。[370] 最重要的是，英国政府不愿意违背大多数人的意愿来
保护一个宗教少数群体。《魁北克法案》和最近的《加拿大法
案》表现了英国官方的态度。[371] 在印度帝国的管理中也有同样
的态度：教派差异从来没有被用来作为剥夺公民权利的理由。
伯克说："我们没有因为那些人是伊斯兰教徒或非国教徒，就
背弃我们的承诺。"[372] 不管怎样，在英国和爱尔兰，严格意义
上的对宗教机构成员构成约束的新教利益团体已不复存在。在

793

---

368 Ibid., p. 633.

369 Ibid., p. 632.

370 Ibid., p. 633.

371 Ibid., p. 636.

372 Ibid., p. 637. 关于 17 世纪末以来的穆斯林、异教徒和犹太人的宽容，参见 John Marshall, *John Locke, Toleration and Early Enlightenment Culture: Religious Intolerance and Arguments for Religious Toleration in Early Modern And 'Early Enlightenment' Europe* (Cambridge: Cambridge University Press, 2006), chapt. 19。

《利默里克条约》之后，一个独特的爱国者计划逐渐在爱尔兰出现，主张"独立的爱尔兰利益"。[373] 最终，这种与宗主国政策不同的利益主张，在志愿军运动中得到了政治表达，并在 1782 年争取到了一个有适当权威的议会。随着爱尔兰宪法安排的转变，国内政治也发生了变化："随着观念的改变，英裔爱尔兰人改变了他们的准则。"[374] 他们被迫与 200 万天主教同胞达成和解。随着宗主国和殖民地关系的重组，人们需要认识到爱尔兰各教派之间有共同的利益。

在这些发展的基础上，伯克将格拉坦议会的到来，连同宗教宽容的扩大，定义为 1688 年原则最终在爱尔兰实现的标志。[375] 在伯克《致赫拉克勒斯·朗里什爵士的信》出版两周后，威斯特摩兰写信给皮特，概述了英国对爱尔兰教会党的善意的依赖。他观察到，爱尔兰的政府架构是"一个新教守卫军"。[376] 他指出，他是从伯克那里得到的关于守卫军的形象，但实际上他似乎误解了伯克的意思。伯克认为，在 18 世纪大部分时间里，爱尔兰的财产、权力和司法权一直掌握在爱尔兰教会手中，他们是殖民定居者的后裔。然而，在 18 世纪 70 年代，随着天主教徒和长老会教徒开始摆脱公民限制，他们彻底的排他性权力开始走向终结。推动天主教改革的英国政府认识到，爱尔兰大多数民众将不再忍受爱尔兰政府扮演"守卫军"的角色。[377] 1

373　EB, *Letter to Sir Hercules Langrishe* (1792), *W & S*, IX, p. 617.

374　Ibid. 有关讨论，参见 Eamon O'Flaherty, "Burke and the Irish Constitution" in Seán Patrick Donlan ed., *Edmund Burke's Irish Identities* (Dublin: Irish Academic Press, 2006), esp. pp. 114–15。

375　因此，通过将光荣革命的条款扩展到爱尔兰，承认天主教徒的选举权将被视为对光荣革命的完全"复兴"。参见 EB, Debate on the Address of Thanks, 14 December 1792, *Parliamentary History*, XXX, col. 74。

376　Lecky, *History of Ireland*, III, p. 48.

377　EB, *Letter to Sir Hercules Langrishe* (1792), *W & S*, IX, p. 618.

月底，小伯克代表天主教委员会向爱尔兰议会请愿失败后，伯克在 2 月份写信给他，谈到了爱尔兰政府的矫揉造作。爱尔兰的新教利益集团长期以来一直假装支持爱国议程，而事实上，它是一个暴政派系。[378] 伯克认为，请愿失败是正常的，只不过现在的统治权以一种欺诈性的方式来宣称其正当性。

794

一个新词促进了这一正当性：新教的统治被认定为"优势"。[379] 根据伯克的说法，这个词是都柏林政府的新晋发明，只有新教利益集团和议会才能使用。[380] 它确实在罗伯特·霍巴特的特别辩护中起了作用：他向邓达斯解释说，与英国的联系只能在"新教优势"的基础上维持，因为这个国家的管理依赖于议会的行政控制，而这又取决于新教在宪法中的主导地位。[381] 这个词可以追溯到 1786—1788 年都柏林的纸上论战，但此时它在议会关于《朗里什法案》的辩论中获得了特别的关注。[382] 然而，在伯克看来，这不过是一个诡计，以一种赞誉的

378 EB, *Letter to Richard Burke* (post February 1792), *W & S*, IX, pp. 641–2, 650. 关于伯克作品中的这一主题，参见 Seamus Deane, "Factions and Fictions: Burke, Colonialism and Revolution" in idem, *Foreign Affections: Essays on Edmund Burke* (Cork: Cork University Press, 2005)。

379 EB, *Letter to Richard Burke* (post February 1792), *W & S*, IX, pp. 642–3.

380 有关讨论，参见 Eamon O'Flaherty, "Burke and the Catholic Question," *Eighteenth-Century Ireland*, 12 (1997), pp. 7–27。

381 Lecky, *History of Ireland*, III, p. 51, based on Robert Hobart to Henry Dundas, 17 January 1792, TNA, HO 100/36/ fols. 58ff.

382 James Kelly, "The Genesis of 'Protestant Ascendancy': The Rightboy Disturbances of the 1780s and their Impact upon Protestant Opinion" in Gerard O'Brien ed., *Parliament Politics and People:Essays in Eighteenth-Century Irish History* (Dublin: Irish Academic Press, 1989); Jacqueline Hill,"The Meaning and Significance of 'Protestant Ascendancy', 1787–1840" in Lord Blake ed., *Ireland after the Union: Proceedings of the Second Joint Meeting of the Royal Irish Academy and the British Academy* (Oxford: Oxford University Press, 1989); James Kelly, "Eighteenth-Century Ascendancy: A Commentary," *Eighteenth-Century Ireland*, 5 (1990), pp. 173–87; W. J. McCormick, *The Dublin Paper War of 1786–8* (Dublin: Irish Academic Press, 1993).

姿态来美化压迫："新的优势代表了旧的统治。这不过是爱尔兰的一群人决定将自己视为该国的唯一公民群体。"[383] 这就是伯克在 1 月份试图说服朗里什的事实。伯克提醒他："你和我一样早就讨厌爱尔兰的旧制度了。"[384] 伯克早在 1760 年就形成了这一观点。[385] 他与朗里什都认为，将一个国家的大部分人排除在宪法利益之外是徒劳的。1792 年 1 月 24 日，朗里什本人谴责了一种企图，即"在几乎所有道德美德和义务的废墟上建立一套宗教法则"。[386] 但是，尽管他准备对宗教活动给予充分的宽容，他却不准备改变政治权力的安排。正如朗里什 1791 年 12 月 10 日告诉伯克的那样，"天主教徒应该享受国家下的一切，但不应该成为国家本身"。[387] 朗里什认为，这种安排是由爱尔兰作为一个新教国家的地位决定的，这种地位由光荣革命所规定，并得到《王位继承法》的确认。然而，正如伯克试图证明的那样，朗里什的整个观念都建立在根本的误解之上。

795

伯克的回复涉及三个问题：民众同意的国家的性质、新教政体的含义以及光荣革命的遗产。当然，"国家"（state）一词有两个含义：共同体本身，以及其政府或行政机构。[388] 显而易见的是，一个共同体的所有成员不可能平等地参与其政府的工作。[389] 尽管如此，在英国和爱尔兰这样拥有混合宪法的国家，

---

383 EB, *Letter to Richard Burke* (post February 1792), *W & S*, IX, p. 644.

384 EB, *Letter to Sir Hercules Langrishe* (1792), *W & S*, IX, p. 637.

385 Ibid., p. 635.

386 Hercules Langrishe, *Sir Hercules Langrishe's Speech in the House of Commons, 24 January 1792* (Dublin: 1792), p. 4.

387 被伯克引用于 EB, *Letter to Sir Hercules Langrishe* (1792), *W & S*, IX, p. 596。这封信的存在得到确认，参见 *Corr.*, IX, p. 467。

388 EB, *Letter to Sir Hercules Langrishe* (1792), *W & S*, IX, p. 598.

389 对行政权力"普遍的未经修改的能力"不过是"狂热分子"的伪装而已：ibid., p. 600。

将相当大比例的民众排除在公民的基本权利之外是不可行的，更何况排除在外的是一个占多数的群体。事实上，这样做就是让大多数人沦为奴仆，这否定了共同体本身的概念。一个建立在贵族统治上的国家，很可能将政治特权限制在一个特定的公民阶层。威尼斯共和国就是这一安排的最佳例子，根据这一安排，民众因被排除在大议会（Maggior Consiglio）之外而得到补偿，他们被赋予了贸易垄断权：在某种意义上，这有助于"平衡"不同的阶层。[390] 然而，爱尔兰宪法没有提供这种补偿。此外，作为一个寡头政体，它与自己存在的原则相冲突。虽然公民权和政府只被少数人控制，但这一限制建立在一个民众同意的政府的概念之上：理论上，议会代议制的目的是作为人民主权的工具。人民主权分为三部分：王室、爱尔兰上议院和爱尔兰下议院。然而，最后一个"平民"元素（下议院）只占人口的一小部分，因为多数人在 1728 年被剥夺了选举权。[391] 这意味着，被剥夺选举权的人必须服从于那些和他们享有平等地位的社会阶层，只因为他们有政治身份。伯克总结道，这是一个宪法"怪物"：一个"平民寡头"，广大民众被粗暴地统治。[392] 权力的行使没有威信，因此服从建立在屈服而非同意之上。

796 在他给理查德·伯克的信中，也就是在《致赫拉克勒斯·朗里什爵士的信》问世一个多月后，伯克详细阐述了，赋予天主教徒选举权将不会有多大牺牲。[393] 如果推翻 17 世纪的没收

390　Ibid., p 599.

391　Northamptonshire MS. A. XXVII. 83："我以前一直认为，不满的人越多，越有理由支持纠正这种不公。"关于选举权的丧失，参见 J. G. Simms, "Irish Catholics and the Parliamentary Franchise, 1692–1728," *Irish Historical Studies*, 12 (March 1960), pp. 28–37。

392　EB, *Letter to Sir Hercules Langrishe* (1792), *W & S*, IX, p. 600.

393　EB, *Letter to Richard Burke* (post February 1792), *W & S*, IX, p. 652.

政策，任何让步都有可能成为社会革命的先兆——这种想法的长期存在是一个危险的错误。[394] 伯克反对一种建议，即"如果天主教徒在议会中得到任何保障的话"，那么过去征服的受益者"可能会被赶出议会"。[395] 政府只有获得民众同意才能保证财产的平衡。同样，只有民众拥护政府才能确保宪法的稳定。赋予天主教徒选举权并不能实质地改变国家的权力平衡，而持续剥夺天主教的选举权则有可能产生有害的后果。其中最重要的是，不满的天主教徒的犯罪行为很容易被歪曲为蓄意叛国，而他们的声音从未被倾听。18 世纪 60 年代，伯克亲历了白衣会骚乱，这一经历证实了他最担心的事情：天主教徒"无法约束那些渴望成为民众议员的绅士们"。[396] 天主教徒不仅没有宪法规定的字面上的代表权，还被剥夺了实际代表权。[397] 因此，除了《反天主教法》所规定的宗教迫害外，他们还继续受到民事迫害，因为他们被排除在公民权利之外。这种困境是历史造成的，可以追溯到 16 世纪和 17 世纪发生的一系列事件。

据伯克分析，诺曼征服以及天主教在爱尔兰威廉战争中的失败都对爱尔兰宪法有塑造作用。在都铎王朝之前的爱尔兰，由于帕莱地区（the Pale）、边界地区和当地的居民没有融合在一起，所以爱尔兰社会无法被纳入英国的财产和法律体系。这一失败决定了英国自 16 世纪中叶以来的政策：据帕特里克·

394　Northamptonshire MS. A. XXVII.78.

395　Northamptonshire MS. A. XXVII.80.

396　EB, *Letter to Sir Hercules Langrishe* (1792), *W & S*, IX, p. 603. 18 世纪 80 年代中期的赖特男孩骚乱（Rightboy disturbances）也产生了类似的反应，伯克在 1792 年对此再次持批评态度，参见 EB, *Letter to Richard Burke* (post February 1792), *W & S*, IX, p. 648. 有关背景，参见 J. S. Donnelly, "The Rightboy Movement, 1785–1788," *Studia Hibernica*, 17/18 (1977–1978), pp. 120–202。

397　EB, *Letter to Sir Hercules Langrishe* (1792), *W &S* , IX, pp. 601–2, 629. 然而，关于天主教地主的间接政治影响，参见 Cullen, "Catholics under the Penal Laws," p. 27。

芬格拉斯、埃德蒙·斯宾塞和约翰·戴维斯的证词, 其目的是
为了确保"完美"的征服。[398]在伊丽莎白时代的军事争斗之后,
伴随着北方的殖民定居, 英国试图扩大帕莱地区的管辖权。这
为未来的冲突设定了模式: 军事征服之后是殖民统治。在 17
世纪的动乱中, 这一战略被大力推行: 1641 年后的克伦威尔
入侵和 1691 年对爱尔兰人最终的征服都涉及大规模的土地征
用。[399]伯克反对的不是战争和征服的事实, 而是实现和平后的
政策。在武力胜利后, 征服精神仍然存在于爱尔兰, 所有的法
理学原则被无视。只有安抚才能证明篡夺行为的正当性。先前
相互敌对的民众融合在一起, 表明已从交战状态过渡到文明状
态。[400]随着 1688—1691 年威廉派的胜利, 针对天主教徒的刑
罪法规出台, 成功的军事消灭通过政治手段得以巩固。反天主
教法是征服的工具, 却伪装成复兴的象征。其是"对被征服民
族的仇恨和蔑视的产物"。[401]

新教统治阶层对改革选举权的抵制是这项恶毒政策的最后
一环。新教统治阶层把"新教"的利益与想象中的攻击者对立
起来, 而不屑于去界定其教义的内容。[402]这实际上指向了一个
划时代的逆转, 即宗教的利益与权力的利益被混淆了。这样一

---

398 EB, *Letter to Sir Hercules Langrishe* (1792), *W & S*, IX, p. 615. 伯克在这里指的是, 参见 Patrick Finglas, *Breviat of the Getting of Ireland and of the Decaie of the Same* in Walter Harris, *Hibernica: Or, Some Antient Pieces Relating to Ireland* (Dublin: 1747); Edmund Spenser, *A View of the Present State of Ireland* (1598) ed. W. L. Renwick (Oxford: Oxford University Press, 1934, 1970); and John Davies, *Discoverie of the True Cause why Ireland was never Entirely Subdued nor Broughtunder Obedience of the Crowne of England, untill the Beginning of His Majesties Happie Raigne*(London, 1612)。

399 EB, *Letter to Sir Hercules Langrishe* (1792), *W & S*, IX, p. 616.

400 Ibid., p. 614.

401 Ibid., p. 616.

402 Ibid., pp. 604–13.

个计划颠倒了启蒙运动的优先次序。本来启蒙运动是要为宗教争取公民社会的保护，而不是混淆良心的指示与政治权力的野心。根据伯克的理解，在英国和爱尔兰王国存在的情况下，这种微妙的平衡只有在一种政体下才能维持，在这种政体中，宗教制度可以包容信仰自由，并满足各教派信徒的公民自由。英国和爱尔兰的宪法和谐有赖于这一要求。而面对这一要求，"新教优势"的辩护者代表了一种双重的时代错误。政治文化的开明依赖于意见和利益之间的实际调和。[403] 在 17 世纪，意见被神学上的承诺支配，这些承诺试图支配政治领域的利益。其结果是，宗教和政治的骚乱导致了内战。爱尔兰宪法所实施的禁令是那个时代的遗迹。然而，从怀疑的角度看，这种神学的遗迹实际上是一种伪装：新教统治阶层更重视的是"利益"，而不是"意见"，这意味着其目标是掌控政治，而不是保障其教义。[404] 为了维持这种伪装，有必要声称教会陷入了危险之中，从而假装新教神学受到了敌对势力的攻击。[405] 然而，事实是，任何可能由对立的神学教义发起的讨伐行动都已成为过去。对公民社会持续的威胁并非源于一个对立宗教的野心，而是来自有害的政治思想主张。

798

这是伯克在 18 世纪 90 年代对爱尔兰的评论中不断提到的：法国革命改变了政治的游戏，引发了新的威胁。这不仅是对某些特定体制的威胁，而是危及所有宗教和政治体制。法国革命改变了观念世界，其思想像宗教一样传播，但又与宗教对

---

403 Ibid., p. 647.

404 Ibid.

405 对爱尔兰教会命运的担忧，正如伯克可能知道的那样，首先是由 1787 年克洛因主教理查德·伍德沃德为了回应当前的反对什一税运动，公开发表的。参见 Jacqueline R. Hill, "Popery and Protestantism, Civil and Religious Liberty: The Disputed Lessons of Irish History 1690 –1812," *Past and Present*, 118 (February 1988), pp. 96–129, at pp. 123–4。

立："人权，这种新的狂热宗教，正处于它第一次发酵的热潮中，它拒绝一切体制、一切纪律、一切教会以及一切公民秩序，它必将胜利，必将使你们的教会垮台。"[406] 爱尔兰发生叛乱的可能性是真实存在的，但其原因不会是教宗发表的声明。相反，叛乱的危险在于，如果天主教的不满情绪得不到缓解，民众会结合成一个颠覆性的联盟。[407] 爱尔兰人联合会是最直接的威胁，其主要成员已经从辉格党俱乐部叛逃。[408] 解除他们武装的最好办法是，诱导天主教民众放弃对联合会事业的一切支持。到目前为止，天主教徒和非国教徒之间的联盟还是初级和边缘化的："在我们被排斥的同胞中，更多和更理智的人，没有接受那些向他们提出的狂野思想和更疯狂的承诺。"[409] 天主教委员会是通过恭敬的请愿来推进其事业，而不是联合起来形成抵抗力量。[410] 正如理查德·伯克在 1792 年 1 月 12 日建议邓达斯的那样，宪法进程的真正危险在于"天主教徒和非国教徒的汇合"。[411]

406　EB, *Letter to Sir Hercules Langrishe* (1792), *W & S*, IX, p. 647.

407　EB, *Letter to Sir Hercules Langrishe* (1792), *W & S*, IX, p. 603.

408　Ibid., p. 625. 伯克特别提到了詹姆斯·纳珀·坦迪和西蒙·巴特勒。论辉格主义与爱尔兰联合会教义的关系，参见 S. J. Connolly, *Divided Kingdom: Ireland, 1630–1800* (Oxford: Oxford University Press, 2008), pp. 434–9。

409　EB, *Letter to Sir Hercules Langrishe* (1792), *W & S*, IX, p. 625. 然而，约翰·基奥已经是爱尔兰联合会的一员了。

410　Ibid.: 这里的目的是将天主教委员会与西奥博尔德·麦肯纳于 1791 年夏天成立的都柏林天主教协会的活动进行对比。该协会发表了一份上诉书，参见 *Declaration of the Catholic Society of Dublin* (Dublin: 1791)。威斯特摩兰指责这一"恶作剧"宣言引起了新教对让步的反对，参见 Westmoreland to Dundas, 28 November 1791, National Library of Ireland, MS. 394, fol. 57. 有关背景，参见 Stephen Small, *Political Thought in Ireland, 1776–1798* (Oxford: Oxford University Press, 2002); Tadhg O'Sullivan, "Between Toleration and Preservation: The Popery Laws and Irish Anglicanism, 1782–1808," *Eighteenth-Century Ireland* (2011), pp. 249–74。

411　*Corr.*, VII, p. 25.

八天后，邓达斯给小伯克回了信。他不欣赏理查德在信中持续不断的威胁口吻，小伯克在信中暗示，如果不作出适当的让步，天主教徒将不可避免地诉诸武力。邓达斯明确表示，如果"天主教徒选择诉诸任何形式的暴力，他们就会自食其果"。[412] 伯克本人早些时候已阐明了这一立场。天主教徒并不存在违宪的行为："是警告，而不是威胁。"[413] 1792 年 4 月初，理查德返回伦敦。在伯克看来，朗里什的法案既"有害又傲慢"。[414] 它的内容以及对天主教请愿书的无礼对待，只会加剧人们对天主教委员会的敌意。[415] 面对失望，伯克建议天主教徒要节制和忍耐：天主教徒"应该意识到他们自己的伟大事业刚刚开始。"[416] 他们应该努力理解对手的态度，并开始消除"陈旧而酸腐的偏见"。[417] 然而，在宣扬这种政治情感的智慧的同时，伯克也承认自己有挫败感："我永远无法说服自己，就因为我们的 39 项条款中有一项与他们的条款不同，就值得让 300 万人成为奴隶。"[418] 伯克认为，新教优势的教义是对基督教宽容原则的颠覆。事实上，它是另一种"伊斯兰教"，很容易实施迫害，因为其用权力扭曲了世俗的良心法庭。[419]

在朗里什向爱尔兰下议院提交法案的第二天，伯克指出，自乔治三世即位以来，都柏林政府的政策大大偏离了英国事态

412　Ibid., p. 33.

413　EB, *Letter to Sir Hercules Langrishe* (1792), *W & S*, IX, p. 630.

414　EB to Richard Burke, Jr., 29 February 1792, *Corr.*, VII, p. 83.

415　Richard Burke, Jr., to EB, c. 1 March 1792, ibid., p. 88.

416　EB to Richard Burke, Jr., 19 February 1792, ibid., pp. 65–6.

417　Ibid.

418　EB to Richard Burke, Jr., 23 March 1792, ibid., p. 118.

419　Ibid.

的发展。[420] 与英国相比，在爱尔兰，对国教的忠诚充斥着一种虚伪的热忱。对伯克来说，暴露自己的信仰以示骄傲是很可疑的。尽管如此，他认为自己对英国国教的信仰，要高于新教统治力量对爱尔兰国教的忠诚。英国国教是英国宪法的一个支柱。它把国家与宗教联系在一起，作为道德义务的来源，在不压制信仰自由的前提下，确立了一个国家信条。同时，它还起到改善英国和爱尔兰关系的作用：它使"这两个岛屿维系着意见和感情的密切联系，同时二者又不失去至关重要的宪法独立性"。[421] 讽刺的是，爱尔兰的新教统治阶层是这一联系的主要受益者。它的成员依赖英国的力量生存。鉴于这种依赖性，他们最终会屈从于宗主国的意志。让伯克不安的是，到那时，新教统治阶层所做出的让步将是被逼迫的，而不是被授予的。在当时的欧洲形势下，雅各宾派在法国占据主导地位，政府如此吝啬将被证明是一个战略错误："在这么重大的时刻，旧有的主权权威应施加宽容。"[422] 此时，宽容的机会已经过去了，但法国仍然处于混乱之中，爱尔兰的局势也没有得到缓和。

14.7　法国和欧洲

1791 年秋天，伯克对邓达斯说："从一开始，我就比一般人更关心这种法国疾病对英格兰人和爱尔兰人思想的影响。"[423] 在日益关注法国事务可能对欧洲权力平衡产生影响的背景下，伯克也开始关注革命思想对英国和爱尔兰的影响。此时，他已确信有必要在军事上挑战法国的新政体，他还想方设法证明

420　EB to Richard Burke, Jr., 26 January 1792, ibid., p. 40. 他首先考虑了爱尔兰大法官约翰·菲茨吉本、财政部部长约翰·贝雷斯福德和议长约翰·福斯特的态度。

421　EB, *Letter to Richard Burke* (post February 1792), *W & S*, IX, p. 649.

422　EB to Richard Burke, Jr., 26 January 1792, ibid., p. 40.

423　EB to Henry Dundas, 30 September 1791, *Corr*., VI, p. 419.

军事干预的正当性。在过去的一年里，他感到绝望的是，反对革命的依据是法国人自己提供的。事实上，几乎没有人能对法国的事态发展做出可靠的预测："法国人民患了如此异常的疾病，从各个方面而言都是一种新的疾病，以至于没有人能够对这一危机或其化解的迹象做出任何预言。"[424] 在这种情况下，诸如 1791 年 2 月 8 日流产的"匕首日"那样粗暴和绝望的行动是不可取的。[425] 任何行动都需要一个成功的机会。伯克坚持认为，这需要欧洲各国的干预，最好是与一个坚定的英国势力结盟。[426] 这种权宜之计的正当性至少可以从三个方面进行辩护。首先，正如伯克在《呼吁》中强调的那样，法国不再作为一个真正的"民族"而存在。第二，尽管法国实际上处于无政府状态，但仍然可以说它处于"分裂"状态。早在 1791 年 8 月，伯克就强调，即使是"相当共和主义的作家瓦特尔"也赞同邻国有权根据《万国公法》在一个国家的内战中选择支持哪一方。[427] 1791 年 12 月，为了让政界了解法国的情况，伯克撰写

801

424　EB to John Trevor, January 1791, ibid., p. 217.

425　EB to the Abbé Honoré-Charles-Ignace Foullon, 1 June 1791, ibid., pp. 263–4.

426　关于伯克对干预的讨论，参见 Jennifer M. Welsh, *Edmund Burke and International Relations* (Basingstoke: Palgrave: 1995); Iain Hampsher Monk, "Edmund Burke's Changing Justification for Intervention," *The Historical Journal*, 48: 1 (March 2005), pp. 65–100; Brendan Simms, "'A False Principle in the Law of Nations': Burke, State, Sovereignty, [German] Liberty, and Intervention in the Age of Westphalia" in Brendan Simms and D. J. B. Trim eds., *Humanitarian Intervention: A History* (Cambridge: Cambridge University Press, 2011)。

427　EB to Richard Burke Jr., 5 August 1791, *Corr*, p. 317。Hampsher Monk, "Burke's Changing Justification for Intervention," 其中声称伯克在对法战争开始后放弃了瓦特尔的权威。关于这一点，另见 Iain Hampsher-Monk, "Burke's Counter-Revolutionary Writings" in *The Cambridge Companion to Edmund Burke* eds. David Dwan and Christopher J. Insole (Cambridge: Cambridge University Press, 2012), pp. 216–17。然而，伯克在 1793 年夏天仍在援引瓦特尔的话，参见 EB, Speech on Fox's Motion for Peace with France, 17 June 1793, *ParliamentaryHistory*, XXX, col. 1012。

了一份政策性文件,即《对法国事务的思考》,在其中,伯克重提对"一个分裂王国"的干预权。[428] 他还补充了最后一个诉诸战争的理由: 被监禁的国王表现出明显的无能。[429]

在英国保持中立的背景下,伯克对法国事态的走向和影响越来越担心。1789 年 8 月底,时任驻巴黎大使威廉·艾登告诉皮特,法国实际上已处于"彻底的无政府状态"。[430] 尽管如此,英国政府还是避免对法国革命的进程采取明确的立场。1787 年,英国担心法国可能会干涉荷兰爱国党的起义。1789年 7 月,奥属尼德兰发生反抗约瑟夫二世皇帝的叛乱后,英国对法国意图的警惕再次出现。即便如此,在公开声明中,皮特还是强调法国对英国没有直接威胁。[431] 1789 年 12 月,查理十世寻求英国的支持,以恢复法国的君主制,皮特却倾向于支持法国已有的安排。[432] 在接下来的两年里,他继续袖手旁观。1791 年整个夏天,欧洲各王室不断征求英国的原则声明。然而,英国政府没有做出任何承诺,而是放任欧洲大陆上的事态发展。7 月 25 日的《维也纳公约》为新的奥地利 – 普鲁士联盟奠定了基础。8 月 27 日的《皮尔尼茨宣言》则确立了一个反对法国革命理论的盟约。然而,一直到 1792 年,英国都拒绝介入或援助一场欧洲战争。1792 年 2 月,皮特提议减少对军队的补贴,并期望一段时期的持久和平。[433]

相比之下,伯克在 1791 年夏天一直在敦促外部干预。乐

---

428 EB, *Thoughts of French Affairs* (December 1791), W & S, VIII, p. 340.

429 Ibid.

430 Black, *British Foreign Policy,* p. 343.

431 Ehrman, *Pitt the Younger,* II, p. 47.

432 Jennifer Mori, *William Pitt and the French Revolution, 1785–1795* (Edinburgh: Keele University Press, 1997), p. 69.

433 *Parliamentary History,* XXIX, col. 826.

观地说，在《皮尔尼茨宣言》发表之前，小伯克甚至写信向法国国王保证，外部援助"即将到来"。[434]与此同时，在拉利－托勒达勒给伯克的一封公开信中，他对"外国君主干预法国事态"的可能性感到绝望。[435]1791年9月13日，路易十六接受了新的法国宪法，外部干预的可能性也逐渐消失。[436]奥地利人现在放弃了对抗法国的想法，尽管与他们结盟的普鲁士人更愿意进行干预。总的来说，《皮尔尼茨宣言》与其说是一个目的声明，不如说是一种姿态：因为没有英国的支持，利奥波德二世不会采取反对革命的措施。[437]伯克指出，英国继续保持着一种"暧昧的中立状态"，其关注的是沙皇俄国和普鲁士的阴谋诡计，而不是所有国家优先考虑的问题：恢复法国的君主制。[438]此时，似乎很明显的是，普鲁士的腓特烈·威廉二世急于在欧洲事务中崭露头角，他支持对法国采取进攻政策，但如果他想采取行动，就必须与哈布斯堡王朝协同合作。对法国王室的同情以及来自流亡王室的呼吁，并非对欧洲各国没有影响，但只有情况发生具体变化，他们才会进行军事干预。

这时，伯克正与政府里的主要议员保持着密切关系。8月19日，他在温布尔登与邓达斯共进晚餐，四天后，他又与霍克斯伯里勋爵查尔斯·詹金森共进晚餐。[439]邓达斯甚至选择赞

434 Richard Burke Jr. to the King of France, 6 August 1791, *Corr.*, VI, p. 319.

435 Thomas Arthur Comte de Lally-Tollendal, *Post-scriptum d'une lettre de M. le Comte de Lally-Tollendal à M. Burcke* (N.P.: 1791).

436 Michel Vovelle, *The Fall of the French Monarchy, 1787–1792* (Cambridge: Cambridge University Press, 1984), p. 143.

437 T. W. C. Blanning, *The Origins of the French Revolutionary Wars* (London: Longman, 1986), pp. 87–9.

438 EB to Richard Burke Jr., 18 August 1791, *Corr.*, VI, p. 357.

439 EB to Richard Burke Jr., 25 August 1791, ibid., p. 367; EB to Richard Burke Jr., 1 September 1791, ibid., pp. 376–7.

扬《呼吁》中的论点。[440] 9月，在与皮特、格伦维尔和艾丁顿的一次晚宴上，伯克清楚地意识到，政府仍然坚持"中立的理念"。[441] 尽管如此，皮特还是试图安抚伯克："我们会安然无恙的，直到最后的审判日。"[442] 然而，伯克没有被说服。当时，"欧洲的旧秩序"正在经受考验：君主国和共和国之间的微妙和谐在法国被打破，正是这种和谐维持了欧洲大陆的权力平衡，如果想要避免整个欧洲秩序被毁灭，英国迟早要采取行动。[443]《西斯托瓦条约》刚刚终结了哈布斯堡王朝与奥斯曼帝国的冲突，波兰的局势暂时稳定下来，荷兰的起义已经平息，奥属尼德兰也独立了。最重要的是，普鲁士人和神圣罗马皇帝帝国利奥波德二世开始协同合作了。这样一个建立反法同盟的有利时机不可能再出现。[444] 英国政府是否认为法国革命的性质可能会改变？如果不是，他们就必须考虑其对英国利益的中期影响。伯克认为，英国政府天真地以为，本国事务将不受法国思想的影响。[445] 他这时决定打消他们的这种念头。伯克在谈到9月份的一次会议时说："我时不时地扫他们的兴。"[446] 他此时开始着手写《对法国事务的思考》，希望借此获得政府对他的支持。[447]

《对法国事务的思考》试图阐明同时代国际事务面临的严

440　Henry Dundas to EB, 12 August 1791, WWM BkP 1: 2468.

441　EB to Richard Burke Jr., 26 September 1791, *Corr.*, VI, p. 410.

442　*The Life and Correspondence of the Right Hon. Henry Addington, First Viscount Sidmouth* (London: 1847), 2 vols., I, p. 72.

443　EB to Lord Grenville, 21 September 1791, *Corr* ., VI, p. 407.

444　EB to Henry Dundas, 30 September 1791, ibid., p. 422.

445　EB to Richard Burke Jr., 26 September 1791, ibid., p. 411.

446　Ibid., p. 412.

447　他似乎从九月下旬就开始计划这件事，参见 EB to Lord Grenville, 21 September 1791, ibid., p. 408。

峻问题。当时的欧洲政治是宗教改革的产物。那场教义上的全面革命决定了 16 世纪以来欧洲各国的内政和外交关系。虽然国家利益不从属于宗教信仰，但它们却永远受限于宗教信仰。关键的一点是，宗教派别具有跨国意义：对特定仪式和教义的忠诚，超出了纯粹的国家效忠的范围。因此，每个国家的宗教狂热分子"对其他国家效忠同样教义的人，比对他们的同胞更有感情"。[448] 这正是新式政党的困境。休谟认为，正是"原则性政党"的出现使得现代政治的特征有所不同："原则性政党，特别是坚持抽象理论的原则性政党，只有现代才有。"[449] 他接着说，它们的出现是政治史上最不寻常的事件之一。伯克关注的是它们出现后的两个发展：第一，它们对国际政治进程的影响程度；第二，同样的理论热情是如何从宗教教义转移到政治体系中的。换句话说，1789 年之后，政治效忠成为一个理论问题，将欧洲划分为敌对的派别。政治原则的分歧并非史无前例：基于雅典和斯巴达之间的古老斗争，民主和贵族意识形态之间的竞争表明，这一问题的根源在于"人性"。[450] 事实证明，有争论的不是宗教狂热，而是狂热本身。此时，在现代历史上，第一次出现了一种不同于宗教派别的"普遍的政治派别精神"，但它还是在敌对的管辖范围内形成了党派。[451] 这是国家理性性质的划时代转变，因此要彻底重估国际政策。

804

　　从这时开始，可以想到的是，欧洲的战争将是原则之间

---

448 EB, *Thoughts on French Affairs* (1791), *W & S*, VIII, p. 342.

449 David Hume, "Of Parties in General" (1741) in idem, *Essays Moral, Political, and Literary,* ed. Eugene F. Miller (Indianapolis, IN: Liberty Fund, 1985, 1987), p. 60.

450 EB, *Thoughts on French Affairs* (1791), *W & S*, VIII, p. 342.

451 Ibid.

的较量，就像各国争夺利益一样。[452] 原则形成了意见，而意见塑造了对利益的看法。因此，利益的稳定性将受到各种意见的左右，在极端情况下，这些意见会决定利益的内容。[453] 法国革命的原则可被简化为数量上的多数人的主权思想，他们不仅有权做出决定，而且可以肆意推翻每一个决定。简而言之，这是一种永久革命的学说，它反对持久的政府形式和有效的政治分工。通过攻击土地利益的稳固性，并以自然平等的名义赋予金钱对抗土地的权利，这一学说根除了各种社会机构。法国是这一意识形态派别的领头人，但旧欧洲的体系"没有领头人"。[454] 这使得旧秩序的被动支持者处于特殊的暴露位置，因为在欧洲其他国家已经有了这一学说的追随者。伯克坚称，在这些国家中英国首当其冲：不满情绪不仅在习惯性不满的人中显而易见，而且在异教徒、自然神论者和苏西尼派中也是如此。伯克的注意力首先集中在非国教徒身上，正如他对邓达斯说的，他们是一个"有组织的团体"（Phalanx of a Party），其中十分之九的人据称有反对英国宪法的倾向。[455] 他们和复兴的共和派——自英国内战以来他们的政见一直处于沉寂状态——一道通

---

452 随后，法国革命的历史学将这两条统治准则加以区分，将革命后出现的战争描述为：原则的战争和政策的战争。有关讨论，参见 Blanning, *Origins of the Revolutionary Wars*, pp. 70ff.; Philip Schofield, "British Politics and French Arms: The Ideological War of 1793–1795," *History*, 77: 250 (June 1992), pp. 183–201。另见 J. Holland Rose, "The Struggle with Revolutionary France, 1792–1802" in A. W. Ward and G. P. Gooch eds., *The Cambridge History of British Foreign Policy, 1783–1919* (Cambridge: Cambridge University Press,1922), 3 vols., I, pp.216–308; M. Duffy, "British Policy in the War against Revolutionary France" in Colin Jones ed., *Britain and Revolutionary France: Conflict, Subversion and Propaganda* (Exeter: University of Exeter Publications, 1993)。

453 EB, *Thoughts on French Affairs* (1791), *W & S*, VIII, p. 342.

454 Ibid., p. 345.

455 EB to Henry Dundas, 30 September 1791, *Corr.*, VI., p. 419.

过伪装和欺诈获得了一席之地。[456] 伯克此时预见到，他们将得到英国从印度回来的财主集团的支持，这些人虽然富有，但没有获得相应的社会地位，因此十分不满。[457]

皮特认为英国国内是安全的，这主要基于当时形势的两个方面：第一，英国内部是稳定的；第二，法国即将破产。伯克认为，这两项评估都是自满的表现。持久稳定只是一种幻觉。它基于这样一个假设：英国社会可以保持流动性，而法国的排他主义将打败新兴阶级的雄心壮志。诚然，伯克认为，法国贵族中的排他精神被证明伤害了有志之士，但是，金融人士、商人和文人在法国都受到明显的尊崇，这也是事实。[458] 英国社会也存在类似法国的情况，对财富和才能的羡慕可能会让人反感一种遵循长子继承法的荣誉制度，这种制度适用于君主制和乡绅制。在这种情况下，财产上的持久富足比易逝的、不稳定的成就更让人羡慕。在这一点上，政策只是遵从了社会风气。但这并不意味着新兴阶层不会像法国那样，反抗社会主流的既定观念。[459] 因此，英国的危险还在于，对平等的执着追求将破坏政治社会的条件。哈布斯堡皇帝没有重视这场反对法国贵族和教权的运动，与英国对法国无限期的纵容是分不开的。[460] 伯克认为，观察家们忽略了一点，那就是对贵族的攻击必然会导致

456　Ibid., p. 420.

457　EB, *Thoughts on French Affairs* (1791), *W & S*, VIII, p. 345.

458　Ibid., pp. 346–7.

459　Ibid., p. 347.

460　关于利奥波德二世的观点，参见 Adam Wandruszka, *Leopold II: Erzherzog von Österreich, Großherzog von Toskana, König von Ungarn und Böhmen, Römishcer Kaiser* (Vienna and Munich: 1965), 2 vols.,II, pp. 353–5.伯克认识到了这个问题，并以同样的方式责怪内阁大臣们，参见 EB, *Thoughts on French Affairs* (1791), *W & S*, VIII, pp. 375–7.关于考尼茨伯爵（Kaunitz）和科本茨尔（Cobenzl）是"法国体制"的支持者，参见 EB to Henry Dundas, 23 September 1791, *Corr.*, VI, p. 409.

对君主制的攻击，这两者都助长了对财产、宗教和政体的更深层次的攻击。[461] 在英国，对特权的愤怒初见端倪，这会使这场运动进一步深化。

伯克对欧洲安全前景的判断基于这样一种基本认识：欧洲的政治框架发生了不可逆转的划时代转变。一种新的、贪婪的学说正在蠢蠢欲动，除非用武力公开抵抗它，否则它将扫除所有反对它的力量。正如伯克在去年秋天向皮特强调的那样，即使法国的破产也无力阻止它的发展。[462] 他在《对法国事务的思考》中再次强调了这一点：事实上，法国政府已经破产了，其迫使债权人使用一种纸币，但这并没有妨碍这一学说的积极发展。[463] 面对这种顽强的生命力，伯克的目的是要证明，通过摒弃"封建"的过去，法国实质性地脱离了威斯特伐利亚政治体系，这必然会产生深远的负面影响。欧洲和谐的前提是德意志的安宁，这由两个相互制约的邦国决定。如果普鲁士和奥地利改变已有的阻碍对手扩张的政策，这对和平的影响将是灾难性的："在德意志，一场伟大的革命正在酝酿之中；在我看来，相比于法国革命，这场革命可能更能决定各国的总体命运。"[464]

伯克预计，在革命意识形态的推动下，三十年战争的混乱局面将卷土重来。这场革命的关键是在整个德意志领土上传播人权原则（*droits de l'homme*），与此同时，法国要放弃作为德意志帝国主要王公们担保人的传统角色。根据《威斯特伐利亚条约》，法国应确保德意志的平衡和独立，但这一契约实际

806

---

461 EB to Richard Burke Jr., 26 September 1791, *Corr.*, VI, p. 413.

462 Ibid., pp. 411–12.

463 EB, *Thoughts on French Affairs* (1791), *W & S*, VIII, pp. 362–3.

464 Ibid., p. 349.

上已成为"一个过时的寓言"。[465] 从长远来看，这场革命的战争与和平原则将涉及一个决心，即如果不能通过和平手段传播人权原则，就通过暴力强迫不情愿的国家接受人权原则。不管怎样，法国的作用不再是保障欧洲各国的自由，这些自由现在被认为是旧时暴政的产物：新的权利将取代旧的错误。法国新政权将阿尔萨斯、阿维尼翁和孔塔－弗内森领地并入法国就是例证：国民议会支持并入，依据的不是国家间的协议或此前的条约条款，而是全民公决（plebiscitary right）。[466] 正如伯克指出的，为了稳妥起见，法国人还找到一份古老的判决书，使阿维尼翁的并入合法化。[467] 伯克说："众所周知，他们不时提出要统一高卢以前所有的省份。"[468] 然而，诉诸先例仅仅证明了革命者的虚伪。最终，在公投主义（plebiscitarian）意识形态的支持下，一种新的征服精神将掌握主动权。[469]

　　带着这种洞察力，伯克开始考察欧洲的总体情况，他注意到，革命对意大利、西班牙、瑞典、沙皇俄国、波兰和荷兰的既有政权构成了威胁。[470] 叛乱有可能在这些地区兴起，但继德意志之后，瑞士将面临最紧迫的问题，部分原因是其缺乏凝聚力，此外，它还被划分为贵族共和国和民主共和国，二者都不同程度地受到法国事态的影响。[471] 然而，这场危机很可能从德

465　Ibid., p. 352.

466　*Archives parlementaires*, XX, pp. 83–4 (28 October 1790);*Archives parlementaires*, XXX, pp. 631–2 (14 September1791).

467　Blanning, *Origins of the Revolutionary Wars*, p. 78.

468　EB, *Thoughts on French Affairs* (1791), *W & S*, VIII, p. 353.

469　1790 年 5 月 22 日国民议会宣布了一项征服政策，参见 *Archives parlementaires*, XV, p. 662："法兰西民族放弃以征服为目的进行任何战争。"在伯克看来，这在实践中都意味着拒绝"封建"征服，而赞成民主篡夺。

470　EB, *Thoughts on French Affairs* (1791), *W & S*, VIII, pp. 354–62.

471　Ibid., p. 353.

意志西部边境开始蔓延, 即明斯特主教区, 以及美因茨、特里尔和科隆的教会选区。奥地利和普鲁士可能首先会对这些脆弱的公国施展他们的野心。英国依赖海军, 当然无力阻止他们。然而, 可以预料, 教会选区内很快会出现异议: 因为人权原则已经成为这些地区部分新臣民的信仰, 这将"使普鲁士和奥地利无法征服他们"。[472] 这将是德意志神圣罗马帝国终结的开始, 也是欧洲全面战争的开始。没有任何文化或外交架构可以阻挡这一进程, 而这一进程将得到法国政府的支持。1791 年 10 月 1 日, 国民立法议会取代了国民制宪会议。斐扬派三巨头——巴纳夫、迪波尔和拉梅特——此时正在失去法国革命的主动权, 巴望着成为国王的顾问。[473] 由于他们中的许多人没有资格参加新的立法议会, 他们就设法在国王的内阁中实现他们的目标。[474] 伯克无视他们急于将自己与对手区分开来的心理, 把他们和费耶特派以及雅各宾派归为一类, 称之为"弑君派的首领们"。[475] 现在, 斐扬派热衷于团结在君主制下, 以稳定其成员最初所扰乱的局面, 但在伯克看来, 他们只会"维持必要的秩序, 以支持自己的篡夺行为"。[476]

伯克意识到内阁掌握在斐扬派手中, 与此同时, 他认为

807

---

472 Ibid., p. 352.

473 Georges Michon, *Essai sur l'histoire du parti Feuillant: Adrien Duport* (Paris: Payot, 1924), pp. 345–69; Ran Halévi, "Feuillants" in François Furet and Mona Ozouf eds., *A Critical Dictionary of the French Revolution* (Cambridge, MA: Harvard University Press, 1989). 在制宪会议早期, 他们仍然保留了大量的追随者: 大约有 250 名代表反对 136 名雅各宾派代表, 参见 Vovelle, *Fall of the French Monarchy*, pp. 211–12。

474 事实上, 没有真正的成功, 参见 Max Lenz, "Marie Antoinette im Kampf mit der Revolution," *Preußischer Jahrbücher*, 78 (1894), p. 2, cited in Blanning, *Origins of the Revolutionary Wars*, p.125 n.17。

475 EB, *Thoughts on French Affairs* (1791), *W & S*, VIII, p. 378.

476 Ibid., p. 379.

国民立法议会越来越受到布里索（Brissot）的控制。事实上，1791 年秋，国民立法议会 745 名代表中，只有 38 人与布里索有明显联系。[477] 尽管如此，伯克仍认为布里索的言辞体现了立法议会的特点。他后来说，法国"被一个暴力的党派分散了注意力"。[478] 据他计算，大会中约有 400 名律师、60 名农民、60 名牧师和 120 名军人。[479] 他认为，"立法议会中每年拥有 100 英镑财产的代表不超过 50 人。"[480] 财力雄厚的代表经常受制于共和主义的政见。他认为，孔多塞是布里索的主要支持者。[481] 在王室逃亡瓦雷纳失败后，二人都公开支持一个明确的共和制议程，现在他们领导了一众代表，以寻求将法国革命发展到国外。[482] 10 月至 12 月间，维格纳奥、伊斯纳尔、高德特、拉索等人与布里索和孔多塞一起，在立法议会和雅各宾派俱乐部中鼓动战争。[483] 在斯塔尔夫人的沙龙里，他们与克拉维埃密谋，竭力为革命运动聚集力量。[484]1791 年 10 月 20 日，

808

477 M. J. Sydenham, *The Girondins* (London: Athlone Press, 1961), p. 99.

478 *Star*, 1 May 1792.

479 WWM MS. BkP 10: 23–4.

480 EB to William Weddell, 31 January 1792, *Corr.*, VII, p. 61. 这个数字仍然较低，参见 EB, Debate on Parliamentary Reform (20 April 1792, *Star*, 1 May 1792)。

481 EB, *Thoughts on French Affairs* (1791), *W & S*, VIII, p. 382.

482 Leopold von Ranke, *Ursprung und Beginn der Revolutionskriege, 1791 und 1792* (Leipzig: 1875), pp. 177ff.; Heinrich von Sybel, *Geschichte der Revolutionszeit von 1789 bis 1795* (Dusseldorf: 1853–1870), 4 vols., I, pp. 289ff.; H.–A. Goetz-Bernstein, *La diplomatie de la Gironde* (Paris: Hachette,1912), pp. 29–35; Georges Michon, *Robespierre et la guerre révolutionnaire* (Paris: Marcel Rivière, 1937), chapt 2; Keith Michael Baker, "Condorcet" in Furet and Ozouf eds., *Critical Dictionary of the French Revolution*, p. 206.

483 例如，参见Jacques-Pierre Brissot de Warville, *Discours sur la nécessité de déclarer la guerre aux princes allemands qui protègent les émigrés, prononcé, le 16 décembre, à la Société* (Paris:1791)。

484 Sydenham, *Girondins*, pp. 101–3.

在孔多塞提出的关于流亡者的动议中，布里索"在立法议会一些人的掌声中"登上讲坛。[485] 他提醒他的听众，法国放弃了征服，但他随后又强调，这是以相互尊重为条件的。如果一个自由的宪法得不到尊重，那么其自由的人民就会表现出复仇精神："自由人民的复仇是缓慢的，但肯定会发生。"[486] 德拉克洛瓦要求将布里索的讲话印刷出来，并分发给立法议会的所有代表们，这一提议几乎得到了一致同意。[487] 伯克宣称，布里索的演讲"如果不是对欧洲所有的君主，也是对德意志所有的君主前所未有的无礼"。[488] 伯克预计，只要欧洲其他地区仍采取戒备状态，布里索的演讲将通过"内部腐蚀"的方式渗透到整个欧洲大陆，从而削弱既定的效忠原则。[489]

伯克担心的是，布里索的原则会受到国际受众的支持：欧洲君主及其内阁越来越倾向于法国的思想，正如他们的外交使团普遍倾向于人权原则一样。[490] 综合考虑，伯克认为，法国现在的力量比以往任何时期都更"强大"。[491] 为了使英国的大臣们认识到形势的紧迫性，他试图激起他们的恐惧和忧虑。然而，他的努力失败了，次年 2 月，他开始抱怨他们对自己的疏远和冷漠。[492] 他意识到，一直以来的风险是，恐惧可能会迫使他们更加中立，因为他们担心过度的防备会使问题恶化。因

---

485 *Archives parlementaire,* XXXIV, p. 309.

486 Ibid., p. 316.

487 Ibid., p. 317.

488 EB, *Thoughts on French Affairs* (1791), *W & S*, VIII, pp. 381–2.

489 Ibid., pp. 368–9.

490 Ibid., pp. 371–2, 373–5.

491 Ibid., p. 384.

492 EB to Richard Burke Jr., 29 February 1792, *Corr.*, VII, p. 81.

此，他最多只能寄希望于他们"开明的远见"。[493]此外，他不得不顺应不可阻挡的政治潮流。伯克打算把《对法国事务的思考》作为他对法国政策辩论的最后一次干预。[494]它是在一种巨大的挫败情绪下写成的，他向菲茨威廉倾诉道："我们必须期待上帝的美意。"[495]这是伯克很晚才学会的智慧——顺其自然，他告诉儿子："这不是我能改变的事情。"[496]他接受了真正的智慧和宗教的指示——顺应事态发展的趋势。面对法国引起的大规模动荡，伯克努力遵从自己的内心。他告诉菲茨威廉，他打算远离政局，除非英国宪法受到威胁，或者强迫他对法国问题做出回应。[497]然而，局势的变化使他无法置之不理。1792 年 2 月，潘恩出版了《人的权利》的第二部分，明确主张民主革命。伯克立即谴责它是对英国宪法的"可耻诽谤"。[498]

14.8　异议与法国革命进程

伯克做出这一坚定回应的契机是，1792 年 4 月 30 日查尔斯·格雷在议会上提出了一项关于议会改革的动议。格雷的计划并不具体，但这一举措意义重大，因为自 1790 年 3 月 4 日弗拉德的动议以来，这是下议院改革的首次尝试，弗拉德的那次动议因反响寥寥而被撤回。[499]此时，谢菲尔德宪政协会正在分发潘恩新作的简装本；很快，该协会在曼彻斯特的一个分支

493　EB, *Thoughts on French Affairs* (1791), *W & S*, VIII, p. 385.

494　Ibid., p. 386.

495　EB to the Earl of Fitzwilliam, 21 November 1791, *Corr.*, VI, p. 453.

496　EB to Richard Burke Jr., 1 September 1791, ibid., p. 378："这不是我能改变的事情"（Lucan, *Pharsalia*, VII, l. 264）。

497　EB to the Earl of Fitzwilliam, 21 November 1791, *Corr.*, VI, p. 452.

498　EB, Speech on Parliamentary Reform (30 April 1792), *Gazetteer*, 1 May 1792.

499　*Parliamentary History*, XXVIII, cols. 452–79.

机构就会"向所有国家"推荐它,并和巴黎的雅各宾派协会建立联系。[500] 1792 年 1 月,托马斯·哈代成立了伦敦通讯社,其成员主要来自手工业阶层。[501] 3 月 20 日,菲利普·弗朗西斯公开支持宪法改革。[502] 在一个月内,一群福克斯派的支持者,包括谢里丹、格雷、弗朗西斯、托马斯·厄斯金和劳德代尔勋爵,成立了人民之友协会,以促进"温和"的议会改革事业。[503] 许多人民之友协会的成员后来都对自己的愚蠢行为感到后悔。[504] 在 1792 年 3 月、4 月和 5 月,越来越多的证据表明,在潘恩的影响下,共和原则和平等理念正在制造业城镇蔓延。1791 年春,由于潘恩小册子第一部分的成功,宪法信息协会开始复兴,并在一份公开的宣言中赞赏了这本小册子。[505] 然而,早在这份宣言付印前,起草宣言的杰里米·巴特利就已经否认了《人的权利》所表达的观点。[506] 后来,巴特利向伯克解释,

---

500 John Cannon, *Parliamentary Reform, 1640–1832* (Cambridge: Cambridge University Press, 1972), p. 121; G. S. Veitch, *The Genesis of Parliamentary Reform* (1913) (London: Constable: 1965), p. 201; Albert Goodwin, *The Friends of Liberty: The English Democratic Movement in the Age of the French Revolution* (London: Hutchinson, 1979), pp. 198ff.

501 Thomas Hardy, "Letter to a Friend, Written in 1799" in idem, *Memoir of Thomas Hardy, Founder of, and Secretary to, the London Corresponding Society* (London: 1832), Appendix, pp. 98ff.; E. P.Thompson, *The Making of the English Working Class* (1963) (London: Victor Gollancz 1968), chapt. 5.

502 Add. MS. 27814, fol. 32.

503 *Some Account of the Life and Opinions of Charles, Second Earl Grey* (London: 1861), p. 10. 关于这一协会思想发展的各个方面,参见 Iain Hampsher-Monk, "Civic Humanism and Parliamentary Reform: The Case of the Society of the Friends of the People," *Journal of British Studies*, 18: 2 (Spring 1979), pp. 70–89。

504 Herbert Butterfield, "Charles James Fox and the Whig Opposition in 1792," *Cambridge Historical Journal*, 9: 3 (1949), pp. 203–330, at p. 304.

505 Declaration Proposed to the Constitutional Society, 28 May 1791, in Wyvill, *Political Papers*, V, pp. iv–v.

506 Jeremiah Batley to Christopher Wyvill, 14 April 1791, in ibid., pp. 3–7.

作为英国既有"混合政体"的拥护者，他很快就退出了该协会。[507] 到 1792 年春天，伯克担心，温和的议会改革计划将被用来激化人们的立场。现在很明显，在谢菲尔德和曼彻斯特以外，潘恩的学说还在韦克菲尔德和利兹找到了热切的听众。[508] 克里斯托弗·威维尔对潘恩思想的传播速度之快感到不安，他在写《为普莱斯辩护》时，没有想到这一点，当时他只是想通过宪法手段促进明智的议会改革。[509] 尽管如此，他很快意识到，"我们正面临一场前所未有的严重危机"。[510]

　　在伯克看来，虽然事态表面上似乎"风平浪静"，但表面下却危机四伏。[511] 反对派辉格党之间的分歧这时开始显现，尽管双方在去年的整个夏天和秋天都团结一致。福克斯承认对法国现状感到担忧；3 月 7 日，他在下议院的一场辩论中公开赞扬了英国的君主立宪制。[512] 伯克将福克斯的这种克制理解为退缩。[513] 事实上，福克斯的目的是安抚谢里丹和格雷，同时又不激怒波特兰和他的支持者。[514] 福克斯对格雷动议的战略影响感到不满，尽管他投票支持推进该动议。然而，皮特坚决认为这项动议的时机不对，然后该动议被轻易否决了。福克斯则在宣讲中提到了潘恩新作品的主题，称

507　Jeremiah Batley to EB, 8 April 1793, WWM BkP 1: 2816.

508　Christopher Wyvill to William Burgh, 16 May 1792, in Wyvill, *Political Papers*, V, p. 67.

509　Christopher Wyvill, *A Defence of Dr. Price and the Reformers of England* (London: 1792); Christopher Wyvill to James Martin, 28 April 1792, Wyvill, *Political Papers*, V, p. 23.

510　Christopher Wyvill to William Mason, 10 May 1792, ibid., p. 32.

511　EB to the Rev. Robert Dodge, 29 February 1792, *Corr.*, VII, p. 86.

512　O'Gorman, *Whig Party*, p. 80.

513　EB to the Rev. Robert Dodge, 29 February 1792, *Corr.*, VII, p. 85.

514　Mitchell, *Charles James Fox*, p. 173.

其旨在宣传"一部全新的宪法"。[515] 事实上，他并没有读过潘恩的新作，尽管，根据他所听到的，他不可能赞同它的内容。他接着补充说，他对伯克的《反思录》也没有多少好感，尽管这两部作品都为辩论做出了贡献。[516] 在回应福克斯时，伯克集中强调了改革的动力。他承认格雷改革议会的意图是好的，人民之友协会的目的也是如此。然而，那些公开颂扬潘恩新作的协会和俱乐部却不是这样。[517] 格雷是为了谁的事业修改宪法，是英国雅各宾派还是人民之友协会？改革者必须考虑到志同道合者的性格，以免颠覆分子的热情破坏温和的前景。在这种情况下，伯克回忆起 1642 年后约翰·汉普登的命运："汉普登拿起武器反对政府滥用权力，但他永远不会发动一场推翻宪法的战争。"[518] 正如这个案例所显示的，辉格党的抵抗很容易被肆意的煽动者所操纵。因此，正如所有的"历史和经验"表明的那样，发起革命的人很少有机会结束革命。

　　1792 年春天，一份由 2000 名一位论者签署的请愿书被提交给议会，伯克将其看作是一个颠覆性政治团体。[519] 1792 年 5 月 11 日，福克斯提议成立一个下议院全体委员会，以审议废除根据 1698 年《亵渎神明法》和 1689 年《宽容法》第 17 项条款所制定的法规，因为其特别影响到阿里乌斯派和苏西尼派

---

515 *Gazetteer*, 1 May 1792.

516 *Diary*, 2 May 1792. 1792 年 5 月 11 日，他补充说，《法国革命反思录》是"对世界上每一部自由宪法的中伤"，参见 *Parliamentary History*, XXIX, col. 1402。

517 *Star*, 1 May 1792.

518 *Gazetteer*, 1 May 1792.

519 *Morning Chronicle*, 9 March 1792; G. M. Ditchfield, "Public and Parliamentary Support for the Unitarian Petition of 1792," *Enlightenment and Dissent*, 12 (1993), pp. 24–48.

的宗教异端。[520]考虑到当时下议院的气氛，福克斯以"基本的、不可剥夺的人权"来阐述宽容的理由，这对福克斯的反对者来说似乎是一种挑衅。[521]18世纪晚期，索齐尼主义在一位论群体中已上升至一个显著的地位。同时，随着18世纪50年代后自然神论的衰落，神学异议者的极端主张表现为否认三位一体教义，特别是对基督先存和赎罪的否认。[522]最重要的是，在许多人看来，普里斯特利的唯物论和宿命论几乎与基督教教义不相容。尽管如此，伯克还是追随福克斯，将一位论非国教徒的基督教影响搁置一边，转而关注其政治意图。自1789年以来，伯克一直在收集革命协会的公共信件，其中包括斯坦厄普1792年的一封信，信中对法国"在欧洲各政府中推行全面改革"的雄心壮志表示满意。[523]同时，他一直在关注普里斯特利的布道和宣言，普里斯特利当时已经是一位论运动的领袖。[524]在1791年4月的一次演说中，普里斯特利抨击了英国国教的"非自然"权威，并在"这个时代的神迹"中确认，圣经已经对"伟大革命"的到来做出了预言。[525]伯克在普里斯特利的布道副本上做了大量的注释，指出其提到了"对基督的偶像崇拜"。[526]他还指出，其有意"废除"那些"野蛮时代所产生"

812

520　*CJ*, XLVII, pp. 787–9.

521　*Parliamentary History*, XXIX, col. 1371.

522　G. M. Ditchfield, "Anti-Trinitarianism and Toleration in Late Eighteenth-Century British Politics: The Unitarian Petition of 1792," *Journal of Ecclesiastical History*, 42: 1 (January 1991), pp. 39–67, at p. 62.

523　Northamptonshire MS. A. VII. 21.

524　伯克称他为一位论的"主教"（patriarch），参见 *Parliamentary History*, XXIX, col. 1384。

525　Joseph Priestley, *The Proper Objects of Education in the Present State of the World, Represented in a Discourse, Delivered on... 27th of April 1791... in the Old Jewry* (London: 1791), pp. 9, 14.

526　Northamptonshire MS. A. XIV. 64.

的社会区别。[527] 在这样的背景下，1792 年 5 月 11 日，当他就一位论者的请愿书发言时，伯克欣然剥去了这一问题的"神学外衣"，转而从"政策和谨慎"的角度来探讨这个问题。[528]

伯克能够看出，普里斯特利习惯于把政治和宗教混为一谈，因此当听说福克斯在他的宗教著作中找不到"任何政治内容"，而他的"政治著作似乎与宗教无关"的时候，伯克一定很诧异。[529] 在他关于一位论者的请愿书的演讲笔记中，伯克一直提到普里斯特利和普莱斯的学说，认为它们是进步的非国教徒极端而典型的观点表达。[530] 事实上，他曾一度将普里斯特利1787 年《致威廉·皮特的信》作为对英国国教制度的典型攻击。[531] 在信中，普里斯特利将宗教宽容等同于废除英国国教，寻求以自愿效忠为基础建立所有教会。[532] 在普里斯特利看来，这将使非国教徒能够"抨击"三位一体教义，并更广泛地将宗教建立在自由讨论之上。[533] 他写道："我们的目标是启迪人们的思想。"[534] 他接着说，启蒙的过程最终会产生"一种理性的、永久的一致性"。[535] 伯克同样信奉启蒙运动的目标，但他想知道如何才能最好地实现这一目标。欧洲的历史表明，在教义和礼仪问题上达成纯粹理性的一致意见是不可能的。宗教争端更有

813

---

527 Ibid.

528 *Parliamentary History*, XXIX, col. 1382.

529 Ibid., col. 1402.

530 例如，参见 Northamptonshire MS. A. XXVII. 98。伯克并没有将普莱斯的阿里乌斯主义和普里斯特利的索齐尼派学说区分开来。

531 Northamptonshire MS. A. XXVII. 96.

532 Joseph Priestley, *A Letter to the Right Honourable William Pitt... on the Subject of Toleration and Church Establishments* (London: 2nd ed., 1787), pp. 2, 17.

533 Ibid., pp. 24, 25.

534 Ibid., p. 22.

535 Ibid., p. 30.

可能引发愤怒和狂热，导致教会和国家的混乱。[536]宗教的激烈纷争只能由权威的法案来平息，最重要的是，权威可以得到最普遍的同意。这意味着要以最低限度的共同信仰为基础，建立一个权威来布道。以英国国教为例，这一教会权威的框架与国家的形式非常匹配。它还充当了抵制狂热主义和无信仰的"屏障"。[537]这种制度与自由争论，甚至与完全的信仰自由并不冲突。唯一的问题是，应给予教会和国家中积极反对宪法的法人团体"多少自由"。[538]

正如伯克所见，所有宗教团体的自由应受到约束，就像臣民的自由应受到限制一样：自由是以没有伤害意图为条件的。信仰虔诚通常被认为是无害的，除非它试图侵犯其他的宗教信仰和制度。伯克说，"我知道他们会说，上帝是一切信仰的主宰"。[539]他承认，只有人与上帝间的信仰关系存在争议时，这么说才是对的。就18世纪90年代的一位论主义而言，不能说它是"由于过于严谨的思维习惯"而产生的一种纯粹的"消极……异议"。[540]根据他们自己的声明，以及从这些声明中产生的行动，可以很明显地看出，一位论请愿者不仅仅是一个神学教派："他们不以安静地享受自己的自由为目的"，而是为了"劝诱改宗（*Proselytism*）的明确目的"而联合的。[541]在这种情况下，劝诱改宗意味着聚集足够的追随者，以"武力和暴

536　Northamptonshire MS. A. XXVII. 98.

537　Northamptonshire MS. A. XXVII. 100; Northamptonshire MS. A. XXVII. 103a.

538　Northamptonshire MS. A. XXVII. 94.

539　Northamptonshire MS. A. XXVII. 102; Northamptonshire MS. A. XXXVIII. 11 (b). Cf. Northamptonshire MS. A. XXXVIII. 11 (f).

540　Northamptonshire MS. A. XXVII. 98.

541　Northamptonshire MS. A. XXVII. 96; Northamptonshire MS. A. XXXVIII. 11 (a).

力"的方式推翻英国国教。[542] 这一行为与通过传播法国新政权的原则来颠覆英国政府是同时发生的。宗教必须被视为一项精神事业，但它是在社会和政治环境中运作的。它建立在观点之上，以激情为动力，并由会众聚集而成。当一群会众试图废除宗教或政治体制时，它就真正变成了该国的一个派系，引起了敌对势力之间的竞争。[543] 这种竞争所带来的危险是一个需要谨慎判断的问题，然而，当被攻击的对象非常重要时，政治家有责任予以重视。在这种情况下，敬畏是安全的最好保障。[544]

814

从 1791 年夏天到 1792 年冬天，伯克的忧患意识加深了他对福克斯的怀疑。雷诺兹于 2 月 23 日去世，随后理查德·沙克尔顿于 8 月 28 日去世，但在整个 1792 年，公共事务的重担仍压在伯克身上。1792 年 4 月 20 日，法国向哈布斯堡王朝宣战。不久之后，皮特内阁和波特兰辉格党开始交涉建立联盟。这些都凸显了伯克老朋友之间的紧张关系。5 月 29 日，他写信给拉夫伯勒勋爵，表明波特兰对法国一系列事件的厌恶程度，即使"他的朋友们的想法"似乎不是如此。[545] 那些对与皮特合作持积极态度的人认为，福克斯愿意接受某种形式的和解，但伯克却认为福克斯助长了内阁的不作为。最重要的是，他表现出一种误导性的意愿，即纵容"法国人和异议者的计划"。[546] 6 月中旬，雅各宾派政府垮台，迪穆里埃被派去指挥北方前线。为了抗议，哥德利埃俱乐部在杜伊勒里宫组织了一场大型示威活动，以恐吓国王。伯克在 8 月初疾呼，"巴黎的一系列事件

---

542 Northamptonshire MS. A. XXVII. 96.

543 Northamptonshire MS. A. XXVII. 100.

544 Northamptonshire MS. A. XXVII. 98.

545 EB to Lord Loughborough, 27 May 1792, *Corr.*, VII, p. 144.

546 Loughborough to EB, 13 June 1792, ibid., p. 149; EB to Lord Loughborough, 13 June 1792, ibid., p. 151.

是疯狂的”。[547] 一周前，率领反法盟军的布伦瑞克公爵发表声明，宣布他决心保卫法国王室。作为反击，国民议会下令全体巴黎市民武装起来。虽然为时已晚，布里索此时开始支持国王的事业，但 8 月 10 日，巴黎各派开始反对杜伊勒里宫，并建立了一个革命公社。[548] 伯克七天后声称，“我早就预见到这样的事情会发生”。[549] 君主制被中止，其结局已定。8 月 13 日，王室被转移到圣殿监狱。伯克个人感到震惊，但在政治上也感到绝望。他写信给菲茨威廉：“这一切肯定让福克斯先生、谢里丹先生，甚至普里斯特利牧师感到满意了。”[550] 反法盟军的缓慢步伐几乎没有带来什么安慰。

　　布伦瑞克公爵率领的盟军直到 8 月 19 日才越过法国边境。此前一天，伯克向格伦维尔勋爵抱怨，他所谓的英国雅各宾派否认有权干预法国新共和国的内政。当英国在纪念法国的革命时，颠覆的威胁也正在酝酿，危及英国的安全。8 月底，政府和反对派的第二轮谈判以失败告终。伯克认为，症结在于福克斯的安排。他继续在自己的党内培养进取精神，但还没有达到与波特兰公爵决裂的地步。与此同时，波特兰忠于福克斯，拒绝扩大他们在法国问题上的分歧。另一方面，伯克决心考验他的对手，敦促对法国共和政体采取“完全敌视”的态度，以此作为未来与福克斯合作的一个条件。[551] 9 月，随着国民公会的成立，在巴黎发生屠杀的背景下，伯克致力于关注流亡的

815

547　EB to the Abbé de la Bintinaye, 3 August 1792, ibid., p. 167.

548　关于布里索及其派系在此时的虚伪，请参见回顾性评论 EB, Speech on Sheridan's Motion relative to Seditious Practices, *Parliamentary History*, XXX, col. 553; 参见 EB, *Preface to Brissot's Address to his Constituents* (1794), *W & S*, VIII, p. 514。

549　EB to James Bland Burges, 17 August 1792, *Corr.*, VII, p. 169.

550　EB to the Earl of Fitzwilliam, 17 August 1792, ibid., p. 172.

551　EB to William Burke, 3 September 1792, ibid., pp. 192–4.

法国教士的命运。9月2日，普鲁士占领凡尔登后，巴黎民众屠杀了该城的囚犯。[552]尽管法国陷入了混乱，但英国政府仍然保持中立。布里斯托尔议员约翰·贝克·霍尔罗伊德，也就是现在的谢菲尔德勋爵，对威廉·艾登疾呼，如果英国政府不迅速采取行动粉碎法国人的"野蛮精神"，就会遭到"全世界的谴责"。[553]伯克现在确信，如果不对法国采取行动，英国宪法的结构将被推翻。政府完全反对法国革命的原则，但却坚持认为英国不受这些原则的影响：不管欧洲的情况如何，英国政府都认为法国所引发的危险不会对自己造成任何破坏性的影响。[554]当200名国民立法议会代表和83名制宪会议代表——包括布里索、罗伯斯庇尔、马拉特和佩蒂翁——重新回到国民公会时，伯克认为这一假设是不成立的。

　　似乎是为了印证伯克的判断，托马斯·潘恩和约瑟夫·普里斯特利被选入了国民公会。[555]伯克在10月给一位法国人的信中说："法国现在已经不存在了，它所有的美德都烟消云散了。"[556]此时，国民公会已经废除了君主制，路易十六也被送上了法庭。[557]圣茹斯特和山越党人要求处决他。1793年1月15日，所有人几乎一致同意国王有罪；六天后，他上了断头台。伯克在写给拉夫伯勒勋爵的信中说："这是1789年那场可怕闹剧发

---

552 关于战争的早期进程，参见 T. W. C. Blanning, *The French Revolutionary Wars, 1787–1802* (London: Arnold, 1996), chapt. 3; 关于福克斯党人对九月大屠杀的惊恐，参见 the *Morning Chronicle*, 12 September 1790。

553 The Earl of Sheffield to Lord Auckland, 21 October 1792, OBS MS. File 13483.

554 EB to Lord Grenville, 19 September 1792, *Corr.*, VII, p. 218.

555 普里斯特利拒绝了这个荣誉，参见 the *Morning Chronicle*, 4 October 1792。

556 EB to Monsieur de Sandouville, post 13 October 1792, *Corr.*, VII, p. 359.

557 有关伯克的公开回应，参见 EB, Debate on the Royal Family, 20 December 1792, *Parliamentary History*, XXX, col. 139。

展至此的必然结果。"[558] 随着法国君主命运的确定，伯克对欧洲
力量平衡的担忧进一步加剧。1792 年 9 月 20 日，布伦瑞克公
爵率领的普鲁士军队在瓦尔米战役中遭遇失败。伯克毫不留情
地嘲讽说："这是欧洲军事联盟永远无法抹去的污点。"[559] 迪穆
里埃现在把目光投向了奥属尼德兰，占领莱茵兰的行动也开始
了。法国方面以决断力和活力取得了胜利，而反法盟军的特点
则是懒惰懈怠和犹豫不决。

　　普鲁士的犹豫不决造成了奥地利的拖延。伯克把这个问题
归结于其根本的政策缺陷。1792 年 11 月，在英国政府和反对
派之间传阅的一份备忘录中，他指出，在短短三周的时间里，
情况发生了逆转：法军被允许征服萨伏伊；他们眼看就要取得
热马普战役的胜利；并足以打败瑞士人。[560] 法国内部的恶行促
成了她的军事成功。另一方面，奥普联盟因雄心不足而失败：
德意志王室只关注法国王室的命运，无视法国的内部状况，对
法兰西民族漠不关心。[561] 因此，他们的冒险带有征服意味，而
不是为了恢复宪法。他们无视流亡王室和国家的未来框架，希
望恢复对法国原有的权力。他们假设"法国君主个人意味着
一切，而君主制和维持君主制的国家中间阶层则是无关紧要
的"。[562] 他们在政治上的局限导致了反法盟军在军事上的挫败，

558　EB to Lord Loughborough, 27 January 1793, *Corr.*, VII, p. 344.

559　EB to Richard Burke Jr., 17 October 1792, ibid., p. 271.

560　EB, *Heads Written for Consideration &c* (November 1792), *W & S*, VIII, p. 387. 关于备忘录
的流通，参见 William Windham to EB, 14 November 1792, *Corr.*, VII, pp. 288–9; EB to the
Earl of Fitzwilliam, 29 November 1792, ibid., pp. 309, 310。关于欧洲的情况，另见 EB to
the Abbé de la Bintinaye, 23 November 1792, ibid., p. 302。

561　这是 1792 年 7 月 25 日《布伦瑞克宣言》中阐明的立场，参见 Antoine-Henri, baron de
Jomini, *Histoire critique et militaire des guerres de la Révolution* (Brussels: 1837–1839), 15
vols., II, pp. 286–90。

562　EB, *Heads Written for Consideration &c* (November 1792), *W & S*, VIII, p. 393.

他们安排布伦瑞克公爵去谈判而不是去征服。[563] 这几乎是军事史上前所未有的耻辱。[564] 唯一的希望在于英国是否有决心与旧的欧洲秩序建立防御联盟。[565]

伯克认为，英国政府持续不作为的部分原因是缺乏全国意见领袖的公开支持，包括反对派辉格党中显要人物的支持。[566] 此时，伯克和温德姆、拉夫伯勒勋爵联手，再一次敦促（皮特内阁和波特兰辉格党）建立联盟。"英国的处境很危险，"日记作家罗伯特·约翰逊评论道，他是伯克的崇拜者，此时从美国来到英国旅行，"政府的每一步都非常重要。"[567] 对伯克来说，国内有三件事情是至关重要的：国民在英国君主制正当性问题上达成一致、国家各党派之间的团结以及为缓解爱尔兰的内部纷争而做出让步。[568]实现这些目标的每一步都需要毅力和时间。11月底，拉夫伯勒勋爵被授予掌玺大臣一职，但他拒绝了。[569] 次年1月，英法战争迫在眉睫，他才接受了这一职位。[570] 这一决定是波特兰辉格党的第一次重大倒戈。过去几个月不断加剧的紧张局势造成了这一结果。正如11月30日拉夫伯勒勋爵本人告诉伯克的那样，波特兰和德文希尔对反对法国的理由深信

563　EB to the Earl of Fitzwilliam, 29 November 1792, *Corr.*, VII, p. 309.

564　参见 EB to the Earl of Fitzwilliam, 23 October 1792, ibid., pp. 276–7; EB to Richard Burke Jr., 6 November 1792, ibid., p. 284。

565　EB, *Heads Written for Consideration &c* (November 1792), *W & S*, VIII, p. 401.

566　EB to the Earl of Fitzwilliam, 29 November 1792, *Corr.*, VII, p. 301.

567　Robert C Johnson, "Diary of Travels in England, France and Italy, October 1792–March 1793," Gen. MSS. File 3, Beinecke Library, Yale University.

568　EB to Richard Burke Jr., 18 November 1792, *Corr*, p. 292; 参见 EB to Richard Burke Jr., post 21 November 1792, ibid., p. 298; EB to the Earl of Fitzwilliam, 29 November 1792, ibid., p. 312。该计划包括协调乔治三世与威尔士亲王的关系。

569　Lord Loughborough to EB, 27 November 1792, ibid., p. 303.

570　*Later Correspondence of George III*, ed. A. Aspinall (Cambridge: Cambridge University Press,1962), 5 vols., I, p. 647.

不疑，但两人都莫名其妙地抱有联合反对法国的希望。[571] 由于法国政府坚持其在斯海尔德河口的航行权，威胁到尼德兰联邦的自由，这种希望越来越渺茫。几天之内，法国向所有寻求恢复自由的民族提供了兄弟般的支持。[572] 接着，令伯克沮丧的是，约瑟夫·康邦于 1792 年 12 月 15 日颁布法令："城堡间进行战争，茅屋却享有和平。"[573] 同年初冬，英国内阁和反对派的重要人物开始制定战争政策。到 12 月初，一切已成定局。[574] 在此前的一个月里，政府越来越担心英国发生暴动，并计划组建民兵组织。在一次歉收之后，食品价格和薪资引发的不满和骚乱在全国蔓延开来。[575] 伦敦通讯社以及英国各种城市协会都在发表支持国民公会的演讲。12 月，在议会阶层的一系列对抗中，这些事态发展达到了高潮。

818

　　从 1792 年 12 月 13 日关于致谢演讲的辩论开始，伯克就在随后的争论中重申了自己的观点。福克斯一开场就否认了暴

571　Lord Loughborough to EB, 30 November 1792, *Corr.*, VII, p. 319.

572　这是 1792 年 11 月 19 日国民公会中的法令，将支持所有努力恢复自由的人民，参见 J. M. Roberts, J. Hardman and R. C. Cobb eds., *French Revolution Documents* (Oxford: Blackwell, 1966–1973), 2 vols., II, p. 389. 有关评论，参见 Black, *British Foreign Policy*, p. 416. 关于伯克的回应，参见 EB, Speech on Aliens Bill, 28 December 1792, *Diary*, 29 December 1792："根据 11 月 19 日的著名法令……法兰西共和国已决定废除宪法，以及其军队所占领的每个地区的所有公共机构。"另见 EB, *Observations on the Conduct of the Minority* (Spring 1793), *W & S*, VIII, p. 424, 有人说这项法令是明确针对英国的，参见 John Bowles, *The Real Grounds of the Present War with France* (London: 1793; 6th ed., 1794), pp. 11–13。

573　*Archives parlementaires*, LV, p. 70: "Ils se sont demandé d'abord quel es tl'objet de la guerre que vous avez entreprise. C'est sans doute l'annéantissement de tous les privilèges. Guerre aux chateaux, paix aux chaumières." 关于伯克的恐慌，参见 EB, *Observations on the Conduct of the Minority* (Spring 1793), *W & S*, VIII, pp. 424–5。

574　*Diaries and Correspondence of James Harris, First Earl of Malmesbury* (London: 1844), 4 vols., II, pp. 501–2.

575　Ehrman, *Pitt the Younger*, II, pp. 214–16.

动的存在，并否认政府召集民兵是出于对暴动的恐惧。[576] 随后，他对欧洲大陆和英国的情况进行了广泛讨论，赞扬了法国在最近与盟军的斗争中取得的胜利，并痛斥"被破除的"托利主义的死灰复燃。[577] 这场演讲冒着与波特兰和菲茨威廉公然决裂的危险，改变了反对派辉格党人的共同立场。[578] 第二天，福克斯更公开地嘲弄了伯克。[579] 伯克以对欧洲各共和国的剖析作为回应，将当时的法国看成是一个独特的反常现象，其试图建立一个国际叛乱联盟。[580] 它使人们想起了穆罕默德的政策，"一手拿着《古兰经》，另一手拿着剑"，引诱人们接受一种新的信仰。[581] 接下来的一天，福克斯提议派遣一位大使去巴黎。[582] 伯克借此机会反对法国的政体，尤其是反对其公然藐视万国公法的不耻行径。然后，他决心为自己迄今为止的行事作风辩护：他只是下议院的独立议员，却经常因此受到迫害和辱骂。他气愤地说："我没有为自己或家人谋利。我们没有任何职位；也

---

576 关于"暴动"的概念，参见 Charles James Fox to the Duke of Portland. 1 December 1792, *Memorials*, IV, p. 291。

577 *Parliamentary History*, XXX, cols. 12–34; *Morning Chronicle*, 14 December 1792. 正如三天后埃德蒙·马龙对伯克所说，福克斯在 12 月 13 日的干预是"议会中最危险的演讲"：*Corr.*, VII, p. 323。参见 Edmond Malone to Lord Charlemont, 22 December 1792, *Correspondence and Manuscripts of Charlemont,* II, p. 209。

578 福克斯的动机后来在几本小册子中得到了辩护，参见 Robert Adair: *A Whig's Apology for His Consistency* (London: 1795); *The Letter of the Rt. Hon. C. J. Fox to the Electors of Westminster, with an Application of its Principles to Subsequent Events* (London: 1802)。

579 *Parliamentary History*, XXX, cols. 61–2. 另见 *Morning Chronicle*, 15 December 1792。

580 *Parliamentary History*, XXX, cols. 69–70. 法兰西共和国实际上是"自成一格"，参见 *Diary*, 15 December 1792。

581 *Parliamentary History*, XXX, col. 72.

582 Ibid., cols. 80–1. 正是这一演讲使许多辉格党的坚定拥护者与福克斯脱离，参见 Mitchell, *Charles James Fox,* p. 205。

没有被重获职位和津贴所诱惑。"[583] 福克斯及其盟友指控伯克自私自利，这无疑激怒了他。接下来的几周里，福克斯派仍未停止怀疑伯克。12 月 28 日，伯克在就邓达斯的《外国人登记法案》（Bill for the registration of aliens）发表演讲时，他提醒下议院，他在前同僚——也就是现在的"政治集团"——那里受到的待遇："全世界都知道，他们用了什么样的手段，使伯克在公众和私人朋友面前遭人耻笑。"[584] 事实上，他一直坚持自己的原则，这使他有系统地支持内阁——不是"一边支持，一边反对"，而是向一个战争中的政府提供必需的支持。[585]

819

关于《外国人登记法案》的辩论以装腔作势结束。正是在这种背景下，著名的一幕发生了，伯克将一把隐藏的匕首扔到下议院的地板上，以此象征法国人的意图："当他们微笑时，我看到鲜血从他们的脸上淌下来。"[586] 他憎恶他们虚伪的博爱热情：他们的真正目的是把博爱"塞进"弱小国家的喉咙里。[587] 然而，令人惊讶的是，福克斯竟然赞成这一法案，而他曾庆祝法国取得了热马普战役的胜利。去年 11 月，伯克向菲茨威廉转达了他对老友福克斯立场的理解：福克斯认为，英国内部没有受到威胁，且法兰西共和国应该得到承认。他没有明白伯克明显担

---

583 *Parliamentary History*, XXX, col. 110; cf. *Morning Chronicle*, 17 December 1792.

584 *Parliamentary History* , XXX, col. 180; *Morning Chronicle*, 29 December 1792. 皮特在上议院首次提出《外国人登记法案》时，给伯克发了一份副本，参见 William Pitt to EB, 22 December 1792, *Corr.*, VII, p. 324. 伯克认为"政治集团"（phalanx）最初是一种自我描述，参见 EB, *Observations on the Conduct of the Minority* (Spring 1793), *W & S*, VIII, p. 445。

585 *Parliamentary History*, XXX, col. 181.

586 Ibid., col. 189. 伯克从詹姆斯·布兰德·伯吉斯手中获得了这把匕首，并于前一天（即 12 月 27 日）将演讲的副本交给了邓达斯，参见 EB to Henry Dundas, 27 December 1792, *Corr.*, VII, p. 328。

587 *Parliamentary History*, XXX, col. 184.

心的事情：法国的目标是建立一个"普遍的帝国"。[588] 当时，伯克并非不希望他的老朋友改变立场，1792年8月的第二次革命，以及随后9月的大屠杀，这些事件都为他提供了一个体面的台阶下。然而，福克斯似乎仍然将精力放在"托利主义的壮大"上。

就伯克而言，辉格党一直"相信并维护君主制，甚至在他们最想限制它的时候也是如此"。[589] 在18世纪70年代和1784年之后，最重要的是将君主的特权限制在一定范围内。然而，在1789年，世界发生了变化，民主制，而非君主制，对宪法构成了威胁。福克斯仍然沉浸在过时的思想中。1793年1月27日，伯克总结了他的想法。拉夫伯勒勋爵刚刚加入政府，伯克对他憎恶亲法辉格主义的立场表示支持。[590] 我们应尽一切努力来捍卫欧洲各国的自由和大不列颠的宪法。伯克呼吁政府下定决心：要粉碎革命势力的野心，需要竭尽所能并制定全面的策略。然而，伯克很快发现，政府的决心并不足以应对现实。1793年2月12日，福克斯宣称，如果法国真的像它的一些敌人所说的那样是个怪物，那么就必须进行一场消灭战争。[591] 这是伯克会拥护的一项政策。

588　EB to the Earl of Fitzwilliam, 29 November 1792, *Corr.*, VII, p. 316.

589　Northamptonshire MS. A. XXVII. 99.

590　EB to Lord Loughborough, 27 January 1793, *Corr.*, VII. p. 344. 拉夫伯勒于1793年1月18日加入该届政府。

591　Debate in the Commons on the King's Message respecting War, 12 February 1793, *Parliamentary History*, XXX, col. 364: "*bellum internecinum.*"

第十五章

对黑斯廷斯的追究：1788—1796

图8　伯克因黑斯廷斯被判无罪而受挫，黑斯廷斯却获得了贺拉斯的背书：不懂拒绝肮脏的美德，闪耀着纯洁的荣光。詹姆斯·塞耶斯，《弹劾委员们闹剧的最后一幕》(1795年)。BM8647，私人收藏（引自罗宾逊，第172页）。

15.1 导 语

1841 年，麦考莱为《爱丁堡评论》撰文，提出沃伦·黑斯廷斯担任印度总督期间的罪行脱离不了所处的时代背景，当时是英国统治印度最黑暗的时期。在征服孟加拉后的十年里，麦考莱认为，作为更强大的文明，英国开始炫耀自己的力量，并摆脱了"一切束缚"。[1] 在这种混乱和残酷下，黑斯廷斯设法为行政管理带来了效率和活力。尽管如此，他仍被认为犯了严重的罪行：他有意采取的权宜之计是不道德的。[2] 正是伯克试图将这种滥用司法的行为公之于众。在赞扬伯克的行为时，麦考莱也承认，他谴责黑斯廷斯的劲头极其猛烈，尽管如此，他仍然坚持，伯克的目的是纯粹的。[3] 对后来的一代人来说，伯克的动机似乎没有那么公正。19 世纪 80 年代，在描写南达库马尔（Nandakumar）的命运时，詹姆斯·斯蒂芬用自己的语言谴责晚期的伯克"无礼、傲慢、自负和妄自揣测"。[4] 然而，对伯克来说，黑斯廷斯的行为不是环境的产物。因此，合法的斥责是理所当然的。在关注了伯克对法国革命及国际危机开端的论战后，本章回过头来，以黑斯廷斯弹劾案为线索，关注伯克在印度事务上的长期努力和其最终的结果。在法国问题上，伯克支持习惯和先例，而对黑斯廷斯的审判将表明伯克是前瞻性改革的捍卫者。他坚持认为，传统永远不应压倒改善。和政策一

1　Thomas Babington Macaulay, "Warren Hastings" (1841) in idem, *Critical and Miscellaneous Essays* (Philadelphia: 1843–1844), 5 vols., IV, p. 90.

2　Ibid., p. 175.

3　Ibid., p. 183.

4　James Fitzjames Stephen, *The Story of Nuncomar and the Impeachment of Sir Elijah Impey*(London: 1885), 2 vols., II, p. 87. 关于维多利亚时代的帝国思想的关键转变，参见 Karuna Mantena, *Alibis of Empire: Henry Maine and the Ends of Liberal Imperialism* (Princeton, NJ: Princeton University Press, 2010).

样，法律是一种理性思考的产物，旨在为人类和正义服务。它不应该成为习惯法条例的囚徒，受制于过去的判决。

伯克一直与发生在印度的不法行为进行抗争，在最后几年里，他遭遇了挫折，随之而来的是彻底的幻灭。他以顽强的毅力和勇气提出了"礼物指控"和"合同指控"，但审判的延长很快开始对他不利。他又开始思考人类的情感：它在共同文化的人中得到强化，但如果它要在陌生人中发挥作用，就需要依靠有说服力的言辞。在枯燥乏味的司法程序中，说服的力量无法维持人们的同情心。在推进他的论证时，伯克试图让他的听众深刻认识到行贿的毒害性；他还让他们对帝国的"经济"有了深刻的了解。但技术细节不可避免地会让人感到厌烦，从而抑制了人们对本土印度人的同情。因此，伯克对黑斯廷斯律师们的法条主义感到失望，因为他们把审判转向了单调乏味的程序问题。辩护律师们希望用下级法院的琐碎条文来确定诉讼程序，而在伯克看来，弹劾黑斯廷斯是一件真正的国家大事。他们卑鄙的做法正合被告的心意：这位前总督以平庸化自己的不法行为而闻名。他用肮脏、无耻和可鄙的手段作恶。他养成了低劣和不负责任的治理习惯，厚颜无耻地把自己的罪恶伪装成美德。他是道德上而不是意识形态上的"雅各宾派"：他对自己的造物主毫无畏惧，他以反抗一切原则的姿态，扮演着暴君的角色。1795 年 4 月，黑斯廷斯被判无罪，伯克心灰意冷；第二年，黑斯廷斯被授予年金，伯克备受打击。在伯克弥留之际，他反对与法国求和，同时努力阻止爱尔兰可能发生的可怕纷争，而印度事务令他精疲力尽。起初，这场审判彰显了政府的崇高原则，但是，它最终却背离了它所要推进的正义事业。

15.2 人类的情感

伴随着伯克在 1788 年 2 月所做的开场演讲，黑斯廷斯弹

822

劾案拉开帷幕, 此时距离本次庭审结束还有 139 天。对黑斯廷斯的弹劾持续了六年之久, 在此期间, 伯克卷入法国革命的论战之中, 英国则被迫重新调整自己的政策。正如伯克竭力避免弹劾案的失败, 但最终还是要面对黑斯廷斯的无罪释放一样, 同一时期的印度问题也让伯克感到挫败。在 1788—1791 年弹劾案开庭期间, 控方仅就其最初的指控条款中的四条进行了陈述, 而要到 1792 年和 1793 年开庭时, 辩方才能对此做出回应。在完成他的开场演讲后, 伯克就开始面临阻碍。1788 年 2 月 19 日, 福克斯代表弹劾委员们发出通知, 他们打算完成审判的方式是, 分别提供每项指控的证据, 让辩方在每一阶段依次进行辩护。[5] 但辩方的首席法律顾问爱德华·劳对这一提议提出了质疑, 他坚持认为, 控方应像最初提议的那样, 对黑斯廷斯所谓的恶毒目的进行总体论证。2 月 21 日, 当上议院就这一问题进行辩论时, 爱德华·瑟洛首先赞扬了伯克, 承认他的指控揭示了"罪行的严重性", 因此怎么惩罚黑斯廷斯都不为过。但是, 惩罚黑斯廷斯的前提是, 他确实被证明有罪。[6] 第二天, 大法官宣布控方应该先呈交其全部证据, 这给下议院弹劾委员们造成了困难, 也使得审判可能持续数年。在此期间, 公众的热情肯定会消退。[7] 到 1788 年 6 月开庭结束时, 只有贝拿勒斯和别姬两项指控被提出, 诉讼程序一再陷入对技术细节的扯皮中。与此同时, 黑斯廷斯的支持者们正忙于激起人们对诉讼成本的不满。伯克反驳道: "为了正义, 花费再多也

823

5　*LJ*, XXXVIII, p. 83ff.; *Parliamentary History*, XXVII, col. 54.

6　Ibid., col. 55.

7　伯克后来坚持认为, 他从一开始就预料到了这是一场漫长的审判, 参见 EB, Speech on Limitation of the Impeachment, 14 February 1791, *W & S*, VII, p. 98。

值得。"[8] 在一次失去理性的冲动中，他警告黑斯廷斯最热心的支持者之一詹姆斯·布兰德·伯格斯，他会把任何试图压制这一审判的行为视为对他的个人攻击，并予以蔑视。[9] 尽管如此，到了 5 月 4 日，在给约翰·伯戈因的信中，伯克写道，他的一位弹劾同僚查尔斯·格雷认为，这一审判所花费的时间和费用会令公众厌烦。[10] 即使谢里丹在 6 月总结别姬指控时表现出色，也没能驱散笼罩在这一审判上的阴霾。[11] 在不到一年的时间里，德文郡公爵夫人就描述说，谢里丹希望"黑斯廷斯逃走，伯克则随他而去"。[12] 伯克早些时候向伯戈因宣称，敌人的爪牙"散布各处"。他确信，法官们都"不公正"，记录是"歪曲的"，证人是"不情愿的"，下议院是"勉强的"，而公众是"漠不关心的"。[13]

随着弹劾案成功的希望逐渐消退，伯克的情绪越来越低落，挫败感也越来越强烈。1788 年 3 月 7 日，在《东印度公司宣示法案》的修正案辩论中，伯克站起来抨击了该法案。自

8　EB, Speeches on Impeachment Costs and on Charge against Impey, *W & S*, VI, p. 480. Cf. EB to the Lords of the Commissioners of the Treasury, 15 April 1788, *Corr*., V, pp. 388–91; EB to Charles Wolfran Cornwall, 1 May 1788, ibid., pp. 393–4; EB, Debate in the Commons Respecting the Expenses of Hastings's Trial, 6 June 1788, *Parliamentary History*, XXVII, col. 543–7.

9　1788 年 5 月 10 日，詹姆斯·布兰德·伯格斯向妻子的记述，参见 *Selections form the Letters and Correspondence of Sir James Bland Burges*, Bart., ed. James Hutton (London: 1885), pp. 99–102。

10　EB to General John Burgoyne, 4 May 1788, *Corr*., V, p. 395. 五位为弹劾委员们担任顾问的律师很快就免费提供服务，参见 Add. MS. 24266, fols. 360–1, 伯克在 1788 年 5 月 26 日的一封信中称赞他们是"真正的国家公益者"，*Corr*., V, p. 399。

11　关于这场演讲所激发的"奇迹"，参见 Sir Gilbert Elliot to Lady Elliot, 3 June 1788, *Life and Letters of Sir Gilbert Elliot, First Earl of Minto, from 1751–1806*, I, p. 211。

12　Diary entry of 20 November 1788, reprinted in Walter Sichel, *The Life of Richard Brinsley Sheridan* (London: 1909), 2 vols., II, p. 404.

13　EB to General John Burgoyne, 4 May 1788, *Corr*., V, p. 395–6.

从根据皮特《1784年印度法案》成立印度事务管理委员会以来，邓达斯一直在寻求扩大该委员会的权力，此时，他的明确目标是将英国在印度的武装力量置于政府的控制之下，并由东印度公司本身承担其费用。[14] 为了捍卫这一意图，1788年3月5日，皮特很迟才解释《1784年印度法案》背后的目的：制定该法案的主要目的是"从东印度公司手中夺走所占领土的全部管理权以及对印度的政治统治权"。[15] 这一消息无疑刺痛了福克斯和伯克，因为很明显，这种侵略性的"管理"将意味着把印度的庇护权从东印度公司的董事会移交到乔治三世的大臣们手中。伯克在3月7日表示，政府正在努力获取东印度公司的"军事力量、政治管理权、收入管理权，以及尽可能多的商业利益"。[16]《东印度公司宣示法案》并没有像福克斯的《印度法案》提议的那样，将东印度公司的庇护权分配给"王国里最受尊敬的七人"委员会，而是直接负责印度的工作。[17] 这一情况勾起了伯克对1784年下议院背信弃义的痛苦回忆：下议院沦为帝国劫掠的帮凶，放弃了帝国的正义事业。[18] 对黑斯廷斯的弹劾提供了某种救赎，尽管上议院此时威胁要破坏这种救赎。

　　1788年4月22日，伯克在别姬指控的辩论中发言，表明了他对未来弹劾工作的认识。到此时为止，福克斯、谢里丹、安斯特鲁瑟、格雷和其他负责弹劾工作的委员们，连同他们的五位律师，都在各自负责的领域里工作，而伯克对控方

14　C. H. Philips, *The East India Company, 1784–1834* (Manchester: Manchester University Press, 1940), pp. 54–60.

15　*Parliamentary History*, XXVII, col. 93.

16　EB, Speech on East India Declaratory Bill, *W & S*, VI, p. 473.

17　Ibid., 参见 WWM, BK. 9:53。

18　EB, Speech on East India Declaratory Bill, *W & S*, VI, p. 474.

的协助是临时的。[19] 谢里丹在 1787 年 2 月关于 "奥德夫人们"
（Begums of Oudh）的最初演讲中，宣称黑斯廷斯迫使维齐尔
挪用他母亲和祖母的财产是一种臭名昭著的掠夺行为。1788
年 4 月，伯克对该指控使用的证据进行干预，旨在表明 "伊斯
兰教" 的信条是如何在每个认同该信仰的管辖区内普及的，在
信奉伊斯兰教的 "几个邦国" 中，礼仪、习俗和制度安排基于
这一信仰产生了一致性。[20] 在这些最重要的习俗中，最显著的
是普遍尊崇母亲的神圣性，特别是有地位的妇女享有独立的
权威和财富。黑斯廷斯的施压导致了维齐尔对传统敬意的违
背，从而冒犯了伊斯兰文化的基本态度。伯克坚称，对这类习
俗的攻击就是对事物秩序的攻击，因为习惯深深植根于人性之
中。[21] 人类有获得习惯的习惯，以至于形成和坚持习惯是人类
框架的一个基本组成部分。[22]

　　这一见解指出了伯克在整个审判中所面临的问题。同情人
类是我们天性的一部分，在弹劾过程中，这种同情在下议院被
唤醒了。然而，这显然是一种微弱的、动机不足的同情，它需

825

19　弹劾委员们聘请了以下几位律师担任顾问: 亚瑟·利里·皮戈特（Arthur Leary Pigott）、
　　威廉·斯科特（William Scott）、弗兰奇·劳伦斯、西尔维斯特·道格拉斯（Sylvester
　　Douglas）和老理查德·伯克。

20　EB, Evidence on Begams of Oudh, 22 April 1788, *W & S*, VI, p. 476. 伯克试图援引德米特
　　里·埃蒂默（Demetrius Cantimer）的权威来强调自己的观点，参见 *History of the Growth
　　and Decay of the Othoman Empire* (London: 1756)。

21　EB, Evidence on Begams of Oudh, 22 April 1788, *W & S*, VI, p. 478.

22　关于 "习惯"（habits），参见本书第 2 章第 4 节。根据 EB, *Philosophical Enquiry*, *W &
　　S*, I, p. 265, 虽然一般的习惯不是快乐的原因，但背离习惯，即我们的第二天性，容易
　　造成不适。关于这一点，参见 John Tillotson, "Of the Education of Children" in *The Works
　　of the Most Reverent Dr. John Tillotson* (London: 1728), 3 vols., I, p. 508; "它是后天习得
　　的，是一种第二天性，其次是自然，它本身就是一种最强大的原则。习惯对人类的一
　　切行为都有很大的影响。" 参见 EB, *Reflections*, p. 357. 有关讨论，参见 James Chandler,
　　Wordsworth's Second Nature: A Study of Poetry and Politics (Chicago, IL: Chicago University
　　Press, 1984), Chapt. 4。

要额外的动力才能发挥实质的作用。在日常生活中，这种额外的动力源于共同的习惯。如果没有共同的习惯，"世界上最困难的事情是，使我们对那些没有因习惯而根植于我们天性中的情境萌生正当的同情心"。[23] 伯克指出，同悲伤一样，笑在人类中很有感染力。这种认识在古代道德和审美心理中很常见，霍勒斯在《诗艺》中就曾引用过："正如人们会对微笑之人微笑，他们也会对哭泣之人哭泣。"[24] 然而，这种自然的、本能的反应在很大程度上受到当地文化——风俗、习惯、宗教和制度——的影响。事实上，人类的共同反应很容易被淹没，被习惯性反应所取代。反之，也同样如此：当人类后天形成的成见被冒犯时，人类会感到尤其愤怒。因此，习惯会强化自然情感的反应。六年后，在回应辩方的演讲中，伯克通过区分人的"生理"和"道德"因素，强调了这一点。[25] "人的先天情感"，如羞耻感和耻辱感，在自然情感被礼仪和习惯所强化的情况下，特别容易被激起。这种文化认同构成了一个民族的"第二天性"，决定了他们的感情，从而决定了他们的反应，在获得他们的同意方面起着至关重要的作用。[26]

伯克在1788年得出的结论是，管理道德心理的关键是，将我们第二天性的习惯移植到人类的原初能力上，从而给它们

23　EB, Evidence on Begams of Oudh, 22 April 1788, *W & S*, VI, p. 478.

24　Horace, *Ars poetica*, ll. 101–2: "ut ridentibus arrident, ita flentibus adsunt/humani voltus." 伯克在《法国革命反思录》(*Reflections*, p. 241) 中引用了《诗艺》的前面几行。关于这一点，参见 Richard Bourke, 'Pity and Fear: Providential Sociability in Burke's *Philosophical Enquiry*' in Michael Funk Deckard and Koen Vermeir eds., *The Science of Sensibility: Reading Edmund Burke's Philosophical Enquiry* (Dordrecht: Springer, 2012), pp. 151–75, 以及本书第3章第2节。

25　EB, Speech in Reply, 12 June 1794, *W & S*, VII, p. 540.

26　Ibid., 关于这一点，参见伯克在《魁北克第二法案》辩论期间的声明，被报道于 *Oracle*, 12 May 1791: "对于建立在其习惯中的人的第二天性……所有政治科学都应提及。" 参见 EB, *Appeal from the New to the Old Whigs*, p. 130。

注入激励性的热情。抽象的道德价值，如人道和正义感，是人类生命中最宝贵的财富，要发挥其最大的效用，就需要文化偏见提供额外的动力。当正义感与习惯融合时，它就成为支配心灵的"最强影响"之一。[27] 然而，在与一个遥远而陌生的文化进行交流时，这种融合必须通过想象的认同来实现。伯克的措辞通常都是为了激发人们的认同。1790 年，在下议院发表演说时，他提醒听众雄辩的"魔力"：他坚持认为，通过这种力量，遥远的痛苦可以"植入我们的内心"，"时空的隔阂被同情心打破"，说服的艺术成功地团结了"所有国家的所有人类，仁爱延伸到每一个地方"。[28] 但是，尽管雄辩可以在瞬间起到决定性作用，但它的效果有限，在使用之后很快就会消失。人们很快就会发现，没有什么能比冗长的司法程序更能阻碍人们的想象力，使人类的情感急剧消散，而司法程序则被繁琐的细节、含糊的证据和法律程序的技术问题所牵绊。矛盾和涣散心理随之出现，耗费了最初的道德责任。

伯克的同僚们很早就分了心：在 1789 年 4 月 21 日重新开庭前的筹备会议上，弹劾委员们的出席情况很不理想，福克斯和谢里丹都缺席了。[29] 在过去的几个月里，反对派的注意力一直放在摄政危机的闹剧上，正如在进行"礼物指控"前，伯克在他为期四天的演讲中所回忆的那样。[30] 3 月 30 日，谢里丹在回应伯克的

---

27 EB, Evidence on Begams of Oudh, 22 April 1788, *W & S*, VI, p. 478.

28 EB, Speech on Continuation of the Impeachment, 23 December 1790, *W & S*, VII, p. 91.

29 L. G. Mitchell, *Charles James Fox and the Disintegration of the Whig Party, 1782–94* (Oxford: Oxford University Press, 1971), chapt. 3.

30 "Minutes of Proceedings of the Trial of Warren Hastings," Tuesday 21 April 1788, Add. MS. 24229, fols 1–2.

援助请求时，已经表现得含糊其词。[31] 在接下来的一个月里，伯克继续用责任的"艰巨"来唤醒他的同僚们，促使威廉·温德姆在 4 月 7 日同意"加入"这支由伯克引领的弹劾队伍。[32] 在伯克公开指责前总督借伊利亚·伊佩爵士之手谋杀南达库马尔后，斯科特少校请求下议院保护黑斯廷斯免受官方指控中没有的指控，这使得伯克越来越急于阐明他的决心：他向负责审判的委员之一弗雷德里克·蒙塔古宣称，"无论是希望、恐惧、愤怒、疲倦，还是任何形式的气馁，都不能使我放弃这种责任"。[33] 然而，伯克的执着是个例外，这使他必须无视对他的任何诋毁，有人认为他受到怨恨的驱使，或者有人确信他受到某个党派观念的左右。[34] 他深知他和他的同僚们都做出了牺牲，在这份崇高事业中，他珍视自己的诚实。3 月底，他向他的老朋友约瑟夫·埃姆恩坦言，"我的朋友们都受苦了，我却一无所获"。[35] 挫败感促使他思考人类事物的脆弱性："谁能想到……这个王国会统治印度的大部分地区？但是一个个王国起起落落……小贩也能成为皇帝。"[36] 作为旁观者，伯克在这些事件中感到无能为力。在采取了有原则的立场之后，塑造事物的能力就消失了。

礼物指控是伯克立场的核心。他强调，"礼物"是不当的形容，以掩盖一套事实上的贿赂制度。黑斯廷斯通过"美化"名称来合理化侵吞行为，把敲诈勒索说成是一种当地交换礼物

31　Richard Brinsley Sheridan to EB and EB to Richard Brinsley Sheridan, 30 March 1789, *Corr.*, V, pp. 457–8.

32　William Windham to EB, 7 April 1789, ibid., p. 463.

33　EB to Frederick Montague, 1 May 1789, ibid., p. 468. 关于南达库马尔的指控，参见 "Minutes of Proceedings," Add. MS. 24229, fol. 55。伯克对蒙塔古的悼词，参见 EB, Speech on Limitation of the Impeachment, *W & S*, VII, p. 100。

34　EB to Frederick Montagu, 1 May 1789, *Corr.*, V, p. 468.

35　EB to Joseph Emïn, 29 March 1789, ibid., p. 456.

36　Ibid.

的做法。[37] 消除对礼物的依赖本是黑斯廷斯职责的一部分，而事实上，他却巩固和扩大了礼物的使用。这表明黑斯廷斯有一个"系统性的总体腐败计划"，他为了贪婪的利益，以牺牲所有的正直为代价，推行了这个计划，为此，他彻底改革了东印度公司对印度的治理方式。[38] 正是考虑到这一点，伯克之前曾指出，贪婪是黑斯廷斯行动的驱动力。[39] 黑斯廷斯的情况不是他沾染了所在时代和地方的恶习，而是他的"人性之恶"使然，因此，他所造成的腐败也更加严重。[40] 伯克认为，贿赂是最原始、最基本的"地方性和毁灭性顽疾"，自东印度公司获得领土权力以来，它就一直困扰着公司事务。[41] 贿赂是公司商业和政治目的相混淆的根本原因，导致了这两个目标之间的错乱：受贿赂的影响，商业沦为一种战略性的官员布局，而政治退化为一种剥削制度。在这种情况下，在印度谋求统治和扩张的"经济"根基毫无意义：商业是为了政治庇护，而政治则是为了私人利益，因此，在东印度公司的主持下，通常理解的贸易和帝国都不存在。[42] 礼物是这个畸形怪物的命脉，黑斯

828

37　"Minutes of Proceedings," Add. MS. 24229, fol. 17.

38　Ibid., fol. 12.

39　EB, Speech on Rohilla War Charge, 1 June 1786, *W & S*, VI, pp. 95–6.

40　"Minutes of Proceedings," Add. MS. 24229, fol. 16.

41　Ibid., fol. 15.

42　关于 17 世纪和 18 世纪政治和经济思想中的经济帝国主义主题，参见 Jacob Viner, "Power versus Plenty as Objectives of Foreign Policy in the Seventeenth and Eighteenth Centuries," (1948) in idem, *Essays on the Intellectual History of Economics*, ed. Douglas A. Irwin (Princeton, NJ: Princeton University Press, 1991); Pocock, *Machiavellian Moment*, Chapt 13; Istvan Hont, "Free Trade and the Economic Limits to National Politics: Neo-Machiavellian Political Economy Reconsidered," (1990) in idem, *Jealousy of Trade:International Competition and the Nation-State in Historical Perspective* (Cambridge, MA: Harvard University Press, 2005). 关于该主题在印度背景下的应用，参见 P. J. Marshall, "Economic and Political Expansion: The Case of Oudh," *Modern Asian Studies*, IX (1975), pp. 465– 82。

廷斯完善了礼物的流通手段。他首先巩固了礼物在印度政治经济中的作用，然后将其作为印度社会不可分割的一部分加以合理化。

伯克非常清楚总督的首要任务是什么：他应该把英国的廉洁标准引入东方。他认为，当地人古老的习俗不能作为印度腐败的理由。1789年4月25日，在他就"礼物指控"演讲的第二天，伯克回忆起库克在《有关英国法律制度的第四份报告》中的一段话，在这段话中，所谓的布雷恩法被描述为是一种"下流的恶习"。[43] 库克的观点是明确的：原始的爱尔兰惯例没有法律依据，因此不应享有强制力或权威。伯克同样对印度的惯例不感兴趣，因为印度的惯例与英国宪法秩序提供的基本正义相冲突。他在"礼物指控"的第一天就宣布，下议院议员们是作为"孟加拉居民代表"出现在威斯敏斯特的，负责捍卫其偏远臣民的权利。[44] 正是这种实质性的、"代表性的"正义的能力，将人类活动与存在链中的造物主联系起来。[45] 殖民地的习俗永远不能被用来对抗帝国司法的规定。"一个总督必须遵守其国家的法律"，地方安排应当服从于这些法律。[46] 伯克对既定习俗的崇敬很容易被人误解为是传统至上。当涉及孟加拉的政治生活时，任何东方的权威惯例都不能掩饰对"西方制定的"法律的违反。[47] 当然，正如伯克所见，殖民地的情绪必

43　"Minutes of Proceedings," Add. MS. 24229, fol. 107. 参考 Edward Coke, *The Fourth Part of the Institutes of the Laws of England*, (London: 1644), p. 358。

44　"Minutes of Proceedings," Add. MS. 24229, fol. 7. Cf. EB, Speech in Reply, 7 June 1794, *W & S*, VII, p. 458: "The Commons, who represent Lucknow."

45　"Minutes of Proceedings," Add. MS. 24229, fol. 3.

46　Ibid., fol. 107.

47　Ibid., fol. 17. 伯克接着指出，就他正在讨论的地方安排而言，事实上东方与西方之间没有冲突。

须得到尊重，但决不能以牺牲正义的基本原则为代价。在他的整个职业生涯中，伯克坚持这样一个观点：在欧洲和亚洲政权中，英国的政治体制最能保护个人权利和公众福祉。这并不意味着要按照宗主国的形象重建附属殖民地，但这确实意味着，英国宪法特别适合在维护臣民自由的同时，赢得臣民的同意。

具有讽刺意味的是，贿赂在任何情况下都与印度的风俗格格不入：任何对其的否认都是"绝对的错误"。[48] 贿赂是随着莫卧儿政权的腐败而被引入南亚的，而东印度公司的活动加速了它的发展。最重要的是，在黑斯廷斯任总督期间，贿赂愈演愈烈，就像大量的"卑劣恶行"汇聚而成一种"卑劣的思维"。[49] 黑斯廷斯灾难性统治的可耻特征让伯克吃惊。他的罪行是"卑鄙、肮脏、无礼"的；它们的影响从来都不是惊人的。[50] 然而，它们的破坏力却日益显现。重大罪行的严重性阻碍了它们的传染性。相反，琐碎的、卑鄙的行为却极其容易传染，会不断地腐蚀、败坏公共道德。因此，公职中的贿赂是一种摧毁性的病毒，当官员们都听从一个堕落的首领时，他们就会上行下效，将贿赂渗透到整个管理机构。这种弊端的根源不在于行为本身，更多地在于上行下效，因为当局制定的标准决定了指挥系统的行为，所有下属岗位的行为准则也会被污染。因此，印度的经验驳斥了马基雅维利式的教条，即个人的恶习可能带来公共利益：相反，伯克认为，个人的不道德行为扭曲了公共权力的伦理标准。[51] 因此，贿赂不是一种纯粹的个人过失：它产生了复杂的政治后果，从上层释放出来的贿赂信号会自上

829

48　Ibid.

49　EB, Speech on Sixth Article: Presents, 21 April 1789, *W & S*, VII, p. 33.

50　Ibid., p. 35.

51　Ibid., p. 33.

而下地遍及整个社会。它摧毁了用以控制权力的两种抑制性情感——一是羞耻或耻辱，二是害怕被发现。[52] 如果上级认可这种做法，一个人怎么会害怕被发现呢？礼崩乐坏的时候，一个人又怎么会觉得丢脸呢？当局的堕落是对所有政治的最大威胁：暴君的触角无法延伸至最远的地方，但堕落当局所具有的丑陋恶习会像传染病一样蔓延。

如此阴险和灾难性的腐败没有挫败伯克的意志。然而，福克斯对继续弹劾持怀疑态度。1789 年 5 月 4 日，下议院谴责伯克对黑斯廷斯的谋杀指控，弹劾委员们的态度出现了分歧。[53] 伯克后来透露，"福克斯先生强烈要求我在此时放弃起诉。"[54] 在 5 月 5 日召开的多数弹劾委员的会议上，伯克了解到福克斯打算提出休庭，为辞职做准备。审判可能就此终止，但福克斯未能按时到达下议院。结果，伯克的意见占了上风，弹劾委员们前往威斯敏斯特大厅进行了第 38 天的审判。伯克假装不知情地对福克斯说，"我一点也不知道您希望我说动下议院，让他们给上议院传递休庭的信息"。[55] 他后来坦言，他不顾一切地决定坚持下去，这是"我生命中最辉煌的一天"。[56] 此时，他对自己的使命有着强烈的信念，这加深了他的孤立感，并使他意识到自己所做的牺牲。无论如何，他都决定要继续弹劾，而这也带来了不可避免的挫败。他在给理查德·布莱特的信中说，"如果只是培植家乡的势力"，他本可以为他的朋

52　Ibid., pp. 33–4, 36.

53　Mitchell, *Charles James Fox*, pp. 107–17.

54　Prior, *Life of Burke*, p. 286.

55　EB to Charles James Fox, 11 May 1789, *Corr.*, V, p. 473. 就连黑斯廷斯也听说弹劾委员们计划在 5 月 4 日上午 11 点前辞职。参见 Hastings's Diary, 4 May 1789, Add. MS. 39881, fols. 192–3。

56　Prior, *Life of Burke*, p. 285.

友和家人提供"服务"。[57]但他把自己献给了一个更崇高的事业，并准备付出代价。自从 1784 年大选中福克斯殉道者们被"清除"以来，伯克就意识到了老罗金汉党团的失落。"我的力量总是来自那些令人钦佩的人……我曾经与他们相连"，他现在承认："失去他们，我什么都不是。"[58]他受到越来越多的羞辱和责骂，但这使他决心要促进这份"人类的事业"。[59]无论有没有福克斯，他都会坚持到最后。

15.3　先例与便利

从 1790 年的 2 月 16 日到 6 月 9 日，黑斯廷斯审判的庭审陆续进行了 13 天。对证据的反复争论主导了整个诉讼过程。上一年 12 月，伯克向弗朗西斯透露，他对未来"完全"绝望，渴望从起诉中"体面地撤出"。他怀疑公众的声音对他不利。[60]一周后，他又抱怨"英国的堕落"，就像他无法挽救法国的愚蠢一样，他对英国也无能为力。他感到被朋友和支持者背叛了，被下议院否定了，并害怕公众对审判越来越厌倦。[61]他知道黑斯廷斯的支持者打算让弹劾失败，但是，尽管福克斯有所保留，他还是热衷于在完成"礼物指控"后，继续"合同指控"。[62]3 月初，他起草了一份与计划中的决议相关的文件，旨在重申下议院对弹劾的承诺。他立即为这一承诺寻求内阁的

831

57　EB to Richard Bright, 8 May 1789, *Corr.*, V, p. 470.

58　Ibid., p. 471.

59　Ibid.

60　1789 年 12 月 9 日，*Corr.*, VI, p. 55。涉嫌就弹劾相关问题诽谤下议院的出版商约翰·斯托克代尔被宣判无罪，以及下议院支持起诉诽谤伊利亚·伊佩的印刷商，这些在一定程度上决定了他的情绪。

61　EB to Philip Francis, 17 December 1789, *Corr.*, VI, pp. 55–6.

62　Ibid., p. 57.

支持，为此，他写信给大臣威廉·格伦维尔。4月中，格伦维尔通过约翰·金做出了间接答复，他认为，无论是为了司法正义，还是为了他们的弹劾事业，控方都未能以足够快的速度采取行动。[63] 5月11日，伯克的决议通过，但6月议会解散，审判因此而中断。[64] 在新一届的议会成立后，弹劾是否会像往常一样继续进行？次年11月，下议院提出了这一问题。[65]

1790年12月23日，伯克在一个下议院全体委员会上就同一问题发表演说。[66] 他声称，如果允许国王通过解散议会来结束弹劾，"宪法将被摧毁"。[67] 这样的安排可能会把主动权交给被告人，而且在任何情况下都会把下议院的权利和司法程序的独立性移交给在位的内阁。伯克总结道，这是一个"可恶"的主张。[68] 伯克宣称，宪法中民众的权利是其权威的主要基础：在为这些权利而战时，"我们是在为上帝和国家（*pro aris et focis*）而战"。[69] 尽管大多数控方律师都持相反的立场，但在福克斯和皮特的支持下，伯克的看法占了上风。[70]12月17日，伯克宣布，他和同僚们决定再提出最后一项关于合同的指控。在约翰·斯托克代尔的审判中，托马斯·厄斯金曾宣称，

---

63 William Wyndham Grenville to John King, 14 April 1790, Unpublished Letters, I, p. 126.

64 参见 EB, Speech on Resolutions on Future of the Impeachment, 11 May 1790, *W & S*, VII, p. 74ff., and *CJ*, XLV, p. 459。

65 关于伯克11月30日的演讲，参见 *Parliamentary History*, XXVIII, cols. 900–1。

66 这是12月17日开始的一系列辩论的最后一天。参见 *Parliamentary History*, XXVIII, cols. 1018–74, 1074–1127。关于他为辩论做的准备，参见 EB to Philip Francis, 4 December 1790, *Corr.*, VI, p. 188。

67 EB, Speech on Continuation of the Impeachment, 23 December 1790, *W & S*, VII, p, 83.

68 WWM, Bk 9: 71.

69 EB, Speech on Continuation of the Impeachment, 23 December 1790, *W & S*, VII, p. 86.

70 *CJ*, XLVI, p. 136. 上议院成立了一个委员会来考察先例，参见 EB to Philip Francis, 4 December 1790, *Corr*., VI, p. 188。

英国在东方的统治完全是建立在"暴力和恐怖"之上的, 这是在含蓄地认可黑斯廷斯的统治, 认为其在某种程度上适应了环境。[71] 针对"礼物指控"的辩护律师也采取了这一立场, 认为总督只是顺应了当地的先例。这符合黑斯廷斯支持者的普遍论点, 即他的行为是必要性的产物。对伯克来说, 关于合同的指控旨在表明, 虚假的紧急状态是如何掩盖蓄意压迫的。据控方称, 黑斯廷斯在授予合同上浪费了大量资金, 因此, 他在筹集资金方面的暴力行为不可能是为了真正的紧急状态。[72] 1791年2月14日, 伯克提出了一项限制弹劾范围的动议, 以便将这一最终指控包括在内。[73] 然而, 这个问题直到5月底才得到讨论, 当时它未能引起公众的注意。

832

更引人注目的是, 1791年5月6日, 福克斯和伯克在下议院爆发的决裂。伯克在1790年2月发表了《关于军队预算的演说》, 随后在11月发表了《法国革命反思录》, 这给他与反对派辉格党的交往带来了压力。在审判黑斯廷斯的过程中, 这些压力干扰了他与一些弹劾委员们的合作, 影响了他与最老盟友的关系。11月初, 菲利普·弗朗西斯从纽马克特写信给伯克, 对伯克关于法国革命的观点予以批评。11月19日, 伯克在回信中礼貌地驳斥了他。他们在印度问题上的共同立场帮助他做出了回答: 伯克恳求道, "你什么时候发现我对成百上千和我一样之人的痛苦无动于衷, 而只被有罪的大人物的遭遇所触动"?[74] 真正的问题是, 法国的不满是否可以与南亚数百万人的苦难相提并论, 以及以法国公民名义行事的革命者是

71　*A Complete Collection of State Trials*, ed. T. B. Howell and T. J. Howell (London: 1816–26), 34vols., XXII, p. 278. 参见 EB to Henry Dundas, 22 March 1792, *Corr.*, VII, p. 112。

72　EB to William Adam, 4 January 1791, *Corr*, VI, p. 198.

73　*Parliamentary History*, XXVIII, cols. 1225–37.

74　EB to Philip Francis, 19 November 1790, *Corr.*, VI, p. 171, discussed above.

否可以合理地假装是在为法国人服务。和弗朗西斯一样，伯克准备为"和自己一样之人"辩护；争论的焦点是这种平等的性质和内容。伯克认为，法国的试验破坏了公民平等，而这绝不会因为前政权的不完善而被证明是合理的。在为黑斯廷斯的行为进行辩护时，也存在对前政治秩序的类似追诉：他的辩护律师试图为他的犯罪活动开脱，"试图证明，同英国人的统治相比，摩尔人的统治产生了更多、更坏的不人道和背叛行为"。[75]伯克不能接受的是，用前任政权的邪恶为继任者的过度行为开脱："相比于奥朗则布和路易十四的暴政，我自己更反感和愤慨于黑斯廷斯先生和巴纳夫先生的暴政。"弗朗西斯关于纯粹君主政体的"专制主义"的说法，伯克已经"听过一千遍"了。[76]伯克也是英国混合政体的捍卫者，但这不能成为他支持完美暴政以反对不完善君主制的借口。

1789年初，伯克曾与威廉·温德姆一起提出辞职的意向，但"印度事务"使他在道义上必须留下来。[77]1791年春天，同样的愿望再次诱惑着他。2月，他向下议院宣布，三年过去了，他"坚持"将审判进行到底的决心丝毫没有减弱。[78]然而，到了3月，他又"暗示要退休"。正是弹劾再一次让他坚持了下来："他永远不会，也不可能放弃。"[79]在这种情况下，5月30日，控方委员们结束了举证，伯克第二天写信给弗朗西斯，要求他召开一次会议，讨论如何应付辩方。[80]1791年6月2日，黑斯廷斯的律师开始陈述他们的辩词。一年后，在回顾辩方团

75　Ibid.

76　Ibid.

77　EB to William Windham, c. 24 January 1789, *Corr.*, V, p. 437.

78　EB, Speech on Limitation of the Impeachment, 14 February 1791, *W & S*, VII, p. 98.

79　Jane Burke to William Burke, 21 March 1791, *Corr.*, VI, p. 238.

80　Ibid., p. 262.

队的表现时，伯克坚信，他们是在拖延时间，希望耗尽公众的耐心："显然，黑斯廷斯的计划是将审判继续下去，直到贵族、平民和旁观者远离审判。"[81] 就在前一天，斯科特少校提出了一项动议，要求对自 1788 年以来弹劾所产生的费用进行说明。两周后，伯克写信给邓达斯，寻求他的支持，伯克认为黑斯廷斯和他的代理人们旨在确保诉讼"永远不会得到判决"。[82] 然而，伯克投入了太多精力而无法退出。他已经花了 12 年的时间在"这起印度诉讼"中。除了"不可抗拒的责任感"之外，没有什么能让他在这样一个无利可图的事业中继续坚持下去。他说，"我现在是个老人了"。他既没有得到财富、地位、权力，也没有得到官方的嘉奖。在这种情况下，他至少能做的是为自己的名誉服务，这也是为国家的名誉服务。作为一个"疲惫不堪的老兵"，他处于一个易受攻击的位置，他不能因为与过高的弹劾成本有关而蒙受耻辱。[83] 他也不接受被晾在一边：这不是伯克和黑斯廷斯之间的较量，而是以下议院的名义提起的诉讼。[84]

伯克怀疑，黑斯廷斯的支持者想把这场审判仅仅解释为个人恩怨，以减弱指控本身的合理性。他还认为，他们旨在通过大量细节——用伯克的话说，是"一堆杂乱无章的东西"——扼杀这一案件。[85] 在这些策略的基础上，他们还试图将英国的统治描述为适应环境而非是篡夺，以提供一种理性支持：由于印度人没有特权、财产或权利，所以没有什么东西可以被篡夺

---

81 EB to Richard Burke, Jr. c. 8 March 1792, *Corr.*, VII, p. 93.

82 EB to Henry Dundas, 22 March 1792, ibid., p. 111.

83 Ibid., p. 116.

84 Ibid., p. 114.

85 Ibid., p. 113.

的。[86] 当哈尔海德（Halhed）提出这一论点时，引发了普遍的惊愕，黑斯廷斯有意否认了它；但当厄斯金在约翰·斯托克代尔的审判中使用了这一说法后，黑斯廷斯的律师决定重新恢复这些主张。[87] 正如伯克所说，他们捡起了自己的"呕吐物"。[88] 然而，没有什么能使伯克却步：他坚称，"我会追击他，黑斯廷斯先生不会逃脱审判。"伯克宣称，"这是我活着的伟大目标"，他不会放弃，因为他已经尽了最大努力来证明其指控的真实性。[89] 然而，他前进道路上的障碍仍然与日俱增。他觉得，他的弹劾同僚们在抛弃他，而内阁在破坏他对东印度公司职员的谴责。秋天，有传言说黑斯廷斯收入委员会的前成员约翰·肖尔将接替康沃利斯担任总督。这几乎是压垮他的最后一根稻草，伯克对菲茨威廉说："我承认，这几乎把我击溃。"[90]

对肖尔的任命是令人困惑和侮辱性的，因为它危及了弹劾的目的。这一威胁让伯克担心，"我的心碎了"，他想起那些决心要在"当今和所有后世"毁掉他和他的家人的敌人们。他抗议说，他漂浮"在沉船的最后一块木板上"。[91] 在他看来，肖尔与黑斯廷斯任职时期的丑闻有牵连，而且作为东印度公司的官僚，他善于耍花招和逃避责任。[92] 伯克感到了反对这项措施的压力，因为他被福克斯的支持者们抛弃了——他向邓达斯抱怨道，

86　Ibid., p. 112.

87　Speech of Edward Law, 14 February 1792, *Speeches of the Managers in the Trial of Warren Hastings,* II, pp. 524ff.

88　EB to Henry Dundas, 22 March 1792, *Corr.*, VII, p. 112.

89　EB to Captain John Grey, post 7 June 1792, ibid., VII, p. 148.

90　5 October 1792, ibid., p. 233.

91　Ibid.

92　1792 年夏天，肖尔同康沃利斯就孟加拉的永久协议工作时，邓达斯对肖尔印象深刻。参见 Phillips, *East India Company*, pp. 69–70。

他承受着以前同僚"无端的"和"无情的"敌意。[93] 这种被孤立感一直持续到黑斯廷斯的律师完成了他们的证词。1793年春天，当他们结束递交材料时，伯克在威斯敏斯特大厅及其附近度过了他的时间。彼时，庭审从早晨持续到晚上，5月25日，伯克从上午9点到下午6点一直在场。据两天后的《世界报》报道，这一天伯克受到了马卡姆大主教的猛烈攻击。[94] 正如伯克的兄弟告诉伯克儿子的那样，"马卡姆大主教的举止很夸张"：这种"剧烈的激动和身体的抽搐"令人吃惊。[95] 在这次冲突的第二天，伯克写信给亚瑟·墨菲，强调了支撑他职业生涯的信念：他试图捍卫两个"神圣"原则，二者本质上相互依存，一是自由，二是权威。[96] 最近，在法国和印度的问题上，他被迫挑战由这些原则的扭曲所滋生的两种恶果——在法国大行其道的"自由暴政"，以及在印度泛滥的"权力放纵"。[97] 然而，每一次努力都不了了之，留给伯克的只有良心上的慰藉。

835

辩方律师于1793年5月28日结束辩护，辩论结束之迅速，令弹劾委员们措手不及。控方答辩被安排在6月5日，这使他们没有多少时间准备材料。黑斯廷斯本人也陷入困境，他希望控方将审判再延长一年。[98] 弹劾委员们确实计划延长审判，尽管伯克担心他们可能会受到议会内部"印度利益集团"的阻

93　EB to Henry Dundas, 8 October 1792, *Corr.*, VII, p. 247.

94　*World*, 27 May 1793.

95　Richard Burke, Sr. to Richard Burke, Jr., 29 May 1793, *Corr.*, VII, pp. 369–70.

96　Ibid., p. 367. 关于这些价值观在伯克职业生涯中的中心地位，参见 Richard Bourke, "Liberty, Authority and Trust in Burke's Idea of Empire," *Journal of the History of Ideas,* 61:3 (Summer 2000), pp. 453–471。

97　EB to Arthur Murphy, 26 May 1793, *Corr.*, VII, p. 368.

98　*Speeches of the Managers in the Trial of Warren Hastings,* III, pp. xxviii–xxxii.

挠。[99] 他开始对上议院主教们的阴谋，以及斯坦厄普和瑟洛还在进行的敌对计划提高警惕。[100] 6月7日，审判被获准延期，审判将于1794年2月继续。弹劾案的最后一场庭审历时最长，这迫使判决被推迟到1795年。对伯克来说，这也是悲剧的开始：他的兄弟理查德在这场庭审的前一周突然去世。伯克被击垮了，打算放弃他在威斯敏斯特的席位，将审判交给别人来进行。[101] 但到了1794年3月初，围绕证据可取性的持续争论促使伯克抗议审判的程序。为此，他开始与弹劾委员们的律师合作，根据对《上议院期刊》中过去判决的比较研究，编写了一份在弹劾案中指导法官法律态度的报告。该报告最终于4月30日提交给下议院。[102] 伯克认为，在弹劾过程中对证据规则和辩护规则的解释，为此后类似的起诉树立了一个破坏性的先例。这将削弱下议院作为控诉方的权利，并因此破坏了议会的职责。[103]

伯克报告的论点来源于他过去三年的经验，并辅以他一生对英国法律历史性质的反思。在最近这段时间里，他一再被指控是出于个人怨恨而追究黑斯廷斯的责任，并因此采用拖延战术。[104] 然而，在伯克看来，审判时间的长短取决于对弹劾案委员们的证据和他们指控的方式有多少质疑。坚持将下级法院的诉讼规则应用于这一弹劾案，为这些质疑提供了便利。辩方应用这些规则体现了他们的机会主义倾向，但伯克认为，这也是由上议院含糊的态度造成的：首先，狭隘的职业风气主导了

99　EB to Henry Dundas, 7 June 1793, *Corr.*, VII, p. 371.

100　Ibid., p. 372.

101　William Windham to Richard Burke, Jr., 11 February 1794, ibid., p. 531, editorial note.

102　伯克对即将出版的校样"极其认真"，参见 EB to John Ley, 22 April 1794, ibid., p. 539。

103　EB to Henry Addington, 14 March 1794, ibid., p. 534.

104　关于这一主题，参见 EB to Lord Loughborough, c. 17 March 1796, *Corr.*, VIII, p. 426。

上议院的议员们，而腐败也俘获了许多上议院长袍贵族。伯克早些时候就提醒人们注意一个事实，就连黑斯廷斯也承认，英国"豪门子孙"来到印度，是为了提前获得"巨额财富"。[105]这种情况使上议院成为一个腐败的裁判所，在这里东印度本地居民的案件不会得到公正的审理。伯克仔细研究了总督的备忘录，其中黑斯廷斯抱怨，他受到了来自英国"有地位和身份之人"的压力，要求黑斯廷斯为他们在印度的朋友和亲属提供优待和保护，包括那些在返回宗主国定居前，"渴望迅速获得"财富的豪门子孙。[106]这就导致了伯克所说的一种"虚假的爱国主义"，即在印度通过政治庇护获取的财富被误认为有利于东印度公司和英国的商业繁荣。这些态度也渗透到了下议院，让东方帝国的一些代表权落到了伯克所认为的"反基督的代表"手中：即那些为自己的财富而不是印度的利益服务的议员。[107]由于所有这些都不利于有效起诉犯有重罪和轻罪的罪犯，伯克认为，上议院的法律人士对弹劾程序做出的不利解释加剧了上议院的不公正。因此，需要对此进行审查和批评。

1791 年 2 月中，伯克首次系统地提出了他的批评。他明确表示，法律是他非常钦佩的专业，尽管它特别倾向于在其成员中培养团队精神。因此，他们对弹劾产生了敌意，因为弹劾是追究法律机构责任的一种手段。[108]因此，他们用程序的方式妨碍了司法正义，将习惯法的技术性问题强加给以司法身份行事的议会。司法界是由那些有人性弱点的人组成的，他们倾向

---

105 EB, Speech on Limitation of the Impeachment, 14 February 1791, *W & S*, VII, p. 102.

106 本材料引用自 EB, Speech in Reply, 14 June 1794, ibid., pp. 629–31。

107 EB, Speech on Limitation of the Impeachment, 14 February 1791, ibid., pp. 102–3. 伯克担心"印度的违法者"可能会成为"英国法律的制定者"，参见 EB, *Reflections*, ed. Clark, p. 199 [66]。

108 EB, Speech on Limitation of the Impeachment, 14 February 1791 *W & S*, VII, p. 103.

于扩大自己的权力，就律师而言，这种冲动是为了扩大其行业的管辖权，从而削弱任何"他们可能受到限制和控制的权力"。他们在另一个机构面前回避问责，因此"下议院的职责就是抵制这种倾向"。[109] 在确保这一目标的过程中，议会有权以其优越的尊严和智慧为基础，根据自己独特的先例和惯例行事，不受制于习惯法或民法的司法原则的影响。[110] 伯克 1794 年的报告旨在表明，对《上议院期刊》的彻底研究证实，这些前提是以前议会审判的基础。这是伯克要确立的关键基础，因为维护他所认为的"议会法律"是捍卫"臣民的权利和自由"的先决条件。[111] 如果司法和行政权力不能接受议会的监督，分权的宪法规定就会受到破坏。然而，这种监督取决于调查是否根据议会规定的条件进行，否则，司法机关将成为自己的法官和陪审团。正如伯克曾经引用过的一句库克在《有关英国法律制度的第四份报告》中所说的话，"正如每个法院都有法律和惯例作为其指导……议会高等法院（the High Court of Parliament）也是如此，它有自己的法律和惯例。"[112] 在实践中，这意味着采用广大法院所尊重的公开原则；在共同理解的基础上而不是在法律的技术问题上行事；在证据的使用上采取灵活的立场，包括在适当的情况下接纳间接证据；并拒绝要求议会高等法院效仿下级法院的做法。

伯克以这一建议结束了他的报告，他注意到，一个议会法院（a parliamentary court）的构成必须与下级司法机构的构

---

109 EB, *Report from the Committee of the House of Commons Appointed to Inspect the Lords Journals*, 30 April 1794, *W & S*, VII, p. 151.

110 EB, Speech on Limitation of the Impeachment, 14 February 1791, *W & S*, VII, pp. 104–5.

111 EB, *Report from the Committee*, p. 116.

112 Coke, *Fourth Part of the Institutes*, pp. 15–16, cited by EB, *Report from the Committee,* p. 120.

成相区分。在下级司法机构的审判中，法官介入证据和陪审团之间，以避免"随机"组成的陪审团由于不可避免的无知而造成错误。[113] 然而，议会高等法院中的上议院贵族的情况则完全不同，因为在没有任何法律权力介入的情况下，贵族们必须被视为等同于评估证据的人。他们"地位很高，一般受过最好的教育，对世界有足够的了解；他们是一个长久、固定和团结的法官团体，而不是偶尔的、临时的法官团体"。他们应该以这种身份，平等地进行审议和裁决。如果他们认为自己依赖专业人士的建议，并且像陪审团一样依赖法律界的指导，上议院的司法权将面临被分化的威胁，即将主教和非专业成员与律师成员分开。[114] 这还将产生另一个不利后果，即采纳专业人士狭隘和专门的判断，而牺牲了更为广阔的政治审慎。该报告旨在根据黑斯廷斯弹劾案的经验，强调由此可能产生的负面结果。在记录具体判决原因时，采取公开原则是习惯法所珍视的一个积极原则，上议院的专业化可能会废除该原则。事实上，这是法律报告背后的理论基础：与罗马法的汇编、纲要和法典不同，习惯法的记录并不依赖于最高权力的权威，而是依赖于法律推理的权威。如果没有这一程序，对约翰·汉普登拒付船款案的判决就不会受到公众的怀疑。[115] 因此，法律判决中的公开推理是使国家法律符合公众意见而非权力要求的一种手段。[116]

838

　　伯克认为，公开原则是"我们司法程序的性质和精神"的

113　Ibid., p. 192.

114　Ibid., pp. 192–3.

115　Ibid., p. 141.

116　关于公开推理（Public reasoning）这一思想在 17 世纪的历史，参见 Alan Cromartie, *The Constitutionalist Revolution: An Essay on the History of England, 1450–1642* (Cambridge: Cambridge University Press, 2006); J. G. A. Pocock, *The Ancient Constitution and the Feudal Law: A Study of English Historical Thought in the Seventeenth Century* (Cambridge; Cambridge University Press,1957, 1987).

主要组成部分,"自古以来一直如此"。[117] 然而,它的正当性并不完全取决于它的古老,也取决于它的持续效用,这一点的判断依据是实践经验和推理反思。对理性论证的公开记录有双重目的,既能保持法律体系的连续性,又能显示对既定先例的适当偏离。这促进了有序的变革而不是混乱的创新;这是逐渐改善政治的基础,也可以防止心血来潮地偏离合理的实践。它使司法规定能够跟上事务发展的步伐,尤其是伴随着商业帝国的扩张,在原则和政策上的改进。[118] 在做出影响国家权力行为的判决时,判决不应笼罩在晦涩的法律术语中,而应以广大民众能够理解的语言进行表述。伯克引用了法律权威迈克尔·福斯特的话来说明自己的观点:在议会的审判中,理应"像普通人一样说话"。[119] 求助于专业词汇不仅是对日常用语的攻击,也是对常识的攻击,意味着公民学识倒退回了启蒙前的野蛮状态。伯克用这些说法批判了古典民法的法理学,并批评其当时的追随者用"微妙的论述"取代了可行的法律实践体系。[120] 法律关注的是人的事务,而不是形而上学的实体,不能完全简化为没有余地的规则。它的应用需要根据情况来判断,而不是僵化的准则。事实上,灵活性是自由度的一个指标,在罗马公平思想的扩散和现代法学的进步之后,它伴随着更加开明的法律科学

839

---

117 EB, *Report from the Committee*, p. 142.

118 Ibid., 另见 EB, *Letter to the Sheriffs of Bristol*, 3 April 1777, *W & S*, III, p. 295。参见 William Blackstone, *Commentaries on the Laws of England* (London: 1765–1969), 4 vols., I, pp. 69–70。

119 EB, *Report from the Committee*, p. 131, citing Michael Foster, *A Report of Some Proceedings on the Commission of Oyer and Terminer and Gaol Delivery for the Trial of the Rebels in the Year 1746*(Oxford: 1762), pp. 389–90.

120 EB, *Report from the Committee*, p. 158. 伯克对罗马帝国法理学的理解,包括对斯多葛戒律的采用,依赖于 Giovanni Vicenzo Gravina, *Origines iuris civilis*(Leipzig: 1708), pp. 84–85。巴托鲁斯(Bartolus of Sassoferrato)和巴尔杜斯(Petrus Baldus of Ubaldis)被伯克认为是斯多葛派的经院继承人。

而来。[121] 在当时的欧洲，随着帝国和商业的扩张，以及随之而来的自然法和万国公法，早期法律的技术严苛性被更加文明和人道的法律判断方法取代："随着新的观点和新的事物组合的出现，这种古老的严格和过分的严厉让位于对人类的关切，规则因人类关切而制定，而不是人类关切屈从于规则。"[122]

伯克借鉴了哈德威克 1744 年在"奥穆罕德诉巴克案"（*Omychund v. Barker*）中著名的判决，以加强他的立论。[123]这起案件的关键在于证人证据的可接受性——特别是那些与印度商人"奥穆罕德"有关的证据，该商人试图向英国衡平法院提出索赔，要求收回休·巴克所欠的债务。不顾巴克律师的抗议，哈德威克裁定，英国法庭可以接受印度教证人的证据，尽管他们不可能以基督教誓言发誓。[124] 这意味着将布拉克顿、福蒂斯丘和库克就异教徒问题发表的权威法律意见搁置一边。副检察长威廉·默里，即后来的曼斯菲尔德大法官，作为奥穆罕德的法律顾问之一，引用了克里斯托弗·圣杰曼 1528 年的《论英国基本法》（*Dialogus de fundamentis legum Anglie*），大意是"理性"是所有法律的基础，因此，法律判决应服务于正义和便利，而不是一味地坚持不适用的先例。[125] 伯克接着援引检察总长达德利·赖德和首席大法官约翰·威尔斯的话来支持默里的主张，即法律规则应与案件相适应，并根据人的理

---

121 参见 Gravina, *Origines iuris civilis,* p. 86, 伯克再次引述称，罗马法在西塞罗时代自由化之前，就陷入了一种粗俗的迷信形式。

122 EB, *Report from the Committee,* p. 163.

123 Ibid., p. 164.

124 John Tracy Atkins, *Reports of Cases Argued and Determined in the High Court of Chancery*(1765–68), ed. Francis William Sanders (London: 3rd ed., 1794), 3 vols., I, p. 21ff.

125 Ibid., p. 32.

性加以修改, 以符合有利于正义的情况。[126] 接下来, 伯克请大家注意托马斯·帕克在"威尔斯诉威廉姆斯案"(*Wells v. Williams*)中所表达的观点, 即"贸易的必要性缓和了旧法律中过于严格的规则, 因为这些规则……对外来人不友好"。在此之前, 犹太人被视为异族仇人, 不被允许在英国法院提起诉讼。帕克宣称:"但现在, 商业已让世界变得更加人性化。"[127] 这个案例和默里的案例一样, 随着国际发展为正义开辟了新途径, 要求英国法律在面对普世性经验时要有自由度, 二者都因英国法律的"精神"而被受理, 而没有受到伯克所说的"人为的限制"。[128] 通过这种方式, 英国法理学才能够与"我们的商业和帝国的发展"相适应。[129] 这样一来, 伯克可以争辩说, 尽管"文明的商业"在亚洲演变成了征服和好战, 但它促进了英国的启蒙和自由。

15.4 伪 善

1794 年 5 月 7 日, 伯克写信给下议院议长亨利·阿丁顿, 概述了控方可能如何回应黑斯廷斯的辩护。[130]5 月 8 日至 27 日,

---

126 EB, *Report from the Committee,* pp. 164–5, citing Atkins, *Reports*, I, pp. 31–50. 关于该案的讨论, 参见 David Lieberman, *The Province of Legislation Determined: Legal Theory in Eighteenth-Century Britain* (Cambridge: Cambridge university Press, 1989), chapt. 4。关于曼斯菲尔德大法官的大致情况, 参见 James Oldham, *The Mansfield Manuscripts and the Growth of English Law in the Eighteenth Century* (Chapel Hill, NC: The University of North Carolina Press, 1992), 2 vols。

127 Robert Raymond, *Reports of Cases Argued and Adjudged in the Courts of the King's Bench and Common Pleas* (London: 1765), 3 vols., I, pp. 282–3.

128 EB, *Report from the Committee*, pp. 167–8.

129 Ibid., p. 168. 本着同样的精神, 伯克也借鉴了弗朗西斯·布勒和约翰·冯布兰克的观点。伯克认定布勒是黑斯廷斯的同伙, 参见 EB to William Windham, 8 January 1795, *Corr.*, VIII, p. 113。

130 *Corr.*, VII, pp. 540–1.

格雷、谢里丹、福克斯和泰勒发表了他们的最终陈述。5 月 28 日，伯克开始了他的答辩。这篇恢宏的演讲持续了九天，从重述起诉案件的主要依据开始，到重申贝拿勒斯和别姬指控条款的主要内容，然后概述了"礼物指控"和"合同指控"的要义。伯克回顾了弹劾开始时提出的许多论点，但他也利用这个机会开辟了新的领域。这包括对黑斯廷斯性格的分析，驳斥任何认为他是一位尽管残忍但英勇的征服者的说法，伯克提醒法官们，"我们从未说过他是老虎和狮子"。"不，我们说他是黄鼠狼和老鼠。"[131] 在这里，伯克回到了一个有关黑斯廷斯的论述，在 1789 年开启"礼物指控"时，他就已经开始了这一论述。他的目的不仅仅是通过将黑斯廷斯同动物界中一些更堕落的生物进行比较来贬低他。他还把黑斯廷斯比作"一群蝗虫"中"一只可鄙的虫子"，这只虫子比野外最强大的野兽更具破坏力。[132] 但要点很明确：一个阴险腐败的生物可能比英勇的暴力所造成的劫掠更具有灾难性的破坏力。黑斯廷斯于 1760~1761 年在孟加拉签订了牛犊合同，伯克一再提请人们注意这一不道德的雇用行为。但他无意将此解释为对社会的轻视。相反，这是一种政治歧视。伯克认为，黑斯廷斯不适合统治；他"被授予了不应得的巨大权力"。[133] 他是一个卑鄙且有抱负的商业承包商，倾向于为自己的直接利益服务，因此不适合负责国家的重大事务。"我们没有指责他有征服者的恶习"：这些恶习随着时间的推移可能会转变为政治家的美德。不同于斯密，伯克认为，没有什么能限制商人或承包商行使权力——同样，这些角色也不具备政治家的才能。然而，腐败的承包商导致了一个特有的

841

---

131 EB, Speech in Reply, 28 May 1794, *W & S*, VII, p. 277.

132 Ibid.

133 Ibid.

问题：伟大的官员，就像伟大的商人一样，可能会越过眼前的工作重心而愿意履行公共责任，但奸商只会一直关心如何攫取利润。

伯克指出，黑斯廷斯是一个"官僚产物"。[134] 他的种种恶习是卑鄙的，而不是伟大的，但同样带来了可怕的后果。官僚腐败像瘟疫一样蔓延，贿赂和勒索的文化大肆盛行。英国参与南亚事务的经验表明，微不足道的人可能同样令人讨厌，而且可能更加令人讨厌。卑鄙和唯利是图的习惯可能会毁掉整个文明："具备这样思想的人被赋予不相当的权力，这种思想和权力的不相称对一个国家造成的伤害……比最骄傲、最强大的征服者还要大。"[135] 帝国征服的口号最好借用维吉尔的名言——放过臣民，打败压迫者。[136] 这样一种武力行使保证了在屠杀和破坏之后的良性重建。然而，腐败的权力假装行事正直，而实际上却以诡计运转。因此，它产生了一系列"假冒的、虚伪的美德"，这比残忍本身更有害。[137] 赤裸裸的、暴力的激情行为容易受到节制，而原则性剥削则是彻底的、毫不留情的。因此，"没有原则总比政府虚假的原则要好"。[138] 黑斯廷斯在假装有公德的同时，受到卑鄙、狡猾的私利的驱使，剥夺了其臣民的权利、财产、差异、习俗、法律和荣誉感。[139] 为了反对这种建立在东方奴隶制幻想之上的专制冲动，伯克不认同卢克·斯克拉夫顿的说法，即在亚洲，社会是围绕等级、公平、特权和尊

---

134 Ibid.

135 Ibid., 5 June 1794, p. 383.

136 Virgil, *Aeneid*, VI, l. 853, cited in EB, Speech in Reply, 5 June 1794, *W & S*, VII, p. 286.

137 Ibid., 28 May 1794, p. 232.

138 Ibid., 30 May 1794, p. 289.

139 Ibid., p. 284.

重建构的。[140] 伯克认为，实际上，英国人的统治是对这种结构的攻击，而黑斯廷斯完善了这种攻击。1794 年 6 月 14 日，在他演讲的倒数第二天，他回顾了黑斯廷斯是如何被派去改革一个腐朽的行政体制的。那时，"黑斯廷斯先生本应摒弃一个牛犊承包商的所有习惯"，因为他被要求扮演"一个伟大的大臣，前去改革一个充满权力滥用的体制"。[141] 但相反，在他所到之处，权力滥用像毒药一样传播开来。

这不是对黑斯廷斯出身的攻击，而是对他人品的攻击。他一直为自己辩护，称自己继承了一种恶性的制度。伯克的说法是，黑斯廷斯通过发挥自己明显"可恶的才能"来服务于他"更可恶的人品"，使一个功能失调的行政机构进一步畸形化。[142] 他生性拒绝约束，正是这一点使他对民众施以暴政。伯克总结道："作为暴君，黑斯廷斯也是反叛者。"这两个角色源于同一种基本态度，只取决于其表现的机会："根据关系的不同，他在高位时是暴君，在低位时是反叛者。"[143] 黑斯廷斯需要适当的工具来达到他的目的，他声称在治理，实际上在压迫。为此，他不得不通过伪装进行管理，"没有一件事以真实的情况示人"：奴性的剥削者伪装成可敬的统治者，真实的王公们却像是长期的奴隶。[144] 但最终是总督在幕后操纵，指挥了"一场印度的戏剧，一部由欺诈、蒙骗、诡计和滑稽角色组成的戏剧"。[145] 令人惊讶的事实是，只需要很少的操纵就能产生如此

140 Ibid., 28 May 1794, p. 279, 引自 Luke Scrafton, *Reflections on the Government of Indostan* (London: 1770)。关于争论的背景，参见本书第 12 章第 5 节。

141 EB, Speech in Reply, 14 June 1794, *W & S*, VII, pp. 619–20.

142 Ibid., 5 June 1794, p 386.

143 Ibid., 3 June 1794, p. 339. 参见 ibid., 5 June 1794, p. 400。

144 Ibid., p. 388. 参见 p. 414。

145 Ibid., p. 409.

巨大的效果。在印度的大英帝国由"三类人"组成：构成旧政权的少数穆斯林、掌握土地和资本的多数印度教徒以及实行统治的英国人。最后一类人"少得可怜"，事实上"几乎不值一提"。[146] 然而，他们通过控制收入和武器掌握了巨大的权力。伯克认为，黑斯廷斯善于寻找合适的本地人合作，但他也可以利用东印度公司的骨干员工为自己的目的服务。在旧的穆斯林统治阶级的消亡以及印度土地利益的日益贫瘠中，这些雇员发挥了至关重要的作用。他们成为黑斯廷斯现成的剥削工具：他们渴望成功，却没接受过教育，也没有值得敬仰的榜样，他们要么被遗忘，要么成为腐败的同谋。[147]

伯克已经花费了大量的精力，在议会面前论述了东印度公司职员对孟加拉政府造成的破坏。这些破坏体现在东印度公司在卡纳提克的对外关系、贝拿勒斯的形势以及罗希尔坎德的事务上。在他的答辩演讲中，伯克再次总结了自己的主要结论，但特别提及阿瓦德的事务，这是二十条原始弹劾条款中第十四条的主题。[148] 自1724年以来，"与英格兰差不多大小"的阿瓦德作为莫卧儿帝国内的一个准独立省，享有有效的自治权。[149] 在1764年的布克萨尔战役后，它与英国达成了协议，最终于1773年签署了《贝拿勒斯条约》。这使阿瓦德的维齐尔——苏贾·乌德·达乌拉——有义务接受驻扎在他领土上的军队，还要为"这种特权"向英国支付补贴。在1775年的《法扎巴德条约》中，维齐尔的继任者阿萨夫·乌德·达乌拉同意增加这一补贴，同时将贝拿勒斯割让给东印度公司。东印度公司对阿

843

---

146 Ibid., 12 June 1794, pp. 568–9.

147 Ibid., 14 June, 1794, pp. 616–17.

148 EB, Articles of Impeachment, 14–28 May 1787, *W & S*, VI, pp. 147–56, 201–58: 即第二条和第十二条至第二十条。

149 引文参见 *W & S*, VII, 5 June 1794, p. 383。

瓦德事务的介入不断加深，维齐尔对公司的依赖随着其债务的
增加而增加。[150] 为了保证他们的补贴，东印度公司开始控制
这个国家的收入，还开始掠夺一些财宝。这些活动多数是由公
司驻维齐尔朝廷（位于勒克瑙）的常驻人员进行的，大部分由
纳撒尼尔·米德尔顿与约翰·布里斯托交替完成。正如伯克所
说，他们同随行的官员和军事人员一起，像"一群蝗虫"一样
在这个国家蔓延。[151] 在 1781 年缔结《丘纳尔条约》之后，他
们的剥削行为更加严重。[152] 尽管承诺减轻这一负担，但征收工
作仍在通过外包给军官的方式继续，这导致了直接敲诈和压迫
的指控。

　　伯克坚持认为，这一切都是对万国公法的侮辱。在他演
讲的第二天，他开始考虑一个统治者对其附属国应尽的义务。
这种义务不仅与公约有关，还由自然法本身规定。为了得出
这个结论，伯克借鉴了瓦特尔的著作，而不是格劳秀斯的权
威。[153] 在 1760 年和 1793 年翻译成英文的《万国公法》（*Le
droit des gens*）中，瓦特尔首先介绍了"万国公法"这一概
念出现的历史，展示了在当时的年代，格劳秀斯的不充分概
念——将"万国公法"简化为"人类的共同同意"，是如何让
位于"万国公法的真正概念"的，巴贝拉克在格劳秀斯的《战

150　Cuthbert C. Davies, *Warren Hastings and Oudh* (Oxford: Oxford University Press, 1939).

151　EB, Speech in Reply, 3 June 1794, *W & S*, VII, p. 381.

152　关于该条约影响的讨论，参见 Barnett, *North India Between Empires*。

153　EB, Speech in Reply, 3 June 1794, *W & S*, VII, 30 May 1794, p. 291. Cf. ibid., p. 282, 一国
　　 "在与异国权力进行一切协商时，必须按照已知的、公认的万国公法规则行事，无论其
　　是主权或看似主权的国家，是从属还是独立的国家"。伯克对瓦特尔的批评，参见 EB,
　　Remarks on the Policy of the Allies (1793), *W & S*, VIII, p. 474, 以及本书第 8 章第 6 节、第
　　14 章第 7 节和第 16 章第 2 节。F. P. Lock, *Edmund Burke: 1730–1797* (Oxford: Clarendon
　　Press, 1998–2006), 2 vols., II, p. 454, n. 66, 暗示伯克对瓦特尔的沉默一定程度上是一种
　　说辞。

844　争与和平法》的注释中对格劳秀斯的论点做出的调整体现了这
一真正概念。[154]格劳秀斯认为"国际权利"的权威源于国家间
的惯例，巴贝拉克对此提出了异议，并引述了迪奥·克里斯托
姆的观点，即法律是建立在习惯之上的。[155]为了阐明自己的观
点，瓦特尔对此表示反对，他请读者参考普芬多夫的主张，即
万国公法与自然的基本法则是一致的。[156]瓦特尔接着指出，万
国公法虽建立在自然法基础上，但需要在实践中修改其原则，
这种理解是克里斯蒂安·沃尔夫的特殊成就，他本人也打算在
此基础上发展自己的观点。[157]在答辩演讲中，伯克提到了瓦特
尔在《万国公法》第一卷第十六章中提出的一项特殊的实践原
则。[158]这涉及一个弱国因条约依赖于一个更强大的霸主，那么
其就应该得到保护。瓦特尔一直在考虑奥地利公爵对卢塞恩市
的责任。然而，尽管瓦特尔有所谓的"共和"思想，伯克还是
将他的思想应用到了贝拿勒斯和孟加拉的关系上。[159]同样的原
则也适用于东印度公司与阿瓦德的关系。如果一个强大的邻国

154　Emer de Vattel, *The Law of Nations, or the Principles of the Law of Nature, Applied to the Conductand Affairs of Nations and Sovereigns*, eds. Béla Kapossy and Richard Whatmore (Indianapolis:Liberty Fund, 2008), pp. 8–9.

155　Hugo Grotius, *The Rights of War and Peace*, ed. Richard Tuck (Indianapolis, IN: Liberty Fund, 2005), 3 vols., I, pp. 162–3. See Dio Chrysostom, *Orationes* , De consuetudine, LXXVI, 1.

156　Grotius, *Rights of War and Peace*, I, p. 163, Barbeyrac's note 3, referencing Pufendorf, *De iurenaturae*, II, iii, 23. 伯克也这样认为，参见 EB, Speech in Reply, 30 May 1794, *W & S*, VII, p. 291: "万国公法……是理性的法律和自然的法律，纯粹源自道德。"

157　Vattel, *Law of Nations*, p. 10. 关于瓦特尔与沃尔夫的关系，参见 Simone Zurbuchen, "Vattel's Law of Nations and Just War Theory," *History of European Ideas,* 35 (2009), pp. 408–17, revised in Isaac Nakhimovsky, "Carl Schmitt's Vattel and the 'Law of Nations' between Enlightenment and Revolution, *Grotiana*, 31 (2010), pp. 141–64。

158　EB, Speech in Reply, 30 May 1794, *W & S*, VII, p. 291.

159　Vattel, *Law of Nations,* p. 209. 关于伯克对瓦特尔明显放纵"民众权利"以主张国家主权的批评，参见 EB, *Remarks on the Policy of the Allies* (1793), *W & S*, VIII, p. 474。

未能确保其必须提供的保护，就免除了其依附国所有相应的义务。[160]

1781 年 9 月 19 日，在贝拿勒斯的查特·辛格起义后，黑斯廷斯会见了阿萨夫·乌德·达乌拉，同意免除他的一些负担，这些负担主要来源于英国持津贴者及驻扎在他领土上的军队所产生的费用。同时，他决定继续使用军事人员管理短期收入农场。事实证明，所有救济承诺都没有兑现，提高效率的措施被证明是压迫性的。与贝拿勒斯的情况一样，东印度公司违背了其保护义务，叛乱是正当的结果。根据瓦特尔的说法，"契约"已经"解除"，因此弱势的一方有权恢复其权利。[161] 伯克认为这个判断适用于阿瓦德的情况，他曾在弹劾条款中的第 13 条指出，该地区受到东印度公司的保护，因此，总督必须关注其繁荣，并"虔诚地避免任何有损其利益的行为"。[162] 当黑斯廷斯未能兑现这一承诺时，该地区的民众显然会"像达成共识一样"奋起反抗。[163] 伯克当时对事态发展的理解很大程度上来源于罗伯特·霍尔特的证据，他从 1779 年担任驻维齐尔王宫的常驻助理，他目睹了在亚历山大·汉奈上校治下的巴赫赖奇和戈拉克普尔地区的情况。[164] 霍尔特证实，他们使用体罚，将"反抗的柴明达尔"用铁链捆绑关押在淤泥和竹子做成的笼子里，贫困人口流离失所，儿童在困难时期被买卖。[165] 伯克认为，

845

---

160 Vattel, *Law of Nations,* p. 208.

161 Ibid., p. 209.

162 EB, Thirteenth Article of Impeachment, *W & S*, VI, p. 216.

163 EB, Speech in Reply, 5 June 1794, *W & S*, VII, p. 417.

164 *Minutes of the Evidence Taken at the Trial of Warren,* I, pp. 381–2.

165 Ibid., pp. 283–5.

这导致了一场"大起义"，以回应对自然权利的侵犯。[166]

伯克认为，两项权利尤其受到侵犯。首先，涉嫌强迫买卖儿童的行为违反了自然秩序："上帝给予父母对自己孩子的爱，是人类第二次结合的第一个果实，是社会的第一个纽带和第一个社会组成。它比任何法律都强大，因为它是自然法则。"[167]第二，受困之人流离失所，是对个人对其"出生地"自然依恋的公然冒犯，并很可能是由直接压迫导致的。[168]因此，伯克声称，汉奈（Hannay）统治下的当地臣民"因正义而奋起反抗"，以回应一个公然违背"法律和民众权利"的实际统治者。[169]正如伯克所见，1776—1784年间，黑斯廷斯"掌握了整个乌德政府（Government of Oude）"，因此他理应对滥用权力负责。[170]无论如何，在伯克看来，他做出的所谓的改善，尤其是1781年的《丘纳尔条约》，几乎是故意失败的。黑斯廷斯拒绝履行自己在阿瓦德的承诺，被认为是一种更大范围的背信弃义。既然政府的事务交由总督处理，他就有责任承担起三大职责：定期管理税收，维护地方行政机构的秩序，以及确保民众的动产和不动产的安全。[171]黑斯廷斯不仅没有履行这些义务，还违反了这样做的明确承诺。

846   这说明了总督在多大程度上破坏了帝国的信誉。伯克认为，诚信原则可能会使印度成为合法的征服地——世界上有史以来"最光荣"的征服地。然而，这个机会却因"无休止的背

---

166 EB, Thirteenth Article of Impeachment, *W & S*, VI, p. 220; EB, Speech in Reply, 5 June 1794, *W &S*, VII, p. 417. 有人反对伯克，声称法扎巴德的贝加姆煽动起了起义。

167 Ibid., p. 416.

168 Ibid.

169 Ibid., p. 417.

170 Ibid., p. 394.

171 Ibid., p. 412.

信弃义"而丧失了，这恰恰是黑斯廷斯做事的特点。[172] 如果大英帝国要垮台，它将因暴力和失信而垮台；它只能通过公众信任得到维护。[173] 然而，在黑斯廷斯统治下，大英帝国的运作方式是暴力征服和没收，其仿佛在模仿雅各宾派的病态行为。1794 年 6 月 16 日，伯克在演讲的最后提到，自 1789 年以来，法国发生的一系列事件，是人类有史以来最令人震惊的"道德灾难"。[174] 在过去五年里，法国和欧洲的道德和政治意识发生了巨大的变化，在这场风暴中，上议院只能用正义来应对时代的巨变。如果英国议会上下两院遭受巴黎高等法院的命运，他们唯一的慰藉将是其所遵循的美德。黑斯廷斯审判中的正义将是对"印度主义"的一次打击，因为它代表了一种在公共生活中支持道德的立场。但伯克暗示，这也将等同于对雅各宾主义的一种反对，因为印度的腐败也具有同样的掠夺和压迫倾向。当罪恶的浪潮要压垮文明的处事之道时，捍卫正义是一种反抗方式。不管沃伦·黑斯廷斯面临什么，即使地球被"烧成灰烬"，正义的原则仍将继续存在。[175]

1794 年 6 月 20 日，下议院对弹劾案的委员们发表了感谢演讲。伯克的回应是提醒下议院，他没有批评东印度公司的个别职员，而是试图通过揭发掌舵的总督，来指责印度的贪污腐败现象。[176] 第二天，伯克写信给菲茨威廉，"我已履行了与公众的约定"。[177] 那天晚上，他申请了齐尔滕百户（Chiltern Hundreds）的管理职位，这是王室的受薪职位，也是放弃下议

---

172 Ibid., p. 390.

173 Ibid., pp. 392–93.

174 Ibid., p. 693.

175 Ibid.

176 EB, Speech on Vote of Thanks to the Managers, ibid., p. 695.

177 EB to Earl Fitzwilliam, 21 June 1794, *Corr.*, VII, p. 552.

院席位的传统方式。现在，他很高兴能逃离威斯敏斯特每日的喧嚣，他认为自己已经与他所说的"我们时代的两大罪恶——印度主义和雅各宾主义"做了斗争。[178] 这是一场漫长的斗争，用他对皮特的话说，"可能是一场徒劳无功的斗争。"[179] 8 月，伯克的儿子理查德去世，1795 年 4 月，黑斯廷斯被判无罪，这无疑让伯克更加绝望。7 月下旬，伯克儿子的病情正严重恶化，他曾告诉弗伦奇·劳伦斯，他是否会在退休后从事新工作，将取决于理查德的康复情况。[180] 8 月 2 日，理查德去世，伯克懊悔不已，他对菲茨威廉说，"我没有珍惜我的爱子"。[181] 1794 年 8 月 30 日，他接到皮特的消息，他将从王室专款中获得津贴，他对未来的保障感到高兴，但也痛心于自己的儿子无法受益。[182] 他向劳伦斯吐露："这不过是在浇灌枯萎的老树桩罢了。"[183] 然而，当黑斯廷斯的审判结果最终公之于众时，伯克的悲痛之情并没能遏制他的怒火。正如他在次年 5 月给邓达斯的信中所说，上议院"永失荣光"。[184]

对黑斯廷斯的裁决是在 1795 年 4 月 23 日做出的。上议院议员以 29 票的多数票宣布黑斯廷斯无罪。[185] 5 月 13 日，东印度公司的一批股东发出通知，表示他们打算召集一次股东大会，以期找到一种方法来报答黑斯廷斯为东印度公司做出的贡

178　Ibid., p. 553.

179　EB to William Pitt, 25 June 1794, ibid., p. 554.

180　EB to French Laurence, 31 July 1794, ibid., p. 562.

181　EB to Earl Fitzwilliam, post 4 August 1794, ibid., p. 568.

182　Ibid., pp. 574–5. 伯克在这一背景下写了一本简短的政治自传，证明他自 1782 年以来的行为是正确的，参见 OSB MS. File 2235。

183　Extract from MS. letter cited in *Corr.*, VII, p. 575.

184　EB to Henry Dundas, 13 May 1795, *Corr.*, VIII, p. 240.

185　该辩论和最终投票，参见 *Debates of the House of Lords, on the Evidence Delivered in the Trial of Warren Hastings* (London: 1797)。

献，并赔偿他因弹劾而遭受的损失。伯克感到震惊：他抱怨
说，这等于向苦难的印度人征税。[186]第二天，邓达斯向他保证，
他的担心是没有根据的，因为必须经过印度事务管理委员会的
同意才能向黑斯廷斯支付款项。[187] 6 月初，股东大会决定赔偿
黑斯廷斯。"他们不会满足于逃脱，"伯克对邓达斯说，"他们
一定要取得胜利。"[188]令伯克感到宽慰的是，王室法律官员裁
定，未经政府同意，东印度公司不能向其前总督授予年金。尽
管如此，股东大会还是要求该公司的董事长和副董事长在 10
月与政府讨论这一问题。在冬季几个月的时间里，双方达成了
协议，伯克在 2 月份得知了和解的消息。他向邓达斯抗议说，有
些事情是"不能妥协的"。[189]他愿意牺牲与这位大臣的关系，以
确保自己的名誉：他宁愿流亡、坐牢或乞讨，也不愿妥协，承认
起诉是恶意的，"我不能在入土前留下这样一个指控，作为我的
纪念碑"。[190]

1796 年 3 月 1 日，邓达斯领导下的印度事务管理委员会正
式批准了黑斯廷斯的年金。伯克随即与邓达斯决裂，这严重刺
痛了他，引起了他所说的"难以言表的痛苦"。[191]给予黑斯廷
斯的指控者年金，随后又给予黑斯廷斯年金，这让伯克无法承
受。"这是罪大恶极的，"伯克向菲茨威廉宣布，他计划向议会
请愿，作为他的"临终提案"。[192]同一天，他致信下议院议长，

848

186　EB to Henry Dundas, 13 May 1795, *Corr.*, VIII, p. 240.

187　Ibid., p. 241.

188　5 June, ibid., p. 260.

189　EB to Henry Dundas, post 3 February 1796, ibid., p. 385.

190　Ibid., p. 386.

191　EB to Dundas, 6 March 1796, ibid., p. 401.

192　EB to Earl Fitzwilliam, 6 March 1796, ibid., p. 403; EB to the Duke of Portland, 6 March
　　1796, ibid., p. 404.

并写了一句不祥之语："就算天塌下来，也要伸张正义。"[193] 正如他在前一天向威廉·温德姆明确表示的那样，事实上他以为天要塌了。[194] 年迈、虚弱、垂头丧气的伯克从未请求下议院，反对政府对黑斯廷斯的奖励。劳伦斯建议伯克，在他关于弹劾案的演讲稿中加上一段介绍性的历史，这将是他对所发生的事情最好的抗议。[195] 拉夫伯勒勋爵已经写信给伯克，解释说，赔偿损失不是一种奖励，而且无论如何，在有良心的公众心目中，黑斯廷斯已经被判无罪了。公众难以铭记贝拿勒斯的叛乱，对他们来说，伯克对一个被宣判无罪的爱国者的追讨，似乎是在报复。然而，伯克的愤怒并没有平息。他怒不可遏地做出了回应，连续起草了三份动议，以自我辩护的形式来表现自己的沮丧。[196] 对拉夫伯勒这样的人来说，关于印度的辩论只是英国政治中的一个筹码；对伯克来说，它则包含了深远的意义。14 年来，他一直致力于帝国的正义事业，此时他更不会屈服于一个迟到的共识，即对黑斯廷斯的指控是毫无根据的。

人们可能很容易把伯克的固执看作是一种正义的教条主义，但这忽略了他信念的本质。除了在 1785 年就阿尔乔特的纳瓦布的债务问题而与政府争执不下外，伯克在大多数情况下都努力与历届政府合作，主要是因为他们之间有共同的立场。他们都认为，英国对印度次大陆的管理造成了巨大的不公正，东印度公司与这些长期存在的违法行为不无关系，而黑斯廷斯对腐败负有首要的责任。这不是伯克个人的恶意结论，而是 18 世纪 70 年代和 80 年代历任政府和反对派的共同看法。如果

193　Ibid., p. 405："为实现正义，哪怕天崩地裂。"

194　Ibid., p. 404："神的道路是无法到达的。但我想门闩会掉下来的。"

195　French Laurence to EB, 15 March 1796, ibid., p. 418.

196　EB to Lord Loughborough, c. 17 March 1796, ibid., pp. 422–3, 423–5, 425–35.

诺斯、罗宾逊、邓达斯和皮特所说的都是真心话，那么在印度发生的严重违反政府职责的行为就是被允许的。假装这些行为从未得到支持是毫无意义的，而伯克也不会参与对其虚伪的修正。在 1780 年春天的讨论会上，诺斯明确表示，他认为黑斯廷斯"难辞其咎"。当时是吉尔伯特·埃利奥特、曼斯菲尔德勋爵和其他人的介入救了黑斯廷斯。[197] 特别委员会与秘密委员会是在这种不安中发展起来的，这使得邓达斯和伯克一致认为，总督是这两个委员会揭露出的罪恶的"真正原因"。在邓达斯的怂恿下，亚当·弗格森提议召回黑斯廷斯。[198] 邓达斯还在下议院通过了 45 项决议，为管理印度次大陆制定了有效的"法律法规"。[199] 同样说明问题的是，福克斯和皮特的印度法案都有一个共同目标，即将印度的治理权从东印度公司手中夺过来。像福克斯的委员们一样，印度事务管理委员会的目的是结束利德贺街和总督之间的勾结：尽管黑斯廷斯导致了东印度公司的恶行，但公司高层对黑斯廷斯的谴责都以纵容他的项目和计划而告终。黑斯廷斯从来不是他们的雇员，而是秘密地成了他们的"主人"——这名长期违抗指示的雇员成功俘获了他所反对的公司高层。[200] 上议院的裁决无意中顺应了这种勾结，而下议院此时实际上纵容了这种共谋行为。这种做法威胁到了英国宪法的完整性，并违反了基本的正义原则。

现在回过头来看，人们担忧光荣革命的解决方案存在潜在的颠覆性，这是一种过分的谨慎。但事实上，如果把这一方案

197　Ibid., p. 429.

198　Ibid.

199　Ibid., p. 430.

200　Ibid., p. 431.

看作是一种解放的话，它有可能造成致命的腐败。在伯克的大部分职业生涯中，这种恐惧一直困扰着他。这种担忧并非毫无根据：一部宪法也是一份契约，可能会被巧妙地瓦解。由于这项契约涉及竞争对手，因此，一方的扩张是以牺牲另一方为代价的，这对契约的整体平衡构成了严重威胁。王室通过其帝国所获得的权力是政治失衡的一个可能原因；帝国各殖民地对其政府的牵制则是另一种腐败手段。伯克提醒拉夫伯勒，《权利宣言》的目的原本是要遏制王室的否决权，但"同对公司的放纵相比"，这看上去不过是一项"无足轻重的条款"，"该公司被允许不受法律约束，同时控制着一个庞大帝国的资源"。与东印度公司的权力相比，詹姆斯二世的统治只是一个"微不足道的空壳"，但该公司却向议会发号施令，其方式足以激怒任何辉格党人。[201] 无视正当程序会助长"政治动乱"，这将破坏英国政治的框架，正是这一框架使得英国免受无政府状态的影响。因此，印度主义同雅各宾主义一道，对英国政府构成了威胁。伯克总结道，印度主义是"迄今为止最糟糕的"，因为它消磨掉了应付反对财产和宗教的叛乱的手段。[202] 宪法的适当性为正当程序提供了保护，而正当程序则确保了社会和政治不发生崩溃。无视法律和政府以及规范他们的程序，就是对社会纽带的破坏："它为雅各宾派提供了反对所有规范（*formal*）政府的最有力武器。"[203]

在他给拉夫伯勒回信时，伯克起草了他给邓达斯的最后一封信。[204] 他希望对黑斯廷斯审判中所提供的证据进行分析，并

---

201 Ibid.

202 Ibid., p. 432.

203 Ibid.

204 有三个草案幸存，参见 ibid., pp. 435–3, 436–7, 437–42。

附上评论意见，以留下该案的记录。[205] 这场磨难应该成为英国历史的一部分。事实上，这是下议院唯一一次败诉的审判，也是唯一一次没有公布诉讼程序的弹劾。[206] 他承认自己对所发生的一切感到"痛心"和"受伤"，这一切伤透了他的"心"。[207] 伯克认为，为了追讨贬低人性的系统性犯罪行为，自己已经忍受了多年的迫害，失去了财富、地位和机会。[208] 现在，他为后代所赢得的声誉也受到攻击，而他所做出的长期努力可能受人唾骂和鄙视。由于他和黑斯廷斯都因为英国的利益服务而得到奖赏，众多苦难的印度民众可能会把弹劾看作是一场骗局。这种前景是可怕的，但这是伯克在生命最后的一年半里被迫接受的一种可能性。

205　Ibid., p. 439.

206　EB to Henry Addington, 7 March 1796, ibid., p. 405.

207　EB to Henry Dundas, c. 17 March 1796, ibid., p. 436.

208　Ibid., pp. 437–8.

第十六章

革命的高潮：英国、爱尔兰和法国，1793—1797

图 9　退休后的伯克（otium cum dignitate: 有尊严的闲适），正在忧虑弑君法国未来和平的可怕后果。詹姆斯·塞耶斯，《弑君以求和平的思考》（1796 年）。BM8826，私人收藏（引自罗宾逊，第 182 页）。

16.1　导　语

1793 年 2 月 1 日，当黑斯廷斯的辩护律师在弹劾审判中对控方做出回应时，法国向英国宣战。九天后，作为回应，皮特政府发表了战争宣言。伯克现在认为，法国的领土被一个严酷的共和国占据，这个共和国用对军事美德的热情取代了友好和文明的文化。鉴于大英帝国面临的紧急情况，伯克认为福克斯的立场是在帮助法国。为此，在 1793 年 2 月至 6 月间撰写的《对少数派行为的观察》中，他努力使波特兰及其追随者脱离福克斯辉格党的控制。然而，对 1784 年皮特计谋的记忆一直笼罩在伯克曾经的党内同僚心中，这使他们一致反对政府。直到 1794 年 1 月，波特兰公爵才把他的威望借给政府。第二年夏天，他与皮特政府正式结成联盟，而福克斯党人仍然在野，并人数寥寥。

1793 年夏天，法国西部旺代地区的起义正在进行。对伯克来说，此时同样令人鼓舞的是，反法盟军夺回了奥属尼德兰的大部分地区。随后在 7 月 23 日，德意志联盟军最终夺回了美因茨。然而，伯克很快就感到绝望，因为反法盟军没有乘胜追击。1793 年 12 月，拿破仑夺取了土伦。更令人失望的是，在接下来的几个月里，普鲁士和沙皇俄国因波兰的第二次分裂而分心；1794 年 6 月，反法盟军在佛兰德斯投降。伯克哀叹反法盟军没有试图进军巴黎。他也对任何可能使敌人做出妥协的建议感到不安。他对法国政治派别之间的区别并非视而不见，但他相信，法国革命的各党派都有一个共同的愿景，那就是脱离欧洲的规范。从拉法耶特到巴雷，一连串的共谋者都发誓反对任何反映秩序社会的政府体制。对伯克来说，这标志着他们反对建立一个真正的混合政体，在这种政体下，世袭财产将得到保障。对伯克而言，一部有效的宪法应该反映既有的社会力量，使其制衡体系得到基本的等级划分的支持。由此可见，一个迎合无差别"民族"的单一政体会导致持续不断的暴政。在伯克看来，这种法国式的暴政采取了军事共和国的形式，致力于通过文化和领土的扩张来传播其理论。

尽管 1793 年爱尔兰进行了重大改革，但仍然卷入了这种扩张进程中。伯克希望，在皮特-波特兰联合政府下被任命为爱尔兰总督的厄尔·菲茨威廉，可以将天主教徒从最后的反天主教法中解救出来，使大多数人有权利参与议会事务。然而，到 1795 年春天，菲茨威廉的总督生涯以失败告终。在人生最后的两年里，伯克痛斥都柏林政府的短视，认为其只拘泥于维护新教优势。对伯克来说，"优势"意味着对霸权的渴望，而无视所有合理的宗教改革原则。面对新教徒在爱尔兰的迫害狂热和偏执的无神论在法国的盛行，他渴望欧洲各基督教教派之间进行友好合作。在他看来，爱尔兰的罗马天主教徒提供了一种宗教改革模式，其让人想起原始教会的模样：宽容、尽职尽责、不讲排场。然而，由于都柏林政府对天主教捍卫主义者（Catholic Defenderism）采取强制措施，其信徒正在向爱尔兰人联合会靠拢。脱离新教统治在爱尔兰所有主要宗教派别中越来越得到支持。然而，对伯克而言，爱尔兰居民只能在英国的仁慈统治和法国的民众专制之间做出选择。可悲的是，在试图管理面临这种选择的民众时，爱尔兰政府迫使天主教群体倒向了支持革命。

现在，反法联盟国在战争中的命运看起来很严峻。1795年 1 月初，巴达维亚共和国宣布成立。三个月后，腓特烈威廉二世的普鲁士与法国讲和。那年夏天，流亡王室的部队在布列塔尼海岸的基伯龙湾被击败。现在，欧洲大陆看起来似乎很容易被雅各宾主义征服。在此之前两个月，伯克曾考虑过是什么为欧洲革命提供了土壤：极度奢华在特权阶层中滋生了一种自我满足的态度，而新兴的人才则被排斥在宫廷的重要职位之外。[1] 经济萧条和小麦价格的上涨使得人们更强烈地呼吁"人的权利"。1795 年秋天，英国歉收，导致玉米短缺。这推动了人们对市场监管的呼吁，以及贫富之间的敌对言论。作为回应，在英国政府表示准备与法国讲和时，伯克为财产权发起了一场有力的辩护。在《关于匮乏的思考和细节》中，他为积累的资本辩护，认为这有利于劳动者，一个自由的粮食市场是防止饥荒的最佳措施，改善劳动者的状况有利于提高生产力。1796 年，在《致一位勋爵的信》中，伯克痛斥了这位贵族将大量财富闲置不用的行为，他将这种对生产制造的责任与他对可继承财富的优势的认识相结合。伯克可以理解自法国革命以来日益强烈的阶层对抗情绪，但他仍决心发表他对其反作用后果的看法。

在 1796 年秋至 1797 年春期间，伯克坚持反对英国的和平姿态，他明确说明了他所认为的法国革命的代价，以及革命的价值体系将如何影响欧洲的未来。通过哲学说教和军事交战，革命已根除了法国对因袭权利的依附，并有可能威胁到邻国。这从整体上破坏了财产制度，对所有社会成员的财富构成威胁。它也损害了人们对政府权威的信任，伯克认为，没有这种信任，自由最终会消失。最后，由于法国革命发动了破坏宗教的运动，伯克担心它正在侵蚀基于自我克制的道德基础。在这一点上，他又回到了他最早关心的一些问题，认为仅凭荣誉感不足以维持对义务的责任。如果没有良心的约束，道德价值就会瓦解为变幻无常的品味。正如我们所看到的，伯克认为，在卢梭思想的影响下，这将迎来一个虚假的"人道"时代。在卢梭的影响下，出于对抽象规范的尊重，普通的感情会被压

854

1　EB, *Letter to William Elliot* (26 May 1795), *W & S*, IX, p. 39.

制，对人的抽象的爱会助长对个人的蔑视，而对社会进步最空洞的幻想将导致无尽的痛苦。

16.2　欧洲的革命战争

到了 1793 年 1 月 4 日圣诞节休会期间，福克斯和反对派上议员之间在冬季的议会会期中出现的政治紧张关系已有所缓和。波特兰逃离伦敦的伯林顿府，重回布尔斯特罗德的议席。目前，一场致命的破裂被推迟了。然而，破裂的压力仍在继续，随着成员纷纷叛离福克斯，波特兰辉格党开始瓦解了。[2] 1 月 21 日，路易十六被处决的消息传到了伦敦。三天后，英国媒体就公布了他的死讯。[3] 2 月 1 日，福克斯在下议院对法国国王的遭遇表示惊愕。[4] 然而，他接着说，在一个国家犯下的罪行不关另一个国家的事。[5] 此外，显然奥地利和普鲁士是欧洲目前的侵略者，法国只是做出防御性反应。[6] 福克斯继续为平等权利的理论和人民主权的学说辩护，这也暗示了反对派的分歧之深。[7] 同年晚些时候，伯克提出，这些观点源自卢梭

2　L. G. Mitchell, *Charles James Fox and the Disintegration of the Whig Party, 1782–94* (Oxford: Oxford University Press, 1971), pp. 212–13.

3　Frank O'Gorman, *The Whig Party and the French Revolution* (London: Macmillan: 1967), p. 117.

4　*Parliamentary History*, XXX, col. 302.

5　Ibid., col. 303.

6　Ibid., cols. 304–7.

7　Ibid., cols. 309–10. 1792 年 12 月 4 日，他在辉格党俱乐部的演讲中，为这一新承诺奠定了基础，参见 Charles James Fox, *Speech Containing the Declaration of His Principles, respecting the Present Crisis of Public Affairs* (London: 1792), p. 2。

的著作，并将它们与法国1791年的宪法联系起来。[8] 从伯克的
正统观点来看，福克斯对这些观点的支持是一种独特的反常现象：1789年后构想的人民主权破坏了法国的秩序社会，对王国各等级的共同统治权构成了挑战，并混淆了政府权力的行使和其对民众的正当性。随着这些观点在辉格党俱乐部和"人民之友协会"之间传播，马姆斯伯里、温德姆和埃利奥特开始与福克斯疏远，波特兰决定脱离福克斯也只是时间问题。

　　1793年2月9日，英国对法国宣战。伯克以宽慰的心情迎接冲突的到来。他告诉下议院，在过去的四年里，他无法使政府相信灾难迫在眉睫，这让他痛苦至极。[9] 在那段时间里，他"几乎孤立无援"。[10] 最后，安全的假象被揭露了。[11] 然而，尽管对抗是必须的，但不可否认的是，即将到来的斗争是"可怕的"。法国现在是一个军事共和国，被一种征服精神驱动。其宗教和社会差异被摧毁，艺术和商业被牺牲，她的公民除了成为士兵之外别无选择。[12] 正是这种发展使这个国家走上了征服之路，在友爱秩序的掩护下扩张了帝国的领土。[13] 它代表了一种新的公众"热情"，在这种热情的影响下，商业被"替换"为剑。[14] 军事美德与革命主义相结合："向王室发动战争，以给

8　EB, *Observations on the Conduct of the Minority* (Autumn 1793), *W & S*, VIII, p. 438. 伯克想到了卢梭的《社会契约论》，并将其与法国1791年宪法的第一条第三款联系起来："主权是一体的、不可分割的、不可剥夺的和没有时效的。它属于全体国民，任何阶层的人民或任何个人，都不能行使它。"

9　EB, Debate on the King's Message respecting War, *Parliamentary History*, XXX, col. 383.

10　*Star* , 13 February 1703.

11　EB, Debate on the King's Message respecting War, 12 February 1793, *Parliamentary History*, XXX, col. 383.

12　Ibid.

13　Ibid.,col. 384.

14　Ibid., col. 386.

予平民和平。"[15] 这一政策伴随着这样一种观念，即现代战争是贵族自豪感的表现，因此一场反对等级的战争将是一场结束所有战争的战争。[16] 由于这种意识形态是对财产的破坏，进而也是对商业社会的破坏，它所提倡的掠夺是维持这种意识形态的唯一手段。掠夺将成为军事扩张的必要手段，人们将为了获得供给而发动战争。[17] 永久和平将通过永久战争来寻求：伯克在1793年的秋天评论说，这就是1789年以来雅各宾主义的"主旨"。[18]

2月18日，在介绍自己的反战决议时，福克斯开始通过强调伯克和皮特之间的意见分歧，使人们注意到伯克立场的极端性。对英国政府来说，由于法国在欧洲大陆上的行动，尤其是它对斯海尔德河航行的干扰，因此对其开战是正当的。然而，对伯克来说，问题更在于法国的"恶意"，这使她成为一个顽固的对手。[19] 换句话说，问题在于激进的共和国主义的恶意精神，这种精神源自法国的国内宪法。为了回应福克斯的指控，伯克澄清了他的论点。他对法国的"主要反对"实际上是反对其内部组织。正是由于这一点，法国革命才被迫向外扩张。他和皮特之间没有实质性的区别，但在不同的借口下有一个共同的目的。[20] 如果法国人将其革命的影响限制在自己内部，

15　Ibid., col 385. 伯克指的是1792年12月15日约瑟夫·康邦采用了尼古拉斯·德·查姆福特的座右铭，参见 *Archives parlementaires*, p. 70。

16　EB, *Observations on the Conduct of the Minority* (Autumn 1793), *W & S*, VIII, p. 434.

17　*Parliamentary History*, XXX, col. 387.

18　EB, *Observations on the Conduct of the Minority* (Autumn 1793), *W & S*, VIII, p. 434.

19　Ibid., col. 424. 进一步的讨论，参见 Richard Bourke, "Edmund Burke and International Conflict" in Ian Hall and Lisa Hill eds., *British International Thinkers from Hobbes to Namier* (Basingstoke: Palgrave Macmillan, 2009)。

20　*Parliamentary History*, XXX, cols. 435–6.

干预的权利可能会受到质疑。[21] 然而，事实是，法国一心要颠覆整个欧洲。发动外部革命已经成为国家内部的要求。[22]

福克斯的论点是完全中肯的：伯克的和平条款与政府的和平条款相差甚远，即使目前二者有一个共同的议程。1793 年初，一本皮特派的小册子提请人们注意法国的无政府状态。[23] 到了 2 月，这种局面对政策产生了影响。在伯克看来，这意味着法国不具备谈判的条件，因为没有人可以对这个国家的行为负责，而且事实上，它的承诺对未来没有约束力。[24] 这一点就是伯克与内阁的分歧。法国不仅顽固不化，而且无法谈判。因此，与皮特不同，伯克不满足于遏制策略，他致力于消灭一个政权。他开始诋毁新法兰西帝国的执政人员，同时谴责其政府和国民公会：罗兰、勒布伦、孔多塞、布里索、乔维林、桑泰尔、罗伯斯庇尔和奥尔良公爵受到了同样的谴责。[25]

2 月到 6 月期间，随着伯克和福克斯逐渐阐明了他们的立场，这对老盟友之间的怨恨继续发酵。很快，辉格党俱乐部就出现了激烈的争执：2 月 19 日，波特兰表示支持第二天发表的支持福克斯的宣言，这导致 40 多名成员退出俱乐部。[26] 到月底，伯克指控福克斯带领他的追随者下野。他表面上是在领

21　*Star*, 13 February 1793.

22　*Morning Chronicle*, 19 February 1793; *Star*, 19 February 1793.

23　[Anon.], *The Letter of the Rt. Hon. C. J. Fox... Anatomized* (London: 1793).

24　EB, Speech on Fox's Resolutions against War, 18 February 1793, *Parliamentary History*, XXX, col. 438. 参见 EB, *Observations on the Conduct of the Minority* (Autumn 1793), *W & S*, VIII, pp. 430–1.

25　Ibid., cols. 438–9. 参见 EB, Speech on Fox's Motion for Peace with France, 17 June 1793, *Parliamentary History*, XXX, cols. 1010–11。

26　*Oracle*, 23 February 1793; *Morning Chronicle*, 6 March 1793.

导一个政党，但实际上是在控制一个派系。[27] 这里的暗示是隐晦的，但仍然很清楚：福克斯的言论是对英国宪法的颠覆，为法国的国家野心服务。2 月 12 日和 18 日，伯克提请人们注意，福克斯的主张和布里索派的政策之间明显吻合。他声称，福克斯的论点来自法国报纸。[28] 他反对战争的每一句话都为法国的武装分子提供了帮助。其内容可以从"布里索在国民公会上的讲话"中获得。[29] 在本世纪早些时候，英国政府在对付詹姆斯党人的威胁时，坚决反对这一派系，也坚决反对其在国外的盟友。然而现在，谢里丹和福克斯都提议加强对内部敌人的控制，而忽视了外部敌人的巨大威胁。[30] 福克斯党人决心推动议会改革，这引起了人们对其目的的怀疑。他们还没有公布他们对宪法的具体改革计划。福克斯本人也是一个严重焦虑的源头：虽然他与每一个具体的改革计划都保持距离，但他却不断怂恿他在下议院的追随者们。[31]

3 月 22 日，伯克在关于《叛国通信法案》的演讲中又谈到了这些指控："我们现在有一个外国敌人，他们试图组建一个有利于他们观点的国内派系，并且在一定程度上取得了成功。"[32] 对福克斯派的派系指控，再次以捍卫政党原则的方

27　EB, Speech on Sheridan's Motion relative to Seditious Practices, 28 February 1793, *Parliamentary History*, XXX, col. 556.

28　EB, Speech on Fox's Resolutions against War, 18 February 1793, *Parliamentary History*, XXX, col. 433.

29　EB, Speech on the King's Message respecting War, 12 February 1793, ibid., col. 380. 伯克对这一点的重提，参见 EB, *Observations on the Conduct of the Minority* (Autumn 1793), *W & S*, VIII, pp. 431, 437。

30　EB, Speech on Sheridan's Motion relative to Seditious Practices, 28 February 1793, *Parliamentary History*, XXX, col. 550.

31　Ibid., col. 551.

32　*London Chronicle,* 23 March 1793.

式陈诉：派系反对宪法，而政党则是为了支持共同利益的联合。辉格党和托利党都促进了公众利益，然而"反对派阵营"（opposition phalanx）的目的是蓄意破坏。[33] 伯克甚至威胁要指认叛国阴谋集团的成员，暗示他们是下议院的成员。[34] 他们不过是征服世界的工具而已，伯克称之为"严厉的博爱"（Douce Fraternité），就像法国早期"文明的商业"政策那样表里不一。[35] 1793 年 1 月，西班牙和葡萄牙加入了反法联盟，然而，迪穆里埃仍然没有气馁，他动员军队来对付尼德兰联合省（the United Provinces）。因此，反法盟军把力量积聚在欧洲北部。奥地利人在佛兰德斯取得了初步进展，3 月中旬，在尼尔温登战胜了法国。当时，国民公会正在招募成千上万的士兵，征兵工作在各省引发了抵制。3 月 19 日，革命军与旺代起义军在进行第一次战役。到了初夏，在福克斯看来，英国人的所有目标都已实现，6 月 17 日，他提议进行和平谈判。[36]

福克斯认为，对英国利益的真正威胁来自奥普联盟。波兰的第二次分裂导致了欧洲的权力天平向沙皇俄国和德意志倾斜。然而，对伯克而言，这是一种空洞的抱怨，除非福克斯提

858

---

33 *Star*, 23 March 1793.

34 *Diary* 23 March 1793. 3 月 26 日，谢里丹再次提出了这个问题，但伯克拒绝透露具体的叛徒姓名，参见 *Morning Chronicle,* 27 March 1793。

35 EB, Speech on Traitorous Correspondence Bill, 22 March 1793, *Parliamentary History*, XXX, col. 614. 参见 EB, Speech on Traitorous Correspondence Bill, 9 April 1793, *Parliamentary History*, XXX, col. 645："法国曾试图以扩大仁爱为借口，在各国之间播撒敌意的种子，并摧毁所有地方联系。"

36 伯克痛斥这种政治姿态，参见 EB, *Observations on the Conduct of the Minority* (Autumn 1793), *W & S*, VIII, pp. 428–36。

议发动一场针对欧洲每一个势力的战争。[37]他重申，战争的目标应该是在法国建立一个政府，它能为和平提供安全保障。[38]这并不意味着将一个反法联盟选择的政权强加给其国民："任何国家都不能将一个特定形式的政府强加于另一个国家。"[39]次年4月，伯克坚持认为，任何一种政府体制都将击败目前的无政府专制共和国。[40]如果没有一个政府体制，就需要干预法国事务。伯克再次引用瓦特尔的话来证实干预的权利："如果一个国家通过颠覆一切法律和宗教，采用恶毒精神在其他国家制造无政府状态和破坏，那其他国家就有权利同这个国家开战。"[41]环境决定了政府应该以何种形式建立，对伯克来说，这意味着要恢复旧的波旁王朝的势力。[42]此时，伯克对福克斯的

---

37 EB, *Speech on Fox's Motion for Peace with France, 17 June 1793, Parliamentary History*, XXX, col. 1009; *Morning Chronicle*, 18 June 1793. 参见 EB, *Observations on the Conduct of the Minority* (Spring 1793), *W & S*, VIII, pp. 422–3, 伯克认为福克斯和《纪事晨报》有效地促进了与雅各宾主义法国的联盟。

38 这个目标是建立在伯克后来列举的至少 10 个不同的战争理由的基础上的：EB, *Observations on the Conduct of the Minority* (Autumn 1793), *W & S*, VIII, pp. 428–9。

39 *Star*, 18 June 1793.

40 EB, Debate on Bill to Enable Subjects of France to Enlist as Soldiers, 11 April 1794, *Parliamentary History* , XXXI, col. 380.

41 EB, Speech on Fox's Motion for Peace with France, 17 June 1793, *Parliamentary History*, XXX, col. 1012. In the *Diary*, 18 June 1793, 据报道，伯克读过瓦特尔的摘录，参见 EB,*Observations on the Conduct of the Minority* (Spring 1793), *W & S*, VIII, p. 421; EB, *Remarks on the Policy of the Allies* (Autumn 1793), ibid., p. 474. 正如伯克认为的，1797年版《对联盟政策的评述》的附录包含了有注释的瓦特尔的摘录，支持党派干预政策，参见 EB, *Three Memorials on French Affairs, Written in the Years 1791, 1792 and 1793* (London: 1797), pp. 200ff. 伯克的论点基于瓦特尔，参见 *The Law of Nations, or the Principles of the Law of Nature*, (London: 1787), bk. II, chapt. iv, § § 53, 56; bk. II, chapt. v, § 70; bk.IV, chapt. ii, § 14; bk. II, chapt. xii § 196; bk. III, chapt. iii, § § 45, 47, 49; bk. III, chapt. ix, § 165; bk. I, chapt xix, § § 232, 230; bk. IV, chapt. v, § 66。1794 年 1 月 21 日，温德姆和福克斯在对议会答谢辞的辩论中讨论了瓦特尔对党派干预问题的影响，参见 *Parliamentary History*, XXX, cols. 1246, 1254–5。

42 EB, Speech on Fox's Motion for Peace with France, 17 June 1793, ibid., col. 1012.

反对已经根深蒂固了。法国革命使他们分道扬镳，战争加剧了他们的分歧。早在 1792 年 9 月，上奥索里伯爵就向伯克确认，福克斯是"和我们一样的好贵族"。[43] 伯克倾向于相信他，但还是有所保留。直到 11 月底，伯克告知菲茨威廉，他觉得福克斯还是有望回心转意的，尽管他最近向拉夫伯勒抱怨，福克斯几乎完全相信法国的学说。[44] 第二次革命使福克斯有机会重新调整他的态度。但是，他继续否认国内阴谋的威胁，并与奥尔良、塔列朗和乔维林为伍。[45]1793 年，伯克与福克斯公开的两极对立几乎已经形成。

这种极端厌恶的出现，伯克认为可以追溯至 1792 年的最后一月。从福克斯对 12 月 13 日国王演讲的建议，到他 19 日对一个忠诚者协会浮夸而虚伪的支持，伯克越来越清楚地意识到，他的老朋友正在反对英国宪法。[46] 尽管如此，波特兰和菲茨威廉都决心支持福克斯。由于他们的观点实际上更接近伯克，而不是福克斯，因此他们把自己置于一个奇怪的位置上。从实际情况来看，这意味着他们都拒绝放弃对皮特根深蒂固的怀疑，并无法全心全意地支持政府。从个人角度来看，这导致了菲茨威廉在 1793 年 8 月拒绝让伯克的儿子成为海厄姆弗勒斯（Higham Ferres）的下议院议员。在回应理查德的沮丧时，菲茨威廉解释了他的决定："伯克和我在政治上有很大不同。"[47]

43　EB to Richard Burke Jr., c. 4 September 1792, *Corr*., VII, p. 197.

44　EB to the Earl of Fitzwilliam, 29 November 1792, ibid., p. 312; EB to Lord Loughborough, 28 November 1792, ibid., p. 305.

45　EB to the Earl of Fitzwilliam, 29 November 1792, ibid., p. 315.

46　EB, *Observations on the Conduct of the Minority* (Autumn 1793), *W & S*, VIII, pp. 413–18.

47　Earl of Fitzwilliam to Richard Burke Jr., 27 August 1793, ibid., p. 417. 菲茨威廉首先在 8 月 8 日告知理查德他的决定，理查德随后终于在 16 日表达了他的困惑。参见 ibid., pp. 394–95, 396–410。

对伯克儿子的庇护，意味着对伯克的支持，这等于宣布与福克斯为敌。菲茨威廉不能这样做，尤其是因为他系统地反对皮特政府，尽管他认同反法战争是正义的。对政府的完全支持将导致与波特兰的决裂，并瓦解罗金汉辉格党的残留势力。"我不是在你父亲和福克斯之间做决定，"他透露，"而是在真正的、唯一有关的当事人之间做决定，即在你父亲和波特兰公爵之间做决定。"[48] 一个月后，伯克向波特兰提交了一份冗长的备忘录——在伯克去世后，以《对少数派行为的观察》为题出版。[49]
860 《对少数派行为的观察》写于 1793 年 2 月至 6 月间，旨在为伯克在这一时期的行为辩护。[50] 它还意在阐明福克斯的行为特点，并表明其给反对派辉格党带来的自相矛盾。如果福克斯在 1793 年上半年代表内阁行事，毫无疑问，"他会被认为是这个国家有史以来最罪恶的政治家"。[51]

在提交《对少数派行为的观察》供波特兰考虑时，伯克正在对一种情况做出回应，即辉格党内一个有影响力的群体正积极反对处于战争中的政府：斯坦厄普、兰斯多恩、劳德代尔、库克、格雷、谢里丹、厄斯金、惠特布雷德、弗朗西斯、考特尼、兰布顿、泰勒和福克斯一直在鼓动人们反对与更公开的颠覆性组织联合开展全国性运动的正义性。[52] 颠覆活动通过各种

---

48 Earl of Fitzwilliam to Richard Burke Jr., 27 August 1793, ibid., p. 418.

49 EB to the Duke of Portland, 29 September 1793, ibid., pp. 436–8. 1797 年 2 月 13 日，欧文出版了一份盗版的《观察》；8 个月后，出版了一份授权版本，参见 William B. Todd, *A Bibliography of Edmund Burke* (1964) (Foxbury: St. Paul's Bibliographies, 1982), pp. 207–10。

50 这似乎是波特兰在 1793 年 2 月 20 日支持辉格党俱乐部对福克斯的支持后构想出来的，参见 EB, *Observations on the Conduct of the Minority* (Autumn 1793), *W &S*, VIII, p. 408。

51 Ibid., p. 436.

52 这份名单上的大多数下议院成员都与此有关，参见 EB, *Observations on the Conduct of the Minority* (Spring 1793), *W & S*, VIII, pp. 445。

方式进行，出版、国内阴谋和国外串通，这些都没有受到福克斯党人的强烈反对。[53] 另一方面，他们否认的是英国的盟友的可接受性、反法战争的正当性以及来自内部分歧的威胁。作为一个强大而有力的反对派政治家，福克斯必然成为该派系的领导人物。伯克写道，他是一个"有抱负、有指挥力的人，宁可控制他人，也不愿意被他人控制"。[54] 那些为福克斯提供帮助的人间接地巩固了他的派系，使他们处于与自己所宣称的目标对立的立场。正如伯克对波特兰所说，"看到这么大一部分贵族利益集团成员投身于新型民主事业，这确实令人担忧，这种民主正公开攻击或暗中破坏迄今为止统治人类的财产制度。"[55]

在伯克看来，这是一个令人吃惊的情况。罗金汉党人及其继承者如果不是捍卫财产的政党，那就什么也不是了。伯克认为，这一承诺基于正义的基本原则。财产是公民和社会存在的前提，社会的进步取决于财产的安全。[56] 从古至今，政府的首要职责都是保障财产，直到法国通过密谋转移了社会团体积累的大量财富，破坏了财产安全和持久占有的观念。早在1791年8月，伯克就转述了斯托蒙特勋爵的观点，即福克斯不可能接受这种掠夺行为，因此他也不可能接受为这种行为辩护的哲

861

53　维护新闻自由协会（The Association for Preserving the Liberty of the Press）成立于1792年12月22日，是最新成立的组织，成员包括霍恩·托克。伯克对它的批评，参见 ibid., p. 418；该协会的活动，参见 Albert Goodwin, *The Friends of Liberty: The English Democratic Movementin the Age of the French Revolution* (London: Hutchinson, 1979), pp. 273–4。

54　EB, *Observations on the Conduct of the Minority* (Autumn 1793), *W & S*, VIII, p. 447.

55　EB to the Duke of Portland, 29 September 1793, *Corr.*, VII, p. 437.

56　参见 EB, Debate on Volunteer French Corps, 11 April 1794, *Parliamentary History*, XXXI, cols. 380–1：" 毕竟，如果有人问他，他更喜欢财产而不是美德吗？他的回答是否定的。更看重财产而不是荣誉、道德、艺术和文学吗？答案都是否定的。但是他尊重财产，因为它是所有这一切存在的基础。"

学：他的观点是"平庸的"。[57]不到一年的时间，伯克就开始怀疑这种对福克斯立场的评价。早在1791年10月，福克斯在奥恰科夫危机期间的行为就引起了人们的怀疑。[58]次年春天，他对皮特《反对煽动性行为宣言》的反应更加令人不安。[59]到了1793年，伯克确信他昔日的盟友已经被雅各宾派的思想所迷惑，然而许多老朋友，现在是他观念上的反对者，却莫名其妙地支持他。1793年11月，伯克写信给温德姆，他用恼怒的口气总结了自己的观点："近来我们政党的行为是如此荒谬、矛盾和自我毁灭，以至于我无法用言语形容。"[60]伯克尤其感到了这一点，因为那时他已经读了波特兰的辩护词。波特兰谦和地评价自己说，他比伯克更迟钝，没有伯克的想象力，也无法完全理解伯克的忧虑，即使伯克的远见卓识到目前为止已得到证实。[61]他憎恶雅各宾派的思想，不像福克斯那样支持雅各宾派，但他仍然相信福克斯这个人，而他却永远不法信任威廉·皮特。他这种坚定的看法源于1784年，当时皮特与国王勾结，破坏了福克斯－诺斯联合政府，并损害了下议院。在1789年的灾难之后，也许皮特有更好的政策，但福克斯是更好的人。[62]

波特兰的回应让伯克感到难过，因为《对少数派行为的观察》的所有目的就是要挑战这种自相矛盾的表态。1784年的

57　EB to Richard Burke Jr., 10 August 1791, *Corr.*, VI, p. 335.

58　EB, *Observations on the Conduct of the Minority* (Autumn 1793), *W & S*, VIII, pp. 409–10.

59　该《宣言》的目标是人民之友协会。福克斯对此的反应，参见 Debate on the King's Proclamation against Seditious Practices, 25 May 1792, *Parliamentary History*, XXIX, cols. 1509–12。

60　EB to William Windham, c. 10 November 1793, *Corr.*, VII, pp. 481–2.

61　The Duke of Portland to EB, 10 October 1793, ibid., p. 447.

62　Ibid., p. 448.

关键事件无疑构成了对宪法的严重威胁。然而, 雅各宾主义却是"有史以来折磨过人类的最可怕、最可耻的罪恶"。[63] 此外, 距离 1784 年已过去了九年, 而 1793 年面临的则是一个迫在眉睫的挑战。不管福克斯支持雅各宾派的动机是什么, 他的决定只会带来政治灾难。在雅各宾派的影响下, 福克斯党人正在鼓动一种会毁掉英国现行宪法的议会改革。当时, 伯克总结道, "一切都将崩溃"。[64] 由于福克斯一直与这一议会改革方案的支持者保持联系, 因此, 辉格党的长期追随者们已无法接受他。伯克强调了人们对他的不满已到了何种程度: 即使现任国王支持福克斯担任首席大臣, 其政治团体内部的重要人物的反应依然会"动摇这个王国的根基"。[65] 在伯克看来, 面对这些前所未有的挑战, 坚持一种过时的个人忠诚体系, 是完全令人费解的: 这是"一种现代政治手段", 不仅难以理解, 而且"必定以国家的毁灭而告终"。[66]

当伯克思考着不愉快的国内局势时, 欧洲的局势出现了短暂的曙光。到了 1793 年春, 沙皇俄国、葡萄牙和那不勒斯卷入了战争, 撒丁国王也得到了援助。到了夏天, 经过一个月的战斗, 反法盟军几乎夺回了整个奥属尼德兰, 并开始围攻低地国家南部的一个要塞城镇, 作为入侵法国的前奏。6 月, 从波尔多到汝拉的多个省份纷纷起来反对巴黎当局, 威胁要联合起来对抗首都的统治。很快, 马赛和里昂等重要城镇都陷入了叛

862

63　EB, *Observations on the Conduct of the Minority* (Autumn 1793), *W & S*, VIII, p. 451.

64　Ibid., p. 441.

65　Ibid., p. 450.

66　Ibid., p. 452. 参见 EB to Mrs. John Crewe, c. 22 November 1794, *Corr.*, VIII, p. 82: 以忠诚为理由, 坚持政治联系, 而不顾相互矛盾的原则, 这"绝对是高度不合理和不道德的"。

乱。[67]7 月 12 日，奥地利人占领了孔代要塞；27 日，美因茨的法国驻军投降。7 月 31 日，波特兰写信给伯克，告诉他法军在瓦朗谢讷向约克公爵投降的消息，此时，波特兰的次子正在欧洲大陆上服役。伯克欣喜若狂，但在回应波特兰时，他强调这不是一场野心之战，而是一场"原则之战"。[68]法兰西共和国没有合法领土界限的概念，因为它所遵循的理想不考虑地理界限。[69]这一事实必然会影响对法国的作战安排。反对法国的战争不可能是为了与一个可对付的敌人算账而进行的。正如伯克对大英帝国军队的一位军官所说的那样，战争的目的是"将文明世界的遗迹从亵渎和野蛮中拯救出来"。[70]这不能通过赔偿和弥补来实现。法国革命是由一种意识形态的决心所驱动的，并获得了成功。这一成功必须得到惩罚，而其相应的意识形态也必须被破坏。这只能通过一个连贯的战争计划来实现。"我们是在与法国革命的原则和其树立的形象交战，而不是与一个普通的政权作战。"[71]虚假的理论可能会逐渐消亡，但一个成功的案例会成为一种永久的诱惑。[72]反法盟军只有向巴黎开战，才能取得胜利。

英奥联盟很快就让伯克失望了。在瓦朗谢讷之后，约克公

67　Alan Forrest, *Society and Politics in Revolutionary Bordeaux* (Oxford: Oxford University Press1975); Richard Cobb, *Paris and its Provinces, 1792–1802* (Oxford: Oxford University Press, 1975);Stephen Auerbach, "Politics, Protest and Violence in Revolutionary Bordeaux, 1789–1794," *Proceedings of the Western Society for French History*, 37 (2009), pp. 149–61; William Scott, *Terror and Repression in Revolutionary Marseilles* (London: Macmillan, 1973).

68　James Prior, *Life of the Right Honourable Edmund Burke* (1824) (London: 5th ed., 1854), p. 380; EB to the Duke of Portland, 1 August 1793, *Corr.*, VII, p. 381.

69　EB to Lieutenant General Edward, Count Dalton, 6 August 1793, ibid., p. 384.

70　Ibid., p. 382.

71　Ibid., p. 383.

72　EB to Florimond-Claude, Comte de Mercy-Argenteau, c. 16 August 1793, ibid., p. 388.

爵和萨克森 – 科堡公爵（the Duke of Saxe-Coburg）都选择减少在边境城镇设防，而不是向法国革命的首都进军。在伯克看来，这是一种"自毁"的作战方法。[73] 他认为自己在国内外战线上都是一个"危言耸听者"，决心揭示欧洲危机的严重性。[74] 他的对手们则扮演着自鸣得意和被愚弄的角色："这些松鼠被响尾蛇迷住了"，但他们在这个过程中冒着很大的风险。[75] 9月，反法盟军被迫从敦刻尔克撤退，然而，真正的问题是，如何使他们的战役成功：这不是一场削弱对手力量的战略战争，而是一个"将雅各宾主义赶出世界"的计划。[76] 考虑到这一目的，法国国内的局势发展使伯克兴奋不已。1793 年 9 月 14 日，土伦宣布支持路易十六的儿子的消息传到了伦敦，其中包括允许一个英国海军中队进入土伦港口。[77] 伯克说，卡扎莱斯（Cazalès）"备受鼓舞"。[78] 英国和法国的反应同样让伯克感到高兴。这是一场以拥护宪法为名进行的内部叛乱，它排除了对法国敌人的全面谴责。旺代地区的起义进展更加鼓舞人心。到了 1793 年 6 月，在法国西部卢瓦尔河以南的普瓦图附近地区，一支自称效忠王室和天主教的军队在一个军事委员会的领导下建成。[79] 同年 9 月，这支军队的进展让伯克感到高兴，尽管公

---

73 EB to William Windham, 18 August 1793, ibid., p. 413.

74 EB, *Observations on the Conduct of the Minority* (Spring 1793), *W & S*, VIII, pp. 412–13, 416; EB to William Windham, 23 August 1793, *Corr.*, VII, p. 415.

75 Ibid., pp. 415–16. 参见 EB to Captain Woodford, 13 January 1794, ibid., p. 522。

76 EB to Dr. Charles Burney, 14 September 1793, ibid., p. 422.

77 M. H. Crook, "Federalism and the French Revolution: The Revolt of Toulon in 1793," *History*, 65: 215 (October 1980), pp. 383–97.

78 EB to Gilbert Elliot, 16 September 1793, *Corr.*, VII, p. 429.

79 Charles Tilly, *The Vendée: A Sociological Analysis of the Counter-Revolution of 1793* (Cambridge, MA: MIT Press, 1964).

共安全委员会在 7 月底已发起了野蛮镇压起义的计划。[80] 与支持法国各省叛乱的战略重要性相比，佛兰德斯的磨难就显得微不足道了。[81]

9 月底，格伦维尔勋爵起草了一份反对法国的宣言，在宣言中，英国承诺支持反对法兰西共和国的反叛者。[82] 10 月 25 日，即玛丽·安托瓦内特被处决一周后，邓达斯给伯克看了这一宣言的副本。[83] 两天之内，伯克提醒这位战争大臣，他"严重质疑"在这个时候公布这样一份文件的恰当性，并请求给他一个机会做出充分的回应。[84] 1793 年 10 月 13 日，奥地利军队在维桑堡获胜，尽管围攻敦刻尔克的行动在 9 月初就已经失败。10 月中旬，法国人在瓦蒂尼击退了奥地利人，11 月初，旺代的叛军受到了压力。[85] 然而，使伯克不安的不是每一次短暂的胜负，而是反法盟军缺乏决心。正是在这种心情下，他撰写了《关于反法盟军政策的评述》，以作为政府的备忘录。[86] 反法盟军正处于防御状态，一份重大的意图宣言在这个时候发布似乎是不明智的。即使是军事胜利也给反法盟军带来了问题，因为这鼓励了一种自满的态度。尽管这一反对法国的宣言承诺要援助法国被压迫的受害者，但是"没有一个人、一艘船、一件物资"被

80　EB to Henry Dundas, 8 October 1793, *Corr.*, VII, p. 445.

81　EB to Gilbert Elliot, 22 September 1793, ibid., pp. 432–3.

82　*The Manuscripts of J. B. Fortescue Preserved at Dropmore* (London: Eyre and Spottiswoode, 1894), 2 vols., II, p. 428; *London Gazette*, 26–29 October 1793.

83　它于 1793 年 10 月 29 日出版，参见 *Parliamentary History*, XXX, cols. 1057–60。

84　EB to Henry Dundas, 27 October 1793, *Corr* ., VII, p. 465; 两天后，邓达斯试图安抚伯克: Henry Dundas to EB, 29 October 1793, ibid., p. 468。

85　EB to William Windham, 4 November 1793, ibid.,p. 472.

86　EB to Lord Grenville, 29 October 1794, Unpublished Letters, I, pp. 132– 3. 伯克讨论了焦虑和孤立的情况，在这种情况下，他修改了《关于反法盟军政策的评述》，参见 EB to Lord Loughborough, 12 January 1794, ibid.,p. 517。

送到旺代的叛乱分子手中。[87] 英国的冷漠比再多的宣言都更能说明问题。很明显，英国政府乐于利用法国的保皇党作为自己的工具，但他们无视贵族和神职人员，因此也就把流亡者排除在外了。这意味着，由于没有更好的选择，共和派人士将被接受为法兰西事实上的执政者。[88]

对伯克来说，国民公会引入的共和主义与1791年建立的君权民主制如出一辙。[89] 在两种情况下，国家都不是在一个混合政体下形成的，第一种情况是君主制，第二种情况是共和制。这两种情况的根本问题是，缺乏系统化的宪法约束力，以及对世袭财产抱有敌意。而这两种原则又都是从1789年的法国革命中自然产生的。加之对宗教的攻击、专制政府的建立和颠覆财产的行动毫不受阻。伯克用"雅各宾主义"这一宽泛的术语来描述这一阴谋，认为它的每个分工部门都是一个共同目标的一部分，只是在权力分配上有分歧。[90] 拉法耶特被布里索接替，而布里索被巴雷和罗伯斯庇尔接替，"就像海浪一样一波接着一波"。[91] 但最初的煽动者和他们的后继者一样恶毒：拉法耶特、迪穆里埃、诺瓦耶、内克尔、塔列朗、拉利托勒达勒和国民公会中的任何一个"派别"一样，都是罪魁祸首。[92] 因此，与法国任何派系谈判的前景都让伯克感到恐惧。反法联盟应该通过分散在欧洲各地的流亡力量来采取行动。王室的恢

865

---

87 EB to William Windham, c. 10 November 1793, ibid., p. 481.

88 EB, *Remarks on the Policy of the Allies* (Autumn 1793), *W & S*, VIII, p. 456.

89 Ibid., pp. 458, 460–61. 关于君主民主制，参见本书第14章第3节。

90 关于这一点，另见 EB, *Preface to Brissot's Address to his Constituents* (1794), *W & S*, VIII, pp. 501, 518。

91 EB, *Remarks on the Policy of the Allies* (Autumn 1793), *W & S*, VIII, p. 476.

92 Ibid., p. 477. 特别是在拉法耶特身上，参见 EB, Debate on La Fayette, *Parliamentary History*, XXXI, cols. 47–51。

复需要有继承权的保证，这就要求重建世袭财产。然而，法国大量的土地和团体性财产都属于在佛兰德斯、瑞士、西班牙、意大利和英国的流亡者。因此，作为成功重建法国君主制的先决条件，当前的反法战役必须旨在促进恢复目前遍布欧洲的法国中间组织（intermediary bodies）。[93]

因此，伯克有关法国的提议不包括征服计划：这个国家将通过"文明"的进程进行重建。[94] 而只有拥有财产和宗教的国民代表们才能完成这一文明使命，伯克乐于将其视为法国真正的"人民"。[95]"法国人最适合处理法国事务，"在伯克最后一次议会会期的前夕，他向温德姆坚称。[96] 这个建议没有得到重视，在下议院的最后一年中，伯克继续呼吁对抗法国，与此同时，他也为黑斯廷斯的审判画上了句号。1793 年 12 月，拿破仑·波拿巴从英国手中夺回了土伦。[97] 1794 年春天，东部反法盟军集中力量对波兰进行第二次瓜分。结果，到了 6 月底，奥地利人在佛兰德斯向儒尔（Jourdan）领导的共和军投降，命运之神眷顾了法国革命军。在这次激烈交锋前二个月，伯克在下议院抨击法国人的"人道"，"这种缺乏正义、做作的人道"正是法国革命的驱动力。[98] 正是由于财产权的剥夺，才使这股力量得以扩张。如今，这是一个为人熟知的主题，但它曾是伯克一直坚持的主题。正如他在 1794 年 4 月 11 日所坚持的那样，"法国革命最初的错误是，拥有财产的人不被允许有投票

93　Ibid., pp. 464–67.

94　Ibid., pp. 468–69.

95　Ibid., p. 457.

96　EB to William Windham, 8 January 1794, *Corr.*, VII, p. 514.

97　伯克的失望回应，参见 1794, ibid。

98　EB, Debate on Seditious Practices, 17 April 1794, *Parliamentary History*, XXXI, col. 423.

权"。[99] 这使得一类公民与另一类公民对立起来，并助长了这样一种观念：一类财产可以被宣布失效，而不会对整个制度造成灾难性的影响。[100]

新的一年再次证明了伯克的决心：1794 年 1 月 17 日，波特兰在伯林顿府召开了一次会议，宣布他决定全力支持对法开战。[101] 虽然辉格党的分裂是彻底的，福克斯将其描述为不亚于辉格党的"解散"，但是波特兰仍然拒绝在皮特手下任职。[102] 然而，次年 7 月，两人结成了联盟。那时，伯克终于从下议院退了下来，希望能步入"有尊严的闲适"的生活。[103] 有关赋予他贵族爵位的谈判正在进行中，但这一计划以失败告终。[104] 尽管如此，伯克此时开始在议院外发起反对雅各宾派的运动。他确信，福克斯不会再回到辉格党的正轨上来：他已经完全放弃了对辉格党原则的承诺。[105] "辉格党"和"托利党"的分野实际上已经没有了。[106] "消灭"法国的共和政权仍然是伯克的主要目标。[107] 同这样一支颠覆性的邪恶势力谈判是没有希望的。[108]

866

99　EB, Debate on Seditious Practices, 11 April 1794, ibid., col. 381.

100　EB to Florimond-Claude, Comte de Mercy-Argenteau, c. 16 August 1793, *Corr.*, VII, p. 389.

101　William Windham to EB, 18 January 1794, ibid., pp. 525–6. 直至 1 月 10 日，伯克似乎没有排除包括福克斯在内的联盟，参见 EB to Richard Burke Jr., 10 January 1794, ibid., p. 515。

102　Charles James Fox to Lord Holland, 9 March 1794, *Memorials and Correspondence of Charles James Fox*, ed. Lord John Russell (London: 1853), 4 vols., III, p. 65.

103　Richard Burke Jr. to William Windham, 19 June 1794, *Corr.*, VII, p. 551："有尊严的闲暇"。这意味着伯克可能被授予贵族爵位。

104　主要是因为他"没有足够的财富"。参见 William Windham to William Pitt, TNA, PRO 30/8/190 fol. 240。

105　EB to Mrs. John Crewe, c 24 November 1794, *Corr.*, VIII, p. 83.

106　*Morning Chronicle*, 27 June 1794, cited in Mitchell, *Charles James Fox*, p. 237.

107　EB to Lord Loughborough, 12 January 1794, *Corr.*, VII, p. 518.

108　EB to Captain Woodford, 13 January 1794, ibid. p. 521.

伯克向波特兰透露，这场与法国政权的斗争可能是"最后的战斗"。[109] 他后来证实："我们的赌注很大。"[110] 邓达斯将会在1794年4月17日赞扬《反思录》作者的先见之明，尽管到目前为止，伯克坚持认为，法国的情况是前所未有的。[111] 因此，法国革命完全没有先例。[112] 政治判断力不能依赖于一系列的案件，而是要反思地而非机械地筛选其依据的素材。法国革命的发生完全是出乎预料的。[113] 仅凭恐怖，它就维持了迄今为止信任所提供的一切基础：从属关系、合作以及货币和商品市场。

16.3 不是自由，而是统治：菲茨威廉事件

1794年6月24日，伯克从议会退休。人们很快就同意让他的儿子接替他在马尔顿的议席。菲茨威廉写道，马尔顿"最辉煌"的日子已经过去了。[114] 伯克被这番称赞感动了，也很欣慰自己的儿子能得到照顾。[115] 7月18日，理查德如期当选为马尔顿的议员。[116] 这使得他的突然死亡对伯克的打击更具毁灭性。在悲剧发生两个月后，理查德·布洛克莱斯比给托马斯·杨写信，他只能希望"时间的仁慈之手"可以抚平伯克的丧子之痛。[117] 爱尔兰事务把处于痛苦中的伯克拉回到了公共生活的舞台。正是这一议题最初激发了他对政治的兴趣，但他也在着

867

---

109 EB to the Duke of Portland, 20 January 1794, ibid. pp. 527–8.

110 EB to Mrs. John Crewe, c. 22 November 1794, *Corr.*, VIII, p. 83.

111 *Parliamentary History*, XXXI, col. 412.

112 EB, *Remarks on the Policy of the Allies* (Autumn 1793), *W & S*, VIII, p. 498.

113 Ibid., p. 499.

114 Earl Fitzwilliam to EB, 26 June 1794, *Corr.*, VII, p. 555.

115 EB to Earl Fitzwilliam, 29 June 1794, ibid. p. 558.

116 Richard Burke Jr. to Mrs. Thomas Haviland, c. 18 July 1794, ibid. p. 560.

117 Richard Brocklesby to Thomas Young, 8 October 1794, OSB MS. File 1850.

手串联起儿子遗留的公务主线。正如他在 1794 年秋告诉格拉坦的那样："现在没有任何目标可以使我动用头脑，除了用二手的、破旧的材料来延长儿子生命中破碎的主线。"[118] 理查德的去世几乎击败了快走到生命尽头的伯克。他告诉温德姆，即使在公共场合露面也是一种痛苦。[119] 几周后他坦言，他的绝望是彻底的。[120] 他的悲痛也让他预感到自己的死亡。他宣称，"我几乎是垂死之人了"。[121] 他后来承认，自己缺乏"精力和体力，沮丧又消沉，是一具在坟墓边摇摇欲坠的躯壳"。[122] 他开始觉得，白发人送黑发人是有违常理的。[123] 他被"无声的阴霾"所包围，他的余生只能以忏悔的形式度过。[124] 他参与爱尔兰事务是为了惩罚自己，也是一种最后的忏悔。[125]

虽然失去了在下议院的席位，伯克在议会里还有同僚，而且在必要时，他还可以诉诸笔端。1794 年 8 月 10 日，菲茨威廉伯爵受封为爱尔兰总督。[126] 由于一个月前皮特和波特兰结成联盟，温德姆接受了战争大臣的职位，而波特兰公爵则成为负责内政的国务大臣。由于爱尔兰总督对内政大臣负责，伯克的同僚们可以对爱尔兰事务起到决定性的作用。"我最亲爱的总

118　EB to Henry Grattan, 3 September 1794, *Corr.*, VIII, p. 4.

119　EB to William Windham, 7 October 1794, ibid. p. 30.

120　EB to William Windham, 16 October 1794, ibid. p. 35.

121　Ibid., p. 42.

122　EB to Unknown, 1794, ibid. p. 108.

123　EB to Henry Grattan, 20 March 1795, ibid. p. 206. 参见 EB, *Letter to a Noble Lord* (1796), *W & S*, IX, p. 171："我生活在一个颠倒的秩序中。那些本应接替我的人，走在了我的前面。"

124　EB to Lord Fitzwilliam, 10 February 1795, *Corr.*, VIII, p. 147.

125　EB to Henry Grattan, 20 March 1795, ibid. p. 207.

126　E. A. Smith, *Whig Principles and Party Politics: Earl Fitzwilliam and the Whig Party, 1748–1833* (Manchester: Manchester University Press, 1975), p. 179.

督, 你已经接管了爱尔兰," 伯克充满热情地对菲茨威廉说。他立即提出自己愿意帮助他: "我在这个问题上最好的意见都为你服务。"[127]8 月底, 伯克从王室专款中获得了一笔津贴, 这又勾起了他的丧子之痛。不过, 这也为他提供了保障, 使他能够进行政治活动。[128] 都柏林的事态发展很快就吸引了他。1794年 9 月 4 日, 爱尔兰国务大臣兼都柏林圣三一学院的院长约翰·海利–哈钦森去世。伯克很快就开始寻找这两个职位的替代人选, 他本人也被邀请担任圣三一学院院长一职。[129] 与此同时, 有人计划在爱尔兰捐赠一个天主教神学院。[130] 伯克与儿子的最后几次谈话中, 有一次谈及了这个想法。[131]1795 年 2 月, 一项法案已经在酝酿之中。[132]1795 年 6 月 5 日, 一项有关爱尔兰天主教神职人员教育的法案最终通过。[133] 一所学院在基尔代尔郡的梅努斯正式成立, 伯克向图书馆捐赠了一批他儿子的藏书。[134]此外, 一项由都柏林政府资助天主教神职人员报酬的计划也在酝酿之中, 它也可能控制主教的任命。直到 1795 年 1 月之前, 天主教会内部一直在考虑各种提案。[135] 伯克很担心主教的任命

---

127 EB to Earl Fitzwilliam, 31 August 1794, *Corr*. VII, pp. 578–9.

128 EB to Walker King, 31 August 1794, ibid. p. 579. 这笔钱后来又因西印度关税的年金而得到补充。参见 Walker King to Earl Fitzwilliam, 3 August 1795, *Corr*., VIII, p. 292。

129 EB to Lord Loughborough, 19 October 1795, ibid. p. 46; EB to Earl Fitzwilliam, 21 October 1794, ibid.pp. 53, 56.

130 Henry Grattan to EB, 1 October 1794, ibid. p. 28.

131 EB to Henry Grattan, 3 September 1794, ibid., p. 5.

132 The Rev. Thomas Hussey to EB, 27 February 1795, ibid., p. 162.

133 35 Geo. III, c. 21. 波特兰公爵要求托马斯·胡塞建立新的制度, 参见 the Rev. Thomas Hussey to EB., c. 14 March 1795, ibid. p. 198。

134 The Archbishop of Dublin to EB, 13 July 1795, ibid. p. 288.

135 The Rev. Thomas Hussey to EB, 29 January 1795, ibid.p. 125. 随同建立一个长老会制度的想法, 这个问题也被更广泛地讨论。参见 William Drennan, *A Letter to His Excellency Earl Fitzwilliam, Lord Lieutenant of Ireland* (Dublin: 3rd ed., 1795), p. 9.

被限制在天主教会内部。[136]他也反对民选任命主教："在法国，基督教在这种安排下存活了不到一年。"[137]但是，从1794年秋天到1795年3月25日，也就是菲茨威廉伯爵返回伦敦为止，伯克主要担心的是菲茨威廉总督的命运。

伯克认为，菲茨威廉会发现在爱尔兰几乎没有什么"大刀阔斧改革或实行果断政策"的机会。对新教统治的支持仍然占主导地位，与之相伴的是一种盛行的"狭隘而奸诈"的卑劣态度。[138]伯克希望完成天主教的解放，并预计这会遭遇都柏林政府和爱尔兰议会的抵抗。前一年，对天主教徒的重大让步已经被纳入法规。这些让步被轻松通过，但也不是没有人露出愠怒之色。[139]欧洲危机推动了英国政府做出让步。在与法国的战争爆发前几个月，伯克的儿子向邓达斯宣称，"在还没有弄清爱尔兰的问题之前，为了英国的存亡而加入反法战争，这是完全疯狂的"。[140]1793年1月2日，星期三，爱尔兰一个全国天主教大会的代表们向乔治三世递交请愿书，抱怨他们"多方面的权利缺失"。[141]该文件列举了一系列的不满，强调了天主教徒没有资格担任要职；禁止他们创办大学、学院或专科学校；禁止

869

---

136 EB to the Rev. Thomas Hussey, ante 10 February 1795, *Corr.*, VIII, p. 143.

137 EB to the Rev. Thomas Hussey, 17 March 1795, ibid. p. 204.

138 EB to Earl Fitzwilliam, 31 August 1794, ibid. p. 579. 关于对新教优势的持续辩护，例如，在1793年初的《天主教救济法案》辩论中，帕特里克·杜伊根在爱尔兰议会的演讲，参见 *A Full and Accurate Report of the Debates in the Parliament of Ireland, in the Session of 1793 on the Bill for the Relief of His Majesty's Catholic Subjects* (Dublin: 1793), pp. 127ff。亨利·格拉坦于1795年4月15日向伯克发送了一份此报告的副本，参见 *Corr.*, VIII, p. 232。

139 关于爱尔兰大法官在辩论期间"易怒的狭隘"，参见 Henry Grattan to Richard Burke Jr., 20 March 1793, *Corr.*, VII, p. 362。

140 Richard Burke Jr. to Henry Dundas, 27 December 1792, ibid., p. 326.

141 *The Petition of the Catholics of Ireland to the King's Most Excellent Majesty* (Dublin: 1793), p. 3.

他们携带武器；以各种条件将他们排除在小陪审团和大陪审团之外；以及最可耻的是，一直剥夺他们的选举权。[142] 随着与法国的战争日益迫近，皮特和邓达斯急于满足在他们看来合理的要求。

前一年的 7 月，沃尔夫·托尼接替理查德·伯克担任天主教委员会的秘书，他曾宣称，与法国较量的临近迫使英国政府主张让步："当迪穆里埃抵达布拉班特，荷兰人没能抵御他的军队；即使是伦敦方面，面对法国人的狂热，也没有绝对的胜算。"[143]1793 年 1 月 10 日，爱尔兰议会两院宣读了国王建议改革的演讲词。其内容包括将授予天主教徒与新教徒同等的选举权；向天主教徒开放大量的文职和军事职位；允许天主教徒入选陪审团；承认天主教徒有携带武器的权利。[144] 尽管最后爱尔兰议会在英国政府的压力下屈服了，该救济法案于 1793 年 4 月 9 日成为法律，但反对这些提议的声浪不断。[145] 天主教委员会及时地对国王给予的"巨大利益"表示感谢。[146] 然而，在关于该法案的辩论中，反对意见不绝于耳。在委员会审议阶段，下院议长约翰·福斯特质疑了固有选举权这一概念。[147] 大法官

---

142 Ibid., pp. 4–7.

143 Theobald Wolfe Tone, *Life of Theobald Wolfe Tone: Compiled and Arranged by William Theobald Wolfe Tone* (Dublin: 1998), p. 78.

144 Thomas Bartlett, *The Fall and Rise of the Irish Nation: The Catholic Question, 1690–1830* (Dublin: Gill and Macmillan, 1992), p. 165.

145 *An Act for the Relief of His Majesty's Popish or Roman Catholick Subjects of Ireland* (Dublin:1793).

146 *Proceedings of the General Committee of the Catholics of Ireland, which Met on Tuesday April 16, and Finally Dissolved on Thursday April 25, 1793* (Dublin: 1793), p. 1.

147 *An Accurate Report of the Speech Delivered by the Right Hon. John Foster, Feb 27th 1793, on the Bill for Allowing Roman Catholics to Vote at the Elections of Members of Parliament* (London: 1793),p. 12. 关于福斯特，参见 A. P. W. Malcomson, *John Foster: The Politics of the Anglo-Irish Ascendancy* (Oxford: Oxford University Press, 1978)。

约翰·菲茨吉本在该法案经过上议院审议时陈述了他的反对意见："只要罗马教廷对基督教世界的普遍精神统治的荒谬主张得以维持，任何承认这一主张的人就不可能节制和公正地行使一个新教国家的立法权。"[148]

这种抵触情绪引起了伯克的尖锐评论。正如 1793 年 1 月他向上奥索里伯爵所说的那样，他当然赞成针对爱尔兰天主教徒的救济措施，但他不赞成天主教大会所施加的压力："我想把门打开，但不是破门而入。"[149] 由于天主教大会由选举产生的代表组成，因此它作为天主教异议者宪法外的代表机构，可能存在风险。该救济法案的某些方面更加使伯克不安，尤其是它所表现出来的对罗马天主教徒的持续猜疑。放宽持有武器的许可是以宣誓否认教宗的世俗权威为条件的。[150] 在此时的欧洲局势下，罗马教宗不可能威胁到爱尔兰人的安全。"我很高兴，"伯克讽刺地对一位未知的通信者说，"你们在爱尔兰的其他方面都很轻松，以至于你们会把这种忧虑当回事儿。"[151] 伯克后来勉强承认，如果放到 150 年前，他还能看到让人宣誓放弃效忠教宗的明智之处。然而现在，在一个启蒙时代，对已经不存在的敌对态度进行审判，只能起到激化和煽动的作用。[152]

然而，人们对爱尔兰事态发展感到焦虑，还有更为切实的原因。首先，有人提议在缓解天主教徒处境的措施上进行议会改

148　*The Speech of the Right Honourable John Lord Baron Fitzgibbon, Lord High Chancellor of Ireland, on the Second Reading of the Bill for the Relief of His Majesty's Catholic Subjects, March 13, 1793* (Dublin: 1793), p. 3. 关于伯克对菲茨吉本的态度，参见本书第 1 章第 2 节。

149　EB to the Earl of Upper Ossory, 22 January 1793, *Corr.*, VII, p. 342.

150　As set out under 13 and 14 Geo. III, c. 35, sec. I.

151　EB to Unknown, post 18 February 1793, *Corr.*, VII, pp. 350–1.

152　EB, *Letter to William Smith* ((29 January 1795), *W & S*, IX, p. 661.

革。赫拉克勒斯·朗里什和西奥博尔德·麦肯纳都对这些措施持怀疑态度。它们不过是煽动无法满足的目标的手段。[153] 对伯克来说，它们只是助长了谋划者编造的不满情绪。[154] 他宣称，他
871　唯一的目的是"安抚"爱尔兰民众的不满，而扩大选举权使这一目标更进了一步。[155] 他写信告诉格拉坦，平等这一"伟大目标"在很大程度上实现了。[156] 现在的目标是争取对新安排的支持。在伯克写信的一个月前，爱尔兰人联合会动员了一场重新启动的志愿军运动，以推动更广泛的改革。前一年秋天，一个支持法国革命原则的国民军成立了，在明斯特和伦斯特之间的边界地带，宗派之间的关系越来越紧张。[157]1793 年 3 月，志愿军和武装部队在爱尔兰东北部发生冲突。伯克向格拉坦抱怨说，"在各种各样的下层同胞中，都存在一种反抗精神"。它同嘈杂的共和主义混合发酵，这需要"坚定"和"谨慎"的政府来平息。[158] 实际的情况是，政府在限制火药的进口，并禁止阿尔斯特的志愿军游行。那年夏天，颠覆性集会被宣布为非法。[159] 然而，当政府镇压了爱尔兰人联合会的煽动和相关的军事行动后，宗派对抗从阿马的部分地区向南蔓延到了伦斯特的

153 Hercules Langrishe, *The Speech of the Right Honourable Sir Hercules Langrishe on the Bill to Improve the State of the Representation* (London: 1793), p. 8; Theobald McKenna, *An Essay on Parliamentary Reform, and on the Evils Likely to Ensue from a Republican Constitution in Ireland* (Dublin: 1793), p. 2.

154 EB to the Earl of Upper Ossory, 22 January 1793, *Corr.*, VII, p. 342.

155 EB to Unknown, post 18 February 1793, ibid., p. 350.

156 EB to Henry Grattan, 8 march 1793, ibid., p. 360.

157 参见 John Baker Holroyd to Lord Auckland, 21 October 1792, OSB MS. File 13483："爱尔兰清醒的人对罗马天主教徒没有丝毫的警觉；当地人又拾起了他们的老把戏：杀害基督徒和弄残新教徒的牲畜。"霍洛伊德在米司郡有土地。

158 EB to Henry Grattan, 8 March 1793, *Corr.*, VII, p. 361.

159 S. J. Connolly, *Divided Kingdom: Ireland, 1630–1800* (Oxford: Oxford University Press, 2008), p. 447.

相邻各郡，最远延伸到米斯郡。反对新的《民兵法》的暴乱持续了整个春天和夏天。

该《民兵法》是在天主教救济法案通过期间以及在镇压志愿军活动后出台的。它的目的是在与法国的较量中提供国内防御，通过抽签来招募新兵，这意味着从地主的佃户中抽签选出士兵。这种征兵过程带有强迫性，在全国各地引发了广泛的骚乱。[160] 截至 1793 年 8 月，骚乱的死亡人数是过去 30 年中与叛乱或土地暴力有关的死亡人数的 5 倍。[161] 这导致有报道称天主教徒普遍处于叛乱状态。伯克开始反驳这个判断："简单的事实是，不管骚乱的范围或暴力程度如何，这些骚乱与宗教或政治都没有关系。"[162] 他的主要目的是否认暴力是由神职人员中有影响力的人鼓动的。这不是宗派抗议，而是"民众"抗议，其原因应该归结于一部剥夺人权的宪法。[163] 伯克将其描述为一种"排他性自由"，而更确切地理解是，这种自由"不是自由，而是统治"。[164] 如果说到目前为止，这种制度还没有导致天主教的叛乱，但它仍促进了天主教与当局的疏远。在过去的一年里，随着天主教捍卫者的暴力事件增多，这一点得到了有

872

160　Thomas Bartlett, "An End to Moral Economy: The Irish Militia Disturbances of 1793," *Past and Present*, 99 (May 1983), pp. 41–64.

161　Ivan F. Nelson, "'The First Chapter of 1798'? Restoring a Military Perspective to the Irish Militia Riots of 1793," *Irish Historical Studies*, 33: 132 (November 2003), pp. 369–86.

162　EB to John Coxe Hippisley, 3 October 1793, *Corr.*, VII, p. 442.

163　Ibid., p. 443. 参见 EB to John Coxe Hippisley, 8 January 1794, ibid., p. 513："事实上，尽管雅各宾派表面上还保留在他们生长的教会里，但他们并不是任何一种基督徒。"

164　EB to Henry Grattan, 8 March 1793, ibid., p. 360.

力的证明。[165] 其中大部分暴力事件都采取了解除新教徒武装的形式。很快，天主教保卫者的宣言中就加入了雅各宾主义的元素。[166] "他们以最放肆的方式谈论着最好的自由和平等制度，"一个小册子记录道。[167]1794 年初，伯克提醒总督的新任辅政司，"爱尔兰有被雅各宾化的危险"。[168] 他很清楚，都柏林政府正在无意中煽动这种情绪，他现在把都柏林政府描述成一个无耻的寡头政治集团，"他们有方法迫使人们产生不满情绪，他们通过一套行为方式，让民众看起来像是在造反"。[169] 正是在这种气氛中，菲茨威廉被任命为爱尔兰新的总督。

随着反法战争的升级，大英帝国面临着关乎存亡的斗争，伯克认为，爱尔兰已经变得太重要了，不能再留给一个小集团来控制了。[170] 他在接下来的一年里强调了自己的紧迫感。在反对雅各宾派革命的"可怕"对决的背景下，英国有史以来最大的利益显然受到了影响。[171] 一场巨大的"灾难"正在逼近英国，

---

165 关于防御主义的目的和特征，参见 Tom Garvin, "Defenders, Ribbonmen and Others: Underground Political Networks in Pre-Famine Ireland," *Past and Present*, 96 (August 1982), pp. 133–55; Thomas Bartlett, "Select Documents XXXVIII: Defenders and Defenderism in 1795," *Irish Historical Studies*, 24: 95 (May 1985), pp. 373–94。另见，Martyn J. Powell, "Popular Disturbances in Late Eighteenth-Century Ireland: The Origins of the 'Peep of Day' Boys," *Irish Historical Studies*, 34: 135 (May 2005), pp. 249–65; Ian McBride, *Eighteenth-Century Ireland: Isle of Slaves* (Dublin: Gill and Macmillan, 2009), pp. 413–25。

166 Marianne Elliott, *Partners in Revolution: The United Irishmen and France* (New Haven, CT: Yale University Press, 1982, 1989), pp. 40ff.; Jim Smyth, *The Men of No Property: Irish Radicals and Popular Politics in the Late Eighteenth Century* (Dublin: Gill and Macmillan, 1992), p.67.

167 [Anon.], *A Candid and Impartial Account of the Disturbances in the County Meath* (Dublin: 1794), p. 8.

168 EB to Sylvester Douglas, post 30 December 1793, *Corr.*, VII, p. 510.

169 Ibid., pp. 509–10.

170 Ibid., p. 510.

171 EB to William Fitzwilliam, 16 October 1794, *Corr.*, VIII, p. 34.

而爱尔兰在其防御体系中发挥了关键作用。[172] 他后来表示，如果爱尔兰没有得到妥善的保护，其要么被丢弃给法国政府，要么被丢弃给自己打造的"革命制度"。[173] 欧洲的地缘政治已经改变了爱尔兰王国的重要性：它不再是"一个不起眼的附属国"，而是旧秩序中至关重要的一环。[174]30 年前，在国际判断方面犯的错误有望在中期内得到纠正，但现在的错误判断却有可能危及文明剩余的体系。[175] 爱尔兰是抵御灾难性洪水的堤坝。[176] 最根本的问题是，爱尔兰政府掌握在一个小阴谋集团手中。随着菲茨威廉的到来，人们期望这个政权能够得到净化。菲茨吉本将被免去爱尔兰大法官的职位，约翰·贝雷斯福德、爱德华·库克和萨克维尔·汉密尔顿也将被撤职。1794 年 8 月 23 日，菲茨威廉像承诺的那样从伦敦写信给格拉坦，表示希望以波特兰总督为榜样。他希望像庞森比一家这样的辉格党人能协助他促成这一结果。[177] 然而，在菲茨威廉新职位的职权问题上，皮特－波特兰联合政府内部很快出现了分歧。首先，在解除威斯特摩兰的职务方面出现了延误，必须给他找到一个新职位。其次，皮特对菲茨威廉清理爱尔兰政府的计划感到焦虑，尤其是他打算解雇菲茨吉本的计划。最后，虽然爱尔兰首席大

172　EB to Lord Loughborough, 19 October 1794, ibid.,p. 44. Cf. EB to Earl Fitzwilliam, c. 24 September 1794, ibid., p. 23.

173　EB to the Rev. Thomas Hussey, 19 February 1795, ibid., p. 152.

174　EB to William Windham, 16 October 1794, ibid., pp. 42–3.

175　EB to Lord Loughborough, 19 October 1794, ibid., p. 45.

176　The image appears in EB, *Second Letter to Sir Hercules Langrishe* (26 May 1795), *W & S*, p. 668.

177　Earl Fitzwilliam to Henry Grattan in Henry Grattan, *Memoirs of the Life and Times of the Rt. Hon.Henry Grattan* (London: 1839–1842), 4 vols., IV, p. 173. 庞森比家族是波特兰的表亲，夏洛特·庞森比夫人是菲茨威廉的妻子。波特兰 1782 年在罗金汉政府担任总督的短暂任期实际涉及都柏林政府的人事变动。参见 R. B. McDowell, "The Fitzwilliam Episode," *Irish Historical Studies,* 15: 58 (September 1966), pp. 115–30, at p. 116。

臣敦促菲茨威廉暂时不要考虑天主教的问题，但他却认为，即使威斯敏斯特政府袖手旁观，都柏林也可以推进这一问题。[178]

在菲茨威廉接受任职后，伯克评论道："你去的是一个被上一批租户严重破坏的农场。"[179]然而，当菲茨威廉计划彻底改组都柏林政府时，皮特-波特兰联合政府内部的矛盾也在加剧。到了 10 月中旬，新内阁已处于解散的边缘。[180]面对出现的困难，伯克开始感到焦虑。他坚定地投身正在进行的反法运动，并因此支持皮特政府："我认为，皮特先生政府的声誉和持久性是拯救欧洲的基石。"[181]1795 年菲茨威廉的任命失败后，随之而来的是天主教解放政策的瓦解，伯克再次强调他对皮特的信任："我认为，而且现在仍然认为，皮特先生的权力是欧洲旧秩序存在的必要条件。"[182]然而，他也一直致力于支持联合政府中的波特兰派。[183]现在联合政府危在旦夕，他不得不在政府和朋友之间做出选择。[184]然而，令伯克高兴的是，内阁内部的分歧在短期内得到了解决。菲茨威廉于 1795 年 1 月 4 日到达

874

---

178 McDowell, *Ireland in the Age of Imperialism*, chapt. 13; John Ehrman, *Pitt the Younger II: The Reluctant Transition* (London: Constable 1983), pp. 421–7, 430–9; Bartlett, *Fall and Rise of the Irish Nation*, pp. 193–8; Deirdre Lindsay, "The Fitzwilliam Episode Revisited" in David Dickson et al. eds., *The United Irishmen: Republicanism, Radicalism and Rebellion* (Dublin: Lilliput Press, 1993); David Wilkinson, "The Fitzwilliam Episode, 1795: A Reinterpretation of the Role of the Duke of Portland," *Irish Historical Studies*, 29: 115 (May 1995), pp. 315–39; Paul Bew, *Ireland: The Politics of Enmity, 1789–2006* (Oxford: Oxford University Press, 2007), pp. 27–31.

179 EB to Earl Fitzwilliam, 9 September 1794, *Corr.*, VIII, p. 9.

180 EB to William Windham, 16 October 1794, ibid., p. 34.

181 EB to Lord Loughborough, 10 October 1794, ibid., p. 45.

182 EB to Earl Fitzwilliam, 13 March 1795, ibid., p 190. Cf.EB to Henry Grattan, 20 March 1795, ibid., p. 207.

183 EB to William Windham, 16 October 1794, ibid., p. 36.

184 EB to William Windham, 20 October 1794, ibid.,p. 51; EB to Earl Fitzwilliam, 21 October 1794, ibid., p. 53.

巴尔布里根，准备接受他有争议的任务。随后，爱尔兰政府解雇了许多人，天主教委员会期待着解放政策的继续展开，并建议"立即考虑"他们的关切。[185]伯克注意到"全体天主教徒对总督的尊重和依赖"。[186]然而，到了2月中旬，伦敦的内阁已决定制止总督的行动。2月23日，波特兰敦促菲茨威廉辞职。但另一方面，伯克坚持认为菲茨威廉应该留下来："看在上帝的份上……待在你现在的地方。"[187]托马斯·胡塞预言，"爱尔兰现在正处于内战的边缘"。[188]即使在菲茨威廉被解职后，伯克仍坚持要他继续留任。[189]伯克和菲茨威廉都认为，菲茨威廉处置贝雷斯福德的方式导致了菲茨威廉被召回，这证实了他们的一个看法，即爱尔兰政府是腐败的。[190]正当上议院准备宣判黑斯廷斯无罪时，菲茨威廉正在准备返回。伯克说："在公众面前，我们有一个东方总督和一个西方总督。"他们的待遇是宪法完整性的恶兆。[191]

16.4 联合或分离：菲茨威廉及之后

875

1795年2月12日，爱尔兰议会提出了允许罗马天主教徒获得议会席位的法案，但在5月4日的二读中，以71票被否

---

185 Earl Fitzwilliam, *Second Letter from Earl Fitzwilliam to the Earl of Carlisle* (Dublin: 2nd ed., 1795), p. 6.

186 EB to the Rev. Thomas Hussey, 29 January 1795, *Corr.*, VIII, p. 125. Cf.EB to the Rev. Thomas Hussey, 4 February 1795, ibid., p. 136; the Rev. Thomas Hussey to EB, 19 February 1795, ibid., p. 152.

187 EB to Earl Fitzwilliam, c. 26 February 1795, ibid.,p. 161.

188 The Rev. Thomas Hussey to EB, 27 February 1795, ibid., p. 162.

189 EB to the Duke of Devonshire, 11 March 1795, ibid., p. 184.

190 这一主张被驳回，参见 [Anon.], *A Fair Statement of the Administration of Earl Fitzwilliam inIreland* (London: 1795)。

191 EB to Henry Grattan, 20 March 1795, *Corr.*, VIII, p. 206.

决。根据该法案的规定，除了王室和教会职位外，所有职位都将向所有宗教人士开放。朗里什认为，在全面执行了 80 年和放松执行了 20 年刑罪法规后，是时候消除其"最后的残余"了。[192] 伯克认为，从天主教徒的角度来看，这意味着一个"耻辱"终于被消除了，其结果是，大约三名天主教徒可以获得下议院议席，可能还有一名天主教徒进入上议院。[193] 伯克后来争辩说："若他们能获得议席，就可能成为多数派，并会迫害别人，这种担心是最无耻和最恶毒的借口。"即使在最极端的情况下，包括改革爱尔兰选区，天主教徒也永远不可能获得超过十分之一的议席。[194] 法案提出一周后，格拉坦通知伯克，下议院似乎准备给予天主教徒救济。随后，王国的防御可通过建立一支自卫军来加强。[195] 对菲茨威廉来说，这本是该法案的一个主要好处，其可以为应对法国日益增长的威胁提供安全保障。然而，在伯克看来，由于该法案似乎注定要失败，政府宁愿冒着"一千场内战"的危险，也不愿牺牲任何权力或利益。[196] 他这样说是在指责都柏林政府"小集团"的原则，他从 18 世纪90 年代初就一直在指责他们激烈的权力斗争。在菲茨威廉第一次到达都柏林的三个月前，伯克就责骂了这群"爱尔兰人"，他们沉浸在"无数的腐败、欺诈、压迫和愚蠢"之中。[197] 福斯特、菲茨吉本、贝雷斯福德和他们的同伴，在反对天主教解放的同时，渴望官职带来的好处。长期以来，他们早已在政府中

---

192 *A Report of the Debate in the House of Commons on the Bill for the Further Relief of His Majesty's Popish or Roman Catholic Subjects* (Dublin: 1795), p. 17.

193 EB to Earl Fitzwilliam, c. 26 September 1794, *Corr.*, VIII, p. 22.

194 EB to French Laurence, 23 November 1796, *Corr.*, IX, p. 125.

195 Henry Grattan to EB, 19 February 1795, *Corr.*, VIII, p. 150.

196 EB to Lord Fitzwilliam, 13 March 1795, ibid., p. 192.

197 EB to William Windham, 16 October 1794, ibid., p. 34.

形成了一个"阴谋集团"，背离了辉格党原有的宽容和正直原则。[198] 他们的整个体系建立在以权谋私和剥夺人权之上。[199]

法国的局势应该是对这种腐败的一个警告。爱尔兰国务大臣的终身任期制体现了该国排他性的行政方式。伯克向拉夫伯勒建言，"许多原因……为法国君主制的垮台做了准备"，但是，延长公职任期和政府职位继承制明显破坏了法国君主制，不仅剥夺了路易十六的庇护权，同时也在有抱负的人才中激起了怨恨。当一场权力的角逐来临时，国王"无法控制那无穷无尽的不满情绪，这种不满源自许多人的沮丧和绝望的抱负"。[200] 爱尔兰的问题是，小集团势力与剥夺政治权利相结合。不管表面如何，激发这种精神的并不是宗教原则，而是凌驾于一个民族之上的政治霸权。[201] 新教事业只是世俗野心的借口。因此，伯克认为，新教"优势"的理想似乎是"无神化的"，利用虔诚的幌子推进政治迫害，其目的是追求凌驾于压迫者之上的世俗利益。[202] 在这种情况下，将统治阶层与宗派排斥放在一起是特别危险的，因为这将破坏爱尔兰教会本身。作为一个占爱尔兰人口十分之一的少数派教会，至关重要的是，"要避免成为一个小集团"。[203]

基督教会的命运将会众紧密地联系在一起。因此，冷漠是爱尔兰新教信仰的敌人，尤其是当冷漠与"蔑视"其他教派相

876

---

198 Ibid., p. 41.

199 EB to Earl Fitzwilliam, 21 October 1794, ibid., pp. 53, 54. 参见 EB to the Rev. Thomas Hussey, 5 March 1795, ibid., p. 175; EB to the Rev. Thomas Hussey, 17 March 1795, ibid., p. 199; EB to Henry Grattan, 20 March 1795, ibid., p. 207; EB to Earl Fitzwilliam, 5 July 1795, ibid., p. 286。

200 EB to Lord Loughborough, 19 October 1794, ibid., p. 49.

201 EB to the Rev. Thomas Hussey, 9 June 1795, ibid.,p. 264.

202 EB to the Rev. Thomas Hussey, 21 June 1795, ibid., p. 270.

203 EB to Earl Fitzwilliam, 21 October 1794, ibid.,p. 55.

结合的时候。[204] 面对政治上的歧视对爱尔兰国教的毒害，正如伯克向托马斯·胡塞吐露的那样，他渴望在临终前能看到"一个原始基督教会"的出现。[205] 考虑到，在暴力和掠夺的压迫下，爱尔兰天主教变得相对朴素和宽容，因此，经过一些改进，它可能会接近于那种不受约束的虔诚。[206] 对于一个国教成员来说，这是一个了不起的结论，但它指向了长期以来一直支撑着伯克宗教情感的和平主义（irenecism）。荷兰的净言派人士（Remonstrant）格勒特·勃兰特的《宗教改革史》在 18 世纪 20 年代被翻译成英语，他试图通过采用和平主义的格言来促进基督教教派的团结："我从不谴责任何一个有基督教品行的人。"[207] 勃兰特把伊拉斯谟视为宽容的守护者，他放弃了宗教裁判所，认为它是对基督教伦理的颠覆。[208] 这是对"最初"基督教的尊重，其致力于道德戒律而不是迫害异端。[209] 对伯克来说，在爱尔兰天主教徒中可以找到宽容精神，他们早把教宗的偏执态度丢进历史了。在这种情况下，正如他在 1795 年初《致威廉·史密斯的信》中所解释的那样，各主要教派之间组成一个"联盟"是可能的。事实上，由于雅各宾教义决心要将宗教彻底摧毁，因此某种形式的联合已经成为必要，"他们首要、次

877

---

204 EB to Earl Fitzwilliam, 10 February 1795, ibid.,p. 146.

205 EB to the Rev. Thomas Hussey, ante 10 February 1795, ibid.,p. 143. 在 1625—1676 年，阿马大主教曾指出，詹姆斯·乌舍尔（James Ussher）在 *A Discourse of the Religion Anciently Professed by the Irishand British* (London: 1631) 中认为，诺曼征服前的爱尔兰基督教，与在教廷直接影响下的爱尔兰天主教相比，与宗教改革教会更为相似。

206 EB to the Rev. Thomas Hussey, ante 10 February 1795, *Corr*, p. 143.

207 Geeraert Brandt, *The History of the Reformation and other Ecclesiastical Transactions in and about the Low Countries* (London: 1720–1723), 4 vols., I, p. vi. 关于勃兰特的影响，参见 Peter Burke,"The Politics of Reformation History" in A. C. Duke and C. A. Tamse eds., *Clio's Mirror:Historiography in Britain and the Netherlands* (Zutphen: Walburg Pers, 1985).

208 Ibid., "The Author's Preface," n.p.

209 Ibid., "Introduction," n.p.

要甚至最终的敌对目标，都是宗教"。[210]

伯克的《致威廉·史密斯的信》是为了回应威廉·库萨克·史密斯关于解放天主教徒的政治影响的询问。史密斯于前一年进入爱尔兰下议院，他在1795年议会开幕前给伯克写了一封信，透露他致力于为天主教徒提供完全的"公民权利"，但对他们应该在多大程度上享有政治权利提出了质疑。[211] 他已经发表了不少文章，主张与天主教多数派建立更紧密的"联系"，但他现在想知道，罗马天主教徒进入议会后，新教的安全会在哪些方面受到破坏。[212] 伯克回答说，这个问题是错误的，因为进入议会的权利并不等同于享有权利。[213] 此外，在这种情况下，排斥并不能增加新教的安全，相反，它会表现为"戒备和怀疑"。[214] 在这种情况下，天主教徒很容易受到雅各宾派的诱惑，如果通过这种方式，他们的宗教信仰"被异教徒摧毁，那么无论是天主教还是任何新教教会都不可能幸存下来，不认同这一点的人是非常卑鄙和荒谬的"。[215] 在无神论通过法国政府获得权力之前，基督徒之间的分歧从未构成生存威胁。事实上，由"过度"虔诚所滋生的观念分歧无意中消除了过度狂热造成的败坏行为。"但是现在，"伯克总结道，"我们的争吵只会导致不可避免的毁灭。"[216] 然而，尽管厄运可能迫在眉睫，爱尔兰政

878

210　EB, *Letter to William Smith* (29 January 1795), *W & S*, IX, p. 661.

211　William Smith to EB, 20 January 1795, *Corr.*, VIII, p. 120. 他完善了自己的论点，参见 [William Smith], *A Letter to His Excellency Earl Fitzwilliam by a Member of Parliament* (Dublin: 1795)。

212　William Smith, *The Patriot, or Political Essays* (Dublin: 1793) p. 7; William Smith to EB, 20 January 1795, *Corr.*, VIII, p. 120.

213　EB, *Letter to William Smith* (29 January 1795), *W & S*, IX, p. 664.

214　Ibid., p. 665.

215　Ibid., p. 662.

216　Ibid.

府却仍被虚假的宗派仇恨驱使。即使在英国，罗马教宗也仍然被视为一个不再重要的存在。1796年，当拿破仑成功率领共和军在意大利对抗教宗庇护六世时，英国政府放弃了对教宗的任何支持，而都柏林政府则向教宗的宗教信仰宣战："为了报复这个……老教宗，我们割断了自己的喉咙。"[217] 一句自我毁灭的咒语为过时的偏执服务："只要粉碎了教宗制，一切都会好起来。"[218]

伯克密切关注1795年5月4日关于天主教救济法案二读的辩论。[219] 他向菲茨威廉勋爵报告说，下议院的"判断"在这个问题上是正确的。[220] 尽管如此，11天后，在《致赫拉克勒斯·朗里什的信》中，他对一些发言的内容提出了抱怨。[221] 帕特里克·杜伊根驳斥了有关天主教徒忠诚的说法，他认为，承认他们拥有完全的政治权利会将王国一半的权力授予其天主教的居民——"根据洛克的说法，这是一种罪行……应受到惩罚"。[222] 杜伊根的论据基于天主教委员会一份公开的会议记录，会议于1795年4月9日在都柏林弗朗西斯街教堂举行，大约4000名受屈的平民参加了这次会议。会议开幕时，约翰·基奥向反抗大英帝国的美国以及荷兰和布拉班特的革命致敬。[223] 随后，作

217　EB to French Laurence, 25 November 1796, *Corr.*, IX, p. 133.

218　EB to the Rev. Thomas Hussey, post 9 December 1796, ibid., p. 163. 参见 EB to Unknown, February 1797, ibid., pp. 259–60。

219　这场辩论在1795年5月12日、13日和14日连续出版的《纪事晨报》上被报道，然而伯克似乎比这些报道提供了更多的信息，尤其是菲尔波特·柯兰演讲的内容。

220　EB to Earl Fitzwilliam, 15 May 1795, *Corr.*, VIII, p. 242.

221　EB, *Second Letter to Sir Hercules Langrishe* (26 May 1795), *W & S*, IX, p. 668.

222　*Report on the Bill for the Further Relief of Roman Catholic Subjects*, p. 115. 他预计，另一半将掌握在国王的手中。

223　*Orations Delivered at a Meeting of the Roman Catholics at Francis-Street Chapel on Thursday the Ninth of April 1795 on the Question of Catholic Emancipation* (Cork: 1795), pp. 6–7.

为代表之一的詹姆斯·瑞安博士发表了讲话，抨击了皮特可疑的计划，即利用民众的不满情绪，想要在两个王国之间建立一个合并的联盟。这将意味着"消灭爱尔兰议会"，确保一个国家永远处于支配地位，而另一个国家永远处于从属地位。正如瑞安所说："拥有立法权的国家具有优势地位，而立法权被撤消的国家则处于劣势地位。"[224] 这次会议结束后，天主教委员会被强行解散了，只留下了失去可靠代表性的广大民众。

"我和你一样不喜欢弗朗西斯街教堂的会议内容，"伯克向朗里什承认。[225] 演讲者们的语言倾向于支持爱尔兰与英国分离，对伯克来说，这只能以难以想象的灾难告终。在接下来的一年里，他一直雄辩地表示反对："爱尔兰一刻也不能与英国分离，否则就会失去她目前繁荣的所有源泉。"[226] 在生命的最后几个月里，他又回到了这个令人不安的主题："这样的分离将使爱尔兰成为世界上最没有希望的国家，最悲惨、最错乱的地方，最终也会是最荒凉的地方。"[227] 早在 1795 年 3 月，胡塞就预见到了不满的天主教徒的这种观念转变："他们将希望与英国分离，而他们对自己的议会是持鄙视态度的，这最终将导致议会被推翻，并以类似法国的国民公会来取代它。"[228] 看到这个预测这么快就得到证实，伯克感到十分沮丧。这是从爱尔兰人联合会那里学来的一种愚蠢而虚荣的姿态，基于爱尔兰人的不满"源于

879

---

224 Ibid., p. 18. 同样的怀疑，参见 Arthur O'Connor, *Speech of Arthur O'Connor Esq. in the House of Commons of Ireland, Monday, May* 4th, *1795, on the Catholic Bill* (Dublin: 1795),p. 31。

225 EB, *Second Letter to Sir Hercules Langrishe* (26 May 1795), *W & S*, IX, p. 668.

226 EB to John Keogh, 17 November 1796, *Corr.*, IX, p. 113.

227 EB to Unknown, February 1797, ibid., p. 257.

228 The Rev. Thomas Hussey to EB, 3 March 1795, *Corr.*, VIII, p. 168.

英国"的思想。[229] 这种想法认为，英国寻求分而治之。[230] 事实恰恰相反：正是爱尔兰一个寡头政治派别的上台，损害了天主教的利益，而天主教的唯一资源是威斯敏斯特议会相对宽容的态度。[231] 正如伯克后来断言的那样："反对英国势力的呼声很高。但我确信，是爱尔兰的势力让英国内阁感到恐惧。"[232]

爱尔兰的选择是在政治上依赖英国或屈服于法国。如果爱尔兰投靠雅各宾派，它将为一时的满足而付出沉重的代价。现在的情况是，对英国的依赖要么意味着现有的自治立法机构继续存在，要么意味着两个政体间的全面联合。自1761年以来，伯克一直在思考这个问题。当时有报道称，他认为建立联合是"一个深奥而困难的问题"。[233] 菲茨威廉被任命为总督后，这个问题再次被提上日程。伯克认为，该计划的价值将取决于其细节，尽管就目前的情况看，该计划是不切实际的。[234] 除了希望天主教徒能作为反对雅各宾派无宗教信仰运动的伙伴，别无他法。伯克在给胡塞的信中写道："你告诉我，天主教徒与我们这个时代的重大恶行疏远，这使我欣慰。"[235] 然而，有关法国入侵的传言已经在流传，菲茨威廉认为，天主教徒已经准备

880

---

229 EB to the Rev. Thomas Hussey, 18 May 1795, ibid., p. 246. Cf. EB to Earl Fitzwilliam, 20 December 1796, *Corr.*, IX, p. 189; EB to French Laurence, 20 December 1796, ibid., p. 190.

230 这一主张现在已经很普遍了，例如，参见 John Philpot Curran, *A Letter to the Right Honourable Edmund Burke on the Present State of Ireland* (Dublin: 1795), p. 6: 这位爱尔兰新教徒过于"热情"，以至于没有意识到，自1690年代以来，他已经成为"将爱尔兰分为两派的盲目工具，这一做法同样残忍和不明智，双方互相消耗和破坏"。

231 关于这一点，参见 EB to the Rev. Thomas Hussey, post 9 December 1796, *Corr.*, IX, p. 166: 宪法的独立意味着"连同影响力和权威，爱尔兰人已经完全失去了来自英国议会监督的所有好处"。

232 EB to Unknown, February 1797, *Corr.*, IX, p. 259.

233 EB to William Dennis, 1761, reported by French Laurence, *Corr.*, I, pp. 143–4.

234 EB to Earl Fitzwilliam, c. 26 September 1794, *Corr.*, VIII, p. 20.

235 EB to Thomas Hussey, 4 February 1795, ibid., p. 136.

好接受革命思想的灌输："挑起麻烦的时机已经成熟……他们只需要一个目标和一个领袖。"[236] 到了 5 月中旬，伯克担心有才能的人会染上法国疾病，并以博爱的正义承诺来呼吁那些无产者："有的有产者将被摧毁，有的被恐吓，剩下的则选择屈服。"[237] 由于雅各宾主义的目的是破坏长久以来的思想习惯，因此它首先开始攻击的是所有偏见的根源——宗教。[238] 基督教呼吁理性，但本质上它是一种由文化和家庭关系支持的因袭成俗的信仰。[239] 欧洲基督教信仰的所有主要教派都可以利用这种支持，正因如此，在保持清醒的偏见以捍卫财产和宗教方面，他们有着共同的资源。[240] 正如伯克在 1795 年 5 月底对朗里什所说，大英帝国正与这种资源的敌人开战：首先是雅各宾主义，它威胁到社会的纽带；其次是新教"优势"，它以宗教虔诚为借口疏远了天主教群体；最后是"印度主义"，它无视所有基督教的行为准则，摧毁了亚洲的大片地区。[241] 它们共同煽动了不满情绪，破坏了上帝的旨意。

伯克最担心的事情在爱尔兰成为现实。1795 年 4 月，在利特里姆发生了一起屠杀 11 名税务官员的事件。[242] 激进的天

236　Earl Fitzwilliam to EB, 4 March 1795, ibid., p. 171.

237　EB to Earl Fitzwilliam, 15 May 1795, ibid., p. 243.

238　参见 EB, *Letter to William Elliot* (26 May 1795), *W & S*, IX, p. 39："宗教……所有其他以偏见为名的观点都必须与之相伴。"

239　EB, *Letter to William Smith* (29 January 1795), *W & S*, IX, p. 662.

240　Ibid., p. 661.

241　EB, *Second Letter to Sir Hercules Langrishe* (26 May 1795), *W & S*, IX, p. 667 (mistranscribed). 参见 EB to Sir Hercules Langrishe, 26 May 1796, *Corr.*, X, p. 32。另见 EB to Earl Fitzwilliam, 21 June 1794, *Corr.*, VII, p. 553，关于"我们时代的两大罪恶，印度主义和雅各宾主义"。

242　Edward Hay to EB, 21 June 1795, *Corr.*, VIII, p. 271; *Hibernian Journal*, 6 May 1795; Bartlett, "Defenders and Defenderism," p. 380.

主教捍卫主义正在兴起，新教团体用暴力与之对抗。在担任总督期间，菲茨威廉告诉伯克，"下等阶层之间的宗教战争根本就不存在。"[243] 事实上，自18世纪80年代以来，这种战争就一直在蠢蠢欲动；当然，它现在开始爆发了。1795年9月21日，在阿马郡的卢瓦尔村庄附近的钻石十字路口，发生了一场有组织的对峙，导致数十名天主教徒死亡。[244] 随后，整个冬季，接踵而至的是，对天主教家庭的袭击和一系列将天主教徒从内伊湖附近的沼泽地中驱逐出去的行动。[245] 伯克反对天主教捍卫者解除武装："只有所有扰乱秩序的人都解除武装，这项措施才是正确的。"[246] 由于被剥夺了国家公共福利仲裁者的角色，士绅们开始纵容心怀不满的新教激进分子。[247] 伯克在写给胡塞的信中说，现在很明显，"天主教捍卫主义者是抑制新教优势的唯一手段。"[248] 约翰·基奥把这种情况描述成爱尔兰的"旺代事件"。[249] 1796年11月，伯克指出，新教徒的攻击没有受到惩罚，"政府几乎没有进行任何劝阻"。[250] 他认为这表明了新政府的意图。1795年3月，菲茨威廉离开后，第二任总督卡姆登伯爵立即前来接替了他。伯克尊重卡姆登的"准则"，但谴责他选

---

243 Earl Fitzwilliam to EB, 18 February 1796, *Corr.*, VIII, p. 386.

244 Patrick Tohall, "The Diamond Fight of 1795 and the Subsequent Expulsions," *Journal of the Armagh Diocesan History Society,* 3: 1 (1958), pp. 17–50.

245 McBride, *Eighteenth-Century Ireland* , p. 414. 驱逐的情况，参见 EB to Earl Fitzwilliam, 17 January 1796, ibid., p. 374。

246 EB to the Rev. Thomas Hussey, 27 November 1795, ibid., p. 351.

247 D. W. Miller, "The Armagh Troubles, 1784–1795" in Samuel Clark and James S. Donnelly Jr. eds., *Irish Peasants: Violence and Political Unrest, 1780–1914* (Manchester: Manchester University Press,1983).

248 EB to the Rev. Thomas Hussey, 18 January 1796, *Corr.*, p. 378.

249 John Keogh to EB, 20 July 1796, *Corr.*, IX, p. 59.

250 EB to French Laurence, 23 November 1796, ibid., p. 126.

择的行政体系。[251] 托马斯·佩勒姆被任命为总督的辅政司。贝雷斯福德恢复了他在政府中的旧职。菲茨吉本和阿格大主教在上议院得到晋升。[252] 基奥抱怨说，这些任命忽视了"团结和安抚"的必要性，实际上倾向于"恐吓和压制广大民众"。[253] 伯克同样也"苦恼"于卡姆登政府的做法。[254] 在他生命最后的日子里，他痛斥他们令人作呕的统治习惯，逼迫顺从的广大民众走上了叛乱的道路。[255] 他们行为的敌意可能比法律的公开敌意造成的伤害更多。[256]

这一点直指爱尔兰统治不善的核心问题。鉴于英国政府依赖于爱尔兰的行政部门，政策只能听凭一小撮垄断者的摆布。[257] 未来的唯一希望在于解散这个阴谋集团，并在更有利的基础上重建政府。[258] 与此同时，他们的行为激起了大多数人的反感，无意中助长了煽动叛乱的阴谋。这使他们无意中成为法国新政权的帮凶，一个与高卢敌人结盟的"小人国督政府"。[259] 在"他们醉生梦死的权力狂妄"中，他们侮辱并激怒了他们名义上关心的臣民。[260] 当敌对势力开始威胁和恐吓这个国家时，政

882

251 EB to Sir Hercules Langrishe, 8 April 1796, *Corr.*, X, p. 38.

252 Bartlett, *Rise and Fall of the Irish Nation*, p. 207.

253 John Keogh to EB, 20 July 1796, *Corr.*, IX, p. 59.

254 EB to John Keogh, 17 November 1796, ibid., p. 113.

255 EB to Earl Fitzwilliam, 20 November 1796, ibid., p. 121.

256 EB to French Laurence, 23 November 1796, ibid., p. 126.

257 EB to the Rev. Thomas Hussey, post 9 December 1796, ibid., p. 166; EB to Unknown, February 1797, ibid., p. 255.

258 EB to Earl Fitzwilliam, post 9 December 1796, ibid., p. 158; EB to French Laurence, 29 March 1797, ibid., p. 297.

259 EB to French Laurence, 8 December 1796, ibid., p. 151.

260 EB to the Rev. Thomas Hussey, post 9 December 1796, ibid., p. 162; EB to William Windham, 30 March 1797, ibid., p. 301.

府开始将自己置于明确的军事立场上。伯克评论道，"在爱尔兰，很明显，他们已经抛弃了所有的政治治理，甚至是其体面的外表。"[261] 官方的决绝表现在任命爱尔兰军队的新总司令上：1796 年 10 月 10 日，亨利·劳斯·卢特雷尔，即卡汉普顿伯爵，从罗伯特·坎宁安手中接任该职务。伯克认为，这一选择表明了政府挑起冲突的决心。[262] 前一年秋天，卡汉普顿伯爵负责平定康诺特省时，可疑的天主教捍卫者被派往海外的国王舰队服役，甚至没有走任何法律程序。这似乎与政府处理阿马地区的冲突有异曲同工之处，他们最终在那里激化了矛盾。在佩勒姆的鼓动下，爱尔兰议会拒绝对这一事件进行调查。[263] 此时，爱尔兰人联合会首先在阿尔斯特作为一个秘密社团复兴起来，并与天主教捍卫者联合，形成了一支强大的战斗力量。1796 年 10 月，该团体仅在爱尔兰东北部就有 3.8 万名成员。到次年 2 月，这一数字已升至 6.9 万。"天主教徒，"伯克预言，"不受政府保护，被政府抛弃并受到政府的迫害，他们将与新教共和派人士结盟，以寻求庇护。"[264] 爱尔兰议会此时宣布休会，其在此之前通过的一项《赔偿法案》实际上宽恕了卡汉普顿伯爵的暴行。[265] 一项《叛乱法案》取缔了密谋组织。[266] 随后，在 10 月，政府暂停了部分人身保护令。政府和不同阶层的民众之间的对峙越来越接近武装对抗。

883

261　EB to French Laurence, 18 November 1796, ibid., p. 116.

262　Ibid., p. 177. 参见 Earl Fitzwilliam to EB, 27 November 1796, ibid., p. 136; EB to Earl Fitzwilliam, 30 November 1796, ibid., p. 139。

263　EB to French Laurence, 18 November 1796, ibid., p. 117; Grattan, *Memoirs*, IV, p. 258.

264　EB to Lord Fitzwilliam, 20 November 1796, ibid., p. 121. 参见 EB to John Keogh, 17 November 1796, ibid., p. 114.

265　36 Geo. III, c. 6.

266　36 Geo. III, c. 20. 该法案于 1796 年 2 月 22 日引入，并于 1796 年 3 月 24 日获得皇家御准。

因此，政府引入了志愿骑兵团，以解决日益加剧的动乱。与此同时，民兵内部的紧张关系日益加剧，正如胡塞所控诉的，天主教徒被强迫参加新教徒的仪式。[267] 这种做法似乎表明了一种祸害民众的冲动。[268] 12月，法国舰队险些在班特里湾完成集结，这表明危机已迫在眉睫。"我承认，在我为法国舰队的失败而高兴时，我也为此害怕得发抖，"伯克对温德姆感叹道。[269] 然而，即使灾难迫在眉睫，都柏林的反对派辉格党还是坚持进行议会改革。伯克仍然认为，他们的计划是基于一种基本的误解。目前，爱尔兰下议院的格局很大程度上是詹姆斯一世统治下新自治市镇合并的产物，旨在成为"新教自由民的永久神学院"。[270] 改革的目标应该是使社会所有成员获得实际的代表权，而不是破坏在爱尔兰建立一个适当的政府体系的所有希望："如果人们有了支持他们的代表，并因此获益，那么除了那些热衷于理论的人，没有人会去寻求其他路径。"在目前的情况下，获得民众的支持需要建立一个天主教徒的实际代表制度，而不是对立法机构的形式进行改革，这将影响财产的稳定。[271] 然而，当议会中的反对派冒着革命的风险进行改革时，议会外的激进势力则故意威胁要用暴力进行颠覆。

---

267 The Rev. Thomas Hussey to EB, 30 November 1796, *Corr.*, IX, p. 141. 这些指控可以追溯到詹姆斯·海兰德起诉卡里克－昂－苏尔的具体案件。参见 Rev. Thomas Hussey to EB, 29 January 1795, *Corr.*, VIII, p. 124；EB to Earl Fitzwilliam, 10 February 1795, ibid., p. 145。

268 EB to the Rev. Thomas Hussey, post 9 December 1796, *Corr.*, IX, p. 162.

269 EB to William Windham, 5 January 1797, ibid., p. 2223.

270 这一描述是由约翰·戴维斯爵士撰写的，引用自 T. W. Moody, "The Irish Parliament under Elizabeth and James I: A General Survey," *Proceedings of the Royal Irish Academy*, 45 (1939–1940), pp. 41–81, at p. 54。

271 EB to Unknown, February 1794, *Corr.*, IX, p. 255–6. Cf.EB to French Laurence, 23 November 1796, ibid., p. 125; Earl Fitzwilliam to EB, 5 December 1796, ibid., p. 144; EB to Earl Fitzwilliam, 7 December 1796, ibid., p. 149; EB to French Laurence, I June 1797, ibid., p. 364.

这一状况激发了伯克对良知与权力之间关系的最痛苦思考。就 1796 年年底的情况而言，天主教徒的行为正趋于失控，因此他们必须受到法律的全面制裁。然而，为了应对政府挑起的日益严重的反抗，法律正逐步被搁置。这是一个棘手的局面，使伯克陷入了最深的两难困境。在过去的七年里，他把所有的精力都花在了反对革命叛乱的专横权利上，他敏锐地意识到维护国家生命的义务："一个国家的首要责任是保护自己，"他对胡塞坚称。[272] 在《英格兰史》第五卷结尾处，大卫·休谟回顾了导致查理一世被处决的政府革命，大卫·休谟评论说，如果有必要"灌输"关于忠诚义务的一般性教导，那么"服从的教导"不应该被包含在内。[273]40 年后，在反思爱尔兰革命初期臣民的权利时，伯克认为，"被动服从，作为一种教导，无疑是正确的"。[274] 伯克的观点和休谟的观点一致：虽然在理论上，反对国家的革命永远不可能是合理的，但在实践中，对既定权威使用暴力是正当的。休谟在《英格兰史》第六卷中又谈到了这个问题，他谈到 1675 年 4 月在上议院提出的《测试法案》，该法案旨在排除所有的反抗情况。[275] 休谟在这里指出，试图从根源上否认抵抗，同用理论鼓励抵抗一样愚蠢。[276]1796 年，伯克也同样否认在任何情况下都可以禁止叛乱，因为宣称

---

272 EB to the Rev. Thomas Hussey, post 9 December 1796, ibid., p. 168.

273 David Hume, *The History of England* (Indianapolis, IN: Liberty Fund, 1983), 6 vols., V, p. 544. 休谟对于革命的观点，参见 Andrew Sabl, "When Bad Things Happen from Good People (and Vice-Versa): Hume's Political Ethics of Revolution," *Polity*, 35: 1 (Autumn 2002), pp. 73–92; Andrew Sabl, *Hume's Politics: Coordination and Crisis in the "History of England"* (Princeton, NJ: Princeton University Press, 2012), pp. 103–7。

274 EB to the Rev. Thomas Hussey, post 9 December 1796, *Corr.*, IX, p. 168. Cf. EB to Dr. William Markham, post 9 November 1771, *Corr.*, II, p. 283.

275 相关这一叙述，参见 Earl of Shaftesbury, *Letter from a Person of Quality* (London: 1675)。

276 Hume, *History*, VI, pp. 293–4.

民众没有自卫权毫无意义。伯克声称，这应该被视为"一种欺骗"。[277] 只有符合法律的规定，权力才能被正当地使用："因为如果民众看到有人为了镇压他们而违反法律，他们一定会藐视法律。"[278] 因此，放弃正当程序就是宣布无政府状态。伯克明确指出：如果违法行为是系统性的，而不仅是一个明智过程中的失误，那么它们必须被视为"鼓励……暴乱、煽动和反叛精神，而这种精神迟早会反过来攻击那些鼓励它的人"。[279] 革命在理论上不能事先被证明是正当的，但在极端情况下，它可以作为一种适当的行动方案而得到宽恕。

伯克这是在对爱尔兰地方法官 1796 年通过的一系列法外程序做出回应。但胡塞声称，民兵中的天主教徒被迫参加新教仪式，这让伯克最为苦恼。在没有任何神职人员或政治评论家的提示下，这种行为冒犯了良知，并引发了对新教的不满。[280] 到 1796 年 12 月底，伯克意识到公民关系正在瓦解。情况表明，"有产阶层和无产阶层"之间在进行一场实际的战争。[281] 政府对此负有重大责任。到 1797 年 2 月，该王国的大部分新教居民都被政府视为处于"公开叛乱"状态。由于被公共当局抛弃，天主教群体也被诱导加入他们。[282] 有一定比例的人投奔了爱尔兰人联合会，不过幸运的是，1797 年初这一数字还很低。[283] 3 月，伯克仍然确信大多数人"还没有失去理智"。[284] 然而，在他去

885

277　EB to the Rev. Thomas Hussey, post 9 December 1796, *Corr.*, IX, p. 171.

278　Ibid., pp. 168-9.

279　Ibid., p. 170.

280　Ibid.

281　EB to Earl Fitzwilliam, 20 December 1796, ibid., p. 188.

282　EB to Unknown, February 1797, ibid., p. 259.

283　Ibid., p. 262.

284　EB to William Windham, 30 March 1797, ibid., p. 301.

世前的一段时间，这种希望很快就消失了："两个月前，对天主教做出让步，甚至是暂时抵制天主教徒，本都可以稳住这一群体。"[285] 1797 年 3 月，弗伦奇·劳伦斯和菲茨威廉伯爵向国王递交的关于爱尔兰状况的建议书被拒绝，局面也变得难以收拾。[286] 伯克认为，爱尔兰新教政治集团的思想立场不可原谅，它相当于"对绝大多数民众抱有坚决的敌意"。[287] 伯克此时认为，自己"再也不会"干预爱尔兰的事务了。[288] 事实上，他在 6 月 6 日最后谈及了这一话题。这时，他确信天终于要塌下来了。天主教徒被视为公敌。[289] 政府开始建立军事政府，伯克尖刻地向弗伦奇·劳伦斯形容，这是"卢特雷尔式的行动"，让人想起卡汉普顿伯爵亨利·卢特雷尔总司令的作为。[290] 在他死后不到一年，可怕的叛乱终于来了，爆发了大屠杀，并为英国与爱尔兰的合并扫清了道路。

伯克哀叹说，歧视是以宗教的名义进行的，但却没有任何具体的道德承诺或教义戒律。在这种情况下，"新教主义"（Protestantism）与其说是一种宗教信仰，倒不如说是一种负面教条；与其说是一种对虔诚的救助，不如说是一种排外的原则。[291] 1797 年 5 月初，从科克寄来的一系列信件中，伯克了解到这种不公正的后果。在这里，"人们的思想在很短的时

---

285 EB to Earl Fitzwilliam, 7 May 1797, ibid., p. 330. 参见 EB to French Laurence, 12 May 1797, ibid., pp. 333–5。

286 The Memorial in French Laurence to EB, c. 18 March 1797 in *The Epistolary Correspondence of the Right Hon. Edmund Burke and Dr. French Laurence* (London: 1827), pp. 157–62.

287 EB to William Windham, 30 March 1797, ibid., p. 301. Cf.EB to the Bishop of Waterford, 22 May 1797, ibid.,p. 357.

288 EB to William Windham, 30 March 1797, *Corr.*, IX, p. 301.

289 EB to Unknown Bishop, 6 June 1797, ibid., p. 369.

290 EB to French Laurence, 5 June 1797, ibid., p. 368.

291 EB to Unknown, February 1797, ibid., pp. 260–2.

间内发生了巨大而真实的变化"。[292] 法国在班特里湾登陆所激发的效忠现在已不复存在。人们的头脑是如此狂热，一位通信者写道，"只有革命的恐怖才能使他们冷静下来"。[293] 一年后，暴乱发生，巴利托尔的村庄被志愿骑兵团占领。随后几个月，士兵们驻扎在那里；他们对居民的暴行遭到接二连三的指控。理查德·沙克尔顿的女儿玛丽·利德贝特目睹了这些事件。在给她的最后一封信中，伯克回想起他对巴利托尔的美好回忆。[294] 12 个月后，利德贝特见证了 1798 年叛乱期间村庄经历的各种麻烦。[295] 在此之后，她透露，伯克写给她的信是如何在"我们的小村庄出现混乱和骚动的时候"被偷走的，尽管有一份副本被偶然地保存了下来。[296] 伯克长期以来对无政府状态和专制主义怀有坚决的敌意，但在他去世后的一年内，他童年的住地却被这两股势力的角逐吞噬。

16.5　匮乏和充足：《匮乏》和《致一位勋爵的信》

在菲茨威廉未能胜任爱尔兰总督之后，种种变故促使伯克思考英国的局势。不断上涨的粮食价格也迫使伯克反思，人们对粮食价格的不满在 1795 年夏天达到了顶峰。这一年秋天，与法国的较量即将到达一个重要的转折点。在这种情况下，尽管贸易和制造业似乎处于繁荣状态，但公共财政的压力可能会继续增加。出口已恢复到 18 世纪 90 年代初的水平；纺织品、纸

292　Extract of Letter from Cork, 3 May 1797, OSB MS. File 8750.

293　Extract from Letter from Cork, 4 May 1797, OSB MS. File 8750.

294　EB to Mrs. William Leadbeater, 23 May 1797, *Corr.*, IX, p. 359.

295　Mary Leadbeater, *The Annals of Ballitore* in *The Leadbeater Papers: Selections from the MSS. And Correspondence of Mary Leadbeater* (London: 1862), 2 vols., I, pp. 221–78.

296　Mary Shackleton [Leadbeater] to Thomas O'Beirne, 11 February 1802, OSB MSS. 50, Box 2.

张和玻璃的产量普遍上升；破产者数量明显下降。[297] 然而，正如国王在 1795 年 10 月 29 日新一届议会开幕式上的演讲指出的那样，除了这些繁荣的迹象外，粮食价格高得离谱。[298] 作为维持生计的主食，小麦的价格显著上升。[299]1794 年冬季的几个月里，气候对玉米和草料的生长特别不利，尽管农产品质量仍然很高，但产量却很低。这种情况影响了牛的养殖，从而影响了肉的价格。第二年，连续的霜冻之后，又有一连串的大雨，这造成了更严重的粮食短缺。[300] 除了令人失望的收成外，还有对价格操纵的指控，民众的不满浪潮立即引起了恐慌。因此，有人提议，应该要求议会对价格"进行监管"。[301] 前一年的春天到夏天，由于面包短缺，人们发动了暴乱和示威活动。[302] 要求增加供应的呼声淹没了枢密院。[303] 国王的马车在前往议会开幕式的途中遭到袭击。[304] 皮特在去参加辩论的路上被包围。[305]

887

297 A. D. Gayer, W. W. Rostow and A. J. Schwartz, *The Growth and Fluctuation of the British Economy, 1790–1850* (Oxford: Oxford University Press, 1953), 2 vols.; T. S. Ashton, *Economic Fluctuations in England, 1700–1800* (Oxford: Oxford University Press, 1959); Ralph Davis, *The Industrial Revolution and British Overseas Trade* (Leicester: Leicester University Press, 1979).

298 *Parliamentary History*, XXXII, col. 142.

299 Walter M. Stern, "The Bread Crisis in Britain, 1795–1796," *Economica*, 31: 122 (May 1964), pp. 168–87; E. P. Thompson, "The Moral Economy of the English Crowd in the Eighteenth Century," *Pastand Present*, No. 50 (Feb., 1971), pp. 76–136.

300 EB, *Thoughts and Details on Scarcity* (1795), *W & S*, IX, p. 137.

301 *Parliamentary History*, XXXII, col. 142.

302 J. Stephenson, "Food Riots in England, 1792–1818" in R. Quinalt and J. Stephenson eds., *Popular Protest and Public Order* (London: Allen and Unwin, 1974).

303 Stern, "Bread Crisis," p. 171.

304 *Parliamentary History*, XXXII, cols. 143–55; Francis Place, *The Autobiography of Francis Place*, ed. Mary Thale (Cambridge: Cambridge University Press, 1972), pp. 145–7; EB to William Pitt, 7 November1795, *Corr.*, VIII, p. 338.

305 Ehrman, *Pitt: The Reluctant Transition*, p. 455.

总的来说，一度搁置的政治骚动再次出现。在 1794 年的叛国审判之后，有组织的政治抗议活动暂时消退：托马斯·哈代、霍恩·图克、托马斯·霍尔克罗夫特和约翰·卡特莱特少校至少在一段时间内退出了抗议前线。然而，到了 1795 年夏天，示威活动又恢复了。这一转变与粮食短缺同时发生。伦敦通讯社的活动重新活跃起来；约翰·塞尔沃尔启动了一个教育讲座计划；大众集会也在首都各地召开——6 月 29 日在圣乔治广场，10 月 26 日在哥本哈根广场。[306] 与此同时，一场针对粮食价格的论战开始了。打油诗人谴责了"粮食盗贼"；农场主和中间商被指控设计了一场人为的粮食短缺。[307] 在这种情况下，1795 年 11 月 3 日，下议院就玉米价格进行了一场辩论。几天后，在一封直接寄给皮特的建议书里，伯克"草草"写下了如何应对这场危机的想法。[308]

这封建议书后来成为伯克《关于匮乏的思考和细节》一书的主要内容，在他去世后，该书于 1800 年出版。该作品的编辑将伯克 1795 年末本打算以"致亚瑟·杨的一系列信"的形式出版的幸存下来的手稿与这份建议书结合在一起，构成了这

---

306 Albert Goodwin, *The Friends of Liberty: The English Democratic Movement in the Age of the French Revolution* (London: Hutchinson, 1979), chapt. 10. 关于 1795 年的大众集会，参见 Mark Harrison, *Crowds and History: Mass Phenomena in English Towns, 1790–1835* (Cambridge: Cambridge University Press, 1988), p. 4. Burke mentions Thelwall's campaign of lectures in EB, *Letter to a Noble Lord* (1796), *W & S*, IX, p. 163。

307 [Anon.], *The Devil the Master; or Rogues in Grain* (London: 1795); [Anon.,], *A Dialogue between a Gentleman and a Farmer on the Present High Price of Provisions* (London: 1795); Thomas Wright, *A Short Address to the Public on the Monopoly of Small Farms: A Great Cause of the Present Scarcity and Dearness of Provisions* (London: 1795). 关于 18 世纪 50 年代这一流派的出现，参见 A. W. Coats, "Changing Attitudes to Labour in the Mid-Eighteenth Century," *The Economic History Review*, 11: 1 (1958), pp. 35–51。

308 EB to William Pitt, 7 November 1795, *Corr.*, VIII, p. 337.

888 本书的内容。³⁰⁹1795 年 11 月 7 日，伯克在写给皮特的信中，将最初的建议书描述为一系列的"反思"，其中还包含"许多小细节"。³¹⁰这些材料大多是对 11 月 3 日议会会议记录的回应，当时有人提议成立一个委员会来调查玉米价格过高的问题。为了表明他认为可取的政策方向，皮特提出修改《面包法》，以鼓励农场主将最好的小麦推向市场，并将更多种类的谷物纳入一般消费。³¹¹一些答辩者将目前的粮食短缺归咎于农业垄断。³¹²另一些人则指责政府收购了市面上现有的玉米。³¹³自 1786 年以来担任卡莱尔议员的约翰·柯文建议增加劳动报酬，以应对紧急情况。³¹⁴很明显，正是这些辩论的内容使伯克在大声疾呼反对干预粮食交易时，比他原本打算的"走得更远"。³¹⁵他认为，干预粮食交易是政府面临的"最危险"的诱惑。³¹⁶

309 伯克在 1795 年 12 月 17 日的《伦敦纪事报》、《星空报》、《信使报》和《晚间公报》上承诺将"迅速"完成一部有关工资成本的著述。它将以"致亚瑟·杨的一系列信"的形式展开。伯克的遗嘱执行人弗伦奇·劳伦斯和沃克·金将这本手稿中幸存下来的部分与伯克给皮特的建议书结合在一起，形成了 1800 年 11 月 25 日出版的《关于匮乏的思考和细节》。"致亚瑟·杨格的一系列信"的材料与劳伦斯和金的原始建议书有所不同，参见 Preface to EB, *Thoughts and Details on Scarcity, Originally Presented to the Right Hon. William Pitt in the Month of November, 1795* (London: 1800), p. ix, 以及 EB, *Thoughts and Details on Scarcity* (1795), *W & S*, IX, pp. 123–9, 130–2, 143–5。

310 EB to William Pitt, 7 November 1795, *Corr.*, VIII, p. 337.

311 *Parliamentary History*, XXXII, col. 235. 关于旨在调节供应的《面包法》所产生的反效果的评论，参见 Adam Smith, *Lectures on Jurisprudence*, eds. R. L. Meek, D. D. Raphael and P. G. Stein (Indianapolis, IN: Liberty Fund: 1982), p. 364; Adam Smith, *An Inquiry into the Nature and Causes of Wealth of Nations*, ed. R. H. Campbell and A. S. Skinner(Indianapolis, IN: Liberty Fund, 1976), 2 vols., I, p. 158。

312 *Parliamentary History*, XXXII, col. 237; *St. James's Chronicle*, 4 November 1795.

313 *Lloyd's Evening Post*, 2–5 November 1795.

314 Ibid.

315 EB to William Pitt, 7 November 1795, *Corr.*, VIII, p. 337.

316 EB, *Thoughts and Details on Scarcity* (1795), *W & S*, IX, p. 120.

英国媒体报道了法国国民公会从 1793 年 9 月中旬开始实行的经济管制。[317]1792 年秋天，物价上涨、囤积居奇以及对颁布《土地法》的呼吁，共同鼓动了巴黎的无套裤党人支持固定的粮食价格。在 1793 年的头几个月，在以雅克·鲁为首的激进派的支持下，要求监管的呼声越来越高。这年春天，随着山岳党人和他们的对手之间的关系越来越紧张，国民公会转而支持一项计划，该计划将导致对粮食供应的监管。1793 年 5 月 4 日，迫于平民代表的压力，国民公会的代表们通过了对面包价格实行"最高限价"的法令。随后，在 9 月 11 日和 29 日，国民公会通过了"全面最高限价法"，旨在管控所有必需品的价格。[318]这项措施的实施由生活保障委员会负责，受到公共安全委员会的监督。[319]其结果是加剧了必需品的囤积和短缺。国民公会中各派系之间的政治斗争助长了重新分配物资的煽动性计划。1795 年秋天，随着伦敦民众对必需品的定价"合理"的要求日益强烈，伯克敏锐地意识到，巴黎实行的限价法令可能会危及英国。

面对英国的粮食短缺，托马斯·伯纳尔对被称为《谷物法》的监管体系发起了全面攻击，其中包括自 18 世纪 70 年代以来受到越来越多批评的出口补贴政策。[320]只有支配供求关系

317 *Morning Post*, 16 September 1793; *Evening Mail*, 21–23 October 1793; *True Briton*, 26 October1793.

318 Albert Mathiez, *La vie chère et le movement social sous la Terreur* (Paris: Payot, 1927); François Furet, "Maximum" in François Furet and Mona Ozouf eds., *A Critical Dictionary of the French Revolution* (Cambridge, MA: Harvard University Press, 1989).

319 Marc Bouloiseau, *The Jacobin Republic, 1792–1794* (Cambridge: Cambridge University Press, 1983, 1987), pp. 100–6.

320 Donald Grove Barnes, A *History of the English Corn Laws: From 1660–1846* (1930) (Oxford: Routledge, 2010), pp. 23ff.

的"自由市场"才能实现资源的最优配置。[321] 在伯纳尔论述这一观点时，有关调控粮食供应的讨论已经有了广泛且有争议的历史。[322] 亚当·斯密在《国富论》第四卷中有一段关于玉米贸易的长篇论述，把 1770 年孟加拉的灾难性大饥荒与欧洲上一代人的面包短缺进行了对比。[323] 总的来说，像法国和英国这样玉米自然供应丰富的国家，在歉收年份，几乎不用担心玉米的供应："在一个幅员辽阔的玉米之乡，各地之间有自由的贸易和交流，最不利的季节所造成的短缺决不会造成饥荒。"[324] 在这种情况下，只有政府的误导行动才可能使粮食短缺变成饥荒。这也解释了为什么孟加拉的干旱会以如此大的灾难告终："东印度公司职员对大米贸易施加了一些不适当的规定和不明智的限制，这可能导致粮食短缺变成了饥荒。"[325] 斯密特别热衷于驳斥一种说法，即欧洲内陆玉米交易商的贪婪对面包的价格产生了不利影响。他声称，事实上，消费者与商人的利益是一致的，即使他们各有所需。当卖方在供应不足的情况下提高价格时，买方则

890

---

321 Thomas Pownall, *Considerations on the Scarcity and High Prices of Bread-Corn and Bread at the Market* (Cambridge: 1795), p. 57.

322 Istvan Hont and Michael Ignatieff, "Needs and Justice in the Wealth of Nations: An Introductory Essay" in idem eds., *Wealth and Virtue: The Shaping of Political Economy in the Scottish Enlightenment* (Cambridge: Cambridge University Press, 1983, 1985), pp. 13–26.

323 论伯克与斯密在经济思想上的关系，参见 Laurence and King, Preface to EB, *Thoughts and Details on Scarcity* (1800), p. vi; William C. Dunn, "Edmund Burke and Adam Smith: Complementary Contemporaries," *The Southern Economic Journal*, 7 (January 1941), pp. 330–346; Donal Barrington, "Edmund Burke as Economist," *Economica*, 21:83 (August 1954), pp. 252–8; Donald Winch, *Riches and Poverty: An Intellectual History of Political Economy in Britain, 1750–1834* (Cambridge: Cambridge University Press, 1996), chaps. 7 and 8。

324 Smith, *Wealth of Nations*, I, p. 526.

325 Ibid., p. 527.

受到保护，免于遭受供应不足的最坏后果。[326]

斯密的论点等于说，玉米贸易应该由市场的运作来决定。这是在争辩说，商业关系应受"交换性"而非"分配性"的公平支配：价格应该由财产权和贸易法则决定，而不是受到奖励或惩罚的左右。[327] 伯克接受了这一说法，他引用普芬多夫的话为其辩护，并指出，将基于奖励的分配说成是一种"未完成"的公平，是在贬低仁慈："毫无疑问，对穷人的仁慈是所有基督徒的一项直接和强制性的义务。"[328] 换言之，这项义务应该得到认真对待，但它并没有延伸到用公共权力破坏市场关系的地步。[329] 决定价格的应该是消费和生产之间达成的交易，而不是外部强加的相对公平的理念。1795 年 10 月 28 日，波特兰以内政大臣的身份发布指示，要求地方官员调查玉米的生产状况。[330] 伯克不解的是，政府官员和粮食供应能有什么关系，因为只有市场才能适当地确定供求比例，即通过发现生产者和消费者之间的需求平衡，以自由谈判的形式，确定商品的价格。任何对这种自然平衡的人为扭曲都有可能"造成不可估量的恶果"。[331]

---

326 Ibid., pp. 524–25.

327 这一区别的经典表述，参见 Aristotle, *Nicomachean Ethics*, V，并成为早期现代自然法学说的核心观点，例如，参见 Hugo Grotius, *The Rights of War and Peace*, ed. Richard Tuck (Indianapolis, IN: Liberty Fund, 2005), 3 vols., I, pp. 142–7。参见 Adam Smith, *The Theory of Moral Sentiments*, eds. D. D. Raphael and A. L. Macfie (Indianapolis, IN: Liberty Fund, 1982),p. 79。

328 EB, *Thoughts and Details on Scarcity* (1795), *W &S* , IX, p. 129. 有关普芬多夫的术语，参见 Samuel Pufendorf, *De iure naturae et gentium libri octo* (Lund: 1672), Bk. I, chapt. vii, sects. 7–9. 参见 Samuel Pufendorf, *The Whole Duty of Man, according to the Law of Nature*, eds. Ian Hunter and David Saunders (Indianapolis, IN: Liberty Fund, 2003), p. 110。

329 Richard Whatmore, "Burke on Political Economy" in *The Cambridge Companion to Edmund Burke* eds. David Dwan and Christopher J. Insole (Cambridge: Cambridge University Press, 2012), p.81.

330 *CJ*, li, p. 85.

331 EB, *Thoughts and Details on Scarcity* (1795), *W & S*, IX, p. 133.

限定价格、建立公共粮仓、通过征收关税和颁发赏金来管制粮食的进出口,是干扰农场主、中间商和消费者之间自由贸易的常见方法。管理粮食贸易的另一种方法是调整消费者的购买力。对于劳动者来说,这可以通过调节工资来实现,从而缓解"贫苦劳工"(labouring poor)的迫切需要。[332] 伯克注意到,自 1795 年 10 月初以来,关于贫困问题的辩论中充斥着不断变化的说辞。当时,《圣詹姆斯纪事报》的一篇文章主张"严控小麦和面粉的价格"以改善"贫苦劳工"的命运。[333] 伯克认为这个新词语具有威胁性:"穷人"通常指那些没有劳动能力的穷人,然而现在,"贫苦劳工"这个词通常被作为论证的一部分来引用,以主张更民主地分配资源。伯克在 1797 年又回到了这个主题:救济"贫苦劳工"的计划与其说是"无辜的",不如说是"愚蠢的"。[334] 伯克的目标不是《济贫法》,也不是人们普遍认为的新的"斯宾汉姆兰院外救济制度":"我对为穷人提供救济的政策没什么可说的,不管它以什么样的形式出现。这是另一个需要探究的问题。"[335]

伯克关心的是平等主义的言论被雅各宾主义的意识形态挪用。1795 年 10 月下旬,《白厅晚报》刊登了这样一段话:"粮

---

332 伯克对这一术语的批评,参见 ibid., p. 121。关于这个概念的可延展性,参见 Gertrude Himmelfarb, *The Idea of Poverty: England in the Early Industrial Age* (London: Faber and Faber, 1984)。参见 Gareth Stedman Jones, *An End to Poverty: A Historical Debate* (London: Profile, 2004)。

333 *St. James's Chronicle*, 1–3 October 1795.

334 EB, *Third Letter on a Regicide Peace* (1797), *W & S*, IX, p. 355.

335 Ibid., p.352. 关于"斯宾汉姆兰"(Speenhamland),参见 Karl Polanyi, *The Great Transformation* (New York: Farrar and Reinhart, 1944)。关于《济贫法》的政治经济学,参见 A. W. Coats, "Economic Thought and Poor Law Policy in the Eighteenth Century," *Economic History Review*, (1960), 13: 1, pp. 39–51。

食的价格如此之高，以至于贫苦劳工几乎不能养家糊口。"[336] 很快，纽卡斯尔就采取了行动，将粮食以低价出售给"穷人和贫苦劳工"。[337]11 月 25 日，在下议院，约翰·劳斯爵士呼吁出台能"真正减轻贫困劳工负担"的价格管控法规。[338] 但是，从一开始，贫困劳工的处境就与法国事务有关。10 月下旬，诺福克郡的首府诺维奇的市长、治安官和市政官向代表他们的议员威廉·温德姆和亨利·霍巴特请愿，要求与法国政府"恢复和平"。也许是温德姆让伯克注意到这个"和平请愿"，该请愿还增加了一项减少必需品成本的请求："各种物资的昂贵和匮乏……只能使人们对各类贫苦劳工的未来幸福感到担忧。"[339] 不久之后，贫苦劳工的处境就在下议院被用来为政党谋利。1795 年 11 月 17 日，在关于煽动性集会的辩论中，谢里丹赞扬了劳动者巨大的诚信："他向听到他发言的庄园主、商人和制造商们发问，他们是否见过一个贫穷的劳动者不感恩地回报他们的恩惠。"[340]

在关于玉米供应状况的辩论之后，公众对农业劳动报酬的监督成为一个议会议题，正如 1795 年 11 月 3 日柯文的演讲所表明的那样。12 月 9 日，塞缪尔·惠特布雷德向下议院提交了一项

---

336 *Whitehall Evening Post*, 27–29 October 1795; cf.*Whitehall Evening Post*, 14–17 November 1795.

337 *London Packet*, 16–18 November 1795.

338 *Morning Post*, 26 November 1795.

339 *Lloyd's Evening Post* , 23–26 October 1795. Cf. *St James's Chronicle*, 24–27 October 1795; *Morning Post*, 26 October 1795. 伯克在对"诺福克乡绅"的批评中直接提到了这一"和平请愿"，参见 EB, *Thoughts and Details on Scarcity* (1795), *W & S*, IX, pp. 122–3。编辑误认为他指的是萨福克的一项类似措施，参见 ibid., p. 123n。

340 *Morning Chronicle*, 18 November 1795.

法案，以修正一项伊丽莎白时期关于畜牧业报酬的法案。[341] 惠特布雷德的目的是，通过设定最低工资水平来补充这一规定。福克斯果断地介入并支持这项议案："在一个自由的国家，广大民众依靠富人的施舍是不合适的。"[342] 在 1796 年 2 月 12 日对该法案进行二读时，惠特布雷德引用了理查德·普莱斯的证据，大意是在过去的两个世纪里，劳动者的工资已经落后于必需品的花费。[343] 伯克在前一年 11 月曾告诫过温德姆，"在必需品供应的问题上要谨慎行事"。[344] 这项法案的辩词倾向于激起穷人对富人特权的不满。这在很大程度上是源于对资本"垄断"的怨恨。伯克的"垄断"是指农场主手中的财富积累。他认为，这完全符合消费者的利益，因为随着其粮食库存的增加，农场主只能承受利润的降低。[345] 这是关于资本和劳动之间共同利益的更大论证的一部分，与《国富论》的主张一致。[346] 斯密认为，"劳动契约"建立在利益对立的基础上，因为双方都试图将自己的利益最大化。[347] 然而，总的来说，雇主的利润是为了劳工的

---

341 《1562 年的工匠法》(5 Eliz. I, c. 4) 赋予地方行政官管理农业工资的责任，而行会则承担城市贸易的责任。

342 *Parliamentary History*, XXXII, col. 702; *True Briton*, 10 December 1795.

343 *St. James's Chronicle*, 13–15 February 1796. 伯克驳斥了这一点，参见 EB, *Third Letter on a Regicide Peace* (1797), *W & S*, IX, pp. 353–4。

344 EB to William Windham, 17 November 1795, *Corr.*, VIII, p. 344.

345 EB, *Thoughts and Details on Scarcity* (1795), *W & S*, IX, pp. 132–3. Cf. EB, *Third Letter on a Regicide Peace* (1797), *W & S*, IX, p. 347.

346 然而，关于伯克与斯密的观点正相反的看法，参见 Winch, *Riches and Poverty*, pp. 203–4。Cf. James Conniff, "Burke on Political Economy: The Nature and Extent of State Authority," *The Review of Politics*, 49: 4 (Autumn 1987), pp. 490–514; C. B. Macpherson, *Burke* (Oxford: Oxford University Press, 1980), pp. 52ff. 关于摩尼教版本的对照，参见 Emma Rothschild, "Adam Smith and Conservative Economics," *The Economic History Review*, 45: 1 (February 1992), pp. 74–96. 伯克显然很高兴与斯密就《国富论》进行讨论，参见 EB, *Letter to a Noble Lord* (1796), *W & S*, p. 160。

347 Smith, *Wealth of Nations*, I, p. 83.

利益:"那些靠工资生活的人的需求……是随着每个国家收入和资本的增加而增加的,否则就不可能增加。"[348] 在没有暴力和欺诈的情况下,资本家和工薪阶层的目标是一致的。[349] 这意味着,除了在个人议价能力上穷人与富人对立之外,穷人的绝对福利会随着富人的发展而提高。

在推进这一观点的过程中,伯克和斯密一样,挑战了早先的一个说法,即劳动者的贫困有利于增加财富。他们否认人们会因贫穷而变得勤勉。1766年,法国奥弗涅省省长的秘书路易斯·梅森斯在一部被斯密称赞为见解清晰的作品中,有力地驳斥了这一论点。[350] 正如斯密本人所言:"充足的劳动报酬,会鼓励扩大生产,因此也会鼓励人们勤勉。"[351] 在这种情况下,伯克声称,农场主从他们劳工的富裕中受益。事实上,伯克将农场主描述为"穷人的抚恤者",因此必然"需要额外的财富来维持"。[352] 富人的富裕得益于劳动生产率的最大化,而在工资高、生活必需品便宜的地方,劳动生产率才会得到提高。[353] 政府的工作不是调节这种关系,而是告诉人们共同利益与财富的集中积累是相辅相成的。派别、贪婪和被误导的善心告诉人们,勤劳的民众受惠于公共福利。事实是,民众维持政府,而政府却不会因此而维持民众。嫉妒是政治经济学这一伟

---

348 Ibid., pp. 86–87. 关于城市"主人"联合起来反对"工人"的趋势,参见 ibid., pp. 83ff。然而,伯克却对农场主说:在这里,他似乎认为,联合反对看起来不太可行。

349 EB, *Thoughts and Details on Scarcity* (1795), *W & S*, IX, pp. 124–5. 参见 EB to Arthur Young, 23 May 1797, *Corr.*, IX, p. 361: "我一贯的意见是,所有与劳动有关的事情都应交由各方的协定来解决。"

350 Louis Messance, *Recherches sur la population des généralités d'Auvergne* (Paris: 1766), cited by Smith, *Wealth of Nations*, p. 102.

351 Ibid., p. 99.

352 EB, *Thoughts and Details on Scarcity* (1795), *W & S*, IX, pp. 120–1.

353 Ibid., p. 125.

大真理的敌人，它让穷苦大众去掠夺富人的资本。但是，如果怨恨驱使劳工们割断富人的喉咙，那么积累的资本将被彻底分散，几乎不会给其接受者带来好处，同时也会破坏社会的资本储备。[354] 均等化实际上只能拉低人们的生活水平。[355]

当伯克对均等化资本和劳动力的想法进行批判时，贝德福德公爵质疑了他国家津贴领取者的资格。在有关《叛国行为法案》的辩论中，他谴责了政府的奢侈和腐败，1795 年 11 月 13 日，他在上议院抱怨"经济传道者（伯克先生！）"获得的"奢侈的"津贴。[356] 劳德代尔伯爵进一步指责伯克是对法"战争的始作俑者"，这使外交大臣格伦维尔勋爵不得不为伯克和政府的廉洁辩护。[357] 阿宾顿勋爵不甘人后，进一步谴责伯克为"保守党和天主教徒"。[358] 11 月 14 日，"民众"向贝德福德致谢的一封信出现在《信使报》上，两天后，柯文在下议院再次发起攻击："这位可敬的先生和其他一些人，抛弃了他们的老朋友，从老朋友身上夺走了本来可能属于他们的一切荣誉。"[359] 温德姆被迫为他的朋友和盟友辩护。11 月 19 日，劳德代尔伯爵

---

354 Ibid., pp. 120–21.

355 Ibid., p. 127.

356 *St. James's Chronicle*, 12–14 November 1795. Cf. the *London Packet*, 13–16 November 1795; *Morning Post,* 14 November 1795.

357 *St. James's Chronicle*, 12–14 November 1795; *Star*, 14 November 1795. 伯克把这句话归咎于贝德福德，参见 EB, *Letter to a Noble Lord* (1796), *W & S*, IX, p. 186。另见 the *Morning Chronicle*, 14 November 1795, 据报道，劳德代尔曾指责伯克灌输"倾向于消灭自由原则"的学说。

358 *Oracle*, 14 November 1795.

359 *Courier and Evening Gazette*, 14 November 1795; *English Chronicle*, 14–17 November 1795. 柯温赞扬了他的品格，同时谴责了发放津贴的方式，参见 The *Whitehall Evening Post*, 14–15 November 1795。1795 年 11 月 16 日，《纪事晨报》上又出现了一封批评伯克获得津贴的信。

提出请求，要求就授予伯克的所有津贴做出说明。[360] 到那时，伯克已决定公开反对贝德福德。15 日，他致信格伦维尔勋爵，感谢他的干预，第二天又就柯文的行为致信温德姆。[361] 柯文是一个懒惰的夸夸其谈者，伯克的自尊几乎不会受其影响。事实上，"即使是这个时代最有说服力的演说家的谩骂也不会对我造成什么伤害。"[362] 伯克未能完成给威廉·温德姆的信，但他给格伦维尔勋爵的信很快就发展成"可耻的……长篇大论"，并于 1796 年 2 月 24 日以《埃德蒙·伯克阁下致一位勋爵的信》为题发表。[363]

《致一位勋爵的信》有力讽刺了贝德福德的自以为是，把他描绘成一个幼稚而装腔作势的贵族。这封信是克制的，措辞是简练精准的。由此产生的抨击是柔中带刺的，这也成为伯克最具杀伤力的论述之一。这封信的论点是，勤奋和懒惰是对立的：前者指的是伯克在公共事务上无休止的努力，后者指的是贝德福德养尊处优的懒散。"我付出的努力……"，伯克在贝德福德干预之后致信温德姆，"远远超过坐在议会里的任何议员。"[364] 因此，在《致一位勋爵的信》中，不懈的辛劳与非生

895

360　*St. James's Chronicle* , 19–21 November 1795. 另外的报道，参见 *Whitehall Evening Post*, 19–21November 1791; *Lloyd's Evening Post*, 20–23 November 1795; *Morning Post* , 20 November 1795; *Oracle*, 20 November 1795; *True Briton*, 20 November 1795; *Star*, 20 November 1795; *Johnson's British Gazette*, 22 November 1795。劳德代尔在 12 月初重返辩论，参见 *St. James's Chronicle,* 1–3 December 1795。

361　EB to Lord Grenville, 15 November 1795, Unpublished Letters, I, pp. 135–6; EB to William Windham, 16 November 1795, *Corr.*, VIII, pp. 338 ff.

362　Ibid., p. 339.

363　EB to William Windham, 17 November 1795, ibid., pp. 341–44; EB to Lord Grenville, 16 November 1795, Unpublished Letters, I, p. 137; Todd, *Bibliography*, p. 186.

364　EB to William Windham, ante 17 November 1795, *Corr.*, VIII, p. 340.

产性的资本是对立的。[365] 伯克甚至用当时持续的玉米短缺作为背景，来抵制他不该承受的耻辱："在这个艰难的季节"，他不会用四分之一蒲式耳的小麦来换取"世界上所谓的名声和荣誉"。[366] 名誉是一种"奢侈品"，一种富人的"特权"，他挖苦地说："它是那些安逸之人的嗜好。"[367] 然而，尽管他可以放弃名誉，但却不能忍受蔑视。他讽刺性地将荣耀归于贵族，实则是为了赞赏商人们谦逊的勤奋。他说："我不像贝德福德阁下那样，被簇拥着、摇晃着、娇惯着进入立法者的行列。"[368] 与他的对手不同的是，不能说伯克"除了懒散地享受未受干扰的财产之外，什么都不关心"。[369] 这封信的核心部分列举了伯克的主要成就，并将他作为政治家的生涯与贝德福德家族的贡献进行了比较。

这是一个危险的战略，因为它以一系列鼓励革命的态度作为代价。6个月前，为回击诺福克公爵的蔑视，伯克写下了《致威廉·埃利奥特的信》，在这封信中他认为，欧洲政治在其好运的巅峰时期，已经埋下了毁灭的种子。这源于主导整个欧洲大陆的宫廷和议会的统治阶层的堕落。伯克想到的是两类人，一方面是世袭贵族；另一方面是有志之士。他估计，"总体上的财富使道德松动，人也放松了警惕，并更加自以为是"。在这种情况下，基于虚假前提的知识传播扭曲和颠覆了既定的政治审慎原则。上层人士被腐蚀了，而商业人士越来越不满。一边是涣散和无能的蔓延；另一边是"阴谋"的产生。分配正义

---

365 例如，参见 EB, *Letter to a Noble Lord* (1796), *W & S*, IX, pp. 148–9，其中将"我全部的服务以及其中所展现的勤奋"与贝德福德公爵"几年的无所事事"相比较。

366 Ibid., p. 171.

367 Ibid.

368 Ibid., p. 160.

369 Ibid., p. 175.

的统治观念受到普遍质疑。伯克对这一后果进行了解剖："在分配公共财富时，有志之士开始比较分配所得与个人贡献是否匹配。"[370] 不出所料，他们发现自己的所得与贡献不相称。对特权分配的一次成功挑战足以扰乱所有国家的财产分配。在这个过程中，当局失去了信誉。权势阶层与掠夺派之间的斗争开始了。《致一位勋爵的信》的难能可贵之处在于，伯克准备强调一种不公正的状况，在这种状况下，懒惰之人可以发家致富，而有志之士却被拒之门外。然而，尽管所有阶层的态度都必须矫正，但在伯克看来，支持社会阶层之间的冲突仍然是不理智的。

伯克在《给一位勋爵的信》中辩称："在我踏入圣斯蒂芬教堂之前，我就已经赢得了王室津贴。"[371] 伯克要说的是，在他开始议会生涯之前，他就努力成为一名学生和文人。1796年，贝德福德刚好31岁，在他出生的那个月，罗金汉党人第一次组阁。1771年，他继承了祖父的头衔，并负责管理分散在11个郡的大片地产。成年后，他因为逃避缴税而受到嘲笑。[372] 伯克讽刺这个"可怜的富人"不能理解勤勉和努力所带来的好处："他几乎不知道公共事业的意义，也无法估计它的回报。"[373] 尽管贝德福德进入了威斯敏斯特和剑桥，并完成了游学旅行，但他在24岁之前没有读过一本书。[374] 相比之下，伯克的通行证是他的决心和努力。知识，以及获取知识的欲望，

---

370 EB, *Letter to William Elliot* (26 May 1795), *W & S*, IX, p. 39.

371 EB, *Letter to a Noble Lord* (1796), ibid., p. 159.

372 Baron Macdonald, "The Duke and the Taxing-Man" in *Poetry of the Anti-Jacobin*, ed. Charles Edmonds (London: 1890), pp. 52-3.

373 EB, *Letter to a Noble Lord* (1796), *W & S*, IX, p. 150.

374 E. A. Smith, "Francis Russell, Fifth Duke of Bedford" in *The Oxford Dictionary of National Biography* (Oxford: Oxford University Press, 2004), 60 vols.

决定了他生活的意义——"否则，对我来说，就没有地位，甚至没有宽容。"[375] 贝德福德公爵对伯克的指控是，在罗金汉第二次组阁期间，他一方面提出大幅削减王室和公共行政部门的开支，一方面又虚伪地接受了国王的礼物。伯克首先为他1782年的改革辩护，包括他对王室专款的改进。他明确表示，改革的目的不是要剥夺国家用于奖励功绩的资金，他希望他的津贴可以作为一个例证。[376] 相反，改革的目标是通过"改善和调和"的精神来解决王室影响力过大的问题。[377]

由于王室影响力通常受到王室恩惠的左右，因此对伯克津贴的批评可能会触动公众的神经。[378] 在《晨邮报》上，他被谴责为慈善事业的受益者，在年老时获得丰收。[379] 然而，正如伯克所见，经济改革的目的并不是为了减少国家给予公众的奖励，而是为了遏制王室对议会的权力："我认为奖励公共服务或公共美德是正当的。"[380] 既然伯克成为津贴领取者时不是议员，那么对他口是心非的指控就不成立了。伯克坚持认为，才干必须得到奖励：1782年，向邓宁和巴雷发放津贴，是对他们在公共生活中做出贡献的合理奖赏。[381] 让伯克感到荒谬的是，一位懒惰的权贵指责他以权谋私，而这位权贵的个人财富来自

897

---

375 EB, *Letter to a Noble Lord* (1796), *W & S*, IX, p. 160.

376 Ibid., p. 158.

377 Ibid., p. 157.

378 对伯克的回应是在这封信出现后开始的，报纸上几乎立即对其进行了不同程度的总结，参见 *General Evening Post*, 23–25 February 1796; *St. James's Chronicle*, 23–25 February 1795; *St. James's Chronicle* , 27 February–1 March 1796; *Whitehall Evening Post*, 23–25 February 1796; *Lloyd's Evening Post*, 24–26 February 1796; *London Packet*, 24–26 February 1796; *Gazetteer*, 26 February 1796; *Public Ledger*, 26 February 1796.

379 *Morning Post*, 25 February 1796.

380 EB, *Letter to a Noble Lord* (1796), *W & S*, IX, p. 160.

381 Ibid., p. 161.

亨利八世的赏赐，也就是赐予他祖先的地产，而这要归功于
"距今最近的一次土地没收"。[382] 第一任贝德福德伯爵约翰·罗
素曾是都铎王朝的朝臣，他得到的补偿是白金汉公爵的财产。
随后，他又获得了从教会掠夺来的财产。罗素家族的酬劳来自
贪婪之手，伯克则因效劳于一个温和的国王而获得报酬。"我
不是做奴仆或工具的料，"伯克抗议道。[383] 相比之下，贝德福
德公爵才是。他是"王室成员中的利维坦，他那笨重的身躯跌
跌撞撞，在王室赏赐的海洋中玩耍和嬉戏"。[384] 到目前为止，
他还没有为国家做出任何贡献，而伯克，除了履行应尽职责
外，还捍卫了贵族原则。

　　站在当今的视角上，如果人们对历史缺乏想象，伯克的
立场就很难被理解。首先，他的抗辩并不是出于与生俱来的谄
媚。他充分认识到，像贝德福德这样的人拥有"大部分财富，
而他们自己没有任何显著的功绩"。[385] 这位公爵还享有一个分
量极重的世袭头衔，而无须费力就能获得它。伯克支持这种不
劳而获的分配，是基于他对一般财产的承诺，而不是出于对特
权本身的偏袒。家庭财富代代相传，巩固了整个社会对所有权
的承诺。与此同时，集中的财富是更小资产的屏障。所有阶层
的繁荣是一体的："如果一场大风暴袭击我们的海岸，它会把
鲸鱼和其他海洋生物一起抛到岸边。"[386] 大规模的财产也有利于
财富的流通：商业和工业的运作需要大量的资本，因为劳动力
必须由积累的资本提供资助。除了在促进经济增长方面的作用

382　Ibid., p. 166.

383　Ibid., p. 160.

384　Ibid., p. 164.

385　Ibid., p. 162.

386　Ibid., p. 173.

外，土地财产也不可避免地吸引了权力。的确，特权不应被授予行使统治权。只有美德才有希望发挥这一作用。然而，要用人类这样奸诈的存在组成一个有德行的政府是极其困难的。因此基于美德的统治要将保护与改革相结合，以服务于公共利益：伯克认为，如果没有保护，就不会有改革，而只是一种轻率和冲动的转变。有产阶层和贵族阶层都倾向于保护，最理想的情况是，他们也会反对"自私和狭隘"。[387] 为"不光彩的懒惰"辩护并不是伯克议程中的一部分。[388] 尽管如此，他认为社会地位可以带来一种责任感。当一个人意识到自己在祖先和后代之间的位置时，会产生一种责任感。更普遍地说，它可以充当"对美德活动的激励手段"，对下议院勤劳的商业人士而言尤其如此。[389] 在 18 世纪 90 年代上半叶，《致一位勋爵的信》捍卫了政府，并赞扬了其所进行的改革。这是由有才干的人的无私奉献所保证的，他们理应获得相应的荣誉。

伯克没有厚颜无耻地列举自己的成就，只是谦逊地把其概括为努力的成果。早在进入议会之前，他就努力了解政治经济学，然后将他的所学用于支持罗金汉党。[390] 从 1766 年的头几个月开始，他就致力于研究美洲事务，并一直宣传他的研究成果，直到 1783 年。他将 14 年的时间投入印度事务中："我最为看重这段时间的自己，看重我自己的价值、辛劳与判断力，以及在此过程中的恒心和毅力。"[391] 自始至终，他都恪守审慎的原则。他对行政改革的立场可以代表他在其他方面的态度：

387　Ibid., p. 183.

388　Ibid.

389　Ibid.

390　伯克对帝国政治经济学的早期应用是由威廉·马卡姆记录的，参见 William Markham to the Duchess of Queensbury, 25 September 1759, *Chatham Correspondence*, I, p. 432。

391　EB, *Letter to a Noble Lord* (1796), *W & S*, IX, p, 159.

"我没有武断地构想任何事情，也没有提议按照别人或我自己的意愿和喜好去做任何事情；而是出于理性，而且只出于理性做事。"[392] 提案通过规划来实现，而规划则根据系统的评估来实施，以使动机与可能的结果相匹配。这是由政治家的目标所支撑的，即在"经济学"的基础上进行管理。伯克将这一崇高的职能与"简约法则"（parsimony）的目标进行了对比。[393] 正确理解的话，这一职能是通过谨慎的选择和适当的分配比例来运作的。这不亚于良好的政府所体现的分配正义，其目的是通过补偿功德来加强美德。与贝德福德家族的经历不同，正是这一原则指导了伯克的公共生活。[394] 这也使他在议会中的行事作风有别于法国革命者的热情。革命"狂徒"颠覆了现代政治。《给一位勋爵的信》为伯克提供了最后一次机会，来揭露他们的意图和行为方式。[395]

899

由于法国革命甚至延伸到了"人的心灵"，因此伯克热衷于分析其动机和结果。[396] 其主要结果是颠覆了公民社会的支柱——偏见、因袭权利和宗教信仰。让伯克感到震惊的是，这是由"一群文人"实现的。[397] 更不可思议的是驱动他们的那种冲动。他们最初的动机是人道，而不是残忍："他们满口都是'仁慈的人道'。"[398] 这种姿态最初被标榜为细腻的情感："正义最轻微的严厉都使他们毛骨悚然。世界上存在战争的念头使他们

392 Ibid., p. 157.

393 Ibid., p. 162.

394 Ibid., pp. 166–69.

395 Ibid., p. 156.

396 Ibid., p. 147.

397 Ibid., p. 174.

398 Ibid., p. 175.

不得安宁。"[399] 然而，归根到底，这些只是态度，而不是实际的承诺。它们是理想，而不是具体的人类情感，最终，抽象的规定扼杀了道德情感。这种理想催生了一种新的狂热，这种狂热与其说是激情的产物，不如说是对激情的否定。"革命者"患上了过度投机的普遍弊病，这进一步加剧了最终的结果：他们抛弃了对上帝的敬畏，然后是对人的敬畏。他们以长期进步为由，忽视眼前的苦难。这是"纯粹的形而上学家"冷冰冰的计算。[400]一种笼统的概念破坏了任何可感知的情感。他们追求的理论优势可能需要几千年才能实现。如果他们的目标足够有吸引力，甚至可能牺牲人类。伯克的结论着眼于当时的事态发展：与这样一个"不祥之物"达成和解是不明智的。

16.6 和解的前景:《论弑君以求和平》的信件

和平的不可能意味着持久的战争。在伯克生命的最后几年里，他意识到英国参与反法战争的意愿正在减退。1794 年 12 月底，在免除对哈代、图克和赛尔沃的叛国指控后，伯克致信温德姆，谈及与雅各宾派对手的较量："对雅各宾主义不存在中间道路，不存在温和手段，更不存在妥协。"[401] 尽管如此，在他完成《给一位勋爵的信》时，政府正在考虑与法国达成和解。战争的转折点出现在 1794 年 6 月 26 日。这一天，同盟军（the coalition forces）在弗勒吕斯战役中被击败，这决定了奥属尼德兰的命运。此时，革命军开始发动攻势。1793 年夏末，国民公会制定了大规模的征兵制度，这改变了法国的军事命运。一支由大约 80 万人组成的国民军取代了由老牌军队、

399　Ibid.

400　Ibid., p. 176.

401　EB to William Windham, 30 December 1794, *Corr.*, VIII, p. 104.

国民警卫队和迄今为止占领战场的志愿军组成的联合部队。[402]
法国可动用的战斗人员之庞大，足以压倒反法盟军的职业军和
雇佣军。[403] 在弗勒吕斯战役之后，共和军向北挺进到尼德兰，
危及英国和法国之间的战略壁垒，并期待能够征用尼德兰的海
军力量。反法盟军的意志开始瓦解。

在弗勒吕斯战役一年前，新近受封为奥克兰男爵的威廉·
艾登公开谴责法国这个敌人是一个"由肆无忌惮的恶魔组成的
国家"。[404] 法国的物价不断上涨，法定货币不断贬值，乡村和
首都都蔓延着面粉短缺的恐慌。无套裤党人冲进国民公会，要
求赔偿。龙骑兵被派去镇压乡村叛乱，反对反法同盟的动员工
作也开始了。奥克兰认为，只有各方齐心协力，才能抵御法国
的猛烈攻击。1794 年 4 月 14 日，邓达斯强调英国政府的目的
是推翻法国的政权。与此同时，他声称，只有伯克预见到了雅
各宾派要从欧洲地图上扫除既有各王国的决心。[405] 他得到了约
翰·鲍尔斯强硬言辞的支持，鲍尔斯呼吁"消灭"法国的现行
制度。[406] 然而，同年秋天，政府的决心似乎有所动摇。在写给
皮特的一封详细评论政策的信件中，奥克兰重新考虑了全面战
争的立场。他指出，法国集中了压倒性的人力，来对付精神涣

---

402 关于对这些数字的争论，参见 T. W. C. Blanning, *The French Revolutionary Wars, 1787–1802* (London: Arnold, 1996), pp. 120–1。

403 同时代的人和从那以后的历史学家认为，奉献精神在提高效率方面也起到了作用。参见 John A. Lynn, *The Bayonets of the Republic: Motivation and Tactics in the Army if 1791–1794* (Urbana, IL: University of Illinois Press, 1984), pp. 19–21。

404 Lord Auckland to Lord Henry Spencer, 19 November 1793, *The Journal and Correspondence of William, Lord Auckland* (London: 1860–1862), 4 vols., III, pp. 147–8.

405 *Parliamentary History*, XXXI, cols. 412–13. 参见 William Playfair, *Peace with the Jacobins Impossible* (London: 1794), p. 17: "欧洲只有一个人……预见并预言了欧洲的不幸。"

406 John Bowles, *Reflections Submitted to the Consideration of the Combined Powers* (London: 1794), p. 1. Cf. Idem, *Farther Reflections Submitted to the Consideration of the Combined Powers* (London: 1794).

散的第一次反法同盟军。佛兰德斯战役的胜利表明他们获得了回报。反法同盟国也许很快就要考虑与他们的敌人谈判，而没法指望恢复法国的旧政权。[407] 这一年年底，威尔伯福斯在致谢辞中增加了一项修正案，敦促和平。格雷在新的一年也提出了具有同样效果的动议。[408] 到了这个阶段，显然荷兰人会向法国投降：1795 年 1 月 19 日，巴达维亚共和国宣布成立。而后，一个毁灭性的消息传来，普鲁士在 4 月 5 日签署了《巴塞尔和平协议》。[409] 此时，莱茵兰暴露在法国可怕的野心之下，然而第一次反法同盟军的凝聚力持续下降。7 月 10 日，西班牙退出了这场战争。11 天后，在布列塔尼海岸的基伯龙湾，法国击败了英国支持的保皇党流亡军。1795 年 10 月 29 日，国王的演讲为新一届议会会期定下了基调：国王宣称，法国濒临崩溃，并准备与一个承诺稳定的政府达成协议。[410] 内阁大臣们的言论中不再提及恢复波旁王朝的计划。

奥克兰男爵在一本名为《关于战争表面情况的一些评论》的小册子中详细阐述了这一立场的转变，这本小册子是为了配合新一届的议会会期而出版的。奥克兰直接给了伯克一本。其效果可想而知："我承认，你对公众的演讲以及其他有关战争的情况，使我充满了无法言表的悲痛和沮丧。"[411] 奥克兰调查了英国陆军和海军的情况，认为前者受到阻力，而后者似乎仍然

407　Lord Auckland to William Pitt, 28 November 1794, *Correspondence of Auckland*, p. 274.

408　Jennifer Mori, *William Pitt and the French Revolution, 1785–1795* (Edinburgh: Keele University Press, 1997), pp. 214–15.

409　《巴塞尔和平协议》于 1795 年 4 月 5 日签署。伯克指控弗雷德里克·威廉四世违反该条约，参见 EB, *Letter to William Elliot* (26 May 1795), *W & S*, IX, p. 35。

410　*Parliamentary History*, XXXII, col. 142.

411　EB to Lord Auckland, 30 October 1795, *Corr.*, VIII, pp. 334–5.

占据上风。[412]他还研究了法国这几年的情况，并感到震惊："向农民和店主征收物资、实施全面最高限价法、强制贷款、强制征兵、搜查住宅、司法滥杀。"[413]1793—1794年间的一系列事件震惊了整个欧洲：以革命政府的名义推迟实施宪法；将权力集中在一个临时的行政部门；去基督化的进程加快；从玛丽·安托瓦内特开始的血腥司法谋杀浪潮。就地正法的人数超过了断头台的行刑人数。二者加起来总共造成超过4万名公民的死亡。[414]裁决权交由公共安全委员会和革命法庭。[415]随着信贷和商业的衰退，随之而来的是贫困："野蛮的铁器时代又回来了，"亚瑟·杨评论道。[416]在共和二年热月9日（1794年7月27日）之后，以及随之而来的恐怖统治中，奥克兰编写了这本小册子。不到一年的时间，法国人就筋疲力尽了，证据是，1795年8月22日，他们接受了《共和三年宪法》。[417]奥克兰很清楚新的安排仍然有缺陷，但其比之前的军事民主政体更可取："民主制甚至无法管理一个村庄，"迪穆里埃宣称。[418]在奥克兰看来，法国现在是一个"混合寡头政体"。[419]1795年10月25日，国

902

412 [Lord Auckland], *Some Remarks on the Apparent Circumstances of the War in the Fourth Week of October 1795* (London: 3rd ed., 1795), pp. 5–13.

413 Ibid., p. 19.

414 Donald Greer, *The Incidence of the Terror during the French Revolution: A Statistical Interpretation* (Cambridge, MA: Harvard University Press, 1935).

415 François Furet, *Revolutionary France, 1770–1880* (Oxford: Blackwell, 1992), pp. 134–42.

416 Arthur Young, *An Idea of the Present State of France and the Consequences of the Events Passingin that Kingdom* (London: 2nd ed., 1795), p. 11.

417 Cf. [Anon.], *Considerations on the Principal Objections against Overtures for Peace* (London: 1795), p. 29. 报道称，这"几乎是第20部"新宪法提案，参见 The *St. James's Chronicle*, 22–25 August 1795。

418 Charles-François Du Périer Dumouriez, *A Political View of the Future Situation of France* (London: 1795), p. 81.

419 [Auckland], *Some Remarks*, p. 31.

民公会宣布解散，并将于 11 月 2 日由督政府取代。奥克兰认为法国的政体会被进一步改良，但有一点是肯定的：法国已经恢复了相对稳定，英国应该考虑在什么条件下进行和平谈判是合适的。问题不再是法国的政体，而是寻求一个持久的解决方案。[420]

奥克兰向伯克表示，他的观点得到了政府高层人士的支持。[421]12 月 8 日，皮特向下议院转达了国王的意思，即正在考虑通过谈判与法国达成和解。[422]事实上，乔治三世对皮特的策略持怀疑态度，内阁也出现了分歧。[423]然而，议会中几乎没有反对声音，尽管菲茨威廉 14 日在上议院表达了他的反对意见。[424]伯克此时决定公开他对这场战争的支持。他对国王的意思感到"困惑和沮丧"，并在圣诞节期间给菲茨威廉写了一封详细的信。[425]这构成了他关于"弑君以求和平"的第一封信的基本内容，这封信攻击了奥克兰写于 10 月份的小册子。然而，这封信没有写完，在伯克去世后，其于 1812 年以《论弑君以求和平的第四封信》为题出版了。伯克嘲笑那种认为法国的政策已经变得温顺的想法。督政府的行事作风一如往常，并没有表现出和平的意图。奥克兰对"法国"的粗略论述只是一种"骗人的鬼话"：督政府与 1789 年以来一直存在的革命政权如

---

420 Ibid., p. 33.

421 Lord Auckland to EB, 28 October 1795, *Corr.*, VIII, p. 333.

422 *Parliamentary History*, XXXII, cols. 569–70.

423 J. Holland Rose, *Pitt and Napoleon: Essays and Letters* (London: G. Bell and Sons, 1912), pp. 238–9.

424 *Parliamentary History*, XXXII, cols. 604–7; EB to Earl Fitzwilliam, 16 December 1795, Corr.,VIII, p. 358–9.

425 EB to Earl Fitzwilliam, 9 December 1795, ibid., p. 357; EB to Earl Fitzwilliam, 7 January 1796, ibid., pp. 367–8.

出一辙。[426] 任何试图将新建立的督政府和以前的革命政府区分开来的做法都是站不住脚的，或者说，在"法国"这一笼统的名称下，这种区分只不过是一种含糊不清的伪装。[427]1796 年，伯克又回到这个话题上：一个国家不应仅仅被视为一个由领土和资源组成的纯粹的地理实体。"不是地理上的法国在向外扩张，而是一个旨在建立世界帝国的教派在向外扩张。"[428] 一个国家的正当性取决于其财产的安全。[429] 然而，财产的代表们现在正在流亡，而昔日的法国留在了一个违宪的派系手中。[430] 一切都表明，督政府只不过是新瓶装旧酒：它的野心在于征服，几乎没有迹象表明该政权受到严重的压力。[431]

　　直到 1797 年，伯克有关法国的最后几篇著述都涉及英国的和平主张。1796 年初，他把《论弑君以求和平的第四封信》放在一边，转而写作《对于弑君以求和平前景的思考》。1796年 10 月 19 日，该文出现了非法翻印版本。第二天，经修订和授权的版本由里文顿出版社出版，即《关于提议与督政府和平谈判的两封信》，通常被称为是《论弑君以求和平的第一封信》和《论弑君以求和平的第二封信》。[432] 伯克在这一系列著述中的最后一篇作品，即《论弑君以求和平的第三封信》从未完全完成，虽然伯克在 1796 年 11 月就已经开始了这项工作。总的来说，在雅各宾法国以督政府的形式复活时，伯克通过这些最后的著述表达了自己对其所带来的危险的最后省思。在伯克书

426　EB, *Fourth Letter on a Regicide Peace* (1795), *W & S*, IX, p. 50.

427　Ibid., p. 51.

428　EB, *Second Letter on a Regicide Peace* (1796), ibid., p. 267.

429　EB, *First Letter on a Regicide Peace* (1796), ibid., pp. 252–5.

430　EB, *Second Letter on a Regicide Peace* (1796), ibid., p. 264.

431　EB, *Fourth Letter on a Regicide Peace* (1795), ibid., pp. 57–8.

432　Todd, *Bibliography*, pp. 193–8.

写《反思录》时，法国的内部形态仍不稳定，其外部前景似乎也不乐观。因此，法国政府在宣传方面构成的威胁比在权力方面构成的威胁更大。随着19世纪90年代的事态发展，这种威胁并没有减弱，但在伯克生命的最后几年里，他把法国革命看作是一股巨大的力量，一个违背了国家一般生命周期的"不祥之物"。他当时的结论是，法国革命是"恶魔之母"。[433] 这种描述不仅仅是为了吓唬人：这个新的法国庞然大物颠覆了政治经济的规律，因此，它构成了一种实实在在的、前所未有的危险。对欧洲历史悠久的国家来说是砒霜的东西，对这个庞然大物来说却是蜜糖。法国的财政收入大幅下降，制造业枯竭，商业中断，土地耕种不足，农村人口减少。[434] 然而，尽管国家实行了彻底的紧缩政策，该国的军队却仍在继续战斗。和英国一样，法国1795年的收成不足，加剧了前一年春天的饥荒。海上封锁使得物资供应更加匮乏。此外，农产品也被征用，以供应处境困难的部队。面对这些紧急情况，法国军队却能够征服"欧洲最好的地方"，伯克对此感到诧异。[435] 这个新政权的绝情是空前的："焚烧一座城市，或是把自己的一个省夷为平地，他们都在所不惜。"[436]

货币崩溃加剧了物资的短缺。督政府就任不到四个月，指券就作废了。在这一新政权的早期，政府发行了更多的纸币以刺激经济，但人们对这些纸币缺乏信心。伯克说："我们四处询问这些指券何时到期，我们嘲笑它们最后的价格。"[437] 但政府

904

---

433 EB, *First Letter on a Regicide Peace* (1796), *W & S*, IX, p. 223.

434 EB, *Second Letter on a Regicide Peace* (1796), ibid., p. 288.

435 EB, *First Letter on a Regicide Peace* (1796), ibid., p. 191.

436 EB, *Second Letter on a Regicide Peace* (1796), ibid., p. 288.

437 Ibid.

始终固守指券的价值。随着货币价值的崩溃，交易者更愿意使用白银交易。土地所有者被迫接受一半的实物租金。国家不得不提高雇员的工资。[438] 为了解决这一危机，政府于共和四年霜月 19 日（1795 年 12 月 10 日）推行了一项新的强制贷款。政府本希望到 1796 年 2 月筹集到 6 亿里弗的资金，但到了夏季，只筹集到预期金额的一半。[439] 与此同时，一种新的货币，即曼达特（*mandat*），也崩溃了，并在 1797 年初被停用。[440] 在疯狂的投机和国家破产的背景下，新政权却作为一个军事征服者蒸蒸日上："这种破产正是法国君主制垮台的原因之一，同时也带来了她与世界通商的契机。"[441] 然而，法兰西共和国已将商业法则换成了战争法则。它的财政靠意志力维持，并以军事武装为支撑；它的安全靠不断的扩张维系。1795 年 1 月 30 日，曾经的吉伦特派布瓦西·丹格拉斯改头换面成为山岳党人，并重新出现在督政府下的五百人院，他宣布法国的边界与其自然边界共同扩大。[442] 这一声明的大胆无礼超越了路易十四："不管他内心的意图是什么，路易十四何曾宣布过法国的真正边界是

---

438 Denis Woronoff, *The Thermidorean Regime and the Directory, 1796–1799* (Cambridge: Cambridge University Press, 1984, 1987), pp. 92–3.

439 Marie Joseph L. Adolphe Thiers, *The History of the French Revolution* (London: 1838), 5 vols., IV, pp. 314–15; Howard G. Brown, *Ending the French Revolution: Violence, Justice and Repression from The Terror to Napoleon* (Charlottesville, VA: Virginia University Press, 2006, 2008), pp. 33–4.

440 William Doyle, *The Oxford History of the French Revolution* (Oxford: Oxford University Press, 2nd ed., 2002), p. 324.

441 EB, *First Letter on a Regicide Peace* (1796), *W & S*, IX, p. 191.

442 *L'Ancien moniteur* in *Réimpression de l'ancien Moniteur* (Paris: 1858–1863), 31 vols., XXIII, p. 343: "迫使我们将边界扩大到河流、山脉和海洋。"

905 大西洋、地中海和莱茵河？"[443] 英国人预测，法兰西共和国的狂
妄自大会被挫败，但在伯克看来，这似乎是过于乐观了。在查
理五世的统治下，神圣罗马帝国的庞大领土很难维系，但法国
政权的扩张找到了解决办法：在法国现有的统治领土上，产生
了一群不容反驳的大众。[444] 伯克坚持认为，法兰西共和国是一
个完全的"新物种"。[445] 它被一个勇往直前的目标所激励、一
种所向披靡的武力所驱动。一切都服从于政府的安排："国家
就是一切。"[446] 国家为了征服的目标而牺牲了财产。因为国家
领土处于"野蛮和贫穷"状态，因此国家的力量只集中在军队
中。[447] 一方面，这一景象让人联想到成吉思汗或先知穆罕默德，
因为法国的政策也被简化为诱劝他人改变信仰和使用武力。[448]
另一方面，它类似于后来被称为"帝国主义"的东西，重新点
燃了早期罗马的精神：法国"不是一个商业共和国，而是一个
军事共和国"。[449] 它代表着扩张的、不留情的、马基雅维利式
的力量："法兰西共和国只是提供一切统治方式和资源的机构，

---

443 EB, *Fourth Letter on a Regicide Peace* (1795), *W & S*, IX, p. 81. 关于法国"自然"边界思想的历史，参见 Gaston Zeller, "La Monarchied'Ancien Régime et les frontières naturelles," *Revue d'histoire moderne* , 8 (1933), pp. 305–33; Peter Sahlins "Natural Frontiers Revisited: France's Boundaries since the Seventeenth Century," *The American Historical Review*, 95: 5 (December 1990), pp. 1423–51。

444 EB, *Fourth Letter on a Regicide Peace* (1795), *W & S*, IX, pp. 57–8. 参见 EB, *First Letter on a Regicide Peace* (1796), *W & S*, IX, p. 203.

445 EB, *Second Letter on a Regicide Peace* (1796), ibid., p. 277.

446 Ibid., p. 288.

447 EB to Unknown, 1795, *Corr.*, VIII, p. 363.

448 EB, *Second Letter on a Regicide Peace* (1796), ibid., p. 289. 参见 EB, *First Letter on a Regicide Peace* (1796), ibid., p. 199："正是有了战争的理论，我们才有了战争。"

449 EB, *Second Letter on a Regicide Peace* (1796), p. 292. 关于 18 世纪晚期的"帝国"语言，参见 Richard Koebner, *Empire* (Cambridge: Cambridge University Press, 1961); 关于后来的发展，参见 Richard Koebner and Helmut D. Schmidt, *Imperialism: The Story and Significance of a Political Word, 1840–1960* (Cambridge: Cambridge University Press, 1964).

其中不存在任何一个异质成分。"[450]

　　奥克兰从雅各宾派政权的倒台中看到了很多希望。国民公会的结束和新宪法的通过似乎又带来了更大的希望。根据督政府的规定，1793 年设想的男性普选权被废除：只有 21 岁以上缴纳直接税的男性才有资格获得公民身份。因此，政治社会是根据财产来定义的。[451] 参政资格仍然受到更为严格的限制。由于对收入和年龄资格的限制更高，立法议会的选民人数缩减为 3 万人，是 1791 年规定人数的一半。立法由两个机构共同处理，一个是元老院（a Council of Elders），由 250 名40 岁以上的代表组成；另一个是五百人院（a Council of Five Hundred），其成员必须在 30 岁以上。五百人院负责提出新的法律，元老院负责审议。行政机关是由五人组成的督政府，由元老院从五百人院提供的名单中选出。《共和三年宪法》于1795 年 9 月 23 日宣布生效，英国报纸迅速发表了其概述。[452] 奥克兰认为，为新的督政府工作的政治家们"正在着手改善这个国家"。[453] 伯克认为，这种判断幼稚得令人沮丧。新政权只不过在新的伪装下重演旧政权的篡夺行为。[454] 督政府于 10 月31 日成立，并被认为体现了一种新的制度，即放弃了对人权的无条件承诺，放弃了激进的平等，认为这充其量只是一种"幻想"。[455] 伴随新政权而来的是《权利和义务宣言》，其第五项条款捍卫了既定的财产。然而，对伯克来说，这一书面的保障恰恰是财产不安全的证明："欧洲哪个政府，在其起源或延续

906

450　EB, *Second Letter on a Regicide Peace* (1796), p. 293.

451　*Gazette de France*, 24 September 1795.

452　*Whitehall Evening Post*, 22–24 September 1795; *Oracle*, 24 September 1795.

453　EB, *Fourth Letter on a Regicide Peace* (1795), *W & S*, IX, p. 70.

454　Ibid., pp. 72–73.

455　Ibid., p. 101.

时期，认为有必要宣布自己支持财产吗？"[456]

　　立法机构由国民公会三分之二即将离任的成员组成，这一要求使人们对新曙光的期待受到了嘲弄。同样，督政府必须由弑君者组成：勒贝尔、巴拉斯、拉·雷维耶尔·勒波、卡诺和勒图尔纳被选中。[457]1795年9月23日，全民公投通过宪法，但它的支持度从一开始就受到质疑。投票率明显很低；很大一部分反对票被忽略了。政府迅速采取行动，对抗日益高涨的反对浪潮，10月5日，波拿巴镇压了巴黎叛乱分子。伯克断然否认法国这一新的安排赢得了民众的支持：他们承认，他们的国民"反对他们"。[458]法国革命政府之前的几次制度安排至少得到了外部认可，但1795年的宪法必须被强制实施：在其"形成之初"，它"在法国的许多地方，特别是在首都，受到一个强大政党的普遍抵制。它甚至在表面上都没有得到民众的支持"。[459]现在有两万名正规军驻扎在巴黎。10月9日，英国报界报道了法国的戒严状态。[460]前恐怖分子被释放出狱，以加强军事镇压。一个"彻底的军事政府已经形成"，伯克说。[461]经济、宪法和行政都是武力的产物，"除了武力，什么都没有"。[462]

　　英国对抗法国弑君政权的唯一可行机会是对法国开战，以维护其内部的权力平衡。通过采取紧急措施来应对国内政治颠覆的威胁会破坏宪法："我们的宪法不是为这种冲突而制定

907

456　Ibid.

457　Woronoff, *Thermidorean Regime and Directory*, pp. 36–7.

458　EB to Earl Fitzwilliam, 9 December 1795, *Corr.*, VIII, pp. 357–8.

459　EB, *Fourth Letter on a Regicide Peace* (1795), *W & S*, IX, p. 89.

460　*Lloyd's Evening Post* , 9–12 October 1795.

461　EB, *Fourth Letter on a Regicide Peace* (1795), *W & S*, IX, p. 89.

462　Ibid., p. 90.

的。"[463] 英国正在与革命成功的范例——法国——进行斗争：如果这个革命范例被挫败，革命原则就会退场。[464] 另一方面，避免与法国的军事冲突会增加国内派系的力量。在这种情况下，休谟对英国宪法和平消亡的愿景将被粉碎：英国政体将死于暴力。[465] 在《论弑君以求和平的第一封信》中，伯克剖析了这场可能发生的对决中的对立势力。他把目光投向了英国选民之外的"民众的自然代表"，即政治代表所依赖的选民。[466] 这包括有文化的公众，他们有"可容许的闲暇"进行政治辩论，并具有必要的理解力。[467] 据伯克计算，这类英国公民有 40 万人，占 800 万总人口中 200 万成年男性的五分之一。[468] 有资格在国民公会中投票的法国选民的比例与此类似，约为 600 万人。[469] 英国这个政治国家中的大多数人遭到了"可怕的少数派"的反对，即约为 8 万名雅各宾派支持者。尽管这些人仅占政治上活跃的公民的五分之一，但"他们有能力模仿大众的声音"。[470] 以纯粹的宪法手段来管理如此庞大而声势浩大的群体，有可能腐蚀国家政体，引发内战。

463　Ibid., p. 110.

464　Ibid., p. 70; EB, *First Letter on a Regicide Peace* (1796), *W & S*, IX, p. 257.

465　EB, *Fourth Letter on a Regicide Peace* (1795), *W & S*, IX, p. 119, referring to David Hume, "Of Public Credit" in idem, *Essays Moral, Political, and Literary,* ed., Eugene F. Miller (Indianapolis, IN: Liberty Fund, 1985, 1987), pp. 263–5.

466　EB, *First Letter on a Regicide Peace* (1796), *W & S*, IX, p. 224. 根据计算，这类选民人数约为 28 万人，其中包括自治市镇和乡村选区，参见 John A. Phillips, "Popular Politics in Unreformed England," *The Journal of Modern History*, 52: 4 (December 1980), pp. 599–625。

467　Ibid.

468　F. P. Lock, *Edmund Burke: 1730–1797* (Oxford: Clarendon Press, 1998–2006), 2 vols., II, p. 539.

469　Malcolm Crook, *Elections in the French Revolution* (Cambridge: Cambridge University Press, 1996, 2002), p. 83.

470　EB, *First Letter on a Regicide Peace* (1796), *W & S*, IX, p. 224.

只有对共和军的坚定战争才能削弱英国国内的颠覆活动。此外，这场较量还必须以歼灭战的形式进行：必须推翻法国的敌对政权。很明显，当前的斗争是一场意见之战，但意见的力量来自武力。宗教战争表明迫害良知是愚蠢的，然而，当前的思想战争并不是从"无关紧要的事情"中产生的，诸如神学争论的特性。它关系到人的权利，因而也关系到"我的所有权"和"你的所有权"的基本安全。对这些基本的公民准则的意识形态攻击，只能用军事力量制服。[471] 此外，这种攻击必须是彻底的："我从未想过我们能与这种体制和平共处。"[472] 法国的敌意是由其政权的精神气质决定的，致力于"野心和系统性的敌对行为"。[473] 任何其他政权的敌意都可以从它的存在中分离出来，然而，雅各宾主义，"根据它的基本构成，与我们和所有文明人都处于敌对状态"。[474] 自从对法开战以来，伯克就一直在强调这一观点，然而到了1795年，它已经成为一个不断重复的牢骚。敌意根植于新政权的"耐力"之中。[475] 人们普遍认为，法国的好战是国内混乱的意外产物，而实际上，法国革命起源于野心。[476]《论弑君以求和平的第一封信》和《论弑君以求和平的第二封信》致力于揭露这种野心的本质，而《论弑君以求和平的第三封信》则论述了这种野心持续存在所带来的后果。

16.7　哲学家和政治家：《论弑君以求和平》的信件

1796 年夏天，英国举行了大选，此后皮特政府的地位得

471　EB, *Second Letter on a Regicide Peace* (1796), ibid., pp. 294–5.

472　EB, *First Letter on a Regicide Peace* (1796), ibid., p. 265.

473　Ibid., p. 249.

474　Ibid., p. 239.

475　EB, *Fourth Letter on a Regicide Peace* (1795), ibid., p. 104.

476　Ibid., p. 86.

到了加强。尽管如此，广大民众仍然对战争的胜利不抱幻想，皮特持续感到财政紧缩的压力。在这种情况下，1796 年 9 月 2 日，政府开始考虑和平谈判。弗朗西斯·杰克逊负责关于和平谈判的初步会谈。[477] 与此同时，督政府把战略重点放在挫败奥地利人身上，用钳形战略攻击奥地利人，向维也纳靠拢，在德国与莫罗和儒尔当的军队一起进发，而波拿巴则突袭了意大利。西班牙和法国联合起来对抗反法同盟的残余势力。10 月，英国政府决定更为谨慎地参与谈判。马姆斯伯里伯爵被任命为谈判负责人，并于 10 月 22 日抵达巴黎。不到一个月，法国人就在莱茵兰战胜了敌军，波拿巴开始在意大利占上风。12 月 18 日，和平谈判结束，马姆斯伯里伯爵被拒，两天后返回了伦敦。[478] 同月，奥什的舰队离开布雷斯特，前往班特里湾：与英国的战争将继续猛烈地进行下去。然而，英国并没有像伯克所期待的那样，以一种坚定不移的方式进行这场战争。1796 年 12 月 14 日，菲茨威廉在上议院提出反对和谈的诉求。[479] 27 日，政府发表了一份声明，披露了最近和平会谈的过程。[480] 伯克认为，这些和谈都是以完全错误的假设为前提的。马姆斯伯里试图与一个致力于建立普世性帝国的敌人重新建立欧洲的权力平衡。以前的条约，例如 1748 年至 1783 年间的《艾克斯拉查佩尔条约》、《巴黎条约》和《凡尔赛条约》，都是通过建立一个对抗敌对势力的联盟来抵挡法国的霸权。[481] 只要路易十五和路易十六接受了这些条款，他们就接受了欧洲相互制衡的想法。

909

477 Ehrman, *Pitt: The Reluctant Transition*, pp. 627–8.

478 和谈的结果记录于 *Diaries and Correspondence of James Harris, First Earl of Malmesbury* (London: 1844), 4 vols., III, pp. 349–65。

479 *Parliamentary History*, XXXII, cols. 607–8.

480 *CJ*, lii, pp. 238–40.

481 EB, *Third Letter on a Regicide Peace* (1797), *W & S*, IX, pp. 337–8.

1772年对波兰的瓜分构成了对这种平衡的欧洲"共同体"愿景的早期威胁，但后来法国在1792年完全放弃了这一原则。[482]很快，人们发现法国共和党人努力"建立起一个新型帝国，它并非建立在任何平衡之上，而是形成了一种不虔诚的等级制度，而法国将成为这种制度的首领和守护者"。[483]

为了应对1797年法国日益增长的威胁，人们普遍认为，英国应为了"必要性"而与法国达成协议——考虑到公共收入的不稳定状况，以及据称更普遍的国家繁荣的衰退。[484]然而，在伯克看来，这些制约因素大多是捏造的。为了抵消人们对灾难的担忧，他在1797年对"国家状况"作了更为冷静的描述，回顾了他于1769年对国家实力做出的最初评论。他的第一本政治小册子《对晚近国情的观察》假借罗金汉党人的名义，对英国和法国的相对优势进行了更为合理的分析，以此挑战威廉·诺克斯的可怕预言。[485]伯克回忆道，诺克斯是一个"邪恶的预言

---

482 波兰第一次分裂的详细讨论，参见 *Annual Register for the Year 1772* (London: 1773), pp. 1–8，詹姆斯·麦金托什爵士认为这是伯克的手笔，参见 *Edinburgh Review*, LXXXVIII (September 1796), p. 380。虽然本书作者认同伯克的许多观点，但这种归属纯粹是推测性的。认同该说法的作品，参见 Thomas Macknight, *History of the Life and Times of Edmund Burke* (London: 1858–1860), 3 vols., II, p. 2; 对此说法的适当保留，参见 G.L. Vincitorio, "Edmund Burke and the First Partition of Poland" in idem ed., *Crisis in the Great Republic: Essays Presented to Ross J. S. Hoffman* (New York: Fordham University Press, 1969), p. 38.Brendan Simms, "'A False Principle in the Law of Nations': Burke, State Sovereignty, [German] Liberty, and Intervention in the Age of Westphalia" in Brendan Simms and D. J. B. Trim eds., *Humanitarian Intervention: A History* (Cambridge: Cambridge University Press, 2011), follows Vincitorio。

483 EB, *Third Letter on a Regicide Peace* (1797), *W & S*, IX, p. 339.

484 Ibid., p. 361.

485 《对晚近国情的观察》试图估计七年战争的失败。伯克关于当时英国局势同1797年局势的比较，参见 EB to William Windham, 26 April 1797, *Corr.*, IX, p. 316。

家"，他的动机是因"失望的野心而产生的常见愤怒"。[486] 他设 　910
法将"国家繁荣的迹象转化为衰败和毁灭的征兆"。[487]1797 年
的末日预言家们与 1769 年的灾祸预言家们相似，只是今天的
不幸预测产生了更加不良的后果。那些试图利用经济的明显波
动的人，希望"我们对手段和资源失去信心，进而使我们在思
想上绝望，使我们战战兢兢、毫无反抗之力地投入敌人的罗网
之中"。[488]事实上，这个国家正"在富裕的海洋中嬉戏"，而
它的批评者则以贫穷和匮乏来描述它。[489]

对许多观察家来说，1797 年的一系列事件至关重要。2 月，
英格兰银行遭遇了挤兑；夏天，斯彼德海德地区和诺尔河岸发
生了兵变。[490]自 1 月以来，英国海军在地中海地区一直没有行
动；作为盟友，沙皇俄国与英国的关系越来越远；4 月，奥地
利在莱奥本签署了一项和平协议。尽管遭遇了这些挫折，伯克
在生命的最后几个月里一直在抨击政府的消极态度：进攻是确
保实际防御的唯一有效手段。[491]内阁缺乏决心似乎是投降的
前奏："这场战争一定会以和平告终，但这种和平，就像女海
妖希拉一样，在她的体内，一千只咆哮的怪物经历了一千场战

486　EB, *Third Letter on a Regicide Peace* (1797), *W & S*, IX, p. 371. 编辑把对伯克 1769 年《对
　　晚近国情的观察》的引用错认为是对 1756 年《为自然社会辩护》的引用。

487　EB, *Observations on a Late State of the Nation* (1769), *W & S*, II, p. 147.

488　EB, *Third Letter on a Regicide Peace* (1797), *W & S*, IX, p. 371.

489　Ibid., p. 384. 这项指控特别针对反对党，参见 EB to William Windham, 30 March 1797,
　　Corr., IX, p. 299。

490　关于兵变，参见 EB to French Laurence, 5 June 1797, ibid., p. 368; EB to Earl Fitzwilliam,
　　18 June 1797, ibid., p. 370。关于 1797 年的总体情绪，参见 John Ehrman, *The Younger
　　Pitt: The Consuming Struggle* (London: Constable: 1996), pp. 3ff.

491　EB to Sir Lawrence Parsons, 8 March 1797, *Corr*., IX p. 279; EB to William Windham, 30
　　March 1797, ibid., p. 300; EB to Earl Fitzwilliam, 26 April 1797, ibid., p. 317; EB to Lord
　　Loughborough, 1 May 1797, ibid., p. 322.

争。"[492] 他赞扬了为反对法国而做出的努力，但最终战胜这一敌人必须要用赤裸裸的武力。[493] 面对这一要求，英国政府显得畏首畏尾，反对派则被蒙蔽了。厄斯金为少数派定下基调，他们为商业的衰落和"贫苦劳工"的状况而哀叹。[494] 福克斯从公共生活中的腐败入手解释诉诸战争的原因，他认为伯克1782年的改革是有缺陷的。[495] 伯克反驳说，他的指控纯属捏造。[496] 他与老盟友的关系永远无法修复了。伯克曾在4月怒斥道，"我们的议会中的亲法派"应该"被视为公敌"。[497] 在伯克去世前的几天，福克斯曾主动示好，但个人的不幸甚至不足以让他们私下和解。1791年二人的关系破裂造成了不可弥合的痛苦。伯克最初捍卫的是"他的职责"，而此时，他不愿因表现出友好而被指责动机不真诚，这将损害其原则的完整性。[498] 直到最后，他对雅各宾派仍抱有坚定的敌意，对任何姑息雅各宾派的企图也是如此。在他去世前，他再次拒绝了弑君以求和平的想法。他利用了他从一开始就积累起来的论据。早在1790年2

---

492 EB to French Laurence, 11 April 1797, ibid., p. 307.

493 EB to John Gifford, 1 May 1797, ibid., p. 321.

494 Thomas Erskine, *A View of the Causes and Consequences of the Present War with France, in Answer to Mr. Burke's Regicide Peace* (Philadelphia, PA: 9th ed., 1797), p. 6. 厄斯金引发了一系列的反应，参见 John Gifford, *A Letter to the Hon. Thomas Erskine, Containing some Strictures on His View of the Causes and Consequences of the Present War with France* (London: 9th ed., 1797); idem, *A Second Letter to the Hon. Thomas Erskine, Containing Farther Strictures* (London: 3rd ed., 1797); John Bowles, *French Aggression Proved from Mr. Erskine's "View of the Causes of the War"* (London: 1797); [Anon.], *Reasons against National Dependency, in Refutation of Mr. Erskine's View of the Causes and Consequences of the Present War* (London: 1797). 伯克称赞这部匿名的作品，参见 EB to William Windham, 26 April 1797, *Corr.*, IX, p. 315。

495 French Laurence to EB, 14 March 1797, ibid., pp. 281–2.

496 EB to French Laurence, 16 March 1797, ibid., p. 285.

497 EB to William Windham, 26 April 1797, ibid., p. 315.

498 Jane Burke to Charles James Fox, ante 9 July 1797, ibid., p. 373.

月，他就已经提醒下议院注意法国的威胁迫在眉睫。[499] 在《反思录》中，他指责法国背离了"欧洲古老的习惯法"（the old common law of Europe）。[500] 在他生命的最后几年里，伯克详细阐述了欧洲国家之间的共性，并且分析了使得法国与欧洲分离的弊病。[501]

在《论弑君以求和平的第四封信》中，伯克提出欧洲各国政府"实际上"构成一个完整的"共和国"的共同基础。[502] 正如他次年在《论弑君以求和平的第一封信》中强调的那样，问题的关键在于法国已经放弃了欧洲古老的"政治共同体"（politick communion），这一共同体是通过宗教和法律上的连接维持的。[503] 瓦特尔认为，外交、谈判、利益关系和条约义务使欧洲成为"某种共和国"。[504] 然而，在任何意义上，伯

---

499 EB, *Substance of the Speech of the Right Honourable Edmund Burke in the Debate on the Army Estimates* (London: 1790), p. 18. 参见本书第 11 章第 6 节。

500 EB, *Reflections on the Revolution in France*, ed. J. C. D. Clark (Stanford, CA: Stanford University Press, 2001), p. 188 [53].

501 关于伯克后期对欧洲共同利益的关注，参见 R. J. Vincent, "Edmund Burke and the Theory of International Relations," *Review of International Studies*, 10: 3 (July 1984), pp. 205–18; David Boucher, "The Character of the History of the Philosophy of International Relations and the Case of Edmund Burke," *Review of International Studies*, 17: 2 (April 1991), pp. 127–48; Jennifer Welsh, *Edmund Burke and International Relations* (Basingstoke: Macmillan, 1995), pp. 70– 88; Iain Hampsher Monk, "Introduction" to EB, *Revolutionary Writings*, ed. Iain Hampsher Monk (Cambridge: Cambridge University Press, 2014), pp. xxxiv–xxxvi。

502 EB, *Fourth Letter on a Regicide Peace* (1795), *W & S*, IX, p. 83. 对于"实际上"一词，参见 EB, *First Letter on a Regicide Peace* (1796), ibid., p. 248。关于该说法，参见 Voltaire, *Le siècle de Louis XIV* (London: 1752), 2 vols., I, p. 11; Edward Gibbon, *The History of the Decline and Fall of the Roman Empire* (Dublin: 1776), 8 vols., VI, p. 368; Robert Plumer Ward, *An Enquiry into the Foundation and History of the Law of Nations in Europe* (London: 1795), 2 vols., II, p. 73; Richard Bentley, *Considerations upon the State of Public Affairs* (London: 1796), p. 67。

503 Ibid., p. 240.

504 Vattel, *Law of Nations*, p. 496.

克都没有把这个欧洲"联邦"视为一个司法统一体：它是一个"共同体"，以一种和谐的状态存在，但不具有一个共同的主权。[505] 由于"相似性""一致性"和"同理心"，和谐的纽带可以降低冲突的强度，并建立共识。[506] 它们促进了仍处于战争状态的国家之间的友好关系。[507] 伯克不相信建立永久和平的计划。最终，战争是实现"国家间正义"的唯一手段。[508] 尽管如此，一种达成共识的文化可以减轻战争的残暴。一个"交流"（correspondences）系统可以帮助调节敌对情绪，同时减少冲突持续的时间，降低冲突的强度和程度。伯克认为，这种基本的交流手段有两个目的：第一，确定"欧洲"和"法国"之间的根本敌意；第二，强调法兰西共和国发起全面战争的威胁。法律、礼仪和信仰上的"相似性"使欧洲各国能够在行为上保持一致。这并不足以完全协调他们的目标，但可以使他们免于永久的歼灭战争。伯克将现有的共识归因于共同的欧洲历史，他在《英国史略》中首先探讨了这一点。正如《英国史略》所表明的，英国和法国一样，是在哥特法律和封建法律的共同作用下建立起来的。正如孟德斯鸠所论证的那样，这种结合塑造了现代欧洲社会的精神。孟德斯鸠所说的"精神"（spirit）基本上是指"意见"（opinion）。除非符合"一般精神"（esprit

---

505 这里的区别是基于 Thomas Hobbes, *De Cive*, ed. Howard Warrender (Oxford: Oxford University Press, 1983), 2 cols., I, chapt V, sects. v–vi. 霍布斯的独立国家的"无政府状态"有时与伯克的欧洲国家的"共同体"形成对比。然而，这并不是一个严格的对立面。正如伯克所见，这一欧洲"共和国"的独立成员国是在相互争斗的状态下存在的。尽管如此，在潜在冲突中仍存在政治和商业合作。

506 EB, *First Letter on a Regicide Peace* (1796), *W & S*, IX, p. 247.

507 伯克的观点是，这场战争的条件已经被策略的进步所改善或减轻，从而产生了"原始"性质中不存在的合作形式。参见 *Annual Register for 1772*, Preface.

508 EB, *First Letter on a Regicide Peace* (1796), *W & S*, IX, p. 248. 参见 "History of Europe" in the *Annual Register for 1772*, p. 3：战争，不管怎样，在每一个人类国家都是不可避免的；它们可能被推迟，但不能完全避免。"

général），否则权力永远不会有效。[509]"即使是自由，"他指出，"对于那些不习惯享受自由的人们来说，也是难以忍受的。"[510]伯克声称，欧洲的意见体系根植于文化交流，这些交流缓和了国际间的不和，并维持了权力的平衡。

欧洲历史上主流的"意见"有三个来源：一是日耳曼民族的原始哥特式习俗；二是在征服过程中嫁接到日耳曼习俗上的封建法律；三是经过罗马法的消化而改进的习俗法（customary laws）。这种由法律、习俗和礼仪组成的综合体系催生了欧洲的等级制度，该制度有助于缓和欧洲现代各国政体中权力的运用。[511]这种制度不是刻意设计的产物，但它无疑是现代自由得以产生的条件。伯克写道："这种自由是在专制的君主制下建立起来的，是古代共同体所未知的。"[512]自由的保障在于"约束"原则：在政治上形成等级是为了阻止任何权力的集中。[513]建立在欧洲主流意见之上的权力平衡反映了这种遏制野心膨胀的各国内部安排。因此，虽然强国力求占上风，但它们不能消灭弱国。法兰西共和国结束了这种约束制度。尽管如此，英国的政策仍在继续，就好像原来的欧洲主流意见仍然存在一样。英国内阁认为当前的战争是一场争夺上风的斗争，未能意识到这是一场灭绝战争："这是一场欧洲传统、文明、道德和政治秩序的坚定支持者与一个狂热、雄心勃勃的无神论者组成的教派之间的战争，而这一教派的目的是改变欧洲所有

913

509　Charles-Louis de Secondat, Baron de Montesquieu, *De l'esprit des lois* (1748) in *Oeuvres complètes*ed. Roger Caillois (Paris: Galimard, 1951), 2 vols., II, Pt. III, Bk. 19, Chapt. 4.

510　Ibid., Pt. III, Bk. 19, Chapt. 2.

511　EB, *First Letter on a Regicide Peace* (1796), *W & S*, IX, p. 248.

512　EB, *Second Letter on a Regicide Peace* (1796), ibid.,p. 287. Cf. EB, *Reflections*, ed. Clark, p. 239 [113].

513　EB, *Second Letter on a Regicide Peace* (1796), ibid.,p. 287.

的秩序。"[514] 伯克坚持认为，反法同盟作为一个整体，没有认识到这一基本现实。在欧洲大陆，这可以用统治者的才干来解释：王公贵族和他们的大臣没有为党派战争做好准备。"美德，"伯克写道，"不是他们的习惯。"[515] 他们很少被良心触动，也很少被鼓励去追求更崇高的事业："在他们看来，从一个宏大、自由、前瞻性的视角看待国家利益是浪漫的。"[516] 在寻求以通常的方式推进他们眼前的利益时，反法同盟国避开了他们本应采取的战略，即攻击法国敌人的要害，从而将战火引到颠覆之都——巴黎。[517] 最理想的情况是，这将是一次反革命行动，在某一点上，它可以动员 8 万名为"复仇"和"热情"所鼓舞的法国支持者。[518] 然而，结果是，沙皇俄国、普鲁士、奥地利和英国之间的合作被证明不过是一个名义上的同盟，这些国家继续为各自的利益而行动。[519] 在这个过程中，法国得以自由地捍卫自己的边界，并镇压国内不断高涨的反对浪潮。

在主张对弑君共和国先发制人，采取破坏性战争的政略时，伯克阐明了"近邻法"（*Law of Neighbourhood*），即出于"邻近"产生的自卫权，他首先据此证明了英国对法国的警惕是合理的。[520] 法兰西共和国和阿尔及利亚一样，是文明的弃儿，但只有前者直接影响到英国和欧洲的根本利益。[521] 法兰西

914

514　Ibid., p. 267.

515　Ibid.

516　Ibid.

517　Ibid., pp. 268, 272.

518　Ibid., p. 273.

519　Ibid., p. 269.

520　EB, *First Letter on a Regicide Peace* (1796), ibid., pp. 250–1. Cf.EB, *Substance of the Speech of the Right Honourable Edmund Burke in the Debate on the Army Estimates* (London: 1790), p. 18.

521　EB, *First Letter on a Regicide Peace* (1796), *W & S*, IX, pp. 257–9.

共和国坚定的敌意，加上距离上的近在咫尺，构成了切实而直接的威胁。考虑到这种敌意的性质，其危险就更加严重了。伯克分析了它的内容和起源。它的内容比较容易观察到，因为它包含了革命者公开支持的三个基本要素：弑君、雅各宾主义和无神论。[522] 根据弑君原则，任何以财产为基础施令的政府都可以作为"篡夺"的实例而被合法地废除。[523] 雅各宾主义增强了民众对因袭政府（prescriptive government）的反感，同时也激起了人们对累积财产的不满，因而强化了以征服为目的的弑君之愤。雅各宾派可被分为煽动者和支持者。前者领导着有志之士对特权的反叛，而后者则受到贫穷、恼怒和被唾弃的忠诚的鼓舞。[524] 雅各宾派和弑君者都被无神论热情和恶意的能量所驱使，走向毁灭。伯克认为，法兰西共和国"从体制上说"是无神论者。[525] 它根除了支持道德的核心原则，以及容纳宗教虔诚的制度。取而代之的是戏剧性的仪式和道德败坏的原则。自开始撰写《为自然社会辩护》以来，伯克就一直担忧伴随着蓄意的不虔诚行为而产生的堕落。在缺乏特定天意的情况下，道德行为失去了它的方向和动机。实际上，道德被剥夺了其自我克制的基础。[526]

在伯克写作此文时，欧洲文化中有一种根深蒂固的观念，

---

522 Ibid., pp. 240–41.

523 Ibid., p. 240.

524 EB to the Rev. Thomas Hussey, post 9 December 1796, *Corr.*, IX, p. 162. 伯克正在思考法国的投机雅各宾派和爱尔兰的实际雅各宾派之间的不同。

525 EB, *First Letter on a Regicide Peace* (1796), *W & S*, IX, p. 241.

526 Ibid.

即不虔诚与人类道德是矛盾的。[527] 洛克曾有一个著名的论点，即在一个基督教共同体下，虽然穆斯林、异教徒和犹太人的公民权利应受到保护，但无神论者是不可容忍的。[528] 如果没有与上帝建立关系的假设，人类就不会有信仰："承诺、契约和誓言……对无神论者没有任何作用。"然而，这些正是社会存在的"纽带"。[529] 如果没有它们，任何社会都无法立足。人类社会可以容忍多种多样的猜测性意见，但这并没有延伸到对神性的猜测。洛克声称，这是一个实实在在的戒律，而不是理论上的戒律，因为它构成了"所有道德的基础"。[530] 无论是对名誉的渴望，还是羞耻感，都不足以鼓励道德行为：这种纯粹的世俗诱惑充其量只能维持当时的习俗和风尚。真正的道德意味着一种压倒性的义务，这种义务依赖于一项更高的法律，该法律制定的行为标准不仅仅是基于"我们自己创造的观念"。[531] 在《彗星发生

527　关于这一说法的各方面，参见 Hunter, "The Problem of 'Atheism' in Early Modern England," *Transactions of the Royal Historical Society*, 35 (1985), pp. 135–57。 另见 Michael Hunter and David Wootton eds., *Atheism from the Reformation to the Enlightenment* (Oxford: Oxford University Press, 1992)。

528　John Locke, *A Letter Concerning Toleration* (1689) in *A Letter Concerning Toleration and Other Writings* , ed. Mark Goldie (Indianapolis, IN: Liberty Fund, 2010), pp. 58–9.

529　Ibid., pp. 52–53. John Marshall, *John Locke, Toleration and Early Enlightenment Culture* (Cambridge: Cambridge University Press, 2006), p. 702, 指出在《人类理解论》第四版的修订中，洛克最终相信了无神论社会的存在。

530　John Locke, "An Essay on Toleration" (1667) in John Locke, *Political Essays*, ed. Mark Goldie (Cambridge: Cambridge University Press, 1997, 2006), p. 137.

531　John Locke, "Of Ethic in General" (1686–1688?) in ibid., p. 302. Cf.John Locke, *An Essay concerning Human Understanding* (1689), ed. Peter H. Nidditch (Oxford: Oxford University Press, 1975, 1979), Book I, Chapter iii, § 13. 关于洛克作品中的这一主题，参见 John Dunn, *The Political Thought of John Locke: An Historical Account of the Argument of the "Two Treatises of Government"* (Cambridge: Cambridge University Press, 1969), *passim*; idem, "From Applied Theology to Social Analysis: The Break between John Locke and the Scottish Enlightenment in idem, *Rethinking Modern Political Theory: Essays 1979–1983* (Cambridge: Cambridge University Press, 1985)。

之际的种种思考》中，贝尔认为对天神的普遍信仰并不足以涤荡罪恶。因此，必须"借由圣灵的恩典"使人的心灵圣洁。[532] 众所周知，这并没有妨碍贝尔争辩说，行政长官的法规和人类的普遍意见可能足以将无神论者约束在他们的契约之中。尽管如此，在他的《哲学评论》中，他支持这样一种观点，即统治者有权限制那些鼓吹反对"信仰天意和敬畏神圣正义"的人，因为这些教义通常被用来破坏公民社会的基本结构。[533] 和洛克一样，在伯克看来，这个问题更为严重：通过否认道德规范的约束力，无神论者推翻了良心法庭的审判。正如亨利·莫尔在17世纪50年代所论述的，无神论是一种有害的激情形式，因为它把满足幻想作为衡量正义的唯一标准。[534]

宗教的自然历史学家，如休谟，曾教导说宗教是狂热的原因。伯克认为，这只不过是"肤浅"分析的产物。[535] 狂热是人类激情的结果，而不是一种具体的宗教态度。事实上，没有什么比憎恨虔诚和崇拜更能激发想象力，激起改变信仰的冲动。[536] 无神论最终是在与上帝交战。然而，由于它的庇护者们无法消灭全能的神性，他们选择了破坏人的圣洁形象。像皮埃尔–维克蒂尼安·韦尼奥和马克西敏·伊斯纳尔这样的人，

916

---

532 Pierre Bayle, *Various Thoughts on the Occasion of a Comet*, trans. Robert C. Bartlett (Albany, NY: State University of New York Press, 2000), pp. 161–2.

533 Pierre Bayle, *A Philosophical Commentary on these Words of the Gospel, Luke 14: 23, "Compel them to Come in, that My House May be Full* (Indianapolis: Liberty Fund: 2005), pp. 242–3. 有人指出，这种说法不一定意味着无神论者有可能形成持久的社会，参见 Gianluca Mori, *Bayle Philosophe* (Paris: Champion 1999)。

534 Henry More, *An Antidote against Atheism* (London: 1655), chapt. 1.

535 EB, *Second Letter on a Regicide Peace* (1796), *W & S*, IX, p. 278.

536 参见 Joseph Addison, *The Evidences of the Christian Religion* (London: 1733), p. 223, 关于"无神论者和异教徒中出现的莫名其妙的激情……以一种最奇特的方式拥有了偏执精神。"

"把自己变成了一个反对宗教和信奉宗教者的十足的疯子。"[537]
这使他们放纵一切虚荣的冲动，迫害基督教道德的代表。这些
哲学家与政治家联合起来，推动了革命。哲学家们执意反抗上
帝，而政治家们则更直接地受到野心的驱使。他们的目标最初
是由法国旧政权的宫廷政治决定的：他们"将法国的对外扩张
作为最终目标"。[538] 自路易十五时期以来，实现这一目标的手
段一直备受争议。一方面，自1756年逆转联盟（*renversement
des alliances*）重组后，反哈布斯堡王朝的情绪持续存在，这
为反对派势力提供了一个契机，他们借此机会在凡尔赛密谋，
以通过"国王的秘密外交渠道"增加君主的权力；另一方面，
法国宫廷奉行与奥地利公开合作的政策，以缩小英国在欧洲大
陆选择盟友的范围，这一政策由路易十四首先提出，但最终在
舒瓦瑟尔时期实行。[539] 伯克惊讶于这两个同时进行的计划的表
里不一："真正令人吃惊的是，在路易十五统治后期，支持这
两个截然相反的策略的派系同时盛行。"[540] 正如伯克所描绘的，
法国宫廷上的敌对派系，一方试图通过挑起海上争端来削弱英
国，另一方则试图通过主宰欧洲大陆来压倒英国。[541] 虽然，大

---

537 EB, *Second Letter on a Regicide Peace* (1796), *W & S,* IX, p. 279.

538 Ibid., p. 280.

539 关于秘密外交渠道，参见 Duc de Broglie, *Le secret du roi: correspondance secrète de Louis XV avec ses agentes diplomtiques, 1752–1774* (Paris: 1978), 2 vols。关于这一政策在路易十六治下产生的后果，参见 Munro Price, *Preserving the Monarchy: The Comte de Vergennes, 1774–1787* (Cambridge: Cambridge University Press, 1995, 2004), pp. 12–13。另见 John Hardman and Munro Price, "Introduction" to *Louis XVI and the Comte de Vergennes: Correspondence, 1774–1787*, eds.John Hardman and Munro Price (Oxford: Voltaire Foundation, 1998), pp. 9–10。关于路易十四统治末期复兴的就职仪式，参见 Derek McKay and H. M. Scott, *The Rise of the Great Powers, 1648–1815* (London: Longman, 1983), p. 105。

540 EB, *Second Letter on a Regicide Peace* (1796), *W & S,* IX, p. 279.

541 这一海上战略概述，参见 Jonathan R. Dull, *The French Navy and the Seven Years' War* (Lincoln, NE: University of Nebraska Press, 2005)。

陆政策的拥护者在数量上占上风，但他们仍在暗中继续反对哈布斯堡联盟，后来牵扯到了玛丽·安托瓦内特。[542]

根据伯克的说法，这种"表里不一的外交"最终导致了君主制的崩溃。[543] 不满的朝臣们的贪婪阴谋成倍增加。让－路易斯·法维尔，是这些阴谋家中的一个关键人物，他是布罗伊公爵的走狗，在路易十五统治的最后几个月里，他撰写了一系列思考外交事务的文章。[544] 他的焦点是，自在七年战争中遭受损失和屈辱以来，法国的实力在"急速下降"。[545] 沙皇俄国崛起，波兰被瓜分，这些都体现了欧洲权力平衡的变化。法国宫廷屈从于维也纳的阴谋，是欧洲权力平衡变化的根本原因。[546] 正如伯克所阐述的，这种情况使法维尔及其同僚们对法国的君主制感到沮丧，并吸引了法国新兴的一代政治家们将共和主义作为国际权力政治的工具。[547] 孟德斯鸠和马基雅维利关于罗马共和国的苦难的论述成为雄心勃勃的外交官们的指导手册。[548] 路易十四治下的君主制缺陷成为人们分析和抱怨的主题。蒙塔朗贝

917

---

542 Price, *Preserving the Monarchy*, pp. 27–8.

543 EB, *Second Letter on a Regicide Peace* (1796), *W & S*, IX, p. 282, 包括伯克的脚注。

544 关于此的全部背景，参见 Gary Savage, "Favier's Heirs: The French Revolution and the *Secret du Roi*," *The Historical Journal*, 41: 1 (March 1998), pp. 225–58。

545 Jean-Louis Favier, *Conjectures raisonnées sur la situation actuelle de la France dans la système politique de l'Europe* (April 1773) in Louis-Philippe de Ségur ed., *Politique de tous les cabinets de l'Europe, pendant les règnes de Louis XV et Louis XVI* (Paris: 1794), 3 vols., I, p. 96.

546 Ibid., p. 100.

547 EB, *Second Letter on a Regicide Peace* (1796), *W & S*, IX, pp. 282–3. 有关讨论，参见 Michael Sonenscher, "Republicanism, State Finances and the Emergence of Commercial Society in Eighteenth-Century France–or, from Royal to Ancient Republicanism and Back" in Martin van Gelderen and Quentin Skinner eds., *Republicanism: A Shared European Heritage* (Cambridge: Cambridge University Press, 2002), 2 vols., II, pp. 277–8.

548 EB, *Second Letter on a Regicide Peace* (1796), *W & S*, IX, pp. 282–3.

尔针对该政权浮夸的专横态度发表的宣言体现了民众日益高涨的对抗情绪。[549] 政治雄心与反君主制的情绪相结合，这奠定了与美洲共和主义和低地国家的民众叛乱结盟的基础："不像有些人认为的那样，这些情绪并不是源于他们的美洲盟友，而是美洲盟友受到他们的共和原则和共和政策的启发。"[550] 现在，民众政府的拥护者只能与基督教的反对者联合起来，摧毁一个有礼节的、正在改革的君主制。

他们的联合是由伴随着"中间阶层"崛起而来的"无声革命"所促成的。[551] 自投石党运动以来，既有贵族的权力已经下降，他们煽动和平息民众不满的能力也随之下降。崛起的人才和新贵圈层成为"所有积极政治活动的中心"。[552] 商业和财富提供了崛起的途径，而学院、沙龙和报界则提供了手段，帮助他们提升影响力和进行政治宣传。[553] 不久之后，投机活动与权力欲合谋，哲学家们支持愤愤不平的政治家。这种联盟产生了一种前所未有的激进力量。一种难以抑制的征服欲望向欧洲秩序发起冲击。它的贪婪和决心是无止境的。它对宗教、财产和既定政府的敌视，使它与文明的每一项原则相抵触。此时，这一漏洞已经无法修复：一种无法削弱的力量只能被破坏。

918

---

549 Marc-René Montalembert, *Abrégé historique du règne de Louis XIV* in idem, *La fortification perpendiculaire* (Paris: 1776–1784), 5 vols., IV, pp. 66 ff. 伯克单独评论了蒙塔朗贝尔，参见 EB, *Second Letter on a Regicide Peace* (1796), *W & S,* IX, p. 283。

550 Ibid., p. 286. 关于荷兰事务的重要性，参见 Munro Price, "The Dutch Affair and the Fall of the Ancien Régime, 1784–1787," *The Historical Journal,* 38: 4 (December 1995), pp. 875–905。

551 EB, *Second Letter on a Regicide Peace* (1796), *W & S,* IX, p. 291.

552 Ibid.

553 Ibid., p. 292.

16.8 震动他们的中心

在生命的最后一年，伯克深知自己的生命即将终结。1796年7月，他给托马斯·胡塞写信说："我担心，我的胃已经彻底毁了。"[554] 在接下来的12个月里，他的健康状况持续恶化，虽有几次间歇性的好转。1796年夏天，他到巴斯休养，试图"维持生命"。[555] 到了年底，他再次写信给胡塞："很可能，我将不久于世。"[556] 他此时身体很虚弱，不得不口述他的信件，尽管他还在继续写《论弑君以求和平的第三封信》。1797年1月30日，他和简一起离开了比肯斯菲尔德，再次前往巴斯。他在那里一直待到5月24日，最后一次回到格雷戈里时，他已经准备离开人世。他在3月曾告诉一位通信者，"我已经躺了很长一段时间，完全无法进行任何精神或身体活动，已经到了最后的极限"。[557] 在这种状态下，他的病情只会持续恶化。5月，他向菲茨威廉坦陈，"目前任何真正的康复都是不可能的"。[558] 他衰弱得很快：1797年7月9日午夜刚过，他就去世了。离世前一个月，他还在为"正在逼近我们的各种可怕的邪恶"而悲叹。[559] 弗伦奇·劳伦斯对伯克的离世做出了预言："当他倒下的时候，这些王国，欧洲，乃至整个文明世界，失去了最后的支柱，这会震动他们的中心。"[560]

伯克被安葬在比肯斯菲尔德教堂，与他的儿子和兄弟相

---

554 EB to the Rev. Thomas Hussey, 26 July 1796, *Corr.*, IX, p. 61.

555 EB to John Keogh, 17 November 1796, ibid., p. 112.

556 EB to the Rev. Thomas Hussey, post 9 December 1796, ibid.,p. 161

557 EB to Sir Lawrence Parsons, 8 March 1797, ibid.,p. 277.

558 EB to Lord Fitzwilliam, 21 May 1797, ibid., p. 355.

559 EB to French Laurence, 1 June 1797, ibid., p. 366.

560 French Laurence to Lord Fitzwilliam, 9 July 1797, ibid., p. 374.

邻。在他最后的日子里，他曾要求把他葬在一个无名坟墓里，以免他的尸骨被挖掘出来，被"法国革命者"蹂躏。[561] 这时，他已神志不清，无人理会他的指示。1794 年 8 月，也就是他儿子死后两天，他签署了遗嘱，并于 1797 年 1 月 22 日更新了遗嘱。[562] 他的葬礼指示由遗嘱执行人完成。威廉·温德姆、吉尔伯特·埃利奥特爵士、英奇昆勋爵、亨利·阿丁顿、菲茨威廉伯爵和波特兰公爵担任了护枢者。7 月 15 日下午 7 时，下葬队伍离开了伯克的宅邸巴特勒庄园（Butler's Court）。伯克的空马车随之来到比肯斯菲尔德教堂。伯克的葬礼是一个简单、不起眼的仪式，只有亲朋好友参加。伯克很乐意让送葬者按他们称心的方式来安排葬礼，只要仪式维持体面的朴素。对他自己来说，他告诉弗伦奇·劳伦斯，"这根本不重要。我希望不再有虚荣了，我得到的已足够。"[563]

561 Edmund Nagle to Lord Fitzwilliam, 4–5 July 1797, Northamptonshire MS., Fitzwilliam Correspondence.

562 Appendix, *Corr.*, IX, pp. 375–9.

563 French Laurence, "Account of Edmund Burke's Funeral," OSB MS. File 8748.

结　语

在伯克去世前两个月，他写信给他的门生菲茨威廉勋爵，哀叹他所熟知的世界已经"结束"了。[1]值得思考的是，同他离世时的社会相比，伯克出生于什么样的社会。

在伯克出生前两年，剥夺爱尔兰罗马天主教徒选举权的最后一部反天主教法获得御准。[2]随后，18世纪30年代，伯克在都柏林和布莱克沃特度过了时光。在那十年中，贝克莱主教曾诘问道，世上是否存在任何文明人，"像普通的爱尔兰人那样潦倒、悲惨和赤贫"？[3]1778—1782年，为了回应爱国人士对本国糟糕状况的抱怨，爱尔兰贸易限制被放宽，立法获得了独立。到了1793年，除了议会席位还受到限制外，所有的反天主教法都被废除。尽管进行了一系列重大的立法改革，爱尔兰仍处于叛乱的边缘。伯克认为，拒绝宗教解放的做法正在滋生怨恨。1797年初，他声称自己在年轻时就诊断出了爱尔兰的问题，并表示将坚持这一判断，直到生命的最后一刻。[4]15个月后，即1798年5月至9月，整个爱尔兰公开叛乱。不久之后，就开始了1801年组建大不列颠和爱尔兰联合王国的准备工作，这决定了英格兰和爱尔兰接下来120年的关系。在伯克的一生中，爱尔兰无疑发生了翻天覆地的变化。在他临终前，伯克认为爱尔兰所取得的这些进步，将被雅各宾主义压倒，并被系统性地破坏。

伯克出生时，爱尔兰是一个附属王国，受制于英国"君

1　EB to Earl Fitzwilliam, 1797年4月26日，*Corr.*, IX, p. 317。

2　1 Geo. II, c. 9.

3　George Berkeley, The Querist (1735-7) in *The Works of George Berkeley*, ed. Alexander Campbell Fraser (Oxford: Oxford University Press, 1901),4 vols., IV, p. 434.

4　EB to Unknown, February 1797, Corr., IX, p.263.

临议会”的最高权威。1727 年，乔治二世即位。整个 18 世纪 30 年代，议会事务由沃波尔主导。在伯克的整个少年时代，人文教育充斥着对沃波尔统治的批评。斯威夫特、博林布鲁克、盖伊、蒲柏、菲尔丁以各种方式讽刺道德沦丧，痛斥腐败丛生。[5]1791 年，伯克驳斥了这些指控，认为这些是叛国的詹姆斯党人在不满的辉格党人的唆使下的伪善之词。沃波尔“远非靠腐败执政，而是靠党派关系”。[6]然而，在生前最后一年，伯克暗指，旧党派“几乎消亡”。[7]辉格党和托利党间的区别似乎正在成为历史，因为伯克在福克斯联盟中的昔日伙伴越来越像国家中的异见派。皮特政府奉行与法国敌人和平共处的政策，而少数派迄今拒绝反对雅各宾派“纲领”的实质内容。更糟糕的是，他们中的许多人似乎公开拥护这些原则，并固执地认为法国革命的悲剧只是其仍希望实现的长期利益的附带后果。伯克认为是明显“邪恶”的那种破坏，被他的反对者说成是“一个意外的问题……完全是体制的附属品”。[8]面对法国的洪流，当伯克从巴斯返回，准备在比肯斯菲尔德告别人世时，他希望“与文明和道德的世界一起，结束自己漫长的职业生涯”。[9]在成功地破坏了长期的党派关系后，雅各宾主义正在破坏英国政治的原则。

5　H.T.Dickinson, *Walpole and the Whig Supremacy* (London: English Universities Press, 1973); Bertrand A. Goldgar, *Walpole and the Wits: The Relation of Politics to Literature,1722–1742* (Lincoln, NE: University of Nebraska Press,1976); Isaac Kramnick, *Bolingbroke and His Circle: The Politics of Nostalgia in the Age of Walpole* (Ithaca, NY: Cornell University Press,1992).

6　EB, *An Appeal from the New to the Old Whigs, in Consequence of some Late Discussions in Parliament*, *relative to the Reflections on the Revolution in France* (London:1791), p. 63.

7　EB, *Third Letter on a Regicide Peace.* (1797), *W & S*, IX, p. 326.

8　Ibid., p. 304.

9　EB to Earl Fitzwilliam, 21 May 1797, Corr., IX, p. 356.

在伯克的一生中，英国事务越来越多地受到其帝国的影响。在他童年时期，北美和西印度殖民地是帝国贸易和权力的关键要素。整个 18 世纪，跨大西洋贸易量增长了 12 倍多，到 1772 年时约占英国贸易总额的三分之一。[10] 早在 1766 年 2 月，伯克就把这些殖民地统称为"一个庞大、不断增长的民族，分布在地球四分之一的土地上"，从赤道一直延伸到极圈。[11] 然而，一旦认识到这些殖民地的重要性，英国的政策就开始压迫其中的 13 个殖民地，使其走向叛乱。1787 年 5 月 25 日至 9 月 17 日期间，组建联邦政府的条款最终达成一致，美利坚合众国成立。1790 年 5 月 29 日，罗得岛成为宪法追认的第 13 个州。1791 年 1 月 10 日，佛蒙特议会在本宁顿举行会议，投票决定申请加入美利坚合众国。同年 5 月，伯克公开表达了对这个新建国家的赞赏。[12] 他对美国目前的组织结构感到满意，这意味着有限政府的延续，他将其与旧欧洲联系在一起。在这个新世界里，一种文明的政治体系至少可以存活。

922

总体而言，伯克乐于赞扬共和制度：他坚称自己从未"辱骂"过"雅典、罗马或斯巴达"。[13] 他尤其乐于颂扬美国政府的联邦结构。他认为，这些曾经的殖民者"的确很适合接受一个民主式的政府"。[14] 然而，这并不是一种狂暴的"农民"（agrarian）民主，而是以宪法，也就是"共和"的形式铸就

---

10 EB, *Speech on Conciliation with America*（22. March 1775），*W & S*, III, pp. 113–14.

11 EB, Speech on Declaratory Resolution, 2 February 1766, WWM Bk 6:127, reprinted in W & S, II, p. 49.

12 EB, Debate on the Quebec Government Bill, 6 May 1791, *Parliamentary History*, XXIX, cols.365–66.

13 EB, Debate on the Quebec Government Bill, 11 May 1791, *Parliamentary History*, XXIX, col.418. 参见《公共广告人》（*Public Advertiser*）1791 年 5 月 12 日报道："他反对任何人说他曾攻击过古代或现代共和国。"

14 *Oracle*, 7 May 1791.

的民主。[15] 这里没有"国民"由"国民"统治，或者说，全体民众由"平民"统治这种托词。[16] 就像伯克政治生涯中的许多事情一样，美国已彻底重组。然而，在某种意义上，美国革命是一种复兴。在伯克看来，美国人是在"英式"自由的学校中成长起来的，他们的宪法在大多数方面都是英国的"副本"。[17]他们缺乏建立贵族和世袭君主制的要素，"但已使自己的政府尽可能接近英国宪法"。这表现在他们决心通过"相互制衡"来确保权力受到约束。[18] 在生前的最后一年，伯克最后一次思考了美国的命运：尽管托马斯·厄斯金及其盟友对革命的看法很混乱，但法国革命和美国革命在目标上并不具有可比性。[19]

18 世界 60 年代和 70 年代，美洲事务主导了伯克的议程，而在 18 世纪 80 年代和 90 年代，印度则吸引了他的注意力。而印度的事态发展就完全不那么令人鼓舞了。在伯克青年时期，莫卧儿帝国在世界上一直是强大的存在，尽管在辉煌的外表下，权力正在发生巨大的转变。从 1717 年穆尔希德·奎利·汗（Murshid Quli Khan）就任孟加拉纳瓦布，到 1739 年纳

923

---

15 关于法国的"农民奇想"（*ararian whims*），伯克指的是一个平均财产的计划，参见《白厅晚报》（*Whitehall Evening Post*），5–7 May 1791。关于同美国相比，法国根本不是共和国，参见 EB, Debate on the Quebec Government Bill, 1 May 1791, *Parliamentary History*, XXIX, col. 418。

16 《圣詹姆斯记事报》（*St. James's Chronicle*），1791 年 5 月 7 日。伯克在提到乔治·维利尔《排演》中普雷蒂曼（Prettyman）这一人物时表达了该思想，他是渔夫的弃儿，却作为王子生活。据报道，伯克表示，在法国"普雷蒂曼王子"被设定为"统治普雷蒂曼王子"。参阅 *Evening Mail*, 1791 年 5 月 6–9 日；*World*, 1791 年 5 月 7 日。

17 *Whitehall Evening Post*, 5–7 May 1791. 参见福克斯在《综合晚报》（*General Evening Post*）1791 年 5 月 10 日至 12 日的报道："福克斯提到了美国宪法早期的一些程序，在这些程序中君主制、贵族制和民主原则是如此融洽。"

18 *Oracle*, 7 May 1791; *World*, 7 May 1791.

19 EB to William Windham, 12 February 1797. *Corr.*, IX, pp. 240–41. 伯克是在挑战托马斯·厄斯金的观点，参见 Thomas Erskine, *A View of the Causes and Consequences of the Present War with France* (London:1797)。

迪尔沙入侵印度，次大陆经历了一系列"震荡"。"[20] 伯克并不欣赏奥朗则布的"暴政"，也不崇拜莫卧儿帝国衰落期间独立上台的苏巴达尔。[21] 尽管如此，直到 1757 年，印度一直由"印度本地人的政策"统治，该政策确保了印度本地人的财产和权力。[22] 伯克认为，纯粹的专制主义是英国人到来之后才建立的。沃伦·黑斯廷斯当时将东印度公司的压迫作为一项基本原则来加以合理化。正是这一点让伯克认为印度主义比雅各宾主义更糟糕。[23] 将剥削作为政府的职责加以辩护，是对每一个文明从属原则的颠覆，是对人从属于上帝的否认。1796 年，伯克写信给拉夫伯勒，回顾了自黑斯廷斯弹劾案开始以来他为印度所做的辛勤工作："在我生命的最后 14 年里，我一直在从事一项几乎不可能成功的工作，希望为一个受压迫的民族伸张正义"。[24] 他曾评论说，为了这项工作，他耗尽了自己的"体力"，失去了对情感的"控制"，透支了自己的"影响力"。[25] 然而，他的努力完全徒劳无功。黑斯廷斯因为其贡献获得了津贴。可以通过因袭权利将奴役强加给一个民族的邪恶主张，不仅没有受到惩罚，实际上还得到了英国政府的奖励。18 世纪 50 年代，伯克已开始期待帝国的开明正义，但却看到帝国以最残酷和最彻底的方式践行了征服精神。

伯克出生时，大英帝国在法国的阴影下蓬勃发展。西班牙王位继承战争推翻了路易十四的霸权。随后，在各敌对势力的

20　EB, Opening of Hastings Impeachment（15 February 1788），*W & S*, VI, p. 311.

21　EB to Philip Francis, 19 November 1790, *Corr.*, VI, p. 171; EB, Opening of Hastings Impeachment（15 February 1788），*W & S*, VI, pp. 311–12.

22　Ibid., p. 425.

23　EB to Lord Loughborough, c. 17 March 1796, *Corr.*, VIII, p. 432.

24　Ibid., p. 425.

25　WWM BkP 25:90.

支持下，一场旨在平衡欧洲各国权力的斗争主导了该世纪余下时间的外交关系。英国、法国、荷兰共和国、普鲁士、奥地利和沙皇俄国争相推出敌对的称霸计划。伯克认为，这种竞争体系在 1792 年 4 月突然结束。在敌对者之间寻求胜出的做法被一个征服阴谋所取代。他声称，法国发起了一场无情的侵略战争，目的是反对任何均势的想法。因此，他认为欧洲正面临着无法平息的战争。在伯克看来，一个无法挽救和赎罪的国家形象是在故意挑衅。它指向了一种无法弥补的破坏和无休止的道德断裂。从这个角度看，法国的政体已经无法被容忍。它的征服欲只能通过挫败它的征服来满足。法国的好战性是其理论野心的产物：其寻求扩张领土，以推广新的政治原则。

924

伯克认为，法国革命的信条对构成文明史的主要因素形成威胁，主要针对三个方面：宗教、财产和因袭权利。最重要的是，为了应对革命对这些要素的冲击，伯克向菲茨威廉哀叹，他所熟知的世界消亡了。在这一时期，他向弗伦奇·劳伦斯表达了同样的担忧，提及"欧洲体系的消亡，带走了我所喜爱的法律、礼仪、宗教和政治"。[26] 伯克认为，正是这些因素的结合，使欧洲各国在封建政府倒台后得以繁荣发展，朝着逐步改善的方向前进，而这种进步的局限"很难用空想来解决"。[27] 法国革命引发了一场"贫富"之间的战争，粗暴地打断了这种稳定的进步。[28] 与此同时，宗教受到破坏，道德习惯被削弱。在这个过程中，公正的天意被推翻，激起了人们对世俗财富分配的不满。对因袭权利的攻击侵蚀了财产所有权，也削弱了每一种既定政府形式的根基。伯克担忧，"人类传统的链条"很

26　EB to French Laurence, 11 April 1797, *Corr.*, IX, p. 307.

27　EB to Florimond-Claude, Comte de Mercy-Argenteau, C. 6 August 1793, *Corr.*, VII, p. 387.

28　EB to Earl Fitzwilliam, 20 December 1796, *Corr.*, IX, p. 189.

快就会被打破。[29] 这并不意味着他更看重过去的习俗甚于正义，而是因为在因袭权利的帮助下，正义得到了最好的支持。

伯克认同雅各宾主义所承载的无数的不满情绪，但他蔑视这种意识形态的主要支持者。他认为这始于"部分人的恶习"。[30] 它为有抱负的人提供了一种促进其野心的途径。考虑到 1789 年法国的情况，尤其是对高卢教会特权的敌意不断增加，征用教会财产以确保公共债权人利益的机会出现了。法人财产的敌人抓住了他们的机会。1789 年 10 月，让－西弗雷恩·莫里在国民议会发表演讲时，公开表示失望。他坚持认为，财产必须得到全面尊重："的确，对你们和我们而言，财产都是唯一且圣神的"。[31] 他接着说，保护教会积累的财产也是保护每一位代表的财产。今天的攻击者很可能会成为明天的受害者。就伯克而言，对个人和团体财产完整性的承诺并非建立在对既定利益的效忠之上。他认为，政府的职责是确保正义不受"大众"的掠夺，但同时也要保护民众不受"富人和强权的侵犯"。[32] 伯克曾宣称，他为自己设定了一条作为政治家的基本准则："代表无权者行事"。[33] 对财产的保护绝不是对特权的捍卫。正如亚当·斯密所宣称的，每个人对自己劳动的所有权是最"神圣和不可侵犯的"。[34] 伯克认为，制定一种能够最好地保护这种权利实际安全的制度，是治国者的责任。

伯克认为，这在贵族政权下是不可能实现的。尽管如此，

925

29　EB to Henry Addington, post 2 March 1795, *Corr.*, VIII, p. 168.

30　EB to Earl Fitzwilliam, 15 May 1795, ibid., pp. 242–43.

31　*Archives parlementaires*, IX, p. 428（13 October 1789）.

32　EB to the Rev. Thomas Hussey, 4 February 1795, *Corr.*, VIII, p. 139.

33　WWM BkP 25:90.

34　Adam Smith, *An Inquiry into the Nature and Causes of the Wealth of Nations*, ed. R. H. Campbell and A. S. Skinner (Indianapolis, IN: Liberty Fund, 1976), 2vols., I, p. 138.

财产的安全意味着支持财富的不同分配。这就需要在政府的领导下保护社会差异。因此，在任何复杂的宪政体系中包括一个贵族成分是正确的。总的来说，福克斯也奉行同样的原则。他当然"不喜欢纯粹的贵族"。[35] 但他也确信，"没有君主、贵族和民主的恰当混合，就不可能有良好或完整的政府体系"。[36] 1791年春天，在下议院就魁北克立法委员会的规定进行辩论时，福克斯在与伯克决裂之后阐明了这些观点。他认为，贵族制度建立在等级或财产之上，或两者兼而有之。在英国，它建立在世袭头衔的基础之上，使古老家族具有自豪感，从而通过鼓励为国家服务来激励公众美德。福克斯认为这种激励应存在于每个政府之中，甚至应当存在于民众共和国之中。[37] 伯克同意，等级划分在所有有限政体中都很盛行，但他接着指出，存在两种类型的贵族制度：一种在现代欧洲君主制中盛行，另一种兴盛于宪政民主制中。在没有世袭君主制的国家，比如美国，贵族"必然从民主中产生"。[38] 这种民众贵族制度（popular aristocracy）看起来会在新世界蓬勃发展，而在旧世界中，君主制中的社会差异却受到了攻击。

926　　在英国，人们通常因"战场上的无畏、海洋上的英勇或内阁中的智慧"而被授予荣誉。[39] 这产生了一种"开放的贵族制度"（open aristocracy），在某种程度上，荣誉是根据个人

35　*World*, 12 May 1791; 参阅 Parliamentary History, XXIX, col. 409。

36　Star, 12 May 1791.

37　*Parliamentary History*, XXIX, col.410; 参阅 *Morning Post*, 12 May 1791。

38　EB, Debate on the Quebec Government Bill, 11 May 1791, *Parliamentary History*, XXIX, col.419. 伯克赞成美国成立参议院。关于在美国政府体系中纳入这样一个"经过挑选的稳定成员"，参见 James Madison, *Federalist* no. 63 in Alexander Hamilton, John Jay and James Madison, *The Federalist*, ed。George W. Carey and James McClellan (Indianapolis, IN: Liberty Fund, 2001), p. 325.

39　*Oracle*, 12. May 1791.

功绩授予的。伯克将这种制度与"封闭的"精英阶层进行了对比，他认为后者"会成为任何政府的沉重负担，抵消并最终阻碍了其作用"。[40] 如果它无法与下议院配合，它将阻碍政府的运行。亚历克西·德·托克维尔对伯克的借鉴比他自己愿意承认的还要多，他认为，18世纪的法国贵族（*noblesse*）实际上是一个排他性的阶层。[41] 它并不制衡政府，因为它是一种社会秩序，而非政治秩序："贵族越不再是贵族，就越像是一个种姓（*caste*）"。[42] 托克维尔斥责伯克没有注意到这种复杂性。然而，他实际上是在重复伯克论点的实质：随着法国贵族不再在政治中扮演负责任的角色，这种特权制度变得越来越受到限制。[43]

在伯克晚期的伟大作品《致一位高贵勋爵的信》中，他透露了他是如何在个人和政治层面被最近发生的一系列事件摧毁的。他同时感到失落，被羞辱和迷茫。他因失望而心灰意冷，只有对神圣正义的承诺才能安慰他。至少在某种程度上，他可以服从于上帝的旨意。然而，他仍然觉得自己被"连根拔

40　EB, Debate on the Quebec Government Bill, 11 May 1791, *Parliamentary History*, XXIX, col.421.

41　托克维尔关于伯克的详细说明，参见 Alexis de Tocqueville, "Dossier M. Révolution française, jugement d'intellectuels étrangères" (1858), Archives nationales, 177/Mi/432。关于托克维尔对伯克的研究，参见 Robert T. Gannett Jr, *Tocqueville Unveiled: The Historian and His Source for "The Old Regime and the Revolution"*(Chicago, IL: University of Chicago Press, 2003), pp. 57–65。

42　Alexis de Tocqueville, *The Old Regime and the Revolution*, ed. François Furet and Françoise Mélonio (Chicago, IL: University of Chicago Press,1988), 2vols., I, p. 156.

43　Ibid., p 157, 可能引自 EB, *Reflections on the Revolution in France*, ed. J.C.D. Clark (Stanford, CA: Stanford University Press, 2001), p.304[199]。然而，伯克的完整观点更加复杂，例如，ibid., p. 274[163]; EB, *Letter to William Elliot* (26 May 1795), *W & S*, IX, p 39。在他的手稿笔记中，托克维尔记录了伯克的说法："我发现你们的贵族……都是精神高尚的人"，参见 "Dossier M.Révolution française, jugement d'intellectuels étrangères" (1858), Archives nationales, 177/Mi/432, AT 2820。

起"了。[44] 部分原因是受到法国革命的影响。革命持续不断地推翻重建，使伯克的价值观濒临崩溃。他确信，宗教、财产和因袭权利都处于危险之中。然而，1813年，第六次反法同盟军在莱比锡战役中击败了拿破仑，革命被迫退却。1814年3月，巴黎被同盟军占领。第二年，战败的法国被迫签署了一系列惩罚性条约。一场革命发生了，但连续性仍然存在。在哀叹1789年以来欧洲的动荡时，伯克对危机的剖析让后人认识到那些幸存下来的态度和结构。宪政制度、混合政府和法治的未来漫长而复杂。商业、财富等级和社会特权仍然存在。贵族原则代代相传，而民众贵族制度仍与我们同在。伯克的论述见证了一个时代的突然消亡，他的分析让我们看到了变化中的持久性。

---

44 EB, *Letter to a Noble Lord* (1796), *W & S*, IX, p. 171.

958

999

1000

图书在版编目（CIP）数据

帝国与革命：埃德蒙·伯克的政治生涯：上下 /
(英) 理查德·伯克 (Richard Bourke) 著；梁雪，贾丁
译. -- 北京：社会科学文献出版社，2023.7
　　书名原文：Empire and Revolution: The Political
Life of Edmund Burke
　　ISBN 978-7-5201-9217-0

　　Ⅰ.①帝… Ⅱ.①理… ②梁… ③贾… Ⅲ.①埃德蒙
·伯克（Edmund Burke，1729-1797）－传记 Ⅳ.
①K835.627=41

中国版本图书馆CIP数据核字（2021）第210942号

帝国与革命：埃德蒙·伯克的政治生涯（上、下）

著　　者 / 〔英〕理查德·伯克（Richard Bourke）
译　　者 / 梁　雪　贾　丁

出 版 人 / 王利民
责任编辑 / 段其刚　陈丽萍
文稿编辑 / 刘晓果
责任印制 / 王京美

出　　版 / 社会科学文献出版社·联合出版中心（010）59367151
　　　　　　地址：北京市北三环中路甲29号院华龙大厦　邮编：100029
　　　　　　网址：www.ssap.com.cn
发　　行 / 社会科学文献出版社（010）59367028
印　　装 / 南京爱德印刷有限公司

规　　格 / 开　本：889mm×1194mm　1/32
　　　　　　印　张：43.75　字　数：1093千字
版　　次 / 2023年7月第1版　2023年7月第1次印刷
书　　号 / ISBN 978-7-5201-9217-0
著作权合同
登 记 号 / 图字01-2016-6842号
定　　价 / 248.00元（上、下）

读者服务电话：4008918866